CASIO *fx-9750G II*图形机

编程原理与路线施工测量程序

覃　辉　段长虹　编著

黄 河 水 利 出 版 社

·郑州·

内容提要

路线施工测量计算的复杂性要远远高于建筑施工测量。在道路、桥梁与隧道施工现场，算不出，就放不出。路线施工测量计算内容复杂，但又要求测量员在现场快速完成，使用 PC 机编程显然不能满足现场快速测算的需求。

本书充分应用 fx-9750GⅡ的串列与矩阵功能，编写了适用于测绘、公路和铁路施工的常用测量程序。fx-9750GⅡ可以同时存储 6 条路线或匝道的三维设计数据，用户可以根据需要调用任一条路线或匝道的数据进行三维坐标正反算、路基超高加宽、隧道超欠挖与桥墩桩基坐标计算。书中的程序及其计算原理应用了作者十年研究的全部成果，程序的测试版通过电子邮件发送给了成千上万名工程用户使用，经历了工程用户反复漫长的检验与测试，已成为我国路桥施工企业进行路线施工测量的标准手段。

本书适合测绘、公路和铁路施工领域的工程技术人员使用，也可供高等院校交通土建与测绘类专业师生参考。

图书在版编目(CIP)数据

CASIO fx-9750GⅡ图形机编程原理与路线施工测量程序／覃辉，段长虹编著. —郑州：黄河水利出版社，2012.2
ISBN 978-7-5509-0205-3

Ⅰ.①C… Ⅱ.①覃… ②段… Ⅲ.①道路测量-可编程序计算器-应用程序 Ⅳ.①U412-39

中国版本图书馆 CIP 数据核字(2012)第 016284 号

出版社：黄河水利出版社

地址：河南省郑州市顺河路黄委会综合楼 14 层　　邮政编码：450003

发行单位：黄河水利出版社

发行部电话：0371-66026940、66020550、66028024、66022620(传真)

E-mail：hhslcbs@126.com

承印单位：河南省瑞光印务股份有限公司

开本：787 mm×1 092 mm　1／16

印张：37.75

字数：918 千字　　印数：1—4 000

版次：2012 年 2 月第 1 版　　印次：2012 年 2 月第 1 次印刷

定价：58.00 元

前 言

这是一本为道路、桥梁、隧道施工企业工程技术人员编写的大型专著，它是笔者十年研发的全部成果。

为了便于读者识别盗版图书，本书的部分 fx-9750GⅡ按键采用了深灰色背景按键——F1 F2 F3 F4 F5 F6 PRGM SET UP MENU SHIFT ALPHA INS OFF DEL AC/ON EXE，如果是誊印制版印刷的盗版图书，书中的深灰色背景按键将会全部变成黑键，基本看不清按键内的字符。购书时，如果读者发现图书存在上述问题，说明您购买的是盗版图书，请您向黄河水利出版社发行部举报(0371- 66024993)，并要求经销商为您调换正版图书。因为您花费了正版图书的价钱，购买了一本盗版图书，经销商侵害了您的权利。

本书的精华、占全书 60%以上篇幅的是第 4 章的交点法三维坐标正反算程序 Q2X8 与第 5 章的线元法三维坐标正反算程序 Q2X9，本书出版前，这两个程序已通过网络发送给了国内成千上万名工程用户测试，并根据工程用户提出的意见，反复修改了一年时间。读者掌握了这两个程序的使用方法后，基本能解决道路、桥梁、隧道施工测量放样的全部计算问题。

从 2003 年至今，我们花费了十年时间，持之以恒地研究路线施工测量的计算原理、方法与程序，使用像蚂蚁搬家、燕子筑巢一样的办法，积少成多地彻底解决了路线施工测量计算的全部理论与应用问题，并经过成千上万名工程用户的反复测试后，才写成了本书的第 4、5 两章，它们包含了我们十年研发的全部成果。

2003 年 1 月，我们开始使用 fx-4850P 工程编程计算器编写路线施工测量程序，并花费整整一年时间编写出版了教材《土木工程测量》[1]，这也是国内第一本标配光盘的多媒体立体化教材。教材出版后，我们收到了国内一位路桥施工企业测量员措辞尖刻的电子邮件，他在邮件中说，他是一位具有 15 年公路施工测量经验的测量员，因为看到我们编写的《土木工程测量》是一本多媒体立体化教材，就购买了一本。但看完“路线测量”、“桥梁与隧道测量”两章后，他感到非常失望，给我们提出了如下意见：

① 章节内容是以交通设计院勘测人员的工作内容为主编写的，不是为路桥施工企业测量员编写的。

② 放样方法沿用 20 世纪 80 年代以前经纬仪加钢尺、国内路桥施工企业早已弃置不用的陈旧方法，而现在的路桥施工企业全部使用全站仪或 GNSS RTK 放样，施工企业若没有这些设备，连投标资格都没有。

③ 路线曲线只介绍了对称基本型平曲线，而现在随便一条高速公路标段都普遍含有非对称基本型平曲线，有些还含有卵形曲线，且高速公路匝道基本都含有非完整缓和曲线。

④ 路线设计中，因故改线引起的断链已成为路线施工图中的常态；三维坐标正反算是路线施工测量中使用频率最高的计算内容，而教材却没有介绍这些最基础的内容。

⑤ 桥梁施工远不像教材中所写的都是直线桥梁，国内在建桥梁中，平面布置为曲线的桥梁比比皆是。

⑥ 教材上介绍的隧道测量仅仅停留在布设施工控制网及放样隧道中线与腰线上，但

现在，全站仪、GNSS RTK 与 PC 机商业平差软件的普及，使得属于测定内容的控制网布设、精度估计与平差计算已变得非常容易和简单。现在的隧道施工测量，是使用全站仪的免棱镜测距功能，实测隧道开挖轮廓线附近测点的三维坐标，通过计算测点的超欠挖值与水平、垂直移距来控制隧道掘进的。免棱镜测距全站仪上市后，就已经没有企业使用放样隧道中线与腰线的陈旧方法了，因为使用隧道超欠挖测量方法比放样隧道中线与腰线的方法要简便高效得多。

为了证明上述意见的正确性，该读者还将他公司正在施工的高速公路标段，含道路、桥梁、隧道的全套设计图纸复印件寄给了我们。在仔细研读完这套含道路、桥梁、隧道的施工图后，我们总结出路线施工测量的计算需求主要分为下列三类。

① 道路施工测量：给定任意点的加桩号，计算加桩的中边桩三维设计坐标，简称三维坐标正算；使用全站仪或 GNSS RTK 实测道路附件任意边桩点的三维坐标，计算边桩点距离路中线的垂距及挖填高差，当边桩点位于挖填边坡时，需要确定边桩点距离坡脚或坡顶的水平距离，简称三维坐标反算。

② 隧道施工测量：使用全站仪实测隧道掌子面开挖轮廓线附近任意测点的三维坐标，计算测点至设计轮廓线的垂距、测点至设计轮廓线的水平移距与垂直移距。

③ 桥梁施工测量：放样桥墩桩基的平面坐标。虽然图纸已给出了桥墩桩基的平面坐标，但需要施工方使用路线平曲线设计数据与墩台中心设计参数验算，经监理方签字确认后，才能施工。

众所周知，全站仪与 GNSS RTK 仪器设备普及后，只要将放样点的设计三维坐标上传到仪器的坐标文件，使用仪器的坐标放样功能就可以方便快速地放样设计点位。与建筑物放样不同，路线设计图纸是用平曲线控制路线中线的平面位置，用竖曲线控制路线中线的高程，用路基超高加宽与边坡控制路线边桩的平面位置与设计高程。在设计图纸中，按 20 m 间距给出的逐桩坐标只有中线的平面设计坐标，没有设计高程，也不含走向方位角，对于任意中桩或边桩的三维设计坐标，需要使用图纸提供的平曲线、竖曲线、路基超高加宽与边坡设计数据，通过计算获取。

在上述计算内容中，最复杂的就是平曲线的坐标正反算，而平曲线最复杂的是缓和曲线，因为缓和曲线的起讫半径可以构成无穷组组合，有些非完整缓和曲线还含有很大的原点偏角。国内已出版的测量教材与施工测量手册，普遍是按满足 20 世纪 80 年代以前设计速度小于 50 km/h 的低等级公路施工测量的要求编写的。在低等级公路平曲线中，基本都是完整缓和曲线，其原点偏角很小。

当我们对成千上万名工程用户发送来的各种高速公路设计图纸进行深入细致的分析后，才刻骨铭心地感到：国内测量教材的内容，尤其是路线施工测量的内容，已经与路桥施工企业的施工测量生产实践南辕北辙了。不要说学生学习了这样的测量教材去路桥施工企业不能上岗，就是教师到企业去工作，也未必能胜任施工测量的需要。因此，研究并改进路线施工测量的内容，就成为当前测量教材改革的唯一出路。

但是，冰冻三尺，非一日之寒。因为在测量教材领域，还有许多最基础的理论问题没有解决，在这些基础理论问题没有解决之前，改进路线施工测量的内容十分困难，根本无从下手。虽然我们陆续改版与新编了一些本专科测量教材[2~5]，但未能改进路线施工测量的内容。

2003 年，为了满足测量教材内容改革的需要，我们满怀信心地树立了彻底解决路线施工测量计算问题的理想，踏上了持续深入地研究路线施工测量三维坐标正反算基础问题的漫长征途。我们将分期研发的成果通过出版系列专著[6~14]的方式向市场推广，通过电子邮件的方式接受一线工程用户的实践检验。但令我们无论如何也没有想到的是，在花费了整整十年、经历了无数次失败、饮尽了孤独与寂寞的极限后，才得以完成全部研究内容，写成了本书。十个 365 天，我们孤独地站在看不见观众的网络舞台上，为了实现满怀痴情地追求的那个梦想，一步一个脚印地艰难探索。用心与工程用户交流，深入细致地分析理解施工测量的每一项真实需求，及时将研究成果发送给一线工程用户检验。在遇到的无数困难面前，反复告诫自己要坚持与忍耐。十年酷暑，双休日与节假日我们几乎没有休息过，甚至连春节都在写作，很少有在凌晨 2 点钟以前睡觉的。有时因为太难太累，甚至萌生过半途而废的念头，是工程用户的旺盛需求与热切期望支撑我们走到了今天。这真是应验了中国的一句古话，十年磨一剑。

虽然在 2011 年，我们就出版了本成果的 fx-5800P 工程编程机版专著[14]，并将应用 fx-5800P 工程编程机版程序解决路线施工测量计算的内容引入了最新版本科教材[15]，但将全部研究成果编写成 fx-9750GⅡ图形机的程序，还是多花费了半年的时间。其中，仅仅编写第 4 章与第 5 章的练习题及其答案，就用了 2 个月时间。

fx-9750GⅡ是卡西欧公司于 2009 年 6 月在中国市场推出的第二代图形编程计算器产品，它具有 64kB 主内存，使用机器标配的通信软件 FA-124 可以实现与 PC 机的双向数据通信。

fx-9750GⅡ内置有 **File1~File6** 等 6 个串列文件，Mat A~Mat Z 等 26 个矩阵，且串列与矩阵单元均可以存储复数(fx-9860G 的矩阵单元不能存储复数)，用户可以在 MS Excel 中输入程序计算所需的串列文件数据与矩阵数据，并另存为 CSV 格式文件。通过 FA-124 通信软件，可以将 CSV 格式文件上传到 fx-9750GⅡ内存。也可以在 FA-124 中输入与编辑程序，并将其上传到 fx-9750GⅡ内存。

本书各章介绍的程序列于下表，表中注记有*的程序表示光盘含有配套的 PC 机成果整理程序。成果整理程序的文件名，是将 fx-9750GⅡ程序名的第一个字母修改为“H”而成的。例如，Q2X8 程序的成果整理程序文件名是 H2X8.exe。H2X8.exe 文件是可执行文件，只需要在 Windows 的资源管理器下，用鼠标左键双击该文件名即可立即执行。成果整理程序的使用方法见相应章节的内容。

本书程序列表

章	主程序	子程序	功能说明
第1章	Q1V1		坐标反算边长与方位角程序
	Q1V2		单变量自动统计程序
	Q1V3	SUB1–31, SUB1–32	求最大相关系数的回归模型程序
	Q1V4		基于串列输入坐标反算边长与方位角程序
	Q1V5		基于串列输入坐标复数反算边长与方位角程序
	Q1V6		使用复数坐标的平面坐标线性变换程序
	Q1V7		复数形式建筑坐标与测量坐标相互变换程序
第2章	Q4V1	SUB4–11,SUB4–12,SUB4–13, SUB4–14	1954 北京坐标系、1980 西安坐标系、WGS–84 坐标系高斯投影正算、反算、换带计算程序
	Q4V2	SUB4–21	高斯平面坐标正形变换程序
	Q4V3*		单一闭附合等级导线条件平差程序(严密平差)
	Q4V4*		水准网间接平差程序(严密平差)
	Q4V5		复数形式单一闭附合与无定向导线近似平差程序

续表

章	主程序	子程序	功能说明
第3章	Q3V1*	SUB3-11,SUB3-12,SUB3-13	一、二等水准测量记录程序
	Q3V2*	SUB3-21,SUB3-22,SUB3-23,SUB3-24	中丝读数法三、四等水准测量记录程序
第4章	Q2X8*	SUB2-81,SUB2-82,SUB2-83,SUB2-84,SUB2-85,SUB2-86,SUB2-87,SUB2-88,SUB2-89,SUB2-80,SUB2-8A,SUB2-8B,SUB2-8C,SUB2-8D,SUB2-8E,SUB2-8F,SUB2-8G,SUB2-8H,SUB2-8I,SUB2-8J,SUB2-8K,SUB2-8L	含断链交点法任意路线或匝道曲线三维坐标正反算程序 可输入测站与后视点坐标,计算极坐标放样参数 22 992 字节
第5章	Q2X9*	SUB2-91,SUB2-92,SUB2-93,SUB2-94,SUB2-95,SUB2-96,SUB2-97,SUB2-98,SUB2-99,SUB2-9A,SUB2-9B,SUB2-9C,SUB2-9D,SUB2-9E,SUB2-9F,SUB2-9G,SUB2-9H,SUB2-9I,SUB2-9J,SUB2-9K	含断链线元法任意路线或匝道曲线三维坐标正反算程序 可输入测站与后视点坐标,计算极坐标放样参数 18 623 字节

本书程序的设计思想是：将程序所需的已知数据或设计数据，按规定的要求，预先输入到 fx-9750GⅡ串列或矩阵中；执行程序后，将中间结果及计算成果存回串列或矩阵；结束程序后，可以按 MENU 2 键进入 **STAT** 模式查看程序计算后的串列数据结果，或按 MENU 1 键进入 **RUN•MAT** 模式，按 F1 键调出矩阵列表，查看矩阵数据计算结果。也可以通过 FA-124 通信软件，将 fx-9750GⅡ的串列文件或矩阵数据下传到 FA-124，并另存为 CSV 格式文件。使用 PC 机成果整理程序自动处理 CSV 格式文件，获得各种格式的成果文件。

Q2X8 与 Q2X9 程序涵盖了公路与铁路施工测量的所有功能，主要包括：①平竖曲线允许含任意个断链；②回头曲线计算；③直转点计算；④三维坐标正反算；⑤隧道超欠挖、开挖轮廓线放样与净空测量计算；⑥桥墩桩基坐标计算；⑦路基超高加宽、边桩设计高程、任意级边坡开口位置计算(图 4-149 有 6 级挖方边坡)；⑧可以在导线点坐标矩阵 Mat S 中选择任意点作为测站点放样；⑨配套的成果整理程序 H2X8.exe 与 H2X9.exe 能按用户输入的任意间距计算逐桩坐标，并将其输出到展点坐标文件 CSFilen.dat 与存档坐标文件 SUFilen.CSV 中，以便用户在 AutoCAD 中精确地展绘路线或匝道的平曲线图形。

交点法程序 Q2X8 是按“第一缓和曲线+圆曲线+第二缓和曲线”三个线元设计的，其中第一缓和曲线与第二缓和曲线允许为任意的非完整缓和曲线。如果路线标段内含有按“第一缓和曲线+第一圆曲线+第二缓和曲线+第二圆曲线+第三缓和曲线”五个线元设计的卵形曲线，请先用 QC28 程序将其拆分为两个交点后，才能使用 Q2X8 程序计算。Q2X8 与 Q2X9 程序均可以计算含大原点偏角的非完整缓和曲线，实现方法是，当缓和曲线的原点偏角大于 65°与 50°时，程序自动使用积分函数计算缓和曲线的切线支距坐标。

本书是按“基于问题、基于项目、基于案例”的指导思想编写的，其中第 4 章与第 5 章的案例及练习题是从工程用户发送来的成千上万个真实工程案例中精心挑选的，读者每做完一个题目，都可以起到举一反三的作用。

希望继续得到广大读者的批评意见，以改进我们的修订工作。敬请读者将使用中发现的问题和建议及时发送到 qh-506@163.com 邮箱。

编著者

2012 年 1 月

随书标配 CD 光盘的使用方法

本书的全部程序可以在 fx-9750GⅡ、fx-9860GⅡ/SD、fx-CG20 三种第二代图形机上执行。

读者使用本书程序出现问题时，请发电子邮件到 qh-506@163.com 邮箱咨询。

有关 fx-9750GⅡ机器事宜请咨询卡西欧(上海)贸易有限公司客服热线(021-62820809)，或发电子邮件到 cai.jiayi@casio.com.cn 邮箱咨询。

本书附带一张 CD 光盘，目录如图 1 所示，其价格已包含在图书售价中，请读者购书时向经销商索取。光盘文件在刻录前已使用多种正版杀毒软件全面杀毒，请放心使用。使用光盘前，请先阅读下列说明。

① 请将光盘放入 CD 或 DVD 光驱中使用。

② 图书各章的程序及案例数据文件位于光盘的相应章节文件夹下，建议读者将光盘的全部文件夹复制到用户 PC 机的硬盘或 U 盘上使用。

③ 在光盘“1 章~5 章”文件夹下，扩展名为 g1m 的文件为 fx-9750GⅡ源程序文件，File1.g1m~File6.g1m 文件为图书案例的串列数据文件，扩展名为 g1m 的矩阵文件为不含复数单元的矩阵文件，扩展名为 g2m 的矩阵文件为含复数单元的矩阵文件。这些文件都可以根据学习的需要输入到 FA-124 通信软件中，使 fx-9750GⅡ与 FA-124 数据同步后，可以将其上传到 fx-9750GⅡ内存，方法参见本书 1.11 节。

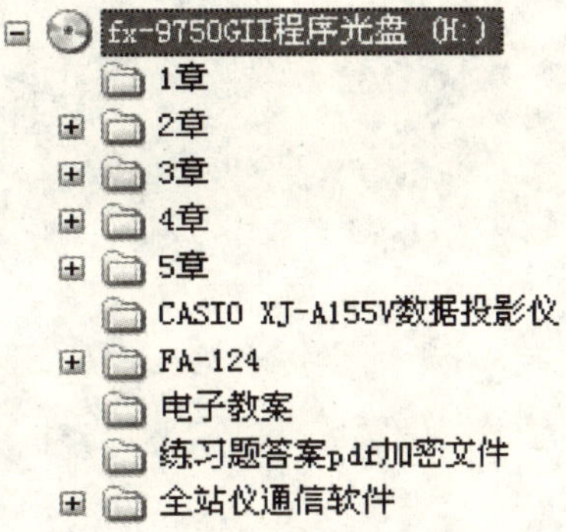

图 1　随书标配 CD 光盘目录

④ 在光盘的“2 章~5 章”文件夹下，扩展名为 exe 的文件为相应的 fx-9750GⅡ程序的 PC 机成果整理程序，它们可以在 Windows 98、Windows XP、Windows 7/32bit 等操作系统下直接执行，但不能在 Windows 7/64bit 操作系统下执行。应将它们复制到用户 PC 机的硬盘或 U 盘上才可以执行，不能直接在光盘上执行。

⑤ 在光盘“CASIO XJ-A155V 数据投影仪”文件夹下，放置了 XJ-A155V 数据投影仪的全部中文说明书 pdf 文件。XJ-A155V 数据投影仪为卡西欧“无贡激光+LED”混合光源投影仪，混合光源可以保证 20 000h 的持久高亮度。它除具有普通液晶投影仪的全部功能外，还设置了一个标准 USB 口，使用通用 USB 数据线连接投影仪与卡西欧 fx-9750GⅡ/fx-9860GⅡ/fx-CG20 系列图形机的 USB 口，可以实现图形机与投影仪的自动连接并实时投影图形机屏幕的显示内容；使用随机标配的 EZ-Converter FA 软件，将 ppt 格式教案文件转换为 ECA 格式教案文件，再将包含 ECA 格式教案文件的 U 盘插入投影仪的 USB 口，可以自动播放并投影 U 盘上的 ECA 格式教案文件，实现脱离 PC 机的多媒体教学。

⑥ 光盘“FA-124”文件夹为通信软件 FA-124 的安装文件及 CESG502 USB 设备驱动程序，安装说明参见本书 1.11 节。

⑦ 在光盘“电子教案”文件夹下，只放置了第 1 章的电子教案，其余章节的电子教案将在以后重印时逐步完成。

⑧ 光盘“练习题答案 pdf 加密文件”文件夹下放置了包含本书全部章节练习题答案的 **pdf 加密文件，它们只对教师与工程技术人员开放，不对在校学生开放，请将本人的证件扫描后存为 JPG 图像文件发送到 qh-506@163.com 邮箱获取密码。**

目　录

第 1 章　fx-9750GⅡ图形编程计算器的基本操作

fx-9750GⅡ图形编程计算器是卡西欧公司于 2009 年 6 月推出的 fx-9750GA PLUS 的换代产品(键面如图 1-1 所示)，它具有如下特点。

① 高速 CPU：fx-9750GⅡ的 CPU 比 fx-9750 GA PLUS 的 CPU 运算速度快 21 倍。

② 大容量内存：使用 64kB 闪存作内存，其中可供用户使用的内存容量为 62 000 字节，无须后备电池保存内存数据，更换电池不会丢失机内程序与数据。

③ 大容量串列：内置 6 个串列文件——File 1~File 6，每个串列文件又可以使用 26 个串列——List 1~List 26。

④ 大容量矩阵功能：能定义的矩阵最大行数或列数为 999，可以直接对矩阵进行连续+，-，×，转置，行列式，赋值与求逆运算，便于使用矩阵编写严密平差程序。

⑤ 类 BASIC 结构化程序语言：程序语言与卡西欧另外两款高端图形编程计算器 fx-9860GⅡ、fx-CG20 完全相同。

⑥ 与 PC 机的数据通信功能：使用与普通数码相机相同的通用 USB 数据线连接 fx-9750GⅡ和 PC 机的 USB 口，使用 FA-124 通信软件可以实现 fx-9750GⅡ与 PC 机相互传输数据与程序；可以在通信软件 FA-124 上直接输入程序，然后将 FA-124 的程序上传到 fx-9750GⅡ内存，从而提高程序输入与编辑的效率。

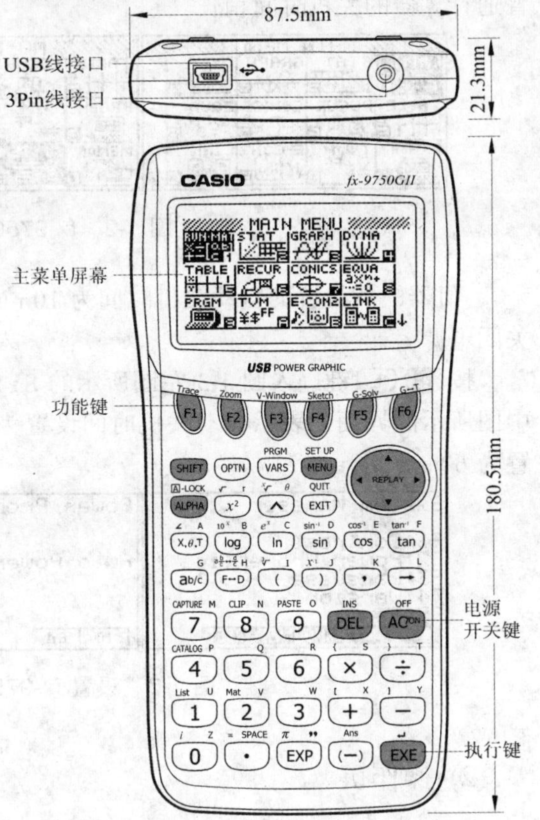

图 1-1　fx-9750GⅡ图形编程计算器的键面

⑦ 两台机器之间的数据通信功能：使用与 fx-5800P 相同的 SB-62 数据线连接两台计算器的 3Pin 口，可以在两台 fx-9750GⅡ之间、fx-9750GⅡ与 fx-9860GⅡ之间、fx-9750GⅡ与 fx-CG20 之间进行数据通信。

1.1 基本操作

1) 电源、开关机操作及自动关机时间的设置

fx-9750GⅡ使用 4 节 7 号电池供电，机器功耗为 0.35W(fx-5800P 的功耗为 0.12W)，新装入的 4 节 7 号电池可供机器连续使用 300h。无论机器使用量如何，每隔 2 年都应更换一次电池，请勿将耗尽电量的电池留在机内，以免电池液泄漏损坏机器。

按 AC/ON 键为打开 fx-9750GⅡ的电源，按 SHIFT OFF 键为关闭电源。对于新机器，按 AC/ON 键开机即进入图 1-2 左图所示的主菜单界面。由于 fx-9750GⅡ能自动记忆关机前的当前模式与屏幕显示，因此按 SHIFT OFF 键，屏幕显示图 1-2 右图所示的关机界面 1s 后才能关机，比普通计算器的关机时间稍长。

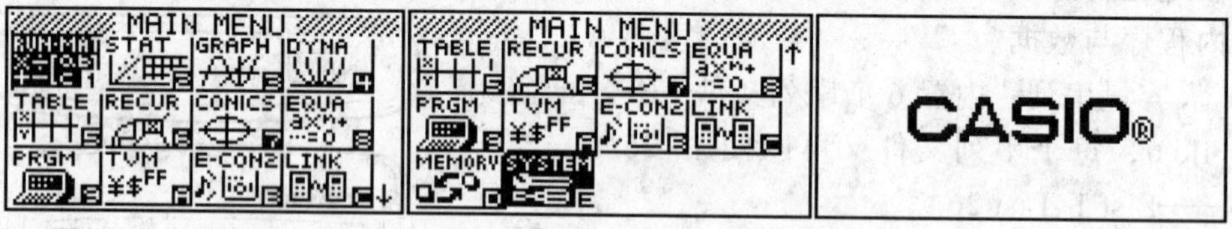

图 1-2　fx-9750GⅡ的开关机界面

机器缺省设置的自动关机时间为 10min，若连续 10min 不进行任何操作，机器将自动关闭电源。

按 MENU E 键进入图 1-3 左图所示的 **SYSTEM** 模式界面，按 F2( ) 键，进入图 1-3 中图所示的界面，表示自动关机时间设置为 10min，或按 F2(60) 键将自动关机时间设置为 60min。

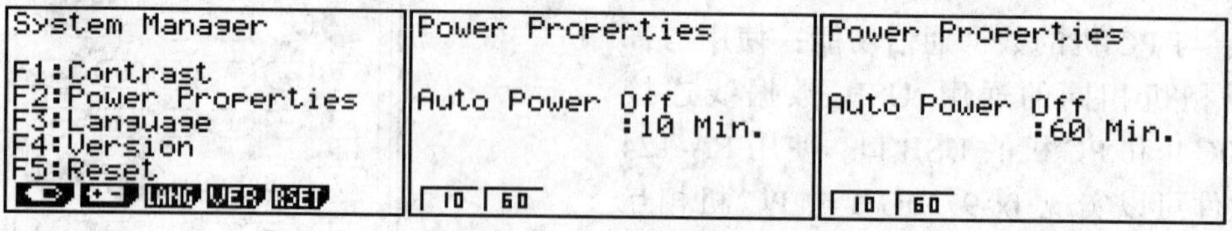

图 1-3　设置 fx-9750GⅡ的自动关机时间

2) 操作键

fx-9750GⅡ键面有 40 个与其他普通计算器基本相同的操作键，每个操作键一般有 1~3 种功能，直接按键为输入键面白色或黑色字符；先按橘黄色键 SHIFT，光标变成闪烁字符 S，再按其余键为输入该键左上方橘黄色字符一次；先按红色键 ALPHA，光标变成闪烁字符 A，再按其余键为输入该键右上方红色字符一次。按键上方的红色字符为 26 个英文字母 A~Z、双引号"、空格、r、θ，若要多次输入这些字符，可先按 SHIFT A-LOCK 键锁定为字母输入状态，此时，光标始终为闪烁字符 A。

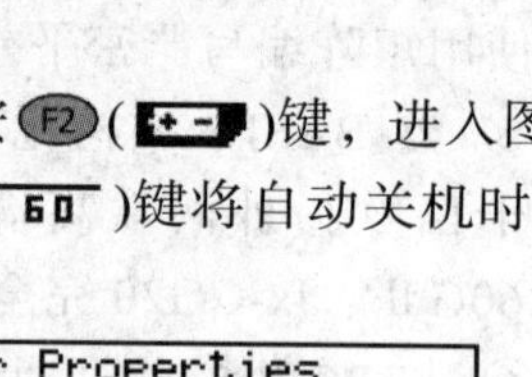

图 1-4　fx-9750GⅡ的按键

以图 1-4 的 log 键为例，在 **RUN·MAT** 模式下，按 log 键

为输入以 10 为底的对数函数 **log**，按 SHIFT log 键为输入指数函数 **10^x**(以后将该按键操作书写为 SHIFT 10^x)，按 ALPHA log 键为输入字母 **B**(以后将该按键操作书写为 ALPHA B)。

EXE 为执行键，如在 **RUN•MAT** 模式下按 EXE 键为执行输入表达式的值并显示其结果；而按 SHIFT ↵ 键为输入回车符↵、执行表达式并换行，但不显示表达式的计算结果；在 **PRGM** 模式的程序编辑状态下按 EXE 键为 s 输入回车符↵。

例如，按 log **100** SHIFT ↵ 键为计算对数函数 $\log_{10}100$ 的值，结果应为 2，但屏幕不显示计算结果，如图 1-5 左图所示；再按 SHIFT 10^x SHIFT Ans EXE 键，结果如图 1-5 右图所示。

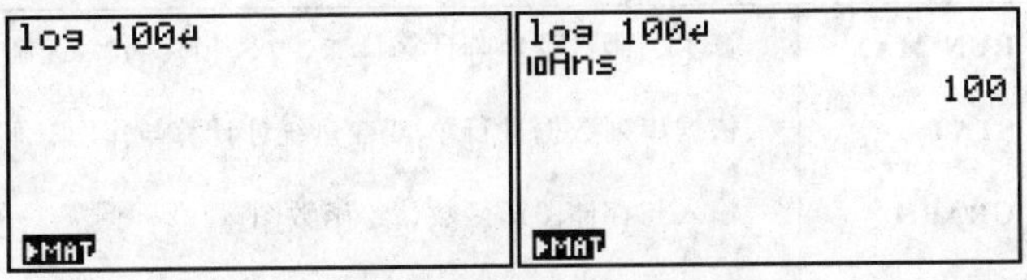

图 1-5　计算对数与指数函数示例

本书约定，为了节省篇幅，凡是键入用于计算的数值(含负号)，直接使用数字而不用方框键。

3) 光标移动与表达式重演键

在一个椭圆盘的四象限位置分布了 4 个光标移动键◀、▶、▲、▼，其中◀与▶兼重演最近计算的表达式功能。表达式重演是指恢复并编辑最近一次按 EXE 键或按 SHIFT ↵ 键计算的表达式。按◀键为使光标位于最近输入表达式的尾部，按▶键为使光标位于最近输入表达式的首部，再按◀、▶、▲或▼键移动光标到表达式需要编辑的字符位置，根据需要，重复按 SHIFT INS 键使光标在覆盖(_)与插入(▌)模式之间切换。当光标为覆盖模式时，新输入的字符将覆盖光标_处的字符；当光标为插入模式时，新输入的字符将插入光标▌处，光标▌后的字符自动后移一个字符位。无论光标位于表达式的何处，按 EXE 键均为立即计算编辑后的表达式值，除非表达式运行出错。

[例 1-1]　计算表达式 $2\times(5.2^2+4)\div(\pi+4)$ 和表达式 $2\times(5.2^2+4)\div(\pi+8)$ 的值。

[解]　按 MENU 1 键进入 **RUN•MAT** 模式；按 AC/ON **2** (**5.2** x^2 + **4**) ÷ (SHIFT π + **4**) EXE 键，计算出第一个表达式的值，结果如图 1-6 左图所示；按◀键重演表达式，光标位于最近输入表达式的尾部，按◀ ◀键移动光标到数字 **4** 处，按 SHIFT INS 键将光标设置为覆盖模式，按 8 键将数字 **4** 修改为数字 **8**，按 EXE 键计算出第二个表达式的值，结果如图 1-6 右图所示。

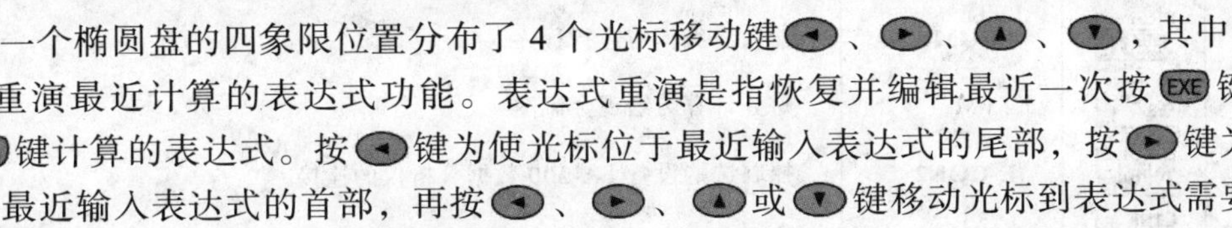

图 1-6　例 1-1 的操作过程

输入表达式计算之前，一般先按 AC/ON 键清除屏幕。

4) 主菜单的操作

按MENU键调出图 1-2 左图所示的主菜单，主菜单共有 14 个图标，分别代表 14 种模式，其功能列于表 1-1。

表 1-1　fx-9750GⅡ的 14 种模式的功能与意义

按键	图标	模式名	功能与意义
1	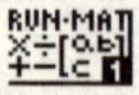	**RUN·MAT**	算术、函数及矩阵计算，二、八、十、十六进制数值计算
2		**STAT**	依据串列数据进行单/双变量统计计算与作图，假设检验与区间估计计算
3		**GRAPH**	输入与存储图形函数，绘函数图
4		**DYNA**	输入与存储动态函数，绘动态函数图
5		**TABLE**	存储函数，改变函数的变量值生成数表，绘数表函数图
6		**RECUR**	存储递归公式，生成不同解的数值表格，绘数表函数图
7		**CONICS**	绘圆锥截面函数图
8	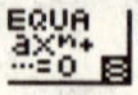	**EQUA**	求 2~6 个未知数的线性方程及一元二～六次方程的数值解
9		**PRGM**	输入、编辑与运行程序
A		**TVM**	财务计算与绘现金流图
B	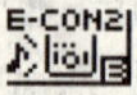	**E-CON2**	控制选购设备 EA-200 数据分析仪的连接
C		**LINK**	两台 fx-9750GⅡ间及 fx-9750GⅡ与 PC 机间的数据通信及通信端口设置
D		**MEM**	检查内存使用情况，删除数据及初始化
E	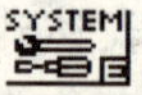	**SYSTEM**	设置屏幕对比度、自动关机时间、语言，显示软件版本号，复位

用户应根据需要在其中选择一种模式才可以开始正常操作，方法有两种：

① 按◄、►、▲或▼键移动光标到需要的模式图标上，此时的模式图标为反白显示，按EXE键选择模式。

② 直接按模式图标右下方数字**(1~9)**或字母**(A~E)**，当按 **A~E** 五个字母键选择模式时，只需直接按A~F字母键选择模式，不需要先按ALPHA键。

5) 功能菜单与功能键

受计算器键面范围与按键数量的限制，在 14 种模式下，fx-9750GⅡ将许多数学函数、程序命令及菜单选项放置在功能菜单中。功能菜单显示于屏幕底部，每屏最多可以显示 6 个功能菜单，分别按屏幕下的F1~F6六个功能键选择。当功能菜单的个数多于 6 个时，F6键上的功能菜单显示为▷，此时，按F6(▷)键为显示下一页功能菜单；当屏幕显示为最后一页功能菜单时，按F6(▷)键为返回第一页功能菜单。不同模式下的功能菜单内容有一定的差异。

1.2 RUN•MAT 模式的基本计算

手动计算一般在 **RUN•MAT** 模式下进行，通过输入表达式进行算术与函数运算。

1) 基本设置

按 [SHIFT] [SET UP] 键，调出图 1-7 所示的 **RUN•MAT** 模式设置菜单，共有 13 项设置，按 [▲] 或 [▼] 键移动光标到需要设置的选项，按 [F1]~[F6] 键选择光标选项的设置内容；完成设置后，按 [EXE] 或 [EXIT] 键退出设置菜单。本节只介绍数值计算所需的基本设置。

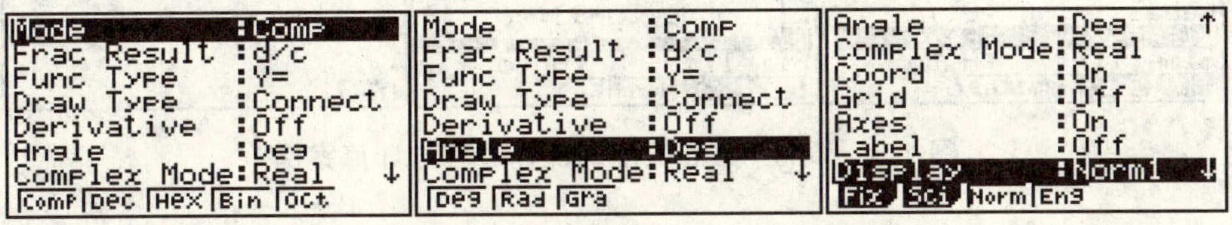

图 1-7 **RUN•MAT** 模式的设置菜单

(1) 数值进制(Mode)

按 [SHIFT] [SET UP] 键，光标自动位于 **Mode** 行，功能菜单如图 1-7 左图所示。机器初始设置为 **Comp** 进制，它是普通进制计算，按 [F1] (Comp) 键为设置 **Comp** 进制。

按 [F2] (Dec) 键为设置十进制计算，按 [F3] (Hex) 键为设置十六进制计算，按 [F4] (Bin) 键为设置二进制计算，按 [F5] (Oct) 键为设置八进制计算。

与普通进制计算不同，二、八、十、十六进制计算的数值只能是整数，不能有小数；不能使用科学函数对二、八、十、十六进制数进行计算。

(2) 角度(Angle)

进行三角函数或微分、积分计算时，应正确设置角度单位。移动光标到 **Angle** 行，功能菜单如图 1-7 中图所示。按 [F1] (Deg) 键为设置十进制度，按 [F2] (Rad) 键为设置弧度，按 [F3] (Gra) 键为设置公制度。

(3) 数值显示格式(Display)

如图 1-7 右图所示，机器初始设置的数值显示格式为 **Norm1**。

① 指定小数位数(**Fix n**)：显示数值在第 **n** 位小数位四舍五入，**n** 应为 **0~9** 之间的整数。

例如，在 **RUN•MAT** 模式下，设置 **Fix 4** 显示的操作过程为：按 [SHIFT] [SET UP] [▲] [▲] [F1] (Fix) [4] [EXE] [EXE] 键，操作过程如图 1-8 左二图所示，按 [AC/ON] **2** [SHIFT] [π] [EXE] 键的结果如图 1-8 右图所示。

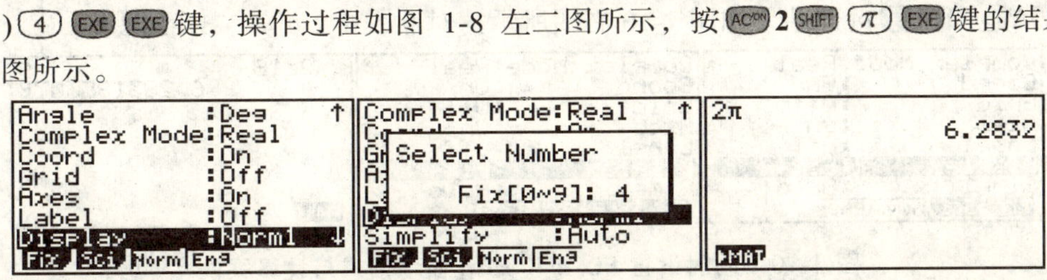

图 1-8 设置 **Fix** 4 显示的操作过程与计算案例

如要取消 **Fix n** 格式显示，应设置 **Norm1** 或 **Norm2** 格式显示。

② 指定有效数位的科学格式(**Sci n**)：按 **n** 位有效数位四舍五入科学格式显示数值，**n** 应为 **0~9** 之间的整数，**n=0** 时表示科学显示的有效数位为 **10**，与 **Fix n** 不同的是，**Sic n** 中的 **n** 包含整数位，整数通常为 **1** 位。

例如，在 **RUN·MAT** 模式下，设置 **Sci 8** 显示的操作过程为：按 SHIFT SET UP ▲ ▲ F2 (Sci) 8 EXE EXE 键设置 **Sci 8** 显示格式，按 AC/ON **100** SHIFT π EXE 键，结果如图 1-9 右图所示。由图可知，8 位有效数位实际包含了 1 位整数位。如要取消 **Sci n** 格式显示，需选择 **Norm1** 或 **Norm2** 格式显示。

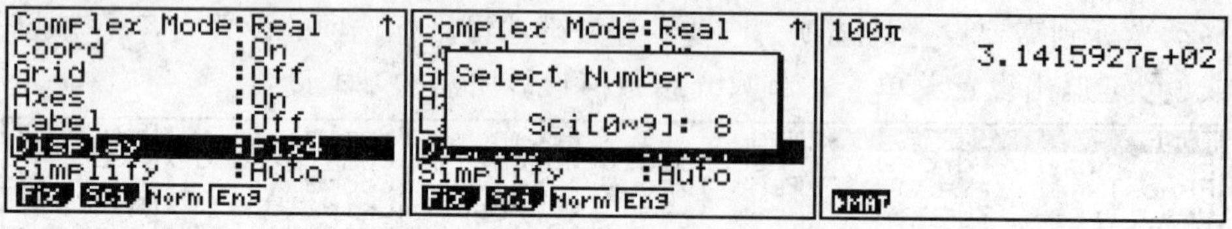

图 1-9　设置 Sci 8 显示的操作过程与计算案例

③ 指定指数显示范围(**Norm**)：重复按 F3 (Norm)键可使显示格式在 **Norm1** 与 **Norm2** 之间切换。

Norm1：小于 10^{-2} 和大于等于 10^{10} 的数值，此记法被自动采用。

Norm2：小于 10^{-9} 和大于等于 10^{10} 的数值，此记法被自动采用。

④ 工学记法显示(**Eng**)：以 10^3 或 10^{-3} 的整数倍指数格式显示，其数字部分的表示范围为 1~999，显示字母的意义列于表 1-2。

表 1-2　11 种工学记法显示字母的意义

序	符号	数值	中文名	序	符号	数值	中文名
1	m	10^{-3}	毫	6	k	10^{3}	千
2	μ	10^{-6}	微	7	M	10^{6}	兆
3	n	10^{-9}	毫微	8	G	10^{9}	千兆
4	p	10^{-12}	微微	9	T	10^{12}	万亿
5	f	10^{-15}	毫微微	10	P	10^{15}	千万亿
				11	E	10^{18}	千兆兆

Eng 显示格式只能与 **Fix n**、**Sci n**、**Norm** 显示格式共同使用，只有重复设置一次 **Eng** 显示格式，才可以取消 **Eng** 显示格式。

图 1-10 为在 **Fix 4** 的基础上，按 F4 (Eng) EXE 键设置工学记法显示，再按 AC/ON SHIFT π × **2** EXP **10** EXE 键，结果如图 1-10 右图所示，对照表 1-2 可知，**E=10^{18}**。

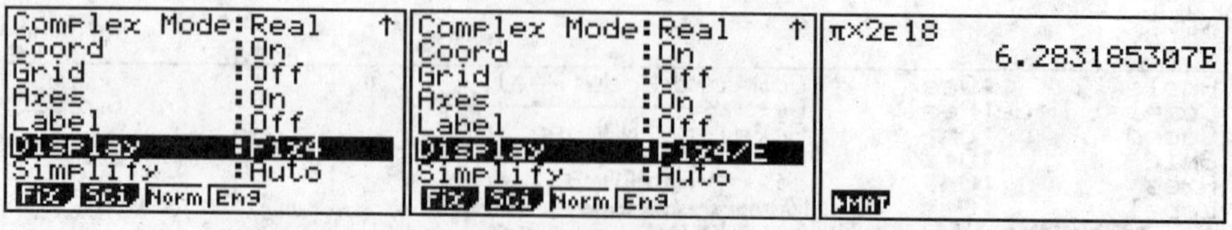

图 1-10　同时设置 Fix 4 和 Eng 显示格式与计算案例

输入表达式时，也可以使用表 1-2 的工学记法显示字母，按 OPTN F6 (▷) F6 (▷) F1 (ESYM)键调出工学记法显示字母功能菜单，共有 3 页功能菜单，按 F6 (▷)键翻页，如图 1-11 所示，每页工学记法显示字母功能菜单都给出了一个表达式计算案例。

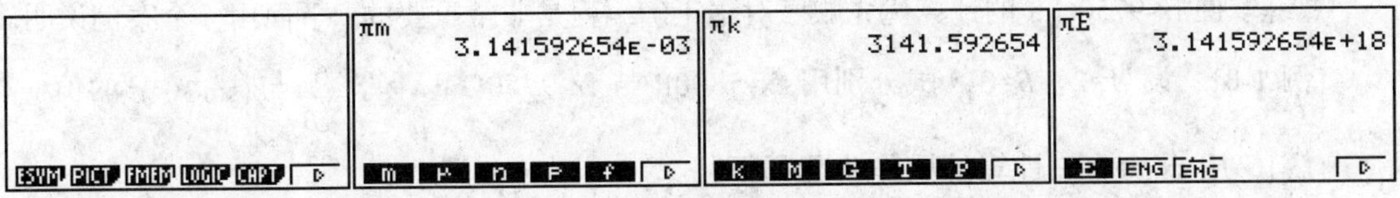

图 1-11　工学记法显示字母功能菜单及使用案例

功能菜单右下角为缺口三角形(如 Fix 与 ESYM)，表示该操作下还有子功能菜单，需要再次按键展开该菜单选择，否则为可立即执行的功能菜单操作，例如 Norm 与 Eng 。

2) 表达式计算

[例 1-2]　计算表达式 2πsin30°÷cos10°÷sin20°的值。

[解]　按 SHIFT SETUP ▼ ▼ ▼ ▼ ▼ F1 (Deg)键设置角度单位为十进制度，按 ▼ ▼ ▼ ▼ ▼ ▼ ▼ F3 (Norm) EXE 键设置 **Norm1** 显示格式，按 AC/ON **2** SHIFT π sin **30** ÷ cos **10** ÷ sin **20** EXE 键，结果如图 1-12 所示。

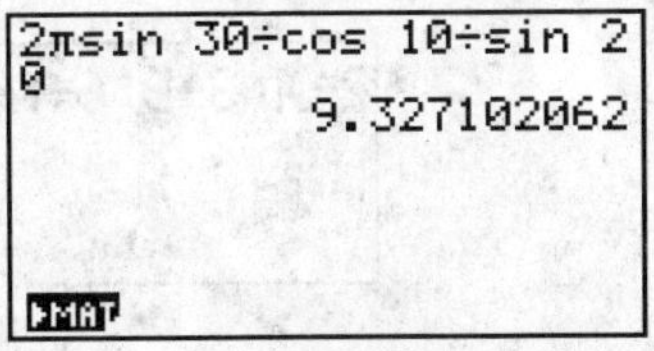

图 1-12　三角函数计算案例

3) 计算的优先顺序

fx-9750GⅡ的计算优先顺序列于表 1-3，优先级别相同时，从表达式的左边向右边执行，先执行括号内的运算，省略乘号的优先级别高于乘号×的优先级别，这一点与 fx-4800P/fx-4850P 相同，但与 fx-5800P 不同。

表 1-3　fx-9750GⅡ计算的优先顺序

优先级	计算类型	函数与运算符号
1	A 型函数	Pol, Rec, d/dx, d^2/dx^2, ∫dx, Σ, Solve, FMin, FMax List→Mat, Fill, Seq, SortA, SortD, Min, Max, Median Mean, Augment, Mat→List, P, Q, R, t RndFix, Logab, List, Mat, fn, Yn, rn, Xtn, Xn
2	B 型函数	x^2, x^{-1}, $x!$, °′″, ENG, °, r, g
3	乘方、方根	^, ˣ√
4	分数	ab/c
5	π、存储器或变量名前省略的乘号、递归、科学常数	π, 5A, Xmin, F Start 等
6	C 型函数	√, ∛, log, ln, e^x, 10^x, sin, cos, tan, sin^{-1}, cos^{-1}, tan^{-1}, sinh, cosh, tanh, $sinh^{-1}$, $cosh^{-1}$, $tanh^{-1}$, (-) BASE-N 模式下的 d, h, b, o, Neg, Not Det, Trn, Dim, Identity, Ref, Rref, Sum, Prod, Cuml, Percent, ⊿List, Abs, Int, Frac, Intg, Arg, Conjg, ReP, ImP
7	A 型函数或 C 型函数前省略的乘号	2√3, Alog2 等
8	排列、组合	nPr, nCr
9	公制转换命令	▶
10	四则运算	×, ÷, Int÷, Rnd, +, -
11	关系运算	=, >, <, ≥, ≤
12	逻辑运算、位运算	And, Or, Not, Xor, or, xor, xnor

☞ fx-5800P 只有 A、B 型函数，而 fx-9750GⅡ则将函数分为 A、B、C 型三种函数。

熟练掌握 fx-9750GⅡ的计算优先顺序对于正确编程是非常重要的，下面用一个案例说明。

[例 1-3]　设 $A=2$，$B=3$，试分别用 fx-5800P 与 fx-9750GⅡ计算 $\frac{6}{AB}$ 与 $(\sin 30°)^2$ 的值。

[解]　用 fx-5800P 计算的操作步骤如下：

按 AC/ON **2** FUNCTION 3 2 ALPHA A SHIFT : **3** FUNCTION 3 2 ALPHA B SHIFT : **6** ÷ ALPHA A ALPHA B EXE 键，结果如图 1-13 左图所示。由于 fx-5800P 中省略乘号与有乘号的运算级别相同，因此机器先计算 **6÷A** 的值，结果为 **3**，再用 **3** 乘以 **B**，结果为 **9**，显然，这不是我们需要的结果。

按 ◀ 键重演表达式，将其修改为图 1-13 中图所示的表达式，按 EXE 键计算，结果如图 1-13 中图所示，这个结果是正确的，这是通过加括弧来改变计算的优先顺序。

按 SHIFT SETUP 3 **(Deg)**键设置角度单位为十进制度，按 AC/ON sin **30**) x^2 EXE 键，结果如图 1-13 右图所示。

图 1-13　用 fx-5800P 计算例 1-3

按 sin 键为输入带括号正弦函数 **sin(**。由于 fx-5800P 中 sin 的运算级别高于平方函数的运算级别，因此机器先计算 **sin(30)**的值，再计算其平方的值，结果如图 1-13 右图所示。

用 fx-9750GⅡ计算本例的操作步骤如下：

按 AC/ON **2** → ALPHA A SHIFT PRGM F6 (▷) F5 (:)**3** → ALPHA B F5 (:)**6** ÷ ALPHA A ALPHA B EXE 键，结果如图 1-14 左图所示；按 ◀ 键重演表达式，将其修改为图 1-14 左二图所示的表达式，按 EXE 键计算，其结果与图 1-14 左图所示的结果相同。

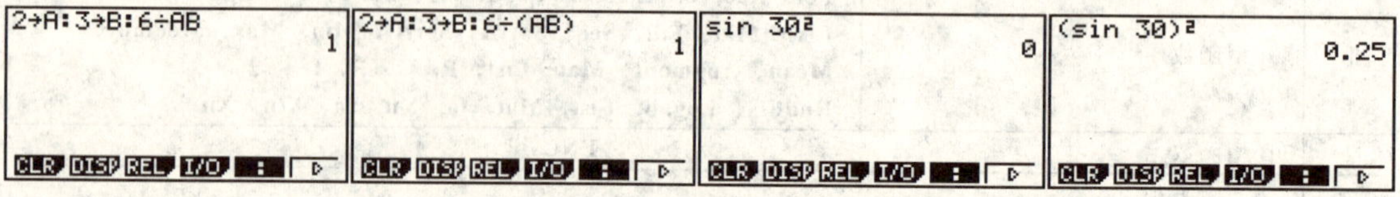

图 1-14　用 fx-9750GⅡ计算例 1-3

由表 1-3 可知，由于省略乘号的运算级别高于有乘号的运算级别，因此机器先计算 **AB** 的值得 **6**，再用 **6** 除以 **6**，结果为 **1**。

按 SHIFT SETUP ▼ ▼ ▼ ▼ ▼ F1 (Deg) EXE 键将角度单位设置为十进制度，按 sin **30** x^2 EXE 键，结果如图 1-14 右二图所示。由表 1-3 可知，由于 fx-9750GⅡ中平方函数的运算级别高于 sin 的运算级别，因此机器先计算 $\mathbf{30^2}$ 得 **900**，再计算 **sin900** 的值，结果为 **0**。显然，这不是我们需要的结果。

按 ◀ 键重演表达式，将其修改为图 1-14 右图所示的表达式，按 EXE 键计算，结果如图 1-14 右图所示。这是通过加括弧来改变计算的优先顺序。

4) 多重表达式的使用

多重表达式是由若干个表达式连接而成的，用于连续计算。如果只需要显示最后一个表达式的结果应使用冒号“:”连接，按[SHIFT] [PRGM] [F6](▷) [F5](:)键输入“:”；而对需要显示计算结果的表达式使用“◢”连接，按[SHIFT] [PRGM] [F5](◢)键输入“◢”。

按[AC/ON] 25 [→] [ALPHA] [A] [SHIFT] [PRGM] [F6](▷) [F5](:) 4 [→] [ALPHA] [B] [F5](:) [ALPHA] [A] [ALPHA] [B] [EXE]键，结果如图 1-15 左图所示；按[◄] [◄] [◄] [◄] [F6](▷) [F6](▷) [F5](◢)键，将表达式修改为图 1-15 左二图所示，按[EXE]键，结果如图 1-15 右二图所示，在结果的下一行显示 “**-Disp-**”字符的意义是表示该结果为多重表达式的中间结果，后面还有未计算的表达式，再按[EXE]键，结果如图 1-15 右图所示。

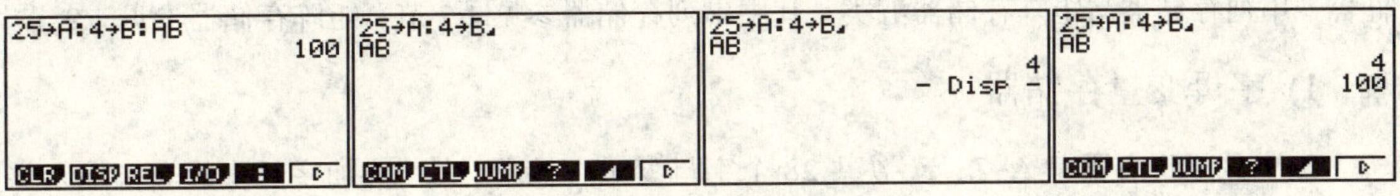

图 1-15　多重表达式计算案例

计算器自动显示最后一个表达式的计算结果，无论它是否使用显示符◢；在多重表达式中，后一个语句不能直接使用前一个语句的执行结果。如按[AC/ON] 123 [×] 456 [SHIFT] [PRGM] [F6](▷) [F5](:) [÷] 5 [EXE]键，屏幕显示句法错误提示“Syntax ERROR”。

5) 分数计算

分数输入键为[a b/c]，按[a b/c]键输入⌟，用于分隔分数的各个部分。带分数的输入格式为：整数[a b/c]分子[a b/c]分母；假分数的输入格式为：分子[a b/c]分母。分数的计算结果可以是假分数，也可以是带分数，应按[SHIFT] [SET UP]键设置分数显示结果，下面以计算表达式$1\frac{2}{3}+2\frac{3}{7}$为例说明。

按[AC/ON] 1 [a b/c] 2 [a b/c] 3 [+] 2 [a b/c] 3 [a b/c] 7 键输入分数表达式，按[SHIFT] [SET UP] [▼] [F1](d/c) [EXE]键设置分数结果为假分数显示，按[EXE]键计算，操作过程如图 1-16 所示。

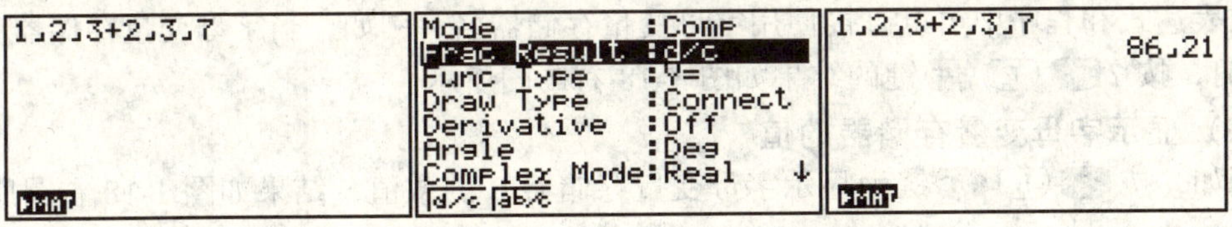

图 1-16　设置分数结果为假分数及计算案例

按[SHIFT] [SET UP] [▼] [F2](ab/c) [EXE]键设置分数结果为带分数显示，按[◄]或[►]键重演上述分数表达式，按[EXE]键计算，结果如图 1-17 左二图所示。

也可以按[SHIFT] [$\frac{a}{b}\leftrightarrow\frac{d}{c}$]键使分数结果在带分数与假分数之间切换，结果如图 1-17 右二图所示；或按[F↔D]键使分数结果在当前分数显示格式与小数之间切换，结果如图 1-17 右图所示。

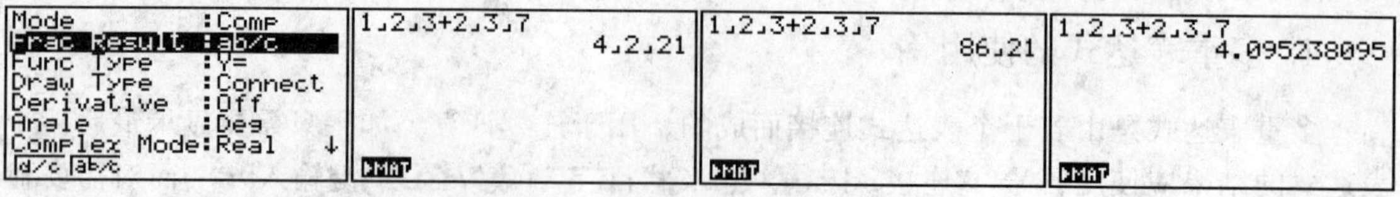

图 1-17　设置分数结果为带分数显示、计算案例及其结果切换

1.3　存储器

fx-9750GⅡ的存储器有很多类型，本书只介绍字母变量存储器、函数存储器、答案存储器、串列存储器与矩阵存储器五类。其中串列存储器参见 1.7 节，矩阵存储器参见 1.9 节。

1) 字母变量存储器

fx-9750GⅡ内置有 **A~Z**，**r**，θ 共 28 个字母变量存储器，按 ALPHA 加字母变量名键输入字母变量存储器名，例如按 ALPHA A 键为输入 **A**，按 ALPHA θ 键为输入 θ。

每个字母变量存储器占用 24 字节内存，28 个字母变量存储器占用 24×28=672 字节；后面将介绍的数值答案存储器 **Ans** 也占用 24 字节内存，一共占用 672+24=696 字节。

每个字母变量存储器可以存储一个 15 位尾数加 2 位指数的数值，该数值可以是实数，也可以为复数。字母变量存储器的赋值命令为**→**，按 → 键输入**→**，字母变量存储器数值可以下传到 FA-124 中保存。

(1) 字母变量存储器的赋值

28 个字母变量存储器都可以单独赋值，对于 **A~Z** 的 26 个字母变量存储器，还可以一次给多个字母变量存储器赋同一个值。

例如，按 AC/ON **5** + **6** → ALPHA G EXE 键的结果如图 1-18 左图所示；按 AC/ON **7** + **8** → ALPHA A ALPHA F3 (~) ALPHA F EXE 键的结果如图 1-18 左二图所示，这是将 7+8 的计算结果同时赋值给 **A**、**B**、**C**、**D**、**E**、**F** 等六个字母变量存储器。

字母变量存储器的内容保持到重新为其赋值为止，按 SHIFT OFF 键关机不改变其内容。

(2) 字母变量存储器的使用

在表达式和程序中可以直接使用字母变量存储器名，例如，当字母变量存储器 **F** 的值为 **15** 时，按 **2** ALPHA F EXE 键的结果如图 1-18 右二图所示。

(3) 显示字母变量存储器的值

例如，按 ALPHA B EXE 键为显示字母变量存储器 **B** 的数值，结果如图 1-18 右图所示。

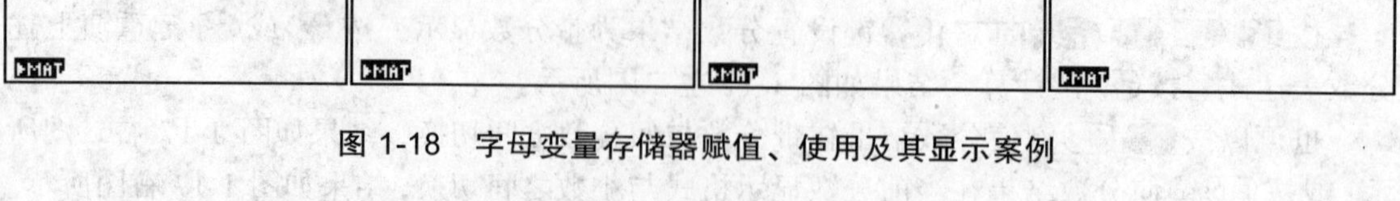

图 1-18　字母变量存储器赋值、使用及其显示案例

(4) 清除字母变量存储器

按 MENU D 键进入 **MEMORY** 模式，光标位于 **ALPHA MEM** 行，按 F1 (SEL) 键选择该行，按 F6 (DEL) F1 键为清除 28 个字母变量存储器，也即将其均赋 0 数值，操作过程如图 1-19 所示。

图 1-19　在 MEMORY 模式下清除字母变量存储器

上述操作只能清除 28 个字母变量存储器，不能清除答案存储器 **Ans**。比较图 1-19 左图与图 1-19 右图可知，清除 28 个字母变量存储器后，其所占用的内存仍然是 696 字节，没有释放。因此，编程中，应尽量多使用字母变量存储器存储数值，以节约内存。

2) 函数存储器

fx-9750GⅡ内置了 20 个函数存储器 $\mathbf{f_1}$~$\mathbf{f_{20}}$，函数存储器可供输入表达式或输入程序时调用，也可以调用函数存储器计算。

(1) 存储表达式到函数存储器

例如，在 **RUN•MAT** 模式下将函数**(A+G)(A−G)**存入函数存储器 $\mathbf{f_{11}}$ 的操作步骤为：按 AC/ON (ALPHA A + ALPHA G) (ALPHA A − ALPHA G) 键输入表达式，按 OPTN F6 (▷) F6 (▷) F3 (FMEM) F1 (STO) 1 1 EXE 键将该表达式存入函数存储器 $\mathbf{f_{11}}$，操作过程如图 1-20 所示。按 EXIT 键为退出图 1-20 右图所示的函数存储器界面。

图 1-20　存储表达式到函数存储器案例

也可以用赋值命令存储表达式到函数存储器。例如，将多重表达式**(A+G)^2→H:H÷2→I◢**存入函数存储器 $\mathbf{f_{12}}$ 的操作步骤为：按 AC/ON ALPHA " (ALPHA A + ALPHA G) x^2 → ALPHA H SHIFT PRGM F6 (▷) F5 (:) ALPHA H ÷ 2 → ALPHA I F6 (▷) F6 (▷) F5 (◢) ALPHA " 键输入双引号括弧的多重表达式，按 → 键输入赋值命令，按 OPTN F6 (▷) F6 (▷) F3 (FMEM) 键调出函数功能菜单，按 F3 (fn) 1 2 EXE 键将该多重表达式存入 $\mathbf{f_{12}}$，操作过程如图 1-21 所示。

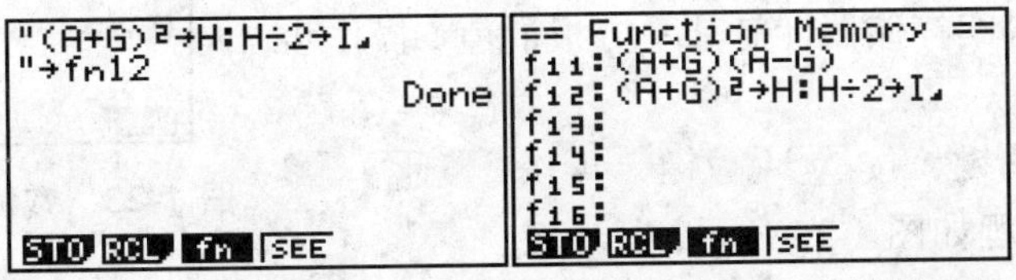

图 1-21　用赋值命令存储多重表达式到函数存储器案例

(2) 调用函数存储器

在 fx-9750GⅡ上手动输入程序时，为了提高输入的效率，可以将程序中经常出现的语句段预先存入某个函数存储器，在需要时调用，此时，函数存储器的功能相当于粘贴板的功能。

在 **RUN•MAT** 模式下，可以执行函数存储器的表达式，但调用函数存储器之前，应先为函数中的变量赋值。以图 1-20 所示的函数存储器 $\mathbf{f_{11}}$ 为例，假设在图 1-18 中已为 **G** 变量赋值 **11**，已为 **A** 变量赋值 **15**，按 [AC/ON] [OPTN] [F6](▷) [F6](▷) [F3](FMEM) [F3](fn) [1] [1] [EXE] 键，结果如图 1-22 左图所示。

也可以按 [AC/ON] [OPTN] [F6](▷) [F6](▷) [F3](FMEM) [F2](RCL) [1] [1] [EXE] 键先调出 $\mathbf{f_{11}}$ 中的表达式内容，按 [EXE] 键计算函数 $\mathbf{f_{11}}$ 的值，操作过程如图 1-22 右三图所示。用户也可以根据需要修改调出的表达式，再按 [EXE] 键计算。

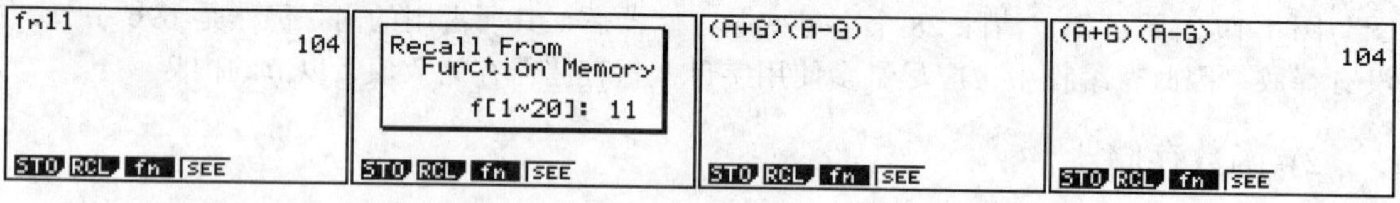

图 1-22 调用函数存储器的表达式计算案例

(3) 显示函数存储器

按 [OPTN] [F6](▷) [F6](▷) [F3](FMEM) [F4](SEE)键显示函数存储器列表，如图 1-21 右图所示，再按 [▼] 或 [▲] 键向下或向上滚动屏幕查看。

(4) 删除函数存储器

按 [EXIT] 键退出函数存储器列表，按 [OPTN] [F6](▷) [F6](▷) [F3](FMEM)键调出函数存储器功能菜单，按 [AC/ON] 键清除屏幕，按 [F1](STO) [1] [1] [EXE] 键清除函数存储器 $\mathbf{f_{11}}$，或按 [ALPHA] [”] [ALPHA] [”] [→] [F3](fn) [1] [1] [EXE] 键也可以清除函数存储器 $\mathbf{f_{11}}$。

3) 数值答案存储器 Ans

答案存储器又分为数值答案存储器、串列答案存储器与矩阵答案存储器三类，本节只介绍数值答案存储器的使用，串列答案存储器与矩阵答案存储器在后面相应章节介绍。

机器将最近一次数值表达式的计算结果存储在数值答案存储器 **Ans** 中，按 [SHIFT] [Ans] 键可输入 **Ans**。可以直接使用+、−、×、÷四则运算或使用 B 型函数对答案存储器 **Ans** 的内容进行计算(也称连续计算)，如要使用 A 型或 C 型函数对 **Ans** 的数值进行计算，则应先输入函数，再按 [SHIFT] [Ans] 键调出 **Ans** 存储器的内容。有关 A、B、C 型函数的分类参见表 1-3。关机或按 [AC/ON] 键不会清除答案存储器的内容。

例如，先计算 **56+74** 的值，然后用答案存储器计算其平方的值，最后用答案存储器计算其平方根的值。操作步骤如下：

按 **56** [+] **74** [EXE] 键，按 [x^2] [EXE] 键，再按 [SHIFT] [√] [SHIFT] [Ans] [EXE] 键，操作过程如图 1-23 所示。

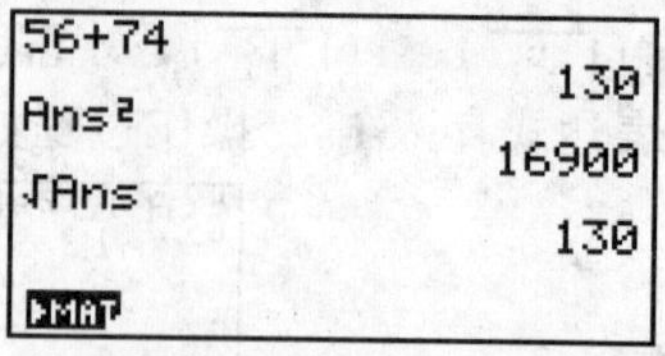

图 1-23 数值答案存储器的使用

用 B 型函数对数值答案存储器进行计算时，机器自动调出 **Ans** 符号。

1.4 角度设置与三角函数计算

如无特别说明，本节的案例均为在 **RUN·MAT** 模式下进行。

1) 角度设置

按 SHIFT SET UP 键调出模式设置菜单，按 ▼ ▼ ▼ ▼ ▼ 键移动光标到 **Angle** 行(如图 1-7 中图所示)，按 F1 (Deg)键为将角度单位设置为十进制度 **Deg**，按 F2 (Rad)键为将角度单位设置为弧度 **Rad**，或按 F3 (Gra)键为将角度单位设置为公制度 **Gra**，完成角度单位设置后，按 EXE 或 EXIT 键退出设置菜单。

中文彩色图形编程计算器 fx-CG20 有像 fx-5800P 那样的状态栏，而 fx-9750GⅡ没有状态栏，所示无法从屏幕的显示状态判断已设置的当前角度单位。

2) 三角函数计算

fx-9750GⅡ没有像 fx-5800P 那样的六十进制角度输入键 ° ' "，当需要输入六十进制角度时，应按 OPTN F6 (▷) F5 (ANGL)键调出角度功能菜单，按 F4 (° ' ")键输入 ° 来分隔六十进制角度的度、分、秒值。

[例 1-4] 计算 sin61°6′16″的值，并用 $\sin^{-1}$ 检核计算结果的正确性。

[解] 按 SHIFT SET UP ▼ ▼ ▼ ▼ ▼ F1 (Deg) EXE 键设置角度单位为十进制度 **Deg**;

按 AC/ON sin **61** OPTN F6 (▷) F5 (ANGL) F4 (° ' ") **6** F4 (° ' ") **16** F4 (° ' ") EXE 键;

按 SHIFT $\sin^{-1}$ SHIFT Ans EXE 键，求出的角度值是以十进制度为单位，按 F5 (▸° ' ")键将其变换为六十进制角度显示，操作过程如图 1-24 所示。

图 1-24 正、反三角函数计算案例

3) 六十进制角度与弧度的相互变换

[例 1-5] 将弧度 π÷6.16 变换为六十进制角度。

[解] 按 SHIFT SET UP ▼ ▼ ▼ ▼ ▼ F1 (Deg) EXE 键将角度单位设置为 **Deg**;

按 AC/ON (SHIFT π ÷ **6.16**) OPTN F6 (▷) F5 (ANGL) F2 (r) EXE 键，按 F5 (▸° ' ")键将其变换为六十进制角度显示，操作过程如图 1-25 所示。

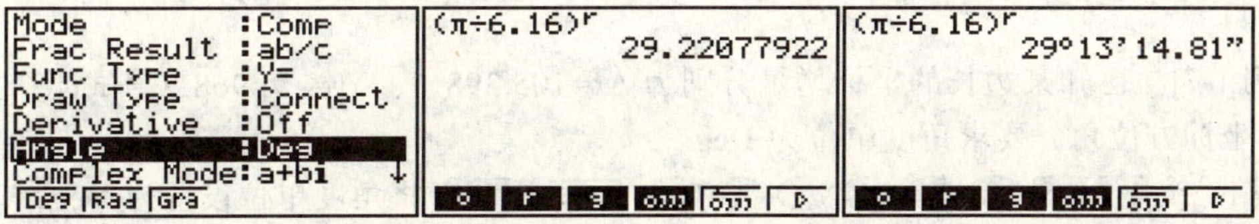

图 1-25 将弧度转换为六十进制角度案例

[例 1-6]　将六十进制角度 61°6′16″变换为弧度。

[解]　按 SHIFT SETUP ▼ ▼ ▼ ▼ ▼ F2 (Rad) EXE 键将角度单位设置为 **Rad**；

按 AC/ON **61** OPTN F6 (▷) F5 (ANGL) F4 (°′″) **6** F4 (°′″) **16** F4 (°′″) F1 (°) EXE 键，操作过程如图 1-26 所示。

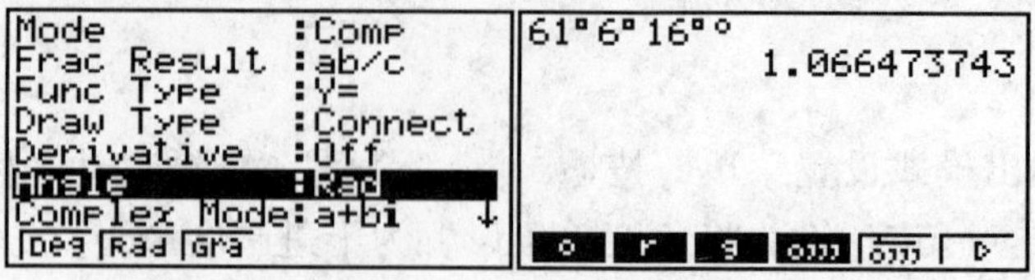

图 1-26　将六十进制角度转换为弧度案例

4) 直角坐标与极坐标函数

极坐标函数 **Pol**(与直角坐标函数 **Rec**(位于功能菜单 ANGL 下，按 OPTN F6 (▷) F5 (ANGL) F6 (▷) 键可调出。

Pol($\Delta x,\Delta y$)为计算极坐标分量 r、θ，其中 r 值存储在串列答案存储器 **List Ans[1]**单元，θ 值存储在 **List Ans[2]**单元，称 θ 为辐角。在图 1-27 所示的高斯平面直角坐标系中，θ 的零方向为+x 轴方向，取值范围为 0°~±180°。当坐标增量方向位于Ⅰ、Ⅱ象限时，$\theta>0°$；当坐标增量方向位于Ⅲ、Ⅳ象限时，$\theta<0°$；因此，辐角 θ 与其坐标方位角 α 的关系为：当 $\theta>0°$ 时，$\alpha=\theta$；当 $\theta<0°$时，$\alpha=\theta+360°$。

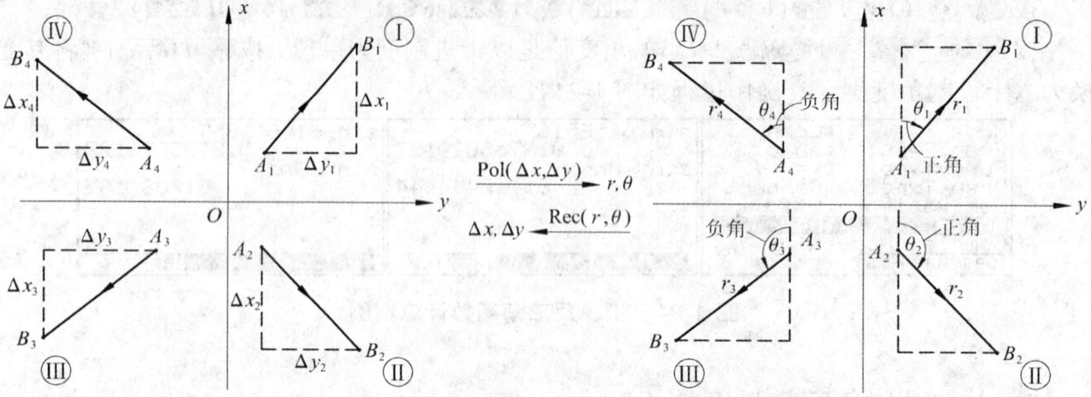

图 1-27　在高斯平面直角坐标系中 Pol 函数计算结果的意义

Rec(r,θ)或者 **Rec**(r,α)为计算直角坐标分量 Δx、Δy，其中 Δx 值存储在 **List Ans[1]**单元，Δy 值存储在 **List Ans[2]**单元。

☞ 在 fx-5800P 中，**Pol**($\Delta x,\Delta y$)或 **Rec**(r,θ)函数的计算结果分别存储在字母变量 **I** 与 **J** 中。

[例 1-7]　已知某边长的坐标增量分别为 Δx=105.398 6、Δy=-74.968 2，试计算其水平距离和坐标方位角，要求角度单位为 **Deg**。

[解]　按 SHIFT SETUP ▼ ▼ ▼ ▼ ▼ F1 (Deg) EXE 键将角度单位设置为 **Deg**；

按 AC/ON OPTN F6 (▷) F5 (ANGL) F6 (▷) F1 (Pol() **105.3986** , **-74.9682**) EXE

键，其结果存储在串列答案存储器中，如图 1-28 左二图所示，光标位于 **List Ans[1]**单元，其值 **129.3410062** 为极坐标分量 r；按 ▼ 键移动光标到 **List Ans[2]**单元，其值**-35.42358396** 为极坐标分量 θ，它是以十进制度为单位的角度值。

因为 **List Ans[2]**单元的辐角 $\theta<0°$ ，所以还应加 360°才能得到边长的方位角。按 AC/ON 键清除屏幕，按 SHIFT List SHIFT Ans SHIFT [2 SHIFT] + **360** F3 (▶DMS) EXE 键计算边长的方位角，结果如图 1-28 右图所示。

图 1-28　使用极坐标函数 Pol 计算案例

也可以用功能菜单输入串列符 **List**，按 OPTN F1 (LIST) F1 (List) 键输入 **List**。

[例 1-8]　将水平距离为 r=129.341m、方位角为 α=324°34′35.1″的极坐标变换为直角坐标。

[解]　按 SHIFT SET UP ▼ ▼ ▼ ▼ ▼ F1 (Deg) EXE 键将角度单位设置为 **Deg;**

按 AC/ON OPTN F6 (▷) F5 (ANGL) F6 (▷) F2 (Rec() **129.341** , **324** F6 (▷) F4 (°′″) **34** F4 (°′″) **35.1** F4 (°′″)) EXE 键，其结果存储在串列答案存储器中，如图 1-29 右二图所示，光标位于 **List Ans[1]**单元，其值 **105.3985957** 为直角坐标分量 Δx，按 ▼ 键移动光标到 **List Ans[2]**单元，其值**-74.96819524** 为直角坐标分量 Δy。

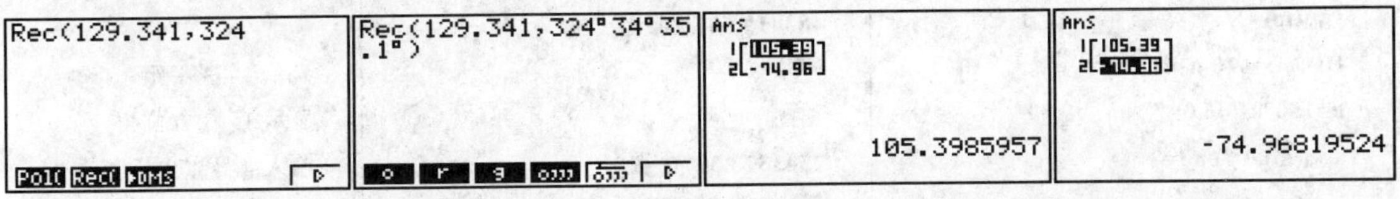

图 1-29　使用直角坐标函数 Rec 计算案例

[例 1-9]　编程计算表 1-4 中 1 号点分别至 2、3、4、5 号点的边长与方位角，要求方位角以六十进制角度显示。

表 1-4　计算边长与方位角案例

点号	x（m）	y（m）	起讫点号	D_{0j}（m）	α_{0j}（°′″）
1	2 543 885.634	483 114.471			
2	2 544 281.739	483 592.881	1→2	621.108 1	50°22′35.6″
3	2 543 356.668	483 419.507	1→3	610.616 1	150°01′46.09″
4	2 543 373.397	482 385.189	1→4	891.200 9	234°54′58.89″
5	2 543 968.103	483 005.750	1→5	136.460 2	307°10′54.11″

程序名：Q1V1，216 字节，光盘源程序文件为“\CH1\Q1V1.g1m”。

"x/y→HD/α Q1V1"↵　　　　显示程序标题

Deg:Fix 4↵	设置角度单位与显示格式
"x_{star}(m)="?→A:"y_{star}(m)="?→B↵	输入起点 x,y 坐标
Lbl 0:"x_{end}(m),0⇒end="?→C↵	输入端点 x 坐标
C=0⇒Goto E↵	判断是否结束程序
"y_{end}(m)="?→D↵	输入端点 y 坐标
Pol(C−A,D−B)↵	计算平距与辐角
List Ans[2]→J:J<0⇒J+360→J↵	转换辐角为方位角
"HD(m)=":List Ans[1]◢	显示平距
"α=":J▶DMS◢	显示方位角
Goto 0↵	重复输入下一个端点的坐标
Lbl E:"Q1V1⇒End"	程序结束显示

按 MENU 9 键进入 **PRGM** 模式，运行程序 Q1V1，屏幕提示与用户操作过程如下：

屏幕提示	按键	说明
x/y→HD/α Q1V1		显示程序标题
x_{star}(m)=?	**2543885.634** EXE	输入 1 号点坐标
y_{star}(m)=?	**483114.471** EXE	
x_{end}(m),0⇒end=?	**2544281.739** EXE	输入 2 号点坐标
y_{end}(m)=?	**483592.881** EXE	
HD(m)=621.1081	EXE	显示 1→2 平距
α=50°22′35.6″	EXE	显示 1→2 方位角
x_{end}(m),0⇒end=?	**2543356.668** EXE	输入 3 号点坐标
y_{end}(m)=?	**483419.507** EXE	
HD(m)=610.6161	EXE	显示 1→3 平距
α=150°01′46.09″	EXE	显示 1→3 方位角
x_{end}(m),0⇒end=?	**2543373.397** EXE	输入 4 号点坐标
y_{end}(m)=?	**482385.189** EXE	
HD(m)=891.2009	EXE	显示 1→4 平距
α=234°54′58.89″	EXE	显示 1→4 方位角
x_{end}(m),0⇒end=?	**2543968.103** EXE	输入 5 号点坐标
y_{end}(m)=?	**483005.75** EXE	
HD(m)=136.4602	EXE	显示 1→5 平距
α=307°10′54.11″	EXE	显示 1→5 方位角
x_{end}(m),0⇒end=?	**0** EXE	输入 0 结束程序
Q1V1⇒End		程序结束显示

以为字母变量 **A** *输入数值为例，fx-5800P 有*?**A** *与*?→**A** *两种字母变量输入语句。当执行*?**A** *语句时，机器提示变量* **A** *的当前值，可以输入新数值后按* EXE *键，也可以直接按* EXE *键使用变量* **A** *的当前值；当执行*?→**A** *语句时，机器不提示变量* **A** *的当前数值，必须输入新数值后按* EXE *键，直接按* EXE *键机器不动作。*

fx-9750GⅡ *只有*?→**A** *一种字母变量输入语句，因此执行程序 Q1V1 输入起点或端点的坐标时，程序不显示变量的当前值。*

1.5 求解、微分、积分与求和计算

求解、微分、积分、最小、最大与求和函数位于功能菜单 CALC 下，按 OPTN F4 (CALC) 键调出功能菜单，结果如图 1-30 所示。

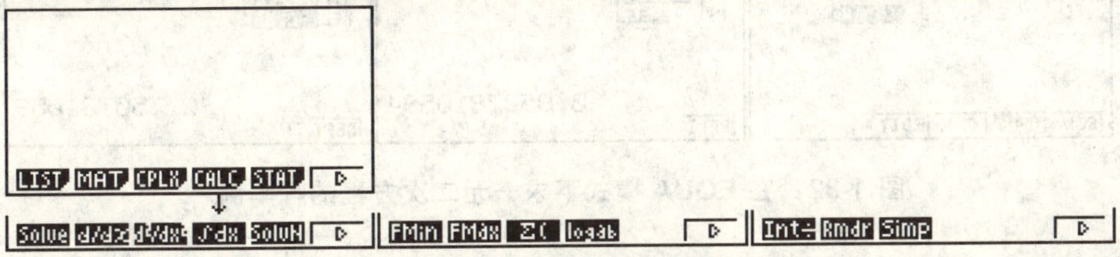

图 1-30　CALC 功能菜单

除求和函数Σ外，求解、微分、积分、最小、最大函数中的自变量只能是字母变量 **X**，当函数中出现其他变量 **A~Z**，**r**，**θ** 时，机器自动作为常数处理，计算时，用其当前值代入。按 X,θ,T 键或 ALPHA X 键输入 **X**。

1) 求解——Solve

计算一元二次方程或一元三次方程 $f(x)=0$ 的实数解。

句法：**Solve(f(X),n,a,b)**

f(X)不能含有 **Solve**、**d/dx**、$\mathbf{d^2/dx^2}$、**FMin**、**FMax** 与Σ函数，**n** 为解的初始估计值，**a** 为解的下限值，**b** 为解的上限值，要求 **a<b**，其中的 **n**、**a**、**b** 可以是数值，也可以为 **X** 以外的字母变量；也可以省略 **a**、**b** 值。

[例 1-10]　已知一元二次方程 $2x^2+3x-4=0$ 两个解的近似值分别为 $\mathbf{X_1=0.8}$，$\mathbf{X_2=-2}$，试用 **Solve** 函数计算该方程解的精确值。

[解]　按 AC/ON OPTN F4 (CALC) F1 (Solve) **2** X,θ,T x^2 + **3** X,θ,T − **4** , **0.8**) EXE 键计算方程的第一个解，结果如图 1-31 左图所示；按 ◀ 键重演上述表达式，将解的初始估计值 **0.8** 修改为 **-2**，按 EXE 键计算方程的第二个解，结果如图 1-31 右图所示。

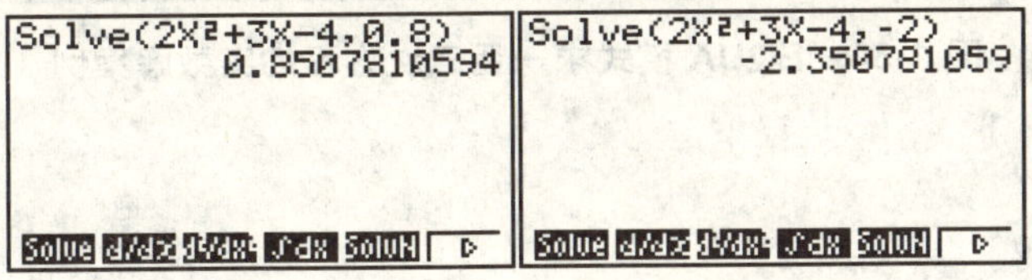

图 1-31　求一元二次方程的解案例

因为求解函数 **Slove** 要求预先知道解的初始估计值，所以使用该函数解方程并不方便。

在 fx-9750GⅡ的 **EQUA** 模式下，可以求一元二次 ~ 六次方程的解及求具有 2~6 个未知数的线性方程组的解。在 **EQUA** 模式下求解例 1-10 方程解的操作步骤如下：

按 MENU 8 键进入图 1-32 左上图所示的 **EQUA** 模式，按 F2 (POLY) F1 (2) 键选择一元二次方程，按 **2** EXE **3** EXE **-4** EXE 键输入方程式的三个系数值，按 F1 (SOLV) 或 EXE 键求方程的数值解，按 ▼ 键移动光标显示方程的第二个解，操作过程如图 1-32 所示。

图 1-32　在 EQUA 模式下求一元二次方程的解案例

[例 1-11]　在 **EQUA** 模式下求一元三次方程 $x^3+2x^2+3x+4=0$ 的三个解。

[解]　按 MENU 8 键进入 **EQUA** 模式，按 F2 (POLY) F2 (3) 键选择一元三次方程，按 **1** EXE **2** EXE **3** EXE **4** EXE 键输入方程式的四个系数值，按 SHIFT SET UP ▼ ▼ ▼ F2 (a+bi) EXE 键设置复数为直角坐标格式显示，按 F1 (SOLV) 或 EXE 键求方程的数值解，操作过程如图 1-33 所示。由图 1-33 可知，该方程只有一个实数解，另外两个解为一对共轭复数解。

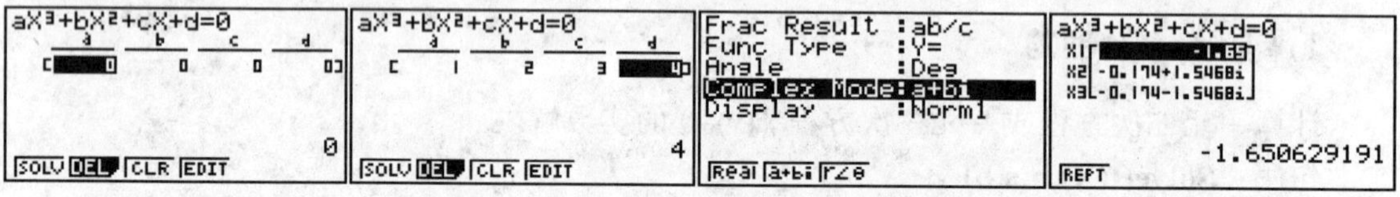

图 1-33　EQUA 模式解一元三次方程案例

按 EXIT 键返回图 1-33 左二图所示的界面，按 SHIFT SET UP ▼ ▼ ▼ F1 (Real) EXE 键设置复数为实数格式显示，按 F1 (SOLV) 或 EXE 键求方程的实数解，操作过程如图 1-34 所示。

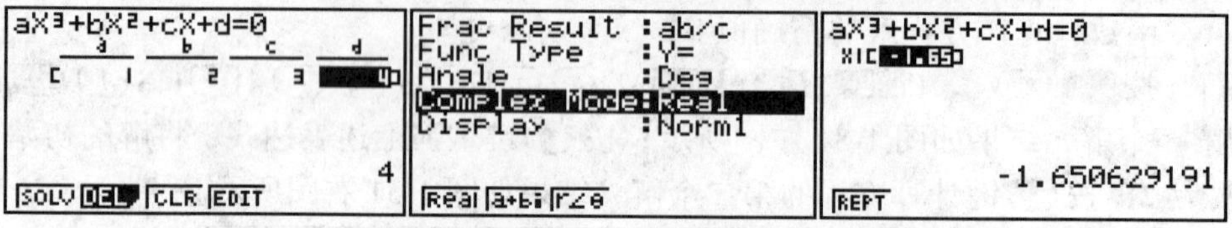

图 1-34　EQUA 模式求一元三次方程的实数解案例

2) 微分

句法：一次微分 **d/dx(f(X),a,tol)**，二次微分 **d^2/dx^2(f(X),a,tol)**

f(X) 中不能含有 **Solve**、**d/dx**、**d^2/dx^2**、**FMin**、**FMax**、Σ、**RndFix**、**log$_a$b** 函数，**a** 为微分计算点，应为实数或 **X** 以外的字母变量，**tol** 为公差，是一个很小的数，如 **1×10^{-5}**，可以省略公差，当省略时，机器自动取一个适当的数作为 **tol**。当微分计算的函数式中含有三角函数时，应将角度单位设置为弧度。

[例 1-12]　分别计算标准正态概率密度函数 $f(x)=\frac{1}{\sqrt{2\pi}}\mathrm{e}^{-\frac{x^2}{2}}\mathrm{d}x$ 在 $x=2$ 处的一次微分与二次微分值。

[解] 按 MENU 1 键进入 **RUN•MAT** 模式，按 AC/ON OPTN F4 (CALC) F2 (d/dx) **1** a b/c SHIFT √ (**2** SHIFT π) SHIFT e^x ((−) X,θ,T x^2 a b/c **2**) , **2**) EXE 键，结果如图 1-35 左图所示。

按 ▶ 键重演表达式，光标位于一次微分 **d/dx** 处，按 SHIFT INS 键将光标状态设置为覆盖模式，按 F3 (d²/dx²)键将 **d/dx** 修改为 $\mathbf{d^2/dx^2}$，按 EXE 键，结果如图 1-35 右图所示。

图 1-35 一次微分与二次微分计算案例

3) 积分

fx-9750GⅡ只能使用高斯–克朗罗德法则计算函数的数值积分。

句法：$\int$**(f(X), a, b, tol)**

f(X)中不能含有 **Solve**、**d/dx**、$\mathbf{d^2/dx^2}$、**FMin**、**FMax**、**Σ**、**RndFix**、$\mathbf{log_ab}$ 函数，**a** 为积分下限，**b** 为积分上限，**a** 与 **b** 应为实数或 **X** 以外的字母变量，**tol** 为公差，是一个很小的数，如 $\mathbf{1\times10^{-5}}$，可以省略公差，当省略时，机器自动取一个适当的数作为 **tol**。当函数 **f(X)** 比较复杂时，积分计算可能需要较长时间，按 AC/ON 键为中断积分计算。当积分函数 **f(X)**中含有三角函数时，应将角度单位设置为弧度。

[例 1-13] 计算标准正态分布密度函数的积分 $\int_{-2}^{2}\frac{1}{\sqrt{2\pi}}e^{-\frac{x^2}{2}}dx$。

[解] 按 OPTN F4 (CALC) F4 (∫dx) **1** a b/c SHIFT √ (**2** SHIFT π) SHIFT e^x ((−) X,θ,T x^2 a b/c **2**) , **-2** , **2**) EXE 键，结果如图 1-36 左图所示。

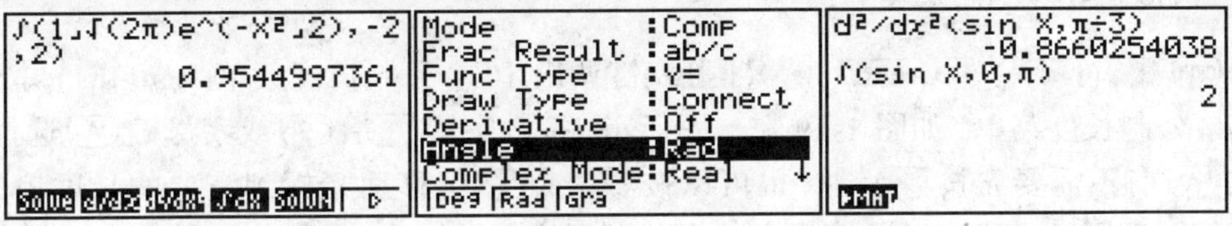

图 1-36 标准正态分布密度函数的积分与三角函数积分计算案例

[例 1-14] 试计算 $\left.\frac{d^2\sin x}{dx^2}\right|_{x=\frac{\pi}{3}}$ 与 $\int_0^{\pi}\sin x dx$ 的值。

[解] 按 SHIFT SET UP ▼ ▼ ▼ ▼ ▼ F2 (Rad) EXE 键设置角度单位为弧度 **Rad**，结果如图 1-36 中图所示；按 AC/ON OPTN F4 (CALC) F3 (d²/dx²) sin X,θ,T , SHIFT π ÷ **3**) EXE 键，结果如图 1-36 右图所示；按 OPTN F4 (CALC) F4 (∫dx) sin X,θ,T , **0** , SHIFT π) EXE 键，结果如图 1-36 右图所示。

4) 求和

计算数列函数 $\mathbf{a_K}$ 在变量 **K** 取值范围为(α, β)，步长为 **n** 的和。

句法：∑(a$_K$,K,α,β,n)

数列函数 **a$_K$** 中不能含有 **Solve**、**d/dx**、**d^2/dx^2**、**FMin**、**FMax**、Σ、**RndFix**、**log$_a$b** 函数，式中 **K** 为数列函数 **a$_K$** 中的唯一自变量，**K** 可以是 **A~Z** 变量中的任意字母，α 与 β 应为整数，且 α<β，当步长 **n=1** 时，可以省略 **n**。

[例 1-15]　计算 $\sum_{x=2}^{6}\left(x^2-3x+5\right)$ 的值，步长 n=1。

[解]　按 OPTN F4 (CALC) F6 (▷) F3 (Σ( ) X,θ,T x² − 3 X,θ,T + 5 , X,θ,T , 2 , 6) EXE 键，结果如图 1-37 所示。

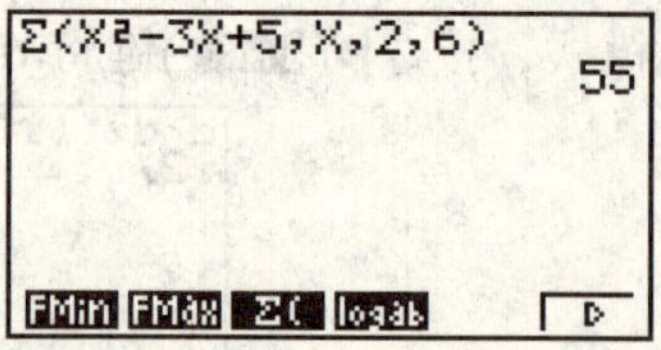

图 1-37　计算数列函数和案例

1.6　长度、面积、体积单位的换算

按 OPTN F6 (▷) F1 (CONV) 键调出图 1-38 所示的单位功能菜单，共有 3 页功能菜单，按 F6 (▷) 键为向下循环翻页。本节只介绍第一页的长度、面积与体积单位功能菜单，其余如时间、温度、速度、质量、力、压力、能量与功率单位功能菜单请参见 fx-9750GⅡ 软件说明书。

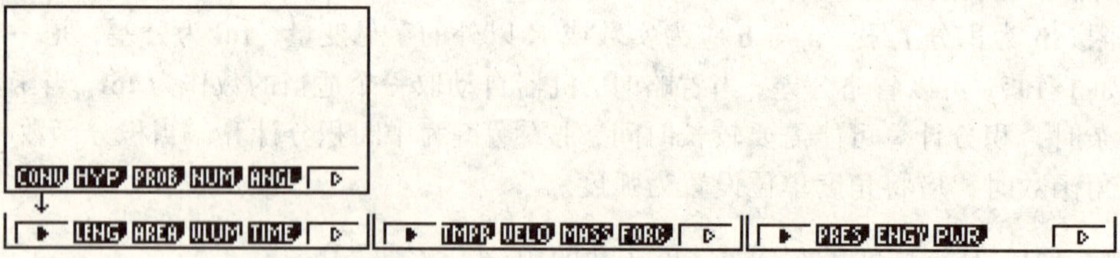

图 1-38　按 OPTN F6 F1 键调出的单位功能菜单

1) 长度单位功能菜单

按 OPTN F6 (▷) F1 (CONV) F2 (LENG) 键调出 10 个公制长度菜单(**Length1**)，按 ▲ 键显示其余公制长度菜单，如图 1-39 左二图所示，按数字键 1 ~ 9 或字母键 A 选择单位，字母键 A 前不需要先按 ALPHA 键，也可以按 ▲ 或 ▼ 键移动光标到需要的长度单位后按 EXE 键选择(后同)；继续按 ▶ 键调出 8 个英制长度菜单(**Length2**)，按 ▲ 键显示其余英制长度菜单，如图 1-39 右二图所示，按数字键 1 ~ 8 选择单位。各种长度单位的意义列于表 1-5。

句法：[长度单位 1]▶[长度单位 2]，按 F1 (▶) 键输入单位转换命令▶。

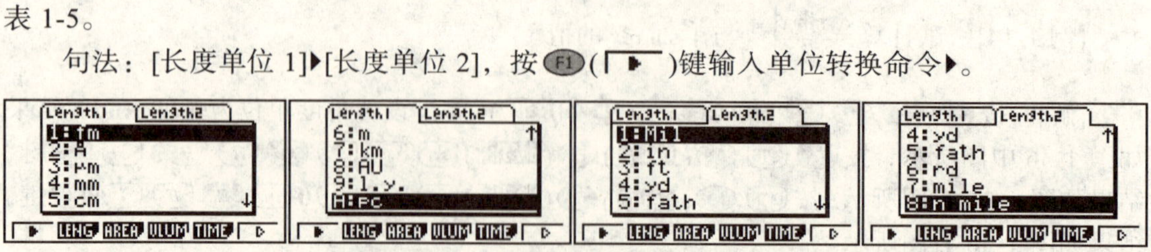

图 1-39　公制与英制长度单位菜单

表 1-5　长度单位的输入与意义

Length1			Length2		
选择键	屏幕显示	中文名	选择键	屏幕显示	中文名
1	[fm]	费米,1fm=10^{-13}cm	1	[Mil]	千分之一寸,1Mil=10^{-3}in
2	[Å]	埃	2	[in]	英寸
3	[μm]	微米	3	[ft]	英尺
4	[mm]	毫米	4	[yd]	码,1yd=91.44cm
5	[cm]	厘米	5	[fath]	英寻(测水深单位),1fath≈6ft
6	[m]	米	6	[rd]	杆,1rd≈5.5yd
7	[km]	公里	7	[mile]	英里,1mile=1.609344km
8	[AU]	天文单位(日地平均距离)	8	[n mile]	海里,1n mile=1.852km
9	[l.y.]	光年			
A	[pc]	秒差距			

[例 1-16]　试计算 1AU 等于多少 km？ 1ft 等于多少 m？

[解]　按 SHIFT SET UP ▲ ▲ F3 (Norm) EXE 键设置数值显示格式为 **Norm1**，按 AC/ON 1 OPTN F6 (▷) F1 (CONV) F2 (LENG) ◀ 8 F1 (▶) F2 (LENG) 7 EXE 键，结果如图 1-40 左图所示，按 AC/ON 1 F2 (LENG) ▶ 3 F1 (▶) F2 (LENG) ◀ 6 EXE 键，结果如图 1-40 右图所示。

图 1-40　长度单位换算案例

2) 面积单位功能菜单

按 OPTN F6 (▷) F1 (CONV) F3 (AREA) 键调出图 1-41 左图所示的 4 个公制面积菜单(**Area1**)，按数字键 1～4 选择单位；继续按 ▶ 键调出图 1-41 右图所示的 5 个英制面积菜单(**Area2**)，按数字键 1～5 选择单位。各种面积单位的意义列于表 1-6。

句法：[面积单位 1]▶[面积单位 2]，按 F1 (▶) 键输入单位换算命令▶。

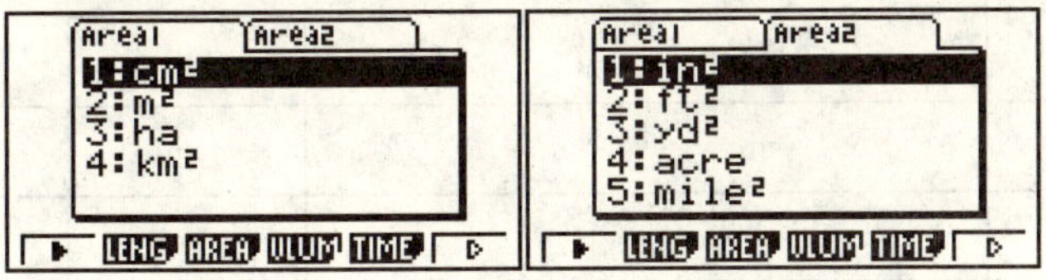

图 1-41　公制与英制面积单位菜单

表 1-6　面积单位的输入与意义

Area1			Area2		
选择键	屏幕显示	中文名	选择键	屏幕显示	中文名
1	[cm^2]	平方厘米	1	[in^2]	平方英寸
2	[m^2]	平方米	2	[ft^2]	平方英尺
3	[ha]	公顷,1ha=10000m^2	3	[yd^2]	平方码
4	[km^2]	平方公里	4	[acre]	英亩
			5	[$mile^2$]	平方英里

[例 1-17]　试计算 1ha 等于多少 km^2？1acre 等于多少 m^2？

[解]　按 AC/ON 1 OPTN F6(▷)F1(CONV)F3(AREA)◀ 3 F1(▶)F3(AREA) 4 EXE 键，结果如图 1-42 左图所示，按 AC/ON 1 F3(AREA)▶ 4 F1(▶)F3(AREA)◀ 2 EXE 键，结果如图 1-42 右图所示。

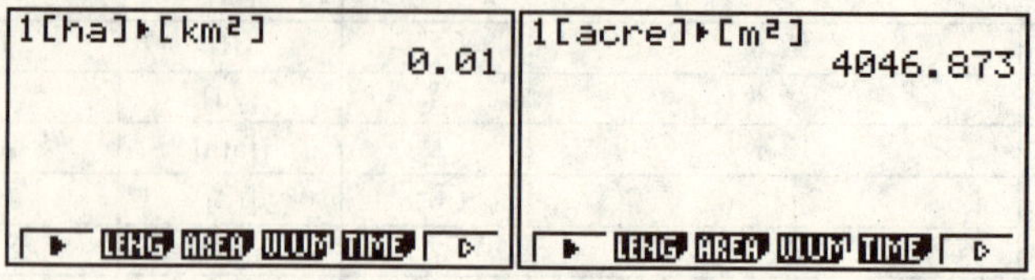

图 1-42　面积单位换算案例

3) 体积单位功能菜单

按 OPTN F6(▷)F1(CONV)F4(VLUM)键调出 10 个公制与英制体积菜单(**Volume1**)，按▲键显示其余公制与英制体积菜单，如图 1-43 左二图所示，按数字键 1～9 或字母键 A 选择单位；继续按▶键调出图 1-43 右图所示的 5 个医用体积菜单(**Volume2**)，按数字键 1～5 选择单位。各种体积单位的意义列于表 1-7。

句法：[体积单位 1]▶[体积单位 2]，按 F1(▶)键输入单位转换命令▶。

图 1-43　公制、英制与医用体积单位菜单

表 1-7　体积单位的输入与意义

Volume1			Volume2		
选择键	屏幕显示	中文名	选择键	屏幕显示	中文名
1	[cm^3]	立方厘米	1	[pt]	品脱(医用)，1pt=0.4731765L
2	[mL]	毫升	2	[qt]	夸脱(医用)，1qt=0.9463529L
3	[L]	升	3	[tsp]	茶匙(医用)，1tsp=4.928922mL
4	[m^3]	立方米	4	[tbsp]	汤匙(医用)，1tbsp=14.78676mL
5	[in^3]	立方英寸	5	[cup]	杯(医用)，1cup=0.2365882L
6	[ft^3]	立方英尺			
7	[fl_oz(UK)]	盎司(英)			
8	[fl_oz(US)]	液量盎司(美)			
9	[gal(US)]	加仑(美)			
A	[gal(UK)]	加仑(英)			

[例 1-18]　试计算 1L 等于多少 m^3？1gal(US)等于多少 gal(UK)？1gal(US)等于多少 L？

[解]　按 AC/ON 1 OPTN F6(▷)F1(CONV)F4(VLUM)◀ 3 F1(▶)F4(VLUM) 4 EXE 键，结果如图 1-44 左图所示，按 AC/ON 1 F4(VLUM) 9 F1(▶)F4(VLUM) A EXE 键，

结果如图 1-44 中图所示，按 ◄ DEL F4 (VLUM) 3 EXE 键，结果如图 1-44 右图所示。

图 1-44　体积单位换算案例

1.7　STAT 模式及统计与回归计算

按 MENU 2 键进入图 1-45 所示的 **STAT** 模式界面。**STAT** 模式界面由串列与功能菜单组成，串列用于存储用户输入的数据，通过操作功能菜单对串列数据进行统计与回归计算。

串列是用于存储多个数据项的表列存储器，每个串列单元可以存储一个 15 位尾数加 2 位指数的实数，或存储一个复数。每存储一个实数需要占用 12 字节内存，每存储一个复数需要占用 24 字节内存。

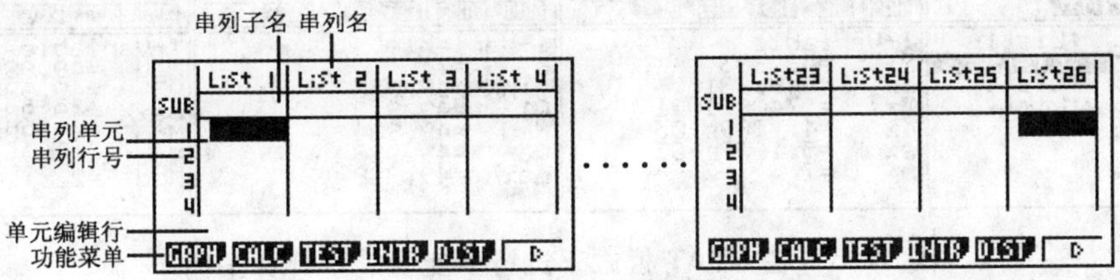

图 1-45　STAT 模式界面

用 fx-9750GⅡ编写大型程序时，仅仅使用 **A~Z**，**r**，θ 等 28 个字母变量存储器是远远不够的。例如，工程编程计算器 fx-5800P 除有 26 个字母变量存储器 **A~Z** 外，还可以通过执行 **n→DimZ** 语句定义 n 个额外变量存储器，额外变量存储器名为 **Z[1]**，**Z[2]**，……，**Z[n]**，或者使用三个统计串列 **List X**，**List Y**，**List Freq** 存储程序运行数据[6, 14]；而图形编程计算器 fx-9750GⅡ只有 28 个字母变量存储器 **A~Z**，**r**，θ，不能定义额外变量存储器，如要编写大型程序，只能使用串列存储程序运行的数据。

fx-5800P 只有 **List X**，**List Y** 与 **List Freq** 三个统计串列，而 fx-9750GⅡ内置了 **File 1~File 6** 六个串列文件，每个串列文件又内置了 26 个串列 **List 1~List 26**，也即用户共可以使用 26×6=156 个串列存储数据。由于 fx-9750GⅡ可以通过通信软件 FA-124 与 PC 机通信，串列数据可以上传到 FA-124 中并输出为 CSV 格式的逗号分隔文件保存。

众所周知，可以用 MS Excel 打开与编辑 CSV 格式文件，也可以在 MS Excel 输入串列数据，并另存为 CSV 格式文件。在 MS Excel 中，A~Z 列的数据与 fx-9750GⅡ串列中的 List 1~List 26 列的数据相对应。

在 fx-9750GⅡ程序中，可以通过执行 **n→Dim List 1** 语句定义串列 **List 1** 的维数为 n，用于存储 n 个数值，n 的值最大可以为 999。当每个串列单元都存储一个实数时，定义 **List 1** 为 999 行需要占用 999×12=11988 字节内存，若将 **List 1~List 6** 都定义为 999 行，则需要占用 6×999×12=71928 字节内存，这显然已经超出了机器可供用户使用的最大内存数 62000

字节。因此，编程时应根据计算的需要定义各串列的维数，当程序不再需要已定义的串列时，应执行 **ClrList m** 语句清除 **List m** 串列的定义(m 为 1~26 间的任意整数)，以释放被 **List m** 串列占用的内存空间。

1) 单变量统计计算

(1) 在 STAT 模式下进行单变量统计计算

[例 1-19] 用 50m 钢尺丈量某段距离 7 次的长度分别为 49.988m、49.988m、49.975m、49.981m、49.978m、49.987m、49.984m，求该距离的平均值、一次丈量的样本中误差与平均值的中误差。

[解] 按 MENU 1 键进入 **RUN•MAT** 模式，按 SHIFT PRGM F6(▷) F1(CLR) F3(List) EXE 键执行 **ClrList** 命令，清除当前串列文件，结果如图 1-46 左上图所示。

按 MENU 2 键进入 **STAT** 模式，光标自动位于 **List 1[1]**单元，如图 1-46 左上二图所示。

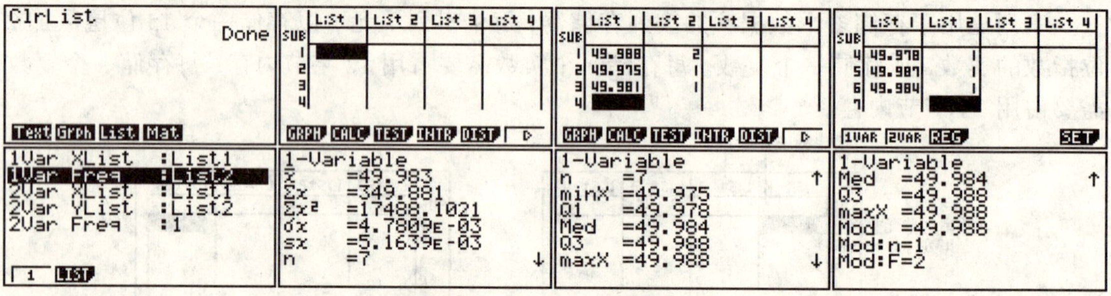

图 1-46 在 STAT 模式下进行单变量统计计算案例

按 **49.988** EXE 键输入第一个长度值，按 ▶ 键移动光标到 **List 2[1]**单元，按 **2** EXE 键输入第一个长度值的频率；按 ◀ 键移动光标到 **List 1[2]**单元，按 **49.975** EXE **49.981** EXE **49.978** EXE **49.987** EXE **49.984** EXE 键依次输入余下的 5 个长度值，按 ▶ 键移动光标到 **List 2[2]**单元，按 **1** EXE **1** EXE **1** EXE **1** EXE **1** EXE 键依次输入余下 5 个长度值的频率，结果如图 1-46 右上二图所示。

按 F2(CALC)键进入图 1-46 右上图所示的统计功能菜单。

按 F6(SET) F1(LIST) 1 EXE 键，设置单变量观测值串列为 **List 1**；按 ▼ 键移动光标到频率行"**1Var Freq**"，按 F2(LIST) 2 EXE 键，设置单变量观测频率值串列为 **List 2**；结果如图 1-46 左下图所示，按 EXE 键返回图 1-46 右上图的统计功能菜单。

按 F1(1VAR)键进行单变量统计计算，结果如图 1-46 左下二图所示，按 ▼ 键向下移动光标显示其余结果。

由图 1-46 左下二图可知，7 次距离的平均值为 $\bar{x}=49.983$m，每次丈量的样本中误差 $sx=\pm5.1639\times10^{-3}$m=5.1639mm。

根据误差理论[3, 18]，7 次距离平均值中误差的计算公式为 $m_{\bar{x}}=\frac{sx}{\sqrt{n}}$，计算 $m_{\bar{x}}$ 的操作步骤为：按 MENU 1 键进入 **RUN•MAT** 模式，按 VARS F3(STAT) F1(X)键调出单变量统计变量功能菜单，按 F6(▷) F1(sx) ÷ SHIFT √ F6(▷) F1(n) EXE 键计算 7 次距离平均值的中误差，操作过程如图 1-47 所示。

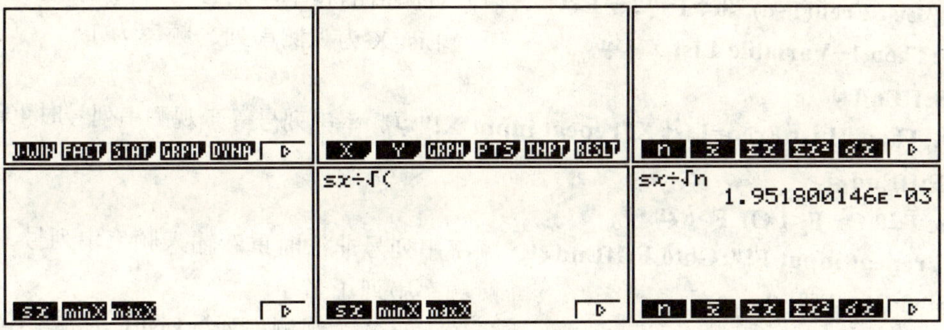

图 1-47　在 RUN•MAT 模式下计算平均值的中误差

（2）编程进行单变量统计计算

上述案例是在 **STAT** 模式下完成单变量统计计算后，再进入 **RUN•MAT** 模式计算样本平均值的中误差。实际上，可以在 **PRGM** 模式下编程进行单变量统计计算，这就需要在程序中用语句完成样本数据串列的设置及统计计算。

① 单变量统计计算语句。

句法 1：**1−Variable List X,List Freq**

句法 2：**1−Variable List X,1**

其中 **X=1~6**，为 X 观测值串列号，**Freq=1~6**，为频率值串列号。句法 2 适用于频率均为 1 的单变量统计计算。

在 **PRGM** 模式的程序编辑状态下，按 F4 (MENU) F1 (STAT) F6 (CALC) 键调出图 1-48 右图所示的统计计算语句功能菜单，按 F1 (1VAR) 键输入 **1−Variable** 语句。

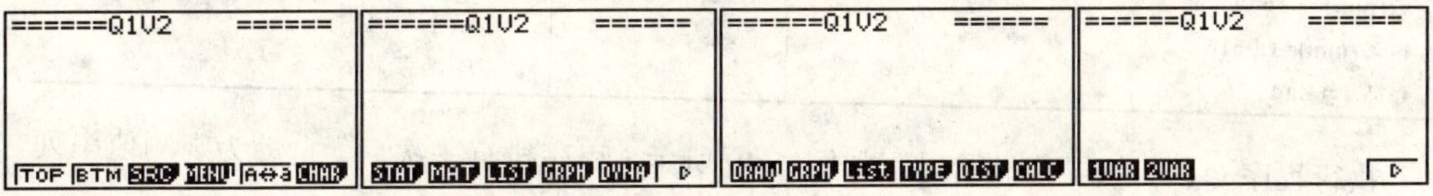

图 1-48　在 PRGM 模式下输入统计计算命令的功能菜单

② 单变量统计变量的输入。

按 VARS F3 (STAT) F1 (X) 键调出单变量统计变量功能菜单，操作过程如图 1-47 所示。

③ 程序案例。

下面的程序 Q1V2 能自动计算单变量观测的平均值、一次观测样本中误差与平均值的中误差。

程序名：Q1V2，356 字节，光盘源程序文件为“\1 章\Q1V2.g1m”。

```
"x/Freq⇒x̄/sx/m/x̄  Q1V2"↵                 显示程序标题
Lbl X:"List X(1~6)="?→X↵                  输入观测值串列号
If Frac X≠0 Or X<1 Or X>6↵                判断输入观测值串列号是否合法
Then "repeat input X!":Goto X:IfEnd↵      观测值串列号非法时重新输入观测值串列号
"D(m)"→List X[0]↵                         赋观测串列子名
```

Lbl F:"List Freq(1~6),<0⇒1="?→F↵	输入观测值的频率串列号,小于 0 的数为 1
If F<0:Then 1−Variable List X,1↵	设置 List X 为观测串列，频率为 1
Goto S:IfEnd↵	
If F=X:Then "List Freq=List X, repeat input X!"↵	频率串列号等于观测串列号时重输
Goto F:IfEnd↵	
If Frac F≠0 Or F<1 Or F>6↵	
Then "repeat input F!":Goto F:IfEnd↵	频率串列号非法时重新输入频率串列号
"Freq"→List F[0]↵	赋频率串列子名
1−Variable List X,List F↵	设置 List X 为观测串列，List F 为频率串列
Lbl S:Norm 1:"n=":n◢	显示样本数
Fix 4:"x̄(m)="x̄◢	显示样本平均值
"sx(mm)=":1000sx◢	显示样本中误差
"mx̄(mm)=":1000sx÷√n◢	显示样本平均值的中误差
"Q1V2⇒End"	程序结束显示

假设样本观测值已输入 **List 1** 串列，频率已依次输入 **List 2** 串列；按 MENU 9 键进入 **PRGM** 模式，执行程序 Q1V2，屏幕提示与用户操作过程如下：

屏幕提示	按键	说明
x/Freq⇒x̄/sx/mx̄ Q1V2		显示程序标题
List X(1~6)=?	**1** EXE	输入观测值串列号
List Freq(1~6),0⇒1=?	**2** EXE	输入频率串列号
n=7	EXE	显示样本数
x̄(m)=49.9830	EXE	显示样本平均值
sx(mm)=5.1640	EXE	显示样本中误差
mx̄(mm)=1.9518	EXE	显示平均值中误差
Q1V2⇒End		程序结束显示

执行程序 Q1V2 的屏幕显示过程如图 1-49 所示，程序执行一次后，自动为观测值串列与频率串列添加子名，结果如图 1-49 右图所示。

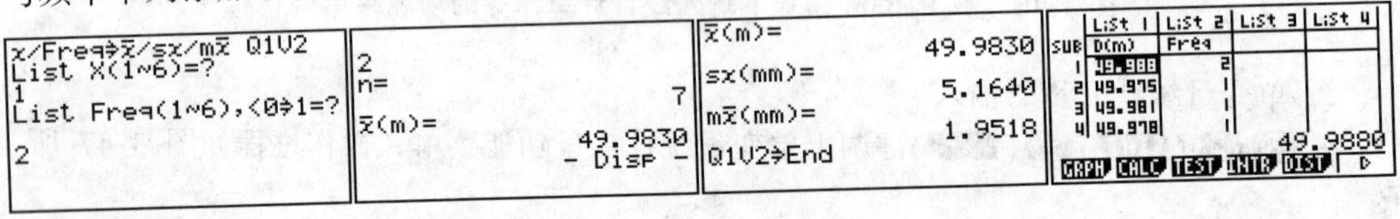

图 1-49　执行程序 Q1V2 计算例 1-19 的操作过程

2) 串列的显示与基本设置

在 **STAT** 模式下，用户可以"开/关"串列子名行，设置当前串列文件、串列单元的数值显示格式与角度单位。

(1) 串列子名显示(Sub Name)

如图 1-49 右图所示，串列子名是用于说明串列数据意义的字符串，是否为串列输入子名字符或串列子名是否打开对统计计算结果的正确性没有影响。为一个已定义维数的串列赋子名，对串列的数据没有影响；为一个没有定义维数的空串列赋子名，则该串列的维数自动变为 1，且第一行单元[1]的数值自动赋缺省值 0。

串列子名字符串最多为 8 位字符，凡是按键可以输入的字符都可以作为子名字符，通过执行程序为串列子名赋字符串，还可以输入更加丰富的字符作为串列子名。串列子名的单元号为[0]，在程序中应使用字符串赋值语句为串列子名赋值，例如，为 **List 3** 子名赋字符串“**sin 1234567**”的语句为

"sin 1234567"➔List 3[0]

这里的 **sin** 为按 (sin) 键输入的正弦函数 **sin** 符号，机器将 **sin** 作为一个字符看待。

可以根据需要打开或关闭串列子名。按 MENU (2) 键进入 **STAT** 模式，当串列子名行为“开”时，屏幕只能显示 **List 1~List 4** 串列 4 行单元的内容，如图 1-50 左上图所示；按 SHIFT SET UP ▼ ▼ ▼ F2 (Off) EXE 键为关闭串列子名，此时，屏幕显示 **List 1~List 4** 串列 5 行单元的内容，结果如图 1-50 右上图所示。关闭串列子名只是不显示串列子名行，并没有删除串列子名中的字符串，只需再次打开即可显示串列子名中的字符串。

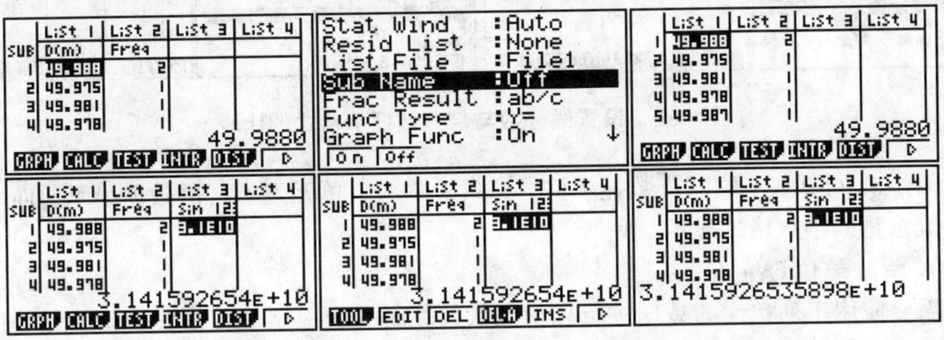

注：15 位尾数含小数点

图 1-50　开/关串列子名与以 15 位尾数显示串列单元数值的操作过程

按 ◀ 或 ▶ 键为横向移动光标显示其余串列的内容，按 ▼ 或 ▲ 键为纵向移动光标显示串列其余行的内容。功能菜单上面一行称为当前串列单元内容显示与单元编辑行，简称单元编辑行。

串列单元只显示 6 位数字，包括负号、小数点位与指数符 **E**，单元编辑行最多可以 10 位尾数加 2 位指数显示当前单元的数值，而在主内存中却是以 15 位尾数加 2 位指数存储串列单元的数值，串列数值计算也是按该精度进行的。若将串列数据下传到 FA-124 中，每个单元数值都是 15 位尾数加 2 位指数的完整数值。

例如，移动光标到 **List 3[1]**单元，按 SHIFT (π) (X) (1) (EXP) (1) (0) EXE 键在该单元输入表达式 $\pi\times10^{10}$，再按 ▲ 键移动光标到 **List 3[1]**单元，按 F6 (▷)(EDIT) 键即可以 15 位尾数加 2 位指数显示，操作过程如图 1-50 下图所示。

(2)　设置当前串列文件(List File)

在 **STAT** 模式下，按 SHIFT SET UP 键调出图 1-51 左二图所示的设置菜单，按 ▼ ▼ 键移动行光标到 **List File** 行，按 F1 (FILE) (2) EXE EXE 键选择 **File 2** 为当前串列文件，操作过程如图 1-51 所示。机器内置有 **File 1~ File 6** 六个串列文件，按 (1) ~ (6) 键进行选择。用户只能在 **File 1~ File 6** 六个串列文件中选择一个串列文件作为当前串列文件。

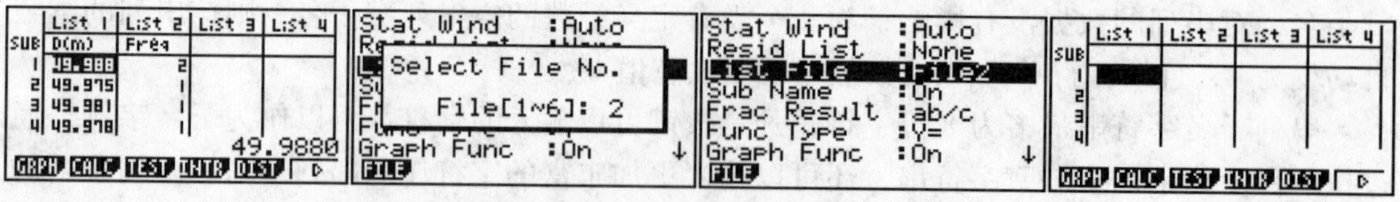

图 1-51　设置 File 2 为当前串列文件的操作过程

(3) 分数显示(**Frac Result**)

按 MENU 2 键进入 **STAT** 模式，按 SHIFT SET UP ▼ ▼ ▼ ▼ 键移动行光标到 **Frac Result** 行，按 F1 (d/c) EXE EXE 键设置假分数显示格式；光标位于在 **List 1[1]** 单元，按 **25⌟3** EXE 键输入一个假分数，结果如图 1-52 左二图所示；按 SHIFT SET UP ▼ ▼ ▼ ▼ F2 (ab/c) EXE EXE 键设置带分数显示格式，结果如图 1-52 右图所示。

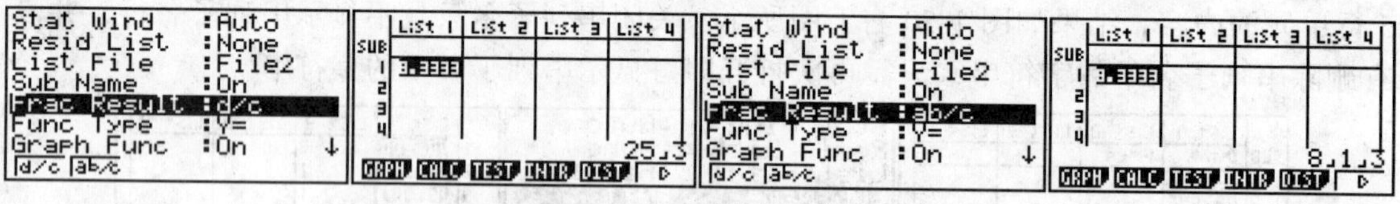

图 1-52　设置假分数与带分数显示格式的比较

由图 1-52 可知，不同的分数显示格式，只影响串列单元编辑行的数值显示，而串列单元的数值总是以小数格式显示。

(4) 角度单位(**Angle**)

当需要使用串列单元的数据进行三角函数计算时，应根据需要设置串列单元的角度单位。在 **STAT** 模式下，按 SHIFT SET UP ▲ ▲ ▲ ▲ ▲ ▲ ▲ ▲ 键移动行光标到 **Angle** 行，按 F1 (Deg) 键为设置角度单位 **Deg**，按 F2 (Rad) 键为设置角度单位 **Rad**，按 F3 (Gra) 键为设置角度单位 **Gra**，如图 1-53 左图所示。

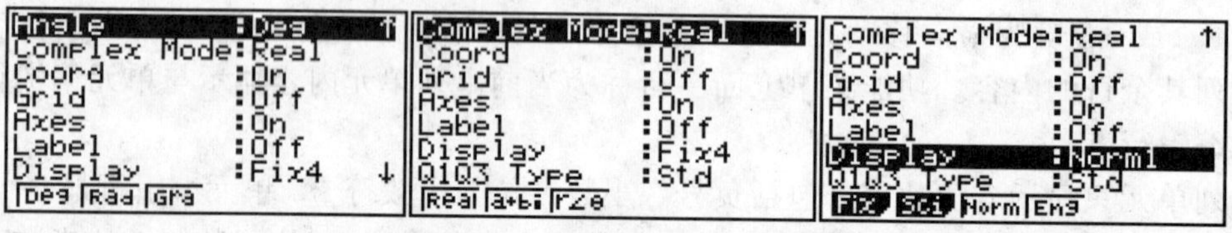

图 1-53　设置角度单位、复数显示格式、数值显示格式界面

(5) 复数显示格式(**Complex Mode**)

当需要存储复数到串列单元时，应根据需要设置复数显示格式。在 **STAT** 模式下，按 SHIFT SET UP ▲ ▲ ▲ ▲ ▲ ▲ ▲ 键移动行光标到 **Complex Mode** 行，按 F1 (Real) 键为设置复数为实数显示，按 F2 (a+bi) 键为设置复数为直角坐标格式显示，按 F3 (r∠θ) 键为设置复数为极坐标格式显示，如图 1-53 中图所示。

(6) 数值显示格式(**Display**)

在 **STAT** 模式下，按 SHIFT SET UP ▲ ▲ 键移动行光标到 **Display** 行，按 F1 (Fix) 0 ~ 9 EXE 键为设置固定小数位格式显示，按 F2 (Sci) 0 ~ 9 EXE 键为设置固定数据位科学格式显示，按 F3 (Norm) 键为在 **Norm1** 与 **Norm2** 格式间切换，按 F4 (Eng) 键为增加工

程格式显示，如图 1-53 右图所示。

3) 串列的定义与单元值的输入

(1) STAT 模式数值的输入方法

在 **STAT** 模式下，可以移动光标到串列子名单元、串列名或串列单元上。

以 **List 1** 为例，当串列子名打开、光标位于 **List 1[1]**单元时，按[▲]键移动光标到子名 **List 1[0]**单元，按[SHIFT] [A-LOCK] [Y] [E] [A] [R] [EXE]键输入子名字符 **YEAR**，光标自动下移到 **List 1[1]**单元，结果如图 1-54 左图所示；按 **2007**[EXE]**2008**[EXE]**2009**[EXE]键输入 3 个数值，同时也将 **List 1** 的维数定义为 3，结果如图 1-54 左二图所示。

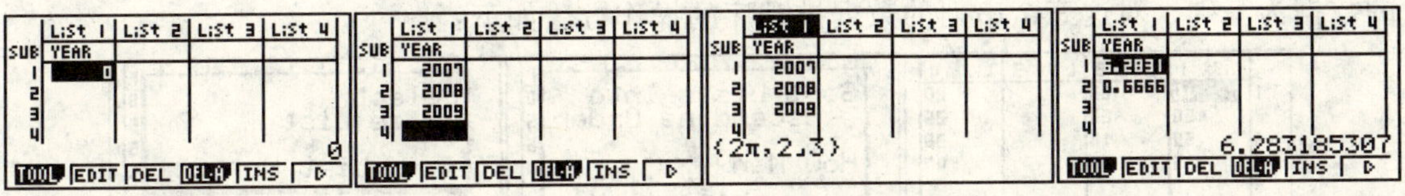

图 1-54　输入串列子名与单元数值的方法

当光标位于串列名 **List n** (n 为 1~26) 时，可以按{**a,b,c,**……}格式批量输入多个数据到当前串列，此时，串列的维数为{}内逗号分隔数据的个数，其中的 **a**，**b**，**c**，……分别为数值表达式。

例如，移动光标到子名 **List 1[0]**，再按[▲]键移动光标到 **List 1**，按[SHIFT] [{] **2**[SHIFT] [π] [,] **2⌟3**[SHIFT] [}]键，结果如图 1-54 右二图所示，按[EXE]键将表达式{**2π,2⌟3**}算出的 2 个数值分别存入 **List 1[1]**与 **List 1[2]**单元，**List 1** 原有的维数定义及数据被清除，同时也将 **List 1** 的维数定义为 2，如图 1-54 右图所示。

(2) RUN•MAT 模式与程序中定义串列的方法

在 **RUN•MAT** 模式下，执行 **n→Dim List m** 语句定义串列 **List m** 的维数为 **n**，其 n 个串列单元的缺省值均为 0；或执行{**a,b,c,**……}**→List m** 语句定义串列维数的同时为串列单元赋值，其中 m=1~26，n=1~999，**a**，**b**，**c**，……分别为数值表达式，其个数应小于等于 999。

也可以为没有定义维数的串列，按 **[1]**，**[2]**，**[3]**，……的顺序分别赋值。例如，在 **RUN•MAT** 模式下，执行下列语句是为空串列 **List 3** 的前三个单元分别赋值 **7**，**8**，**9**。

ClrList 3:7→List 3[1]:8→List 3[2]:9→List 3[3]

但执行如下语句

ClrList 3:7→List 3[2]:8→List 3[3]:9→List 3[4]

时，屏幕将显示错误信息"**Dimension ERROR**"。

4) STAT 模式串列数值的编辑方法

按[MENU] [2]键进入 **STAT** 模式，按[F6]([▷])键翻页到二页功能菜单，如图 1-55 右图所示，该页菜单命令的功能是编辑串列数据。

(1) [TOOL] 命令

按[F1]([TOOL])键调出图 1-55 右下图所示的功能菜单。

① [SRT-A] 命令。对用户选择的若干个(最多为 6 个)维数相同的串列数值，以其中指定

的串列为基础排升序。

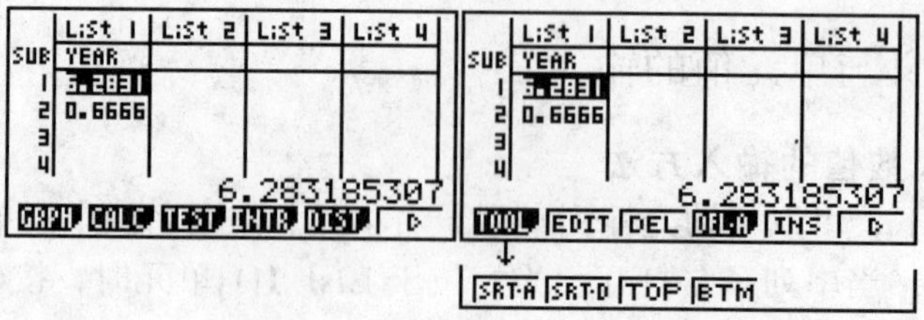

图 1-55 **STAT 模式功能菜单**

例如，图 1-56 左上图已在 **List 1**，**List 2** 与 **List 4** 串列分别输入了 4 行数据，以 **List 2** 的数据为基础，对这三个串列的数据排升序的操作方法如下：

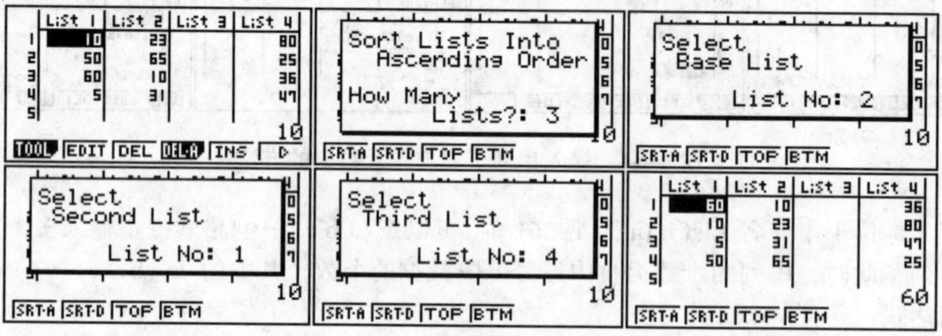

图 1-56 **对 List 1，List 2，List 4 串列数据排升序的操作方法**

按 F1 (SRT·A) 3 EXE 键输入需要排升序的串列数为 3(最大允许串列数为 6)，按 2 EXE 键选择排升序的基础串列(Base List)为 **List 2**，按 1 EXE 键输入第二个串列 **List 1**，按 4 EXE 键输入第三个串列 **List 4**，结果如图 1-56 右下图所示。

在程序中，执行 **SortA(List 2,List 1,List 4)**语句为完成上述相同的操作，**SortA(**后的串列数最大允许为 6，在程序编辑模式，按 F4 (MENU) F3 (LIST) F1 (SrtA)键输入排升序函数符 **SortA(**。

② SRT·D 命令。对用户选择的若干个(最大允许串列数为 6)维数相同的串列数值，以其中指定的串列为基础排降序。

例如，对图 1-57 左上图 **List 1**，**List 2** 与 **List 4** 串列数据排降序（以 **List 2** 的数据为基础）的操作方法为：按 F2 (SRT·D) 3 EXE 2 EXE 1 EXE 4 EXE 键，结果如图 1-57 右下图所示。

在程序中，执行 **SortD(List 2,List 1,List 4)**语句为完成上述相同的操作，**SortD(**后的串列数最大允许为 6，在程序编辑模式下，按 F4 (MENU) F3 (LIST) F2 (SrtD)键输入排降序函数符 **SortD(**。

③ TOP 命令。将光标快速移动到所在串列的第一单元。

④ BTM 命令。将光标快速移动到所在串列的最后一个单元。

(2) **EDIT 命令**

编辑光标所在串列单元的数值，此时，串列数值最多可以 15 位尾数加 2 位指数显示，案例如图 1-50 右下图所示。完成编辑后按 EXE 键保存编辑后的数值到当前单元。

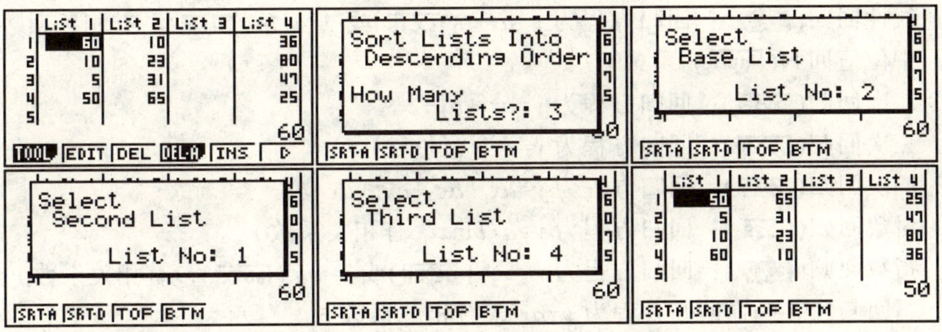

图 1-57　对 List 1，List 2，List 4 串列数据排降序的操作方法

(3) DEL 命令与按 DEL 键

按 F3 (DEL)键(或按 DEL 键)为删除光标所在串列单元的数值，该单元下面的数值自动向上移动一个单元，光标所在串列的维数自动减 1。

(4) DEL·A 命令

按 F4 (DEL·A) F1 键为清除光标所在串列的全部数值(含串列子名)，同时也清除了该串列的定义，使其变成空串列。

在程序中，执行 **ClrList n** 语句为删除 **List n** 串列的全部数值(含串列子名)，n=1 ~ 26；执行 **ClrList** 语句为删除当前串列文件的全部数值(含串列子名)，按 SHIFT PRGM F6 (▷) F1 (CLR) F3 (List)键输入 **ClrList** 语句。

(5) INS 命令

每按 F5 (INS)键一次，为在光标处插入一个其缺省值为 0 的空单元，光标下面的单元数值自动向下移动一行，该串列的维数自动加 1。

5) 双变量统计与回归计算

双变量回归计算也是在 **STAT** 模式下进行的。按 MENU 2 键进入 **STAT** 模式，按 F2 (CALC)键调出图 1-58 左上图所示的统计与回归计算功能菜单。

双变量回归计算的步骤是：分别在三个串列中依次输入样本观测数据 **X**，**Y** 及频率 **Freq**，按 F6 (SET)键，在图 1-58 右上图分别设置样本数据 **2Var XList**，**2Var YList** 与 **2Var Freq** 所在的串列名，用户可以在 **List 1~List 6** 中任意选择三个串列分别作为 **2Var XList**，**2Var YList** 与 **2Var Freq** 数据串列，也可以将 **2Var Freq** 设置为 **1**，按 EXE 键返回图 1-58 左上图所示的功能菜单，按 F2 (2VAR)键为进行双变量统计计算，或按 F3 (REG)键调出图 1-58 下图所示的回归模型功能菜单，根据需要可以在下列 10 种回归模型中选择一种进行回归计算。

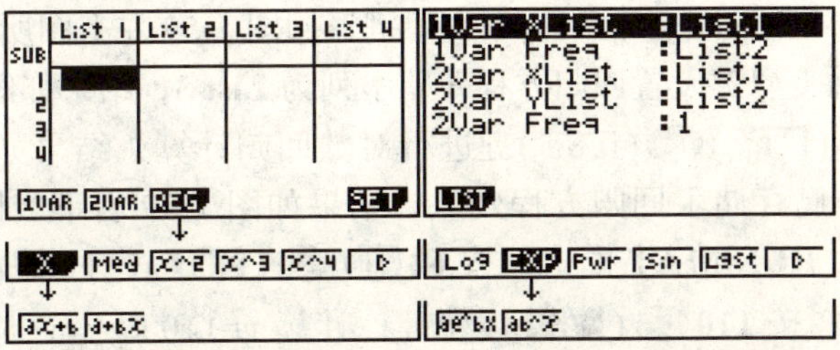

图 1-58　**STAT** 模式下的统计与回归计算功能菜单

① 线性回归(X)：回归方程为 $y=ax+b$(ax+b)或 $y=a+bx$(a+bx)，有相关系数 r。

② 中位值回归(Med)。

③ 二次回归(x^2)：回归方程为 $y=ax^2+bx+c$。

④ 三次回归(x^3)：回归方程为 $y=ax^3+bx^2+cx+d$。

⑤ 四次回归(x^4)：回归方程为 $y=ax^4+bx^3+cx^2+dx+e$。

⑥ 对数回归(Log)：回归方程为 $y=a+b\ln x$，有相关系数 r。

⑦ 指数回归(EXP)：回归方程为 $y=ae^{bx}$(ae^bx)或 $y=ab^x$(ab^x)，有相关系数 r。

⑧ 幂回归(Pwr)：回归方程为 $y=ax^b$，有相关系数 r。

⑨ 正弦回归(Sin)：回归方程为 $y=a\sin(bx+c)+d$。

⑩ 逻辑回归(Lgst)：回归方程为 $y=\dfrac{c}{1+ae^{-bx}}$。

其中线性回归、对数回归、指数回归、幂回归等四种回归模型能算出相关系数 r。

[例 1-20]　混凝土的抗压强度 y 随养护时间 x 的延长而增加，表 1-8 列出了 12 组混凝土养护时间 x(天)与抗压强度 y(kg/cm^2)的测试数据，根据测试数据所作的散点图可以判定 x 与 y 基本成对数关系，试求回归方程 $y=a+b\ln x$，并计算 x=63 天时的 $\hat{y}$ 值和 y=110kg/cm^2 时的 $\hat{x}$ 值。

表 1-8　混凝土养护时间 x 与抗压强度 y 的测试数据

养护时间 x(天)	2	3	4	5	7	9	12	14	17	21	28	56
抗压强度 y(kg/cm^2)	35	42	47	53	59	65	68	73	76	82	86	99

[解]　按 MENU 2 键进入 **STAT** 模式，在 **List 1** 输入混凝土养护时间 x 的值，在 **List 2** 输入混凝土抗压强度 y 的值，结果如图 1-59 左上图所示。

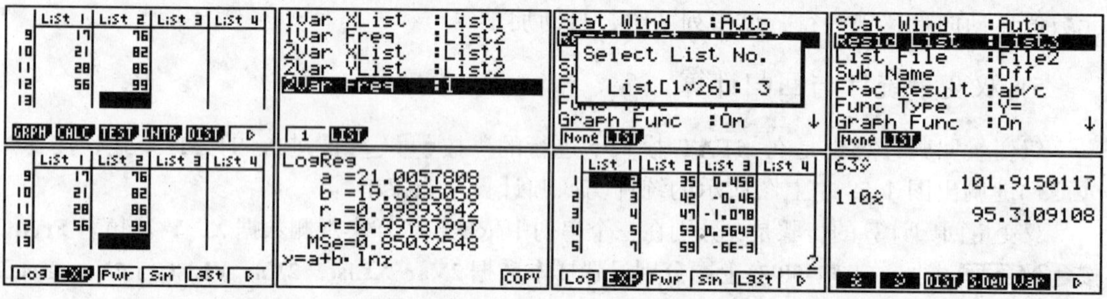

图 1-59　在 STAT 模式下输入例 1-20 的样本数据、进行对数回归计算，在 RUN•MAT 模式下计算估值

按 F2(CALC) F6(SET) ▼ ▼ F1(LIST) 1 EXE 键设置 **2Var XList** 为 **List 1**，按 ▼ F1(LIST) 2 EXE 键设置 **2Var YList** 为 **List 2**，按 ▼ F1(LIST) F1(1)键设置 **2Var Freq** 为 **1**，结果如图 1-59 左上二图所示，按 EXE 键返回图 1-59 左上图所示的界面，按 SHIFT SETUP ▼ F2(LIST) 3 EXE EXE 键设置回归方程残差串列为 **List 3**，结果如图 1-59 右上二图所示。

按 F3(REG) F6(▷) F1(Log)键进行对数回归计算，结果如图 1-59 左下二图所示；按 EXE 键，**List 3** 已存储了回归方程残差，结果如图 1-59 右下二图所示。

按 MENU 1 键进入 **RUN•MAT** 模式，按 **63** OPTN F5(STAT) F2($\hat{y}$) EXE 键，计算 x=63 天的抗压强度估值 $\hat{y}$；按 **110** F1($\hat{x}$) EXE 键，计算 y=110 kg/cm^2 时的养护天数估值 $\hat{x}$，结果如图 1-59 右下图所示。

按 MENU 2 键进入 **STAT** 模式，按 F2 (CALC) F2 (2VAR)键进行双变量统计计算，多次按 ▼ 键向下移动光标查看其余结果，操作过程如图 1-60 所示。

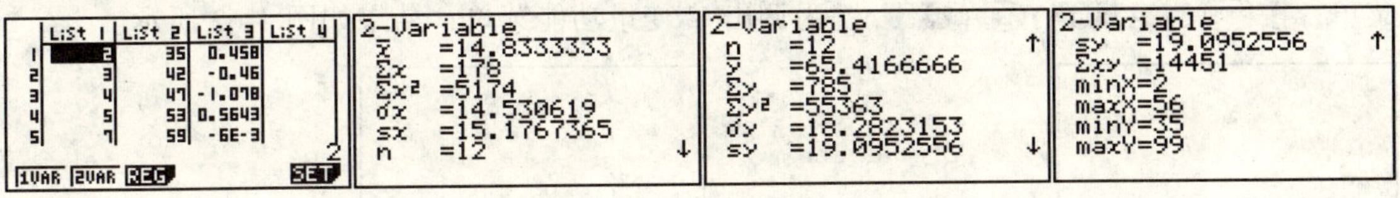

图 1-60　例 1-20 双变量统计计算结果

6) 双变量统计与回归作图

回归作图也是在 **STAT** 模式下进行的。以上述例 1-20 的数据为例，在 **STAT** 模式下，按 F1 (GRPH)键调出图 1-61 左上二图所示的功能菜单，按 F6 (SET)键将统计图设置为 **StatGraph1**，**Graph Type** 设置为 **Scatter**(散点图)，**XList** 设置为 **List 1**，**YList** 设置为 **List 2**，**Frequency** 设置为 **1**，点类型 **Mark Type** 设置为▫，按 EXE 键返回图 1-61 左上二图所示的功能菜单。

按 F1 (GPH1)键作双变量的统计散点图，结果如图 1-61 左中二图所示；按 F1 (CALC) F6 (▷) F2 (Log)键进行对数回归计算，结果如图 1-61 左下图所示；按 F6 (DRAW)键在已作散点图的基础上再作对数回归方程曲线图，结果如图 1-61 左下二图所示；按 SHIFT Trace 键进入图形追踪模式，结果如图 1-61 右下二图所示，屏幕顶部显示字符“**Regression**”，表示光标位于回归曲线上，屏幕底部显示光标的坐标，按 ◀ 或 ▶ 键为向左或向右在回归曲线上移动光标；按 ▲ 或 ▼ 键为移动光标到散点图上，结果如图 1-61 右下图所示，屏幕顶部显示字符“**StatGraph1**”，表示光标位于散点图上，屏幕底部显示光标处散点的坐标，按 AC/ON 键返回图 1-61 左上二图所示的界面。

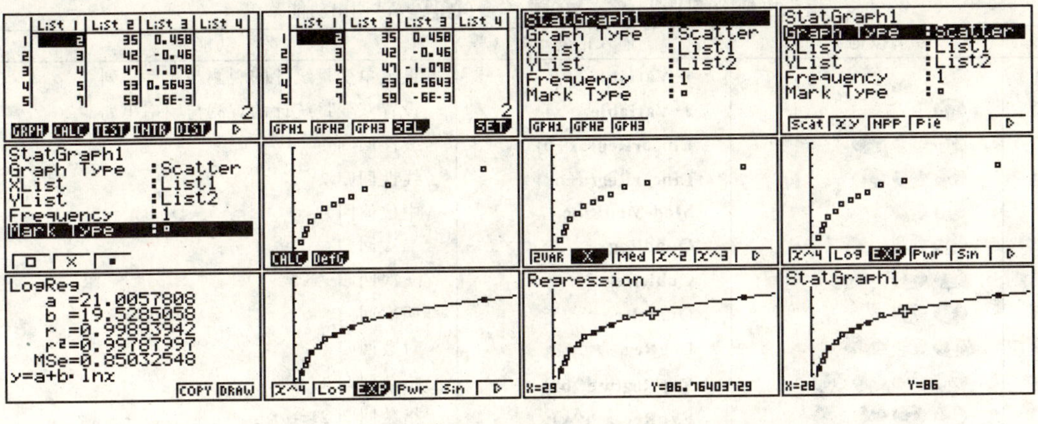

图 1-61　例 1-20 双变量统计与回归作图的结果

7) 编程回归计算

编程进行双变量统计与回归计算时，所需使用的统计变量及回归变量是通过功能菜单输入的。

（1）统计变量的输入

在 **PRGM** 模式的程序编辑状态下，按 VARS F3 (STAT) F1 (X) 键为调出 **X** 变量功能菜单，按 VARS F3 (STAT) F2 (Y) 键为调出 **Y** 变量功能菜单，结果如图 1-62 所示。

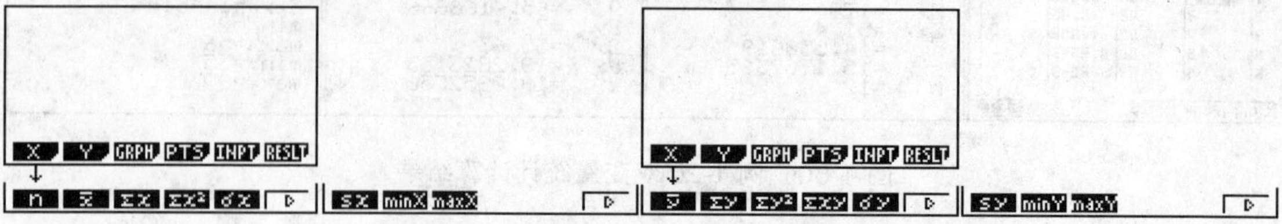

图 1-62　**RUN•MAT 或 PRGM 模式下的统计变量功能菜单**

按 OPTN F5 (STAT) 键调出图 1-59 右下图所示的估值功能菜单。

（2）回归模型语句的输入

在 **PRGM** 模式的程序编辑状态下，按 F4 (MENU) F1 (STAT) F6 (CALC) 键调出图 1-63 右图所示的统计与回归计算语句功能菜单，各功能菜单所输入的语句及功能列于表 1-9。

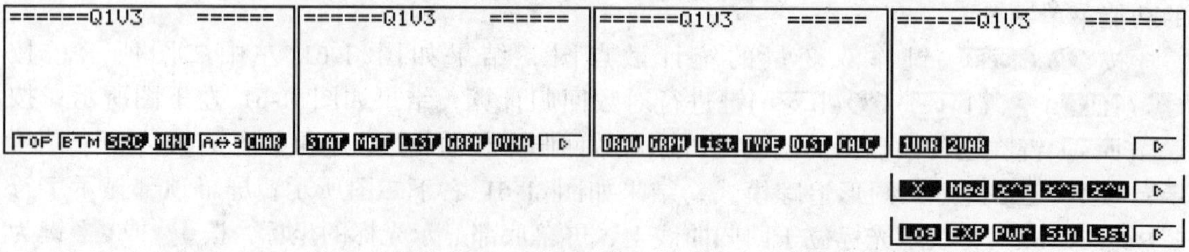

图 1-63　**在 PRGM 模式下输入统计与回归计算语句功能菜单**

表 1-9　**PRGM 模式输入回归计算语句的方法**

先按 F4 (MENU) F1 (STAT) F6 (CALC) 键调出功能菜单			
序	按键	输入语句	功能
1	F1	**1−Variable**	设置单变量统计的观测与频率串列
2	F2	**2−Variable**	设置双变量统计的观测与频率串列
3	F6 F1 F1	**LinearReg(ax+b)**	线性回归 1
4	F6 F1 F2	**LinearReg(a+bx)**	线性回归 2
5	F6 F2	**Med-MedLine**	中位值回归
6	F6 F3	**QuadReg**	二次回归
7	F6 F4	**CubicReg**	三次回归
8	F6 F5	**QuartReg**	四次回归
9	F6 F6 F1	**LogReg**	对数回归
10	F6 F6 F2 F1	**ExpReg(a•e^bx)**	指数回归 1
11	F6 F6 F2 F2	**ExpReg(a•b^x)**	指数回归 2
12	F6 F6 F3	**PowerReg**	幂回归
13	F6 F6 F4	**SinReg**	正弦回归
14	F6 F6 F5	**LogisticReg**	逻辑回归

（3）求最大相关系数的回归模型程序

当希望选择相关系数 r 最大的回归模型计算估计值时，由于线性回归、对数回归、指数回归与幂回归等四种回归模型都能计算出相关系数 r，因此当对观测数据的分布规律不太了解时，可以用下列程序自动选择相关系数 r 的绝对值最大的回归模型计算估计值。

① 主程序名：Q1V3，956 字节，光盘源程序文件为“\1 章\Q1V3.g1m”。

```
"auto regression Q1V3"↵                                显示程序标题 1
"x,y,Freq→x̂,ŷ:r→max"↵                                  显示程序标题 2
Lbl X:"List X(1~6)="?→X↵                               输入 X 观测串列号
If Frac X≠0 Or X<1 Or X>6↵
Then "repeat input X!":Goto X:IfEnd↵                   X 观测串列号非法时重新输入 X 观测串列号
"X"→List X[0]↵                                         赋 X 观测串列子名
Lbl Y:"List Y(1~6)="?→Y↵                               输入 Y 观测串列号
If Y=X:Then "List Y=List X, repeat input Y!"↵          Y 观测串列号=X 观测串列号
Goto Y:IfEnd↵
If Frac Y≠0 Or Y<1 Or Y>6↵
Then "repeat input Y!":Goto Y:IfEnd↵                   Y 观测串列号非法时重新输入 Y 观测值串列号
"Y"→List Y[0]↵                                         赋 Y 观测串列子名
Lbl F:"List Freq(1~6),0⇒1="?→F↵                        输入频率串列号，输任意负数取 1
F≦0⇒Goto R↵
If F=X Or F=Y Or F>6↵
Then "List Freq=List X Or List Freq=List Y,repeat input Freq!"↵
Goto F:IfEnd↵                                          频率串列号=观测串列号
"Freq"→List F[0]↵                                      赋频率串列子名
Lbl R:"resid List(1~6)="?→R↵                           输入残差观测串列号
If R=X:Then "resid List=List X,repeat input resid!":Goto R:IfEnd↵
If R=Y:Then "resid List=List Y,repeat input resid!":Goto R:IfEnd↵
If Frac R≠0 Or R=F↵
Then "resid List=List Freq,repeat input resid!":Goto R:IfEnd↵
Resid-List R↵                                          设置残差串列
Norm 1:4→Dim List 7:0→A↵                               定义串列 List 7 用于存储 4 个相关系数
For 1→I To 4↵                                          循环进行有相关系数的四种回归计算
Prog "SUB1-31":r→List 7[I]↵                            调子程序进行回归计算并存储相关系数
If Abs List 7[I]>Abs A:Then List7[I]→A:I→N:IfEnd↵      保存最大相关系数与回归模型号
Next↵
"MAX r regression!"↵                                   显示最大相关系数的回归模型
N=1⇒"LinearReg(ax+b)":N=2⇒"LogReg"↵
N=3⇒"ExpReg(a·e^bx)":N=4⇒"PowerReg"↵
Lbl 0:N→I:Prog "SUB1-31"↵                              调子程序重新计算 r 为最大的回归模型
"resid"→List R[0]↵                                     赋残差串列子名
If F>0:Then n→M:Else Dim List X→M:IfEnd↵               提取样本数
"n=":M◢                                                显示样本数
"a=":a◢                                                显示回归方程常数项
```

```
"b=":b◢                                       显示回归方程系数项
"r=":r◢                                       显示回归方程相关系数
S-WindAuto↵                                   设置自动视窗范围
If F>0:Then S-Gph1 DrawOn,Scatter,List X,List Y,List F,Square↵
                                              设置统计图 1 为散点图
Else S-Gph1 DrawOn,Scatter,List X,List Y,1,Square:IfEnd↵
Prog "SUB1-32":DrawStat↵                      调子程序作图
Lbl 1:"x="?→C:"ŷ=":Cŷ◢                        输入 x 的值，计算估计值 ŷ
"y="?→D:"x̂=":Dx̂◢                              输入 y 的值，计算估计值 x̂
"press [MENU][2]≑stop!"◢                      按 [MENU] [2] 键中断或按 [EXE] 键继续计算估值
Goto 1↵                                       循环计算估值
"Q1V3≑End"
```

② 回归计算类型子程序——SUB1-31，占用内存 264 字节。

```
If F>0↵                                                                  有频率串列时
Then If I=1:Then LinearReg(ax+b) List X,List Y,List F:Return:IfEnd↵     线性回归
If I=2:Then LogReg List X,List Y,List F:Return:IfEnd↵                   对数回归
If I=3:Then ExpReg(a•e^bx) List X,List Y,List F:Return:IfEnd↵           指数回归
If I=4:Then PowerReg List X,List Y,List F:Return:IfEnd↵                 幂回归
Else If I=1:Then LinearReg(ax+b) List X,List Y,1:Return:IfEnd↵          频率为 1/线性回归
If I=2:Then LogReg List X,List Y,1:Return:IfEnd↵                        对数回归
If I=3:Then ExpReg(a•e^bx) List X,List Y,1:Return:IfEnd↵                指数回归
If I=4:Then PowerReg List X,List Y,1:Return:IfEnd:IfEnd↵                幂回归
```

③ 回归作图子程序——SUB1-32，占用内存 292 字节。

```
If I=1:Then If F>0↵
Then S-Gph2 DrawOn,Linear,List 1,List 2,List F↵          设置统计图 2 为线性回归图
Else S-Gph2 DrawOn,Linear,List 1,List 2,1:IfEnd↵
Return:IfEnd↵
If I=2:Then If F>0↵
Then S-Gph2 DrawOn,Log,List 1,List 2,List F↵             设置统计图 2 为对数回归图
Else S-Gph2 DrawOn,Log,List 1,List 2,1:IfEnd↵
Return:IfEnd↵
If I=3:Then If F>0↵
Then S-Gph2 DrawOn,Exp(a•e^bx),List 1,List 2,List F↵     设置统计图 2 为对数回归图
Else S-Gph2 DrawOn,Exp(a•e^bx),List 1,List 2,1:IfEnd↵
Return:IfEnd↵
If I=4:Then If F>0↵
Then S-Gph2 DrawOn,Power,List 1,List 2,List F↵           设置统计图 2 为对数回归图
Else S-Gph2 DrawOn,Power,List 1,List 2,1:IfEnd↵
Return:IfEnd↵
```

假设已将表 1-8 的样本观测值 X 输入 **List 1**，Y 输入 **List 2**；按 MENU 9 键进入 **PRGM** 模式，执行程序 Q1V3，屏幕提示与用户操作过程如下：

屏幕提示	按键	说明
auto regression Q1V3		显示程序标题 1
x,y,Freq→$\hat{x}$,$\hat{y}$:r→max		显示程序标题 2
List X(1~6)=?	1 EXE	输入 X 观测值串列号
List Y(1~6)=?	2 EXE	输入 Y 观测值串列号
List Freq(1~6),0⇒1=?	0 EXE	输入 0 设置频率为 1
resid List(1~6)=?	3 EXE	输入残差串列号
Max r regression!		
LogREG		显示最大相关系数 r 的回归模型为对数回归
n=12	EXE	显示样本数
a=21.00578087	EXE	显示回归模型系数 a
b=19.52850588	EXE	显示回归模型系数 b
r=0.9989394237	EXE	显示回归模型的相关系数 r
x=?	63 EXE	输入养护时间
$\hat{y}$=101.9150117	EXE	显示混凝土抗压强度估计值
y=?	110 EXE	输入混凝土抗压强度
$\hat{x}$=95.3109108	EXE	显示养护时间估计值
press [MENU][2]⇒stop!	MENU 2	中断程序并进入 **STAT** 模式查看残差结果

执行程序 Q1V3 的屏幕显示过程如图 1-64 所示，程序执行一次后，自动为观测值串列、频率串列、残差串列添加子名，并将回归方程算出的残差结果存入残差串列，结果如图 1-64 右下图所示。

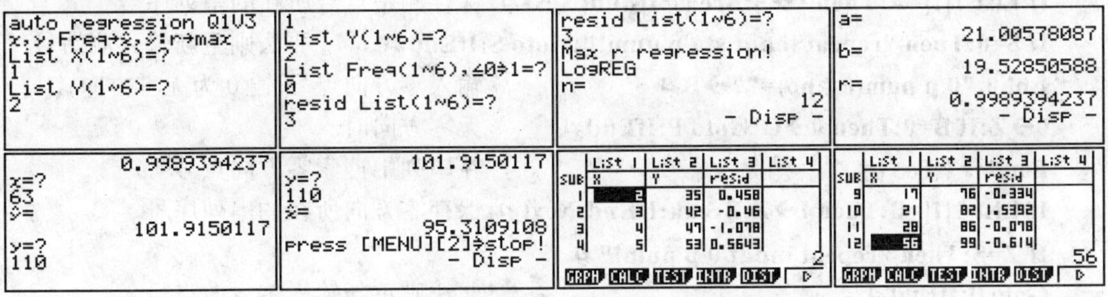

图 1-64　执行程序 Q1V3 计算例 1-20 的操作过程

由于每调用子程序 SUB1−31 执行一次回归计算时，都将自动清空残差串列，因此残差子名赋值语句应放在最后一次回归计算之后，否则，完成计算后的残差串列子名将为空串。

8) 基于串列输入数据的编程计算案例

测量计算程序的功能是对输入数据进行处理并输出用户需要的计算结果。可以在执行程序之前，预先将已知数据输入到串列中，执行程序时，自动从串列中调用数据计算，称这种编程方法为基于串列输入数据的编程法。

如图 1-65 所示，1、2 号点为已知点，3 ~ 6 号点为设计建筑物的轴线交点，在 1 号点设站，以 2 号点为后视零方向，当使用极坐标法放样 3 ~ 6 号点时，需要计算出 1 号点分别至 3~6 号点的水平距离 d_i 及 3~6 号点方向与零方向的水平夹角 β_i。

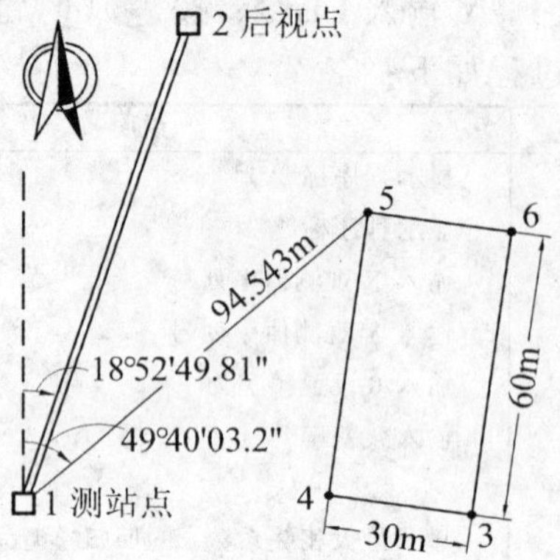

点号	x (m)	y (m)
1	2 529 180.486	423 628.056
2	2 529 285.645	423 664.020
3	2 529 178.189	423 721.791
4	2 529 182.220	423 692.063
5	2 529 241.676	423 700.126
6	2 529 237.645	423 729.854

图 1-65　建筑物极坐标法放样的已知点与放样点坐标

（1） 程序

程序名：Q1V4，696 字节，光盘源程序文件为“\1 章\Q1V4.g1m”。

```
"Station⇒set-out HR/HD Q1V4"↵                 显示程序标题
Deg:Fix 4↵                                     设置角度单位,数值显示格式
Dim List 1→N:"Total p num=":N◢                 显示串列的总点数
"p num"→List 1[0]↵                             赋点号串列子名
"x(m)"→List 2[0]:"y(m)"→List 3[0]↵             赋点的坐标串列子名
Lbl S:"station p num="?→A↵                     输入测站点号
0→S:For 1→I To N↵                              在串列中搜索测站点号
If List 1[I]=A:Then I→S:Break:IfEnd:Next↵      保存测站点号所在的串列序号
If S=0:Then "repeat input sta p num!":Goto S:IfEnd↵     非法则重新输入测站号
Lbl 0:"0 p num(0⇒no)="?→B↵                     输入零方向点号(输 0 为无零方向)
0→Z:If B=0:Then 0→O:Goto P:IfEnd↵              无零方向时
For 1→I To N↵                                  在串列中搜索零方向点号
If List 1[I]=B:Then I→Z:Break:IfEnd:Next↵      保存零方向所在的串列序号
If Z=S:Then "repeat input 0 p num!"↵
Goto 0:IfEnd↵                                  非法则重新输入零方向点号
Pol(List 2[Z]-List 2[S],List 3[Z]-List 3[S])↵  计算零方向的平距与辐角
List Ans[2]→O:O<0⇒O+360→O↵                     将辐角转换为方位角
"α0=":O▸DMS◢                                   显示零方向方位角
"HD0(m)=":List Ans[1]◢                         显示零方向平距
Lbl P:ClrText↵                                 清除屏幕显示
"set-out p num,<0⇒end="?→C↵                    输入放样点号，输入任意负数结束程序
C<0⇒Goto E↵
0→P:For 1→I To N↵                              在串列中搜索放样点号
If List 1[I]=C:Then I→P:Break:IfEnd:Next↵      保存放样点号所在的串列序号
If P=0 Or P=S Or P=Z:Then "repeat input p num!"↵
Goto P:IfEnd↵                                  非法则重新输入放样点号
```

```
Pol(List 2[P]−List 2[S],List 3[P]−List 3[S])↵    计算放样方向的平距与辐角
List Ans[2]→J:J<0⇒J+360→J↵                      将辐角转换为方位角
J−O→E:E<0⇒E+360→E↵                              放样点水平角
"α=":J▸DMS◢                                     显示测站→放样点方位角
If O≠0:Then "HR=":E▸DMS◢                        显示测站→放样点水平角
IfEnd:"HD(m)=":List Ans[1]◢                     显示测站→放样点平距
Goto P↵                                         重复输入下一个端点的坐标
Lbl E:"Q1V4⇒End"
```

（2）案例

执行程序 Q1V4 之前，应先请按 MENU 2 键进入 **STAT** 模式，在 **List 1** 串列输入图 1-65 中 6 个点的点号，分别在 **List 2** 与 **List 3** 串列输入点号的 *x*，*y* 坐标，点号与坐标可以按任意顺序输入，结果如图 1-66 左二图所示。

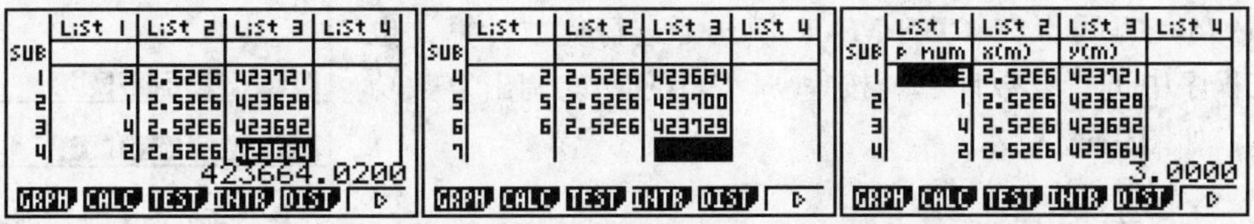

图 1-66　在串列中输入已知点与放样点的点名与平面坐标

按 MENU 9 键进入 **PRGM** 模式，执行程序 Q1V4，屏幕提示与用户操作过程如下：

屏幕提示	按键	说明
Station⇒set-out HR/HD Q1V4		显示程序标题
total p num=6.0000	EXE	显示统计串列的坐标点数
station p num=?	1 EXE	输入测站点号 1
0 p num(0⇒no)=?	2 EXE	输入零方向点号 2
α_0=18°52′49.81″	EXE	显示测站→零方向方位角
HD_0(m)=111.1388	EXE	显示测站→零方向平距
Set-out p num,<0⇒end=?	3 EXE	输入放样点号 3
α=91°24′13.56″	EXE	显示测站→3 号点方位角
HR=72°31′23.75″	EXE	显示测站→3 号点水平角(右旋角)
HD(m)=93.7631	EXE	显示测站→3 号点平距
Set-out p num,<0⇒end=?	4 EXE	输入放样点号 4
α=88°26′53.49″	EXE	显示测站→4 号点方位角
HR=69°34′03.68″	EXE	显示测站→4 号点水平角(右旋角)
HD(m)=64.0305	EXE	显示测站→4 号点平距
Set-out p num,<0⇒end=?	5 EXE	输入放样点号 5
α=49°40′03.2″	EXE	显示测站→5 号点方位角
HR=30°47′13.39″	EXE	显示测站→5 号点水平角(右旋角)
HD(m)=94.5426	EXE	显示测站→5 号点平距
Set-out p num,<0⇒end=?	6 EXE	输入放样点号 6
α=60°41′09.73″	EXE	显示测站→6 号点方位角
HR=41°48′19.92″	EXE	显示测站→6 号点水平角(右旋角)
HD(m)=116.7475	EXE	显示测站→6 号点平距
Set-out p num,<0⇒end=?	-1 EXE	输入任意负数结束程序
Q1V4⇒End		程序结束显示

执行完程序后，程序自动为当前串列文件的 **List 1~List 3** 串列赋子名，按 MENU 2 键进入 **STAT** 模式查看，结果如图 1-66 右图所示。

只有串列子名单元可以输入字符串，其余串列单元只能输入数值。因此，**List 1** 串列的点号只能是数值，不能输入字符串。

1.8 复数计算

复数(complex number)最早出现在解方程中，由于负数无法开根号，所以很多方程无法解，但这些方程确实不能说没有意义，引进复数概念后，方程就可以解了。后来在几乎所有需要数学的领域复数都有应用。

使用复数编程进行测量坐标计算，无论是变量输入还是计算公式都比使用实数计算要简便得多，尤其是进行坐标变换计算。

fx-9750GⅡ可以在 **RUN•MAT** 模式下进行复数计算，也可以在程序中进行复数计算。按 OPTN F3 (CPLX)键调出复数功能菜单，如图 1-67 所示。

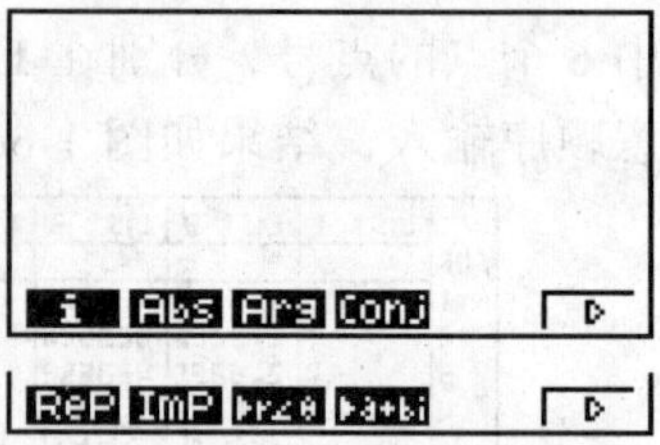

图 1-67 复数功能菜单

1) 复数表示方法与计算

复数有式(1-1)所示的直角坐标、极坐标与指数等三种表示方法，其中前两种表示方程也称复数的几何表示法，fx-9750GⅡ只能对直角坐标与极坐标表示的复数进行计算。

$$z = x + y\mathrm{i} = r\angle\theta = r\mathrm{e}^{\mathrm{i}\theta}\text{，要求 } r>0 \tag{1-1}$$

(1) 直角坐标表示法

复数的直角坐标格式为 $a+b\mathrm{i}$，称 a 为复数的实部(real part)，b 为复数的虚部(imaginary part)，$\mathrm{i}^2=-1$，按 SHIFT i 键输入 i，也可以按 OPTN F3 (CPLX)键调出图 1-67 所示的复数功能菜单，按 F1 (i)键输入 i。

如果将一个复数存入字母变量 **A**，则 **ReP A** 为提取复数变量 **A** 的实部，**ImP A** 为提取复数变量 **A** 的虚部，按 OPTN F3 (CPLX) F6 (▷) F1 (ReP)键输入 **ReP**，按 F2 (ImP)键输入 **ImP**，案例如图 1-68 所示。

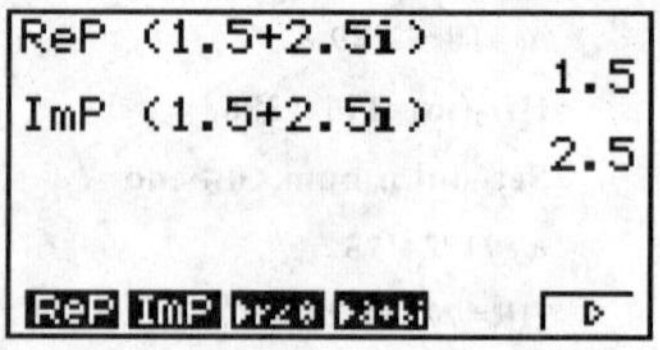

图 1-68 复数的实部与虚部

复数的几何意义是一个复数对应于一个复平面上的点。在图 1-69(a)所示的数学笛卡儿坐标系中，是以横轴为实数轴，纵轴为虚数轴，象限为逆时针编号；而在图 1-69(b)所示的测量高斯平面直角坐标系中，是以纵轴为实数轴，横轴为虚数轴，象限为顺时针编号。

[例 1-21] 试分别计算复数函数$(1.5+2.5\mathrm{i})^2$与$\sqrt{1.5+2.5\mathrm{i}}$的值。

[解] 按 (**1.5** + **2.5** SHIFT i) x^2 EXE 键，再按 SHIFT √ (**1.5** + **2.5** SHIFT i) EXE 键，结果如图 1-70 所示。

使用 fx-9750GⅡ进行复数计算时，下列函数的自变量可以是复数：√，x^2，x^{-1}，^，∛，$^x\sqrt{}$，**ln**，**log**，**log$_a$b**，**10^x**，**e^x**，**Int**，**Frac**，**Rnd**，**Intg**，**RndFix(**；数值显示格式设置语句 **Fix**，**Sci**，**ENG** 对复数的实部与虚部数值同样起作用。

[例 1-22] 试分别计算复数 1.5+2.5i 取整数与小数的结果。

[解] 按 OPTN F6 (▷) F4 (NUM) F2 (Int) (**1.5** + **2.5** SHIFT i) EXE 键，再按

F3 (Frac) (1.5 + 2.5 SHIFT i) EXE 键，结果如图 1-71 所示。

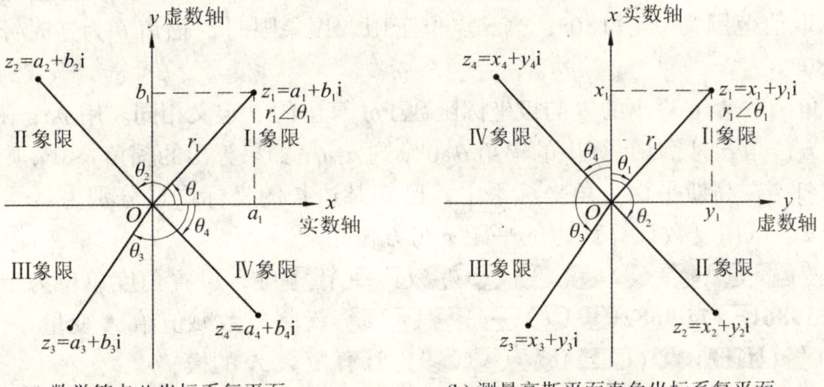

(a) 数学笛卡儿坐标系复平面　　(b) 测量高斯平面直角坐标系复平面

图 1-69　复数的直角坐标表示法与极坐标表示法的关系

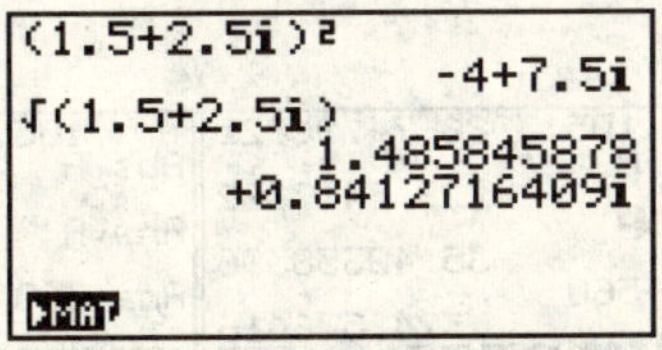

图 1-70　复数函数计算案例

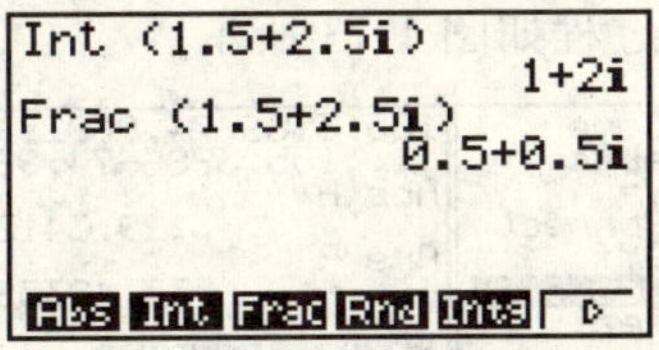

图 1-71　复数函数计算案例

(2) 极坐标表示法

复数的极坐标格式为 $r\angle\theta$，称 r 为复数 z 的模(absolute value)，θ 为复数 z 的辐角(argument)，按 SHIFT ∠ 键输入∠。辐角的单位应与计算器的当前角度单位相同。

如果将一个复数存入字母变量 **A**，则 **Abs A** 为计算复数变量 **A** 的模，**Arg A** 为计算复数变量 **A** 的辐角，按 OPTN F3 (CPLX) F2 (Abs) 键输入 **Abs**，按 F3 (Arg) 键输入 **Arg**。

[例 1-23]　试计算复数 1.5+2.5i 的模与辐角值。

[解]　按 SHIFT SET UP ▼ ▼ ▼ ▼ ▼ F1 (Deg) EXE 键，设置角度单位为十进制度；按 OPTN F3 (CPLX) F2 (Abs) (1.5 + 2.5 SHIFT i) EXE 键，再按 F3 (Arg) (1.5 + 2.5 SHIFT i) EXE 键，结果如图 1-72 中图所示，屏幕显示的辐角为十进制度；按 OPTN F6 (▷) F5 (ANGL) F5 (°′″) 键将辐角变换为六十进制单位显示，结果如图 1-72 右图所示。

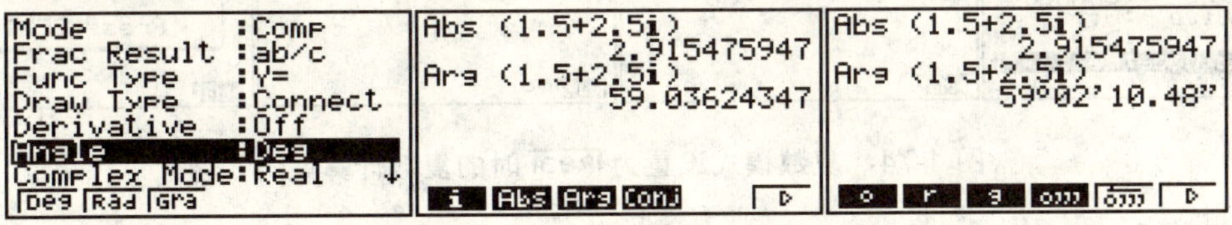

图 1-72　计算复数的模与辐角

☞ 按极坐标格式 $r\angle\theta$ 输入复数时，要求 $r>0$，如果 $r<0$ 机器将出错。例如，在 **RUN•MAT** 模式下，按 **2** SHIFT ∠ **-45** EXE 键，结果为 **1.414213562–1.414213562i**；而按 **-2** SHIFT ∠ **-45** EXE 键，屏幕显示错误信息“**Ma ERROR**”。

复数 $z=a+b$i 的辐角 θ 是以实数轴为零方向，原点→z 点的水平角，取值范围为 0°~±180°。

在图 1-69(a)所示的笛卡儿坐标系中，当 z 点位于Ⅰ、Ⅱ象限时，辐角 θ 为逆时针角，取值范围为 0°~+180°；当 z 点位于Ⅲ、Ⅳ象限时，辐角 θ 为顺时针角，取值范围为 0°~-180°。

在图 1-69(b)所示的测量高斯平面直角坐标系中，当 z 点位于Ⅰ、Ⅱ象限时，辐角 θ 为顺时针角，取值范围为 0°~+180°；当 z 点位于Ⅲ、Ⅳ象限时，辐角 θ 为逆时针角，取值范围为 0°~-180°。

使用辐角函数 **Arg** 算出的 θ 与极坐标函数 **Pol** 算出的 θ 定义相同。用 **Arg** 函数计算边长复数的测量方位角 α 时，如果算出的辐角 $\theta>0°$，则 $\alpha=\theta$；如果算出的辐角 $\theta<0°$，则 $\alpha=\theta+360°$。

[例 1-24]　在高斯平面直角坐标系中，已知某边长的坐标增量分别为 Δx=105.398 6，Δy=-74.968 2，试用复数计算该边的平距 r 与方位角 α。

[解]　按 SHIFT SET UP ▼ ▼ ▼ ▼ ▼ F1(Deg) EXE 键，设置角度单位为十进制度；

按 **105.3986** ⊖ **74.9682** SHIFT i → ALPHA A EXE 键将复数赋值给 **A** 变量；

按 OPTN F3(CPLX) F2(Abs) ALPHA A EXE 键计算复数 **A** 的模；

按 F3(Arg) ALPHA A EXE 键计算复数的辐角，因辐角小于 0°，再按 ⊕ **360** EXE 键计算复数的方位角，按 OPTN F6(▷) F5(ANGL) F5(◦′″) 键将十进制角度变换为六十进制角度显示，操作过程如图 1-73 所示。

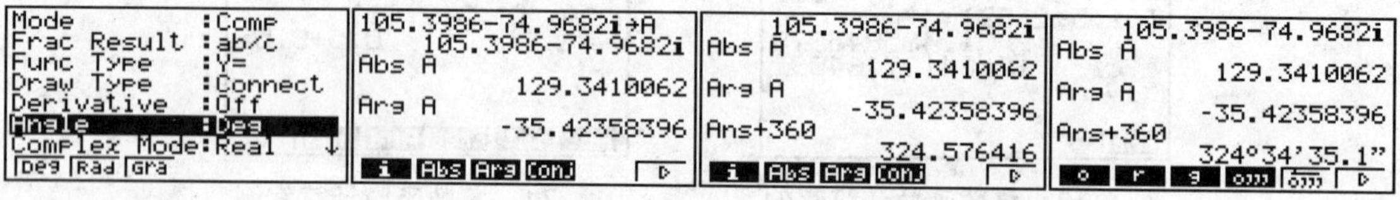

图 1-73　用坐标增量复数计算边长的模与方位角

与图 1-28 用 **Pol** 函数计算的结果比较可知，两者的计算结果完全相同。

(3)　**复数显示格式的设置**

按 SHIFT SET UP ▼ ▼ ▼ ▼ ▼ ▼ 键，调出设置菜单并移动光标到 **Complex Mode** 行，结果如图 1-74 左图所示。按 F1(Real)键为设置只在实数范围内计算；按 F2(a+bi)键为以直角坐标格式显示复数计算结果；按 F3(r∠θ)键为以极坐标格式显示复数计算结果。

例如，将 **Complex Mode** 行设置为 Real 时，在实数范围内，可以计算 $\sqrt{1.5+2.5\mathrm{i}}$ 的值，但计算 $\sqrt{-1}$ 的值时将出错，结果如图 1-74 所示。

图 1-74　复数模式设置为 Real 时的复数计算案例

但将 **Complex Mode** 行设置为 a+bi 或 r∠θ 时，计算 $\sqrt{-1}$ 的值就不会出错，图 1-75 为设置为 a+bi 格式时的复数计算案例。

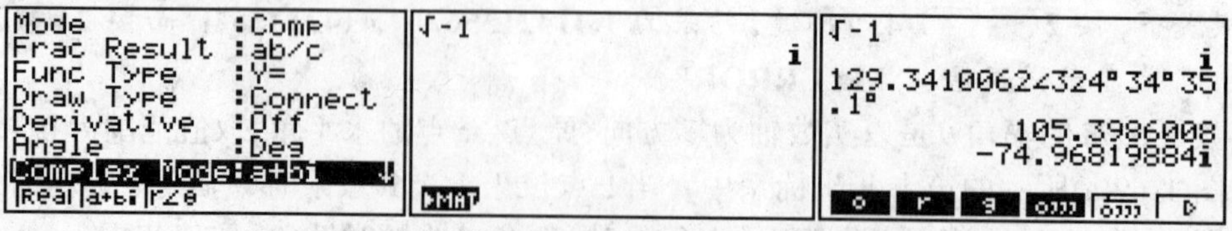

图 1-75　复数模式设置为 a+bi 时的复数计算案例

图 1-76 左三图为将 **Complex Mode** 行设置为 r∠θ 格式时的复数计算案例。

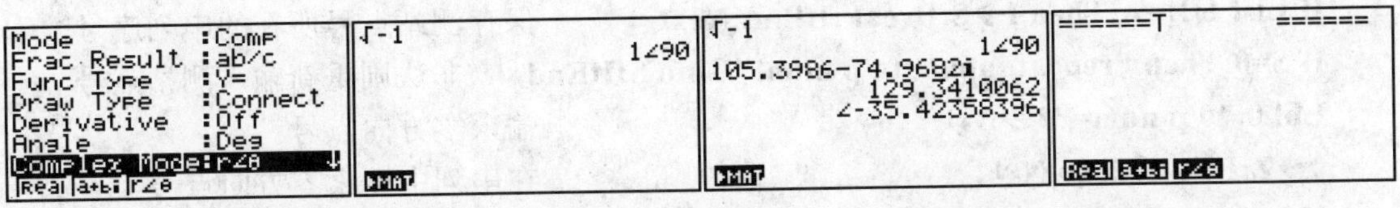

图 1-76 复数模式设置为 r∠θ 时的复数计算案例及程序中的复数显示格式设置功能菜单

在 **PRGM** 模式的程序编辑状态下，可以输入复数显示格式设置语句 **Real**、**a+bi** 或 **r**∠*θ* 进行设置，在该模式下，按 SHIFT SET UP F6(▷) F6(▷) F6(▷) F4(CPLX)键调出图 1-76 右图所示的复数显示格式设置功能菜单，按 F1(Real)键为输入 **Real** 语句，按 F2(a+bi)键为输入 **a+bi** 语句，按 F3(r∠θ)键为输入 **r**∠*θ* 语句。

(4) 应用功能菜单转换复数格式

按 OPTN F3(CPLX) F6(▷)键调出复数二页功能菜单，在复数表达式后按 F3(▶r∠θ)键输入▶**r**∠*θ*，其功能是将前面的复数表达式计算结果转换为极坐标格式显示；在复数表达式后按 F4(▶a+bi)键输入▶**a+bi**，其功能是将前面的复数表达式计算结果转换为直角坐标格式显示，案例如图 1-77 所示。

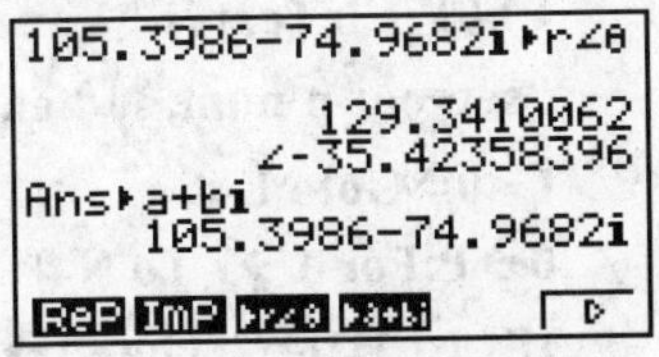

图 1-77 复数显示格式转换

(5) 共轭复数

称复数 *a*–*b*i 与复数 *a*+*b*i 互为共轭复数(conjugate complex number)。例如，3+4i 的共轭复数为 3–4i，3–4i 的共轭复数为 3+4i。

由图 1-69 可知，无论是在数学笛卡儿坐标系还是在测量高斯平面直角坐标系中，复数与其共轭复数的几何意义都是关于实数轴 *x* 对称。

[例 1-25] 分别计算 3+4i 与$(3+4i)^2$的共轭复数。

[解] 按 OPTN F3(CPLX) F4(Conj) (3 + 4 SHIFT *i*) EXE 键，再按 F4(Conj) (3 + 4 SHIFT *i*)) x^2 EXE 键，结果如图 1-78 所示。

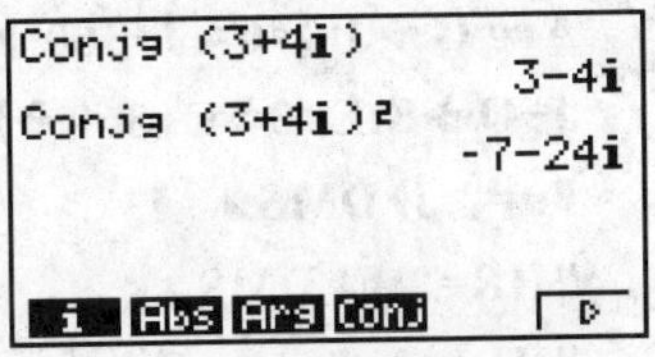

图 1-78 共轭复数计算案例

2) 基于串列输入已知数据的复数编程计算

下面的程序 Q1V5 是将 Q1V4 程序修改为复数形式，它要求将已知点与放样点的点号预先存入 **List 1** 串列，点的平面坐标以复数形式存入 **List 2** 串列。

（1）程序

程序名：Q1V5，608 字节，光盘源程序文件为“\1 章\Q1V5.g1m”。

"Station⇒set−out HR/HD Q1V5"↵	显示程序标题
Deg:Fix 4↵	设置角度单位,数值显示格式
Dim List 1→N:"total p num=":N◢	显示串列的总点数
"p num"→List 1[0]↵	赋点号串列子名
"x+yi(m)"→List 2[0]↵	赋点的坐标串列子名
Lbl S:"station p num="?→A↵	输入测站点号

```
0→S:For 1→I To N↵                                         在串列中搜索测站点号
If List 1[I]=A:Then I→S:Break:IfEnd:Next↵                 保存测站点号所在的串列序号
If S=0:Then "repeat input sta p num!"Goto S:IfEnd↵        非法则重新输入测站点号
Lbl 0:"0 p num="?→B↵                                      输入零方向点号
0→Z:For 1→I To N↵                                         在串列中搜索零方向点号
If List 1[I]=B:Then I→Z:Break:IfEnd:Next↵                 保存零方向所在的串列序号
If Z=0 Or Z=S:Then "repeat input 0 p num!"↵
Goto 0:IfEnd↵                                             非法则重新输入零方向点号
List 2[Z]−List 2[S]→F↵                                    测站至零方向点的复数差及其辐角
Arg F→O:O<0⇒O+360→O↵                                      将辐角转换为方位角
"α0=":O▶DMS◢                                              显示零方向方位角
"HD0(m)=":Abs F◢                                          显示零方向平距
Lbl P:ClrText↵                                            清除屏幕显示
"set-out p num,<0⇒end="?→C↵                               输入放样点号，输入任意负数结束程序
C<0⇒Goto E↵
0→P:For 1→I To N↵                                         在串列中搜索零方向点号
If List 1[I]=C:Then I→P:Break:IfEnd:Next↵                 保存放样点号所在的串列序号
If P=0 Or P=S Or P=Z:Then "repeat input p num!"↵
Goto P:IfEnd↵                                             非法则重新输入放样点号
List 2[P]−List 2[S]→G↵                                    测站至放样点的复数差
Arg G→J:J<0⇒J+360→J↵                                      将辐角转换为方位角
J−O→E:E<0⇒E+360→E↵                                        放样点水平角
"α=":J▶DMS◢                                               显示测站→放样点方位角
"HR=":E▶DMS◢                                              显示测站→放样点水平角
"HD(m)=":Abs G◢                                           显示测站→放样点平距
Goto P↵                                                   重复输入下一个端点的坐标
Lbl E:"Q1V5⇒End"
```

（2）案例

执行程序 **Q1V5** 之前，应先按 MENU ② 键进入 **STAT** 模式，在 **List 1** 串列输入图 1-65 中 6 个点的点号，在 **List 2** 串列以复数形式 $x+y\mathrm{i}$ 输入对应点号的平面坐标，点号与坐标可以按任意顺序输入，结果如图 1-79 左二图所示。

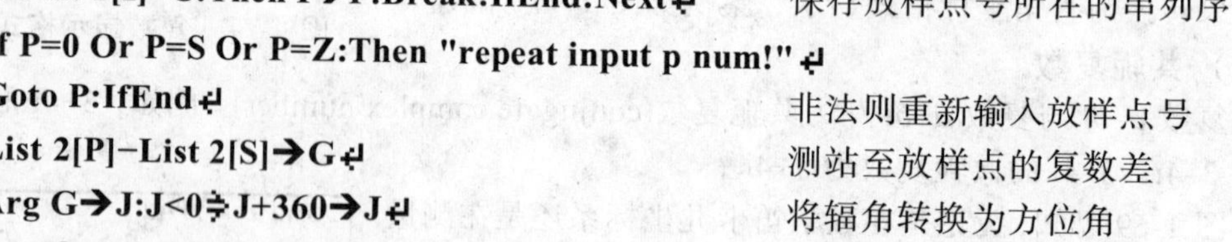

图 1-79　在串列中输入点名与复数形式平面坐标

按 MENU ⑨ 键进入 **PRGM** 模式，执行程序 Q1V5，屏幕提示与用户操作过程如下：

屏幕提示	按键	说明
Station⇒set-out HR/HD Q1V5		显示程序标题
Total p num=6.0000	EXE	显示统计串列的坐标点数
station p num=?	1 EXE	输入测站点号 1
0 p num=?	2 EXE	输入零方向点号 2
α_0=18°52′49.81″	EXE	显示测站→零方向方位角
HD_0(m)=111.1388	EXE	显示测站→零方向平距
set-out p num,<0⇒end=?	3 EXE	输入放样点号 3
α=91°24′13.56″	EXE	显示测站→3 号点方位角
HR=72°31′23.75″	EXE	显示测站→3 号点水平角(右旋角)
HD(m)=93.7631	EXE	显示测站→3 号点平距
set-out p num,<0⇒end=?	4 EXE	输入放样点号 4
α=88°26′53.49″	EXE	显示测站→4 号点方位角
HR=69°34′03.68″	EXE	显示测站→4 号点水平角(右旋角)
HD(m)=64.0305	EXE	显示测站→4 号点平距
set-out p num,<0⇒end=?	5 EXE	输入放样点号 5
α=49°40′03.2″	EXE	显示测站→5 号点方位角
HR=30°47′13.39″	EXE	显示测站→5 号点水平角(右旋角)
HD(m)=94.5426	EXE	显示测站→5 号点平距
set-out p num,<0⇒end=?	6 EXE	输入放样点号 6
α=60°41′09.73″	EXE	显示测站→6 号点方位角
HR=41°48′19.92″	EXE	显示测站→6 号点水平角(右旋角)
HD(m)=116.7475	EXE	显示测站→6 号点平距
set-out p num,<0⇒end=?	-1 EXE	输入任意负数结束程序
Q1V5⇒End		程序结束显示

执行完程序后，程序自动为当前串列文件的 **List 1** 与 **List 2** 串列赋子名，按 MENU ② 键进入 **STAT** 模式查看，结果如图 1-79 右图所示。

fx-9750GⅡ的串列单元可以存储复数，而 fx-5800P 的三个统计串列 **List X**、**List Y**、**List Freq** 单元只能存储实数，不能存储复数。

3) 复数形式高斯平面坐标线性变换程序

(1) 原理

复数形式高斯平面坐标线性变换的理论基础是文献[16]关于复数模与辐角的下面定理。

定理一：两个复数乘积的模等于它们的模的乘积，两个复数乘积的辐角等于它们的辐角的和。

设有两个复数

$$\left.\begin{aligned} z_1 = x_1 + y_1\mathrm{i} = r_1\angle\theta_1 \\ z_2 = x_2 + y_2\mathrm{i} = r_2\angle\theta_2 \end{aligned}\right\} \tag{1-2}$$

根据定理一，则有 $z_1z_2 = r_1r_2\angle(\theta_1+\theta_2)$，其实，根据式(1-1)很容易证明该定理。

因为 $z_1 = r_1\angle\theta_1 = r_1\mathrm{e}^{\mathrm{i}\theta_1}$，$z_2 = r_2\angle\theta_2 = r_2\mathrm{e}^{\mathrm{i}\theta_2}$，故有

$$z_1z_2 = r_1\mathrm{e}^{\mathrm{i}\theta_1}r_2\mathrm{e}^{\mathrm{i}\theta_2} = r_1r_2\mathrm{e}^{\mathrm{i}(\theta_1+\theta_2)} = r_1r_2\angle(\theta_1+\theta_2)$$

如图 1-80 所示，两个高斯平面坐标系线性变换的几何意义是：将源坐标系旋转 θ 角度，缩放尺度参数 λ，加平移参数 x'_O，y'_O 后即变换为目标坐标系。

在高斯复平面中，平移参数的复数形式为 $z'_O = x'_O + y'_O\mathrm{i}$，旋转角度 θ 为旋转尺度复数的辐角，尺度参数 λ 为旋转尺度复数的模，旋转尺度复数写成复数的极坐标形式为 $z_\theta = \lambda\angle\theta$。

设公共点 P 在 xOy 源坐标系的复数形式坐标为 $z_P = x_P + y_P\mathrm{i}$，在目标坐标系 $x'O'y'$的复数形式坐标为 $z'_P = x'_P + y'_P\mathrm{i}$。

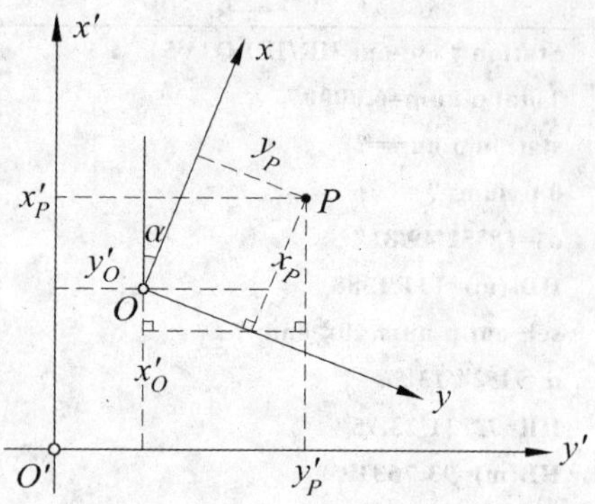

图 1-80　高斯平面坐标系的线性变换

根据复数的几何意义及定理一，将源坐标系复平面上的点 z_P 乘以旋转尺度复数 z_θ，加平移复数 z'_O，应该等于目标坐标系复平面上的点 z'_P，也即有下列复数方程成立

$$z'_P = z'_O + z_\theta z_P \tag{1-3}$$

设任意点 1、2 点在源坐标系 xOy 中的复数形式坐标为 $z_1 = x_1 + y_1\mathrm{i}$，　$z_2 = x_2 + y_2\mathrm{i}$，在目标坐标系 $x'O'y'$中的复数形式坐标为 $z'_1 = x'_1 + y'_1\mathrm{i}$，　$z'_2 = x'_2 + y'_2\mathrm{i}$，将其坐标分别代入式(1-3)可得下列两个复数方程

$$\left.\begin{aligned} z'_1 = z'_O + z_\theta z_1 \\ z'_2 = z'_O + z_\theta z_2 \end{aligned}\right\} \tag{1-4}$$

将式(1-4)的第一式减式(1-4)的第二式解得旋转尺度复数为

$$z_\theta = \frac{z'_1 - z'_2}{z_1 - z_2} \tag{1-5}$$

将式(1-5)代入式(1-4)的第一式解得平移复数为

$$z'_O = z'_1 - z_\theta z_1 \tag{1-6}$$

由式(1-3)很容易写出目标坐标反向变换为源坐标的公式为

$$z_P = \frac{z'_P - z'_O}{z_\theta} \tag{1-7}$$

(2) 程序

程序名：Q1V6，420 字节，光盘源程序文件为“\1 章\Q1V6.g1m”。

"x/y→x'/y',x/y←x'/y' Q1V6"↵	显示程序标题
Deg:a+bi↵	设置角度单位与复数显示格式
"new(0)/old(≠0)="?→N↵	重新输入公共点坐标或用旧参数计算
N≠0⇒Goto 0↵	用旧参数计算
"x_1+y_1i(m)="?→A↵	输入复数形式公共点 1 的源坐标
"x_2+y_2i(m)="?→B↵	输入复数形式公共点 2 的源坐标
"x_1'+y_1'i(m)="?→C↵	输入复数形式公共点 1 的目标坐标
"x_2'+y_2'i(m)="?→D↵	输入复数形式公共点 2 的目标坐标
(C−D)÷(A−B)→F↵	计算旋转尺度复数 z_θ,式(1-5)

```
C−FA→E↵                                   计算平移复数 z'_O,式(1-6)
"x'0+y'0i(m)=":E◢                         显示平移复数 z'_O
Norm 1:"λ=":Abs F◢                        显示尺度参数 λ
"θ=":Arg F▶DMS◢                           显示旋转参数 θ
Fix 3:Lbl 0↵
"x/y→x'/y'(0),x/y←x'/y'(≠0)="?→G↵         输入坐标变换方向控制系数
G≠0⇒Goto 2↵                               转移到目标坐标→源坐标程序
Lbl 1:"x+yi(m),0⇒end="?→X↵                输入复数形式任意点的源坐标
Abs X=0⇒Goto E↵                           判断是否结束程序
E+FX→Y:"x'+y'i(m)=":Y◢                    计算并显示复数形式目标坐标,式(1-3)
Goto 1↵                                   循环进行坐标线性变换正算
Lbl 2:"x'+y'i(m),0⇒end="?→Y↵              输入复数形式任意点的目标坐标
Abs Y=0⇒Goto E↵                           判断是否结束程序
(Y−E)÷F→X:"x+yi(m)=":X◢                   计算并显示复数形式源坐标,式(1-7)
Goto 2↵                                   循环进行坐标线性变换反算
Lbl E:"Q1V6⇒End"
```

(3) 案例

公共点 1、2 两点的源坐标与目标坐标，3、4、5 点的源坐标及目标坐标列于表 1-10。

表 1-10　计算高斯平面坐标线性变换参数与坐标转换案例

点号	源坐标（m）		目标坐标（m）	
	x	y	x'	y'
1	2505788.356	406164.803	55500.563	48677.583
2	2493038.151	405552.812	42748.292	48142.600
4 个线性变换参数				
参数名	参数值			
x'_O				-2452418.779
y'_O				-342316.4241
λ				0.9998906361
θ				-0°20′44.67″
3	2505506.417	402922.768	55199.099	45437.663
4	2504400.133	401850.093	54086.484	44371.799
5	2502274.739	401462.177	51959.020	43996.757

执行程序 Q1V6，输入 1、2 两个公共点的坐标计算坐标线性变换参数，分别输入 3、4、5 点的源坐标，计算其目标坐标的屏幕提示与操作过程如下：

屏幕提示	按键	说明
x/y→x'/y',x/y←x'/y' Q1V6		显示程序标题
new(0)/old(≠0)=?	0 EXE	输入 0 重新计算转换参数
x_1+y_1i(m)=?	2505788.356 + 406164.803 SHIFT i EXE	输入公共点 1 的源坐标复数
x_2+y_2i(m)=?	2493038.151 + 405552.812 SHIFT i EXE	输入公共点 2 的源坐标复数
$x_1'+y_1'$i(m)=?	55500.563 + 48677.583 SHIFT i EXE	输入公共点 1 的目标坐标复数
$x_2'+y_2'$i(m)=?	42748.292 + 48142.6 SHIFT i EXE	输入公共点 2 的目标坐标复数

续表

屏幕显示	按键	说明
x_0'+y_0'i(m)= -2452418.779-342316.424i	[EXE]	显示复数形式平移参数
λ=0.9998906361	[EXE]	显示尺度参数
θ=-0°20′44.67″	[EXE]	显示旋转参数(负数为逆时针)
x/y→x'/y'(0),x/y←x'/y'(≠0)=?	0 [EXE]	输入 0 选择将源坐标变换为目标坐标
x+yi(m),0⇒end=?	2505506.417 [+] 402922.768 [SHIFT] [i] [EXE]	输入第 3 点的源坐标复数
x'+y'i(m)= 55199.099+45437.663i	[EXE]	显示第 3 点的目标坐标复数
x+yi(m),0⇒end=?	2504400.133 [+] 401850.093 [SHIFT] [i] [EXE]	输入第 4 点的源坐标复数
x'+y'i(m)= 54086.484+44371.799i	[EXE]	显示第 4 点的目标坐标复数
x+yi(m),0⇒end=?	2502274.739 [+] 401462.177 [SHIFT] [i] [EXE]	输入第 5 点的源坐标复数
x'+y'i(m)= 51959.020+43996.757i	[EXE]	显示第 5 点的目标坐标复数
x+yi(m),0⇒end=?	0 [EXE]	输入 0 结束程序
Q1V6⇒End		程序结束显示

重复执行程序 Q1V6，使用上述求出的坐标线性变换参数，分别输入 3、4、5 点的目标坐标，计算其源坐标的屏幕提示与操作过程如下：

屏幕提示	按键	说明
x/y→x'/y',x/y←x'/y' Q1V6		显示程序标题
new(0)/old(≠0)=?	1 [EXE]	使用已有坐标变换参数计算
x/y→x'/y'(0),x/y←x'/y'(≠0)=?	1 [EXE]	输入 1 选择将目标坐标变换为源坐标
x'+y'i(m),0⇒end=?	55199.099 [+] 45437.663 [SHIFT] [i] [EXE]	输入第 3 点的源坐标复数
x'+y'i(m)=2505506.417+402922.768i	[EXE]	显示第 3 点的目标坐标复数
x'+y'i(m),0⇒end=?	54086.484 [+] 44371.799 [SHIFT] [i] [EXE]	输入第 4 点的源坐标复数
x'+y'i(m)=2504400.133+401850.093i	[EXE]	显示第 4 点的目标坐标复数
x'+y'i(m),0⇒end=?	51959.02 [+] 43996.757 [SHIFT] [i] [EXE]	输入第 5 点的源坐标复数
x'+y'i(m)=2502274.739+401462.177i	[EXE]	显示第 5 点的目标坐标复数
x'+y'i(m),0⇒end=?	0 [EXE]	输入 0 结束程序
Q1V6⇒End		程序结束显示

4) 复数形式建筑坐标与测量坐标变换程序

(1) 原理

如图 1-81 所示，设测量坐标系为 xOy，坐标复数形式为 $z=x+y\mathrm{i}$；建筑坐标系为 $x'Ay'$，坐标的复数形式为 $z'=x'+y'\mathrm{i}$。已知原点 A 的测量坐标复数为 $z_A=x_A+y_A\mathrm{i}$，$+x'$ 轴的测量坐标方位角为 α，尺度参数 $k=1$，则建筑坐标 z' 变换到测量坐标 z 的复数公式为

$$z = z_A + k\angle\alpha z' \tag{1-8}$$

由此容易推导出测量坐标 z 变换到建筑坐标 z' 的复数公式为

$$z' = \frac{z - z_A}{k\angle\alpha} \tag{1-9}$$

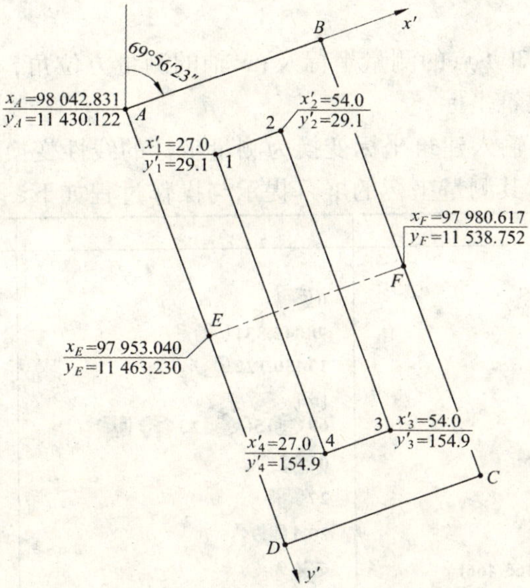

图 1-81　建筑坐标与测量坐标的相互变换案例

(2) 程序

程序名：Q1V7，408 字节，光盘源程序文件为“\1 章\Q1V7.g1m”。

```
"x/y,sur→arc,sur←arc Q1V7"↵                 显示程序标题
Deg:Fix 3:a+bi↵                               设置角度单位与显示格式
"new(0)/old(≠0)="?→N↵                         是否重新输入坐标变换参数
N≠0⇒Goto 0↵                                   用旧参数计算
"xA sur(m)="?→A:"yA sur(m)="?→B↵              输入 A 点的测量(survey)坐标
A+Bi→A↵                                       将 A 点测量坐标变换为复数形式
"α+x' (Deg)="?→θ↵                             输入+x'轴的坐标方位角
Lbl 0:"arc→sur(0)/arc←sur(≠0)="?→G↵           输入坐标变换方向控制系数
G≠0⇒Goto 2↵
Lbl 1:"x arc(m),0⇒end="?→U↵                   输入任意点的建筑(architecture)横坐标
U=0⇒Goto E↵                                   判断是否结束程序
"y arc(m)="?→V↵                               输入任意点建筑纵坐标
U+Vi→U:A+1∠θ×U→X↵                             变换为复数形式测量坐标
"x+yi sur(m)=":X◢                             显示变换后的测量坐标
Goto 1↵                                       循环进行建筑坐标→测量坐标计算
Lbl 2:"x sur(m),0⇒end="?→X↵                   输入任意点测量横坐标
X=0⇒Goto E↵                                   判断是否结束程序
"y sur(m)="?→Y↵                               输入任意点测量纵坐标
X+Yi→X:(X−A)÷1∠θ→U↵                           变换为复数形式建筑坐标
"x+yi arc(m)=":U◢                             显示变换后的建筑坐标
Goto 2↵                                       循环进行测量坐标→建筑坐标计算
Lbl E:"Q1V7⇒End"
```

（3）案例

在图 1-81 中，已知 A 点的测量坐标及 $+x'$ 轴的测量方位角，试计算 1、2、3、4 点的测量坐标与 E、F 点的建筑坐标。

执行程序 Q1V7，输入建筑坐标变换为测量坐标的线性变换参数，分别输入 1、2、3、4 点的建筑坐标，计算其测量坐标的屏幕提示与操作过程如下：

屏幕提示	按键	说明
x/y,sur→arc/sur←arc Q1V7		显示程序标题
new(0)/old(≠0)=?	**0** EXE	重新输入坐标变换参数
x_A sur(m)=?	**98042.831** EXE	输入 A 点测量坐标
y_A sur(m)=?	**11430.122** EXE	
$\alpha_{+x'}$(Deg)=?	OPTN F6 F5 **69** F4 **56** F4 **23** F4 EXE	输入 $+x'$ 轴测量方位角
arc→sur(0)/arc←sur(≠0)=?	**0** EXE	选择建筑坐标→测量坐标
x arc(m),0⇒end=?	**27** EXE	输入 1 点建筑坐标
y arc(m)=?	**29.1** EXE	
x+yi sur(m)=98024.758+11465.466i	EXE	显示 1 点测量坐标复数
x arc(m),0⇒end=?	**54** EXE	输入 2 点建筑坐标
y arc(m)=?	**29.1** EXE	
x+yi sur(m)=98034.019+11490.827i	EXE	显示 2 点测量坐标复数
x arc(m),0⇒end=?	**54** EXE	输入 3 点建筑坐标
y arc(m)=?	**154.9** EXE	
x+yi sur(m)=97915.851+11533.978i	EXE	显示 3 点测量坐标复数
x arc(m),0⇒end=?	**27** EXE	输入 4 点建筑坐标
y arc(m)=?	**154.9** EXE	
x+yi sur(m)=97906.590+11508.616i	EXE	显示 4 点测量坐标复数
x arc(m),0⇒end=?	**0** EXE	输入 0 结束程序
Q1V7⇒End		程序结束显示

重复执行程序 Q1V7，使用上述已输入的坐标线性变换参数，分别输入 E、F 点的测量坐标，计算其建筑坐标的屏幕提示与操作过程如下：

屏幕提示	按键	说明
x/y,sur→arc/sur←arc Q1V7		显示程序标题
new(0)/old(≠0)=?	**1** EXE	选择已有坐标变换参数
arc→sur(0)/arc←sur(≠0)=?	**1** EXE	选择测量坐标→建筑坐标
x sur(m),0⇒end=?	**97953.04** EXE	输入 E 点测量坐标
y sur(m)=?	**11463.23** EXE	
x+yi arc(m)=0.300+95.700i	EXE	显示 E 点建筑坐标复数
x sur(m),0⇒end=?	**97980.617** EXE	输入 F 点测量坐标
y sur(m)=?	**11538.752** EXE	
x+yi arc(m)=80.700+95.701i	EXE	显示 F 点建筑坐标复数
x sur(m),0⇒end=?	**0** EXE	输入 0 结束程序
Q1V7⇒End		程序结束显示

1.9 矩阵计算

fx-9750GⅡ具有比 fx-5800P 更加强大的矩阵功能，主要表现如下：

① 只要内存容量允许，矩阵的行或列数最大可以是 999，而 fx-5800P 允许的矩阵行或列数最大只能是 10。

② 矩阵单元的数值可以是复数，而 fx-5800P 的矩阵单元的数值只能是实数。

③ 用户可以使用 **Mat A~Mat Z** 共 26 个字母矩阵，设置了矩阵维数定义语句 **Dim**，例如，执行**{m,n}→Dim Mat Y** 语句为定义矩阵 **Mat Y** 为 **m** 行×**n** 列矩阵，且 **m** 与 **n** 的值可以是正整数，也可以是变量；而 fx-5800P 只有 **Mat A~Mat F** 共 6 个字母矩阵，没有矩阵维数定义语句，只能使用为矩阵赋值的方式定义矩阵维数，例如定义矩阵 **Mat B** 为 3 行×2 列的阵列数值赋值语句为：**[[0,0][0,0][0,0]]→Mat B**。

④ 设置了 **Mat→List(**矩阵函数，可以实现从指定矩阵中按列抽取数值并存入指定串列。

1) 矩阵的定义与输入

fx-9750GⅡ内置了名称为 **Mat A~Mat Z** 的 26 个字母矩阵及矩阵答案存储器 **Mat Ans**，按 SHIFT Mat 键输入 **Mat**，按 SHIFT Ans 键输入 **Ans**。为字母矩阵输入数值之前，应先定义矩阵的维数。矩阵答案存储器 **Mat Ans** 的维数不需要定义，它能自动存储矩阵表达式的计算结果。

在 **RUN•MAT** 模式下，按 F1 (▶MAT)键调出图 1-82 左上图所示的矩阵列表菜单，按 ▼ 或 ▲ 键移动光标到需要定义的字母矩阵行上，或按 ALPHA A ~ Z 键为使光标快速移动到输入字母的矩阵行，按 SHIFT Ans 键为使光标快速移动到矩阵答案存储器 **Mat Ans** 行；按 F1 (DEL) F1 键为删除光标所在矩阵的定义，按 F2 (DEL·A) F1 键为删除全部矩阵的定义，按 F3 (DIM)键为在弹出的矩阵维数对话框中输入矩阵的行值 m 与列值 n，在内存容量允许的情况下，每个矩阵行、列的最大数值为 999。

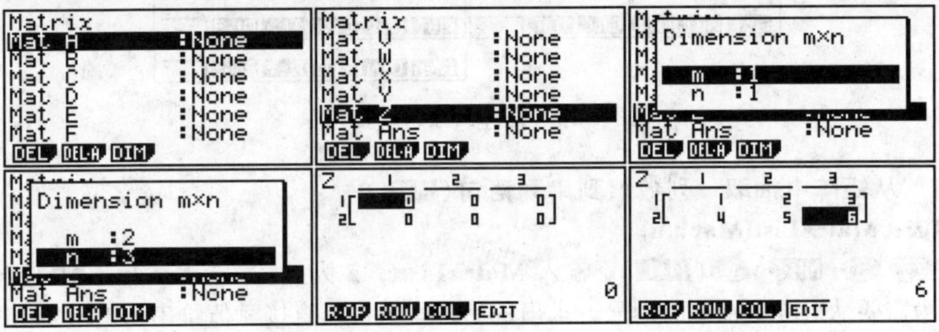

图 1-82 定义并输入 Mat Z 为 2 行×3 列的矩阵案例

也可以在 **RUN•MAT** 模式或程序中执行 **ClrMat** 语句清除全部矩阵定义，按 SHIFT PRGM F6 (▷) F1 (CLR) F4 (Mat)键为输入 **ClrMat** 语句。

图 1-82 为按 ALPHA Z 键移动光标到 **Mat Z**，按 F3 (DIM) 2 EXE 3 EXE EXE 键定义 **Mat Z** 为 2 行×3 列矩阵，按 **1** EXE **2** EXE **3** EXE **4** EXE **5** EXE **5** EXE 键按行输入 **Mat Z** 的六个单元值的操作过程。

矩阵单元的数值可以是实数、复数、表达式，当为表达式时，机器自动将表达式的计算结果存入光标所在矩阵单元，完成输入后按【EXIT】键返回矩阵列表，可以继续定义与输入其余字母矩阵。完成矩阵单元数值输入后，按【EXIT】【EXIT】键返回计算状态。

图 1-82 是先定义矩阵的维数，再输入矩阵各单元的数值。在程序中，是用语句**{2,3}→Dim Mat Z** 定义 **Mat Z** 为 2 行×3 列矩阵。

也可以在 **RUN•MAT** 模式或程序中用赋值语句**→**，在输入矩阵单元数值的同时定义矩阵。

例如，在 **RUN•MAT** 模式下，将复数矩阵 $\begin{bmatrix} 1+1i & 2+2i \\ 3+3i & 4+4i \end{bmatrix}$ 输入到矩阵 **Mat A** 的操作方法如下：

按【SHIFT】【[】【SHIFT】【[】**1**【+】【SHIFT】【i】【,】**2**【+】**2**【SHIFT】【i】【SHIFT】【]】【SHIFT】【[】**3**【+】**3**【SHIFT】【i】【,】**4**【+】**4**【SHIFT】【i】【SHIFT】【]】【SHIFT】【]】【→】【SHIFT】【Mat】【ALPHA】【A】键输入语句**[[1+i,2+2i][3+3i,4+4i]]→Mat A**，按【EXE】键，结果如图 1-83 所示。

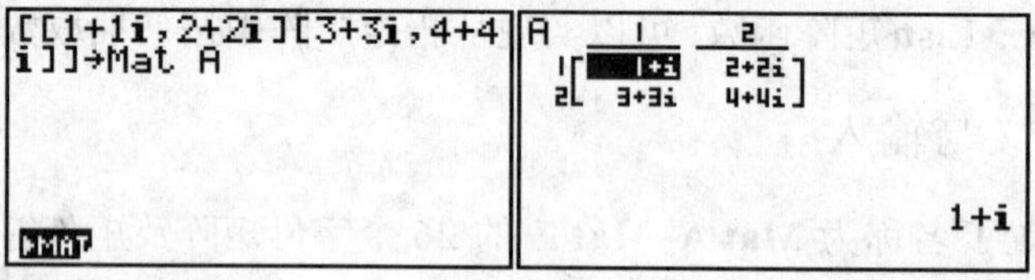

图 1-83　执行赋值语句，在输入矩阵单元数值的同时定义矩阵

2) 矩阵的函数运算

按【OPTN】【F2】(MAT)键调出图 1-84 右图所示的矩阵函数符功能菜单，其中按【F1】(Mat)键与按【SHIFT】【Mat】键都是输入矩阵符 **Mat**，两者的功能相同。

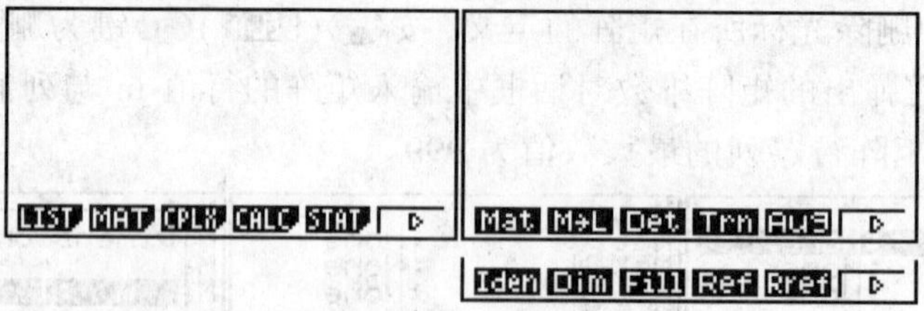

图 1-84　矩阵函数符功能菜单

(1) 从矩阵中抽取一列数值到串列语句（M→L）

句法：**Mat→List(Mat a,n)**

按【OPTN】【F2】(MAT)【F2】(M→L)键输入 **Mat→List(**，**a** 为 **A~Z** 与 **Ans** 矩阵中已定义的矩阵，**n** 为需要从矩阵中抽取的列号，求出的串列答案可以直接赋值给串列 **List 1~List 26**。图 1-85 左图为从图 1-83 所定义的矩阵 **Mat A** 抽取第 2 列数值给 **List 1** 串列的操作过程，按【MENU】【2】键进入 **STAT** 模式查看 **List 1** 的结果，如图 1-85 中图所示。

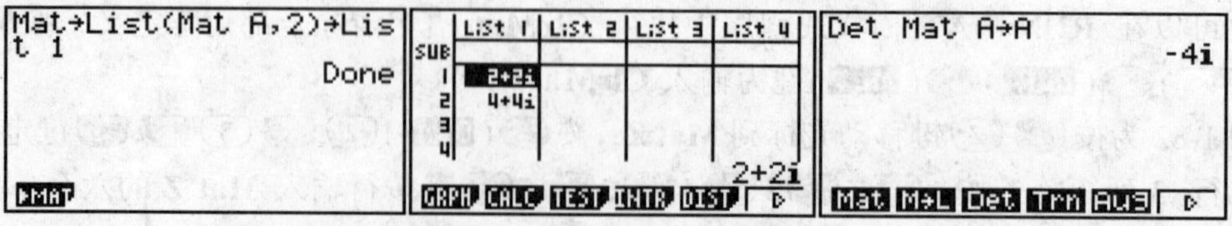

图 1-85　从矩阵 Mat A 抽取第 2 列数值给 List 1 串列与计算 Mat A 的行列式值

(2) 方阵行列式语句（Det）

句法：**Det Mat a**

按 OPTN F2（MAT）F3（Det）键输入 **Det**，**a** 为 **A~Z** 与 **Ans** 矩阵中已定义的方阵，求出的行列式值可以是实数，也可以是复数，可以将行列式值赋给 **A~Z** 字母寄存器、串列单元或矩阵单元。图 1-85 右图为求图 1-83 所定义的矩阵 **Mat A** 的行列式值，并将其赋给 **A** 变量的操作过程。

(3) 矩阵转置语句（Trn）

句法：**Trn Mat a**

按 OPTN F2（MAT）F4（Trn）键输入 **Trn**，**a** 为 **A~Z** 与 **Ans** 矩阵中已定义的方阵，转置操作是将矩阵的行与列互换，转置的结果可以赋值给其余矩阵。图 1-86 为求图 1-82 所定义的矩阵 **Mat Z** 的转置，并将结果赋值给矩阵 **Mat B** 的操作过程。

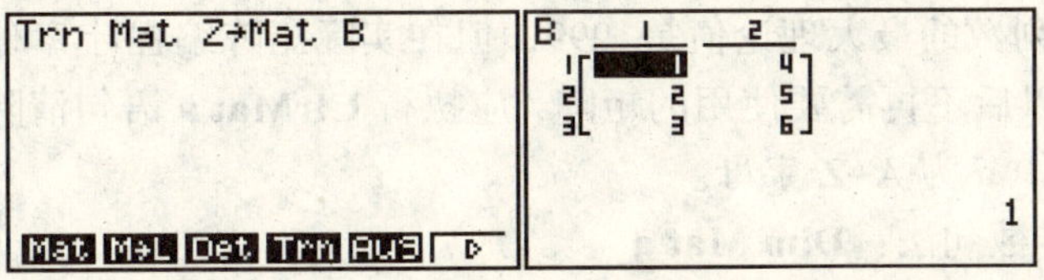

图 1-86　求 **Mat Z** 的转置并赋值给 **Mat B** 案例

(4) 矩阵合并语句（Aug）

句法：**Augment(Mat a,Mat b)**

按 OPTN F2（MAT）F5（Aug）键输入 **Augment(**，**a** 与 **b** 应为 **A~Z** 字母矩阵中的行数相同的已定义矩阵，作为特殊情况，**a**，**b** 可以是同一个已定义矩阵。合并后的矩阵可以直接赋值给 **a**，**b** 或其余矩阵。图 1-87 为合并 **Mat A** 与 **Mat Z** 并将结果赋值给 **Mat C** 的操作过程。

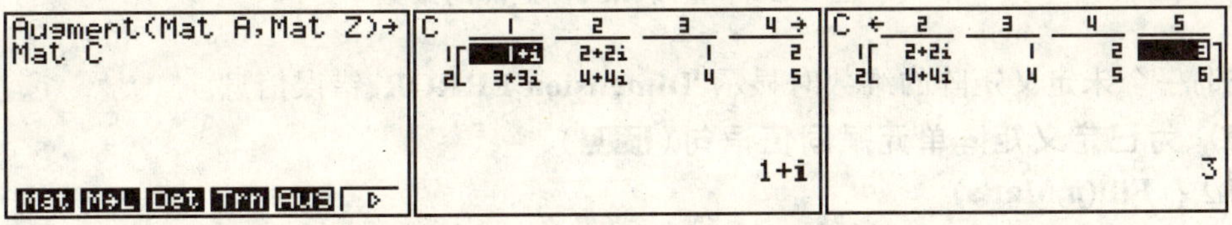

图 1-87　合并 **Mat A** 与 **Mat Z** 并将结果赋值给 **Mat C**

(5) 单位矩阵语句（Iden）

句法：**Identity n**

称对角线单元值为 1、其余单元值为 0 的方阵为单位矩阵。按 OPTN F2（MAT）F6（▷）F1（Iden）键输入 **Identity**，**n** 为单位矩阵的行或列数。可以将生成的单位矩阵赋值给 **A~Z** 字母矩阵。图 1-88 为定义 3 阶(3 行×3 列)单位矩阵并赋值给 **Mat B** 的操作过程。

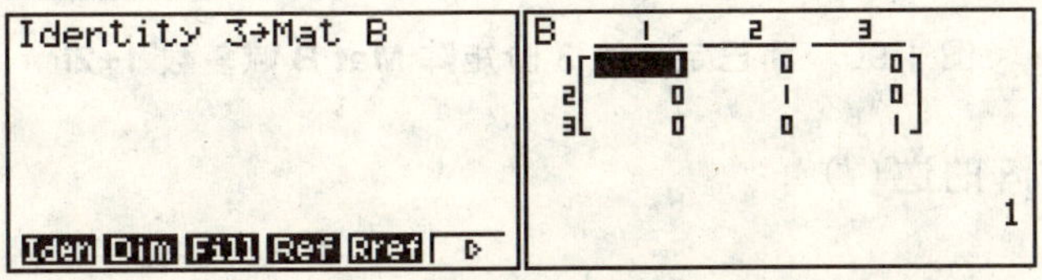

图 1-88　定义 3 阶单位矩阵并赋值给 Mat B

(6) 定义矩阵维数语句（Dim）

① 定义矩阵维数句法：**{m,n}→Dim Mat a**

按 OPTN F2（MAT）F6（▷）F2（Dim）键输入 **Dim**，**m** 为矩阵的行数，**n** 为矩阵的列数，**m** 与 **n** 可以为数值或字母变量，其值应为小于等于 999 的正整数且在机器剩余内存的允许范围内。

每定义一个新矩阵，需要占用 36 字节内存，存储实数的矩阵单元占用 12 字节内存，存储复数的矩阵单元占用 22 字节内存。fx-9750GⅡ用户可以使用的内存数为 62000 字节，假设只定义 **Mat A** 矩阵为 n 行×n 列，则 **Mat A** 有 n^2 个单元，以每个单元都存储实数计，则有下列方程

$$36+12\times n^2=62000$$

解上述方程求出方阵 **Mat A** 可以定义的最大阶数为 n=71。

虽然矩阵行或列数的最大理论值是 999，但在实际矩阵编程计算时，应尽量少定义大阶数矩阵，对程序以后不再需要使用的矩阵，应执行 **ClrMat a** 语句清除其定义，释放所占用的内存空间，其中 **a** 为 **A~Z** 字母。

② 查询矩阵维数句法：**Dim Mat a**

执行 **Dim Mat a** 语句的结果是一个 2 行的串列，其中 **Mat a** 的行数存储在 **List Ans[1]** 单元，**Mat a** 的列数存储在 **List Ans[2]**单元。图 1-89 为查询图 1-82 所定义的 **Mat Z** 矩阵的维数。

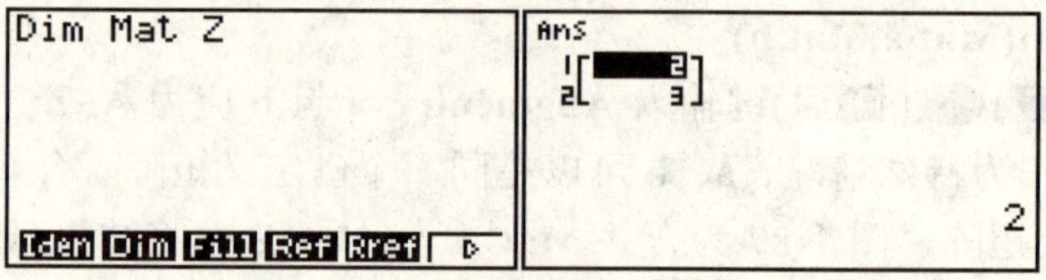

图 1-89　查阅 **Mat Z** 矩阵的维数

查询一个未定义矩阵的维数时显示“**Dimension ERROR**”错误信息。

(7) 为已定义矩阵单元赋同值语句（Fill）

句法：**Fill(n,Mat a)**

按 OPTN F2（MAT）F6（▷）F3（Fill）键输入 **Fill(**，其中 **a** 应为 **A~Z** 字母矩阵中的任意一个已定义的矩阵，**n** 为数值或表达式。图 1-90 为将复数 **1+2i** 赋值给图 1-88 所定义的 3 阶矩阵 **Mat B** 的操作过程。

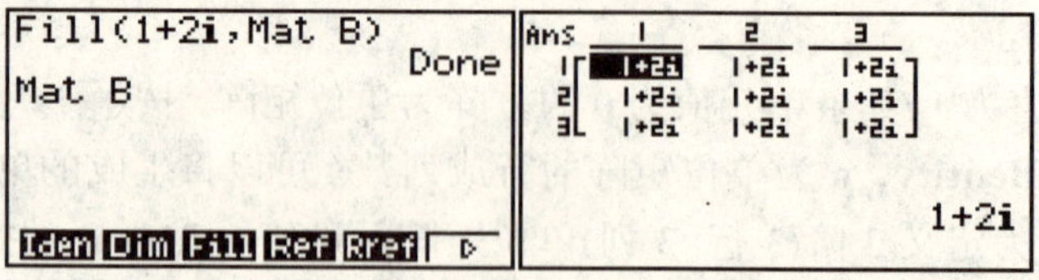

图 1-90　为已定义的 3 阶矩阵 **Mat B** 赋复数 **1+2i**

(8) 非奇异方阵的逆（$^{-1}$）

句法：**Mat a^{-1}**

按 SHIFT x^{-1} 键输入$^{-1}$，**a** 为 **A~Z**，应为非奇异方阵，称行列式不等于 0 的方阵为非奇异

方阵。图 1-91 为计算图 1-83 所定义的矩阵 **Mat A** 的逆。

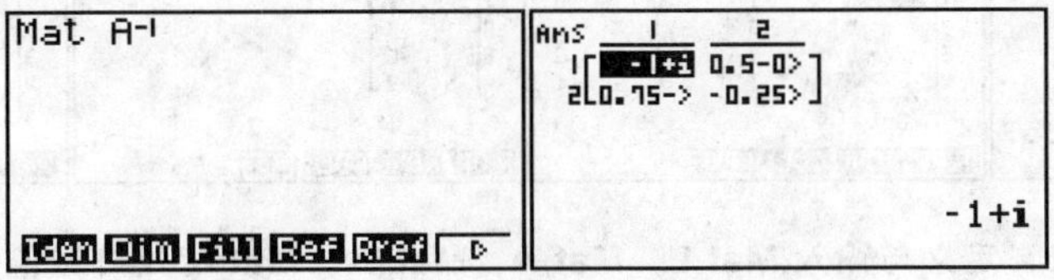

图 1-91　求非奇异方阵逆的案例

3) 矩阵的算术运算

矩阵的算术运算包括+、−、×运算，计算时，应符合矩阵的运算规则，也即：矩阵 **a** 与矩阵 **b** 相加或相减时，矩阵 **a** 的行列数应分别等于矩阵 **b** 的行列数；矩阵 **a** 与矩阵 **b** 相乘时，矩阵 **a** 的列数应等于矩阵 **b** 的行数，乘号×可以省略。

[例 1-26]　已知某水准网的观测值列矩阵为

$$L^{\mathrm{T}}=\begin{pmatrix}1.359 & 2.009 & 0.363 & 1.012 & 0.657 & 0.238 & -0.595\end{pmatrix}(\mathrm{m})$$

条件方程 $AV-W=0$ 的系数矩阵 A 与闭合差列矩阵 W 分别为

$$A=\begin{pmatrix}1 & -1 & 0 & 0 & 1 & 0 & 0\\ 0 & 0 & 1 & -1 & 1 & 0 & 0\\ 0 & 0 & 1 & 0 & 0 & 1 & 1\\ 0 & 1 & 0 & -1 & 0 & 0 & 0\end{pmatrix},\quad W=\begin{pmatrix}-7\\ -8\\ -6\\ 3\end{pmatrix}(\mathrm{mm})$$

高差观测值的协因数方阵为 $Q=\mathrm{diag}\begin{pmatrix}1.1 & 1.7 & 2.3 & 2.7 & 2.4 & 1.4 & 2.6\end{pmatrix}$

平差值函数的系数列矩阵为 $f^{\mathrm{T}}=\begin{pmatrix}0 & 0 & 0 & 0 & 1 & 0 & 0\end{pmatrix}$

试求高差观测改正数的最小二乘解、观测值的平差值、单位权中误差与权函数的中误差。

[解]　根据条件平差原理[17]，法方程的解为 $K=(AQA^{\mathrm{T}})^{-1}W$，改正数为 $V=QA^{\mathrm{T}}K$，高差观测值的平差值为 $\hat{L}=L+V$，单位权中误差为 $\hat{\sigma}_0=\sqrt{\dfrac{V^{\mathrm{T}}PV}{r}}$，式中 r=4，r 为多余观测数，平差值函数的协因数为 $Q_{\varphi\varphi}=f^{\mathrm{T}}Qf-f^{\mathrm{T}}QA^{\mathrm{T}}N_{aa}^{-1}AQf=f^{\mathrm{T}}Q(f-A^{\mathrm{T}}N_{aa}^{-1}AQf)$，平差值函数的中误差为 $\sigma_\varphi=\sigma_0\sqrt{Q_{\varphi\varphi}}$。

在 **RUN•MAT** 模式下，按 SHIFT PRGM F6(▷) F1(CLR) F4(Mat) EXE 键执行 **ClrMat** 语句清除全部矩阵的定义，按 EXIT EXIT 键退出程序语句功能菜单。

按 F1(▶MAT) ALPHA L F3(DIM) 7 EXE 1 EXE EXE 键定义 **Mat L** 为 7 行×1 列矩阵，按 **1.359** EXE **2.009** EXE **0.363** EXE **1.012** EXE **0.657** EXE **0.238** EXE **-0.595** EXE 键输入观测值矩阵，结果如图 1-92 左图所示，按 EXIT 键返回矩阵列表。

按 ALPHA A F3(DIM) 4 EXE 7 EXE EXE 键定义 **Mat A** 为 4 行×7 列矩阵，按题目给出的系数矩阵 A 的值完成输入，结果如图 1-92 左二图所示，按 EXIT 键返回矩阵列表。

按 ALPHA W F3(DIM) 4 EXE 1 EXE EXE 键定义 **Mat W** 为 4 行×1 列矩阵，按题目给出的闭合差矩阵 W 的值完成输入，结果如图 1-92 右二图所示，按 EXIT 键返回矩阵列表。

按 ALPHA Q F3(DIM) 7 EXE 7 EXE EXE 键定义 **Mat Q** 为 7 行×7 列方阵，按题目给出的协因数阵 Q 的值完成输入，结果如图 1-92 右图所示，按 EXIT EXIT 键退出矩阵列表，返回计算状态。

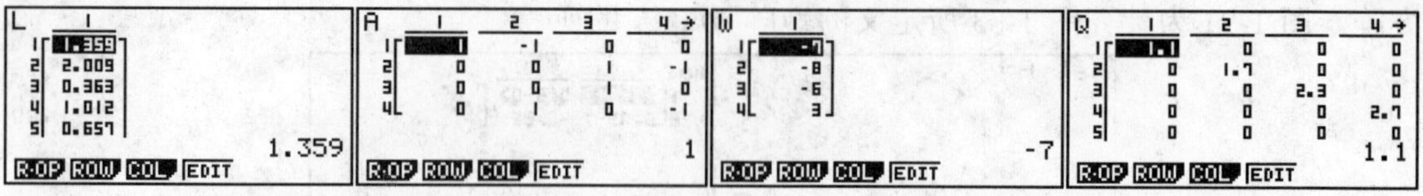

图 1-92　定义与输入 Mat L，Mat A，Mat W，Mat Q 矩阵数值的结果

输入并执行两重矩阵表达式**(Mat AMat QTrn Mat A)$^{-1}$→Mat N: Mat NMat W→Mat K** 计算法方程系数阵的逆阵与联系数的解，结果如图 1-93 左上二图所示。

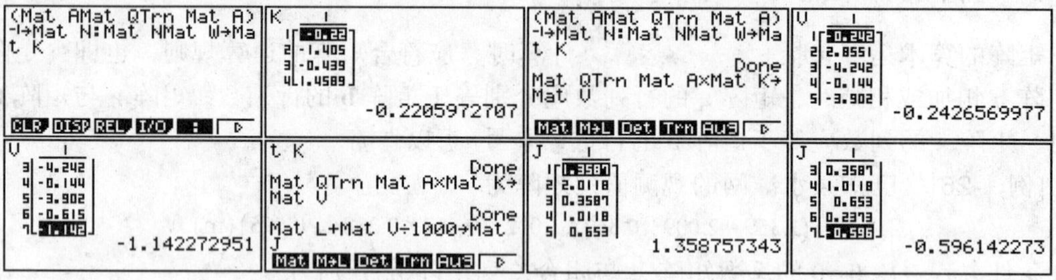

图 1-93　求法方程的解、高差观测改正数、高差观测值的平差值

输入上述矩阵表达式时，按 SHIFT x^{-1} 键输入$^{-1}$，按 OPTN F2 (MAT) F4 (Trn)键输入 **Trn**，按 SHIFT PRGM F6 (▷) F5 (:)键输入冒号:。

按 EXIT 键退出矩阵答案存储器显示界面，输入并执行矩阵表达式 **Mat QTrn Mat A×Mat K→Mat V** 计算高差观测改正数矩阵，结果如图 1-93 右上二图所示。注意，在转置矩阵 **Trn Mat A** 与矩阵 **Mat K** 相乘时不能省略乘号×，因为省略乘号的矩阵相乘运算优先于矩阵转置运算，而 **Mat A** 与 **Mat K** 相乘不符合矩阵相乘的规则。

按 EXIT 键退出矩阵答案存储器显示界面，输入并执行矩阵表达式 **Mat L+0.001Mat V→Mat J** 计算高差观测值的平差值，结果如图 1-93 右下图所示。因为观测值的单位为 m，而观测值改正数的单位为 mm，所以应将改正数矩阵 **V** 除以 **1000**。

按 EXIT 键退出矩阵答案存储器显示界面，按 AC/ON 键清除屏幕显示，输入并执行两重表达式 **Trn Mat V×Mat Q^{-1}Mat V→Mat S:√(Mat S[1,1]÷4)→S** 计算单位权中误差并存入字母变量存储器 **S**，结果如图 1-94 左图所示，式中 **Mat S[1,1]**代表矩阵 **S** 第一行第一列单元的数值。

按 EXIT 键返回 **RUN·MAT** 模式缺省功能菜单，按 F1 (▸MAT) ALPHA F F3 (DIM) 7 EXE 1 EXE EXE 键定义 **Mat F** 为 7 行×1 列矩阵，按题目给出的平差值函数的系数矩阵 *f* 的值完成输入，结果如图 1-94 中图所示，按 EXIT EXIT 键退出矩阵列表，返回计算状态。

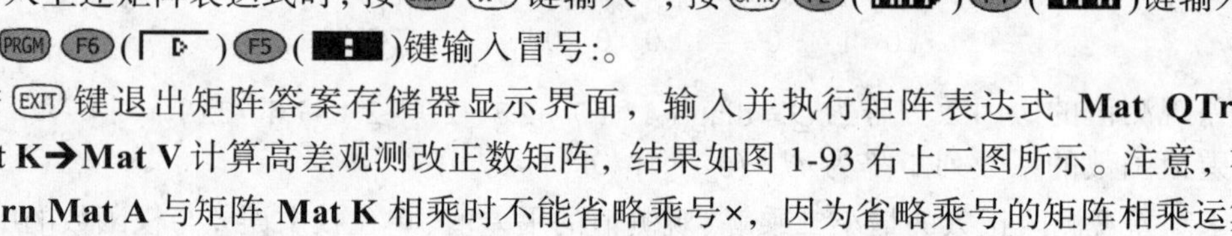

图 1-94　计算单位权中误差与平差值函数的中误差

按 AC/ON 键清除屏幕显示，输入并执行两重表达式 **Trn Mat F×Mat Q(Mat F−Trn Mat**

A×Mat NMat A Mat QMat F)➔Mat G:S.∫ Mat G[1,1]➔G 计算平差值函数的中误差并存入字母变量 G，结果如图 1-94 右图所示。

1.10 PRGM 模式与程序

1) PRGM 模式的功能菜单

按 MENU 9 键进入 **PRGM** 模式，屏幕显示图 1-95 所示的程序列表界面，有两页功能菜单，按 F6 (▷)键为翻页到图 1-95 下图所示的功能菜单，按 ▼ 或 ▲ 键为移动光标到需要的程序。

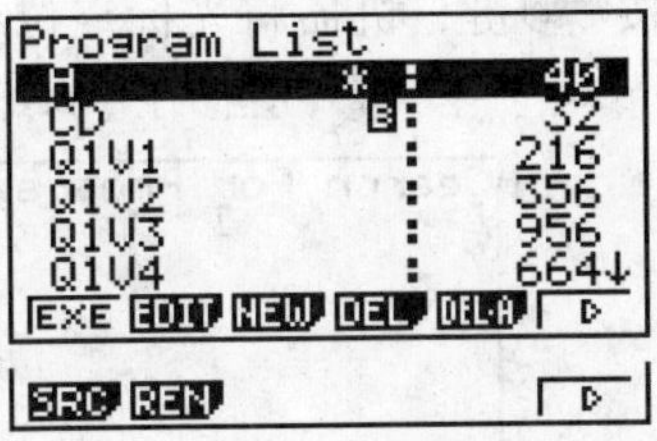

图 1-95 PRGM 模式程序列表

在图 1-95 所示的程序列表中，左边的字符为程序文件名，右边的数字为占用的内存字节数，新建一个程序需要 32 字节存储程序名及计算模式与密码。中间符号的意义如下：符号*表示该程序设置了密码，符号 B 表示该程序的运行模式为基数(**BASE**)模式。

① 按 EXE 键或按 F1 (EXE)键为执行光标处的程序。

② 按 F2 (EDIT)键为编辑光标行程序。当光标行程序设置有密码时，机器将提示用户输入密码，所输入的密码不正确时将不允许用户在机器上编辑程序，但可以将程序下传到通信软件 FA-124 中，再从 FA-124 的 Calculator 窗口复制程序到 FA-124 窗口，用鼠标左键双击 FA-124 窗口的程序进行编辑。也即，在 FA-124 软件的 FA-124 窗口可以编辑任意程序，包括加密程序。由此可见，fx-9750GⅡ的程序加密功能没有什么作用。

③ 按 F3 (NEW)键进入图 1-96 左图所示的程序文件名输入界面，机器自动锁定为字母输入模式，等价于已自动按 SHIFT A-LOCK 键。用户最多可以输入 8 个字符作为程序文件名，可以作为文件名的字符是：**A~Z**、**r**、*θ*、空格、[、]、{、}、'、"、~、**0~9**、+、−、×、÷。当需要输入字符'、"、~作为文件名时，应按 F6 (SYBL)键调出图 1-96 下中图所示的功能菜单。

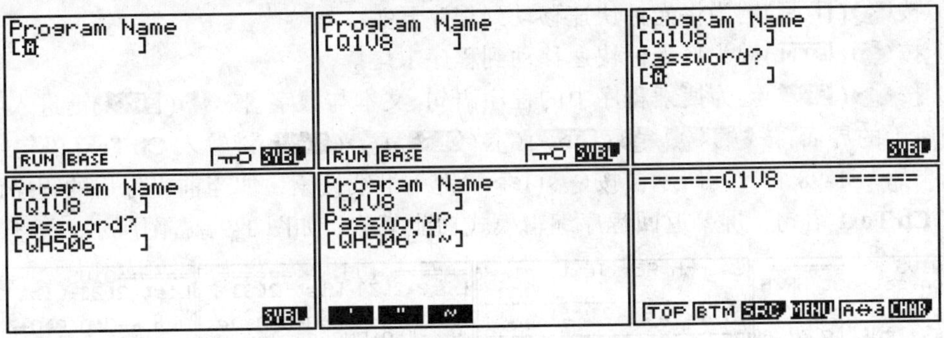

图 1-96 新建程序与设置密码界面

完成文件名的输入后，按 F1 (RUN)键为设置程序为一般计算模式，这也是新建程序的缺省设置，一般不需要按该键重复设置；按 F2 (BASE)键为设置程序为基数计算模式，程序名右边显示 B 符号；按 F5 (⊸)键为输入程序密码，用户最多可以输入 8 个字符作为程序密码，可用做程序密码的字符与程序名相同。当需要输入字符'、"、~作为文件密码时，应按 F6 (SYBL)键调出图 1-96 下中图所示的功能菜单。

完成程序名及密码(如果需要)输入后，按 EXE 键进入图 1-96 右下图所示的程序编辑界面，即可开始手工输入程序。在 fx-9750GⅡ中手工输入程序的效率较低，建议用户在通信软件 FA-124 中输入程序。

④ 按 F4 (DEL) F1 键为删除光标行的程序。

⑤ 按 F5 (DEL·A) F1 键为删除内存的全部程序。

按 F6 (▷)键翻页到图 1-95 下图所示的功能菜单。

⑥ 按 F1 (SRC)键为在程序列表中搜索用户输入字符的文件，完成程序名字符输入后按 EXE 键，机器将光标定位在满足要求的程序上，操作案例如图 1-97 上图所示。

⑦ 按 F2 (REN)键为编辑光标行的程序名，操作案例如图 1-97 下图所示。

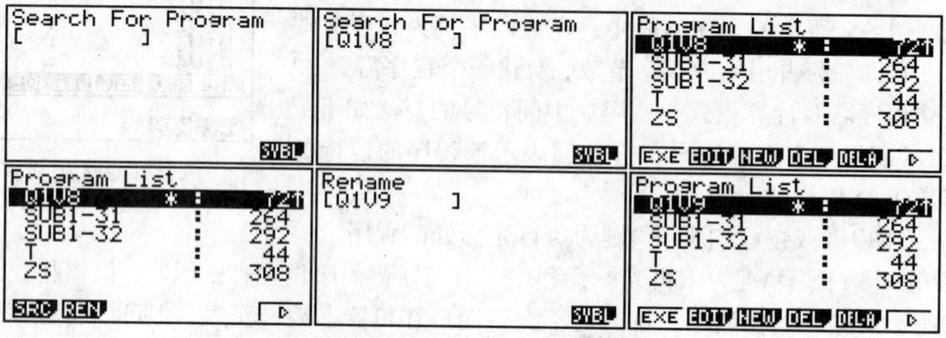

图 1-97　搜索指定字符的程序文件、编辑程序名案例

2) 程序编辑模式功能菜单

按 MENU 9 键进入程序列表界面，按 ▼ 或 ▲ 键移动光标到程序需要编辑的程序名上，按 F2 (EDIT)键进入程序编辑模式。图 1-98 左图为编辑程序 Q1V5 的界面，其功能菜单称为程序编辑模式功能菜单。

① 按 F1 (TOP)键为将光标快速移动到程序开头。

② 按 F2 (BTM)键为将光标快速移动到程序末尾。

③ 按 F3 (SRC)键为搜索程序中的程序语句、文本与数字。按 F3 (SRC)键进入图 1-98 左二图所示的界面，按 SHIFT PRGM F6 (▷) F1 (CLR) F1 (Text)键输入 **ClrText** 语句，按 EXE 键，结果如图 1-98 右二图所示。按 F1 (SRC)键为继续搜索，如当前光标后的程序语句中已没有 **ClrText** 语句，屏幕返回程序编辑模式功能菜单，如图 1-98 右图所示。

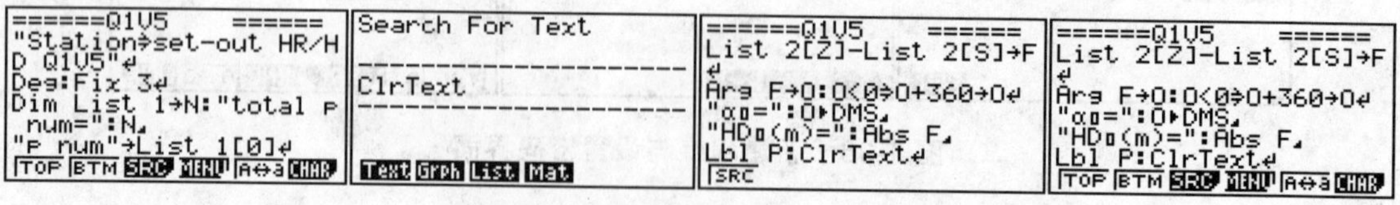

图 1-98　搜索程序中的 ClrText 语句

④ 按 F5 (A⇔a)键为输入英文小写字母，该功能键有两种使用方法：

第一种，先按 ALPHA 键，再按 F5 (A⇔a)键，再按字母键为输入单个英文小写字母。例如，按 ALPHA F5 (A↔a) Q 键为输入小写字母 **q**。

第二种，先按 SHIFT A-LOCK 键锁定大写字母输入模式，再按 F5 (A↔a) 键锁定小写字母输入模式，再连续按字母键为连续输入英文小写字母。例如，按 SHIFT A-LOCK F5 (A↔a) C E L I A N G 键为输入小写字母 **celiang**。

⑤ 按 F6 (CHAR) 键进入图 1-99 所示的特殊字符输入界面，屏幕显示最近一次调用的特殊字符页面。

图 1-99　特殊字符功能菜单

按 F1 (MATH) 键进入图 1-99 左上图所示的数学字符界面，光标自动位于第一行第一列字符位置，按 ◄、►、▼ 或 ▲ 键移动光标到需要输入的字符，按 EXE 键输入光标处的字符。在下面字符界面中也采用同样的方法选择界面字符。

按 F2 (SYBL) 键进入图 1-99 右上图所示的特殊字符界面。

按 F3 (ABΓ) 键进入图 1-99 左下图所示的大写希腊字符界面。

按 F4 (αβγ) 键进入图 1-99 下中图所示的小写希腊字符界面。

按 F5 (ABC) 键进入图 1-99 右下图所示的英文大小写下标字符界面。

⑥ 按 F4 (MENU) 键进入图 1-100 所示的功能菜单。

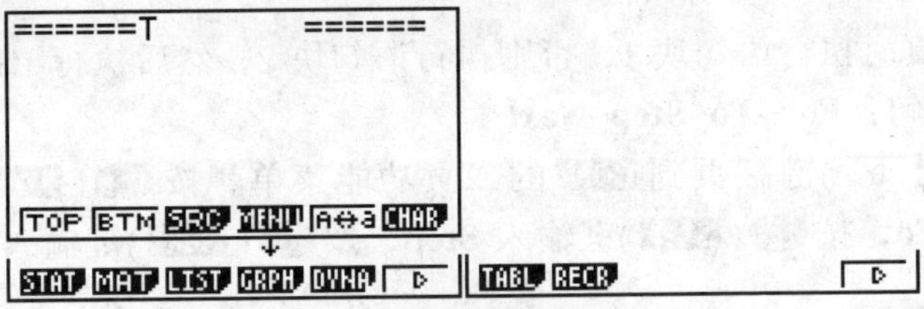

图 1-100　展开 MENU 功能菜单

3) 类 BASIC 程序语句

在程序编辑状态按 SHIFT PRGM 键调出图 1-101 左图所示的程序语句功能菜单，共有三页功能菜单，按 F6 (▷) 键循环翻页。

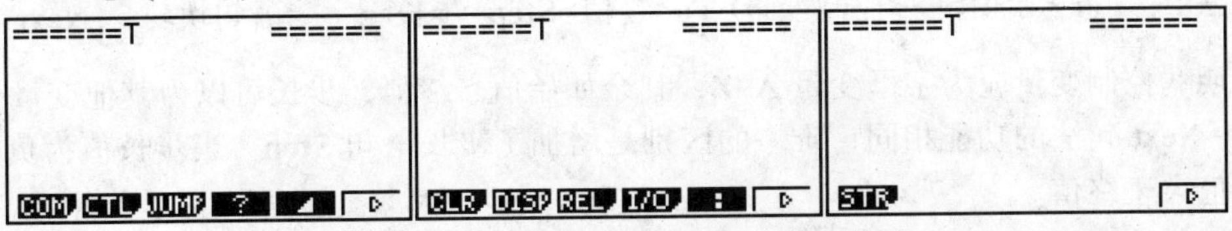

图 1-101　类 BASIC 程序语句功能菜单

（1） COM 功能菜单下的程序语句

按 SHIFT PRGM F1 (COM)键调出图 1-102 左图所示的程序语句功能菜单。

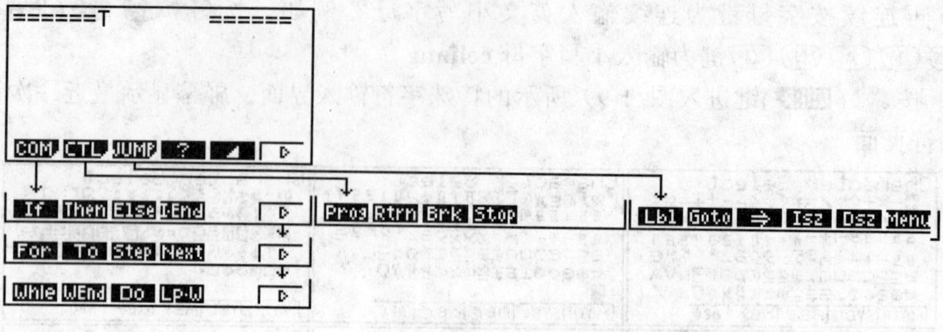

图 1-102　按 SHIFT PRGM 键调出的程序语句功能菜单

① 条件语句：**If~Then~Else~IfEnd**

输入：按 F1 (If)键输入 **If**，按 F2 (Then)键输入 **Then**，按 F3 (Else)键输入 **Else**，按 F4 (I-End)键输入 **IfEnd**。

句法 1：**If** <条件>{↵ : ◢}**Then** <语句块>{↵ : ◢}**IfEnd**{↵ : ◢}

说明：符号{↵ : ◢}的意义是，在该符号位置可以输入回车符↵、连接符**:**与显示符◢中的任一个命令字符，下同；语句块是指由多个语句用回车符↵、连接符**:**或显示符◢连接的集合，下同。

条件为真时执行 **Then** 后的语句块，否则从 **IfEnd** 后开始执行。条件式的关系运算符有=，≠，>，<，≧，≦六个，也可以包含多个逻辑运算语句 **And**，**Or**，**Not**。

句法 2：**If** <条件>{↵ : ◢}**Then** <语句块 1>{↵ : ◢}**Else**<语句块 2>{↵ : ◢}**IfEnd**{↵ : ◢}

说明：条件为真时执行语句块 1，否则执行语句块 2，然后执行 **IfEnd** 后的语句。

② **For** 循环语句：**For~To~Step~Next**

输入：按 F6 (▷)键翻页到 COM 的二页功能菜单，按 F1 (For)键输入 **For**，按 F2 (To)键输入 **To**，按 F3 (Step)键输入 **Step**，按 F4 (Next)键输入 **Next**。

句法 1：**For** <始值>➔<控制变量>**To**<终值>{↵ : ◢}<语句块>{↵ : ◢}**Next**

说明：控制变量应为字母变量 **A~Z**，始值与终值可以为其他变量。控制变量从始值开始，步长为 1，重复执行语句块，直至终值为止。始值应小于终值，如果始值大于终值，则不执行语句块，而是直接执行 **Next** 后的语句。

句法 2：**For** <始值>➔<控制变量>**To**<终值>**Step**<步长>{↵ : ◢}<语句块>{↵ : ◢}**Next**

说明：控制变量应为字母变量 **A~Z**，其余如始值、终值、步长可以为其他变量。它与 **For~To~Next** 句法的功能相同，唯一的区别是增加了步长语句 **Step**。当步长值为负数时，要求始值大于终值。

③ **While** 循环语句：**While~WhileEnd**

输入：按 F6 (▷)键翻页到 COM 的三页功能菜单，按 F1 (While)键输入 **While**，按 F2 (WEnd)键输入 **WhileEnd**。

句法：While <条件>{↵ : ◢}<语句块>**WhileEnd**{↵ : ◢}

说明：先测试条件，当条件为真时执行语句块，然后再测试条件，条件为真时重复执行语句块，直到条件为假时执行 **WhileEnd** 后的语句结束循环。

④ **Do** 循环语句：**Do~LpWhile**

输入：按 F3 (Do)键输入 **Do**，按 F4 (Lp·W)键输入 **LpWhile**。

句法：Do{↵ : ◢}<语句块>{↵ : ◢}**LpWhile**<条件>{↵ : ◢}

说明：先执行语句块，然后测试条件，条件为真时重复执行语句块，否则执行<条件>后的语句。无论条件是否为真，语句块至少被执行一次。

(2) **CTL 功能菜单下的程序语句**

按 SHIFT PRGM F2 (CTL)键调出图 1-102 中图所示的控制类语句。

① 调子程序语句：**Prog**

输入：按 F1 (Prog)键输入 **Prog** 语句。

句法 1：Prog "subfilename"

说明：subfilename 代表子程序名，该语句只能出现在主程序或子程序中，功能是调用 **subfilename** 子程序。子程序是独立于主程序的程序，它也保存在机器内存中，主程序与子程序的变量都是全局的，子程序执行完成后应通过 **Return** 语句返回主程序，继续执行主程序中 **Prog** 语句之后的语句。

句法 2：Prog "mainfilename"

说明：mainfilename 代表主程序名，该语句只能在 **RUN•MAT** 模式下执行，其功能等价于在 **PRGM** 模式下执行 **mainfilename** 主程序。

② 返主(子)程序语句：**Return**

输入：按 F2 (Rtrn)键输入 **Return** 语句。

说明：Return 语句只能出现在子程序中，子程序中应至少有一条 **Return** 语句，机器执行到该语句时，控制执行返回调用该子程序的主程序或子程序。主程序一般不应有 **Return** 语句，若在主程序中使用了 **Return** 语句，程序执行到该语句时会停止执行，原理如图 1-103 所示。

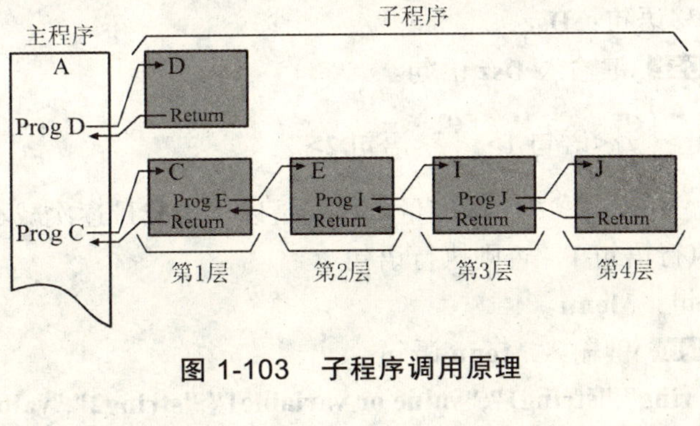

图 1-103　子程序调用原理

③ 中断语句：**Break**

输入：按 F3 (Brk)键输入 **Break** 语句。

说明：中断 **For**，**Do**，**While** 循环语句并继续执行循环语句之后的语句，该语句一般应位于这三种循环语句内的某个条件语句中，当条件满足时跳出循环语句。

④ 终止程序语句：**Stop**

输入：按 F4 (Stop)键输入 **Stop** 语句。

说明：程序被 **Stop** 语句终止后就不再执行任何语句，该语句常用于调试程序时设置临时断点。

（3） JUMP 功能菜单下的程序语句

按 SHIFT PRGM F3 (JUMP)键调出图 1-102 右图所示的转移类语句。

① 转移与标记语句：**Goto~Lbl**

输入：按 F1 (Lbl)键输入 **Lbl** 语句，按 F2 (Goto)键输入 **Goto** 语句。

句法：Goto n~Lbl n

说明：n 可以为 **0~9** 的整数或 **A~Z**，**r**，*θ* 字母变量，**Goto n** 语句一般位于条件语句中，其功能是将程序执行转移到 **Lbl n** 处。

② 简单条件语句⇒

输入：按 F3 (⇒)键输入⇒语句。

句法：<条件>⇒<语句 1>{↵ : ◢}<语句 2>

说明：条件满足时执行单个语句 1，否则执行语句 2。与 fx-4800P/fx-4850P 的条件语句比较，在上述语句 1 后不需要使用◣符号结束条件语句，因为 fx-9750GⅡ没有◣符号。

简单条件语句常用于下面的 **Pol** 或 **Arg** 函数后，将算出的辐角转换为方位角。

Pol(X,Y):List Ans[2]→J:J<0⇒J+360→J

Arg (X+Yi)→J:J<0⇒J+360→J

③ 增 1 计数转移语句：**Isz**

输入：按 F4 (Isz)键输入 **Isz** 语句。

句法：Isz<变量>{↵ : ◢}<语句 1>{↵ : ◢}<语句 2>

说明：变量应为 **A~Z**，**r**，*θ* 字母变量。功能是以 1 为增量逐次增加变量的值，当变量的值不等于 0 时，执行语句 1，否则执行语句 2。

④ 减 1 计数转移语句：**Dsz**

输入：按 F5 (Dsz)键输入 **Dsz** 语句。

句法：Dsz<变量>{↵ : ◢}<语句 1>{↵ : ◢}<语句 2>

说明：变量应为 **A~Z**，**r**，*θ* 字母变量。功能是以 1 为减量逐次减小变量的值，当变量的值不等于 0 时，执行语句 1，否则执行语句 2。

⑤ 分支菜单语句：**Menu**

输入：按 F6 (Menu)键输入 **Menu** 语句。

句法：Menu "string","string1","value or variable1","string2","value or variable2",……

说明：string 为表示分支菜单名的字符串，string n 为表示分支菜单下的子字符串，value or variable n 应为 0 ~ 9 的数值或 A~Z，r，θ 字母变量。

✍ **Menu** 是 fx-9750G II 新增加的语句，fx-5800P 没有该语句。

(4) 变量输入语句：?

输入：按 F4 (?) 键输入?语句。

句法：?→<变量>{↵ : ◢}；"提示字符"?→<变量>{↵ : ◢}

说明：最多允许使用 255 个字符作为提示字符，凡按键可以输入的字符都可以作为提示字符；变量可以是字母变量 **A~Z**、**r**、θ，串列单元 **List n[a](a** 为 1~26)，矩阵单元 **Mat a[m,n]**等。

程序执行到变量输入语句时，屏幕不显示变量的原有值，用户必须输入数值或数值表达式后按 EXE 键，机器自动将用户输入的数值或表达式结果赋值给变量，若不输入任意数值按 EXE 键空响应，机器将不会往下执行程序。

✍ fx-5800P 也有与上述功能相同的变量输入语句，还有“?变量”与“"提示字符"?<变量>”形式的变量输入语句，执行该变量输入语句时，屏幕显示变量的原有值，按 EXE 键空响应为使用变量的原有值计算，但 fx-9750G 没有这种格式的变量输入语句。

(5) 显示符：◢

输入：按 F5 (◢) 键输入◢符。

说明：程序执行过程中，显示◢符号前表达式的值。

(6) CLR 功能菜单下的程序语句

按 SHIFT PRGM F6 (▷) F1 (CLR) 键调出图 1-104 左下图所示的清除类语句。

① 清除屏幕字符显示语句：**ClrText**

输入：按 F1 (Text) 键输入 **ClrText** 语句。

句法：**ClrText**

② 清除屏幕图形显示语句：**ClrGraph**

输入：按 F2 (Grph) 键输入 **ClrGraph** 语句。

句法：**ClrGraph**

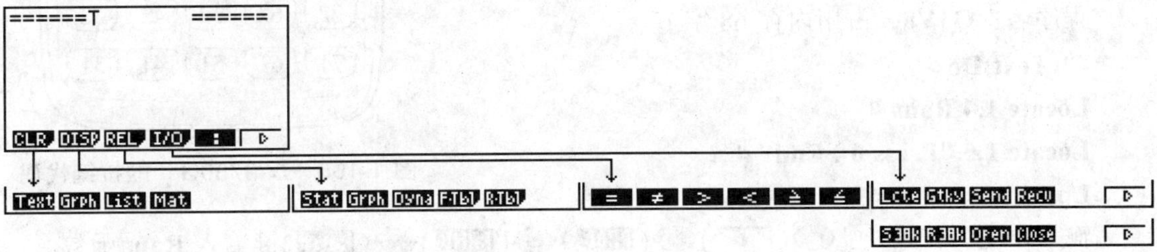

图 1-104 按 SHIFT PRGM F6 键调出的程序语句功能菜单

③ 清除串列数据语句：**ClrList**

输入：按 F3 (List) 键输入 **ClrList** 语句。

句法：**ClrList** 或 **ClrList n**

说明：n 为 1 ~ 26 整数或 Ans。执行 **ClrList** 语句为清除当前串列文件 **List 1~List 26** 的所有串列数据(含串列子名)，执行 **ClrList n** 语句为清除当前串列文件 **List n** 的串列数据

(含串列子名)。

④ 清除矩阵数据语句：**ClrMat**

输入：按F4(Mat)键输入 **ClrMat** 语句。

句法：ClrMat 或 **ClrMat a**

说明：a 为 **A～Z** 字母或 **Ans**。执行 **ClrMat** 语句为清除全部矩阵的定义与数据，执行 **ClrMat a** 语句为清除 **Mat a** 矩阵的定义与数据。

(7) REL 功能菜单下的程序语句

按SHIFT PRGM F6(▷)F3(REL)键调出图 1-104 右下二图所示的条件关系类语句。

按F1(=)键输入=，也可以按SHIFT =键输入=，按F2(≠)键输入≠，按F3(>)键输入>，按F4(<)键输入<，按F5(≧)键输入≧，按F6(≦)键输入≦。

(8) I/O 功能菜单下的程序语句

按SHIFT PRGM F6(▷)F4(I/O)键调出图 1-104 右下图所示的输入/输出类语句。

① 在文字屏幕的指定位置显示语句：**Locate**

输入：按F1(Lcte)键输入 **Locate** 语句。

句法 1：Locate <列号>,<行号>,<值>

句法 2：Locate <列号>,<行号>,<表达式>

句法 3：Locate <列号>,<行号>,"<字符串>"

② 获取用户按键代码语句：**Getkey**

输入：按F2(Gtky)键输入 **Getkey** 语句。

说明：如图 1-105 所示，fx-9750GⅡ共有 50 个按键，除AC/ON键外，其余 49 个键都有一个代码。**Getkey** 语句的功能是获取用户按键的代码。

下面程序的功能是在屏幕的 1 列 4 行位置开始显示一个随机数，在 1 列 5 行位置开始显示字符串"**Press 0**"，只要用户不按0键(代码为 71)就重复上述显示，按0键为终止程序运行。

图 1-105 fx-9750GⅡ的按键代码

程序名：**Q1V8**，占用内存 68 字节。

```
ClrText:Do↵
Locate 1,4,Ran#↵
Locate 1,5,"Press 0⇒End"↵
LpWhile Getkey≠71
```

输入程序时，按OPTN F6(▷)F3(PROB)F4(RAND)F1(Ran#)键输入 **Ran#**函数。

③ 发送/接收数据语句：**Send(/ Receive(**

输入：按F3(Send)键输入 **Send(**语句，按F4(Recv)键输入 **Receive(**语句。

句法：Receive(<数据>**)/Send(**<数据>**)**

说明：<数据>可以是字母变量、矩阵或串列，应先用 SB-62 数据线连接外部设备，例如，**Send(Mat A)**语句为向外部设备发送矩阵 **A** 的全部数据，**Receive(Mat A)**语句为从外部设备接收数据到矩阵 **A**。

④ **Send38k/Receive38k**

输入：按F1(S38k)键输入 **Send38k** 语句，按F2(R38k)键输入 **Receive38k** 语句。

句法： **Send38k(<表达式>)，Receive38k(<变量名>或<串列名>)**

说明：以 **38 kbps** 的速率发送/接收数据。应先执行 **OpenComport38k** 命令打开 **3-Pin COM** 通信口，才能执行 **Receive38k/Send38k** 命令，命令执行完成后，应执行 **CloseComport38k** 命令关闭通信口。注意，两设备没有用数据线连接好时将会出错。

⑤ 打开/关闭 **3-Pin COM** 通信口语句：**OpenComport38k/CloseComport38k**

输入：按F6(▷)F3(Open)键输入 **OpenComport38k** 语句，按F4(Close)键输入 **Close Comport38k** 语句。

(9) 多重语句连接符:

输入：按F5(:)输入:。

说明：用以连接前后 2 个语句，连续执行不作停顿。与显示符◢不同，使用多重语句连接符:连接的语句可连续执行不作停顿，也不显示:前一条语句的计算结果，可以使用回车符↵代替:。

(10) 回车符↵

输入：按EXE输入↵。

说明：用以连接前后 2 个语句，连续执行不作停顿。与多重语句连接符:的功能完全相同，唯一的区别是↵后的语句自动放置在下一行。当编辑光标为插入模式时(按SHIFT INS键使光标在插入模式与覆盖模式之间切换)，按EXE键为在光标位置插入一个↵，且光标后的语句另起一行。

(11) 注释文字分隔符'

输入：按ALPHA F1(')键输入'。

说明：程序中，以'命令开始的语句为注释语句，用以说明程序段或语句的功能，程序运行时，不执行也不显示它们。它类似于 BASIC 语言中的 **REM** 命令，或 True BASIC 语言[9]中的!命令。

1.11　LINK 模式与数据通信

fx-9750GⅡ有一个通用 USB 口与一个 3-Pin 通信口，可以使用通用 USB 数据线、SB-87-w 串口数据线或 SB-62 数据线进行数据通信，其中通用 USB 数据线与普通数码相机的 USB 线相同，机器没有标配，SB-87-w 串口数据线需要另购，SB-62 数据线为标配，SB-62 数据线也可用于两台 fx-5800P 之间对传程序。

SB-87-w 串口数据线用来连接 fx-9750GⅡ的 3-Pin 口与 PC 机的 COM 口，而现在的笔记本电脑已基本不设 COM 口，因此很少使用。fx-9750GⅡ与 PC 机通信主要使用通用 USB 数据线。

1) 两台 fx-9750GⅡ的数据通信

用 SB-62 数据线连接好两台 fx-9750GⅡ的 3-Pin 口，如图 1-106 所示。

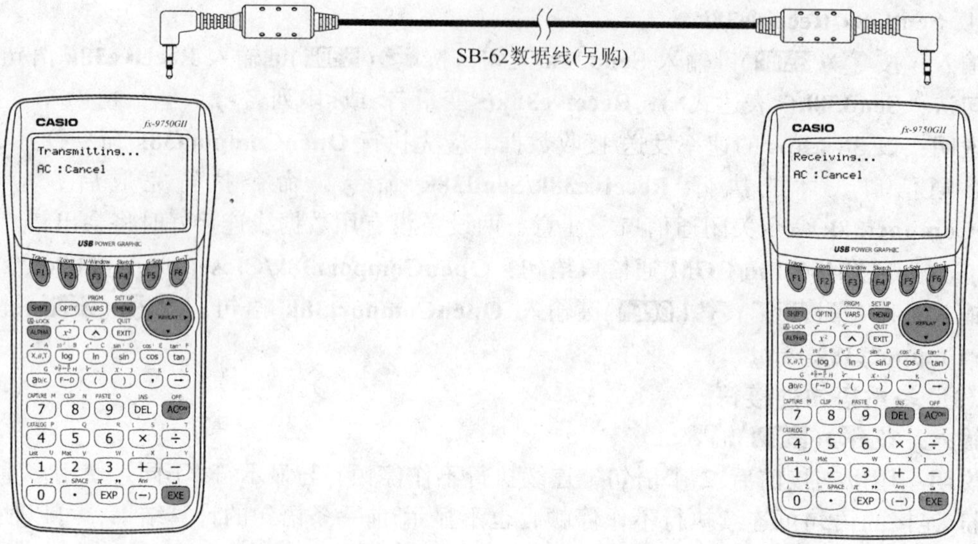

图 1-106　用 SB-62 数据线连接两台 fx-9750GⅡ的 3-Pin 口

分别在两台计算器上按 AC/ON 键打开电源，按 MENU C F4 (CABL) F2 (3PIN)键将 **Cable Type** 设置为 **3Pin**，操作过程如图 1-107 所示。此时，两台 fx-9750GⅡ数据通信的速率被固定为 115 200bps，奇偶校验为无校验，用户不能改变。

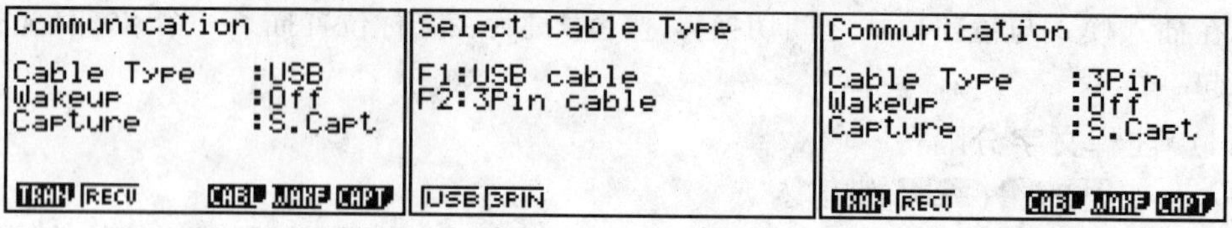

图 1-107　将两台 fx-9750GⅡ的 Cable Type 项均设置为 3Pin

在接收数据的 fx-9750GⅡ上按 F2 (RECV)键使其处于接收数据状态，如图 1-108 左上图所示。

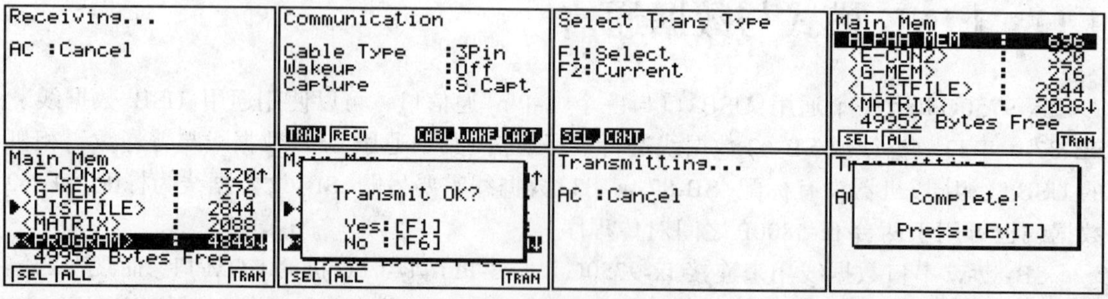

图 1-108　两台 fx-9750GⅡ进行数据通信的操作过程

在发送数据的 fx-9750GⅡ上按 F1 (TRAN)键进入图 1-108 右上二图所示的界面，按 F1 (SEL)键进入图 1-108 左下图所示的 **Main Mem** 界面，屏幕显示内存可以发送的数据列表，按 ▼ 或 ▲ 键移动行光标到需要发送的数据项，按 EXE 键为展开< >内的数据内容，或直接按 F1 (SEL)键为选择光标处数据项下的全部内容，重复上述操作完成需要发送的其余数据项的选择；或按 F2 (ALL) 键为选择全部数据项；选中数据项的左边显示▶符；按 F6 (TRAN) F1 键为发送选择的数据，其后的屏幕显示内容如图 1-108 右下图所示。

数据发送完成后，若要再次发送前次选择的数据，在图 1-108 右上二图的界面下按 F2 (CRNT) F6 (TRAN) F1 键即可。

☞ 当作为接收机的 fx-9750GⅡ的唤醒功能打开时[按 F5 (WAKE) F1 (On)键]，只需要在作为发送机的 fx-9750GⅡ上执行选择与发送数据操作，接收机自动接收发送来的数据。

2) fx-9750GⅡ与 PC 机的数据通信

应先在 PC 机上安装通信软件 FA-124，才能使用通用 USB 数据线连接 fx-9750GⅡ的 USB 口与 PC 机的任一个 USB 口。

(1) 安装 FA-124 通信软件

FA-124 通信软件的安装程序位于 fx-9750 GⅡ随机配送光盘的"\FA124\FA124_inst"路径下，执行该路径下的安装文件 CASIO FA-124.exe，按屏幕提示操作完成软件安装，安装完成后的 Windows 桌面图标如图 1-109 左图所示。

图 1-109　FA-124 桌面图标及内存文件夹

安装完 FA-124 通信软件后，安装程序自动在 Windows 桌面"我的文档"文件夹下创建"CASIO"内存文件夹，在该文件夹下，还分别创建了"FA-124"与"Screen Receiver"两个子文件夹(图 1-109 右图)。其中，子文件夹"FA-124"用于自动存储 FA-124 通信软件 FA-124 窗口的内存文件。

(2) 安装 CESG502 USB 设备驱动程序

用通用 USB 数据线连接 fx-9750GⅡ的 USB 口与 PC 机的任一个 USB 口，如图 1-110 所示。

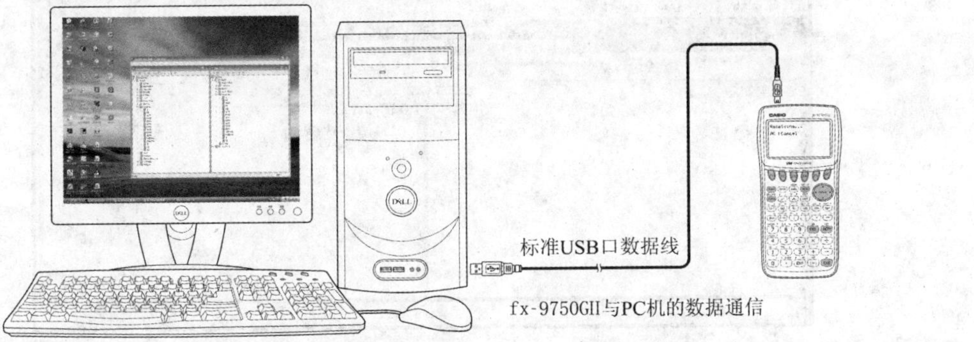

图 1-110　用 USB 数据线连接 fx-9750GⅡ的 USB 口与 PC 机的 USB 口

按 AC/ON 键打开 fx-9750GⅡ的电源，按 MENU C 键进入 **LINK** 模式，按 F4 (CABL) F1 (USB)键将 **Cable Type** 设置为 USB 数据线，按 F2 (RECV)键启动 fx-9750GⅡ与 FA-124 的数据同步操作，此时，PC 机提示用户安装 CESG502 USB 设备的驱动程序，如图 1-111 左图所示的对话框。

单击"◉是，仅这一次(Y)"单选框，单击 下一步(N)> 按钮，进入图 1-111 右图所示的对话框，单击"◉从列表或指定位置安装(高级)(S)"单选框，单击 下一步(N)> 按钮，将驱动程序选择指向随机配送光盘的根路径，按对话框的提示操作，即可完成 CESG502 USB 设备驱动程序的安装。

每次只安装 USB 数据线当前插入的 USB 口的设备驱动程序，如果用户 PC 机有多个 USB 口，当使用没有安装驱动程序的 PC 机的 USB 口进行数据通信时，还应重复上述操作安装该端口的 CESG502 USB 设备驱动程序。

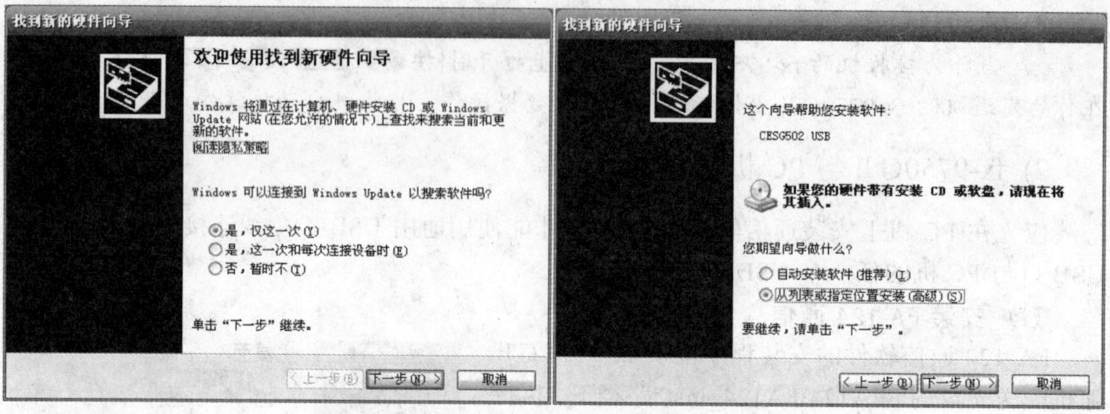

图 1-111　安装 CESG502 USB 设备驱动程序

(3) 设置 FA-124 与 fx-9750GⅡ通信

鼠标左键双击 Windows 桌面的 FA-124 图标，启动 FA-124 通信软件。FA-124 可以与卡西欧的 fx 系列图形编程机进行数据通信，它同时也包含了 FA-123 通信软件的全部功能，使用前应执行下拉菜单命令“Tool/Mode Type/fx-9860G Series/fx-9750GⅡ/fx-7400GⅡ”，将其设置为与 fx-9750GⅡ通信，界面如图 1-112 所示。FA-124 的设置内容自动存入“我的文档\CASIO\FA-124\Default.g1s”文件。

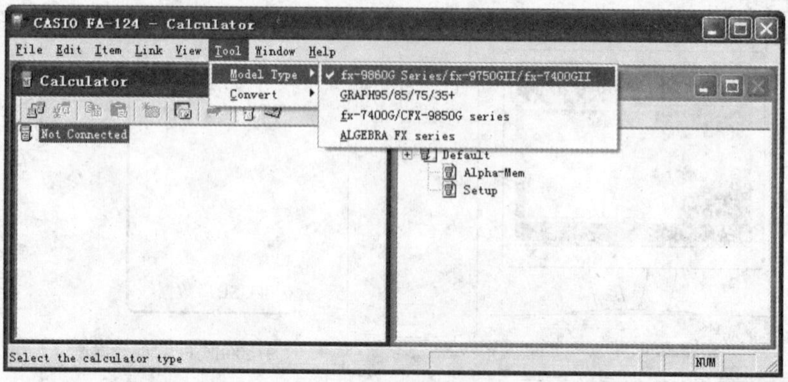

图 1-112　鼠标左键单击 FA-124 的下拉菜单设置与 FA-124 通信的图形编程机类型

(4) 在 FA-124 通信软件输入/输出程序文件的方法

下面以新建名称为 Q1V1 的程序文件为例，介绍在 FA-124 中输入程序的操作方法。

如图 1-113 所示，FA-124 窗口缺省创建的文件夹名为“Default”，鼠标左键双击 Default 图标展开文件夹，其下只有“Alpha-Mem”与“Setup”两个子数据项，“Alpha-Mem”用于存储字母变量数据，“Setup”用于存储设置数据。FA-124 通信软件自动将 FA-124 窗口“Default”文件夹下的所有数据存入用户 PC 机“我的文档\CASIO\FA-124\Default.g2r”内存文件中。

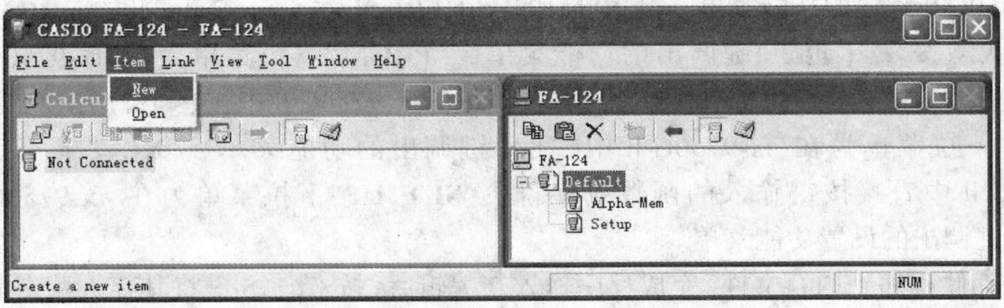

图 1-113 执行下拉菜单命令“Item/New”界面

① 新建程序文件。在 FA-124 执行下拉菜单命令“Item/New” (图 1-113)，弹出图 1-114 所示的对话框，输入最多 8 位字符作为新建程序的合法程序文件名(图中输入 Q1V1)，单击 OK 按钮，即在 FA-124 窗口的 Default 文件夹创建 Program 图标，在该图标下新建 Q1V1 程序文件，结果如图 1-115 所示。

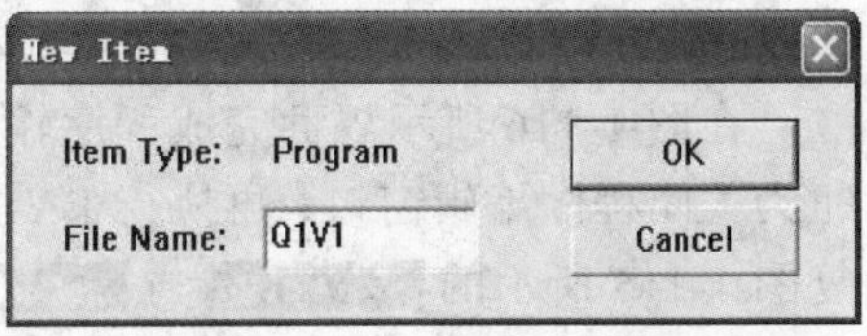

图 1-114 在 FA-124 执行下拉菜单命令“Item/New”弹出的对话框

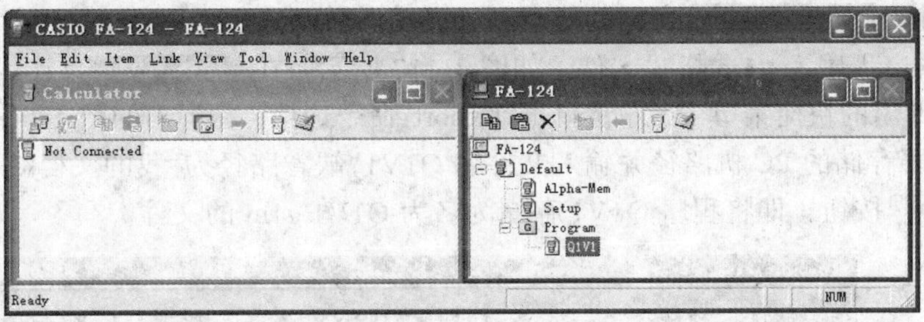

图 1-115 创建 Program 文件夹及 Q1V1 程序文件界面

② 输入程序内容。鼠标左键双击 Program 图标下的 Q1V1 程序文件，进入程序编辑窗口，左键单击程序编辑窗口右上角的按钮为使该窗口最大化，以便于全屏幕查看输入程序的内容。图 1-116 为已输入的 Q1V1 程序文件内容。

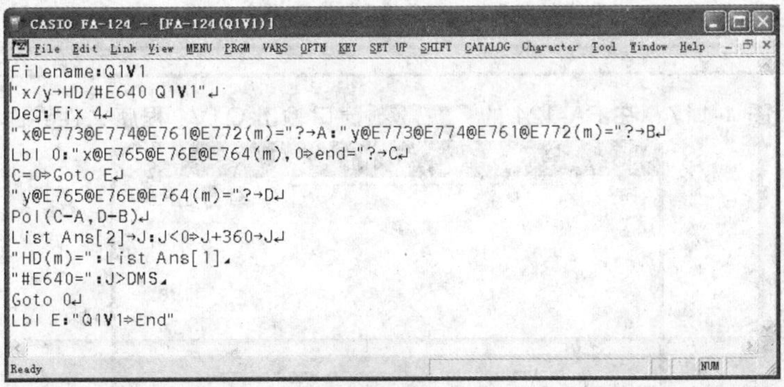

图 1-116 在 FA-124 的 FA-124 窗口输入 Q1V1 程序内容

如图 1-116 所示，当光标位于程序编辑窗口时，FA-124 下拉菜单的内容变成了用于输入 fx-9750GⅡ程序的功能菜单，其中“**MENU**”下拉菜单为在 fx-9750GⅡ的 **PRGM** 模式程序编辑状态按 F4 (MENU)键调出的功能菜单，“**PRGM**”下拉菜单为在 fx-9750GⅡ中按 SHIFT PRGM 键调出的功能菜单，“**VARS**”下拉菜单为在 fx-9750GⅡ中按 VARS 键调出的功能菜单，“**OPTN**”下拉菜单为在 fx-9750GⅡ中按 OPTN 键调出的功能菜单，“**KEY**”下拉菜单为在 fx-9750GⅡ中直接按键输入的函数或字符，“**SET UP**”下拉菜单为在 fx-9750GⅡ中按 SHIFT SET UP 键调出的设置功能菜单。

③ 存储程序到内存文件。完成程序输入与编辑后，按 Ctrl+S 键将其存入用户 PC 机“我的文档\CASIO\FA-124\Default.g2r”内存文件中。即使关闭 FA-124 软件，内存文件 Default.g2r 中的数据也不会丢失。重新启动 FA-124 通信软件时，系统自动从内存文件 Default.g2r 中读入全部数据到 FA-124 的 FA-124 窗口。

在图 1-116 所示界面完成程序输入后，鼠标左键单击程序编辑窗口右上角的 × 或 ☒ 按钮为关闭程序编辑窗口，再执行 FA-124 执行下拉菜单“Window/Tile Vertical”命令，可以恢复图 1-115 所示的 FA-124 与 Calculator 双窗口界面。

FA-124 通信软件有 Calculator 与 FA-124 两个窗口，执行下拉菜单“Window/Tile Vertical”命令是使 FA-124 与 Calculator 窗口按垂直等分左右排列，其中当前激活的窗口位于左边，另一个窗口位于右边。执行该下拉菜单命令之前，可以用鼠标左键点击 FA-124 或 Calculator 窗口的任意点，设置激活窗口。

④ 输出程序为 **g1m** 格式文件。如图 1-117 所示，在 FA-124 窗口，右键单击 Q1V1 程序，在弹出的快捷菜单下，左键单击“Export”命令选项，在弹出的图 1-118 所示的对话框中输入需要存储的 PC 机路径并输入文件名 Q1V1，缺省路径为“我的文档\CASIO\FA-124”，单击 保存(S) 按钮，即将程序 Q1V1 存储为名为 Q1V1.g1m 的文件。

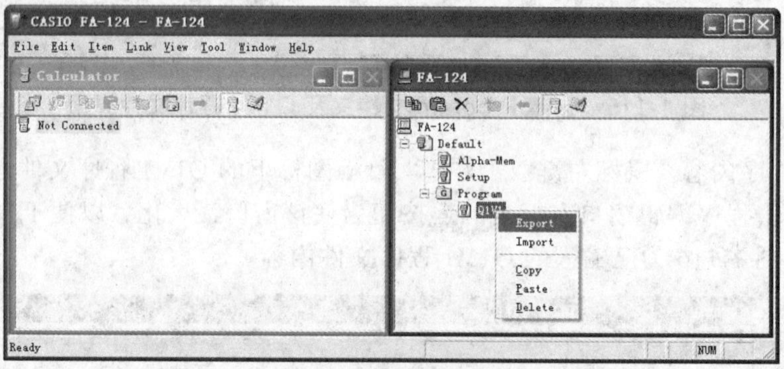

图 1-117　在 FA-124 的 FA-124 窗口输出 Q1V1 程序文件界面

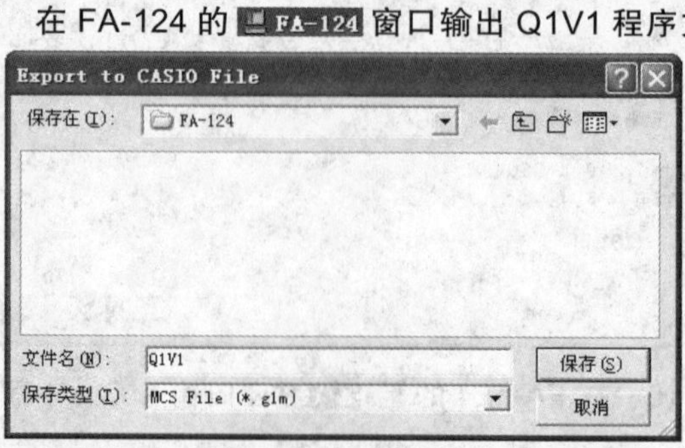

图 1-118　输出程序文件到 PC 机保存

⑤ 从 PC 机硬盘或光盘输入 g1m 格式程序文件。扩展名为 g1m 的文件只能在 FA-124 软件的 FA-124 窗口调入。

例如，从 PC 机输入 Q1V2.g1m 文件的操作步骤为：在 FA-124 通信软件的 FA-124 窗口，右键单击 Program 或 Default 图标，在弹出的快捷菜单中，左键单击“Import”命令选项(图 1-119)，在弹出的图 1-120 所示的对话框中，选择需要输入的程序文件 Q1V2.g1m，单击 打开(O) 按钮，PC 机程序文件 Q1V2.g1m 即输入到 FA-124 通信软件的 FA-124 窗口，结果如图 1-121 所示。

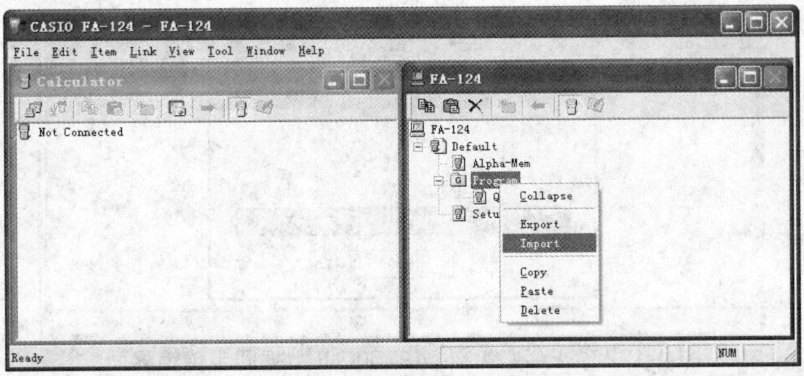

图 1-119　在 FA-124 的 FA-124 窗口输入 Q1V1 程序文件界面

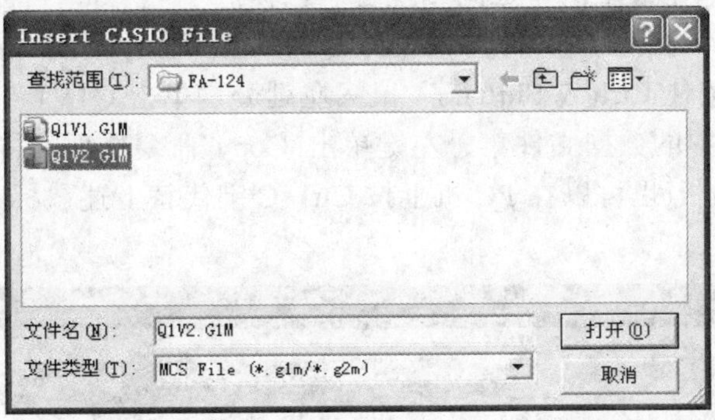

图 1-120　从 PC 机文件夹输入 Q1V2.g1m 文件

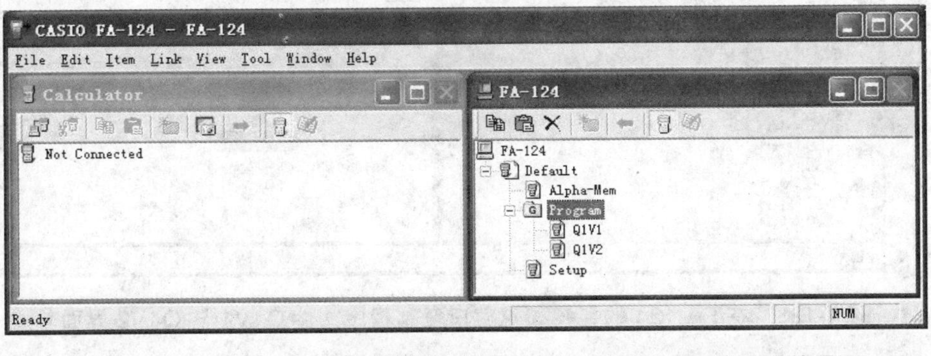

图 1-121　在 FA-124 的 FA-124 窗口已输入 Q1V2.g1m 程序文件界面

(5) FA-124 与 fx-9750GⅡ的数据同步

当 FA-124 没有与 fx-9750GⅡ内存数据同步时，Calculator 窗口显示 Not Connected，

表示 fx-9750GⅡ未与 FA-124 连接。

用通用 USB 数据线连接好 PC 机与 fx-9750GⅡ的 USB 口，在 fx-9750GⅡ上按 MENU C 键进入 **LINK** 模式，按 F4 (CABL) F1 (USB) 键设置数据线为 USB 线，按 F2 (RECV) 键启动 fx-9750GⅡ与 FA-124 的数据同步操作。

在 FA-124 通信软件上，鼠标左键单击 Calculator 窗口的工具栏图标，启动 FA-124 的数据同步操作，FA-124 与 fx-9750GⅡ数据同步传输界面如图 1-122 所示。

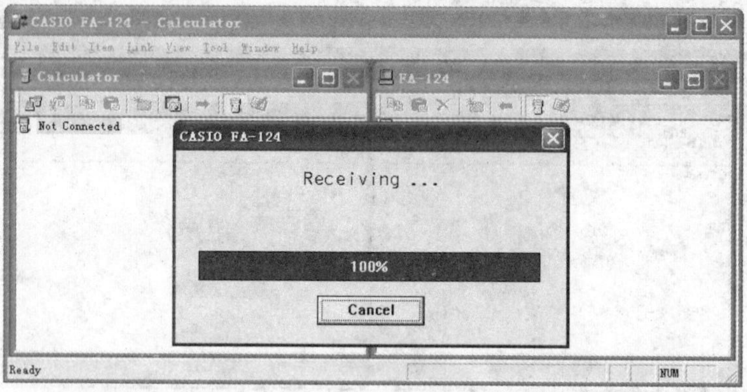

图 1-122　FA-124 与 fx-9750GⅡ数据同步传输界面

当 fx-9750GⅡ与 FA-124 通信软件实现数据同步后，用户即可使用 Windows 的粘贴板，在 Calculator 与 FA-124 窗口之间相互复制数据。

从 FA-124 窗口复制程序文件 Q1V1 与 Q1V2 的操作方法是：在 FA-124 窗口展开 Program 数据项，按住 Ctrl(或 Shift)键，鼠标左键分别单击 Q1V1 与 Q1V2 程序创建数据文件集，右键单击选中的数据文件集，左键单击"Copy"命令选项，将选择的数据文件集复制到 Windows 的粘贴板(也可以在 PC 机上按 Ctrl+C 键代替上述鼠标右键操作)，如图 1-123 所示。

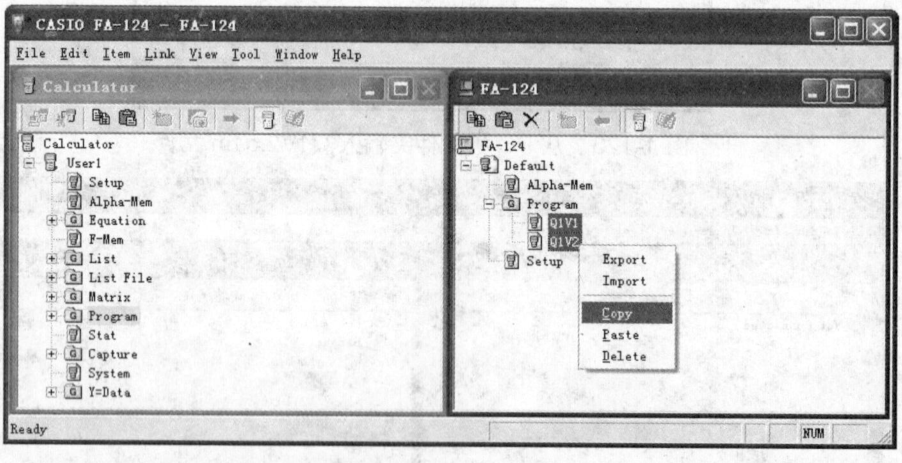

图 1-123　在 FA-124 的 FA-124 窗口复制程序文件 Q1V1 与 Q1V2 界面

鼠标左键单击 Calculator 窗口激活该窗口，鼠标右键单击 User1 或 Program 数据项图标，在弹出的图 1-124 所示的快捷菜单下，左键单击"Paste"命令选项，将 Windows 粘贴板的数据内容复制到 Calculator 窗口(也可以在 PC 机上按 Ctrl+V 键代替上述鼠标右键操作)。

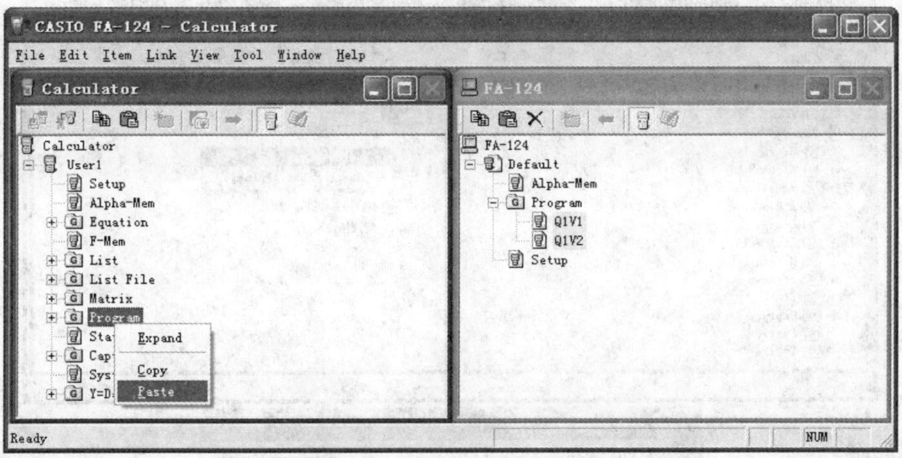

图 1-124　在 FA-124 的 Calculator 窗口粘贴程序文件 Q1V1 与 Q1V2 界面

完成数据同步后，FA-124 通信软件 Calculator 窗口的数据与当前 fx-9750GⅡ内存的数据完全相同，或者说，Calculator 窗口的数据实际上是当前 fx-9750GⅡ内存数据在 PC 机的映射，用户可以通过 Windows 的粘贴板，在 Calculator 窗口与 FA-124 窗口相互复制与粘贴数据。但是，为了保证用户 fx-9750GⅡ机器内存的数据安全，不能在 Calculator 窗口删除机器内存的数据。

由于 Calculator 窗口的数据实际上是当前 fx-9750GⅡ内存数据在 PC 机的映射，其数据容量应小于 62kB，因此 FA-124 窗口“Default”文件夹下的数据容量也应小于 62kB，而“Default”文件夹的数据内容自动存储在 PC 机的“我的文档\CASIO\FA-124\Default.g2r”文件中，也即 Default.g2r 文件的容量应小于 62kB。

在 FA-124 窗口执行右键快捷菜单“Import”命令，从 PC 机硬盘或光盘输入 g1m 格式文件时，或从 Calculator 窗口复制数据项到 FA-124 窗口时，如果将使“Default”文件夹的数据容量超过 62kB，系统将提示图 1-125 所示的错误信息。有下列两种方法解决该问题：

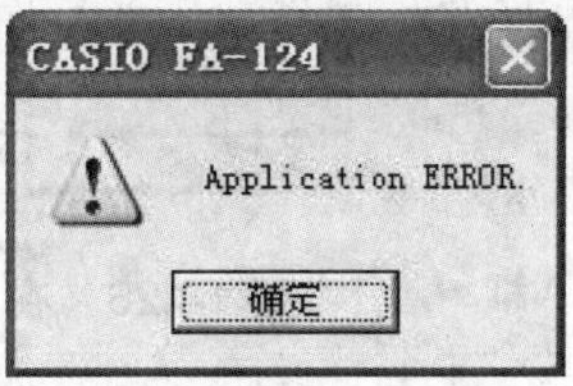

图 1-125　FA-124 窗口容量大于 62kB 的提示

① 删除 FA-124 窗口“Default”文件夹下部分不需要的数据项，以腾出空间用于存储新输入的数据项。

② 在 FA-124 窗口的 FA-124 下新建一个文件夹，将新输入的数据项复制到新文件夹下。

3) FA-124 通信软件 FA-124 窗口的数据管理

(1) 在 FA-124 窗口新建文件夹

鼠标右键单击 FA-124 窗口的 FA-124 图标，在弹出的快捷菜单中单击“Add New Image”命令，在弹出的对话框中输入文件夹名“Q2X8”，鼠标左键单击 OK 按钮，操作过程如图 1-126 所示。

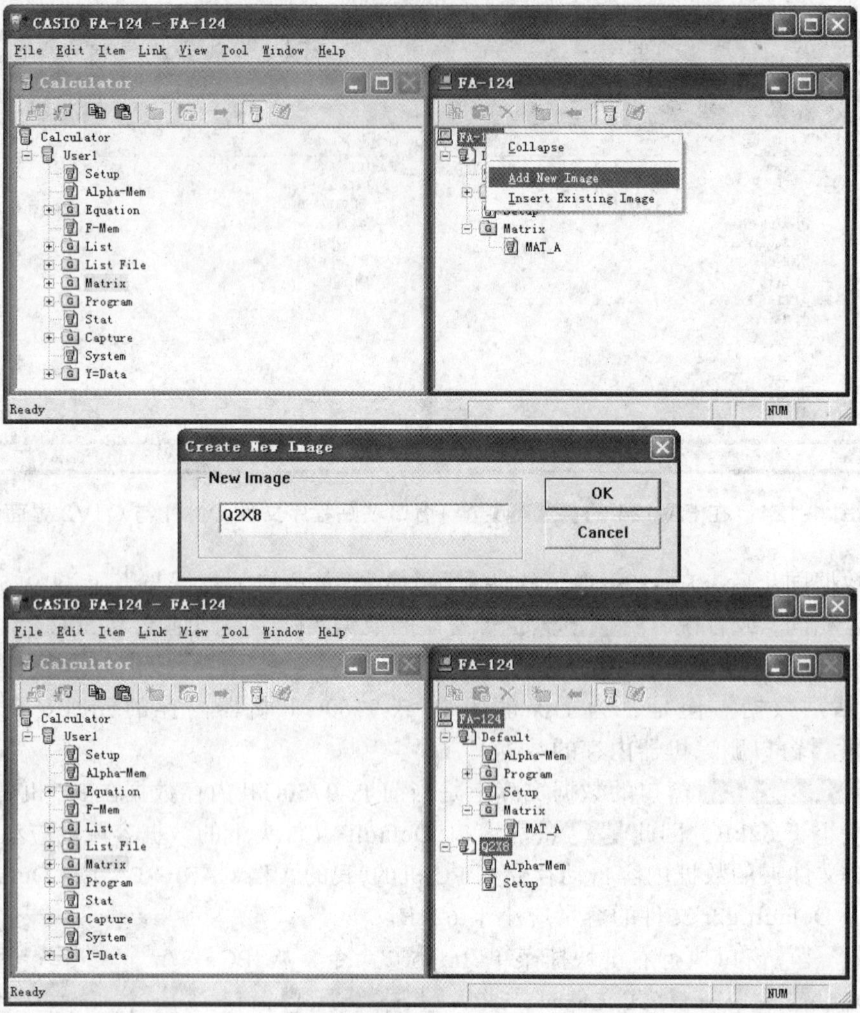

图 1-126　在 FA-124 的 FA-124 窗口新建 “Q2X8” 文件夹的操作过程

在新创建的“Q2X8”文件夹下，只有“Alpha-Mem”与“Setup”两个数据项，系统自动在 PC 机创建“我的文档\CASIO\FA-124\Q2X8.g2r”文件，用于存储“Q2X8”文件夹的数据。同理，该文件的数据容量最大也不能超过 62kB。

重复上述操作，用户可以在 Calculator 窗口的 FA-124 图标下继续创建新文件夹，FA-124 通信软件对在 FA-124 窗口的 FA-124 图标下创建的文件夹个数没有限制。

用户不能改变在 FA-124 图标下创建的文件夹名。

（2）在 FA-124 窗口移除文件夹

鼠标右键单击需要移除的文件夹，在弹出的快捷菜单中单击 “Remove Image” 命令，图 1-127 为移除“Q2X8”文件夹的操作界面。

执行该命令移除“Q2X8”文件夹后，系统并未删除“我的文档\CASIO\FA-124\Q2X8.g2r”文件，只是设置 FA-124 不载入该文件的数据。

当需要重新载入“Q2X8”文件夹的数据时，只需要鼠标右键单击 FA-124 窗口的

FA-124图标，在弹出的快捷菜单中单击“Insert Existing Image”命令(参照图 1-126 上图)，在弹出的对话框中选择“Q2X8.g2r”文件即可。

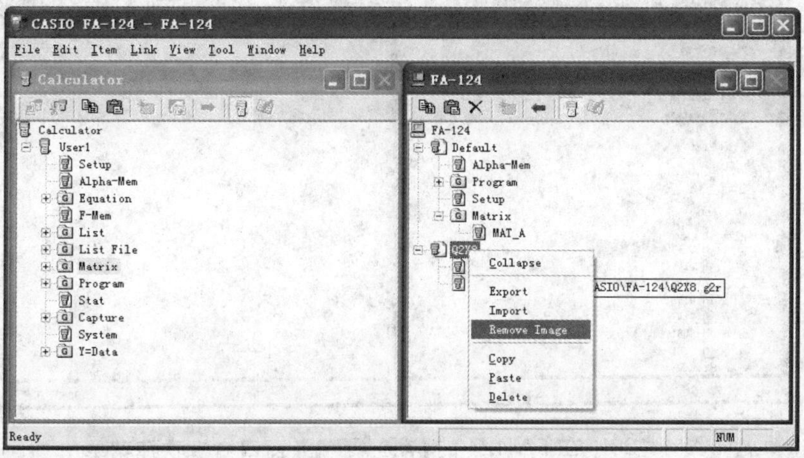

图 1-127　在 FA-124 的 FA-124 窗口移除“Q2X8”文件夹的操作界面

(3)　在 FA-124 窗口删除文件夹

以删除“Q2X8”文件夹为例，鼠标右键单击需要删除的“Q2X8”文件夹，在弹出的快捷菜单下，单击“Delete”命令。

执行该命令删除“Q2X8”文件夹后，系统自动删除“我的文档\CASIO\FA-124\Q2X8.g2r”文件，并且不可恢复。

4) fx-9750GⅡ的数据项操作

如图 1-127 所示，fx-9750GⅡ的数据项内容有很多，下面只介绍 Program， List 与 List File， Matrix 图标下的数据项内容及其操作方法。

(1)　Program 图标下的数据项

① Calculator 窗口。如图 1-128 所示，FA-124 与 fx-9750GⅡ实现数据同步后，鼠标右键单击 Calculator 窗口的 Program 图标或其下的程序文件，弹出的快捷菜单只有“Copy”(复制)与“Paste”(粘贴)两个命令选项，没有 FA-124 窗口快捷菜单(图 1-117)的“Export”(输出)、“Import”(输入)与“Delete”(删除)命令，这就是说，在 Calculator 窗口只能对程序文件进行复制与粘贴操作，不能对程序文件进行输出、输入、删除等操作。

② FA-124 窗口。如图 1-117 所示，鼠标右键单击 FA-124 窗口的 Program 图标或其下的程序文件，弹出的快捷菜单有“Export”(输出)、“Import”(输入)、“Copy(复制)”、“Paste(粘贴)”与“Delete”(删除)等 5 个命令。

要将 fx-9750GⅡ内存的程序文件输出到 PC 机保存，应先将 Calculator 窗口的程序文件复制到 FA-124 窗口的 Program 图标，再在 FA-124 窗口执行鼠标右键快捷菜单“Export”命令。

要将 PC 机硬盘或光盘的程序文件输入到 fx-9750GⅡ内存，应先在 FA-124 窗口执行鼠标右键快捷菜单“Import”命令，将外部设备的程序文件输入到 FA-124 窗口的 Program 图标，再将该程序文件复制到 Calculator 窗口的 Program 图标下。

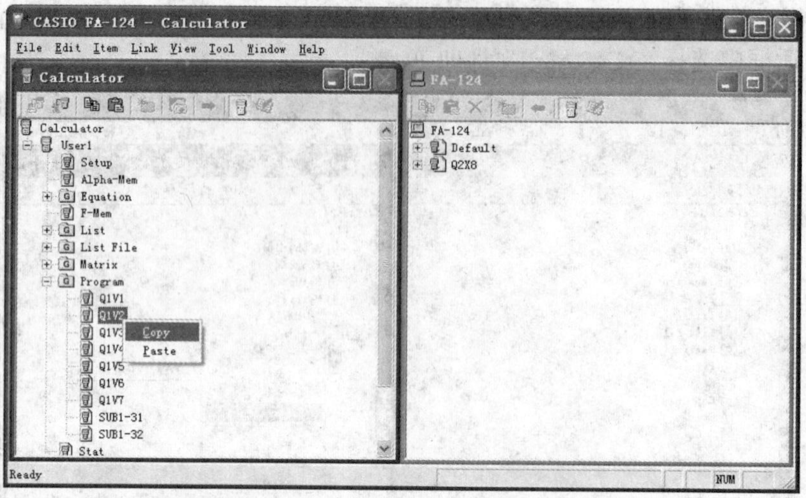

图 1-128　在 FA-124 的 Calculator 窗口右键快捷菜单

一般地，在 FA-124 通信软件(图 1-116 所示)中输入程序的效率要比在 fx-9750GⅡ中通过按键输入程序的效率高。但是，当程序中含有下标字符、希腊字母等特殊字符时，虽然也可以通过下拉菜单输入这些字符，但效率并不高，这时，可以先在 FA-124 通信软件中输入程序的主要部分，存盘后再将其复制到 Calculator 窗口，断开 FA-124 与 fx-9750GⅡ的连接，在 fx-9750GⅡ按 MENU 9 键进入 **PRGM** 模式，最后通过按键补充输入程序中的特殊字符。

(2)　G List File图标下的数据项

G List File图标下的数据项最多可以有 **File1~File 6** 共六个串列文件。

与 G Program图标下的程序文件不同的是，双击串列文件下的串列名，只能查看该串列的数据，不能修改它们。图 1-129 为双击 File 1 串列文件下的 List 7 串列的界面。

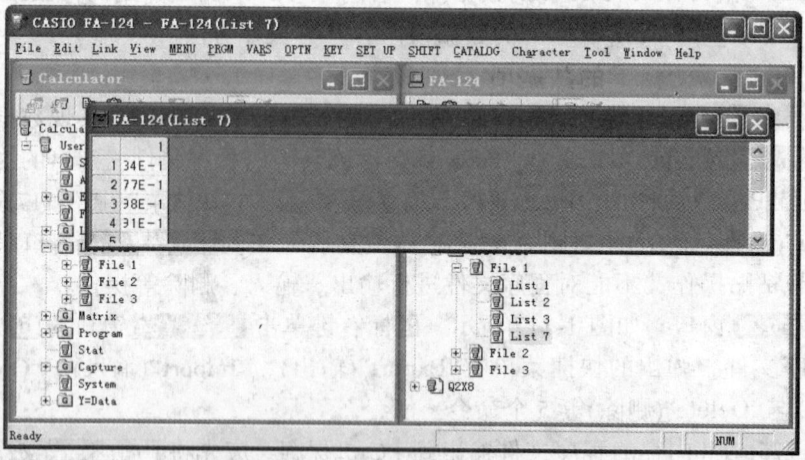

图 1-129　在 FA-124 的 FA-124 窗口查看 File 1 串列文件下 List 7 串列的数据内容

与 G Program图标下的数据项相同，Calculator 窗口 G List File图标下数据项的右键快捷菜单也只有“Copy”(复制)与“Paste”(粘贴)命令。

①　FA-124 窗口输入输出 g1m 格式串列文件。FA-124 窗口 G List File图标下数据项的右键快捷菜单有“Export”(输出)、“Import”(输入)、“Copy”(复制)、“Paste”(粘贴)与

"Delete"(删除)等 5 个命令。其中"Export"命令为将选择的串列文件输出为 g1m 或 g2m 格式文件到 PC 机,"Import"命令为将 PC 机的 g1m 或 g2m 格式串列文件输入到 FA-124 窗口。操作方法和界面与输入、输出 g1m 格式程序文件相同。

执行"Export"命令输出串列文件时，若在所输出的串列文件单元中含有复数，FA-124 自动输出扩展名为 g2m 的文件，否则，自动输出扩展名为 g1m 的文件。

② FA-124 窗口输出 CSV 格式串列文件。g1m 格式文件只有 FA-124 可以读入的卡西欧内存文件，而 CSV 格式文件为 MS Excel 可以打开与编辑的逗号分隔文件，也可以用 Windows 记事本打开与编辑 CSV 格式文件。

假设 fx-9750GⅡ的 File 1 串列文件存储了表 1-8 的数据，其中 12 组混凝土养护时间存储在 List 1 串列，测试的抗压强度存储在 List 2 串列，执行 Q1V3 程序后，回归方程残差存储在 List 3 串列，具有相关系数的线性回归、对数回归、指数回归、幂回归等四种回归模型的相关系数分别存储在 List 7 串列的 1~4 行。

执行完 Q1V3 程序后，使 fx-9750GⅡ与 FA-124 实现数据同步，将 **File 1** 串列文件从 Calculator 窗口复制到 FA-124 窗口。在 FA-124 窗口，鼠标左键单击 **File 1** 串列文件，执行下拉菜单命令"File/ Save as CSV"(图 1-130 上图)，在弹出的对话框(图 1-130 下图)中单击 确定 按钮，即将 **File 1** 串列文件的数据另存为"我的文档\CASIO\FA-124\File1.CSV"文件。

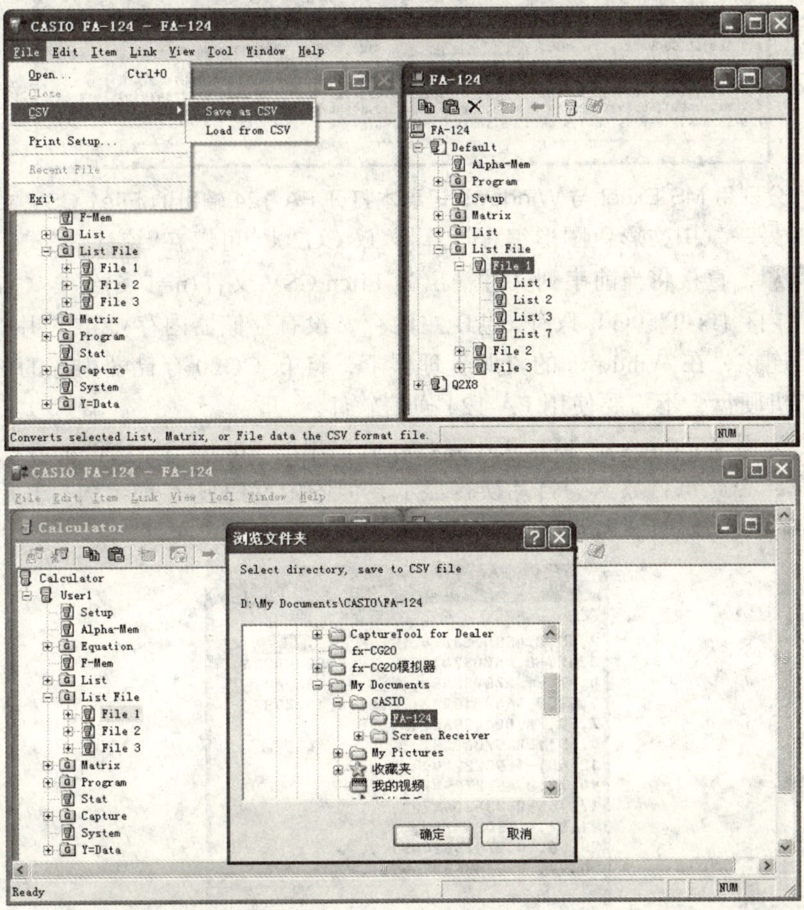

图 1-130　将 FA-124 窗口 File 1 串列文件输出为 CSV 格式文件的界面

图 1-131 为分别用 MS Excel 与 Windows 记事本打开 File1.CSV 文件的界面。图 1-131 下图反白显示的数据为 List 7[1]单元的数据，它是线性回归方程的相关系数，该数值是以 15 位尾数加 2 位指数显示的。这说明，执行下拉菜单命令“File/Save as CSV”输出的串列文件 File1.CSV 的数值精度是很高的。

由图 1-131 下图可知，FA-124 输出的逗号分隔文件，每行的末尾为软回车符■，因此每行数据不会自动换行显示。

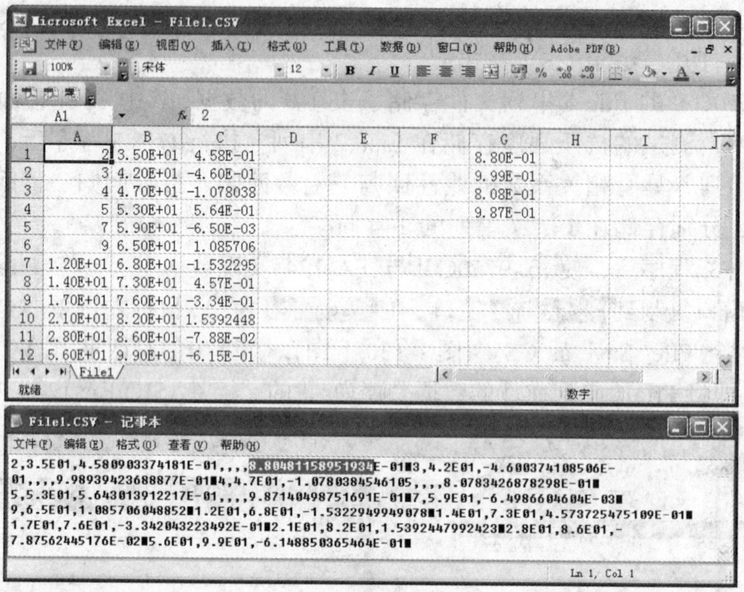

图 1-131 分别用 MS Excel 与 Windows 记事本打开 FA-124 输出的 File1.CSV 文件的界面

卡西欧的另一款中文彩色图形编程计算器 fx-CG20[13]可以在“统计”模式下，执行功能菜单命令 CSV ，直接将当前串列文件输出为 Filen.CSV 文件(n=1~6)到 fx-CG20 的 16MB 容量的存储器内存(fx-9750GⅡ只有 62kB 主内存，没有存储器内存)，再使用通用 USB 数据线与 PC 机连接，在 Windows 的资源管理器下，将 fx-CG20 存储器内存的 Filen.CSV 文件复制到 PC 机硬盘，不需要使用 FA-124 通信软件。

图 1-132 为用 Windows 记事本打开 fx-CG20 输出的 File1.CSV 文件的界面。由于每行末尾为硬回车，因此每行数据为自动换行显示，但图中反白显示 List 7[1]单元的数据只能以 10 位数字显示，其数值精度低于 FA-124 输出的 File1.CSV 文件。

图 1-132 用 Windows 记事本打开 fx-CG20 输出的 File1.CSV 文件的界面

③ FA-124 窗口输入 CSV 格式串列文件。将上述输出的 File1.CSV 串列文件数据输入到 FA-124 窗口 **File 4** 串列文件的方法是：鼠标左键单击 FA-124 窗口的 FA-124 图标或其下的任意文件夹图标，执行下拉菜单“File/Load from CSV”命令(图 1-133 上图)，在弹出的对话框中，左键单击需要输入的 File1.CSV 文件，鼠标左键单击单选框 **List File**，设置将 File1.CSV 文件的数据输入到串列文件；鼠标左键单击串列文件名列表框，使其为 File 4，表示将 File1.CSV 文件的数据输入到 **File 4** 串列文件(图 1-133 中图)，单击 OK 按钮，即将 File1.CSV 文件的数据输入到 FA-124 窗口一个新文件夹(图 1-133 下图为“No Title 2”文件夹)下的 **File 4** 串列文件。

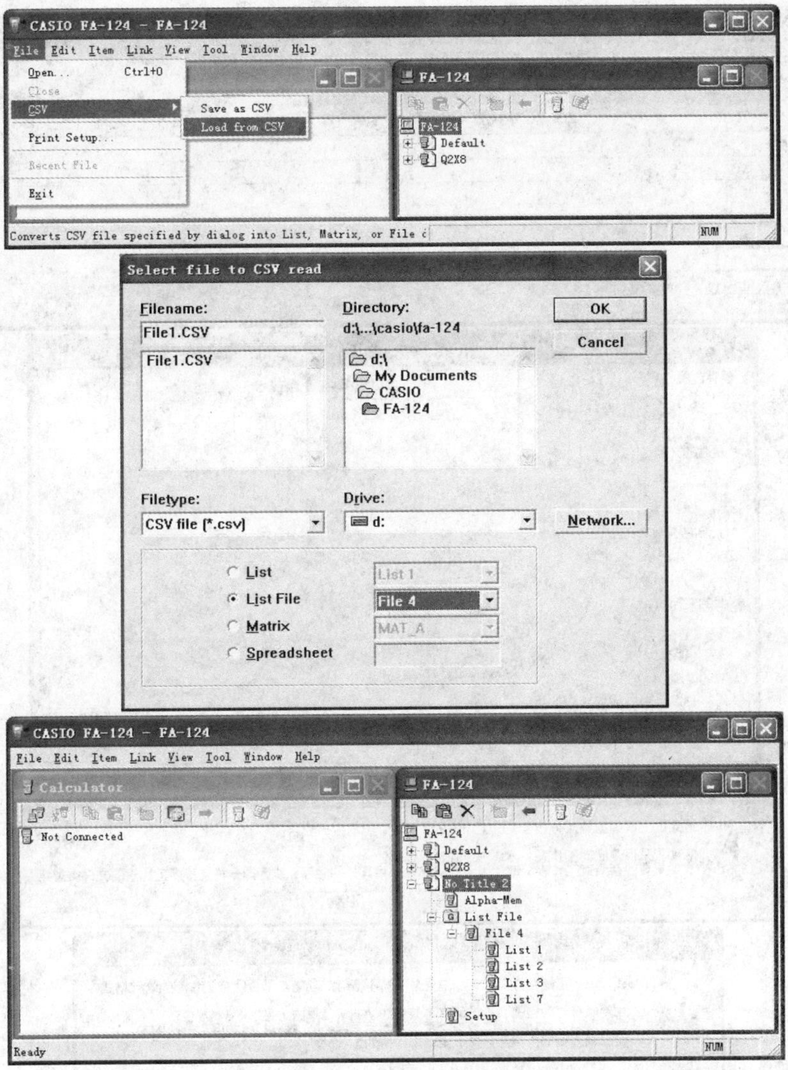

图 1-133　将 File1.CSV 文件输入 FA-124 窗口的操作过程

上述案例是输入执行下拉菜单“File/Save as CSV”命令输出的 File1.CSV 文件，其实，用户也可以在 MS Excel 中输入串列数据并另存为 CSV 文件，然后将其输入到 FA-124 窗口的指定串列文件中。

注意一： 在 FA-124 的 FA-124 窗口输入 CSV 格式文件的负号丢失问题。

FA-124 通信软件存在一个设计缺陷：在 CSV 文件中，绝对值≤0.09 的负数，在 FA-124 执行下拉菜单“File/Load from CSV”命令时，上传 FA-124 窗口的数值将自动变为正数，下面通过一个试验来验证。

启动 MS Excel 软件，在 A 列输入-0.08，-0.09，-0.1，-0.11 四个数值(图 1-134 上图)，按 Ctrl+S 键存盘，在弹出的图 1-134 所示的“另存为”对话框中，鼠标左键单击“保存类型”列表框，选择“CSV(逗号分隔)”选项，单击 保存(S) 按钮，在弹出的对话框中单击 确定 按钮，在最后弹出的对话框中单击 是(Y) 按钮，完成将上述数值输出为 Book1.CSV 文件。

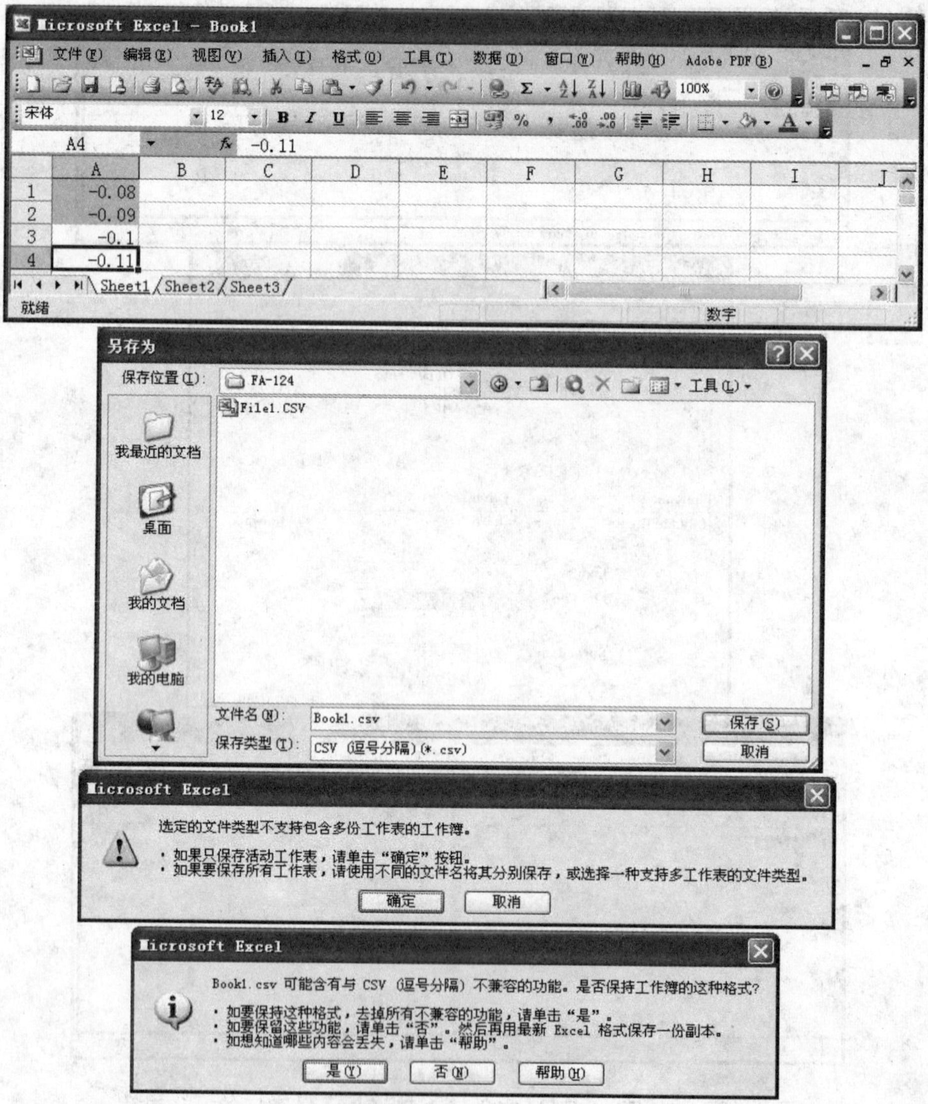

图 1-134　在 MS Excel 的 A 列输入 4 个数值并存储为 Book1.CSV 文件操作界面

在 FA-124 执行下拉菜单“File/Load from CSV”命令，将 Book1.CSV 文件输入到 FA-124 窗口的 File5 串列，再将 File5 串列文件复制到 Calculator 窗口，鼠标左键单

击【Calculator】窗口工具栏的图标，中断 FA-124 与 fx-9750GⅡ的连接。

在 fx-9750GⅡ上按【MENU】【2】键进入 **STAT** 模式，按【SHIFT】【SET UP】【▼】【▼】【F1】(【FILE】)【5】【EXE】【EXE】键，设置当前串列文件为 File5，结果如图 1-135 右图所示。

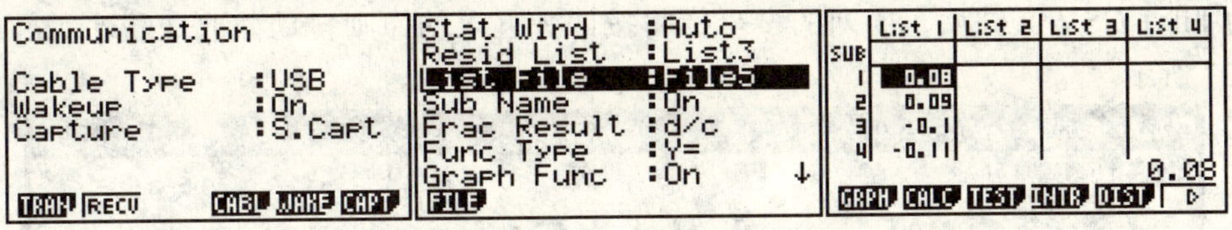

图 1-135 在 STAT 模式下查看 File5 串列文件的内容

与图 1-134 上图的 Book1.CSV 文件的单元数据比较，**List 1[1]**串列单元的**-0.08** 丢失负号后变成了 **0.08**，**List 1[2]**串列单元的**-0.09** 丢失负号后变成了 **0.09**，而 **List 1[3]**串列单元的**-0.1**、**List 1[4]**串列单元的**-0.11** 与原值相同，没有改变。

为了避开 FA-124 通信软件的上述设计缺陷，对今后需要重复使用的串列文件，建议在【FA-124】窗口执行右键快捷菜单“Export”命令，将其存为 Filen.g1m 文件(n=1~6)，以后再在【FA-124】窗口执行右键快捷菜单“Import”命令输入 Filen.g1m 文件时，就不会出现上述丢失负号的问题。

注意二：在 FA-124 的【FA-124】窗口输入 CSV 格式文件的数据位数问题。

在 MS Excel 中输入串列或矩阵数据时，缺省设置每个单元最多可以显示 10 位数字，高斯平面直角坐标的 *x* 坐标一般含有 7 位整数，这时，小数位就只能显示到 0.001m；不含带号的 *y* 坐标一般含有 6 位整数，这时，小数位就可以显示到 0.0001m。

图 1-136 为按平曲线设计数据输入输出串列明细表的规定，在 MS Excel 的 File1 选项卡输入山西岢岚至临县高速公路 3 合同段平曲线设计数据的结果，其中 A1 单元为平曲线 *QD* 桩号；B1 与 C1 单元为 *QD* 的 *x*，*y* 坐标，B2~B11、C2~C11 单元为 10 个 *JD* 的 *x*，*y* 坐标，B12 与 C12 单元为 *ZD* 的 *x*，*y* 坐标；D 列为第一缓和曲线参数，E 列为圆曲线半径，F 列为第二缓和曲线参数。

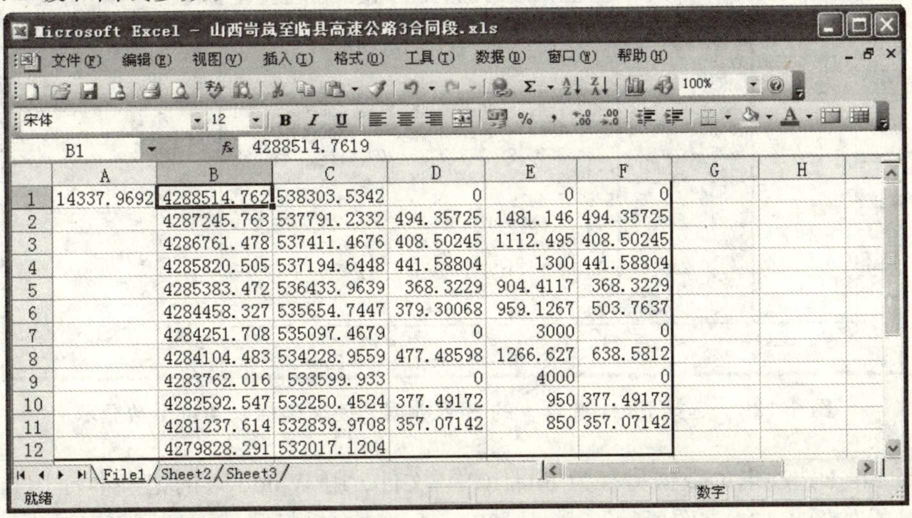

	A	B	C	D	E	F	G	H
1	14337.9692	4288514.762	538303.5342	0	0	0		
2		4287245.763	537791.2332	494.35725	1481.146	494.35725		
3		4286761.478	537411.4676	408.50245	1112.495	408.50245		
4		4285820.505	537194.6448	441.58804	1300	441.58804		
5		4285383.472	536433.9639	368.3229	904.4117	368.3229		
6		4284458.327	535654.7447	379.30068	959.1267	503.7637		
7		4284251.708	535097.4679	0	3000	0		
8		4284104.483	534228.9559	477.48598	1266.627	638.5812		
9		4283762.016	533599.933	0	4000	0		
10		4282592.547	532250.4524	377.49172	950	377.49172		
11		4281237.614	532839.9708	357.07142	850	357.07142		
12		4279828.291	532017.1204					

图 1-136 在 MS Excel 的 File1 选项卡输入山西岢岚至临县高速公路 3 合同段平曲线设计数据

由图 1-136 可知，设计给出的 B 列的 x 坐标为 7 位整数、4 位小数，C 列的 y 坐标为 6 位整数、4 位小数。由于 x 坐标的整数位+小数位=11 位，大于 10 位，因此尽管 B 列的 x 坐标输入了 4 位小数，但也只能按四舍五入的原则显示 3 位小数。将 File1 选项卡的数据另存为 File1.CSV 文件后，B 列的 x 坐标将按四舍五入的原则自动截取 3 位小数，结果如图 1-137 所示。

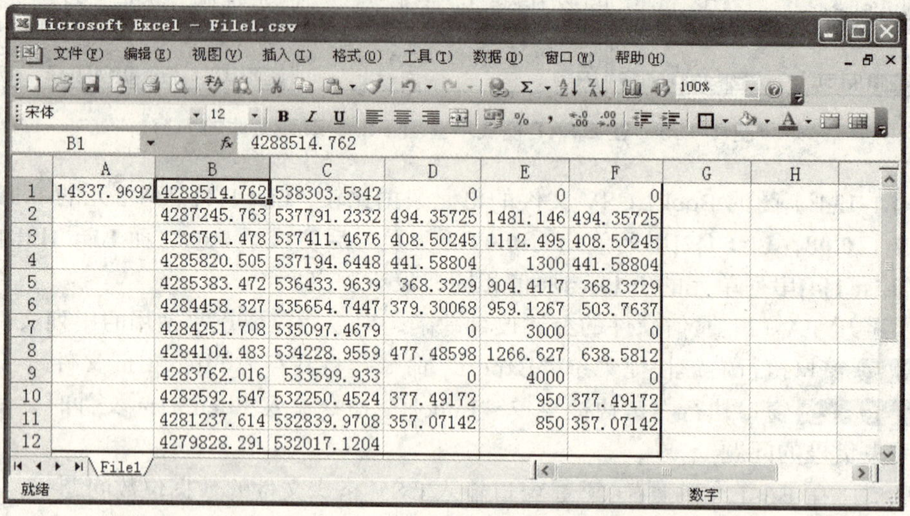

	A	B	C	D	E	F
1	14337.9692	4288514.762	538303.5342	0	0	0
2		4287245.763	537791.2332	494.35725	1481.146	494.35725
3		4286761.478	537411.4676	408.50245	1112.495	408.50245
4		4285820.505	537194.6448	441.58804	1300	441.58804
5		4285383.472	536433.9639	368.3229	904.4117	368.3229
6		4284458.327	535654.7447	379.30068	959.1267	503.7637
7		4284251.708	535097.4679	0	3000	0
8		4284104.483	534228.9559	477.48598	1266.627	638.5812
9		4283762.016	533599.933	0	4000	0
10		4282592.547	532250.4524	377.49172	950	377.49172
11		4281237.614	532839.9708	357.07142	850	357.07142
12		4279828.291	532017.1204			

图 1-137　将 File1 选项卡的数据另存为 File1.CSV 文件的结果

要想使 File1.CSV 文件 B 列的 x 坐标仍然保留 4 位小数，就应在图 1-136 的 xls 格式文件中，选择 B 列数据，鼠标左键单击“格式”工具栏的图标，使 B 列的 x 坐标以 4 位小数显示，结果如图 1-138 所示。

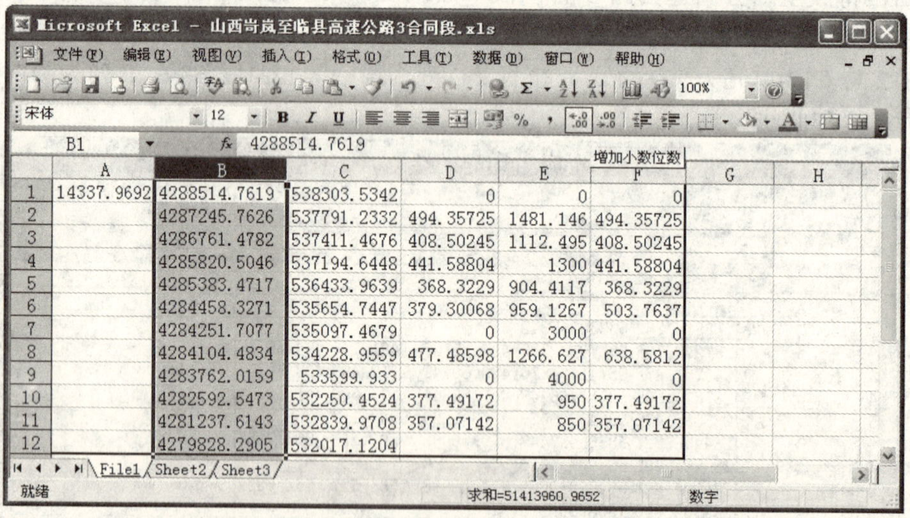

	A	B	C	D	E	F
1	14337.9692	4288514.7619	538303.5342	0	0	0
2		4287245.7626	537791.2332	494.35725	1481.146	494.35725
3		4286761.4782	537411.4676	408.50245	1112.495	408.50245
4		4285820.5046	537194.6448	441.58804	1300	441.58804
5		4285383.4717	536433.9639	368.3229	904.4117	368.3229
6		4284458.3271	535654.7447	379.30068	959.1267	503.7637
7		4284251.7077	535097.4679	0	3000	0
8		4284104.4834	534228.9559	477.48598	1266.627	638.5812
9		4283762.0159	533599.933	0	4000	0
10		4282592.5473	532250.4524	377.49172	950	377.49172
11		4281237.6143	532839.9708	357.07142	850	357.07142
12		4279828.2905	532017.1204			

图 1-138　选择 File1 选项卡的 B 列数据，使 x 坐标以 4 位小数显示

再将 File1 选项卡的数据另存为 File1.CSV 文件，用 Windows 的记事本打开 File1.CSV 文件的结果如图 1-139 左图所示。由图可知，每行的 x 坐标虽然保留了 4 位小数，但却在 x 坐标数值后面添加了一个空格，应将 12 行的 x 坐标数值后的空格删除，并存盘保存后，才能在 FA-124 执行下拉菜单“File/ Load from CSV”命令，将 File1.CSV 文件输入到 FA-124 的 FA-124 窗口；使 FA-124 与 fx-9750GⅡ实现数据同步后，再将 FA-124 窗口的 File1 文件复制到 Calculator 窗口。鼠标左键单击 Calculator 窗口工具栏的图标，中断 FA-124 与 fx-9750GⅡ的连接。

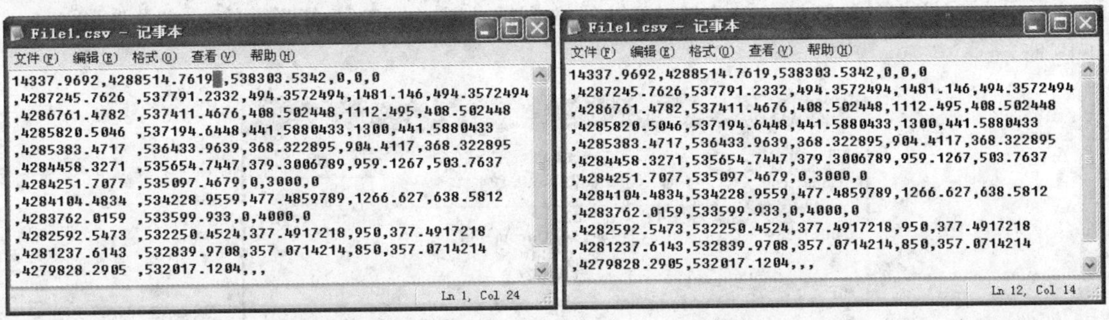

图 1-139 使用 Windows 的记事本打开 File1.CSV 文件，删除每行 x 坐标后的空格并存盘保存

在 fx-9750GⅡ上按 MENU 2 键进入 **STAT** 模式，按 SHIFT SET UP ▼ ▼ F1 1 EXE EXE 键设置 **File1** 为当前串列文件，移动光标到 **List 2[1]**串列单元，结果如图 1-140 左图所示。此时，屏幕底部显示的 x 坐标虽然只有 3 位小数，但它实际上含有 4 位小数。

图 1-140 在 **STAT** 模式下查看上传到 fx-9750GⅡ内存 **File1** 串列文件的数据

按 F6 键翻页到第 2 页功能菜单，按 F2 键执行 EDIT 命令，此时，屏幕底部显示为 4 位小数，结果如图 1-140 右图所示。

(3) Matrix 图标下的数据项

Matrix 图标下的数据项为矩阵文件，最多可以有 MAT_A~MAT_Z 与 MAT_ANS 共 27 个矩阵文件。FA-124 通信软件与 fx-9750GⅡ实现数据同步后，可以在 Calculator 与 FA-124 窗口之间相互复制与粘贴矩阵文件。

与 List File 图标下的串列文件相同，在 FA-124 窗口，双击矩阵文件只能查看该矩阵的数据，不能修改它们，不能在 FA-124 窗口输入矩阵数据。

与串列文件相同，在 FA-124 窗口可以执行右键快捷菜单“Export”命令，将矩阵数据输出为 g1m 格式文件；也可以执行右键快捷菜单“Import”命令，从 PC 机输入 g1m 格式文件。

执行 FA-124 的下拉菜单“File/Save as CSV”命令，可以将 FA-124 窗口的矩阵数据输出为 CSV 格式文件；也可以执行 FA-124 的下拉菜单“File/Load from CSV”命令，将 PC 机的 CSV 格式文件输入 FA-124 窗口的指定矩阵。

与输入 CSV 格式串列文件到 FA-124 窗口类似，CSV 文件单元数值≤-0.09 时，输入到 FA-124 窗口后，将丢失负号。

例如，将图 1-134 上图所示的 Book1.CSV 文件输入到 FA-124 窗口的 MAT_A 矩阵的操作步骤如下：

鼠标左键单击 FA-124 窗口 FA-124 图标或其下的任意文件夹图标，在 FA-124 执行下拉菜单“File/Load from CSV”命令，将弹出的对话框设置为图 1-141 上图所示，鼠标左键单击 OK 按钮，即将 Book1.CSV 文件的数据输入到 MAT_A 矩阵文件，结果如图 1-141 下图所示。

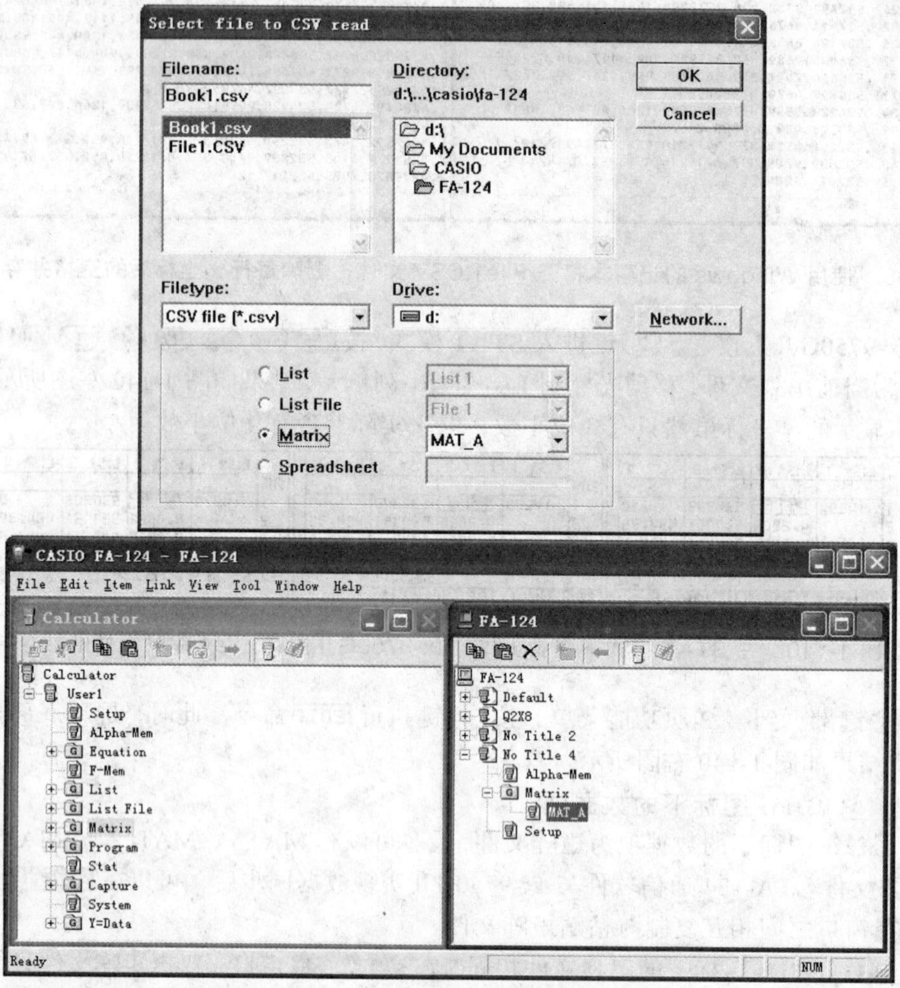

图 1-141　将 Book1.CSV 文件输入到 FA-124 窗口的 MAT_A 矩阵的操作过程

使 FA-124 与 fx-9750GⅡ实现数据同步，将 FA-124 窗口的 MAT_A 矩阵文件复制到 Calculator 窗口，鼠标左键单击 Calculator 窗口工具栏的图标，中断 FA-124 与 fx-9750GⅡ的连接。

在 fx-9750GⅡ上按 MENU 1 键进入 **RUN•MAT** 模式，按 F1 (▶MAT) EXE 键，屏幕显示 Mat A 矩阵的内容，结果如图 1-142 右图所示。

与图 1-134 上图的 Book1.CSV 文件的单元数据比较，**Mat A[1,1]**矩阵单元的**-0.08** 丢失负号后变成了 **0.08**，**Mat A[2,1]**矩阵单元的**-0.09** 丢失负号后变成了 **0.09**，而 **Mat A[3,1]**矩

阵单元的**-0.1**、**Mat A[4,1]**矩阵串列单元的**-0.11** 与原值相同，没有改变。

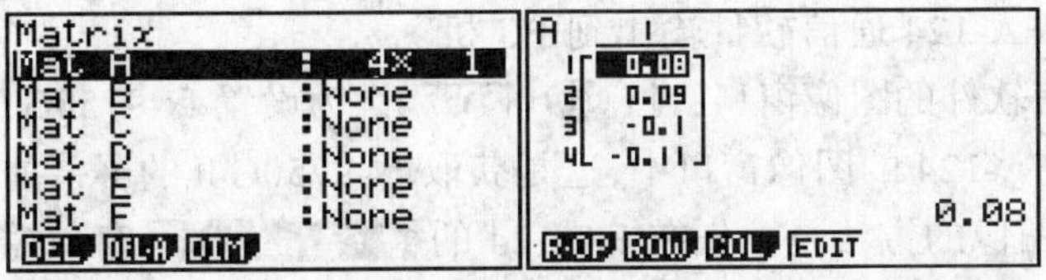

图 1-142　在 **RUN·MAT** 模式下查看 **Mat A** 矩阵的内容

为了避开 FA-124 通信软件的上述设计缺陷，对今后需要重复使用的矩阵文件，建议在 FA-124 窗口执行右键快捷菜单“Export”命令，将其存为 MAT_a.g1m 文件(a=A~Z)，以后再在 FA-124 窗口执行右键快捷菜单“Import”命令输入 MAT_a.g1m 文件时，就不会出现上述丢失负号的问题。

5) LINK 模式下的其余功能命令

(1) WAKE

按 F5 (WAKE)键进入图 1-143 右图所示的界面，按 F1 (On)键为打开唤醒功能，按 F2 (Off)键为关闭唤醒功能，图 1-143 左图为已打开唤醒功能。

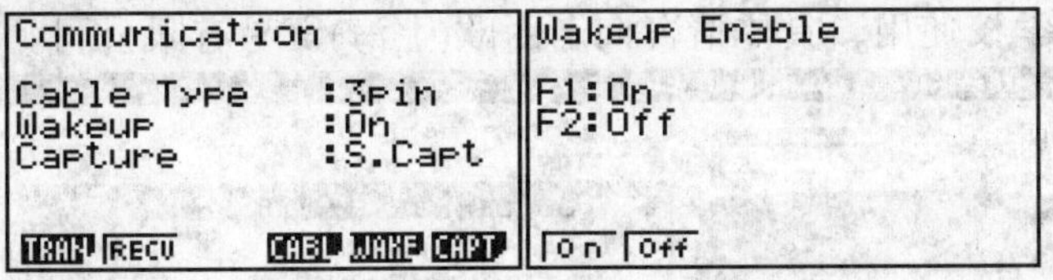

图 1-143　设置 fx-9750GⅡ 3-Pin 通信口的唤醒功能

唤醒功能只能由外部设备发送到 fx-9750GⅡ的 3-Pin 通信口的数据启动。例如，当用 SB-62 数据线连接两台 fx-9750GⅡ时，如果接收机的唤醒功能已打开，则在作为发送机的 fx-9750GⅡ发送数据时，作为接收机的 fx-9750GⅡ都能自动接收发送来的数据，无须在接收机上进行任何操作；当作为接收机的 fx-9750GⅡ处于关机状态时，机器也会自动开机并接收数据。唤醒功能对用 USB 数据线连接的 fx-9750GⅡ不起作用。

(2) CAPT

按 SHIFT CAPTURE 键，可以将 fx-9750GⅡ的屏幕捕捉图像发送到 CAPT 命令指定的设备中。按 F6 (CAPT)键进入图 1-144 中图所示的界面，可以设置 fx-9750GⅡ的屏幕捕捉图像发送到下列四种设备中保存。

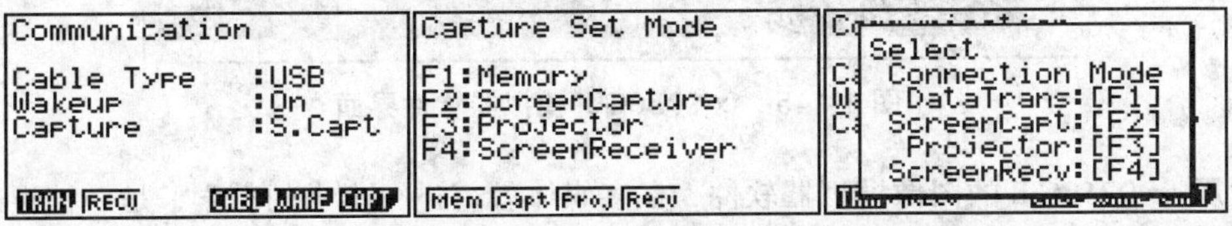

图 1-144　设置 fx-9750GⅡ的屏幕捕捉图像存储功能

① 内存图像存储器：按 F1 (Mem)键为设置 fx-9750GⅡ的屏幕捕捉图像发送到本机内存的图像寄存器<CAPTURE>中保存，<CAPTURE>最多可以存储名称为 **CAPT1~CAPT20**

的 20 个屏幕捕捉图像。存储在<**CAPTURE**>数据项中的屏幕捕捉图像只能用做绘图时的背景图像，不能通过 FA-124 通信软件输出到 PC 机。

② FA-124 通信软件的图像窗口：按 F2 (Capt)键为设置 fx-9750GⅡ的屏幕捕捉图像发送到与本机连接的 FA-124 的图像窗口中，这是获取 fx-9750GⅡ的屏幕捕捉图像的唯一设置。

发送屏幕捕捉图像的方法是：先在 FA-124 的 Calculator 窗口左键单击工具栏的图标，或执行下拉菜单“Link/Screen Capture”命令，再按 SHIFT CAPTURE 键将 fx-9750GⅡ的当前屏幕捕捉图像发送到 FA-124 中。可以在 FA-124 中将其存储为 bmp 格式的位图文件，也可以在 PC 机上按 Print Screen 键将 FA-124 中的屏幕捕捉图像复制到粘贴板上，再将其复制到专业图像处理软件 Photoshop 中进行编辑处理。

③ 投影仪：按 F3 (Proj)键为设置 fx-9750GⅡ的屏幕捕捉图像发送到卡西欧的 OHP 投影仪或卡西欧普通液晶投影仪显示，如 XJ-A155/XJ-A150/XJ-A145/XJ-A140。该设置主要用于在课堂上演示 fx-9750GⅡ的屏幕捕捉图像，投影仪与 fx-9750GⅡ通过 USB 数据线连接。

④ fx-9750GⅡ模拟器软件：按 F4 (Recv)键为设置 fx-9750GⅡ的屏幕捕捉图像发送到 fx-9750GⅡ模拟器软件上，模拟器的界面如图 1-145 所示。

fx-9750GⅡ模拟器软件是卡西欧公司专为学校开展 fx-9750GⅡ教学研发的，不公开出售，但可以提供给学校使用，具体请咨询卡西欧(上海)贸易有限公司。

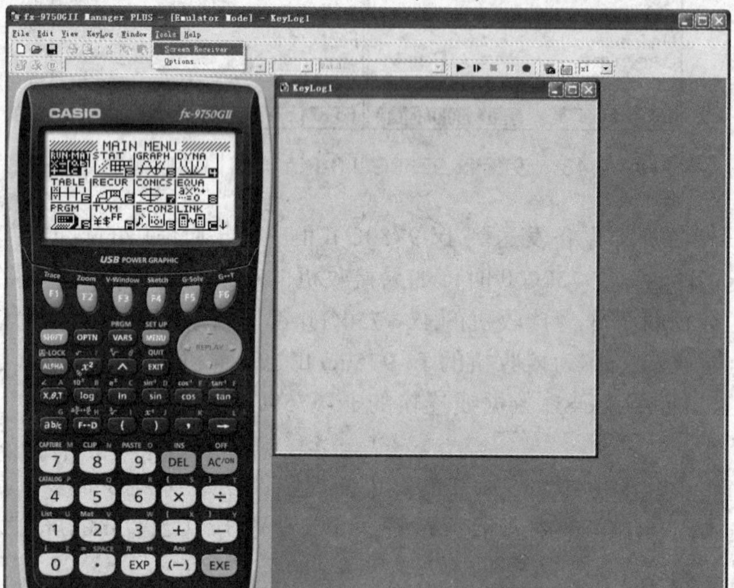

图 1-145　fx-9750GⅡ模拟器软件界面

使用 fx-9750GⅡ的图像模拟器软件，在多媒体教室进行本书的教学，是一种很好的多媒体教学方法。fx-9750GⅡ机器与图像模拟器软件的连接很简单：先在 PC 机的 fx-9750GⅡ模拟器软件上执行下拉菜单“Tools/Sceen Receiver”命令，打开模拟器软件的屏幕接收器 Screen Receiver，界面如图 1-146 左图所示。

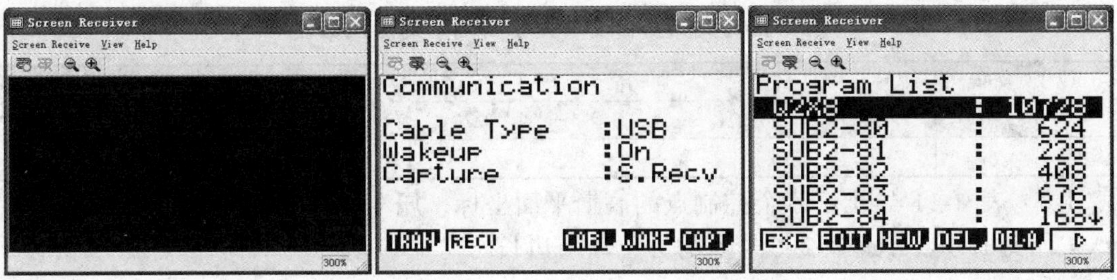

图 1-146　在 fx-9750GⅡ模拟器软件的 Screen Receiver 实时接收 fx-9750GⅡ屏幕显示内容

将通用 USB 数据线插入 fx-9750GⅡ机器的 USB 口，fx-9750GⅡ机器的屏幕自动显示图 1-147 左图所示的界面。按 F4 键选择“ScreenRecv”选项，进入图 1-147 右图所示的界面。按 EXIT 键完成 fx-9750GⅡ机器与模拟器软件屏幕接收器 Screen Receiver 的连接操作，此时，在 PC 机的屏幕接收器 Screen Receiver 软件显示的结果如图 1-146 中图所示，以后，用户操作 fx-9750GⅡ机器的所有屏幕显示内容都将在 PC 机的屏幕接收器 Screen Receiver 实时显示。

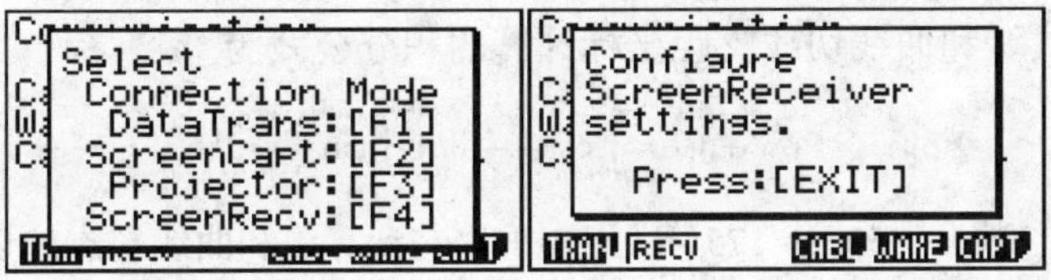

图 1-147　将 USB 数据线插入 fx-9750GⅡ的 USB 口后的操作界面

鼠标左键单击屏幕接收器 Screen Receiver 软件工具栏的放大图标为放大 Screen Receiver 界面，左键单击缩小图标为缩小 Screen Receiver 界面。

练习题

1-1　fx-9750GⅡ计算器有哪些常用存储器？各有何作用？如何占用内存字节数？

1-2　fx-9750GⅡ计算器可以设置什么角度单位？各角度单位有何换算关系？如何设置？屏幕显示有何变化？

1-3　设置数值显示格式为 Norm 1，试计算 sin89°12′01″÷cos61°06′16″的值。

1-4　设置数值显示格式为 **Norm 1**，并分别设置角度单位为 **Deg** 与 **Rad**，试计算 $\sin(1+\pi/3)+\tan 30°17'$的值。

1-5　设置数值显示格式为 Norm 1，试计算 $\sin^{-1}0.891201\div\cos^{-1}0.610616$ 的值，要求计算结果分别以六十进制角度及弧度显示。

1-6　设置数值显示格式为 Norm 1，分别计算表达式 $2^3-\sqrt[3]{8}+64^{1/3}$ 与 $\sqrt[6]{e^{\ln 2}}$ 的值。

1-7　皮尔逊收集了父亲身高 x 与儿子身高 y 的大量资料，其中的 10 对数据列于表 1-10。试用 Q1V3 程序在线性回归、对数回归、指数回归、幂回归中自动选择相关系数 r 最大的回归模型，计算回归方程的系数并将 10 个样本观测值的回归方程残差值填入表 1-10 的 v 行；设父亲的身高 x=1.77m，试用回归方程计算儿子身高的估计值 $\hat{y}$；设儿子的身高 y=1.65m，试用回归方程计算父亲身高的估计值 $\hat{x}$。

表 1-10　父亲身高 x 与儿子身高 y 的测试数据

x（m）	1.524	1.575	1.626	1.651	1.676	1.702	1.727	1.778	1.829	1.880
y（m）	1.615	1.656	1.676	1.664	1.699	1.704	1.712	1.735	1.781	1.778
v（m）										

1-8　表 1-11 给出了六个控制点的高斯平面坐标，属于 1980 西安坐标系，试用程序 Q1V4 计算 1 号点分别至 2~6 号点的方位角与边长。

表 1-11　控制点坐标数据

点号	x（m）	y（m）	起讫点号	方位角	边长（m）
1	2 493 038.151	405 552.812			
2	2 505 788.356	406 164.803	1→2		
3	2 491 974.393	390 165.454	1→3		
4	2 493 391.994	422 171.511	1→4		
5	2 480 377.792	404 904.403	1→5		
6	2 475 987.600	390 769.899	1→6		

1-9　复数形式缓和曲线切线支距坐标计算的积分公式为

$$x' + y'\mathrm{i} = \int_0^l \cos\frac{l^2}{2A^2}\mathrm{d}l + \int_0^l \sin\frac{l^2}{2A^2}\mathrm{d}l\,\mathrm{i}$$

已知缓和曲线参数 A=350，l=175，试用多重语句计算缓和曲线端点的切线支距坐标复数。

1-10　fx-9750GⅡ与 FA-124 实现数据同步后，FA-124 Calculator 窗口的数据内容与 fx-9750GⅡ内存的数据是相同的，是否可以在 Calculator 窗口编辑程序文件或删除数据项？

1-11　随书标配光盘串列文件"\1 章\FILE1.G1M"为在 FA-124 的 FA-124 窗口，执行右键快捷菜单“Export”命令输出的 File1 串列文件，如果要将 FILE1.G1M 文件上传到 fx-9750GⅡ内存的 File6 串列文件，应该如何操作？

第 2 章　控制与施工测量程序

2.1　高斯投影正反算及换带计算程序(Q4V1)

1) 参考椭球元素值的计算

确定参考椭球大小的初始元素值只有长半轴 a 和扁率 f，我国使用的 3 个参考椭球的初始元素值列于表 2-1。

表 2-1　参考椭球的初始元素值

坐标系名	1954 北京坐标系	1980 西安坐标系	WGS-84 坐标系(GPS 用)
参考椭球名	克拉索夫斯基椭球	IUGG-1975 椭球	IUGG-1979 椭球
a(m)	6378245	6378140	6378137
f	1∶298.3	1∶298.257	1∶298.257223563

由参考椭球的初始元素值 a 和 f 计算其余元素值的公式为

短半轴

$$b = a(1-f) \tag{2-1}$$

极曲率半径

$$c = \frac{a^2}{b} = \frac{a^2}{a(1-f)} = \frac{a}{1-f} \tag{2-2}$$

赤道子午曲率半径

$$d = \frac{b^2}{a} \tag{2-3}$$

第一偏心率

$$e^2 = \frac{a^2-b^2}{a^2} = \frac{a^2-a^2(1-f)^2}{a^2} = 1-(1-f)^2 = 2f-f^2 \tag{2-4}$$

第二偏心率

$$e'^2 = \frac{a^2-b^2}{b^2} = \frac{a^2-a^2(1-f)^2}{a^2(1-f)^2} = \frac{1-(1-f)^2}{(1-f)^2} = 1/(1-f)^2-1 \tag{2-5}$$

设参考椭球面上任意点 P 的大地经纬度为(L,B)，则参考椭球其余曲率半径的计算公式为

子午圈曲率半径

$$M = \frac{c}{V^3} \tag{2-6}$$

卯酉圈曲率半径

$$N=\frac{c}{V} \tag{2-7}$$

平均曲率半径

$$R=\frac{c}{V^2} \tag{2-8}$$

方位角为 α 方向的参考椭球面法截弧的曲率半径为

$$R_\alpha=\frac{N}{1+\eta^2\cos^2\alpha} \tag{2-9}$$

式中，$\eta=e'\cos B$，$V=\sqrt{1+\eta^2}$。显然，当 α=90°时，$\cos\alpha=0$，$R_\alpha=N$；当 α=0°时，$\cos\alpha=1$，$R_\alpha=M$；当 0°<α<90°时，$M<R_\alpha<N$。

2) 高斯投影正算公式

高斯投影正算是已知地面点 P 的大地经纬度(L，B)，要求计算其高斯平面坐标(x，y)及子午线收敛角 γ。设投影带的中央子午线经度为 L_0，则 P 点的经度差为 $l=L-L_0$，则有高斯投影正算公式

$$x=X+Nt\left[\frac{1}{2}m^2+\frac{1}{24}(5-t^2+9\eta^2+4\eta^4)m^4+\frac{1}{720}(61-58t^2+t^4+270\eta^2-330\eta^2t^2)m^6\right] \tag{2-10}$$

$$y=N\left[m+\frac{1}{6}(1-t^2+\eta^2)m^3+\frac{1}{120}(5-18t^2+t^4+14\eta^2-58\eta^2t^2)m^5\right] \tag{2-11}$$

$$\gamma=\frac{t}{\pi}\left[180m+60(1+3\eta^2+2\eta^4)m^3+12(2-t^2)m^5\right] \tag{2-12}$$

式中，γ 是以度为单位的子午线收敛角，$t=\tan B$，$m=\cos Bl\frac{\pi}{180}$，X 为子午圈弧长，计算公式为

$$X=A_0B^\circ-(B_0\sin B+C_0\sin^3B+D_0\sin^5B+E_0\sin^7B)\cos B \tag{2-13}$$

式中，B°是以度为单位的纬度值，5 个系数的计算公式为

$$A_0=d(1+\frac{3}{4}e^2+\frac{45}{64}e^4+\frac{175}{256}e^6+\frac{11025}{16384}e^8+\cdots)\Big/\rho \tag{2-14a}$$

$$B_0=d(\frac{3}{4}e^2+\frac{45}{64}e^4+\frac{175}{256}e^6+\frac{11025}{16384}e^8+\cdots) \tag{2-14b}$$

$$C_0=d(\frac{15}{32}e^4+\frac{175}{384}e^6+\frac{3675}{8192}e^8+\cdots) \tag{2-14c}$$

$$D_0=d(\frac{35}{96}e^6+\frac{735}{2048}e^8+\cdots) \tag{2-14d}$$

$$E_0=d(\frac{315}{1024}e^8+\cdots) \tag{2-14e}$$

3) 高斯投影反算公式

高斯投影反算是已知地面点 P 的高斯平面坐标(x, y)与中央子午线经度 L_0，求其大地经纬度(L, B)，计算公式为

$$B^\circ = B_f^\circ - \frac{1+\eta_f^2}{\pi} t_f \left[90n^2 - 7.5(5+3t_f^2+\eta_f^2-9\eta_f^2t_f^2)n^4 + 0.25(61+90t_f^2+45t_f^4)n^6 \right] \tag{2-15}$$

$$l^\circ = \frac{1}{\pi \cos B_f} \left[180n - 30(1+2t_f^2+\eta_f^2)n^3 + 1.5(5+28t_f^2+24t_f^4)n^5 \right] \tag{2-16}$$

式中，B_f°、B°、l°分别是以度为单位的底点纬度、纬度和经度差，其余符号的计算公式如下

$$n = \frac{y}{N_f} = \frac{yV_f}{c} \tag{2-17}$$

$$V_f = \sqrt{1+\eta_f^2} \tag{2-18}$$

$$\eta_f = e' \cos B_f \tag{2-19}$$

$$t_f = \tan B_f \tag{2-20}$$

底点纬度 B_f° 可由子午圈弧长公式(2-13)迭代计算求得

$$\left.\begin{aligned} B_f^{(1)} &= X/A_0 \\ B_f^{(i+1)} &= (X - F(B_f^{(i)}))/A_0 \\ F(B_f^{(i)}) &= -(B_0 \sin B_f^{(i)} + C_0 \sin^3 B_f^{(i)} + D_0 \sin^5 B_f^{(i)} + E_0 \sin^7 B_f^{(i)}) \cos B_f^{(i)} \end{aligned}\right\} \tag{2-21}$$

重复迭代直至 $B_f^{(i+1)} - B_f^{(i)} < \varepsilon$ 为止。当要求(L, B)计算至 0.00001″ 时，可设 $\varepsilon=1\times10^{-10}$，一般迭代计算 5 次即可。

4) 换带计算公式

高斯投影换带计算是已知地面点 P 的高斯平面坐标(x', y')与中央子午线经度 L_0'，求其在中央子午线经度为 L_0'' 投影带的高斯平面坐标(x'', y'')。

计算原理为：先用反算公式计算出 P 点的大地经纬度(L, B)，再用正算公式计算 P 点在中央子午线经度为 L_0'' 投影带的高斯平面坐标(x'', y'')。

5) 串列数据规划

固定用 List 1 与 List 2 串列存储经纬度，List 3 ~ List 5 串列存储源高斯平面坐标及其子午线收敛角，List 6 ~ List 8 串列存储目标高斯平面坐标及其子午线收敛角。

当要对若干点进行批量高斯投影计算时，正算应在 List 1 与 List 2 串列(表 2-2 浅色背景串列)输入待计算点的大地经纬度(L, B)，Q4V1 程序将算出的高斯平面坐标(x, y)及其子午线收敛角 γ 存入 List 3~List 5 串列。

表 2-2　Q4V1 程序输入输出数据串列明细表

行数	List 1	List 2	List 3	List 4	List 5	List 6	List 7	List 8	List 9	List 10
子名	L(Deg)	B(Deg)	x_1(m)	y_1(m)	γ_1(Deg)	x_2(m)	y_2(m)	γ_2(Deg)	ctrl	system
1	经度	纬度	源 纵坐标	源 横坐标	子午线收 敛角	目标 纵坐标	目标 横坐标	子午线收 敛角	A_0	54/80/84
2	……	……	……	……	……	……	……	……	B_0	1/2/3
3									C_0	串列点数
4									D_0	
5									E_0	
6									L_{10}	
7									x_{10}	
8									y_{10}	
9									L_{20}	
10									x_{20}	
11									y_{20}	

反算与换带计算应在 List 3 与 List 4 串列(表 2-2 深色背景串列)输入待计算点的高斯平面坐标(x'，y')，反算结果中的大地经纬度(L，B)存入 List 1 与 List 2 串列，子午线收敛角 γ 存入 List 5 串列。

换带计算求出的大地经纬度(L，B)存入 List 1 与 List 2 串列，源高斯平面坐标的子午线收敛角 γ' 存入 List 5 串列，目标高斯平面坐标(x'',y'')及其子午线收敛角 γ'' 存入 List 6~List 8 串列。List 9 串列用于存储中间参数，List 10 串列用于存储坐标系与计算内容控制数字。

6) 高斯投影正算、反算及换带计算程序

(1) 主程序

主程序名：Q4V1，占用内存 3 108 字节，光盘源程序文件为"\2 章\QH41\Q4V1.g1m"。

```
"Gauss project Q4V1"↵                       显示程序标题
Deg:Fix 5↵                                  基本设置
"system"→List 10[0]↵                        赋坐标系控制数字串列子名
If List 10[1]=0:Then 3→Dim List 10↵         定义坐标系控制数字串列
"system"→List 10[0]:Goto 0:IfEnd↵           重新赋坐标系控制数字串列子名
If List 10[2]=1↵                            最近一次计算为高斯投影正算时
Then "disp List 5 yes(1)/no(≠1)"?→W↵        是否显示最近正算子午线收敛角
W≠1⇒Goto S↵
Do:"List 5 num,0⇒end"?→R↵                   输入需显示结果的串列序号
R≦0 Or R>List 10[3]⇒Goto E↵                 序号非法时结束程序
List 5[R]→List 9[12]:Prog "SUB4−14"↵        调子程序分离子午线收敛角的度分与秒值
"γ(dm)=":List 9[13]▶DMS◢                    显示点子午线收敛角的度分值
"+γ(s)=":List 9[14]◢                        显示点子午线收敛角的秒值
LpWhile R>0:IfEnd↵
If List 10[2]=2↵                            最近一次计算为高斯投影反算时
Then "disp List 1,2,5 yes(1)/no(≠1)"?→W↵    是否显示最近反算结果
```

```
W≠1⇒Goto S↵
Do:"List 1,2,5 num,0⇒end"?→R↵                       输入需显示结果的串列序号
R≦0 Or R>List 10[3]⇒Goto E↵                         序号非法时结束程序
List 1[R]→List 9[12]:Prog "SUB4-14"↵                调子程序分离经度的度分与秒值
"Lp(dm)=":List 9[13]▶DMS◢                           显示经度的度分值
"+Lp(s)=":List 9[14]◢                               显示经度的秒值
List 2[R]→List 9[12]:Prog "SUB4-14"↵                调子程序分离纬度的度分与秒值
"Bp(dm)=":List 9[13]▶DMS◢                           显示纬度的度分值
"+Bp(s)=":List 9[14]◢                               显示纬度的秒值
List 5[R]→List 9[12]:Prog "SUB4-14"↵                调子程序分离子午线收敛角的度分与秒值
"γ(dm)=":List 9[13]▶DMS◢                            显示点子午线收敛角的度分值
"+γ(s)=":List 9[14]◢                                显示点子午线收敛角的秒值
LpWhile R>0:IfEnd↵
If List 10[2]=3↵                                    最近一次计算为高斯投影换带计算时
Then "disp List 1,2,5,9 yes(1)/no(≠1)"?→W↵          是否显示最近换带结果
W≠1⇒Goto S↵
Do:"List 1,2,5,9 num,0⇒end"?→R↵                     输入需显示结果的串列序号
R≦0 Or R>List 10[3]⇒Goto E↵                         序号非法时结束程序
List 1[R]→List 9[12]:Prog "SUB4-14"↵                调子程序分离经度的度分与秒值
"Lp(dm)=":List 9[13]▶DMS◢                           显示经度的度分值
"+Lp(s)=":List 9[14]◢                               显示经度的秒值
List 2[R]→List 9[12]:Prog "SUB4-14"↵                调子程序分离纬度的度分与秒值
"Bp(dm)=":List 9[13]▶DMS◢                           显示纬度的度分值
"+Bp(s)=":List 9[14]◢                               显示纬度的秒值
List 5[R]→List 9[12]:Prog "SUB4-14"↵                调子程序分离子午线收敛角的度分与秒值
"γ1(dm)=":List 9[13]▶DMS◢                           显示源子午线收敛角的度分值
"+γ1(s)=":List 9[14]◢                               显示源子午线收敛角的秒值
List 8[R]→List 9[12]:Prog "SUB4-14"↵                调子程序分离子午线收敛角的度分与秒值
"γ2(dm)=":List 9[13]▶DMS◢                           显示目标子午线收敛角的度分值
"+γ2(s)=":List 9[14]◢                               显示目标子午线收敛角的秒值
LpWhile R>0:IfEnd↵
Lbl S:"new(0)/old(≠0)="?→W↵                         0为重新输入控制数字,否则用最近一次
If W≠0:Then List 10[2]=1⇒Goto 1↵                    用最近一次控制数字判断计算方向
List 10[2]=2⇒Goto 2↵
List 10[2]=3⇒Goto 3:IfEnd↵
Lbl 0:Do:"coor system(54/80/84)="?→List 10[1]↵  坐标系控制数字,只能是54,80,84
LpWhile List 10[1]≠54 And List 10[1]≠80 And List 10[1]≠84↵
Do:"LB⇒xy(1)/xy⇒LB(2)/xy1⇒xy2(3)="?→List 10[2]↵  投影方向控制数字,只能是1,2,3
LpWhile List 10[2]≠1 And List 10[2]≠2 And List 10[2]≠3↵
```

```
14→Dim List 9:"ctrl"→List 9[0]↵                       定义中间数值串列维数并赋子名
Prog "SUB4-11"↵                                      调子程序计算子午圈弧长系数
If List 10[2]=1 Or List 10[2]=2↵                     高斯投影正算或反算时
Then "L0(Deg)="?→List 9[6]↵                          输入中央子午线经度
"x+const(m)="?→List 9[7]↵                            输入 x 坐标加常数
"y+const(m)="?→List 9[8]↵                            输入 y 坐标加常数
List 10[2]=1⇒Goto 1:Goto 2↵                          转向正算或反算程序段
Else "L01(Deg)="?→List 9[6]↵                         输入源坐标中央子午线经度
"x1+const(m)="?→List 9[7]↵                           输入源坐标 x 坐标加常数
"y1+const(m)="?→List 9[8]↵                           输入源坐标 y 坐标加常数
"L02(Deg)="?→List 9[9]↵                              输入目标坐标中央子午线经度
"x2+const(m)="?→List 9[10]↵                          输入目标坐标 x 坐标加常数
"y2+const(m)="?→List 9[11]↵                          输入目标坐标 y 坐标加常数
Goto 3:IfEnd↵                                        转向换带计算程序段
Lbl 1:"L,B in List 1,2 yes(1)/no(≠1)="?→S↵           正算点经纬度是否位于串列
If S=1:Then "Lp(Deg)"→List 1[0]↵                     正算点经纬度位于串列时
"Bp(Deg)"→List 2[0]↵                                 为经纬度串列赋子名
ClrList 3:ClrList 4:ClrList 5↵                       清除 List 3~List 5 串列数据
ClrList 6:ClrList 7:ClrList 8↵                       清除 List 6~List 8 串列数据
"xp(m)"→List 3[0]:"yp(m)"→List 4[0]↵                 为高斯坐标串列赋子名
"γp(Deg)"→List 5[0]↵                                 为子午线收敛角串列赋子名
Dim List 1→List 10[3]↵                               获取串列点数
For 1→K To List 10[3]↵
List 1[1K]-List 9[6]→L:List 2[1K]→B↵                 经度差 l 与纬度 B
Prog "SUB4-12"↵                                      调正算子程序计算 x,y,R
X+List 9[7]→List 3[1K]:Y+List 9[8]→List 4[1K]↵       存加常数后的高斯坐标到串列
R→List 5[1K]:Next:IfEnd↵                             存子午线收敛角到串列
Do:"Lp(Deg),0⇒end="?→J:J=0⇒Break↵                    输入点的经度,输入 0 结束程序
"Bp(Deg)="?→B↵                                       输入点的纬度
J-List 9[6]→L↵                                       计算点的经度差
Prog "SUB4-12"↵                                      调正算子程序
"xp(m)=":X+List 9[7]◢                                显示高斯坐标
"yp(m)=":Y+List 9[8]◢
R→List 9[12]:Prog "SUB4-14"↵                         调子程序分离子午线收敛角的度分与秒值
"γp(dm)=":List 9[13]▶DMS◢                            显示点子午线收敛角的度分值
"+γp(s)=":List 9[14]◢                                显示点子午线收敛角的秒值
LpWhile J≠0:Goto E↵
Lbl 2:"x,y in List 3,4 yes(1)/no(≠1)="?→S↵           反算点高斯坐标是否位于串列
If S=1:Then "xp(Deg)"→List 3[0]↵                     反算点高斯坐标位于串列时
```

```
"yp(Deg)"→List 4[0]↵                                        为高斯坐标串列赋子名
ClrList 1:ClrList 2:ClrList 5↵                              清除 List 1,List 2,List 5 串列
ClrList 6:ClrList 7:ClrList 8↵                              清除 List 6~List 8 串列
"Lp(m)"→List 1[0]:"Bp(m)"→List 2[0]↵                        为经纬度串列赋子名
"γp(Deg)"→List 5[0]↵                                        为子午线收敛角串列赋子名
Dim List 3→List 10[3]↵                                      获取串列点数
For 1→K To List 10[3]↵
List 3[1K]−List 9[7]→X:List 4[1K]−List 9[8]→Y↵              去掉高斯坐标加常数
Prog "SUB4−13"↵                                             调反算子程序计算 l,B,R
L+List 9[6]→List 1[1K]:B→List 2[1K]↵                        存经纬度到串列
R→List 5[1K]:Next:IfEnd↵                                    存子午线收敛角到串列
Do:"xp(m),0⇒end="?→X:X=0⇒Break↵                             输入高斯 x 坐标,输入 0 结束程序
"yp(m)="?→Y↵                                                输入高斯 y 坐标
X−List 9[7]→X:Y−List 9[8]→Y↵                                去掉高斯坐标加常数
Prog "SUB4−13"↵                                             调反算子程序
L+List 9[6]→L↵                                              经度差加中央子午线精度
L→List 9[12]:Prog "SUB4−14"↵                                调子程序分离经度的度分与秒值
"Lp(dm)=":List 9[13]▸DMS◢                                   显示经度的度分值
"+Lp(s)=":List 9[14]◢                                       显示经度的秒值
B→List 9[12]:Prog "SUB4−14"↵                                调子程序分离纬度的度分与秒值
"Bp(dm)=":List 9[13]▸DMS◢                                   显示纬度的度分值
"+Bp(s)=":List 9[14]◢                                       显示纬度的秒值
R→List 9[12]:Prog "SUB4−14"↵                                调子程序分离子午线收敛角的度分与秒值
"γp(dm)=":List 9[13]▸DMS◢                                   显示子午线收敛角的度分值
"+γp(s)=":List 9[14]◢                                       显示子午线收敛角的秒值
LpWhile X≠0:Goto E↵
Lbl 3: "x1,y1 in List 3,4 yes(1)/no(≠1)="?→S↵               换带源高斯坐标是否位于串列
If S=1:Then "x1(m)"→List 3[0]↵                              正算点的经纬度位于串列时
"y1(m)"→List 4[0]:"γ1(Deg)"→List 5[0]↵                      为源高斯坐标,子午线收敛角串列赋子名
ClrList 1:ClrList 2↵                                        清除 List 1,List 2 串列
ClrList 5:ClrList 6:ClrList 7:ClrList 8↵                    清除 List 5~List 8 串列
"Lp(m)"→List 1[0]:"Bp(m)"→List 2[0]↵                        为经纬度串列赋子名
"x2(m)"→List 6[0]:"y2(m)"→List 7[0]↵                        为目标高斯坐标串列赋子名
"γ1(Deg)"→List 5[0]:"γ2(Deg)"→List 8[0]↵                    为子午线收敛角串列赋子名
Dim List 3→List 10[3]↵                                      获取串列中的点数
For 1→K To List 10[3]↵
List 3[1K]−List 9[7]→X:List 4[1K]−List 9[8]→Y↵              去掉源高斯坐标加常数
Prog "SUB4−13"↵                                             调反算子程序计算 l/B/R
R→List 5[1K]↵                                               存子午线收敛角到串列
```

```
L+List 9[6]→List 1[1K]:B→List 2[1K]↵                     存点经纬度到串列
List 1[1K]−List 9[9]→L↵                                 目标坐标经度差
Prog "SUB4−12"↵                                         调正算子程序计算目标高斯坐标 x/y/R
X+List 9[10]→List 6[1K]:Y+List 9[11]→List 7[1K]↵ 存目标坐标加常数高斯坐标到串列
R→List 8[1K]:Next:IfEnd↵                                存子午线收敛角到串列
Do:"x1(m),0⇛end="?→X:X=0⇛Break↵                         输入源高斯 x 坐标,输入 0 结束程序
"y1(m)="?→Y↵                                            输入源高斯 y 坐标
X−List 9[7]→X:Y−List 9[8]→Y↵                            去掉源高斯坐标加常数
Prog "SUB4−13"↵                                         调反算子程序计算 l/B
L+List 9[6]−List 9[9]→L↵                                目标坐标系的经度差
Prog "SUB4−12"↵                                         调正算子程序计算目标高斯坐标 x/y/R
"x2(m)=":X+List 9[10]◢                                  显示目标高斯坐标
"y2(m)=":Y+List 9[11]◢
R→List 9[12]:Prog "SUB4−14"↵                            调子程序分离子午线收敛角的度分与秒值
"γ2(dm)=":List 9[13]▸DMS◢                               显示点子午线收敛角的度分值
"+γ2(s)=":List 9[14]◢                                   显示点子午线收敛角的秒值
LpWhile X≠0↵
Lbl E:"Q4V1⇛End"
```

(2) 子程序

① **SUB4−11**，占用内存 408 字节。

功能：计算子午圈弧长系数 A_0，B_0，C_0，D_0，E_0。

入口变量：坐标系系数 W(=54,80,84)。

出口变量：五个子午圈弧长系数值 **List 9[1]~List 9[5]**。

```
If List 10[1]=54:Then 6378245→A:298.3^-1→F:IfEnd↵    1954 北京坐标系椭球参数
If List 10[1]=80:Then 6378140→A:298.257^-1→F:IfEnd↵  1980 西安坐标系椭球参数
If List 10[1]=84:Then 6378137→A:298.257223563^-1→F:IfEnd↵ WGS-84 坐标系椭球参数
√(2F−F²)→E↵                                           第一偏心率,式(2-4)
√(1÷(1−F)²−1)→Z↵                                      第二偏心率,式(2-5)
A(1−F)→N↵                                             椭球短半径,式(2-1)
A²÷N→C↵                                               极曲率半径,式(2-2)
N²÷A→D↵                                               赤道子午曲率半径,式(2-3)
D(1+3⌟4E²+45⌟64E^4+175⌟256E^6+11025⌟16384E^8)π÷180→List 9[1]↵
D(3⌟4E²+45⌟64E^4+175⌟256E^6+11025⌟16384E^8)→List 9[2]↵
D(15⌟32E^4+175⌟384E^6+3675⌟8192E^8)→List 9[3]↵
D(35⌟96E^6+735⌟2048E^8)→List 9[4]↵                   按(a b/c)键输入⌟
D×315⌟1024E^8→List 9[5]↵                              子午圈弧长公式的 5 个系数,式(2-14)
Return
```

② **SUB4−12**，占用内存 304 字节。

功能：高斯投影正算。

入口变量：五个子午圈弧长系数值 **List 9[1]~List 9[5]**，大地坐标经度差 **L** 与纬度 **B**。

出口变量：高斯平面坐标 **X**，**Y** 与子午线收敛角 **R**。

```
sin B→P:cos B→Q:Zcos B→U:tan B→T↵                         纬度函数
List 9[1]B−(List 9[2]P+List 9[3]P^3+List 9[4]P^5+List 9[5]P^7)Q→X↵
                                                            子午圈弧长,式(2-13)
√(1+U²)→V:C÷V→N↵                                           卯酉圈曲率半径,式(2-7)
QLπ÷180→M↵                                                  纬度与经度差函数
X+NT(0.5M²+1⌟24(5−T²+9U²+4U^4)M^4+1⌟720(61−58T²+T^4+270U²
−330U²T²)M^6)→X↵                                            高斯 x 坐标,式(2-10)
N(M+1⌟6(1−T²+U²)M^3+1⌟120(5−18T²+T^4+14U²−58U²T²)M^5)→Y↵
                                                            高斯 y 坐标,式(2-11)
T(180M+60(1+3U²+2U^4)M^3+12(2−T²)M^5)÷π→R↵               子午线收敛角 γ,式(2-12)
Return
```

③ **SUB4-13**，占用内存 376 字节。

功能：高斯投影反算。

入口变量：五个子午圈弧长系数值 **List 9[1]~List 9[5]**，高斯平面坐标 **X**，**Y**。

出口变量：大地坐标经度差 **L**，纬度 **B** 与子午线收敛角 **R**。

```
X÷List 9[1]→B↵                                              底点纬度初始值,式(2-21)
Do↵                                                         迭代计算底点纬度
B→H:sin H→P:cos H→Q↵                                        底点纬度函数
-(List 9[2]P+List 9[3]P^3+List 9[4]P^5+List 9[5]P^7)Q→G↵   式(2-21)
(X−G)÷List 9[1]→B↵                                          底点纬度,式(2-21)
Abs (B−H)→O↵                                                底点纬度迭代误差
LpWhile O>1E-12↵
Zcos B→U:tan B→T:cos B→Q↵                                   底点纬度函数
√(1+U²)→V:YV÷C→N↵                                           式(2-17)
B−(1+U²)T(90N²−7.5(5+3T²+U²−9U²T²)N^4+0.25(61+90T²+
45T^4)N^6)÷π→B↵                                             纬度,式(2-15)
(πQ)⁻¹(180N−30(1+2T²+U²)N^3+1.5(5+28T²+24T^4)N^5)→L↵      经度,式(2-16)
cos B→Q:Zcos B→U:tan B→T↵                                   纬度函数
QLπ÷180→M↵                                                  纬度与经度差函数
√(1+U²)→V:C÷V→N↵                                           卯酉圈曲率半径,式(2-7)
T(180M+60(1+3U²+2U^4)M^3+12(2−T²)M^5)÷π→R↵               子午线收敛角 γ,式(2-12)
Return
```

④ **SUB4-14**，占用内存 108 字节。

功能：分离大地经度差 l、纬度 B、子午线收敛角 γ 的度分与秒值，以便这些角度能显示到 0.000 01″。

入口变量：角度变量 **List 9[12]**。

出口变量：角度变量的度分值存在 **List 9[13]**，秒值存在 **List 9[14]**。

```
Int List 9[12]→P↵                          提取角度值的度数
Int (60(List 9[12]−P))→Q↵                  提取角度值的分数
P+Q ÷ 60→List 9[13]↵                       组成角度值的度分值
3600(List 9[12]−List 9[13])→List 9[14]↵    提取角度值的秒数
Return
```

7) 程序说明

(1) 重复计算

执行 Q4V1 程序，屏幕提示“**new(0)/old(≠0)=?**”时，输入数字 0 响应为重新输入坐标系数字、高斯投影类型控制数字及其他中间参数；输入任意非零数值为使用最近一次输入的坐标系数字、高斯投影类型控制数字及其他中间参数计算，以加快在同一个坐标系中进行同类重复计算的速度。

(2) 选择坐标系

屏幕提示“**coor system(54/80/84)=?**”时，输入数字 54 响应为选择 1954 北京坐标系，输入数字 80 响应为选择 1980 西安坐标系，输入数字 84 响应为选择 WGS-84 坐标系。当用户输入 54、80、84 以外的其他数字时，程序不往下执行，并反复给出上述提示。

(3) 选择高斯投影计算类型

屏幕提示“**LB⇒xy(1)/xy⇒LB(2)/xy$_1$⇒xy$_2$(3)=?**”时，输入数字 1 响应为选择高斯投影正算，输入数字 2 响应为选择高斯投影反算，输入数字 3 响应为选择高斯投影换带计算。当用户输入 1、2、3 以外的其他数字时，程序不往下执行，并反复给出上述提示。

程序设计既可以对预先存入指定串列中的坐标进行批量高斯投影计算，也允许用户根据屏幕提示逐个输入坐标计算。程序调用串列坐标进行批量高斯投影计算时，为加快速度，计算结果存入串列中，但不显示；用户逐个输入坐标计算时，用户输入的坐标及其计算结果不存入串列。

① 选择高斯投影正算后，屏幕继续提示如下：

L$_0$(Deg)=? 输入中央子午线经度 L_0

x+const(m)=? 输入高斯坐标 x 加常数(通常为 0)

y+const(m)=? 输入高斯坐标 y 加常数(通常为 500 000)

L,B in List 1,2 yes(1)/no(≠1)=?

输入 1 为对预先存储在 List 1 与 List 2 串列中的经纬度(L，B)进行高斯投影正算，算出的高斯平面坐标(x，y)及其子午线收敛角 γ 存入 List 3~List 5 串列，但不显示；输入≠1 的数字为不对预先存储在 List 1 与 List 2 串列中的经纬度(L，B)进行高斯投影正算，只对其后用户输入的经纬度(L，B)进行高斯投影正算。

L$_p$(Deg),0⇒end=? 输入大地经度 L，输入 0 结束程序

B$_p$(Deg)=? 输入大地纬度 B

屏幕显示算出的高斯平面坐标(x, y)及其子午线收敛角 γ 后，将重复上述提示以便用户输入下一个点的经纬度值。

② 选择高斯投影反算后，屏幕继续提示如下：

L$_0$(Deg)=? 输入中央子午线经度 L_0

x+const(m)=? 输入高斯坐标 x 加常数(通常为 0)

y+const(m)=? 输入高斯坐标 y 加常数(通常为 500 000)

x,y in List 3,4 yes(1)/no(≠1)=?

输入 1 为对预先存储在 List 3 与 List 4 串列中的高斯平面坐标(x,y)进行高斯投影反算，算出的经纬度(L, B)存入 List 1 与 List 2 串列，子午线收敛角 γ 存入 List 5 串列，但不显示；输入≠1 的数字为不对预先存储在 List 3 与 List 4 串列中的高斯平面坐标进行高斯投影反算，只对其后用户输入的高斯平面坐标进行高斯投影反算。

x_p(m),0⇒end=? 输入高斯平面 x 坐标，输入 0 结束程序

y_p(m)=? 输入高斯平面 y 坐标

屏幕显示算出的大地经纬度及其子午线收敛角后，将重复上述提示以便用户输入下一个点的高斯平面坐标值。

③ 选择高斯投影换带计算后，屏幕继续提示如下：

L_{01}(Deg)=? 输入源坐标系中央子午线经度 L_{01}

x_1+const(m)=? 输入源高斯坐标 x 加常数(通常为 0)

y_1+const(m)=? 输入源高斯坐标 y 加常数(通常为 500 000)

L_{02}(Deg)=? 输入目标坐标系中央子午线经度 L_{02}

x_2+const(m)=? 输入目标高斯坐标 x 加常数(通常为 0)

y_2+const(m)=? 输入目标高斯坐标 y 加常数(通常为 500 000)

x_1,y_1 in List 3,4 yes(1)/no(≠1)=?

输入 1 为对预先存储在 List 3 与 List 4 串列中的源高斯平面坐标(x', y')进行高斯投影换带计算，算出的经纬度(L, B)存入 List 1 与 List 2 串列，源高斯平面坐标的子午线收敛角 γ'存入 List 5 串列，换带为目标高斯坐标系的坐标(x'', y'')及其子午线收敛角 γ''存入 List 6~List 8 串列，但不显示；输入≠1 的数字为不对预先存储在 List 3 与 List 4 串列中的高斯平面坐标进行高斯投影换带计算，只对其后用户输入的源高斯平面坐标进行高斯投影换带计算。

(4) 显示算出的经纬度(L, B)与子午线收敛角 γ

虽然 fx-9750GII 的内部数值是以 15 位数字加 2 位指数存储的，计算精度非常高，但当程序使用▸**DMS**◢命令显示角度时，最多只能显示到 0.01″。要使程序算出的经纬度(L, B)与子午线收敛角 γ 能显示到 0.000 01″，就需要调用子程序 SUB4-14。由于程序设计不显示从串列中调用坐标批量计算又存入串列的结果，程序执行了一次高斯投影计算后，重复执行程序时，最近一次计算为高斯投影正算时的提示如下：

disp List 5 yes(1)/no(≠1)=? 输入 1 为显示批量正算存入 List 5 的子午线收敛角

List 5 num,0⇒end=? 输入要显示的串列序号,输入非法序号结束程序

最近一次计算为高斯投影反算时的提示如下：

disp List 1,2,5 yes(1)/no(≠1)=? 输入 1 为显示批量正算存入 List 1,List 2,List 5 的角度

List 1,2,5 num,0⇒end=? 输入要显示的串列序号,输入非法序号结束程序

最近一次计算为高斯投影换带计算时的提示如下：

disp List 1,2,5 yes(1)/no(≠1)=? 输入 1 为显示批量换带计算存入 List 1,List 2,List 5 的角度

List 1,2,5,9 num,0⇒end=? 输入要显示的串列序号,输入非法序号结束程序

8) 案例

（1）1954 北京坐标系高斯投影正算、反算、换带计算案例

① 高斯投影正算案例。

表 2-3 给出了 6 个 GPS C 级点与 2 个 GPS D 级点在 1954 北京坐标系中的大地坐标(L,B)，要求计算其统一 3.38 带的高斯平面坐标$(x,\ y)$，统一 3.38 带中央子午线经度为 3×38°=114°。

表 2-3　使用 Q4V1 程序进行高斯投影正算、反算成果案例

1954 北京坐标系 3.38 带，中央子午线经度 L_0=114°，x 坐标加常数=0m，y 坐标加常数=500 000m

点名	L_p List 1	B_p List 2	x_p（m） List 3	y_p（m） List 4	γ_p List 5
C_1	113°05′13.68466″	22°38′49.52623″	2 505 788.356	406 164.803	-0°21′05.50154″
C_2	113°04′55.00186″	22°31′54.96727″	2 493 038.151	405 552.812	-0°21′06.56382″
C_3	112°55′56.88324″	22°31′17.07053″	2 491 974.393	390 165.454	-0°24′32.17156″
C_4	113°14′36.43561″	22°32′09.49454″	2 493 391.994	422 171.511	-0°17′23.89513″
C_5	113°04′35.04428″	22°25′03.31605″	2 480 377.792	404 904.403	-0°21′08.08119″
C_6	112°56′21.98388″	22°22′37.58425″	2 475 987.600	390 769.899	-0°24′13.66672″
D_1	113°02′28.44315″	22°36′53.75917″	2 502 256.530	401 423.371	-0°22′07.35501″
D_2	113°07′05.94791″	22°35′14.38845″	2 499 150.552	409 331.303	-0°20′19.20881″

按 MENU 2 键进入 **STAT** 模式，按 SHIFT SET UP ▼ ▼ F1（FILE）1 EXE EXE 键设置 **File1** 为当前串列文件；按 MENU 1 键进入 **RUN•MAT** 模式，按 SHIFT PRGM F6（▷）F1（CLR）F3（List）EXE 键执行 **ClrList** 命令清除当前串列文件。

按 MENU 2 键进入 **STAT** 模式，在 List 1 与 List 2 串列输入表 2-3 中 8 个点的经纬度值。

移动光标到 **List 1[1]**串列单元输入表 2-3 第一个点经度值的方法是：先输入 **113**，按 OPTN F6 F2 键调出角度功能菜单，按 F4 **5** F4 **13.68466** F4 EXE 键完成输入，结果如图 2-1 右上图所示。此时，角度功能菜单自动消失。

由上述可知，在串列中输入六十进制角度值是一件比较麻烦的事情，因为每输入一个角度到串列单元都要按 OPTN F6 F2 键调出角度功能菜单，然后按 F4 键分隔角度的度、分、秒值。

输入到串列单元的角度值是以十进制度为单位，机器内部存储了输入数值的 15 位数字加 2 位指数。移动光标到已输入 1 号点经度的 **List 1[1]**串列单元，按 F6（▷）F2（EDIT）键进入串列单元数值编辑模式，结果如图 2-1 下中图所示。按 EXIT 键退出串列单元数值编辑模式，按 OPTN F6 F2 键调出角度功能菜单，按 F5（°′″）键将 **List 1[1]**串列单元的十进制角度变换为六十进制角度显示，结果如图 2-1 右下图所示，可见只能显示到 0.01″。

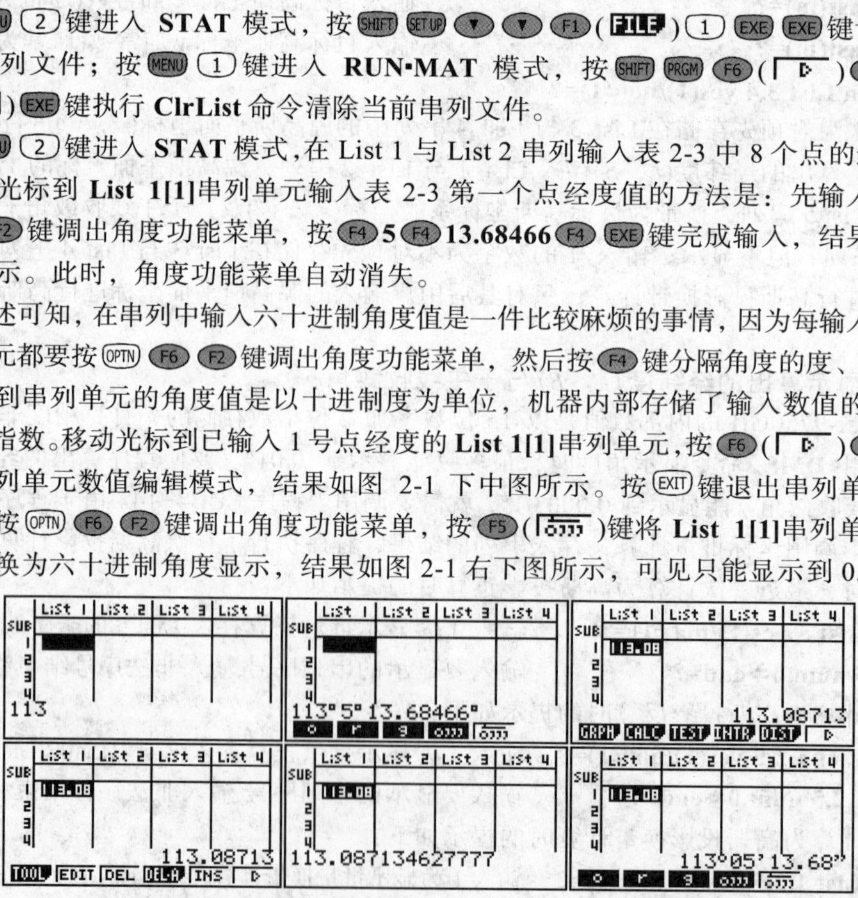

图 2-1　在 List 1[1]与 List 2[1]串列单元分别输入 1 号点的经度与纬度值

当需要正算的点数比较多时，可以在 MS Excel 输入点的大地坐标经纬度(L，B)。

启动 MS Excel 软件，在 C 列输入经度 L 的度数，在 D 列输入经度 L 的分数，在 E 列输入经度 L 的秒数；在 F 列输入纬度 B 的度数，在 G 列输入纬度 B 的分数，在 H 列输入纬度 B 的秒数。

在 A1 单元输入表达式“=C1+D1/60+E1/3600”，计算第一个点以十进制度为单位的经度值，将 A1 单元的表达式向下复制；在 B1 单元输入表达式“=F1+G1/60+H1/3600”，计算第一个点以十进制度为单位的纬度值，将 B1 单元的表达式向下复制。

选择 A 列与 B 列数据，鼠标左键单击 MS Excel 工具栏的 .00→.0 图标，使 A、B 列的数据以 13 位小数显示，界面如图 2-2 上图所示。按 Ctrl+S 键存盘，将当前选项卡中的数据存储为 File1.CSV 文件。

使用 Windows 记事本打开 File1.CSV 文件，界面如图 2-2 左下图所示，将其编辑为右下图所示，按 Ctrl+S 键，以原文件名 File1.CSV 存盘。

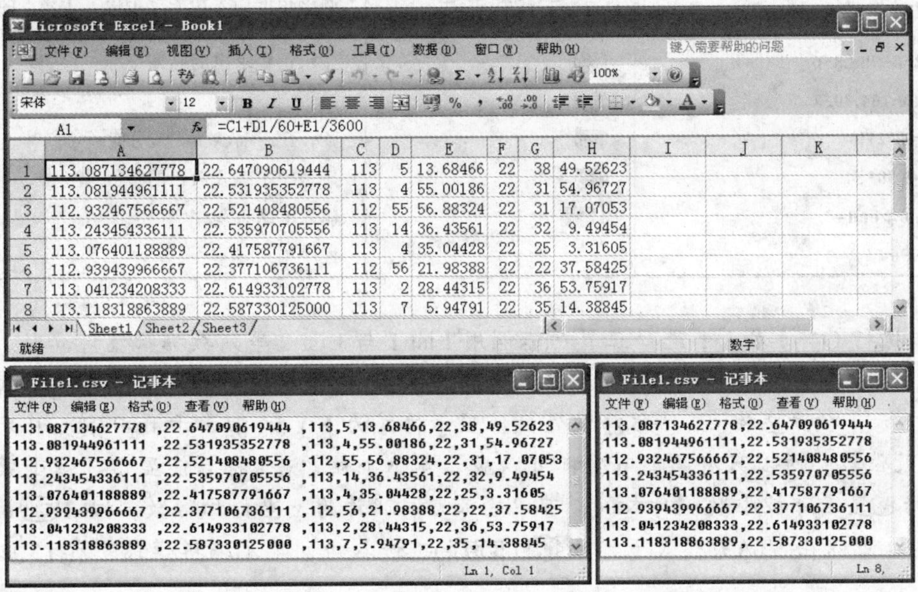

图 2-2 在 MS Excel 输入表 2-3 中 8 个点的经纬度并在记事本编辑 File1.CSV 文件

启动FA-124通信软件，在 FA-124 窗口执行右键快捷菜单“Import”命令，将File1.CSV文件的数据输入到 FA-124 窗口的 File1 串列文件，操作界面与图 1-133 类似。使 FA-124 通信软件与 fx-9750GⅡ实现数据同步，将 FA-124 窗口的 File1 串列文件复制到 Calculator 窗口。

按 MENU 2 键进入 **STAT** 模式，按 SHIFT SETUP ▼ ▼ F1 (FILE) 1 EXE EXE 键设置 **File1** 为当前串列文件，结果如图 2-3 所示。

图 2-3 将 File1.CSV 文件的数据输入到 fx-9750GⅡ File1 串列文件

按 MENU 9 键进入 **PRGM** 模式的程序列表，执行 Q4V1 程序，屏幕提示及用户操作过程如下：

屏幕提示	按键	说明
Gauss project Q4V1		显示程序标题
coor system(54/80/84)=?	**54** EXE	选择 1954 北京坐标系
LB⇒xy(1)/xy⇒LB(2)/xy_1⇒xy_2(3)=?	**1** EXE	输入 1 选择高斯投影正算
L_0(Deg)=?	**114** EXE	输入中央子午线经度
x+const(m)=?	**0** EXE	输入 x 坐标加常数
y+const(m)=?	**5** EXP **5** EXE	输入 y 坐标加常数 500000
L,B in List 1,2 yes(1)/no(≠1)=?	**1** EXE	输入 1 为计算串列数据/耗时 1.91s
L_p(Deg),0⇒end=?	OPTN F6 F5 **113** F4 **5** F4 **13.68466** F4 EXE	调出角度输入功能菜单输入 1 号点的经度
B_p(Deg)=?	OPTN F6 F5 **22** F4 **38** F4 **49.52623** F4 EXE	调出角度输入功能菜单输入 1 号点的纬度
x_p(m)=2505788.356	EXE	显示正算求出的高斯坐标
y_p(m)=406164.8031	EXE	
γ_p(dm)=-0°21′00″	EXE	显示子午线收敛角的度分值
+γ_p(s)=-5.50154	EXE	显示子午线收敛角的秒值
L_p(Deg),0⇒end=?	**0** EXE	输入 0 结束程序
Q4V1⇒End		程序结束显示

执行 Q4V1 程序，选择正算功能调用 List 1 与 List 2 串列数据批量计算时，程序会自动清除 List 3~List 8 串列的数据。在我国境内，以 m 为单位的高斯 x 坐标有 7 位整数，高斯 y 坐标有 6 位整数，虽然程序设置数值显示格式为 **Fix 5**，但由于 fx-9750GⅡ只能显示 10 位有效位数，所以只有高斯 y 坐标可以显示 4 位小数，x 坐标只能显示 3 位小数。如要使 x 坐标也显示 4 位小数，对本例，可以输入 -2×10^6 作为 x 坐标加常数，按 **-2** EXP **6** 键输入 -2×10^6，也可以在 **STAT** 模式下，按 F2 (EDIT) 键进入串列单元编辑模式查看 15 位有效数字。

按 MENU 2 键进入 **STAT** 模式查看程序批量正算成果，结果如图 2-4 所示。

	List 1	List 2	List 3	List 4	List 5	List 6	List 7	List 8	List 9	List 10
SUB	Lp(Deg)	Bp(Deg)	xp(m)	yp(m)	p(Deg)				ctrl	System
1	113.08	22.647	2.5E6	406164	-0.351				111134	54
2	113.08	22.531	2.49E6	405552	-0.351				32005	1
3	112.93	22.521	2.49E6	390165	-0.408				133.92	8
4	113.24	22.535	2.49E6	422171	-0.289				0.6972	
5	113.07	22.417	2.48E6	404904	-0.352				3.9E-3	
6	112.93	22.377	2.47E6	390769	-0.403				114	
7	113.04	22.614	2.5E6	401423	-0.368				0	
8	113.11	22.587	2.49E6	409331	-0.338				500000	
9									0	
10									0	
11									0	

图 2-4 执行 Q4V1 程序进行 1954 北京坐标系高斯投影正算后串列结果

重复执行 Q4V1 程序，显示串列 6 号点子午线收敛角的屏幕提示及用户操作过程如下：

屏幕提示	按键	说明
Gauss project Q4V1	[EXE]	显示程序标题
disp List 5 yes(1)/no(≠1)=?	1 [EXE]	输入 1 为显示最近批量正算结果的角度
List 5 num,0⇒end=?	6 [EXE]	输入待显示点的序号 6
γ_p(dm)=-0°24′00″	[EXE]	显示 6 号点子午线收敛角的度分值
+γ_p(s)=-13.66672	[EXE]	显示 6 号点子午线收敛角的秒值
List 5 num,0⇒end=?	0 [EXE]	输入 0 结束程序
Q4V1⇒End		程序结束显示

☞ 执行 Q4V1 程序，完成 List 1 与 List 2 串列大地经纬度(L, B)高斯投影批量正算后，重复执行 Q4V1 程序时，屏幕先提示"**disp List 5 yes(1)/no(≠1)=?**"，其意义为，是否显示高斯投影批量正算后存储在 List 5 串列的子午线收敛角，输入 1 响应为显示，输入≠1 的数值响应为重新进行高斯投影计算。

② 高斯投影反算案例。

执行 Q4V1 程序的反算功能进行高斯投影批量计算时，需要预先将点的高斯平面坐标(x, y)输入 List 3 与 List 4 串列，输入表 2-3 中 8 个点的高斯平面坐标到串列的结果如图 2-5 左图所示。

	List 3	List 4
SUB		
1	2.5E6	406164
2	2.49E6	405552
3	2.49E6	390165
4	2.49E6	422171
5	2.48E6	404904
6	2.47E6	390769
7	2.5E6	401423
8	2.49E6	409331

	List 1	List 2	List 3	List 4	List 5	List 6	List 7	List 8	List 9	List10
SUB	Lp(Deg)	Bp(Deg)	xp(m)	yp(m)	p(Deg)				ctrl	System
1	113.08	22.647	2.5E6	406164	-0.351				111134	54
2	113.08	22.531	2.49E6	405552	-0.351				32005	2
3	112.93	22.521	2.49E6	390165	-0.408				133.92	8
4	113.24	22.535	2.49E6	422171	-0.289				0.6972	
5	113.07	22.417	2.48E6	404904	-0.352				3.9E-3	
6	112.93	22.377	2.47E6	390769	-0.403				114	
7	113.04	22.614	2.5E6	401423	-0.368				0	
8	113.11	22.587	2.49E6	409331	-0.338				500000	
9										
10										
11										

图 2-5　执行 Q4V1 程序进行高斯投影批量反算前后的串列结果

执行 Q4V1 程序，使用上述高斯投影正算存储在 List 3 与 List 4 串列的高斯平面坐标，进行高斯投影批量反算的屏幕提示及用户操作过程如下：

屏幕提示	按键	说明
Gauss project Q4V1		显示程序标题
disp List 5 yes(1)/no(≠1)=?	0 [EXE]	输入≠1 的数值为不显示最近批量计算结果的角度
new(0)/old(≠0)=?	0 [EXE]	输入 0 为重新输入参数计算
coor system(54/80/84)=?	54 [EXE]	选择 1954 北京坐标系
LB⇒xy(1)/xy⇒LB(2)/xy_1⇒xy_2(3)=?	2 [EXE]	输入 2 选择高斯投影反算
L_0(Deg)=?	114 [EXE]	输入中央子午线经度
x+const(m)=?	0 [EXE]	输入 x 坐标加常数
y+const(m)=?	5 [EXP] 5 [EXE]	输入 y 坐标加常数 500000
x,y in List 3,4 yes(1)/no(≠1)=?	1 [EXE]	输入 1 为计算串列数据/耗时 3.72s
x_p(m),0⇒end=?	2505788.356 [EXE]	输入 1 号点的高斯坐标
y_p(m)=?	406164.803 [EXE]	
L_p(dm)=113°05′00″	[EXE]	显示 1 号点经度的度分值
+L_p(s)=13.68466	[EXE]	显示 1 号点经度的秒值
B_p(dm)=22°38′00″	[EXE]	显示 1 号点纬度的度分值
+B_p(s)=49.52623	[EXE]	显示 1 号点纬度的秒值

续表

屏幕提示	按键	说明
γ_p(dm)=-0°21′00″	EXE	显示 1 号点子午线收敛角的度分值
+γ_p(s)=-5.50154	EXE	显示 1 号点子午线收敛角的秒值
x_p(m),0⇒end=?	0 EXE	输入 0 结束程序
Q4V1⇒End		程序结束显示

☞ 执行 Q4V1 程序，选择反算功能调用 List 3 与 List 4 串列数据批量计算时，程序会自动清除 List 1、List 2 与 List 5~List 8 串列的数据。

按 MENU ② 键进入 **STAT** 模式查看程序批量反算成果，结果如图 2-5 右图所示。

重复执行 Q4V1 程序，显示串列第 6 个点的经纬度(L, B)与子午线收敛角 γ 的屏幕提示及用户操作过程如下：

屏幕提示	按键	说明
Gauss project Q4V1		显示程序标题
disp List 1,2,5 yes(1)/no(≠1)=?	1 EXE	输入 1 为显示最近批量反算结果的角度
List 1,2,5 num,0⇒end=?	6 EXE	输入待显示点的序号 6
L_p(dm)=112°56′00″	EXE	显示 6 号点经度的度分值
+L_p(s)=21.98388	EXE	显示 6 号点经度的秒值
B_p(dm)=22°22′00″	EXE	显示 6 号点纬度的度分值
+B_p(s)=37.58425	EXE	显示 6 号点纬度的秒值
γ_p(dm)=-0°24′00″	EXE	显示 6 号点子午线收敛角的度分值
+γ_p(s)=-13.66672	EXE	显示 6 号点子午线收敛角的秒值
List 1,2,5 num,0⇒end=?	0 EXE	输入 0 结束程序
Q4V1⇒End		程序结束显示

☞ 执行 Q4V1 程序，完成 List 3 与 List 4 串列高斯平面坐标(x, y)反算后，重复执行 Q4V1 程序时，屏幕先提示“**disp List 1,2,5 yes(1)/no(≠1)=?**”，其意义为，是否显示高斯投影批量反算后分别存储在 List 1、List 2、List 5 串列的大地经纬度(L, B)与子午线收敛角 γ，输入 1 响应为显示，输入≠1 的数值响应为重新进行高斯投影计算。

③ 高斯投影换带计算案例。

表 2-3 的高斯平面坐标为统一 3.38 带的坐标，如将其换带到统一 6.19 带，其中央子午线经度为 111°。选择程序的批量换带计算功能时，需要预先将源高斯平面坐标(x', y')输入 List 3 与 List 4 串列中，输入表 2-3 中 8 个点的统一 3.38 带高斯平面坐标到串列的结果如图 2-6 左图所示。

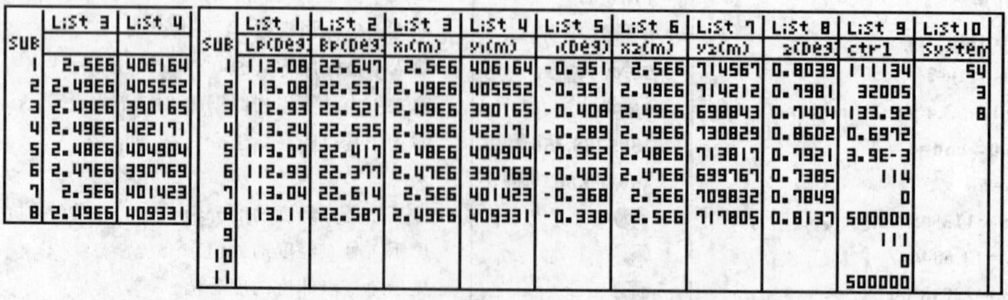

SUB	List 3	List 4
1	2.5E6	406164
2	2.49E6	405552
3	2.49E6	390165
4	2.49E6	422171
5	2.48E6	404904
6	2.47E6	390769
7	2.5E6	401423
8	2.49E6	409331

	List 1	List 2	List 3	List 4	List 5	List 6	List 7	List 8	List 9	List10
SUB	Lp(Deg)	Bp(Deg)	x1(m)	y1(m)	1(Deg)	x2(m)	y2(m)	2(Deg)	ctrl	System
1	113.08	22.647	2.5E6	406164	-0.351	2.5E6	714567	0.8039	111134	54
2	113.08	22.531	2.49E6	405552	-0.351	2.49E6	714212	0.7981	32005	3
3	112.93	22.521	2.49E6	390165	-0.408	2.49E6	698843	0.7404	133.92	8
4	113.24	22.535	2.49E6	422171	-0.289	2.49E6	730829	0.8602	0.6972	
5	113.07	22.417	2.48E6	404904	-0.352	2.48E6	713817	0.7921	3.9E-3	
6	112.93	22.377	2.47E6	390769	-0.403	2.47E6	699767	0.7385	114	
7	113.04	22.614	2.5E6	401423	-0.368	2.5E6	709832	0.7849	0	
8	113.11	22.587	2.49E6	409331	-0.338	2.5E6	717805	0.8137	500000	
9									111	
10									0	
11									500000	

图 2-6　执行 Q4V1 程序进行 1954 北京坐标系高斯投影换带计算前后的串列结果

重复执行 Q4V1 程序，使用上述高斯投影反算存储在 List 3 与 List 4 串列中的统一 3.38 带高斯平面坐标，换带到统一 6.19 带高斯平面坐标的屏幕提示与用户操作过程如下：

屏幕提示	按键	说明
Gauss project Q4V1		显示程序标题
disp List 5 yes(1)/no(≠1)=?	**0** [EXE]	输入≠1 的数值为不显示最近批量计算结果的角度
new(0)/old(≠0)=?	**0** [EXE]	输入 0 为重新输入参数计算
coor system(54/80/84)=?	**54** [EXE]	选择 1954 北京坐标系
LB⇒xy(1)/xy⇒LB(2)/xy_1⇒xy_2(3)=?	**3** [EXE]	输入 3 选择高斯投影换带计算
L_{01}(Deg)=?	**114** [EXE]	输入源中央子午线经度
x_1+const(m)=?	**0** [EXE]	输入源 x 坐标加常数
y_1+const(m)=?	**5** [EXP] **5** [EXE]	输入源 y 坐标加常数 500000
L_{02}(Deg)=?	**111** [EXE]	输入目标中央子午线经度
x_2+const(m)=?	**0** [EXE]	输入目标 x 坐标加常数
y_2+const(m)=?	**5** [EXP] **5** [EXE]	输入目标 y 坐标加常数 500000
x_1,y_1 in List 3,4 yes(1)/no(≠1)=?	**1** [EXE]	输入 1 为计算串列数据/耗时 4.28s
x_1(m),0⇒end=?	**2505788.356** [EXE]	输入 1 号点源高斯坐标
y_1(m)=?	**406164.803** [EXE]	
x_2(m)=2507005.779	[EXE]	显示 1 号点目标高斯坐标
y_2(m)=714567.7880	[EXE]	
γ_2(dm)=0°48′00″	[EXE]	显示 1 号点目标子午线收敛角的度分值
+γ_2(s)=14.28334	[EXE]	显示 1 号点目标子午线收敛角的秒值
x_1(m),0⇒end=?	**0** [EXE]	输入 0 结束程序
Q4V1⇒End		程序结束显示

执行 Q4V1 程序，选择换带计算功能调用 List 3 与 List 4 串列数据批量计算时，程序会自动清除 List 1、List 2 与 List 5~List 8 串列的数据。

按 [MENU] [2] 键进入 **STAT** 模式查看程序批量换带计算成果，结果如图 2-6 右图所示，成果列于表 2-4。

表 2-4　使用 Q4V1 程序进行高斯投影换带计算成果案例

源坐标：1954 北京坐标系 3.38 带，中央子午线经度 L_{01}=114°，x_1 坐标加常数=0m，y_1 坐标加常数=500 000m

目标坐标：1954 北京坐标系 6.19 带，中央子午线经度 L_{02}=111°，x_2 坐标加常数=0m，y_2 坐标加常数=500 000m

点	x_1（m）	y_1（m）	γ_1	x_2（m）	y_2（m）	γ_2
名	**List 3**	**List 4**	**List 5**	**List 6**	**List 7**	**List 8**
C_1	2 505 788.356	406 164.803	-0°21′05.50154″	2 507 005.779 4	714 567.788 0	0°48′14.28334″
C_2	2 493 038.151	405 552.812	-0°21′06.56382″	2 494 239.997 2	714 212.257 1	0°47′53.16970″
C_3	2 491 974.393	390 165.454	-0°24′32.17156″	2 492 867.178 6	698 843.226 9	0°44′25.56275″
C_4	2 493 391.994	422 171.511	-0°17′23.89513″	2 494 927.678 6	730 829.140 3	0°51′36.77553″
C_5	2 480 377.792	404 904.403	-0°21′08.08119″	2 481 563.432 8	713 817.263 5	0°47′31.72464″
C_6	2 475 987.600	390 769.899	-0°24′13.66672″	2 476 890.202 2	699 767.572 0	0°44′18.93120″
D_1	2 502 256.530	401 423.371	-0°22′07.35501″	2 503 377.518 0	709 896.429 3	0°47′06.77715″
D_2	2 499 150.552	409 331.303	-0°20′19.20881″	2 500 429.993 8	717 868.894 1	0°48′50.21706″

重复执行 Q4V1 程序，显示串列 6 号点的经纬度与子午线收敛角的屏幕提示及用户操作过程如下：

屏幕提示	按键	说明
Gauss project Q4V1		显示程序标题
disp List 1,2,5,9 yes(1)/no(≠1)=?	**1** EXE	输入 1 为显示最近批量换带结果的角度
List 1,2,5,9 num,0⇒end=?	**6** EXE	输入待显示点的序号 6
L_p(dm)=112°56′00″	EXE	显示 6 号点经度的度分值
+L_p(s)=21.98388	EXE	显示 6 号点经度的秒值
B_p(dm)=22°22′00″	EXE	显示 6 号点纬度的度分值
+B_p(s)=37.58425	EXE	显示 6 号点纬度的秒值
γ_1(dm)=-0°24′00″	EXE	显示 6 号点源子午线收敛角的度分值
+γ_1(s)=-13.66672	EXE	显示 6 号点源子午线收敛角的秒值
γ_2(dm)=0°44′00″	EXE	显示 6 号点目标子午线收敛角的度分值
+γ_2(s)=18.93120	EXE	显示 6 号点目标子午线收敛角的秒值
List 1,2,5 num,0⇒end=?	**0** EXE	输入 0 结束程序
Q4V1⇒End		程序结束显示

本例的串列文件为光盘文件“\2 章\QH41\1954 北京坐标系\File1.g1m”。

（2）1980 西安坐标系高斯投影正算、反算、换带计算案例

表 2-3 中 8 个点在 1980 西安坐标系中的大地坐标(L,B)列于表 2-5 的 List 1 与 List 2 串列。

表 2-5 使用 Q4V1 程序进行高斯投影正算、反算成果案例

1980 西安坐标系 3.38 带，中央子午线经度 L_0=114°，x 坐标加常数=0m，y 坐标加常数=500 000m

点名	L_p	B_p	x_p（m）	y_p（m）	γ_p
	List 1	**List 2**	**List 3**	**List 4**	**List 5**
C_1	113°05′11.57284″	22°38′49.02319″	2 505 729.753	406 105.944	-0°21′06.30748″
C_2	113°04′52.89029″	22°31′54.45545″	2 492 979.498	405 493.918	-0°21′07.36557″
C_3	112°55′54.76157″	22°31′16.55604″	2 491 915.738	390 106.501	-0°24′32.97560″
C_4	113°14′34.33473″	22°32′08.98468″	2 493 333.329	422 112.671	-0°17′24.69422″
C_5	113°04′32.93325″	22°25′02.79562″	2 480 319.093	404 845.484	-0°21′08.87866″
C_6	112°56′19.86407″	22°22′37.05915″	2 475 928.889	390 710.926	-0°24′14.46498″
D_1	113°05′26.32822″	22°36′53.25323″	2 502 197.917	401 364.481	-0°22′08.16066″
D_2	113°07′03.83861″	22°35′13.88110″	2 499 091.917	409 272.441	-0°20′20.01193″

按 MENU 2 键进入 **STAT** 模式，按 SHIFT SET UP ▼ ▼ F1（FILE）2 EXE EXE 键设置 **File2** 为当前串列文件；按 MENU 1 键进入 **RUN•MAT** 模式，按 SHIFT PRGM F6（▷）F1（CLR）F3（List）EXE 键执行 **ClrList** 命令清除当前串列。按 MENU 2 键进入 **STAT** 模式，在 List 1 与 List 2 串列输入表 2-5 中 8 个点的经纬度值。

执行 Q4V1 程序的正算功能计算统一 3.38 带的高斯平面坐标(3.38 带的中央子午线经度为 3°×38=114°)成果列于表 2-5 的 4~6 列，执行 Q4V1 程序的反算功能检核，结果与表 2-5 的 List 1 与 List 2 串列结果相同。

执行 Q4V1 程序的换带功能，计算统一 6.19 带的高斯平面坐标(6.19 带的中央子午线经度为 6°×19−3°=111°)成果列于表 2-6 的 List 5~List 8 串列。

本例的串列文件为光盘文件“\2 章\QH41\1980 西安坐标系\File2.g1m”。

表 2-6　使用 Q4V1 程序进行高斯投影换带计算成果案例

源坐标：1980 西安坐标系 3.38 带，中央子午线经度 L_{01}=114°，x_1 坐标加常数=0m，y_1 坐标加常数=500 000m

目标坐标：1980 西安坐标系 6.19 带，中央子午线经度 L_{02}=111°，x_2 坐标加常数=0m，y_2 坐标加常数=500 000m

点名	x_1（m）	y_1（m）	γ_1	x_2（m）	y_2（m）	γ_2
	List 3	**List 4**	**List 5**	**List 6**	**List 7**	**List 8**
C_1	2 505 729.753	406 105.944	-0°21′06.30748″	2 506 945.934 1	714 504.163 4	0°48′13.45233″
C_2	2 492 979.498	405 493.918	-0°21′07.36557″	2 494 180.107 0	714 148.597 1	0°47′52.34244″
C_3	2 491 915.738	390 106.501	-0°24′32.97560″	2 492 807.287 7	698 779.514 8	0°44′24.73326″
C_4	2 493 333.329	422 112.671	-0°17′24.69422″	2 494 867.775 1	730 765.527 0	0°51′36.77553″
C_5	2 480 319.093	404 845.484	-0°21′08.87866″	2 481 503.502 0	713 753.578 0	0°47′30.90124″
C_6	2 475 928.889	390 710.926	-0°24′14.46498″	2 476 830.262 2	699 703.838 6	0°44′18.10695″
D_1	2 502 197.917	401 364.481	-0°22′08.16066″	2 503 317.664 2	709 832.775 5	0°47′05.94635″
D_2	2 499 091.917	409 272.441	-0°20′20.01193″	2 500 370.119 0	717 805.264 8	0°48′49.38862″

（3）WGS-84 坐标系高斯投影正算、反算、换带计算案例

为了便于 GPS 测量，我国高速铁路勘察设计基本使用 WGS-84 坐标系，为减小高斯投影的长度变形，基本使用 30′带投影。例如，沪宁城际高速铁路江苏常州段 JD_1~JD_{31} 的 WGS-84 高斯坐标的中央子午线经度为 119°30′，而 JD_{32}~JD_{42} 的 WGS-84 高斯坐标的中央子午线经度为 120°，相邻中央子午线的经度差为 30′。表 2-7 为使用 Q4V1 程序计算的 JD_{31} 与 ZD 的换带成果，这两点位于上述相邻投影带的边缘。

本例的串列文件为光盘文件“\2 章\QH41\WGS-84 坐标系\File3.g1m”。

表 2-7　使用 Q4V1 程序进行高斯投影换带计算成果案例

源坐标：WGS-84 坐标系，中央子午线经度 L_{01}=119°30′，x_1 坐标加常数=0m，y_1 坐标加常数=500 000m

目标坐标：WGS-84 坐标系，中央子午线经度 L_{01}=120°，x_2 坐标加常数=0m，y_2 坐标加常数=500 000m

点名	x_1（m）	y_1（m）	γ_1	x_2（m）	y_2（m）	γ_2
	List 3	**List 4**	**List 5**	**List 6**	**List 7**	**List 8**
JD_{31}	3 531 707.069	522 888.857	0°07′40.45918″	3 531 710.565 1	475 595.244 9	-0°08′10.95497″
ZD	3 531 351.653	523 345.763	0°07′49.59225″	3 531 353.045 3	476 050.507 0	-0°08′01.73616″

2.2　高斯平面坐标系正形变换程序(Q4V2)

1) 原理

高斯投影的全称是“高斯克吕格正形投影”，它是正形投影的一种。同一坐标系中的高斯投影换带计算公式是根据正形投影原理推导出的两个高斯坐标系之间的显函数式。

在同一大地坐标系（例如 1954 北京坐标系或 1980 西安坐标系）中，如果两个高斯坐标系只是中央子午线的经度不同，那么显函数式前的系数可以根据坐标系使用的椭球元素和中央子午线经度唯一确定。

如果两个高斯坐标系除中央子午线经度不同外，还存在其他线性关系，则将线性变换公式代入换带计算的显函数式中，仍然可以得到严密的坐标变换公式。此时，显函数式前

的系数等价于使用两个坐标系的中央子午线经度和线性变换参数联合求解得到，可以唯一确定。

理论上，根据正形投影原理总可以推导出两个高斯坐标系之间的显函数式。当已知两个坐标系公共点的坐标时，也可以根据它们反求坐标变换显函数式前的系数值，称这种坐标变换方法为正形变换。

设(x_j, y_j)为公共点在源高斯坐标系的平面坐标，(x'_j, y'_j)为公共点在目标高斯坐标系同名点的平面坐标，根据正形投影原理应有

$$x'_j + iy'_j = f(x_j + iy_j) \qquad j=1,\ 2,\ \cdots\cdots,\ n \tag{2-22}$$

式中，n为公共点数。

将式（2-22）按麦克劳林级数展开，取四阶高次项，分开复数的实部和虚部得正形变换公式

$$\begin{aligned} x'_j = {} & p_0 + x_j p_1 - y_j q_1 + (x_j^2 - y_j^2)p_2 - 2x_j y_j q_2 + (x_j^3 - 3x_j y_j^2)p_3 - (3x_j^2 y_j - y_j^3)q_3 + \\ & (x_j^4 - 6x_j^2 y_j^2 + y_j^4)p_4 + (4x_j y_j^3 - 4x_j^3 y_j)q_4 \end{aligned} \tag{2-23}$$

$$\begin{aligned} y'_j = {} & q_0 + y_j p_1 + x_j q_1 + 2x_j y_j p_2 + (x_j^2 - y_j^2)q_2 + (3x_j^2 y_j - y_j^3)p_3 + (x_j^3 - 3x_j y_j^2)q_3 + \\ & (4x_j^3 y_j - 4x_j y_j^3)p_4 + (x_j^4 - 6x_j^2 y_j^2 + y_j^4)q_4 \end{aligned} \tag{2-24}$$

在式(2-23)和式(2-24)中，有p_0，q_0，p_1，q_1，p_2，q_2，p_3，q_3，p_4，q_4等10个变换参数，只有当公共点数$n \geqslant 5$时才有解。当$n>5$时，应使用最小二乘平差法求解。

当公共点的源坐标与目标坐标数值相差较大时，为了减少误差方程的自由项，可先取式(2-23)和式(2-24)等号右边的前3项进行线性变换(也称 Helmert 变换)，选择相隔较远的两个公共点(设为1号点和n号点)预先解出p_0，q_0，p_1，q_1的近似值(p_0)，(q_0)，(p_1)，(q_1)，此时第一次线性变换公式的矩阵形式为

$$\begin{pmatrix} (x'_1) \\ (y'_1) \\ (x'_n) \\ (y'_n) \end{pmatrix} = \begin{pmatrix} 1 & 0 & x_1 & -y_1 \\ 0 & 1 & y_1 & x_1 \\ 1 & 0 & x_n & -y_n \\ 0 & 1 & y_n & x_n \end{pmatrix} \begin{pmatrix} (p_0) \\ (q_0) \\ (p_1) \\ (q_1) \end{pmatrix} \tag{2-25}$$

方程的解为

$$\begin{pmatrix} (p_0) \\ (q_0) \\ (p_1) \\ (q_1) \end{pmatrix} = \begin{pmatrix} 1 & 0 & x_1 & -y_1 \\ 0 & 1 & y_1 & x_1 \\ 1 & 0 & x_n & -y_n \\ 0 & 1 & y_n & x_n \end{pmatrix}^{-1} \begin{pmatrix} (x'_1) \\ (y'_1) \\ (x'_n) \\ (y'_n) \end{pmatrix} \tag{2-26}$$

然后将$p_0=(p_0)+\Delta p_0$，$p_1=(p_1)+\Delta p_1$，$q_0=(q_0)+\Delta q_0$，$q_1=(q_1)+\Delta q_1$代入式(2-23)和式(2-24)得误差方程

$$\begin{aligned} v_{x'_j} = {} & \Delta p_0 + x_j \Delta p_1 - y_j \Delta q_1 + (x_j^2 - y_j^2)p_2 - 2x_j y_j q_2 + (x_j^3 - 3x_j y_j^2)p_3 - (3x_j^2 y_j - y_j^3)q_3 + \\ & (x_j^4 - 6x_j^2 y_j^2 + y_j^4)p_4 + (4x_j y_j^3 - 4x_j^3 y_j)q_4 - l_{x_j} \end{aligned} \tag{2-27}$$

$$v_{y'_j}=\Delta q_0+y_j\Delta p_1+x_j\Delta q_1+2x_jy_jp_2+(x_j^2-y_j^2)q_2+(3x_j^2y_j-y_j^3)p_3+(x_j^3-3x_jy_j^2)q_3+(4x_j^3y_j-4x_jy_j^3)p_4+(x_j^4-6x_j^2y_j^2+y_j^4)q_4-l_{y_j} \tag{2-28}$$

式中，$l_{x_j}=x'_j-(p_0)-x_j(p_1)+y_j(q_1)$，$l_{y_j}=y'_j-(q_0)-y_j(p_1)-x_j(q_1)$。

将式(2-27)与式(2-28)写成矩阵形式

$$\begin{pmatrix} v_{x'_1} \\ v_{y'_1} \\ \cdots \\ \cdots \\ v_{x'_n} \\ v_{y'_n} \end{pmatrix}=\begin{pmatrix} 1 & 0 & x_1 & -y_1 & x_1^2-y_1^2 & -2x_1y_1 & x_1^3-3x_1y_1^2 & y_1^3-3x_1^2y_1 & x_1^4-6x_1^2y_1^2+y_1^4 & 4x_1y_1^3-4x_1^3y_1 \\ 0 & 1 & y_1 & x_1 & 2x_1y_1 & x_1^2-y_1^2 & 3x_1^2y_1-y_1^3 & x_1^3-3x_1y_1^2 & 4x_1^3y_1-4x_1y_1^3 & x_1^4-6x_1^2y_1^2+y_1^4 \\ \cdots & \cdots & \cdots & \cdots & \cdots & \cdots & \cdots & \cdots & \cdots & \cdots \\ \cdots & \cdots & \cdots & \cdots & \cdots & \cdots & \cdots & \cdots & \cdots & \cdots \\ 1 & 0 & x_n & -y_n & x_n^2-y_n^2 & -2x_ny_n & x_n^3-3x_ny_n^2 & y_n^3-3x_n^2y_n & x_n^4-6x_n^2y_n^2+y_n^4 & 4x_ny_n^3-4x_n^3y_n \\ 0 & 1 & y_n & x_n & 2x_ny_n & x_n^2-y_n^2 & 3x_n^2y_n-y_n^3 & x_n^3-3x_ny_n^2 & 4x_n^3y_n-4x_ny_n^3 & x_n^4-6x_n^2y_n^2+y_n^4 \end{pmatrix}$$

$$\begin{pmatrix} \Delta p_0 \\ \Delta q_0 \\ \Delta p_1 \\ \Delta q_1 \\ p_2 \\ q_2 \\ p_3 \\ q_3 \\ p_4 \\ q_4 \end{pmatrix}-\begin{pmatrix} l_{x_1} \\ l_{y_1} \\ \cdots \\ \cdots \\ l_{x_n} \\ l_{y_n} \end{pmatrix}=0 \tag{2-29}$$

令
$$\underset{2n\times1}{V}=\begin{pmatrix} v_{x'_1} & v_{y'_1} & \cdots & \cdots & v_{x'_n} & v_{y'_n} \end{pmatrix}^{\mathrm{T}}$$

$$\underset{2n\times10}{B}=\begin{pmatrix} 1 & 0 & x_1 & -y_1 & x_1^2-y_1^2 & -2x_1y_1 & x_1^3-3x_1y_1^2 & y_1^3-3x_1^2y_1 & x_1^4-6x_1^2y_1^2+y_1^4 & 4x_1y_1^3-4x_1^3y_1 \\ 0 & 1 & y_1 & x_1 & 2x_1y_1 & x_1^2-y_1^2 & 3x_1^2y_1-y_1^3 & x_1^3-3x_1y_1^2 & 4x_1^3y_1-4x_1y_1^3 & x_1^4-6x_1^2y_1^2+y_1^4 \\ \cdots & \cdots & \cdots & \cdots & \cdots & \cdots & \cdots & \cdots & \cdots & \cdots \\ \cdots & \cdots & \cdots & \cdots & \cdots & \cdots & \cdots & \cdots & \cdots & \cdots \\ 1 & 0 & x_n & -y_n & x_n^2-y_n^2 & -2x_ny_n & x_n^3-3x_ny_n^2 & y_n^3-3x_n^2y_n & x_n^4-6x_n^2y_n^2+y_n^4 & 4x_ny_n^3-4x_n^3y_n \\ 0 & 1 & y_n & x_n & 2x_ny_n & x_n^2-y_n^2 & 3x_n^2y_n-y_n^3 & x_n^3-3x_ny_n^2 & 4x_n^3y_n-4x_ny_n^3 & x_n^4-6x_n^2y_n^2+y_n^4 \end{pmatrix}$$

$$\underset{10\times1}{X}=\begin{pmatrix} \Delta p_0 & \Delta q_0 & \Delta p_1 & \Delta q_1 & p_2 & q_2 & p_3 & q_3 & p_4 & q_4 \end{pmatrix}^{\mathrm{T}}$$

$$\underset{2n\times1}{f}=\begin{pmatrix} l_{x_1} & l_{y_1} & \cdots & \cdots & l_{x_n} & l_{y_n} \end{pmatrix}^{\mathrm{T}}$$

则将式(2-29)变成矩阵符号形式

$$V=BX-f \tag{2-30}$$

变换参数 X 的最小二乘解为

$$X=(B^{\mathrm{T}}B)^{-1}B^{\mathrm{T}}f \tag{2-31}$$

由于法方程系数矩阵 B 的前 2 列数据绝对值较小，后 8 列数据绝对值又太大，为了缩小各列数据绝对值的差异，以改善矩阵 B 的结构，可先将源坐标$(x，y)$分别减去一个常数$(x_0，y_0)$后再计算。源坐标的减常数$(x_0，y_0)$可分别取源坐标$(x，y)$的平均值，也即有

$$x_0 = \frac{1}{n}\sum_{i=1}^{n} x_i \ , \ \ y_0 = \frac{1}{n}\sum_{i=1}^{n} y_i \tag{2-32}$$

2) 串列数据规划

如表 2-8 所示，固定用 List 1、List 2 串列输入公共点的源坐标(x_j，y_j)，List 3、List 4 串列存储目标高斯平面坐标(x'_j, y'_j)，List 5、List 6 串列存储待变换的源高斯平面坐标，List 7、List 8 串列存储待变换点变换后的目标高斯平面坐标，List 9 串列存储 10 个正形变换参数，List 10 串列存储程序的控制数字。

表 2-8　Q4V2 程序输入/输出数据串列明细表

串列	List 1	List 2	List 3	List 4		
子名	x_1(m)	y_1(m)	x_2(m)	y_2(m)		
1	公共点源坐标	公共点源坐标	公共点目标坐标	公共点目标坐标		
2	……	……	……	……		
串列	List 5	List 6	List 7	List 8	List 9	List 10
子名	X_1(m)	Y_1(m)	X_2(m)	Y_2(m)	p,q	ctrl
1	待变换点源坐标	待变换点源坐标	待变换点目标坐标	待变换点目标坐标	p_0	变换方向数字
2	……	……	……	……	q_0	公共点数
3					p_1	待变换点数
4					q_1	
5					……	

3) 高斯平面坐标正形变换程序

(1) 主程序

主程序名：Q4V2，占用内存 2 140 字节，光盘源程序文件为"\2 章\QH42\Q4V2.g1m"。

```
"Conform transform Q4V2"↵                          显示程序标题
Deg:Fix 5↵                                         基本设置
"ctrl"→List 10[0]↵                                 赋控制数字串列子名
If List 10[1]=0↵                                   未计算正形变换参数时
Then "x1(m)"→List 1[0]:"y1(m)"→List 2[0]↵          赋公共点源坐标子名
"x2(m)"→List 3[0]:"y2(m)"→List 4[0]↵               赋公共点目标坐标子名
"X1(m)"→List 5[0]:"Y1(m)"→List 6[0]↵               赋待变换点源坐标子名
"X2(m)"→List 7[0]:"Y2(m)"→List 8[0]↵               赋待变换点目标坐标子名
12→Dim List 9:"p,q"→List 9[0]↵                     定义正形变换参数串列并赋子名
3→Dim List 10:"ctrl"→List 10[0]↵                   定义控制数字串列并重赋子名
Dim List 1→List 10[2]:List 10[2]→N↵                获取公共点数
If N<5:Then "common point too small!"↵             公共点数不能小于 5
Goto E:IfEnd↵
```

```
Goto 0:IfEnd↵
Lbl S:List 10[2]→N↵
"new(0)/old(≠0)="?→W↵                          0 为重新输入控制数字,否则用最近一次
If W≠0:Then List 10[1]=1⇒Goto 1↵               用最近算出的参数计算源坐标→目标坐标
Goto 2:IfEnd↵                                  用最近算出的参数计算目标坐标→源坐标
Lbl 0:Do↵
"xy1⇒xy2(1)/xy2⇒xy1(2)="?→List 10[1]↵          变换方向控制数字,只能是 1,2
LpWhile List 10[1]≠1 And List 10[1]≠2↵         1 为源坐标→目标坐标,2 为目标坐标→源坐标
Lbl 3:{4,4}→Dim Mat A↵                         定义线性变换近似值方程系数矩阵,式(2-25)
If List 10[1]=1↵                               源坐标→目标坐标
Then Mean(List 1)→List 9[11]:Mean(List 2)→List 9[12]↵    源坐标平均值
List 1[1]−List 9[11]→X:List 2[1]−List 9[12]→Y↵
List 1[1N]−List 9[11]→U:List 2[1N]−List 9[12]→V↵
List 3[1]→P:List 4[1]→Q:List 3[1N]→L:List 4[1N]→W↵
Else Mean(List 3)→List 9[11]:Mean(List 4)→List 9[12]↵    目标坐标平均值
List 3[1]−List 9[11]→X:List 4[1]−List 9[12]→Y↵
List 3[1N]−List 9[11]→U:List 4[1N]−List 9[12]→V↵
List 1[1]→P:List 2[1]→Q:List 1[1N]→L:List 2[1N]→W↵
IfEnd↵
[[P][Q][L][W]]→Mat B↵                                   自由项列矩阵,式(2-25)
1→Mat A[1,1]:X→Mat A[1,3]:-Y→Mat A[1,4]↵                A 矩阵第一行赋值
1→Mat A[2,2]:Y→Mat A[2,3]:X→Mat A[2,4]↵                 A 矩阵第二行赋值
1→Mat A[3,1]:U→Mat A[3,3]:-V→Mat A[3,4]↵                A 矩阵第三行赋值
1→Mat A[4,2]:V→Mat A[4,3]:U→Mat A[4,4]↵                 A 矩阵第四行赋值
Mat A^-1Mat B→Mat C↵                                    线性变换参数近似值,式(2-26)
{2N,10}→Dim Mat B↵                                      定义系数矩阵 B,式(2-29)
{2N,1}→Dim Mat F↵                                       定义自由项列矩阵 F,式(2-29)
For 1→I To N:2I−1→J↵                                    为 B、F 矩阵单元赋值
If List 10[1]=1↵                                        源坐标→目标坐标
Then List 1[I]−List 9[11]→X:List 2[I]−List 9[12]→Y↵    源坐标减平均值
List 3[I]→G:List 4[I]→H↵                                目标坐标赋值
Else List 3[I]−List 9[11]→X:List 4[I]−List 9[12]→Y↵    目标坐标减平均值
List 1[I]→G:List 2[I]→H:IfEnd↵                          源坐标赋值
G−Mat C[1,1]−XMat C[3,1]+YMat C[4,1]→Mat F[J,1]↵      自由项赋值,式(2-29)
H−Mat C[2,1]−YMat C[3,1]−XMat C[4,1]→Mat F[J+1,1]↵
1→Mat B[J,1]:X→Mat B[J,3]:-Y→Mat B[J,4]↵                系数矩阵 B 奇数行赋值,式(2-29)
X²−Y²→Mat B[J,5]:-2XY→Mat B[J,6]↵
X^3−3XY²→Mat B[J,7]:Y^3−3X²Y→Mat B[J,8]↵
X^4−6X²Y²+Y^4→Mat B[J,9]:4XY^3−4X^3Y→Mat B[J,10]↵
```

```
1→Mat B[J+1,2]:Y→Mat B[J+1,3]:X→Mat B[J+1,4]↵   系数矩阵B偶数行赋值,式(2-29)
2XY→Mat B[J+1,5]:X²−Y²→Mat B[J+1,6]↵
3X²Y−Y^3→Mat B[J+1,7]:X^3−3XY²→Mat B[J+1,8]↵
4X^3Y−4XY^3→Mat B[J+1,9]:X^4−6X²Y²+Y^4→Mat B[J+1,10]↵
Next↵
(Trn Mat B×Mat B)⁻¹(Trn Mat B×Mat F)→Mat X↵   正形变换参数,式(2-31)
For 1→I To 10↵
If I≦4:Then Mat X[I,1]+Mat C[I,1]→List 9[I]↵   前4个正形变换参数需要加近似值
Else Mat X[I,1]→List 9[I]:IfEnd:Next↵
ClrMat↵   清除全部矩阵,释放占用的内存空间
If List 10[1]=1↵   源坐标→目标坐标
Then Sum List 5=0⇒Goto 1↵   List 5串列有待变换源坐标时
"xy1 in List 5,6 yes(1)/no(≠1)="?→T↵   是否变换串列中的坐标
T≠1⇒Goto 1↵
Dim List 5→List 10[3]↵   获取串列待变换源坐标点数
For 1→I To List 10[3]↵
List 5[I]−List 9[11]→X:List 6[I]−List 9[12]→Y↵   减公共点源坐标均值
Prog "SUB4−21"↵   调子程序计算变换后的目标坐标
C→List 7[I]:D→List 8[I]:Next↵   变换结果存入目标坐标串列
Lbl 1:Do:"X1(m),0⇒end="?→K↵   输入源坐标待变换点坐标,输入0结束程序
K=0⇒Goto E:"Y1(m)="?→Y↵
K−List 9[11]→X:Y−List 9[12]→Y↵   减公共点源坐标均值
Prog "SUB4−21"↵   调子程序计算变换后的目标坐标
"X2(m)=":C◢   显示变换为目标坐标的结果
"Y2(m)=":D◢
LpWhile K>0:IfEnd↵
If List 10[1]=2↵   目标坐标→源坐标
Then Sum List 7=0⇒Goto 2↵   List 7串列有待变换目标坐标时
"xy2 in List 7,8 yes(1)/no(≠1)="?→T↵   是否变换串列中的坐标
T≠1⇒Goto 2↵
Dim List 7→List 10[3]↵   获取串列待变换目标坐标点数
For 1→I To List 10[3]↵
List 7[I]−List 9[11]→X:List 8[I]−List 9[12]→Y↵   减公共点目标坐标均值
Prog "SUB4−21"↵   调子程序计算变换后的源坐标
C→List 5[I]:D→List 6[I]:Next↵   变换结果存入源坐标串列
Lbl 2:Do:"X2(m),0⇒end="?→K↵   输入目标坐标待变换点坐标,输入0结束程序
K=0⇒Goto E:"Y2(m)="?→Y↵
K−List 9[11]→X:Y−List 9[12]→Y↵   减公共点源坐标均值
Prog "SUB4−21"↵   调子程序计算变换后的目标坐标
```

```
"X1(m)=":C◢                                   显示变换为源坐标的结果
"Y1(m)=":D◢
LpWhile K>0:IfEnd↵
Lbl E:"Q4V2⇒End"
```

（2） 子程序

子程序名：**SUB4−21**，占用内存 284 字节。

功能：使用 List 9 的 10 个正形变换参数计算变换后的坐标。

入口变量：减取公共点坐标平均值后的坐标 X，Y。

出口变量：变换后的坐标 C，D。

```
List 9[1]+XList 9[3]−YList 9[4]+(X²−Y²)List 9[5]−2XYList 9[6]+(X^3−3XY²)List 9[7]
−(3X²Y−Y^3)List 9[8]+(X^4−6X²Y²+Y^4)List 9[9]+(4XY^3−4X^3Y)List 9[10]→C↵
                                              变换后的 x 坐标,式(2-23)
List 9[2]+YList 9[3]+XList 9[4]+2XYList 9[5]+(X²−Y²)List 9[6]
+(3X²Y−Y^3)List 9[7]+(X^3−3XY²)List 9[8]+(4X^3Y−4XY^3)List 9[9]
+(X^4−6X²Y²+Y^4)List 9[10]→D↵                 变换后的 y 坐标,式(2-24)
```

4) 程序说明

① 公共点坐标的存储：执行程序前，应预先将公共点的源坐标(x_j，y_j)存入 List 1 与 List 2 串列，公共点的目标坐标(x'_j，y'_j)按源坐标的存入顺序存入 List 3 与 List 4 串列，公共点数 $n \geqslant 5$。

② 坐标变换方向的选择：程序允许用户选择源坐标与目标坐标的变换方向。执行程序，屏幕给出下列提示时：

xy_1⇒xy_2(1)/xy_2⇒xy_1(2)=?

输入 1 响应为选择源坐标→目标坐标，输入 2 响应为选择目标坐标→源坐标。

③ 正形变换参数：程序将求出的 10 个正形变换参数存入 List 9[1]~List 9[10]串列单元，解算完成后，执行 **ClrMat** 语句清除全部矩阵定义，释放矩阵占用的内存空间。

④ 批量坐标变换：程序允许用户将待变换点的坐标预先存入串列进行批量坐标变换，当选择坐标变换方向为“源坐标→目标坐标”时，应将待变换点的坐标预先存入 List 5 与 List 6 串列；当选择坐标变换方向为“目标坐标→源坐标”时，应将待变换点的坐标预先存入 List 7 与 List 8 串列。

不需要进行批量坐标变换时，List 5~List 8 串列可以不存入坐标数据。程序是否进行批量坐标变换，由用户选择。

当选择坐标变换方向为“源坐标→目标坐标”时，如果 List 5 与 List 6 串列有坐标数据，则给出如下提示：

xy_1 in List 5,6 yes(1)/no(≠1)=?　输入 1 为执行批量变换,否则不批量变换

当选择坐标变换方向为“目标坐标→源坐标”时，如果 List 7 与 List 8 串列有坐标数据，则给出如下提示：

xy_2 in List 7,8 yes(1)/no(≠1)=?　输入 1 为执行批量变换,否则不批量变换

⑤ 输入坐标变换：根据用户的选择，完成批量坐标变换后，程序循环提示用户逐个

输入待变换点的坐标进行正形变换。

当选择坐标变换方向为“源坐标→目标坐标”时，屏幕提示如下：

X$_1$(m),0⇒end=?　　　　输入待变换点的源 x 坐标，输入 0 结束程序

Y$_1$(m)=?　　　　输入待变换点的源 y 坐标

当选择坐标变换方向为“源坐标→目标坐标”时，屏幕提示如下：

X$_2$(m),0⇒end=?　　　　输入待变换点的目标 x 坐标，输入 0 结束程序

Y$_2$(m)=?　　　　输入待变换点的目标 y 坐标

⑥ 重复计算：执行一次程序，解算出所选坐标变换方向的 10 个正形变换参数，以后再重复执行程序，屏幕给出如下提示时：

new(0)/old(≠0)=?

输入 0 为重新解算正形变换参数,否则使用最近参数。

5) 案例

图 2-7 为广东省 Z 市 GPS C 级网展点图，其中 C_1 ~ C_6 点为 GPS C 级点，D_1、D_2 点为 GPS D 级加密点，由 C_1、C_4、C_5、C_6、C_3 5 个点围成的五边形面积为 520km^2(图中灰色区域)，8 个点分别在 1954 北京坐标系统一 3.38 带与统一 6.19 带的高斯平面坐标列于表 2-4，在 1980 西安坐标系统一 3.38 带与统一 6.19 带的高斯平面坐标列于表 2-6。

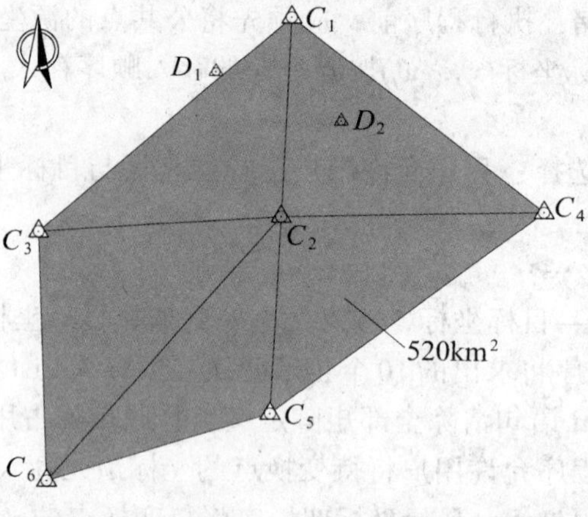

图 2-7　广东省 Z 市 GPS C 级网展点图

(1) 1954 北京坐标系统一 3.38 带与统一 6.19 带高斯平面坐标的相互正形变换

按 MENU 2 键进入 **STAT** 模式，按 SHIFT SET UP ▼ ▼ F1 (FILE) 4 EXE EXE 键设置 **File4** 为当前串列文件；按 MENU 1 键进入 **RUN•MAT** 模式，按 SHIFT PRGM F6 (▷) F1 (CLR) F3 (List) EXE 键执行 **ClrList** 命令清除当前串列。

按 MENU 2 键进入 **STAT** 模式，在 List 1、List 2 串列输入表 2-9 中 6 个 C 级点的统一 3.38 带源高斯坐标(x, y)，在 List 3、List 4 串列输入表 2-9 中 6 个 C 级点的统一 6.19 带目标高斯坐标(x', y')，结果如图 2-8 左图所示；在 List 5、List 6 串列输入表 2-9 中 2 个 D 级点的统一 3.38 带待变换点的源高斯坐标(x, y)。

表 2-9　同一大地坐标系内的高斯平面坐标正形变换参数

点号	源/1954 北京坐标系 3.38 带		目标/1954 北京坐标系 6.19 带	
	x（m）	y（m）	x'（m）	y'（m）
C_1	2 505 788.356	406 164.803	2 507 005.779 4	714 567.788 0
C_2	2 493 038.151	405 552.812	2 494 239.997 2	714 212.257 1
C_3	2 491 974.393	390 165.454	2 492 867.178 6	698 843.226 9
C_4	2 493 391.994	422 171.511	2 494 927.678 6	730 829.140 3
C_5	2 480 377.792	404 904.403	2 481 563.432 8	713 817.263 5
C_6	2 475 987.600	390 769.899	2 476 890.202 2	699 767.572 0
D_1	2 502 256.530	401 423.371	2 503 377.518 0	709 896.429 3
D_2	2 499 150.552	409 331.303	2 500 429.993 8	717 868.894 1

10 个正形变换参数

参数名	List 9	源坐标→目标坐标	目标坐标→源坐标
p_0	1	2 491 248.723 683 47	2 490 093.367 027 38
q_0	2	712 006.130 598 813	403 288.230 752 584
p_1	3	1.000 238 513 905 87	0.999 359 797 620 74
q_1	4	-0.020 054 771 166 173 1	0.020 037 155 357 559
p_2	5	$-1.294\ 723\ 767\ 146\ 1\times10^{-10}$	$-9.974\ 074\ 51\times10^{-11}$
q_2	6	$-3.811\ 798\ 178\ 959\ 1\times10^{-9}$	$3.807\ 665\ 374\ 5\times10^{-9}$
p_3	7	$-1.405\ 484\ 257\ 91\times10^{-17}$	$-8.121\ 856\times10^{-18}$
q_3	8	$8.638\ 330\ 598\ 6\times10^{-17}$	$-8.577\ 076\ 7\times10^{-17}$
p_4	9	$-2.061\ 299\ 902\times10^{-22}$	$1.708\ 054\times10^{-22}$
q_4	10	$-3.557\ 340\ 141\times10^{-22}$	$3.738\ 9\times10^{-22}$
x_0	11	2 490 093.047 666 67	2 491 249.044 8
y_0	12	403 288.147	712 006.207 966 667

SUB	List 1	List 2	List 3	List 4
1	2.5E6	406164	2.5E6	714567
2	2.49E6	405552	2.49E6	714212
3	2.49E6	390165	2.49E6	698843
4	2.49E6	422171	2.49E6	730829
5	2.48E6	404904	2.48E6	713817
6	2.47E6	390769	2.47E6	699767

SUB	List 1	List 2	List 3	List 4	List 5	List 6	List 7	List 8	List 9	List10
	x1(m)	y1(m)	x2(m)	y2(m)	X1(m)	Y1(m)	X2(m)	Y2(m)	p>q	ctrl
1	2.5E6	406164	2.5E6	714567	2.5E6	401423	2.5E6	709896	2.49E6	1
2	2.49E6	405552	2.49E6	714212	2.49E6	409331	2.5E6	717868	712006	6
3	2.49E6	390165	2.49E6	698843					1.0002	2
4	2.49E6	422171	2.49E6	730829					-0.02	
5	2.48E6	404904	2.48E6	713817					-1E-10	
6	2.47E6	390769	2.47E6	699767					-3E-9	
7									-1E-17	
8									8E-17	
9									-2E-22	
10									-3E-22	
11									2.49E6	
12									403288	

图 2-8　执行 Q4V2 程序进行同一大地坐标系的源坐标→目标坐标前后的串列结果

执行 Q4V2 程序，计算源坐标→目标坐标的正形变换参数及坐标变换的屏幕提示与用户操作过程如下：

屏幕提示	按键	说明
Conform transform Q4V2		显示程序标题
new(0)/old(≠0)=?	**0** EXE	输入 0 重新计算正形变换参数
xy$_1$⇌xy$_2$(1)/xy$_2$⇌xy$_1$(2)=?	**1** EXE	输入 1 选择源坐标→目标坐标/耗时 4.03s
xy$_1$ in List 5,6 yes(1)/no(≠1)=?	**1** EXE	输入 1 批量变换 List 5 与 List 6 的源坐标
X$_1$(m),0⇌end=?	**2480377.792** EXE	输入 C_5 点源坐标检核
Y$_1$(m)=?	**404904.403** EXE	
X$_2$(m)=2481563.433	EXE	显示正形变换后的 C_5 点目标坐标
Y$_2$(m)=713817.2635	EXE	
X$_1$(m),0⇌end=?	**0** EXE	输入 0 结束程序
Q4V2⇌End		程序结束显示

按【MENU】【2】键进入 **STAT** 模式查看计算成果，结果如图 2-8 右图所示，程序算出的 10 个正形变换参数与 6 个源坐标的平均值如表 2-9 所示。将 List 7、List 8 串列存储的批量变换后的目标坐标与表 2-9 的换带计算结果比较可知，两者完全相同。

重复执行 Q4V2 程序，计算目标坐标→源坐标的正形变换参数及坐标变换的操作过程如下：

屏幕提示	按键	说明
Conform transform Q4V2		显示程序标题
new(0)/old(≠0)=?	**0**【EXE】	输入 0 重新计算正形变换参数
xy_1⇒xy_2(1)/xy_2⇒xy_1(2)=?	**2**【EXE】	输入 2 选择目标坐标→源坐标/耗时 4.06s
xy_2 in List 7,8 yes(1)/no(≠1)=?	**1**【EXE】	输入 1 批量变换 List 7 与 List 8 的目标坐标
X_2(m),0⇒end=?	**2481563.4328**【EXE】	输入 C_5 点目标坐标检核
Y_2(m)=?	**713817.2635**【EXE】	
X_1(m)=2480377.792	【EXE】	显示正形变换后的 C_5 点源坐标
Y_1(m)=404904.4030	【EXE】	
X_2(m),0⇒end=?	**0**【EXE】	输入 0 结束程序
Q4V2⇒End		程序结束显示

按【MENU】【2】键进入 **STAT** 模式，程序算出的 10 个正形变换参数与 6 个目标坐标的平均值如表 2-9 所示。将 List 5、List 6 串列存储的批量变换后的源坐标与表 2-9 的换带计算结果比较可知，两者完全相同。

本例的串列文件为光盘文件"\2 章\QH42\1954 北京坐标变换\File4.glm"。

(2) 1954 北京坐标系 3.38 带与 1980 西安坐标系 6.19 带高斯平面坐标的相互正形变换

1954 北京坐标系与 1980 西安坐标系没有严格的坐标变换关系，此时的正形变换即蜕化为拟合变换，拟合变换无论是对公共点还是对其他变换点，一般都存在坐标变换残差。

按【MENU】【2】键进入 **STAT** 模式，按【SHIFT】【SET UP】【▼】【▼】【F1】(【FILE】)【5】【EXE】【EXE】键设置 **File5** 为当前串列文件；按【MENU】【1】键进入 **RUN·MAT** 模式，按【SHIFT】【PRGM】【F6】(【▷】)【F1】(【CLR】)【F3】(【List】)【EXE】键执行 **ClrList** 命令清除当前串列。

按【MENU】【2】键进入 **STAT** 模式，在 List 1、List 2 串列输入表 2-10 中 6 个 C 级点的 1954 北京坐标系统一 3.38 带高斯坐标(x, y)，在 List 3、List 4 串列输入表 2-10 中 6 个 C 级点的 1980 西安坐标系统一 6.19 带高斯坐标(x', y')，结果如图 2-9 左图所示；在 List 5、List 6 串列输入表 2-10 中 2 个 D 级点的统一 3.38 带待变换点的源高斯坐标(x, y)。

表 2-10　不同大地坐标系之间的高斯平面坐标正形变换参数

点号	源/1954 北京坐标系 3.38 带		目标/1980 西安坐标系 6.19 带	
	x(m)	y(m)	x'(m)	y'(m)
C_1	2 505 788.356	406 164.803	2 506 945.9341	714 504.163 4
C_2	2 493 038.151	405 552.812	2 494 180.1070	714 148.597 1
C_3	2 491 974.393	390 165.454	2 492 807.2877	698 779.514 8
C_4	2 493 391.994	422 171.511	2 494 867.7751	730 765.527 0
C_5	2 480 377.792	404 904.403	2 481 503.5020	713 753.578 0
C_6	2 475 987.600	390 769.899	2 476 830.2622	699 703.838 6
D_1	2 502 256.530	401 423.371	2 503 317.6642	709 832.775 5
D_2	2 499 150.552	409 331.303	2 500 370.1190	717 805.264 8

续表 2-10

10 个正形变换参数			
参数名	List 9	源坐标→目标坐标	目标坐标→源坐标
p_0	1	2 491 188.822 384 48	2 490 093.368 130 96
q_0	2	711 942.455 158 232	403 288.234 730 172
p_1	3	1.000 241 743 645 91	0.999 356 622 003
q_1	4	-0.020 053 557 826 237 5	0.020 035 814 672 197
p_2	5	$-8.681\ 862\ 502\ 576\times10^{-11}$	$-1.417\ 890\ 296\times10^{-10}$
q_2	6	$-3.804\ 145\ 331\ 191\ 29\times10^{-9}$	$3.797\ 431\ 341\ 5\times10^{-9}$
p_3	7	$1.046\ 631\ 777\ 627\ 3\times10^{-15}$	$-9.720\ 633\times10^{-16}$
q_3	8	$1.226\ 076\ 952\ 084\ 5\times10^{-15}$	$-1.304\ 500\ 312\times10^{-15}$
p_4	9	$1.039\ 710\ 619\ 025\times10^{-19}$	$-8.932\ 823\ 43\times10^{-20}$
q_4	10	$1.389\ 607\ 438\ 54\times10^{-19}$	$-1.483\ 505\ 5\times10^{-19}$
x_0	11	2 490 093.047 666 67	2 491 189.144 683 33
y_0	12	403 288.147	711 942.536 483 333

SUB	List 1	List 2	List 3	List 4
	x1(m)	y1(m)	x2(m)	y2(m)
1	2.5E6	406164	2.5E6	714504
2	2.49E6	405552	2.49E6	714148
3	2.49E6	390165	2.49E6	698779
4	2.49E6	422171	2.49E6	730765
5	2.48E6	404904	2.48E6	713753
6	2.47E6	390769	2.47E6	699703

SUB	List 1	List 2	List 3	List 4	List 5	List 6	List 7	List 8	List 9	List10
	x1(m)	y1(m)	x2(m)	y2(m)	X1(m)	Y1(m)	X2(m)	Y2(m)	p>q	ctrl
1	2.5E6	406164	2.5E6	714504	2.5E6	401423	2.5E6	709832	2.49E6	1
2	2.49E6	405552	2.49E6	714148	2.49E6	409331	2.5E6	717805	711942	6
3	2.49E6	390165	2.49E6	698779					1.0002	2
4	2.49E6	422171	2.49E6	730765					-0.02	
5	2.48E6	404904	2.48E6	713753					-8E-11	
6	2.47E6	390769	2.47E6	699703					-3E-9	
7									1E-15	
8									1E-15	
9									1E-19	
10									1E-19	
11									2.49E6	
12									403288	

图 2-9 执行 Q4V2 程序进行不同大地坐标系的源坐标→目标坐标前后的串列结果

执行 Q4V2 程序，计算源坐标→目标坐标的正形变换参数及坐标变换的屏幕提示与用户操作过程如下：

屏幕提示	按键	说明
Conform transform Q4V2		显示程序标题
new(0)/old(≠0)=?	**0** EXE	输入 0 重新计算正形变换参数
xy_1⇒xy_2(1)/xy_2⇒xy_1(2)=?	**1** EXE	输入 1 选择源坐标→目标坐标/耗时 4.01s
xy_1 in List 5,6 yes(1)/no(≠1)=?	**1** EXE	输入 1 批量变换 List 5 与 List 6 的源坐标
X_1(m),0⇒end=?	**2480377.792** EXE	输入 C_5 点源坐标检核
Y_1(m)=?	**404904.403** EXE	
X_2(m)=2481503.503	EXE	显示正形变换后的 C_5 点目标坐标
Y_2(m)=713753.5808	EXE	
X_1(m),0⇒end=?	**0** EXE	输入 0 结束程序
Q4V2⇒End		程序结束显示

按 MENU 2 键进入 **STAT** 模式查看计算成果，结果如图 2-9 右图所示，程序算出的 10 个正形变换参数与 6 个源坐标的平均值如表 2-10 所示。批量变换后的 D_1 与 D_2 点的目标坐标与表 2-10 中 D_1 与 D_2 点的目标坐标比较列于表 2-11。

表 2-11 D_1 与 D_2 点源坐标（1954 北京坐标系统一 3. 38 带）与目标坐标（1980 西安坐标系统一 6. 19 带）相互变换坐标残差

点名	源坐标正形变换结果		原目标坐标成果		正形变换转换残差	
	x（m）	y（m）	x'（m）	y'（m）	$v_{x'}$（m）	$v_{y'}$（m）
D_1	2503317.6712	709832.7640	2503317.6642	709832.7755	0.0070	-0.0115
D_2	2500370.1114	717805.2549	2500370.1190	717805.2648	-0.0076	-0.0099

续表 2-11

点名	目标坐标正形变换结果		原源坐标成果		正形变换转换残差	
	x'（m）	y'（m）	x（m）	y（m）	v_x（m）	v_y（m）
D_1	2502256.5228	401423.3823	2502256.530	401423.371	-0.0072	0.0113
D_2	2499150.5594	409331.3131	2499150.552	409331.303	0.0074	0.0101

重复执行 Q4V2 程序，计算目标坐标→源坐标的正形变换参数及坐标变换的屏幕提示与操作过程如下：

屏幕提示	按键	说明
Conform transform Q4V2		显示程序标题
new(0)/old(≠0)=?	**0** EXE	输入 0 重新计算正形变换参数
xy_1⇒xy_2(1)/xy_2⇒xy_1(2)=?	**2** EXE	输入 2 选择目标坐标→源坐标/耗时 4.06s
xy_2 in List 7,8 yes(1)/no(≠1)=?	**1** EXE	输入 1 批量变换 List 7 与 List 8 的目标坐标
X_2(m),0⇒end=?	**2481503.502** EXE	输入 C_5 点目标坐标检核
Y_2(m)=?	**713753.578** EXE	
X_1(m)=2480377.792	EXE	显示正形变换后的 C_5 点源坐标
Y_1(m)=404904.4002	EXE	
X_2(m),0⇒end=?	**0** EXE	输入 0 结束程序
Q4V2⇒End		程序结束显示

按 MENU 2 键进入 **STAT** 模式，程序算出的 10 个正形变换参数与 6 个目标坐标的平均值如表 2-10 所示。批量变换后的 D_1 与 D_2 点的源坐标与表 2-10 中 D_1 与 D_2 点的源坐标比较列于表 2-11。

本例的串列文件为光盘文件“\2 章\QH42\54 北京与 80 西安坐标变换\File5.g1m”。

由表 2-11 可知，D_1 与 D_2 两个点相互正形变换残差的绝对值在 1cm 左右。在图 2-7 灰色区域所示的 520km^2 范围内，两个不同大地坐标系的坐标变换精度能达到±1cm 应该算是很好的。众所周知，1954 北京坐标系高斯投影使用克拉索夫斯基椭球，椭球的长半轴 a=6 378 245m，扁率为 f=1：298.3；1980 西安坐标系高斯投影使用 IUGG-1975 椭球，椭球的长半轴 a=6 378 140m，扁率为 f=1：298.257。本例说明，正形变换同样适用于不同参考椭球大地坐标系之间的相互拟合变换。

2.3　单一闭附合等级导线条件平差程序(Q4V3/H4V3)

《工程测量规范》[19]规定，等级导线允许布设成闭合导线、附合导线或结点导线的形式，但不允许布设成单边定向导线、无定向导线或支导线的形式，其坐标计算应采用严密平差法。

本程序使用条件平差法计算单一闭附合导线的平面坐标，但不能进行结点导线的严密平差计算，它适用于三等、四等、一级、二级、三级光电测距导线的平面坐标计算，各等级导线测量的主要技术要求应符合表 2-12 的规定。

表 2-12　各等级导线测量的主要技术要求

等级	导线长度(km)	平均边长(km)	测角中误差(″)	测距中误差(mm)	测距相对中误差	方位角闭合差(″)	导线全长相对闭合差	边长权[(″)^2/cm^2]
三等	14	3	1.8	20	≤1/150000	$3.6\sqrt{n}$	≤1/55000	0.81
四等	9	1.5	2.5	18	≤1/80000	$5\sqrt{n}$	≤1/35000	1.929 0
一级	4	0.5	5	15	≤1/30000	$10\sqrt{n}$	≤1/15000	11.111 1
二级	2.4	0.25	8	15	≤1/14000	$16\sqrt{n}$	≤1/10000	28.444 4
三级	1.2	0.1	12	15	≤1/7000	$24\sqrt{n}$	≤1/5000	64

1) 条件平差原理

单一闭附合导线的条件方程为一个方位角条件与两个坐标条件，方位角条件是线性形式，而坐标条件为非线性形式，需要先线性化。下面以图 2-10 所示的单一二级附合导线为例，介绍条件方程公式的推导过程。

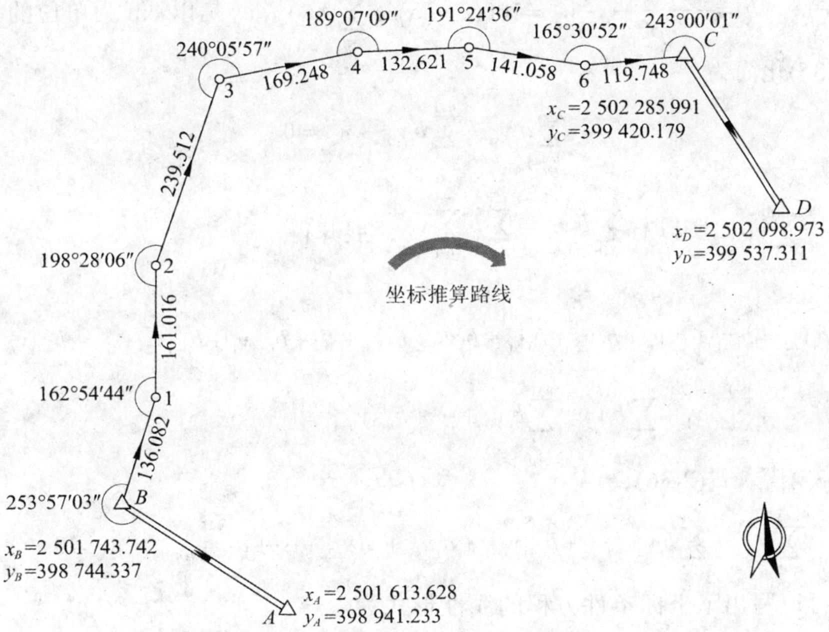

图 2-10　二级光电测距附合导线观测略图

在图 2-10 中，要求水平角位于坐标推算路线的左侧，以角度 l_i 及边长 s_i 为观测量的条件方程可以写成

$$\left.\begin{aligned} \alpha_{AB}+\sum_{i=1}^{n}\hat{l}_i-\alpha_{CD}=0 \\ x_B+\sum_{i=1}^{n-1}\hat{s}_i\cos\hat{\alpha}_i-x_C=0 \\ y_B+\sum_{i=1}^{n-1}\hat{s}_i\sin\hat{\alpha}_i-y_C=0 \end{aligned}\right\} \tag{2-33}$$

式中，n 为水平角观测数，则未知点数为 n−2，边长观测数应为 n−1，角度与边长的观测总数为 2n−1；$\hat{\alpha}_i = \alpha_{AB} + \sum_{j=1}^{i} \hat{l}_j$，$\hat{\alpha}_i$ 为第 i 条边长的方位角平差值；$\hat{l}_i = l_i + v_i$，$\hat{l}_i$ 为水平角平差值；$\hat{s}_i = s_i + v_{si}$，$\hat{s}_i$ 为边长平差值。

设方位角条件方程的线性化形式为

$$\sum_{i=1}^{n} v_i - w_l = 0 \tag{2-34}$$

式中，$w_l = -(\alpha_{AB} + \sum_{i=1}^{n} l_i - \alpha_{CD})$，$w_l$ 是以秒为单位的角度闭合差。

用泰勒级数展开 x 坐标条件方程并取一次项可得其线性形式为

$$\sum_{i=1}^{n-1}\left(\frac{\Delta x_i}{s_i} v_{si} - \frac{100\Delta y_i}{\rho''} v_{\alpha i}\right) - 100(x_C - x_B - \sum_{i=1}^{n-1} \Delta x_i) = 0 \tag{2-35}$$

式中，边长改正数 v_{si} 以 cm 为单位，方位角改正数 $v_{\alpha i}$ 以秒为单位。

设 $a_i = \frac{\Delta x_i}{s_i}$，$b_i = -\frac{100\Delta y_i}{\rho''}$，$w_x = 100(x_C - x_B - \sum_{i=1}^{n-1} \Delta x_i)$，$w_x$ 是以 cm 为单位的 x 坐标闭合差，则式(2-35)化简为

$$\sum_{i=1}^{n-1} a_i v_{si} + \sum_{i=1}^{n-1} b_i v_{\alpha i} - w_x = 0 \tag{2-36}$$

因为 $v_{\alpha i} = \sum_{j=1}^{i} v_j$，所以有 $\sum_{i=1}^{n-1} b_i v_{\alpha i} = \sum_{i=1}^{n-1} b_i \sum_{j=1}^{i} v_j$，展开得

$$\begin{aligned}\sum_{i=1}^{n-1} b_i v_{\alpha i} &= b_1 v_1 + b_2 v_1 + b_2 v_2 + b_3 v_1 + b_3 v_2 + b_3 v_3 + \cdots + b_{n-1} v_1 + b_{n-1} v_2 + \cdots + b_{n-1} v_{n-1} \\ &= \sum_{i=1}^{n-1} b_i v_1 + \sum_{i=2}^{n-1} b_i v_2 + \sum_{i=3}^{n-1} b_i v_3 + \cdots + b_{n-1} v_{n-1}\end{aligned} \tag{2-37}$$

将式(2-37)代入式(2-36)，得

$$\sum_{i=1}^{n-1} b_i v_1 + \sum_{i=2}^{n-1} b_i v_2 + \cdots + b_{n-1} v_{n-1} + a_1 v_{s1} + a_2 v_{s2} + \cdots + a_{n-1} v_{s(n-1)} - w_x = 0 \tag{2-38a}$$

同理，可以写出 y 坐标条件方程的线性形式为

$$\sum_{i=1}^{n-1} d_i v_1 + \sum_{i=2}^{n-1} d_i v_2 + \cdots + d_{n-1} v_{n-1} + c_1 v_{s1} + c_2 v_{s2} + \cdots + c_{n-1} v_{s(n-1)} - w_y = 0 \tag{2-38b}$$

式中，$c_i = \frac{\Delta y_i}{s_i}$，$d_i = \frac{100\Delta x_i}{\rho''}$，$w_x = 100(y_C - y_B - \sum_{i=1}^{n-1} \Delta y_i)$，$w_y$ 是以 cm 为单位的 y 坐标闭合差。

设三个条件方程的矩阵形式为

$$\underset{3\times(2n-1)}{A}\ \underset{(2n-1)\times 1}{V} - \underset{3\times 1}{W} = 0 \tag{2-39}$$

顾及式(2-38)可以写出条件方程的系数矩阵与闭合差矩阵的纯量形式为

$$\underset{3\times(2n-1)}{A}=\begin{pmatrix} 1 & 1 & \cdots & 1 & 1 & 0 & 0 & \cdots & 0 \\ \sum_{i=1}^{n-1} b_i & \sum_{i=2}^{n-1} b_i & \cdots & b_{n-1} & 0 & a_1 & a_2 & \cdots & a_{n-1} \\ \sum_{i=1}^{n-1} d_i & \sum_{i=2}^{n-1} d_i & \cdots & d_{n-1} & 0 & c_1 & c_2 & \cdots & c_{n-1} \end{pmatrix},\quad \underset{3\times1}{W}=\begin{pmatrix} w_l \\ w_x \\ w_y \end{pmatrix} \tag{2-40}$$

设角度观测中误差为单位权中误差 m_0，边长观测中误差基本相等，为 m_s，则边长观测的权为 $p_{si}=m_0^2/m_{si}^2$，单位为 $\mathrm{s^2/cm^2}$。各等级导线边长观测的权列于表 2-12 最后一列。

设角度观测与边长观测误差独立，则权矩阵 P 为对角方阵。

$$\underset{(2n-1)(2n-1)}{P}=\mathrm{diag}(1\quad 1\quad \cdots\quad 1\quad p_s\quad p_s\quad \cdots\quad p_s) \tag{2-41}$$

其协因数阵为

$$Q=P^{-1}=\mathrm{diag}(1\quad 1\quad \cdots\quad 1\quad 1/p_s\quad 1/p_s\quad \cdots\quad 1/p_s) \tag{2-42}$$

法方程为

$$AQA^{\mathrm{T}}K-W=NK-W=0 \tag{2-43}$$

联系数的解为

$$K=N^{-1}W \tag{2-44}$$

改正数为

$$V=QA^{\mathrm{T}}K \tag{2-45}$$

观测量的平差值为

$$\hat{L}=L+V \tag{2-46}$$

单位权中误差估值为

$$\hat{\sigma}_0=\pm\sqrt{\frac{V^{\mathrm{T}}PV}{3}}=\pm\sqrt{\frac{W^{\mathrm{T}}K}{3}} \tag{2-47}$$

因 $n-2$ 个未知点坐标是观测量平差值 $\underset{(2n-1)\times1}{\hat{L}}$ 的函数，设第 i 个未知点坐标为

$$\left.\begin{aligned} \hat{x}_i&=x_B+\sum_{j=1}^{i}\hat{s}_j\cos\hat{\alpha}_j \\ \hat{y}_i&=x_B+\sum_{j=1}^{i}\hat{s}_j\sin\hat{\alpha}_j \end{aligned}\right\} \tag{2-48}$$

对式(2-48)求全微分，仿照式(2-33)线性化的方法，则有

$$\left.\begin{aligned} \delta\hat{x}_i&=\sum_{j=1}^{i}b_j\delta\hat{\alpha}_j+\sum_{j=1}^{i}a_j\delta\hat{s}_j \\ \delta\hat{y}_i&=\sum_{j=1}^{i}d_j\delta\hat{\alpha}_j+\sum_{j=1}^{i}c_j\delta\hat{s}_j \end{aligned}\right\} \tag{2-49}$$

将 $\delta\hat{\alpha}_j=\sum_{k=1}^{j}\delta\hat{L}_k$ 代入式(2-49)的第一式，得

$$
\begin{aligned}
\delta \hat{x}_i &= \sum_{j=1}^{i} b_j \delta\hat{\alpha}_j + \sum_{j=1}^{i} a_j \delta\hat{s}_j \\
&= b_1\delta\hat{\alpha}_1 + b_2\delta\hat{\alpha}_2 + \cdots + b_i\delta\hat{\alpha}_i + a_1\delta\,\hat{s}_1 + a_2\delta\,\hat{s}_2 + \cdots + a_i\delta\,\hat{s}_i \\
&= b_1\delta\,\hat{L}_1 + b_2(\delta\,\hat{L}_1 + \delta\,\hat{L}_2) + \cdots + b_i(\delta\,\hat{L}_1 + \delta\,\hat{L}_2 + \cdots + \delta\,\hat{L}_i) + a_1\delta\,\hat{s}_1 + a_2\delta\,\hat{s}_2 + \cdots + a_i\delta\,\hat{s}_i \\
&= \sum_{j=1}^{i} b_j\delta\,\hat{L}_1 + \sum_{j=2}^{i} b_j\delta\,\hat{L}_2 + \cdots + b_i\delta\,\hat{L}_i + a_1\delta\,\hat{s}_1 + a_2\delta\,\hat{s}_2 + \cdots + a_i\delta\,\hat{s}_i
\end{aligned}
$$

$$
\delta\,\hat{y}_i = \sum_{j=1}^{i} d_j\delta\,\hat{L}_1 + \sum_{j=2}^{i} d_j\delta\,\hat{L}_2 + \cdots + d_i\delta\,\hat{L}_i + c_1\delta\,\hat{s}_1 + c_2\delta\,\hat{s}_2 + \cdots + c_i\delta\,\hat{s}_i
$$

根据上述两式，求得全部未知点坐标平差值函数系数矩阵的纯量形式为

$$
\underset{2(n-2)\times(2n-1)}{f^{\mathrm{T}}} = \begin{pmatrix}
b_1 & 0 & 0 & \cdots & 0 & 0 & 0 & a_1 & 0 & \cdots & 0 & 0 \\
d_1 & 0 & 0 & \cdots & 0 & 0 & 0 & c_1 & 0 & \cdots & 0 & 0 \\
\sum_{i=1}^{2} b_i & b_2 & 0 & \cdots & 0 & 0 & 0 & a_1 & a_2 & \cdots & 0 & 0 \\
\sum_{i=1}^{2} d_i & d_2 & 0 & \cdots & 0 & 0 & 0 & c_1 & c_2 & \cdots & 0 & 0 \\
\cdots & \cdots & \cdots & \cdots & \cdots & \cdots & \cdots & \cdots & \cdots & \cdots & \cdots & \cdots \\
\sum_{i=1}^{n-2} b_i & \sum_{i=2}^{n-2} b_i & \sum_{i=3}^{n-2} b_i & \cdots & b_{n-2} & 0 & 0 & a_1 & a_2 & \cdots & a_{n-2} & 0 \\
\sum_{i=1}^{n-2} d_i & \sum_{i=2}^{n-2} d_i & \sum_{i=3}^{n-2} d_i & \cdots & d_{n-2} & 0 & 0 & c_1 & c_2 & \cdots & c_{n-2} & 0
\end{pmatrix} \tag{2-50}
$$

因此，未知点坐标平差值函数的微分形式为 $\delta\hat{\varphi} = f^{\mathrm{T}}\delta\hat{L}$，协因数矩阵为

$$
Q_{\hat{\varphi}\hat{\varphi}} = f^{\mathrm{T}}Qf - f^{\mathrm{T}}QA^{\mathrm{T}}N^{-1}AQf \tag{2-51}
$$

平差值函数的协方差矩阵为

$$
\mathrm{Var}(\hat{\varphi}) = \hat{\sigma}_0^2 Q_{\hat{\varphi}\hat{\varphi}} \tag{2-52}
$$

第 i ($i=n-2$) 个未知点的误差椭圆元素为

$$
K_i = \sqrt{(Q_{x_i x_i} - Q_{y_i y_i})^2 + 4Q_{x_i y_i}^2} \tag{2-53}
$$

$$
Q_{E_i} = \frac{1}{2}(Q_{x_i x_i} + Q_{y_i y_i} + K_i) \tag{2-54}
$$

$$
Q_{F_i} = \frac{1}{2}(Q_{x_i x_i} + Q_{y_i y_i} - K_i) \tag{2-55}
$$

$$
E_i = \hat{\sigma}_0\sqrt{Q_{E_i}}\,,\quad F_i = \hat{\sigma}_0\sqrt{Q_{F_i}} \tag{2-56}
$$

$$
\varphi_{E_i} = \tan^{-1}\frac{Q_{E_i} - Q_{x_i x_i}}{Q_{x_i y_i}} \tag{2-57}
$$

式中，E 为误差椭圆长半轴，F 为误差椭圆短半轴，φ_E 为长半轴的方位角。

2) 串列数据规划

固定用 List 1、List 2 串列存储已知点的平面坐标，其中，闭合导线为存储 A、B 点的平面坐标，附合导线为存储 A、B、C、D 点的平面坐标；List 3 串列按导线推算路线存储水平角观测值，List 4 串列按导线推算路线存储投影改正后的水平距离值。表 2-13 灰底色

背景串列为用户输入的已知数据与观测数据。中间结果、计算成果及控制数字的串列位置如表 2-13 所示。

表 2-13 Q4V3 程序输入与输出数据串列明细表

串列	List 1	List 2	List 3	List 4	List 5	List 6	List 7	List 8
子名	x_0(m)	y_0(m)	β(Deg)	side(m)	$v_β$(s)	v_s(cm)	Δx(m)	Δy(m)
1	已知点 x 坐标	已知点 y 坐标	水平角	边长	角度改正数	边长改正数	*x* 坐标增量	*y* 坐标增量
2	……	……	……	……	……	……	……	……

串列	Lits 9	Lits 10	List 11	List 12	List 13	List 14
子名	x_p(m)	y_p(m)	E(cm)	F(cm)	$α_E$(Deg)	ctrl
1	*x* 坐标平差值	*y* 坐标平差值	误差椭圆长半轴	误差椭圆短半轴	长轴方位角	导线等级 1/2/3/4/5
2	……	……	……	……	……	未知点数
3						角度限差
4						相对限差
5						边长权
6						角度闭合差
7						*x* 闭合差
8						*y* 闭合差
9						相对误差
10						单位权中误差
11						误差椭圆计算

3) 程序

程序名：Q4V3，占用内存 2 928 字节，光盘文件为“2 章\QH43\Q4V3.g1m”。

```
"Traverse condition adjust Q4V3"↵          程序标题
Deg:Fix 4↵                                  基本设置
Dim List 1→O↵                               获取已知坐标点数
If O=2:Then "closed traverse!"↵             显示为闭合导线
Else "connecting traverse!":IfEnd↵          显示为附合导线
"unknown point num=":Dim List 4−1◢          显示闭附合导线未知点数
"ΣS(m)=":Sum List 4◢                        显示导线长
"average S(m)=":Mean(List 4)◢               显示导线平均边长
11→Dim List 14:"ctrl"→List 14[0]↵           定义控制数字串列并赋串列子名
Do:"traverse grade(1/2/3/4/5)="?→G↵         输入导线等级数字
```

导线等级数字定义——1 三等导线/2 四等导线/3 一级导线/4 二级导线/5 三级导线

```
LpWhile G≠1 And G≠2 And G≠3 And G≠4 And G≠5↵
G→List 14[1]↵                               存储导线等级数字
Dim List 3→N:N−1→Q↵                         获取导线水平角数 N 与边长数 Q
N−2→P:P→List 14[2]↵                         存导线点数 P
```

```
If G=1:Then 3√N→List 14[3]↵                           三等光电测距导线限差与边长权
60000→List 14[4]:0.81→List 14[5]:IfEnd↵
If G=2:Then 5√N→List 14[3]↵                           四等光电测距导线限差与边长权
40000→List 14[4]:1.929→List 14[5]:IfEnd↵
If G=3:Then 10√N→List 14[3]↵                          一级光电测距导线限差与边长权
14000→List 14[4]:11.1111→List 14[5]:IfEnd↵
If G=4:Then 16√N→List 14[3]↵                          二级光电测距导线限差与边长权
10000→List 14[4]:28.4444→List 14[5]:IfEnd↵
If G=5:Then 24√N→List 14[3]↵                          三级光电测距导线限差与边长权
6000→List 14[4]:64→List 14[5]:IfEnd↵
"x0(m)"→List 1[0]:"y0(m)"→List 2[0]↵                  已知点坐标串列赋子名
"β(Deg)"→List 3[0]:"side(m)"→List 4[0]↵               角度与边长串列赋子名
N→Dim List 5:Q→Dim List 6↵                            定义角度与边长改正数串列维数
"vβ(s)"→List 5[0]:"vs(cm)"→List 6[0]↵                 角度与边长改正数串列赋子名
Q→Dim List 7:Q→Dim List 8↵                            定义坐标增量串列维数
"Δx(m)"→List 7[0]:"Δy(m)"→List 8[0]↵                  坐标增量串列赋子名
P→Dim List 9:P→Dim List 10↵                           定义未知点坐标平差值串列维数
"xp(m)"→List 9[0]:"yp(m)"→List 10[0]↵                 未知点坐标平差值串列赋子名
P→Dim List 11:P→Dim List 12:P→Dim List 13↵            定义未知点误差椭圆串列维数
"Ep(cm)"→List 11[0]:"Fp(cm)"→List 12[0]↵              未知点误差椭圆串列赋子名
"αE(Deg)"→List 13[0]↵
List 1[2]+List 2[2]i−List 1[1]−List 2[1]i→X↵          导线起始边复数
Arg X→A:A<0⇒A+360→A↵                                  导线起始边方位角
List 1[2]+List 2[2]i→S↵                               闭附合导线起点坐标复数 S
If O=4:Then List 1[3]+List 2[3]i→C↵                   附合导线终点坐标复数 C
List 1[4]+List 2[4]i−List 1[3]−List 2[3]i→X↵          附合导线终止边复数
Arg X→B:B<0⇒B+360→B↵                                  附合导线终止边方位角
Else List 1[2]+List 2[2]i→C↵                          闭合导线终点坐标复数 C
If A≧180:Then A−180→B↵                                闭合导线终止边方位角
Else A+180→B:IfEnd:IfEnd↵
Q→Dim List 21:List 21→List 22↵                        定义存储边长 a,b,c,d 系数临时串列
List 21→List 23:List 21→List 24↵
{3,1}→Dim Mat W↵                                      定义条件方程闭合差矩阵 W
{3,2N−1}→Dim Mat A↵                                   定义条件方程系数矩阵 A
For 1→I To N↵                                         推算导线边方位角
1→Mat A[1,I] ↵                                        方位角条件方程系数赋值,式(2-40)
I=1⇒A→L:L+List 3[I]→L↵                                推算水平角前进边长方位角
If L≧180:Then L−180→L:Else L+180→L:IfEnd↵             规范边长方位角
L≧360⇒L−360→L:L<0⇒L+360→L↵                            0°<方位角<360°
```

```
If I≦N−1 Then List 4[I]∠L→U↵              边长坐标差复数 U
ReP U→List 7[I]:ImP U→List 8[I]↵          存边长坐标增量
List 7[I]÷List 4[I]→List 21[I]↵            存边长 a 系数
-100List 8[I]÷206265→List 22[I]↵           存边长 b 系数
List 8[I]÷List 4[I]→List 23[I]↵            存边长 c 系数
100List 7[I]÷206265→List 24[I]↵            存边长 d 系数
IfEnd:Next↵
3600(B−L)→Mat W[1,1]↵                      存方位角闭合差到矩阵单元
Mat W[1,1]→List 14[6]↵                     存方位角闭合差到串列
"fβ(s)=":List 14[6]◢                       显示方位角闭合差
Abs List 14[6]>List 14[3]⇒"fβ Over!"↵      方位角闭合差是否超限
S+Sum List 7+(Sum List 8)i−C→X↵            坐标闭合差复数
Int (Sum List 4÷Abs X)→List 14[9]↵         导线全长相对闭合差分母整数
ReP X→List 14[7]:ImP X→List 14[8]↵         存坐标闭合差到串列
"fx+fyi(m)=":X◢                            显示导线坐标闭合差复数
"f(m)=":Abs X◢                             显示导线全长闭合差
Norm 1:"1/K=1/":List 14[9]◢                显示导线全长相对闭合差
Fix 4:-100List 14[7]→Mat W[2,1]↵           存坐标闭合差到矩阵单元
-100List 14[8]→Mat W[3,1]↵
List 14[9]<List 14[4]⇒"1/K Over!"↵         显示导线全长相对闭合差超限
For 1→I To Q↵                              计算坐标增量条件系数
List 21[I]→Mat A[2,N+I]↵                   存储 a 系数到系数矩阵 A
List 23[I]→Mat A[3,N+I]↵                   计算 c 系数到系数矩阵 A
For I→J To Q↵
List 22[1J]+Mat A[2,I]→Mat A[2,I]↵         累加并存储 b 系数到系数矩阵 A
List 24[1J]+Mat A[3,I]→Mat A[3,I]↵         累加并存储 d 系数到系数矩阵 A
Next:Next↵
Mat A→Mat Q↵                               定义 Q 矩阵用于存储 AQ 的结果
For N+1→I To 2N−1↵                         计算 AQ 矩阵并赋值给 Q 矩阵
Mat A[2,I]÷List 14[5]→Mat Q[2,I]↵
Mat A[3,I]÷List 14[5]→Mat Q[3,I]↵
Next↵
Mat Q×Trn Mat A→Mat N↵                     法方程系数矩阵
Mat N^-1→Mat R↵                            法方程系数矩阵的逆阵
Mat RMat W→Mat K↵                          解法方程求得联系数的解
Trn Mat Q×Mat K→Mat V↵                     观测值改正数
0→W↵                                       W 用于存储 V^TPV 的值
For 1→I To 2N−1↵
If I≦N:Then Mat V[I,1]→List 5[I]↵          存角度改正数
```

```
Mat V[I,1]²+W→W↵
Else Mat V[I,1]→List 6[I−N]↵                              存边长改正数
Mat V[I,1]²List 14[5]+W→W↵
IfEnd:Next↵
√W÷3→List 14[10]↵                                         单位权中误差,式(2-47)
"m0(s)=±":List 14[10]◢                                    显示单位权中误差
ClrMat N:ClrMat V↵                                        清除无用矩阵释放内存空间
For 1→I To Q↵                                             用角度与边长平差值推算未知点坐标
If I=1:Then A→L↵                                          起始方位角
List 1[2]+List 2[2]i→X:IfEnd↵                             起点坐标复数
L+List 3[I]+List 5[I]÷3600→L↵                            用角度平差值推算边长方位角
If L≧180:Then L−180→L:Else L+180→L:IfEnd↵                 规范导线边方位角
L≧360⇒L−360→L↵                                            方位角应小于 360°
X+(List 4[I]+List 6[I]÷100)∠L→X↵                          未知点坐标平差值复数
ReP X→List 9[I]:ImP X→List 10[I]↵                         存未知点坐标平差值
Next↵
X−C→D:"check fx+fyi(m)=":D◢                               显示坐标增量检核结果复数
"cal ellip−error yes(1)/no(≠1)="?→List 14[11]↵            输入是否计算误差椭圆控制系数
List 14[11]≠1⇒Goto E↵                                     不计算误差椭圆时结束程序
{2(N−2),2N−1}→Dim Mat F↵                    未知点坐标平差值权函数式系数矩阵,式(2-50)
For 1→J To N−2↵                                           未知点坐标平差值权函数式系数
For J→I To N−2↵
List 21[1J]→Mat F[2I−1,J+N]↵                              存 a 系数到 F 矩阵
List 23[1J]→Mat F[2I,J+N]↵                                存 c 系数到 F 矩阵
Next:Next↵
For 1→I To N−2↵                                           未知点坐标平差值权函数式系数
For 1→J To I↵
For J→K To I↵
List 22[1K]+Mat F[2I−1,J]→Mat F[2I−1,J]↵                  累加并存 b 系数到 F 矩阵
List 24[1K]+Mat F[2I,J]→Mat F[2I,J]↵                      累加并存 d 系数到 F 矩阵
Next:Next:Next↵
ClrList 21:ClrList 22:ClrList 23↵                         清除中间数据串列
ClrList 24:ClrList 25:ClrList 26↵
Mat F→Mat Q↵                                              定义 Q 矩阵用于存储 FᵀQ,式(2-51)
For N+1→I To 2N−1↵                                        计算 AQ 矩阵并赋值给 Q 矩阵
For 1→J To N−2↵
Mat F[2J−1,I]÷List 14[5]→Mat Q[2J−1,I]↵
Mat F[2J,I]÷List 14[5]→Mat Q[2J,I]↵
Next:Next↵
```

```
Mat Q×Trn Mat F−Mat Q×Trn Mat A×Mat RMat A×Trn Mat Q→Mat E↵
                                              平差值函数的协因数矩阵,式(2-51)
For 1→I To N−2↵                               计算未知点误差椭圆元素
√((Mat E[2I−1,2I−1]−Mat E[2I,2I])²+4Mat E[2I−1,2I]²)→K↵
0.5(Mat E[2I−1,2I−1]+Mat E[2I,2I]+K)→List 11[I]↵      长半轴协因数,式(2-54)
0.5(Mat E[2I−1,2I−1]+Mat E[2I,2I]−K)→List 12[I]↵      短半轴协因数,式(2-55)
tan⁻¹ ((List 11[I]−Mat E[2I−1,2I−1])÷Mat E[2I−1,2I])→List 13[I]↵   式(2-57)
List 13[I]<0⇒List 13[I]+360→List 13[I]↵        长半轴方位角
List 14[10]√List 11[I]→List 11[I]↵             长半轴(cm),式(2-56)
List 14[10]√List 12[I]→List 12[I]↵             短半轴(cm),式(2-56)
Next↵
Lbl E:ClrMat↵                                  清除全部矩阵
"Q4V3⇒End"
```

4) 程序说明

(1) 平差计算容量

程序最多能对大约50个未知点(不计算未知点误差椭圆时)的单一三等~三级导线进行条件平差计算，并求出未知点的平面坐标与误差椭圆元素，导线类型只能是单一闭合导线或单一附合导线，导线类型由程序根据用户预先输入到 List 1、List 2 串列中的已知点坐标自动判断。

(2) 选择串列文件

执行程序前，应先选择一个串列文件作为当前串列文件，用户可以在 File 1~File 6 中任意选择一个串列文件为当前串列文件，然后清除 List 1~List 4 串列的数据。

(3) 已知坐标的输入

在 List 1、List 2 串列输入已知点的平面坐标，闭合导线按 $A \to B$ 方向顺序输入，附合导线按 $A \to B \to C \to D$ 方向顺序输入。

(4) 水平角与边长观测值的输入

在 List 3 串列输入水平角观测值，闭合导线按 $B \to 1 \to 2 \to 3 \to \cdots\cdots \to B$ 的推算路线顺序输入水平角，附合导线按 $B \to 1 \to 2 \to 3 \to \cdots\cdots \to C$ 的推算路线顺序输入水平角，水平角应位于推算路线的左侧，也即左角；按上述水平角的顺序，在 List 3 串列输入投影改正后的水平距离值。执行程序不会破坏 List 1~List 4 串列中的已知数据与观测数据。

执行 Q4V3 程序后，屏幕只给出下列要求输入导线等级的提示：

traverse grade(1/2/3/4/5)=?

输入1为三等导线，2为四等导线，3为一级导线，4为二级导线，5为三级导线。

5) 二级附合导线条件平差案例

在图 2-10 所示的二级导线中，已知 A、B、C、D 点的坐标，为求 1~6 点的坐标观测了图中 8 个水平角与 7 条边长。

(1) 输入已知坐标与观测数据

按 MENU 2 键进入 **STAT** 模式，按 SHIFT SET UP ▼ ▼ F1 (FILE) 1 EXE EXE 键设置 **File1**

为当前串列文件；按 MENU 1 键进入 **RUN•MAT** 模式，按 SHIFT PRGM F6(▷) F1(CLR) F3(List) EXE 键执行 **ClrList** 命令清除当前串列文件。

按 MENU 2 键进入 **STAT** 模式，在 List 1、List 2 串列顺序输入图 2-10 所示的 4 个已知点坐标，在 List 3 串列输入 8 个水平角观测值，在 List 4 串列输入 7 条边长值，结果如图 2-11 所示。

SUB	List 1	List 2	List 3	List 4
1	2.5E6	398941	253.95	136.08
2	2.5E6	398744	162.91	161.01
3	2.5E6	399420	198.46	239.51
4	2.5E6	399537	240.09	169.24
5			189.11	132.62
6			191.41	141.05
7			165.51	119.74
8			243	

图 2-11　输入已知坐标与观测数据到串列

在 List 3 串列输入水平角观测值时，每输入一个角度的度数后，都应按 OPTN F6(▷) F2(ANGL) 键调出角度功能菜单，再按 F4(°′″) 键输入°来分隔角度的度、分、秒值。当水平角个数比较多时，可以在 MS Excel 中输入，输入方法参见图 2-2。

(2) 执行 Q4V3 程序计算导线平差成果

执行 Q4V3 程序，选择计算误差椭圆元素的屏幕提示与用户操作过程如下：

屏幕提示	按键	说明
Traverse condition adjust Q4V3		显示程序标题
connecting traverse		程序探测串列数据为附合导线
unknown point num=6.0000	EXE	显示导线未知点数
ΣS(m)=1099.2850	EXE	显示导线全长
average S(m)=157.0407	EXE	显示导线平均边长
traverse grade(1/2/3/4/5)=?	4 EXE	输入 4 选择二级导线
$f_β$(s)=29.8731	EXE	显示以秒为单位的方位角闭合差/耗时 1.31s
f_x+f_yi(m)=0.0882−0.0306i	EXE	显示坐标闭合差复数
f(m)=0.0933	EXE	显示全长闭合差
1/K=1/11776	EXE	显示全长相对闭合差
m_0(s)=±4.1032	EXE	显示以秒为单位的单位权中误差/耗时 1.23s
check f_x+f_yi(m)=0.0000+0.0000i	EXE	显示推算未知点坐标检核结果
cal ellip−error yes(1)/no(≠1)=?	1 EXE	输入 1 为计算未知点误差椭圆元素/耗时 5.74s
Q4V3⇛End		程序结束显示

按 MENU 2 键进入 **STAT** 模式查看导线平差成果，结果如图 2-12 所示。执行 Q4V3 程序，不会破坏用户预先输入到 List 1~List 4 串列的已知数据与观测数据，因此允许无限次重复执行 Q4V3 程序。

SUB	List 1	List 2	List 3	List 4	List 5	List 6	List 7	List 8	List 9	List10	List11	List12	List13	List14
	xo(m)	yo(m)	(Deg)	Side(m)	v (S)	vS(cm)	dx(m)	dy(m)	xp(m)	yp(m)	Ep(m)	Fp(m)	E(Deg)	ctrl
1	2.5E6	398941	253.95	136.08	5.6944	-0.439	129.84	40.713	2.5E6	398785	0.6919	0.2219	18.511	4
2	2.5E6	398744	162.91	161.01	5.356	-0.472	161.01	0.9015	2.5E6	398785	0.8776	0.4585	18.295	6
3	2.5E6	399420	198.46	239.51	5.2599	-0.434	226.74	77.143	2.5E6	398863	1.0095	0.606	50.654	45.254
4	2.5E6	399537	240.09	169.24	4.6295	-0.051	32.617	166.07	2.5E6	399029	0.9742	0.5641	77.697	10000
5			189.11	132.62	3.5275	0.0241	4.611	132.54	2.5E6	399161	0.8984	0.4187	87.913	28.444
6			191.41	141.05	2.66	0.1174	-23.08	139.15	2.5E6	399300	0.7015	0.197	84.617	29.873
7			165.51	119.74	1.7648	-1E-3	10.578	119.27	2.5E6	399420				0.0881
8			243		0.9805									-0.03
9														11776
10														4.1032
11														1

图 2-12　执行 Q4V3 程序后的串列结果

(3) 下传串列文件到通信软件 FA-124 并输出为 CSV 格式文件

使用通用 USB 数据线连接好 fx-9750GⅡ与 PC 机的 USB 口，在 PC 机启动 FA-124，先在 fx-9750GⅡ上按 MENU C F2 (RECV) 键，再在 PC 机用鼠标左键单击 FA-124 工具栏的图标，启动数据同步操作；待 fx-9750GⅡ与 FA-124 Calculator 窗口的数据同步操作完成后，将 Calculator 窗口 List File 图标下的串列文件 File1 复制到 FA-124 窗口 List File 图标下，鼠标左键单击该图标下的 File 1 文件，执行下拉菜单"File/CSV/Save as CSV"命令，将串列文件 File 1 以文件名 File1.csv 存入 PC 机的硬盘或 U 盘文件夹中。

(4) 执行成果整理程序 H4V3. exe 输出成果文件

将随书光盘文件"\2 章\QH43\H4V3.exe"复制到存储了 File1.csv 的硬盘或 U 盘文件夹下，鼠标左键双击 H4V3.exe 文件名执行该程序，输入 File1 按回车键，程序自动从同路径下的 File1. csv 文件中读入数据，并在同路径下生成 File1.txt，CSfile1.dat，SKfile1.csv 三个成果文件，这些文件连同源串列文件 File1. csv 均位于光盘"\2 章\QH43\二级附合导线\"路径下。

在 Windows 98 操作系统下执行 H4V3.exe 程序的界面如图 2-13 所示。

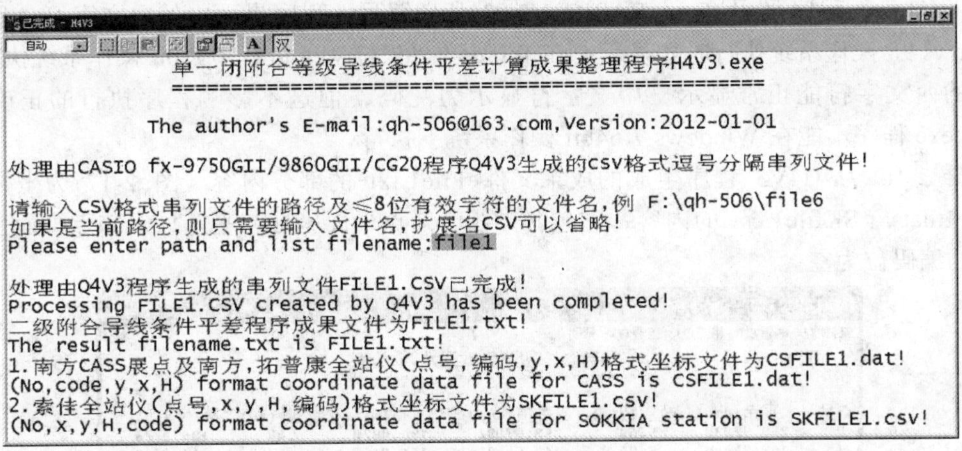

图 2-13 在 Windows 98 操作系统下执行 H4V3.exe 程序的界面

在 Windows XP 操作系统下执行 H4V3.exe 程序的界面如图 2-14 所示。

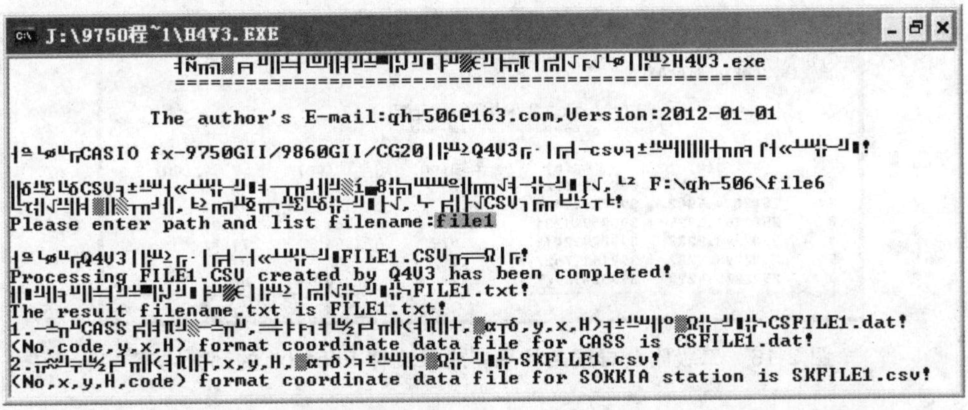

图 2-14 在 Windows XP 操作系统下执行 H4V3.exe 程序的界面

在 Windows 7/32bit 操作系统下执行 H4V3.exe 程序的界面如图 2-15 所示。

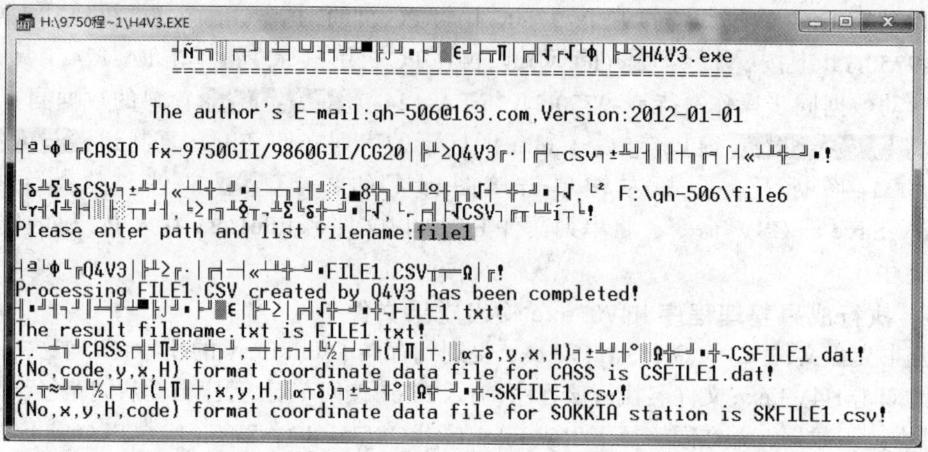

图 2-15　在 Windows 7/32bit 操作系统下执行 H4V3.exe 程序的界面

H4V3.exe 程序采用 True BASIC V2.03 版[9]编写，程序界面中的中文字符，只有在 Windows 98 操作系统执行时才显示，在 Windows 98 与 Windows 7/32bit 操作系统执行时，界面的西文字符能正常显示，中文字符显示为乱码，但这不影响程序执行的正确性。H4V3.exe 程序不能在 Windows 7/64bit 操作系统下执行。

图 2-16 为 H4V3 程序生成的成果文件 File1.txt 的部分内容。图 2-17 为坐标文件 CSfile1.dat 与 SKfile1.csv 的内容，它包含导线已知点平面坐标与平差后未知点平面坐标，其中的编码位为空。

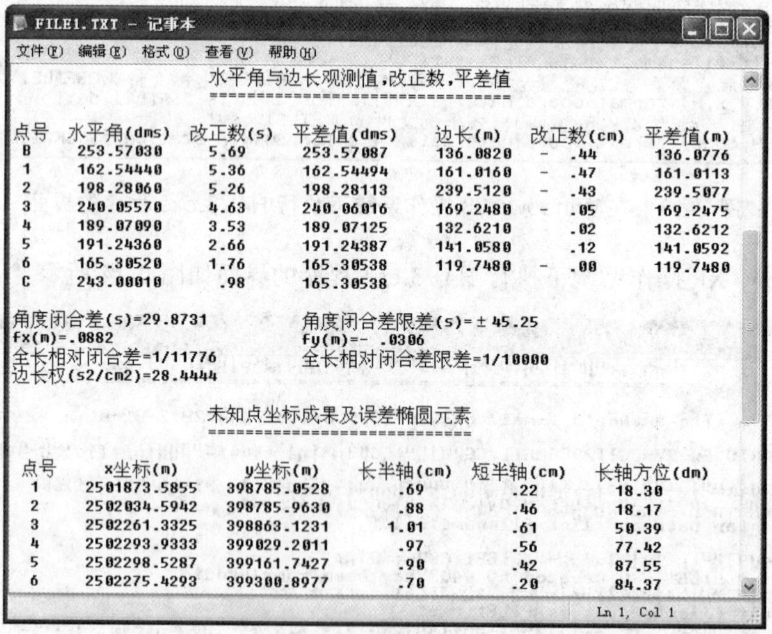
FILE1.TXT - 记事本

文件(F) 编辑(E) 格式(O) 查看(V) 帮助(H)

水平角与边长观测值,改正数,平差值

点号	水平角(dms)	改正数(s)	平差值(dms)	边长(m)	改正数(cm)	平差值(m)
B	253.57030	5.69	253.57087	136.0820	- .44	136.0776
1	162.54440	5.36	162.54494	161.0160	- .47	161.0113
2	198.28060	5.26	198.28113	239.5120	- .43	239.5077
3	240.05570	4.63	240.06016	169.2480	- .05	169.2475
4	189.07090	3.53	189.07125	132.6210	.02	132.6212
5	191.24360	2.66	191.24387	141.0580	.12	141.0592
6	165.30520	1.76	165.30538	119.7480	- .00	119.7480
C	243.00010	.98	165.30538			

角度闭合差(s)=29.8731　　角度闭合差限差(s)=±45.25
fx(m)=.0882　　fy(m)=- .0306
全长相对闭合差=1/11776　　全长相对闭合差限差=1/10000
边长权(s2/cm2)=28.4444

未知点坐标成果及误差椭圆元素

点号	x坐标(m)	y坐标(m)	长半轴(cm)	短半轴(cm)	长轴方位(dm)
1	2501873.5855	398785.0528	.69	.22	18.30
2	2502034.5942	398785.9630	.88	.46	18.17
3	2502261.3325	398863.1231	1.01	.61	50.39
4	2502293.9333	399029.2011	.97	.56	77.42
5	2502298.5287	399161.7427	.90	.42	87.55
6	2502275.4293	399300.8977	.70	.20	84.37

Ln 1, Col 1

图 2-16　二级附合导线条件平差成果文件 File1.txt 的部分内容

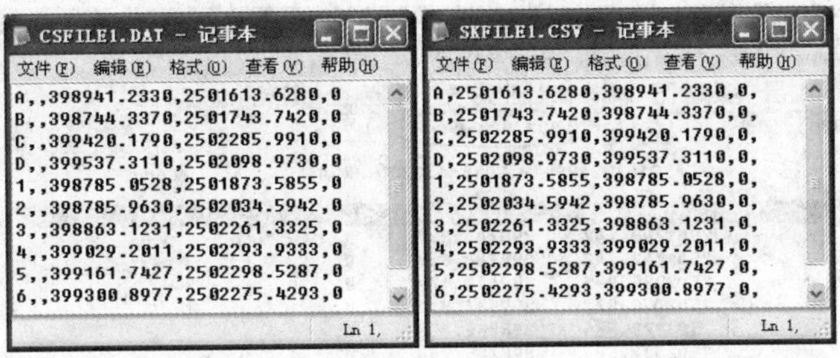

图 2-17　坐标文件 CSfile1.dat 与 SKfile1.csv 的内容

CSfile1.dat 坐标文件的格式为"点名,,*y*,*x*,0"，该文件可用于南方 CASS 展点及上传到南方、拓普康全站仪内存。

将随书标配光盘"\全站仪通信软件\南方\NTS350\NTS.exe"文件复制到 PC 机硬盘，并将其发送到 Windows 桌面，双击桌面图标启动 NTS 软件；执行下拉菜单"文件\打开"命令，在弹出的文件选择对话框中，选择 CSfile1.dat 文件，结果如图 2-18 所示。

图 2-18　使用南方 NTS 软件打开 CSfile1. dat 文件的界面

SKfile1.csv 坐标文件的格式为"点名,*x*,*y*,0,"，专用于上传到索佳 SET 系列全站仪内存工作文件 JOB1~JOB10。应使用索佳 Coord 软件打开并将其转换为索佳坐标文件格式后存盘，才能上传到索佳 SET50X 系列全站仪内存工作文件中。

将随书标配光盘"\全站仪通信软件\索佳\Coord.exe"文件复制到 PC 机硬盘，并将其发送到 Windows 桌面，双击桌面图标启动 Coord 软件；执行下拉菜单"文件\打开"命令，在弹出的文件选择对话框中，选择 SKfile1.csv 文件，结果如图 2-19 上图所示。

索佳 SET 系列全站仪缺省设置的内存工作文件名为 JOB1~JOB10，用户应在 Coord 软件的"文件"栏输入索佳 SET50X 系列全站仪的一个内存工作文件(图 2-19 上图为输入 JOB3)，在"版本"栏应输入字符"SDR33 V04-04.02"为版本号，然后执行下拉菜单命令"转换/转 SDR33 格式"，再执行下拉菜单命令"文件/另存为"，将其保存为 JOB3.sdr 文件。

将 JOB3.sdr 文件复制到 SD 卡(或 U 盘)，将 SD 卡(或 U 盘)插入索佳 SET50X 系列全站仪的 SD 卡(或 U 盘)插槽。

在索佳 SET50X 系列全站仪上执行"内 存\文件操作\文件选取"命令，设置 JOB3 为工作文件；执行"外 存\上载坐标"命令，图 2-20(c)显示工作文件为 JOB3，按(F4)(OK)键，图 2-20(d)显示 SD 卡中已有 SDR 文件的列表，移动光标到 JOB3 文件行按↵键，图 2-20(e)显示 SD 卡中的 JOB3 文件的参数，按(F4)(YES)键开始上载 SD 卡 JOB3 文件的坐标数据并显示当前已上载坐标数的进程，结果如图 2-20(f)所示。只有当图 2-20(f)右下角显示的上载坐标数与 JOB3.sdr 中的坐标数相等时命令才有效，否则命令无效。

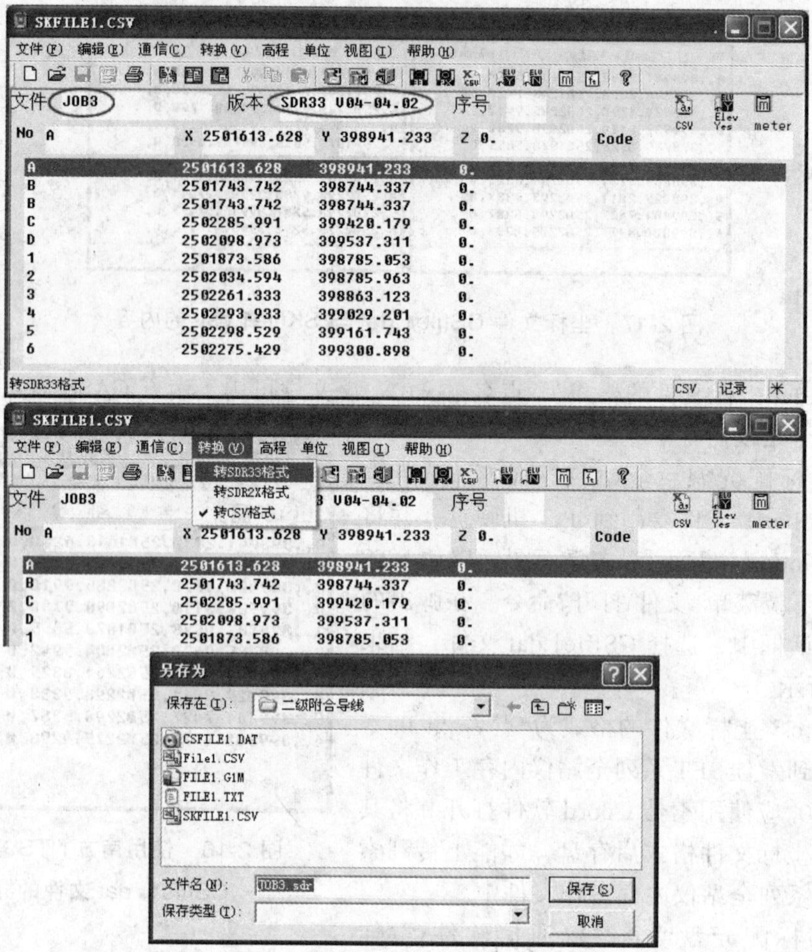

图 2-19　使用索佳 Coord 软件打开 SKfile1.csv 文件并转换为 SDR33 格式文件存盘

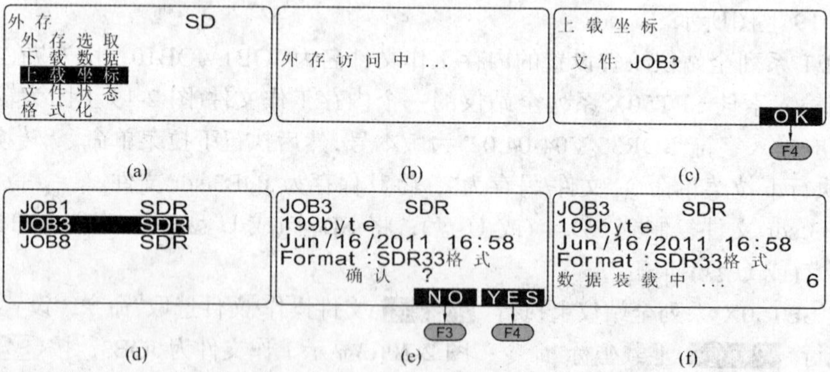

图 2-20　执行"外存\上载坐标"命令上载 SD 卡的 JOB3.sdr 坐标文件到内存工作文件

将程序算出的 6 个未知点的误差椭圆绘制到图 2-10 所示的导线展点图上，结果如图 2-21 所示。由图可知，误差椭圆的分布规律是：长半轴方向与导线走向基本相同，且离已知较远的导线中间点的点位误差较大。

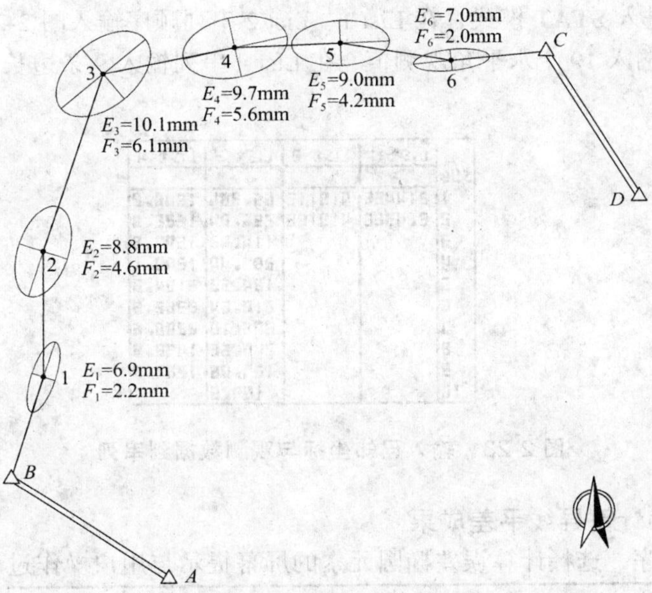

图 2-21　二级光电测距附合导线未知点误差椭圆图

6) 三等闭合导线条件平差案例

图 2-22 为某三等闭合导线观测略图，已知 A、B 点的坐标，为求 1~8 点的坐标，观测了图中的 10 个水平角与 9 条边长。

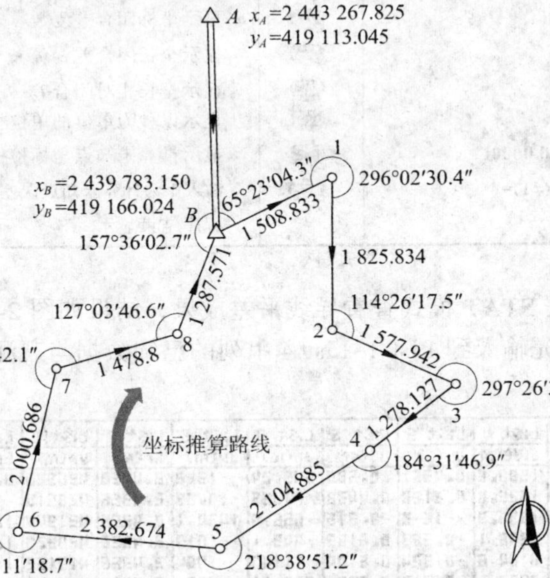

图 2-22　三等光电测距闭合导线观测略图

(1) 输入已知坐标与观测数据

按 MENU ② 键进入 **STAT** 模式，按 SHIFT SETUP ▼ ▼ F1（FILE）② EXE EXE 键设置 **File2** 为当前串列文件；按 MENU ① 键进入 **RUN•MAT** 模式，按 SHIFT PRGM F6（▷）F1（CLR）F3（List）EXE 键执行 **ClrList** 命令清除当前串列文件。

按 MENU ② 键进入 **STAT** 模式，在 List 1、List 2 串列顺序输入图 2-22 的 2 个已知点坐标，在 List 3 串列输入 10 个水平角观测值，在 List 4 串列输入 9 条边长值，结果如图 2-23 所示。

SUB	List 1	List 2	List 3	List 4
1	2.44E6	419113	65.384	1508.8
2	2.43E6	419166	296.04	1825.8
3			114.43	1577.9
4			297.44	1278.1
5			184.52	2104.8
6			218.64	2382.6
7			278.18	2000.6
8			240.66	1478.8
9			127.06	1287.5
10			157.6	

图 2-23　输入已知坐标与观测数据到串列

(2) 执行程序计算导线平差成果

执行 Q4V3 程序，选择计算误差椭圆元素的屏幕提示与用户操作过程如下：

屏幕提示	按键	说明
Traverse condition adjust Q4V3		显示程序标题
closed traverse		程序探测串列数据为闭合导线
unknown point num=8.0000	EXE	显示导线未知点数
ΣS(m)=15445.3520	EXE	显示导线全长
average S(m)=1716.1502	EXE	显示导线平均边长
Traverse grade(1/2/3/4/5)=?	1 EXE	输入 1 选择三等导线
f_β(s)=1.3	EXE	显示以秒为单位的方位角闭合差/耗时 1.34s
f_x+f_yi(m)=0.0381+0.0328i	EXE	显示坐标闭合差复数
f(m)=0.0503	EXE	显示全长闭合差
1/K=1/307179	EXE	显示全长相对闭合差
m_0(s)=±0.5867	EXE	显示以秒为单位的单位权中误差/耗时 1.62s
check f_x+f_yi(m)=0.0000+0.0000i	EXE	显示推算未知点坐标检核结果
cal ellip−error yes(1)/no(≠1)=?	1 EXE	输入 1 为计算未知点误差椭圆元素/耗时 10.93s
Q4V3⇒End		程序结束显示

按 MENU ② 键进入 **STAT** 模式查看导线平差成果，结果如图 2-24 所示。执行 Q4V3 程序，不会破坏用户预先输入到 List 1~List 4 串列的已知数据与观测数据，因此允许无限次重复执行 Q4V3 程序。

SUB	List 1	List 2	List 3	List 4	List 5	List 6	List 7	List 8	List 9	List10	List11	List12	List13	List14
	x0(m)	y0(m)	(Deg)	Side(m	v (S)	vS(cm)	dx(m)	dy(m)	xP(m)	yP(m)	EP(cm)	FP(cm)	E(Deg	ctrl
1	2.44E6	419113	65.384	1508.8	0.4351	-0.588	649.24	1362	2.44E6	420528	0.6172	0.3937	69.465	1
2	2.43E6	419166	296.04	1825.8	0.3128	0.4438	-1825	-17.69	2.43E6	420510	0.84	0.5564	41.206	8
3			114.43	1577.9	-1E-3	-0.215	-666.7	1430.1	2.43E6	421940	1.1647	0.7439	31.532	9.4868
4			297.44	1278.1	-0.363	0.6186	-779.1	-1013	2.43E6	420927	1.1753	0.7005	54.575	60000
5			184.52	2104.8	-0.324	0.6104	-1147	-1764	2.43E6	419162	1.2837	0.7677	86.048	0.81
6			218.64	2382.6	-0.219	0.3972	233.11	-2371	2.43E6	416791	1.3772	0.8403	314.72	1.3
7			278.18	2000.6	0.2307	-0.532	1942.9	477.33	2.43E6	417268	0.8616	0.7103	359.91	0.0381
8			240.66	1478.8	0.4858	-0.543	396.06	1424.7	2.43E6	418693	0.614	0.3374	19.781	0.0327
9			127.06	1287.5	0.3087	-0.571	1197.7	472.47	2.43E6	419166				307179
10			157.6		0.4351									0.5866
11														1

图 2-24　执行 Q4V3 程序后的串列结果

(3) 执行成果整理程序 H4V3. exe 输出成果文件

将本例的串列文件 **File2** 下传到 FA-124 并输出为 File2.csv 文件，将随书光盘文件“\2 章\QH43\H4V3.exe”复制到存储了 File2. csv 的硬盘或 U 盘文件夹下，执行 H4V3.exe 程序，输入文件名 File2 按回车键，程序自动从同路径下的 File2. csv 文件中读入数据，并在同路径下生成 File2.txt，CSfile2.dat，SKfile2.csv 三个成果文件，这些文件连同源串列文件 File2. csv 均位于光盘“\2 章\QH43\三等闭合导线\”路径下。图 2-25 为成果文件 File2.txt 的部分内容。

FILE2. TXT - 记事本

文件(F) 编辑(E) 格式(O) 查看(V) 帮助(H)

水平角与边长观测值,改正数,平差值

点号	水平角(dms)	改正数(s)	平差值(dms)	边长(m)	改正数(cm)	平差值(m)
B	65.23043	.44	65.23047	1508.8330	- .59	1508.8271
1	296.02304	.31	296.02307	1825.8340	.44	1825.8384
2	114.26175	- .00	114.26175	1577.9420	- .22	1577.9398
3	297.26383	- .36	297.26379	1278.1270	.62	1278.1332
4	184.31469	- .32	184.31466	2104.8850	.61	2104.8911
5	218.38512	- .22	218.38510	2382.6740	.40	2382.6780
6	278.11187	.23	278.11189	2000.6860	- .53	2000.6807
7	240.39421	.49	240.39426	1478.8000	- .54	1478.7946
8	127.03466	.31	127.03469	1287.5710	- .57	1287.5653
B	157.36027	.44	65.23047			

角度闭合差(s)=1.3000　　角度闭合差限差(s)=±9.49
fx(m)=.0381　　fy(m)=.0328
全长相对闭合差=1/307179　　全长相对闭合差限差=1/60000
边长权(s2/cm2)=.8100

未知点坐标成果及误差椭圆元素

点号	x坐标(m)	y坐标(m)	长半轴(cm)	短半轴(cm)	长轴方位(dm)
1	2440432.3930	420528.0236	.62	.39	69.28
2	2438606.6404	420510.3222	.84	.56	41.12
3	2437939.9318	421940.4949	1.16	.74	31.32
4	2437160.7490	420927.3322	1.18	.70	54.34
5	2436013.3314	419162.6794	1.28	.77	86.03
6	2436246.4465	416791.4326	1.38	.84	314.43
7	2438189.3490	417268.7719	.86	.71	359.55
8	2438585.4082	418693.5422	.61	.34	19.47

Ln 1, Col 1

图 2-25　三等闭合导线条件平差成果文件 File2.txt 的部分内容

图 2-26 为坐标文件 CSfile2.dat 与 SKfile2.csv 的内容。

CSFILE2. DAT - 记事本

文件(F) 编辑(E) 格式(O) 查看(V) 帮助(H)

```
A,,419113.0450,2443267.8250,0
B,,419166.0240,2439783.1500,0
1,,420528.0236,2440432.3930,0
2,,420510.3222,2438606.6404,0
3,,421940.4949,2437939.9318,0
4,,420927.3322,2437160.7490,0
5,,419162.6794,2436013.3314,0
6,,416791.4326,2436246.4465,0
7,,417268.7719,2438189.3490,0
8,,418693.5422,2438585.4082,0
```

Ln 1,

SKFILE1. CSV - 记事本

文件(F) 编辑(E) 格式(O) 查看(V) 帮助(H)

```
A,2501613.6280,398941.2330,0,
B,2501743.7420,398744.3370,0,
C,2502285.9910,399420.1790,0,
D,2502098.9730,399537.3110,0,
1,2501873.5855,398785.0528,0,
2,2502034.5942,398785.9630,0,
3,2502261.3325,398863.1231,0,
4,2502293.9333,399029.2011,0,
5,2502298.5287,399161.7427,0,
6,2502275.4293,399300.8977,0,
```

Ln 1,

图 2-26　坐标文件 CSfile2.dat 与 SKfile2.csv 的内容

将程序算出的 8 个未知点的误差椭圆绘制到图 2-22 的导线展点图上，结果如图 2-27 所示，误差椭圆的长半轴方向及点位误差大小的规律与图 2-21 基本相同。

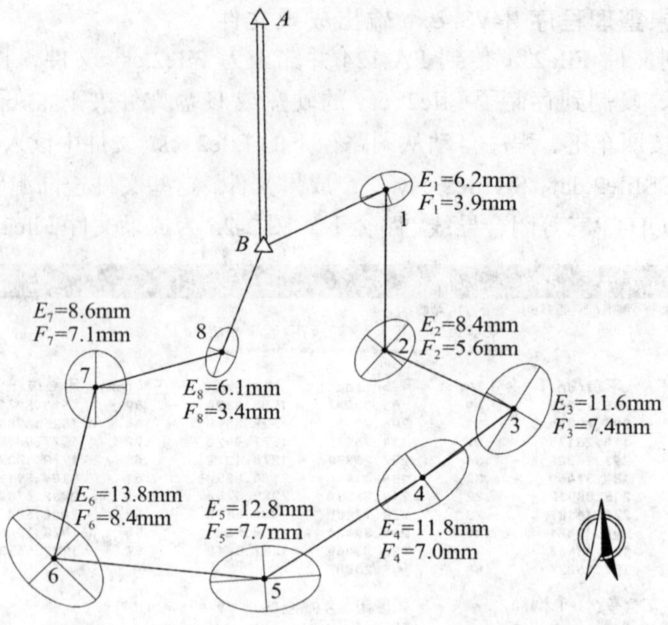

图 2-27　三等光电测距闭合导线未知点误差椭圆图

7) 图根附合导线条件平差案例

计算未知导线点的误差椭圆元素时，程序是使用矩阵公式(2-51)计算未知点坐标平差值函数的协因素矩阵。当未知点数比较多时，需要耗费 fx-9750GⅡ比较多的内存资源，有可能引起内存错误，此时，完成导线的条件平差计算后，屏幕显示如下提示：

cal ellip−error yes(1)/no(≠1)=?

可以输入≠1 的任意实数，选择不计算未知点的误差椭圆元素，从而避开可能引起的内存错误。此时，在当前串列文件中，只有 List 11~List 13 串列的未知点误差椭圆元素值均为 0，其余串列的数据均为正常平差结果。

例如，图 2-28 为某图根附合导线观测略图，已知 *A*、*B*、*C*、*D* 点的坐标，为求 1~17 点的坐标，观测了图中的 19 个水平角与 18 条边长。

根据《工程测量规范》的规定，图根导线只需要进行近似平差计算。本例只所以使用 Q4V3 程序进行严密平差计算，是因为该条导线的未知点有 17 个，完成条件平差计算后，在计算未知点的误差椭圆元素时，将引起内存错误。

(1) 输入已知坐标与观测数据

按 MENU 2 键进入 **STAT** 模式，按 SHIFT SET UP ▼ ▼ F1 (FILE) 3 EXE EXE 键设置 **File3** 为当前串列文件；按 MENU 1 键进入 **RUN•MAT** 模式，按 SHIFT PRGM F6 (▷) F1 (CLR) F3 (List) EXE 键执行 **ClrList** 命令清除当前串列文件。

按 MENU 2 键进入 **STAT** 模式，在 List 1、List 2 串列顺序输入图 2-28 所示的 4 个已知点坐标，在 List 3 串列输入 19 个水平角观测值，在 List 4 串列输入 18 条边长值，结果如图 2-29 所示。

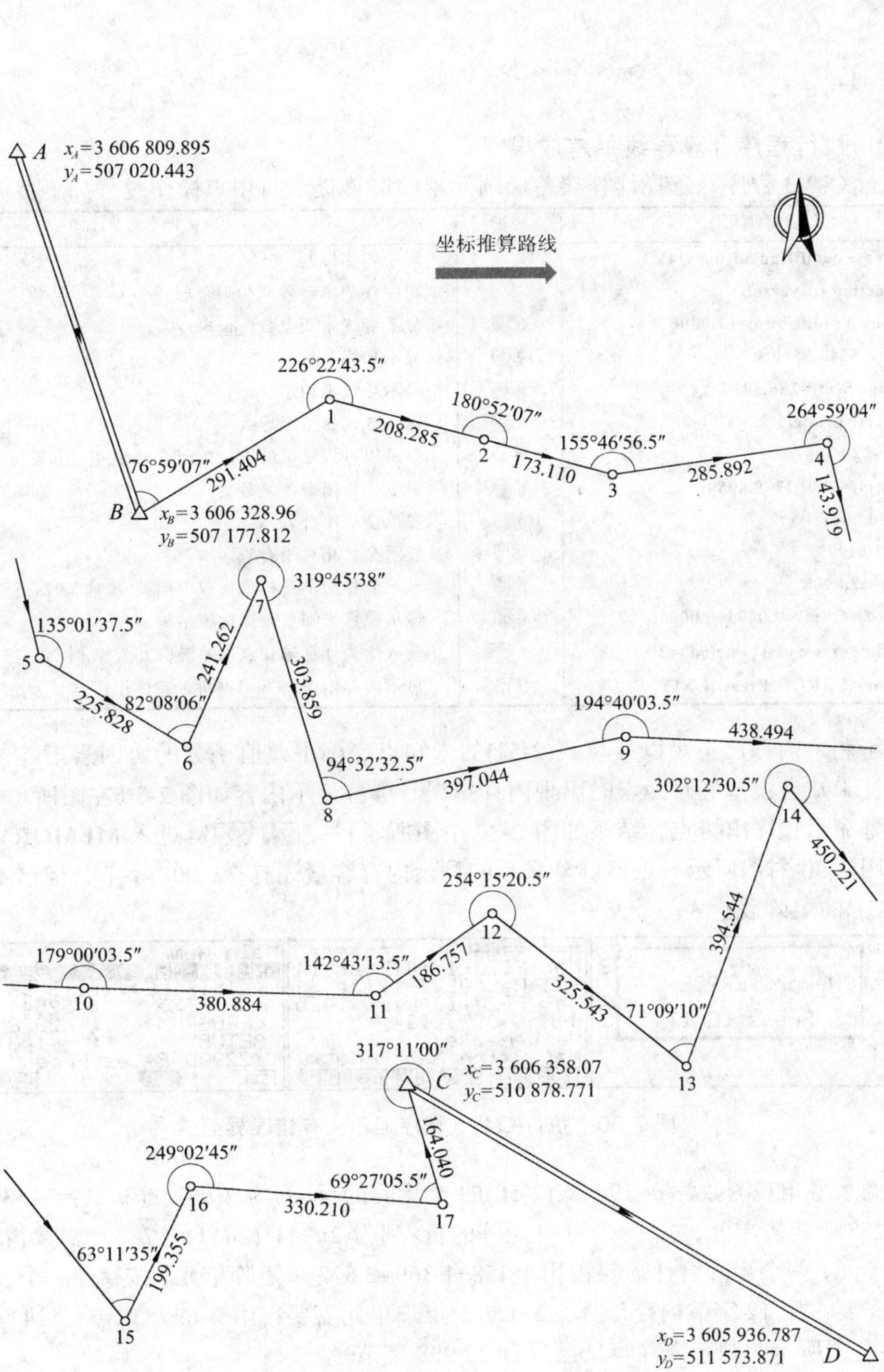

图 2-28　图根光电测距附合导线观测略图

SUB	List 1	List 2	List 3	List 4
1	3.6E6	507020	76.985	291.4
2	3.6E6	507177	226.37	208.28
3	3.6E6	510878	180.86	173.11
4	3.6E6	511573	155.78	285.89
5			264.98	143.91
6			135.02	225.82
7			82.135	241.26
8			319.76	303.85
9			94.542	397.04
10			194.66	438.49
11			179	380.88
12			142.72	186.75
13			254.25	325.54
14			71.152	394.54
15			302.2	450.22
16			63.193	199.35
17			249.04	330.21
18			69.451	164.04
19			317.18	

图 2-29　输入已知坐标与观测数据到串列

(2) 执行程序计算导线平差成果

执行 Q4V3 程序，选择计算误差椭圆元素的屏幕提示与用户操作过程如下：

屏幕提示	按键	说明
Traverse condition adjust Q4V3		显示程序标题
connecting traverse!		程序探测串列数据为附合导线
unknown point num=17.0000	EXE	显示导线未知点数(<u>num</u>ber)
ΣS(m)=5140.6510	EXE	显示导线全长
average S(m)=285.5917	EXE	显示导线平均边长
Traverse grade(1/2/3/4/5)=?	5 EXE	输入 5 选择三级导线
f_β(s)=-22.6356	EXE	显示以秒为单位的方位角闭合差/耗时 2.06s
f_x+f_yi(m)=-0.0837−0.0089i	EXE	显示坐标闭合差复数
f(m)=0.0841	EXE	显示全长闭合差
1/K=1/61093	EXE	显示全长相对闭合差
m_0(s)=±2.8908	EXE	显示以秒为单位的单位权中误差/耗时 3.92s
check f_x+f_yi(m)=0.0000+0.0000i	EXE	显示推算未知点坐标检核结果
cal ellip−error yes(1)/no(≠1)=?	1 EXE	输入 1 为计算未知点误差椭圆元素/耗时 24.17s
Memory ERROR/Press:[EXIT]	EXIT	显示内存错误,按 EXIT 键进入程序出错点

由于剩余内存已不足以计算式(2-51)的未知点坐标平差值函数的协因素矩阵，因此程序在计算未知点误差椭圆元素时出现内存错误，屏幕显示内容如图 2-30 左图所示；按 EXIT 键，屏幕显示程序出错点，结果如图 2-30 中图所示；按 MENU D 键进入 **MEMORY** 模式，界面如图 2-30 右图所示。虽然屏幕显示的剩余内存容量还有 22 908 字节，但已不足以计算式(2-51)的矩阵表达式。

图 2-30 执行 Q4V3 程序显示内存错误界面

本例水平角观测数为 n=19，式(2-50)的 f^{T} 矩阵的行×列为 $2(n-2)\times(2n-1)=34\times37$，需要占用 1 258 个矩阵单元；式(2-42)的 Q 矩阵的行×列为 $(2n-1)\times(2n-1)=37\times37$，需要占用 1 369 个矩阵单元，两个矩阵合计需要占用 1 258+1 369=2 627 个矩阵单元。按存储一个实数的矩阵单元需要占用 12 字节内存计算，2 627 个矩阵单元需要占用 2 627×12=31 524 字节，而图 2-30 右图所示的剩余内存容量已只有 22 908 字节。

重新执行 Q4V3 程序，选择不计算误差椭圆元素的屏幕提示与用户操作过程如下：

屏幕提示	按键	说明
Traverse condition adjust Q4V3		显示程序标题
connecting traverse!		程序探测串列数据为附合导线
unknown point num=17.0000	EXE	显示导线未知点数
ΣS(m)=5140.6510	EXE	显示导线全长
average S(m)=285.5917	EXE	显示导线平均边长
Traverse grade(1/2/3/4/5)=?	5 EXE	输入 5 选择三级导线
f_β(s)=-22.6356	EXE	显示以秒为单位的方位角闭合差/耗时 2.06s

续表

屏幕提示	按键	说明
f_x+f_yi(m)=-0.0837-0.0089i	EXE	显示坐标闭合差复数
f(m)=0.0841	EXE	显示全长闭合差
1/K=1/61093	EXE	显示全长相对闭合差
m_0(s)=±2.8908	EXE	显示以秒为单位的单位权中误差/耗时 3.92s
check f_x+f_yi(m)=0.0000+0.0000i	EXE	显示推算未知点坐标检核结果
cal ellip-error yes(1)/no(≠1)=?	2 EXE	输入≠1 的数值为不计算未知点误差椭圆元素
Q4V3⇛End		程序结束显示

本例虽然是按图根导线观测的，但平差后的精度指标还是很高的。

由于选择不计算未知点的误差椭圆元素，所以将本例的串列文件 **File3** 下传到 FA-124 并输出为 File3.csv 文件，执行 H4V3.exe 程序，对其进行处理后的 File3.txt 文件中，就没有误差椭圆元素的内容，结果如图 2-31 所示。

本例的全部数据文件位于光盘"\2 章\QH43\图根附合导线\"路径下。

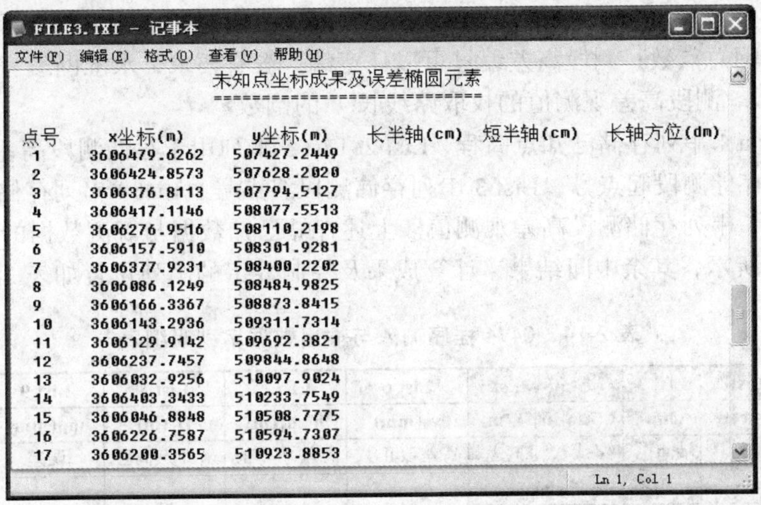
FILE3.TXT - 记事本

文件(F) 编辑(E) 格式(O) 查看(V) 帮助(H)

未知点坐标成果及误差椭圆元素

==============================

点号	x坐标(m)	y坐标(m)	长半轴(cm)	短半轴(cm)	长轴方位(dm)
1	3606479.6262	507427.2449			
2	3606424.8573	507628.2020			
3	3606376.8113	507794.5127			
4	3606417.1146	508077.5513			
5	3606276.9516	508110.2198			
6	3606157.5910	508301.9281			
7	3606377.9231	508400.2202			
8	3606086.1249	508484.9825			
9	3606166.3367	508873.8415			
10	3606143.2936	509311.7314			
11	3606129.9142	509692.3821			
12	3606237.7457	509844.8648			
13	3606032.9256	510097.9024			
14	3606403.3433	510233.7549			
15	3606046.8848	510508.7775			
16	3606226.7587	510594.7307			
17	3606200.3565	510923.8853			

Ln 1, Col 1

图 2-31　图根附合导线条件平差不计算未知点误差椭圆元素的成果文件 File3.txt 的部分内容

2.4　水准网间接平差程序(Q4V4/H4V4)

1) 间接平差原理

水准网间接平差是以未知点的高程为未知数，通过列立测段高差观测值的误差方程，在最小二乘原理下求未知点高程的最小二乘解。

设水准网间接平差模型为

$$\left.\begin{aligned}\underset{n\times1}{V} &= \underset{n\times t}{B}\,\underset{t\times1}{\hat{X}} - \underset{n\times1}{h}\\ \underset{1\times n}{V^{\mathrm{T}}}\,\underset{n\times n}{P}\,\underset{n\times1}{V} &\to \min\end{aligned}\right\} \tag{2-58}$$

当未知点高程 $\underset{t\times1}{\hat{X}}$ 函数独立时，系数矩阵 $\underset{n\times t}{B}$ 列满秩，即 rank(B)=t，法方程及其解为

$$N_{bb}\hat{X} - f_e = 0 \quad (N_{bb} = B^{\mathrm{T}}PB, f_e = B^{\mathrm{T}}Ph) \tag{2-59}$$

$$\hat{X} = N_{bb}^{-1} f_e \tag{2-60}$$

高差观测值的平差值为

$$\hat{h} = h + V \tag{2-61}$$

单位权中误差估值为

$$\hat{\sigma}_0 = \sqrt{\frac{V^{\mathrm{T}}PV}{n-t}} \tag{2-62}$$

未知点高程平差值的协方差矩阵为

$$D_{\hat{X}\hat{X}} = \hat{\sigma}_0^2 N_{bb}^{-1} \tag{2-63}$$

由于高差观测的误差方程本身已是线性形式，因此水准网间接平差可以不需要先计算未知点的近似高程，而是直接解算法方程式(2-59)，求未知点高程的平差值。

2) 串列数据规划

水准点编号应从 1 开始连续编号，先编已知高程点，紧接着编未知高程点，编号的最大值即为水准网总点数；测段高差编号可以任意编，没有要求，水准网编号案例如图 2-32 与图 2-37 所示。测段高差观测值的权取路线长 L_i 的倒数。

固定用 List 1 串列存储已知点高程，List 2~List 5 串列用于存储测段高差观测数据，其中 List 2 串列存储测段起点号，List 3 串列存储测段终点号，List 4 串列存储测段路线长或测站数，List 5 串列存储测段高差观测值。上述存储已知数据与观测数据的串列如表 2-14 灰色背景串列所示，其余中间结果、计算成果及控制数字的串列位置如表 2-14 所示。

表 2-14　Q4V4 程序输入与输出数据串列明细表

串列	List 1	List 2	List 3	List 4	List 5	List 6	List 7	List 8	List 9	List 10
子名	H_0(m)	star	end	L(km)/n	h(m)	v_h(mm)	h adj(m)	H_p(m)	m_H(mm)	ctrl
1	已知点 H	起点号	端点号	路线长	高差	高差改正数	高差平差值	未知点高程	误差	已知点数
2	……	……	……	……	……	……	……			未知点数
3										测段高差数
4										单位权中误差

注：表中灰底色背景串列为执行 Q4V4 程序之前，用户应输入的已知数据与观测数据。

3）程序

程序名：Q4V4，940 字节，光盘文件为“\2 章\QH44\Q4V4.glm”。

```
"Leveling parameter adjust Q4V4"↵                    显示程序标题
4→Dim List 10:"ctrl"→List 10[0]↵                     定义控制数字串列并赋子名
"H0(m)"→List 1[0]↵                                   赋已知点高程串列子名
"star"→List 2[0]:"end"→List 3[0]↵                    赋测段水准起讫点号串列子名
"L(km)/n"→List 4[0]:"h(m)"→List 5[0]↵                赋测段水准路线长与高差串列子名
Dim List 1→A:A→List 10[1]↵                           提取已知高程点数
Max(List 2,List 3):Max(List Ans)→P↵                  未知点的最大点号应为总点数
P−A→T:T→List 10[2]↵                                  计算未知点数
```

```
Dim List 5→N:N→List 10[3]↵                              提取水准测段数
Norm 1:"H0 point num=":A◢                                显示已知水准点数
"Hp point num=":T◢                                       显示未知水准点数
"hi section num=":N◢                                     显示水准测段数
N→Dim List 6:"vh(mm)"→List 6[0]↵                         定义测段高差改正数串列并赋子名
N→Dim List 7:"h adj(m)"→List 7[0]↵                       定义测段高差平差值串列并赋子名
ClrMat↵                                                  清除全部矩阵定义
{N,T}→Dim Mat B↵                                         定义误差方程系数矩阵为N行×T列
{N,1}→Dim Mat F↵                                         定义误差方程自由项列矩阵为N行×1列
{T,T}→Dim Mat N↵                                         定义法方程系数矩阵为T行×T列
{T,1}→Dim Mat E↵                                         定义法方程自由项列矩阵为T行×1列
For 1→I To N↵                                            计算误差方程系数矩阵
List 2[I]−A→C↵                                           水准测段起点未知数号
If C>0:Then -1→Mat B[I,C]:0→R↵                           起点为未知点时,赋误差方程系数
Else List 1[List 2[I]]→R:IfEnd↵                          起点为已知点时,提取该点高程
List 3[I]−A→C↵                                           计算水准测段端点未知数号
If C>0:Then 1→Mat B[I,C]:0→S↵                            端点为未知点时,赋误差方程系数
Else List 1[List 3[I]]→S:IfEnd↵                          端点为已知点时,提取该点高程
-(S−R−List 5[I])→Mat F[I,1]↵                             误差方程自由项的值
Next↵
For 1→I To T↵                                            组成法方程系数矩阵与自由项列矩阵
For 1→J To T↵
For 1→K To N↵
Mat B[K,I]Mat B[K,J]÷List 4[1K]+Mat N[I,J]→Mat N[I,J]↵  组成法方程系数矩阵
Next:Next↵
For 1→K To N↵
Mat B[K,I]Mat F[K,1]÷List 4[1K]+Mat E[I,1]→Mat E[I,1]↵  组成法方程自由项列矩阵
Next:Next↵
Mat N^-1→Mat Q:ClrMat N↵                                 法方程系数逆阵,清除系数矩阵
Mat Q×Mat E→Mat X↵                                       法方程的解
Mat→List(Mat X,1)→List 8↵                      将法方程未知数解列向量抽取到 List 8 串列
"Hp(m)"→List 8[0]↵                                       未知点高程平差值串列赋子名
Mat B×Mat X−Mat F→Mat V↵                                 误差方程改正数列向量
Mat→List(Mat V,1)→List 6↵                                将高差改正数列向量抽取到 List 6 串列
List 5+List 6→List 7↵                                    测段高差观测值的平差值
1000List 6→List 6↵                                       将高差改正数单位换算为 mm
0→M:For 1→I To N↵
List 6[I]^2÷List 4[I]+M→M:Next↵                          累加[pvv]
√(M÷(N−T))→List 10[4]↵                                   存储单位权中误差
```

```
T→Dim List 9:"mH(m)"→List 9[0]↵              定义未知点高程误差串列并赋子名
For 1→I To T↵
List 10[4]√(Mat Q[I,I])→List 9[I]:Next↵      未知点高程中误差
Fix 3:"m0(mm/km)=±":List 10[4]◢               平差后单位权中误差
ClrMat↵                                       清除全部矩阵
"Q4V4⇒End"
```

4) 程序说明

(1) 平差计算容量

程序最多能对大约 30 个未知点的任意水准网进行间接平差计算，程序中占内存较多的是误差方程系数矩阵 Mat B，法方程系数矩阵 Mat N 及其逆阵 Mat Q。

组成法方程的系数矩阵 $N_{bb}=B^{\mathrm{T}}PB$ 及自由项 $f_e=B^{\mathrm{T}}Ph$ 时，虽然直接使用机器的矩阵函数及矩阵运算功能将使程序变得很简单，但会占用较多的内存空间。由于测段高差观测为误差独立观测量，其权阵 P 为对角矩阵，程序是使用三重 **For~To~Next** 语句，循环迭代计算法方程的系数矩阵 N_{bb} 与自由项矩阵 f_e，因此可以避免定义权阵 P 需要占用的大量内存。

(2) 选择串列文件

执行程序前，应先在 **File1~File6** 中任意选择一个串列文件为当前串列文件，并清除当前串列文件的数据。

(3) 已知点高程输入

在 List 1 串列按点号顺序输入已知点高程。

(4) 水准测段数据输入

水准测段数据包括测段起点号、端点号、路线长(或测站数)、高差观测值，其中，测段起点号输入到 List 2 串列，端点号输入到 List 3 串列，路线长(或测站数)输入到 List 4 串列，高差观测值输入到 List 5 串列。

执行 Q4V4 程序后，用户只需要在屏幕给出提示时，按 EXE 键继续，不再需要输入任何数值。

5) 四等水准网间接平差案例

图 2-32 为某四等水准网观测略图，1~4 点为已知高程点，5~7 点为未知高程点，观测了图中 6 个测段的水准高差。

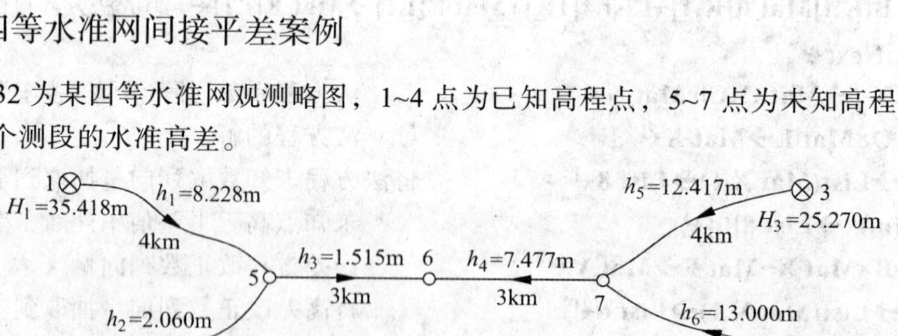

图 2-32　具有两个结点的四等水准网观测略图

(1) 输入已知高程与水准测段观测数据

按 MENU 2 键进入 **STAT** 模式，按 SHIFT SET UP ▼ ▼ F1 (FILE) 3 EXE EXE 键设置 **File3** 为当前串列文件；按 MENU 1 键进入 **RUN·MAT** 模式，按 SHIFT PRGM F6 (▷) F1 (CLR) F3 (List) EXE 键执行 **ClrList** 命令清除当前串列文件。

按 MENU 2 键进入 **STAT** 模式，在 List 1 串列顺序输入图 2-32 的 4 个已知点高程，在 List 2 ~ List 5 串列顺序输入 6 个水准测段的观测数据，结果如图 2-33 所示。

SUB	List 1	List 2	List 3	List 4	List 5
1	35.418	1	5	4	8.228
2	45.712	5	2	4	2.06
3	25.27	5	6	3	1.515
4	24.678	7	6	3	7.477
5		3	7	4	12.417
6		4	7	4	13

图 2-33 输入已知高程与测段数据到串列

(2) 执行程序计算水准网平差成果

执行 Q4V4 程序，对图 2-32 的四等水准网进行间接平差的屏幕提示与用户操作过程如下：

屏幕提示	按键	说明
Leveling parameter adjust Q4V4		显示程序标题
H_0 point num=4	EXE	显示串列中的已知高程点数
H_p point num=3	EXE	显示串列中的未知高程点数
h_i section num=6	EXE	显示串列中的水准测段数/耗时 1.41s
m_0(mm/km)=±2.356	EXE	显示平差后的单位权中误差
Q4V4⇒End		程序结束显示

按 MENU 2 键进入 **STAT** 模式查看水准网间接平差成果，结果如图 2-34 所示。执行 Q4V4 程序，不会破坏用户预先输入到 List 1~List 5 串列的已知数据与观测数据，因此允许无限次重复执行 Q4V4 程序。

	List 1	List 2	List 3	List 4	List 5	List 6	List 7	List 8	List 9	List10
SUB	Ho(m)	Star	end	L(km/r	h(m)	vh(mm)	h adj(	Hp(m)	mH(mm	ctrl
1	35.418	1	5	4	8.228	2.1	8.2301	43.648	2.9799	4
2	45.712	5	2	4	2.06	3.9	2.0639	45.161	3.7249	3
3	25.27	5	6	3	1.515	-1.35	1.5136	37.683	2.9799	6
4	24.678	7	6	3	7.477	1.35	7.4783			2.3558
5		3	7	4	12.417	-3.6	12.413			
6		4	7	4	13	5.4	13.005			

图 2-34 执行 Q4V4 程序后的串列结果

(3) 下传串列文件到通信软件 FA-124 并输出为 CSV 格式逗号分隔文件

用通用 USB 数据线连接好 fx-9750GⅡ与 PC 机的 USB 口；在 PC 机启动 FA-124，先在 fx-9750GⅡ上按 MENU C F2 (RECV) 键，再在 PC 机用鼠标左键单击 FA-124 工具栏的图标，启动数据同步操作；待 fx-9750GⅡ与 FA-124 Calculator 窗口的数据同步操作完成后，将 Calculator 窗口 List File 图标下的串列文件 File 3 复制到 FA-124 窗口 List File 图标下，鼠标左键单击该图标下的 File 3 文件，执行下拉菜单“File/CSV/Save as CSV”命令，将串列文件 File 3 以文件名 File3.csv 存入 PC 机的硬盘或 U 盘文件夹中。

(4) 执行成果整理程序 H4V4.exe 输出成果文件

将随书光盘文件“\2 章\QH44\H4V4.exe”复制到存储了 File3.csv 的硬盘或 U 盘文件夹下，鼠标左键双击 H4V4.exe 文件名执行程序，输入 File3 按回车键，程序自动从同路径下的 File3.csv 文件中读入数据，并在同路径下生成 File3.txt 成果文件，这些文件连同源串列文件 File3.csv 均位于光盘"\2 章\QH44\四等水准\"路径下。在 Windows 98 操作系统下执行 H4V4.exe 程序的界面如图 2-35 所示。在 Windows XP 操作系统或 Windows 7/32bit 操作系统下执行 H4V4.exe 程序时，程序界面的西文字符能正常显示，中文字符显示为乱码(与图 2-14 和图 2-15 类似)，但不影响程序执行的正确性。

图 2-35　在 Windows 98 操作系统下执行 H4V4.exe 程序的界面

图 2-36 为成果文件 File3.txt 的部分内容。

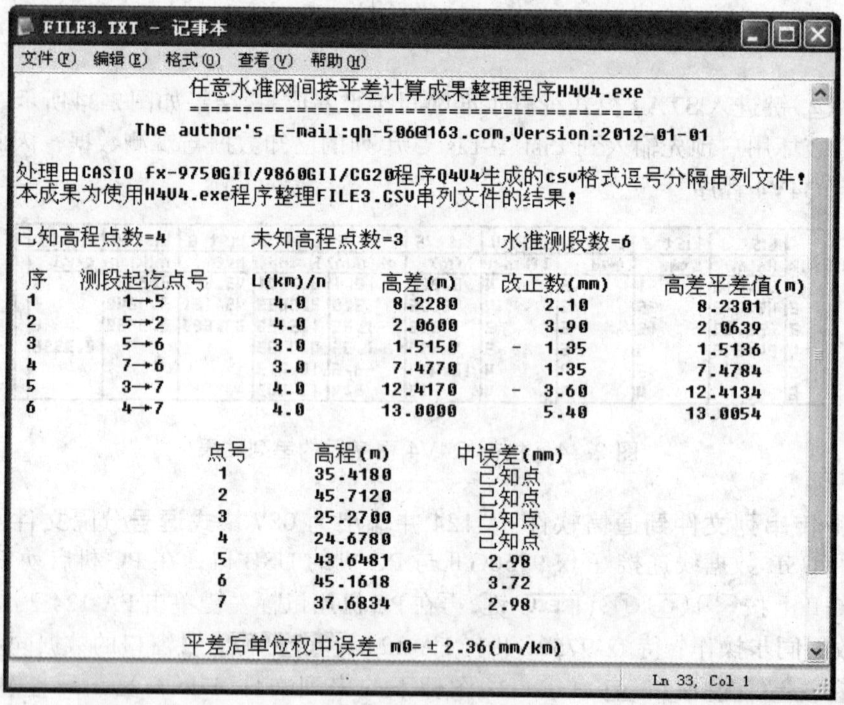

图 2-36　四等水准网间接平差成果文件 File3.txt 的部分内容

6) 等外水准网间接平差案例

图 2-37 为某等外水准网观测略图，1~6 点为已知高程点，7~9 点为未知高程点，观测了图中 12 个水准测段的高差。

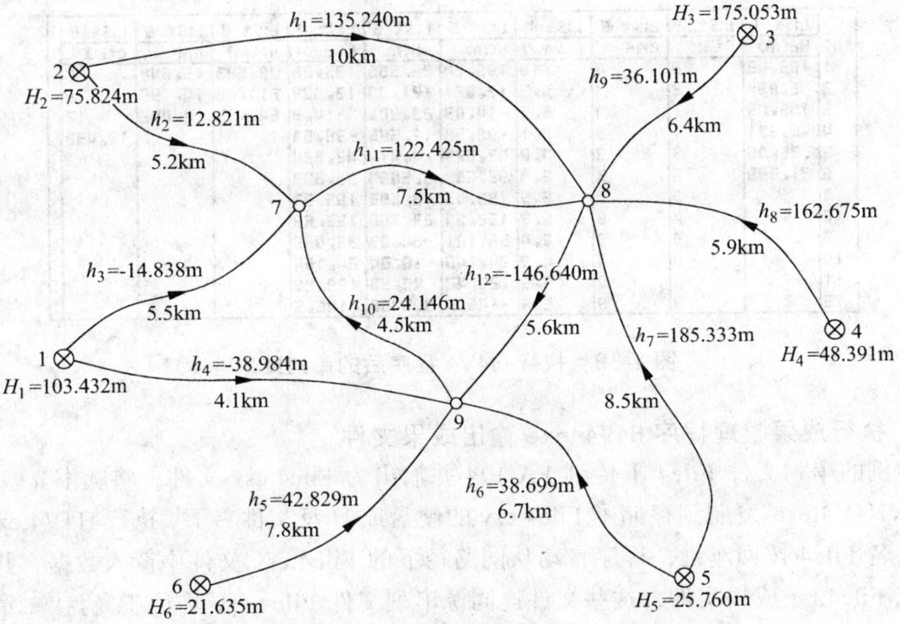

图 2-37　具有三个结点的等外水准网观测略图

(1) 输入已知高程与水准测段观测数据

按 MENU 2 键进入 **STAT** 模式，按 SHIFT SET UP ▼ ▼ F1 (FILE) 4 EXE EXE 键设置 **File4** 为当前串列文件；按 MENU 1 键进入 **RUN•MAT** 模式，按 SHIFT PRGM F6 (▷) F1 (CLR) F3 (List) EXE 键执行 **ClrList** 命令清除当前串列文件。

按 MENU 2 键进入 **STAT** 模式，在 List 1 串列顺序输入图 2-37 的 6 个已知点高程，在 List 2 ~ List 5 串列顺序输入 12 个水准测段的观测数据，结果如图 2-38 所示。

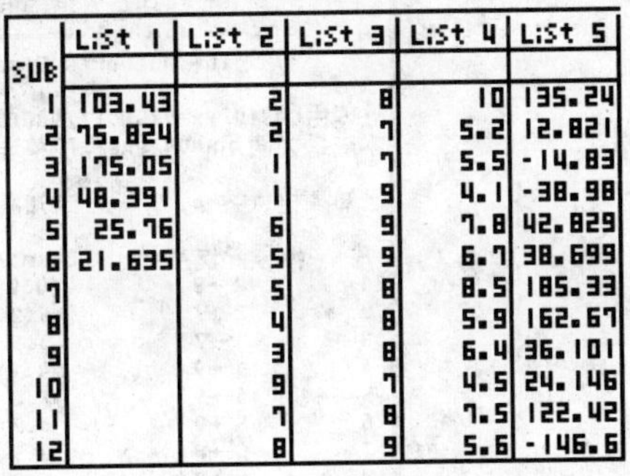

SUB	List 1	List 2	List 3	List 4	List 5
1	103.43	2	8	10	135.24
2	75.824	2	7	5.2	12.821
3	175.05	1	7	5.5	-14.83
4	48.391	1	9	4.1	-38.98
5	25.76	6	9	7.8	42.829
6	21.635	5	9	6.7	38.699
7		5	8	8.5	185.33
8		4	8	5.9	162.67
9		3	8	6.4	36.101
10		9	7	4.5	24.146
11		7	8	7.5	122.42
12		8	9	5.6	-146.6

图 2-38　输入已知高程与测段数据到串列

(2) 执行程序计算水准网平差成果

执行 Q4V4 程序，对图 2-37 的等外水准网进行间接平差的屏幕提示与用户操作过程如下：

屏幕提示	按键	说明
Leveling parameter adjust Q4V4		显示程序标题
H_0 point num=6	EXE	显示串列中的已知高程点数
H_p point num=3	EXE	显示串列中的未知高程点数
h_i section num=12	EXE	显示串列中的水准测段数/耗时 2.28s
m_0(mm/km)=±12.498	EXE	显示平差后的单位权中误差
Q4V4⇒End		程序结束显示

按 MENU 2 键进入 **STAT** 模式查看水准网间接平差成果，结果如图 2-39 所示。

SUB	List 1 Ha(m)	List 2 Star	List 3 End	List 4 L(km/r	List 5 h(m)	List 6 vh(mm)	List 7 h adj(	List 8 Hp(m)	List 9 mH(mm	List10 ctrl
1	103.43	2	8	10	135.24	25.906	135.26	88.623	15.644	6
2	75.824	2	7	5.2	12.821	-21.07	12.799	211.08	14.199	3
3	175.05	1	7	5.5	-14.83	29.926	-14.8	64.459	14.002	12
4	48.391	1	9	4.1	-38.98	11.585	-38.97			12.498
5	25.76	6	9	7.8	42.829	-4.414	42.824			
6	21.635	5	9	6.7	38.699	0.5857	38.699			
7		5	8	8.5	185.33	-3.093	185.32			
8		4	8	5.9	162.67	23.906	162.69			
9		3	8	6.4	36.101	-64.09	36.036			
10		9	7	4.5	24.146	18.34	24.164			
11		7	8	7.5	122.42	40.98	122.46			
12		8	9	5.6	-146.6	9.6788	-146.6			

图 2-39　执行 Q4V4 程序后的串列结果

(3) 执行成果整理程序 H4V4. exe 输出成果文件

将本例的串列文件 **File4** 下传到 FA-124 并输出为 File4.csv 文件，将随书光盘文件"\2 章\QH44\ H4V4.exe"复制到存储了 File4.csv 的硬盘或 U 盘文件夹下，执行 H4V4.exe 程序，输入文件名 File4 按回车键，程序自动从同路径下的 File4.csv 文件中读入数据，并在同路径下生成 File4.txt 成果文件，这些文件连同源串列文件 File4.csv 均位于光盘"\2 章\QH44\等外水准\"路径下。执行 H4V4.exe 程序的界面与图 2-35 类似。图 2-40 为成果文件 File4.txt 的部分内容。

```
FILE4.TXT - 记事本
文件(F) 编辑(E) 格式(O) 查看(V) 帮助(H)
              任意水准网间接平差计算成果整理程序H4V4.exe
              ==========================================
        The author's E-mail:qh-506@163.com,Version:2012-01-01

处理由CASIO fx-9750GII/9860GII/CG20程序Q4V4生成的csv格式逗号分隔串列文件!
本成果为使用H4V4.exe程序整理FILE4.CSV串列文件的结果!

已知高程点数=6          未知高程点数=3          水准测段数=12

序   测段起讫点号     L(km)/n      高差(m)      改正数(mm)      高差平差值(m)
1       2→8           10.0       135.2400        25.91         135.2659
2       2→7            5.2        12.8210      - 21.07          12.7999
3       1→7            5.5      - 14.8380        29.93        - 14.8081
4       1→9            4.1      - 38.9840        11.59        - 38.9724
5       6→9            7.8        42.8290      -  4.41          42.8246
6       5→9            6.7        38.6990          .59          38.6996
7       5→8            8.5       185.3330      -  3.09         185.3299
8       4→8            5.9       162.6750        23.91         162.6989
9       3→8            6.4        36.1010      - 64.09          36.0369
10      9→7            4.5        24.1460        18.34          24.1643
11      7→8            7.5       122.4250        40.98         122.4660
12      8→9            5.6      -146.6400         9.68        -146.6303

                 点号       高程(m)         中误差(mm)
                  1        103.4320          已知点
                  2         75.8240          已知点
                  3        175.0530          已知点
                  4         48.3910          已知点
                  5         25.7600          已知点
                  6         21.6350          已知点
                  7         88.6239          15.64
                  8        211.0899          14.20
                  9         64.4596          14.00

               平差后单位权中误差  m0=± 12.50(mm/km)

                                                         Ln 1, Col 1
```

图 2-40　等外水准网间接平差成果文件 File4.txt 的部分内容

2.5 复数形式任意单一导线近似平差程序(Q4V5)

单一图根导线的布设形式可以是闭合导线、附合导线、双边无定向导线、单边无定向导线与支导线等四种形式，Q4V5 程序可以计算这四种形式的单一导线。

1) 复数形式任意单一导线坐标计算原理

(1) 闭附合导线

图 2-41 为图根闭合导线观测略图，图 2-42 为图根附合导线观测略图，它们的共同特点是：有一个方位角闭合差 f''_β 与两个坐标增量闭合差 f_x，f_y。

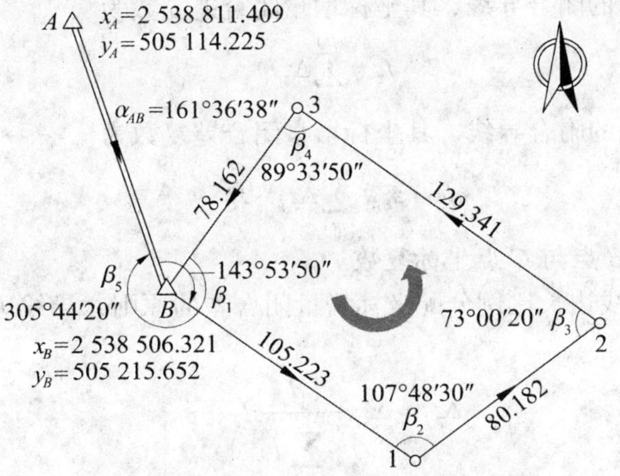

图 2-41　图根闭合导线观测略图

当导线方位角闭合差满足 $-40\sqrt{n} \leqslant f''_\beta \leqslant 40\sqrt{n}$ (式中 n 为计算 f''_β 所用水平角个数)时，则按水平角个数反号平均分配 f''_β，再用改正后的水平角推算导线边的方位角，计算导线边的坐标增量 Δx，Δy 及坐标增量闭合差 f_x, f_y，计算导线全长相对闭合差 $K=\sqrt{f_x^2+f_y^2}\Big/\sum D$，若 $K \leqslant 1/4000$ 则按与边长成比例反号分配 f_x，f_y。

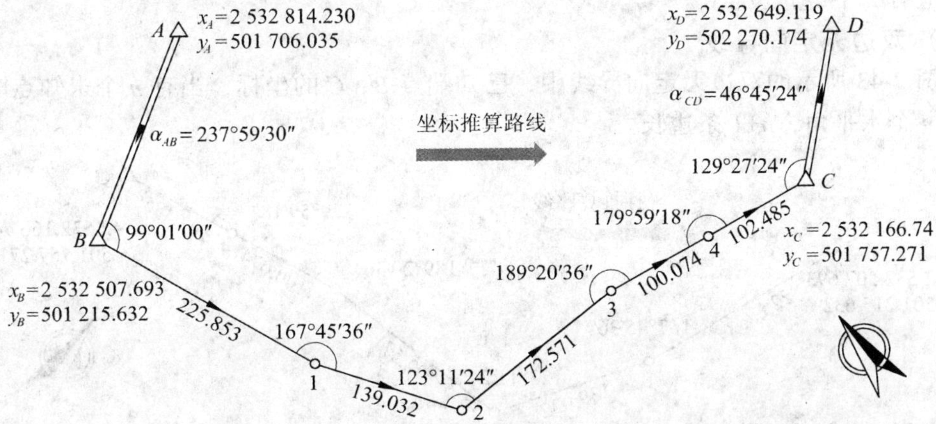

图 2-42　图根附合导线观测略图

设闭合或附合导线观测了 n 个水平角 β_1，β_2，……，β_n，计算出的方位角闭合差为 f_β，则反号平均分配完方位角闭合差后，水平角的第一次平差值为

$$\hat{\beta}'_j = \beta_j - \frac{f_\beta}{n} \quad （j=1，2，……，n） \tag{2-64}$$

设应用水平角的第一次平差值 $\hat{\beta}'_j$ 推算出的导线边方位角为

$$\hat{\alpha}'_j \quad （j=1，2，……，n-1） \tag{2-65}$$

各导线边的坐标增量复数为

$$\Delta z_j = d_j \angle \hat{\alpha}'_j \quad （j=1，2，……，n-1） \tag{2-66}$$

式中，d_j 为导线边水平距离观测值。

对于图 2-41 所示的闭合导线，其坐标增量闭合差复数为

$$f_z = \sum_{j=1}^{n-1} \Delta z_j \tag{2-67}$$

对于图 2-42 所示的附合导线，其坐标增量闭合差复数为

$$f_z = z_B + \sum_{j=1}^{n-1} \Delta z_j - z_C \tag{2-68}$$

式中，z_B、z_C 分别为 B 点与 C 点坐标复数。

根据反号、按导线边长比例分配坐标增量闭合差的原则，导线边坐标增量平差值复数应为

$$\Delta \hat{z}_j = \Delta z_j - \frac{d_j}{\sum_{j=1}^{n-1} d_j} f_z \tag{2-69}$$

未知导线点坐标平差值复数为

$$\left.\begin{aligned} z_1 &= z_B + \Delta\hat{z}_1 \\ z_2 &= z_1 + \Delta\hat{z}_2 \\ &\cdots\cdots \\ z_{n-1} &= z_{n-2} + \Delta\hat{z}_{n-1} \end{aligned}\right\} \tag{2-70}$$

作为检核，对于图 2-41 所示的闭合导线，应有 $z_{n-1}=z_B$ 成立；对于图 2-42 所示的附合导线，应有 $z_{n-1}=z_C$ 成立。

（2）双边无定向导线

在图 2-43 所示的双边无定向导线中，已知端点 B、C 的坐标，当有 n 个未知点时，需要观测 n 个水平角，n+1 条边长。

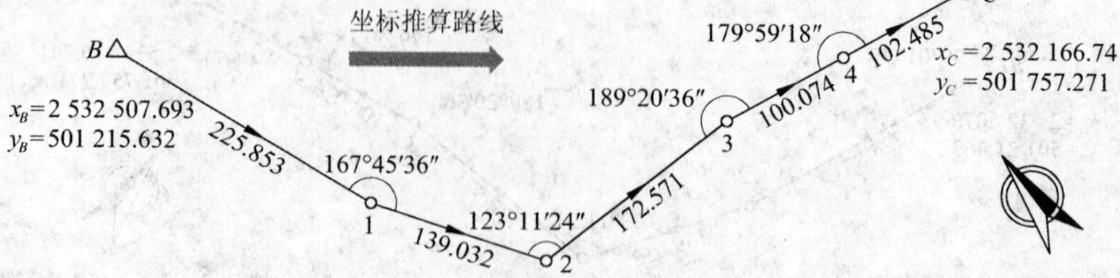

图 2-43　双边无定向导线观测略图

如图 2-44 所示，先假设 $B\to1$ 边的方位角 $\alpha'_{B1}=0°$，再应用 B 点的已知坐标、观测的 n 个水平角与 $n+1$ 条边长推算出 n 个未知点及 C'点的假定坐标复数 z'_C。

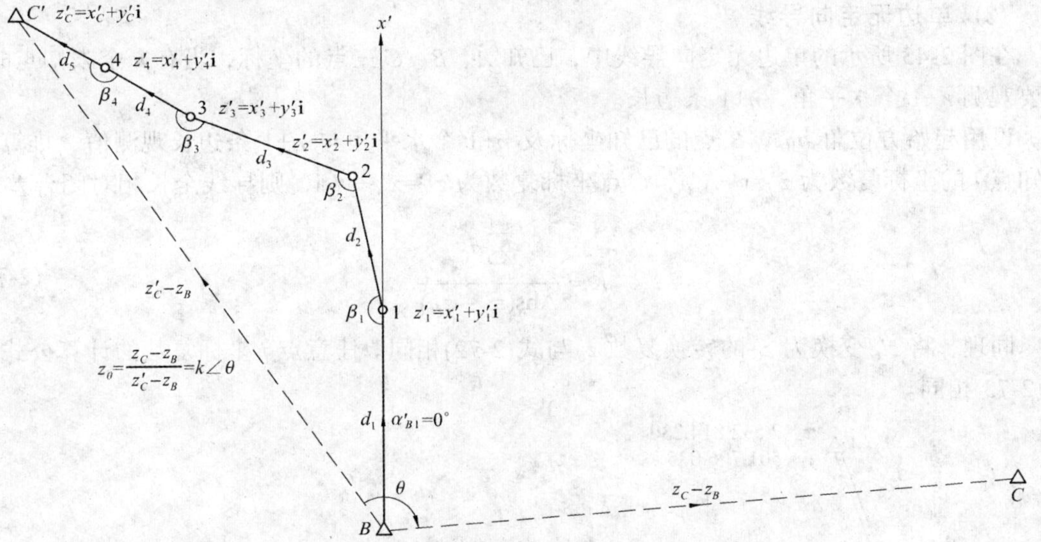

图 2-44　双边无定向导线假定坐标变换为测量坐标原理

设 B、C 两个已知点的坐标复数为

$$\left.\begin{aligned}z_B&=x_B+y_B\mathrm{i}\\z_C&=x_C+y_C\mathrm{i}\end{aligned}\right\}\tag{2-71}$$

文献[16]关于两个复数商的模与辐角的下列定理是计算假定坐标与测量坐标线性变换的理论依据。

定理二：两个复数商的模等于它们模的商，两个复数商的辐角等于被除数与除数的辐角之差，也即有 $\dfrac{z_1}{z_2}=\dfrac{r_1}{r_2}\angle(\theta_1-\theta_2)$。

证明：根据式(1-1)有 $z_1=r_1\angle\theta_1=r_1e^{\mathrm{i}\theta_1}$，$z_2=r_2\angle\theta_2=r_2e^{\mathrm{i}\theta_2}$，故有

$$\frac{z_1}{z_2}=\frac{r_1e^{\mathrm{i}\theta_1}}{r_2e^{\mathrm{i}\theta_2}}=\frac{r_1}{r_2}e^{\mathrm{i}(\theta_1-\theta_2)}=\frac{r_1}{r_2}\angle(\theta_1-\theta_2)$$

设用假定坐标系求出的 C'点的假定坐标复数为 $z'_C=x'_C+y'_C\mathrm{i}$，未知点 j 在假定坐标系的坐标复数为 $z'_j=x'_j+y'_j\mathrm{i}$，则假定坐标转换为测量坐标的转换复数 z_θ 为

$$z_\theta=\frac{z_C-z_B}{z'_C-z_B}=\lambda\angle\theta\tag{2-72}$$

转换复数 z_θ 的模 λ 为尺度参数，辐角 θ 为旋转参数，导线全长相对闭合差为

$$K=1-\lambda=\frac{1}{(1-\lambda)^{-1}}\tag{2-73}$$

将式(2-72)中 C 点的坐标复数替换为任意点 j 的坐标复数，有

$$z_\theta=\frac{z_j-z_B}{z'_j-z_B}\tag{2-74}$$

化简式(2-74)，得

$$z_j = z_B + z_\theta(z'_j - z_B) \tag{2-75}$$

式(2-75)就是将任意点 j 的假定坐标 $z'_j=x'_j+y'_j\mathrm{i}$ 变换为测量坐标 $z_j=x_j+y_j\mathrm{i}$ 的复数公式。

(3) 单边无定向导线

在图 2-45 所示的单边无定向导线中，已知 A、B、C 三点的坐标，当有 n 个未知点时，需要观测 n+1 个水平角，n+1 条边长。

设用起始方位角 α_{AB}，B 点的已知坐标及 n+1 个水平角与 n+1 条边长观测值，推算出未知点 j 的坐标复数为 $z'_j=x'_j+y'_j\mathrm{i}$，C 点坐标复数为 $z'_C=x'_C+y'_C\mathrm{i}$，则导线全长相对闭合差为

$$K = \frac{\sum_{i=1}^{n+1} d_i}{\mathrm{Abs}(z'_C - z_C)} \tag{2-76}$$

同理，将 z'_C 变换为 z_C 的转换复数 z_θ 与式(2-72)相同。任意点 j 坐标复数的计算公式与式(2-75)相同。

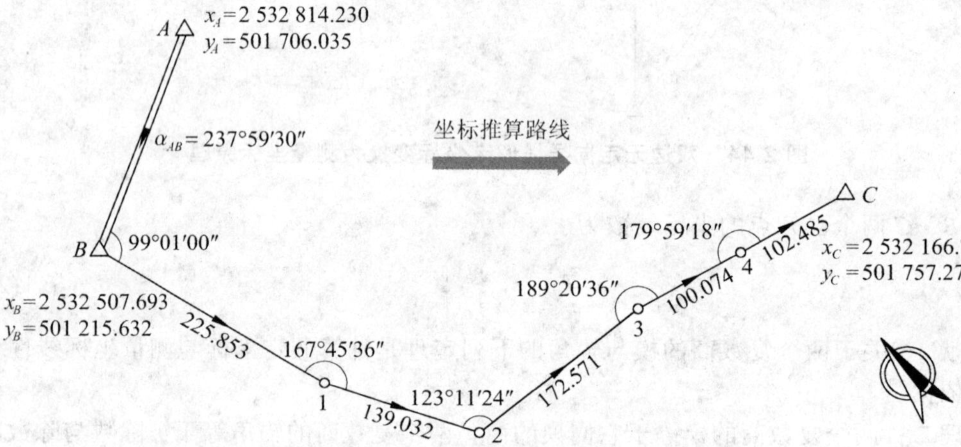

图 2-45 单边无定向导线观测略图

(4) 支导线

图 2-46 所示的支导线观测数据与图 2-45 所示的单边无定向导线观测数据相同，唯一区别是，导线终点为未知点。当有 n 个未知点时，需要观测 n 个水平角和 n 条边长，无多余观测数，不存在平差计算问题，只需要按导线的方位角推算路线计算未知点坐标，公式为

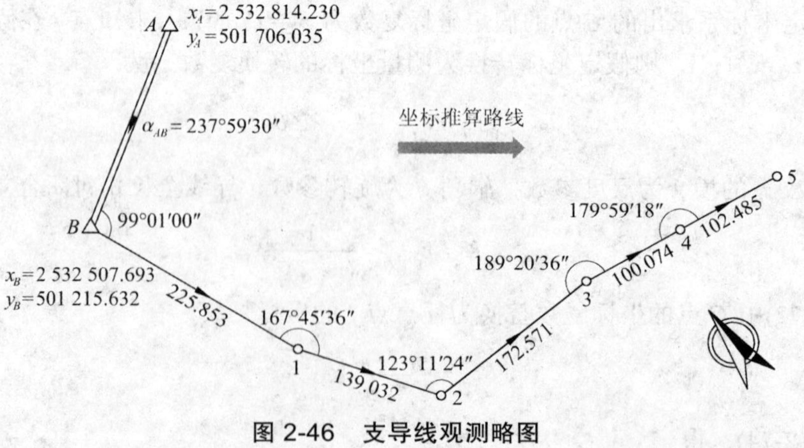

图 2-46 支导线观测略图

$$\left.\begin{aligned} z_1 &= z_B + d_1\angle\alpha_{B1} \\ z_2 &= z_1 + d_2\angle\alpha_{12} \\ &\cdots\cdots \\ z_n &= z_{n-1} + d_n\angle\alpha_{(n-1)n} \end{aligned}\right\} \tag{2-77}$$

2) 串列数据规划

在表 2-15 中，List 1、List 2 串列按 A、B、C、D 的顺序存储已知点的平面坐标，List 3 串列按导线坐标推算路线存储水平角观测值，List 4 串列存储水平距离。程序算出的起始边和终止边方位角与边长存入 List 5 串列，未知点坐标存入 List 6 与 List 7 串列，闭合差数据 f_β、f_x、f_y、f_D、K 与 Σd 存入 List 8 串列。

表 2-15　Q4V5 程序输入与输出数据串列明细表

串列	List 1	List 2	List 3	List 4	List 5	List 6	List 7	List 8
子名	x_0(m)	y_0(m)	β(Deg)	d(m)	α,d	x(m)	y(m)	error
1	x_A	y_A	水平角 1	水平距离 1	α_{AB}	x_1	y_1	f_β
2	x_B	y_B	水平角 2	水平距离 2	d_{AB}	x_2	y_2	f_x
3	x_C	y_C	水平角 3	水平距离 3	α_{CD}	x_3	y_3	f_y
4	x_D	y_D	……	……	d_{CD}	……	……	f_D
5								K
6								Σd

注：表中灰底色背景串列为执行 Q4V5 程序之前用户应输入的已知数据与观测数据，其余串列为程序计算结果。

各类单一导线已知点数据与水平角观测个数、边长观测个数的关系列于表 2-16。

表 2-16　单一导线类型与已知数据及观测数据个数的关系

序	导线类型	已知点数	水平角数	边长数	未知点数
1	闭合导线	2	n	$n-1$	$n-2$
2	双边无定向导线	2	n	$n+1$	n
3	支导线	2	n	n	n
4	单边无定向导线	3	n	n	$n-1$
5	附合导线	4	n	$n-1$	$n-2$

3) 程序

程序名：Q4V5，2 080 字节，光盘文件为“\2 章\QH45\Q4V5.g1m”。

```
"Single traverse adjust Q4V5"↵                显示程序标题
Deg:Fix 4↵                                     基本设置
"x0(m)"→List 1[0]:"y0(m)"→List 2[0]↵           赋已知点坐标串列子名
"β(Deg)"→List 3[0]:"d(m)"→List 4[0]↵           赋水平角与水平距离观测串列子名
4→Dim List 5:"α,d"→List 5[0]↵                  赋已知边串列子名
6→Dim List 8:"error"→List 8[0]↵                定义闭合差串列并赋子名
"x(m)"→List 6[0]:"y(m)"→List 7[0]↵             为未知点坐标串列赋子名
Sum List 4→M:M→List 8[6]↵                      导线边长之和
```

```
"ΣS(m)=":M◢                                        显示导线长
"average S(m)=":Mean(List 4)◢                      显示导线平均边长
Dim List 1→O↵                                      获取统计串列的已知点数
Dim List 3→N:Dim List 4→S↵                         获取统计串列的水平角数与水平距离数
List 1[1]+List 2[1]i→A↵                            生成A、B点坐标复数
List 1[2]+List 2[2]i→B↵
Arg (B−A)→J:J<0⇒J+360→J↵                           A→B方位角
J→List 5[1]:Abs (B−A)→List 5[2]↵                   A→B边长
If O=2↵                                            2个已知点时
Then If N>S:Then "closed traverse"↵                闭合导线
1→G:N−2→P↵                                         导线类型数字1与未知点数
B→C:If J>180:Then J−180→List 5[3]↵                 存B→A方位角
Else J+180→List 5[3]:IfEnd↵
Goto 1:IfEnd↵
If N<S:Then "2 no-dir traverse"↵                   双边无定向导线
2→G:N→P↵                                           导线类型数字2与未知点数
B→C:A→B↵                                           生成B、C点坐标复数
Goto 2:IfEnd↵
"open traverse":3→G:N→P↵                           支导线类型数字3与未知点数
Goto 3:IfEnd↵
If O=3:Then "1 no-dir traverse"↵                   单边无定向导线
4→G:N−1→P↵                                         导线类型数字4与未知点数
List 1[3]+List 2[3]i→C↵                            生成C点坐标复数
Goto 3:IfEnd↵
If O=4:Then "connecting traverse"↵                 附合导线
5→G:N−2→P↵                                         导线类型数字5与未知点数
List 1[3]+List 2[3]i→C↵                            生成C、D点坐标复数
List 1[4]+List 2[4]i→D↵
Arg (D−C)→J:J<0⇒J+360→J↵                           C→D方位角
J→List 5[3]:Abs (D−C)→List 5[4]↵                   存C→D方位角与边长到串列
IfEnd↵
Lbl 1:"unknown point num=":P◢                      显示闭附合导线未知点数
For 1→I To N↵                                      闭附合导线推算导线边方位角
If I=1:Then List 5[1]+List 3[I]→L↵
Else L+List 3[I]→L:IfEnd↵
If L>180:Then L−180→L:Else L+180→L:IfEnd↵
L>360⇒L−360→L:L<0⇒L+360→L↵                         规范边长方位角
Next↵
3600(L−List 5[3])→List 8[1]↵                       以秒为单位的方位角闭合差fβ
```

```
"fβ(s)=":List 8[1]◢                          显示方位角闭合差fβ
40√N→W↵                                      以秒为单位的方位角闭合差限差fβ限
Abs List 8[1]>W⇒"fβ over!"↵                  显示角度闭合差超限
-List 8[1]÷3600N→V↵                          角度改正数/式(2-64)
For 1→I To N↵                                分配角度改正数/计算导线边坐标增量
If I=1:Then List 5[1]+List 3[I]+V→L↵         改正后的导线边方位角
Else L+List 3[I]+V→L:IfEnd↵
If L>180:Then L−180→L:Else L+180→L:IfEnd↵
L>360⇒L−360→L:L<0⇒L+360→L↵                   规范边长方位角
If I<N:Then List 4[I]∠L→List 9[I]↵           坐标增量复数/式(2-66)
IfEnd:Next↵
3600(L−List 5[3])→T↵                         以秒为单位的方位角闭合差检核计算
"check fβ(s)=":T◢                            显示方位角闭合差检核结果
B+Sum List 9−C→U↵                            闭附合导线坐标增量闭合差复数/式(2-68)
ReP U→List 8[2]:ImP U→List 8[3]↵             存坐标增量闭合差分量到串列
Abs U→List 8[4]↵                             存坐标增量闭合差绝对值到串列
Int (M÷List 8[4])→List 8[5]↵                 导线全长相对闭合差
"fx+fyi(m)=":U◢                              显示导线坐标闭合差复数
"f(m)=":List 8[4]◢                           显示导线全长闭合差
"1/K=1/":List 8[5]◢                          显示导线全长相对闭合差
List 8[5]<4000⇒"1/K over!"↵                  显示全长相对闭合差超限
For 1→I To P+1↵                              分配坐标闭合差/计算未知点坐标
List 9[I]−UList 4[I]÷M→X↵                    改正后的导线边坐标增量复数/式(2-69)
If I=1:Then B+X→Y:Else Y+X→Y:IfEnd↵          未知点坐标复数
ReP Y→List 6[I]:ImP Y→List 7[I]:Next↵        存导线未知点坐标平差值到串列
Y−C→E↵                                       计算坐标推算检核结果
"check fx+fyi(m)=":E◢                        显示坐标检核复数
Goto E↵                                      结束程序
Lbl 2:"unknown point num=":P◢                显示双边无定向导线未知点数
0→H:B+List 4[1]∠H→List 9[1]↵                 1号点假定坐标复数
For 1→I To N↵                                未知点的假定坐标
H+List 3[I]→H↵                               假定方位角
If H>180:Then H−180→H:Else H+180→H:IfEnd↵
List 9[I]+List 4[I+1]∠H→List 9[I+1]↵         j点假定坐标复数
Next↵
(C−B)÷(List 9[N+1]−B)→Z↵                     坐标变换复数/式(2-72)
Int (Abs ((1−Abs Z)^-1))→List 8[5]↵          导线全长相对闭合差分母/式(2-72)
"1/K=1/":List 8[5]◢                          显示无定向导线全长相对闭合差
Norm 1:"z0=":Z▶r∠θ◢                          显示极坐标格式坐标变换复数
```

```
Fix 4:For 1→I To N+1↵                              变换未知点假定坐标为测量坐标
B+Z(List 9[I]−B)→Y↵                                 j 点测量坐标复数/式(2-75)
ReP Y→List 6[I]:ImP Y→List 7[I]:Next↵
"Δxc+Δyci(m)=":Y−C◢                                 显示 C 点坐标差检核复数
Goto E↵
Lbl 3:"unknown point num=":P◢                       显示支导线/单边无定向导线未知点数
For 1→I To N↵
If I=1:Then List 5[1]+List 3[I]→L↵
Else L+List 3[I]→L:IfEnd↵
If L>180:Then L−180→L:Else L+180→L:IfEnd↵
List 4[I]∠L→X↵                                      边长坐标增量复数
If I=1:Then B+X→Y:Else Y+X→Y:IfEnd↵                 未知点坐标复数
Y→List 9[I]↵
If G=3:Then ReP Y→List 6[I]↵                        支导线
ImP Y→List 7[I]:IfEnd:Next↵
G=3⇒Goto E↵
Y−C→K:Abs K→List 8[4]↵                              单边定向导线存全长闭合差
ReP K→List 8[2]:ImP K→List 8[3]↵                    存坐标增量闭合差
Int (M÷List 8[4])→List 8[5]↵                        导线全长相对闭合差分母
"fx+fyi(m)=":K◢                                     显示导线坐标闭合差复数
"f(m)=":List 8[4]◢                                  显示导线全长闭合差
"1/K=1/":List 8[5]◢                                 显示导线全长相对闭合差
List 8[5]<4000⇒"1/K over!"↵                         显示全长相对闭合差超限
(C−B)÷(Y−B)→Z↵
For 1→I To P+1↵                                     单边无定向导线
B+Z(List 9[I]−B)→Y↵                                 未知点坐标平差值/式(2-75)
ReP Y→List 6[I]:ImP Y→List 7[I]↵                    存未知点坐标平差值到串列
Next↵
"Δxc+Δyci(m)=":Y−C◢                                 显示 C 点坐标差复数
Lbl E:ClrList 9:"Q4V5⇒End"                          清除临时坐标增量串列 List 9
```

4) 程序说明

程序能根据用户预先存入 List 1~List 4 串列中的已知数据与观测数据，自动判断并显示导线类型与未知点数，程序只显示导线的角度闭合差、坐标闭合差复数、全长闭合差、全长相对闭合差，如果这些闭合差超限，将给出超限提示，但仍继续计算。当为双边无定向导线时，还显示假定坐标转换为测量坐标的转换复数 z_{θ}。为加快计算速度，程序不显示未知点坐标计算成果，程序结束后，用户应按 MENU ② 键进入 **STAT** 模式，在 List 3、List 4 串列查看未知点的坐标成果。

5) 案例

(1) 闭合导线计算案例

按 [MENU] [2] 键进入 **STAT** 模式，按 [SHIFT] [SET UP] [▼] [▼] [F1] ([FILE]) [1] [EXE] [EXE] 键设置 **File1** 为当前串列文件；按 [MENU] [1] 键进入 **RUN•MAT** 模式，按 [SHIFT] [PRGM] [F6] ([▷]) [F1] ([CLR]) [F3] ([List]) [EXE] 键执行 **ClrList** 命令，清除当前串列文件的全部数据。

按 [MENU] [2] 键进入 **STAT** 模式，按照表 2-15 的串列数据规划要求，在 List 1~List 4 串列输入图 2-41 的闭合导线数据，结果如图 2-47 左图所示。

SUB	List 1	List 2	List 3	List 4
1	2.53E6	505114	143.89	105.22
2	2.53E6	505215	107.8	80.182
3			73.005	129.34
4			89.563	78.162
5			305.73	

SUB	List 1	List 2	List 3	List 4	List 5	List 6	List 7	List 8
	x0(m)	y0(m)	(Deg)	d(m)	→d	x(m)	y(m)	error
1	2.53E6	505114	143.89	105.22	161.61	2.53E6	505301	50
2	2.53E6	505215	107.8	80.182	321.5	2.53E6	505365	0.057
3			73.005	129.34	341.61	2.53E6	505261	-0.07
4			89.563	78.162		2.53E6	505215	0.0906
5			305.73					4335
6								392.9

图 2-47　执行 Q4V5 程序计算图 2-41 闭合导线前后串列文件 **File1** 的结果

执行 Q4V5 程序的屏幕提示与用户操作过程如下：

屏幕提示	按键	说明
Single traverse adjust Q4V5		显示程序标题
ΣS(m)=392.9080	[EXE]	显示导线长
average S(m)=98.2270	[EXE]	显示导线平均边长
closed traverse		检测串列数据为闭合导线
unknown point num=3.0000	[EXE]	显示导线未知点数
f_β(s)=50.0000	[EXE]	显示导线角度闭合差
check f_β(s)=0.0000	[EXE]	显示分配完角度闭合差后的检核值
f_x+f_yi(m)=0.0571−0.0704i	[EXE]	显示坐标增量闭合差复数
f(m)=0.0906	[EXE]	显示导线全长闭合差
1/K=1/4335.0000	[EXE]	显示导线全长相对闭合差
check f_x+f_yi(m)=0.0000	[EXE]	显示坐标闭合差检核复数
Q4V5⇒End		程序结束显示

完成闭合导线计算后，按 [MENU] [2] 键进入 **STAT** 模式查看计算结果，如图 2-47 右图所示。本例串列为光盘文件"\2 章\QH45\闭合导线\File1.g1m"。

(2) 附合导线计算案例

按 [MENU] [2] 键进入 **STAT** 模式，按 [SHIFT] [SET UP] [▼] [▼] [F1] ([FILE]) [2] [EXE] [EXE] 键设置 **File2** 为当前串列文件；按 [MENU] [1] 键进入 **RUN•MAT** 模式，按 [SHIFT] [PRGM] [F6] ([▷]) [F1] ([CLR]) [F3] ([List]) [EXE] 键执行 **ClrList** 命令，清除当前串列文件的全部数据。

按 [MENU] [2] 键进入 **STAT** 模式，按照表 2-15 的串列规划要求，在 List 1~List 4 串列输入图 2-42 的附合导线数据，结果如图 2-48 左图所示。

SUB	List 1	List 2	List 3	List 4
1	2.53E6	501706	99.016	225.85
2	2.53E6	501215	167.76	139.03
3	2.53E6	501757	123.19	172.57
4	2.53E6	502270	189.34	100.07
5			179.98	102.48
6			129.45	

SUB	List 1	List 2	List 3	List 4	List 5	List 6	List 7	List 8
	x0(m)	y0(m)	(Deg)	d(m)	→d	x(m)	y(m)	error
1	2.53E6	501706	99.016	225.85	237.99	2.53E6	501303	-36.1
2	2.53E6	501215	167.76	139.03	578.32	2.53E6	501383	-0.148
3	2.53E6	501757	123.19	172.57	46.756	2.53E6	501556	0.1488
4	2.53E6	502270	189.34	100.07	704.1	2.53E6	501655	0.2102
5			179.98	102.48		2.53E6	501757	3519
6			129.45					740.01

图 2-48　执行 Q4V5 程序计算图 2-42 附合导线前后串列文件 File2 的结果

执行 Q4V5 程序的屏幕提示与用户操作过程如下：

屏幕提示	按键	说明
Single traverse adjust Q4V5		显示程序标题
ΣS(m)=740.0150	EXE	显示导线长
average S(m)=148.0030	EXE	显示导线平均边长
connecting traverse		检测串列数据为附合导线
unknown point num=4.0000	EXE	显示导线未知点数
f_β(s)=-36.1066	EXE	显示导线角度闭合差
check f_β(s)=0.0000	EXE	显示分配完角度闭合差后的检核值
f_x+f_yi(m)=-0.1485+0.1488i	EXE	显示坐标增量闭合差复数
f(m)=0.2103	EXE	显示导线全长闭合差
1/K=1/3519.0000	EXE	显示导线全长相对闭合差
1/K over!		显示导线全长相对闭合差超限
check f_x+f_yi(m)=0.0000	EXE	显示坐标闭合差检核复数
Q4V5⇒End		程序结束显示

完成附合导线计算后，按 MENU 2 键进入 **STAT** 模式查看计算结果，如图 2-48 右图所示。本例串列为光盘文件"\2 章\QH45\附合导线\File2.g1m"。

（3）**双边无定向导线计算案例**

按 MENU 2 键进入 **STAT** 模式，按 SHIFT SET UP ▼ ▼ F1（FILE）3 EXE EXE 键设置 **File3** 为当前串列文件；按 MENU 1 键进入 **RUN·MAT** 模式，按 SHIFT PRGM F6（▷）F1（CLR）F3（List）EXE 键执行 **ClrList** 命令，清除当前串列文件的全部数据。

按 MENU 2 键进入 **STAT** 模式，按照表 2-15 的串列规划要求，在 List 1~List 4 串列输入图 2-43 的双边无定向导线数据，结果如图 2-49 左图所示。

SUB	List 1	List 2	List 3	List 4
1	2.53E6	501215	167.76	225.85
2	2.53E6	501757	123.19	139.03
3			189.34	172.57
4			179.98	100.07
5				102.48

SUB	List 1	List 2	List 3	List 4	List 5	List 6	List 7	List 8
	xo(m)	yo(m)	(Deg)	d(m)	>d	x(m)	y(m)	error
1	2.53E6	501215	167.76	225.85	122.18	2.53E6	501303	0
2	2.53E6	501757	123.19	139.03	640.01	2.53E6	501384	0
3			189.34	172.57		2.53E6	501556	0
4			179.98	100.07		2.53E6	501655	0
5				102.48		2.53E6	501757	3330
6								740.01

图 2-49　执行 Q4V5 程序计算图 2-43 双边无定向导线前后串列文件 File3 的结果

执行 Q4V5 程序的屏幕提示与用户操作过程如下：

屏幕提示	按键	说明
Single traverse adjust Q4V5		显示程序标题
ΣS(m)=740.0150	EXE	显示导线长
average S(m)=148.0030	EXE	显示导线平均边长
2 no-dir traverse		检测串列数据为双边无定向导线
unknown point num=4.0000	EXE	显示导线未知点数
1/K=1/3330.0000	EXE	显示导线全长相对闭合差
z_θ=0.9996997073∠157.0086143	EXE	显示坐标变换复数
$\Delta x_C+\Delta y_C$i(m)=0.0000	EXE	显示 *C* 点检核坐标增量复数
Q4V5⇒End		程序结束显示

（4）单边无定向导线计算案例

按 MENU 2 键进入 **STAT** 模式，按 SHIFT SET UP ▼ ▼ F1 (FILE) 4 EXE EXE 键设置 **File4** 为当前串列文件；按 MENU 1 键进入 **RUN•MAT** 模式，按 SHIFT PRGM F6 (▷) F1 (CLR) F3 (List) EXE 键执行 **ClrList** 命令，清除当前串列文件的全部数据。

按 MENU 2 键进入 **STAT** 模式，按照表 2-15 的串列规划要求，在 List 1~List 4 串列输入图 2-45 的单边无定向导线数据，结果如图 2-50 左图所示。

SUB	List 1	List 2	List 3	List 4
1	2.53E6	501706	99.016	225.85
2	2.53E6	501215	167.76	139.03
3	2.53E6	501757	123.19	172.57
4			189.34	100.07
5			179.98	102.48
6				

SUB	List 1 xo(m)	List 2 yo(m)	List 3 (Deg)	List 4 d(m)	List 5 >d	List 6 x(m)	List 7 y(m)	List 8 error
1	2.53E6	501706	99.016	225.85	237.99	2.53E6	501303	0
2	2.53E6	501215	167.76	139.03	578.32	2.53E6	501384	-0.099
3	2.53E6	501757	123.19	172.57	0	2.53E6	501556	0.1643
4			189.34	100.07	0	2.53E6	501655	0.1922
5			179.98	102.48		2.53E6	501757	3848
6			129.45					740.01

图 2-50　执行 Q4V5 程序计算图 2-45 单边无定向导线前后串列文件 File4 的结果

执行 Q4V5 程序的屏幕提示与用户操作过程如下：

屏幕提示	按键	说明
Single traverse adjust Q4V5		显示程序标题
ΣS(m)=740.0150	EXE	显示导线长
average S(m)=148.0030	EXE	显示导线平均边长
1 no-dir traverse		检测串列数据为单边无定向导线
unknown point num=4.0000	EXE	显示导线未知点数
f_x+f_yi(m)=-0.0998+0.1644i	EXE	显示坐标增量闭合差复数
f(m)=0.1923	EXE	显示导线全长闭合差
1/K=1/3848.0000	EXE	显示导线全长相对闭合差
1/K over!		显示导线全长相对闭合差超限
$\Delta x_C+\Delta y_C$i(m)=0.0000	EXE	显示 *C* 点检核坐标增量复数
Q4V5⇒End		程序结束显示

（5）支导线计算案例

按 MENU 2 键进入 **STAT** 模式，按 SHIFT SET UP ▼ ▼ F1 (FILE) 5 EXE EXE 键设置 **File5** 为当前串列文件；按 MENU 1 键进入 **RUN•MAT** 模式，按 SHIFT PRGM F6 (▷) F1 (CLR) F3 (List) EXE 键执行 **ClrList** 命令，清除当前串列文件的全部数据。

按 MENU 2 键进入 **STAT** 模式，按照表 2-15 的串列规划要求，在 List 1~List 4 串列输入图 2-46 的支导线数据，结果如图 2-51 左图所示。

SUB	List 1	List 2	List 3	List 4
1	2.53E6	501706	99.016	225.85
2	2.53E6	501215	167.76	139.03
3			123.19	172.57
4			189.34	100.07
5			179.98	102.48
6				

SUB	List 1 xo(m)	List 2 yo(m)	List 3 (Deg)	List 4 d(m)	List 5 >d	List 6 x(m)	List 7 y(m)	List 8 error
1	2.53E6	501706	99.016	225.85	237.99	2.53E6	501303	0
2	2.53E6	501215	167.76	139.03	578.32	2.53E6	501384	0
3			123.19	172.57	0	2.53E6	501556	0
4			189.34	100.07	0	2.53E6	501655	0
5			179.98	102.48		2.53E6	501757	0
6								740.01

图 2-51　执行 Q4V5 程序计算图 2-46 支导线前后串列文件 File5 的结果

执行 Q4V5 程序的屏幕提示与用户操作过程如下：

屏幕提示	按键	说明
Single traverse adjust Q4V5		显示程序标题
ΣS(m)=740.0150	EXE	显示导线长
average S(m)=148.0030	EXE	显示导线平均边长
open traverse		检测串列数据为支导线
unknown point num=5.0000	EXE	显示导线未知点数
Q4V5⇛End		程序结束显示

练习题

2-1 已知某控制网15个点在1980西安坐标系统一3.38带的高斯平面坐标列于表2-17的List 3、List 4串列，试用Q4V1程序将其批量换带到任意带高斯投影，任意带的中央子午线经度为L_{02}=113°2′34.4196″，程序计算结果应填入表2-17，其中高斯坐标(x，y)应取位到0.000 1m，经纬度(L，B)与子午线收敛角γ的秒数应取位到0.000 01″。

表2-17 高斯投影换带计算数据及其计算成果

源坐标：1980西安坐标系3.38带，中央子午线经度L_{01}=114°，x_1坐标加常数=0m，y_1坐标加常数=500 000m

目标坐标：1980西安坐标系任意带，中央子午线经度L_{02}=113°2′34.4196″，x_2坐标加常数=0m，y_2坐标加常数=500 000m

点名	x_1（m）	y_1（m）	γ_1	x_2（m）	y_2（m）	γ_2
	List 3	**List 4**	**List 5**	**List 6**	**List 7**	**List 8**
1	2 512 136.386 6	399 676.830 8				
2	2 513 008.174 6	405 506.517 5				
3	2 507 473.155 1	397 049.235 1				
4	2 507 466.560 9	412 315.367 6				
5	2 501 689.094 4	395 755.973 2				
6	2 502 197.917 2	401 364.481 0				
7	2 499 091.917 1	409 272.440 8				
8	2 501 673.937 2	414 855.425 5				
9	2 497 217.657 1	393 464.283 9				
10	2 495 836.427 5	401 490.108 6				
11	2 495 770.171 9	412 112.352 2				
12	2 491 393.241 6	397 147.591 9				
13	2 488 104.443 4	399 701.052 2				
14	2 487 827.421 2	407 263.452 9				
15	2 492 546.290 2	412 119.362 5				

2-2 已知8个公共点在某独立坐标系与1980西安坐标系统一3.38带的高斯平面坐标列于表2-18，其中，M与F点在这两个坐标系的坐标也列于表中。

① 用Q4V2程序计算源坐标→目标坐标的正形变换参数，用M与F点的源坐标计算正形变换后的目标坐标，并与M与F点原有的目标坐标比较，计算其坐标差；

② 用Q4V2程序计算目标坐标→源坐标的正形变换参数，用M与F点的目标坐标计算正形变换后的源坐标，并与M与F点原有的源坐标比较，计算其坐标差，结果填入表2-19。

表 2-18　不同大地坐标系之间的高斯平面坐标正形变换参数

点号	源/1954 北京坐标系独立坐标		目标/1980 西安坐标系 3.38 带	
	x（m）	y（m）	x'（m）	y'（m）
J_1	43 411.186 6	27 717.933 8	2 499 092.123 9	409 275.739 6
J_2	45 539.184 2	26 210.645 4	2 501 250.169 6	407 811.412 6
J_3	46 325.466 7	28 591.814 1	2 501 988.478 1	410 208.103 9
J_4	45 063.204 9	29 874.300 3	2 500 700.587 1	411 465.049 9
J_5	47 233.447 2	29 874.975 1	2 502 870.541 2	411 509.363 7
J_6	48 164.004 0	27 445.623 0	2 503 849.841 6	409 099.028 1
J_7	47 295.435 7	25 156.772 5	2 503 027.409 5	406 792.978 5
J_8	49 983.186 9	24 415.584 0	2 505 729.762 4	406 105.937 4
M	44 288.117 0	20 746.398 8	2 500 109.102 7	402 322.616 9
F	43 694.567 7	22 286.425 9	2 499 484.656 4	403 850.549 0

10 个正形变换参数

参数名	List 9	源坐标→目标坐标	目标坐标→源坐标
p_0	1		
q_0	2		
p_1	3		
q_1	4		
p_2	5		
q_2	6		
p_3	7		
q_3	8		
p_4	9		
q_4	10		
x_0	11		
y_0	12		

表 2-19　源坐标与目标坐标双向正形变换坐标残差

点名	目标坐标原值		源坐标正形变换结果		坐标差	
	x'(m)	y'(m)	x'(m)	y'(m)	$\Delta x'$(m)	$\Delta y'$(m)
M	2 500 109.102 7	402 322.616 9				
F	2 499 484.656 4	403 850.549 0				
点名	源坐标原值		目标坐标正形变换结果		坐标差	
	x(m)	y(m)	x(m)	y(m)	Δx(m)	Δy(m)
M	44 288.1170	20 746.3988				
F	43 694.5677	22 286.4259				

2-3　图 2-52 为某二级附合导线观测略图，试用 Q4V3 程序进行条件平差计算，并将平差成果填入表 2-20 内。

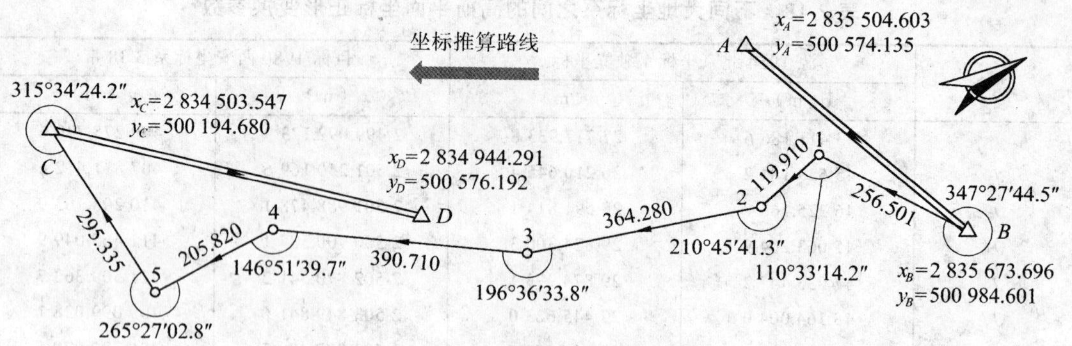

图 2-52　某二级附合导线观测略图

表 2-20　二级附合导线条件平差成果

点号	坐标平差值		误差椭圆元素			精度指标	
	x(m)	y(m)	E(cm)	E'(cm)	α		
1	2 835 526.842	500 774.301 7	0.357 7	0.204 6	51°33′	f_β	-11.541″
2	2 835 410.688	500 804.067 1	0.401 1	0.339 5	2°20′	f_x+f_yi	0.0025−0.0160i
3	2 835 061.210	500 701.290 0	0.435 7	0.386 3	7°19′	f	0.0162m
4	2 834 733.524	500 488.512 6	0.393 0	0.367 4	344°26′	$1/K$	1/100549
5	2 834 527.708	500 489.025 1	0.373 7	0.231 0	79°18′	m_0	±2.1118″

2-4　图 2-53 为某四等水准网观测略图，水准网有 1 个已知高程点，18 个未知点，观测了 21 个水准测段，试用 Q4V4 程序进行间接平差计算，并将平差成果填入表 2-21。

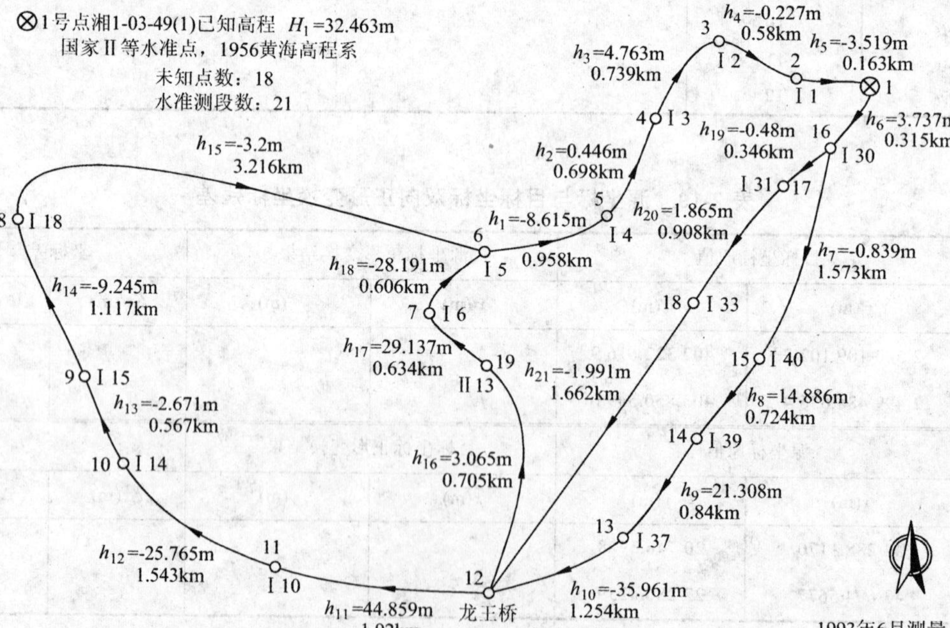

图 2-53　某四等水准网观测略图

表 2-21　四等水准网间接平差成果

点号	点名	$\hat{H}$(m)	m_H(mm)	点号	点名	$\hat{H}$(m)	m_H(mm)
2	Ⅰ1			11	Ⅰ10		
3	Ⅰ2			12	龙王桥		
4	Ⅰ3			13	Ⅰ37		
5	Ⅰ4			14	Ⅰ39		
6	Ⅰ5			15	Ⅰ40		
7	Ⅰ6			16	Ⅰ30		
8	Ⅰ18			17	Ⅰ31		
9	Ⅰ15			18	Ⅰ33		
10	Ⅰ14			19	Ⅱ13		

2-5　图 2-54 为某三等水准网观测略图，水准网有 2 个已知高程点、8 个未知点，观测了 11 个水准测段，试用 Q4V4 程序进行间接平差计算，并将平差成果填入表 2-22。

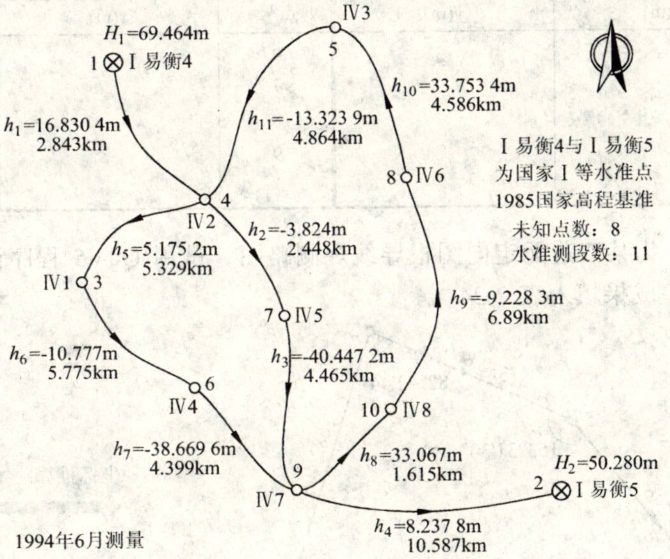

图 2-54　某三等水准网观测略图

表 2-22　三等水准网间接平差成果

点号	点名	$\hat{H}$(m)	m_H(mm)	点号	点名	$\hat{H}$(m)	m_H(mm)
3	Ⅳ1			7	Ⅳ5		
4	Ⅳ2			8	Ⅳ6		
5	Ⅳ3			9	Ⅳ7		
6	Ⅳ4			10	Ⅳ8		

2-6　图 2-55 为某图根导线观测略图，试用 Q4V5 程序计算未知点的坐标平差值，并将平差成果填入表 2-23。

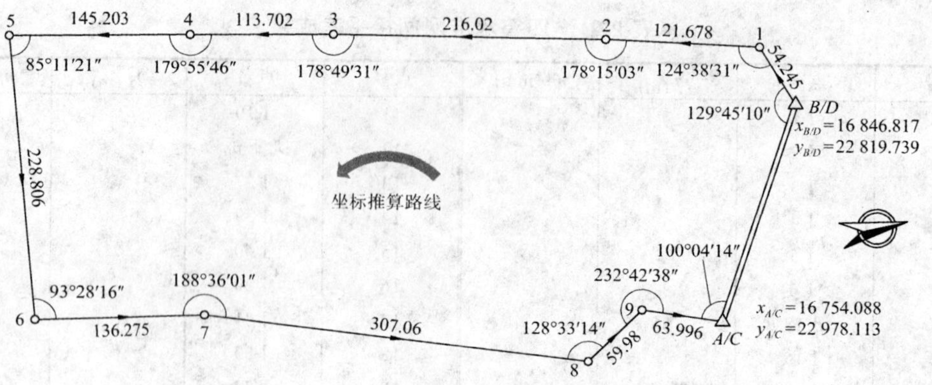

图 2-55　某图根导线观测略图

表 2-23　图根导线近似平差坐标成果

点号	x(m)	y(m)	点号	x(m)	y(m)
1			6		
2			7		
3			8		
4			9		
5					

2-7　图 2-56 为某双边无定向图根导线观测略图，试用 Q4V5 程序计算未知点的坐标平差值，并将平差成果填入表 2-24。

图 2-56　某双边无定向图根导线观测略图

表 2-24　双边无定向图根导线近似平差坐标成果

点号	x(m)	y(m)	点号	x(m)	y(m)
1			4	3 134 068.937	391 597.818 9
2			5	3 133 536.728	391 571.306 6
3			6	3 132 931.770	391 835.897 3

第 3 章　水准测量记录程序

3.1　一、二等水准测量记录程序(Q3V1/H3V1)

1) 原理

本节 Q3V1 程序严格按《国家一、二等水准测量规范》[20]的规定编写，记录计算格式列于表 3-1 与表 3-2。其中表 3-1 为采用徕卡 N3 精密水准仪观测的四站二等水准测量数据，其配套的因瓦水准尺分划值为 1cm，基辅常数为 301.55cm；表 3-2 为采用蔡司 Ni007 精密水准仪观测的四站二等水准测量数据，其配套的因瓦水准尺分划值为 0.5cm，基辅常数为 606.5cm。

表 3-1 与表 3-2 的数据来自于《国家一、二等水准测量规范》，表中灰底色背景单元的数据为水准测量原始观测数据，其余单元的数据为计算数据。使用精密水准仪观测时，虽然在平板玻璃测微尺读数器窗口可以估读到 0.001mm 位，但《国家一、二等水准测量规范》只要求记录到 0.01mm 位。

表 3-1　二等水准测量记录计算格式(因瓦水准尺分划值为 1cm)

测站编号	后尺 上丝 / 下丝 后距 视距差 d	前尺 上丝 / 下丝 前距 累积差 Σd	方向及尺号	水准尺读数 基本分划(一次)	水准尺读数 辅助分划(二次)	基+K−辅(一减二)
	(1)A	(5)E	后尺	(3)C	(8)H	(14)
	(2)B	(6)F	前尺	(4)D	(7)G	(13)
	(9)	(10)	后−前	(16)	(17)	(15)
	(11)	(12)	h	(18)	(19)	(20)
1	2406	1809	后 1	219.83	521.38	0
	1986	1391	前 2	160.06	461.63	-2
	420	418	后−前	+059.77	+059.75	+2
	+2	+2	H	-23	-6	+059.760
2	1800	1639	后 2	157.40	458.95	0
	1351	1189	前 1	141.40	442.92	+3
	449	450	后−前	+016.00	+016.03	-3
	-1	+1	H	15	0	+016.015
3	1825	1962	后 1	160.32	461.88	-1
	1383	1523	前 2	174.27	475.82	0
	442	439	后−前	-013.95	-013.94	-1
	+3	+4	H	8	-2	-013.945
4	1728	1884	后 2	150.81	452.36	0
	1285	1439	前 1	166.19	467.74	0
	443	445	后−前	-015.38	-015.38	0
	-2	+2	h	-16	-4	-015.380

表 3-2　二等水准测量记录计算格式(因瓦水准尺分划值为 0.5cm)

测站编号	后尺 上丝 / 下丝；后距；视距差 d	前尺 上丝 / 下丝；前距；累积差 Σd	方向及尺号	水准尺读数 基本分划(一次)	水准尺读数 辅助分划(二次)	基+K-辅(一减二)
1	1885	5330	后 1	138.54	745.04	0
	885	4330	前 2	483.05	1089.51	+4
	1000	1000	后-前	-344.51	-344.47	-4
	0	0	H	-4	-5	-344.490
2	1749	5382	后 2	127.03	733.52	+1
	789	4442	前 1	491.19	1097.71	-2
	960	940	后-前	-364.16	-364.19	+3
	20	20	H	-13	+1	-364.175
3	1847	5359	后 1	136.70	743.16	+4
	887	4399	前 2	487.88	1094.34	+4
	960	960	后-前	-351.18	-351.18	0
	0	20	H	0	+2	-351.180
4	1753	5343	后 2	127.28	733.81	-3
	793	4383	前 1	486.31	1092.83	-2
	960	960	后-前	-359.03	-359.02	-1
	0	20	h	+2	-1	-359.025

规范[20]关于测站观测视距限差的规定列于表 3-3。

表 3-3　一、二等水准测量每站视距限差的规定

等级	视线长度 仪器类型	视线长度 视距 S(m)	前后视距差 P(m)	每站的前后视距累积差 Q(m)	视线高度 J(m) 下丝读数
一等	DSZ05,DS05	≤30	≤0.5	≤1.5	≥0.5
二等	DS1,DS05	≤50	≤1.0	≤3.0	≥0.3

测站观测高差限差的规定列于表 3-4。

表 3-4　一、二等水准测量每站高差限差的规定

等级	上下丝读数平均值与中丝读数的差 R(mm) 0.5cm 分划标尺	上下丝读数平均值与中丝读数的差 R(mm) 1cm 分划标尺	基、辅分划读数的差 U(mm)	基、辅分划所测高差的差 V(mm)	检测间歇点高差的差 T(mm)
一等	1.5	3.0	0.3	0.4	0.7
二等	1.5	3.0	0.4	0.6	1.0

一站观测顺序为：在相邻测站上，按奇(odd)、偶(even)数测站的观测顺序进行，其中往测观测顺序及输入数据的赋值变量如下。

奇数测站观测顺序为：后(back)—前(front)—前(front)—后(back)。

① 后视标尺基本分划(上丝-A、下丝-B、中丝-C)；

② 前视标尺基本分划(中丝-D、上丝-E、下丝-F)；

③ 前视标尺辅助分划(中丝-G)；

④ 后视标尺辅助分划(中丝-H)。

偶数测站观测顺序为：前(front)—后(back)—后(back)—前(front)。

① 前视标尺基本分划(上丝–E、下丝–F、中丝–D)；

② 后视标尺基本分划(中丝–C、上丝–A、下丝–B)；

③ 后视标尺辅助分划(中丝–H)；

④ 前视标尺辅助分划(中丝–G)。

返测观测时，奇数测站与偶数测站的观测顺序与往测时相反，奇数测站的观测顺序为“前—后—后—前”，偶数测站的观测顺序为“后—前—前—后”。为了便于计算，编程时，无论是奇数测站还是偶数测站，8 个观测数据的赋值变量均不变。

2) 串列数据规划

详细串列数据规划见表 3-5。

表 3-5　Q3V1 程序输入与输出数据串列明细表

行数	List 1	List 2	List 3	List 4	List 5	List 6	List 7	
子名	B–stadia	F–stadia	Base–mid	Auxi–mid	Ba+K–Aux	go/back	time	
1	后视上丝 A	前视上丝 E	基后中丝 C	辅后中丝 H	C+K–H	往返测系数	开始时间	
2	后视下丝 B	前视下丝 F	基前中丝 D	辅前中丝 G	D+K–G			
3	后视距 A–B	前视距 E–F	基高差	辅高差	基辅高差之差			
4	前后视距差	视距累积差	(A+B)/2–C	(E+F)/2–D	基辅高差均值			

行数	List 8	List 9	List 10	List 11	List 12	List 13	List 14	List 15
子名	sta–num	end–num	sta–N	end–N	ΣS_B(m)	ΣS_F(m)	Σh(m)	ctrl
1	开始点号	结束点号	开始流水站号	结束流水站号	累积后视距	累积前视距	累积高差	N 变量
2								T 变量
3								观测日期
4								标尺分划值
5								基辅常数
6								水准等级

注：表中灰底色背景串列单元的数据为原始观测数据，其余为程序计算结果。

与三、四等水准测量比较，每站精密水准测量观测数据的记录计算结果具有如下特点：

① 一对精密水准尺辅助分划的零点常数是相同的，与徕卡 N3 或苏州一光 DSZ2 精密水准仪配套的因瓦水准尺分划值为 1cm，基辅常数为 301.55cm；与蔡司 Ni002、Ni004、Ni007、Koni007 及国产 S1、S05 精密水准仪配套的因瓦水准尺分划值为 0.5cm，基辅常数有 0 与 606.5cm 两种。

② 当使用 0.5cm 分划尺时，算出的视距与高差均应除以 2 才等于实际值。

③ 需要计算前、后视基本分划的上下丝读数平均值与中丝读数的差，对于 0.5cm 分划尺应不小于 1.5mm，对于 1cm 分划尺应不小于 3mm。

④ 高差计算单位为 cm，它也是因瓦水准尺的最小分划与注记单位。

3) 程序

(1) 主程序

主程序名：Q3V1，1 664 字节，光盘源程序文件为“\3 章\QH31\Q3V1.g1m”。

```
"1 or 2 grade level record Q3V1"↵                 显示程序标题
Norm 1↵                                             设置数值显示格式
If Frac N≠0:Then "N error!":Stop:IfEnd↵             测站计数变量 N 为非整数
If N=0:Then ClrList↵                                清除当前串列文件全部数据
1→T↵                                                初始设置为新开水准路线
"B-stadia"→List 1[0]:"F-stadia"→List 2[0]↵         前、后视距读数串列子名
"Base-mid"→List 3[0]:"Aux-mid"→List 4[0]↵          基、辅分划中丝读数串列子名
"Ba+K-Aux"→List 5[0]↵                               基+K-辅分划计算串列子名
"go/back"→List 6[0]:"time"→List 7[0]↵              测段观测方向与开始时间串列子名
"sta-num"→List 8[0]:"end-num"→List 9[0]↵           测段起始点号串列子名
"sta-N"→List 10[0]:"end-N"→List 11[0]↵             测段结束流水站号串列子名
"ΣS_B(m)"→List 12[0]:"ΣS_F(m)"→List 13[0]↵         测段后、前视距累积串列子名
"Σh(m)"→List 14[0]↵                                 测段累积高差串列子名
6→Dim List 15:"ctrl"→List 15[0]↵                    控制系数串列及子名
"date(yyyy.mmdd)="?→List 15[3]↵                     输入新水准路线的观测日期
T→List 15[2]↵                                       存起始测段数
Do:"scale(0.5cm/1cm)="?→O↵                          输入因瓦水准尺分划值
LpWhile O≠0.5 And O≠1↵                              因瓦水准尺分划值只能是 1 或 0.5
O→List 15[4]↵                                       存因瓦水准尺分划值
"const(0/301.55cm/606.5cm/other)="?→K↵              输入因瓦尺基辅常数(constant)差
K→List 15[5]↵                                       存因瓦水准尺基辅常数差
```

我国常用的三种因瓦水准尺 cm 单位基辅常数差，允许输入实际值。

蔡司 Ni004、Ni002、Koni007 与国产 S1、S05 等精密水准仪只能使用 0.5cm 分划尺，其基辅常数有 0 与 606.5cm 两种；徕卡 N3 或苏州一光 DSZ2 精密水准仪只能使用 1cm 分划尺，其基辅常数为 301.55cm。

例如，某些 2m 因瓦水准尺基辅常数差为 4.6cm，可以直接输入 4.6。

```
Do:"level grade(1/2)="?→List 15[6]↵                输入 1 为一等水准,2 为二等水准
LpWhile List 15[6]≠1 And List 15[6]≠2↵
If O=0.5:Then 1.5→R:Else 3→R:IfEnd↵                 上、下丝读数平均值与中丝读数差限差
If List 15[6]=1:Then 30→S:0.5→P:1.5→Q↵              一等水准测量限差
0.5→J:0.3→U:0.4→V↵
Else 50→S:1→P:3→Q:0.3→J:0.4→U:0.6→V:IfEnd↵          二等水准测量限差
Do:"go(1)/back(2)="?→List 6[T]↵                     输入 1 为往测,2 为返测
LpWhile List 6[T]≠1 And List 6[T]≠2↵
"time(hh.mm)="?→List 7[T]↵                          输入测段开始观测时间
Do:"start point num(≠0)="?→List 8[T]↵               输入测段非零开始点号
LpWhile List 8[T]=0↵
1→List 10[T]↵                                       存测段开始流水站号
Else If List 11[T]≠0:Then T+1→T↵                    开始新测段
```

```
0→List 11[T]:T→List 15[2]↵                      存测段总数
0→List 12[T]:0→List 13[T]:0→List 14[T]↵         增加一行串列定义
Do:"go(1)/back(2)="?→List 6[T]↵                 输入新测段往返测系数
LpWhile List 6[T]≠1 And List 6[T]≠2↵
"time(hh.mm)="?→List 7[T]↵                      输入新测段开始观测时间
Do:"start point num(≠0)="?→List 8[T]↵           输入新测段非零开始点号
LpWhile List 8[T]=0↵
N+1→List 10[T]↵                                 存新测段开始流水站号
IfEnd:IfEnd↵
Lbl 0:N+1→N:Prog "SUB3-11"↵                     增加 List 1~List 5 串列维数 4 行
N→List 15[1]↵                                   存当前观测的总站数
"total station num=":N◢                         显示水准观测总站数
N-List 10[T]+1→L↵                               本测段起点起算的水准站数 L
"section station num=":L◢                       显示本测段总站数
L÷2-Int (L÷2)→X↵                                X=0 为偶数站,否则为奇数站
If List 6[T]=1:Then "go level direction!"↵      本测段为往测
If X≠0:Then "odd number station"↵               奇数站
Prog "SUB3-12"↵                                 后—前—前—后观测子程序
Else "even number station"↵                     偶数站
Prog "SUB3-13"↵                                 前—后—后—前观测子程序
IfEnd↵
Else "back level direction!"↵                   本测段为返测
If X≠0:Then "odd number station"↵               奇数站
Prog "SUB3-13"↵                                 前—后—后—前观测子程序
Else "even number station"↵                     偶数站
Prog "SUB3-12"↵                                 后—前—前—后观测子程序
IfEnd:IfEnd↵
A→List 1[4N-3]:B→List 1[4N-2]↵                  存后视上、下丝读数(1)(2)
C→List 3[4N-3]↵                                 存后视基本分划中丝读数(3)
D→List 3[4N-2]↵                                 存前视基本分划中丝读数(4)
E→List 2[4N-3]:F→List 2[4N-2]↵                  存前视上、下丝读数(5)(6)
G→List 4[4N-2]↵                                 存前视辅助分划中丝读数(7)
H→List 4[4N-3]↵                                 存后视辅助分划中丝读数(8)
List 12[T]+0.1OList 1[4N-1]→List 12[T]↵         累加测段后视距,单位 m
List 13[T]+0.1OList 2[4N-1]→List 13[T]↵         累加测段前视距,单位 m
List 14[T]+0.01OList 5[4N]→List 14[T]↵          累加测段高差,单位 m
"The level station OK!"↵                        显示本站观测符合规范要求
"▶(0)/■(1)/end to point(2)="?→Y↵                0 继续/1 停止程序/2 结束到测段终点
Y=0⇒Goto 0↵                                     继续观测
```

```
Y=1⇒Goto E↵                                            停止程序
If Y=2:Then N→List 11[T]↵                              存本测段结束流水号
Do:"end point num(≠0)="?→List 9[T]↵                    输入本测段非零结束点号
LpWhile List 9[T]=0:IfEnd↵
Lbl E:"Q3V1⇒End"
```

（2）子程序

① **SUB3-11**，占内存 136 字节。

功能：增加 List 1~List 5 串列维数定义 4 行。

入口变量：当前测站号 **N**。

```
If Frac N≠0:Then "N is no integer!":Stop:IfEnd↵        站数变量为非整数
4N-3→Y↵                                                下站观测数据第一行行号
For Y→Z To Y+3
0→List 1[Z]:0→List 2[Z]:0→List 3[Z]:0→List 4[Z]:0→List 5[Z]↵   增加 4 行串列
Next:Return
```

② **SUB3-12**，占内存 1 220 字节。

功能：以后—前—前—后顺序输入 8 个观测数据，并判断数据是否超限。

入口变量：当前测站号 **N**。

```
Lbl 1:"1 Back base Up(mm)="?→A↵                        后视基本分划上丝读数(1)
"2 Back base Low(mm)="?→B↵                             后视基本分划下丝读数(2)
B→C:A<B⇒A→C↵                                           后视上、下丝最小值,适应正倒像望远镜(2)
If OC<1000J↵                                           (2)超限
Then "Back Low Over(m)=":0.001C◢                       显示(2)超限实际值
Goto 1:IfEnd↵                                          重新观测本站
Abs (A-B)→List 1[4N-1]↵                                计算后视距(9)
If OList 1[4N-1]>10S↵                                  (9)超限
Then "Back stadia Over(m)=":0.1OList 1[4N-1]◢          显示(9)超限实际值
Goto 1:IfEnd↵                                          重新观测本站
"3 Back base Mid(cm)="?→C↵                             后视基本分划中丝读数(3)
100((A+B)÷20-C)→List 3[4N]↵                            后视上、下丝平均值与中丝读数差(18)
If OAbs List 3[4N]>10R↵                                (18)超限
Then "Back:(Up+Low)÷2-Mid Over=":List 3[4N]◢           显示(18)超限实际值
Goto 1:IfEnd↵                                          重新观测本站
"4 Front base Mid(cm)="?→D↵                            前视基本分划中丝读数(4)
C-D→List 3[4N-1]↵                                      基本分划高差(16)
"5 Front base Up(mm)="?→E↵                             前视基本分划上丝读数(5)
"6 Front base Low(mm)="?→F↵                            前视基本分划下丝读数(6)
F→G:E<F⇒E→G↵                                           前视上、下丝最小值,适应正倒像望远镜(6)
If OG<1000J:Then "Front Low Over(m)=":0.001G◢          显示(6)超限实际值
Goto 1:IfEnd↵                                          重新观测本站
```

```
100((E+F)÷20−D)→List 4[4N]↵                    前视上、下丝平均值与中丝读数差(19)
If OAbs List 4[4N]>10R↵                        (19)超限
Then "Front:(Up+Low)÷2−Mid Over=":List 4[4N]◢  显示(19)超限实际值
Goto 1:IfEnd↵                                  重新观测本站
Abs (E−F)→List 2[4N−1]↵                        前视距(10)
If OList 2[4N−1]>10S↵                          (10)超限
Then "Front stadia Over(m)=":0.1OList 2[4N−1]◢ 显示(10)超限实际值
Goto 1:IfEnd↵                                  重新观测本站
List 1[4N−1]−List 2[4N−1]→List 1[4N]↵          前后视距差(11)
If OAbs List 1[4N]>10P↵                        (11)超限
Then "Stadia subtra Over(m)=":0.1OAbs List 1[4N]◢ 显示(11)超限实际值
Goto 1:IfEnd↵                                  重新观测本站
If L=1:Then List 1[4N]→List 2[4N]↵             视距累积差(12)
Else List 1[4N]+List 2[4(N−1)]→List 2[4N]:IfEnd↵
If OAbs List 2[4N]>10Q↵                        (12)超限
Then "Stadia sum Over(m)=":0.1OAbs List 2[4N]◢ 显示(12)超限实际值
Goto 1:IfEnd↵                                  重新观测本站
"7 Front aux Mid(cm)="?→G↵                     前视辅助分划中丝读数(7)
100(D+K−G)→List 5[4N−2]↵                       前视基辅读数差(13)
If OAbs List 5[4N−2]>10U↵                      (13)超限
Then "Front:Base+K−Aux Over=":OAbs List 5[4N−2]◢ 显示(13)超限实际值
Goto 1:IfEnd↵                                  重新观测本站
"8 Back aux Mid(cm)="?→H↵                      后视辅助分划中丝读数(8)
H−G→List 4[4N−1]↵                              辅助分划高差(17)
100(C+K−H)→List 5[4N−3]↵                       后视基辅读数差(14)
If OAbs List 5[4N−3]>10U↵                      (14)超限
Then "Back:Base+K−Aux Over=":OAbs List 5[4N−3]◢ 显示(14)超限实际值
Goto 1:IfEnd↵                                  重新观测本站
100(List 3[4N−1]−List 4[4N−1])→List 5[4N−1]↵   基辅高差之差(15)
If OAbs List 5[4N−1]>10V↵                      (15)超限
Then "Base−Aux height Over=":OAbs List 5[4N−1]◢ 显示(15)超限实际值
Goto 1:IfEnd↵                                  重新观测本站
(List 3[4N−1]+List 4[4N−1])÷2→List 5[4N]↵      高差平均值(20)
Return
```

③ **SUB3-13**，占内存 1 220 字节。

功能：以前—后—后—前顺序输入 8 个观测数据，并判断数据是否超限。

入口变量：当前测站号 **N**。

```
Lbl 2:"1 Front base Up(mm)="?→E↵               前视基本分划上丝读数(5)
"2 Front base Low(mm)="?→F↵                    前视基本分划下丝读数(6)
```

```
F→G:E<F⇒E→G↵                                        后视上、下丝最小值,适应正倒像望远镜(6)
If OG<1000J:Then "Front Low Over(m)=":0.001G◢      显示(6)超限实际值
Goto 2:IfEnd↵                                       重新观测本站
Abs (E−F)→List 2[4N−1]↵                             前视距(10),单位 dm
If OList 2[4N−1]>10S↵                               (10)超限
Then "Front stadia Over(m)=":0.1OList 2[4N−1]◢      显示(10)超限实际值
Goto 2:IfEnd↵                                       重新观测本站
"3 Front base Mid(cm)="?→D↵                         前视基本分划中丝读数(4)
100((E+F)÷20−D)→List 4[4N]↵                         前视上、下丝平均值与中丝读数差(19)
If OAbs List 4[4N]>10R↵                             (19)超限
Then "Front:(Up+Low)÷2−Mid Over=":List 4[4N]◢       显示(19)超限实际值
Goto 2:IfEnd↵                                       重新观测本站
"4 Back base Mid(cm)="?→C↵                          后视基本分划中丝读数(3)
C−D→List 3[4N−1]↵                                   基本分划高差(16)
"5 Back base Up(mm)="?→A↵                           后视基本分划上丝读数(1)
"6 Back base Low(mm)="?→B↵                          后视基本分划下丝读数(2)
B→H:A<B⇒A→H↵                                        后视上、下丝最小值,适应正倒像望远镜(2)
If OH<1000J↵                                        (2)超限
Then "Back Low Over(m)=":0.001H◢                    显示(2)超限实际值
Goto 2:IfEnd↵                                       重新观测本站
100((A+B)÷20−C)→List 3[4N]↵                         后视上、下丝平均值与中丝读数差(18)
If OAbs List 3[4N]>10R↵                             (18)超限
Then "Back:(Up+Low)÷2−Mid Over=":List 3[4N]◢        显示(18)超限实际值
Goto 2:IfEnd↵                                       重新观测本站
Abs (A−B)→List 1[4N−1]↵                             计算后视距(9)
If OList 1[4N−1]>10S↵                               (9)超限
Then "Back stadia Over(m)=":0.1OList 1[4N−1]◢       显示(9)超限实际值
Goto 2:IfEnd↵                                       重新观测本站
List 1[4N−1]−List 2[4N−1]→List 1[4N]↵               前后视距差(11)
If OAbs List 1[4N]>10P↵                             (11)超限
Then "Stadia subtra Over(m)=":0.1OAbs List 1[4N]◢   显示(11)超限实际值
Goto 2:IfEnd↵                                       重新观测本站
If L=1:Then List 1[4N]→List 2[4N]↵                  视距累积差(12)
Else List 1[4N]+List 2[4(N−1)]→List 2[4N]:IfEnd↵
If OAbs List 2[4N]>10Q↵                             (12)超限
Then "Stadia sum Over(m)=":0.1OAbs List 2[4N]◢      显示(12)超限实际值
Goto 2:IfEnd↵                                       重新观测本站
"7 Back aux Mid(cm)="?→H↵                           后视辅助分划中丝读数(8)
100(C+K−H)→List 5[4N−3]↵                            后视基辅读数差(14)
```

```
If OAbs List 5[4N−3]>10U                               (14)超限
Then "Back:Base+K−Aux Over=":OAbs List 5[4N−3]◢         显示(14)超限实际值
Goto 2:IfEnd                                           重新观测本站
"8 Front aux Mid(cm)="?→G                              前视辅助分划中丝读数(7)
H−G→List 4[4N−1]                                       辅助分划高差(17)
100(D+K−G)→List 5[4N−2]                                后视基辅读数差(13)
If OAbs List 5[4N−2]>10U                               (13)超限
Then "Back:Base+K−Aux Over=":OAbs List 5[4N−2]◢         显示(13)超限实际值
Goto 2:IfEnd                                           重新观测本站
100(List 3[4N−1]−List 4[4N−1])→List 5[4N−1]            基辅高差之差(15)
If OAbs List 5[4N−1]>10V                               (15)超限
Then "Base−Aux height Over=":OAbs List 5[4N−1]◢         显示(15)超限实际值
Goto 2:IfEnd                                           重新观测本站
(List 3[4N−1]+List 4[4N−1])÷2→List 5[4N]               高差平均值(20)
Return
```

4) 程序说明

(1) 记录容量

Q3V1 程序及其 3 个子程序占用内存 4 240 字节；执行程序时，需要使用 26 个字母变量存储器，每个字母变量存储器占用 24 字节内存，26 个字母变量存储器占用 24×26=624 字节，加上数值答案存储器 **Ans** 占用的 24 字节内存，共占用 624+24=648 字节，连同程序一起共占用 4 888 字节内存。

按表 3-5 的要求，List 1~List 5 串列用于存储水准测量观测与计算数据，每站需要占用 4 行，存储一个实数的串列单元需要占用 12 字节内存，存储 N 站水准数据需要占用 12×5×4N=240N 字节内存；List 6~List 14 串列用于存储每个测段水准测量的数据，每测段需要占用 1 行，则存储 S 测段的数据需要占用 12×9S=108S 字节内存；List 15 串列为固定 6 行，用于存储控制数字，占用 12×6=72 字节内存。

由此列出方程 4 888+240N+108S+72=62 000，设测段数 S=10，解该方程得 N=233 站。考虑到还有一些需要占用内存的因素没有顾及，应该最多可以记录 230 站左右的一等或二等水准测量观测数据。

上述设测段数 S=10 是为了计算可存储测站数 N 的方便，实际上，程序对测段数 S 没有要求，但增加测段数 S，将会减小可存储的水准测站数 N。

(2) 串列文件的选择

程序没有固定选择哪个串列文件作为当前串列文件，用户可以在 **File1~File6** 之间任意选择一个串列文件作为当前串列文件，方法是：先按 [MENU] [2] 键进入 **STAT** 模式，再按 [SHIFT] [SET UP] [▼] [▼] [F1] [1]~[6] 键选择当前串列文件。按 [MENU] [1] 键进入 **RUN•MAT** 模式，再按 [0] [→] [ALPHA] [N] [EXE] 键将水准测站计数变量 **N** 清零；按 [MENU] [9] 键进入 **PRGM** 模式，选择执行 Q3V1 程序。

当字母变量 N=0 执行 Q3V1 程序时，程序会自动执行 **ClrList** 命令清除当前串列的全部数据。

当用户在 **STAT** 模式下选择了当前串列文件之后，应确认当前串列文件的数据已下传到 FA-124 中存盘，否则，程序自动清除的串列数据将不可恢复！

（3）程序功能选择及输入要求

N=0 时执行程序。

在 **RUN·MAT** 模式下将水准测量计数变量 **N** 清零后，在 **PRGM** 模式下执行 Q3V1 程序，显示完程序标题字符"**1 or 2 grade level record Q3V1**"后的提示如下：

date(yyyy.mmdd)=? 输入测量日期，如输入 2009.1108
scale(0.5cm/1cm)=? 输入 cm 单位因瓦水准尺分划值,只能是 0.5 或 1
const(0/301.55cm/606.5cm/other)=? 输入 cm 单位因瓦水准尺基辅常数(constant)
level grade(1/2)=? 输入水准测量等级(1/2)
go(1)/back(2)=? 输入往返观测控制系数(1 往测/2 返测)
time(hh.mm)=? 输入第一测段开始观测时间(如 8.25)
start point num(≠0)=? 输入测段开始非零点号(应为数字点号)
total station num=1 显示水准测量总站数
section station num=1 显示当前测段水准测量总站数

下面是用户选择往测水准的屏幕提示内容：

go level direction! 往(go)测水准记录
odd number station 奇(odd)数站水准
1 Back base Up(mm)=? 输入 mm 单位后视基本分划上丝读数
2 Back base Low(mm)=? 输入 mm 单位后视基本分划下丝读数
3 Back base Mid(cm)=? 输入 cm 单位后视基本分划中丝读数
4 Front base Mid(cm)=? 输入 cm 单位前视基本分划中丝读数
5 Front base Up(mm)=? 输入 mm 单位前视基本分划上丝读数
6 Front base Low(mm)=? 输入 mm 单位前视基本分划下丝读数
7 Front aux Mid(cm)=? 输入 cm 单位前视辅助分划中丝读数
8 Back aux Mid(cm)=? 输入 cm 单位后视辅助分划中丝读数

如果用户输入的观测数据符合所选一等或二等水准测量限差的要求，则继续提示如下：

The level station OK! 显示该站水准测量符合限差要求
▶(0)/■(1)/end to point(2)=? 输入控制系数（0 继续/1 停止/2 结束本测段）

分别输入控制数字 0、1、2 的提示与意义如下。

① 输入 0 继续下站水准测量，程序提示如下：

total station num=2 显示水准测量总站数
section station num=2 显示当前测段水准测量总站数
go level direction! 往测水准记录
even number station 偶数站水准
1 Front base Up(mm)=? 输入 mm 单位前视基本分划上丝读数
2 Front base Low(mm)=? 输入 mm 单位前视基本分划下丝读数

3 Front base Mid(cm)=? 输入 cm 单位前视基本分划中丝读数
4 Back base Mid(cm)=? 输入 cm 单位后视基本分划中丝读数
5 Back base Up(mm)=? 输入 mm 单位后视基本分划上丝读数
6 Back base Low(mm)=? 输入 mm 单位后视基本分划下丝读数
7 Back aux Mid(cm)=? 输入 cm 单位后视辅助分划中丝读数
8 Front aux Mid(cm)=? 输入 cm 单位前视辅助分划中丝读数

如果用户输入的观测数据符合所选一等或二等水准测量限差的要求，则继续提示如下：

The level station OK! 显示该站水准测量符合限差要求
▶(0)/■(1)/end to point(2)=? 输入控制数字(0 继续/1 停止/2 结束本测段)

② 输入 1 停止本站水准测量，程序显示结束提示如下：

Q3V1⇒End 程序结束显示

以该方式停止程序后，再次执行程序时提示如下：

1 or 2 grade level record Q3V1 显示程序标题
total station num=3 显示水准测量总站数
section station num=3 显示当前测段水准测量总站数
go level direction! 往(go)测水准记录
odd number station 奇(odd)数站水准
1 Back base Up(mm)=? 输入 mm 单位后视基本分划上丝读数
……

③ 输入 2 为结束本测段水准测量，程序提示如下：

end point num(≠0)=? 输入本测段结束非零水准点号(应为数字点号)
Q3V1⇒End 程序结束显示

以该方式停止程序后，再次执行程序时提示如下：

1 or 2 grade level record Q3V1 显示程序标题
go(1)/back(2)=? 输入往返观测控制系数(1 往测/2 返测)
time(hh.mm)=? 输入第二测段开始观测时间(如 9.16)
start point num(≠0)=? 输入第二测段开始点号(全数字点号,如 1365)
total station num=21 显示水准测量总站数
section station num=1 显示当前测段水准测量总站数
back level direction! 返(back)测水准记录
odd number station 奇(odd)数站水准
1 Front base Up(mm)=? 输入 mm 单位前视基本分划上丝读数
……

(4) 观测数据的检核与超限提示

一、二等水准测量，每站需要输入 8 个观测数据，进行 11 项检核，当 11 项检核项中的任何一项超限时，程序都要求重新观测与输入本站数据。当用户在输入一站数据中间，希望不存储本站观测数据时，只需要任意输入当前数据，使本站的一个指标超限，程序立即提示重新输入本站数据。

例如，往测奇数站水准观测数据的输入顺序为：后视基本分划上、下、中丝读数，前视基本分划中、上、下丝读数，前视辅助分划中丝读数，后视辅助分划中丝读数。观测数据超限时的提示位置、内容及意义如下。

a. 输入后视基本(base)分划上、下丝读数后的检核内容

① 检核后视基本分划下丝读数是否满足表 3-3 视线高度的要求，超限时显示实际值，然后要求重新观测全部数据。

Back Low Over(m)=0.215	后视视线高度超限提示案例
1 Back base Up(mm)=?	重新输入 mm 单位后视基本分划上丝读数

……

② 检核后视距是否满足表 3-3 视线长度的要求，超限时显示实际值，然后要求重新输入后视基本分划的上、下丝读数。

Back stadia Over(m)=61.8	后视距超限提示案例
1 Back base Up(mm)=?	重新输入 mm 单位后视基本分划上丝读数

……

b. 输入后视基本(base)分划中丝读数后的检核内容

检核后视基本分划上、下丝读数的平均值与中丝读数之差是否满足表 3-4 的要求，超限时显示实际值，然后要求重新观测全部数据。

Back:(Up+Low)÷2−Mid Over=−35	后视上、下丝均值与中丝读数差超限提示案例
1 Back base Up(mm)=?	重新输入 mm 单位后视基本分划上丝读数

……

c. 输入前视基本(base)分划中、上、下丝读数后的检核内容

① 检核前视基本分划下丝读数是否满足表 3-3 视线高度的要求，超限时显示实际值，然后要求重新观测全部数据。

Front Low Over(m)=0.228	前视视线高度超限提示案例
1 Back base Up(mm)=?	重新输入 mm 单位后视基本分划上丝读数

……

② 检核前视基本分划上、下丝读数的平均值与中丝读数之差是否满足表 3-4 的要求，超限时显示实际值，然后要求重新观测全部数据。

Front:(Up+Low)÷2−Mid Over=42	前视上、下丝均值与中丝读数之差超限提示案例
1 Back base Up(mm)=?	重新输入 mm 单位后视基本分划上丝读数

……

③ 检核前视距是否满足表 3-3 视线长度的要求，超限时显示实际值，然后要求重新观测全部数据。

Front stadia Over(m)=64.5	前视距超限提示案例
1 Back base Up(mm)=?	重新输入 mm 单位后视基本分划上丝读数

……

④ 检核前后视距差是否满足表 3-3 的要求，超限时显示实际值，然后要求重新观测全部数据。

stadia subtra Over(m)=2.2	前后视距差超限提示案例

1 Back base Up(mm)=?　　重新输入 mm 单位后视基本分划上丝读数

……

⑤ 检核视距累积差是否满足表 3-3 的要求，超限时显示实际值，然后要求重新观测全部数据。

Stadia sum Over(m)=3.6　　视距累积差超限提示案例

1 Back base Up(mm)=?　　重新输入 mm 单位后视基本分划上丝读数

……

d. 输入前视辅助(auxillary)分划中丝读数后的检核内容

检核前视基、辅分划中丝读数之差是否满足表 3-4 的要求，超限时显示实际值，然后要求重新观测全部数据。

Front:Base+K−Aux Over=5　　前视基、辅分划中丝读数差超限提示案例

1 Back base Up(mm)=?　　重新输入 mm 单位后视基本分划上丝读数

……

e. 输入后视辅助(auxillary)分划中丝读数后的检核内容

① 检核后视基、辅分划中丝读数之差是否满足表 3-4 的要求，超限时显示实际值，然后要求重新观测全部数据。

Back:Base+K−Aux Over=5　　后视基、辅分划中丝读数差超限提示案例

1 Back base Up(mm)=?　　重新输入 mm 单位后视基本分划上丝读数

……

② 检核基、辅分划所测高差之差是否满足表 3-4 的要求，超限时显示实际值，然后要求重新观测全部数据。

Back:Base−Aux height Over=7　　基、辅分划所测高差之差超限提示案例

1 Back base Up(mm)=?　　重新输入 mm 单位后视基本分划上丝读数

……

只有当程序提示"**The level station OK!**"时，才表明当前测站的水准观测数据符合规范要求，其观测数据已安全地存入串列单元中。

用户不能在程序要求输入原始观测数据的提示下，按 AC/ON 键强制中断程序，因为这将使下次重新执行程序时出现串列维数定义错误，应在输入完当前测站的 8 个观测数据后，程序提示"**▶(0)/■(1)/end to point(2)=?**"时，根据需要选择 0、1、2 中的某个数字输入，才能确保串列数据的安全。

5) 1cm 因瓦水准尺二等水准测量记录案例

表 3-1 为使用徕卡 N3 精密水准仪观测的四站二等水准测量记录计算表格，其配套的因瓦水准尺分划值为 1cm，基辅常数为 301.55cm，假设这四站为从 506 号水准点测至 507 号水准点的往测。按 MENU 2 键进入 **STAT** 模式，按 SHIFT SET UP ▼ ▼ F1 (FILE) 1 EXE EXE 键设置 **File1** 为当前串列文件；按 MENU 1 键进入 **RUN·MAT** 模式，按 0 → ALPHA N EXE 键将字母变量 **N** 清零。

按 MENU 9 键进入 **PRGM** 模式的程序列表，移动光标到 Q3V1 程序，按 EXE 键执行程序，屏幕提示及用户操作过程如下：

屏幕提示	按键	说明
1 or 2 grade level record Q3V1		显示程序标题
date(yyyy.mmdd)=?	**2011.1015** EXE	输入观测日期
scale(0.5cm/1cm)=?	**1** EXE	输入因瓦水准尺分划值
const(0/301.55cm/606.5cm/other)=?	**301.55** EXE	输入因瓦水准尺基辅常数(constant)
level grade(1/2)=?	**2** EXE	输入2为选择二等水准测量
go(1)/back(2)=?	**1** EXE	输入1为选择往测
time(hh.mm)=?	**8.28** EXE	输入开始观测时间
start point num(≠0)=?	**506** EXE	输入当前测段开始水准点号
total station num=1	EXE	显示总观测站数
section station num=1	EXE	显示当前测段站数
go level direction!		显示为往测水准测量
odd number station		显示当前测站为奇数站
1 Back base Up(mm)=?	**2406** EXE	输入mm单位后视基本分划上丝读数
2 Back base Low(mm)=?	**1986** EXE	输入mm单位后视基本分划下丝读数
3 Back base Mid(cm)=?	**219.83** EXE	输入cm单位后视基本分划中丝读数
4 Front base Mid(cm)=?	**160.06** EXE	输入cm单位前视基本分划中丝读数
5 Front base Up(mm)=?	**1809** EXE	输入mm单位前视基本分划上丝读数
6 Front base Low(mm)=?	**1391** EXE	输入mm单位前视基本分划下丝读数
7 Front aux Mid(cm)=?	**461.63** EXE	输入cm单位前视辅助分划中丝读数
8 Back aux Mid(cm)=?	**521.38** EXE	输入cm单位后视辅助分划中丝读数
The level station OK!		显示本站观测符合规范要求
▶(0)/■(1)/end to point(2)=?	**0** EXE	输入0继续观测
total station num=2	EXE	显示总观测站数
section station num=2	EXE	显示当前测段站数
go level direction!		显示为往测水准测量
even number station		显示当前测站为偶数站
1 Front base Up(mm)=?	**1639** EXE	输入mm单位前视基本分划上丝读数
2 Front base Low(mm)=?	**1189** EXE	输入mm单位前视基本分划下丝读数
3 Front base Mid(cm)=?	**141.4** EXE	输入cm单位前视基本分划中丝读数
4 Back base Mid(cm)=?	**157.4** EXE	输入cm单位后视基本分划中丝读数
5 Back base Up(mm)=?	**1800** EXE	输入mm单位后视基本分划上丝读数
6 Back base Low(mm)=?	**1351** EXE	输入mm单位后视基本分划下丝读数
7 Back aux Mid(cm)=?	**458.95** EXE	输入cm单位后视辅助分划中丝读数
8 Front aux Mid(cm)=?	**442.92** EXE	输入cm单位前视辅助分划中丝读数
The level station OK!		显示本站观测符合规范要求
▶(0)/■(1)/end to point(2)=?	**0** EXE	输入0继续观测
total station num=3	EXE	显示总观测站数
section station num=3	EXE	显示当前测段站数
go level direction!		显示为往测水准测量
odd number station		显示当前测站为奇数站
1 Back base Up(mm)=?	**1825** EXE	输入mm单位后视基本分划上丝读数
2 Back base Low(mm)=?	**1383** EXE	输入mm单位后视基本分划下丝读数
3 Back base Mid(cm)=?	**160.32** EXE	输入cm单位后视基本分划中丝读数
4 Front base Mid(cm)=?	**174.27** EXE	输入cm单位前视基本分划中丝读数

续表

屏幕提示	按键	说明
5 Front base Up(mm)=?	1962 EXE	输入 mm 单位前视基本分划上丝读数
6 Front base Low(mm)=?	1523 EXE	输入 mm 单位前视基本分划下丝读数
7 Front aux Mid(cm)=?	475.82 EXE	输入 cm 单位前视辅助分划中丝读数
8 Back aux Mid(cm)=?	461.88 EXE	输入 cm 单位后视辅助分划中丝读数
The level station OK!		显示本站观测符合规范要求
▶(0)/■(1)/end to point(2)=?	0 EXE	输入 0 继续观测
total station num=4	EXE	显示总观测站数
section station num=4	EXE	显示当前测段站数
go level direction!		显示为往测水准测量
even number station		显示当前测站为偶数站
1 Front base Up(mm)=?	1884 EXE	输入 mm 单位前视基本分划上丝读数
2 Front base Low(mm)=?	1439 EXE	输入 mm 单位前视基本分划下丝读数
3 Front base Mid(cm)=?	166.19 EXE	输入 cm 单位前视基本分划中丝读数
4 Back base Mid(cm)=?	150.81 EXE	输入 cm 单位后视基本分划中丝读数
5 Back base Up(mm)=?	1728 EXE	输入 mm 单位后视基本分划上丝读数
6 Back base Low(mm)=?	1285 EXE	输入 mm 单位后视基本分划下丝读数
7 Back aux Mid(cm)=?	452.36 EXE	输入 cm 单位后视辅助分划中丝读数
8 Front aux Mid(cm)=?	467.74 EXE	输入 cm 单位前视辅助分划中丝读数
The level station OK!		显示本站观测符合规范要求
▶(0)/■(1)/end to point(2)=?	2 EXE	输入 2 为结束本测段观测
end point num(≠0)=?	507 EXE	当前测段结束水准点号
Q3V1⇒End		程序结束显示

重复执行 Q3V1 程序，将表 3-1 的四站二等水准观测数据按 4、3、2、1 站的顺序输入的屏幕提示与用户操作过程如下：

屏幕提示	按键	说明
1 or 2 grade level record Q3V1		显示程序标题
go(1)/back(2)=?	2 EXE	输入 2 为选择返测
time(hh.mm)=?	9.11 EXE	输入开始观测时间
start point num(≠0)=?	507 EXE	输入当前测段开始水准点号
total station num=5	EXE	显示总观测站数
section station num=1	EXE	显示当前测段站数
Back level direction!		显示为往测水准测量
odd number station		显示当前测站为奇数站
1 Front base Up(mm)=?	1884 EXE	输入 mm 单位前视基本分划上丝读数
2 Front base Low(mm)=?	1439 EXE	输入 mm 单位前视基本分划下丝读数
3 Front base Mid(cm)=?	166.19 EXE	输入 cm 单位前视基本分划中丝读数
4 Back base Mid(cm)=?	150.81 EXE	输入 cm 单位后视基本分划中丝读数
5 Back base Up(mm)=?	1728 EXE	输入 mm 单位后视基本分划上丝读数
6 Back base Low(mm)=?	1285 EXE	输入 mm 单位后视基本分划下丝读数
7 Back aux Mid(cm)=?	452.36 EXE	输入 cm 单位后视辅助分划中丝读数
8 Front aux Mid(cm)=?	467.74 EXE	输入 cm 单位前视辅助分划中丝读数
The level station OK!		显示本站观测符合规范要求
▶(0)/■(1)/end to point(2)=?	0 EXE	输入 0 继续观测

续表

屏幕提示	按键	说明
total station num=6	EXE	显示总观测站数
section station num=2	EXE	显示当前测段站数
back level direction!		显示为往测水准测量
even number station		显示当前测站为偶数站
1 Back base Up(mm)=?	**1825** EXE	输入 mm 单位后视基本分划上丝读数
2 Back base Low(mm)=?	**1383** EXE	输入 mm 单位后视基本分划下丝读数
3 Back base Mid(cm)=?	**160.32** EXE	输入 cm 单位后视基本分划中丝读数
4 Front base Mid(cm)=?	**174.27** EXE	输入 cm 单位前视基本分划中丝读数
5 Front base Up(mm)=?	**1962** EXE	输入 mm 单位前视基本分划上丝读数
6 Front base Low(mm)=?	**1523** EXE	输入 mm 单位前视基本分划下丝读数
7 Front aux Mid(cm)=?	**475.82** EXE	输入 cm 单位前视辅助分划中丝读数
8 Back aux Mid(cm)=?	**461.88** EXE	输入 cm 单位后视辅助分划中丝读数
The level station OK!		显示本站观测符合规范要求
▶(0)/■(1)/end to point(2)=?	**0** EXE	输入 0 继续观测
total station num=7	EXE	显示总观测站数
section station num=3	EXE	显示当前测段站数
back level direction!		显示为往测水准测量
odd number station		显示当前测站为偶数站
1 Front base Up(mm)=?	**1639** EXE	输入 mm 单位前视基本分划上丝读数
2 Front base Low(mm)=?	**1189** EXE	输入 mm 单位前视基本分划下丝读数
3 Front base Mid(cm)=?	**141.4** EXE	输入 cm 单位前视基本分划中丝读数
4 Back base Mid(cm)=?	**157.4** EXE	输入 cm 单位后视基本分划中丝读数
5 Back base Up(mm)=?	**1800** EXE	输入 mm 单位后视基本分划上丝读数
6 Back base Low(mm)=?	**1351** EXE	输入 mm 单位后视基本分划下丝读数
7 Back aux Mid(cm)=?	**458.95** EXE	输入 cm 单位后视辅助分划中丝读数
8 Front aux Mid(cm)=?	**442.92** EXE	输入 cm 单位前视辅助分划中丝读数
The level station OK!		显示本站观测符合规范要求
▶(0)/■(1)/end to point(2)=?	**0** EXE	输入 0 继续观测
total station num=8	EXE	显示总观测站数
section station num=4	EXE	显示当前测段站数
back level direction!		显示为往测水准测量
even number station		显示当前测站为偶数站
1 Back base Up(mm)=?	**2406** EXE	输入 mm 单位后视基本分划上丝读数
2 Back base Low(mm)=?	**1986** EXE	输入 mm 单位后视基本分划下丝读数
3 Back base Mid(cm)=?	**219.83** EXE	输入 cm 单位后视基本分划中丝读数
4 Front base Mid(cm)=?	**160.06** EXE	输入 cm 单位前视基本分划中丝读数
5 Front base Up(mm)=?	**1809** EXE	输入 mm 单位前视基本分划上丝读数
6 Front base Low(mm)=?	**1391** EXE	输入 mm 单位前视基本分划下丝读数
7 Front aux Mid(cm)=?	**461.63** EXE	输入 cm 单位前视辅助分划中丝读数
8 Back aux Mid(cm)=?	**521.38** EXE	输入 cm 单位后视辅助分划中丝读数
The level station OK!		显示本站观测符合规范要求
▶(0)/■(1)/end to point(2)=?	**2** EXE	输入 2 为结束本测段观测
end point num(≠0)=?	**506** EXE	当前测段结束水准点号
Q3V1⇒End		程序结束显示

按 MENU 2 键进入 **STAT** 模式查看当前串列文件 **File1** 的记录成果，结果如图 3-1 所示。

	List 1	List 2	List 3	List 4	List 5	List 6	List 7	List 8	List 9	List10	List11	List12	List13	List14	List15
SUB	B-Stàd	F-Stàd	Bàsè-m	Aux-mi	Bà+K-A	go/bàc	timè	Stà-nu	ènd-nu	Stà-N	ènd-N	ΣSB(m)	ΣSF(m)	Σh(m)	ctrl
1	2406	1809	219.83	521.38	0	1	8.28	506	507	1	4	175.4	175.2	0.4645	8
2	1986	1391	160.06	461.63	-2	2	9.11	507	506	5	8	175.4	175.2	0.4645	2
3	420	418	59.77	59.75	2										2011.1
4	2	2	-23	-6	59.76										1
5	1800	1639	157.4	458.95	0										301.55
6	1351	1189	141.4	442.92	3										2
7	449	450	16	16.03	-3										
8	-1	1	15	0	16.015										
9	1825	1962	160.32	461.88	-1										
10	1383	1523	174.27	475.82	0										
11	442	439	-13.95	-13.94	-1										
12	3	4	8	-2	-13.94										
13	1728	1884	150.81	452.36	0										
14	1285	1439	166.19	467.74	0										
15	443	445	-15.38	-15.38	0										
16	-2	2	-16	-4	-15.38										
17	1728	1884	150.81	452.36	0										
18	1285	1439	166.19	467.74	0										
19	443	445	-15.38	-15.38	0										
20	-2	-2	-16	-4	-15.38										
21	1825	1962	160.32	461.88	-1										
22	1383	1523	174.27	475.82	0										
23	442	439	-13.95	-13.94	-1										
24	3	1	8	-2	-13.94										
25	1800	1639	157.4	458.95	0										
26	1351	1189	141.4	442.92	3										
27	449	450	16	16.03	-3										
28	-1	0	15	0	16.015										
29	2406	1809	219.83	521.38	0										
30	1986	1391	160.06	461.63	-2										
31	420	418	59.77	59.75	2										
32	2	2	-23	-6	59.76										

图 3-1　将表 3-1 的四站二等水准测量观测数据分别作为往、返测观测数据输入的串列结果

字母变量存储器 N>0，执行 Q3V1 程序时，程序自动使用最近一次用户输入的观测日期，不会提示用户重新输入观测日期，但总会提示用户输入观测时间。

6) 用 PC 机成果整理程序 H3V1.exe 生成一、二等水准测量成果文件

PC 机程序 H3V1.exe 是专为 fx-9750GⅡQ3V1 程序开发的一个成果整理程序，它能从 Q3V1 程序生成并输出的 Filen.csv 文件中读取数据(n=1~6)，并输出到 Filen.txt 成果文件中，将测段统计数据输出到 SUfilen.csv 存档文件中。

(1) 下传串列文件到通信软件 FA-124 并输出为 CSV 格式逗号分隔文件

① 用通用 USB 数据线连接好 fx-9750GⅡ与 PC 机的 USB 口，在 PC 机上启动 FA-124。

② 先在 fx-9750GⅡ上按 MENU C F2 (RECV) 键，再在 PC 机上用鼠标左键单击 FA-124 工具栏的图标启动数据同步操作。

③ 待 fx-9750GⅡ与 FA-124 Calculator 窗口的数据同步操作完成后，将 Calculator 窗口 List File 图标下的串列文件 File 1 复制到 FA-124 窗口 List File 图标下，用鼠标左键单击该图标下的 File 1 文件，执行下拉菜单“File/CSV/Save as CSV”命令，将串列文件 **File 1** 存为 PC 机的硬盘或 U 盘文件夹的 File1.csv 文件。

(2) 执行成果整理程序 H3V1.exe 输出成果文件

将随书光盘文件“\3 章\QH31\H3V1.exe”复制到存储了 File1.csv 的硬盘或 U 盘文件夹下，鼠标左键双击 H3V1.exe 文件名执行程序，输入 File1 按回车键，程序自动从同路径下的 File1.csv 文件中读入数据，并在同路径下生成 File1.txt 成果文件与 SUfile1.csv 存档文件。这些文件连同源串列文件 File1.csv 均位于光盘“\3 章\QH31\二等水准 1cm\”路径下。

在 Windows 98 操作系统下执行程序 H3V1.exe 的界面如图 3-2 所示。

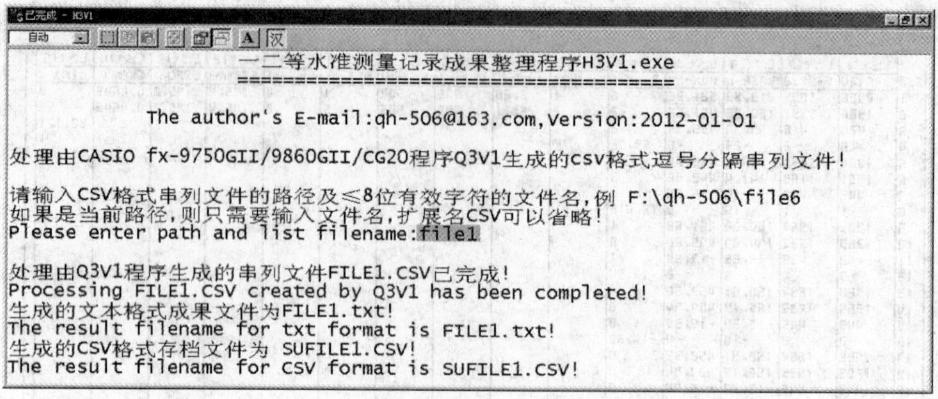

图 3-2　在 Windows 98 操作系统下执行程序 H3V1.exe 的界面

在 Windows XP 操作系统下执行程序 H3V1.exe 的界面如图 3-3 所示。

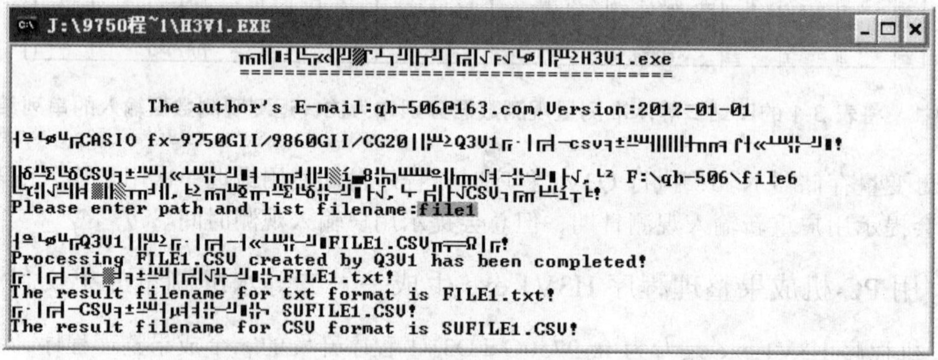

图 3-3　在 Windows XP 操作系统下执行程序 H3V1.exe 的界面

在 Windows 7/32bit 操作系统下执行程序 H3V1.exe 的界面如图 3-4 所示。

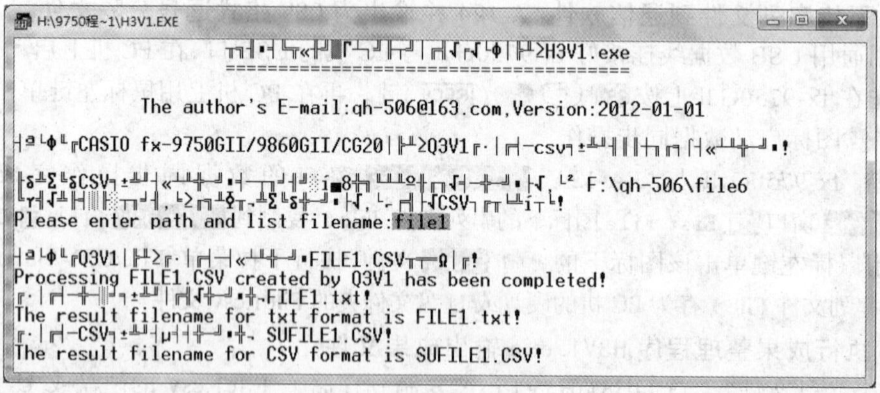

图 3-4　在 Windows 7/32bit 操作系统下执行程序 H3V1.exe 的界面

H3V1.exe 程序采用 True BASIC V2.03 版[9]编写，程序界面中的中文字符，只有在 Windows 98 操作系统下执行时才显示，在 Windows 98 与 Windows 7/32bit 操作系统下执行时，界面的西文字符能正常显示，中文字符显示为乱码，但这不影响程序执行的正确性。

图 3-5 为成果文件 File1.txt 的部分内容。

```
FILE1.TXT - 记事本
文件(F) 编辑(E) 格式(O) 查看(V) 帮助(H)
水准测量等级:二等     因瓦水准尺分划值=1cm        因瓦水准尺基辅常数=301.55cm

测段1起讫点号:506点→507点                     水准测量方向:往测→
开始观测日期与时间:2011年10月15日8时27分

总站    段站   后上下丝    前上下丝    基本分划    辅助分划     基+K-辅
 1       1       2406       1809      219.83      521.38        0
                 1986       1391      160.06      461.63       -2
                  420        418       59.77       59.75        2
                  2.0        2.0        -23         - 6    59.760 ←高差均值
 2       2       1800       1639      157.40      458.95        0
                 1351       1189      141.40      442.92        3
                  449        450       16.00       16.03       -3
                - 1.0        1.0         15           0    16.015 ←高差均值
 3       3       1825       1962      160.32      461.88       -1
                 1383       1523      174.27      475.82        0
                  442        439     - 13.95     - 13.94       -1
                  3.0        4.0          8         - 2  - 13.945 ←高差均值
 4       4       1728       1884      150.81      452.36        0
                 1285       1439      166.19      467.74        0
                  443        445     - 15.38     - 15.38        0
                - 2.0        2.0        -16         - 4  - 15.380 ←高差均值
水准路线长(m)=350.60          累积高差值(m)=.464500
累积后视距(m)=175.40          累积前视距(m)=175.20          前后视距累积差(m)=.20
------------------------------------------------------------------------------
测段2起讫点号:507点→506点                     水准测量方向:返测←
开始观测日期与时间:2011年10月15日9时10分

总站    段站   后上下丝    前上下丝    基本分划    辅助分划     基+K-辅
 5       1       1728       1884      150.81      452.36        0
                 1285       1439      166.19      467.74        0
                  443        445     - 15.38     - 15.38        0
                - 2.0      - 2.0        -16         - 4  - 15.380 ←高差均值
                                                              Ln 1, Col 1
```

图 3-5　成果文件 File1.txt 的部分内容

图 3-6 为水准测段存档文件 SUfile1.csv 的内容，该文件记录的是各水准测段的统计数据，可以用 MS Excel 打开。

	A	B	C	D	E	F	G
1	二等水准测量观测成果	因瓦水准尺分划值=1cm	因瓦水准尺基辅常数=301.55cm				
2	观测时间	起点号	端点号	站数	路线长(m)	前后视距累积差(m)	高差(m)
3	2011年10月15日8时27分	506	507	4	350.6	0.2	0.4645
4	2011年10月15日9时10分	507	506	4	350.6	0.2	0.4645

SUFILE1

图 3-6　水准测段存档文件 SUfile1.csv 的内容

7) 0.5cm 因瓦水准尺二等水准测量记录案例

表 3-2 为使用蔡司 Ni007 精密水准仪观测的四站二等水准测量记录计算表格，其配套的因瓦水准尺分划值为 0.5cm，基辅常数为 606.5cm，假设这四站是从 205 号水准点测至 206 号水准点的往测。按 MENU 2 键进入 **STAT** 模式，按 SHIFT SETUP ▼ ▼ F1 (FILE) 2 EXE EXE 键设置 **File 2** 为当前串列文件；按 MENU 1 键进入 **RUN•MAT** 模式，按 0 → ALPHA N EXE 键将字母变量 **N** 清零。

按 MENU 9 键进入 **PRGM** 模式的程序列表，移动光标到 Q3V1 程序，按 EXE 键执行程序，屏幕提示及用户操作过程如下：

屏幕提示	按键	说明
1 or 2 grade level record Q3V1		显示程序标题
date(yyyy.mmdd)=?	**2011.1015** EXE	输入观测日期
scale(0.5cm/1cm)=?	**0.5** EXE	输入因瓦水准尺分划值
const(0/301.55cm/606.5cm/other)=?	**606.5** EXE	输入因瓦水准尺基辅常数
level grade(1/2)=?	**2** EXE	输入 2 为选择二等水准测量
go(1)/back(2)=?	**1** EXE	输入 1 为选择往测
time(hh.mm)=?	**11.05** EXE	输入开始观测时间
start point num(≠0)=?	**205** EXE	输入当前测段开始水准点号
total station num=1	EXE	显示总观测站数
section station num=1	EXE	显示当前测段站数
go level direction!		显示为往测水准测量
odd number station		显示当前测站为奇数站
1 Back base Up(mm)=?	**1885** EXE	输入 mm 单位后视基本分划上丝读数
2 Back base Low(mm)=?	**885** EXE	输入 mm 单位后视基本分划下丝读数
3 Back base Mid(cm)=?	**138.54** EXE	输入 cm 单位后视基本分划中丝读数
4 Front base Mid(cm)=?	**483.05** EXE	输入 cm 单位前视基本分划中丝读数
5 Front base Up(mm)=?	**5330** EXE	输入 mm 单位前视基本分划上丝读数
6 Front base Low(mm)=?	**4330** EXE	输入 mm 单位前视基本分划下丝读数
7 Front aux Mid(cm)=?	**1089.51** EXE	输入 cm 单位前视辅助分划中丝读数
8 Back aux Mid(cm)=?	**745.04** EXE	输入 cm 单位后视辅助分划中丝读数
The level station OK!		显示本站观测符合规范要求
▶(0)/■(1)/end to point(2)=?	**0** EXE	输入 0 继续观测
total station num=2	EXE	显示总观测站数
section station num=2	EXE	显示当前测段站数
go level direction!		显示为往测水准测量
even number station		显示当前测站为偶数站
1 Front base Up(mm)=?	**5382** EXE	输入 mm 单位前视基本分划上丝读数
2 Front base Low(mm)=?	**4442** EXE	输入 mm 单位前视基本分划下丝读数
3 Front base Mid(cm)=?	**491.19** EXE	输入 cm 单位前视基本分划中丝读数
4 Back base Mid(cm)=?	**127.03** EXE	输入 cm 单位后视基本分划中丝读数
5 Back base Up(mm)=?	**1749** EXE	输入 mm 单位后视基本分划上丝读数
6 Back base Low(mm)=?	**789** EXE	输入 mm 单位后视基本分划下丝读数
7 Back aux Mid(cm)=?	**733.52** EXE	输入 cm 单位后视辅助分划中丝读数
8 Front aux Mid(cm)=?	**1097.71** EXE	输入 cm 单位前视辅助分划中丝读数
The level station OK!		显示本站观测符合规范要求
▶(0)/■(1)/end to point(2)=?	**0** EXE	输入 0 继续观测
total station num=3	EXE	显示总观测站数
section station num=3	EXE	显示当前测段站数
go level direction!		显示为往测水准测量
odd number station		显示当前测站为奇数站
1 Back base Up(mm)=?	**1847** EXE	输入 mm 单位后视基本分划上丝读数
2 Back base Low(mm)=?	**887** EXE	输入 mm 单位后视基本分划下丝读数
3 Back base Mid(cm)=?	**136.7** EXE	输入 cm 单位后视基本分划中丝读数
4 Front base Mid(cm)=?	**487.88** EXE	输入 cm 单位前视基本分划中丝读数
5 Front base Up(mm)=?	**5359** EXE	输入 mm 单位前视基本分划上丝读数
6 Front base Low(mm)=?	**4399** EXE	输入 mm 单位前视基本分划下丝读数
7 Front aux Mid(cm)=?	**1094.34** EXE	输入 cm 单位前视辅助分划中丝读数
8 Back aux Mid(cm)=?	**743.16** EXE	输入 cm 单位后视辅助分划中丝读数
The level station OK!		显示本站观测符合规范要求
▶(0)/■(1)/end to point(2)=?	**0** EXE	输入 0 继续观测
total station num=4	EXE	显示总观测站数
section station num=4	EXE	显示当前测段站数
go level direction!		显示为往测水准测量

续表

屏幕提示	按键	说明
even number station		显示当前测站为偶数站
1 Front base Up(mm)=?	5343 EXE	输入 mm 单位前视基本分划上丝读数
2 Front base Low(mm)=?	4383 EXE	输入 mm 单位前视基本分划下丝读数
3 Front base Mid(cm)=?	486.31 EXE	输入 cm 单位前视基本分划中丝读数
4 Back base Mid(cm)=?	127.28 EXE	输入 cm 单位后视基本分划中丝读数
5 Back base Up(mm)=?	1753 EXE	输入 mm 单位后视基本分划上丝读数
6 Back base Low(mm)=?	793 EXE	输入 mm 单位后视基本分划下丝读数
7 Back aux Mid(cm)=?	733.81 EXE	输入 cm 单位后视辅助分划中丝读数
8 Front aux Mid(cm)=?	1092.83 EXE	输入 cm 单位前视辅助分划中丝读数
The level station OK!		显示本站观测符合规范要求
▶(0)/■(1)/end to point(2)=?	2 EXE	输入 2 为结束本测段观测
end point num(≠0)=?	206 EXE	当前测段结束水准点号
Q3V1⇒End		程序结束显示

重复执行 Q3V1 程序，将表 3-2 的四站二等水准观测数据按 4、3、2、1 站的顺序输入的屏幕提示与用户操作过程如下：

屏幕提示	按键	说明
1 or 2 grade level record Q3V1		显示程序标题
go(1)/back(2)=?	2 EXE	输入 2 为选择返测
time(hh.mm)=?	12.09 EXE	输入开始观测时间
start point num(≠0)=?	206 EXE	输入当前测段开始水准点号
total station num=5	EXE	显示总观测站数
section station num=1	EXE	显示当前测段站数
Back level direction!		显示为往测水准测量
odd number station		显示当前测站为奇数站
1 Front base Up(mm)=?	5343 EXE	输入 mm 单位前视基本分划上丝读数
2 Front base Low(mm)=?	4383 EXE	输入 mm 单位前视基本分划下丝读数
3 Front base Mid(cm)=?	486.31 EXE	输入 cm 单位前视基本分划中丝读数
4 Back base Mid(cm)=?	127.28 EXE	输入 cm 单位后视基本分划中丝读数
5 Back base Up(mm)=?	1753 EXE	输入 mm 单位后视基本分划上丝读数
6 Back base Low(mm)=?	793 EXE	输入 mm 单位后视基本分划下丝读数
7 Back aux Mid(cm)=?	733.80 EXE	输入 cm 单位后视辅助分划中丝读数
8 Front aux Mid(cm)=?	1092.83 EXE	输入 cm 单位前视辅助分划中丝读数
The level station OK!		显示本站观测符合规范要求
▶(0)/■(1)/end to point(2)=?	0 EXE	输入 0 继续观测
total station num=6	EXE	显示总观测站数
section station num=2	EXE	显示当前测段站数
back level direction!		显示为往测水准测量
even number station		显示当前测站为偶数站
1 Back base Up(mm)=?	1847 EXE	输入 mm 单位后视基本分划上丝读数
2 Back base Low(mm)=?	887 EXE	输入 mm 单位后视基本分划下丝读数
3 Back base Mid(cm)=?	136.7 EXE	输入 cm 单位后视基本分划中丝读数
4 Front base Mid(cm)=?	487.88 EXE	输入 cm 单位前视基本分划中丝读数
5 Front base Up(mm)=?	5359 EXE	输入 mm 单位前视基本分划上丝读数
6 Front base Low(mm)=?	4399 EXE	输入 mm 单位前视基本分划下丝读数
7 Front aux Mid(cm)=?	1094.34 EXE	输入 cm 单位前视辅助分划中丝读数
8 Back aux Mid(cm)=?	743.16 EXE	输入 cm 单位后视辅助分划中丝读数
The level station OK!		显示本站观测符合规范要求
▶(0)/■(1)/end to point(2)=?	0 EXE	输入 0 继续观测
total station num=7	EXE	显示总观测站数

续表

屏幕提示	按键	说明
section station num=3	EXE	显示当前测段站数
back level direction!		显示为往测水准测量
odd number station		显示当前测站为偶数站
1 Front base Up(mm)=?	**5382** EXE	输入 mm 单位前视基本分划上丝读数
2 Front base Low(mm)=?	**4442** EXE	输入 mm 单位前视基本分划下丝读数
3 Front base Mid(cm)=?	**491.19** EXE	输入 cm 单位前视基本分划中丝读数
4 Back base Mid(cm)=?	**127.03** EXE	输入 cm 单位后视基本分划中丝读数
5 Back base Up(mm)=?	**1749** EXE	输入 mm 单位后视基本分划上丝读数
6 Back base Low(mm)=?	**789** EXE	输入 mm 单位后视基本分划下丝读数
7 Back aux Mid(cm)=?	**733.52** EXE	输入 cm 单位后视辅助分划中丝读数
8 Front aux Mid(cm)=?	**1097.71** EXE	输入 cm 单位前视辅助分划中丝读数
The level station OK!		显示本站观测符合规范要求
▶(0)/■(1)/end to point(2)=?	**0** EXE	输入 0 继续观测
total station num=8	EXE	显示总观测站数
section station num=4	EXE	显示当前测段站数
back level direction!		显示为往测水准测量
even number station		显示当前测站为偶数站
1 Back base Up(mm)=?	**1885** EXE	输入 mm 单位后视基本分划上丝读数
2 Back base Low(mm)=?	**885** EXE	输入 mm 单位后视基本分划下丝读数
3 Back base Mid(cm)=?	**138.54** EXE	输入 cm 单位后视基本分划中丝读数
4 Front base Mid(cm)=?	**483.05** EXE	输入 cm 单位前视基本分划中丝读数
5 Front base Up(mm)=?	**5330** EXE	输入 mm 单位前视基本分划上丝读数
6 Front base Low(mm)=?	**4330** EXE	输入 mm 单位前视基本分划下丝读数
7 Front aux Mid(cm)=?	**1089.51** EXE	输入 cm 单位前视辅助分划中丝读数
8 Back aux Mid(cm)=?	**745.04** EXE	输入 cm 单位后视辅助分划中丝读数
The level station OK!		显示本站观测符合规范要求
▶(0)/■(1)/end to point(2)=?	**2** EXE	输入 2 为结束本测段观测
end point num(≠0)=?	**205** EXE	当前测段结束水准点号
Q3V1⇒End		程序结束显示

按 MENU ② 键进入 **STAT** 模式查看当前串列文件 **File2** 的记录结果，结果如图 3-7 所示。

	List 1	List 2	List 3	List 4	List 5	List 6	List 7	List 8	List 9	List10	List11	List12	List13	List14	List15
SUB	B-Stad	F-Stad	Base-m	Aux-mi	Ba+K-A	go/bac	time	Sta-nu	end-nu	Sta-N	end-N	ΣSB(m)	ΣSF(m)	Σh(m)	ctrl
1	1885	5330	138.54	745.04	0	1	11.05	205	206	1	4	194	193	-7.094	8
2	885	4330	483.05	1089.5	4	2	12.09	206	205	5	8	194	193	-7.094	2
3	1000	1000	-344.5	-344.4	-4										2011.1
4	0	0	-4	-5	-344.4										0.5
5	1749	5382	127.03	733.52	1										606.5
6	789	4442	491.19	1097.7	-2										2
7	960	940	-364.1	-364.1	3										
8	20	20	-13	1	-364.1										
9	1847	5359	136.7	743.16	4										
10	887	4399	487.88	1094.3	4										
11	960	960	-351.1	-351.1	0										
12	0	20	0	2	-351.1										
13	1753	5343	127.28	733.81	-3										
14	793	4383	486.31	1092.8	-2										
15	960	960	-359	-359	-1										
16	0	20	2	-1	-359										
17	1753	5343	127.28	733.81	-3										
18	793	4383	486.31	1092.8	-2										
19	960	960	-359	-359	-1										
20	0	0	2	-1	-359										
21	1847	5359	136.7	743.16	4										
22	887	4399	487.88	1094.3	4										
23	960	960	-351.1	-351.1	0										
24	0	0	0	2	-351.1										
25	1749	5382	127.03	733.52	1										
26	789	4442	491.19	1097.7	-2										
27	960	940	-364.1	-364.1	3										
28	20	20	-13	1	-364.1										
29	1885	5330	138.54	745.04	0										
30	885	4330	483.05	1089.5	4										
31	1000	1000	-344.5	-344.4	-4										
32	0	20	-4	-5	-344.4										

图 3-7　将表 3-2 的四站二等水准测量观测数据分别作为往、返测观测数据输入的串列结果

将本例的串列文件 File2 下传到 FA-124 并输出为逗号分隔文件 File2.csv，将随书光盘文件"\3 章\QH31\H3V1.exe"复制到存储了 File2.csv 的硬盘或 U 盘文件夹下，执行 H3V1.exe 程序，输入文件名 File2 按回车键，程序自动从同路径下的 File2.csv 文件中读入数据，并在同路径下生成成果文件 File2.txt 与存档文件 SUfile2.csv。这些文件连同源串列文件 File2.csv 均位于光盘"\3 章\QH31\二等水准 5mm\"路径下。

在不同操作系统下执行程序 H3V1.exe 的界面与图 3-2~图 3-4 类似。图 3-8 为成果文件 File2.txt 的部分内容，图 3-9 为存档文件 SUfile2.csv 的内容。

```
FILE2.TXT - 记事本
文件(F) 编辑(E) 格式(O) 查看(V) 帮助(H)
水准测量等级:二等    因瓦水准尺分划值=0.5cm    因瓦水准尺基辅常数=606.50cm

测段1起讫点号:205点→206点                        水准测量方向:往测→
开始观测日期与时间:2011年10月15日11时5分

总站  段站  后上下丝   前上下丝   基本分划   辅助分划   基+K-辅
 1     1      1885       5330      138.54     745.04       0
               885       4330      483.05    1089.51       4
              1000       1000     -344.51    -344.47      -4
                .0         .0        - 4        - 5     -344.490 ←高差均值
 2     2      1749       5382      127.03     733.52       1
               789       4442      491.19    1097.71      -2
               960        940     -364.16    -364.19       3
              20.0       20.0        -13          1     -364.175 ←高差均值
 3     3      1847       5359      136.70     743.16       4
               887       4399      487.88    1094.34       4
               960        960     -351.18    -351.18       0
                .0       20.0          0          2     -351.180 ←高差均值
 4     4      1753       5343      127.28     733.81      -3
               793       4383      486.31    1092.83      -2
               960        960     -359.03    -359.02      -1
                .0       20.0          2        - 1     -359.025 ←高差均值
水准路线长(m)=387.00         累积高差值(m)=-  7.094350
累积后视距(m)=194.00         累积前视距(m)=193.00       前后视距累积差(m)=1.00
--------------------------------------------------------------------------------
测段2起讫点号:206点→205点                        水准测量方向:返测←
开始观测日期与时间:2011年10月15日12时8分

总站  段站  后上下丝   前上下丝   基本分划   辅助分划   基+K-辅
 5     1      1753       5343      127.28     733.80      -2
               793       4383      486.31    1092.83      -2
               960        960     -359.03    -359.03       0
                .0         .0          2        - 1     -359.030 ←高差均值
                                                          Ln 1, Col 1
```

图 3-8　成果文件 File2.txt 的部分内容

	A	B	C	D	E	F	G
1	二等水准测量观测成果	因瓦水准尺分划值=0.5cm	因瓦水准尺基辅常数=606.50cm				
2	观测时间	起点号	端点号	站数	路线长(m)	前后视距累积差(m)	高差(m)
3	2011年10月15日11时5分	205	206	4	387	1	-7.09435
4	2011年10月15日12时8分	206	205	4	387	1	-7.09438

SUFILE2

图 3-9　存档文件 SUfile2.csv 的内容

3.2　中丝读数法三、四等水准测量记录程序(Q3V2/H3V2)

1) 原理

本节 Q3V2 程序严格按《国家三、四等水准测量规范》[21]的规定编写。

《国家三、四等水准测量规范》规定，三等水准测量采用中丝读数法进行往返观测，当使用有光学测微器的 DS1 或 DS05 精密水准仪和因瓦水准尺观测时，也可进行单程双转点观测，支线水准路线必须往返观测或单程双转点观测，本节只介绍使用中丝读数法观测的记录程序。

采用 DS3 水准仪和区格式木质标尺观测时的记录计算格式列于表 3-6，表中，灰底色背景单元的数据为水准测量原始观测数据，其余单元的数据为计算数据。

表 3-6　三、四等水准测量记录计算格式

测站编号	后尺 下丝/上丝	前尺 下丝/上丝	方向及尺号	水准尺读数		K+黑-红(mm)
	后距 / 视距差 d	前距 / 累积差 $\sum d$		基本分划	辅助分划	
	(1)A	(5)E	后尺	(3)C	(8)H	(10)
	(2)B	(6)F	前尺	(4)D	(7)G	(9)
	(12)	(13)	后-前	(16)	(17)	(11)
	(14)	(15)	h			(18)
1	1571	739	后 3	1384	6171	0
	1197	363	前 4	551	5239	-1
	374	376	后-前	833	932	+1
	-0.2	-0.2	H			+0.8325
2	2121	2196	后 4	1934	6621	0
	1747	1821	前 3	2008	6796	+1
	374	375	后-前	-74	-175	+1
	-0.1	-0.3	H			-0.0745
3	1914	2055	后 3	1726	6513	0
	1539	1678	前 4	1866	6554	-1
	375	377	后-前	-140	-41	+1
	-0.2	-0.5	H			-0.1405
4	1965	2141	后 4	1832	6519	0
	1700	1874	前 3	2007	6793	+1
	265	267	后-前	-175	-274	-1
	-0.2	-0.7	h			-0.1745

测站观测视距限差的规定列于表 3-7。

表 3-7　三、四等水准测量每站视距限差的规定

等级	视线长度		前后视距差 P(m)	每站的前后视距累积差 Q(m)	视线高度
	仪器类型	视距 S(m)			
三等	DS3	≤75	≤2.0	≤5.0	三丝能读数
	DSZ05,DS05	≤100			
四等	DS3	≤100	≤3.0	≤10.0	三丝能读数
	DS1,DS05	≤150			

测站观测高差限差的规定列于表 3-8。

表 3-8　三、四等水准测量每站高差限差的规定

等级	观测方法	基、辅分划(或黑红面)读数的差 U(mm)	基、辅分划(或黑红面)所测高差的差 V(mm)	单程双转点观测时,左右路线转点差 R(mm)	检测间歇点高差的差 T(mm)
三等	中丝读数法	2.0	3.0	–	3.0
	光学测微法	1.0	1.5	1.5	
四等	中丝读数法	3.0	5.0	4.0	5.0

三等水准测量每站照准标尺分划的顺序为：后(back)—前(front)—前(front)—后(back)。

① 后视标尺黑面分划(上丝−A、下丝−B、中丝−C)；

② 前视标尺黑面分划(中丝−D、上丝−E、下丝−F)；

③ 前视标尺红面分划(中丝−G)；

④ 后视标尺红面分划(中丝−H)。

四等水准测量每站照准标尺分划的顺序为：后(back)—后(back)—前(front)—前(front)。

① 后视标尺黑面分划(上丝−A、下丝−B、中丝−C)；

② 后视标尺红面分划(中丝−H)；

③ 前视标尺黑面分划(上丝−E、下丝−F、中丝−D)；

④ 前视标尺红面分划(中丝−G)。

2) 串列数据规划

四等水准也可不读上、下丝读数，直接读取视距。三、四等水准测量串列数据规划如表 3-9 所示。

表 3-9　Q3V2 程序输入与输出数据串列明细表

行数	List 1	List 2	List 3	List 4	List 5	List 6	List 7
子名	**B−stadia**	**F−stadia**	**Black−mid**	**red−mid**	**Bl+K−Red**	**time**	**sta−num**
1	后视上丝 A	前视上丝 E	黑后中丝 C	红后中丝 H	C+K−H	开始时间	开始点号
2	后视下丝 B	前视下丝 F	黑前中丝 D	红前中丝 G	D+K−G		
3	后视距 A−B	前视距 E−F	黑面高差	红面高差	黑红高差之差		
4	前后视距差	视距累积差			黑红高差均值		

行数	List 8	List 9	List 10	List 11	List 12	List 13	List 14
子名	**end−num**	**sta−N**	**end−N**	**ΣS_B(m)**	**ΣS_F(m)**	**Σh(m)**	**ctrl**
1	结束点号	开始流水站号	结束流水站号	累积后视距	累积前视距	累积高差	N 变量
2							T 变量
3							观测日期
4							水准等级

与一、二等水准测量记录程序 Q3V1 的串列数据规划比较，三、四等水准测量的串列数据规划有如下特点：

① 都使用 List 1~List 5 串列记录每站的 8 个(直读视距的四等水准为 6 个)观测数据及计算结果，但由于三、四等水准测量没有上、下丝读数平均值与中丝读数之差及视线高度的限差要求，因此 **List 3[4N]**与 **List 4[4N]**串列单元没有被使用。

② 读数顺序与往测或返测无关，不需要记录每测段往、返测控制数字，因此只需要

使用 14 个串列记录(一、二等水准测量记录程序 Q3V1 使用 15 个串列记录)。

③ 使用 List 14 串列存储控制数字时，由于不需要存储标尺分划值与基辅常数差，因此 List 14 串列只需要使用 4 行记录控制数字。

3) 程序

(1) 主程序

主程序名：Q3V2，1 368 字节，光盘源程序文件为“\3 章\QH32\Q3V2.glm”。

```
"3 or 4 grade level record Q3V2"↵                显示程序标题
Norm 1:0→A:0→B:0→E:0→F↵                          设置数值显示格式
If Frac N≠0:Then "N error!":Goto E:IfEnd↵        测站计数变量 N 为非整数
If N=0:Then ClrList↵                             清除当前串列文件全部数据
1→T↵                                             初始设置为新开水准路线
"B-stadia"→List 1[0]:"F-stadia"→List 2[0]↵       前、后视距读数串列子名
"Black-mid"→List 3[0]:"red-mid"→List 4[0]↵       黑、红面中丝读数串列子名
"Bl+K-red"→List 5[0]↵                            黑+K-红计算串列子名
"time"→List 6[0]↵                                测段开始观测时间串列子名
"sta-num"→List 7[0]:"end-num"→List 8[0]↵         测段起始点号串列子名
"sta-N"→List 9[0]:"end-N"→List 10[0]↵            测段结束流水站号串列子名
"ΣS_B(m)"→List 11[0]:"ΣS_F(m)"→List 12[0]↵       测段后、前视距累积串列子名
"Σh(m)"→List 13[0]↵                              测段累积高差串列子名
4→Dim List 14:"ctrl"→List 14[0]↵                 控制系数串列及子名
"date(yyyy.mmdd)="?→List 14[3]↵                  输入新水准路线的观测日期
T→List 14[2]↵                                    存测段数
Do:"level grade(3/4)="?→List 14[4]↵              输入 3 为三等水准,4 为四等水准
LpWhile List 14[4]≠3 And List 14[4]≠4↵
If List 14[4]=3:Then 75→S:2→P:5→Q:2→U:3→V↵       三等水准测量限差
Else "Up Low(0)/stadia(≠0)="?→J↵                 四等水准测量读上、下丝或直读视距
100→S:3→P:10→Q:3→U:5→V:IfEnd↵                    四等水准测量限差
"time(hh.mm)="?→List 6[T]↵                       输入测段开始观测时间
Do:"start point num(≠0)="?→List 7[T]↵            输入测段开始点号(≠0)
LpWhile List 7[T]=0↵
1→List 9[T]↵                                     存测段开始流水站号
Else If List 10[T]≠0:Then T+1→T↵                 开始新测段
0→List 10[T]:T→List 14[2]↵                       存测段数
0→List 11[T]:0→List 12[T]:0→List 13[T]↵          增加一行串列定义
"time(hh.mm)="?→List 6[T]↵                       输入新测段开始观测时间
Do:"start point num(≠0)="?→List 7[T]↵            输入新测段开始点号(≠0)
LpWhile List 7[T]=0↵
N+1→List 9[T]↵                                   存新测段开始流水站号
```

```
IfEnd:IfEnd↵
Lbl 0:N+1→N:Prog "SUB3-21"↵                    增加 List 1~List 5 串列维数 4 行
N→List 14[1]↵                                  存当前观测的总站数
"total station num=":N◢                        显示水准观测总站数
N-List 9[T]+1→L↵                               本测段起点起算的水准站数 L
"section station num=":L◢                      显示本测段总站数
If List 14[4]=3:Then Prog "SUB3-22"↵           调后—前—前—后观测子程序
Else If J=0:Then Prog "SUB3-23"↵               调后—后—前—前观测子程序
Else Prog "SUB3-24":IfEnd:IfEnd↵               调后—后—前—前直读视距观测子程序
If A+B≠0:Then A→List 1[4N-3]↵                  有后视上、下丝读数
B→List 1[4N-2]:IfEnd↵                          存后视上、下丝读数(1)(2)
C→List 3[4N-3]↵                                存后视黑面中丝读数(3)
D→List 3[4N-2]↵                                存前视黑面中丝读数(4)
If E+F≠0:Then E→List 2[4N-3]↵                  有前视上、下丝读数
F→List 2[4N-2]:IfEnd↵                          存前视上、下丝读数(5)(6)
G→List 4[4N-2]↵                                存前视红面中丝读数(7)
H→List 4[4N-3]↵                                存后视红面中丝读数(8)
If List 14[4]=4 And J≠0↵                       四等水准直读视距
Then List 11[T]+List 1[4N-1]→List 11[T]↵       累加测段后视距,单位 m
List 12[T]+List 2[4N-1]→List 12[T]↵            累加测段前视距,单位 m
Else List 11[T]+0.1List 1[4N-1]→List 11[T]↵    累加测段后视距,单位 m
List 12[T]+0.1List 2[4N-1]→List 12[T]↵         累加测段前视距,单位 m
IfEnd↵
List 13[T]+0.001List 5[4N]→List 13[T]↵         累加测段高差,单位 m
"The level station OK!"↵                       显示本站观测符合规范要求
"▶(0)/■(1)/end to point(2)="?→Y↵               0继续/1停止程序/2结束到测段终点
Y=0⇒Goto 0↵                                    继续观测
Y=1⇒Goto E↵                                    停止程序
If Y=2:Then N→List 10[T]↵                      存本测段结束流水号
Do:"end point num(≠0)="?→List 8[T]↵            输入本测段结束点号(≠0)
LpWhile List 8[T]=0:IfEnd↵
Lbl E:"Q3V2⇒End"
```

（2）子程序

① **SUB3-21**，占内存 136 字节。

功能：增加 **List 1~List 5** 串列维数定义 4 行。

入口变量：当前测站号 **N**。

```
If Frac N≠0:Then "N is no integer!":Stop:IfEnd↵    站数变量为非整数
4N-3→Y↵                                            下站观测数据第一行行号
For Y→Z To Y+3
```

```
0→List 1[Z]:0→List 2[Z]:0→List 3[Z]:0→List 4[Z]:0→List 5[Z]↲     增加 4 行串列
Next:Return
```

② SUB3-22，占内存 1 060 字节。

功能：三等水准测量，以后—前—前—后顺序输入 8 个观测数据，每次计算后、前视黑红面零点常数，并判断数据是否超限。

入口变量：当前测站号 N。

```
Lbl 1:"1 Back black Up(mm)="?→A↲                后视黑面上丝读数(1)
"2 Back black Low(mm)="?→B↲                     后视黑面下丝读数(2)
Abs (A-B)→List 1[4N-1]↲                         计算后视距(12)
If List 1[4N-1]>10S↲                            (12)超限
Then "Back stadia Over(m)=":0.1List 1[4N-1]◢     显示(12)超限实际值
Goto 1:IfEnd↲                                   重新观测本站
"3 Back black Mid(mm)="?→C↲                     后视黑面中丝读数(3)
"4 Front black Mid(mm)="?→D↲                    前视黑面中丝读数(4)
C-D→List 3[4N-1]↲                               黑面高差(16)
"5 Front black Up(mm)="?→E↲                     前视黑面上丝读数(5)
"6 Front black Low(mm)="?→F↲                    前视黑面下丝读数(6)
Abs (E-F)→List 2[4N-1]↲                         前视距(13)
If List 2[4N-1]>10S↲                            (13)超限
Then "Front stadia Over(m)=":0.1List 2[4N-1]◢    显示(13)超限实际值
Goto 1:IfEnd↲                                   重新观测本站
0.1(List 1[4N-1]-List 2[4N-1])→List 1[4N]↲      前后视距差(14)
If Abs List 1[4N]>P↲                            (14)超限
Then "Stadia subtra Over(m)=":List 1[4N]◢        显示(14)超限实际值
Goto 1:IfEnd↲                                   重新观测本站
If L=1:Then List 1[4N]→List 2[4N]↲              视距累积差(15)
Else List 1[4N]+List 2[4(N-1)]→List 2[4N]:IfEnd↲
If Abs List 2[4N]>Q↲                            (15)超限
Then "Stadia sum Over(m)=":List 2[4N]◢           显示(15)超限实际值
Goto 1:IfEnd↲                                   重新观测本站
"7 Front red Mid(mm)="?→G↲                      前视红面中丝读数(7)
Int ((G-D)÷100)→K↲                              前视红黑面零点常数的前 2 位
If K=46:Then 4687→K:Else 4787→K:IfEnd↲          前视红黑面零点常数
D+K-G→List 5[4N-2]↲                             前视黑红面中丝读数差(9)
If Abs List 5[4N-2]>U↲                          (9)超限
Then "Front:black+K-red Over(mm)=":List 5[4N-2]◢  显示(9)超限实际值
Goto 1:IfEnd↲                                   重新观测本站
"8 Back red Mid(mm)="?→H↲                       后视红面中丝读数(8)
Int ((H-C)÷100)→O↲                              后视红黑面零点常数的前 2 位
```

```
If O=46:Then 4687→O:Else 4787→O:IfEnd↵              后视红黑面零点常数
C+O−H→List 5[4N−3]↵                                  后视黑红面中丝读数差(10)
If Abs List 5[4N−3]>U↵                               (10)超限
Then "Back:black+K−red Over(mm)=":List 5[4N−3]◢     显示(10)超限实际值
Goto 1:IfEnd↵                                        重新观测本站
H−G→List 4[4N−1]↵                                    红面高差(17)
If K=O:Then 0→W↵                                     后视与前视红黑面零点常数相同时
"two staff K is same!"↵                              显示后、前视红黑面零点常数相同提示
Else 100→W:K=4687⇒-100→W:IfEnd↵                     后、前视红黑面零点常数不同时
List 3[4N−1]−List 4[4N−1]−W→List 5[4N−1]↵           黑红面高差之差(11)
If Abs List 5[4N−1]>V↵                               (11)超限
Then "Black−red h Over(mm)=":List 5[4N−1]◢          显示(11)超限实际值
Goto 1:IfEnd↵                                        重新观测本站
(List 3[4N−1]+List 4[4N−1]+W)÷2000→List 5[4N]↵      高差平均值(18)
Return
```

③ SUB3-23，占内存 1060 字节。

功能：四等水准测量，读上、下丝计算视距，以后—后—前—前顺序输入 8 个观测数据，每次计算后、前视黑红面零点常数，并判断数据是否超限。

入口变量：当前测站号 N。

```
Lbl 2:"1 Back black Up(mm)="?→A↵                     后视黑面上丝读数(1)
"2 Back black Low(mm)="?→B↵                          后视黑面下丝读数(2)
Abs (A−B)→List 1[4N−1]↵                              计算后视距(12)
If List 1[4N−1]>10S↵                                 (12)超限
Then "Back stadia Over(m)=":0.1List 1[4N−1]◢        显示(12)超限实际值
Goto 2:IfEnd↵                                        重新观测本站
"3 Back black Mid(mm)="?→C↵                          后视黑面中丝读数(3)
"4 Back red Mid(mm)="?→H↵                            后视红面中丝读数(8)
Int ((H−C)÷100)→O↵                                   后视红黑面零点常数的前 2 位
If O=46:Then 4687→O:Else 4787→O:IfEnd↵              后视红黑面零点常数
C+O−H→List 5[4N−3]↵                                  后视黑红面中丝读数差(10)
If Abs List 5[4N−3]>U↵                               (10)超限
Then "Back:black+K−red Over(mm)=":List 5[4N−3]◢     显示(10)超限实际值
Goto 2:IfEnd↵                                        重新观测本站
"5 Front black Up(mm)="?→E↵                          前视黑面上丝读数(5)
"6 Front black Low(mm)="?→F↵                         前视黑面下丝读数(6)
Abs (E−F)→List 2[4N−1]↵                              前视距(13)
If List 2[4N−1]>10S↵                                 (13)超限
Then "Front stadia Over(m)=":0.1List 2[4N−1]◢       显示(13)超限实际值
Goto 2:IfEnd↵                                        重新观测本站
```

```
0.1(List 1[4N−1]−List 2[4N−1])→List 1[4N]↵              前后视距差(14)
If Abs List 1[4N]>P↵                                     (14)超限
Then "Stadia subtra Over(m)=":List 1[4N]◢               显示(14)超限实际值
Goto 2:IfEnd↵                                            重新观测本站
If L=1:Then List 1[4N]→List 2[4N]↵                       视距累积差(15)
Else List 1[4N]+List 2[4(N−1)]→List 2[4N]:IfEnd↵
If Abs List 2[4N]>Q↵                                     (15)超限
Then "Stadia sum Over(m)=":List 2[4N]◢                   显示(15)超限实际值
Goto 2:IfEnd↵                                            重新观测本站
"7 Front black Mid(mm)="?→D↵                             前视黑面中丝读数(4)
"8 Front red Mid(mm)="?→G↵                               前视红面中丝读数(7)
Int ((G−D)÷100)→K↵                                       前视红黑面零点常数的前 2 位
If K=46:Then 4687→K:Else 4787→K:IfEnd↵                   前视红黑面零点常数
D+K−G→List 5[4N−2]↵                                      前视黑红面中丝读数差(9)
If Abs List 5[4N−2]>U↵                                   (9)超限
Then "Front:black+K−red Over(mm)=":List 5[4N−2]◢         显示(9)超限实际值
Goto 2:IfEnd↵                                            重新观测本站
C−D→List 3[4N−1]↵                                        黑面高差(16)
H−G→List 4[4N−1]↵                                        红面高差(17)
If K=O:Then 0→W↵                                         后视与前视红黑面零点常数相同时
"two staff K is same!"↵                                  显示后、前视红黑面零点常数相同提示
Else 100→W:K=4687⇒-100→W:IfEnd↵                          后、前视红黑面零点常数不同时
List 3[4N−1]−List 4[4N−1]−W→List 5[4N−1]↵                黑红面高差之差(11)
If Abs List 5[4N−1]>V↵                                   (11)超限
Then "black−red h Over(mm)=":List 5[4N−1]◢               显示(11)超限实际值
Goto 2:IfEnd↵                                            重新观测本站
(List 3[4N−1]+List 4[4N−1]+W)÷2000→List 5[4N]↵           高差平均值(18)
Return
```

④ **SUB3−24**，占内存 964 字节。

功能：四等水准测量，直读视距，以后—后—前—前顺序输入 6 个观测数据，每次计算后、前视黑红面零点常数，并判断数据是否超限。

入口变量：当前测站号 **N**。

```
Lbl 3:"1 Back stadia(m)="?→List 1[4N−1]↵                 输入后视距(12)
If List 1[4N−1]>S↵                                       (12)超限
Then "Back stadia Over(m)=":List 1[4N−1]◢                显示(12)超限实际值
Goto 3:IfEnd↵                                            重新观测本站
"2 Back black Mid(mm)="?→C↵                              后视黑面中丝读数(3)
"3 Back red Mid(mm)="?→H↵                                后视红面中丝读数(8)
Int ((H−C)÷100)→O↵                                       后视红黑面零点常数的前 2 位
```

```
If O=46:Then 4687→O:Else 4787→O:IfEnd↵                后视红黑面零点常数
C+O−H→List 5[4N−3]↵                                     后视黑红面中丝读数差(10)
If Abs List 5[4N−3]>U↵                                  (10)超限
Then "Back:black+K−red Over(mm)=":List 5[4N−3]◢         显示(10)超限实际值
Goto 3:IfEnd↵                                           重新观测本站
"4 Front stadia(m)="?→List 2[4N−1]↵                     前视距(13)
If List 2[4N−1]>S↵                                      (13)超限
Then "Front stadia Over(m)=":List 2[4N−1]◢              显示(13)超限实际值
Goto 3:IfEnd↵                                           重新观测本站
List 1[4N−1]−List 2[4N−1]→List 1[4N]↵                   前后视距差(14)
If Abs List 1[4N]>P↵                                    (14)超限
Then "Stadia subtra Over(m)=":List 1[4N]◢               显示(14)超限实际值
Goto 3:IfEnd↵                                           重新观测本站
If L=1:Then List 1[4N]→List 2[4N]↵                      视距累积差(15)
Else List 1[4N]+List 2[4(N−1)]→List 2[4N]:IfEnd↵
If Abs List 2[4N]>Q↵                                    (15)超限
Then "Stadia sum Over(m)=":List 2[4N]◢                  显示(15)超限实际值
Goto 3:IfEnd↵                                           重新观测本站
"5 Front black Mid(mm)="?→D↵                            前视黑面中丝读数(4)
"6 Front red Mid(mm)="?→G↵                              前视红面中丝读数(7)
Int ((G−D)÷100)→K↵                                      前视红黑面零点常数的前 2 位
If K=46:Then 4687→K:Else 4787→K:IfEnd↵                  前视红黑面零点常数
D+K−G→List 5[4N−2]↵                                     前视黑红面中丝读数差(9)
If Abs List 5[4N−2]>U↵                                  (9)超限
Then "Front:black+K−red Over(mm)=":List 5[4N−2]◢        显示(9)超限实际值
Goto 3:IfEnd↵                                           重新观测本站
C−D→List 3[4N−1]↵                                       黑面高差(16)
H−G→List 4[4N−1]↵                                       红面高差(17)
If K=O:Then 0→W↵                                        后视与前视红黑面零点常数相同时
"two staff K is same!"↵                                 显示后、前视红黑面零点常数相同提示
Else 100→W:K=4687⇒-100→W:IfEnd↵                         后、前视红黑面零点常数不同时
List 3[4N−1]−List 4[4N−1]−W→List 5[4N−1]↵               黑红面高差之差(11)
If Abs List 5[4N−1]>V↵                                  (11)超限
Then "black−red h Over(mm)=":List 5[4N−1]◢              显示(11)超限实际值
Goto 3:IfEnd↵                                           重新观测本站
(List 3[4N−1]+List 4[4N−1]+W)÷2000→List 5[4N]↵          高差平均值(18)
Return
```

4) 程序说明

(1) 记录容量

程序 Q3V2 及其 4 个子程序占用内存 4 588 字节；执行程序时，需要使用 26 个字母变量存储器，每个字母变量存储器占用 24 字节内存，26 个字母变量存储器占用 24×26=624 字节，加上数值答案存储器 **Ans** 占用的 24 字节内存，共占用 624+24=648 字节，连同程序一起共占用 5 236 字节。

按表 3-9 的要求，List 1~List 5 串列用于存储水准测量观测与计算数据，每站需要占用 4 行，存储一个实数的串列单元需要占用 12 字节内存，则 N 站水准需要占用 12×5×4N=240N 字节内存；List 6~List 13 串列用于存储每个测段水准测量的数据，每测段需要占用 1 行，则存储 S 测段的数据需要占用 12×8S=96S 字节内存；List 14 串列为固定 4 行，用于存储控制系数，占用 12×4=48 字节内存。

由此列出方程 5 236+240N+96S+48=62000，设测段数 S=10，解该方程得 N=232 站。考虑到还有一些需要占用内存的因素没有顾及，应该最多可以记录 230 站左右的三等或四等水准测量观测数据。例如，光盘文件“3 章\QH32\三等水准\陕西捷思达公司\File2.g1m”为陕西捷思达科技发展有限公司使用 Q3V2 程序记录的 8 个测段、231 站三等水准测量观测数据串列源文件。用 Q3V2 程序记录完 8 个测段、231 站三等水准测量观测数据后，只剩余 188 字节内存。

上述设测段数 S=10 是为了计算可存储测站数 N 的方便，实际上，程序对测段数 S 没有要求，但增加测段数 S，将会减小可存储的水准测站数 N。

(2) 串列文件的选择

程序没有固定选择哪个串列文件作为当前串列文件，用户可以在 **File1~File6** 之间任意选择一个串列文件作为当前串列文件，方法是：先按 MENU 2 键进入 **STAT** 模式，再按 SHIFT SET UP ▼ ▼ F1 1 ~ 6 键选择当前串列文件。按 MENU 1 键进入 **RUN•MAT** 模式，再按 0 → ALPHA N EXE 键将水准测站计数变量 **N** 清零；按 MENU 9 键进入 **PRGM** 模式，选择执行 Q3V2 程序。

当字母变量 N=0 执行 Q3V2 程序时，程序会自动执行 **ClrList** 命令清除当前串列的全部数据。

用户在 **STAT** 模式下选择了当前串列文件之后，应确认当前串列的数据已下传到 FA-124 中存盘，否则，执行程序自动清除的串列数据将不可恢复！

(3) 程序功能选择及输入要求

N=0 时执行程序。

在 **RUN•MAT** 模式下将水准测量计数变量 **N** 清零后，在 **PRGM** 模式下执行 Q3V2 程序，显示完程序标题字符“**3 or 4 grade level record Q3V2**”后提示如下：

date(yyyy.mmdd)=?	输入测量日期，如输入 2009.1118
level grade(3/4)=?	输入水准测量等级(3/4)
Up Low(0)/stadia(≠0)=?	四等水准时提示(0 读上、下丝/≠0 直读视距)
time(hh.mm)=?	输入第一测段开始观测时间，如 11.08
start point num(≠0)=?	输入测段开始非零点号(应为数字点号)

total station num=1 显示水准测量总站数

section station num=1 显示当前测段水准测量总站数

下面是用户选择读上、下丝的四等水准时，输入一站水准测量观测数据的屏幕提示内容：

1 Back black Up(mm)=? 输入 mm 单位后视黑面上丝读数

2 Back black Low(mm)=? 输入 mm 单位后视黑面下丝读数

3 Back black Mid(mm)=? 输入 mm 单位后视黑面中丝读数

4 Back red Mid(mm)=? 输入 mm 单位后视红面中丝读数

5 Front black Up(mm)=? 输入 mm 单位前视黑面上丝读数

6 Front black Low(mm)=? 输入 mm 单位前视黑面下丝读数

7 Front black Mid(mm)=? 输入 mm 单位前视黑面中丝读数

8 Front red Mid(mm)=? 输入 mm 单位前视红面中丝读数

如果用户输入的观测数据全部符合四等水准测量限差的要求，则继续提示如下：

The level station OK! 显示该站水准测量符合限差要求

▶(0)/■(1)/end to point(2)=? 输入控制数字(0 继续/1 停止/2 结束本测段)

输入控制数字 0、1 或 2 的提示与意义如下。

① 输入 0 继续下站水准测量，程序提示如下：

total station num=2 显示水准测量总站数

section station num=2 显示当前测段水准测量总站数

1 Back black Up(mm)=? 输入 mm 单位后视黑面上丝读数

……

② 输入 1 停止本站水准测量，程序显示结束提示如下：

Q3V2⇋End 程序结束显示

以该方式停止程序后，再次执行程序时提示如下：

3 or 4 grade level record Q3V2 显示程序标题

total station num=2 显示水准测量总站数

section station num=2 显示当前测段水准测量总站数

1 Back black Up(mm)=? 输入 mm 单位后视黑面上丝读数

……

③ 输入 2 结束本测段水准测量，程序提示如下：

end point num(≠0)=? 输入本测段结束水准点的非零点号

Q3V2⇋End 程序结束显示

以该方式停止程序后，再次执行程序时提示如下：

3 or 4 grade level record Q3V2 显示程序标题

time(hh.mm)=? 输入第二测段开始观测时间(如 9.16)

start point num(≠0)=? 输入第二测段开始点号(应为数字点号)

total station num=31 显示水准测量总站数

section station num=1 显示当前测段水准测量总站数

1 Back black Up(mm)=? 输入 mm 单位后视黑面上丝读数

……

(4) 观测数据的检核与超限提示

三等水准测量与观测上、下丝的四等水准测量，每站需要输入 8 个观测数据；直读视距的四等水准测量，每站需要输入 6 个观测数据。无论三等或四等水准测量，其检核项均为 7 项，当 7 项检核项中的任何一项超限时，程序都要求重新观测与输入本站数据。当用户在输入一站数据中间，希望不存本站数据时，只需要任意输入当前数据，使本站的一个指标超限，程序立即提示重新输入本站全部观测数据。

观测数据超限时的提示位置、内容及意义如下。

a. 三等水准测量“后—前—前—后”观测顺序的检核内容

① 输入后视黑面上、下丝读数后的检核内容。

检核后视距是否满足表 3-7 视线长度的要求，超限时显示实际值，然后要求重新观测与输入全部数据。

Back stadia Over(m)=75.9	后视距超限提示案例
1 Back black Up(mm)=?	重新输入后视黑面上丝读数
……	

② 输入前视黑面中、上、下丝读数后的检核内容。

一是检核前视距是否满足表 3-7 视线长度的要求，超限时显示实际值，然后要求重新观测与输入全部数据。

Front stadia Over(m)=75.6	前视距超限提示案例
1 Back black Up(mm)=?	重新输入后视黑面上丝读数
……	

二是检核前后视距差是否满足表 3-7 的要求，超限时显示实际值，然后要求重新观测与输入全部数据。

Stadia subtra Over(m)=-2.4	前后视距差超限提示案例
1 Back black Up(mm)=?	重新输入后视黑面上丝读数
……	

三是检核视距累积差是否满足表 3-7 的要求，超限时显示实际值，然后要求重新观测与输入全部数据。

Stadia sum Over(m)=-5.1	视距累积差超限提示案例
1 Back black Up(mm)=?	重新输入后视黑面上丝读数
……	

③ 输入前视红面中丝读数后的检核内容。

检核前视黑红面读数之差是否满足表 3-8 的要求，超限时显示实际值，然后要求重新观测与输入全部数据。

Front:black+K−red Over(mm)=3	前视黑红面中丝读数差超限提示案例
1 Back black Up(mm)=?	重新输入后视黑面上丝读数
……	

④ 输入后视红面中丝读数后的检核内容。

一是检核后视黑红面中丝读数之差是否满足表 3-8 的要求，超限时显示实际值，然后要求重新观测与输入全部数据。

Back:black+K−red Over(mm)=4 后尺黑红面中丝读数差超限提示案例

1 Back black Up(mm)=? 重新输入后视黑面上丝读数

……

二是检核黑红面所测高差之差是否满足表 3-8 的要求，超限时显示实际值，然后要求重新观测与输入全部数据。

Back:Black−red h Over(mm)=7 黑红面所测高差之差超限提示案例

1 Back black Up(mm)=? 从后视黑面上丝读数开始重新输入

……

b. 读上、下丝的四等水准测量“后—后—前—前”观测顺序的检核内容

① 输入后视黑面上、下丝读数后的检核内容。

检核后视距是否满足表 3-7 视线长度的要求，超限时显示实际值，然后要求重新观测与输入全部数据。

Back stadia Over(m)=101.2 后视距超限提示案例

1 Back black Up(mm)=? 重新输入后视黑面上丝读数

……

② 输入后视黑红面中丝读数后的检核内容。

检核后视黑红面中丝读数之差是否满足表 3-8 的要求，超限时显示实际值，然后要求重新观测与输入全部数据。

Back:black+K−red Over(mm)=4 后视黑红面中丝读数差超限提示案例

1 Back black Up(mm)=? 重新输入后视黑面上丝读数

……

③ 输入前视黑面上、下丝读数后的检核内容。

一是检核前视距是否满足表 3-7 视线长度的要求，超限时显示实际值，然后要求重新观测与输入全部数据。

Front stadia Over(m)=101.5 前视距超限提示案例

1 Back black Up(mm)=? 重新输入后视黑面上丝读数

……

二是检核前后视距差是否满足表 3-7 的要求，超限时显示实际值，然后要求重新观测与输入全部数据。

Stadia subtra Over(m)=3.5 前后视距差超限提示案例

1 Back black Up(mm)=? 重新输入后视黑面上丝读数

……

三是检核视距累积差是否满足表 3-7 的要求，超限时显示实际值，然后要求重新观测与输入全部数据。

Stadia sum Over(m)=-11.1 视距累积差超限提示案例

1 Back black Up(mm)=? 重新输入后视黑面上丝读数

……

④ 输入前视黑红面中丝读数后的检核内容。

一是检核前视黑红面读数之差是否满足表 3-8 的要求，超限时显示实际值，然后要求

重新观测与输入全部数据。

Front:black+K−red Over(mm)=4　　前视黑红面中丝读数差超限提示案例

1 Back black Up(mm)=?　　重新输入后视黑面上丝读数

……

二是检核黑红面所测高差之差是否满足表 3-8 的要求，超限时显示实际值，然后要求重新观测与输入全部数据。

Back:Black−red h Over(mm)=6　　黑红面所测高差之差超限提示案例

1 Back black Up(mm)=?　　重新输入后视黑面上丝读数

……

只有当程序提示“**The level station OK!**”时，才表明当前测站的水准观测数据符合规范[21]的规定，且观测数据已安全地存入串列单元中。

用户不能在程序要求输入原始观测数据的提示下，按[AC/ON]键强制中断程序，因为这将使下次重新执行程序时出现串列维数定义错误，应在输入完当前测站的 8 个(或四等水准选择直读视距为 6 个)观测数据后，程序提示“**▶(0)/■(1)/end to point(2)=?**”时，根据需要选择 0、1、2 中的某个数字输入，才能确保串列数据的安全。

5) 三等水准测量记录案例

表 3-6 为使用 DS3 水准仪、区格式木质标尺观测的四站三等水准测量记录计算表格，假设这四站是从 301 号水准点测至 302 号水准点。按[MENU][2]键进入 **STAT** 模式，按[SHIFT][SET UP][▼][▼][F1]([FILE])[3][EXE][EXE]键设置 **File3** 为当前串列文件；按[MENU][1]键进入 **RUN·MAT** 模式，按[0][→][ALPHA][N][EXE]键将字母变量 **N** 清零。

按[MENU][9]键进入 **PRGM** 模式的程序列表，移动光标到 Q3V2 程序，按[EXE]键执行程序，屏幕提示及用户操作过程如下：

屏幕提示	按键	说明
3 or 4 grade level record Q3V2		显示程序标题
date(yyyy.mmdd)=?	**2011.1120**[EXE]	输入观测日期
level grade(3/4)=?	**3**[EXE]	输入 3 为选择三等水准测量
time(hh.mm)=?	**8.28**[EXE]	输入开始观测时间
start point num(≠0)=?	**301**[EXE]	输入当前测段开始水准点号
total station num=1	[EXE]	显示总观测站数
section station num=1	[EXE]	显示当前测段站数
1 Back black Up(mm)=?	**1571**[EXE]	输入 mm 单位后视黑面上丝读数
2 Back black Low(mm)=?	**1197**[EXE]	输入 mm 单位后视黑面下丝读数
3 Back black Mid(mm)=?	**1384**[EXE]	输入 mm 单位后视黑面中丝读数
4 Front black Mid(mm)=?	**551**[EXE]	输入 mm 单位前视黑面中丝读数
5 Front black Up(mm)=?	**739**[EXE]	输入 mm 单位前视黑面上丝读数
6 Front black Low(mm)=?	**363**[EXE]	输入 mm 单位前视黑面下丝读数
7 Front red Mid(mm)=?	**5239**[EXE]	输入 mm 单位前视红面中丝读数
8 Back red Mid(mm)=?	**6171**[EXE]	输入 mm 单位后视红面中丝读数
The level station OK!		显示本站观测符合规范要求
▶(0)/■(1)/end to point(2)=?	**0**[EXE]	输入 0 为继续观测
total station num=2	[EXE]	显示总观测站数
section station num=2	[EXE]	显示当前测段站数
1 Back black Up(mm)=?	**2121**[EXE]	输入 mm 单位后视黑面上丝读数
2 Back black Low(mm)=?	**1747**[EXE]	输入 mm 单位后视黑面下丝读数

续表

屏幕提示	按键	说明
3 Back black Mid(mm)=?	**1934** EXE	输入 mm 单位后视黑面中丝读数
4 Front black Mid(mm)=?	**2008** EXE	输入 mm 单位前视黑面中丝读数
5 Front black Up(mm)=?	**2196** EXE	输入 mm 单位前视黑面上丝读数
6 Front black Low(mm)=?	**1821** EXE	输入 mm 单位前视黑面下丝读数
7 Front red Mid(mm)=?	**6796** EXE	输入 mm 单位前视红面中丝读数
8 Back red Mid(mm)=?	**6621** EXE	输入 mm 单位后视红面中丝读数
The level station OK!		显示本站观测符合规范要求
▶(0)/■(1)/end to point(2)=?	**0** EXE	输入 0 为继续观测
total station num=3	EXE	显示总观测站数
section station num=3	EXE	显示当前测段站数
1 Back black Up(mm)=?	**1914** EXE	输入 mm 单位后视黑面上丝读数
2 Back black Low(mm)=?	**1539** EXE	输入 mm 单位后视黑面下丝读数
3 Back black Mid(mm)=?	**1726** EXE	输入 mm 单位后视黑面中丝读数
4 Front black Mid(mm)=?	**1866** EXE	输入 mm 单位前视黑面中丝读数
5 Front black Up(mm)=?	**2055** EXE	输入 mm 单位前视黑面上丝读数
6 Front black Low(mm)=?	**1678** EXE	输入 mm 单位前视黑面下丝读数
7 Front red Mid(mm)=?	**6554** EXE	输入 mm 单位前视红面中丝读数
8 Back red Mid(mm)=?	**6513** EXE	输入 mm 单位后视红面中丝读数
The level station OK!		显示本站观测符合规范要求
▶(0)/■(1)/end to point(2)=?	**0** EXE	输入 0 为继续观测
total station num=4	EXE	显示总观测站数
section station num=4	EXE	显示当前测段站数
1 Back black Up(mm)=?	**1965** EXE	输入 mm 单位后视黑面上丝读数
2 Back black Low(mm)=?	**1700** EXE	输入 mm 单位后视黑面下丝读数
3 Back black Mid(mm)=?	**1832** EXE	输入 mm 单位后视黑面中丝读数
4 Front black Mid(mm)=?	**2007** EXE	输入 mm 单位前视黑面中丝读数
5 Front black Up(mm)=?	**2141** EXE	输入 mm 单位前视黑面上丝读数
6 Front black Low(mm)=?	**1874** EXE	输入 mm 单位前视黑面下丝读数
7 Front red Mid(mm)=?	**6793** EXE	输入 mm 单位前视红面中丝读数
8 Back red Mid(mm)=?	**6519** EXE	输入 mm 单位后视红面中丝读数
The level station OK!		显示本站观测符合规范要求
▶(0)/■(1)/end to point(2)=?	**2** EXE	输入 2 为结束本测段观测
end point num(≠0)=?	**302** EXE	当前测段结束水准点号
Q3V2≑End		程序结束显示

重复执行程序 Q3V2，将表 3-6 的四站水准观测数据按 4、3、2、1 站的顺序输入的屏幕提示与用户操作过程如下：

屏幕提示	按键	说明
3 or 4 grade level record Q3V2		显示程序标题
time(hh.mm)=?	**9.26** EXE	输入开始观测时间
start point num(≠0)=?	**302** EXE	输入当前测段开始水准点号
total station num=5	EXE	显示总观测站数
section station num=1	EXE	显示当前测段站数
1 Back black Up(mm)=?	**1965** EXE	输入 mm 单位后视黑面上丝读数
2 Back black Low(mm)=?	**1700** EXE	输入 mm 单位后视黑面下丝读数
3 Back black Mid(mm)=?	**1832** EXE	输入 mm 单位后视黑面中丝读数

续表

屏幕提示	按键	说明
4 Front black Mid(mm)=?	2007 EXE	输入 mm 单位前视黑面中丝读数
5 Front black Up(mm)=?	2141 EXE	输入 mm 单位前视黑面上丝读数
6 Front black Low(mm)=?	1874 EXE	输入 mm 单位前视黑面下丝读数
7 Front red Mid(mm)=?	6793 EXE	输入 mm 单位前视红面中丝读数
8 Back red Mid(mm)=?	6519 EXE	输入 mm 单位后视红面中丝读数
The level station OK!		显示本站观测符合规范要求
▶(0)/■(1)/end to point(2)=?	0 EXE	输入 0 为继续观测
total station num=6	EXE	显示总观测站数
section station num=2	EXE	显示当前测段站数
1 Back black Up(mm)=?	1914 EXE	输入 mm 单位后视黑面上丝读数
2 Back black Low(mm)=?	1539 EXE	输入 mm 单位后视黑面下丝读数
3 Back black Mid(mm)=?	1726 EXE	输入 mm 单位后视黑面中丝读数
4 Front black Mid(mm)=?	1866 EXE	输入 mm 单位前视黑面中丝读数
5 Front black Up(mm)=?	2055 EXE	输入 mm 单位前视黑面上丝读数
6 Front black Low(mm)=?	1678 EXE	输入 mm 单位前视黑面下丝读数
7 Front red Mid(mm)=?	6554 EXE	输入 mm 单位前视红面中丝读数
8 Back red Mid(mm)=?	6513 EXE	输入 mm 单位后视红面中丝读数
The level station OK!		显示本站观测符合规范要求
▶(0)/■(1)/end to point(2)=?	0 EXE	输入 0 为继续观测
total station num=7	EXE	显示总观测站数
section station num=3	EXE	显示当前测段站数
1 Back black Up(mm)=?	2121 EXE	输入 mm 单位后视黑面上丝读数
2 Back black Low(mm)=?	1747 EXE	输入 mm 单位后视黑面下丝读数
3 Back black Mid(mm)=?	1934 EXE	输入 mm 单位后视黑面中丝读数
4 Front black Mid(mm)=?	2008 EXE	输入 mm 单位前视黑面中丝读数
5 Front black Up(mm)=?	2196 EXE	输入 mm 单位前视黑面上丝读数
6 Front black Low(mm)=?	1821 EXE	输入 mm 单位前视黑面下丝读数
7 Front red Mid(mm)=?	6796 EXE	输入 mm 单位前视红面中丝读数
8 Back red Mid(mm)=?	6621 EXE	输入 mm 单位后视红面中丝读数
The level station OK!		显示本站观测符合规范要求
▶(0)/■(1)/end to point(2)=?	0 EXE	输入 0 为继续观测
total station num=8	EXE	显示总观测站数
section station num=4	EXE	显示当前测段站数
1 Back black Up(mm)=?	1571 EXE	输入 mm 单位后视黑面上丝读数
2 Back black Low(mm)=?	1197 EXE	输入 mm 单位后视黑面下丝读数
3 Back black Mid(mm)=?	1384 EXE	输入 mm 单位后视黑面中丝读数
4 Front black Mid(mm)=?	551 EXE	输入 mm 单位前视黑面中丝读数
5 Front black Up(mm)=?	739 EXE	输入 mm 单位前视黑面上丝读数
6 Front black Low(mm)=?	363 EXE	输入 mm 单位前视黑面下丝读数
7 Front red Mid(mm)=?	5239 EXE	输入 mm 单位前视红面中丝读数
8 Back red Mid(mm)=?	6171 EXE	输入 mm 单位后视红面中丝读数
The level station OK!		显示本站观测符合规范要求
▶(0)/■(1)/end to point(2)=?	2 EXE	输入 2 为结束本测段观测
end point num(≠0)=?	301 EXE	当前测段结束水准点号
Q3V2⇛End		程序结束显示

按 MENU ② 键进入 **STAT** 模式查看当前串列文件 **File3** 的记录结果，结果如图 3-10 所示。

SUB	List 1	List 2	List 3	List 4	List 5	List 6	List 7	List 8	List 9	List10	List11	List12	List13	List14
SUB	B-Ståd	F-Ståd	Blåk-m	ėd-mid	B1+K-ė	time	Stå-nu	ėnd-nu	Stå-N	ėnd-N	ΣSb(m)	ΣSf(m)	Σh(m)	ctrl
1	1571	739	1384	6171	0	8.28	301	302	1	4	138.8	139.5	0.443	8
2	1197	363	551	5239	-1	9.26	302	301	5	8	138.8	139.5	0.443	2
3	374	376	833	932	1									2011.1
4	-0.2	-0.2	0	0	0.8325									3
5	2121	2196	1934	6621	0									
6	1747	1821	2008	6796	-1									
7	374	375	-74	-175	1									
8	-0.1	-0.3	0	0	-0.074									
9	1914	2055	1726	6513	0									
10	1539	1678	1866	6554	-1									
11	375	377	-140	-41	1									
12	-0.2	-0.5	0	0	-0.14									
13	1965	2141	1832	6519	0									
14	1700	1874	2007	6793	1									
15	265	267	-175	-274	-1									
16	-0.2	-0.7	0	0	-0.174									
17	1965	2141	1832	6519	0									
18	1700	1874	2007	6793	1									
19	265	267	-175	-274	-1									
20	-0.2	-0.2	0	0	-0.174									
21	1914	2055	1726	6513	0									
22	1539	1678	1866	6554	-1									
23	375	377	-140	-41	1									
24	-0.2	-0.4	0	0	-0.14									
25	2121	2196	1934	6621	0									
26	1747	1821	2008	6796	-1									
27	374	375	-74	-175	1									
28	-0.1	-0.5	0	0	-0.074									
29	1571	739	1384	6171	0									
30	1197	363	551	5239	-1									
31	374	376	833	932	1									
32	-0.2	-0.7	0	0	0.8325									

图 3-10　将表 3-6 的四站水准测量观测数据分别作为往、返测观测数据输入的串列结果

6) 用 PC 机成果整理程序 H3V2.exe 生成三、四等水准测量成果文件

PC 机程序 H3V2.exe 是专为 fx-9750GⅡ程序 Q3V2 开发的一个成果整理程序，它能从 Q3V2 程序生成并输出的 Filen.csv 文件中读取数据(n=1~6),并输出到 Filen.txt 成果文件中，将测段统计数据输出到 SUfilen.csv 存档文件中。

(1) 下传串列文件到通信软件 FA-124 并输出为 CSV 格式逗号分隔文件

① 用通用 USB 数据线连接好 fx-9750GⅡ与 PC 机的 USB 口,在 PC 机上启动 FA-124。

② 先在 fx-9750GⅡ上按 MENU C F2 (RECV)键，再在 PC 机上用鼠标左键单击 FA-124 工具栏的图标启动数据同步操作。

③ 待 fx-9750GⅡ与 FA-124 Calculator 窗口的数据同步操作完成后，将 Calculator 窗口中 List File 图标下的串列文件 File 3 复制到 FA-124 窗口中 List File 图标下，用鼠标左键单击该图标下的 File 3 文件，执行下拉菜单"File/CSV/Save as CSV"命令，将串列文件 **File 3** 存为 PC 机硬盘或 U 盘文件夹的 File3.csv 文件。

(2) 执行成果整理程序 H3V2. exe 输出成果文件

将随书光盘文件"\3 章\QH32\H3V2.exe"复制到存储了 File3.csv 的硬盘或 U 盘文件夹下，鼠标左键双击 H3V2.exe 文件名执行程序，输入 File3 按回车键，程序自动从同路径下的 File3.csv 文件中读入数据,并在同路径下生成 File3.txt 成果文件与 SUfile3.csv 存档文件。这些文件连同源串列文件 File3.csv 均位于光盘"\3 章\QH32\三等水准\"路径下。

在 Windows 98 操作系统下执行程序 H3V2.exe 的界面如图 3-11 所示。

图 3-11　在 Windows 98 操作系统下执行 H3V2.exe 程序的界面

在 Windows XP 操作系统下执行程序 H3V2.exe 的界面如图 3-12 所示。

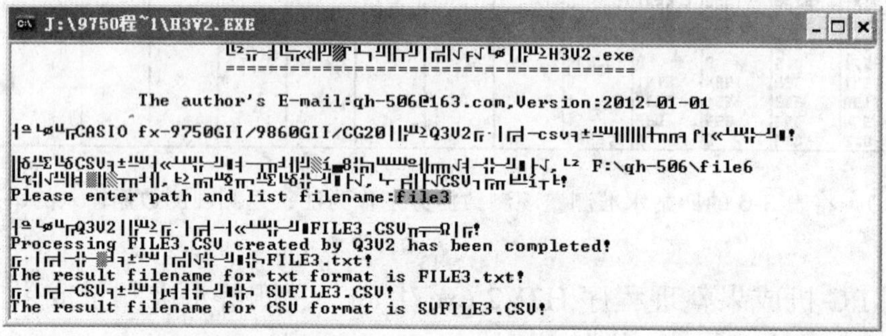

图 3-12　在 Windows XP 操作系统下执行 H3V2.exe 程序的界面

在 Windows 7/32bit 操作系统下执行程序 H3V2.exe 的界面如图 3-13 所示。

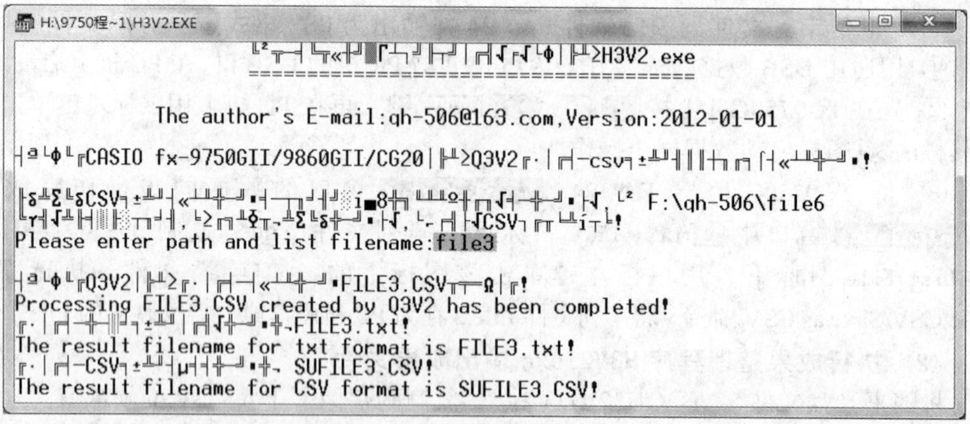

图 3-13　在 Windows 7/32bit 操作系统下执行 H3V2.exe 程序的界面

H3V2.exe 程序采用 True BASIC V2.03 版[9]编写，程序界面中的中文字符，只有在 Windows 98 操作系统下执行时才显示，在 Windows 98 与 Windows 7/32bit 操作系统下执行时，界面的西文字符能正常显示，中文字符显示为乱码，但这不影响程序执行的正确性。

图 3-14 为成果文件 File3.txt 的部分内容。

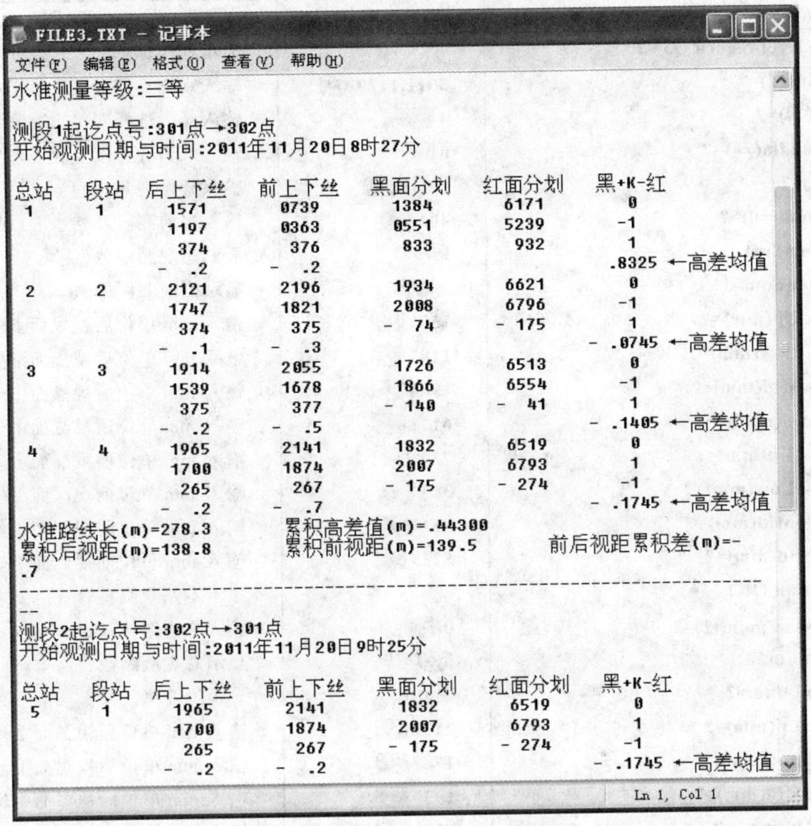

```
FILE3.TXT - 记事本
文件(F) 编辑(E) 格式(O) 查看(V) 帮助(H)
水准测量等级:三等

测段1起讫点号:301点→302点
开始观测日期与时间:2011年11月20日8时27分

总站   段站   后上下丝   前上下丝   黑面分划   红面分划   黑+K-红
 1      1      1571       0739       1384       6171       0
               1197       0363       0551       5239      -1
                374        376        833        932       1
               - .2       - .2                           .8325 ←高差均值
 2      2      2121       2196       1934       6621       0
               1747       1821       2008       6796      -1
                374        375      - 74       - 175       1
               - .1       - .3                         - .0745 ←高差均值
 3      3      1914       2055       1726       6513       0
               1539       1678       1866       6554      -1
                375        377      - 140      - 41        1
               - .2       - .5                         - .1405 ←高差均值
 4      4      1965       2141       1832       6519       0
               1700       1874       2007       6793       1
                265        267      - 175      - 274      -1
               - .2       - .7                         - .1745 ←高差均值
水准路线长(m)=278.3          累积高差值(m)=.44300
累积后视距(m)=138.8          累积前视距(m)=139.5          前后视距累积差(m)=-
.7
-------------------------------------------------------------------------
--
测段2起讫点号:302点→301点
开始观测日期与时间:2011年11月20日9时25分

总站   段站   后上下丝   前上下丝   黑面分划   红面分划   黑+K-红
 5      1      1965       2141       1832       6519       0
               1700       1874       2007       6793       1
                265        267      - 175      - 274      -1
               - .2       - .2                         - .1745 ←高差均值
                                                    Ln 1, Col 1
```

图 3-14　成果文件 File3.txt 的部分内容

图 3-15 为水准测段存档文件 SUfile3.csv 的内容，该文件记录的是各水准测段的统计数据，可以用 MS Excel 打开。

	A	B	C	D	E	F	G
1	三等水准测量观测成果						
2	观测时间	起点号	端点号	站数	路线长(m)	前后视距累积差(m)	高差(m)
3	2011年11月20日8时27分	301	302	4	278.3	-0.7	0.443
4	2011年11月20日9时25分	302	301	4	278.3	-0.7	0.443

SUFILE3

图 3-15　水准测段存档文件 SUfile3.csv 的内容

7) 读上、下丝的四等水准测量记录案例

将表 3-6 的水准测量观测数据作为读上、下丝的四等水准测量观测数据，以起讫点为 401→402 测段数据输入到串列文件 **File4** 中。按 [MENU] [2] 键进入 **STAT** 模式，按 [SHIFT] [SET UP] [▼] [▼] [F1]([FILE]) [4] [EXE] [EXE] 键设置 **File4** 为当前串列文件；按 [MENU] [1] 键进入 **RUN·MAT** 模式，按 [0] [→] [ALPHA] [N] [EXE] 键将字母变量 **N** 清零。

按 [MENU] [9] 键进入 **PRGM** 模式的程序列表，移动光标到程序 Q3V2，按 [EXE] 键执行程序，屏幕提示及用户操作过程如下：

屏幕提示	按键	说明
3 or 4 grade level record Q3V2		显示程序标题
date(yyyy.mmdd)=?	2011.1120 EXE	输入观测日期
level grade(3/4)=?	4 EXE	输入 4 为选择四等水准测量
Up Low(0)/stadia(≠0)=?	0 EXE	输入 0 为选择读上、下丝
time(hh.mm)=?	10.31 EXE	输入开始观测时间
start point num(≠0)=?	401 EXE	输入当前测段开始水准点号
total station num=1	EXE	显示总观测站数
section station num=1	EXE	显示当前测段站数
1 Back black Up(mm)=?	1571 EXE	输入 mm 单位后视黑面上丝读数
2 Back black Low(mm)=?	1197 EXE	输入 mm 单位后视黑面下丝读数
3 Back black Mid(mm)=?	1384 EXE	输入 mm 单位后视黑面中丝读数
4 Back red Mid(mm)=?	6171 EXE	输入 mm 单位后视红面中丝读数
5 Front black Up(mm)=?	739 EXE	输入 mm 单位前视黑面上丝读数
6 Front black Low(mm)=?	363 EXE	输入 mm 单位前视黑面下丝读数
7 Front black Mid(mm)=?	551 EXE	输入 mm 单位前视黑面中丝读数
8 Front red Mid(mm)=?	5239 EXE	输入 mm 单位前视红面中丝读数
The level station OK!		显示本站观测符合规范要求
▶(0)/■(1)/end to point(2)=?	0 EXE	输入 0 为继续观测
total station num=2	EXE	显示总观测站数
section station num=2	EXE	显示当前测段站数
1 Back black Up(mm)=?	2121 EXE	输入 mm 单位后视黑面上丝读数
2 Back black Low(mm)=?	1747 EXE	输入 mm 单位后视黑面下丝读数
3 Back black Mid(mm)=?	1934 EXE	输入 mm 单位后视黑面中丝读数
4 Back red Mid(mm)=?	6621 EXE	输入 mm 单位后视红面中丝读数
5 Front black Up(mm)=?	2196 EXE	输入 mm 单位前视黑面上丝读数
6 Front black Low(mm)=?	1821 EXE	输入 mm 单位前视黑面下丝读数
7 Front black Mid(mm)=?	2008 EXE	输入 mm 单位前视黑面中丝读数
8 Front red Mid(mm)=?	6796 EXE	输入 mm 单位前视红面中丝读数
The level station OK!		显示本站观测符合规范要求
▶(0)/■(1)/end to point(2)=?	0 EXE	输入 0 为继续观测
total station num=3	EXE	显示总观测站数
section station num=3	EXE	显示当前测段站数
1 Back black Up(mm)=?	1914 EXE	输入 mm 单位后视黑面上丝读数
2 Back black Low(mm)=?	1539 EXE	输入 mm 单位后视黑面下丝读数
3 Back black Mid(mm)=?	1726 EXE	输入 mm 单位后视黑面中丝读数
4 Back red Mid(mm)=?	6513 EXE	输入 mm 单位后视红面中丝读数
5 Front black Up(mm)=?	2055 EXE	输入 mm 单位前视黑面上丝读数
6 Front black Low(mm)=?	1678 EXE	输入 mm 单位前视黑面下丝读数
7 Front black Mid(mm)=?	1866 EXE	输入 mm 单位前视黑面中丝读数
8 Front red Mid(mm)=?	6554 EXE	输入 mm 单位前视红面中丝读数
The level station OK!		显示本站观测符合规范要求
▶(0)/■(1)/end to point(2)=?	0 EXE	输入 0 为继续观测
total station num=4	EXE	显示总观测站数
section station num=4	EXE	显示当前测段站数
1 Back black Up(mm)=?	1965 EXE	输入 mm 单位后视黑面上丝读数
2 Back black Low(mm)=?	1700 EXE	输入 mm 单位后视黑面下丝读数

续表

屏幕提示	按键	说明
3 Back black Mid(mm)=?	**1832** EXE	输入 mm 单位后视黑面中丝读数
4 Back red Mid(mm)=?	**6519** EXE	输入 mm 单位后视红面中丝读数
5 Front black Up(mm)=?	**2141** EXE	输入 mm 单位前视黑面上丝读数
6 Front black Low(mm)=?	**1874** EXE	输入 mm 单位前视黑面下丝读数
7 Front black Mid(mm)=?	**2007** EXE	输入 mm 单位前视黑面中丝读数
8 Front red Mid(mm)=?	**6793** EXE	输入 mm 单位前视红面中丝读数
The level station OK!		显示本站观测符合规范要求
▶(0)/■(1)/end to point(2)=?	**2** EXE	输入 2 为结束本测段观测
end point num(≠0)=?	**402** EXE	当前测段结束水准点号
Q3V2⇒End		程序结束显示

重复执行程序 Q3V2，将表 3-6 的四站水准观测数据按 4、3、2、1 站的顺序输入到当前串列文件 **File4** 中，操作过程与上述类似。按 MENU 2 键进入 **STAT** 模式查看当前串列文件 **File4** 的记录结果，结果如图 3-16 所示。

	List 1	List 2	List 3	List 4	List 5	List 6	List 7	List 8	List 9	List10	List11	List12	List13	List14
SUB	B-Stàd	F-Stàd	Blàk-m	èd-mid	Bl+K-è	time	Stà-nu	ènd-nu	Stà-N	ènd-N	ΣSb(m)	ΣSf(m)	Σh(m)	ctrl
1	1571	739	1384	6171	0	10.31	401	402	1	4	138.8	139.5	0.443	8
2	1197	363	551	5239	-1	11.28	402	401	5	8	138.8	139.5	0.443	2
3	374	376	833	932	1									2011.1
4	-0.2	-0.2	0	0	0.8325									4
5	2121	2196	1934	6621	0									
6	1747	1821	2008	6796	-1									
7	374	375	-74	-175	1									
8	-0.1	-0.3	0	0	-0.074									
9	1914	2055	1726	6513	0									
10	1539	1678	1866	6554	-1									
11	375	377	-140	-41	1									
12	-0.2	-0.5	0	0	-0.14									
13	1965	2141	1832	6519	0									
14	1700	1874	2007	6793	1									
15	265	267	-175	-274	-1									
16	-0.2	-0.7	0	0	-0.174									
17	1965	2141	1832	6519	0									
18	1700	1874	2007	6793	1									
19	265	267	-175	-274	-1									
20	-0.2	-0.2	0	0	-0.174									
21	1914	2055	1726	6513	0									
22	1539	1678	1866	6554	-1									
23	375	377	-140	-41	1									
24	-0.2	-0.4	0	0	-0.14									
25	2121	2196	1934	6621	0									
26	1747	1821	2008	6796	-1									
27	374	375	-74	-175	1									
28	-0.1	-0.5	0	0	-0.074									
29	1571	739	1384	6171	0									
30	1197	363	551	5239	-1									
31	374	376	833	932	1									
32	-0.2	-0.7	0	0	0.8325									

图 3-16　将表 3-6 分别作为读上、下丝的四等水准测量往、返测观测数据输入的串列结果

将本例的串列文件 File4 下传到 FA-124 并输出为逗号分隔文件 File4.csv，将随书光盘文件“\3 章\QH32\H3V2.exe”复制到存储了 File2.csv 的硬盘或 U 盘文件夹下，执行 H3V2.exe 程序，输入文件名 File4 按回车键，程序自动从同路径下的 File4.csv 文件中读入数据，并在同路径下生成成果文件 File4.txt 与存档文件 SUfile4.csv。这些文件连同源串列文件 File4.csv 均位于光盘“\3 章\QH31\四等水准上下丝\”路径下。

在不同操作系统下执行程序 H3V2.exe 的界面与图 3-11~图 3-13 类似。图 3-17 为成果文件 File4.txt 的部分内容，图 3-18 为存档文件 SUfile4.csv 的内容。

```
FILE4.TXT - 记事本
文件(F)  编辑(E)  格式(O)  查看(V)  帮助(H)
水准测量等级:四等(读上下丝)

测段1起讫点号:401点→402点
开始观测日期与时间:2011年11月20日10时31分

总站    段站    后上下丝    前上下丝    黑面分划    红面分划    黑+K-红
 1       1       1571        0739        1384        6171         0
                 1197        0363        0551        5239        -1
                  374         376         833         932         1
               -   .2      -   .2                                  .8325 ←高差均值
 2       2       2121        2196        1934        6621         0
                 1747        1821        2008        6796        -1
                  374         375       -  74       - 175         1
               -   .1      -   .3                              - .0745 ←高差均值
 3       3       1914        2055        1726        6513         0
                 1539        1678        1866        6554        -1
                  375         377       - 140       -  41         1
               -   .2      -   .5                              - .1405 ←高差均值
 4       4       1965        2141        1832        6519         0
                 1700        1874        2007        6793         1
                  265         267       - 175       - 274        -1
               -   .2      -   .7                              - .1745 ←高差均值
水准路线长(m)=278.3            累积高差值(m)=.44300
累积后视距(m)=138.8            累积前视距(m)=139.5          前后视距累积差(m)=-   .7
------------------------------------------------------------------------------------
测段2起讫点号:402点→401点
开始观测日期与时间:2011年11月20日11时27分

总站    段站    后上下丝    前上下丝    黑面分划    红面分划    黑+K-红
 5       1       1965        2141        1832        6519         0
                 1700        1874        2007        6793         1
                  265         267       - 175       - 274        -1
               -   .2      -   .2                              - .1745 ←高差均值
                                                         Ln 1, Col 1
```

图 3-17 成果文件 File4.txt 的部分内容

	A	B	C	D	E	F	G
1	四等(读上下丝)水准测量观测成果						
2	观测时间	起点号	端点号	站数	路线长(m)	前后视距累积差(m)	高差(m)
3	2011年11月20日10时31分	401	402	4	278.3	-0.7	0.443
4	2011年11月20日11时27分	402	401	4	278.3	-0.7	0.443

SUFILE4

图 3-18 存档文件 SUfile4.csv 的内容

8) 直读视距的四等水准测量记录案例

将表 3-6 的水准测量观测数据作为直读视距的四等水准测量观测数据，以起讫点 403→404 测段数据输入到串列文件 **File5** 中。按 MENU 2 键进入 **STAT** 模式，按 SHIFT SET UP ▼ ▼ F1 (FILE) 5 EXE EXE 键设置 **File5** 为当前串列文件；按 MENU 1 键进入 **RUN·MAT** 模式，按 0 → ALPHA N EXE 键将字母变量 **N** 清零。

按 MENU 9 键进入 **PRGM** 模式的程序列表，移动光标到程序 Q3V2，按 EXE 键执行程序，屏幕提示及用户操作过程如下：

屏幕提示	按键	说明
3 or 4 grade level record Q3V2		显示程序标题
date(yyyy.mmdd)=?	**2011.1120** EXE	输入观测日期
level grade(3/4)=?	**4** EXE	输入 4 为选择四等水准测量
Up Low(0)/stadia(≠0)=?	**2** EXE	输任意非零数字为选择直读视距
time(hh.mm)=?	**12.15** EXE	输入开始观测时间

续表

屏幕提示	按键	说明
start point num(≠0)=?	403 EXE	输入当前测段开始水准点号
total station num=1	EXE	显示总观测站数
section station num=1	EXE	显示当前测段站数
1 Back stadia(m)=?	37.4 EXE	输入 m 单位后视距读数
2 Back black Mid(mm)=?	1384 EXE	输入 mm 单位后视黑面中丝读数
3 Back red Mid(mm)=?	6171 EXE	输入 mm 单位后视红面中丝读数
4 Front stadia(m)=?	37.6 EXE	输入 m 单位前视距读数
5 Front black Mid(mm)=?	551 EXE	输入 mm 单位前视黑面中丝读数
6 Front red Mid(mm)=?	5239 EXE	输入 mm 单位前视红面中丝读数
The level station OK!		显示本站观测符合规范要求
▶(0)/■(1)/end to point(2)=?	0 EXE	输入 0 为继续观测
total station num=2	EXE	显示总观测站数
section station num=2	EXE	显示当前测段站数
1 Back stadia(m)=?	37.4 EXE	输入 m 单位后视距读数
2 Back black Mid(mm)=?	1934 EXE	输入 mm 单位后视黑面中丝读数
3 Back red Mid(mm)=?	6621 EXE	输入 mm 单位后视红面中丝读数
4 Front stadia(m)=?	37.5 EXE	输入 m 单位前视距读数
5 Front black Mid(mm)=?	2008 EXE	输入 mm 单位前视黑面中丝读数
6 Front red Mid(mm)=?	6796 EXE	输入 mm 单位前视红面中丝读数
The level station OK!		显示本站观测符合规范要求
▶(0)/■(1)/end to point(2)=?	0 EXE	输入 0 为继续观测
total station num=3	EXE	显示总观测站数
section station num=3	EXE	显示当前测段站数
1 Back stadia(m)=?	37.5 EXE	输入 m 单位后视距读数
2 Back black Mid(mm)=?	1726 EXE	输入 mm 单位后视黑面中丝读数
3 Back red Mid(mm)=?	6513 EXE	输入 mm 单位后视红面中丝读数
4 Front stadia(m)=?	37.7 EXE	输入 m 单位前视距读数
5 Front black Mid(mm)=?	1866 EXE	输入 mm 单位前视黑面中丝读数
6 Front red Mid(mm)=?	6554 EXE	输入 mm 单位前视红面中丝读数
The level station OK!		显示本站观测符合规范要求
▶(0)/■(1)/end to point(2)=?	0 EXE	输入 0 为继续观测
total station num=4	EXE	显示总观测站数
section station num=4	EXE	显示当前测段站数
1 Back stadia(m)=?	26.5 EXE	输入 m 单位后视距读数
2 Back black Mid(mm)=?	1832 EXE	输入 mm 单位后视黑面中丝读数
3 Back red Mid(mm)=?	6519 EXE	输入 mm 单位后视红面中丝读数
4 Front stadia(m)=?	26.7 EXE	输入 m 单位前视距读数
5 Front black Mid(mm)=?	2007 EXE	输入 mm 单位前视黑面中丝读数
6 Front red Mid(mm)=?	6793 EXE	输入 mm 单位前视红面中丝读数

续表

屏幕提示	按键	说明
The level station OK!		显示本站观测符合规范要求
▶(0)/■(1)/end to point(2)=?	**2** EXE	输入 2 为结束本测段观测
end point num(≠0)=?	**404** EXE	当前测段结束水准点号
Q3V2⇒End		程序结束显示

重复执行程序 Q3V2，将表 3-6 的四站水准测量观测数据按 4、3、2、1 站的顺序输入到当前串列文件 **File5** 中，操作过程与上述类似。按 MENU ② 键进入 **STAT** 模式查看当前串列文件 **File5** 的记录结果，结果如图 3-19 所示。

	List 1	List 2	List 3	List 4	List 5	List 6	List 7	List 8	List 9	List10	List11	List12	List13	List14
SUB	B-Stad	F-Stad	Blak-m	ed-mid	B1+K-e	time	Sta-nu	end-nu	Sta-N	end-N	ΣSb(m)	ΣSf(m)	Σh(m)	ctr1
1	0	0	1384	6171	0	12.15	403	404	1	4	138.8	139.5	0.443	8
2	0	0	551	5239	-1	12.45	404	403	5	8	139.2	139.5	0.443	2
3	37.4	37.6	833	932	1									2011.1
4	-0.2	-0.2	0	0	0.8325									4
5	0	0	1934	6621	0									
6	0	0	2008	6796	-1									
7	37.4	37.5	-74	-175	1									
8	-0.1	-0.3	0	0	-0.074									
9	0	0	1726	6513	0									
10	0	0	1866	6554	-1									
11	37.5	37.7	-140	-41	1									
12	-0.2	-0.5	0	0	-0.14									
13	0	0	1832	6519	0									
14	0	0	2007	6793	1									
15	26.5	26.7	-175	-274	-1									
16	-0.2	-0.7	0	0	-0.174									
17	0	0	1832	6519	0									
18	0	0	2007	6793	1									
19	26.5	26.7	-175	-274	-1									
20	-0.2	-0.2	0	0	-0.174									
21	0	0	1726	6513	0									
22	0	0	1866	6554	-1									
23	37.5	37.7	-140	-41	1									
24	-0.2	-0.4	0	0	-0.14									
25	0	0	1934	6621	0									
26	0	0	2008	6796	-1									
27	37.4	37.5	-74	-175	1									
28	-0.1	-0.5	0	0	-0.074									
29	0	0	1384	6171	0									
30	0	0	551	5239	-1									
31	37.8	37.6	833	932	1									
32	0.2	-0.3	0	0	0.8325									

图 3-19　将表 3-6 分别作为直读视距的四等水准测量往、返测观测数据输入的串列结果

将本例的串列文件 File5 下传到 FA-124 并输出为逗号分隔文件 File5.csv，将随书光盘文件“\3 章\QH32\H3V2.exe”复制到存储了 File5.csv 的硬盘或 U 盘文件夹下，执行 H3V2.exe 程序，输入文件名 File5 按回车键，程序自动从同路径下的 File5.csv 文件中读入数据，并在同路径下生成成果文件 File5.txt 与存档文件 SUfile5.csv。这些文件连同源串列文件 File5.csv 均位于光盘“\3 章\QH31\四等水准视距\”路径下。

在不同操作系统下执行程序 H3V2.exe 的界面与图 3-11~图 3-13 类似。图 3-20 为成果文件 File5.txt 的部分内容，图 3-21 为存档文件 SUfile5.csv 的内容。

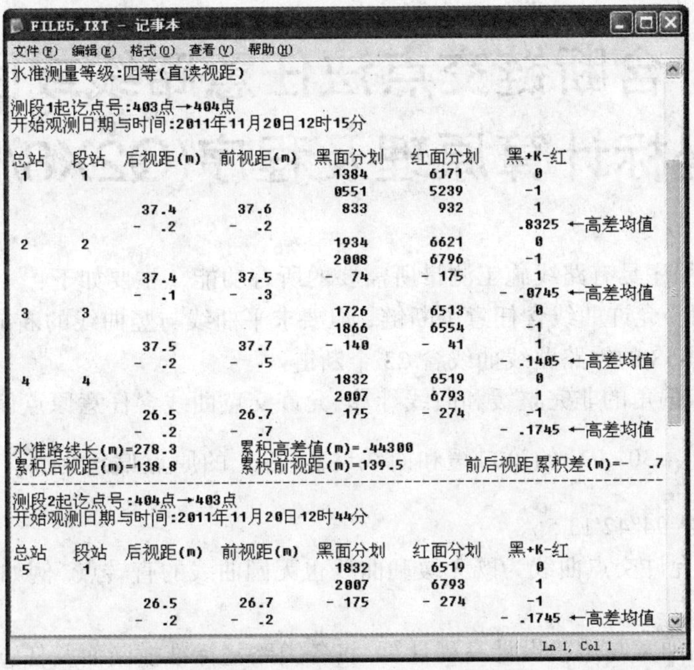

```
FILE5.TXT - 记事本
文件(F) 编辑(E) 格式(O) 查看(V) 帮助(H)
水准测量等级:四等(直读视距)

测段1起讫点号:403点→404点
开始观测日期与时间:2011年11月20日12时15分

总站    段站  后视距(m)  前视距(m)  黑面分划  红面分划  黑+K-红
 1       1                          1384      6171       0
                                    0551      5239      -1
              37.4       37.6        833       932       1
            -   .2     -   .2                          .8325 ←高差均值
 2       2                          1934      6621       0
                                    2008      6796      -1
              37.4       37.5     -   74    - 175        1
            -   .1     -   .3                        - .0745 ←高差均值
 3       3                          1726      6513       0
                                    1866      6554      -1
              37.5       37.7     -  140    -  41        1
            -   .2     -   .5                        - .1405 ←高差均值
 4       4                          1832      6519       0
                                    2007      6793       1
              26.5       26.7     -  175    - 274       -1
            -   .2     -   .7                        - .1745 ←高差均值
水准路线长(m)=278.3             累积高差值(m)=.44300
累积后视距(m)=138.8             累积前视距(m)=139.5        前后视距累积差(m)=-   .7
------------------------------------------------------------------------------
测段2起讫点号:404点→403点
开始观测日期与时间:2011年11月20日12时44分

总站    段站  后视距(m)  前视距(m)  黑面分划  红面分划  黑+K-红
 5       1                          1832      6519       0
                                    2007      6793       1
              26.5       26.7     -  175    - 274       -1
            -   .2     -   .2                        - .1745 ←高差均值
Ln 1, Col 1
```

图 3-20　成果文件 File5.txt 的部分内容

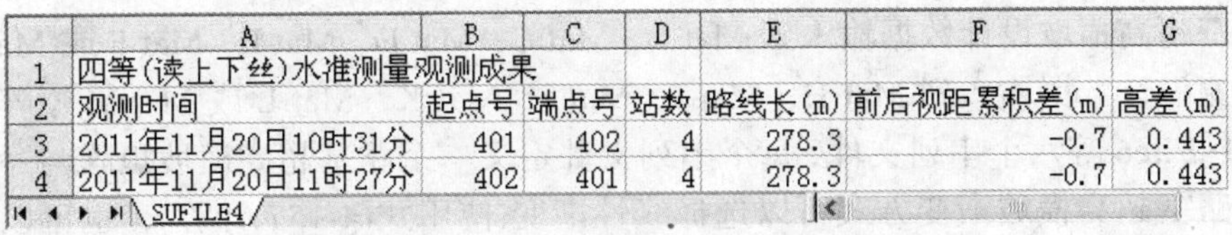

	A	B	C	D	E	F	G
1	四等(读上下丝)水准测量观测成果						
2	观测时间	起点号	端点号	站数	路线长(m)	前后视距累积差(m)	高差(m)
3	2011年11月20日10时31分	401	402	4	278.3	-0.7	0.443
4	2011年11月20日11时27分	402	401	4	278.3	-0.7	0.443

SUFILE4

图 3-21　存档文件 SUfile5.csv 的内容

第4章　含断链交点法任意路线或匝道曲线三维坐标计算原理及程序(Q2X8/H2X8)

本章 Q2X8 程序具有路线施工测量所需要的所有功能，主要如下：

① 断链处理。允许曲线含任意个断链，但要求平曲线与竖曲线的断链桩一一对应。例如，图 4-55~图 4-58 的铁路路线曲线含 23 个断链。

② 任意原点偏角的非完整缓和曲线计算。允许交点曲线含任意原点偏角的非完整缓和曲线。例如，图 4-30 JD_2 的第二缓和曲线终点 GQ 的原点偏角为 $\beta_{GQ}=\dfrac{A_2^2}{2R_{GQ}^2}=\dfrac{100^2}{2\times55^2}=$ 1.652892562 弧度=94°42′13.56″。

③ 直转点。允许交点曲线为既无缓和曲线也无圆曲线的直转点。例如，图 4-27 的 JD_2，JD_4，JD_7 为直转点。

④ 路基超高加宽与边桩设计高程计算。将各类路基标准横断面及任意级边坡设计数据输入到 Mat A 矩阵，程序对 Mat A 矩阵中的边坡级数没有限制。例如，图 4-149 为 6 级挖方边坡，1 级填方边坡。

将路基超高横坡设计数据输入到 Mat B，Mat C，Mat D，Mat E，Mat F 或 Mat G 矩阵，将路基加宽设计数据输入到 Mat H，Mat I，Mat J，Mat K，Mat L 或 Mat M 矩阵，程序设计为 **File1~File6** 等六个串列文件，每个串列文件定义一个路基超高横坡矩阵与一个路基加宽矩阵。路基超高横坡渐变方式可以选择线性渐变(使用式(4-157)计算)，也可以选择三次抛物线渐变(使用式(4-158)计算)，但路基加宽渐变方式固定为线性渐变。

进行三维坐标正算时，可以使用输入边距的方法计算边桩点的三维设计坐标，也可以通过输入边距系数直接计算路基主点(-1，-2，-3，-4)、任意级边坡平台主点(-1.1，-1.2，-2.1，-2.2，……)的三维设计坐标。

⑤ 桥墩桩基坐标计算。将同类桥墩桩基的墩台中心坐标存储在 Mat V 矩阵，各桥墩的墩台中心设计参数(墩类号 m、墩台中心设计桩号 Z、法向偏距 d、走向偏角 δ)输入到 Mat U 矩阵。当同一个桥墩的左右墩台中心设计桩号错位时(例如，图 4-107 和图 4-108 的 5#~21# 桥墩)，应在 Mat U 矩阵相应行的 2、3、4 列输入复数形式的墩台中心设计参数——Z_L+Z_Ri，d_L+d_Ri，$\delta_L+\delta_R$i，其实部为左幅墩台中心设计参数，虚部为右幅墩台中心设计参数。作为特例，当 $d_L=d_R=0$ 时，d_L+d_Ri 只需要输入为 0；当 $\delta_L=\delta_R=0$ 时，$\delta_L+\delta_R$i 只需要输入为 0。

⑥ 隧道超欠挖计算。将隧道各类二衬轮廓线主点数据存储在 Mat Z 矩阵，将左线与右线隧道的洞身支护参数分别存储在 Mat Y 与 Mat X 矩阵，可选择左洞或右洞进行隧道超欠挖、开挖轮廓线放样与二衬净空测量计算。

用户输入的隧道测点三维坐标及程序计算结果自动存入 Mat W 矩阵，Mat W 矩阵最多可以存储 40 个测点的数据。每完成一个隧道断面测量后，应将 Mat W 矩阵数据输出为 MAT_Wn.csv 文件，返回内业后，将系列 MAT_Wn.csv 文件复制到用户 PC 机硬盘或 U 盘文件夹下，执行随书标配光盘“\4 章\H2X8.exe”的成果整理程序文件，即可对系列

MAT_Wn.csv 文件进行自动批处理，并将其批量输出为 MATRIWn.dat 与 MATRIWn.csv 文件，其中 MATRIWn.dat 为南方测绘 CASS 展点文件，用于展绘隧道断面图，MATRIWn.csv 为存档文件，其中的 n 允许为 1~99 之间的整数。在 PC 机执行 H2X8.exe 程序一次，最多可以同时处理 100 个 MAT_Wn.csv 文件。

⑦ 计算测站→放样点极坐标放样数据功能。可以手工实时输入任意点的平面坐标作为测站点坐标，也可以将路线沿线附近最多 50 个导线点的三维坐标预先输入到 Mat S 矩阵，通过输入 Mat S 矩阵行号的方式，调用导线点作为测站点计算放样点的极坐标放样数据，程序实时显示从 Mat S 矩阵调用的导线点三维坐标。

4.1 Q2X8 程序交点平曲线设计数据的串列规划

虽然 Q2X8 程序的功能十分强大，但要实现其全部功能，除预先在当前串列文件的 List 1~List 6 串列输入交点平曲线设计数据，在 List 23 串列输入竖曲线变坡点设计数据外，还需要根据所调用的功能情况，在下列矩阵中输入设计数据。

只有在 Mat A 矩阵输入了各类路基标准横断面及各级填挖边坡设计数据，在 Mat B~Mat G 之一的矩阵输入了路基超高横坡设计数据，程序才能进行边桩设计高程正反算及边坡坡口三维设计坐标计算。当设计有路基加宽时，还应在 Mat H~Mat M 之一的矩阵输入路基加宽设计数据。

只有在 Mat V 矩阵输入了各类桥墩桩基的墩台中心坐标，在 Mat U 矩阵输入了所有桥墩的墩台中心设计参数时，程序才能进行桥墩桩基坐标计算。桥墩桩基坐标计算只要求在当前串列文件中输入交点平曲线设计数据，可以不输入竖曲线设计数据。

只有在 Mat Z 矩阵输入了隧道各类二衬轮廓线主点数据，在 Mat Y 或 Mat X 矩阵输入隧道左、右洞洞身支护参数时，程序才能进行隧道超欠挖计算。

只有在 Mat S 矩阵输入了导线点(≤50 个)的三维坐标，才能通过输入 Mat S 矩阵行号的方式选择导线点作为测站点。

Q2X8 程序最简单的功能是对交点平曲线进行坐标正反算计算，此时，用户只需要在当前串列文件的 List 1~List 6 串列输入交点平曲线设计数据即可，串列数据规划列于表 4-1。

表 4-1 程序 Q2X8 平曲线设计数据输入输出串列明细表

行数	List 1	List 2	List 3	List 4	List 5	List 6		
Excel	A	B	C	D	E	F		
子名	Z_{JD}(m)	x_{JD}(m)	y_{JD}(m)	A_1	R(m)	A_2		
1	起点设计桩号	起点 x 坐标	起点 y 坐标	0/R_{ZH} 数	0/断链数	0/R_{HZ} 数		
2	交点设计桩号	交点 x 坐标	交点 y 坐标	A_1+R_{ZH}i	±R*	A_2+R_{HZ}i		
……	……	……	……	……	……	……		
N−1	交点设计桩号	交点 x 坐标	交点 y 坐标	A_1+R_{ZH}i	±R*	A_2+R_{HZ}i		
N	终点设计桩号	终点 x 坐标	终点 y 坐标	断链 1 后桩号	断链 1 前桩号	断链值 1		
				断链 2 后桩号	断链 2 前桩号	断链值 2		
				……	……	……		

续表 4-1

行数	**List 7**	**List 8**	**List 9**	**List 10**	**List 11**	**List 12**	**List 13**	**List 14**
Excel	G	H	I	J	K	L	M	N
子名	Δ(Deg)	T_1(m)	T_2(m)	L_{h1}(m)	L_y(m)	L_{h2}(m)	E(m)	J(m)
1	0	0	0	0	0	0	0	0
2	交点转角	第一切线长	第二切线长	第一缓曲线长	圆曲线长	第二缓曲线长	外距	切曲差
……	……	……	……	……	……	……	……	……
N−1	交点转角	第一切线长	第二切线长	第一缓曲线长	圆曲线长	第二缓曲线长	外距	切曲差
N	交点号	R_{ZH}	交点号	R_{HZ}				
……	……	……	……	……	……	……	……	……
行数	**List 15**	**List 16**	**List 17**	**List 18**	**List 19**	**List 20**	**List 21**	**List 22**
Excel	O	P	Q	R	S	T	U	V
子名	Z_m(m)	x_m(m)	y_m(m)	H_m(m)	α_m(Deg)	R_m(m)	±1,0	ctrl
1	起点连续桩号	*x* 坐标	*y* 坐标	高程	走向方位角	曲率半径	偏转系数	平曲交点数
2	主点连续桩号							竖曲变坡点数
……	……	……	……	……	……	……	……	……

注：表中灰底色所示串列单元的数据为用户输入，其余串列单元的数据为程序计算结果。表中“Excel”行的字母代表在 MS Excel 中输入设计数据时的字母列号。其中 **List 4[1]**，**List 5[1]**，**List 6[1]**串列单元应输入 0。执行 Q2X8 程序后，将自动在全部交点平曲线数据中搜索，将第一缓和曲线中的非完整缓和曲线的个数存入 **List 4[1]**串列单元，断链桩的个数存入 **List 5[1]**串列单元，第二缓和曲线中的非完整缓和曲线的个数存入 **List 6[1]**串列单元。

*对非回头曲线，**List 5** 串列单元的圆曲线半径 *R* 应输入正数；对回头曲线，**List 5** 串列单元的圆曲线半径 *R* 应输入负数。

交点平曲线设计数据包括第一缓和曲线参数 A_1，*ZH* 点半径 R_{ZH}，圆曲线半径 *R*，第二缓和曲线参数 A_2，*HZ* 点半径 R_{HZ}。

第一缓和曲线设计数据应以复数形式 A_1+R_{ZH}i 输入到 List 4 串列的相应单元，$R_{ZH}\to\infty$ 时直接输入 A_1，不需要输入复数的虚部 R_{ZH}，也即等价于输入了 R_{ZH}=0。

第二缓和曲线设计数据应以复数形式 A_2+R_{HZ}i 输入到 List 6 串列的相应单元，$R_{HZ}\to\infty$ 时直接输入 A_2，不需要输入复数的虚部 R_{HZ}，也即等价于输入了 R_{HZ}=0。

由于在 MS Excel 中不能输入复数的虚部，因此当交点平曲线含有非完整缓和曲线时，将在 MS Excel 的 Filen 选项卡中输入的数据另存为 Filen.csv 文件(n=1~6)，再通过 FA-124 通信软件，将 Filen.csv 文件上传到 fx-9750 GⅡ内存，然后还应在 **STAT** 模式下，设置 **Filen** 为当前串列文件，通过编辑 List 4 与 List 6 串列单元数值的方式，添加复数的虚部数值。

4.2 非对称基本型交点平曲线坐标正算原理

我国公路与铁路平曲线均使用回旋线(spiral)作为缓和曲线。如图 4-1 所示，缓和曲线的几何意义是：曲线上任意点 *P* 的曲率半径 *ρ* 与该点至原点 *ZH* 的曲线长 *l* 成反比，曲线方程为

$$\rho=\frac{A^2}{l} \tag{4-1}$$

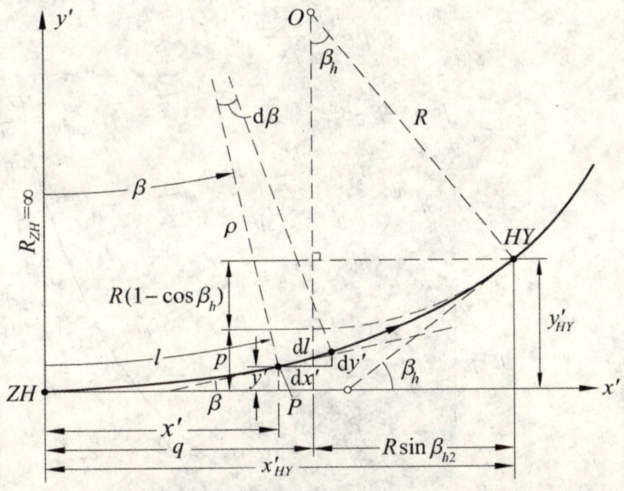

图 4-1　完整缓和曲线要素计算原理

式中，A 为缓和曲线参数。

设缓和曲线终点 HY 的曲线长为 L_h，曲率半径为 R，代入式(4-1)求得缓和曲线参数为

$$A=\sqrt{RL_h} \tag{4-2}$$

1) 缓和曲线切线支距坐标计算公式

如图 4-2 所示，非对称基本型平曲线由“第一缓和曲线+圆曲线+第二缓和曲线”组成，其中，第一缓和曲线的起点半径为 $\rho_{ZH}=\infty$，终点半径为 $\rho_{HY}=R$；第二缓和曲线的起点半径为 $\rho_{YH}=R$，终点半径为 $\rho_{HZ}=\infty$。缓和曲线一端的曲率半径为∞时，称为完整缓和曲线。也即，图 4-2 所示的第一缓和曲线与第二缓和曲线均为完整缓和曲线。

(1) 第一缓和曲线切线支距坐标公式

在图 4-1 所示的切线支距坐标系 $x'ZHy'$中，设缓和曲线上任意点 P 的曲率半径为 ρ，原点线长为 l，曲率半径 ρ 偏离纵轴 y'的偏角为 β(下称 P 点的原点偏角)，微分弧长为 $\mathrm{d}l$，则缓和曲线的微分方程为

$$\mathrm{d}l=\rho\,\mathrm{d}\beta \tag{4-3}$$

将式(4-1)代入式(4-3)，得

$$\mathrm{d}\beta=\frac{\mathrm{d}l}{\rho}=\frac{l}{A^2}\mathrm{d}l \tag{4-4}$$

对式(4-4)积分，得以弧度为单位的原点偏角

$$\beta=\frac{l^2}{2A^2}=\frac{\dfrac{A^4}{\rho^2}}{2A^2}=\frac{A^2}{2\rho^2} \tag{4-5}$$

推导式(4-5)时，顾及了由式(4-1)得到的公式 $l=\dfrac{A^2}{\rho}$。显然，在缓和曲线原点 ZH 点，$\rho=\infty$，代入式(4-5)求得 $\beta_{ZH}=0$；在 HY 点，$\rho=R$，代入式(4-5)，得

$$\beta_{HY}=\frac{A^2}{2R^2}$$

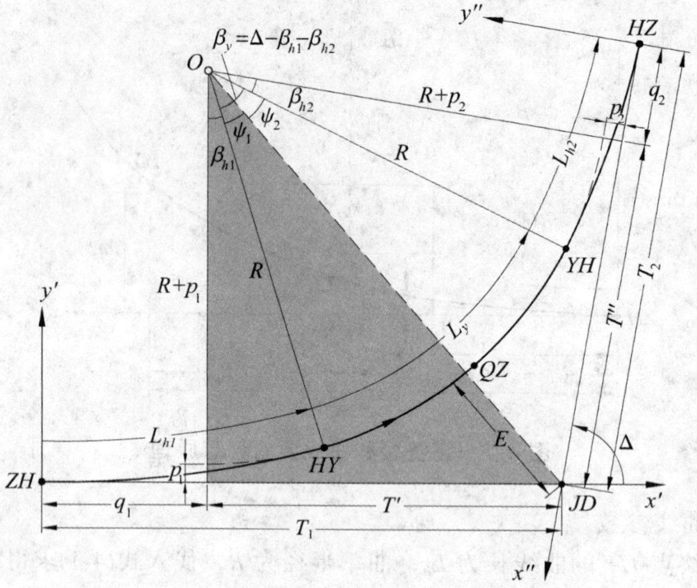

图 4-2　非对称基本型平曲线要素计算原理

则第一缓和曲线的偏角差为

$$\beta_h=\beta_{HY}-\beta_{ZH}=\beta_{HY}=\frac{A^2}{2R^2} \tag{4-6}$$

设缓和曲线任意点 P 的切线支距坐标为(x',y')，则微分弧长 dl 在切线支距坐标系 $x'ZHy'$ 的$+x'$与$+y'$轴的投影微分长度为

$$\left.\begin{aligned} dx'=dl\cos\beta \\ dy'=dl\sin\beta \end{aligned}\right\} \tag{4-7}$$

将式(4-3)代入式(4-7)，得

$$\left.\begin{aligned} dx'=\rho\cos\beta\,d\beta \\ dy'=\rho\sin\beta\,d\beta \end{aligned}\right\} \tag{4-8}$$

由式(4-5)求得 $l=A\sqrt{2\beta}$，代入式(4-1)，得

$$\rho=\frac{A^2}{A\sqrt{2\beta}}=\frac{A}{\sqrt{2\beta}} \tag{4-9}$$

将式(4-9)代入式(4-8)，得

$$\left.\begin{aligned} dx'=\frac{A}{\sqrt{2\beta}}\cos\beta\,d\beta \\ dy'=\frac{A}{\sqrt{2\beta}}\sin\beta\,d\beta \end{aligned}\right\} \tag{4-10}$$

对式(4-10)积分，得以原点偏角 β 为自变量的切线支距坐标积分公式

$$\left.\begin{aligned} x' &= \frac{A}{\sqrt{2}}\int_0^{\beta}\frac{\cos\beta}{\sqrt{\beta}}\mathrm{d}\beta \\ y' &= \frac{A}{\sqrt{2}}\int_0^{\beta}\frac{\sin\beta}{\sqrt{\beta}}\mathrm{d}\beta \end{aligned}\right\} \tag{4-11}$$

将式(4-5)代入式(4-7)并积分，得以线长 l 为自变量 的切线支距坐标积分公式

$$\left.\begin{aligned} x' &= \int_0^{l}\cos\frac{l^2}{2A^2}\mathrm{d}l \\ y' &= \int_0^{l}\sin\frac{l^2}{2A^2}\mathrm{d}l \end{aligned}\right\} \tag{4-12}$$

将 $\cos\beta$、$\sin\beta$ 以三角级数展开，各取前 4 项[18]，得

$$\left.\begin{aligned} \cos\beta &\approx 1-\frac{\beta^2}{2!}+\frac{\beta^4}{4!}-\frac{\beta^6}{6!} \\ \sin\beta &\approx \beta-\frac{\beta^3}{3!}+\frac{\beta^5}{5!}-\frac{\beta^7}{7!} \end{aligned}\right\} \tag{4-13}$$

将式(4-13)代入式(4-10)，分别对式(4-10)两式积分，整理后得级数形式切线支距坐标公式

$$\left.\begin{aligned} x' &= l-\frac{l^5}{40A^4}+\frac{l^9}{3456A^8}-\frac{l^{13}}{599040A^{12}} \\ y' &= \frac{l^3}{6A^2}-\frac{l^7}{336A^6}+\frac{l^{11}}{42240A^{10}}-\frac{l^{15}}{9676800A^{14}} \end{aligned}\right\} \tag{4-14}$$

(2) 级数形式缓和曲线切线支距坐标公式的误差分析

① fx-9750GⅡ的计算速度对缓和曲线切线支距坐标计算的影响。

fx-9750GⅡ有积分函数。在 **RUN•MAT** 模式下，按 OPTN F4 F4 键输入积分函数符“∫(”。可以使用积分公式(4-12)精确计算缓和曲线任意点的切线支距坐标，但由于 fx-9750GⅡ的计算速度远不及 PC 机的快，使用积分公式(4-12)计算切线支距坐标的时间要远大于使用级数公式(4-14)计算的时间，下面用一个案例说明。

设正向完整缓和曲线端点 HY 的半径为 R=800m，缓曲线长为 L_h=260m，由式(4-2)反求的缓曲参数为 A=456.070 2，分别使用积分公式(4-12)与不同展开项数的级数公式(4-14)计算 HY 点切线支距坐标的结果列于表 4-2。

表 4-2 积分公式与级数公式计算缓和曲线切线支距坐标的差异

序	z'_{HY}(m)	耗时(s)	时间比率*	备注
1	259.314 3+14.056 8i	0.323	100%	积分公式(4-12)
2	259.313 4+14.056 8i	0.044	13.62%	级数公式(4-14)前 2 项
3	259.314 3+14.056 8i	0.072	22.29%	级数公式(4-14)前 3 项
4	259.314 3+14.056 8i	0.101	31.27%	级数公式(4-14)前 4 项

注：*时间比率是指以应用切线支距坐标的积分公式计算时间 0.323s 为 100%，级数形式切线支距坐标公式占积分公式计算时间 0.323s 的百分数。

表 4-2 的结果说明：积分公式耗时最长，级数公式展开项取得越多，耗时越长。对于本例，使用 4 项与 3 项级数公式的计算结果与积分公式计算结果相同，但使用 2 项级数公

式的计算结果与积分公式就有差异(表 4-2 下划线数据)。因此，在保证计算精度的条件下，应尽量使用级数公式计算。

② 缓和曲线切线支距坐标级数公式的精度分析。

级数形式切线支距坐标公式(4-14)是应用式(4-13)的三角级数展开式前 4 项推出的，所以式(4-14)的计算精度与式(4-13)的计算精度息息相关，而式(4-13)的计算精度又与原点偏角 β 的大小有关。

由式(4-5)可知，当缓和曲线参数 A 固定时，只要已知缓曲线长 l 与原点偏角 β 中的任意一个，另一个可以由式(4-5)求得。下面讨论 β 的大小与三角级数展开式(4-13)计算精度的关系。

设 $\cos\beta^{(n)}$与 $\sin\beta^{(n)}$为使用式(4-13)三角级数展开式的前 n 项计算的结果，n=2，3，4，$\cos\beta$ 与 $\sin\beta$ 为直接使用三角函数计算的结果，则取式(4-13)的前 n 项计算的三角函数误差为

$$\left.\begin{aligned}\Delta_{c(n)} &= \cos\beta - \cos\beta^{(n)} \\ \Delta_{s(n)} &= \sin\beta - \sin\beta^{(n)}\end{aligned}\right\} \tag{4-15}$$

由于很难从式(4-15)推导出 $\Delta_{c(n)}$和 $\Delta_{s(n)}$与原点偏角 β 的关系，因此我们采用模拟计算的方法反求其相互关系。先设置 $\Delta_{c(n)}$与 $\Delta_{s(n)}$的绝对值最大不超过 1×10^{-5}，通过模拟计算反求 n 分别取 2、3、4 时的最大允许原点偏角的整数值，结果列于表 4-3。

表 4-3　三角级数展开式(4-13)精度与原点偏角 β 的关系

β	$\Delta_{c(n)}$			β	$\Delta_{s(n)}$		
	n=2	n=3	n=4		n=2	n=3	n=4
7°	-9.28×10^{-6}	4.62×10^{-9}	-1.23×10^{-12}	14°	-7.25×10^{-6}	1.03×10^{-8}	-8.55×10^{-12}
25°	-1.50×10^{-3}	9.55×10^{-6}	-3.25×10^{-8}	37°	-9.27×10^{-4}	9.24×10^{-6}	-5.32×10^{-8}
50°	-0.023 559	6.05×10^{-4}	-8.27×10^{-6}	65°	-0.015 188	4.71×10^{-4}	-8.48×10^{-6}

编写缓和曲线切线支距坐标计算子程序时，根据表 4-3 的规律，可以按原点偏角 β 的大小，截取切线支距坐标公式(4-14)的级数展开项数，规则如下。

式(4-14)第一式级数展开项的取项规则为：

$\beta\leqslant7°$时，取式(4-14)第一式级数展开前 2 项；

$7°<\beta\leqslant25°$时，取式(4-14)第一式级数展开前 3 项；

$25°<\beta\leqslant50°$时，取式(4-14)第一式级数展开前 4 项；

$\beta>50°$时，使用积分公式(4-12)第一式计算。

式(4-14)第二式级数展开项的取项规则为：

$\beta\leqslant14°$时，取式(4-14)第二式级数展开前 2 项；

$14°<\beta\leqslant37°$时，取式(4-14)第二式级数展开前 3 项；

$37°<\beta\leqslant65°$时，取式(4-14)第二式级数展开前 4 项；

$\beta>65°$时，使用积分公式(4-12)第二式计算。

(3) 缓和曲线切线支距坐标计算子程序 SUB2-82

SUB2-82 为本章 Q2X8 程序的子程序，其功能是根据存储在字母变量 **A** 中的缓曲参数，字母变量 **L** 中的缓和曲线长，依据原点偏角 β (存储在字母变量 **B** 中)的不同，用上述规则

选择不同的切线支距坐标公式计算(x', y')，算出的切线支距坐标复数存储在字母变量 **X** 中。

子程序名：**SUB2−82**，占用内存 408 字节。

功能：计算缓和曲线加桩 j 的切线支距坐标。

入口变量：缓和曲线加桩的原点线长 **L**，缓曲参数 **A**。

出口变量：原点偏角 **B**，切线支距坐标复数 **X**。

```
If L<1×10-5:Then 0→B:0→X:Return:IfEnd↵          缓曲线长很小时返回
(L²÷2A²)ʳ→B↵                                    十进制度原点偏角式(4-5)
L^3÷6A²−L^7÷336A^6→D↵                           级数公式(4-14)第二式前 2 项支距坐标
B≦14⇒Goto X↵
If B>14 And B≦37↵
Then O+L^11÷42240A^10→D:Goto X:IfEnd↵           前 3 项支距坐标
If B>37 And B≦65↵
Then O+L^11÷42240÷A^10−L^15÷9676800A^14→O↵      前 4 项支距坐标
Goto X:IfEnd↵
Rad:∫(sin(X²÷2A²),0,L)→O↵                       积分公式(4-12)第二式计算支距坐标
∫(cos(X²÷2A²),0,L)+Oi→X↵                        积分公式(4-12)第一式计算切线坐标
Deg:Return↵
Lbl X:L−L^5÷40A^4→X↵                            级数公式(4-14)第一式前 2 项切线坐标
If B≦7:Then X+Oi→X:Return:IfEnd↵
If B>7 And B≦25↵
Then X+L^9÷3456A^8+Oi→X:Return:IfEnd↵           前 3 项切线坐标
If B>25 And B≦50↵
Then X+L^9÷3456A^8−L^13÷599040A^12+Oi→X↵        前 4 项切线坐标
Return:IfEnd↵
Rad:∫(cos(X²÷2A²),0,L)+Oi→X↵                    积分公式(4-12)第一式计算切线坐标
Deg:Return                                      生成切线支距坐标复数
```

子程序 **SUB2−82** 实现了计算速度与精度的统一。

2) 基本型交点平曲线要素公式

(1) 圆曲线内移值与切线增量公式

如图 4-2 所示，在直线与圆曲线之间插入缓和曲线时，在第一缓和曲线端，应将原有圆曲线向内移动距离 p_1 才能使圆曲线与第一缓和曲线衔接，这时，切线增长了距离 q_1，称 p_1 为圆曲线内移值，q_1 为切线增量；此时，在第二缓和曲线端的圆曲线内移值为 p_2，切线增量为 q_2。

由图 4-2 可以写出圆曲线在第一缓和曲线端的内移值 p_1 与切线增量 q_1 的公式为

$$\left.\begin{aligned} p_1 &= y'_{HY} - R(1-\cos\beta_{h1}) \\ q_1 &= x'_{HY} - R\sin\beta_{h1} \end{aligned}\right\} \tag{4-16}$$

在第二缓和曲线端的内移值 p_2 与切线增量 q_2 的公式为

$$\left.\begin{aligned} p_2 &= y''_{YH} - R(1-\cos\beta_{h2}) \\ q_2 &= x''_{YH} - R\sin\beta_{h2} \end{aligned}\right\} \tag{4-17}$$

式中，β_{h1}为第一缓和曲线偏角差，β_{h2}为第二缓和曲线偏角差，应用式(4-6)计算；(x'_{HY}, y'_{HY})为第一缓和曲线终点 HY 点在其切线支距坐标系 $x'ZHy'$中的坐标，(x''_{YH}, y''_{YH})为第二缓和曲线起点 YH 点在其切线支距坐标系 $x''HZy''$中的坐标，如图 4-2 所示。

(2) 切线公式

设第一缓曲参数为 A_1，第二缓曲参数为 A_2，由式(4-2)得第一、第二缓和曲线长为

$$\left.\begin{aligned} L_{h1} &= \frac{A_1^2}{R} \\ L_{h2} &= \frac{A_2^2}{R} \end{aligned}\right\} \tag{4-18}$$

由式(4-6)得以弧度为单位的第一、第二缓和曲线偏角差为

$$\left.\begin{aligned} \beta_{h1} &= \frac{A_1^2}{2R^2} \\ \beta_{h2} &= \frac{A_2^2}{2R^2} \end{aligned}\right\} \tag{4-19}$$

由图 4-2 可以列出切线长公式为

$$\left.\begin{aligned} T_1 &= T' + q_1 = (R+p_1)\tan(\psi_1+\beta_{h1}) + q_1 \\ T_2 &= T'' + q_2 = (R+p_2)\tan(\psi_2+\beta_{h2}) + q_2 \end{aligned}\right\} \tag{4-20}$$

式中的$\tan(\psi_1+\beta_{h1})$，$\tan(\psi_2+\beta_{h2})$可以通过解下列方程求出

$$\left.\begin{aligned} &\psi_1+\beta_{h1} = \Delta - (\psi_2+\beta_{h2}) \\ &\frac{\cos(\psi_1+\beta_{h1})}{\cos(\psi_2+\beta_{h2})} = \frac{R+p_1}{R+p_2} \end{aligned}\right\} \tag{4-21}$$

将式(4-21)的第一式代入其第二式消去$\psi_1+\beta_{h1}$项，得

$$\frac{\cos[\Delta-(\psi_2+\beta_{h2})]}{\cos(\psi_2+\beta_{h2})} = \frac{R+p_1}{R+p_2} \tag{4-22}$$

展开并化简式(4-22)，得

$$\frac{\cos\Delta\cos(\psi_2+\beta_{h2})+\sin\Delta\sin(\psi_2+\beta_{h2})}{\cos(\psi_2+\beta_{h2})} = \cos\Delta + \sin\Delta\tan(\psi_2+\beta_{h2}) = \frac{R+p_1}{R+p_2}$$

$$\tan(\psi_2+\beta_{h2}) = \frac{R+p_1}{R+p_2}\csc\Delta - \cot\Delta \tag{4-23}$$

将式(4-23)代入式(4-20)的第二式，得

$$T_2 = (R+p_1)\csc\Delta - (R+p_2)\cot\Delta + q_2 \tag{4-24}$$

将式(4-21)变换为

$$\left.\begin{aligned} &\psi_2+\beta_{h2} = \Delta - (\psi_1+\beta_{h1}) \\ &\frac{\cos(\psi_2+\beta_{h2})}{\cos(\psi_1+\beta_{h1})} = \frac{R+p_2}{R+p_1} \end{aligned}\right\} \tag{4-25}$$

采用上述同样的方法化简，得

$$T_1 = (R+p_2)\csc\Delta - (R+p_1)\cot\Delta + q_1 \tag{4-26}$$

作为特例，当交点平曲线为对称基本型平曲线时，因 $A_1=A_2$，所以有式 $p_1=p_2=p$ 与式 $q_1=q_2=q$ 成立，将其代入式(4-26)，并顾及下列半角三角函数恒等式[18]

$$\tan\frac{\Delta}{2}=\frac{1-\cos\Delta}{\sin\Delta}=\csc\Delta-\cot\Delta \tag{4-27}$$

式(4-24)与式(4-26)可化简为

$$T_1=T_2=T=(R+p)\tan\frac{\Delta}{2}+q \tag{4-28}$$

由图 4-2 可以列出曲线长公式为

$$\left.\begin{array}{c}L_y=R(\Delta-\beta_{h1}-\beta_{h2})\\ L=L_{h1}+L_{h2}+L_y\end{array}\right\} \tag{4-29}$$

式中，L_y 为圆曲线长，第一、第二缓和曲线总偏角 β_{h1}、β_{h2} 应以弧度为单位，切曲差为

$$J=T_1+T_2-L \tag{4-30}$$

在公路与铁路平曲线设计图纸中，常将切曲差 J 称为校正值。5 个主点的桩号为

$$\left.\begin{array}{c}Z_{ZH}=Z_{JD}-T_1\\ Z_{HY}=Z_{ZH}+L_{h1}\\ Z_{QZ}=Z_{HY}+L_y/2\\ Z_{YH}=Z_{HY}+L_y\\ Z_{HZ}=Z_{YH}+L_{h2}\\ Z_{HZ}=Z_{JD}+T_2-J\end{array}\right\} \tag{4-31}$$

由图 4-2 灰底色三角形，容易写出外距公式为

$$E=\sqrt{(R+p_1)^2+(T_1-q_1)^2}-R \tag{4-32}$$

3) 主点中桩坐标及其走向方位角的计算

非对称基本型交点平曲线有 5 个主点，它们是 *ZH*，*HY*，*QZ*，*YH*，*HZ*。为便于使用 fx-9750GⅡ编程计算，本节采用复数形式推导主点中桩坐标计算公式。

为使复数的辐角恒为正，应保证缓和曲线支距坐标 y'与 y''恒为正。因此，在图 4-2 中，缓和曲线切线支距坐标系 $x'ZHy'$与 $x''ZHy''$不像数学笛卡儿坐标系一样符合右手螺旋规则。

设已知 *JD* 坐标复数为 $z_{JD}=x_{JD}+y_{JD}\mathrm{i}$，交点转角为 Δ，则 *ZH* 点的走向方位角为 α_{ZH} 可由后交点与本交点坐标反算出(以路线走向为前进方向)；设计数据为交点第一缓和曲线参数 A_1，第二缓和曲线参数 A_2，圆曲线半径 R，适用于 fx-9750GⅡ编程的交点路线曲线要素计算的顺序汇总如下。

(1) 交点曲线要素的计算

① 使用式(4-18)计算第一、第二缓和曲线长 L_{h1}、L_{h2}。

② 使用式(4-19)计算第一、第二缓和曲线偏角差 β_{h1}、β_{h2}。实际上，β_{h1} 为 *HY* 点的原点偏角 β_{HY}，β_{h2} 为 *YH* 点的原点偏角 β_{YH}。

③ 使用式(4-16)计算圆曲线在第一缓和曲线端的内移值 p_1 与切线增量 q_1，使用式(4-17)计算圆曲线在第二缓和曲线端的内移值 p_2 与切线增量 q_2。

④ 使用式(4-26)与式(4-24)分别计算第一切线长 T_1 与第二切线长 T_2。

⑤ 使用式(4-29)计算圆曲线长 L_y 与总曲线长 L。

⑥ 使用式(4-30)计算切曲差(也称交点曲线校正值)。

⑦ 使用式(4-31)计算 5 个主点桩号。

⑧ 使用式(4-32)计算外距。

(2) 主点中桩坐标及其走向方位角的计算

① ZH 与 HZ 点的中桩坐标。

$$z_{ZH} = z_{JD} - T_1\angle\alpha_{ZH} \tag{4-33}$$

式中，α_{ZH} 为 ZH 点的走向方位角。

HZ 点的走向方位角为 $\alpha_{HZ} = \alpha_{ZH} \pm \Delta$，式中的"±"号，交点右转时取"+"号，左转时取"−"号，下同。HZ 点的中桩坐标复数为

$$z_{HZ} = z_{JD} + T_2\angle\alpha_{HZ} \tag{4-34}$$

② HY 点的中桩坐标。

将 $A=A_1$，$l=L_{h1}$ 代入式(4-12)或式(4-14)算出 HY 点的切线支距坐标复数 $z'_{HY} = x'_{HY} + y'_{HY}\mathrm{i}$，则 $ZH\to HY$ 的弦长与弦切角即为 z'_{HY} 的模与辐角

$$\left.\begin{aligned} c_{ZH-HY} &= \mathrm{Abs}(z'_{HY}) \\ \theta_{ZH-HY} &= \mathrm{Arg}(z'_{HY}) \end{aligned}\right\} \tag{4-35}$$

$ZH\to HY$ 的弦长方位角及 HY 点的走向方位角为

$$\left.\begin{aligned} \alpha_{ZH-HY} &= \alpha_{ZH} \pm \theta_{ZH-HY} \\ \alpha_{HY} &= \alpha_{ZH} \pm \beta_{h1} \end{aligned}\right\} \tag{4-36}$$

HY 点的中桩坐标复数为

$$z_{HY} = z_{ZH} + c_{ZH-HY}\angle\alpha_{ZH-HY} \tag{4-37}$$

③ YH 点的中桩坐标。

在圆曲线段，$HY\to YH$ 的弦切角及其弦长为

$$\left.\begin{aligned} \theta_{HY-YH} &= \frac{L_y}{2R} \\ c_{HY-YH} &= 2R\sin\theta_{HY-YH} \end{aligned}\right\} \tag{4-38}$$

$HY\to YH$ 的弦长方位角及 YH 点的走向方位角为

$$\left.\begin{aligned} \alpha_{HY-YH} &= \alpha_{HY} \pm \theta_{HY-YH} \\ \alpha_{YH} &= \alpha_{HY} \pm 2\theta_{HY-YH} \end{aligned}\right\} \tag{4-39}$$

YH 点的中桩坐标复数为

$$z_{YH} = z_{HY} + c_{HY-YH}\angle\alpha_{HY-YH} \tag{4-40}$$

④ QZ 点的中桩坐标。

QZ 点也位于圆曲线段，$HY\to QZ$ 的弦切角与弦长为

$$\left.\begin{aligned} \theta_{HY-QZ} &= \frac{L_y}{4R} \\ c_{HY-QZ} &= 2R\sin\theta_{HY-QZ} \end{aligned}\right\} \tag{4-41}$$

$HY \to QZ$ 的方位角及 QZ 点的走向方位角为

$$\left.\begin{aligned}\alpha_{HY-QZ} &= \alpha_{HY} \pm \theta_{HY-QZ} \\ \alpha_{QZ} &= \alpha_{HY} \pm 2\theta_{HY-QZ}\end{aligned}\right\} \tag{4-42}$$

QZ 点的中桩坐标复数为

$$z_{QZ} = z_{HY} + c_{HY-QZ} \angle \alpha_{HY-QZ} \tag{4-43}$$

(3) 加桩中桩坐标及其走向方位角的计算

交点曲线的路线走向为 $ZH \to HY \to QZ \to YH \to HZ$，当 ZH 点后及 HZ 点前的线元均为夹直线时，则存在加桩 j 位于 ZH 点后的夹直线段、ZH~HY 的第一缓和曲线段、HY~YH 的圆曲线段、YH~HZ 的第二缓和曲线段或 HZ 点前的夹直线段等五种情形。

① 加桩 j 位于 ZH 点后的夹直线段。

设加桩号为 Z_j，$Z_j < Z_{ZH}$ 时，j 点的中桩坐标复数及其走向方位角为

$$\left.\begin{aligned}z_j &= z_{ZH} - (Z_{ZH} - Z_j) \angle \alpha_{ZH} \\ \alpha_j &= \alpha_{ZH}\end{aligned}\right\} \tag{4-44}$$

② 加桩 j 位于 ZH~HY 的第一缓和曲线段。

当 $Z_{ZH} < Z_j < Z_{HY}$ 时，j 点距 ZH 点的原点线长为 $l_j = Z_j - Z_{ZH}$，将 $l = l_j$，$A = A_1$ 代入式(4-12)或式(4-14)，求出 j 点的切线支距坐标复数 $z'_j = x'_j + y'_j \mathrm{i}$，则 $ZH \to j$ 的弦长与弦切角为

$$\left.\begin{aligned}c_{ZH-j} &= \mathrm{Abs}(z'_j) \\ \theta_{ZH-j} &= \mathrm{Arg}(z'_j)\end{aligned}\right\} \tag{4-45}$$

将 $l = l_j$，$A = A_1$ 代入式(4-5)，算出以弧度为单位的 j 点原点偏角为

$$\beta_j = \frac{l_j^2}{2A_1^2} \tag{4-46}$$

$ZH \to j$ 弦长的方位角及 j 点的走向方位角为

$$\left.\begin{aligned}\alpha_{ZH-j} &= \alpha_{ZH} \pm \theta_{ZH-j} \\ \alpha_j &= \alpha_{ZH} \pm \beta_j\end{aligned}\right\} \tag{4-47}$$

j 点中桩坐标复数为

$$z_j = z_{ZH} + c_{ZH-j} \angle \alpha_{ZH-j} \tag{4-48}$$

③ 加桩 j 位于 HY~YH 的圆曲线段。

当 $Z_{HY} < Z_j < Z_{YH}$ 时，j 点距 HY 点的曲线长为 $l_j = Z_j - Z_{HY}$，$HY \to j$ 的弦切角与弦长为

$$\left.\begin{aligned}\theta_{HY-j} &= \frac{l_j}{2R} \\ c_{HY-j} &= 2R \sin \theta_{HY-j}\end{aligned}\right\} \tag{4-49}$$

$HY \to j$ 的弦长方位角及 j 点的走向方位角为

$$\left.\begin{aligned}\alpha_{HY-j} &= \alpha_{HY} \pm \theta_{HY-j} \\ \alpha_j &= \alpha_{HY} \pm 2\theta_{HY-j}\end{aligned}\right\} \tag{4-50}$$

j 点的中桩坐标复数为

$$z_j = z_{HY} + c_{HY-j} \angle \alpha_{HY-j} \tag{4-51}$$

④ 加桩 j 位于 YH~HZ 的第二缓和曲线段。

加桩 j 位于第二缓和曲线段时，文献[6]和[11]都是以 HZ 点为基点计算的，计算方向与路线走向相反。本书采用以 YH 点为基点的计算方法，这样可以保证计算方向与路线走向相同，这对统一公式与简化 fx-9750GⅡ程序的逻辑结构有重要的作用。

当 $Z_{YH}<Z_j<Z_{HZ}$ 时，j 点距 HZ 点的原点线长为 $l_j=Z_{HZ}-Z_j$。将 $l=l_j$，$A=A_2$ 代入式(4-12)或式(4-14)，求出 j 点的切线支距坐标复数 $z''_j = x''_j + y''_j\mathrm{i}$；将 $l=L_h$，$A=A_2$ 代入式(4-12)或式(4-14)，求出 YH 点的切线支距坐标复数 $z''_{YH} = x''_{YH} + y''_{YH}\mathrm{i}$，则 $j \to YH$ 的弦长与弦切角为

$$\left.\begin{aligned} c_{j-YH} &= \mathrm{Abs}(z''_{YH} - z''_j) \\ \theta_{j-YH} &= \mathrm{Arg}(z''_{YH} - z''_j) \end{aligned}\right\} \tag{4-52}$$

由图 4-3 的关系，反求得 $YH \to j$ 的弦切角为

$$\Delta\theta_{YH-j} = \beta_{h2} - \theta_{j-YH} \tag{4-53}$$

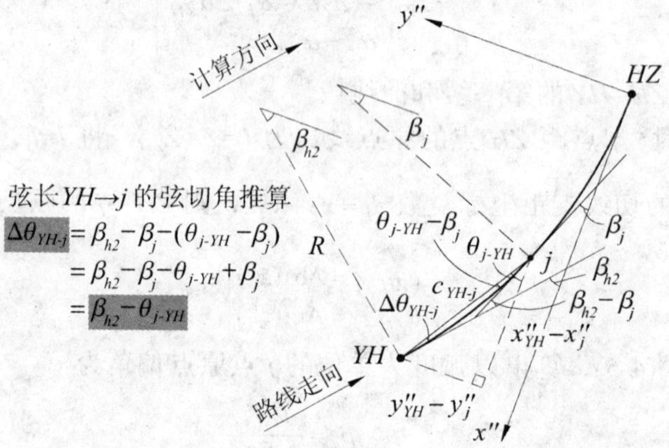

图 4-3　以 *YH* 点为基点计算加桩 *j* 点中桩坐标的原理

将 $l=l_j$，$A=A_2$ 代入式(4-5)，算出以弧度为单位的 j 点原点偏角为

$$\beta_j = \frac{l_j^2}{2A_2^2} \tag{4-54}$$

则 $YH \to j$ 的弦长方位角及 j 点的走向方位角为

$$\left.\begin{aligned} \alpha_{YH-j} &= \alpha_{YH} \pm \Delta\theta_{YH-j} \\ \alpha_j &= \alpha_{YH} \pm (\beta_{h2} - \beta_j) \end{aligned}\right\} \tag{4-55}$$

j 点的中桩坐标复数为

$$z_j = z_{YH} + c_{j-YH}\angle\alpha_{YH-j} \tag{4-56}$$

⑤ 加桩 j 位于 HZ 点前的夹直线段。

当 $Z_j>Z_{HZ}$ 时，j 点的中桩坐标复数及其走向方位角为

$$\left.\begin{aligned} z_j &= z_{HZ} + (Z_j - Z_{HZ})\angle\alpha_{HZ} \\ \alpha_j &= \alpha_{HZ} \end{aligned}\right\} \tag{4-57}$$

(4) 加桩边桩坐标的计算

设加桩 j 的中桩坐标复数为 z_j，走向方位角为 α_j，只需要给出左偏角(或右偏角)、左边距、右边距就能算出 j 点的边桩坐标。

如图 4-4 所示，在路线施工测量中，边桩的左、右偏角一般只需要给出其中的任一个即可，另一个偏角则通过加±180°获得。

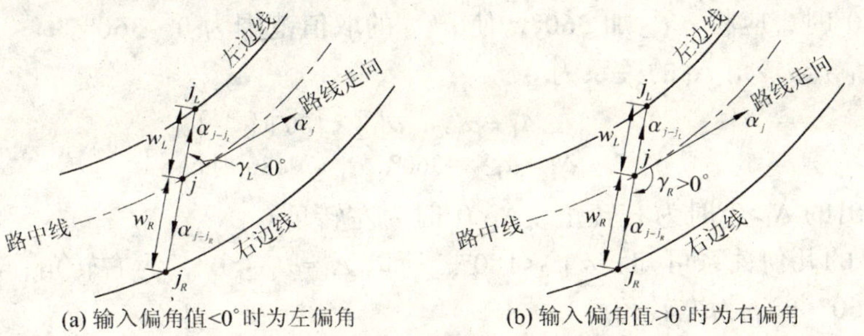

图 4-4　加桩 *j* 的边桩坐标计算原理

当输入的偏角值<0°时，为左偏角 γ_L，中桩 j→左边桩 j_L 的方位角为 $\alpha_{j-j_L}=\alpha_j+\gamma_L$，中桩 j→右边桩 j_R 的方位角为 $\alpha_{j-j_R}=\alpha_{j-j_L}+180°$。

当输入的偏角值>0°时，为右偏角 γ_R，中桩 j→右边桩 j_R 的方位角为 $\alpha_{j-j_R}=\alpha_j+\gamma_R$，中桩 j→左边桩 j_L 的方位角为 $\alpha_{j-j_L}=\alpha_{j-j_R}-180°$。

当输入的偏角值为-90°或+90°时，都是计算走向法线方向的边桩坐标，其效果是相同的。设左、右边距分别为 w_L，w_R，则 j 点的左、右边桩坐标复数为

$$\left.\begin{aligned} z_{j_L}&=z_j+w_L\angle\alpha_{j-j_L}\\ z_{j_R}&=z_j+w_R\angle\alpha_{j-j_R}\end{aligned}\right\} \tag{4-58}$$

4) 由交点坐标反求交点转角的原理

上述交点曲线要素与主点坐标计算公式都需要使用交点转角 Δ，而由表 4-1 的串列数据规划可知，Q2X8 程序只要求用户在当前串列文件的 List 2、List 3 串列输入起点、交点、终点的平面坐标，并不需要输入交点转角 Δ。存储在 List 7 串列的交点转角 Δ，由程序使用起点、交点、终点的平面坐标反求出，并存入该串列的相应单元。

如图 4-5 所示，已知 QD，JD_1，JD_2，ZD 的平面坐标复数分别为 z_{QD}，z_1，z_2，z_{ZD}，需要反求 JD_1，JD_2 的转角 Δ_1，Δ_2。当转角为右转角时，Δ>0°；当转角为左转角时，Δ<0°。

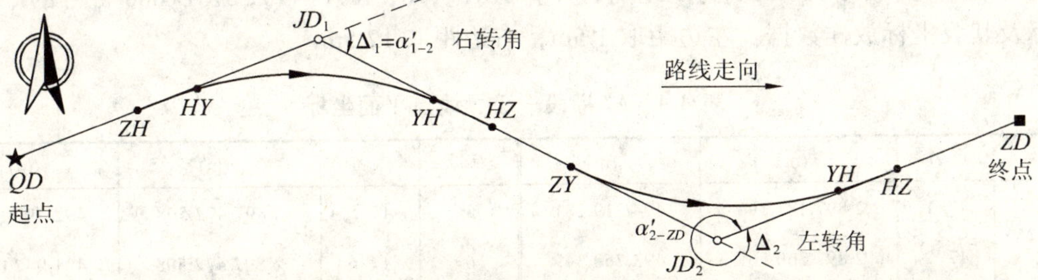

图 4-5　由连续交点反算交点转角原理

设由 z_{QD}，z_1 求得 QD→JD_1 的方位角为 α_{QD-1}，由 z_1，z_2 求得 JD_1→JD_2 的方位角为 α_{1-2}，

则以 α_{QD-1} 方向为零方向，将 α_{1-2} 归零，有

$$\alpha'_{1-2}=\alpha_{1-2}-\alpha_{QD-1} \tag{4-59}$$

算出的 $\alpha'_{1-2}<0°$ 时，应将 α'_{1-2} 加 360°，使 α'_{1-2} 的取值范围为 0°~360°。

因此，α'_{1-2} 与转角 Δ_1 的关系为

$$\left.\begin{aligned}\Delta_1=\alpha'_{1-2},\ \alpha'_{1-2}<180°\text{时}\\ \Delta_1=\alpha'_{1-2}-360°,\ \alpha'_{1-2}>180°\text{时}\end{aligned}\right\} \tag{4-60}$$

由式(4-60)算出的 $\Delta_1>0°$ 时为右转角，$\Delta_1<0°$ 时为左转角。

由图 4-5 的几何关系可知：$\alpha'_{1-2}<180°$，所以 $\Delta_1=\alpha'_{1-2}>0°$，为右转角；$\alpha'_{2-ZD}>180°$，所以 $\Delta_2=\alpha'_{1-2}-360°<0°$，为左转角。

一般地，将程序反求出的交点转角与设计图纸给出的交点转角比较，还可以检验用户输入设计数据的正确性。

5) 由起点桩号反求交点桩号的原理

由表 4-1 可知，Q2X8 程序只要求用户在当前串列文件的 **List 1[1]**串列单元输入起点的桩号，所有交点及终点的桩号由程序反求出并存入 **List 1[2]**开始的相应串列单元。

如图 4-5 所示，设由 z_{QD}，z_1 求得 $QD\rightarrow JD_1$ 的平距为 S_{QD-1}，则 JD_1 的桩号 Z_1 为

$$Z_1=Z_{QD}+S_{QD-1} \tag{4-61}$$

设由 z_1，z_2 求得 $JD_1\rightarrow JD_2$ 的平距为 S_{1-2}，则 JD_2 的桩号 Z_2 为

$$Z_2=Z_1+S_{1-2}-J_1 \tag{4-62}$$

式中，J_1 为 JD_1 的切曲差(也称校正值)。

设由 z_2，z_{ZD} 求得 $JD_2\rightarrow ZD$ 的平距为 S_{2-ZD}，则 ZD 的桩号 Z_{ZD} 为

$$Z_{ZD}=Z_2+S_{2-ZD}-J_2 \tag{4-63}$$

式中，J_2 为 JD_2 的切曲差(也称校正值)。

6) 工程案例

[例 4-1] 图 4-6 为福建省永安至宁化高速公路(闽赣界)A7 合同段 K 线 JD_{52}，JD_{53}，JD_{54}，JD_{55} 4 个交点的平曲线设计图，试用 Q2X8 程序计算交点平曲线要素与主点数据；将表 4-4 的 7 个一级导线点平面坐标输入到 Mat S 矩阵，分别设置导线点 $A7-3$，JD_{53} 和任意点坐标(2 897 267.462，493 533.521)为测站点，计算 K61+190，K61+440，K61+600 桩号的中边桩坐标及其极坐标放样数据。左边距取 1.5m，右边距取 12.5m。

表 4-4　A7 标段一级导线点平面坐标

点号	点名	x (m)	y (m)	点号	点名	x(m)	y(m)
1	A7−1	2 897 181.596	494 219.281	5	A7−5	2 897 472.598	492 390.654
2	A7−2	2 897 260.565	493 760.349	6	A7−6	2 897 472.598	491 947.046
3	A7−3	2 897 253.446	493 294.155	7	A7−7	2 897 557.446	491 616.699
4	A7−4	2 897 413.003	492 834.481				

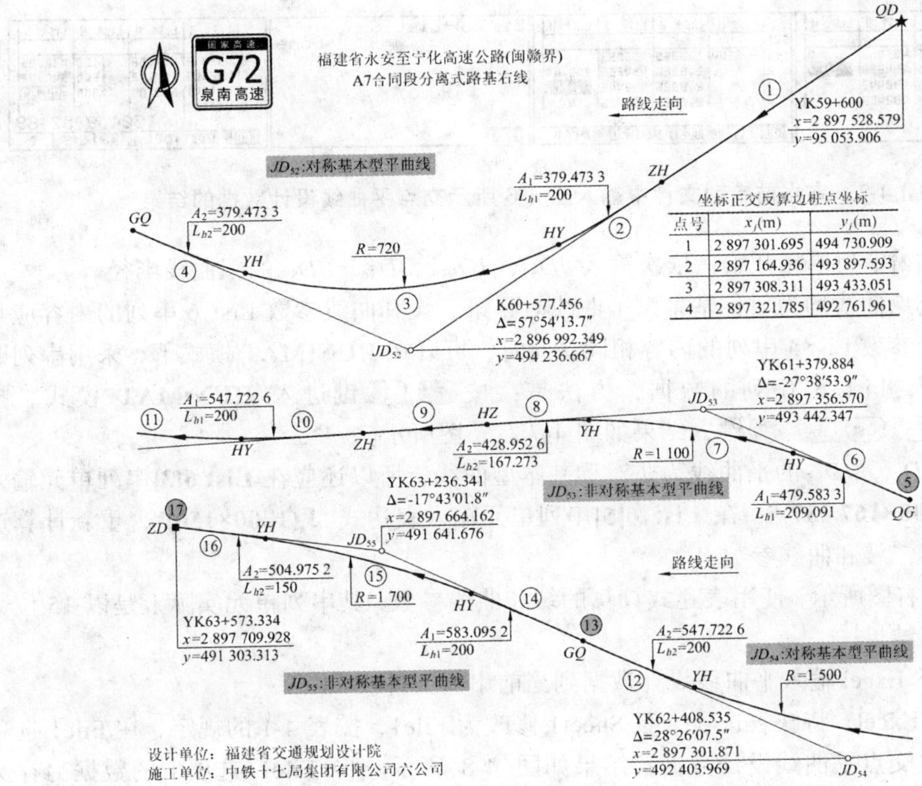

坐标正交反算边桩点坐标

点号	x_j(m)	y_j(m)
1	2 897 301.695	494 730.909
2	2 897 164.936	493 897.593
3	2 897 308.311	493 433.051
4	2 897 321.785	492 761.961

图 4-6　JD_{52}~JD_{55} 平曲线设计图

［解］　(1) 设置当前串列文件

按 MENU 2 键进入 **STAT** 模式，按 SHIFT SET UP ▼ ▼ F1 (FILE) 1 EXE EXE 键设置 **File1** 为当前串列文件；按 MENU 1 键进入 **RUN·MAT** 模式，按 SHIFT PRGM F6 F1 F3 EXE 键执行 **ClrList** 命令，清除当前串列文件。

(2) 输入平曲线设计数据到当前串列文件

可以在 fx-9750GⅡ的当前串列文件中直接输入平曲线设计数据；也可以在 MS Excel 中输入平曲线设计数据，另存为 CSV 格式文件，通过 FA-124 将其上传到 fx-9750GⅡ串列文件。

① 在 fx-9750GⅡ输入平曲线设计数据到当前串列文件。

按 MENU 2 键进入 **STAT** 模式，在 **List 1[1]** 串列单元输入 QD 桩号 59600，在 List 2 串列依次输入 QD，JD_{52}，JD_{53}，JD_{54}，JD_{55}，ZD 的 x 坐标，在 List 3 串列依次输入 QD，JD_{52}，JD_{53}，JD_{54}，JD_{55}，ZD 的 y 坐标。

在 **List 4[1]**，**List 5[1]**，**List 6[1]** 串列单元输入 0。

List 4[2] 串列单元应输入 JD_{52} 第一缓和曲线参数 A_1。在设计院给出的“直线、曲线、转角表”(简称直曲表)中，一般同时给出了第一缓和曲线长 L_{h1} 与缓曲参数 A_1，L_{h1} 与 A_1 一般只给到了 0.001m 位，为了提高 A_1 的输入精度，建议用户在 **List 4[2]** 串列单元，依据式(4-2)输入表达式“**√(720×200)**”计算 A_1，方法为：移动光标到 **List 4[2]** 串列单元，按 SHIFT √ (**720** × **200** EXE 键，操作过程如图 4-7 所示。同理完成 JD_{53}，JD_{54}，JD_{55} 第一缓和曲线参数 A_1 的输入。

图 4-7　在当前串列文件中输入图 4-6 所示交点平曲线设计数据的结果

从 **List 5[2]**串列单元开始，依次输入 JD_{52}，JD_{53}，JD_{54}，JD_{55} 的圆曲线半径。

当所有交点曲线均为对称基本型平曲线时，第二缓和曲线参数 List 6 串列的内容应与第一缓和曲线参数 List 4 串列的内容相同，此时，可以在 **RUN•MAT** 模式下，采用串列赋值的方式输入 List 6 串列的数据，方法是：按 MENU 1 键进入 **RUN•MAT** 模式，按 SHIFT List 4 → List 6 EXE 键，结果如图 4-7 右二图所示。

因本例 JD_{53}，JD_{55} 的平曲线为非对称基本型曲线，所以还应在 **List 6[3]**串列单元输入表达式“**√(1100×167.237)**”，在 **List 6[5]**串列单元输入表达式“**√(1700×150)**”，重新计算这两个交点的第二缓和曲线参数 A_2。

如图 4-7 右图所示，使用表达式计算的缓和曲线参数，其串列单元实际上是以 15 位数字存储的计算结果。

② 在 MS Excel 输入平曲线设计数据到当前串列文件。

启动 MS Excel，将缺省选项卡名 Sheet1 修改为 File1，按表 4-1 的规定，在 File1 选项卡输入本例的交点平曲线设计数据，结果如图 4-8 所示。将 File1 选项卡的数据另存为 File1.csv 文件。

在 FA-124 通信软件，执行下拉菜单“File/CSV/Load from CSV”命令，将 File1.csv 文件数据输入到 FA-124 软件的 FA-124 窗口，使 FA-124 与 fx-9750GⅡ数据同步后，将 FA-124 窗口 List File 图标下的 File1 文件复制到 Calculator 窗口。详细操作方法参见第 1 章 1.11 节。

	A	B	C	D	E	F
1	59600	2897528.579	495053.906	0	0	0
2		2896992.349	494236.667	379.4733	720	379.4733
3		2897356.57	493442.347	479.5833	1100	428.9526
4		2897301.871	492403.969	547.7226	1500	547.7226
5		2897664.162	491641.676	583.0952	1700	504.9752
6		2897709.928	491303.313			

File1 / MAT_S / Sheet3

图 4-8　在 MS Excel 的 File1 选项卡输入平曲线设计数据

(3) 输入 7 个导线点的平面坐标到 Mat S 矩阵

可以在 fx-9750GⅡ中直接输入导线点坐标到 Mat S 矩阵；也可以在 MS Excel 中输入导线点坐标，另存为 CSV 格式文件，通过 FA-124 将其上传到 fx-9750GⅡ的 Mat S 矩阵。

① 在 fx-9750GⅡ输入导线点坐标到 Mat S 矩阵。

按 MENU 1 键进入 **RUN•MAT** 模式，按 F1 键调出矩阵菜单，按 ALPHA S 键将光标快速定位到 Mat S 矩阵，按 F3 7 EXE 3 EXE EXE 键定义 Mat S 矩阵为 7 行×3 列，将表 4-4 的 7 个导线点的平面坐标输入到 Mat S 矩阵的第 1~2 列，操作过程如图 4-9 所示。因本例未给出导线点的高程，故 Mat S 矩阵的第 3 列数值为缺省值 0。

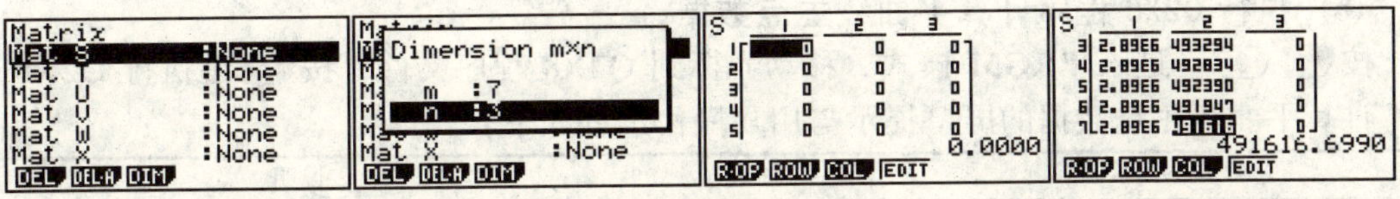

图 4-9　定义 Mat S 矩阵为 7 行×3 列并输入表 4-4 的 7 个导线点的平面坐标

② 在 MS Excel 输入导线点坐标到 Mat S 矩阵。

在图 4-8 所示的 MS Excel 文件中，将缺省选项卡名 Sheet2 修改为 MAT_S，输入表 4-4 的 7 个导线点的三维坐标。由于本例没有给出导线点的高程，因此应在 C 列输入 0，结果如图 4-10 所示；将 MAT_S 选项卡的数据另存为 MAT_S.csv 文件。

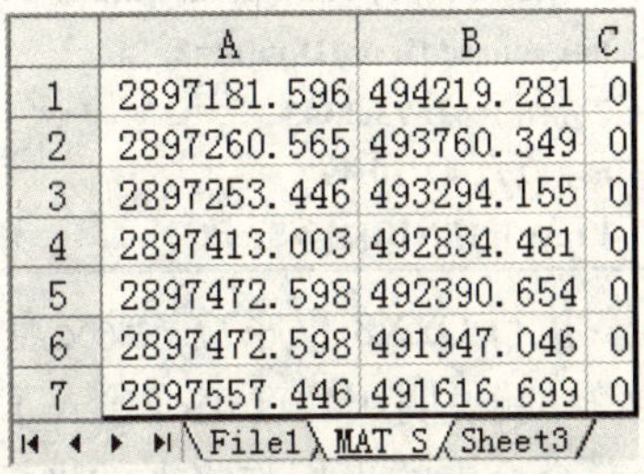

	A	B	C
1	2897181.596	494219.281	0
2	2897260.565	493760.349	0
3	2897253.446	493294.155	0
4	2897413.003	492834.481	0
5	2897472.598	492390.654	0
6	2897472.598	491947.046	0
7	2897557.446	491616.699	0

图 4-10　在 MS Excel 的 MAT_S 选项卡输入导线点坐标

在 FA-124 执行下拉菜单"File/CSV/Load from CSV"命令，将 MAT_S.csv 文件数据输入到 FA-124 软件的 FA-124 窗口，使 FA-124 与 fx-9750GⅡ数据同步后，将 FA-124 窗口 Matrix 图标下的 MAT_S 文件复制到 Calculator 窗口。详细操作方法见第 1 章 1.11 节。

(4) 从随书标配光盘输入程序文件 Q2X8.g1m 到 fx-9750GⅡ内存的方法

在 PC 机启动 FA-124，鼠标右键单击 FA-124 窗口下的图标，执行右键快捷菜单 "Import" 命令，在弹出的文件对话框中选择光盘"\4 章\Q2X8.g1m"程序文件，左键单击 打开(O) 按钮，将 Q2X8.g1m 程序文件输入到 FA-124 的 FA-124 窗口。

使用通用 USB 数据线连接 PC 机与 fx-9750GⅡ的 USB 接口，在 fx-9750GⅡ上按 MENU C (RECV) F2 键，在 PC 机，鼠标左键单击 FA-124 通信软件 Calculator 窗口的工具栏图标，启动 FA-124 的数据同步操作。完成数据同步后，将 FA-124 窗口 Program 图标下的全部程序文件(图 4-11)复制到 Calculator 窗口；鼠标左键单击 Calculator 窗口的图标，断开 FA-124 与 fx-9750GⅡ的连接。

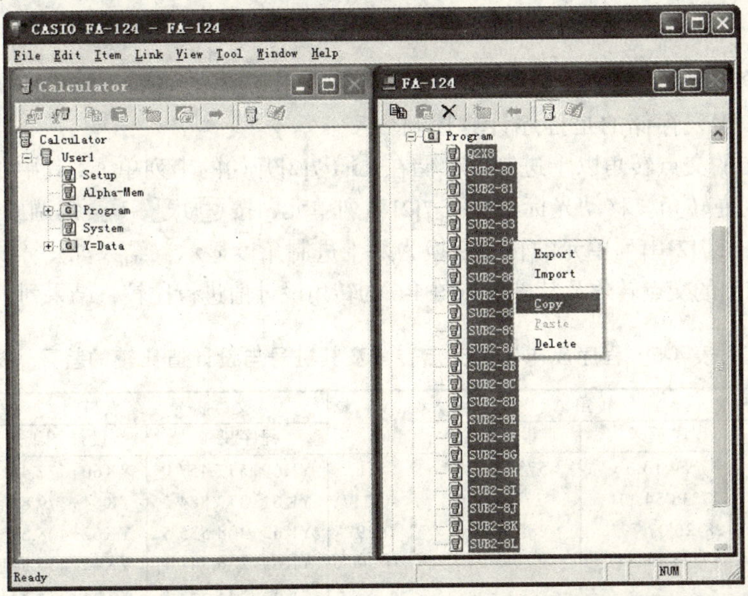

图 4-11　在 FA-124 的 FA-124 窗口复制程序文件到 Calculator 窗口界面

(5) 执行 Q2X8 程序计算平曲线主点数据

按 MENU 9 键进入 **PRGM** 模式，移动光标到 Q2X8 程序文件，按 EXE 键执行 Q2X8 程序，计算平曲线主点数据的屏幕提示与用户操作过程如下：

屏幕提示	按键	说明
JD curve xyH Q2X8		显示程序标题
new(0)/old(≠0) main point data=?	**0** EXE	输入 0 为重新计算主点数据
hor−curve first JD num=?	**52** EXE	输入平曲线起始交点号(number)
Z_{ZD}(m)=63573.3343	EXE	显示平曲线终点设计桩号(0.3mm)/耗时 3.96s
α_{ZD}=277°42′10.49″	EXE	显示平曲线终点走向方位角
Press [MENU][2]⇒Stop!	MENU 2	停止程序并进入 **STAT** 模式查看主点数据

执行 Q2X8 程序，完成交点平曲线主点数据计算后，只要屏幕显示的终点桩号与设计图纸相符，就说明用户已正确输入了平曲线数据。而屏幕显示的平曲线终点走向方位角，是应用最后一个交点的坐标与终点的坐标反求出的，它只能说明最后一个交点及终点的坐标输入无误。

用户输入的平曲线起始交点号 52，存储在 **List 22[11]**串列单元，仅用于成果整理程序 H2X8.exe 输出系列成果文件，本例结果如图 4-16 灰底色字符所示。

完成交点平曲线主点数据计算后，按 MENU 2 键进入 **STAT** 模式，查看程序计算的平曲线主点数据及曲线要素，结果如图 4-12 所示。

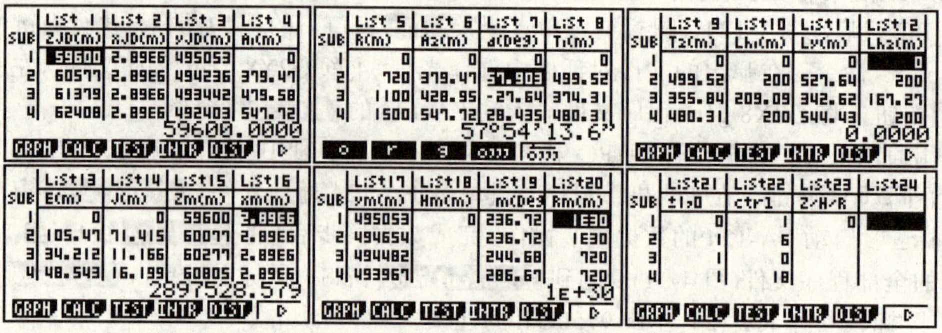

图 4-12　完成平曲线主点数据计算后的串列结果

程序已为各串列的[0]单元赋予了串列子名字符串，List 7~List 21 串列数据的意义参见表 4-1，List 22 串列存储的是程序计算控制数字。

程序反求出的交点转角以十进制度存储在 **List 7[2]**开始的串列单元，其中正数转角为右转角，负数转角为左转角。移动光标到 **List 7[2]**串列单元，按 OPTN F6 F2 键调出角度功能菜单，再按 F5 键将 **List 7[2]**串列单元的转角变换为六十进制角度显示，结果如图 4-12 上中图所示。

将程序反求出的交点转角及其桩号与图 4-6 的转角设计值进行比较，结果列于表 4-5。

表 4-5　程序反求出的交点转角及其桩号与设计值比较的差异

交点名	转角 Δ		差	交点桩号与终点桩号		差(m)
	程序反求	设计图纸		程序反求	设计图纸	
JD_{52}	57°54′13.6″	57°54′13.7″	-0.1″	YK60+577.457 0	YK60+577.456	0.001 0
JD_{53}	-27°38′54.11″	-27°38′53.9″	-0.21″	YK61+379.884 2	YK61+379.884	0.000 2
JD_{54}	28°26′07.79″	28°26′07.5″	0.29″	YK62+408.535 5	YK62+408.535	0.000 5
JD_{55}	-17°43′01.85″	-17°43′01.8″	-0.05″	YK63+236.341 7	YK63+236.341	0.000 7
ZD				YK63+573.335 1	YK63+573.334	0.001 1

（6）平曲线坐标正算

① 重复执行 Q2X8 程序，设置 Mat S 矩阵的导线点 *A*7−3 为测站点，进行坐标正算的屏幕提示与用户操作过程如下：

屏幕提示	按键	说明
JD curve xyH Q2X8		显示程序标题
new(0)/old(≠0) main point data=?	1 EXE	输入非零数为使用现有主点数据计算
st xy new(0)/old(>0)/no(<0)=?	0 EXE	输入 0 为重新输入测站点(station)坐标
station JD(<0)/Mat S(>0)/x(m)=?	3 EXE	输入 3 为选择导线点 *A*7−3 为测站点
$x_{str}+y_{str}$i(m)=2897253.446+493294.1550i	EXE	显示导线点(traverse)平面坐标复数
peg→xy(1)/xy→peg(2)/pier(4)=?	1 EXE	输入 1 选择坐标正算
+peg(m),<QD⇒end=?	61190 EXE	输入第一个加桩号
α_j=290°23′46.32″	EXE	显示走向方位角/耗时 0.93s
x_j+y_ji(m)=2897273.253+493613.1487i	EXE	显示中桩坐标复数
α=86°26′49.08″	EXE	显示测站→中桩方位角
HD(m)=319.6080	EXE	显示测站→中桩平距
W_L(m)±∠γi,0⇒no=?	1.5 EXE	输入左边距
x_L+y_Li(m)=2897271.847+493612.6259i	EXE	显示左边桩坐标复数
α=86°41′35.47″	EXE	显示测站→左边桩方位角
HD(m)=319.0021	EXE	显示测站→左边桩平距
W_L(m)±∠γi,0⇒no=?	0 EXE	输入 0 结束左边桩坐标计算
W_R(m),0⇒no=?	12.5 EXE	输入右边距
x_R+y_Ri(m)=2897284.969+493617.5051i	EXE	显示右边桩坐标复数
α=84°25′54.72″	EXE	显示测站→右边桩方位角
HD(m)=324.8830	EXE	显示测站→右边桩平距
W_R(m),0⇒no=?	0 EXE	输入 0 结束右边桩坐标计算
+peg(m),<QD⇒end=?	100 EXE	输入小于 *QD* 的桩号结束程序
Q2X8⇒End		程序结束显示

请读者自行计算 K61+440 与 K61+600 桩号的中边桩坐标。

当前串列文件只有平曲线设计数据时，执行 Q2X8 程序，屏幕显示程序主功能菜单如下：

peg→xy(1)/xy→peg(2)/pier(4)=?

输入 1 为选择平面坐标正算，输入 2 为选择平面坐标正交反算(以后简称坐标反算)，输入 4 为选择桥墩桩基坐标计算。

当要选择桥墩桩基坐标计算时，应预先在 Mat V 矩阵输入各类桥墩桩基的墩台中心坐标(详细参见表 4-26)，在 Mat U 矩阵依次输入全部桥墩的 4 个墩台设计参数——墩类号、墩台中心设计桩号、法向偏距及走向偏角(详细参见表 4-27)。

从 Mat S 矩阵选择导线点坐标作为测站点时，屏幕显示所选导线点的三维坐标，当高程为 0 时，只显示其平面坐标。

重复执行 Q2X8 程序，屏幕显示下列提示时：

st xy new(0)/old(>0)/no(<0)=?

输入 0 响应为重新输入测站点坐标，输入正数响应为使用最近输入的测站点坐标，输入负数响应为不计算中边桩的极坐标放样数据。

输入 0 响应选择重新输入测站点坐标，屏幕显示下列提示时：

station JD(<0)/Mat S(>0)/x(m)=?

输入负整数响应为选择起点(-1)、第一个交点(-2)、……或终点(-N)为测站点坐标，其中 N 为 List 2 串列的维数，N=交点总数+2；输入正整数 n 响应为使用 Mat S 第 n 行的导线点坐标为测站点坐标；或直接输入任意点的平面坐标为测站点。

② 重复执行 Q2X8 程序，设置 JD_{53} 为测站点，进行坐标正算的屏幕提示与用户操作过程如下：

屏幕提示	按键	说明
JD curve xyH Q2X8		显示程序标题
new(0)/old(≠0) main point data=?	2 EXE	输入非零数为使用现有主点数据计算
st xy new(0)/old(>0)/no(<0)=?	0 EXE	输入 0 为重新输入测站点(station)坐标
station JD(<0)/Mat S(>0)/x(m)=?	-3 EXE	输入-3 为选择 JD_{53} 为测站点
peg→xy(1)/xy→peg(2)/pier(4)=?	1 EXE	输入 1 选择坐标正算
+peg(m),<QD⇒end=?	61190 EXE	输入第一个加桩号
α_j=290°23′46.32″	EXE	显示走向方位角/耗时 0.93s
x_j+y_ji(m)=2897273.253+493613.1487i	EXE	显示中桩坐标复数
α=116°00′11.29″	EXE	显示测站→中桩方位角
HD(m)=190.0394	EXE	显示测站→中桩平距
W_L(m)±∠γi,0⇒no=?	1.5 EXE	输入左边距
x_L+y_Li(m)=2897271.847+493612.6259i	EXE	显示左边桩坐标复数
α=116°27′10.29″	EXE	显示测站→左边桩方位角
HD(m)=190.1918	EXE	显示测站→左边桩平距
W_L(m)±∠γi,0⇒no=?	0 EXE	输入 0 结束左边桩坐标计算
W_R(m),0⇒no=?	12.5 EXE	输入右边距
x_R+y_Ri(m)=2897284.969+493617.5051i	EXE	显示右边桩坐标复数
α=112°14′01.24″	EXE	显示测站→右边桩方位角
HD(m)=189.2274	EXE	显示测站→右边桩平距
W_R(m),0⇒no=?	0 EXE	输入 0 结束右边桩坐标计算
+peg(m),<QD⇒end=?	1 EXE	输入小于 QD 的桩号结束程序
Q2X8⇒End		程序结束显示

当选择存储在 List 2 与 List 3 串列的起点、交点或终点坐标为测站点时，屏幕不显示所选点的坐标。对于本例，屏幕显示下列提示时：

station JD(<0)/Mat S(>0)/x(m)=?

输入-1 为选择 QD 为测站点，输入-2 为选择 JD_{52} 为测站点，输入-3 为选择 JD_{53} 为测站点，输入-4 为选择 JD_{54} 为测站点，输入-5 为选择 JD_{55} 为测站点，输入-6 为选择 ZD 为测站点。

③ 重复执行 Q2X8 程序，设置任意点坐标(2 897 267.462，493 533.521)为测站点，进行坐标正算的屏幕提示与用户操作过程如下：

屏幕提示	按键	说明
JD curve xyH Q2X8		显示程序标题
new(0)/old(≠0) main point data=?	**3** EXE	输入非零数为使用现有主点数据计算
st xy new(0)/old(>0)/no(<0)=?	**0** EXE	输入 0 为重新输入测站点(station)坐标
station JD(<0)/Mat S(>0)/x(m)=?	**2897267.462** EXE	输入任意点的坐标为测站点
station y(m)=?	**493533.521** EXE	
peg→xy(1)/xy→peg(2)/pier(4)=?	**1** EXE	输入 1 选择坐标正算
+peg(m),<QD⇒end=?	**61190** EXE	输入第一个加桩号
α_j=290°23′46.32″	EXE	显示走向方位角/耗时 0.93s
x_j+y_ji(m)=2897273.253+493613.1487i	EXE	显示中桩坐标复数
α=85°50′25.87″	EXE	显示测站→中桩方位角
HD(m)=79.8380	EXE	显示测站→中桩平距
W_L(m)±∠γi,0⇒no=?	**1.5** EXE	输入左边距
x_L+y_Li(m)=2897271.847+493612.6259i	EXE	显示左边桩坐标复数
α=86°49′38.08″	EXE	显示测站→左边桩方位角
HD(m)=79.2264	EXE	显示测站→左边桩平距
W_L(m)±∠γi,0⇒no=?	**0** EXE	输入 0 结束左边桩坐标计算
W_R(m),0⇒no=?	**12.5** EXE	输入右边距
x_R+y_Ri(m)=2897284.969+493617.5051i	EXE	显示右边桩坐标复数
α=78°13′29.41″	EXE	显示测站→右边桩方位角
HD(m)=85.7894	EXE	显示测站→右边桩平距
W_R(m),0⇒no=?	**0** EXE	输入 0 结束右边桩坐标计算
+peg(m),<QD⇒end=?	**1** EXE	输入小于 *QD* 的桩号结束程序
Q2X8⇒End		程序结束显示

④ 重复执行 Q2X8 程序，不设置测站点，进行坐标正算的屏幕提示与用户操作过程如下：

屏幕提示	按键	说明
JD curve xyH Q2X8		显示程序标题
new(0)/old(≠0) main point data=?	**4** EXE	输入非零数为使用现有主点数据计算
st xy new(0)/old(>0)/no(<0)=?	**-3** EXE	输入负数为不设置测站点(station)
peg→xy(1)/xy→peg(2)/pier(4)=?	**1** EXE	输入 1 选择坐标正算
+peg(m),<QD⇒end=?	**61190** EXE	输入第一个加桩号
α_j=290°23′46.32″	EXE	显示走向方位角/耗时 0.78s
x_j+y_ji(m)=2897273.253+493613.1487i	EXE	显示中桩坐标复数
W_L(m)±∠γi,0⇒no=?	**1.5** EXE	输入左边距
x_L+y_Li(m)=2897271.847+493612.6259i	EXE	显示左边桩坐标复数
W_L(m)±∠γi,0⇒no=?	**0** EXE	输入 0 结束左边桩坐标计算
W_R(m),0⇒no=?	**12.5** EXE	输入右边距
x_R+y_Ri(m)=2897284.969+493617.5051i	EXE	显示右边桩坐标复数
W_R(m),0⇒no=?	**0** EXE	输入 0 结束右边桩坐标计算
+peg(m),<QD⇒end=?	**0** EXE	输入小于 *QD* 的桩号结束程序
Q2X8⇒End		程序结束显示

⑤ 边桩坐标偏角的输入方法。

完成加桩的中桩坐标计算及显示后，屏幕显示下列提示时：

W_L(m)±∠γi,0⇛no=?

有下列几种输入方法：

一是输入“左边距+偏角 i”复数，简称左边距复数，按 SHIFT ⒤ 键输入 i。

左边距复数的实部为左边距，应为正数；虚部为偏角，偏角<0 时为左偏角，偏角>0 时为右偏角，详细意义参见图 4-4。

当用户没有输入左边距复数的虚部时(等价于虚部数值为 0)，程序自动设置偏角 $\gamma=\pm90$。本例左边距为 1.5，用户输入 1.5，或输入 1.5+90i，或输入 1.5−90i 的结果是相同的。

当左边距复数虚部的偏角 γ 含有分、秒值时，应按 OPTN F6 F5 键调出角度功能菜单，才能输入偏角的分、秒数值。

只有当左边距复数虚部的偏角 γ 为 0，-90，90 时，程序才循环提示用户输入左边距；为其余任意非正交偏角时，程序只允许输入一次左边距复数。该功能主要用于计算斜交涵洞轴线两端的边桩坐标，案例如图 4-37 所示。

二是输入<-4 的负整数(例如-5，-6，……)为结束边桩坐标计算，且屏幕不再显示右边距提示“**W_R(m),0⇛no=?**”，直接返回“**+peg(m),<QD⇛end=?**”提示，要求用户继续输入下一个加桩号。

三是输入 0 为结束左边桩坐标计算，屏幕显示如下输入右边距提示：

W_R(m),0⇛no=?

四是输入路基主点边距系数-1，-2，-3，-4，或输入边坡平台主点边距系数-1.1，-1.2，-2.1，-2.2，……，边距系数的定义如图 4-69 所示。

只有按表 4-13 的规定，在 List 23 串列输入了竖曲线设计数据，在 Mat A 矩阵输入了路基标准横断面设计数据，Mat B，Mat C，Mat D，Mat E，Mat F 或 Mat G 矩阵输入了路基超高横坡设计数据时，才能输入上述边距系数计算路基主点与边坡平台主点的三维设计坐标。

例如，执行 Q2X8 程序，有两种结束边桩坐标计算的方法：方法一是左边距输入 0，右边距输入 0，分别结束左、右边桩坐标计算；方法二是左边距输入<-4 的负整数-5，一次性结束边桩坐标计算。两种方法的屏幕提示和用户操作过程如下：

屏幕提示	按键	说明
JD curve xyH Q2X8		显示程序标题
new(0)/old(≠0) main point data=?	**5** EXE	输入非零数为使用现有主点数据计算
st xy new(0)/old(>0)/no(<0)=?	**-5** EXE	输入负数为不设置测站点(station)
peg➔xy(1)/xy➔peg(2)/pier(4)=?	**1** EXE	输入 1 选择坐标正算
+peg(m),<QD⇛end=?	**61190** EXE	输入加桩号
α_j=290°23′46.32″	EXE	显示走向方位角/耗时 0.78s
x_j+y_ji(m)=2897273.253+493613.1487i	EXE	显示中桩坐标复数
W_L(m)±∠γi,0⇛no=?	**0** EXE	输入 0 结束左边桩坐标计算
W_R(m),0⇛no=?	**0** EXE	输入 0 结束右边桩坐标计算
+peg(m),<QD⇛end=?	**61190** EXE	重复输入加桩号
α_j=290°23′46.32″	EXE	显示走向方位角/耗时 0.78s
x_j+y_ji(m)=2897273.253+493613.1487i	EXE	显示中桩坐标复数
W_L(m)±∠γi,0⇛no=?	**-5** EXE	输入<-4 的负整数结束边桩坐标计算
+peg(m),<QD⇛end=?	**0** EXE	输入小于 *QD* 的桩号结束程序
Q2X8⇛End		程序结束显示

(7) 下传串列文件到通信软件 FA-124 并输出为 CSV 格式文件

用通用 USB 数据线连接好 fx-9750GⅡ与 PC 机的 USB 口，在 PC 机启动 FA-124，先在 fx-9750GⅡ上按 MENU C F2 (RECV)键，再在PC机上用鼠标左键单击FA-124 Calculator 窗口工具栏的图标，启动数据同步操作；待 fx-9750GⅡ与 FA-124 Calculator 窗口的数据同步操作完成后，将 Calculator 窗口 List File 图标下的串列文件 File1 复制到 FA-124 窗口的 List File 图标下，鼠标左键单击该图标下的 File 1 文件，执行下拉菜单"File/CSV/Save as CSV"命令，将串列文件 File 1 以文件名 File1.csv 存入 PC 机硬盘或 U 盘文件夹中。

(8) 执行成果整理程序 H2X8.exe 输出成果文件

将随书光盘文件"\4 章\H2X8.exe"复制到存储了 File1.csv 的硬盘或 U 盘文件夹下，鼠标左键双击 H2X8.exe 文件名执行该程序，输入"file1/10"(图 4-13 灰底色字符)按回车键，程序自动从同路径下的 File1.csv 文件中读入数据，并在同路径下生成四个成果文件 File1.txt，CSfile1.dat，SUfile1.csv，SKfile1.csv，这些文件连同源串列文件 File1.CSV 均位于光盘"\4 章\[例 4-1]\"路径下。

在 Windows 98 操作系统下执行 H2X8.exe 程序文件的界面如图 4-13 所示。

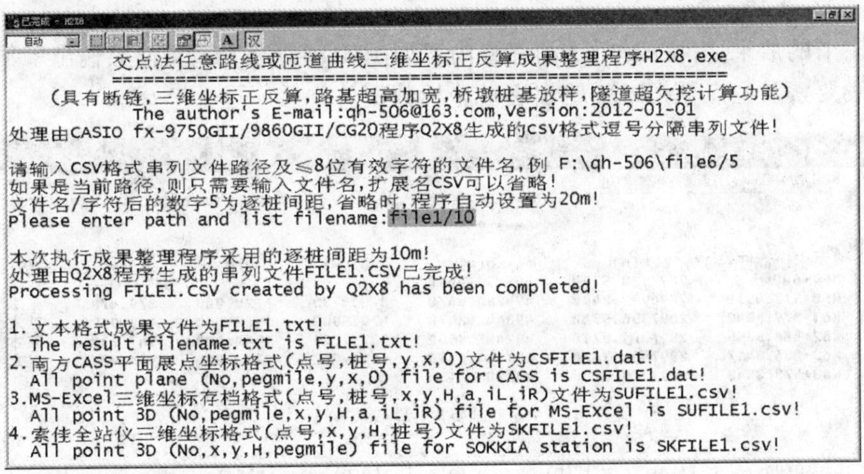

图 4-13 在 Windows 98 操作系统下执行 H2X8.exe 程序文件的界面

在 Windows XP 操作系统下执行 H2X8.exe 程序文件的界面如图 4-14 所示。

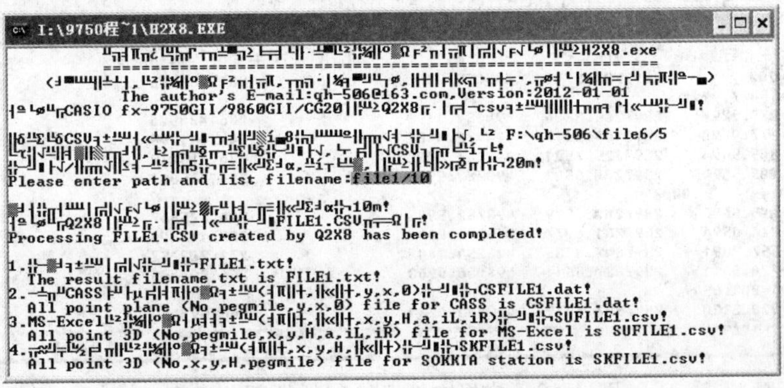

图 4-14 在 Windows XP 操作系统下执行 H2X8.exe 程序文件的界面

在 Windows 7/32bit 操作系统下执行 H2X8.exe 程序文件的界面如图 4-15 所示。

需要特别说明的是，微软公司市售的 Windows 7 操作系统有 32bit 版与 64bit 版两种版本，当用户 PC 机安装的是 Windows 7 操作系统时，H2X8.exe 程序文件只能在 32bit 版的 Windows 7 操作系统下执行，不能在 64bit 版的 Windows 7 操作系统下执行。

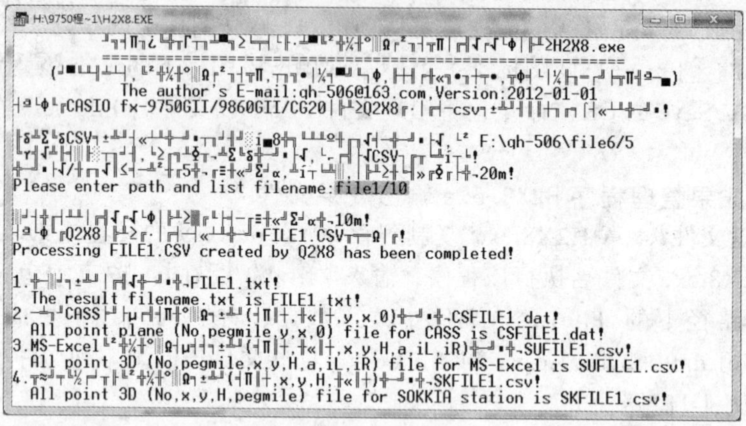

图 4-15　在 Windows 7/32bit 版操作系统下执行 H2X8.exe 程序文件的界面

本例输出的成果文件 File1.txt 的部分内容如图 4-16 所示，该文件只输出了平曲线设计数据、曲线要素及主点数据，不输出逐桩坐标数据。

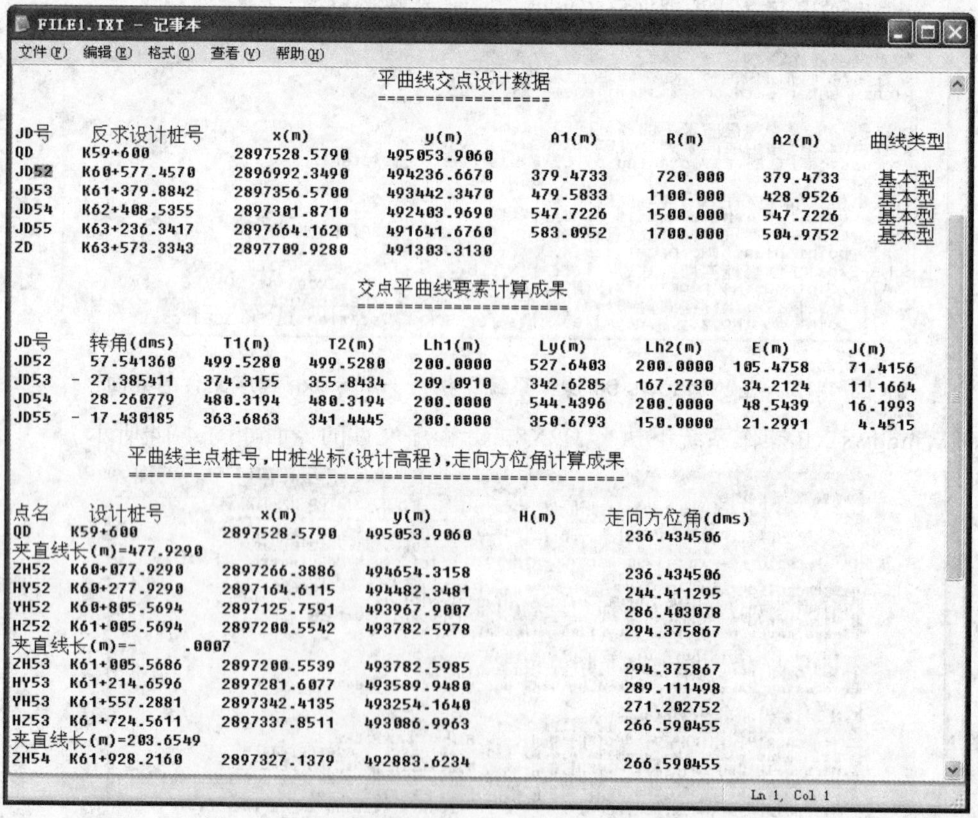

FILE1.TXT - 记事本

平曲线交点设计数据

JD号	反求设计桩号	x(m)	y(m)	A1(m)	R(m)	A2(m)	曲线类型
QD	K59+600	2897528.5790	495053.9060				
JD52	K60+577.4570	2896992.3490	494236.6670	379.4733	720.000	379.4733	基本型
JD53	K61+379.8842	2897356.5700	493442.3470	479.5833	1100.000	428.9526	基本型
JD54	K62+408.5355	2897301.8710	492403.9690	547.7226	1500.000	547.7226	基本型
JD55	K63+236.3417	2897664.1620	491641.6760	583.0952	1700.000	504.9752	基本型
ZD	K63+573.3343	2897709.9280	491303.3130				

交点平曲线要素计算成果

JD号	转角(dms)	T1(m)	T2(m)	Lh1(m)	Ly(m)	Lh2(m)	E(m)	J(m)
JD52	57.541360	499.5280	499.5280	200.0000	527.6403	200.0000	105.4758	71.4156
JD53	- 27.385411	374.3155	355.8434	209.0910	342.6285	167.2730	34.2124	11.1664
JD54	28.260779	480.3194	480.3194	200.0000	544.4396	200.0000	48.5439	16.1993
JD55	- 17.430185	363.6863	341.4445	200.0000	350.6793	150.0000	21.2991	4.4515

平曲线主点桩号,中桩坐标(设计高程),走向方位角计算成果

点名	设计桩号	x(m)	y(m)	H(m)	走向方位角(dms)
QD	K59+600	2897528.5790	495053.9060		236.434506
夹直线长(m)=477.9290					
ZH52	K60+077.9290	2897266.3886	494654.3158		236.434506
HY52	K60+277.9290	2897164.6115	494482.3481		244.411295
YH52	K60+805.5694	2897125.7591	493967.9007		286.403078
HZ52	K61+005.5694	2897200.5542	493782.5978		294.375867
夹直线长(m)=-　.0007					
ZH53	K61+005.5686	2897200.5539	493782.5985		294.375867
HY53	K61+214.6596	2897281.6077	493589.9480		289.111498
YH53	K61+557.2881	2897342.4135	493254.1640		271.202752
HZ53	K61+724.5611	2897337.8511	493086.9963		266.590455
夹直线长(m)=203.6549					
ZH54	K61+928.2160	2897327.1379	492883.6234		266.590455

图 4-16　成果文件 File1.txt 的部分内容

在 CSfile1.dat，SUfile1.csv，SKfile1.csv 三个坐标文件中，存储了起点、交点、终点、平曲线主点与按用户指定间距 10m 计算的逐桩点坐标。在 PC 机执行成果整理程序 H2X8.exe，在弹出的对话框中输入“file1/10”时，串列文件名“file1”后的“/10”为逐桩间距值。当用户只输入了串列文件名“file1”，没有输入其后的字符“/10”时，程序自动取 20m 为逐桩间距计算。三个坐标文件的格式及用途说明如下：

① CSfile1.dat 坐标文件。

CSfile1.dat 为南方 CASS 平面展点坐标文件，内容如图 4-17 所示。它包括了起点、交点、终点，每个交点的四个平曲线主点 *ZH*，*HY*，*YH*，*HZ* 与逐桩点的中桩坐标。每行坐标的格式为：

点号,桩号,y,x,0

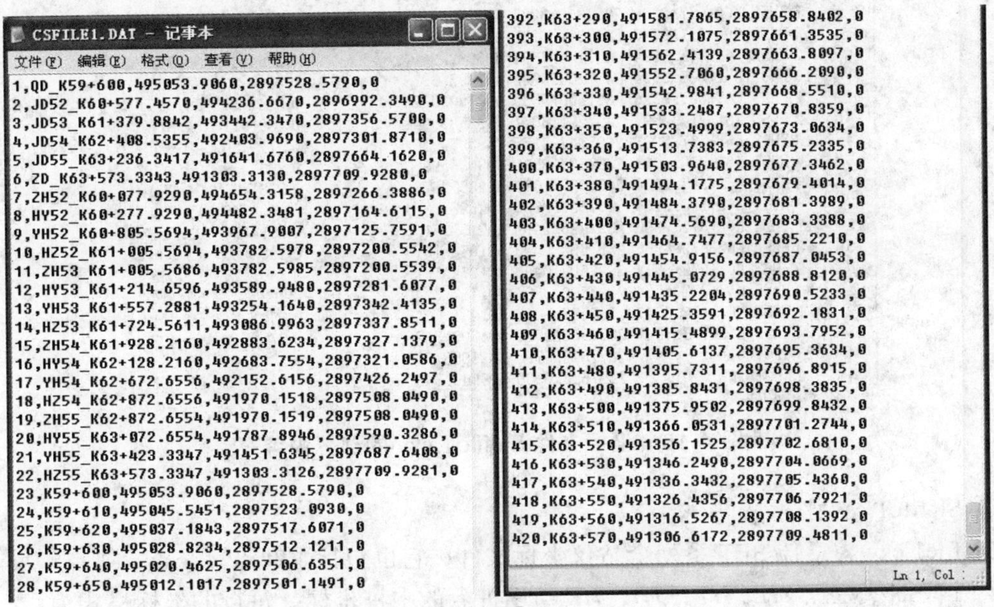
CSFILE1.DAT - 记事本
文件(F) 编辑(E) 格式(O) 查看(V) 帮助(H)

```
1,QD_K59+600,495053.9060,2897528.5790,0
2,JD52_K60+577.4570,494236.6670,2896992.3490,0
3,JD53_K61+379.8842,493442.3470,2897356.5700,0
4,JD54_K62+408.5355,492403.9690,2897301.8710,0
5,JD55_K63+236.3417,491641.6760,2897664.1620,0
6,ZD_K63+573.3343,491303.3130,2897709.9280,0
7,ZH52_K60+077.9290,494654.3158,2897266.3886,0
8,HY52_K60+277.9290,494482.3481,2897164.6115,0
9,YH52_K60+805.5694,493967.9007,2897125.7591,0
10,HZ52_K61+005.5694,493782.5978,2897200.5542,0
11,ZH53_K61+005.5686,493782.5985,2897200.5539,0
12,HY53_K61+214.6596,493589.9480,2897281.6077,0
13,YH53_K61+557.2881,493254.1640,2897342.4135,0
14,HZ53_K61+724.5611,493086.9963,2897337.8511,0
15,ZH54_K61+928.2160,492883.6234,2897327.1379,0
16,HY54_K62+128.2160,492683.7554,2897321.0586,0
17,YH54_K62+672.6556,492152.6156,2897426.2497,0
18,HZ54_K62+872.6556,491970.1518,2897508.0490,0
19,ZH55_K62+872.6554,491970.1519,2897508.0490,0
20,HY55_K63+072.6554,491787.8946,2897590.3286,0
21,YH55_K63+423.3347,491451.6345,2897687.6408,0
22,HZ55_K63+573.3347,491303.3126,2897709.9281,0
23,K59+600,495053.9060,2897528.5790,0
24,K59+610,495045.5451,2897523.0930,0
25,K59+620,495037.1843,2897517.6071,0
26,K59+630,495028.8234,2897512.1211,0
27,K59+640,495020.4625,2897506.6351,0
28,K59+650,495012.1017,2897501.1491,0
```

```
392,K63+290,491581.7865,2897658.8402,0
393,K63+300,491572.1075,2897661.3535,0
394,K63+310,491562.4139,2897663.8097,0
395,K63+320,491552.7060,2897666.2090,0
396,K63+330,491542.9841,2897668.5510,0
397,K63+340,491533.2487,2897670.8359,0
398,K63+350,491523.4999,2897673.0634,0
399,K63+360,491513.7383,2897675.2335,0
400,K63+370,491503.9640,2897677.3462,0
401,K63+380,491494.1775,2897679.4014,0
402,K63+390,491484.3790,2897681.3989,0
403,K63+400,491474.5690,2897683.3388,0
404,K63+410,491464.7477,2897685.2210,0
405,K63+420,491454.9156,2897687.0453,0
406,K63+430,491445.0729,2897688.8120,0
407,K63+440,491435.2204,2897690.5233,0
408,K63+450,491425.3591,2897692.1831,0
409,K63+460,491415.4899,2897693.7952,0
410,K63+470,491405.6137,2897695.3634,0
411,K63+480,491395.7311,2897696.8915,0
412,K63+490,491385.8431,2897698.3835,0
413,K63+500,491375.9502,2897699.8432,0
414,K63+510,491366.0531,2897701.2744,0
415,K63+520,491356.1525,2897702.6810,0
416,K63+530,491346.2490,2897704.0669,0
417,K63+540,491336.3432,2897705.4360,0
418,K63+550,491326.4356,2897706.7921,0
419,K63+560,491316.5267,2897708.1392,0
420,K63+570,491306.6172,2897709.4811,0
```

Ln 1, Col :

图 4-17　南方 CASS 平面展点坐标文件 CSfile1.dat 的内容

由于 CSfile1.dat 文件仅用于南方 CASS 平面展点，因此每行最末的高程字符总是为数字 0。即使用户在 List 23 串列输入了竖曲线设计数据，程序已算出了平曲线主点及逐桩点的中桩设计高程，CSfile1.dat 文件每行最末的高程数字也是 0。

② SUfile1.csv 坐标文件。

SUfile1.csv 为存档坐标文件，可以用 MS Excel 打开，其部分内容如图 4-18 所示。它也包括了起点、交点、终点，每个交点的四个平曲线主点 *ZH*，*HY*，*YH*，*HZ* 与逐桩点的中桩坐标。每行的坐标格式为：

点号,桩号,x,y,H,α,i_L,i_R

其中，α 为六十进制的走向方位角，i_L 为左路基超高横坡度，i_R 为右路基超高横坡度。

只有在 List 23 串列输入了竖曲线设计数据，且在 Mat A 矩阵输入了路基标准横断面与各级边坡设计数据，在 Mat B，Mat C，Mat D，Mat E，Mat F 或 Mat G 矩阵输入了路基超高横坡设计数据，执行 Q2X8 程序，屏幕显示如下提示时：

i_L%,i_R% Mat B(1)/C(2)/D(3)/E(4)/F(5)/G(6)/no(0)=?

用户才能输入 1~6 之间的整数响应，选择一个路基超高横坡矩阵；完成平竖曲线主点数据计算后，将所选的路基超高横坡矩阵下传到 FA-124，并另存为 MAT_a.csv 文件(a 为 B~G 之间的字母)；执行 H2X8.exe 程序，输入串列文件名响应后，程序自动从 MAT_a.csv 文件读入路基超高横坡数据，计算平曲线主点与逐桩点的中桩设计高程及左、右横坡度 i_L 与 i_R，并将中桩设计高程及 i_L 与 i_R 的值输出到 SUfile1.csv 文件。

	A	B	C	D	E	F
1	序号	设计桩号	x坐标(m)	y坐标(m)	设计高程H(m)	走向方位角
2	1	QD_K59+600	2897528.5790	495053.906	0	
3	2	JD52_K60+577.4570	2896992.3490	494236.667	0	
4	3	JD53_K61+379.8842	2897356.5700	493442.347	0	
5	4	JD54_K62+408.5355	2897301.8710	492403.969	0	
6	5	JD55_K63+236.3417	2897664.1620	491641.676	0	
7	6	ZD_K63+573.3343	2897709.9280	491303.313	0	
8	7	ZH52_K60+077.9290	2897266.3886	494654.3158	0	236° 43′ 45.063″
9	8	HY52_K60+277.9290	2897164.6115	494482.3481	0	244° 41′ 12.953″
10	9	YH52_K60+805.5694	2897125.7591	493967.9007	0	286° 40′ 30.775″
11	10	HZ52_K61+005.5694	2897200.5542	493782.5978	0	294° 37′ 58.665″
12	11	ZH53_K61+005.5686	2897200.5539	493782.5985	0	294° 37′ 58.665″
13	12	HY53_K61+214.6596	2897281.6077	493589.948	0	289° 11′ 14.977″
14	13	YH53_K61+557.2881	2897342.4135	493254.164	0	271° 20′ 27.520″
15	14	HZ53_K61+724.5611	2897337.8511	493086.9963	0	266° 59′ 04.550″
16	15	ZH54_K61+928.2160	2897327.1379	492883.6234	0	266° 59′ 04.550″
17	16	HY54_K62+128.2160	2897321.0586	492683.7554	0	270° 48′ 15.537″
18	17	YH54_K62+672.6556	2897426.2497	492152.6156	0	291° 36′ 01.351″
19	18	HZ54_K62+872.6556	2897508.0490	491970.1518	0	295° 25′ 12.338″
20	19	ZH55_K62+872.6554	2897508.0490	491970.1519	0	295° 25′ 12.338″
21	20	HY55_K63+072.6554	2897590.3286	491787.8946	0	292° 02′ 59.114″
22	21	YH55_K63+423.3347	2897687.6408	491451.6345	0	280° 13′ 50.411″
23	22	HZ55_K63+573.3347	2897709.9281	491303.3126	0	277° 42′ 10.493″
24	23	K59+600	2897528.5790	495053.906	0	236° 43′ 45.063″
25	24	K59+610	2897523.0930	495045.5451	0	236° 43′ 45.063″

SUFILE1

图 4-18　坐标文件 SUfile1.csv 的部分内容

③ SKfile1.csv 坐标文件。

SKfile1.csv 为索佳 SET 系列全站仪坐标文件，它也包括了起点、交点、终点，每个交点的四个平曲线主点 *ZH*，*HY*，*YH*，*HZ* 与逐桩点的中桩坐标。每行的坐标格式为：

点名,x,y,H,桩号

图 4-19 为用索佳 Coord.exe 软件打开 SKfile1.csv 文件的界面。

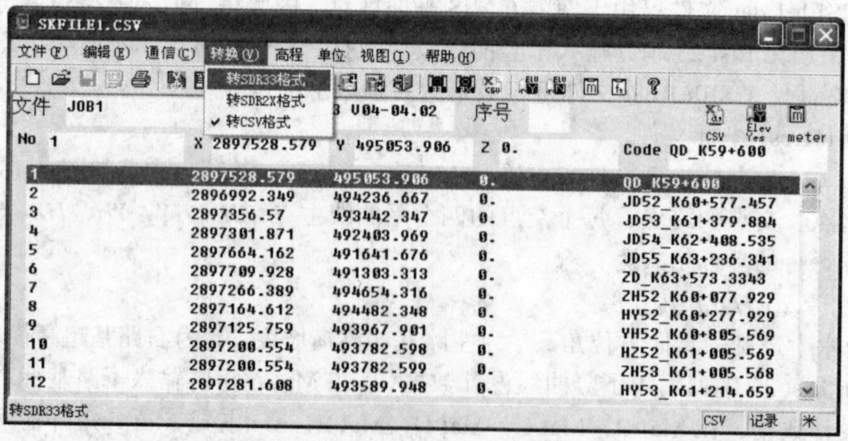

图 4-19　用索佳 Coord.exe 软件打开 SKfile1.csv 文件的界面

在“文件”栏输入字符“JOB1”(可以在 JOB1~JOB10 之间任意选择)，在“版本”栏输入字符“SDR33 V04-04.02”，执行下拉菜单“转换\转 SDR33 格式”命令，执行下拉菜单“文件\另存为”命令以 JOB1.sdr 文件名存盘后，才能执行下拉菜单“通信”下的命令，将其上传到索佳 SET 系列全站仪内存文件 JOB1 中。

Coord.exe 程序是索佳公司开发的一个绿色免费软件，无须安装，只需要将随书标配光盘“\全站仪通信软件\索佳\Coord.exe”文件复制到 PC 机硬盘，再将其发送到 Windows 桌面，双击桌面图标即可启动该软件。

本例的全部数据文件位于光盘“\4 章\[例 4-1]\”路径下。

4.3 非对称基本型交点回头平曲线正算原理

1) 交点转角的计算原理

如图 4-20 所示，称交点转角绝对值$|\Delta|>180°$的交点曲线为回头曲线。根据 *QD*，*JD*，*ZD* 的平面坐标，反求转角 Δ 时，按 *ZD* 位置的不同分为下列两种情况：

(1) *ZD* 位于 *JD* 与 *HZ* 点之间

如图 4-20(a)所示，设由 *QD*，*JD*，*ZD* 的平面坐标分别求得 *QD*→*JD* 的方位角为 α_{QD-JD}，*JD*→*ZD* 的方位角为 α_{JD-ZD}，则将 α_{JD-ZD} 归算为以 α_{QD-JD} 为零方向的方位角为

$$\alpha'_{JD-ZD}=\alpha_{JD-ZD}-\alpha_{QD-JD} \tag{4-64}$$

由于 α'_{JD-ZD} 是方位角，其值应满足 $0°\leqslant\alpha'_2<360°$，因此当 $\alpha'_2<0°$时，应加 360°，则 α'_{JD-ZD} 与转角 Δ′的关系为

$$\left.\begin{aligned}\Delta'&=\alpha'_{JD-ZD},\ \ \alpha'_{JD-ZD}<180°\text{时}\\ \Delta'&=\alpha'_{JD-ZD}-360°,\ \ \alpha'_{JD-ZD}>180°\text{时}\end{aligned}\right\} \tag{4-65}$$

使用式(4-65)算出的转角 $\Delta'<180°$。对于图 4-20(a)所示的图形，$\Delta'<0°$，为非回头曲线的左转角。非回头曲线转角 Δ′与回头曲线转角 Δ 之间的关系为

$$\left.\begin{aligned}\Delta&=\Delta'-180°,\ \ \Delta'<0°\\ \Delta&=\Delta'+180°,\ \ \Delta'>0°\end{aligned}\right\} \tag{4-66}$$

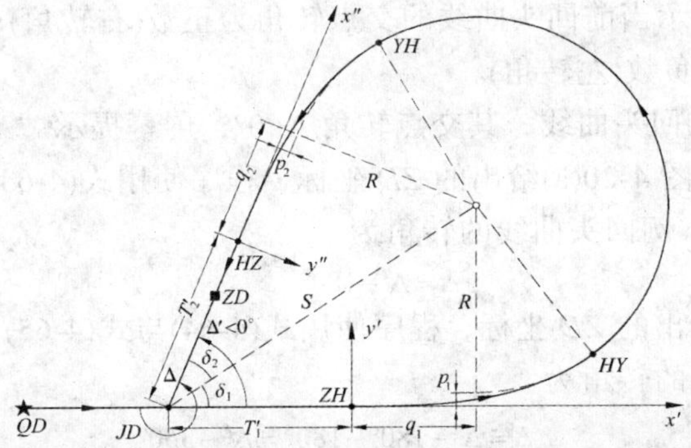

(a)*ZD* 位于 *JD* 与 *HZ* 之间

图 4-20　非对称基本型交点回头平曲线要素计算原理

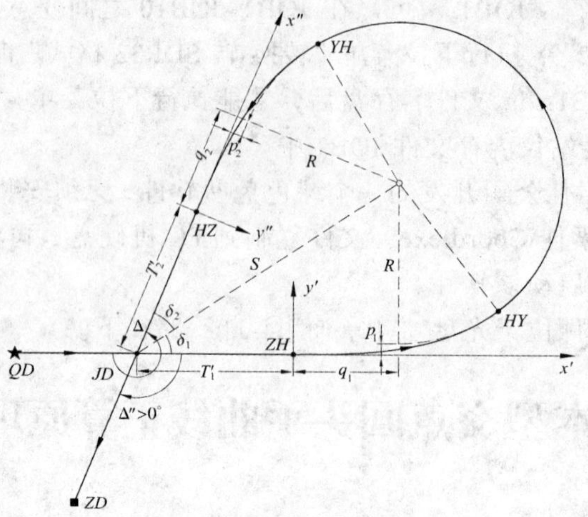

(b)ZD 位于 JD 与 HZ 之外

续图 4-20

(2) *ZD* 位于 *JD* 与 *HZ* 点之外

如图 4-20(b)所示，使用式(4-64)与式(4-65)算出的非回头曲线转角为 Δ''，本例的 $\Delta''>0°$，为右转角。Δ''与 Δ'的关系为

$$\Delta'' - \Delta' = 180° \tag{4-67}$$

由此得

$$\Delta' = \Delta'' - 180° \tag{4-68}$$

将式(4-68)代入式(4-66)即可求得回头曲线的转角 Δ。

(3) Q2X8 程序回头曲线设计数据的输入特点与转角计算原理

如表 4-1 所示，当前串列文件 List 5 串列单元的圆曲线半径 *R*，当交点曲线为非回头曲线时，应输入正数；为回头曲线时，应输入负数。

程序先将交点曲线作为非回头曲线，依据式(4-64)与式(4-65)算出 Δ' 或 Δ''，如果 $R>0$，则 $\Delta=\Delta'$或 $\Delta=\Delta''$。程序探测到当前交点的 $R<0$ 时，屏幕将给出如下提示：

Δ>0(1)/Δ<0(-1)=?

用户输入 1 时，表示当前回头曲线的交点转角为正数(右转角)；输入-1 时，表示当前回头曲线的交点转角为负数(左转角)。

对于图 4-20 所示的回头曲线，其交点转角 $\Delta<0°$，屏幕提示“**Δ>0(1)/Δ<0(-1)=?**”时，应输入-1 响应。对于按图 4-20(a)给出的 *ZD* 坐标，程序使用式(4-64)与式(4-65)算出的非回头曲线转角 $\Delta'<0°$，则本例回头曲线的转角为

$$\Delta = \Delta' - 180° \tag{4-69}$$

对于按图 4-20(b)给出的 *ZD* 坐标，程序使用式(4-64)与式(4-65)算出的非回头曲线转角 $\Delta''>0$，则本例回头曲线的转角为

$$\Delta = \Delta'' - 180° - 180° = \Delta'' - 360° \tag{4-70}$$

2) 切线长计算原理

由图 4-20(a)可以写出非对称基本型交点回头平曲线的切线方程为

$$\left.\begin{aligned}T_1' &= (R+p_1)\cot\delta_1 - q_1\\ T_2' &= (R+p_2)\cot\delta_2 - q_2\end{aligned}\right\} \tag{4-71}$$

式中的 $\cot\delta_1$ 与 $\cot\delta_2$ 可以通过下列方程求出

$$\left.\begin{aligned}&\delta_1 = \Delta - 180° - \delta_2\\ &\frac{\sin\delta_1}{\sin\delta_2} = \frac{R+p_1}{R+p_2}\end{aligned}\right\} \tag{4-72}$$

由式(4-72)的第一式，得

$$\begin{aligned}\sin\delta_1 &= \sin(\Delta - 180° - \delta_2)\\ &= -\sin(180° - \Delta + \delta_2)\\ &= -\sin(\Delta - \delta_2)\\ &= -(\sin\Delta\cos\delta_2 - \sin\delta_2\cos\Delta)\\ &= -\sin\Delta\cos\delta_2 + \sin\delta_2\cos\Delta\end{aligned}$$

将其代入式(4-72)的第二式，得

$$\frac{R+p_1}{R+p_2} = \frac{\sin\delta_1}{\sin\delta_2} = \frac{-\sin\Delta\cos\delta_2 + \sin\delta_2\cos\Delta}{\sin\delta_2} = -\sin\Delta\cot\delta_2 + \cos\Delta \tag{4-73}$$

化简式(4-73)，得

$$\begin{aligned}&R+p_1 = -\sin\Delta(R+p_2)\cot\delta_2 + (R+p_2)\cos\Delta\\ &\sin\Delta(R+p_2)\cot\delta_2 = (R+p_2)\cos\Delta - (R+p_1)\\ &(R+p_2)\cot\delta_2 = (R+p_2)\cot\Delta - (R+p_1)\csc\Delta\end{aligned} \tag{4-74}$$

将式(4-74)代入式(4-71)的第二式，得

$$\begin{aligned}T_2' &= (R+p_2)\cot\Delta - (R+p_1)\csc\Delta - q_2\\ &= -\left[(R+p_1)\csc\Delta - (R+p_2)\cot\Delta + q_2\right] = -T_2\end{aligned} \tag{4-75}$$

同法化简，得

$$\begin{aligned}T_1' &= (R+p_1)\cot\Delta - (R+p_2)\csc\Delta - q_1\\ &= -\left[(R+p_2)\csc\Delta - (R+p_1)\cot\Delta + q_1\right] = -T_1\end{aligned} \tag{4-76}$$

分别比较式(4-75)与式(4-24)，式(4-76)与式(4-26)可知，基本型回头曲线的切线长公式为基本型曲线切线长公式的反号。由于程序 Q2X8 使用统一公式(4-24)与式(4-26)计算交点平曲线的两个切线长，因此算出的基本型回头曲线的切线长应为负数。

切曲差为

$$J = T_1 + T_2 - L_{h1} - L_y - L_{h2} \tag{4-77}$$

由于回头曲线的 $T_1<0$，$T_2<0$，因此由式(4-77)算出的切曲差实际上是切曲线总长的负数。外距为

$$E = \sqrt{(R+p_1)^2 + (T_1+q_1)^2} - R \tag{4-78}$$

3) 主点数据的计算原理

(1) 主点桩号的计算

设由 QD 坐标与 JD 坐标算出的两点间的平距为 d_{QD-JD}，则 JD 的桩号 Z_{JD} 为

$$Z_{JD} = Z_{QD} + \text{Abs}(z_{JD} - z_{QD}) \tag{4-79}$$

式中，z_{JD}，z_{QD}分别为 JD 与 QD 的平面坐标复数。

回头曲线主点的桩号为

$$\left.\begin{aligned} Z_{ZH} &= Z_{JD} - T_1 \\ Z_{HY} &= Z_{ZH} + L_{h1} \\ Z_{YH} &= Z_{HY} + L_y \\ Z_{HZ} &= Z_{YH} + L_{h2} \end{aligned}\right\} \tag{4-80}$$

ZD 的桩号 Z_{ZD} 为

$$Z_{ZD} = Z_{HZ} + \mathrm{Abs}(z_{ZD} - z_{HZ}) \tag{4-81}$$

式中，z_{ZD} 为 ZD 点的平面坐标复数，z_{HZ} 为 HZ 点的平面坐标复数。

(2) 主点走向方位角的计算

设由 z_{JD}，z_{QD} 求得 $QD \rightarrow JD$ 的方位角为 $\alpha_{QD-JD}=\alpha_{ZH}$，则其余主点的走向方位角为

$$\left.\begin{aligned} \alpha_{HY} &= \alpha_{ZH} \pm \beta_{h1} \\ \alpha_{YH} &= \alpha_{HY} \pm \beta_y \\ \alpha_{HZ} &= \alpha_{YH} \pm \beta_{h2} = \alpha_{ZH} + \Delta \end{aligned}\right\} \tag{4-82}$$

式中的“±”，交点转角 $\Delta>0°$时取“+”号，$\Delta<0°$时取“−”号；转角 Δ 为带符号的代数。

(3) 主点中桩坐标复数的计算

由图 4-20 可得 ZH 点的中桩坐标为

$$z_{ZH} = z_{JD} - T_1\angle\alpha_{ZH} \tag{4-83}$$

使用复数运算格式“$r\angle\alpha$”计算边长的坐标增量复数时，要求其模 $r>0$，而回头曲线的切线长 $T_1<0$，因此应将式(4-83)变换为

$$z_{ZH} = z_{JD} + |T_1|\angle\alpha_{ZH} \tag{4-84}$$

HZ 点的中桩坐标复数为

$$z_{HZ} = z_{JD} - |T_2|\angle\alpha_{HZ} \tag{4-85}$$

HY 点的中桩坐标复数为

$$z_{HY} = z_{ZH} + c_{ZH-HY}\angle\alpha_{ZH-HY} \tag{4-86}$$

式中，c_{ZH-HY}，α_{ZH-HY}与式(4-35)和式(4-36)相同。

YH 点的中桩坐标复数为

$$z_{YH} = z_{HY} + c_{HY-YH}\angle\alpha_{HY-YH} \tag{4-87}$$

式中，c_{HY-YH}，α_{HY-YH}与式(4-38)和式(4-39)相同。

4) 工程案例

[例 4-2]　图 4-21 为单交点基本型回头曲线设计图，试用 Q2X8 程序计算交点平曲线要素及其主点数据，并计算加桩 WNK0+550，WNK0+750，WNK0+850 的中边桩坐标，左边距取 0.75m，右边距取 9.75m。

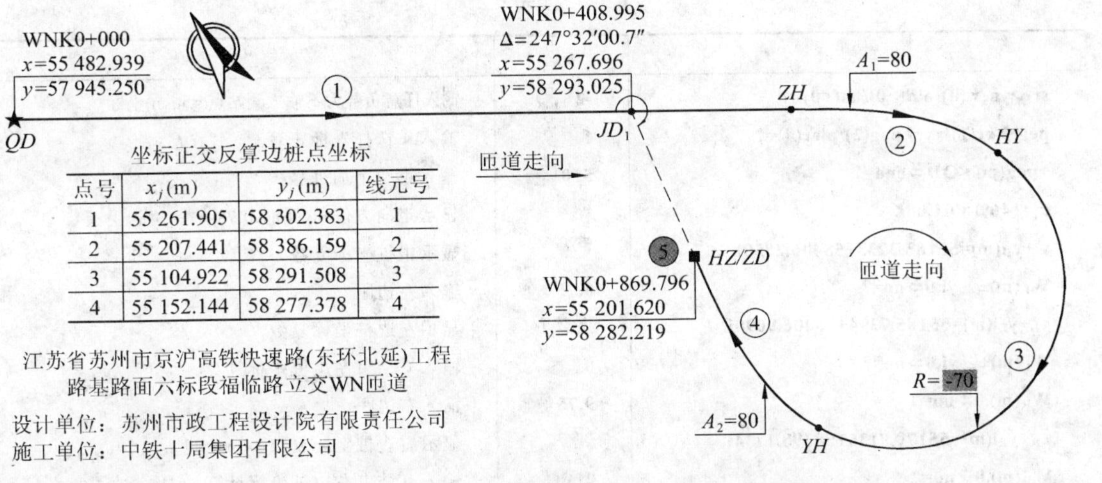

图 4-21　单交点基本型回头曲线设计图(*ZD* 点位于 *JD* 点与 *HZ* 点之间)

[解]　本例的 *ZD* 点与 *HZ* 点重合，属于 *ZD* 点位于 *JD* 点与 *HZ* 点之间的特例，设计图给出的交点转角 Δ_1=247°32′00.7″>0°，为右转角。

① 设置当前串列文件。

按[MENU] [2]键进入 **STAT** 模式，按[SHIFT] [SET UP] [▼] [▼] [F1]([FILE]) [2] [EXE] [EXE]键设置 **File2** 为当前串列文件；按[MENU] [1]键进入 **RUN•MAT** 模式，按[SHIFT] [PRGM] [F6] [F1] [F3] [EXE]键执行 **ClrList** 命令，清除当前串列文件。

② 输入平曲线设计数据到当前串列文件。

按表 4-1 的规定，在当前串列文件的 List 1~List 6 串列单元输入回头曲线的设计数据，结果如图 4-22 左二图所示，其中 **List 5[2]**串列单元的圆曲线半径应输入负数。

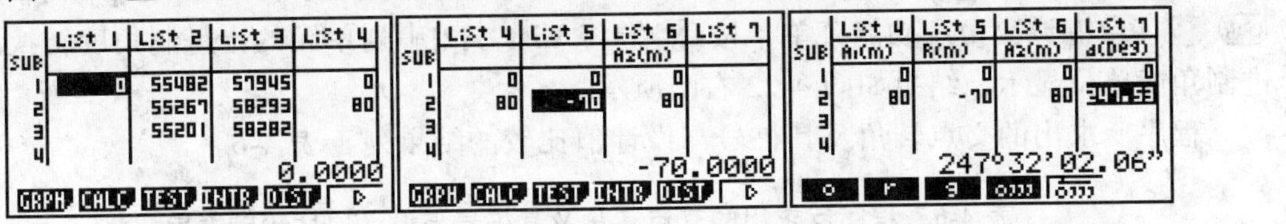

图 4-22　在 File2 串列文件输入平曲线设计数据及程序反求出的交点转角

③ 执行 Q2X8 程序计算平曲线主点数据及坐标正算。

执行 Q2X8 程序，计算平曲线主点数据及坐标正算的屏幕提示与用户操作过程如下：

屏幕提示	按键	说明
JD curve xyH Q2X8		显示程序标题
new(0)/old(≠0) main point data=?	0 [EXE]	输入 0 为重新计算主点数据
hor-curve first JD num=?	1 [EXE]	输入平曲线起始交点号(number)
JD num=1.0000	[EXE]	显示 JD_1 平曲线为回头曲线
Δ>0(1)/Δ<0(-1)=?	1 [EXE]	输入 1 表示 JD_1 为右转角
Z_{JD1}>Z_{QD}(0)/Z_{JD1}<Z_{QD}(≠0)=?	0 [EXE]	输入 0 选择 $Z_{JD1}>Z_{QD}$
Z_{ZD}(m)=869.7953	[EXE]	显示平曲线终点设计桩号(-0.7mm)/耗时 1.02s
α_{ZD}=9°17′16.34″	[EXE]	显示平曲线终点走向方位角
Press [MENU][2]⇒Stop!	[EXE]	继续执行程序

续表

屏幕提示	按键	说明
st xy new(0)/old(>0)/no(<0)=?	-2 EXE	输入任意负数为不输入测站点(station)坐标
peg→xy(1)/xy→peg(2)/pier(4)=?	1 EXE	输入 1 选择坐标正算
+peg(m),<QD⇒end=?	550 EXE	输入第一个加桩号
α_j=146°18′01.08″	EXE	显示走向方位角/耗时 0.78s
x_j+y_ji(m)=55185.3233+58406.2850i	EXE	显示中桩坐标复数
W_L(m)±∠γi,0⇒no=?	0.75 EXE	输入左边距
x_L+y_Li(m)=55185.7394+58406.9090i	EXE	显示左边桩坐标复数
W_L(m)±∠γi,0⇒no=?	0 EXE	输入 0 结束左边桩坐标计算
W_R(m),0⇒no=?	9.75 EXE	输入右边距
x_R+y_Ri(m)=55179.9136+58398.1734i	EXE	显示右边桩坐标复数
W_R(m),0⇒no=?	0 EXE	输入 0 结束右边桩坐标计算
+peg(m),<QD⇒end=?	-2 EXE	输入小于 *QD* 的桩号结束程序
Q2X8⇒End		程序结束显示

请读者自行计算 WNK0+750 与 WNK0+850 桩号的中边桩坐标。

Q2X8 程序可以计算连续交点平曲线，当从起点开始的第一个交点平曲线为回头曲线时，屏幕显示下列提示：

$Z_{JD1}>Z_{QD}(0)/Z_{JD1}<Z_{QD}(\neq 0)$=?

需要用户输入数字确认 JD_1 的桩号是否大于 *QD* 的桩号，输入 0 为选择 JD_1 的桩号大于 *QD* 的桩号，输入非零数为选择 JD_1 的桩号小于 *QD* 的桩号，本例属于前者。

当回头曲线所在的交点不是第一个交点时，屏幕不显示上述提示。

程序正常结束后，按 MENU 2 键进入 **STAT** 模式，移动光标到 **List 7[2]** 串列单元，按 OPTN F6 F2 键调出角度功能菜单，按 F5 键将 **List 7[2]** 串列单元的十进制角度转换为六十进制角度单位显示，结果如图 4-22 右图所示。

程序反求出的交点转角及其桩号与设计值比较的结果列于表 4-6。

表 4-6 程序反求出的交点转角及其桩号与设计值比较的差异

交点名	转角 Δ		差	交点桩号与终点桩号		差(m)
	程序反求	设计图纸		程序反求	设计图纸	
JD_1	247°32′02.06″	247°32′00.7″	1.36″	WNK0+408.995 1	WNK0+408.995	0.000 1
ZD				WNK0+869.795 3	WNK0+869.796	-0.000 7

将当前串列文件输出为 File2.csv 文件，执行成果整理程序 H2X8.exe 处理 File2.csv 文件，创建的四个成果文件位于光盘"\4 章\[例 4-2]\"路径下，图 4-23 为成果文件 File2.txt 的部分内容。

由于该交点曲线为回头曲线，因此圆曲线半径为负数，File2.txt 文件"曲线类型"标题栏下的注释文字为"回头曲线"，且算出的两个切线长 T_1、T_2 与切曲差 J 的值也是负数，如图 4-23 灰底色字符及数字所示。

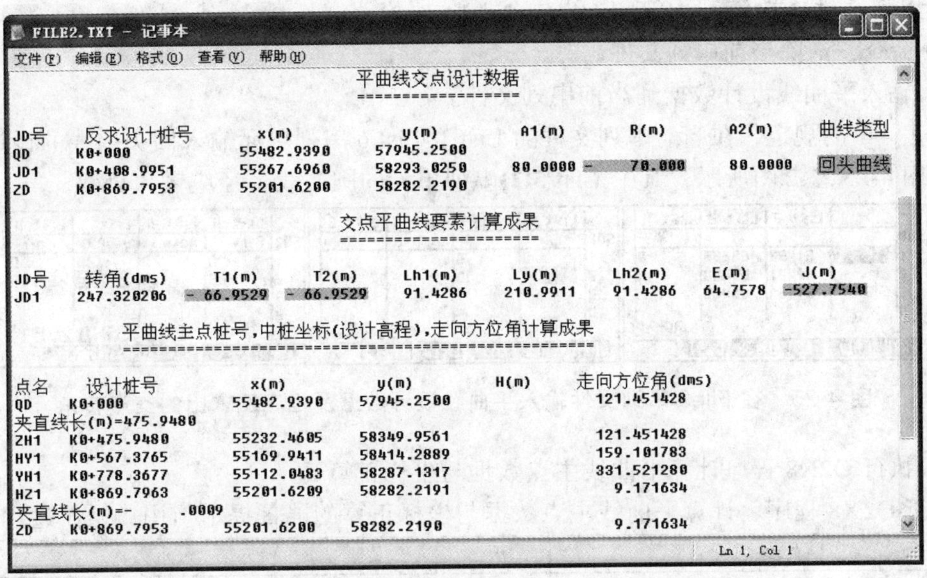

FILE2.TXT - 记事本

文件(F) 编辑(E) 格式(O) 查看(V) 帮助(H)

平曲线交点设计数据

JD号	反求设计桩号	x(m)	y(m)	A1(m)	R(m)	A2(m)	曲线类型
QD	K0+000	55482.9390	57945.2500				
JD1	K0+408.9951	55267.6960	58293.0250	80.0000	-70.000	80.0000	回头曲线
ZD	K0+869.7953	55201.6200	58282.2190				

交点平曲线要素计算成果

JD号	转角(dms)	T1(m)	T2(m)	Lh1(m)	Ly(m)	Lh2(m)	E(m)	J(m)
JD1	247.320206	-66.9529	-66.9529	91.4286	210.9911	91.4286	64.7578	-527.7540

平曲线主点桩号，中桩坐标(设计高程)，走向方位角计算成果

点名	设计桩号	x(m)	y(m)	H(m)	走向方位角(dms)
QD	K0+000	55482.9390	57945.2500		121.451428
夹直线长(m)=475.9480					
ZH1	K0+475.9480	55232.4605	58349.9561		121.451428
HY1	K0+567.3765	55169.9411	58414.2889		159.101783
YH1	K0+778.3677	55112.0483	58287.1317		331.521280
HZ1	K0+869.7963	55201.6209	58282.2191		9.171634
夹直线长(m)=- .0009					
ZD	K0+869.7953	55201.6200	58282.2190		9.171634

Ln 1, Col 1

图 4-23　成果文件 File2.txt 的部分内容

[例 4-3]　图 4-24 为单交点基本型回头曲线设计图，试用 Q2X8 程序计算交点平曲线要素与主点数据，并计算 MK0+300，MK0+420，MK0+560 桩号的中边桩坐标，左、右边距均取 4.5m。

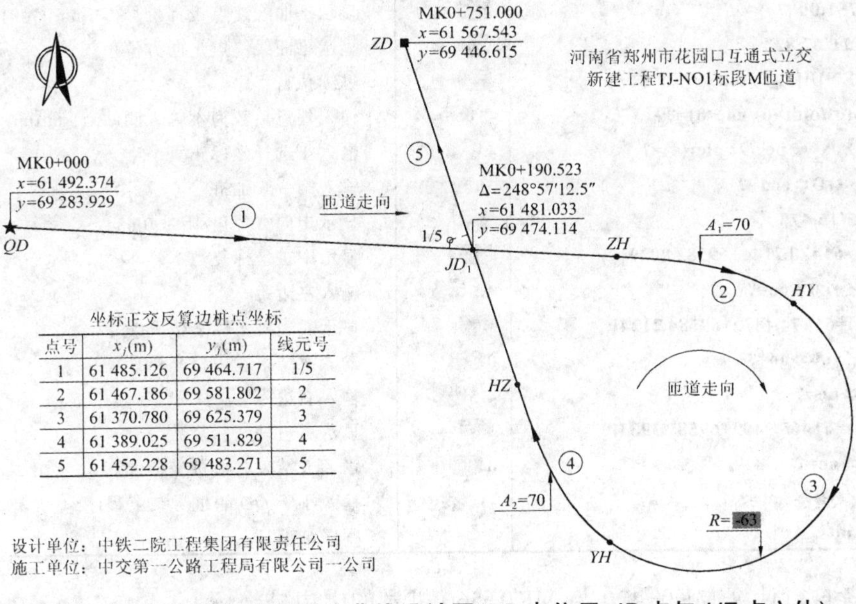

坐标正交反算边桩点坐标

点号	x_J(m)	y_J(m)	线元号
1	61 485.126	69 464.717	1/5
2	61 467.186	69 581.802	2
3	61 370.780	69 625.379	3
4	61 389.025	69 511.829	4
5	61 452.228	69 483.271	5

图 4-24　单交点基本型回头曲线设计图(*ZD* 点位于 *JD* 点与 *HZ* 点之外)

[解]　本例的 *ZD* 点位于 *JD* 点与 *HZ* 点之外，设计图给出的交点转角 Δ_1=248°57′12.5″>0°，为右转角。

① 设置当前串列文件。

按 MENU ② 键进入 **STAT** 模式，按 SHIFT SETUP ▼ ▼ F1(FILE) ③ EXE EXE 键设置 **File3**

为当前串列文件；按 [MENU] [1] 键进入 **RUN·MAT** 模式，按 [SHIFT] [PRGM] [F6] [F1] [F3] [EXE] 键执行 **ClrList** 命令，清除当前串列文件。

② 输入平曲线设计数据到当前串列文件。

按表 4-1 的规定，在当前串列文件的 List 1~List 6 串列单元输入回头曲线的设计数据，结果如图 4-25 左二图所示，其中 **List 5[2]** 串列单元的圆曲线半径应输入负数。

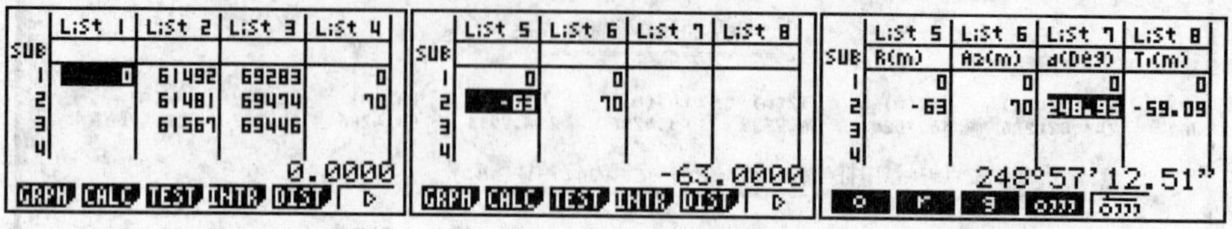

图 4-25 在 File3 串列文件输入平曲线设计数据及程序反求出的交点转角

③ 执行 Q2X8 程序计算平曲线主点数据与坐标正算。

执行 Q2X8 程序，计算平曲线主点数据与坐标正算的屏幕提示与用户操作过程如下：

屏幕提示	按键	说明
JD curve xyH Q2X8		显示程序标题
new(0)/old(≠0) main point data=?	0 EXE	输入 0 为重新计算主点数据
hor−curve first JD num=?	1 EXE	输入平曲线起始交点号(number)
JD num=1.0000	EXE	显示 JD_1 的平曲线为回头曲线
Δ>0(1)/Δ<0(-1)=?	1 EXE	输入 1 表示 JD_1 为右转角
Z_{JD1}>Z_{QD}(0)/Z_{JD1}<Z_{QD}(≠0)=?	0 EXE	输入 0 选择 $Z_{JD1}>Z_{QD}$
Z_{ZD}(m)=751.0007	EXE	显示平曲线终点设计桩号(0.7mm)/耗时 1.08s
α_{ZD}=342°21′57.82″	EXE	显示平曲线终点走向方位角
Press [MENU][2]⇛Stop!	EXE	继续执行程序
st xy new(0)/old(>0)/no(<0)=?	-3 EXE	输入任意负数为不输入测站点(station)坐标
peg→xy(1)/xy→peg(2)/pier(4)=?	1 EXE	输入 1 选择坐标正算
+peg(m),<QD⇛end=?	300 EXE	输入第一个加桩号
α_j=108°15′15.47″	EXE	显示走向方位角/耗时 0.68s
x_j+y_ji(m)=61470.2144+69582.8029i	EXE	显示中桩坐标复数
W_L(m)±∠γi,0⇛no=?	4.5 EXE	输入左边距
x_L+y_Li(m)=61474.4879+69584.2124i	EXE	显示左边桩坐标复数
W_L(m)±∠γi,0⇛no=?	0 EXE	输入 0 结束左边桩坐标计算
W_R(m),0⇛no=?	4.5 EXE	输入右边距
x_R+y_Ri(m)=61465.9409+69581.3933i	EXE	显示右边桩坐标复数
W_R(m),0⇛no=?	0 EXE	输入 0 结束右边桩坐标计算
+peg(m),<QD⇛end=?	-3 EXE	输入小于 *QD* 的桩号结束程序
Q2X8⇛End		程序结束显示

请读者自行计算 MK0+420 与 MK0+560 桩号的中边桩坐标。

程序结束后，按 [MENU] [2] 键进入 **STAT** 模式，移动光标到 **List 7[2]** 串列单元，按 [OPTN] [F6] [F2] 键调出角度功能菜单，按 [F5] 键将 **List 7[2]** 串列单元的十进制角度转换为六十进制角度单位显示，结果如图 4-25 右图所示。

程序反求出的交点转角及其桩号与设计值比较的结果列于表 4-7。

表 4-7 程序反求出的交点转角及其桩号与设计值比较的差异

交点名	转角 Δ		差	交点桩号与终点桩号		差(m)
	程序反求	设计图纸		程序反求	设计图纸	
JD_1	248°57′12.51″	248°57′12.5″	0.01″	MK0+190.522 8	MK0+190.523	-0.000 2
ZD				MK0+751.000 7	MK0+751.000	0.000 7

将当前串列文件输出为 File3.csv 文件，执行成果整理程序 H2X8.exe 处理 File3.csv 文件，创建的系列成果文件位于光盘“\4 章\[例 4-3]\”路径下，图 4-26 为成果文件 File3.txt 的部分内容。

由于该交点曲线为回头曲线，因此圆曲线半径为负数，在 File3.txt 文件的“曲线类型”标题栏下的注释文字为“回头曲线”，且算出的两个切线长 T_1、T_2 与切曲差 J 的值也是负数，如图 4-26 灰底色字符所示。

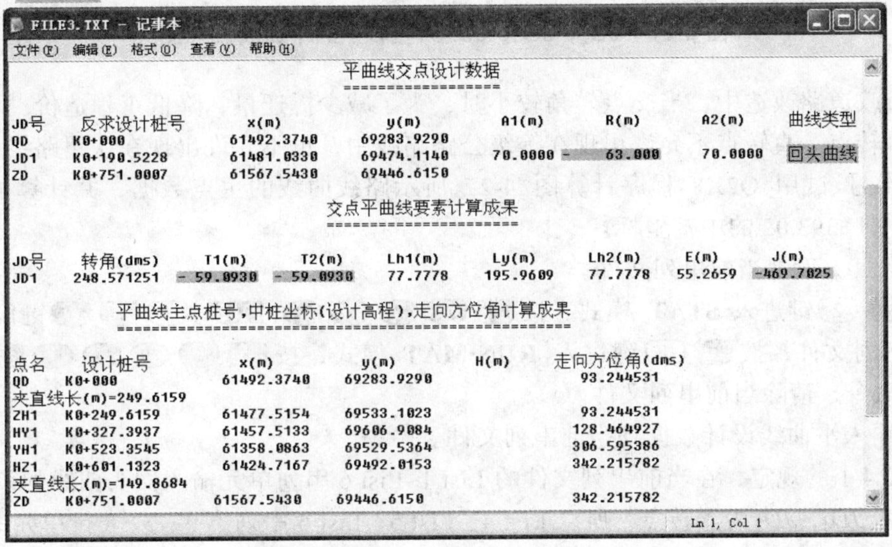

```
FILE3.TXT - 记事本
文件(F) 编辑(E) 格式(O) 查看(V) 帮助(H)
                         平曲线交点设计数据
                         ==================
JD号  反求设计桩号       x(m)         y(m)         A1(m)      R(m)       A2(m)     曲线类型
QD    K0+000          61492.3740   69283.9290
JD1   K0+190.5228     61481.0330   69474.1140   70.0000  -  63.000    70.0000    回头曲线
ZD    K0+751.0007     61567.5430   69446.6150
                       交点平曲线要素计算成果
                       ======================
JD号  转角(dms)    T1(m)      T2(m)     Lh1(m)    Ly(m)     Lh2(m)    E(m)      J(m)
JD1   248.571251  - 59.0930  - 59.0930  77.7778  195.9609  77.7778  55.2659  -469.7025
         平曲线主点桩号,中桩坐标(设计高程),走向方位角计算成果
         ====================================================
点名   设计桩号         x(m)         y(m)        H(m)    走向方位角(dms)
QD     K0+000         61492.3740   69283.9290             93.244531
夹直线长(m)=249.6159
ZH1    K0+249.6159    61477.5154   69533.1023             93.244531
HY1    K0+327.3937    61457.5133   69606.9084            128.464927
YH1    K0+523.3545    61358.0863   69529.5364            306.595386
HZ1    K0+601.1323    61424.7167   69492.0153            342.215782
夹直线长(m)=149.8684
ZD     K0+751.0007    61567.5430   69446.6150            342.215782
Ln 1, Col 1
```

图 4-26 成果文件 File3.txt 的部分内容

4.4 直转点计算原理

图 4-27 为福建省泉州市洛江区万虹市政道路拓改工程 JD_1~JD_7 路线平曲线设计图，其中 JD_2，JD_4，JD_7 为直转点，也即这三个交点没有曲线，路线直接经过交点。当交点为直转点时，应将该交点的 A_1，R，A_2 值都输入为 0(图 4-27 灰底色数值)，与其他有曲线的交点相同，直转点的转角值 Δ(图 4-27 灰底色显示的转角值)由程序自动求出并存入 List 7 串列的相应单元。

程序自动将分别存储在直转点行 List 8~List 13 串列单元的 T_1，T_2，L_{h1}，L_y，L_{h2}，E，J 值赋 0。

虽然直转点的 4 个主点也是 ZH，HY，YH，HZ，但 ZH 与 HY 点为同一个点，它们与后一个交点曲线的 HZ 点共一个点；YH 与 HZ 点为同一个点，它们与前一个交点曲线的 ZH

点共一个点(以路线走向为前)。

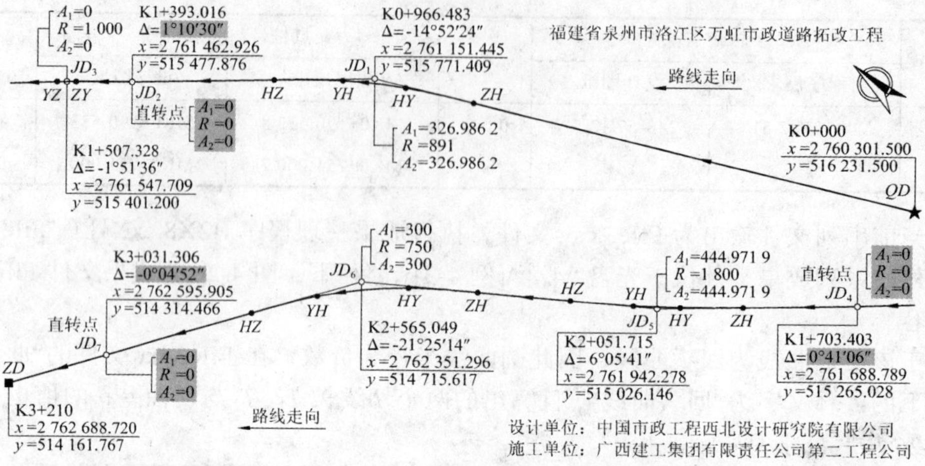

图 4-27　JD_2，JD_4，JD_7 为直转点的平曲线设计图

在市政道路改造中，当交点转角较小时，为了减少拆迁量，降低工程造价，可以将其设置为直转点。直转点不允许出现在等级公路路线中，也不允许出现在铁路路线中。

[例4-4] 试用 Q2X8 程序计算图 4-27 所示路线曲线的主点数据，并计算加桩 K1+393.01，K1+393.02 的中桩坐标。

[解] ① 设置当前串列文件。

按 MENU 2 键进入 **STAT** 模式，按 SHIFT SET UP ▼ ▼ F1 (FILE) 4 EXE EXE 键设置 **File4** 为当前串列文件；按 MENU 1 键进入 **RUN·MAT** 模式，按 SHIFT PRGM F6 F1 F3 EXE 键执行 **ClrList** 命令，清除当前串列文件。

② 输入平曲线设计数据到当前串列文件。

按表 4-1 的规定，在当前串列文件的 List 1~List 6 串列单元输入回头曲线的设计数据。因为 JD_2，JD_4，JD_7 为直转点，所以 List 4、List 5、List 6 串列第 3、5、8 行单元的 A_1，R，A_2 值都应输入 0，结果如图 4-28 所示。

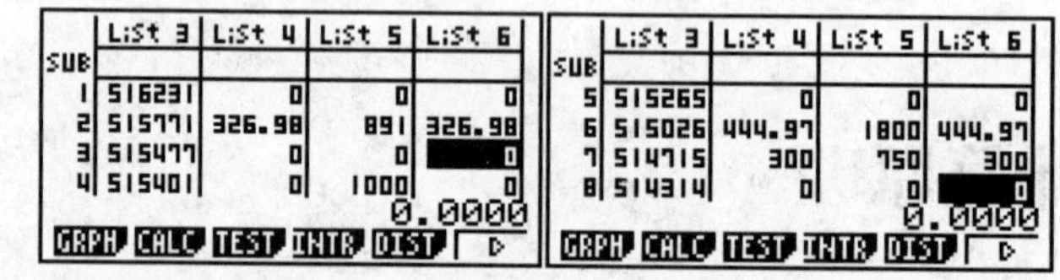

图 4-28　直转点交点的 A_1，R，A_2 值应输入为 0

③ 执行 Q2X8 程序计算平曲线主点数据与坐标正算。

执行 Q2X8 程序，计算平曲线主点数据及坐标正算的屏幕提示与用户操作过程如下：

屏幕提示	按键	说明
JD curve xyH Q2X8		显示程序标题
new(0)/old(≠0) main point data=?	0 EXE	输入 0 为重新计算主点数据
hor-curve first JD num=?	1 EXE	输入平曲线起始交点号(<u>num</u>ber)
Z_{ZD}(m)=3210.0002	EXE	显示平曲线终点设计桩号(0.2mm)/耗时 5.92s

续表

屏幕提示	按键	说明
α_{ZD}=301°17′32.93″	EXE	显示平曲线终点走向方位角
Press [MENU][2]⇛Stop!	EXE	继续执行程序
st xy new(0)/old(>0)/no(<0)=?	-4 EXE	输入任意负数为不输入测站点(station)坐标
peg→xy(1)/xy→peg(2)/pier(4)=?	1 EXE	输入 1 选择坐标正算
+peg(m),<QD⇛end=?	1393.01 EXE	输入第一个加桩号
α_j=316°41′57.14″	EXE	显示走向方位角/耗时 0.81s
x_j+y_ji(m)=2761462.922+515477.8800i	EXE	显示中桩坐标复数
W_L(m)±∠γi,0⇛no=?	-5 EXE	输入<-4 的负整数结束边桩坐标计算
+peg(m),<QD⇛end=?	1393.02 EXE	输入第二个加桩号
α_j=317°52′28.05″	EXE	显示走向方位角/耗时 0.81s
x_j+y_ji(m)=2761462.929+515477.8732i	EXE	显示中桩坐标复数
W_L(m)±∠γi,0⇛no=?	-6 EXE	输入<-4 的负整数结束边桩坐标计算
+peg(m),<QD⇛end=?	-4 EXE	输入小于 *QD* 的桩号结束程序
Q2X8⇛End		程序结束显示

由于 JD_2 的桩号为 K1+393.015 9，因此上述 K1+393.01 加桩位于直转点 JD_2 后的直线线元(路线走向为前)，而 K1+393.02 加桩位于直转点 JD_2 前的直线线元，前者的走向方位角为 316°41′57.14″，后者的走向方位角为 317°52′28.05″，两者之差为 317°52′28.05″−316°41′57.14″= 1°10′30.91″，它正好等于直转点 JD_2 的转角。

程序正常结束后，按 MENU 2 键进入 **STAT** 模式，移动光标到存储转角的 List 7 串列单元，按 OPTN F6 F2 键调出角度功能菜单，按 F5 键为将当前串列单元的十进制角度转换为六十进制角度单位显示。程序反求出的交点转角及其桩号与设计值比较的结果列于表 4-8。

表 4-8　程序反求出的交点转角及其桩号与设计值比较的差异

交点名	转角 Δ		差	交点桩号与终点桩号		差(m)
	程序反求	设计图纸		程序反求	设计图纸	
JD_1	-14°52′23.84″	-14°52′24″	0.16″	K0+966.483 4	K0+966.483	0.000 4
JD_2	1°10′30.91″	1°10′30″	0.91″	K1+393.015 9	K1+393.016	-0.000 1
JD_3	-1°51′37.07″	-1°51′36″	-1.07″	K1+507.328 5	K1+507.328	0.000 5
JD_4	0°41′06.41″	0°41′06″	0.41″	K1+703.403 1	K1+703.403	0.000 1
JD_5	6°05′41.03″	6°05′41″	0.03″	K2+051.715 2	K2+051.715	0.000 2
JD_6	-21°25′13.83″	-21°25′14″	0.17″	K2+565.048 6	K2+565.049	-0.000 4
JD_7	-0°04′51.66″	-0°04′52″	0.34″	K3+031.306 0	K3+031.306	0.000 0
ZD				K3+210.000 2	K3+210.000	0.000 2

将当前串列文件输出为 File4.csv 文件，执行成果整理程序 H2X8.exe 处理 File4.csv 文件，创建的系列成果文件位于光盘“\4 章\[例 4-4]\”路径下，图 4-29 为成果文件 File4.txt 的部分内容。

由于该路线有 3 个直转点，因此在 File4.txt 文件的“曲线类型”标题栏下，JD_2，JD_4，JD_7 行的注释文字为“直转点”，如图 4-29 灰底色字符所示。

FILE4.TXT - 记事本

文件(F) 编辑(E) 格式(O) 查看(V) 帮助(H)

平曲线交点设计数据

JD号	反求设计桩号	x(m)	y(m)	A1(m)	R(m)	A2(m)	曲线类型
QD	K0+000	2760301.5000	516231.5000				
JD1	K0+966.4834	2761151.4450	515771.4090	326.9862	891.000	326.9862	基本型
JD2	K1+393.0159	2761462.9260	515477.8760	.0000	.000	.0000	直转点
JD3	K1+507.3285	2761547.7090	515401.2000	.0000	1000.000	.0000	基本型
JD4	K1+703.4031	2761688.7890	515265.0280	.0000	.000	.0000	直转点
JD5	K2+051.7152	2761942.2780	515026.1460	444.9719	1800.000	444.9719	基本型
JD6	K2+565.0486	2762351.2960	514715.6170	300.0000	750.000	300.0000	基本型
JD7	K3+031.3060	2762595.9050	514314.4660	.0000	.000	.0000	直转点
ZD	K3+210.0002	2762688.7200	514161.7670				

交点平曲线要素计算成果

JD号	转角(dms)	T1(m)	T2(m)	Lh1(m)	Ly(m)	Lh2(m)	E(m)	J(m)
JD1	- 14.522384	176.3790	176.3790	120.0000	111.2928	120.0000	8.2371	1.4652
JD2	1.103091	.0000	.0000	.0000	.0000	.0000	.0000	.0000
JD3	- 1.513707	16.2356	16.2356	.0000	32.4683	.0000	.1318	.0029
JD4	.410641	.0000	.0000	.0000	.0000	.0000	.0000	.0000
JD5	6.054103	150.8394	150.8394	110.0000	81.4716	110.0000	2.8294	.2071
JD6	- 21.251383	201.9915	201.9915	120.0000	160.3938	120.0000	14.1110	3.5891
JD7	- .045166	.0000	.0000	.0000	.0000	.0000	.0000	.0000

平曲线主点桩号,中桩坐标(设计高程),走向方位角计算成果

点名	设计桩号	x(m)	y(m)	H(m)	走向方位角(dms)
QD	K0+000	2760301.5000	516231.5000		331.342098
夹直线长(m)=790.1044					
ZH1	K0+790.1044	2760996.3337	515855.3736		331.342098
HY1	K0+910.1044	2761100.5344	515795.9059		327.425109
YH1	K1+021.3972	2761190.6684	515730.7457		320.332703
HZ1	K1+141.3972	2761279.8072	515650.4433		316.415714
夹直线长(m)=.0000					

Ln 1, Col 1

图 4-29 成果文件 File4.txt 的部分内容

4.5 含非完整缓和曲线的非对称基本型交点平曲线要素计算原理

如图 4-30 所示，JD_2 第二缓和曲线的起点(start)半径为 R_s=300m，终点(end)半径为 R_e=55m，该曲线为非完整缓和曲线。

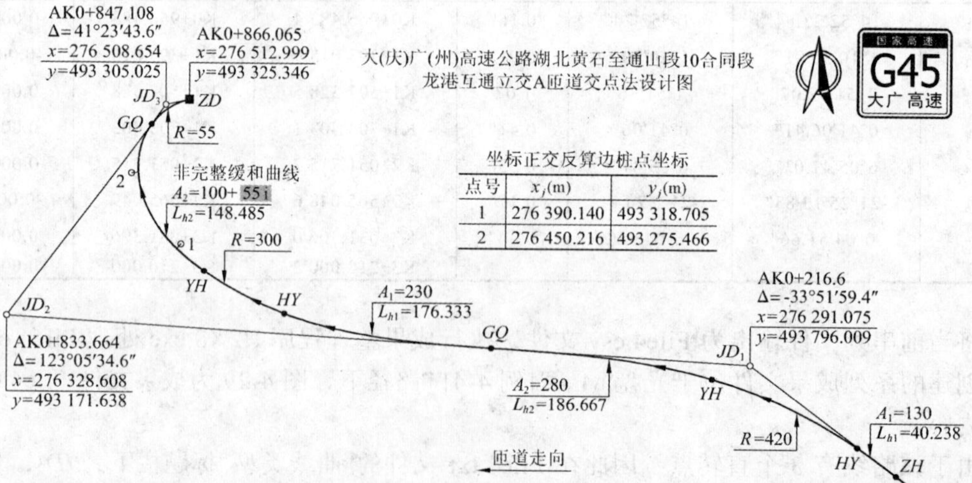

图 4-30 JD_2 的第二缓和曲线为非完整缓和曲线

由于式(4-24)与式(4-26)切线长公式只适用于交点的第一、第二缓和曲线均为完整缓和曲线的情形，因此交点缓和曲线含有非完整缓和曲线时，需要重新推导切线长公式。

交点平曲线含有非完整缓和曲线时，可以有三种组合：

① 第一缓和曲线与第二缓和曲线均为非完整缓和曲线；

② 第一缓和曲线为非完整缓和曲线，第二缓和曲线为完整缓和曲线；

③ 第一缓和曲线为完整缓和曲线，第二缓和曲线为非完整缓和曲线。

无论是第一缓和曲线还是第二缓和曲线，因为其一端是与半径为 R 的圆曲线径相连接，所以就非完整缓和曲线另一端的半径 R_X 而言，有 $R_X>R$ 与 $R_X<R$ 两种情形。

本节只讨论第一缓和曲线为完整缓和曲线，即有 $R_{ZH}=\infty$，第二缓和曲线为非完整缓和曲线，即有 $R_{HZ}\neq\infty$，切线长的计算原理，它有 $R<R_{HZ}$ 与 $R>R_{HZ}$ 两种情形，其他情形的计算公式，容易由这两种情形的公式导出。

1) 第二缓和曲线终点半径 $R_{HZ}>R$ 的情形

如图 4-31 所示，设第一缓曲参数为 A_1，因为是完整缓和曲线，所以 ZH 点的曲率半径 $R_{ZH}=\infty$，缓曲线长为 L_{h1}；圆曲线半径为 R；第二缓曲参数为 A_2，HZ 点的曲率半径 $R_{HZ}>R$，缓曲线长为 L_{h2}。应用式(4-12)或式(4-14)计算的第一缓和曲线切线支距坐标的原点为 ZH，第二缓和曲线切线支距坐标的原点为 O''。

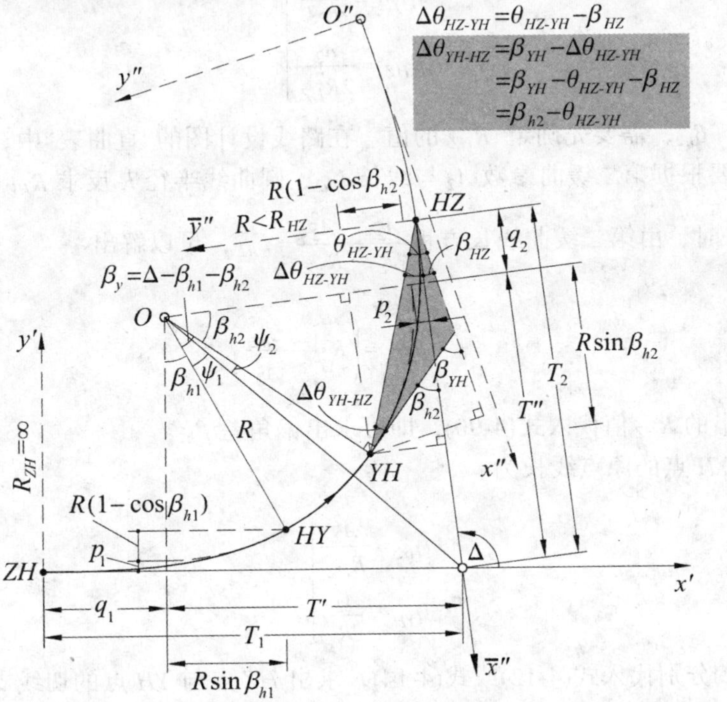

图 4-31　$R_{HZ}>R$ 非完整缓和曲线单交点曲线要素的计算原理

(1) 第一缓和曲线内移值与切线增量的计算

由图 4-31 可得圆曲线在第一缓和曲线端的内移值 p_1 与切线增量 q_1 的公式为

$$\left.\begin{aligned} p_1 &= y'_{HY} - R(1-\cos\beta_{h1}) \\ q_1 &= x'_{HY} - R\sin\beta_{h1} \end{aligned}\right\} \tag{4-88}$$

式中，$z'_{HY} = x'_{HY} + y'_{HY}\mathrm{i}$，为 HY 点在切线支距坐标系 $x'ZHy'$ 的坐标复数，它是将第一缓曲参数 A_1，第一缓和曲线长 L_{h1} 代入式(4-12)或式(4-14)计算；$\beta_{h1}=\beta_{HY}-\beta_{ZH}$，为第一缓和曲线的偏角差，由于第一缓和曲线为完整缓和曲线，故有 $\beta_{ZH}=0$，因此有 $\beta_{h1}=\beta_{HY}$，将 A_1 与 L_{h1} 或 R 代入式(4-5)计算。

由图 4-31 可知，因为 $y'_{HY} > R(1-\cos\beta_{h1})$，$x'_{HY} > R\sin\beta_{h1}$，所以由式(4-88)算出的 p_1 与 q_1 值均为正数。

(2) 第二缓和曲线内移值与切线增量的计算

如图 4-31 所示，因为 $R_{HZ}>R$，所以第二缓和曲线切线支距坐标的原点 O'' 位于 HZ 点端附近，圆曲线在第二缓和曲线端的内移值 p_2 与切线增量 q_2 的公式为

$$\left.\begin{aligned} p_2 &= \bar{y}''_{YH} - R(1-\cos\beta_{h2}) \\ q_2 &= \bar{x}''_{YH} - R\sin\beta_{h2} \end{aligned}\right\} \tag{4-89}$$

式中，$\bar{z}''_{YH} = \bar{x}''_{YH} + \bar{y}''_{YH}\mathrm{i}$，为 YH 点在切线支距坐标系 $\bar{x}''HZ\bar{y}''$ 中的坐标复数；$\beta_{h2}=\beta_{YH}-\beta_{HZ}$，为第二缓和曲线的偏角差，其中，$\beta_{YH}$ 为 YH 点的原点偏角，β_{HZ} 为 HZ 点的原点偏角，可以由式(4-5)求得

$$\left.\begin{aligned} \beta_{YH} &= \frac{A_2^2}{2R^2} \\ \beta_{HZ} &= \frac{A_2^2}{2R_{HZ}^2} \end{aligned}\right\} \tag{4-90}$$

为了求出 β_{h2}，需要先确定 R_{HZ} 的值。在路线设计图的“直曲表”中，一般不直接给出 R_{HZ} 的值，需要根据第二缓曲参数 A_2 与线长 L_{h2}、圆曲线半径 R 反求 R_{HZ} 的值。

当 $R_{HZ}>R$ 时，由第二缓曲线长方程 $\frac{A_2^2}{R} - \frac{A_2^2}{R_{HZ}} = L_{h2}$，可以解出

$$R_{HZ} = \left(R^{-1} - \frac{L_{h2}}{A_2^2}\right)^{-1} \tag{4-91}$$

将式(4-91)算出的 R_{HZ} 值代入式(4-90)，即可求出偏角差 β_{h2}。

HZ 点与 YH 点的原点线长为

$$\left.\begin{aligned} l_{HZ} &= \frac{A_2^2}{R_{HZ}} \\ l_{YH} &= \frac{A_2^2}{R} \end{aligned}\right\} \tag{4-92}$$

将式(4-92)分别代入式(4-12)或式(4-14)，求出 HZ 点与 YH 点的切线支距坐标复数为

$$\left.\begin{aligned} z''_{HZ} &= x''_{HZ} + y''_{HZ}\mathrm{i} \\ z''_{YH} &= x''_{YH} + y''_{YH}\mathrm{i} \end{aligned}\right\} \tag{4-93}$$

因为 $+\bar{x}''$ 轴相对于 $+x''$ 轴的偏角为 HZ 点的原点偏角 β_{HZ}，由图 4-31 可知，设 $\bar{z}''_{YH}$ 为 YH 点在切线支距坐标系 $\bar{x}''HZ\bar{y}''$ 中的坐标复数，将其变换为切线支距坐标系 $x''O''y''$ 的坐标公式为

$$z''_{YH} = z''_{HZ} + \bar{z}''_{YH} 1\angle\beta_{HZ} \tag{4-94}$$

解该复数方程，求得

$$\bar{z}''_{YH} = \frac{z''_{YH} - z''_{HZ}}{1\angle\beta_{HZ}} \tag{4-95}$$

将式(4-90)与式(4-95)代入式(4-89)，即可求得 p_2 与 q_2 的值。

由图 4-31 可知，因为 $\bar{y}''_{YH} > R(1-\cos\beta_{h2})$，$\bar{x}''_{YH} > R\sin\beta_{h2}$，所以由式(4-89)算出的 p_2 与 q_2 值均为正数。

作为特例，当第二缓和曲线为完整缓和曲线时，$R_{HZ}\to\infty$，$l_{HZ}=0$，$\beta_{HZ}=0$，$1\angle\beta_{HZ}=1\angle 0=1$，$z''_{HZ}=0$，将其代入式(4-95)，得

$$\bar{z}''_{YH} = z''_{YH} \tag{4-96}$$

仿式(4-26)与式(4-24)，可写出交点曲线的第一与第二切线长为

$$\left.\begin{aligned} T_1 &= (R+p_2)\csc\Delta - (R+p_1)\cot\Delta + q_1 \\ T_2 &= (R+p_1)\csc\Delta - (R+p_2)\cot\Delta + q_2 \end{aligned}\right\} \tag{4-97}$$

曲线长、切曲差、外距公式分别与式(4-29)、式(4-30)、式(4-32)相同。

2) 第二缓和曲线终点半径 $R_{HZ}<R$ 的情形

如图 4-32 所示，因为 $R_{HZ}<R$，所以第二缓和曲线切线支距坐标系的原点 O''位于 YH 点端附近，圆曲线在第二缓和曲线端的内移值 p_2 与切线增量 q_2 仍按式(4-89)计算。

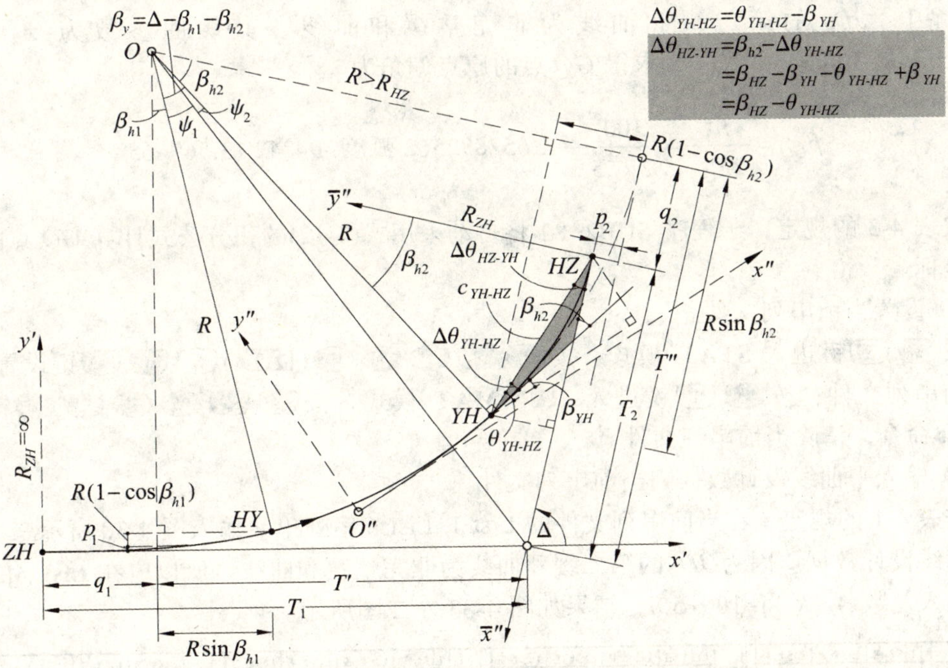

图 4-32　$R_{HZ}<R$ 非完整缓和曲线单交点曲线要素的计算原理

当 $R_{HZ}<R$ 时，由第二缓和曲线长方程 $\dfrac{A_2^2}{R_{HZ}} - \dfrac{A_2^2}{R} = L_{h2}$，可以解出

$$R_{HZ}=\left(R^{-1}+\frac{L_{h2}}{A_2^2}\right)^{-1} \tag{4-98}$$

HZ 点的原点线长 l_{HZ}，*YH* 点的原点线长 l_{YH} 仍按式(4-92)计算，分别将 l_{HZ} 与 l_{YH} 代入式(4-12)或式(4-14)求出 *HZ* 点的切线支距坐标复数 z''_{HZ}，*YH* 点的切线支距坐标复数 z''_{YH}。

HZ 点与 *YH* 点的原点偏角仍按式(4-90)计算，但因为 $R_{HZ}<R$，所以 $\beta_{HZ}>\beta_{YH}$，则第二缓和曲线的偏角差为

$$\beta_{h2}=\beta_{HZ}-\beta_{YH} \tag{4-99}$$

YH 点至 *HZ* 点弦长之间夹角与偏角之间的关系比图 4-31 的情形要复杂，详细参见图 4-32 右上角灰底色所示的角度公式，*YH* 点在切线支距坐标系 $\bar{x}''HZ\,\bar{y}''$ 中的坐标复数为

$$\bar{z}''_{YH}=\mathrm{Abs}(z''_{HZ}-z''_{YH})\angle\Delta\theta_{HZ-YH}=\mathrm{Abs}(z''_{HZ}-z''_{YH})\angle(\beta_{HZ}-\theta_{YH-HZ}) \tag{4-100}$$

将式(4-99)与式(4-100)代入式(4-89)，可求得 p_2 与 q_2 的值。

由图 4-32 可知，因为 $\bar{y}''_{YH}<R(1-\cos\beta_{h2})$，$\bar{x}''_{YH}<R\sin\beta_{h2}$，所以由式(4-89)算出的 p_2 与 q_2 值均为负数。

3) 工程案例

[例 4-5]　试用 Q2X8 程序计算图 4-30 所示匝道曲线的主点数据，并计算加桩 K0+680，K0+750，K0+825 的中桩坐标。

[解]　JD_2 的第二缓和曲线为非完整缓和曲线，其缓曲参数为 A_2=100，R_{GQ}=55m<*R*=300m，由式(4-5)求得 *GQ* 点的原点偏角为

$$\beta_{GQ}=\frac{A_2^2}{2R_{GQ}^2}=\frac{100^2}{2\times55^2}=1.652892562\text{ 弧度}=94°42'13.56''>65°$$

按表 4-3 的规定，子程序 SUB2−82 将自动采用式(4-12)的积分公式计算 *GQ* 点的切线支距坐标。

① 设置当前串列文件。

按 MENU 2 键进入 **STAT** 模式，按 SHIFT SET UP ▼ ▼ F1 (FILE) 5 EXE EXE 键设置 **File5** 为当前串列文件；按 MENU 1 键进入 **RUN·MAT** 模式，按 SHIFT PRGM F6 F1 F3 EXE 键执行 **ClrList** 命令，清除当前串列文件。

② 输入平曲线设计数据到当前串列文件。

按表 4-1 的规定，在当前串列文件的 List 1~List 6 串列单元输入图 4-30 所示三个交点的平曲线设计数据。因为 JD_2 的第二缓和曲线为非完整缓和曲线，所以应在 **List 6[3]** 串列单元输入复数 A_2+R_{GQ}i=100+55i，结果如图 4-33 左二图所示。

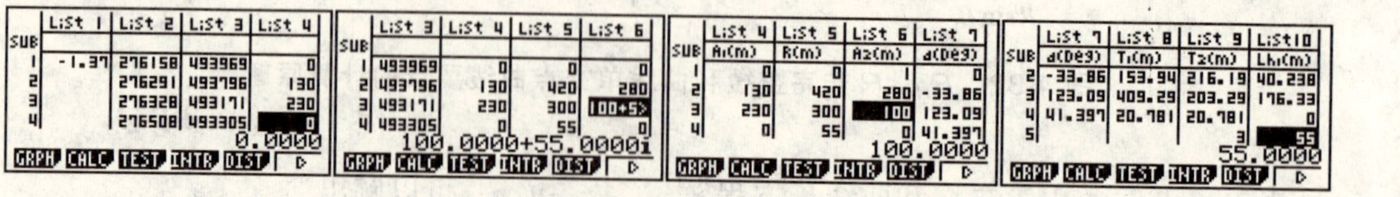

图 4-33　非完整缓和曲线参数串列单元复数的输入与处理

③ 执行 Q2X8 程序计算平曲线主点数据与坐标正算。

执行 Q2X8 程序，计算平曲线主点数据及坐标正算的屏幕提示与用户操作过程如下：

屏幕提示	按键	说明
JD curve xyH Q2X8		显示程序标题
new(0)/old(≠0) main point data=?	**0** EXE	输入 0 为重新计算主点数据
hor−curve first JD num=?	**1** EXE	输入平曲线起始交点号(<u>num</u>ber)
Z_{ZD}(m)=866.0669	EXE	显示平曲线终点设计桩号(1.9mm)/耗时 4.27s
α_{ZD}=77°55′51.08″	EXE	显示平曲线终点走向方位角
Press [MENU][2]⇒Stop!	EXE	继续执行程序
del List 4/List 6 ImP,yes(0)/no(≠0)=?	**0** EXE	输入 0 删除 List 4/List 6 缓曲参数虚部
st xy new(0)/old(>0)/no(<0)=?	**-5** EXE	输入负数为不输入测站点(<u>st</u>ation)坐标
peg→xy(1)/xy→peg(2)/pier(4)=?	**1** EXE	输入 1 选择坐标正算
+peg(m),<QD⇒end=?	**680** EXE	输入第一个加桩号
α_j=305°26′14.17″	EXE	显示走向方位角/耗时 1.08s
x_j+y_ji(m)=276368.6147+493336.8171i	EXE	显示中桩坐标复数
W_L(m)±∠γi,0⇒no=?	**-5** EXE	输入<-4 的负整数结束边桩坐标计算
+peg(m),<QD⇒end=?	**750** EXE	输入第二个加桩号
α_j=333°42′30.28″	EXE	显示走向方位角/耗时 1.24s
x_j+y_ji(m)=276419.4674+493289.7661i	EXE	显示中桩坐标复数
W_L(m)±∠γi,0⇒no=?	**-5** EXE	输入<-4 的负整数结束边桩坐标计算
+peg(m),<QD⇒end=?	**825** EXE	输入第三个加桩号
α_j=35°09′12.61″	EXE	显示走向方位角/耗时 1.46s
x_j+y_ji(m)=276490.8783+493291.8758i	EXE	显示中桩坐标复数
W_L(m)±∠γi,0⇒no=?	**-5** EXE	输入<-4 的负整数结束边桩坐标计算
+peg(m),<QD⇒end=?	**-3** EXE	输入小于 *QD* 的桩号结束程序
Q2X8⇒End		程序结束显示

完成主点数据计算后，当屏幕显示如下提示时：

del List 4/List 6 ImP,yes(0)/no(≠0)=?

表示是否删除分别存储在 List 4、List 6 串列的第一与第二缓和曲线参数复数的虚部数值 R_{ZH} 与 R_{HZ}，输入 0 表示删除 List 4、List 6 串列单元复数的虚部，输入≠0 的数为不删除 List 4、List 6 串列单元复数的虚部。

当串列单元含有复数时，如果将该串列文件下传到 FA-124 的 FA-124 窗口，并输出为 CSV 格式文件，复数的虚部数值将自动丢失，这就使成果整理程序 H2X8.exe 不能从 CSV 格式文件中获取完整的交点平曲线设计数据。因此，必须将 List 4、List 6 串列单元复数的虚部数值以实数形式转存入串列的其余单元。

程序 Q2X8 设计将 List 4 串列含复数单元的个数存入 **List 4[1]**串列单元，将 List 4 串列含复数单元的行号依次存入从 **List 7[N]**开始的串列单元，其复数的虚部数值依次存入从 **List 8[N]**开始的串列单元；同理，将 List 6 串列含复数单元的个数存入 **List 6[1]**串列单元，将 List 6 串列含复数单元的行号依次存入从 **List 9[N]**开始的串列单元，其复数的虚部数值依次存入从 **List 10[N]**开始的串列单元，其中 **N** 为 List 2 串列的维数，它等于“平曲线交点数+2”。

完成主点数据计算后，当屏幕显示如下提示时：

del List 4/List 6 ImP,yes(0)/no(≠0)=?

无论用户是否输入 0，选择删除 List 4、List 6 串列的复数虚部，其串列单元的复数虚部信息都已经安全地转存到了 List 7~List 10 第 N 行开始的串列单元。

当重复执行 Q2X8 程序，重新计算平曲线主点数据时，只要 **List 4[1]>0** 或 **List 6[1]>0**，程序就自动从 **List 7[N]~List 10[N]**开始的串列单元搜索缓和曲线参数的复数虚部数值。因此，即使删除了 List 4、List 6 串列的复数虚部，也允许重复执行程序重新计算平曲线的主点数据。

一般地，完成平曲线主点数据计算后，只要程序显示的终点桩号与设计图相符，即可删除 List 4、List 6 串列的复数虚部。

如果用户输入的非完整缓和曲线参数虚部数值有误，需要修改这些数值重新计算平曲线主点数据，应将 **List 4[1]**，**List 6[1]**串列单元赋 0 值，这样重复执行 Q2X8 程序时，程序会重新提取 List 4、List 6 串列的复数虚部数据并转存到 List 7~List 10 第 N 行开始的串列单元。

本例 JD_2 的第二缓和曲线为非完整缓和曲线，其缓曲参数复数应输入到 **List 6[3]**串列单元(图 4-33 左二图)，执行 Q2X8 程序删除该单元复数虚部数值后的结果如图 4-33 右二图所示。本例有 3 个交点，N=3+2=5，程序自动将 **List 6[3]**串列单元的行号存入 **List 9[5]**串列单元，其复数虚部数值 55 存入 **List 10[5]**串列单元，结果如图 4-33 右图所示。

程序反求出的交点转角及其桩号与设计值比较的结果列于表 4-9。

表 4-9 程序反求出的交点转角及其桩号与设计值比较的差异

交点名	转角 Δ		差	交点桩号与终点桩号		差(m)
	程序反求	设计图纸		程序反求	设计图纸	
JD_1	-33°51′58.71″	-33°51′59″	0.29″	AK0+216.6005	AK0+216.600	0.000 5
JD_2	123°05′34.02″	123°05′34.6″	-0.58″	AK0+833.6646	AK0+833.664	0.000 6
JD_3	41°23′52.71″	41°23′43.6″	9.11″	AK0+847.1107	AK0+847.108	0.002 7
ZD				AK0+866.0669	AK0+866.065	0.001 9

将当前串列文件输出为 File5.csv 文件，执行成果整理程序 H2X8.exe 处理 File5.csv 文件，创建的系列成果文件位于光盘“\4 章\[例 4-5]\”路径下，图 4-34 为成果文件 File5.txt 的部分内容。

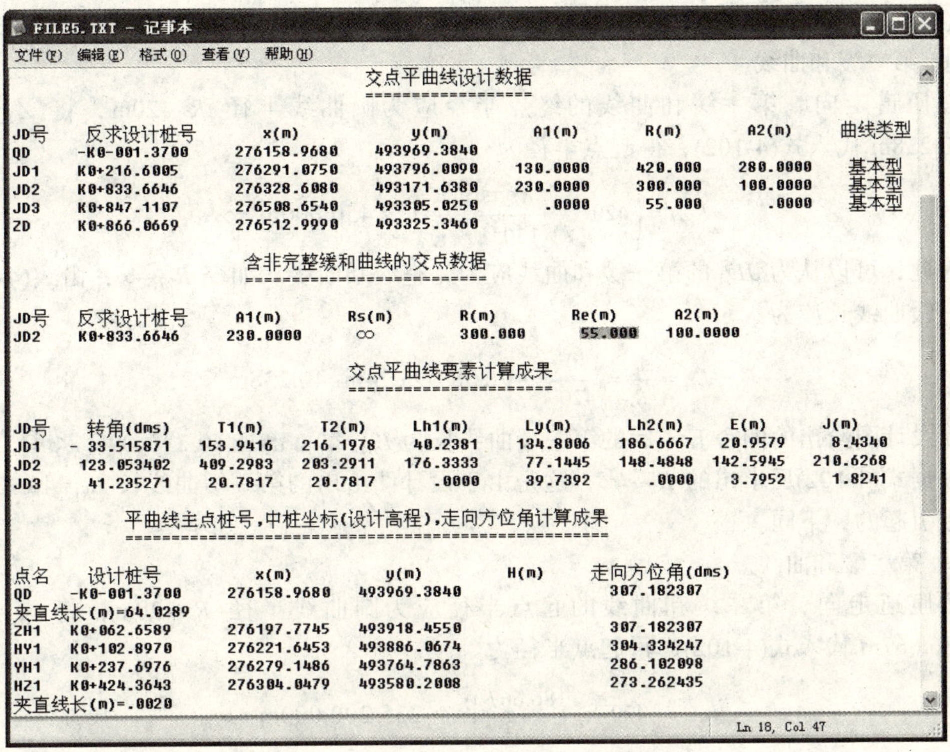

FILE5.TXT - 记事本

文件(F) 编辑(E) 格式(O) 查看(V) 帮助(H)

交点平曲线设计数据

JD号	反求设计桩号	x(m)	y(m)	A1(m)	R(m)	A2(m)	曲线类型
QD	-K0-001.3700	276158.9680	493969.3840				
JD1	K0+216.6005	276291.0750	493796.0090	130.0000	420.000	280.0000	基本型
JD2	K0+833.6646	276328.6080	493171.6380	230.0000	300.000	100.0000	基本型
JD3	K0+847.1107	276508.6540	493305.0250	.0000	55.000	.0000	基本型
ZD	K0+866.0669	276512.9990	493325.3460				

含非完整缓和曲线的交点数据

JD号	反求设计桩号	A1(m)	Rs(m)	R(m)	Re(m)	A2(m)
JD2	K0+833.6646	230.0000	∞	300.000	55.000	100.0000

交点平曲线要素计算成果

JD号	转角(dms)	T1(m)	T2(m)	Lh1(m)	Ly(m)	Lh2(m)	E(m)	J(m)
JD1	- 33.515871	153.9416	216.1978	40.2381	134.8006	186.6667	20.9579	8.4340
JD2	123.053402	409.2983	203.2911	176.3333	77.1445	148.4848	142.5945	210.6268
JD3	41.235271	20.7817	20.7817	.0000	39.7392	.0000	3.7952	1.8241

平曲线主点桩号,中桩坐标(设计高程),走向方位角计算成果

点名	设计桩号	x(m)	y(m)	H(m)	走向方位角(dms)
QD	-K0-001.3700	276158.9680	493969.3840		307.182307
夹直线长(m)=64.0289					
ZH1	K0+062.6589	276197.7745	493918.4550		307.182307
HY1	K0+102.8970	276221.6453	493886.0674		304.334247
YH1	K0+237.6976	276279.1486	493764.7863		286.102098
HZ1	K0+424.3643	276304.0479	493580.2008		273.262435
夹直线长(m)=.0020					

Ln 18, Col 47

图 4-34　成果文件 File5.txt 的部分内容

4.6　基本型交点平曲线非完整缓和曲线起讫半径的确定方法

在图 4-30 中，JD_2 的第二缓和曲线为非完整缓和曲线，R_{GQ}=55m，但设计图一般不会直接给出 R_{GQ}=55m，需要用户根据设计图给出的缓曲参数 A、缓曲线长 L_h 及圆曲半径 R，应用下列缓和曲线线长方程反求非完整缓和曲线另一端的半径 R_X。

$$\frac{A^2}{R}-\frac{A^2}{R_X}=L_h\text{，}\ R_X>R \tag{4-101}$$

其解为

$$R_X=\left(R^{-1}-\frac{L_h}{A^2}\right)^{-1} \tag{4-102}$$

$$\frac{A^2}{R_X}-\frac{A^2}{R}=L_h\text{，}\ R_X<R \tag{4-103}$$

其解为

$$R_X=\left(R^{-1}+\frac{L_h}{A^2}\right)^{-1} \tag{4-104}$$

1) 交点平曲线缓和曲线起讫半径确定案例 1

图 4-30 有 3 个交点，只有 JD_1 与 JD_2 含有缓和曲线，JD_3 为单圆曲线。

（1） JD_1 缓和曲线起讫半径的确定

① 第一缓和曲线。

按匝道走向，第一缓和曲线的终点半径应为圆曲线半径 R=420m，将 A_1=130，L_{h1}=40.238m 代入式(4-102)，得起点半径为

$$R_{ZH}=\left(420^{-1}-\frac{40.238}{130^2}\right)^{-1}=177\,450\,000\text{m}\approx\infty$$

因此，可以认为 JD_1 的第一缓和曲线应为完整缓和曲线。如令 $R_{ZH}=\infty$，由式(4-2)反求出第一缓曲线长应为

$$L_{h1}=\frac{A_1^2}{R}=\frac{130^2}{420}=40.238\,095\,24\text{m}\approx40.238\text{m}$$

而设计图给出的四舍五入后的第一缓曲线长为 L_{h1}=40.238m<40.238 095 24m。也就是说，根据式(4-102)反求出的 $R_{ZH}\neq\infty$，这是由于设计图给出的第一缓曲线长 L_{h1}=40.238m 取位不足引起的，下同。

② 第二缓和曲线。

按匝道走向，第二缓和曲线的起点半径应为圆曲线半径 R=420m，将 A_2=280，L_{h2}=186.667m 代入式(4-102)，得起点半径为

$$R_{HZ}=\left(420^{-1}-\frac{186.667}{280^2}\right)^{-1}=-235\,200\,000\text{m}\approx-\infty$$

因此，可以认为 JD_1 的第二缓和曲线应为完整缓和曲线。如令 $R_{HZ}=\infty$，由式(4-2)反求出第二缓曲线长应为

$$L_{h2}=\frac{A_2^2}{R}=\frac{280^2}{420}=186.666\,666\,7\text{m}\approx186.667\text{m}$$

而设计图给出的四舍五入后的第二缓曲线长为 L_{h2}=186.667m>186.666 666 7m，所以由式(4-102)求出的 $R_{HZ}\approx-\infty$。

（2） JD_2 缓和曲线起讫半径的确定

① 第一缓和曲线。

按匝道走向，第一缓和曲线的终点半径应为圆曲线半径 R=300m，将 A_1=230，L_{h1}=176.333m 代入式(4-102)，得起点半径为

$$R_{ZH}=\left(300^{-1}-\frac{176.333}{230^2}\right)^{-1}=158\,699\,999.9\text{m}\approx\infty$$

因此，可以认为 JD_2 的第一缓和曲线应为完整缓和曲线。

② 第二缓和曲线。

按匝道走向，第二缓和曲线的起点半径应为圆曲线半径 R=300m，将 A_2=100，L_{h2}=148.485m 代入式(4-104)，得起点半径为

$$R_{HZ}=\left(300^{-1}+\frac{148.485}{100^2}\right)^{-1}=54.999\,954\,17\text{m}\approx55\text{m}$$

因此，可以认为 JD_2 的第二缓和曲线应为非完整缓和曲线，其终点半径应与 JD_3 的单圆曲线半径相等。由于本例 $R_X<R$，所以应使用式(4-104)反求 R_{HZ}。

2) 交点平曲线缓和曲线起讫半径确定案例 2

如图 4-35 所示，JD_1 的匝道平曲线无第二缓和曲线，假设第一缓和曲线为完整缓和曲线，则由式(4-2)得完整缓和曲线长应为

$$L_{h1}=\frac{A_1^2}{R}=\frac{555.353^2}{1\ 057.708}=291.589\ 885\ 5\text{m}\neq 90.834\text{m}$$

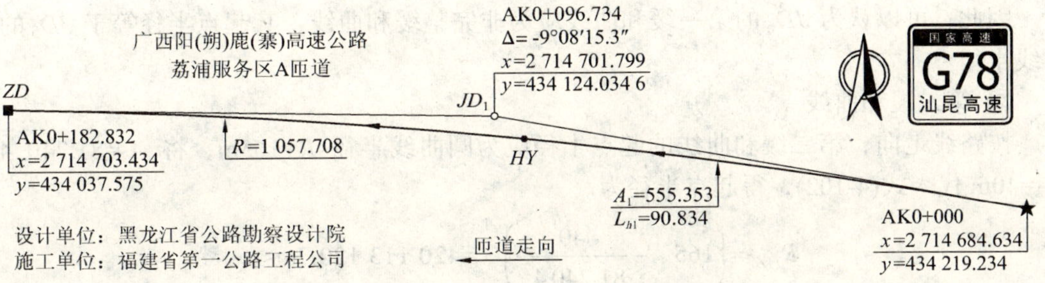

图 4-35　基本型匝道交点平曲线 R_{ZH} 计算案例

所以，第一缓和曲线应为非完整缓和曲线。假设起点半径 $R_{ZH}>R$，将图 4-35 的设计数据代入式(4-102)，得

$$R_{ZH}=\left(R^{-1}-\frac{L_{h1}}{A_1^2}\right)^{-1}=\left(1\ 057.708^{-1}-\frac{90.834}{555.353^2}\right)^{-1}=1\ 536.278\ 52\text{m}$$

3) 交点平曲线缓和曲线起讫半径确定案例 3

在图 4-36 中，JD_5 无第二缓和曲线，JD_6 为非对称基本型平曲线。

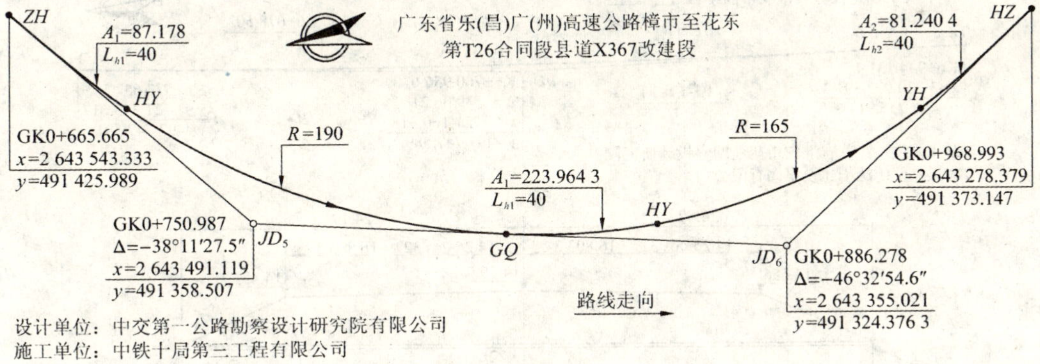

图 4-36　JD_6 的第一缓和曲线为非完整缓和曲线

(1)　JD_5 缓和曲线起讫半径的确定

JD_5 只有第一缓和曲线。按路线走向，第一缓和曲线的终点半径应为圆曲线半径 R=190m，将 A_1=87.178，L_{h1}=40m 代入式(4-102)，得起点半径为

$$R_{ZH}=\left(190^{-1}-\frac{40}{87.178^2}\right)^{-1}=391\ 965\ 445.3\text{m}\approx\infty$$

因此，可以认为 JD_5 的第一缓和曲线应为完整缓和曲线。

(2) JD_6缓和曲线起讫半径的确定

① 第一缓和曲线。

按路线走向，第一缓和曲线的终点半径应为圆曲线半径 R=165m，将 A_1=223.964 3，L_{h1}=40m 代入式(4-102)，得起点半径为

$$R_{ZH}=\left(165^{-1}-\frac{40}{223.964\,3^2}\right)^{-1}=189.999\,995\,6\text{m}\approx190\text{m}$$

因此，可以认为 JD_6 的第一缓和曲线应为非完整缓和曲线，其起点半径等于 JD_5 的圆曲线半径。

② 第二缓和曲线。

按路线走向，第二缓和曲线的起点半径应为圆曲线半径 R=165m，将 A_2=81.240 4，L_{h2}=40m 代入式(4-102)，得起点半径为

$$R_{HZ}=\left(165^{-1}-\frac{40}{81.240\,4^2}\right)^{-1}=420\,113\,120.7\text{m}\approx\infty$$

因此，可以认为 JD_6 的第二缓和曲线应为完整缓和曲线。图 4-36 所示的平曲线，实际上是双交点卵形曲线。

4.7 斜交涵洞的坐标计算

图 4-37 为 205 国道江苏省淮安市西绕城段 K6+678.503 涵洞设计图，在平面图上，标注了涵洞中心线右偏路线走向 58°，涵洞设计桩号为 K6+678.503。下面介绍执行 Q2X8 程序的坐标正算功能，计算涵洞轴线端点 A，B 坐标的方法。

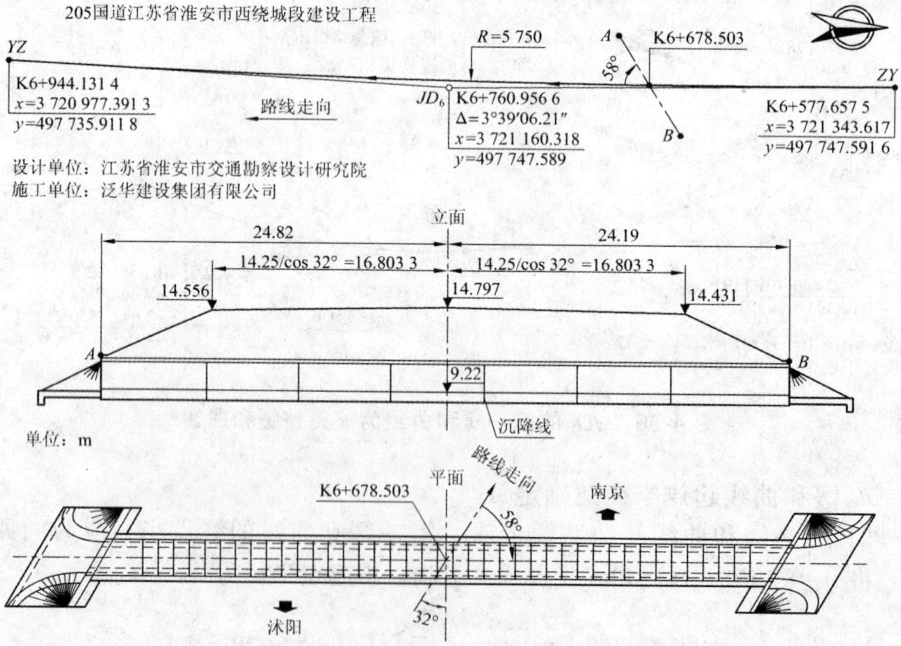

图 4-37 斜交涵洞设计图

按 MENU 2 键进入 **STAT** 模式，按 SHIFT SET UP ▼ ▼ F1 (FILE) 6 EXE EXE 键设置 **File6** 为当前串列文件；按 MENU 1 键进入 **RUN·MAT** 模式，按 SHIFT PRGM F6 F1 F3 EXE 键执行 **ClrList** 命令，清除当前串列文件。

按表 4-1 的要求，在当前串列文件的 List 1~List 6 串列单元输入图 4-37 所示单圆平曲线的设计数据，结果如图 4-38 所示。

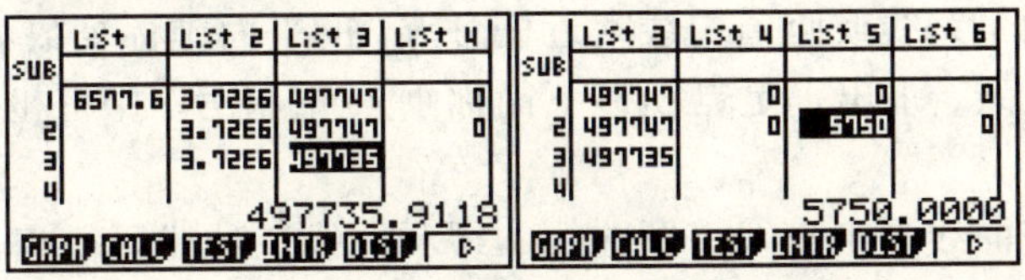

图 4-38　输入单圆平曲线设计数据到当前串列文件

执行 Q2X8 程序，计算平曲线主点数据与涵洞轴线端点坐标的屏幕提示与用户操作过程如下：

屏幕提示	按键	说明
JD curve xyH Q2X8		显示程序标题
new(0)/old(≠0) main point data=?	0 EXE	输入 0 为重新计算主点数据
hor-curve first JD num=?	6 EXE	输入平曲线起始交点号(number)
Z_{ZD}(m)=6944.1314	EXE	显示平曲线终点设计桩号/耗时 1.83s
α_{ZD}=183°39′09.16″	EXE	显示平曲线终点走向方位角
Press [MENU][2]⇛Stop!	EXE	继续执行程序
st xy new(0)/old(>0)/no(<0)=?	-6 EXE	输入负数为不输入测站点(station)坐标
peg→xy(1)/xy→peg(2)/pier(4)=?	1 EXE	输入 1 选择坐标正算
+peg(m),<QD⇛end=?	6678.503 EXE	输入第一个加桩号
α_j=181°00′20.48″	EXE	显示走向方位角/耗时 0.61s
x_j+y_ji(m)=3721242.777+497746.7059i	EXE	显示中桩坐标复数
W_L(m)±∠γi,0⇛no=?	24.82 + 58 SHIFT *i* EXE	输入涵洞左边距+右偏角 i 复数
x_L+y_Li(m)=3721255.558+497767.9820i	EXE	显示涵洞左边 *A* 点坐标复数
W_R(m),0⇛no=?	24.19 EXE	输入涵洞右边距
x_R+y_Ri(m)=3721230.320+497725.9697i	EXE	显示涵洞右边 *B* 点坐标复数
+peg(m),<QD⇛end=?	1 EXE	输入小于起点 *ZY* 的桩号结束程序
Q2X8⇛End		程序结束显示

完成加桩中桩坐标的显示后，屏幕显示“**W_L(m)±∠γi,0⇛no=?**”提示时，可以输入左边距复数，复数的实部为边距值，虚部为偏角值，虚部输入正数时为右偏角，输入负数时为左偏角。当偏角含有分秒值时，应按 OPTN F6 F5 键调出角度功能菜单，按 F4 键输入偏角的度、分、秒值。

当用户没有输入左边距复数的虚部偏角值时，程序自动采用-90°作为左偏角计算边桩坐标，且循环提示用户继续输入其余左边距值，输入 0 结束左边桩坐标计算后，继续循环提示“**W_R, 0⇛no=?**”，要求输入右边距。右边距只能输入实数，不能输入复数，输入 0 结束右边桩坐标计算。

当用户输入了左边距复数的虚部偏角值时，程序只计算一次左边桩坐标及其后的右边桩坐标。无论是否输入边距复数的虚部偏角值，程序算出的左右边桩点都位于过加桩的同一条直线上。

本例的全部数据文件位于光盘“\4 章\斜交涵洞\”路径下。

4.8 坐标反算原理

使用全站仪，测量路线或匝道中线附近任意点 j 的平面坐标复数为 $z_j=x_j+y_j\text{i}$，由 j 点向路线或匝道中线作垂线，求出垂足点 p(以下简称垂点)的桩号、中桩坐标及其边距，称为坐标反算。

由于路线或匝道曲线是由直线、圆曲线、缓和曲线三种线元径相连接而成，因此边桩的垂点有可能位于这三种线元之一。

为推导公式的方便，设任意线元起点 s 的桩号为 Z_s，走向方位角为 α_s，中桩坐标复数为 $z_s=x_s+y_s\text{i}$，全站仪实测边桩点 j 的平面坐标复数为 $z_j=x_j+y_j\text{i}$。

1) 直线线元坐标反算原理

由图 4-39，得直线 $\overline{se}$ 的点斜式方程为

$$y-y_p=\tan\alpha_s(x-x_p) \tag{4-105}$$

将起点 s 的中桩坐标代入式(4-105)，解得

$$y_p=y_s-\tan\alpha_s(x_s-x_p) \tag{4-106}$$

因为直线 $\overline{jp}\perp\overline{se}$，所以垂点 p 的中桩坐标应满足垂线 $\overline{jp}$ 的下列点斜式方程

$$y_p-y_j=-\frac{x_p-x_j}{\tan\alpha_s} \tag{4-107}$$

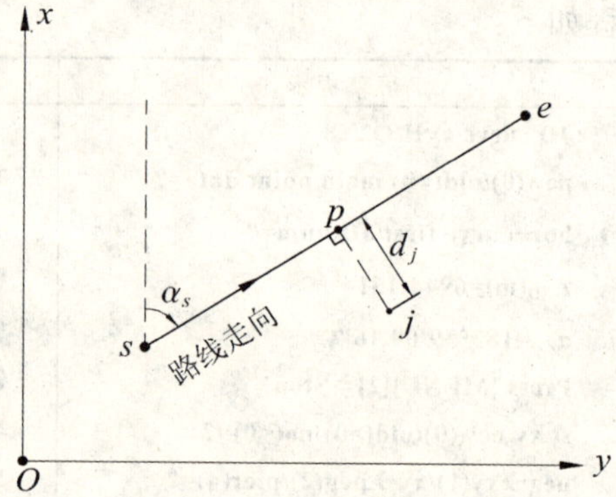

图 4-39 直线线元坐标反算原理

将式(4-106)代入式(4-107)，得

$$y_s-\tan\alpha_s(x_s-x_p)-y_j=-\frac{x_p-x_j}{\tan\alpha_s}$$

$$\tan\alpha_s(y_s-y_j)-\tan^2\alpha_s x_s+\tan^2\alpha_s x_p=-x_p+x_j$$

化简后，得

$$\left.\begin{aligned} x_p&=\frac{x_j+\tan^2\alpha_s x_s-\tan\alpha_s(y_s-y_j)}{\tan^2\alpha_s+1}\\ y_p&=y_j-\frac{x_p-x_j}{\tan\alpha_s}\end{aligned}\right\} \tag{4-108}$$

根据 p 点坐标反算出边距 d_j，则 p 点桩号为

$$Z_p=Z_s+\text{Abs}(z_p-z_s) \tag{4-109}$$

设由垂点 p 与边桩点 j 的坐标反算出 $p\to j$ 的方位角为 α_{pj}，p 点走向方位角为 α_p，以 α_p 为零方向，将 α_{pj} 归零，得

$$\alpha'_{pj}=\alpha_{pj}-\alpha_p\pm360° \tag{4-110}$$

当 α'_{pj}<180°时，j 点位于路中线走向右侧；当 α'_{pj}>180°时，j 点位于路中线走向左侧。

Q2X8 程序是通过显示含正负号的边距代数值来表示边桩点位于路中线走向左右侧的位置，当边桩点位于路中线走向左侧时，显示的边距值为负数；当边桩点位于路中线走向右侧时，显示的边距值为正数。

2) 圆曲线元坐标反算原理

(1) 小于半圆弧长的圆曲线元反算原理

由图 4-40(a)可知，圆心点 C 的坐标复数为

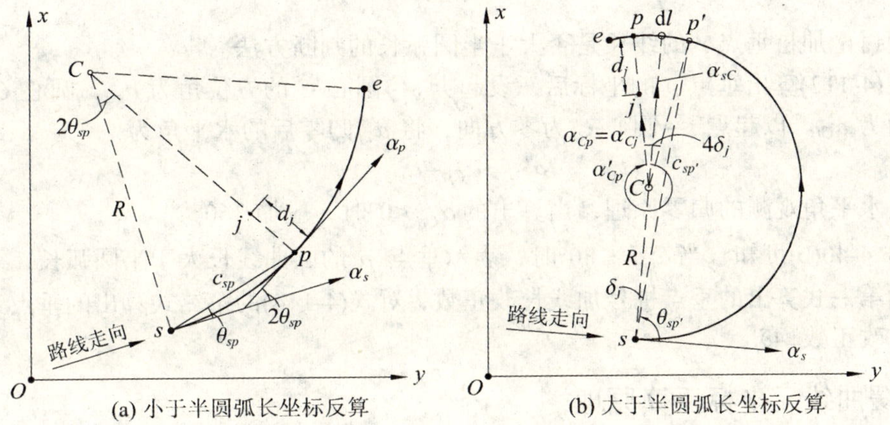

图 4-40 圆曲线元坐标反算原理

$$\left.\begin{aligned} z_C &= z_s + R\angle\alpha_{sC} \\ \alpha_{sC} &= \alpha_s \pm 90° \end{aligned}\right\} \tag{4-111}$$

根据圆心点 C 的坐标与 j 点的坐标反算出直线 $\overline{Cj}$ 的方位角 α_{Cj} 与距离 d_{Cj}，则 j 点的边距为 $d_j=R-d_{Cj}$，由圆心点坐标反算出垂点 p 的中桩坐标复数为

$$z_p = z_C + R\angle\alpha_{Cj} \tag{4-112}$$

$s\to p$ 的弦长及其弦切角为

$$\left.\begin{aligned} c_{sp} &= \mathrm{Abs}(z_p - z_s) \\ \theta_{sp} &= \sin^{-1}\frac{c_{sp}}{2R} \end{aligned}\right\} \tag{4-113}$$

垂点 p 的桩号及其走向方位角为

$$\left.\begin{aligned} Z_p &= Z_s + 2\theta_{sp}R \\ \alpha_p &= \alpha_s \pm 2\theta_{sp} \end{aligned}\right\} \tag{4-114}$$

(2) 大于半圆弧长的圆曲线元(回头曲线)反算原理

如图 4-40(b)所示，当回头曲线的圆曲线元长大于半圆弧长，且边桩垂点 p 的圆曲线长也大于半圆弧长时，p 点的弦切角将大于 90°。由于使用反正弦函数 $\sin^{-1}$ 算出的弦切角≤90°，因此使用式(4-113)的第二式算出的 p 点弦切角 θ_{sp} 实际上是 p'点的弦切角 $\theta_{sp'}$，其中 p'点为 p

点相对于过线元起点 s 直径的镜像对称点。

此时，由式(1-113)的第二式算出的 θ_{sp} 实际上是图 4-40(b)中的 $\theta_{sp'}$，将其代入式(4-114)算出的垂点桩号 Z_p 实际上是 p'点的桩号 $Z_{p'}$，还应加线长改正数 dl 才能得到垂点的实际桩号 Z_p。

由图 4-40(b)，可以写出弦切角改正数 $2\delta_j$ 与线长改正数 dl 的公式为

$$\left.\begin{aligned}\delta_j &= 90° - \theta_{sp'}\\ \mathrm{d}l &= \frac{4\pi\delta_j}{180}R = \frac{\pi\delta_j}{45}R\\ \theta_{sp} &= \theta_{sp'} + 2\delta_j\end{aligned}\right\} \tag{4-115}$$

下面讨论加桩垂点 p 的线长是否大于半圆弧长的判断方法。

由式(4-112)算出垂点 p 的坐标后，设起点 s→圆心 C 的方位角为 α_{sC}，圆心 C→边桩 j 的方位角为 α_{Cj}。以起点 s→圆心 C 为零方向，将 α_{Cj} 归零后的水平角为

$$\alpha'_{Cp} = \alpha_{Cj} - \alpha_{sC} \tag{4-116}$$

按方向法水平角观测的归零原理，当算出的 $\alpha'_{Cp}<0°$时，应加 360°。

由图 4-40(b)可知，当 $\alpha'_{Cp}>180°$时，表示垂点 p 的圆曲线长大于半圆弧长，需要对式(4-114)的第一式算出的垂点桩号加线长改正数，对式(4-114)的第二式算出的垂点走向方位角加偏角改正数$\pm4\delta_j$。

3) 缓曲线元坐标反算原理

缓曲线元坐标反算的原理是：先以缓曲线元中点 m 的曲率半径 ρ_m 为半径，过缓曲线元起点 s 与终点 e 作圆弧(简称为拟合圆，finity arc)，求出边桩 j 在拟合圆弧垂点 p'的桩号 $Z_{p'}$；将 Z_p作为垂点在缓曲线元的初始桩号，计算垂点初始中桩坐标复数 $z_p^{(0)}$ 及其走向方位角 $\alpha_p^{(0)}$；应用 $z_p^{(0)}$，$\alpha_p^{(0)}$ 与边桩坐标复数 z_j，算出初始桩号的改正数，再次计算垂点中桩坐标复数及其走向方位角，直至缓曲垂线方程残差$|f(l_p)|<0.001$m 为止。

(1) 缓曲线元拟合圆弧的曲率半径

如图 4-41 所示，设任意缓曲线元起点 s 的曲率半径为 R_s，终点 e 的曲率半径为 R_e，缓曲线元中点为 m。

当缓曲线元为正向非完整缓和曲线时，$R_s>R_e$，则中点 m 的原点线长为

$$l_m = l_s + \frac{L_h}{2} = \frac{2l_s + L_h}{2} = \frac{l_s + l_s + L_h}{2} = \frac{l_s + l_e}{2} \tag{4-117}$$

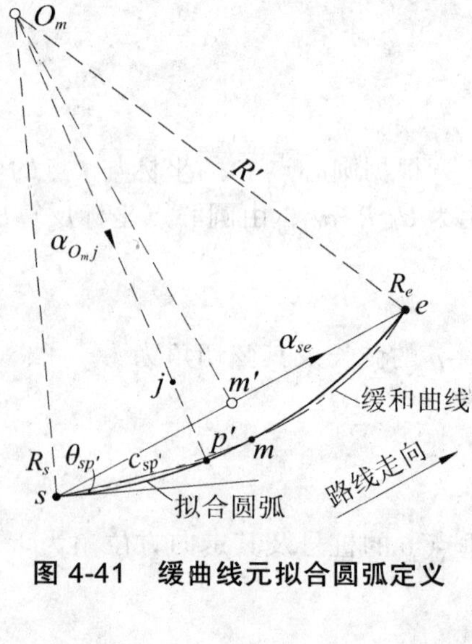

图 4-41　缓曲线元拟合圆弧定义

当缓曲线元为反向非完整缓和曲线时，$R_s<R_e$，则中点 m 的原点线长为

$$l_m = l_e + \frac{L_h}{2} = \frac{2l_e + L_h}{2} = \frac{l_e + l_e + L_h}{2} = \frac{l_e + l_s}{2} \tag{4-118}$$

比较式(4-117)与式(4-118)可知，无论是正向非完整缓和曲线，还是反向非完整缓和曲

线，其中点 m 的原点线长计算公式是相同的。

将 l_m 代入式(4-1)，求得缓曲线元中点 m 的曲率半径为

$$\rho_m = \frac{A^2}{l_m} = \frac{A^2}{\dfrac{l_s + l_e}{2}} = \frac{2}{\dfrac{l_s}{A^2} + \dfrac{l_e}{A^2}} = \frac{2}{R_s^{-1} + R_e^{-1}} = R' \tag{4-119}$$

当缓曲线元为完整缓和曲线时,其一端的半径为∞,另一端的半径为圆曲线元的半径 R，将 $R_s=\infty$，$R_e=R$，或将 $R_s=R$，$R_e=\infty$ 代入式(4-119)，可得 $R'=2R$。由此可知，完整缓和曲线中点的曲率半径 R' 为其小半径 R 的 2 倍。

过缓曲线元起点 s 与终点 e，以 ρ_m 为半径作圆弧，称该圆弧为缓曲线元的拟合圆弧，其半径 ρ_m 称为拟合圆弧半径。

(2) 拟合圆弧的圆心坐标

如图 4-41 所示，设缓曲线元起点 s 的中桩坐标复数为 z_s，终点 e 的中桩坐标复数为 z_e，由此得缓曲线元起点 $s\to$终点 e 的弦长 $\overline{se}$ 及其方位角为

$$\left.\begin{aligned} c_{se} &= \mathrm{Abs}(z_e - z_s) \\ \alpha_{se} &= \mathrm{Arg}(z_e - z_s) + 360° \end{aligned}\right\} \tag{4-120}$$

只有当应用式(4-120)的第二式算出的辐角 $\mathrm{Arg}(z_e-z_s)<0°$ 时，才需要加 360°，下同。

起终点弦长 $\overline{se}$ 中点 m' 的坐标复数为

$$z_{m'} = \frac{z_s + z_e}{2} \tag{4-121}$$

弦长中点 m' 至拟合圆弧圆心 O_m 的平距为

$$c_{m'O_m} = \sqrt{R'^2 - \frac{c_{se}^2}{4}} \tag{4-122}$$

由此求出拟合圆弧圆心 O_m 的坐标复数为

$$z_{O_m} = z_{m'} + c_{m'O_m}\angle(\alpha_{se} \pm 90°) \tag{4-123}$$

(3) 垂点初始桩号

应用拟合圆弧圆心坐标可以求出边桩点 j 在拟合圆弧上的垂点 p' 的坐标复数为

$$z_{p'} = z_{O_m} + R'\angle\alpha_{O_m j} \tag{4-124}$$

式中，$\alpha_{O_m j}$ 为拟合圆弧圆心 O_m 至 j 点的辐角。由此可以求出缓曲线元起点 $s\to p'$ 的弦长及其弦切角为

$$\left.\begin{aligned} c_{sp'} &= \mathrm{Abs}(z_{p'} - z_s) \\ \theta_{sp'} &= \sin^{-1}\frac{c_{sp'}}{2R'} \end{aligned}\right\} \tag{4-125}$$

拟合圆弧垂点 p' 的桩号为

$$Z_{p'} = Z_s + 2\theta_{sp'}R' \tag{4-126}$$

式中，弦切角 $\theta_{sp'}$ 的单位为弧度。

(4) 垂点初始中桩坐标及其走向方位角

将 $Z_{p'}$ 作为缓曲线元垂点的初始桩号，算出初始垂点的中桩坐标复数 $z_p^{(0)}$ 及其走向方位角 $\alpha_p^{(0)}$。

（5）缓曲线元垂点应满足的条件

设边桩 j 在缓曲线元的垂点 p 的中桩坐标复数为 $z_p=x_p+y_p\mathrm{i}$，走向方位角为 α_p，则垂线 $\overline{jp}$ 的点斜式方程为

$$y-y_j=-\frac{x-x_j}{\tan\alpha_p} \tag{4-127}$$

将 p 点坐标代入式(4-127)，得

$$y_p-y_j=-\frac{x_p-x_j}{\tan\alpha_p} \tag{4-128}$$

化简后，得方程式

$$\begin{aligned}f(l_p)&=\tan\alpha_p(y_p-y_j)+x_p-x_j\\&=\tan\alpha_p\Delta y_{jp}+\Delta x_{jp}\\&=\tan\alpha_p\,\mathrm{ImP}\,(z_p-z_j)+\mathrm{ReP}\,(z_p-z_j)\end{aligned} \tag{4-129}$$

式中，$\mathrm{ImP}\,(z_p-z_j)$ 为复数 z_p-z_j 的实部，$\mathrm{ReP}\,(z_p-z_j)$ 为复数 z_p-z_j 的虚部，l_p 为 p 点的原点线长，称 $f(l_p)$为缓曲垂线方程残差。

在式(4-129)中，z_p 与 α_p 都是垂点桩号 Z_p 的函数，对于正向缓曲线元，有

$$Z_p=Z_s+l_p-l_s \tag{4-130}$$

对于反向缓曲线元，有

$$Z_p=Z_s+l_s-l_p \tag{4-131}$$

式中，l_s 为缓曲线元起点 s 的原点线长，它是已知的。因此，p 点的缓曲垂线方程残差是 p 点原点线长 l_p 的函数，故用 $f(l_p)$表示。

（6）垂点初始桩号及其改正数

设与缓曲线元垂点初始桩号 $Z_p^{(0)}$ 对应的中桩点为 $p^{(0)}$，$p^{(0)}$ 点的原点线长为 $l_p^{(0)}$，$p^{(0)}$ 至边桩点 j 的边距 $d_{p^{(0)}j}$ 及其方位角 $\alpha_{p^{(0)}j}$ 为

$$\left.\begin{aligned}d_{p^{(0)}j}&=\mathrm{Abs}(z_j-z_p^{(0)})\\\alpha_{p^{(0)}j}&=\mathrm{Arg}(z_j-z_p^{(0)})+360°\end{aligned}\right\} \tag{4-132}$$

则边距直线 $\overline{p^{(0)}j}$，以 $p^{(0)}$ 的走向方位角 $\alpha_p^{(0)}$ 为零方向的走向归零方位角为

$$\alpha'_{p^{(0)}j}=\alpha_{p^{(0)}j}-\alpha_p^{(0)} \tag{4-133}$$

走向归零方位角 $\alpha'_{p^{(0)}j}$ 的标准值，j 为右边桩点时是 90°，j 为左边桩点时是 270°，由此得边距直线 $\overline{p^{(0)}j}$ 的偏角改正数为

$$\left.\begin{aligned}\delta_L&=\alpha'_{p^{(0)}j}-270°\\\delta_R&=90°-\alpha'_{p^{(0)}j}\end{aligned}\right\} \tag{4-134}$$

如图 4-42 所示，偏角改正数 $\delta(\delta_L$ 或 $\delta_R)>0$ 时，垂点初始线长 $l_p^{(0)}$ 的改正数 $\mathrm{d}l>0$，反之 $\mathrm{d}l<0$。下面讨论 $\mathrm{d}l$ 的计算公式。

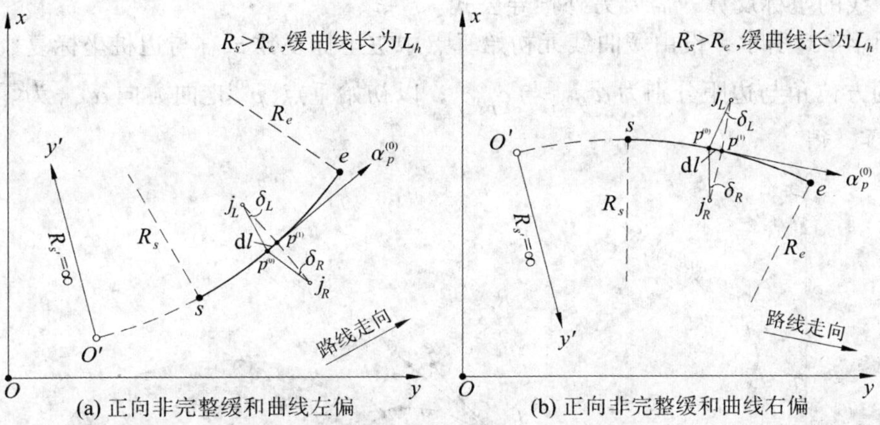

图 4-42　缓曲线元垂点初始桩号改正数 dl 与角度改正数 δ 的关系

在图 4-42(a)中，线长改正数 dl 对直线 $\overline{p^{(0)}j}$ 方位角的影响值为

$$\mathrm{d}\beta' = \frac{\mathrm{d}l}{c_{p^{(0)}j}} \tag{4-135}$$

对式(4-5)取微分，得 dl 对 $p^{(0)}$点走向方位角的影响值为

$$\mathrm{d}\beta = \frac{l\mathrm{d}l}{A^2} \tag{4-136}$$

式(4-135)与式(4-136)的代数和应等于式(4-134)的偏角改正数 δ，即有

$$\delta = \mathrm{d}\beta' \pm \mathrm{d}\beta = \frac{\mathrm{d}l}{c_{p^{(0)}j}} \pm \frac{l\mathrm{d}l}{A^2} \tag{4-137}$$

式(4-137)中的“±”号，与缓曲线元偏转方向(左偏或右偏)、边桩点的位置(路线左侧或右侧)有关，规律如下：

右边桩$\begin{cases}\text{路线左偏取“+”号}\\ \text{路线右偏取“−”号}\end{cases}$；左边桩$\begin{cases}\text{路线左偏取“−”号}\\ \text{路线右偏取“+”号}\end{cases}$

由式(4-137)，解得缓曲线元垂点的初始线长改正数为

$$\mathrm{d}l = \frac{\delta}{c_{p^{(0)}j}^{-1} \pm l/A^2} \tag{4-138}$$

改正后的垂点桩号为 $Z_p = Z_p^{(0)} + \mathrm{d}l$，由 Z_p 算出垂点中桩坐标复数 z_p 及其走向方位角 α_p，将其代入式(4-129)计算缓曲垂线方程残差 $f(l_p)$。如果$|f(l_p)|<0.001$m，则结束计算，否则还需重复计算一次才可。

(7) 边桩位于中线的坐标反算

当边桩位于缓曲线元中线时，式(4-138)中的初始边距 $c_{p^{(0)}j} \to 0$，$c_{p^{(0)}j}^{-1} \to \infty$，这将使初始线长改正数 d$l$ 的计算误差增大，从而增加迭代计算的次数。因此，式(4-138)不适用于边

桩位于中线的坐标反算，需要另外推导公式。

如图 4-43 所示，设由缓曲线元初始垂点中桩坐标复数 $z_{p^{(0)}}$ 与边桩坐标复数 z_j，算出 $p^{(0)}\to j$ 的方位角与边距分别为 $\alpha_{p^{(0)}j}$ 与 $c_{p^{(0)}j}$，以初始垂点 $p^{(0)}$走向方向 $\alpha_{p^{(0)}}$ 为零方向，将 $\alpha_{p^{(0)}j}$ 归零，得

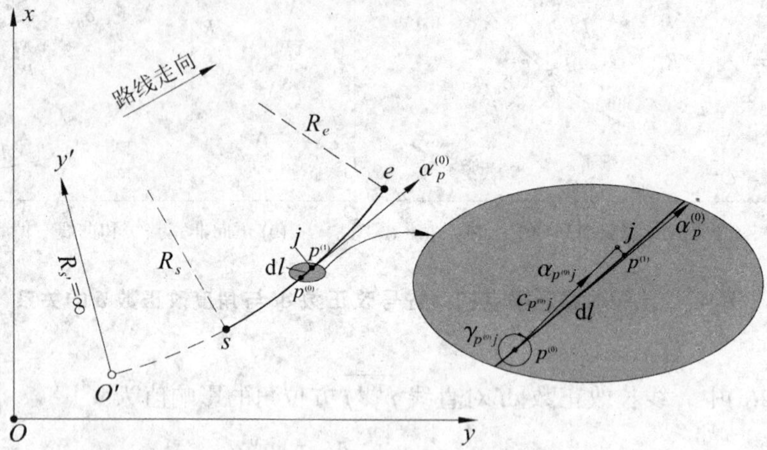

图 4-43　边桩接近中线时垂点初始桩号改正数 dl 的计算原理

$$\alpha'_{p^{(0)}j}=\alpha_{p^{(0)}j}-\alpha_{p^{(0)}} \tag{4-139}$$

按方向法水平角观测的归零原理，当算出的 $\alpha'_{p^{(0)}j}<0°$时，应加 360°，则初始垂点 $p^{(0)}$ 的线长改正数为

$$\mathrm{d}l=c_{p^{(0)}j}\cos\alpha'_{p^{(0)}j} \tag{4-140}$$

程序 Q2X8 是以±3°为限，判断边桩 j 是否接近中线。也即当 $357°<\alpha'_{p^{(0)}j}<3°$或 $177°<\alpha'_{p^{(0)}j}<183°$时，使用式(4-140)计算初始垂点 $p^{(0)}$的线长改正数。应用初始垂点线长改正后的桩号算出一次垂点 $p^{(1)}$的中桩坐标后，如果边距 $c_{p^{(1)}j}<0.001$，结束计算，否则，还需使用式(4-140)再计算一次垂点线长改正数。

4) 坐标反算工程案例

(1) 路线平曲线坐标反算案例

计算图 4-6 内表所示 4 个边桩点的坐标反算结果。将光盘“\4 章\[例 4-1]\File1.g1m”文件上传到 fx-9750GⅡ内存，并设置 **File1** 为当前串列文件。

执行 Q2X8 程序，进行坐标反算的屏幕提示与用户操作过程如下：

屏幕提示	按键	说明
JD curve xyH Q2X8		显示程序标题
new(0)/old(≠0) main point data=?	**1** EXE	输入非零数为使用现有主点数据计算
st xy new(0)/old(>0)/no(<0)=?	**-1** EXE	输入负数为不设置测站点(station)
peg→xy(1)/xy→peg(2)/pier(4)=?	**2** EXE	输入 2 选择坐标反算
x$_j$(m)/π⇒end=?	**2897301.695** EXE	输入 1 号边桩点坐标(图 4-6 内表)
y$_j$(m)+ni=?	**494730.909** EXE	
p peg(m)+ni=59994.5214+1.0000i	EXE	显示垂点桩号+线元号 i 复数/耗时 0.89s

续表

屏幕提示	按键	说明
α_p=236°43′45.06″	EXE	显示垂点走向方位角
$x_p+y_p i$(m)=2897312.146+494724.0518i	EXE	显示垂点坐标复数
d_L(m)=-12.4995	EXE	显示负数为左边距
x_j(m)/π⇒end=?	2897164.936 EXE	输入 2 号边桩点坐标(图 4-6 内表)
y_j(m)+ni=?	493897.593 EXE	
p peg(m)+ni=60885.4843+4.0000i	EXE	显示垂点桩号+线元号 i 复数/耗时 1.46s
α_p=291°45′50.79″	EXE	显示垂点走向方位角
$x_p+y_p i$(m)=2897152.336+493892.5626i	EXE	显示垂点坐标复数
d_R(m)=13.5667	EXE	显示正数为右边距
x_j(m)/π⇒end=?	2897308.311 EXE	输入 3 号边桩点坐标(图 4-6 内表)
y_j(m)+ni=?	493433.051 EXE	
p peg(m)+ni=61374.3375+7.0000i	EXE	显示垂点桩号+线元号 i 复数/耗时 1.15s
α_p=280°52′13.23″	EXE	显示垂点走向方位角
$x_p+y_p i$(m)=2897322.977+493435.8673i	EXE	显示垂点坐标复数
d_L(m)=-14.9338	EXE	显示负数为左边距
x_j(m)/π⇒end=?	2897321.785 EXE	输入 4 号边桩点坐标(图 4-6 内表)
y_j(m)+ni=?	492761.961 EXE	
p peg(m)+ni=62050.0003+10.0000i	EXE	显示垂点桩号+线元号 i 复数/耗时 1.30s
α_p=268°24′03.21″	EXE	显示垂点走向方位角
$x_p+y_p i$(m)=2897321.734+492761.9624i	EXE	显示垂点坐标复数
d_R(m)=0.0511	EXE	显示正数为右边距
x_j(m)/π⇒end=?	SHIFT π EXE	输入 π 结束程序
Q2X8⇒End		程序结束显示

① 重新上传 g1m 格式串列文件主点数据的计算。

如果用户存储的 File1.g1m 文件是已经完成了平曲线主点数据计算后的串列文件，再将 File1.g1m 文件上传到 fx-9750GⅡ内存后，可以不用重新计算主点数据。

② 交点平曲线的线元编号规则。

每个交点的基本型平曲线有 4 个线元：后一个交点 *HZ* 点→*ZH* 点的夹直线线元(以路线走向为前)，*ZH* 点→*HY* 点的第一缓曲线元，*HY* 点→*YH* 点的圆曲线元，*YH* 点→*HZ* 点的第二缓曲线元；再加上最后一个交点的 *HZ* 点→终点的夹直线线元，含 N 个交点的路线或匝道线元总数为 4N+1。

在图 4-6 所示的路线平曲线中，N=4，路线平曲线线元总数=4×4+1=17，各线元的编号如图 4-6 圆圈内的数字所示。虽然 JD_{52} 与 JD_{53} 之间的夹直线(线元号 5)长设计等于 0，JD_{54} 与 JD_{55} 之间的夹直线(线元号 13)长设计等于 0，JD_{55} 与 *ZD* 之间的夹直线(线元号 17)长设计等于 0，也就是说，上述 5、13、17 号线元(图 4-6 灰底色圆圈的线元)在设计图上是不存在的，但 Q2X8 程序仍然按上述规则为它们编写了线元号。

③ 边桩 *y* 坐标复数虚部垂点线元号的作用。

完成边桩点 *x* 坐标输入后，屏幕显示下列提示时：

y_j(m)+ni=?

用户可以按“*y* 坐标+垂点线元号 i”格式输入边桩 *y* 坐标复数，当不输入边桩的垂点线元号时(等价于边桩 *y* 坐标复数的虚部等于 0)，程序自动搜索垂点线元号。

在绝大部分情况下，程序都能自动搜索到垂点线元号，此时，不需要输入边桩 *y* 坐标复数的虚部线元号数字，只有计算回头曲线的某些特别边桩点时，才需要输入垂点线元号。

④ 垂点桩号复数的意义。

上述 4 号边桩点的桩号显示为

p peg(m)+ni=62050.0003+10.0000i

其中，复数实部数值 **62050.0003** 为垂点桩号，复数虚部数值 **10** 为垂点线元号。

(2) 回头曲线匝道平曲线坐标反算案例 1

计算图 4-21 内表所列 4 个边桩点的坐标反算结果。将光盘"\4 章\[例 4-2]\File2.g1m"文件上传到 fx-9750GⅡ内存，并设置 **File2** 为当前串列文件。

执行 Q2X8 程序，进行坐标反算的屏幕提示与用户操作过程如下：

屏幕提示	按键	说明
JD curve xyH Q2X8		显示程序标题
new(0)/old(≠0) main point data=?	**2** EXE	输入非零数为使用现有主点数据计算
st xy new(0)/old(>0)/no(<0)=?	**-2** EXE	输入负数为不设置测站点(station)
peg→xy(1)/xy→peg(2)/pier(4)=?	**2** EXE	输入 2 选择坐标反算
x_j(m)/π⇛end=?	**55261.905** EXE	输入 1 号边桩点坐标(图 4-21 内表)
y_j(m)+ni=?	**58302.383** EXE	
p peg(m)+ni=420.0000+1.0000i	EXE	显示垂点桩号+线元号 i 复数/耗时 0.88s
α_p=121°45′14.28″	EXE	显示垂点走向方位角
x_p+y_pi(m)=55261.9044+58302.3826i	EXE	显示垂点坐标复数
d_L(m)=-0.0007	EXE	显示负数为左边距
x_j(m)/π⇛end=?	**55207.441** EXE	输入 2 号边桩点坐标(图 4-21 内表)
y_j(m)+ni=?	**58386.159** EXE	
p peg(m)+ni=520.0000+2.0000i	EXE	显示垂点桩号+线元号 i 复数/耗时 1.17s
α_p=130°26′25.71″	EXE	显示垂点走向方位角
x_p+y_pi(m)=55207.4405+58386.1586i	EXE	显示垂点坐标复数
d_L(m)=-0.0007	EXE	显示负数为左边距
x_j(m)/π⇛end=?	**55104.922** EXE	输入 3 号边桩点坐标(图 4-21 内表)
y_j(m)+ni=?	**58291.508** EXE	
p peg(m)+ni=769.9999+3.0000i	EXE	显示垂点桩号+线元号 i 复数/耗时 0.74s
α_p=325°01′16.02″	EXE	显示垂点走向方位角
x_p+y_pi(m)=55104.9220+58291.5080i	EXE	显示垂点坐标复数
d_R(m)=0.0001	EXE	显示正数为右边距
x_j(m)/π⇛end=?	**55152.144** EXE	输入 4 号边桩点坐标(图 4-21 内表)
y_j(m)+ni=?	**58277.378** EXE	
p peg(m)+ni=820.0000+4.0000i	EXE	显示垂点桩号+线元号 i 复数/耗时 1.37s
α_p=358°11′17.86″	EXE	显示垂点走向方位角
x_p+y_pi(m)=55152.1440+58277.3773i	EXE	显示垂点坐标复数
d_R(m)=0.0007	EXE	显示正数为右边距
x_j(m)/π⇛end=?	SHIFT (π) EXE	输入 π 结束程序
Q2X8⇛End		程序结束显示

本例 4 个边桩点的边距基本等于 0，说明这些点基本位于匝道中线上。

(3) 回头曲线匝道平曲线坐标反算案例 2

计算图 4-24 内表所示 5 个边桩点的坐标反算结果。将光盘"\4 章\[例 4-3]\File3.g1m"文件上传到 fx-9750GⅡ内存，并设置 **File3** 为当前串列文件。

执行 Q2X8 程序，进行坐标反算的屏幕提示与用户操作过程如下：

屏幕提示	按键	说明
JD curve xyH Q2X8		显示程序标题
new(0)/old(≠0) main point data=?	**3** EXE	输入非零数为使用现有主点数据计算
st xy new(0)/old(>0)/no(<0)=?	**-3** EXE	输入负数为不设置测站点(station)
peg→xy(1)/xy→peg(2)/pier(4)=?	**2** EXE	输入 2 选择坐标反算
x_j(m)/π⇒end=?	**61485.126** EXE	输入 1/5 号边桩点坐标(图 4-24 内表)
y_j(m)+ni=?	**69464.717** EXE	
p peg(m)+ni=666.9727+5.0000i	EXE	显示垂点桩号+线元号 i 复数/耗时 0.83s
α_p=342°21′57.82″	EXE	显示垂点走向方位角
x_p+y_pi(m)=61487.4633+69472.0700i	EXE	显示垂点坐标复数
d_L(m)=-7.7155	EXE	显示负数为左边距
x_j(m)/π⇒end=?	**61485.126** EXE	输入 1/5 号边桩点坐标(图 4-24 内表)
y_j(m)+ni=?	**69464.717** + SHIFT i EXE	复数虚部输入垂点线元号 1
p peg(m)+ni=180.8989+1.0000i	EXE	显示垂点桩号+线元号 i 复数/耗时 0.55s
α_p=93°24′45.31″	EXE	显示垂点走向方位角
x_p+y_pi(m)=61481.6059+69464.5071i	EXE	显示垂点坐标复数
d_L(m)=-3.5264	EXE	显示负数为左边距
x_j(m)/π⇒end=?	**61467.186** EXE	输入 2 号边桩点坐标(图 4-24 内表)
y_j(m)+ni=?	**69581.802** EXE	
p peg(m)+ni=299.9979+2.0000i	EXE	显示垂点桩号+线元号 i 复数/耗时 1.11s
α_p=108°15′10.97″	EXE	显示垂点走向方位角
x_p+y_pi(m)=61470.2151+69582.8009i	EXE	显示垂点坐标复数
d_R(m)=3.1895	EXE	显示正数为右边距
x_j(m)/π⇒end=?	**61370.78** EXE	输入 3 号边桩点坐标(图 4-24 内表)
y_j(m)+ni=?	**69625.379** EXE	
p peg(m)+ni=419.9991+3.0000i	EXE	显示垂点桩号+线元号 i 复数/耗时 0.96s
α_p=213°00′03.5″	EXE	显示垂点走向方位角
x_p+y_pi(m)=61374.0883+69620.2849i	EXE	显示垂点坐标复数
d_L(m)=-6.0741	EXE	显示负数为左边距
x_j(m)/π⇒end=?	**61389.025** EXE	输入 4 号边桩点坐标(图 4-24 内表)
y_j(m)+ni=?	**69511.829** EXE	
p peg(m)+ni=559.9984+4.0000i	EXE	显示垂点桩号+线元号 i 复数/耗时 1.36s
α_p=332°28′25.63″	EXE	显示垂点走向方位角
x_p+y_pi(m)=61386.3479+69506.6904i	EXE	显示垂点坐标复数
d_R(m)=5.7942	EXE	显示正数为右边距
x_j(m)/π⇒end=?	**61452.228** EXE	输入 5 号边桩点坐标(图 4-24 内表)
y_j(m)+ni=?	**69483.271** EXE	
p peg(m)+ni=629.9999+5.0000i	EXE	显示垂点桩号+线元号 i 复数/耗时 0.84s
α_p=342°21′57.82″	EXE	显示垂点走向方位角
x_p+y_pi(m)=61452.2278+69483.2703i	EXE	显示垂点坐标复数
d_R(m)=0.0007	EXE	显示正数为右边距
x_j(m)/π⇒end=?	SHIFT π EXE	输入 π 结束程序
Q2X8⇒End		程序结束显示

本例“1/5”号边桩点的位置如图 4-24 所示，程序自动搜索的垂点线元号为 5，算出的垂点桩号为 K0+666.972 7，在边桩 y 坐标复数输入“69464.717+i”，用 y 坐标复数虚部指定垂点线元号为 1 时，算出垂点桩号为 K0+180.898 9。

输入了“1/5”号边桩点的 x 坐标后，屏幕显示输入边桩点 y 坐标复数提示如下：

y_j(m)+ni=?

按 **69464.717** + **1** SHIFT i 键输入“**69464.717+1i**”与按 **69464.717** + SHIFT i 键输入

“**6946.717+i**”的效果是相同的。

(4) 含大于半圆弧长圆曲线的回头曲线坐标反算案例

图 4-21 为基本型平曲线，执行 Q2X8 程序完成平曲线主点数据计算后，按 MENU 2 键进入 **STAT** 模式，移动光标到存储了圆曲线元长的 **List 11[2]**串列单元，其值为 L_y=210.991 1m，而该圆曲线的半圆弧长为 $\pi R=\pi\times70$=219.911 5m，$L_y<\pi R$。

图 4-24 为基本型平曲线，执行 Q2X8 程序完成平曲线主点数据计算后，按 MENU 2 键进入 **STAT** 模式，移动光标到存储了圆曲线元长的 **List 11[2]**串列单元，其值为 L_y=195.960 9m，而该圆曲线的半圆弧长为 $\pi R=\pi\times63$=197.920 3m，$L_y<\pi R$。

也即，图 4-21 与图 4-24 两个回头曲线中的圆曲线长都小于其半圆弧长，因此使用这两个案例都无法验证大于半圆弧长的圆曲线元坐标反算原理的正确性。下面我们将图 4-24 所示回头曲线的 *ZD* 点坐标修改为(61 567.367，69 477.682)，其模拟设计图如图 4-44 所示。

将光盘“\4 章\[例 4-2]\File3.g1m”文件上传到 fx-9750GⅡ内存，并设置 **File3** 为当前串列文件。按 MENU 2 键进入 **STAT** 模式，将 **List 2[3]**，**List 3[3]**串列单元的 *ZD* 点坐标修改为图 4-44 所示的 *ZD* 点坐标，结果如图 4-45 左二图所示。

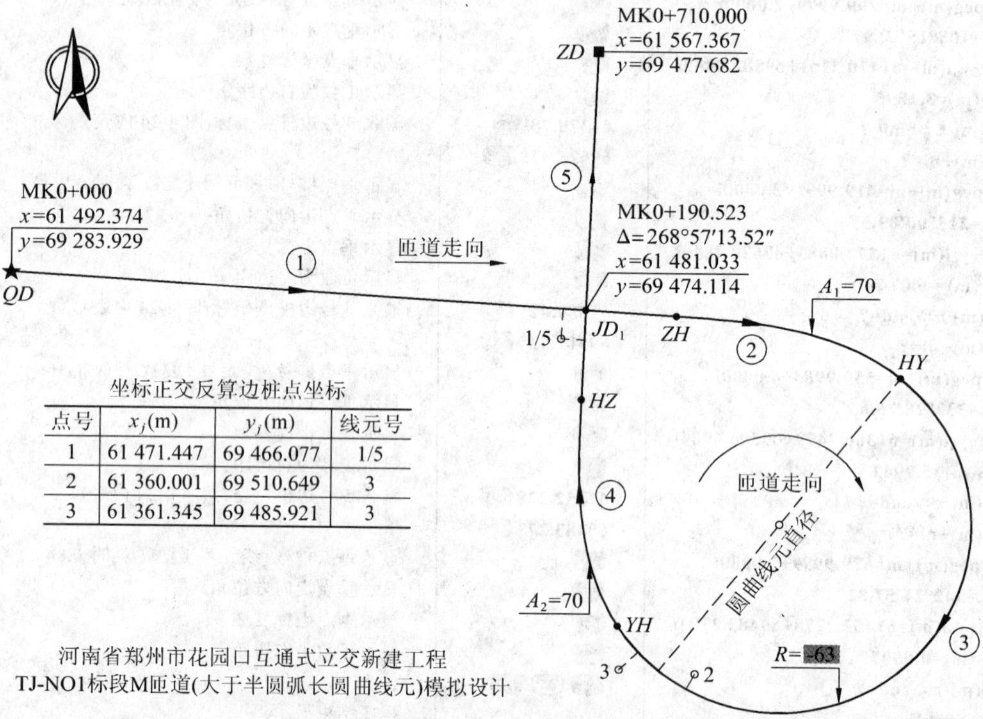

坐标正交反算边桩点坐标

点号	x_j(m)	y_j(m)	线元号
1	61 471.447	69 466.077	1/5
2	61 360.001	69 510.649	3
3	61 361.345	69 485.921	3

图 4-44 圆曲线长大于半圆弧长的单交点基本型回头曲线模拟设计图

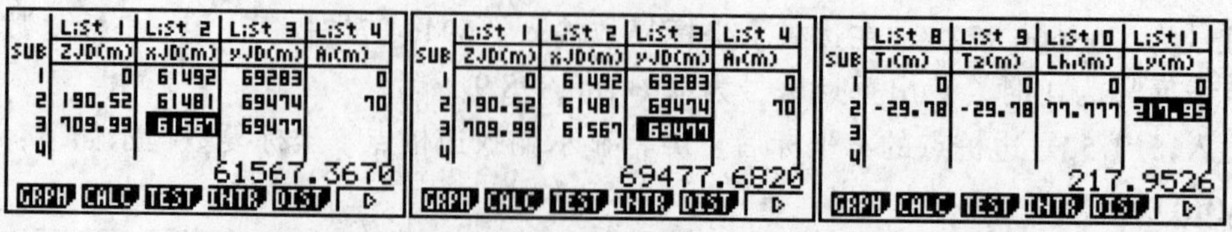

图 4-45 修改 *ZD* 点坐标后计算的回头曲线主点数据结果

执行 Q2X8 程序，重新计算平曲线主点数据的屏幕提示与用户操作过程如下：

屏幕提示	按键	说明
JD curve xyH Q2X8		显示程序标题
new(0)/old(≠0) main point data=?	0 EXE	输入 0 为重新计算主点数据
hor-curve first JD num=?	1 EXE	输入平曲线起始交点号(number)
JD num=1.0000	EXE	显示 JD_1 的平曲线为回头曲线
Δ>0(1)/Δ<0(-1)=?	1 EXE	输入 1 表示 JD_1 为右转角
Z_{JD1}>Z_{QD}(0)/Z_{JD1}<Z_{QD}(≠0)=?	0 EXE	输入 0 选择 $Z_{JD1}>Z_{QD}$
Z_{ZD}(m)=709.9993	EXE	显示平曲线终点设计桩号/耗时 0.96s
α_{ZD}=2°21′59.64″	EXE	显示平曲线终点走向方位角
Press [MENU][2]⇒Stop!	MENU 2	停止程序并进入 **STAT** 模式

将当前串列数据输出为 File3.csv 文件，执行成果整理程序 H2X8.exe 处理 File3.csv 文件，创建的系列成果文件位于光盘"\4 章\[例 4-3]\模拟大半圆弧\"路径下。

按 MENU 2 键进入 **STAT** 模式后，移动光标到存储了圆曲线元长的 **List 11[2]**串列单元，其值为 L_y=217.952 6m(图 4-45 右图)，$L_y>\pi R=\pi\times63$=197.920 3m。

重复执行 Q2X8 程序，进行图 4-44 内表所示 3 个边桩点坐标反算的屏幕提示与用户操作过程如下：

屏幕提示	按键	说明
JD curve xyH Q2X8		显示程序标题
new(0)/old(≠0) main point data=?	4 EXE	输入非零数为使用现有主点数据计算
st xy new(0)/old(>0)/no(<0)=?	-4 EXE	输入负数为不设置测站点(station)
peg→xy(1)/xy→peg(2)/pier(4)=?	2 EXE	输入 2 选择坐标反算
x_j(m)/π⇒end=?	61471.447 EXE	输入 1 号边桩点坐标(图 4-44 内表)
y_j(m)+ni=?	69466.077 EXE	
p peg(m)+ni=613.6819+5.0000i	EXE	显示垂点桩号+线元号 i 复数/耗时 0.77s
α_p=2°21′59.64″	EXE	显示垂点走向方位角
x_p+y_pi(m)=61471.1318+69473.7048i	EXE	显示垂点坐标复数
d_L(m)=-7.6343	EXE	显示负数为左边距
x_j(m)/π⇒end=?	61471.447 EXE	输入 1 号边桩点坐标(图 4-44 内表)
y_j(m)+ni=?	69466.077 + SHIFT i EXE	复数虚部输入垂点线元号 1
p peg(m)+ni=183.0707+1.0000i	EXE	显示垂点桩号+线元号 i 复数/耗时 0.55s
α_p=93°24′45.31″	EXE	显示垂点走向方位角
x_p+y_pi(m)=61481.4766+69466.6751i	EXE	显示垂点坐标复数
d_R(m)=10.0474	EXE	显示正数为右边距
x_j(m)/π⇒end=?	61360.001 EXE	输入 2 号边桩点坐标(图 4-44 内表)
y_j(m)+ni=?	69510.649 EXE	
p peg(m)+ni=237.9757+2.0000i	EXE	显示垂点桩号+线元号 i 复数/耗时 1.39s
α_p=95°14′18.84″	EXE	显示垂点走向方位角
x_p+y_pi(m)=61478.0211+69521.4698i	EXE	显示垂点坐标复数
d_R(m)=118.5151	EXE	显示正数为右边距
x_j(m)/π⇒end=?	61360.001 EXE	输入 2 号边桩点坐标(图 4-44 内表)
y_j(m)+ni=?	69510.649 + 3 SHIFT i EXE	复数虚部输入垂点线元号 3
p peg(m)+ni=485.0002+3.0000i	EXE	显示垂点桩号+线元号 i 复数/耗时 0.71s
α_p=298°46′31.18″	EXE	显示垂点走向方位角
x_p+y_pi(m)=61354.9259+69507.8618i	EXE	显示垂点坐标复数
d_R(m)=5.7901	EXE	显示正数为右边距
x_j(m)/π⇒end=?	61361.345 EXE	输入 3 号边桩点坐标(图 4-44 内表)
y_j(m)+ni=?	69485.921 EXE	
p peg(m)+ni=504.9999+3.0000i	EXE	显示垂点桩号+线元号 i 复数/耗时 0.70s
α_p=316°57′51.19″	EXE	显示垂点走向方位角

续表

屏幕提示	按键	说明
$x_p+y_pi(m)$=61367.1516+69492.1400i	EXE	显示垂点坐标复数
$d_L(m)$=-8.5084	EXE	显示负数为左边距
$x_j(m)/\pi$⇒end=?	SHIFT (π) EXE	输入 π 结束程序
Q2X8⇒End		程序结束显示

由图 4-44 可知，2 号边桩点的垂点圆曲线长小于半圆弧长，3 号边桩点的垂点圆曲线长大于半圆弧长。由于程序自动搜索到的 2 号边桩点垂点位于 2 号缓曲线元，其边距值为 118.515 1m，这显然是不对的，因此再次输入 2 号边桩点坐标时，在 *y* 坐标复数虚部输入线元号 3。

（5）直转点路线平曲线坐标反算案例

在图 4-27 所示的城市道路改造路线平曲线中，JD_2，JD_4，JD_7 为直转点，在例 4-4 中计算了直转点 JD_2 的后前加桩号 K1+393.01，K1+393.02 两个点的中桩坐标分别为(2 761 462.922，515 477.880)，(2 761 462.929，515 477.873 2)，下面使用 Q2X8 程序计算这两个中桩点的坐标反算结果。

将光盘"\4 章\[例 4-4]\File4.g1m"文件上传到 fx-9750GⅡ内存，并设置 **File4** 为当前串列文件。

执行 Q2X8 程序，进行坐标反算的屏幕提示与用户操作过程如下：

屏幕提示	按键	说明
JD curve xyH Q2X8		显示程序标题
new(0)/old(≠0) main point data=?	4 EXE	输入非零数为使用现有主点数据计算
st xy new(0)/old(>0)/no(<0)=?	-4 EXE	输入负数为不设置测站点(station)
peg→xy(1)/xy→peg(2)/pier(4)=?	2 EXE	输入 2 选择坐标反算
$x_j(m)/\pi$⇒end=?	2761462.922 EXE	输入 1 号边桩点坐标
$y_j(m)$+ni=?	515477.880 EXE	
p peg(m)+ni=1393.0102+7.0000i	EXE	显示垂点桩号+线元号 i 复数/耗时 1.02s
α_p=316°41′57.14″	EXE	显示垂点走向方位角
$x_p+y_pi(m)$=2761462.922+515477.8799i	EXE	显示垂点坐标复数
$d_R(m)$=0.0002	EXE	显示正数为右边距
$x_j(m)/\pi$⇒end=?	2761462.929 EXE	输入 2 号边桩点坐标
$y_j(m)$+ni=?	515477.8732 EXE	
p peg(m)+ni=1393.0200+9.0000i	EXE	显示垂点桩号+线元号 i 复数/耗时 1.11s
α_p=317°52′28.05″	EXE	显示垂点走向方位角
$x_p+y_pi(m)$=2761462.929+515477.8732i	EXE	显示垂点坐标复数
$d_L(m)$=-0.0001	EXE	显示负数为左边距
$x_j(m)/\pi$⇒end=?	SHIFT (π) EXE	输入 π 结束程序
Q2X8⇒End		程序结束显示

（6）非完整缓曲线元坐标反算案例

在图 4-30 所示的匝道平曲线中，JD_2 的第二缓和曲线为非完整缓和曲线，1、2 号边桩点的垂点均位于该缓曲线元。

将光盘"\4 章\[例 4-5]\File5.g1m"文件上传到 fx-9750GⅡ内存，并设置 **File5** 为当前串

列文件。

执行 Q2X8 程序，进行坐标反算的屏幕提示与用户操作过程如下：

屏幕提示	按键	说明
JD curve xyH Q2X8		显示程序标题
new(0)/old(≠0) main point data=?	4 EXE	输入非零数为使用现有主点数据计算
st xy new(0)/old(>0)/no(<0)=?	-4 EXE	输入负数为不设置测站点(station)
peg→xy(1)/xy→peg(2)/pier(4)=?	2 EXE	输入 2 选择坐标反算
x_j(m)/π⇒end=?	276390.14 EXE	输入 1 号边桩点坐标
y_j(m)+ni=?	493318.705 EXE	
p peg(m)+ni=708.0525+8.0000i	EXE	显示垂点桩号+线元号 i 复数/耗时 1.30s
α_p=313°23′45.05″	EXE	显示垂点走向方位角
x_p+y_pi(m)=276386.2699+493315.0464i	EXE	显示垂点坐标复数
d_R(m)=5.3257	EXE	显示正数为右边距
x_j(m)/π⇒end=?	276450.216 EXE	输入 2 号边桩点坐标
y_j(m)+ni=?	493275.466 EXE	
p peg(m)+ni=782.4901+8.0000i	EXE	显示垂点桩号+线元号 i 复数/耗时 1.71s
α_p=356°22′11.35″	EXE	显示垂点走向方位角
x_p+y_pi(m)=276450.5770+493281.1583i	EXE	显示垂点坐标复数
d_L(m)=-5.7038	EXE	显示负数为左边距
x_j(m)/π⇒end=?	SHIFT π EXE	输入 π 结束程序
Q2X8⇒End		程序结束显示

4.9 断链计算原理

因局部改线或其他原因造成路线桩号不连续的现象称为断链，桩号不连续的中桩称为断链桩。在设计图上应在断链桩处标明它的老(后)、新(前)桩号与断链值，格式为：

后桩号=前桩号，断链值=后桩号−前桩号

断链值<0 称为短链，表示从断链桩开始，路线长缩短了断链值，案例如图 4-46 所示；断链值>0 称为长链，表示从断链桩开始，路线长增长了断链值，案例如图 4-47 所示。

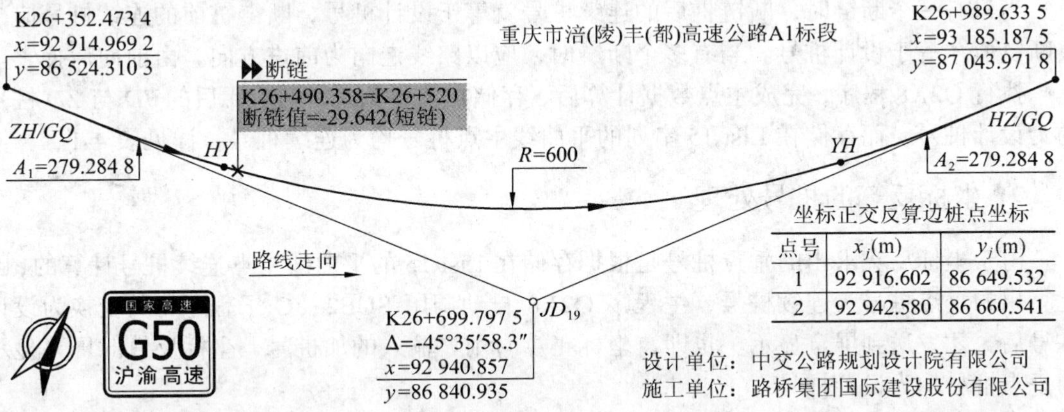

坐标正交反算边桩点坐标

点号	x_j(m)	y_j(m)
1	92 916.602	86 649.532
2	92 942.580	86 660.541

图 4-46　交点平曲线含短链设计图

1) 坐标正算的桩号处理

图 4-46 所示的短链(屏幕显示为**-break**)，存在一个空桩区间 K26+490.358~K26+520，区间宽度为短链值 29.642m，该区间内的桩号在实际路线中是不存在的。

进行坐标正算时,如果用户输入的加桩号位于该短链空桩区间 K26+490.358~K26+520，程序不能计算，并提示用户重复输入新加桩号。

图 4-47 所示的长链(屏幕显示为**+break**)，存在两个重桩区间，分长链桩后(←BACK)重桩区间与长链桩前(FRONT→)重桩区间(以路线走向为前进方向)，桩号区间均为 K53+563.478~K53+570.416，后、前重桩区间的总宽度为两倍长链值即 2×6.938=13.876m。

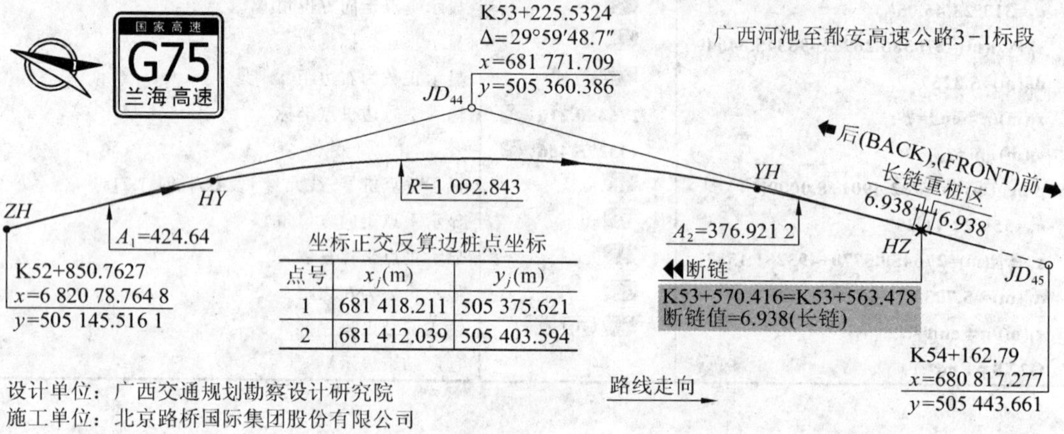

图 4-47　交点平曲线含长链设计图

进行坐标正算时，如果用户输入的加桩号位于该长链重桩区间 K53+563.478~ K53+ 570.416，应提示用户在长链桩后(←BACK)重桩区间与长链桩前(FRONT→)重桩区间选择一个。

称不考虑断链的桩号为连续桩号，顾及断链的桩号为设计桩号。执行 Q2X8 程序进行坐标正算时，用户输入的桩号为设计桩号，主程序通过调用 SUB2−8D 子程序将其变换为连续桩号后才计算。

当只有一个断链时，断链桩后的连续桩号就等于设计桩号，断链桩前的连续桩号应减去断链值才等于设计桩号。当有多个断链时，应以路线走向为前进方向，由前向后搜索。

执行 Q2X8 程序，完成主点数据计算后，存储在 **List 1[2]** 串列单元后的 *JD* 与 *ZD* 桩号均为设计桩号，而存储在 List 15 串列的平曲线主点桩号均为连续桩号，详见表 4-1。

2) 坐标反算的桩号处理

由于坐标反算求出的垂点桩号是根据存储在 List 15 的平曲线主点连续桩号计算的，因此算出的垂点桩号为连续桩号，主程序 Q2X8 自动调用 SUB2−8C 子程序将其变换为设计桩号后，才发送到屏幕显示。也即，坐标正算时用户输入的加桩号，坐标反算时屏幕显示的垂点桩号均为设计桩号。

当只有一个断链时，断链桩后的连续桩号就等于设计桩号，断链桩前的连续桩号应加断链值才等于设计桩号。当有多个断链时，应以路线走向为前进方向，由后向前搜索。

3) 短链计算案例

[例 4-6]　试用 Q2X8 程序计算图 4-46 所示平曲线加桩 K26+510，K26+480，K26+530 的中桩坐标及内表所列 2 个边桩点的坐标反算结果。

[解]　① 设置当前串列文件。

按 MENU 2 键进入 **STAT** 模式，按 SHIFT SET UP ▼ ▼ F1 (FILE) 6 EXE EXE 键设置 **File6** 为当前串列文件；按 MENU 1 键进入 **RUN·MAT** 模式，按 SHIFT PRGM F6 F1 F3 EXE 键执行 **ClrList** 命令，清除当前串列文件。

② 输入平曲线设计数据到当前串列文件。

按表 4-1 的规定，在当前串列文件的 List 1~List 6 串列单元输入 JD_{19} 的平曲线设计数据，在 **List 4[3]**串列单元输入断链桩的后桩号，在 **List 5[3]**串列单元输入断链桩的前桩号，结果如图 4-48 左二图所示。存储在 **List 6[3]**串列单元的断链值由程序自动计算，不需要用户输入，即使用户输入了断链值，计算平曲线主点时，程序也将用自动计算结果存入该串列单元。

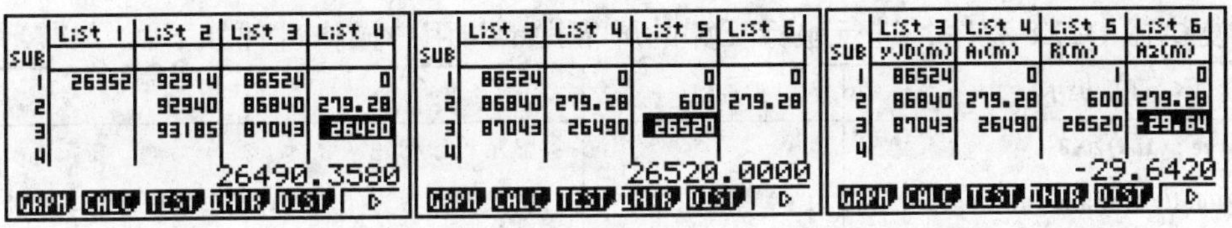

图 4-48　JD_{19} 平曲线设计数据与短链桩数据输入到当前串列结果

③ 计算平曲线主点数据与断链值。

执行 Q2X8 程序，计算平曲线主点数据的屏幕提示与用户操作过程如下：

屏幕提示	按键	说明
JD curve xyH Q2X8		显示程序标题
new(0)/old(≠0) main point data=?	**0** EXE	输入 0 为重新计算主点数据
hor−curve first JD num=?	**19** EXE	输入平曲线起始交点号(number)
Z_{ZD}(m)=26989.6321	EXE	显示平曲线终点设计桩号/耗时 2.15s
α_{ZD}=39°43′34.77″	EXE	显示平曲线终点走向方位角
Press [MENU][2]⇛Stop!	MENU 2	停止程序并进入 **STAT** 模式

完成主点数据计算后，按 MENU 2 键进入 **STAT** 模式，程序将算出的断链值存入 **List 6[3]**串列单元，结果如图 4-48 右图所示。

④ 坐标正算。

重复执行 Q2X8 程序，进行坐标正算的屏幕提示与用户操作过程如下：

屏幕提示	按键	说明
JD curve xyH Q2X8		显示程序标题
new(0)/old(≠0) main point data=?	**6** EXE	输入非零数为使用现有主点数据计算
st xy new(0)/old(>0)/no(<0)=?	**-6** EXE	输入负数为不设置测站点(station)
peg→xy(1)/xy→peg(2)/pier(4)=?	**1** EXE	输入 1 选择坐标正算
+peg(m),<QD⇛end=?	**26510** EXE	输入第 1 个加桩号
j in -break peg n=1.0000	EXE	显示加桩位于 1 号短链(-break)空桩区

续表

屏幕提示	按键	说明
+peg(m),<QD⇛end=?	26480 EXE	输入第 2 个加桩号
α_j=79°21′09.75″	EXE	显示中桩走向方位角/耗时 0.62s
x_j+y_ji(m)=92929.7634+86650.9138i	EXE	显示中桩坐标复数
W_L(m)±∠γi,0⇛no=?	-5 EXE	输入<-4 的负整数结束边桩坐标计算
+peg(m),<QD⇛end=?	26530 EXE	输入第 3 个加桩号
α_j=77°24′39.27″	EXE	显示中桩走向方位角/耗时 0.62s
x_j+y_ji(m)=92933.8627+86670.8538i	EXE	显示中桩坐标复数
W_L(m)±∠γi,0⇛no=?	-5 EXE	输入<-4 的负整数结束边桩坐标计算
+peg(m),<QD⇛end=?	6 EXE	输入小于 *QD* 的桩号结束程序
Q2X8⇛End		程序结束显示

⑤ 坐标反算。

重复执行 Q2X8 程序，进行坐标反算的屏幕提示与用户操作过程如下：

屏幕提示	按键	说明
JD curve xyH Q2X8		显示程序标题
new(0)/old(≠0) main point data=?	6 EXE	输入非零数为使用现有主点数据计算
st xy new(0)/old(>0)/no(<0)=?	-6 EXE	输入负数为不设置测站点(station)
peg→xy(1)/xy→peg(2)/pier(4)=?	2 EXE	输入 2 选择坐标正交反算
x_j(m)/π⇛end=?	92916.602 EXE	输入 1 号边桩点坐标(图 4-46 内表)
y_j(m)+ni=?	86649.532 EXE	
p peg(m)+ni=26476.2862+2.0000i	EXE	显示垂点桩号+线元号 i 复数/耗时 1.02s
α_p=79°41′43.94″	EXE	显示垂点走向方位角
x_p+y_pi(m)=92929.0882+86647.2619i	EXE	显示垂点坐标复数
d_R(m)=12.6909	EXE	显示正数为右边距
x_j(m)/π⇛end=?	92942.58 EXE	输入 2 号边桩点坐标(图 4-46 内表)
y_j(m)+ni=?	86660.541 EXE	
p peg(m)+ni=26521.6866+3.0000i	EXE	显示垂点桩号+线元号 i 复数/耗时 0.99s
α_p=78°12′17.19″	EXE	显示垂点走向方位角
x_p+y_pi(m)=92932.1070+86662.7280i	EXE	显示垂点坐标复数
d_L(m)=-10.6989	EXE	显示负数为左边距
x_j(m)/π⇛end=?	SHIFT π EXE	输入 π 结束程序
Q2X8⇛End		程序结束显示

⑥ 执行成果整理程序 H2X8.exe 输出系列成果文件。

将当前串列数据输出为 File6.csv 文件，执行成果整理程序 H2X8.exe 处理 File6.csv 文件，创建的系列成果文件位于光盘“\4 章\[例 4-6]\”路径下，图 4-49 为成果文件 File6.txt 的部分内容。

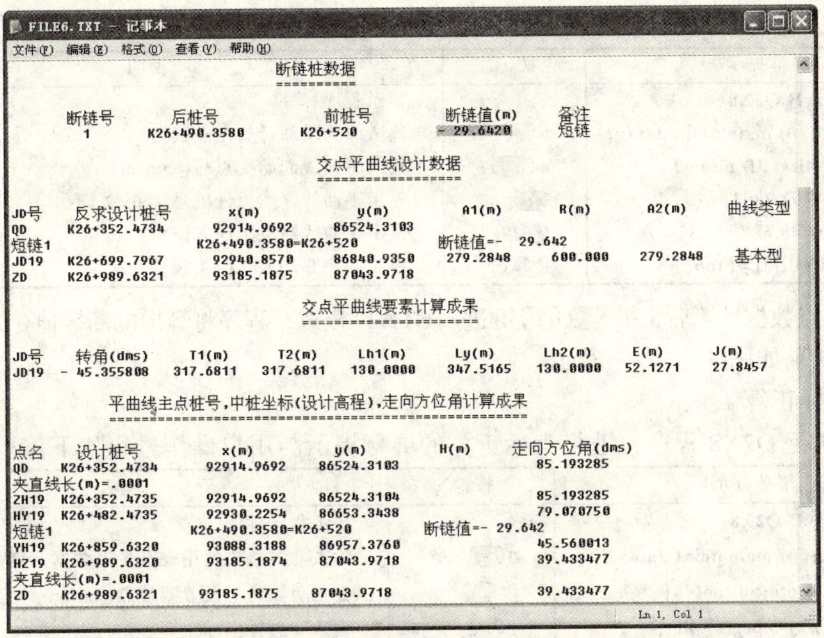
FILE6.TXT - 记事本
文件(F) 编辑(E) 格式(O) 查看(V) 帮助(H)

断链桩数据
==========

断链号	后桩号	前桩号	断链值(m)	备注
1	K26+490.3580	K26+520	- 29.6420	短链

交点平曲线设计数据
==================

JD号	反求设计桩号	x(m)	y(m)	A1(m)	R(m)	A2(m)	曲线类型
QD	K26+352.4734	92914.9692	86524.3103				
短链1		K26+490.3580=K26+520		断链值=- 29.642			
JD19	K26+699.7967	92940.8570	86840.9350	279.2848	600.000	279.2848	基本型
ZD	K26+989.6321	93185.1875	87043.9718				

交点平曲线要素计算成果
====================

JD号	转角(dms)	T1(m)	T2(m)	Lh1(m)	Ly(m)	Lh2(m)	E(m)	J(m)
JD19	- 45.355808	317.6811	317.6811	130.0000	347.5165	130.0000	52.1271	27.8457

平曲线主点桩号，中桩坐标(设计高程)，走向方位角计算成果
==

点名	设计桩号	x(m)	y(m)	H(m)	走向方位角(dms)
QD	K26+352.4734	92914.9692	86524.3103		85.193285
夹直线长(m)=.0001					
ZH19	K26+352.4735	92914.9692	86524.3104		85.193285
HY19	K26+482.4735	92930.2254	86653.3438		79.070750
短链1		K26+490.3580=K26+520		断链值=- 29.642	
YH19	K26+859.6320	93088.3188	86957.3760		45.560013
HZ19	K26+989.6320	93185.1874	87043.9718		39.433477
夹直线长(m)=.0001					
ZD	K26+989.6321	93185.1875	87043.9718		39.433477

Ln 1, Col 1

图 4-49 含一个短链的单交点基本型平曲线成果文件 File6.txt 的部分内容

在执行成果整理程序 H2X8 输出的 4 个成果文件 File6.txt，SUfile6.csv，CSfile6.dat，SKfile6.csv 中，平曲线主点与逐桩点的桩号均已变换为设计桩号。

4) 长链计算案例

[例 4-7] 试用 Q2X8 程序计算图 4-47 所示平曲线加桩 K53+566 的中桩坐标及内表所示 2 个边桩点的坐标反算结果。

[解] ① 设置当前串列文件。

按 MENU 2 键进入 **STAT** 模式，按 SHIFT SET UP ▼ ▼ F1 (FILE) 1 EXE EXE 键设置 **File1** 为当前串列文件；按 MENU 1 键进入 **RUN•MAT** 模式，按 SHIFT PRGM F6 F1 F3 EXE 键执行 **ClrList** 命令，清除当前串列文件。

② 输入平曲线设计数据到当前串列文件。

按表 4-1 的规定，在当前串列文件的 List 1~List 6 串列单元输入 JD_{44} 的平曲线设计数据，在 **List 4[3]** 串列单元输入断链桩的后桩号，在 **List 5[3]** 串列单元输入断链桩的前桩号，结果如图 4-50 左二图所示。存储在 **List 6[3]** 串列单元的断链值由程序自动计算，不需要用户输入。

图 4-50 JD_{44} 平曲线设计数据与长链桩数据输入到当前串列结果

③ 计算平曲线主点数据与断链值。

执行 Q2X8 程序，计算平曲线主点数据的屏幕提示与用户操作过程如下：

屏幕提示	按键	说明
JD curve xyH Q2X8		显示程序标题
new(0)/old(≠0) main point data=?	**0** EXE	输入 0 为重新计算主点数据
hor−curve first JD num=?	**44** EXE	输入平曲线起始交点号(<u>num</u>ber)
Z_{ZD}(m)=54162.7892	EXE	显示平曲线终点设计桩号/耗时 2.18s
α_{ZD}=175°00′48.68″	EXE	显示平曲线终点走向方位角
Press [MENU][2]⇒Stop!	MENU 2	停止程序并进入 **STAT** 模式

完成主点数据计算后，按 MENU 2 键进入 **STAT** 模式，程序将算出的断链值存入 **List 6[3]**串列单元，结果如图 4-50 右图所示。

④ 坐标正算。

重复执行 Q2X8 程序，进行坐标正算的屏幕提示与用户操作过程如下：

屏幕提示	按键	说明
JD curve xyH Q2X8		显示程序标题
new(0)/old(≠0) main point data=?	**7** EXE	输入非零数为使用现有主点数据计算
st xy new(0)/old(>0)/no(<0)=?	**-7** EXE	输入负数为不设置测站点(<u>st</u>ation)
peg→xy(1)/xy→peg(2)/pier(4)=?	**1** EXE	输入 1 选择坐标正算
+peg(m),<QD⇒end=?	**53566** EXE	输入加桩号
←(0) +break →(≠0)=?	**0** EXE	输入 0 选择长链(+break)后重桩区
α_j=175°00′34.53″	EXE	显示走向方位角/耗时 0.56s
x_j+y_ji(m)=681418.7192+505391.1846i	EXE	显示中桩坐标复数
W_L(m)±∠γi,0⇒no=?	**-5** EXE	输入<-4 的负整数结束边桩坐标计算
+peg(m),<QD⇒end=?	**53566** EXE	重复输入加桩号
←(0) +break →(≠0)=?	**1** EXE	输入非零数选择长链(+break)前重桩区
α_j=175°00′48.68″	EXE	显示走向方位角/耗时 0.56s
x_j+y_ji(m)=681411.8075+505391.7877i	EXE	显示中桩坐标复数
W_L(m)±∠γi,0⇒no=?	**-5** EXE	输入<-4 的负整数结束边桩坐标计算
+peg(m),<QD⇒end=?	**7** EXE	输入小于 *QD* 的桩号结束程序
Q2X8⇒End		程序结束显示

⑤ 坐标反算。

重复执行 Q2X8 程序，进行坐标反算的屏幕提示与用户操作过程如下：

屏幕提示	按键	说明
JD curve xyH Q2X8		显示程序标题
new(0)/old(≠0) main point data=?	**7** EXE	输入非零数为使用现有主点数据计算
st xy new(0)/old(>0)/no(<0)=?	**-7** EXE	输入负数为不设置测站点(<u>st</u>ation)
peg→xy(1)/xy→peg(2)/pier(4)=?	**2** EXE	输入 2 选择坐标正交反算
x_j(m)/π⇒end=?	**681418.211** EXE	输入 1 号边桩点坐标(图 4-47 内表)
y_j(m)+ni=?	**505375.621** EXE	
p peg(m)+ni=53565.1520+4.0000i	EXE	显示垂点桩号+线元号 i 复数/耗时 1.14s
α_p=175°00′28.57″	EXE	显示垂点走向方位角
x_p+y_pi(m)=681419.5640+505391.1108i	EXE	显示垂点坐标复数
d_R(m)=15.5488	EXE	显示正数为右边距
x_j(m)/π⇒end=?	**681412.039** EXE	输入 2 号边桩点坐标(图 4-47 内表)

续表

屏幕提示	按键	说明
y_j(m)+ni=?	505403.594 EXE	
p peg(m)+ni=53566.7956+5.0000i	EXE	显示垂点桩号+线元号 i 复数/耗时 0.92s
α_p=175°00′48.68″	EXE	显示垂点走向方位角
x_p+y_pi(m)=681411.0149+505391.8569i	EXE	显示垂点坐标复数
d_L(m)=-11.7817	EXE	显示负数为左边距
x_j(m)/π⇒end=?	SHIFT π EXE	输入 π 结束程序
Q2X8⇒End		程序结束显示

⑥ 执行成果整理程序 H2X8.exe 输出系列成果文件。

将当前串列数据输出为 File1.csv 文件，执行成果整理程序 H2X8.exe 处理 File1.csv 文件，创建的系列成果文件位于光盘"\4 章\[例 4-7]\"路径下，图 4-51 为成果文件 File1.txt 的部分内容。

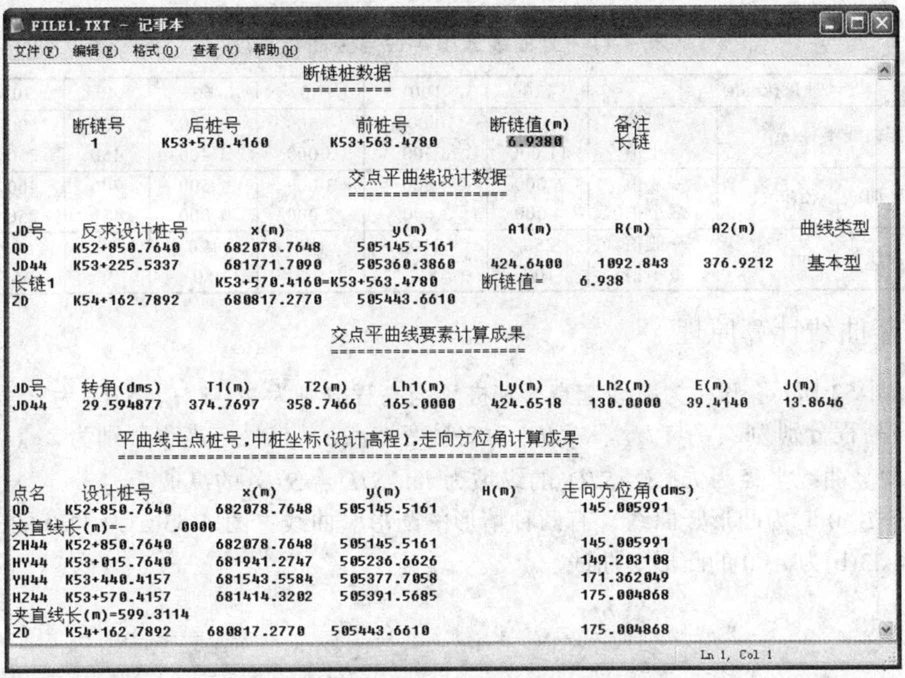
```
FILE1.TXT - 记事本
文件(F) 编辑(E) 格式(O) 查看(V) 帮助(H)
                          断链桩数据
                          ==========

   断链号        后桩号             前桩号          断链值(m)     备注
     1      K53+570.4160      K53+563.4780        6.9380      长链
                              交点平曲线设计数据
                              ==================

JD号    反求设计桩号       x(m)           y(m)          A1(m)        R(m)        A2(m)      曲线类型
QD     K52+850.7640     682078.7648    505145.5161
JD44   K53+225.5337     681771.7090    505360.3860    424.6400    1092.843    376.9212     基本型
长链1                   K53+570.4160=K53+563.4780     断链值=     6.938
ZD     K54+162.7892     680817.2770    505443.6610

                              交点平曲线要素计算成果
                              ======================

JD号     转角(dms)      T1(m)      T2(m)      Lh1(m)     Ly(m)      Lh2(m)     E(m)      J(m)
JD44    29.594877    374.7697   358.7466   165.0000   424.6518   130.0000   39.4140   13.8646

         平曲线主点桩号,中桩坐标(设计高程),走向方位角计算成果
         ==================================================

点名     设计桩号          x(m)          y(m)          H(m)      走向方位角(dms)
QD     K52+850.7640    682078.7648   505145.5161              145.005991
夹直线长(m)=-        .0000
ZH44   K52+850.7640    682078.7648   505145.5161              145.005991
HY44   K53+015.7640    681941.2747   505236.6626              149.203108
YH44   K53+440.4157    681543.5584   505377.7058              171.362049
HZ44   K53+570.4157    681414.3202   505391.5685              175.004868
夹直线长(m)=599.3114
ZD     K54+162.7892   680817.2770   505443.6610               175.004868
                                                           Ln 1, Col 1
```

图 4-51 含一个长链的单交点基本型平曲线成果文件 File1.txt 的部分内容

4.10 竖曲线计算原理

为了行车的平稳和满足视距的要求，路线纵坡变更处应以圆曲线相接，称这种曲线为竖曲线，纵坡变更处称为变坡点，也即竖交点，用 *SJD* 表示[15]。竖曲线按其变坡点 *SJD* 在曲线的上方或下方分别称为凸形竖曲线或凹形竖曲线。

如图 4-52 所示，设路线上有三条相邻纵坡 i_1(+)、i_2(-)、i_3(+)，在 i_1 和 i_2 之间设置凸形竖曲线；在 i_2 和 i_3 之间设置凹形竖曲线。

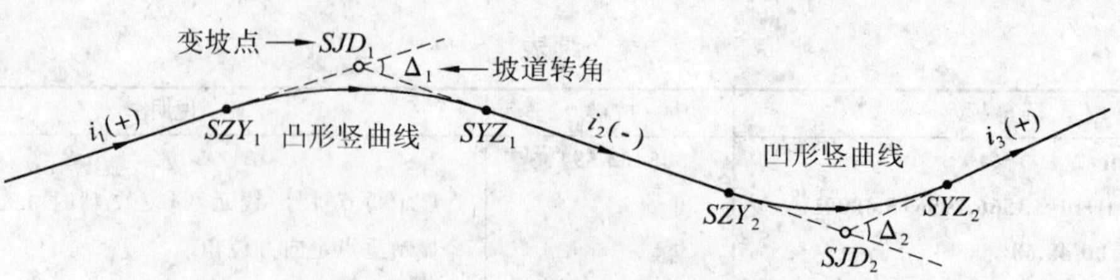

图 4-52　竖曲线及其类型

《公路路线设计规范》[24]规定，路线最大纵坡应符合表 4-10 的规定。

表 4-10　路线最大纵坡

设计速度(km/h)	120	100	80	60	40	30	20
最大纵坡(%)	3	4	5	6	7	8	9

竖曲线的最小半径与竖曲线长度应符合表 4-11 的规定。

表 4-11　竖曲线最小半径与竖曲线长度

设计速度(km/h)		120	100	80	60	40	30	20
凸形竖曲线半径(m)	一般值	17 000	10 000	4 500	2 000	700	400	200
	最小值	11 000	6 500	3 000	1 400	450	250	100
凹形竖曲线半径(m)	一般值	6 000	4 500	3 000	1 500	700	400	200
	最小值	4 000	3 000	2 000	1 000	450	250	100
竖曲线长度(m)	一般值	250	210	170	120	90	60	50
	最小值	100	85	70	50	35	25	20

1) 竖曲线计算原理

如图 4-53 所示，设 s 为路线起点，其桩号与高程分别为 Z_s 与 H_s，SJD_1 为 1 号变坡点，其桩号与高程分别为 Z_{SJD_1} 与 H_{SJD_1}，SJD_2 为 2 号变坡点，其桩号与高程分别为 Z_{SJD_2} 与 H_{SJD_2}，设 SJD_1 的竖曲线半径为 R；$s \to SJD_1$ 的纵坡为 i_1，$SJD_1 \to SJD_2$ 的纵坡为 i_2。

当 $i_1 - i_2 > 0$ 时为凸形竖曲线，有两种情形的凸形竖曲线：图 4-53(a)为 $i_1 > 0$ 的凸形竖曲线，图 4-53(b)为 $i_1 < 0$ 的凸形竖曲线。

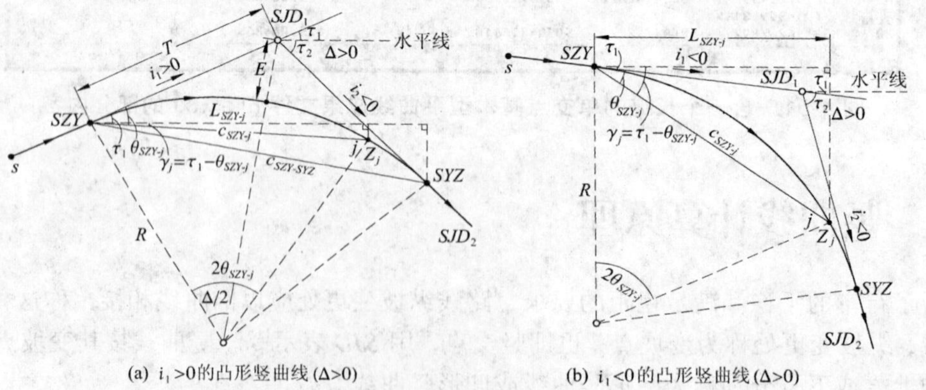

(a) $i_1>0$的凸形竖曲线 ($\Delta>0$)　　(b) $i_1<0$的凸形竖曲线 ($\Delta>0$)

图 4-53　两种凸形竖曲线的主点桩号与高程计算原理

当 $i_1-i_2<0$ 时为凹形竖曲线，有两种情形的凹形竖曲线：图 4-54(a)为 $i_1<0$ 的凹形竖曲线，图 4-54(b)为 $i_1>0$ 的凹形竖曲线。

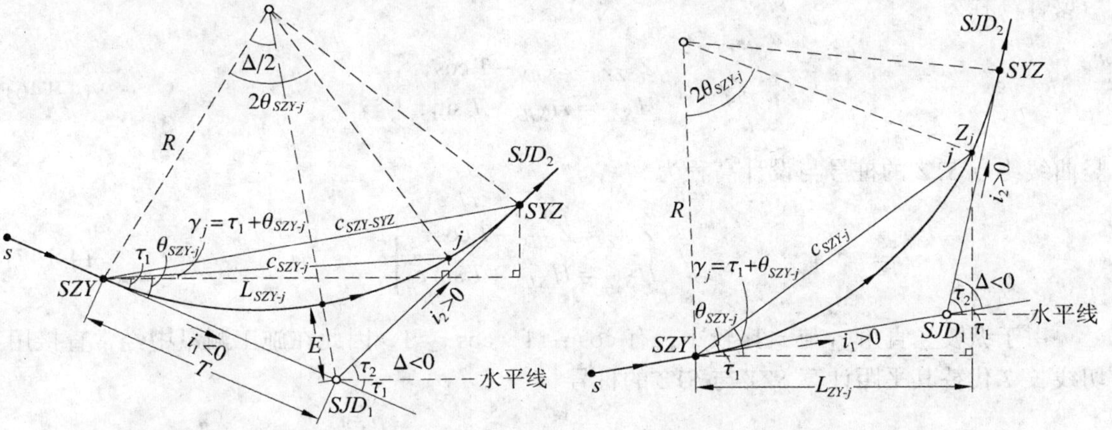

(a) i_1<0的凹形竖曲线(Δ<0)　　　(b) i_1>0的凹形竖曲线(Δ<0)

图 4-54　两种凹形竖曲线的主点桩号与高程计算原理

(1) 竖曲线要素的计算

在竖曲线设计图中，虽然同时给出了 Z_s，H_s，Z_{SJD_1}，H_{SJD_1}，Z_{SJD_2}，H_{SJD_2}，i_1，i_2 等数据，但在输入设计数据时，纵坡度 i_1 与 i_2 是不需要输入的，它们可以由下列公式反求出

$$\left.\begin{aligned} i_1 &= \frac{H_{SJD_1}-H_s}{Z_{SJD_1}-Z_s} \\ i_2 &= \frac{H_{SJD_2}-H_{SJD_1}}{Z_{SJD_2}-Z_{SJD_1}} \end{aligned}\right\} \tag{4-141}$$

当路线含有断链时，式(4-141)分母的桩号应为连续桩号。

变坡点 SJD_1 的竖曲线要素包括竖曲线长 L_y、切线长 T、外距 E 和坡道转角 Δ。由图 4-53 或图 4-54 所示的几何关系，得

$$\left.\begin{aligned} \Delta &= \tau_1-\tau_2 \\ \tau_1 &= \tan^{-1} i_1 \\ \tau_2 &= \tan^{-1} i_2 \end{aligned}\right\} \tag{4-142}$$

式(4-142)中的坡道转角 Δ，对于凸形竖曲线，Δ>0；对于凹形竖曲线，Δ<0。

竖曲线其余要素的计算公式为

$$L_y = \frac{\pi}{180^\circ}|\Delta|R \tag{4-143}$$

$$T = R\tan\frac{|\Delta|}{2} \tag{4-144}$$

$$E = R(\sec\frac{|\Delta|}{2}-1) \tag{4-145}$$

（2）竖曲线主点桩号与设计高程的计算

在图 4-53 所示的凸形竖曲线或图 4-54 所示的凹形竖曲线中，竖曲线起点 SZY 的桩号与设计高程为

$$\left.\begin{aligned}Z_{SZY}&=Z_{SJD_1}-T\cos\tau_1\\H_{SZY}&=H_{SJD_1}-T\sin\tau_1\end{aligned}\right\}\tag{4-146}$$

竖曲线终点 SYZ 的桩号与设计高程为

$$\left.\begin{aligned}Z_{SYZ}&=Z_{SJD_1}+T\cos\tau_2\\H_{SYZ}&=H_{SJD_1}+T\sin\tau_2\end{aligned}\right\}\tag{4-147}$$

由于纵坡竖直角 τ_1 与 τ_2 比较小，有 $\cos\tau_1\approx1$，$\cos\tau_2\approx1$，因此在施工测量中经常直接用切线长 T 代替其平距计算 SZY 与 SYZ 的桩号

$$\left.\begin{aligned}Z_{SZY}&\approx Z_{SJD}-T\\Z_{SYZ}&\approx Z_{SJD}+T\end{aligned}\right\}\tag{4-148}$$

下面讨论用 T 代替 $T\cos\tau_1$ 的差异。设

$$\Delta T=T-T\cos\tau_1=T(1-\cos\tau_1)=R\tan\frac{|\tau_1-\tau_2|}{2}(1-\cos\tau_1)\approx R\tan\tau_1(1-\cos\tau_1)\tag{4-149}$$

因纵坡竖直角 τ_1 较小，故有 $\sin\tau_1\approx\tan\tau_1\approx i_1$，施工中常用 Ti 代替 $T\sin\tau_1$ 计算 SZY 的高程，其差值为

$$\Delta H=Ti-T\sin\tau_1=T(i-\sin\tau_1)\tag{4-150}$$

根据《公路工程技术标准》[25]的规定，算出设计速度>60km/h 公路的 ΔT 与 ΔH 值列于表 4-12。

表 4-12　用切线长代替切线平距对桩号与高程的影响（竖曲线半径的一般值与最大纵坡）

设计速度(km/h)	120	100	80	60
凸形半径一般值(m)	17 000	10 000	4 500	2 000
最大纵坡(%)	4	5	6	7
竖直角 τ_1	2°17′26.2″	2°51′44.66″	3°26′1.07″	4°0′15.02″
ΔT (m)	0.543	0.624	0.485	0.342
ΔH (m)	1.737×10^{-5}	3.892×10^{-5}	5.221×10^{-5}	5.839×10^{-5}
凹形半径一般值(m)	6 000	4 500	3 000	1 500
最大纵坡(%)	4	5	6	7
竖直角 τ_1	2°17′26.2″	2°51′44.66″	3°26′1.07″	4°0′15.02″
ΔT (m)	0.192	0.281	0.323	0.256
ΔH (m)	6.129×10^{-6}	1.751×10^{-5}	3.480×10^{-5}	4.380×10^{-5}

注：上述纵坡值，已考虑经技术经济论证，《公路工程技术标准》允许增加 1%的坡度。

表 4-12 的结果表明，用切线长代替平距计算 SZY 桩号的误差还是比较大的，但高差却相差很小，可以忽略。本章全部用平距计算桩号，虽然公式略微复杂一点，但用 fx-9750GⅡ

编程是很容易实现的。

(3) 竖曲线圆曲线段加桩设计高程的计算

设加桩 j 的桩号为 Z_j，则 $SZY \to j$ 的平距即为 $L_{SZY-j} = Z_j - Z_{SZY}$，设 $ZY \to j$ 的弦长为 c_{SZY-j}，弦长与水平线的夹角为 $\gamma_j = \tau_1 \mp \theta_{SZY-j}$，则加桩 j 的设计高程为

$$H_j = H_{SZY} + L_{SZY-j}\tan(\tau_1 \mp \theta_{SZY-j}) \tag{4-151}$$

式中，θ_{SZY-j} 为恒大于零的正角，其中的"∓"号，对凸形竖曲线取"−"号，对凹形竖曲线取"+"号。θ_{SZY-j} 的公式推导过程如下

$$\begin{aligned} L_{SZY-j} &= c_{SZY-j}\cos(\tau_1 \mp \theta_{SZY-j}) \\ &= 2R\sin\theta_{SZY-j}(\cos\tau_1\cos\theta_{SZY-j} \pm \sin\tau_1\sin\theta_{SZY-j}) \\ &= 2R(\cos\tau_1\sin\theta_{SZY-j}\cos\theta_{SZY-j} \pm \sin\tau_1\sin^2\theta_{SZY-j}) \\ &= 2R\cos^2\theta_{SZY-j}(\cos\tau_1\tan\theta_{SZY-j} \pm \sin\tau_1\tan^2\theta_{SZY-j}) \end{aligned}$$

将三角函数恒等式 $\cos^2\theta_{SZY-j} = \dfrac{1}{1+\tan^2\theta_{SZY-j}}$ 代入上式，得

$$L_{SZY-j} = \frac{2R}{1+\tan^2\theta_{SZY-j}}(\cos\tau_1\tan\theta_{SZY-j} \pm \sin\tau_1\tan^2\theta_{SZY-j})$$

化简，得

$$L_{SZY-j} + L_{SZY-j}\tan^2\theta_{SZY-j} = 2R\cos\tau_1\tan\theta_{SZY-j} \pm 2R\sin\tau_1\tan^2\theta_{SZY-j}$$

$$(\pm 2R\sin\tau_1 - L_{SZY-j})\tan^2\theta_{SZY-j} + 2R\cos\tau_1\tan\theta_{SZY-j} - L_{SZY-j} = 0 \tag{4-152}$$

式(4-152)为一元二次方程，其中的"±"号，对凸形竖曲线取"+"号，对凹形竖曲线取"−"号。设方程式的系数为

$$\left.\begin{aligned} a &= \pm 2R\sin\tau_1 - L_{SZY-j} \\ b &= 2R\cos\tau_1 \\ c &= -L_{SZY-j} \end{aligned}\right\} \tag{4-153}$$

则方程式(4-153)的两个解为

$$\tan\theta_{SZY-j} = \frac{-b \pm \sqrt{b^2 - 4ac}}{2a} \tag{4-154}$$

应取满足条件

$$0 < \theta_{SZY-j} \leqslant \frac{|\Delta|}{2} \tag{4-155}$$

的解为方程式(4-152)的解。

(4) 竖曲线直线坡道加桩设计高程的计算

对加桩位于 SYZ 前，纵坡为 i_2 的直线坡道，其设计高程为

$$H_j = H_{SYZ} + (Z_j - Z_{SYZ})i_2 \tag{4-156}$$

2) 竖曲线设计数据的输入

Q2X8 程序要求将竖曲线的起点、变坡点、终点的设计数据，按表 4-13 的规定一次性输入 List 23 串列，详见表 4-13。

表 4-13　程序 Q2X8 竖曲线设计数据输入输出串列明细表

行数	List 23	List 24	List 25	List 26
Excel	W	X	Y	Z
子名	Z/H/i/R	Z_{main}(m)	H_{main} (m)	i/R
1	起点设计桩号	起点连续桩号	起点高程	i_s
2	起点高程	SZY_1 连续桩号	SZY_1 高程	R_1
3	变坡点 1 设计桩号	SYZ_1 连续桩号	SYZ_1 高程	i_1
4	变坡点 1 高程	SZY_2 连续桩号	SZY_2 高程	R_2
5	变坡点 1 半径	SYZ_2 连续桩号	SYZ_2 高程	i_2
……	……	……	……	……
3N+3	终点设计桩号	终点连续桩号	终点高程	
3N+4	终点高程			

注：表中灰底色所示串列单元的数据为用户输入的竖曲线设计数据，其余串列单元的数据为程序计算结果，表中“Excel”行的字母代表在 MS Excel 中输入设计数据时的字母列号。当平曲线含有断链时，在 List 23 串列中输入的起点、变坡点、终点桩号应为设计桩号。

当竖曲线含有断链时，其断链桩号应与平曲线的对应断链桩号相同。执行 Q2X8 程序，完成当前串列文件的平竖曲线主点数据计算后，存储在 List 24 串列的竖曲线主点桩号为连续桩号。但执行成果整理程序 H2X8.exe 后，输出到成果文件 Filen.txt(n=1~6)中的竖曲线主点桩号则为设计桩号。

3) 含断链的平竖曲线计算案例

[例 4-8]　图 4-55~图 4-58 为湖南省石门至长沙铁路增建第二线一标路线 32 个交点(JD_{72}~JD_{103})的平曲线设计图，其交点平曲线均为对称基本型曲线，70 个变坡点及其纵坡(SJD_1~SJD_{70})的竖曲线设计数据列于表 4-14，试用 Q2X8 程序计算加桩 K140+398，K136+102 的中边桩坐标及其中桩设计高程，左、右边距均取 6.1m，并计算图 4-55 内表所列 2 个边桩点的坐标反算结果。

[解]　① 平竖曲线与断链桩数据的输入。

按表 4-1 的规定，在 MS Excel 的 File2 选项卡的 A~F 列输入 32 个交点的平曲线设计数据，从 D34 单元开始输入 23 个断链桩的后桩号，从 E34 单元开始输入 23 个断链桩的前桩号，结果如图 4-59 上图所示。

按表 4-13 的规定，在 W 列输入表 4-14 的起点设计桩号及高程，变坡点设计桩号、高程、竖曲线半径，终点设计桩号及高程，结果如图 4-59 下图所示。

表 4-17 共有 70 个变坡点，每个变坡点需要输入设计桩号、高程、竖曲线半径 3 个设计数据，加上起点与终点的桩号与高程，共需要输入 3×70+4=214 行数据。

将 File2 选项卡的数据另存为 File2.csv 文件，将 File2.csv 文件上传到 fx-9750GⅡ内存，设置 File2 为当前串列文件。

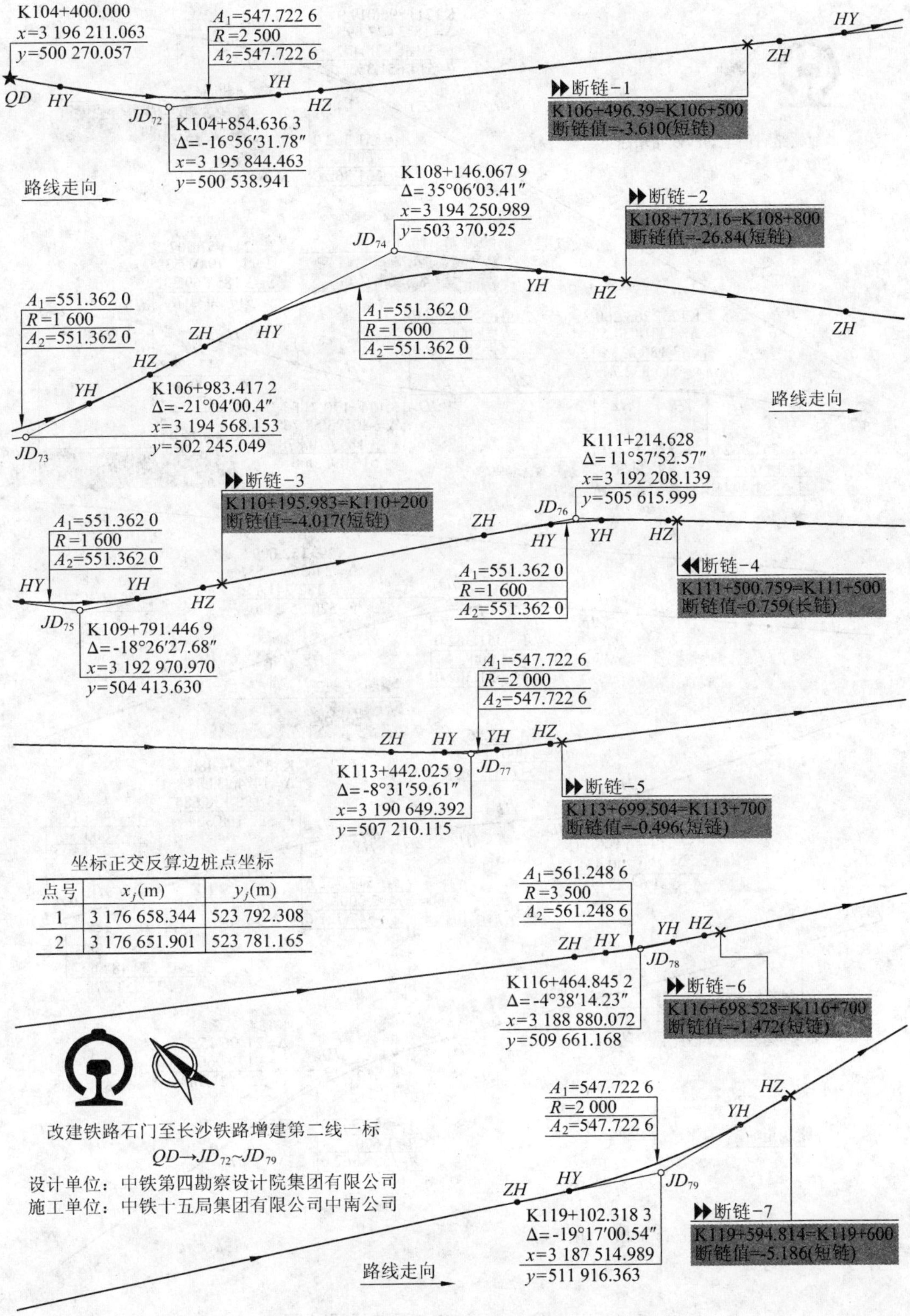

坐标正交反算边桩点坐标

点号	x_j(m)	y_j(m)
1	3 176 658.344	523 792.308
2	3 176 651.901	523 781.165

图 4-55 $QD \rightarrow JD_{72} \sim JD_{79}$ 交点平曲线设计图

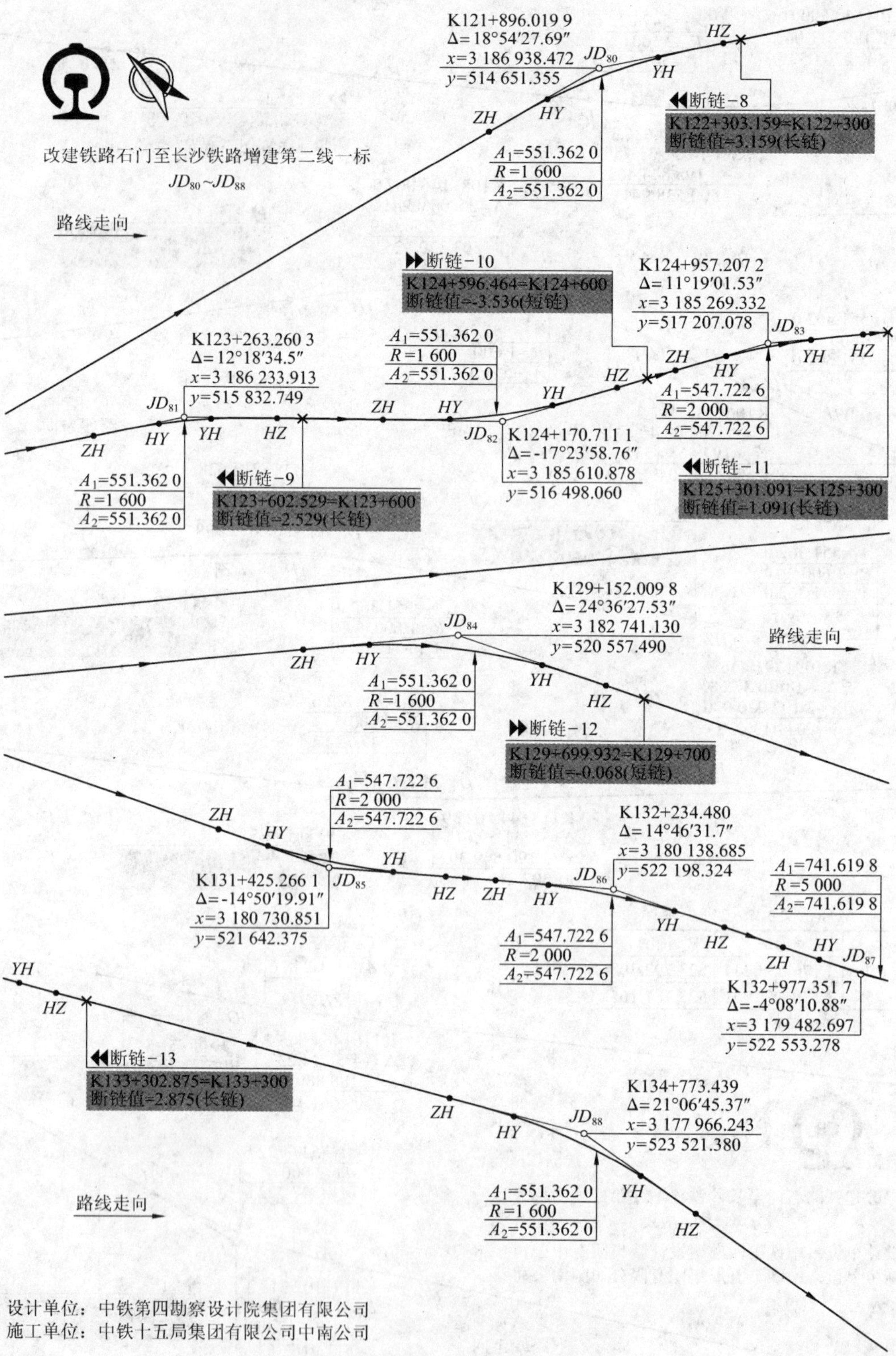

图 4-56　JD_{80}~JD_{88} 交点平曲线设计图

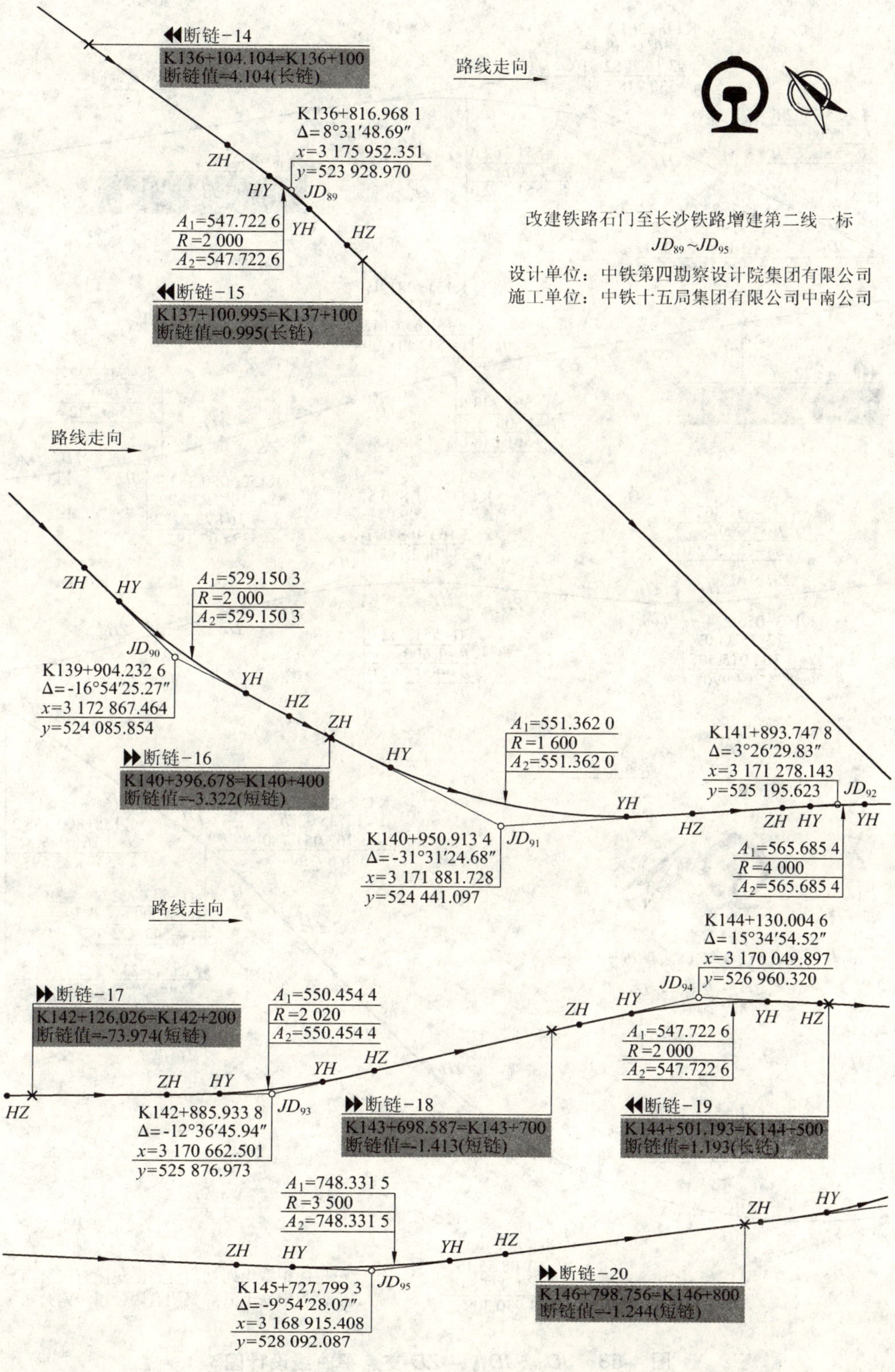

图 4-57　JD_{89}~JD_{95} 交点平曲线设计图

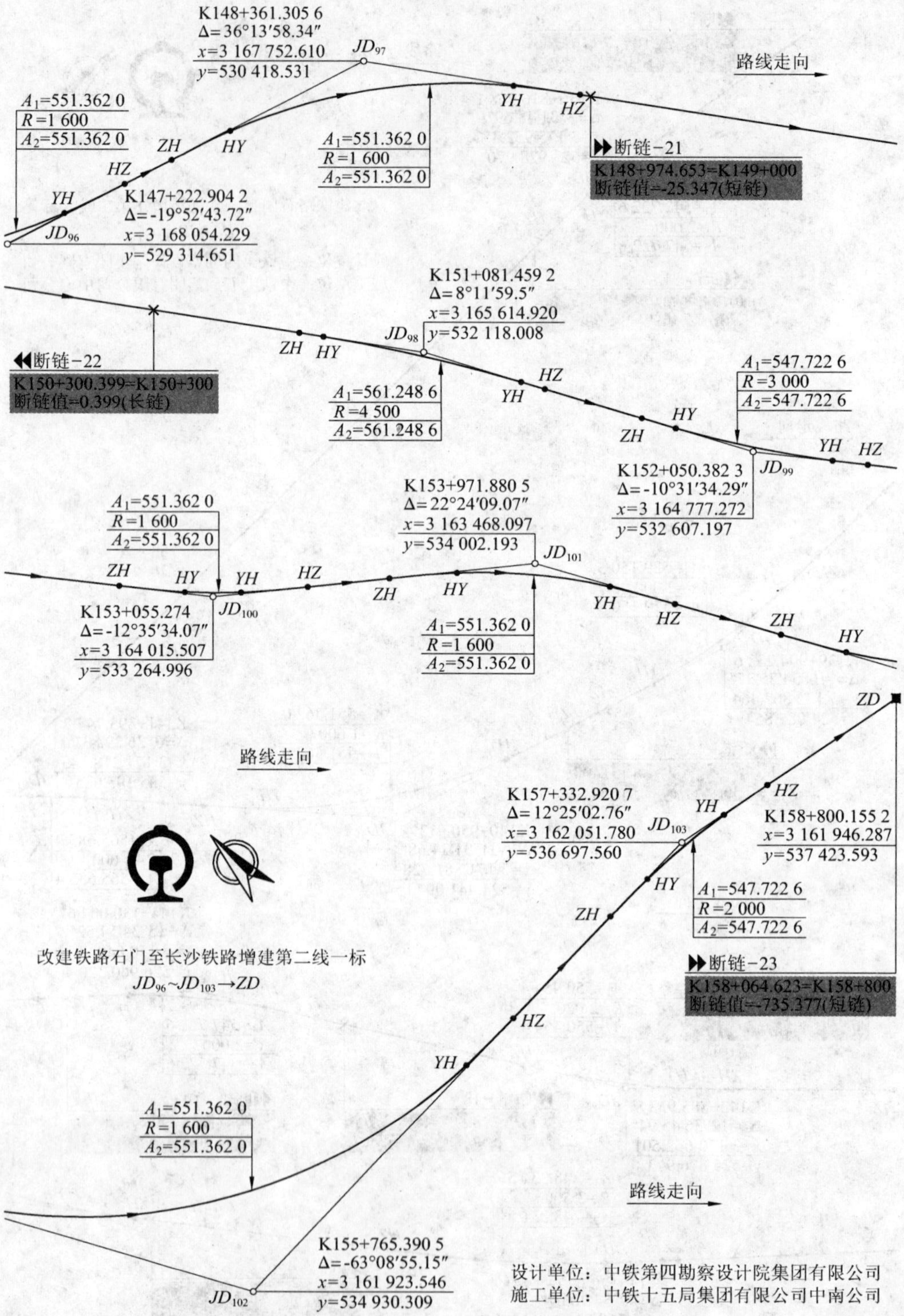

图 4-58　JD_{96}~JD_{103}→ZD 交点平曲线设计图

表 4-14　石门至长沙铁路增建第二线一标竖曲线设计数据

点名	设计桩号	H(m)	R(m)	i(%)	点名	设计桩号	H(m)	R(m)	i(%)
SQD	K104+170	41.020			SJD_{36}	K132+230	59.049	15 000	-0.3
SJD_{1}	K105+100	43.345	15 000	0.25	SJD_{37}	K132+673	56.480	15 000	-0.5799
SJD_{2}	K105+500	43.745	15 000	0.1	SJD_{38}	K134+330	53.990	15 000	-0.15
SJD_{3}	K106+910	45.860	15 000	0.1504	SJD_{39}	K134+730	52.390	15 000	-0.4
SJD_{4}	K107+850	51.218	15 000	0.57	SJD_{40}	K135+200	49.664	15 000	-0.58
SJD_{5}	K108+250	50.218	15 000	-0.25	$*SJD_{41}$	K136+100	44.264	15 000	-0.6
SJD_{6}	K109+110	45.469	15 000	-0.57	SJD_{42}	K136+500	45.664	15 000	0.3464
SJD_{7}	K109+700	47.239	15 000	0.3	SJD_{43}	K137+130	49.318	15 000	0.5791
SJD_{8}	K110+230	45.119	15 000	-0.4031	SJD_{44}	K137+930	54.038	15 000	0.59
SJD_{9}	K111+260	46.458	15 000	0.13	SJD_{45}	K138+330	55.598	15 000	0.39
SJD_{10}	K111+850	46.576	15 000	0.02	SJD_{46}	K138+930	58.958	15 000	0.56
SJD_{11}	K112+520	49.725	15 000	0.47	SJD_{47}	K139+490	62.318	15 000	0.6
SJD_{12}	K113+070	49.615	15 000	-0.02	SJD_{48}	K140+670	68.808	15 000	0.5516
SJD_{13}	K113+710	46.607	15 000	-0.4704	SJD_{49}	K142+020	73.803	15 000	0.37
SJD_{14}	K114+450	44.609	15 000	-0.27	SJD_{50}	K142+830	76.894	15 000	0.42
SJD_{15}	K115+250	40.209	15 000	-0.55	SJD_{51}	K143+700	80.722	15 000	0.4407
SJD_{16}	K115+920	42.353	15 000	0.32	SJD_{52}	K144+250	83.802	15 000	0.56
SJD_{17}	K116+530	42.109	15 000	-0.04	SJD_{53}	K144+770	86.142	15 000	0.449
SJD_{18}	K116+960	41.378	15 000	-0.1706	SJD_{54}	K145+170	83.942	15 000	-0.55
SJD_{19}	K117+570	42.171	15 000	0.13	SJD_{55}	K145+580	81.523	15 000	-0.59
SJD_{20}	K117+980	42.376	15 000	0.05	SJD_{56}	K146+040	78.855	15 000	-0.58
SJD_{21}	K119+570	39.832	15 000	-0.16	SJD_{57}	K146+900	73.695	15 000	-0.6009
SJD_{22}	K120+610	44.616	15 000	0.4623	SJD_{58}	K148+620	64.063	15 000	-0.56
SJD_{23}	K120+460	49.716	15 000	0.6	SJD_{59}	K149+046	62.380	15 000	-0.4201
SJD_{24}	K122+320	47.996	15 000	-0.1993	SJD_{60}	K149+500	61.835	15 000	-0.12
SJD_{25}	K122+930	51.656	15 000	0.6	SJD_{61}	K150+210	60.770	15 000	-0.15
SJD_{26}	K123+590	51.260	15 000	-0.06	SJD_{62}	K150+900	58.700	15 000	-0.2998
SJD_{27}	K124+460	56.219	15 000	0.5683	SJD_{63}	K152+005	52.843	15 000	-0.53
SJD_{28}	K124+995	59.054	15 000	0.5334	SJD_{64}	K152+700	48.743	15 000	-0.5899
SJD_{29}	K125+645	55.999	15 000	-0.4692	SJD_{65}	K153+500	48.423	15 000	-0.04
SJD_{30}	K127+480	54.165	15 000	-0.0999	SJD_{66}	K154+800	55.833	15 000	0.57
SJD_{31}	K128+630	47.265	15 000	-0.6	SJD_{67}	K155+960	62.213	15 000	0.55
SJD_{32}	K129+220	45.495	15 000	-0.3	SJD_{68}	K156+370	64.263	15 000	0.5
SJD_{33}	K129+630	47.299	15 000	0.44	SJD_{69}	K156+850	61.863	15 000	-0.5
SJD_{34}	K130+580	52.999	15 000	0.6	SJD_{70}	K158+020	55.194	15 000	-0.57
SJD_{35}	K131+830	60.249	15 000	0.58	*SZD*	K160+430	53.012		

注：$*SJD_{41}$ 位于 14 号断链(长链)的后重桩区。

② 计算平竖曲线主点数据。

执行 Q2X8 程序，计算平竖曲线主点数据的屏幕提示与用户操作过程如下：

屏幕提示	按键	说明
JD curve xyH Q2X8		显示程序标题
new(0)/old(≠0) main point data=?	**0** EXE	输入 0 为重新计算主点数据
i_L%,i_R% Mat B(1)/C(2)/D(3)/ E(4)/F(5)/G(6)/no(0)=?	**0** EXE	输入 0 为没有路基超高横坡矩阵
hor−curve first JD num=?	**72** EXE	输入平曲线起始交点号(number)

续表

屏幕提示	按键	说明
ver−curve first SJD num=?	1 EXE	输入竖曲线起始变坡点号/耗时 31.93s
Z_{SJD}(m)=136100.0000+41.0000i	EXE	显示变坡点桩号+编号 i 复数/耗时 16.83s
←(0) +break →(≠0)=?	0 EXE	输入 0 选择长链(+break)后重桩区
Z_{ZD}(m)=158800.1552	EXE	显示平曲线终点设计桩号(0mm)/耗时 1min28.83s
$α_{ZD}$=98°16′02.11″	EXE	显示平曲线终点走向方位角
Press [MENU][2]≑Stop!	MENU 2	停止程序并进入 **STAT** 模式

	A	B	C	D	E	F
1	104400	3196211.063	500270.057	0	0	0
2		3195844.463	500538.941	547.722558	2500	547.72256
3		3194568.153	502245.049	551.36195	1600	551.36195
4		3194250.989	503370.925	551.36195	1600	551.36195
5		3192970.97	504413.63	551.36195	1600	551.36195
6		3192208.139	505615.999	551.36195	1600	551.36195
7		3190649.392	507210.115	547.722558	2000	547.72256
8		3188880.072	509661.168	561.248608	3500	561.24861
9		3187514.989	511916.363	547.722558	2000	547.72256
10		3186938.472	514651.355	551.36195	1600	551.36195
11		3186233.913	515832.749	551.36195	1600	551.36195
12		3185610.878	516498.06	551.36195	1600	551.36195
13		3185269.332	517207.078	547.722558	2000	547.72256
14		3182741.13	520557.49	551.36195	1600	551.36195
15		3180730.851	521642.375	547.722558	2000	547.72256
16		3180138.685	522198.324	547.722558	2000	547.72256
17		3179482.697	522553.278	741.619849	5000	741.61985
18		3177966.243	523521.38	551.36195	1600	551.36195
19		3175952.351	523928.97	547.722558	2000	547.72256
20		3172867.464	524085.854	529.150262	2000	529.15026
21		3171881.728	524441.097	551.36195	1600	551.36195
22		3171278.143	525195.623	565.685425	4000	565.68542
23		3170662.501	525876.973	550.454358	2020	550.45436
24		3170049.897	526960.32	547.722558	2000	547.72256
25		3168915.408	528092.087	748.331477	3500	748.33148
26		3168054.229	529314.651	551.36195	1600	551.36195
27		3167752.61	530418.531	551.36195	1600	551.36195
28		3165614.92	532118.008	561.248608	4500	561.24861
29		3164777.272	532607.197	547.722558	3000	547.72256
30		3164015.507	533264.996	551.36195	1600	551.36195
31		3163468.097	534002.193	551.36195	1600	551.36195
32		3161923.546	534930.309	551.36195	1600	551.36195
33		3162051.78	536697.56	547.722558	2000	547.72256
34		3161946.287	537423.593	106496.39	106500	

File2 / Sheet2 / Sheet3

	D	E
34	106496.39	106500
35	108773.16	108800
36	110195.983	110200
37	111500.759	111500
38	113699.504	113700
39	116698.528	116700
40	119594.814	119600
41	122303.159	122300
42	123602.529	123600
43	124596.464	124600
44	125301.091	125300
45	129699.932	129700
46	133302.875	133300
47	136104.104	136100
48	137100.995	137100
49	140396.678	140400
50	142126.026	142200
51	143698.587	143700
52	144501.193	144500
53	146798.756	146800
54	148974.653	149000
55	150300.399	150300
56	158064.623	158800

	W		W		W		W		W		W		W		W		W		W
1	104170	23	15000	45	115250	67	44.616	89	15000	111	132673	133	54.038	155	15000	177	149046	199	55.833
2	41.02	24	110230	46	40.209	68	15000	90	127480	112	56.48	134	15000	156	144250	178	62.38	200	15000
3	105100	25	45.119	47	15000	69	121460	91	54.165	113	15000	135	138330	157	83.802	179	15000	201	155960
4	43.345	26	15000	48	115920	70	49.716	92	15000	114	134330	136	55.598	158	15000	180	149500	202	62.213
5	15000	27	111260	49	42.353	71	15000	93	128630	115	53.99	137	15000	159	144770	181	61.835	203	15000
6	105500	28	46.458	50	15000	72	122320	94	47.265	116	15000	138	138930	160	86.142	182	15000	204	156370
7	43.745	29	15000	51	116530	73	47.996	95	15000	117	134730	139	58.958	161	15000	183	150210	205	64.263
8	15000	30	111850	52	42.109	74	15000	96	129220	118	52.39	140	15000	162	145170	184	60.77	206	15000
9	106910	31	46.576	53	15000	75	122930	97	45.495	119	15000	141	139490	163	83.942	185	15000	207	156850
10	45.86	32	15000	54	116960	76	51.656	98	15000	120	135200	142	62.318	164	15000	186	150900	208	61.863
11	15000	33	112520	55	41.378	77	15000	99	129630	121	49.664	143	15000	165	145580	187	58.7	209	15000
12	107850	34	49.725	56	15000	78	123590	100	47.299	122	15000	144	140670	166	81.523	188	15000	210	158020
13	51.218	35	15000	57	117570	79	51.26	101	15000	123	136100	145	68.808	167	15000	189	152005	211	55.194
14	15000	36	113070	58	42.171	80	15000	102	130580	124	44.264	146	15000	168	146040	190	52.843	212	15000
15	108250	37	49.615	59	15000	81	124460	103	52.999	125	15000	147	142020	169	78.855	191	15000	213	160430
16	50.218	38	15000	60	117980	82	56.219	104	15000	126	136500	148	73.803	170	15000	192	152700	214	53.012
17	15000	39	113710	61	42.376	83	15000	105	131830	127	45.664	149	15000	171	146900	193	48.743		
18	109110	40	46.607	62	15000	84	124995	106	60.249	128	15000	150	142830	172	73.695	194	15000		
19	45.469	41	15000	63	119570	85	59.054	107	15000	129	137130	151	76.894	173	15000	195	153500		
20	15000	42	114450	64	39.832	86	15000	108	132230	130	49.318	152	15000	174	148620	196	48.423		
21	109700	43	44.609	65	15000	87	125645	109	59.049	131	15000	153	143700	175	64.063	197	15000		
22	47.239	44	15000	66	120610	88	55.999	110	15000	132	137930	154	80.722	176	15000	198	154800		

图 4-59　在 MS Excel 的 File2 选项卡输入交点平竖曲线设计数据与 23 个断链桩的设计数据

程序计算竖曲线主点数据时，需要将 List 23 串列单元中的起点、变坡点、终点的设计桩号变换为连续桩号。由表 4-14 可知，SJD_{41} 位于 14 号长链的后重桩区，因此屏幕显示下列提示时：

Z_{SJD}(m)=136100.0000+41.0000i

←(0) +break →(≠0)=?

应输入 0 选择 14 号长链的后重桩区。

完成平竖曲线主点数据计算后，按 MENU 2 键进入 **STAT** 模式，竖曲线主点数据存储在 List 24、List 25、List 26 串列，详见表 4-13。

List 24 串列存储的是竖曲线主点的连续桩号，List 25 串列存储的是其设计高程，List 26 串列的奇数行单元存储的是起点、变坡点的走向纵坡，偶数行单元存储的是变坡点的竖曲线半径。

移动光标到 **List 26[1]** 串列单元，将奇数行串列单元的纵坡值与表 4-14 的相应设计值比较，如果相同，则说明用户在 List 23 串列输入的竖曲线设计桩号及其高程数据基本无误，但还需要仔细检查变坡点的半径输入是否有误，本例结果如图 4-60 左三图所示。

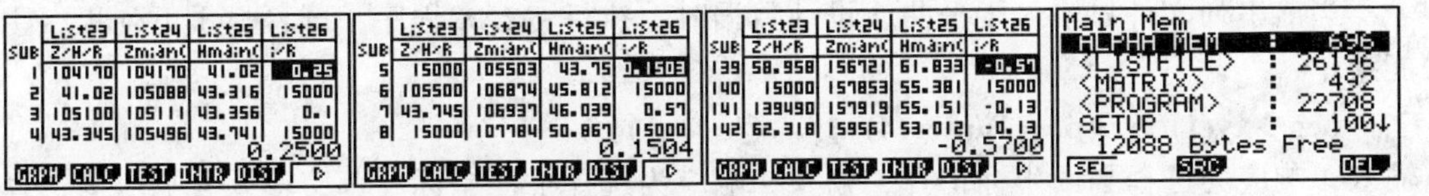

图 4-60　竖曲线主点数据计算结果及串列文件 File2 占用的内存量

本例的平曲线交点数与竖曲线变坡点数都比较多，因此在 **File2** 串列文件输入设计数据之前，我们清除了所有串列文件的数据。完成平竖曲线主点数据计算后，按 MENU D 键进入 **MEMORY** 模式查看 **File2** 串列文件所占用的内存为 26 196 字节，机器剩余内存只有 12 088 字节，结果如图 4-60 右图所示。

③ 坐标正算。

重复执行 Q2X8 程序，进行坐标正算的屏幕提示与用户操作过程如下：

屏幕提示	按键	说明
JD curve xyH Q2X8		显示程序标题
new(0)/old(≠0) main point data=?	**8** EXE	输入非零数为使用现有主点数据计算
st xy new(0)/old(>0)/no(<0)=?	**-8** EXE	输入负数为不设置测站点(station)
peg→xyH(1)/xyH→peg(2)/ xyH→δr(3)/pier(4)=?	**1** EXE	输入 1 选择坐标正算
+peg(m),<QD⇛end=?	**140398** EXE	输入第 1 个加桩号
j in -break peg n=16.0000	EXE	加桩位于 16 号短链空桩区
+peg(m),<QD⇛end=?	**136102** EXE	输入第 2 个加桩号
←(0) +break →(≠0)=?	**0** EXE	输入 0 选择长链(+break)后重桩区
α_j=168°33′30.61″	EXE	显示走向方位角/耗时 5.68s
x_j+y_ji(m)=3176657.133+523786.3296i	EXE	显示中桩坐标复数
H_j(m)=44.4296	EXE	显示中桩设计高程/耗时 1.09s
W_L(m)±∠γi,0⇛no=?	**6.1** EXE	输入左边距
x_L+y_Li(m)=3176658.344+523792.3084i	EXE	显示左边桩坐标复数
W_L(m)±∠γi,0⇛no=?	**0** EXE	输入 0 结束左边桩坐标计算
W_R(m),0⇛no=?	**6.1** EXE	输入右边距
x_R+y_Ri(m)=3176655.923+523780.3509i	EXE	显示右边桩坐标复数
W_R(m),0⇛no=?	**0** EXE	输入 0 结束右边桩坐标计算
+peg(m),<QD⇛end=?	**136102** EXE	重复输入第 2 个加桩号
←(0) +break →(≠0)=?	**1** EXE	输入非零数选择长链(+break)前重桩区
α_j=168°33′30.61″	EXE	显示走向方位角/耗时 5.67s
x_j+y_ji(m)=3176653.111+523787.1437i	EXE	显示中桩坐标复数
H_j(m)=44.4255	EXE	显示中桩设计高程/耗时 1.09s
W_L(m)±∠γi,0⇛no=?	**6.1** EXE	输入左边距
x_L+y_Li(m)=3176654.321+523793.1225i	EXE	显示左边桩坐标复数

续表

屏幕提示	按键	说明
W_L(m)±∠γi,0⇛no=?	0 EXE	输入 0 结束左边桩坐标计算
W_R(m),0⇛no=?	6.1 EXE	输入右边距
x_R+y_Ri(m)=3176651.901+523781.1650i	EXE	显示右边桩坐标复数
W_R(m),0⇛no=?	0 EXE	输入 0 结束右边桩坐标计算
+peg(m),<QD⇛end=?	8 EXE	输入小于 *QD* 的桩号结束程序
Q2X8⇛End		程序结束显示

当前串列文件只输入了平曲线设计数据时，执行 Q2X8 程序，屏幕显示下列程序主功能菜单：

peg→xy(1)/xy→peg(2)/pier(4)=?

输入 1 响应为选择平面坐标正算，输入 2 响应为选择平面坐标反算，输入 4 响应为选择桥墩桩基坐标计算。

当前串列文件输入了平曲线及其竖曲线设计数据时，执行 Q2X8 程序，屏幕显示下列程序主功能菜单：

peg→xyH(1)/xyH→peg(2)/xyH→δr(3)/pier(4)=?

输入 1 响应为选择三维坐标正算，输入 2 响应为选择三维坐标反算，输入 3 响应为选择隧道超欠挖计算，输入 4 响应为选择桥墩桩基坐标计算。

三维坐标计算的最低限度为计算加桩中桩或垂点中桩的平面坐标与设计高程。

当需要计算边桩设计高程时，应在 Mat A 矩阵预先输入路基标准横断面与各级填挖边坡设计数据，在 Mat B，Mat C，Mat D，Mat E，Mat F 或 Mat G 矩阵输入路基超高横坡设计数据；当设计有路基加宽数据时，应在 Mat H，Mat I，Mat J，Mat K，Mat L 或 Mat M 矩阵输入路基加宽设计数据，详见本章 4.11 节。

当需要选择桥墩桩基坐标计算时，应在 Mat V 矩阵预先输入各类桥墩桩基的墩台中心坐标，在 Mat U 矩阵输入全部桥墩的 4 个墩台设计参数——墩类号、墩台中心设计桩号、法向偏距、走向偏角，详见本章 4.12 节。

当需要进行隧道超欠挖计算时，应在 Mat Z 矩阵预先输入隧道各类二衬轮廓线主点数据，在 Mat Y 或 Mat X 矩阵输入隧道洞身支护参数，详见本章 4.13 节。

④ 坐标反算。

重复执行 Q2X8 程序，进行坐标反算的屏幕提示与用户操作过程如下：

屏幕提示	按键	说明
JD curve xyH Q2X8		显示程序标题
new(0)/old(≠0) main point data=?	8 EXE	输入非零数为使用现有主点数据计算
st xy new(0)/old(>0)/no(<0)=?	-8 EXE	输入负数为不设置测站点(station)
peg→xyH(1)/xyH→peg(2)/xyH→δr(3)/pier(4)=?	2 EXE	输入 2 选择坐标正交反算
x_j(m)/π⇛end=?	3176658.344 EXE	输入 1 号边桩点坐标(图 4-55 内表)
y_j(m)+ni=?	523792.308 EXE	
p peg(m)+ni=136101.9995+69.0000i	EXE	显示垂点桩号+线元号 i 复数/耗时 3.30s
α_p=168°33′30.61″	EXE	显示垂点走向方位角
x_p+y_pi(m)=3176657.134+523786.3295i	EXE	显示垂点坐标复数
H_P(m)=44.4296	EXE	显示垂点设计高程/耗时 1.09s
d_L(m)=-6.0997	EXE	显示负数为左边距
x_j(m)/π⇛end=?	3176651.901 EXE	输入 2 号边桩点坐标(图 4-55 内表)

续表

屏幕提示	按键	说明
y_j(m)+ni=?	523781.165 EXE	
p peg(m)+ni=136102.0000+69.0000i	EXE	显示垂点桩号+线元号 i 复数/耗时 3.30s
α_p=168°33′30.61″	EXE	显示垂点走向方位角
x_p+y_pi(m)=3176653.111+523787.1437i	EXE	显示垂点坐标复数
H_P(m)=44.4255	EXE	显示垂点设计高程/耗时 1.09s
d_R(m)=6.1000	EXE	显示正数为右边距
x_j(m)/π⇛end=?	SHIFT π EXE	输入 π 结束程序
Q2X8⇛End		程序结束显示

由于本例没有在 Mat A 矩阵输入路基标准横断面与各级边坡设计数据，没有在 Mat B~Mat G 之一的矩阵输入路基超高横坡设计数据，因此在输入了边桩的平面坐标后，不提示用户输入边桩点的实测高程，也即不能进行三维坐标反算。

⑤ 执行成果整理程序 H2X8.exe 输出系列成果文件。

将当前串列数据输出为 File2.csv 文件，执行成果整理程序 H2X8.exe 处理 File2.csv 文件，创建的系列成果文件位于光盘“\4 章\[例 4-8]\”路径下，图 4-61 为成果文件 File2.txt 的部分内容。

由于当前串列文件输入了竖曲线设计数据，因此 Q2X8 程序算出了平曲线主点的设计高程。

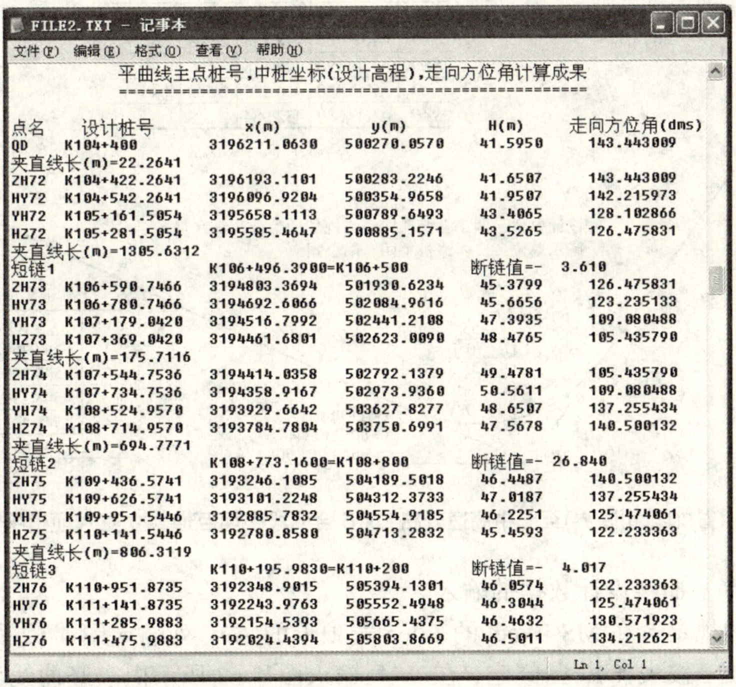

```
FILE2.TXT - 记事本
文件(F) 编辑(E) 格式(O) 查看(V) 帮助(H)
          平曲线主点桩号,中桩坐标(设计高程),走向方位角计算成果
          ==================================================

点名   设计桩号         x(m)           y(m)         H(m)      走向方位角(dms)
QD    K104+400       3196211.0630   500270.0570   41.5950    143.443009
夹直线长(m)=22.2641
ZH72  K104+422.2641  3196193.1101   500283.2246   41.6507    143.443009
HY72  K104+542.2641  3196096.9204   500354.9658   41.9507    142.215973
YH72  K105+161.5054  3195658.1113   500789.6493   43.4065    128.102866
HZ72  K105+281.5054  3195585.4647   500885.1571   43.5265    126.475831
夹直线长(m)=1305.6312
短链1                K106+496.3900=K106+500       断链值=-   3.610
ZH73  K106+590.7466  3194803.3694   501930.6234   45.3799    126.475831
HY73  K106+780.7466  3194692.6066   502084.9616   45.6656    123.235133
YH73  K107+179.0420  3194516.7992   502441.2108   47.3935    109.080488
HZ73  K107+369.0420  3194461.6801   502623.0090   48.4765    105.435790
夹直线长(m)=175.7116
ZH74  K107+544.7536  3194414.0358   502792.1379   49.4781    105.435790
HY74  K107+734.7536  3194358.9167   502973.9360   50.5611    109.080488
YH74  K108+524.9570  3193929.6642   503627.8277   48.6507    137.255434
HZ74  K108+714.9570  3193784.7804   503750.6991   47.5678    140.500132
夹直线长(m)=694.7771
短链2                K108+773.1600=K108+800       断链值=-  26.840
ZH75  K109+436.5741  3193246.1085   504189.5018   46.4487    140.500132
HY75  K109+626.5741  3193101.2248   504312.3733   47.0187    137.255434
YH75  K109+951.5446  3192885.7832   504554.9185   46.2251    125.474061
HZ75  K110+141.5446  3192780.8580   504713.2832   45.4593    122.233363
夹直线长(m)=806.3119
短链3                K110+195.9830=K110+200       断链值=-   4.017
ZH76  K110+951.8735  3192348.9015   505394.1301   46.0574    122.233363
HY76  K111+141.8735  3192243.9763   505552.4948   46.3044    125.474061
YH76  K111+285.9883  3192154.5393   505665.4375   46.4632    130.571923
HZ76  K111+475.9883  3192024.4394   505803.8669   46.5011    134.212621
                                                        Ln 1, Col 1
```

图 4-61　含 23 个断链的铁路路线平竖曲线成果文件 File2.txt 的部分内容

4) 含回头曲线的多交点匝道平竖曲线计算案例

[例 4-9]　图 4-62 所示的高速公路 A 匝道有 7 个交点，其中起点桩号为负数桩号，JD_2

的平曲线为右转回头曲线，且 JD_2 的设计桩号要小于 JD_3 的设计桩号，试用 Q2X8 程序计算加桩 AK0−10，AK0+180，AK0+440，AK0+585 的中桩坐标及其设计高程；计算图 4-62 右下角内表所示 6 个边桩点的坐标反算结果。

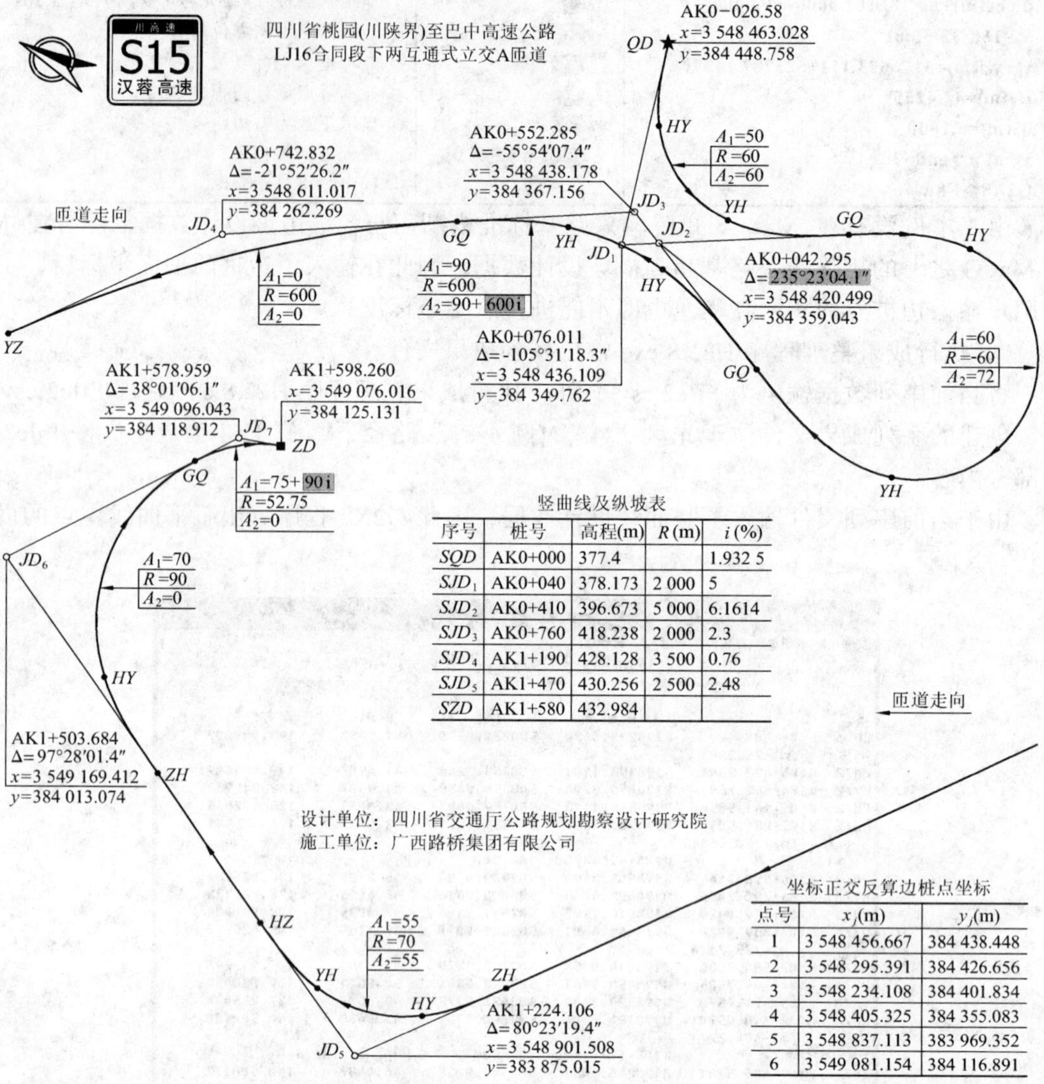

竖曲线及纵坡表

序号	桩号	高程(m)	R(m)	i (%)
SQD	AK0+000	377.4		1.932 5
SJD_1	AK0+040	378.173	2 000	5
SJD_2	AK0+410	396.673	5 000	6.1614
SJD_3	AK0+760	418.238	2 000	2.3
SJD_4	AK1+190	428.128	3 500	0.76
SJD_5	AK1+470	430.256	2 500	2.48
SZD	AK1+580	432.984		

坐标正交反算边桩点坐标

点号	x_j(m)	y_j(m)
1	3 548 456.667	384 438.448
2	3 548 295.391	384 426.656
3	3 548 234.108	384 401.834
4	3 548 405.325	384 355.083
5	3 548 837.113	383 969.352
6	3 549 081.154	384 116.891

图 4-62　四川省桃园(川陕界)至巴中高速公路 LJ16 合同段下两互通式立交 A 匝道平竖曲线设计图

[解]　① 平竖曲线设计数据的输入。

按表 4-1 的规定，在 MS Excel 的 File5 选项卡的 A~F 列输入图 4-62 所示 7 个交点的平曲线设计数据；按表 4-13 的规定，在 W 列输入图 4-62 所示内表竖曲线设计数据，结果如图 4-63 上图所示。因为 JD2 的平曲线为回头曲线，所以 E3 单元的圆曲线半径应输入负数。

本例共有 5 个变坡点，每个变坡点需要输入设计桩号、高程、竖曲线半径 3 个设计数据，加上起点与终点的桩号与高程，共需要输入 3×5+4=19 行数据。

由于在 MS Excel 中不能输入复数的虚部数值，因此 JD_3 第二缓和曲线的终点半径 600，

JD_7第一缓和曲线的起点半径 90(图 4-63 上图灰底色单元),需要在 fx-9750GⅡ中补充输入。

将 File5 选项卡的数据另存为 File5.csv 文件,将 File5.csv 文件上传到 fx-9750GⅡ内存。

按 MENU 2 键进入 STAT 模式，按 SHIFT SET UP ▼ ▼ F1 5 EXE EXE 键设置 File5 为当前串列文件。

移动光标到 **List 6[4]**串列单元，按 F6 F2 键，为 JD_3 的第二缓和曲线参数添加终点半径 600；移动光标到 **List 4[8]**串列单元，按 F2 键，为 JD_7 的第一缓和曲线参数添加起点半径 90，操作过程如图 4-63 下图所示。

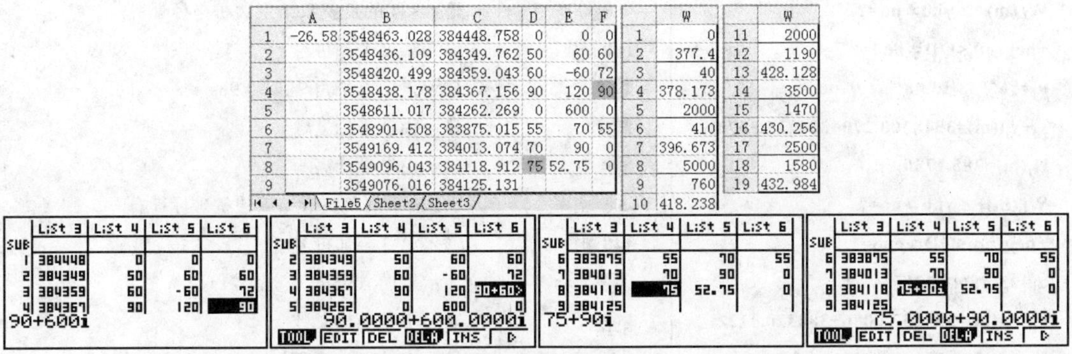

	A	B	C	D	E	F
1	-26.58	3548463.028	384448.758	0	0	0
2		3548436.109	384349.762	50	60	60
3		3548420.499	384359.043	60	-60	72
4		3548438.178	384367.156	90	120	90
5		3548611.017	384262.269	0	600	0
6		3548901.508	383875.015	55	70	55
7		3549169.412	384013.074	70	90	0
8		3549096.043	384118.912	75	52.75	0
9		3549076.016	384125.131			

	W
1	0
2	377.4
3	40
4	378.173
5	2000
6	410
7	396.673
8	5000
9	760
10	418.238
11	2000
12	1190
13	428.128
14	3500
15	1470
16	430.256
17	2500
18	1580
19	432.984

图 4-63　在 MS Excel 的 File5 选项卡输入平竖曲线设计数据及在 fx-9750GⅡ编辑非完整缓和曲线参数的操作过程

② 计算平竖曲线主点数据。

执行 Q2X8 程序，计算平竖曲线主点数据的屏幕提示与用户操作过程如下：

屏幕提示	按键	说明
JD curve xyH Q2X8		显示程序标题
new(0)/old(≠0) main point data=?	0 EXE	输入 0 为重新计算主点数据
i_L%,i_R% Mat B(1)/C(2)/D(3)/E(4)/F(5)/G(6)/no(0)=?	0 EXE	输入 0 为没有路基超高横坡矩阵
hor-curve first JD num=?	1 EXE	输入平曲线起始交点号
JD num=2.0000	EXE	显示 JD_2 平曲线为回头曲线/耗时 1.59s
Δ>0(1)/Δ<0(-1)=?	1 EXE	输入 1 表示 JD_2 的转角为右转角
ver-curve first SJD num=?	1 EXE	输入竖曲线起始变坡点号/耗时 5.95s
Z_{ZD}(m)=1598.2582	EXE	显示平曲线终点设计桩号/耗时 3.11s
α_{ZD}=162°44′55.76″	EXE	显示平曲线终点走向方位角
Press [MENU][2]⇛Stop!	EXE	继续执行程序
del List 4/List 6 ImP,yes(0)/no(≠0)=?	0 EXE	输入 0 删除 List 4/List 6 串列的复数虚部
st xy new(0)/old(>0)/no(<0)=?	MENU 2	进入 STAT 模式查看主点数据

完成平竖曲线主点数据计算，删除 List 4 与 List 6 串列单元的复数虚部数值后，按 MENU 2 键进入 **STAT** 模式，移动光标到 List 7 串列的最后一行，查看删除后的缓曲参数复数虚部数值及行号。

③ 坐标正算。

重复执行 Q2X8 程序，进行坐标正算的屏幕提示与用户操作过程如下：

屏幕提示	按键	说明
JD curve xyH Q2X8		显示程序标题
new(0)/old(≠0) main point data=?	**9** EXE	输入非零数为使用现有主点数据计算
st xy new(0)/old(>0)/no(<0)=?	**-9** EXE	输入负数为不设置测站点(station)
peg→xyH(1)/xyH→peg(2)/ xyH→δr(3)/pier(4)=?	**1** EXE	输入 1 选择坐标正算
+peg(m),<QD⇒end=?	**-10** EXE	输入第 1 个加桩号
α_j=251°38′17.2″	EXE	显示走向方位角/耗时 0.62s
x_j+y_ji(m)=3548458.386+384432.8435i	EXE	显示中桩坐标复数
W_L(m)±∠γi,0⇒no=?	**-5** EXE	输入<-4 的负整数结束边桩坐标计算
+peg(m),<QD⇒end=?	**180** EXE	输入第 2 个加桩号
α_j=165°33′13.48″	EXE	显示走向方位角/耗时 0.96s
x_j+y_ji(m)=3548300.270+384425.5670i	EXE	显示中桩坐标复数
H_j(m)=385.1730	EXE	显示中桩设计高程
W_L(m)±∠γi,0⇒no=?	**-5** EXE	输入<-4 的负整数结束边桩坐标计算
+peg(m),<QD⇒end=?	**440** EXE	输入第 3 个加桩号
α_j=23°29′46.72″	EXE	显示走向方位角/耗时 1.21s
x_j+y_ji(m)=3548336.086+384320.4122i	EXE	显示中桩坐标复数
H_j(m)=398.5214	EXE	显示中桩设计高程
W_L(m)±∠γi,0⇒no=?	**-5** EXE	输入<-4 的负整数结束边桩坐标计算
+peg(m),<QD⇒end=?	**585** EXE	输入第 4 个加桩号
α_j=338°57′15.66″	EXE	显示走向方位角/耗时 1.49s
x_j+y_ji(m)=3548474.686+384341.5302i	EXE	显示中桩坐标复数
H_j(m)=407.4555	EXE	显示中桩设计高程
W_L(m)±∠γi,0⇒no=?	**-5** EXE	输入<-4 的负整数结束边桩坐标计算
+peg(m),<QD⇒end=?	**-30** EXE	输入小于 *QD* 的桩号结束程序
Q2X8⇒End		程序结束显示

④ 坐标反算。

重复执行 Q2X8 程序，进行坐标反算的屏幕提示与用户操作过程如下：

屏幕提示	按键	说明
JD curve xyH Q2X8		显示程序标题
new(0)/old(≠0) main point data=?	**9** EXE	输入非零数为使用现有主点数据计算
st xy new(0)/old(>0)/no(<0)=?	**-9** EXE	输入负数为不设置测站点(station)
peg→xyH(1)/xyH→peg(2)/ xyH→δr(3)/pier(4)=?	**2** EXE	输入 2 选择坐标正交反算
x_j(m)/π⇒end=?	**3548456.667** EXE	输入 1 号边桩点坐标(图 4-62 内表)
y_j(m)+ni=?	**384438.448** EXE	
p peg(m)+ni=-14.8701+2.0000i	EXE	显示垂点桩号+线元号 i 复数/耗时 1.45s
α_p=253°13′00.52″	EXE	显示垂点走向方位角
x_p+y_pi(m)=3548459.852+384437.4873i	EXE	显示垂点坐标复数
d_L(m)=-3.3271	EXE	显示负数为左边距

续表

屏幕提示	按键	说明
x_j(m)/π⇒end=?	3548295.391 EXE	输入 2 号边桩点坐标(图 4-62 内表)
y_j(m)+ni=?	384426.656 EXE	
p peg(m)+ni=185.0001+6.0000i	EXE	显示垂点桩号+线元号 i 复数/耗时 1.68s
α_p=169°21′10.63″	EXE	显示垂点走向方位角
x_p+y_pi(m)=3548295.391+384426.6558i	EXE	显示垂点坐标复数
H_P(m)=385.4230	EXE	显示垂点设计高程
d_L(m)=-0.0002	EXE	显示负数为左边距
x_j(m)/π⇒end=?	3548234.108 EXE	输入 3 号边桩点坐标(图 4-62 内表)
y_j(m)+ni=?	384401.834 EXE	
p peg(m)+ni=255.0000+7.0000i	EXE	显示垂点桩号+线元号 i 复数/耗时 1.38s
α_p=235°26′24.31″	EXE	显示垂点走向方位角
x_p+y_pi(m)=3548234.108+384401.8341i	EXE	显示垂点坐标复数
H_P(m)=388.9230	EXE	显示垂点设计高程/耗时 1.09s
d_R(m)=0.0002	EXE	显示正数为右边距
x_j(m)/π⇒end=?	3548405.325 EXE	输入 4 号边桩点坐标(图 4-62 内表)
y_j(m)+ni=?	384355.083 EXE	
p peg(m)+ni=515.9430+10.0000i	EXE	显示垂点桩号+线元号 i 复数/耗时 1.52s
α_p=11°16′47.53″	EXE	显示垂点走向方位角
x_p+y_pi(m)=3548406.832+384347.5290i	EXE	显示垂点坐标复数
H_P(m)=403.2006	EXE	显示垂点设计高程
d_R(m)=7.7028	EXE	显示正数为右边距
x_j(m)/π⇒end=?	3548837.113 EXE	输入 5 号边桩点坐标(图 4-62 内表)
y_j(m)+ni=?	383969.352 EXE	
p peg(m)+ni=1110.0002+17.0000i	EXE	显示垂点桩号+线元号 i 复数/耗时 1.11s
α_p=306°52′28.85″	EXE	显示垂点走向方位角
x_p+y_pi(m)=3548833.037+383966.2942i	EXE	显示垂点坐标复数
H_P(m)=426.2880	EXE	显示垂点设计高程
d_R(m)=5.0957	EXE	显示正数为右边距
x_j(m)/π⇒end=?	3549081.154 EXE	输入 6 号边桩点坐标(图 4-62 内表)
y_j(m)+ni=?	384116.891 EXE	
p peg(m)+ni=1590.0100+26.0000i	EXE	显示垂点桩号+线元号 i 复数/耗时 1.67s
α_p=154°08′12.33″	EXE	显示垂点走向方位角
x_p+y_pi(m)=3549083.677+384122.0955i	EXE	显示垂点坐标复数
d_R(m)=5.7838	EXE	显示正数为右边距
x_j(m)/π⇒end=?	SHIFT π EXE	输入 π 结束程序
Q2X8⇒End		程序结束显示

因为 1 号边桩点的垂点桩号为负数，小于竖曲线起点桩号 0，6 号边桩点的垂点桩号大于竖曲线终点桩号，所以不显示垂点的设计高程。

⑤ 执行成果整理程序 H2X8.exe 输出系列成果文件。

将当前串列数据输出为 File5.csv 文件，执行成果整理程序 H2X8.exe 处理 File5.csv 文件，创建的系列成果文件位于光盘"\4 章\[例 4-9]\"路径下，图 4-64 为成果文件 File5.txt 的部分内容。

由于当前串列文件输入了竖曲线设计数据，因此 Q2X8 程序只能算出竖曲线起终点桩号范围内的平曲线主点设计高程。

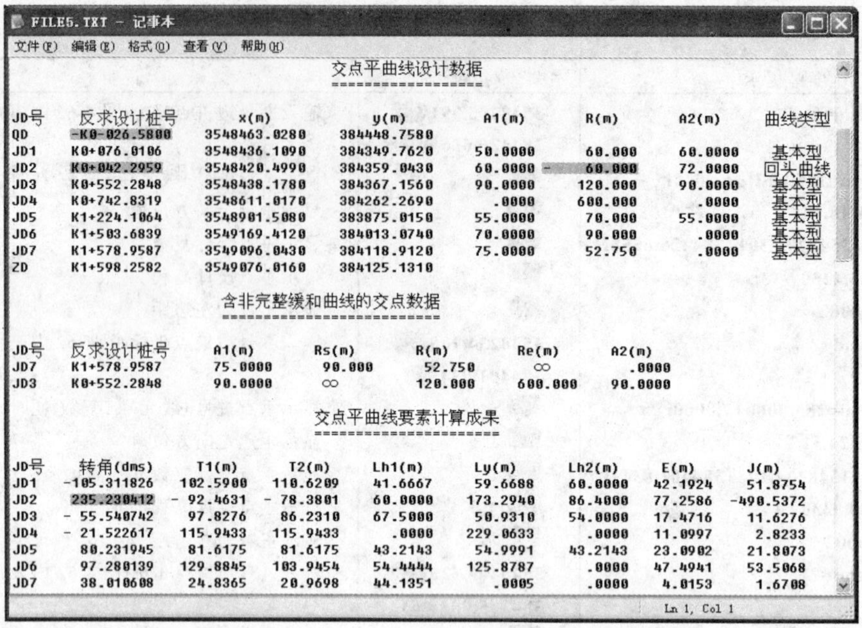

FILE5.TXT - 记事本

文件(F) 编辑(E) 格式(O) 查看(V) 帮助(H)

交点平曲线设计数据

JD号	反求设计桩号	x(m)	y(m)	A1(m)	R(m)	A2(m)	曲线类型
QD	-K0-026.5800	3548463.0280	384448.7580				
JD1	K0+076.0106	3548436.1090	384349.7620	50.0000	60.000	60.0000	基本型
JD2	K0+042.2959	3548420.4990	384359.0430	60.0000	- 60.000	72.0000	回头曲线
JD3	K0+552.2848	3548438.1780	384367.1560	90.0000	120.000	90.0000	基本型
JD4	K0+742.8319	3548611.0170	384262.2690	.0000	600.000	.0000	基本型
JD5	K1+224.1064	3548901.5080	383875.0150	55.0000	70.000	55.0000	基本型
JD6	K1+503.6839	3549169.4120	384013.0740	70.0000	90.000	.0000	基本型
JD7	K1+578.9587	3549096.0430	384118.9120	75.0000	52.750	.0000	基本型
ZD	K1+598.2582	3549076.0160	384125.1310				

含非完整缓和曲线的交点数据

JD号	反求设计桩号	A1(m)	Rs(m)	R(m)	Re(m)	A2(m)
JD7	K1+578.9587	75.0000	90.000	52.750	∞	.0000
JD3	K0+552.2848	90.0000	∞	120.000	600.000	90.0000

交点平曲线要素计算成果

JD号	转角(dms)	T1(m)	T2(m)	Lh1(m)	Ly(m)	Lh2(m)	E(m)	J(m)
JD1	-105.311826	102.5900	110.6209	41.6667	59.6688	60.0000	42.1924	51.8754
JD2	235.230412	- 92.4631	- 78.3801	60.0000	173.2940	86.4000	77.2586	-490.5372
JD3	- 55.540742	97.8276	86.2310	67.5000	50.9310	54.0000	17.4716	11.6276
JD4	- 21.522617	115.9433	115.9433	.0000	229.0633	.0000	11.0997	2.8233
JD5	80.231945	81.6175	81.6175	43.2143	54.9991	43.2143	23.0902	21.8073
JD6	97.280139	129.8845	103.9454	54.4444	125.8787	.0000	47.4941	53.5068
JD7	38.010608	24.8365	20.9698	44.1351	.0005	.0000	4.0153	1.6708

Ln 1, Col 1

图 4-64　一个交点平曲线为回头曲线的高速公路匝道平竖曲线成果文件 File5.txt 的部分内容

4.11　路基超高加宽与边桩设计高程计算

《公路路线设计规范》[24]规定，圆曲线半径小于表 4-15 规定的不设超高的最小半径时，应在曲线上设置超高。路线由直线段的双向路拱横断面逐渐过渡到圆曲线段的全超高单向横断面，其间必须设置超高过渡段。

表 4-15　不设超高的圆曲线最小半径

设计速度(km/h)		120	100	80	60	40	30	20
不设超高圆曲线最小半径(m)	路拱≤2.0%	5 500	4 000	2 500	1 500	600	350	150
	路拱>2.0%	7 550	5 250	3 350	1 900	850	450	200

二、三、四级公路的圆曲线半径 $R \leqslant 250$m 时，应设置加宽。圆曲线上的路面加宽应设置在圆曲线的内侧。设置缓和曲线或超高过渡段时，加宽过渡段长度应采用与缓和曲线或超高过渡段长度相同的数值。

四级公路的直线与小于表 4-15 不设超高的圆曲线最小半径径相连接处，以及与半径≤250m 的圆曲线径相连接处，应设置超高、加宽过渡段。

二、三、四级公路的加宽过渡段长度应采用缓和曲线或超高过渡段长度相同的数值；不设缓和曲线或超高过渡段时，加宽过渡段长度应按渐变率为 1∶15 且长度不小于 10m 的要求设置。

二、三、四级公路的加宽过渡段的设置，应采用在相应的缓和曲线或超高、加宽过渡段全长范围内，按其长度成比例增加的方式渐变，也即线性渐变。

《公路路线设计规范》将超高过渡方式分无中间带公路与有中间带公路两类，图 4-65 为有中间带公路超高过渡的三种方式。

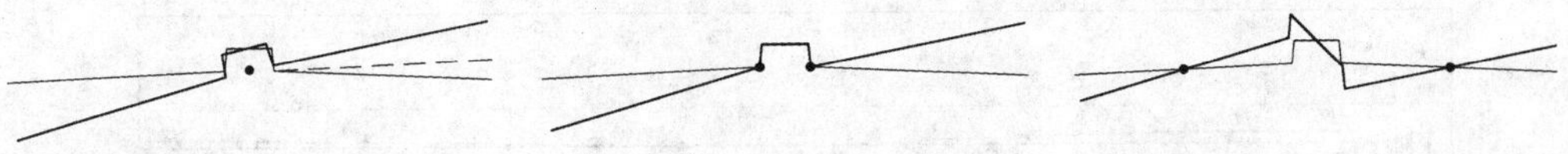

图 4-65　有中间带公路超高过渡的三种方式

① 绕中间带的中心线旋转：如图 4-65(a)所示，先将外侧行车道绕中间带的中心线旋转，待达到与内侧行车道构成单向横坡后（图 4-65(a)虚线所示），整个断面一同绕中心线旋转，直至达到超高横坡值，此时，中央分隔带呈倾斜状，中间带宽度≤4.5m 的公路可采用。

② 绕中央分隔带边缘旋转：如图 4-65(b)所示，将两侧行车道分别绕中央分隔带边缘旋转，使之各自成为独立的单向超高断面，此时，中央分隔带维持原水平状态，各种宽度中间带的公路均可采用。

③ 绕各自行车道中线旋转：如图 4-65(c)所示，将两侧行车道分别绕各自行车道中线旋转，使之各自成为独立的单向超高断面，此时，中央分隔带两边缘分别升高与降低而成为倾斜断面，车道数大于 4 条的公路可采用。

图 4-65(b)所示的绕中央分隔带边缘旋转的超高过渡方式，是我国高速公路主线使用频率最高的一种超高过渡方式，本节只讨论这种超高过渡方式，Q2X8 程序也只能计算这种超高过渡方式。

在路线设计图中，纵坡度与横坡度正负值的定义是相反的。纵坡度>0°时为升坡，纵坡度<0°时为降坡；横坡度>0°为降坡，横坡度<0°为升坡。

1) 路基超高横坡度渐变方式

设 i_s 为路基超高过渡段的起点(start)横坡度，i_e 为路基超高过渡段的终点(end)横坡度，L_C 为路基超高过渡段长，l 为路基超高过渡段内任意点 j 至起点 s 的线长，$k=l/L_C$，k 为 0~1 之间的系数。采用线性渐变方式计算 j 点路基超高横坡度的公式为

$$i_j = i_s + (i_e - i_s)k \tag{4-157}$$

采用三次抛物线渐变方式计算 j 点路基超高横坡度的公式为

$$i_j = i_s + (i_e - i_s)(3k^2 - 2k^3) = i_s + (i_e - i_s)k^2(3 - 2k) \tag{4-158}$$

路基超高数据及使用的超高渐变方式一般在纵断面图最底行的超高行给出，在设计文件中也会给出相应的文字说明。

图 4-66 为重庆市涪(陵)丰(都)高速公路 JD_{20}~JD_{21} 平曲线 GQ 点附近的纵断面图底部局部超高情况，它有下面三个超高过渡段：

① K27+355~K27+420，路基超高过渡段长 65m；

② K27+420~K27+550，路基超高过渡段长 130m；

③ K27+550~K27+595，路基超高过渡段长 45m。

因为路基超高线为曲线连接，所以其路基超高横坡度渐变方式为三次抛物线渐变。

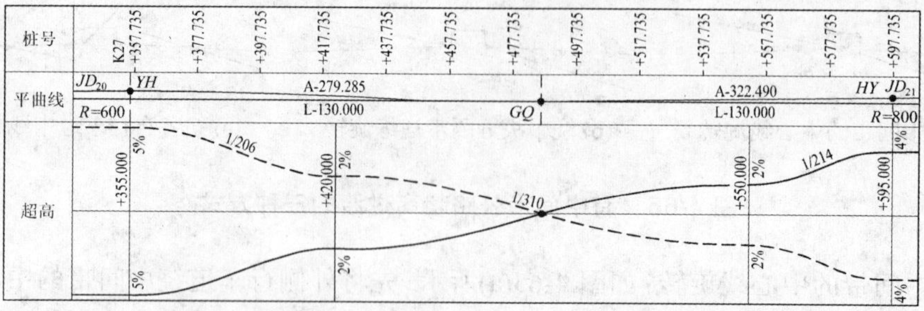

超高横坡度表

序	桩号	i_L(%)	i_R(%)	序	桩号	i_L(%)	i_R(%)
1	K27+355	-5	5	3	K27+550	2	-2
2	K27+420	-2	2	4	K27+595	4	-4

重庆市涪(陵)丰(都)高速公路A1标段

JD_{20}~JD_{21} 平曲线 *GQ* 点附近纵断面图超高栏(局部)

设计单位：中交公路规划设计有限公司

施工单位：路桥集团国际建设股份有限公司

图 4-66　超高渐变方式为三次抛物线渐变的纵断面图局部案例

图 4-67 为图 4-47 所示 JD_{44} 的纵断面图底部超高情况，它有下面四个超高过渡段：

① K52+850.763~K52+908.514，路基超高过渡段长 57.751m；

② K52+908.514~K53+015.763，路基超高过渡段长 107.249m；

③ K53+015.763~K53+440.414，路基超高过渡段长 424.651m；

④ K53+440.414~K53+570.414，路基超高过渡段长 130m。

因为路基超高线为折线连接，所以其路基超高横坡度渐变方式为线性渐变。

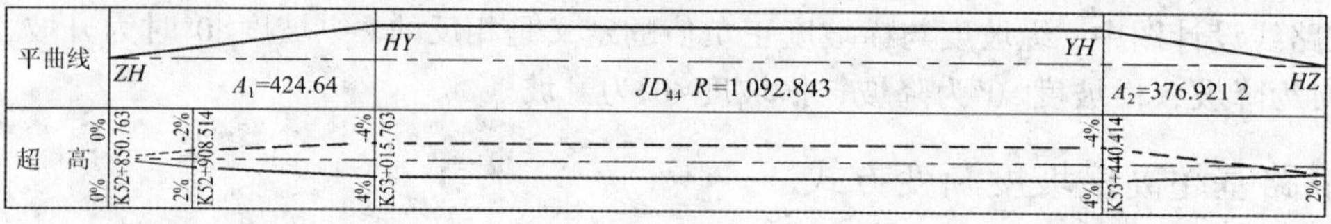

竖曲线及纵坡表

序	设计桩号	高程(m)	R(m)	i(%)
SJD_{16}	K52+150	285.467		-0.3
SJD_{17}	K53+160	288.493	49 000	0.299 6
SJD_{18}	K54+600	274.733		

路基超高横坡度表

序	设计桩号	i_L(%)	i_R(%)	序	设计桩号	i_L(%)	i_R(%)
1	K52+850.763	0	0	4	K53+440.414	-4	4
2	K52+908.514	-2	2	5	K53+570.414	2	2
3	K53+015.763	-4	4	6	K53+763.792	2	2

图 4-67　JD_{44} 竖曲线设计数据与纵断面图局部路基超高横坡设计图

为比较超高横坡度线性渐变与三次抛物线渐变的差异，分别用式(4-157)与式(4-158)计算超高过渡段 K53+440.414~K53+570.414 左幅的超高横坡度，结果如图 4-68 所示。

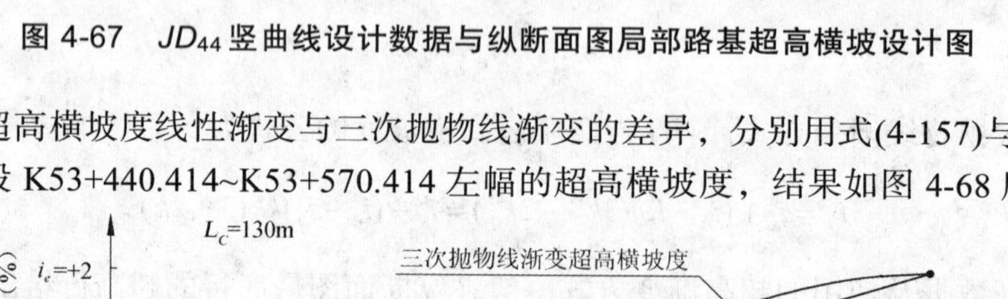

图 4-68　K53+440.414~K53+570.414 段左幅两种路基超高横坡度渐变方式比较

2) 路基加宽渐变方式

设 w_s 为路基加宽过渡段的起点(start)加宽值，i_e 为路基加宽过渡段的终点(end)加宽值，L_w 为路基加宽过渡段长，l 为路基加宽过渡段内任意点 j 至起点 s 的线长，$k=l/L_w$，k 为 0~1 之间的系数。采用线性渐变方式计算 j 点路基加宽值的公式为

$$w_j = w_s + (w_e - w_s)k \tag{4-159}$$

采用三次抛物线渐变方式计算 j 点路基加宽值的公式为

$$i_j = w_s + (w_e - w_s)(3k^2 - 2k^3) = w_s + (w_e - w_s)k^2(3-2k) \tag{4-160}$$

路基加宽设计数据及使用的加宽渐变方式一般在路线平面设计图中给出，在设计文件中也会给出相应的文字说明。

在一条路线中，其路基超高渐变方式是相同的，也即如果是线性渐变，则整条路线都是线性渐变；如果是三次抛物线渐变，则整条路线都是三次抛物线渐变。

而路基加宽方式则不同，在一条路线中，有些桩号区间可能是线性渐变，而有些桩号区间可能是三次抛物线渐变。例如，在图 5-49 所示的匝道平曲线中，A 匝道收费广场 AK0+660 的 AK0+579~AK0+614 桩号区间的加宽渐变方式为三次抛物线渐变，而 AK0+702~AK0+712.404 桩号区间的加宽渐变方式为线性渐变。

虽然高速公路主线的圆曲线半径都是大于 250m 的，圆曲线不需要设置加宽，但高速公路主线与服务区匝道、主线与停车区匝道、主线与互通式立交匝道、互通式立交匝道与匝道的连接部，是需要设置路基加宽的。

3) 边桩设计高程计算原理

加桩边桩设计高程的计算依据是：加桩的中桩设计高程、路基标准横断面设计数据与路基超高横坡设计数据。

(1) 路基标准横断面设计数据的输入

应将路基标准横断面设计数据输入到 Mat A 矩阵，每个标准横断面设计数据需要占用 Mat A 矩阵 3 行，其中，第 1 行为输入 10 个车道与路缘设计数据，第 2 行为输入填方边坡设计数据，第 3 行为输入挖方边坡设计数据，每级填、挖方边坡设计数据需要占用 4 列。

Q2X8 程序对边坡的级数没有要求，当没有边坡设计数据时，Mat A 矩阵至少应定义为 10 列，以满足输入 10 个车道与路缘设计数据的要求，此时第 2、3 行应输入 10 个 0，详见表 4-16。

表 4-16　路基标准横断面矩阵 Mat A(n 行×≥10 列)的单元规划

行,列	车道与路缘设计数据	行,列	填方边坡设计数据	行,列	挖方边坡设计数据
1,1/A	左土路肩宽度	2,1/A	一级填方边坡坡率 n_{T1}	3,1/A	一级挖方边坡坡率 n_{W1}
1,2/B	左土路肩横坡度	2,2/B	一级填方边坡高度 H_{T1}	3,2/B	一级挖方边坡高度 H_{W1}
1,3/C	左路缘+车道+硬路肩宽	2,3/C	一级填方平台坡度 i_{T1}	3,3/C	一级挖方平台坡度 i_{W1}
1,4/D	中央分隔带左宽度	2,4/D	一级填方平台宽度 d_{T1}	3,4/D	一级挖方平台宽度 d_{W1}
1,5/E	中央分隔带右宽度	2,5/E	二级填方边坡坡率 n_{T2}	3,5/E	二级挖方边坡坡率 n_{W2}

续表 4-16

行,列	车道与路缘设计数据	行,列	填方边坡设计数据	行,列	挖方边坡设计数据
1,6/F	右路缘+车道+硬路肩宽	2,6/F	二级填方边坡高度 H_{T2}	3,6/F	二级挖方边坡高度 H_{W2}
1,7/G	右土路肩横坡度	2,7/G	二级填方平台坡度 i_{T2}	3,7/G	二级挖方平台坡度 i_{W2}
1,8/H	右土路肩宽度	2,8/H	二级填方平台宽度 d_{T3}	3,8/H	二级挖方平台宽度 d_{W3}
1,9/I	边沟+碎落台宽度	2,9/I	三级填方边坡坡率 n_{T3}	3,9/I	三级挖方边坡坡率 n_{W3}
1,10/J	路基结构层厚度	2,10/J	三级填方边坡高度 H_{T3}	3,10/J	三级挖方边坡高度 H_{W3}
1,11/K	0	2,11/K	三级填方平台坡度 i_{T3}	3,11/K	三级挖方平台坡度 i_{W3}
1,12/L	0	2,12/L	三级填方平台宽度 d_{T3}	3,12/L	三级挖方平台宽度 d_{W3}
……	……	……	……	……	……

注：①输入 m 个标准横断面，最大边坡级数为 n 时，Mat A 矩阵应定义为 $3m$ 行×$4n$ 列；②填方边坡坡率 n_T、挖方边坡坡率 n_W 均应输入正数，填方平台坡度 i_T、挖方平台坡度 i_W 均应输入正数；③表中字母为在 MS Excel 中输入数据的字母列号。

用户可以在 MS Excel 的 MAT_A 选项卡输入 Mat A 矩阵的路基标准横断面设计数据，将其另存为 MAT_A.csv 文件后，输入到 FA-124 的 FA-124 窗口，再复制到 Calculator 窗口并上传到 fx-9750 GⅡ内存。

(2) 路基超高横坡矩阵

① 路基超高横坡矩阵的定义及选择。

fx-9750GⅡ内置有 **File1~File6** 六个串列文件，Q2X8 程序设计为每个串列文件分配一个路基超高横坡矩阵，因此用户可以将各串列文件的路基超高横坡数据分别输入到 Mat B，Mat C，Mat D，Mat E，Mat F 或 Mat G 矩阵。执行 Q2X8 程序，当程序探测到当前串列文件的 List 23 串列有竖曲线设计数据时，屏幕将显示下列提示：

i_L%,i_R% Mat B(1)/C(2)/D(3)/E(4)/F(5)/G(6)/no(0)=?

用户通过输入 1~6 之间的整数选择路基超高矩阵，其合法输入的数字存入 **List 22[19]** 串列单元。原则上，无论当前串列文件为 **File1~File6** 中的哪一个，用户都可以在 Mat B~Mat G 的六个路基超高横坡矩阵中任意选取，但为了便于记忆，建议按串列文件的序号选择：当前串列文件为 **File1** 时选择 Mat B 为路基超高横坡矩阵，当前串列文件为 **File2** 时选择 Mat C 为路基超高横坡矩阵，……，当前串列文件为 **File6** 时选择 Mat G 为路基超高横坡矩阵。

每个路基超高横坡需要输入四个数据：路基超高设计桩号、左路基横坡度、右路基横坡度、路基标准横断面类号，其中，路基标准横断面类号代表使用 Mat A 矩阵行号的数据。断面类号为 1 时，程序从 Mat A 矩阵的 1~3 行提取路基标准横断面数据；断面类号为 2 时，程序从 Mat A 矩阵的 4~6 行提取路基标准横断面数据，依次类推。当 Mat A 矩阵只输入了 1 个路基标准横断面的 3 行数据时，路基标准横断面类号应全部输入数字 1，详见表 4-17。

表 4-17　路基超高横坡矩阵 Mat B/Mat C/Mat D/Mat E/Mat F/Mat G(4 列)的单元规划

行/列号	1/A	2/B	3/C	4/D
1	路基超高设计桩号 1	左路基横坡度 i_{L1}	右路基横坡度 i_{R1}	标准横断面号 1
2	路基超高设计桩号 2	左路基横坡度 i_{L2}	右路基横坡度 i_{R2}	标准横断面号 2
……	……	……	……	……

注：① 左、右路基超高横坡度 i_L，i_R，以路中线为基准，降坡应输入正数，升坡(超高)应输入负数；② 表中的字母为在 MS Excel 中输入数据的字母列号。

用户可以在 MS Excel 的 MAT_B，MAT_C，MAT_D，MAT_E，MAT_F，MAT_G 选

项卡分别输入 Mat B，Mat C，Mat D，Mat E，Mat F，Mat G 矩阵的路基超高横坡设计数据，分别另存为 MAT_B.csv，MAT_C.csv，MAT_D.csv，MAT_E.csv，MAT_F.csv，MAT_G.csv 文件，并上传到 fx-9750 GⅡ内存。

② Q2X8 程序对路基超高横坡矩阵的处理。

执行 Q2X8 程序，选择重新计算当前串列文件的平竖曲线主点数据时，用户在 Mat B~Mat G 六个路基超高横坡矩阵中选择了一个矩阵后，程序先提取该矩阵的列数，如果列数等于 4，则为其增加 1 列，使其变成 5 列，然后将第 1 列的设计桩号转换为连续桩号并存入新增的第 5 列，最后将该路基超高横坡矩阵赋值给 Mat O 矩阵。

当前串列文件没有断链时，所选的路基超高横坡矩阵第 1 列的桩号与第 5 列的桩号是相同的。

完成当前串列文件的平竖曲线主点数据计算后，程序实际上已对用户选择的路基超高横坡矩阵进行了上述处理，所以用户应将当前串列文件及所选的路基超高横坡矩阵下传到 FA-124，并另存为 g1m 或 g2m 格式文件保存。以后再将 g1m 或 g2m 格式的串列文件与路基超高横坡矩阵文件上传到 fx-9750GⅡ内存，重复执行 Q2X8 程序时，就不再需要重新计算当前串列文件的平竖曲线主点数据，程序能自动从 **List 22[19]**串列单元提取最近一次选择的路基超高横坡矩阵控制数字，并将该矩阵赋值给 Mat O 矩阵。

（3） 路基加宽矩阵

① 路基加宽矩阵数据的定义及选择。

与路基超高横坡矩阵相同，Q2X8 程序设计为每个串列文件分配一个路基加宽矩阵，因此用户可以将各串列文件的路基加宽数据分别输入到 Mat H，Mat I，Mat J，Mat K，Mat L 或 Mat M 矩阵。执行 Q2X8 程序，当程序探测到当前串列文件的 List 23 串列有竖曲线设计数据，且用户已选择了路基超高矩阵时，屏幕将显示下列提示：

+W_L,+W_R Mat H(1)/I(2)/J(3)/K(4)/L(5)/M(6)/no(0)=?

用户通过输入 1~6 之间的整数选择路基加宽矩阵，其合法输入的数字存入 List 22[21] 串列单元。为了便于记忆，建议按串列文件的序号选择：当前串列文件为 **File1** 时选择 Mat H 为路基加宽矩阵，当前串列文件为 **File2** 时选择 Mat I 为路基加宽矩阵，……，当前串列文件为 **File6** 时选择 Mat M 为路基加宽矩阵。

每个路基加宽需要输入四个数据：左路基设计桩号、左路基加宽值、右路基设计桩号、右路基加宽值，详见表 4-18。

表 4-18 路基加宽矩阵 Mat H/Mat I/Mat J/Mat K/Mat L/Mat M(4 列)的单元规划

行/列号	1/A	2/B	3/C	4/D
1	左路基设计桩号 1	左路基加宽 w_{L1}+i*	右路基设计桩号 1	右路基加宽 w_{R1}+i*
2	左路基设计桩号 2	左路基加宽 w_{L2}+i*	右路基设计桩号 2	右路基加宽 w_{R2}+i*
……	……	……	……	……

表 4-18 中的加宽值，当加宽渐变方式为线性渐变时，应输入实数；当加宽渐变方式为三次抛物线渐变时，应输入复数，其实部为加宽值，虚部为“i”，案例如图 5-52 所示。

用户可以在 MS Excel 的 MAT_H，MAT_I，MAT_J，MAT_K，MAT_L，MAT_M 选项卡分别输入 Mat H，Mat I，Mat J，Mat K，Mat L，Mat M 矩阵的路基加宽设计数据，分别另存为 MAT_H.csv，MAT_I.csv，MAT_J.csv，MAT_K.csv，MAT_L.csv，MAT_M.csv 文件，并上传到 fx-9750 GⅡ内存。

② Q2X8 程序对路基加宽矩阵的处理。

执行 Q2X8 程序重新计算当前串列文件的平竖曲线主点数据时，用户在 Mat H~Mat M 六个路基加宽矩阵中选择了一个矩阵后，程序先提取该矩阵的列数，如果列数等于 4，则为其增加 2 列，将其变成 6 列，然后将第 1 列的左路基加宽设计桩号转换为连续桩号并存入新增的第 5 列；将第 3 列的右路基加宽设计桩号转换为连续桩号并存入新增的第 6 列，最后将该加宽矩阵赋值给 Mat P 矩阵。

当前串列文件没有断链时，所选的路基加宽矩阵第 1 列的左路基加宽桩号与第 5 列的桩号是相同的，第 3 列的右路基加宽桩号与第 6 列的桩号是相同的。

完成当前串列文件的平竖曲线主点数据计算后，程序实际上已经对用户选择的路基加宽矩阵进行了上述处理，所以用户应将当前串列文件、所选的路基超高横坡矩阵及路基加宽矩阵下传到 FA-124，并另存为 g1m 或 g2m 格式文件保存。以后再将 g1m 或 g2m 格式的串列文件、路基超高横坡矩阵文件、路基加宽矩阵文件上传到 fx-9750GⅡ，重复执行 Q2X8 程序时，就不再需要重新计算当前串列文件的平竖曲线主点数据，程序从 **List 22[19]**串列单元提取最近一次选择的路基超高横坡矩阵控制数字，并将该矩阵赋值给 Mat O 矩阵；从 **List 22[21]**串列单元提取最近一次选择的路基加宽矩阵控制数字，并将该矩阵赋值给 Mat P 矩阵。

4) 工程案例

[例 4-10] 图 4-47 为广西河池至都安高速公路 JD_{44} 平曲线设计图，图 4-67 为其竖曲线及路基超高横坡设计数据，图 4-69 为其路基标准横断面设计图，试用 Q2X8 程序计算加桩 K52+920 的中边桩三维坐标，左幅为挖方边坡，左边距分别取 6.25m，11.5m，12.25m，13.8m，17.25m，20.5m，23.75m，27.75m，28m；右幅为填方边坡，右边距分别取 7.5m，11.5m，12.25m，16.65m，21.8m，27.75m，34.45m，35m。

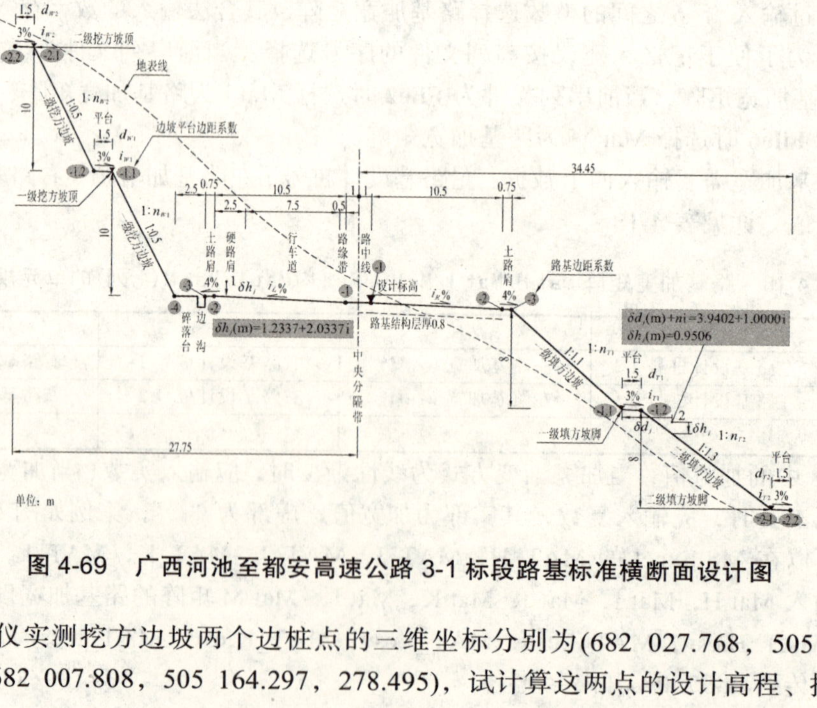

图 4-69　广西河池至都安高速公路 3-1 标段路基标准横断面设计图

用全站仪实测挖方边坡两个边桩点的三维坐标分别为(682 027.768，505 193.643，289.173)，(682 007.808，505 164.297，278.495)，试计算这两点的设计高程、挖填高差及其距离坡口的偏距。

[解] ① 上传平曲线串列文件。

由于在例 4-7 中已将图 4-47 所示的平曲线设计数据输入到了 **File1** 串列文件，并输出为 File1.g1m 文件，因此只需要将光盘“4 章\[例 4-7]\File1.g1m”文件上传到 fx-9750GⅡ内存，并设置 **File1** 为当前串列文件。

② 在 List 23 串列补充输入竖曲线设计数据。

按 MENU ② 键进入 **STAT** 模式，移动光标到 List 23 串列，按表 4-13 的规定，输入图 4-67 内表所列竖曲线 SJD_{16}，SJD_{17}，SJD_{18} 三个变坡点的设计数据，结果如图 4-70 所示。

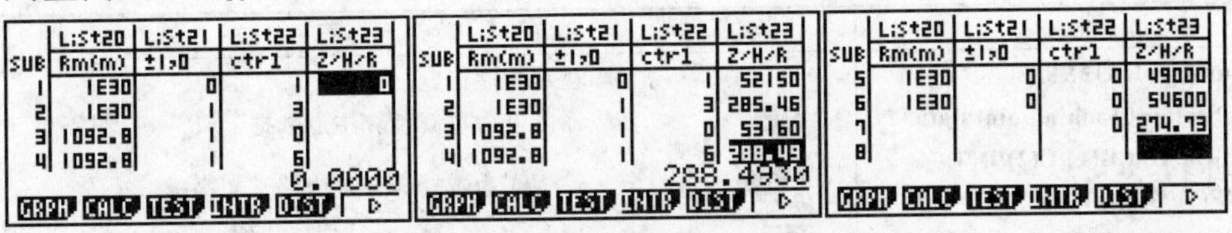

图 4-70　在 File1 串列文件的 List 23 串列输入图 4-67 竖曲线三个变坡点设计数据

③ 在 MS Excel 的 MAT_A 选项卡输入路基标准横断面设计数据。

启动 MS Excel，将缺省设置的 Sheet1 选项卡名重命名为 MAT_A，方法是：鼠标右键单击 Sheet1 选项卡，在弹出的快捷菜单中，左键单击“重命名”命令，即可编辑选项卡名。完成编辑后，按回车键确认。

按表 4-16 的规定，输入图 4-69 所示路基标准横断面设计数据，结果如图 4-71 左图所示。

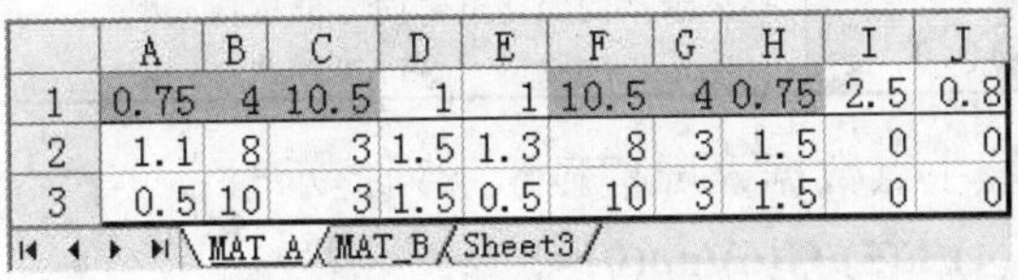

	A	B	C	D	E	F	G	H	I	J
1	0.75	4	10.5	1	1	10.5	4	0.75	2.5	0.8
2	1.1	8	3	1.5	1.3	8	3	1.5	0	0
3	0.5	10	3	1.5	0.5	10	3	1.5	0	0

MAT_A　MAT_B　Sheet3

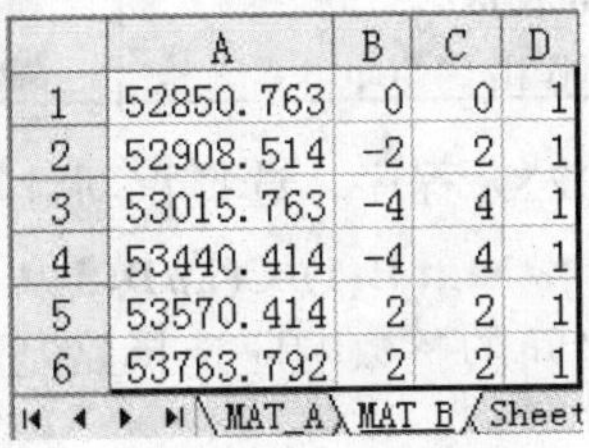

	A	B	C	D
1	52850.763	0	0	1
2	52908.514	-2	2	1
3	53015.763	-4	4	1
4	53440.414	-4	4	1
5	53570.414	2	2	1
6	53763.792	2	2	1

MAT_A　MAT_B　Sheet

图 4-71　在 MS Excel 的 MAT_A 选项卡输入标准横断面设计数据，在 MAT_B 选项卡输入超高横坡设计数据

④ 在 MS Excel 的 MAT_B 选项卡输入路基超高横坡设计数据。

将缺省设置的 Sheet2 选项卡名重命名为 MAT_B。

按表 4-17 的规定，输入图 4-67 所示的六个路基超高横坡设计数据，结果如图 4-71 右图所示。

在 MS Excel 中，将 MAT_A 选项卡的数据另存为 MAT_A.csv 文件，将 MAT_B 选项卡的数据另存为 MAT_B.csv 文件；将 MAT_A.csv 与 MAT_B.csv 文件上传到 fx-9750GⅡ内存。

按 MENU ① 键进入 **RUN•MAT** 模式，按 F1 键调出矩阵菜单，光标位于 **Mat A** 矩阵行，按 EXE 键显示 **Mat A** 矩阵的数据，结果如图 4-72 左二图所示；按 EXIT 键返回矩阵菜单，按 ▼ 键移动光标到 **Mat B** 矩阵行，按 EXE 键显示 **Mat B** 矩阵的数据，结果如图 4-72 右二图所示。

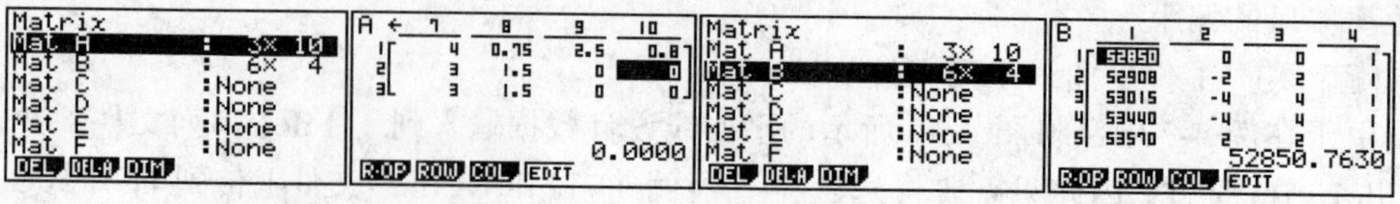

图 4-72　在 RUN•MAT 模式下查看 Mat A 与 Mat B 矩阵的内容

⑤ 计算平竖曲线主点数据。

执行 Q2X8 程序，计算平竖曲线主点数据的屏幕提示与用户操作过程如下：

屏幕提示	按键	说明
JD curve xyH Q2X8		显示程序标题
new(0)/old(≠0) main point data=?	0 EXE	输入 0 为重新计算主点数据
i_L%,i_R% Mat B(1)/C(2)/D(3)/E(4)/F(5)/G(6)/no(0)=?	1 EXE	输入 1 为选择 Mat B 为路基超高横坡矩阵
Z_{cross}(m)+ni=53570.4140+5.0000i	EXE	显示路基超高横坡桩号位于长链重桩区
←(0) +break →(≠0)=?	0 EXE	输入 0 选择长链(+break)后重桩区
k(0)/k^3(≠0)=?	0 EXE	输入 0 选择超高渐变方式为线性渐变
+W_L,+W_R Mat H(1)/I(2)/J(3)/K(4)/L(5)/M(6)/no(0)=?	0 EXE	输入 0 没有路基加宽矩阵
hor-curve first JD num=?	44 EXE	输入平曲线起始交点号(number)
ver-curve first SJD num=?	17 EXE	输入竖曲线起始变坡点号/耗时 1.68s
Z_{ZD}(m)=54162.7879	EXE	显示平曲线终点设计桩号/耗时 1.11s
α_{ZD}=175°00′48.68″	EXE	显示平曲线终点走向方位角
Press [MENU][2]⇒Stop!	MENU 2	停止程序并进入 **STAT** 模式

执行 Q2X8 程序，选择重新计算主点数据，屏幕显示下列提示时：

i_L%,i_R% Mat B(1)/C(2)/D(3)/E(4)/F(5)/G(6)/no(0)=?

输入 1~6 之间的整数响应选择路基超高横坡矩阵，程序对 Mat B~Mat G 矩阵和 Mat A 矩阵处理如下：

算出 Mat A 矩阵各路基标准横断面的填方边坡级数，将其存入 Mat A 矩阵 3I−1 行最后一列单元的虚部，算出 Mat A 矩阵各路基标准横断面的挖方边坡级数，将其存入 Mat A 矩阵 3I 行最后一列单元的虚部，其中 I 为路基标准横断面序号。由于本例的 Mat A 矩阵只输入了一个路基标准横断面设计数据，且填方边坡级数为 2，挖方边坡级数也是 2，因此 Mat A[2,10]单元复数的虚部为填方边坡级数，Mat A[3,10]单元复数的虚部为挖方边坡级数，结果如图 4-73 左二图所示。

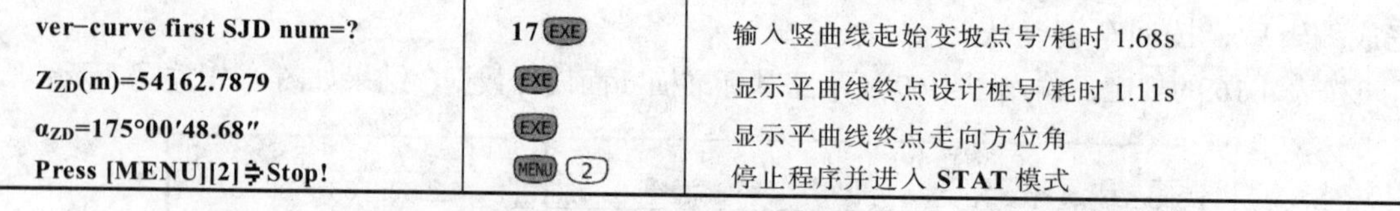

图 4-73　完成主点数据计算后查看 Mat A 与 Mat B 矩阵的内容

将本例选择的路基超高横坡矩阵 Mat B 赋值给 Mat O 矩阵，为 Mat O 矩阵新增一列，使其变成 5 列，将 Mat O 矩阵第 1 列的路基超高横坡桩号变换为连续桩号并存入 Mat O 矩阵相应行的第 5 列，然后将其再赋值给 Mat B 矩阵，结果如图 4-73 右二图所示。

由于 Mat B[5,1]单元的路基超高横坡桩号 K53+570.414 位于长链重桩区，因此在将 Mat B[5,1]单元的设计桩号转换为连续桩号时，屏幕给出下列提示：

Z_{cross}(m)+ni=53570.4140+5.0000i

←(0) +break →(≠0)=?

要求用户输入控制数字，在长链后重桩区(**←(0)**)与前重桩区(**(≠0)**)之间选择，本例输入 0 为选择长链后重桩区。

执行 Q2X8 程序，完成平竖曲线主点数据计算后，用户将当前串列文件 **File1** 另存为 File1.g1m 文件，同时还需要将 Mat A 与 Mat B 矩阵另存为 MATAB.g2m 文件。

当串列文件或矩阵中含有复数单元数值，在 FA-124 中执行右键快捷菜单的“Export”命令另存文件时，FA-124 自动设置 g2m 作为扩展名；当串列文件或矩阵中不含复数单元数值，在 FA-124 中执行右键快捷菜单的“Export”命令另存文件时，FA-124 自动设置 g1m 作为扩展名。本例 Mat A 矩阵的 Mat A[2,10]与 Mat A[3,10]单元数值均为复数，因此将 Mat A 与 Mat B 矩阵一并另存为 MATAB 文件时，FA-124 自动设置 g2m 作为扩展名。

以后再次使用该串列文件计算时，只有同时上传 File1.g1m 文件与 MATAB.g2m 文件到 fx-9750GⅡ内存，并设置 **File1** 为当前串列文件，重复执行 Q2X8 程序时，才可以不需要重新计算平竖曲线主点数据。

高速公路主线，当没有与互通式立交匝道连接的变速车道时，不需要设置加宽，所以本例没有路基加宽矩阵。

⑥ 三维坐标正算。

执行 Q2X8 程序，计算加桩 K52+920 的中边桩三维坐标的屏幕提示与用户操作过程如下：

屏幕提示	按键	说明
JD curve xyH Q2X8		显示程序标题
new(0)/old(≠0) main point data=?	1 EXE	输入非零数为使用现有主点数据计算
st xy new(0)/old(>0)/no(<0)=?	-1 EXE	输入负数为不设置测站点(station)
peg→xyH(1)/xyH→peg(2)/ xyH→δr(3)/pier(4)=?	1 EXE	输入 1 选择坐标正算
+peg(m),<QD⇛end=?	52920 EXE	输入加桩号
α_j=145°46′41.7″	EXE	显示中桩走向方位角/耗时 0.61s
x_j+y_ji(m)=682021.8625+505184.9605i	EXE	显示中桩坐标复数
H_j(m)=287.7290	EXE	显示中桩设计高程
i_L(%)=-2.2142	EXE	显示路基左横坡度
W_L(m)±∠γi,0⇛no=?	6.25 EXE	输入左边距
x_L+y_Li(m)=682025.3775+505190.1284i	EXE	显示左边桩坐标复数
H_L(m)=287.8452+287.0452i	EXE	显示左边桩路面设计高程+路基设计高程 i 复数
W_L(m)±∠γi,0⇛no=?	11.5 EXE	输入左边距
x_L+y_Li(m)=682028.3301+505194.4694i	EXE	显示左边桩坐标复数
H_L(m)=287.9615+287.1615i	EXE	显示左边桩路面设计高程+路基设计高程 i 复数
W_L(m)±∠γi,0⇛no=?	12.25 EXE	输入左边距
x_L+y_Li(m)=682028.7519+505195.0896i	EXE	显示左边桩坐标复数
H_L(m)=287.9315+287.1315i	EXE	显示左边桩路面设计高程+路基设计高程 i 复数
W_L(m)±∠γi,0⇛no=?	13.8 EXE	输入左边距
x_L+y_Li(m)=682029.6236+505196.3712i	EXE	显示左边桩坐标复数
T(>0)/W(<0)/no(0)=?	-1 EXE	输入任意负数为挖方边坡
H_L(m)=287.9315	EXE	显示左边桩设计高程
W_L(m)±∠γi,0⇛no=?	17.25 EXE	输入左边距

续表

屏幕提示	按键	说明
x_L+y_Li(m)=682031.5639+505199.2239i	EXE	显示左边桩坐标复数
T(>0)/W(<0)/no(0)=?	-2 EXE	输入任意负数为挖方边坡
H_L(m)=292.9315	EXE	显示左边桩设计高程
W_L(m)±∠γi,0⇛no=?	20.5 EXE	输入左边距
x_L+y_Li(m)=682033.3917+505201.9112i	EXE	显示左边桩坐标复数
T(>0)/W(<0)/no(0)=?	-3 EXE	输入任意负数为挖方边坡
H_L(m)=297.9540	EXE	显示左边桩设计高程
W_L(m)±∠γi,0⇛no=?	23.75 EXE	输入左边距
x_L+y_Li(m)=682035.2194+505204.5986i	EXE	显示左边桩坐标复数
T(>0)/W(<0)/no(0)=?	-4 EXE	输入任意负数为挖方边坡
H_L(m)=302.9765	EXE	显示左边桩设计高程
W_L(m)±∠γi,0⇛no=?	27.75 EXE	输入左边距
x_L+y_Li(m)=682037.4690+505207.9060i	EXE	显示左边桩坐标复数
T(>0)/W(<0)/no(0)=?	-5 EXE	输入任意负数为挖方边坡
H_L(m)=308.0215	EXE	显示左边桩设计高程
W_L(m)±∠γi,0⇛no=?	28 EXE	输入左边距
x_L+y_Li(m)=682037.6096+505208.1127i	EXE	显示左边桩坐标复数
T(>0)/W(<0)/no(0)=?	-6 EXE	输入任意负数为挖方边坡
W_L(m)±∠γi,0⇛no=?	0 EXE	输入 0 结束左边桩坐标计算
i_R(%)=2.2142	EXE	显示路基右横坡度
W_R(m),0⇛no=?	7.5 EXE	输入右边距
x_R+y_Ri(m)=682017.6445+505178.7590i	EXE	显示右边桩坐标复数
H_R(m)=287.5851+286.7851i	EXE	显示右边桩路面设计高程+路基设计高程 i 复数
W_R(m),0⇛no=?	11.5 EXE	输入右边距
x_R+y_Ri(m)=682015.3949+505175.4515i	EXE	显示右边桩坐标设计高程复数
H_R(m)=287.4965+286.6965i	EXE	显示右边桩路面设计高程+路基设计高程 i 复数
W_R(m),0⇛no=?	12.25 EXE	输入右边距
x_R+y_Ri(m)=682014.9731+505174.8313i	EXE	显示右边桩坐标复数
H_R(m)=287.4665	EXE	显示右边桩设计高程
W_R(m),0⇛no=?	16.65 EXE	输入右边距
x_R+y_Ri(m)=682012.4986+505171.1931i	EXE	显示右边桩坐标复数
T(>0)/W(<0)/no(0)=?	1 EXE	输入任意正数为填方边坡
H_R(m)=283.4665	EXE	显示右边桩设计高程
W_R(m),0⇛no=?	21.8 EXE	输入右边距
x_R+y_Ri(m)=682009.6022+505166.9348i	EXE	显示右边桩坐标复数
T(>0)/W(<0)/no(0)=?	2 EXE	输入任意正数为填方边坡
H_R(m)=279.4440	EXE	显示右边桩设计高程
W_R(m),0⇛no=?	27.75 EXE	输入右边距
x_R+y_Ri(m)=682006.2560+505162.0149i	EXE	显示右边桩坐标复数
T(>0)/W(<0)/no(0)=?	3 EXE	输入任意正数为填方边坡
H_R(m)=275.4215	EXE	显示右边桩设计高程
W_R(m),0⇛no=?	34.45 EXE	输入右边距
x_R+y_Ri(m)=682002.4879+505156.4749i	EXE	显示右边桩坐标复数
T(>0)/W(<0)/no(0)=?	4 EXE	输入任意正数为填方边坡
H_R(m)=271.3765	EXE	显示右边桩设计高程
W_R(m),0⇛no=?	35 EXE	输入右边距
x_R+y_Ri(m)=682002.1786+505156.0201i	EXE	显示右边桩坐标复数
T(>0)/W(<0)/no(0)=?	5 EXE	输入任意正数为填方边坡
W_R(m),0⇛no=?	0 EXE	输入 0 结束右边桩坐标计算
+peg(m),<QD⇛end=?	1 EXE	输入小于 *QD* 的桩号结束程序
Q2X8⇛End		程序结束显示

计算加桩边桩的设计高程。当边桩点位于土路肩外缘以内时，屏幕显示“路面设计高程+路基设计高程 i”复数，其中，路基设计高程=路面设计高程−结构层厚度。结构层厚度存储在路基标准横断面设计数据矩阵 Mat A[3I−2,10]单元，I 为加桩的路基标准横断面号。本例 Mat A 矩阵只输入了一个路基标准横断面数据，结构层厚度 0.8m 存储在 Mat A[1,10]矩阵单元。

当用户输入的边距大于路基土路肩外缘的边距时(本例为 1+10.5+0.75=12.25m)，屏幕提示用户输入边坡类型控制数值如下：

T(>0)/W(<0)/no(0)=?

输入任意正数为选择填方边坡，输入任意负数为选择挖方边坡，输入 0 为不计算边桩设计高程。

在图 4-69 所示的路基标准横断面设计图中，路基左幅绘制为挖方边坡，路基右幅绘制为填方边坡，这是为了便于标注路基及边坡设计数据，用户在输入边坡类型控制数字时，应根据加桩的实际地形选择。例如，也可以选择路基左幅为填方边坡，路基右幅为挖方边坡；或者左、右幅均为填方边坡，左、右幅均为挖方边坡。

本例 Mat A 矩阵填方边坡与挖方边坡都只输入了两级，当用户输入的边距大于填方边坡或挖方边坡二级平台外缘主点边距时，程序不计算边桩的设计高程。例如，本例左幅挖方边距输入 28m，右幅填方边距输入 35m 时，程序均不计算边桩的设计高程。

⑦ 路基主点与边坡平台主点三维设计坐标正算。

程序为四个路基主点定义的边距系数为：中分带外缘点的边距系数为-1，硬路肩外缘点的边距系数为-2，土路肩外缘点的边距系数为-3，挖方边坡碎落台外缘点的边距系数为-4。本例路基主点边距系数所定义的位置如图 4-69 圆形灰底色数字所示。

为各级边坡平台主点定义的边距系数为：一级边坡平台内缘点的边距系数为-1.1，一级边坡平台外缘点的边距系数为-1.2，二级边坡平台内缘点的边距系数为-2.1，二级边坡平台外缘点的边距系数为-2.2，依次类推。本例边坡平台主点边距系数所定义的位置如图 4-69 椭圆形灰底色数字所示。

执行 Q2X8 程序的坐标正算功能，在需要输入左、右边距时，输入边距系数可以快速算出路基与边坡平台主点的三维设计坐标。

执行 Q2X8 程序，计算加桩 K52+920 路基主点与边坡平台内外缘主点三维设计坐标的屏幕提示与用户操作过程如下：

屏幕提示	按键	说明
JD curve xyH Q2X8		显示程序标题
new(0)/old(≠0) main point data=?	2 EXE	输入非零数为使用现有主点数据计算
st xy new(0)/old(>0)/no(<0)=?	2 EXE	使用最近输入的测站点(station)
peg→xyH(1)/xyH→peg(2)/xyH→δr(3)/pier(4)=?	1 EXE	输入 1 选择坐标正算
+peg(m),<QD⇛end=?	52920 EXE	输入加桩号
α_j=145°46′41.7″	EXE	显示走向方位角/耗时 0.64s
x_j+y_ji(m)=682021.8625+505184.9605i	EXE	显示中桩坐标复数
H_j(m)=287.7290	EXE	显示中桩设计高程
i_L(%)=-2.2142	EXE	显示路基左横坡度
W_L(m)±∠γi,0⇛no=?	-1 EXE	输入中分带外缘点边距系数
d_L(m)=1.0000	EXE	显示-1 号点左边距
x_L+y_Li(m)=682022.4249+505185.7873i	EXE	显示左边桩坐标复数
H_L(m)=287.7290+286.9290i	EXE	显示左边桩路面设计高程+路基设计高程 i 复数
W_L(m)±∠γi,0⇛no=?	-2 EXE	输入硬路肩外缘点边距系数
d_L(m)=11.5000	EXE	显示-2 号点左边距

续表

屏幕提示	按键	说明
x_L+y_Li(m)=682028.3301+505194.4694i	EXE	显示左边桩坐标复数
H_L(m)=287.9615+287.1615i	EXE	显示左边桩路面设计高程+路基设计高程 i 复数
W_L(m)±∠γi,0⇒no=?	-3 EXE	输入土路肩外缘点边距系数
d_L(m)=12.2500	EXE	显示-3 号点左边距
x_L+y_Li(m)=682028.7519+505195.0896i	EXE	显示左边桩坐标复数
H_L(m)=287.9315+287.1315i	EXE	显示左边桩路面设计高程+路基设计高程 i 复数
W_L(m)±∠γi,0⇒no=?	-4 EXE	输入挖方边坡碎落台外缘点边距系数
d_L(m)=14.7500	EXE	显示-4 号点左边距
x_L+y_Li(m)=682030.1579+505197.1567i	EXE	显示左边桩坐标复数
H_L(m)=287.9315	EXE	显示左边桩设计高程
W_L(m)±∠γi,0⇒no=?	-1.1 EXE	输入一级边坡平台内缘点边距系数
T(>0)/W(<0)/no(0)=?	-1 EXE	输入任意负数为挖方边坡
d_L(m)=19.7500	EXE	显示挖方平台-1.1 号点左边距
x_L+y_Li(m)=682032.9699+505201.2911i	EXE	显示左边桩坐标复数
H_L(m)=297.9315	EXE	显示左边桩设计高程
W_L(m)±∠γi,0⇒no=?	-1.2 EXE	输入一级边坡平台外缘点边距系数
T(>0)/W(<0)/no(0)=?	-2 EXE	输入任意负数为挖方边坡
d_L(m)=21.2500	EXE	显示挖方平台-1.2 号点左边距
x_L+y_Li(m)=682033.8135+505202.5314i	EXE	显示左边桩坐标复数
H_L(m)=297.9765	EXE	显示左边桩设计高程
W_L(m)±∠γi,0⇒no=?	-2.1 EXE	输入二级边坡平台内缘点边距系数
T(>0)/W(<0)/no(0)=?	-3 EXE	输入任意负数为挖方边坡
d_L(m)=26.2500	EXE	显示挖方平台-2.1 号点左边距
x_L+y_Li(m)=682036.6254+505206.6657i	EXE	显示左边桩坐标复数
H_L(m)=307.9765	EXE	显示左边桩设计高程
W_L(m)±∠γi,0⇒no=?	-2.2 EXE	输入二级边坡平台外缘点边距系数
T(>0)/W(<0)/no(0)=?	-4 EXE	输入任意负数为挖方边坡
d_L(m)=27.7500	EXE	显示挖方平台-2.2 号点左边距
x_L+y_Li(m)=682037.4690+505207.9060i	EXE	显示左边桩坐标复数
H_L(m)=308.0215	EXE	显示左边桩设计高程
W_L(m)±∠γi,0⇒no=?	0 EXE	输入 0 结束左边桩坐标计算
i_R(%)=2.2142	EXE	显示路基右横坡度
W_R(m),0⇒no=?	-1 EXE	输入中分带外缘点边距系数
d_R(m)=1.0000	EXE	显示-1 号点右边距
x_R+y_Ri(m)=682021.3001+505184.1336i	EXE	显示右边桩坐标复数
H_R(m)=287.7290+286.9290i	EXE	显示右边桩路面设计高程+路基设计高程 i 复数
W_R(m),0⇒no=?	-2 EXE	输入硬路肩外缘点边距系数
d_R(m)=11.5000	EXE	显示-2 号点右边距
x_R+y_Ri(m)=682015.3949+505175.4515i	EXE	显示右边桩坐标复数
H_R(m)=287.4965+286.6965i	EXE	显示右边桩路面设计高程+路基设计高程 i 复数
W_R(m),0⇒no=?	-3 EXE	输入土路肩外缘点边距系数
d_R(m)=12.2500	EXE	显示-3 号点右边距
x_R+y_Ri(m)=682014.9731+505174.8313i	EXE	显示右边桩坐标复数
H_R(m)=287.4665+286.6665i	EXE	显示右边桩路面设计高程+路基设计高程 i 复数
W_R(m),0⇒no=?	-4 EXE	输入挖方边坡碎落台外缘点边距系数
d_R(m)=14.7500	EXE	显示右幅-4 号点左边距
x_R+y_Ri(m)=682013.5671+505172.7642i	EXE	显示右边桩坐标复数
H_R(m)=287.4665	EXE	显示右边桩设计高程
W_R(m),0⇒no=?	-1.1 EXE	输入一级边坡平台内缘点边距系数
T(>0)/W(<0)/no(0)=?	1 EXE	输入任意正数为填方边坡
d_R(m)=21.0500	EXE	显示填方平台-1.1 号点右边距

续表

屏幕提示	按键	说明
x_R+y_Ri(m)=682010.0240+505167.5549i	EXE	显示右边桩坐标复数
H_R(m)=279.4665	EXE	显示右边桩设计高程
W_R(m),0⇒no=?	**-1.2** EXE	输入一级边坡平台外缘点边距系数
T(>0)/W(<0)/no(0)=?	**2** EXE	输入任意正数为填方边坡
d_R(m)=22.5500	EXE	显示填方平台-1.2 号点右边距
x_R+y_Ri(m)=682009.1804+505166.3146i	EXE	显示右边桩坐标复数
H_R(m)=279.4215	EXE	显示右边桩设计高程
W_R(m),0⇒no=?	**-2.1** EXE	输入二级边坡平台内缘点边距系数
T(>0)/W(<0)/no(0)=?	**3** EXE	输入任意正数为填方边坡
d_R(m)=32.9500	EXE	显示填方平台-2.1 号点右边距
x_R+y_Ri(m)=682003.3315+505157.7152i	EXE	显示右边桩坐标复数
H_R(m)=271.4215	EXE	显示右边桩设计高程
W_R(m),0⇒no=?	**-2.2** EXE	输入二级边坡平台外缘点边距系数
T(>0)/W(<0)/no(0)=?	**4** EXE	输入任意正数为填方边坡
d_R(m)=34.4500	EXE	显示填方平台-2.2 号点右边距
x_R+y_Ri(m)=682002.4879+505156.4749i	EXE	显示右边桩坐标复数
H_R(m)=271.3765	EXE	显示右边桩设计高程
W_R(m),0⇒no=?	**0** EXE	输入 0 结束右边桩坐标计算
+peg(m),<QD⇒end=?	**2** EXE	输入小于 *QD* 的桩号结束程序
Q2X8⇒End		程序结束显示

只有当路基左幅或右幅为挖方边坡时，输入边距系数-4 算出的挖方边坡碎落台外缘主点的三维坐标才可以使用，当路基左幅或右幅为填方边坡时，-4 号主点实际上并不存在。

-1，-2，-3，-4 号路基主点，只有-1，-2 与-3 号路基主点显示“路面设计高程+路基设计高程 i”复数，-4 号路基主点只显示路面设计高程。

⑧ 三维坐标反算。

执行 Q2X8 程序，计算本例全站仪实测 2 个三维坐标边桩点的屏幕提示与用户操作过程如下：

屏幕提示	按键	说明
JD curve xyH Q2X8		显示程序标题
new(0)/old(≠0) main point data=?	**3** EXE	输入非零数为使用现有主点数据计算
st xy new(0)/old(>0)/no(<0)=?	**3** EXE	使用最近输入的测站点(station)
peg➔xyH(1)/xyH➔peg(2)/ xyH➔δr(3)/pier(4)=?	**2** EXE	输入 2 选择坐标反算
x_j(m)/π⇒end	**682027.768** EXE	输入 1 号边桩点三维坐标
y_j(m)+ni=?	**505193.643** EXE	
H_j(m),0⇒no=?	**289.173** EXE	
p peg(m)+ni=52920.0000+2.0000i	EXE	显示垂点桩号+平曲线元号 i 复数/耗时 1.05s
α_P=145°46′41.7″	EXE	显示垂点走向方位角
x_P+y_Pi(m)=682021.8625+505184.9604i	EXE	显示垂点坐标复数
H_P(m)=287.7290	EXE	显示垂点设计高程
d_L(m)=-10.5005	EXE	显示负数为左边距
i_L(%)=-2.2142	EXE	显示路基左横坡度
H_{Lj}(m)=287.9393+287.1393i	EXE	显示左边桩路面设计高程+路基设计高程 i 复数
δh_j(m)=1.2337+2.0337i	EXE	显示边桩点挖填高差(实测 H-设计 H)
x_j(m)/π⇒end	**682007.808** EXE	输入 2 号边桩点三维坐标
y_j(m)+ni=?	**505164.297** EXE	
H_j(m),0⇒no=?	**278.495** EXE	

续表

屏幕提示	按键	说明
p peg(m)+ni=52920.0001+2.0000i	EXE	显示垂点桩号+平曲线元号 i 复数/耗时 1.05s
α_P=145°46′41.71″	EXE	显示垂点走向方位角
x_P+y_Pi(m)=682021.8624+505184.9605i	EXE	显示垂点坐标复数
H_P(m)=287.7290	EXE	显示垂点设计高程
d_R(m)=24.9902	EXE	显示正数为右边距
i_R(%)=2.2142	EXE	显示路基右横坡度
T(>0)/W(<0)/no(0)=?	5 EXE	输入任意正数为填方边坡
HR_j(m)=277.5444	EXE	显示边桩设计高程
δd_j(m)+ni=3.9402+1.0000i	EXE	显示坡口平距+边坡级数 i 复数
δh_j(m)=0.9506	EXE	显示边桩点挖填高差(实测 H–设计 H)
x_j(m)/π⇛end	SHIFT π EXE	输入 π 结束程序
Q2X8⇛End		程序结束显示

屏幕显示的边桩点挖填高差 δh_j=实测高程–设计高程，正数为挖方高差，负数为填方高差。

当边桩点位于土路肩外缘点以内时，屏幕显示边桩点挖填高差 δh_j 复数，复数实部为边桩测点相对于路面的挖填高差，虚部为边桩测点相对于路基的挖填高差，挖填高差的实部与虚部数值相差路面结构层厚度。

坡口平距 δd_j+边坡级数 ni 复数中的 δd_j=边桩点边距–n 级边坡平台内缘主点边距，$\delta d_j>0$ 时，表示需要向路中线方向内移 δd_j 即为 n 级边坡平台内缘主点的位置；$\delta d_j<0$ 时，表示需要向离开路中线方向外移 δd_j 即为 n 级边坡平台内缘主点的位置。

本例“**δd_j(m)+ni=3.9402+1.0000i**”的几何意义如图 4-69 矩形灰底色区等式所示。

由于本例 1 号边桩点位于左幅硬路肩，所以屏幕只显示边桩点的挖填高差 δh_j，不显示坡口平距 δd_j。

执行 Q2X8 程序的三维坐标反算功能，不输入测点的实测高程时，程序不计算测点的设计高程及其挖填高差。进行上述 2 个测点的平面坐标反算的屏幕提示与用户操作过程如下：

屏幕提示	按键	说明
JD curve xyH Q2X8		显示程序标题
new(0)/old(≠0) main point data=?	4 EXE	输入非零数为使用现有主点数据计算
st xy new(0)/old(>0)/no(<0)=?	4 EXE	使用最近输入的测站点(station)
peg→xyH(1)/xyH→peg(2)/ xyH→δr(3)/pier(4)=?	2 EXE	输入 2 选择坐标反算
x_j(m)/π⇛end	682027.768 EXE	输入 1 号边桩点平面坐标
y_j(m)+ni=?	505193.643 EXE	
H_j(m),0⇛no=?	0 EXE	输入 0 为不计算测点边桩设计高程
p peg(m)+ni=52920.0000+2.0000i	EXE	显示垂点桩号+平曲线元号 i 复数/耗时 0.96s
α_P=145°46′41.7″	EXE	显示垂点走向方位角
x_P+y_Pi(m)=682021.8625+505184.9604i	EXE	显示垂点坐标复数
H_P(m)=287.7290	EXE	显示垂点设计高程
d_L(m)=-10.5005	EXE	显示负数为左边距
x_j(m)/π⇛end	682007.808 EXE	输入 2 号边桩点三维坐标
y_j(m)+ni=?	505164.297 EXE	
H_j(m),0⇛no=?	0 EXE	输入 0 为不计算测点边桩设计高程
p peg(m)+ni=52920.0001+2.0000i	EXE	显示垂点桩号+平曲线元号 i 复数/耗时 0.92s
α_P=145°46′41.71″	EXE	显示垂点走向方位角
x_P+y_Pi(m)=682021.8624+505184.9605i	EXE	显示垂点坐标复数
H_P(m)=287.7290	EXE	显示垂点设计高程

续表

屏幕提示	按键	说明
d_R(m)=24.9902	EXE	显示正数为右边距
x_j(m)/π⇒end	SHIFT π EXE	输入 π 结束程序
Q2X8⇒End		程序结束显示

⑨ 执行成果整理程序 H2X8.exe 输出系列成果文件。

将当前串列文件输出为 File1.csv 文件，将 Mat B 矩阵数据输出为 MAT_B.csv 文件，执行成果整理程序 H2X8.exe 处理 File1.csv 与 MAT_B.csv 文件，创建的系列成果文件位于光盘“\4 章\[例 4-10]\”路径下。

图 4-74 为成果文件 File1.txt 的部分内容，其中包括 H2X8.exe 程序从 MAT_B.csv 文件读入的路基超高横坡设计数据，文件中注记有本次计算的路基超高横坡渐变方式为“线性渐变”。

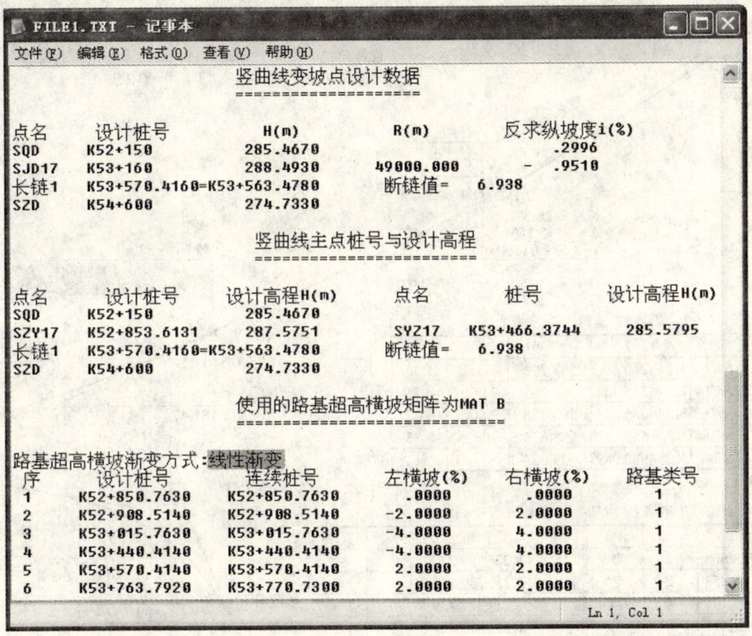
```
FILE1.TXT - 记事本
文件(F) 编辑(E) 格式(O) 查看(V) 帮助(H)
                    竖曲线变坡点设计数据
                    ====================

点名     设计桩号           H(m)          R(m)        反求纵坡度i(%)
SQD      K52+150          285.4670                        .2996
SJD17    K53+160          288.4930     49000.000      -   .9510
长链1    K53+570.4160=K53+563.4780     断链值=    6.938
SZD      K54+600          274.7330

                      竖曲线主点桩号与设计高程
                      ========================

点名      设计桩号       设计高程H(m)      点名        桩号         设计高程H(m)
SQD      K52+150          285.4670
SZY17    K52+853.6131     287.5751        SYZ17   K53+466.3744     285.5795
长链1    K53+570.4160=K53+563.4780     断链值=    6.938
SZD      K54+600          274.7330

                    使用的路基超高横坡矩阵为MAT B
                    =============================

路基超高横坡渐变方式:线性渐变
 序      设计桩号          连续桩号          左横坡(%)    右横坡(%)     路基类号
 1     K52+850.7630     K52+850.7630        .0000         .0000          1
 2     K52+908.5140     K52+908.5140      -2.0000        2.0000          1
 3     K53+015.7630     K53+015.7630      -4.0000        4.0000          1
 4     K53+440.4140     K53+440.4140      -4.0000        4.0000          1
 5     K53+570.4140     K53+570.4140       2.0000        2.0000          1
 6     K53+763.7920     K53+770.7300       2.0000        2.0000          1
                                                          Ln 1, Col 1
```

图 4-74 平竖曲线成果文件 File1.txt 包含 Mat B 矩阵的路基超高横坡设计数据

图 4-75 为成果文件 SUfile1.csv 的部分内容，其中包括 H2X8.exe 程序使用从 MAT_B.csv 文件读入的路基超高横坡设计数据计算平曲线主点及逐桩的路基左右幅超高横坡度数据。

	A	B	C	D	E	F	G	H
1	序号	设计桩号	x坐标(m)	y坐标(m)	设计高程H(m)	走向方位角	左横坡(%)	右横坡(%)
2	1	QD_K52+850.7627	682078.7648	505145.5161	0			
3	2	JD44_K53+225.5324	681771.709	505360.386	0			
4	3	ZD_K54+162.7879	680817.277	505443.661	0			
5	4	ZH44_K52+850.7627	682078.7648	505145.5161	287.5665	145° 00′ 59.911″		
6	5	HY44_K53+015.7627	681941.2747	505236.6626	287.7926	149° 20′ 31.083″	-2	2
7	6	YH44_K53+440.4144	681543.5584	505377.7058	285.8195	171° 36′ 20.485″	-4	4
8	7	HZ44_K53+570.4144	681414.3202	505391.5685	284.5901	175° 00′ 48.682″	2	2
9	8	K52+860	682071.1961	505150.8116	287.5938	145° 01′ 48.713″	-0.3199	0.3199
10	9	K52+880	682054.7969	505162.26	287.647	145° 09′ 08.820″	-1.0125	1.0125
11	10	K52+900	682038.3607	505173.6552	287.6921	145° 24′ 06.482″	-1.7051	1.7051
12	11	K52+920	682021.8625	505184.9605	287.729	145° 46′ 41.699″	-2.2142	2.2142

SUFILE1

图 4-75 平曲线主点与逐桩点成果文件 SUfile1.csv 包含路基左右幅超高横坡度数据

[例 4-11] 图 4-76 为四川省国道 108 线梓潼至剑阁界公路灾后大修工程 JD_{133}~JD_{136} 设计图，图 4-76(a)为路基标准横断面图， JD_{135} 的圆曲线半径小于 250m，由内表 3 的设计数据可知，圆曲线段加宽 2m，加宽缓和段长等于缓和曲线长，加宽过渡方式为线性渐变。试用 Q2X8 程序计算加桩 K23+620 的中桩三维坐标，路基与边坡平台主点的三维坐标；为了确定图 4-76(a)中左幅填方边坡坡脚点 P 的准确位置，用全站仪在 P 点附近实测了三个左边坡测点的三维坐标：

P_1(3 522 189.564，472 195.517，571.449)

P_2(3 522 189.792，472 194.051，571.078)

P_3(3 522 189.706，472 194.608，571.228)

试用 Q2X8 程序的三维坐标反算功能，计算 P 点的准确位置。

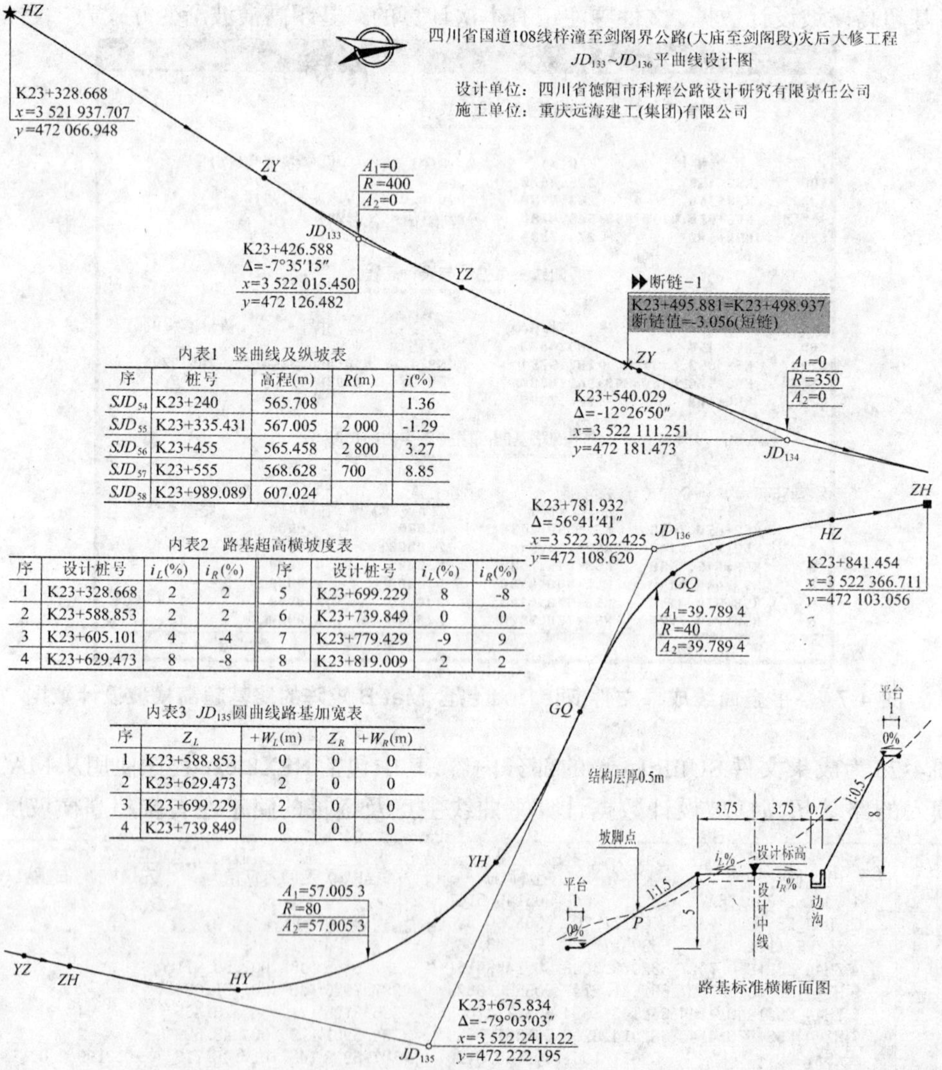

图 4-76 国道 108 线梓潼至剑阁界公路(大庙至剑阁段)灾后大修工程 JD_{133}~JD_{136} 设计图

[解] ① 平竖曲线设计数据与断链桩数据的输入。

按表 4-1 的规定，在 MS Excel 的 File2 选项卡的 A~F 列输入图 4-76 所示 JD_{133}~JD_{136} 的平曲线设计数据，在 D6 与 E6 单元输入断链桩数据，结果如图 4-77 左图所示；按表 4-13 的规定，在 W 列输入图 4-76 内表 1 所列竖曲线设计数据，结果如图 4-77 右图所示。将 File2 选项卡的数据另存为 File2.csv 文件。

	A	B	C	D	E	F
1	23328.668	3521937.707	472066.948	0	0	0
2		3522015.45	472126.482	0	400	0
3		3522111.251	472181.473	0	350	0
4		3522241.122	472222.195	57.005263	80	57.0053
5		3522302.425	472108.62	39.789446	40	39.7894
6		3522366.711	472103.056	23495.881	23498.937	

File2 / MAT_A / MAT_C / MAT_I /

	W
1	23240
2	565.708
3	23335.431
4	567.005
5	2000
6	23455
7	565.458
8	2800
9	23555
10	568.628
11	700
12	23989.089
13	607.024

图 4-77　在 MS Excel 的 File2 选项卡输入平竖曲线设计数据

② 矩阵数据的输入。

按表 4-16 的规定，在 MS Excel 的 MAT_A 选项卡输入图 4-76(a)所示的路基标准横断面设计数据，结果如图 4-78 左图所示。

按表 4-17 的规定，在 MS Excel 的 MAT_C 选项卡输入图 4-76 内表 2 所列的路基超高横坡设计数据，结果如图 4-78 中图所示。

按表 4-18 的规定，在 MS Excel 的 MAT_I 选项卡输入图 4-76 内表 3 所列 JD_{135} 的路基加宽设计数据，结果如图 4-78 右图所示。因为本例加宽渐变方式为线性渐变，所以 B 列与 D 列的数值均为实数。

	A	B	C	D	E	F	G	H	I	J
1	0	0	3.75	0	0	3.75	0	0	0.7	0.5
2	1.5	5	0	1	0	0	0	0	0	0
3	0.5	8	0	1	0	0	0	0	0	0

File2 \ MAT_A / MAT_C / MAT_I /

	A	B	C	D
1	23328.668	2	2	1
2	23588.853	2	2	1
3	23605.101	4	-4	1
4	23629.473	8	-8	1
5	23699.229	8	-8	1
6	23739.849	0	0	1
7	23779.429	-9	9	1
8	23819.009	2	2	1

/ MAT_A \ MAT_C / M

	A	B	C	D
1	23588.853	0	0	0
2	23629.473	2	0	0
3	23699.229	2	0	0
4	23739.849	0	0	0

/ MAT_C \ MAT_I /

图 4-78　在 MS Excel 的 MAT_A 选项卡输入路基标准横断面设计数据，在 MAT_C 选项卡输入路基超高横坡设计数据，在 MAT_I 选项卡输入路基加宽设计数据

将 MAT_A 选项卡的数据另存为 MAT_A.csv 文件，将 MAT_C 选项卡的数据另存为 MAT_C.csv 文件，将 MAT_I 选项卡的数据另存为 MAT_I.csv 文件。将 MAT_A.csv，MAT_C.csv，MAT_I.csv 文件上传到 fx-9750GⅡ内存。

③ 计算平竖曲线主点数据。

执行 Q2X8 程序，计算平竖曲线主点数据的屏幕提示与用户操作过程如下：

屏幕提示	按键	说明
JD curve xyH Q2X8		显示程序标题
new(0)/old(≠0) main point data=?	0 EXE	输入 0 为重新计算主点数据
i_L%,i_R% Mat B(1)/C(2)/D(3)/E(4)/F(5)/G(6)/no(0)=?	2 EXE	输入 2 为选择 Mat C 为路基超高横坡矩阵
k(0)/k^3(≠0)=?	0 EXE	输入 0 选择超高渐变方式为线性渐变
+W_L,+W_R Mat H(1)/I(2)/J(3)/K(4)/L(5)/M(6)/no(0)=?	2 EXE	输入 2 为选择 Mat I 为路基加宽矩阵
hor-curve first JD num=?	133 EXE	输入平曲线起始交点号(number)

续表

屏幕提示	按键	说明
ver-curve first SJD num=?	55 EXE	输入竖曲线起始变坡点号/耗时 4.21s
Z_{ZD}(m)=23841.4526	EXE	显示平曲线终点设计桩号(-1.4mm)/耗时 2.77s
α_{ZD}=355°03′12.01″	EXE	显示平曲线终点走向方位角
Press [MENU][2]≑Stop!	MENU 2	停止程序并进入 STAT 模式

④ 三维坐标正算。

执行 Q2X8 程序，计算加桩 K23+620 的中边桩三维坐标的屏幕提示与用户操作过程如下：

屏幕提示	按键	说明
JD curve xyH Q2X8		显示程序标题
new(0)/old(≠0) main point data=?	1 EXE	输入非零数为使用现有主点数据计算
st xy new(0)/old(>0)/no(<0)=?	-1 EXE	输入负数为不设置测站点(station)
peg→xyH(1)/xyH→peg(2)/ xyH→δr(3)/pier(4)=?	1 EXE	输入 1 选择坐标正算
+peg(m),<QD≑end=?	23620 EXE	输入加桩号
α_j=8°51′23.7″	EXE	显示中桩走向方位角/耗时 1.27s
x_j+y_ji(m)=3522188.243+472203.9928i	EXE	显示中桩坐标复数
H_j(m)=574.3774	EXE	显示中桩设计高程
i_L(%)=6.4453	EXE	显示路基左横坡度
+W_L(m)=1.5336	EXE	显示路基左幅加宽值
+W_L(m),π≑no=?	SET UP π EXE	输入 π 为不修改路基左幅加宽值
W_L(m)±∠γi,0≑no=?	-3 EXE	输入土路肩外缘点边距系数
d_L(m)=5.2836	EXE	显示-3 号点左边距
x_L+y_Li(m)=3522189.057+472198.7722i	EXE	显示左边桩坐标复数
H_L(m)=574.0368+573.5368i	EXE	显示左边桩路面设计高程+路基设计高程 i 复数
W_L(m)±∠γi,0≑no=?	-1.1 EXE	输入 1 级边坡平台内缘点边距系数
T(>0)/W(<0)/no(0)=?	1 EXE	输入任意正数为填方边坡
d_L(m)=12.7836	EXE	显示-1.1 号点左边距
x_L+y_Li(m)=3522190.211+472191.3617i	EXE	显示左边桩坐标复数
H_L(m)=569.0368	EXE	显示左边桩设计高程
W_L(m)±∠γi,0≑no=?	-1.2 EXE	输入 1 级边坡平台外缘点边距系数
T(>0)/W(<0)/no(0)=?	1 EXE	输入任意正数为填方边坡
d_L(m)=13.7836	EXE	显示-1.2 号点左边距
x_L+y_Li(m)=3522190.365+472190.3736i	EXE	显示左边桩坐标复数
H_L(m)=569.0368	EXE	显示左边桩设计高程
W_L(m)±∠γi,0≑no=?	0 EXE	输入 0 结束左边桩坐标计算
i_R(%)=-6.4453	EXE	显示路基右横坡度
W_R(m),0≑no=?	-3 EXE	输入土路肩外缘点边距系数
d_R(m)=3.7500	EXE	显示-3 号点右边距
x_R+y_Ri(m)=3522187.666+472207.6981i	EXE	显示右边桩坐标复数
H_R(m)=574.6191+574.1191i	EXE	显示右边桩路面设计高程+路基设计高程 i 复数
W_R(m),0≑no=?	-4 EXE	输入挖方边坡边沟外缘点边距系数
d_R(m)=4.4500	EXE	显示-3 号点右边距
x_R+y_Ri(m)=3522187.558+472208.3898i	EXE	显示右边桩坐标复数
H_R(m)=574.6191	EXE	显示右边桩设计高程
W_R(m),0≑no=?	-1.1 EXE	输入 1 级边坡平台内缘点边距系数
T(>0)/W(<0)/no(0)=?	-1 EXE	输入任意负数为挖方边坡
d_R(m)=8.4500	EXE	显示-1.1 号点右边距
x_R+y_Ri(m)=3522186.942+472212.3421i	EXE	显示右边桩坐标复数
H_R(m)=582.6191	EXE	显示右边桩设计高程
W_R(m),0≑no=?	-1.2 EXE	输入 1 级边坡平台外缘点边距系数

续表

屏幕提示	按键	说明
T(>0)/W(<0)/no(0)=?	-1 EXE	输入任意负数为挖方边坡
d_R(m)=9.4500	EXE	显示-1.2 号点右边距
x_R+y_Ri(m)=3522186.788+472213.3301i	EXE	显示右边桩坐标复数
H_R(m)=582.6191	EXE	显示右边桩设计高程
W_R(m),0⇒no=?	0 EXE	输入 0 结束右边桩坐标计算
+peg(m),<QD⇒end=?	1 EXE	输入小于 *QD* 的桩号结束程序
Q2X8⇒End		程序结束显示

⑤ 三维坐标反算确定加桩左幅填方边坡坡脚的位置。

执行 Q2X8 程序，进行加桩 K23+620 横断面边桩测点三维坐标反算的屏幕提示与用户操作过程如下：

屏幕提示	按键	说明
JD curve xyH Q2X8		显示程序标题
new(0)/old(≠0) main point data=?	2 EXE	输入非零数使用现有主点数据计算
st xy new(0)/old(>0)/no(<0)=?	2 EXE	使用最近输入的测站点(station)
peg→xyH(1)/xyH→peg(2)/xyH→δr(3)/pier(4)=?	2 EXE	输入 2 选择坐标反算
x_j(m)/π⇒end	3522189.564 EXE	输入边坡测点 P_1 点的三维坐标
y_j(m)+n_i=?	472195.517 EXE	
H_j(m),0⇒no=?	571.449 EXE	
p peg(m)+ni=23620.0003+10.0000i	EXE	显示垂点桩号+平曲线元号 i 复数/耗时 1.39s
α_P=8°51′23.17″	EXE	显示垂点走向方位角
x_P+y_Pi(m)=3522188.243+472203.9929i	EXE	显示垂点坐标复数
H_P(m)=574.3774	EXE	显示垂点设计高程
d_L(m)=-8.5781	EXE	显示负数为左边距
i_L(%)=6.4454	EXE	显示路基左横坡度
+W_L(m)=1.5336	EXE	显示路基左幅加宽值
+W_L(m),π⇒no=?	SET UP π EXE	输入 π 为不修改路基左幅加宽值
T(>0)/W(<0)/no(0)=?	1 EXE	输入任意正数为填方边坡
H_{Lj}(m)=571.8405	EXE	显示测点左边桩设计高程
δd_j(m)+ni=-4.2055+1.0000i	EXE	显示坡口平距+边坡级数 i 复数
δh_j(m)=-0.3915	EXE	显示边桩点挖填高差(实测 H-设计 H)
x_j(m)/π⇒end	3522189.792 EXE	输入边坡测点 P_2 点的三维坐标
y_j(m)+ni=?	472194.051 EXE	
H_j(m),0⇒no=?	571.078 EXE	
p peg(m)+ni=23619.9998+10.0000i	EXE	显示垂点桩号+平曲线元号 i 复数/耗时 1.42s
α_P=8°51′24.1″	EXE	显示垂点走向方位角
x_P+y_Pi(m)=3522188.243+472203.9928i	EXE	显示垂点坐标复数
H_P(m)=573.3774	EXE	显示垂点设计高程
d_L(m)=-10.0618	EXE	显示负数为左边距
i_L(%)=6.4452	EXE	显示路基左横坡度
+W_L(m)=1.5336	EXE	显示路基左幅加宽值
+W_L(m),π⇒no=?	SET UP π EXE	输入 π 为不修改路基左幅加宽值
T(>0)/W(<0)/no(0)=?	1 EXE	输入任意正数为填方边坡
H_{Lj}(m)=570.8514	EXE	显示测点左边桩设计高程
δd_j(m)+ni=-2.7218+1.0000i	EXE	显示坡口平距+边坡级数 i 复数
δh_j(m)=0.2266	EXE	显示边桩点挖填高差(实测 H-设计 H)
x_j(m)/π⇒end	3522189.706 EXE	输入边坡测点 P_3 点的三维坐标
y_j(m)+ni=?	472194.608 EXE	
H_j(m),0⇒no=?	571.228 EXE	
p peg(m)+ni=23620.0007+10.0000i	EXE	显示垂点桩号+平曲线元号 i 复数/耗时 1.42s

续表

屏幕提示	按键	说明
α_P=8°51′22.4″	EXE	显示垂点走向方位角
x_P+y_Pi(m)=3522188.244+472203.9929i	EXE	显示垂点坐标复数
H_P(m)=573.3774	EXE	显示垂点设计高程
d_L(m)=-9.4982	EXE	显示负数为左边距
i_L(%)=6.4454	EXE	显示路基左横坡度
+W_L(m)=1.5336	EXE	显示路基左幅加宽值
+W_L(m),π⇒no=?	SETUP (π) EXE	输入 π 为不修改路基左幅加宽值
T(>0)/W(<0)/no(0)=?	1 EXE	输入任意正数为填方边坡
H_{Lj}(m)=571.2272	EXE	显示测点左边桩设计高程
δd_j(m)+ni=-3.2855+1.0000i	EXE	显示坡口平距+边坡级数 i 复数
δh_j(m)=0.0008	EXE	显示边桩点挖填高差(实测 H−设计 H)
x_j(m)/π⇒end	SHIFT (π) EXE	输入 π 结束程序
Q2X8⇒End		程序结束显示

由图 4-76(a)的几何关系可知，当程序算出的边坡测点的挖填高差 **δh_j(m)=0** 时，该测点即为边坡坡脚的准确位置。

程序算出 P_1 测点的挖填高差 **δh_j(m)=-0.3915**，为填方高差，故还需向远离设计中线方向移动；算出 P_2 测点的挖填高差 **δh_j(m)=0.2266**，为挖方高差，故还需向靠近设计中线方向移动；算出 P_3 测点的挖填高差 **δh_j(m)=0.0008**，接近于 0，故 P_3 测点即为 K23+620 桩号坡脚的准确位置。

⑥ 执行成果整理程序 H2X8.exe 输出系列成果文件。

将当前串列文件输出为 File2.csv 文件，将 Mat C 矩阵数据输出为 MAT_C.csv 文件，执行成果整理程序 H2X8.exe 处理 File2.csv 与 MAT_C.csv 文件，创建的系列成果文件位于光盘“\4 章\[例 4-11]\”路径下。

图 4-79 为成果文件 File2.txt 的部分内容，其中包括 H2X8.exe 程序从 MAT_C.csv 文件读入的路基超高横坡设计数据，文件中注记有本次计算的路基超高横坡渐变方式为“线性渐变”，同时注记有本次计算的路基加宽矩阵为“Mat I”。

图 4-80 为成果文件 SUfile2.csv 的部分内容，其中包括 H2X8.exe 程序使用从 MAT_C.csv 文件读入的路基超高横坡设计数据计算平曲线主点及逐桩的路基左右幅超高横坡度数据。

[例 4-12]　在图 4~81~图 4~83 中，图 4-81 为重庆涪(陵)丰(都)高速公路 A1 标段 K 线 JD_{13}~JD_{30} 平曲线设计图，其竖曲线设计数据列于表 4-19，图 4-83(a)、(b)为 1 类整体式路基标准横断面设计图，图 4-83(c)为 2 类分离式路基右幅标准横断面设计图，路基超高横坡设计数据列于表 4-20，路基超高渐变方式为三次抛物线渐变。

图 4-82 上图为 A1 标段 Z18 线平曲线设计图，其竖曲线设计数据列于表 4-21，图 4-83(d)为 3 类分离式路基左幅标准横断面设计图，路基超高横坡设计数据列于表 4-22，路基超高渐变方式为三次抛物线渐变。

图 4-82 下图为 A1 标段 Z33 线平曲线设计图，其竖曲线设计数据列于表 4-23，图 4-83(d)为 3 类分离式路基左幅标准横断面设计图，路基超高横坡设计数据列于表 4-24，路基超高渐变方式为三次抛物线渐变。

试用 Q2X8 程序进行三维坐标正反算计算。

```
FILE2.TXT - 记事本
文件(F) 编辑(E) 格式(O) 查看(V) 帮助(H)
                         竖曲线变坡点设计数据
                         ====================

点名      设计桩号              H(m)          R(m)          反求纵坡度i(%)
SQD      K23+240             565.7080                          1.3591
SJD55    K23+335.4310        567.0050      2000.000          - 1.2938
SJD56    K23+455             565.4580      2800.000            3.2699
短链1     K23+495.8810=K23+498.9370         断链值=-   3.056
SJD57    K23+555             568.6280       700.000            8.8452
SZD      K23+989.0890        607.0240

                         竖曲线主点桩号与设计高程
                         ========================

点名      设计桩号         设计高程H(m)     点名       桩号             设计高程H(m)
SQD      K23+240           565.7080
SZY55    K23+308.9043      566.6445       SYZ55    K23+361.9579      566.6618
SZY56    K23+391.1192      566.2845
短链1     K23+495.8810=K23+498.9370         断链值=-   3.056
                                          SYZ56    K23+521.9080      567.5459
SZY57    K23+535.5683      567.9926       SYZ57    K23+574.3665      570.3410
SZD      K23+989.0890      607.0240

                         使用的路基超高横坡矩阵为MAT C
                         =============================

路基超高横坡渐变方式:线性渐变,使用的路基加宽矩阵:MAT I
序     设计桩号          连续桩号          左横坡(%)      右横坡(%)      路基类号
1     K23+328.6680      K23+328.6680      2.0000        2.0000          1
2     K23+588.8530      K23+585.7970      2.0000        2.0000          1
3     K23+605.1010      K23+602.0450      4.0000       -4.0000          1
4     K23+629.4730      K23+626.4170      8.0000       -8.0000          1
5     K23+699.2290      K23+696.1730      8.0000       -8.0000          1
6     K23+739.8490      K23+736.7930       .0000         .0000          1
7     K23+779.4290      K23+776.3730     -9.0000        9.0000          1
8     K23+819.0090      K23+815.9530      2.0000        2.0000          1
                                                              Ln 1, Col 1
```

图 4-79　平竖曲线成果文件 File2.txt 包含 Mat B 矩阵的路基超高横坡设计数据

	A	B	C	D	E	F	G	H
1	序号	设计桩号	x坐标(m)	y坐标(m)	设计高程H(m)	走向方位角	左横坡(%)	右横坡(%)
2	1	QD_K23+328.6680	3521937.7070	472066.948	0			
3	2	JD133_K23+426.5877	3522015.4500	472126.482	0			
4	3	JD134_K23+540.0281	3522111.2510	472181.473	0			
5	4	JD135_K23+675.8333	3522241.1220	472222.195	0			
6	5	JD136_K23+781.9316	3522302.4250	472108.62	0			
7	6	ZD_K23+841.4526	3522366.7110	472103.056	0			
8	7	ZH133_K23+400.0626	3521994.3905	472110.355	566.1831	37° 26′ 38.954″	2	2
9	8	HY133_K23+400.0626	3521994.3905	472110.355	566.1831	37° 26′ 38.954″	2	2
10	9	YH133_K23+453.0353	3522038.4546	472139.6869	566.1681	29° 51′ 22.952″	2	2
11	10	HZ133_K23+453.0353	3522038.4546	472139.6869	566.1681	29° 51′ 22.952″	2	2
12	11	ZH134_K23+501.8601	3522078.1488	472162.4719	566.9622	29° 51′ 22.952″	2	2
13	12	HY134_K23+501.8601	3522078.1488	472162.4719	566.9622	29° 51′ 22.952″	2	2
14	13	YH134_K23+577.8956	3522147.6706	472192.8926	570.6532	17° 24′ 33.110″	2	2
15	14	HZ134_K23+577.8956	3522147.6706	472192.8926	570.6532	17° 24′ 33.110″	2	2
16	15	ZH135_K23+588.8529	3522158.1259	472196.171	571.6224	17° 24′ 33.110″	2	2
17	16	HY135_K23+629.4729	3522197.6599	472204.9812	575.2153	2° 51′ 47.632″	4	-4
18	17	YH135_K23+699.2287	3522260.2554	472179.5431	581.3853	312° 54′ 15.373″	8	-8
19	18	HZ135_K23+739.8487	3522282.4363	472145.6527	584.9782	298° 21′ 29.895″	8	-8
20	19	ZH136_K23+739.8486	3522282.4363	472145.6528	584.9782	298° 21′ 29.895″	8	-8
21	20	HY136_K23+779.4286	3522306.4256	472114.7122	588.4791	326° 42′ 19.408″	0	0
22	21	YH136_K23+779.4292	3522306.4261	472114.7118	588.4792	326° 42′ 22.497″	-9	9
23	22	HZ136_K23+819.0092	3522344.3512	472104.9913	591.9801	355° 03′ 12.009″		
24	23	K23+330	3521938.7645	472067.7578	566.8199	37° 26′ 38.954″	2	2
25	24	K23+335	3521942.7343	472070.7978	566.8289	37° 26′ 38.954″	2	2
111	110	K23+765	3522295.8049	472124.4012	587.2029	309° 48′ 18.061″	-5.719	5.719
112	111	K23+770	3522299.1645	472120.7002	587.6452	314° 48′ 30.656″	-6.856	6.856
113	112	K23+775	3522302.8602	472117.3358	588.0874	320° 43′ 00.339″	-7.9929	7.9929
114	113	K23+780	3522306.9054	472114.4019	588.5297	327° 31′ 04.617″	-8.8413	8.899
115	114	K23+785	3522311.2717	472111.9713	588.9719	334° 07′ 27.353″	-7.4517	8.0147
116	115	K23+790	3522315.8740	472110.0225	589.4142	339° 49′ 33.001″	-6.0621	7.1304
117	116	K23+795	3522320.6359	472108.5028	589.8565	344° 37′ 21.562″	-4.6725	6.2462
118	117	K23+800	3522325.4998	472107.348	590.2987	348° 30′ 53.036″	-3.2829	5.3619
119	118	K23+805	3522330.4245	472106.4871	590.741	351° 30′ 07.423″	-1.8934	4.4776
120	119	K23+810	3522335.3828	472105.8447	591.1832	353° 35′ 04.723″	-0.5038	3.5933

SUFILE2

图 4-80　平曲线主点与逐桩点成果文件 SUfile2.csv 包含路基左右幅超高横坡度数据

表 4-19　重庆涪(陵)丰(都)高速公路 A1 标段 K 线竖曲线设计数据

点名	设计桩号	H(m)	R(m)	i(%)	点名	设计桩号	H(m)	R(m)	i(%)
SQD	K19+511.77	283.2150		0.34	SJD_{12}	K28+570	304.5680	12719.484	0.3
SJD_1	K19+660	283.7190	30000	-0.6482	SJD_{13}	K29+000	306.0620	11000	4.2
SJD_2	K21+000	275.0330	12000	3	SJD_{14}	K29+600	331.2620	38842.667	2.95
SJD_3	K21+830	299.9330	35000	1.82	SJD_{15}	K30+170	348.0770	15475.992	-1.2789
SJD_4	K22+700	315.7670	12000	-2.5	SJD_{16}	K31+000	337.4620	14259.159	2.619
SJD_5	K23+800	288.2670	40000	-1.6	SJD_{17}	K31+500	350.5570	28095.509	4.2
SJD_6	K24+550	276.2670	12000	0.65	SJD_{18}	K32+190	379.5370	10000	-1.1
SJD_7	K25+350	281.4670	12000	-2.4918	SJD_{19}	K32+750	373.3770	40689.655	0.35
SJD_8	K25+900	267.7620	30000	-3.5001	SJD_{20}	K33+260	375.1620	17551.02	2.8
SJD_9	K26+650	242.5490	11044.943	2.65	SJD_{21}	K33+780	389.7220	11509.434	-2.5
SJD_{10}	K27+200	257.1240	22742.486	4.5	SJD_{22}	K34+600	369.2220	70000	-1.9497
SJD_{11}	K27+800	284.1240	20000	2.6551	SZD	K37+643	309.8930		

表 4-20　重庆涪(陵)丰(都)高速公路 A1 标段 K 线路基超高横坡设计数据

序	设计桩号	i_L(%)	i_R(%)	路基号	序	设计桩号	i_L(%)	i_R(%)	路基号
1	K20+550	2	2	1	21	K28+040	-2	2	1
2	K21+509.3180	2	2	1	22	K28+310	-3	3	1
3	K25+750	2	2	1	23	K28+565	-3	3	1
4	K25+835	-2	2	1	24	K28+655	-2	2	1
5	K25+880	-3	3	1	25	K28+715	2	-2	1
6	K26+210	-3	3	1	26	K29+770	2	-2	1
7	K26+285	-2	2	1	27	K29+900	-2	2	1
8	K26+415	2	-2	1	28	K29+980	-3	3	1
9	K26+480	5	-5	1	29	K30+500	-3	3	1
10	K26+520	5	-5	1	30	K30+530	-2	2	1
11	K26+865	5	-5	1	31	K30+630	2	2	1
12	K26+925	2	-2	1	32	K33+035	2	2	1
13	K27+055	-2	2	1	33	K33+120	-2	2	1
14	K27+120	-5	5	1	34	K33+165	-4	4	1
15	K27+355	-5	5	1	35	K33+693.3720	-4	4	2
16	K27+420	-2	2	1	36	K33+693.3720	0	4	2
17	K27+550	2	-2	1	37	K33+975	0	4	2
18	K27+595	4	-4	1	38	K34+065	0	2	2
19	K27+865	4	-4	1	39	K34+765	0	2	2
20	K27+910	2	-2	1					

表 4-21　重庆涪(陵)丰(都)高速公路 A1 标段 Z18 线竖曲线设计数据

点名	设计桩号	H(m)	R(m)	i(%)
SQD	K19+530	282.047		0.9971
SJD_1	K19+700	283.742	20000	-0.6953
SJD_2	K20+970	274.912	12000	3
SZD	K21+483.37	290.313		

表 4-22　重庆涪(陵)丰(都)高速公路 A1 标段 Z18 线路基超高横坡设计数据

序	设计桩号	i_L(%)	i_R(%)	路基号
1	ZK20+506.523	2	0	3
2	ZK21+483.371	2	0	3

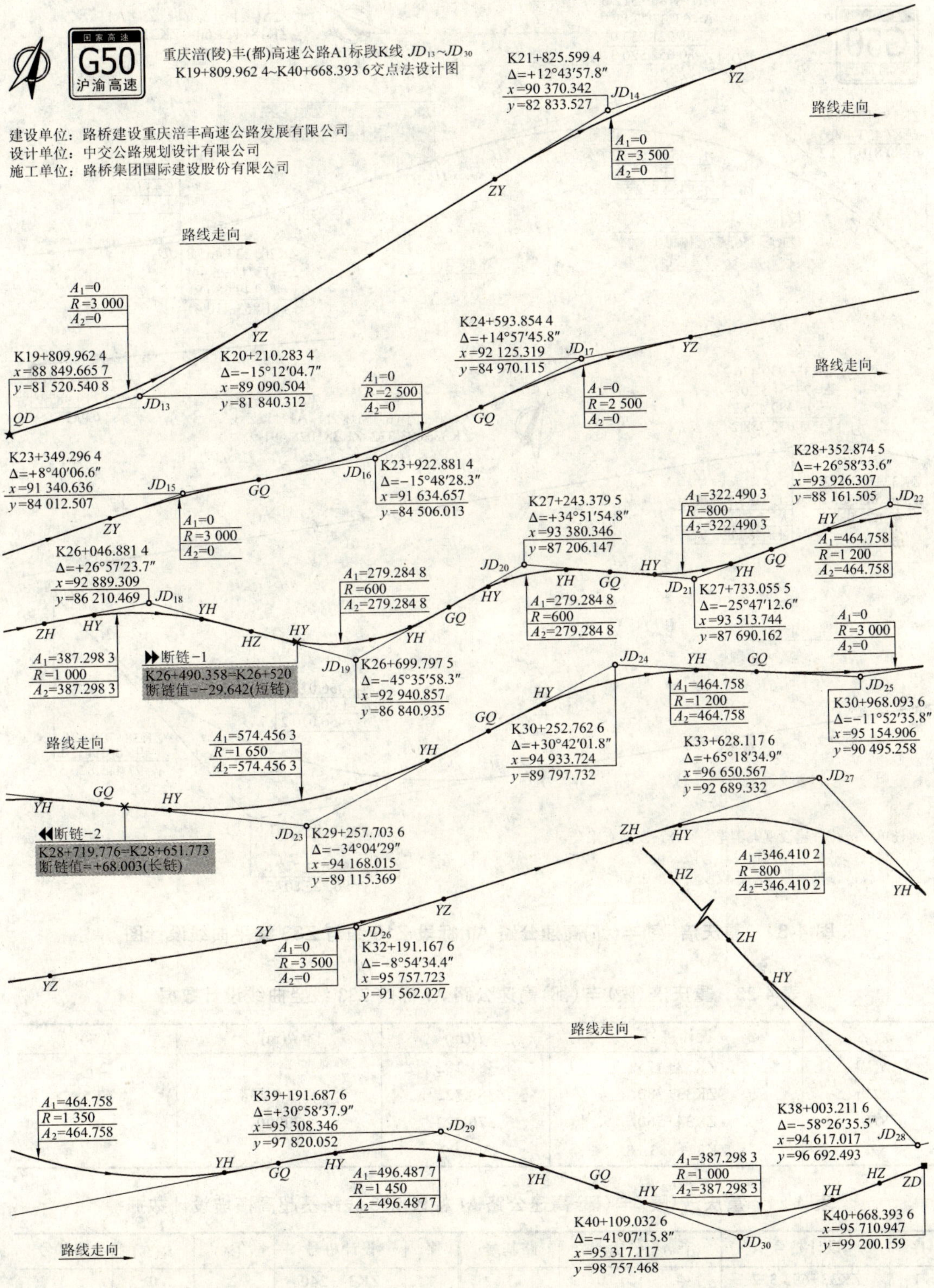

图 4-81　重庆涪(陵)丰(都)高速公路 A1 标段 K 线 JD_{13}~JD_{30} 平曲线设计图

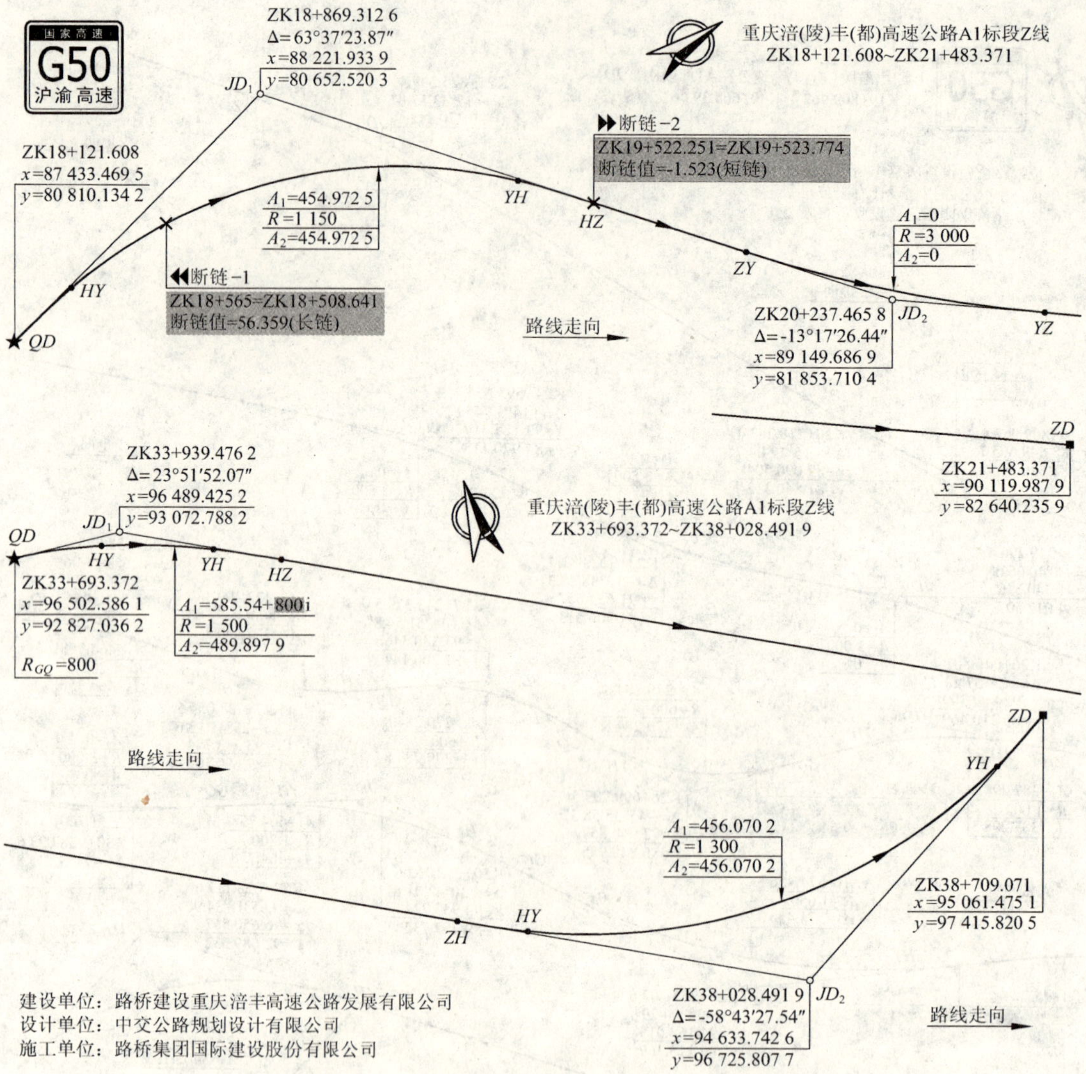

图 4-82 重庆涪(陵)丰(都)高速公路 A1 标段 Z18 线与 Z33 线平曲线设计图

表 4-23 重庆涪(陵)丰(都)高速公路 A1 标段 Z33 线竖曲线设计数据

点名	设计桩号	H(m)	R(m)	i(%)
SQD	ZK33+475	381.182		2.8
SJD_1	ZK33+780	389.722	11509.434	-2.5
SJD_2	ZK34+560	370.222	70000	-1.9472
SZD	ZK37+653.28	309.99		

表 4-24 重庆涪(陵)丰(都)高速公路 A1 标段 Z33 线路基超高横坡设计数据

序	设计桩号	i_L(%)	i_R(%)	路基号	序	设计桩号	i_L(%)	i_R(%)	路基号
1	ZK33+693.372	-4	0	3	4	ZK34+240	2	0	3
2	ZK33+760	-4	0	3	5	ZK34+700	2	0	3
3	ZK33+880	-2	0	3					

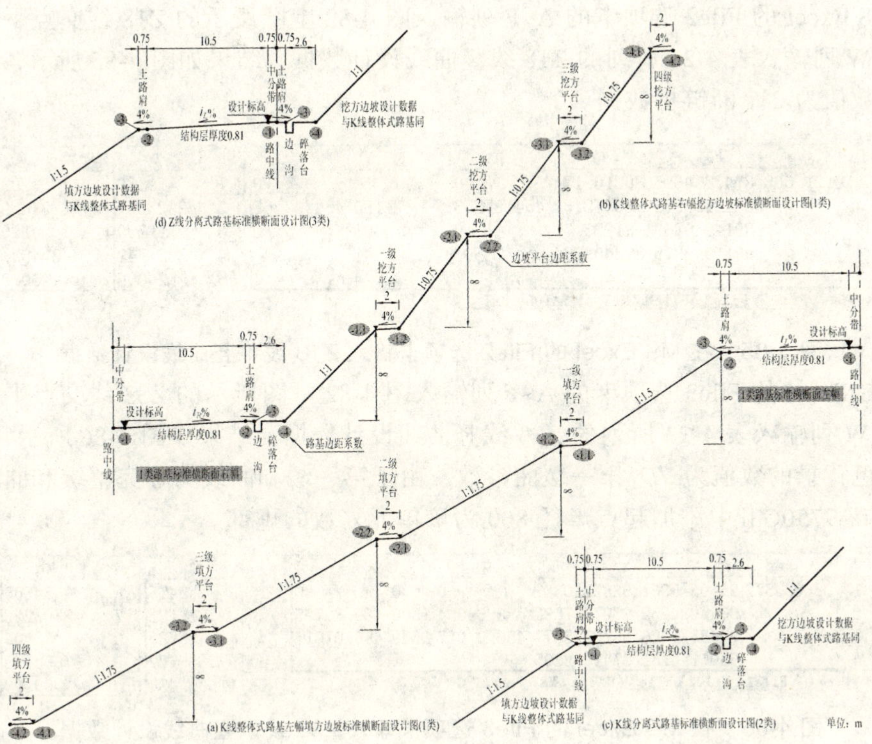

图 4-83　重庆涪(陵)丰(都)高速公路 A1 标段 K 线与 Z 线 1~3 类路基标准横断面设计图

[解]　① 平竖曲线设计数据与断链桩数据的输入。

Q2X8 程序规定，每条平曲线及其相应的竖曲线设计数据应输入到一个串列文件中。本例可以将 K 线平竖曲线设计数据输入到 **File1** 串列文件，Z18 线平竖曲线设计数据输入到 **File2** 串列文件，Z33 线平竖曲线设计数据输入到 **File3** 串列文件。

按表 4-1 的规定，在 MS Excel 的 File1 选项卡的 A~F 列输入图 4-81 所示的 K 线交点平曲线设计数据，在 W 列输入表 4-19 所列的 K 线竖曲线设计数据，结果如图 4-84 所示，图中灰底色背景的数值为 2 个断链桩数据。

	A	B	C	D	E	F
1	19809.9624	88849.666	81520.541	0	0	0
2		89090.504	81840.312	0	3000	0
3		90370.342	82833.527	0	3500	0
4		91340.636	84012.507	0	3000	0
5		91634.657	84506.013	0	2500	0
6		92125.319	84970.115	0	2500	0
7		92889.309	86210.469	387.29833	1000	387.29833
8		92940.857	86840.935	279.2848	600	279.2848
9		93380.346	87206.147	279.2848	600	279.2848
10		93513.744	87690.162	322.49031	800	322.49031
11		93926.307	88161.505	464.758	1200	464.758
12		94168.015	89115.369	574.45626	1650	574.45626
13		94933.724	89797.732	464.758	1200	464.758
14		95154.906	90495.258	0	3000	0
15		95757.723	91562.027	0	3500	0
16		96650.567	92689.332	346.41016	800	346.41016
17		94617.017	96692.493	464.758	1350	464.758
18		95308.346	97820.052	496.48766	1450	496.48766
19		95317.117	98757.468	387.29833	1000	387.29833
20		95710.947	99200.159	26490.358	26520	
21				28719.776	28651.773	

File1 / File2 / File3 / MAT_A / MAT_B / MAT_C

	W		W		W
1	19511.77	25	267.762	49	337.462
2	283.215	26	30000	50	14259.159
3	19660	27	26650	51	31500
4	283.719	28	242.549	52	350.557
5	30000	29	11044.943	53	28095.509
6	21000	30	27200	54	32190
7	275.033	31	257.124	55	379.537
8	12000	32	22742.486	56	10000
9	21830	33	27800	57	32750
10	299.933	34	284.124	58	373.377
11	35000	35	20000	59	40689.655
12	22700	36	28570	60	33260
13	315.767	37	304.568	61	375.162
14	12000	38	12719.484	62	17551.02
15	23800	39	29000	63	33780
16	288.267	40	306.062	64	389.722
17	40000	41	11000	65	11509.434
18	24550	42	29600	66	34600
19	276.267	43	331.262	67	369.222
20	12000	44	38842.667	68	70000
21	25350	45	30170	69	37643
22	281.467	46	348.077	70	309.893
23	12000	47	15475.992		
24	25900	48	31000		

图 4-84　在 MS Excel 的 File1 选项卡输入 K 线平竖曲线设计数据

在 MS Excel 的 File2 选项卡的 A~F 列输入图 4-82 上图所示的 Z18 线交点平曲线设计数据，在 W 列输入表 4-21 所列的 Z18 线竖曲线设计数据，结果如图 4-85 所示，图中灰底色背景的数值为 2 个断链桩数据。

	A	B	C	D	E	F
1	18121.608	87433.4695	80810.134	0	0	0
2		88221.9339	80652.52	454.97253	1150	454.97253
3		89149.6869	81853.71	0	3000	0
4		90119.9879	82640.236	18565	18508.641	
5				19522.251	19523.774	

File1 / File2 / File3 / MAT_A / MAT_B / MAT_C

	W		W
1	19530	6	20970
2	282.047	7	274.912
3	19700	8	12000
4	283.742	9	21483.37
5	20000	10	290.313

图 4-85　在 MS Excel 的 File2 选项卡输入 Z18 线平竖曲线设计数据

在 MS-Excel 的 File3 选项卡的 A~F 列输入图 4-82 下图所示的 Z33 线交点平曲线设计数据，在 W 列输入表 4-23 所列的 Z33 线竖曲线设计数据，结果如图 4-86 所示，图中 D2 单元灰底色背景的数值为 JD_1 第一缓曲参数，由于第一缓和曲线为非完整缓和曲线，因此还需要在 fx-9750GⅡ中添加起点半径 800 为该单元复数的虚部。

	A	B	C	D	E	F
1	33693.372	96502.5861	92827.0362	0	0	0
2		96489.4252	93072.7882	585.54004	1500	489.89795
3		94633.7426	96725.8077	456.07017	1300	456.07017
4		95061.4751	97415.8205			

File1 / File2 / File3 / MAT_A / MAT_B / MAT_C / MAT_D

	W		W
1	33475	6	34560
2	381.182	7	370.222
3	33780	8	70000
4	389.722	9	37653.28
5	11509.434	10	309.99

图 4-86　在 MS Excel 的 File3 选项卡输入 Z33 线平竖曲线设计数据

将 File1 选项卡的数据另存为 File1.csv 文件，将 File2 选项卡的数据另存为 File2.csv 文件，将 File3 选项卡的数据另存为 File3.csv 文件，将 File1.csv，File2.csv，File3.csv 文件上传到 fx-9750GⅡ内存。设置 File3 为当前串列文件，在 **STAT** 模式下编辑 **List 4[2]**串列单元的 Z33 线 JD_1 第一缓曲参数，将该缓和曲线起点半径 800 添加为复数虚部，操作过程如图 4-87 所示。

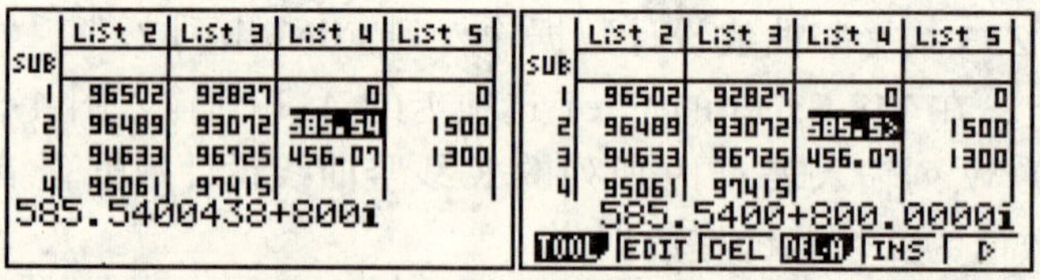

图 4-87　编辑 **File3** 串列文件 **List 4[2]**单元的数值

② 矩阵数据的输入。

按表 4-16 的规定，在 MS Excel 的 MAT_A 选项卡输入图 4-83 所示 1~3 类路基标准横断面设计数据，结果如图 4-88 所示。

	A	B	C	D	E	F	G	H	I	J	K	L	M	N	O	P
1	0.75	4	10.5	1	1	10.5	4	0.75	2.6	0.81	0	0	0	0	0	0
2	1.5	8	4	2	1.75	8	4	2	1.75	8	4	2	1.75	8	4	2
3	1	8	4	2	0.75	8	4	2	0.75	8	4	2	0.75	8	4	2
4	0.75	4	0	0	0.75	10.5	4	0.75	2.6	0.81	0	0	0	0	0	0
5	1.5	8	4	2	1.75	8	4	2	1.75	8	4	2	1.75	8	4	2
6	1	8	4	2	0.75	8	4	2	0.75	8	4	2	0.75	8	4	2
7	0.75	4	10.5	0.75	0	0	4	0.75	2.6	0.81	0	0	0	0	0	0
8	1.5	8	4	2	1.75	8	4	2	1.75	8	4	2	1.75	8	4	2
9	1	8	4	2	0.75	8	4	2	0.75	8	4	2	0.75	8	4	2

File1 / File2 / File3 / MAT_A / MAT_B / MAT_C / MAT_D

图 4-88　在 MS Excel 的 MAT_A 选项卡输入 1~3 类路基标准横断面设计数据

按表 4-17 的规定，在 MS Excel 的 MAT_B 选项卡输入表 4-20 所列 K 线路基超高横坡设计数据，结果如图 4-89 左三图所示。

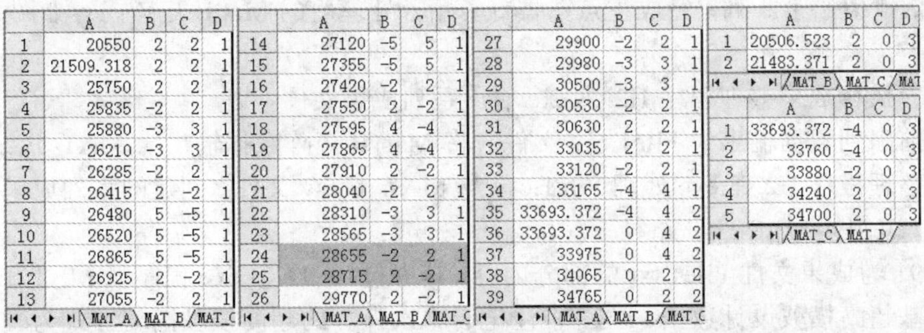

	A	B	C	D
1	20550	2	2	1
2	21509.318	2	2	1
3	25750	2	2	1
4	25835	-2	2	1
5	25880	-3	3	1
6	26210	-3	3	1
7	26285	-2	2	1
8	26415	2	-2	1
9	26480	5	-5	1
10	26520	5	-5	1
11	26865	5	-5	1
12	26925	2	-2	1
13	27055	-2	2	1
14	27120	-5	5	1
15	27355	-5	5	1
16	27420	-2	2	1
17	27550	2	-2	1
18	27595	4	-4	1
19	27865	4	-4	1
20	27910	2	-2	1
21	28040	-2	2	1
22	28310	-3	3	1
23	28565	-3	3	1
24	28655	-2	2	1
25	28715	2	-2	1
26	29770	2	-2	1
27	29900	-2	2	1
28	29980	-3	3	1
29	30500	-3	3	1
30	30530	-2	2	1
31	30630	2	2	1
32	33035	2	2	1
33	33120	-2	2	1
34	33165	-4	4	1
35	33693.372	-4	4	2
36	33693.372	0	4	2
37	33975	0	4	2
38	34065	0	2	2
39	34765	0	2	2

MAT_A \ MAT_B / MAT_C

	A	B	C	D
1	20506.523	2	0	3
2	21483.371	2	0	3

MAT_B \ MAT_C / MAT

	A	B	C	D
1	33693.372	-4	0	3
2	33760	-4	0	3
3	33880	-2	0	3
4	34240	2	0	3
5	34700	2	0	3

MAT_C \ MAT_D /

图 4-89　在 MS Excel 的 MAT_B 选项卡输入 K 线路基超高横坡设计数据，在 MAT_C 选项卡输入 Z18 线路基超高横坡设计数据，在 MAT_D 选项卡输入 Z33 线路基超高横坡设计数据

在 MS Excel 的 MAT_C 选项卡输入表 4-22 的 Z18 线路基超高横坡设计数据，在 MAT_D 选项卡输入表 4-24 的 Z33 线路基超高横坡设计数据，结果如图 4-89 右图所示。

将 MAT_B 选项卡的数据另存为 MAT_B.csv 文件，MAT_C 选项卡的数据另存为 MAT_C.csv 文件，MAT_D 选项卡的数据另存为 MAT_D.csv 文件，将 MAT_B.csv，MAT_C.csv 与 MAT_D.csv 文件上传到 fx-9750GⅡ内存。

③ K 线平竖曲线主点数据计算与三维坐标正反算。

第一，计算 K 线平竖曲线主点数据。

设置 **File1** 为当前串列文件，执行 Q2X8 程序，计算 K 线平竖曲线主点数据的屏幕提示与用户操作过程如下：

屏幕提示	按键	说明
JD curve xyH Q2X8		显示程序标题
new(0)/old(≠0) main point data=?	0 EXE	输入 0 重新计算主点数据
i_L%,i_R% Mat B(1)/C(2)/D(3)/E(4)/F(5)/G(6)/no(0)=?	1 EXE	输入 1 为选择 Mat B 为路基超高横坡矩阵
Z_{cross}(m)+ni=28655.0000+24.0000i	EXE	显示 24 号路基超高横坡桩号位于长链重桩区
←(0) +break →(≠0)=?	0 EXE	输入 0 选择长链(+break)后重桩区
Z_{cross}(m)+ni=28715.0000+25.0000i	EXE	显示 25 号路基超高横坡桩号位于长链重桩区
←(0) +break →(≠0)=?	1 EXE	输入非零数选择长链(+break)前重桩区
k(0)/k^3(≠0)=?	1 EXE	输入非零数选择三次抛物线超高渐变方式
+W_L,+W_R Mat H(1)/I(2)/J(3)/K(4)/L(5)/M(6)/no(0)=?	0 EXE	输入 0 为不选择路基加宽矩阵
hor−curve first JD num=?	13 EXE	输入平曲线起始交点号(number)
ver−curve first SJD num=?	1 EXE	输入竖曲线起始变坡点号/耗时 16.30s
Z_{ZD}(m)=40668.3949	EXE	显示平曲线终点设计桩号(1.3mm)/耗时 17.46s
α_{ZD}=48°20′34.21″	EXE	显示平曲线终点走向方位角
Press [MENU][2]⇒Stop!	MENU 2	停止程序并进入 **STAT** 模式

执行 Q2X8 程序重新计算主点数据，对 Mat A 矩阵的处理结果如图 4-90 左二图所示。

图 4-90　完成主点数据计算后查看 Mat A 与 Mat B 矩阵的内容

屏幕显示“**i_L%,i_R% Mat B(1)/C(2)/D(3)/E(4)/F(5)/G(6)/no(0)=?**”时，应输入 1 选择路基超高横坡矩阵 Mat B，程序为 Mat B 矩阵增加 1 列，并将第 1 列的超高设计桩号转换为连续桩号后，赋值给第 5 列。完成主点数据计算后，处理后的 Mat B 矩阵内容如图 4-90 右二图所示。

第二，执行成果整理程序 H2X8.exe 输出系列成果文件。

将当前串列数据输出为 File1.csv 文件，将 Mat B 矩阵数据输出为 MAT_B.csv 文件，执行成果整理程序 H2X8.exe 处理 File1.csv 与 MAT_B.csv 文件，创建的系列成果文件位于光盘“\4 章\[例 4-12]\K 线”路径下。

图 4-91 为成果文件 File1.txt 的部分内容，其中包括 H2X8.exe 程序从 MAT_B.csv 文件读入的路基超高横坡设计数据，文件中注记有本次计算的超高横坡渐变方式为“三次抛物线渐变”。

```
FILE1.TXT - 记事本
文件(F)  编辑(E)  格式(O)  查看(V)  帮助(H)
SZY20   K33+045.0546    374.4097      SYZ20   K33+474.8625    381.1781
SZY21   K33+475.1202    381.1854      SYZ21   K34+084.9040    382.0994
SZY22   K34+407.5462    374.0333      SYZ22   K34+792.4774    365.4693
SZD     K37+643         309.8930

                    使用的路基超高横坡矩阵为MAT B
                    ==============================

路基超高横坡渐变方式:三次抛物线渐变
 序      设计桩号          连续桩号          左横坡(%)    右横坡(%)    路基类号
 1     K20+550         K20+550            2.0000       2.0000         1
 2     K21+509.3180    K21+509.3180       2.0000       2.0000         1
 3     K25+750         K25+750            2.0000       2.0000         1
 4     K25+835         K25+835           -2.0000       2.0000         1
 5     K25+880         K25+880           -3.0000       3.0000         1
 6     K26+210         K26+210           -3.0000       3.0000         1
 7     K26+285         K26+285           -2.0000       2.0000         1
 8     K26+415         K26+415            2.0000      -2.0000         1
 9     K26+480         K26+480            5.0000      -5.0000         1
 10    K26+520         K26+490.3580       5.0000      -5.0000         1
 11    K26+865         K26+835.3580       5.0000      -5.0000         1
 12    K26+925         K26+895.3580       2.0000      -2.0000         1
 13    K27+055         K27+025.3580      -2.0000       2.0000         1
 14    K27+120         K27+090.3580      -5.0000       5.0000         1
 15    K27+355         K27+325.3580      -5.0000       5.0000         1
 16    K27+420         K27+390.3580      -2.0000       2.0000         1
                                                              Ln 1, Col 1
```

图 4-91　平竖曲线成果文件 File1.txt 包含 Mat D 矩阵(本例实际为 Mat B)的内容

图 4-92 为成果文件 SUfile1.csv 的部分内容，其中包括 H2X8.exe 程序使用从 MAT_B.csv 文件读入的路基超高横坡设计数据计算平曲线主点及逐桩的路基左右幅超高横坡度数据。

	A	B	C	D	E	F	G	H
1	序号	设计桩号	x坐标(m)	y坐标(m)	设计高程H(m)	走向方位角	左横坡(%)	右横坡(%)
734	733	K26+210	92900.1627	86382.6368	256.9118	81° 26′ 56.363″	-3	3
735	734	K26+220	92901.6037	86392.5324	256.5618	81° 58′ 26.769″	-2.9514	2.9514
736	735	K26+230	92902.9572	86402.4403	256.2118	82° 27′ 39.665″	-2.8246	2.8246
737	736	K26+240	92904.2299	86412.359	255.8618	82° 54′ 35.051″	-2.648	2.648
738	737	K26+250	92905.4281	86422.2869	255.5118	83° 19′ 12.928″	-2.4501	2.4501
739	738	K26+260	92906.5584	86432.2228	255.1618	83° 41′ 33.295″	-2.2593	2.2593
740	739	K26+270	92907.6275	86442.1655	254.8118	84° 01′ 36.151″	-2.104	2.104
741	740	K26+280	92908.6419	86452.1139	254.4618	84° 19′ 21.498″	-2.0127	2.0127
742	741	K26+290	92909.6083	86462.0671	254.1155	84° 34′ 49.335″	-1.9827	1.9827

SUFILE1

图 4-92　平曲线主点与逐桩点成果文件 SUfile1.csv 包含路基左右幅超高横坡度数据

第三，三维坐标正算案例。

执行 Q2X8 程序，计算加桩 K26+445 中边桩三维坐标的屏幕提示与用户操作过程如下：

屏幕提示	按键	说明
JD curve xyH Q2X8		显示程序标题
new(0)/old(≠0) main point data=?	**1** EXE	输入非零数为使用现有主点数据计算
st xy new(0)/old(>0)/no(<0)=?	**-1** EXE	输入负数为不设置测站点(station)
peg→xyH(1)/xyH→peg(2)/ xyH→δr(3)/pier(4)=?	**1** EXE	输入 1 选择坐标正算
+peg(m),<QD⇒end=?	**26445** EXE	输入加桩号
α_j=82°10′53.39″	EXE	显示走向方位角/耗时 2.46s
x_j+y_ji(m)=92924.1934+86616.3628i	EXE	显示中桩坐标复数
H_j(m)=249.9068	EXE	显示中桩设计高程
i_L(%)=3.3273	EXE	显示路基左横坡度
W_L(m)±∠γi,0⇒no=?	**1** EXE	输入左边距
x_L+y_Li(m)=92925.1841+86616.2267i	EXE	显示左边桩坐标复数
H_L(m)=249.9068+249.0968i	EXE	显示左边桩路面设计高程+路基设计高程 i 复数
W_L(m)±∠γi,0⇒no=?	**11.5** EXE	输入左边距
x_L+y_Li(m)=92935.5865+86614.7984i	EXE	显示左边桩坐标复数
H_L(m)=249.5575+248.7475i	EXE	显示左边桩路面设计高程+路基设计高程 i 复数
W_L(m)±∠γi,0⇒no=?	**12.25** EXE	输入左边距
x_L+y_Li(m)=92936.3295+86614.6963i	EXE	显示左边桩坐标复数
H_L(m)=249.5275	EXE	显示左边桩设计高程
W_L(m)±∠γi,0⇒no=?	**18** EXE	输入左边距
x_L+y_Li(m)=92942.0261+86613.9141i	EXE	显示左边桩坐标复数
T(>0)/W(<0)/no(0)=?	**1** EXE	输入任意正数为填方边坡
H_L(m)=245.6941	EXE	显示左边桩设计高程
W_L(m)±∠γi,0⇒no=?	**25.25** EXE	输入左边距
x_L+y_Li(m)=92949.2087+86612.9279i	EXE	显示左边桩坐标复数
T(>0)/W(<0)/no(0)=?	**2** EXE	输入任意正数为填方边坡
H_L(m)=241.4875	EXE	显示左边桩设计高程
W_L(m)±∠γi,0⇒no=?	**33.25** EXE	输入左边距
x_L+y_Li(m)=92957.1343+86611.8396i	EXE	显示左边桩坐标复数
T(>0)/W(<0)/no(0)=?	**3** EXE	输入任意正数为填方边坡
H_L(m)=237.4475	EXE	显示左边桩设计高程
W_L(m)±∠γi,0⇒no=?	**42.25** EXE	输入左边距
x_L+y_Li(m)=92966.0507+86610.6153i	EXE	显示左边桩坐标复数
T(>0)/W(<0)/no(0)=?	**4** EXE	输入任意正数为填方边坡
H_L(m)=233.3675	EXE	显示左边桩设计高程
W_L(m)±∠γi,0⇒no=?	**56.25** EXE	输入左边距
x_L+y_Li(m)=92979.9205+86608.7108i	EXE	显示左边桩坐标复数
T(>0)/W(<0)/no(0)=?	**5** EXE	输入任意正数为填方边坡
H_L(m)=225.3675	EXE	显示左边桩设计高程
W_L(m)±∠γi,0⇒no=?	**85** EXE	输入左边距
x_L+y_Li(m)=93008.4033+86604.7998i	EXE	显示左边桩坐标复数
T(>0)/W(<0)/no(0)=?	**6** EXE	输入任意正数为填方边坡
W_L(m)±∠γi,0⇒no=?	**0** EXE	输入 0 结束左边桩坐标计算
i_R(%)=-3.3273	EXE	显示路基右横坡度
W_R(m),0⇒no=?	**0** EXE	输入 0 结束右边桩坐标计算
+peg(m),<QD⇒end=?	**1** EXE	输入小于起点 *QD* 的桩号结束程序
Q2X8⇒End		程序结束显示

第四，路基与边坡平台主点三维设计坐标计算案例。

执行 Q2X8 程序，计算加桩 K26+445 路基主点与边坡平台主点三维设计坐标的屏幕提示与用户操作过程如下：

屏幕提示	按键	说明
JD curve xyH Q2X8		显示程序标题
new(0)/old(≠0) main point data=?	2 EXE	输入非零数为使用现有主点数据计算
st xy new(0)/old(>0)/no(<0)=?	2 EXE	使用最近输入的测站点(station)
peg→xyH(1)/xyH→peg(2)/ xyH→δr(3)/pier(4)=?	1 EXE	输入 1 选择坐标正算
+peg(m),<QD⇒end=?	26445 EXE	输入加桩号
α_j=82°10′53.39″	EXE	显示走向方位角/耗时 2.46s
x_j+y_ji(m)=92924.1934+86616.3628i	EXE	显示中桩坐标复数
H_j(m)=249.9068	EXE	显示中桩设计高程
i_L(%)=3.3273	EXE	显示路基左横坡度
W_L(m)±∠γi,0⇒no=?	-1 EXE	输入中分带外缘点边距系数
d_L(m)=1.0000	EXE	显示-1 号点左边距
x_L+y_Li(m)=92925.1841+86616.2267i	EXE	显示左边桩坐标复数
H_L(m)=249.9068+249.0968i	EXE	显示左边桩路面设计高程+路基设计高程 i 复数
W_L(m)±∠γi,0⇒no=?	-2 EXE	输入硬路肩外缘点边距系数
d_L(m)=11.5000	EXE	显示-2 号点左边距
x_L+y_Li(m)=92935.5865+86614.7984i	EXE	显示左边桩坐标复数
H_L(m)=249.5575+248.7475i	EXE	显示左边桩路面设计高程+路基设计高程 i 复数
W_L(m)±∠γi,0⇒no=?	-3 EXE	输入土路肩外缘点边距系数
d_L(m)=12.2500	EXE	显示-3 号点左边距
x_L+y_Li(m)=92936.3295+86614.6963i	EXE	显示左边桩坐标复数
H_L(m)=249.5275+248.7175i	EXE	显示左边桩路面设计高程+路基设计高程 i 复数
W_L(m)±∠γi,0⇒no=?	-4 EXE	输入挖方边坡碎落台外缘点边距系数
d_L(m)=14.8500	EXE	显示-4 号点左边距
x_L+y_Li(m)=92938.9054+86614.3427i	EXE	显示左边桩坐标复数
H_L(m)=249.5275	EXE	显示左边桩设计高程
W_L(m)±∠γi,0⇒no=?	-1.1 EXE	输入一级边坡平台内缘点边距系数
T(>0)/W(<0)/no(0)=?	1 EXE	输入任意正数为填方边坡
d_L(m)=24.2500	EXE	显示填方平台-1.1 号点左边距
x_L+y_Li(m)=92948.2180+86613.0639i	EXE	显示左边桩坐标复数
H_L(m)=241.5275	EXE	显示左边桩设计高程
W_L(m)±∠γi,0⇒no=?	-1.2 EXE	输入一级边坡平台外缘点边距系数
T(>0)/W(<0)/no(0)=?	2 EXE	输入任意正数为填方边坡
d_L(m)=26.2500	EXE	显示填方平台-1.2 号点左边距
x_L+y_Li(m)=92950.1994+86612.7919i	EXE	显示左边桩坐标复数
H_L(m)=241.4475	EXE	显示左边桩设计高程
W_L(m)±∠γi,0⇒no=?	-2.1 EXE	输入二级边坡平台内缘点边距系数
T(>0)/W(<0)/no(0)=?	3 EXE	输入任意正数为填方边坡
d_L(m)=40.2500	EXE	显示填方平台-2.1 号点左边距
x_L+y_Li(m)=92964.0693+86610.8874i	EXE	显示左边桩坐标复数
H_L(m)=233.4475	EXE	显示左边桩设计高程
W_L(m)±∠γi,0⇒no=?	-2.2 EXE	输入二级边坡平台外缘点边距系数
T(>0)/W(<0)/no(0)=?	4 EXE	输入任意正数为填方边坡
d_L(m)=42.2500	EXE	显示填方平台-2.2 号点左边距
x_L+y_Li(m)=92966.0507+86610.6153i	EXE	显示左边桩坐标复数
H_L(m)=233.3675	EXE	显示左边桩设计高程
W_L(m)±∠γi,0⇒no=?	-3.1 EXE	输入三级边坡平台内缘点边距系数
T(>0)/W(<0)/no(0)=?	5 EXE	输入任意正数为填方边坡
d_L(m)=56.2500	EXE	显示填方平台-3.1 号点左边距
x_L+y_Li(m)=92979.9205+86608.7108i	EXE	显示左边桩坐标复数
H_L(m)=225.3675	EXE	显示左边桩设计高程
W_L(m)±∠γi,0⇒no=?	-3.2 EXE	输入三级边坡平台外缘点边距系数
T(>0)/W(<0)/no(0)=?	6 EXE	输入任意正数为填方边坡

续表

屏幕提示	按键	说明
d_L(m)=58.2500	EXE	显示填方平台-3.2 号点左边距
x_L+y_Li(m)=92981.9019+86608.4387i	EXE	显示左边桩坐标复数
H_L(m)=225.2875	EXE	显示左边桩设计高程
W_L(m)±∠γi,0⇛no=?	-4.1 EXE	输入四级边坡平台内缘点边距系数
T(>0)/W(<0)/no(0)=?	7 EXE	输入任意正数为填方边坡
d_L(m)=72.2500	EXE	显示填方平台-4.1 号点左边距
x_L+y_Li(m)=92995.7718+86606.5342i	EXE	显示左边桩坐标复数
H_L(m)=217.2875	EXE	显示左边桩设计高程
W_L(m)±∠γi,0⇛no=?	-4.2 EXE	输入四级边坡平台外缘点边距系数
T(>0)/W(<0)/no(0)=?	8 EXE	输入任意正数为填方边坡
d_L(m)=74.2500	EXE	显示填方平台-4.2 号点左边距
x_L+y_Li(m)=92997.7532+86606.2621i	EXE	显示左边桩坐标复数
H_L(m)=217.2075	EXE	显示左边桩设计高程
W_L(m)±∠γi,0⇛no=?	0 EXE	输入 0 结束左边桩坐标计算
i_R(%)=-3.3273	EXE	显示路基右横坡度
W_R(m),0⇛no=?	-1 EXE	输入中分带外缘点边距系数
d_R(m)=1.0000	EXE	显示-1 号点右边距
x_R+y_Ri(m)=92923.2027+86616.4988i	EXE	显示右边桩坐标复数
H_R(m)=249.9068+249.0968i	EXE	显示右边桩路面设计高程+路基设计高程 i 复数
W_R(m),0⇛no=?	-2 EXE	输入硬路肩外缘点边距系数
d_R(m)=11.5000	EXE	显示-2 号点右边距
x_R+y_Ri(m)=92912.8003+86617.9272i	EXE	显示右边桩坐标复数
H_R(m)=250.2562+249.4462i	EXE	显示右边桩路面设计高程+路基设计高程 i 复数
W_R(m),0⇛no=?	-3 EXE	输入土路肩外缘点边距系数
d_R(m)=12.2500	EXE	显示-3 号点右边距
x_R+y_Ri(m)=92912.0573+86618.0292i	EXE	显示右边桩坐标复数
H_R(m)=250.2262+249.4162i	EXE	显示右边桩路面设计高程+路基设计高程 i 复数
W_R(m),0⇛no=?	-4 EXE	输入挖方边坡碎落台外缘点边距系数
d_R(m)=14.8500	EXE	显示右幅-4 号点左边距
x_R+y_Ri(m)=92909.4815+86618.3829i	EXE	显示右边桩坐标复数
H_R(m)=250.2262	EXE	显示右边桩设计高程
W_R(m),0⇛no=?	-1.1 EXE	输入一级边坡平台内缘点边距系数
T(>0)/W(<0)/no(0)=?	-1 EXE	输入任意负数为挖方边坡
d_R(m)=22.8500	EXE	显示挖方平台-1.1 号点右边距
x_R+y_Ri(m)=92901.5558+86619.4712i	EXE	显示右边桩坐标复数
H_R(m)=258.2262	EXE	显示右边桩设计高程
W_R(m),0⇛no=?	-4.2 EXE	输入四级边坡平台外缘点边距系数
T(>0)/W(<0)/no(0)=?	-2 EXE	输入任意负数为挖方边坡
d_R(m)=48.8500	EXE	显示挖方平台-4.2 号点右边距
x_R+y_Ri(m)=92875.7975+86623.0081i	EXE	显示右边桩坐标复数
H_R(m)=282.5462	EXE	显示右边桩设计高程
W_R(m),0⇛no=?	0 EXE	输入 0 结束右边桩坐标计算
+peg(m),<QD⇛end=?	2 EXE	输入小于起点 *QD* 的桩号结束程序
Q2X8⇛End		程序结束显示

第五，断链桩附近加桩的坐标正算。

执行 Q2X8 程序，计算断链附近加桩三维设计坐标的屏幕提示与用户操作过程如下：

屏幕提示	按键	说明
JD curve xyH Q2X8		显示程序标题
new(0)/old(≠0) main point data=?	3 EXE	输入非零数为使用现有主点数据计算
st xy new(0)/old(>0)/no(<0)=?	3 EXE	使用最近输入的测站点(station)

续表

屏幕提示	按键	说明
peg→xyH(1)/xyH→peg(2)/ xyH→δr(3)/pier(4)=?	1 EXE	输入 1 选择坐标正算
+peg(m),<QD⇒end=?	28690 EXE	输入加桩号
←(0) +break →(≠0)=?	0 EXE	输入 0 选择长链(+break)后重桩区
α_j=75°39′46.86″	EXE	显示走向方位角/耗时 3.61s
x_j+y_ji(m)=94011.8431+88499.1431i	EXE	显示中桩坐标复数
H_j(m)=304.8932	EXE	显示中桩设计高程
i_L(%)=-1.2664	EXE	显示路基左横坡度
W_L(m)±∠γi,0⇒no=?	-5 EXE	输入<-4 的负整数结束边桩坐标计算
+peg(m),<QD⇒end=?	28690 EXE	重复输入加桩号
←(0) +break →(≠0)=?	4 EXE	输入非零数选择长链(+break)后重桩区
α_j=75°39′13.59″	EXE	显示走向方位角/耗时 3.61s
x_j+y_ji(m)=94028.5941+88565.0507i	EXE	显示中桩坐标复数
H_j(m)=305.1320	EXE	显示中桩设计高程
i_L(%)=1.6019	EXE	显示路基左横坡度
W_L(m)±∠γi,0⇒no=?	-5 EXE	输入<-4 的负整数结束边桩坐标计算
+peg(m),<QD⇒end=?	26500 EXE	输入加桩号
j in -break peg n=1.0000	EXE	显示加桩位于断链空桩区(1 号断链)
+peg(m),<QD⇒end=?	3 EXE	输入小于起点 *QD* 的桩号结束程序
Q2X8⇒End		程序结束显示

第六，三维坐标反算案例。

执行 Q2X8 程序，进行三维坐标反算的屏幕提示与用户操作过程如下：

屏幕提示	按键	说明
JD curve xyH Q2X8		显示程序标题
new(0)/old(≠0) main point data=?	4 EXE	输入非零数使用现有主点数据计算
st xy new(0)/old(>0)/no(<0)=?	4 EXE	使用最近输入的测站点(station)
peg→xyH(1)/xyH→peg(2)/ xyH→δr(3)/pier(4)=?	2 EXE	输入 2 选择坐标反算
x_j(m)/π⇒end	93372.1722 EXE	输入 1 号边桩点三维坐标
y_j(m)+ni=?	87211.4233 EXE	
H_j(m),0⇒no=?	269.743 EXE	
p peg(m)+ni=27237.1877+31.0000i	EXE	显示垂点桩号+平曲线元号 i 复数/耗时 2.30s
α_P=57°09′32.02″	EXE	显示垂点走向方位角
x_P+y_Pi(m)=93355.0450+87222.4784i	EXE	显示垂点坐标复数
H_P(m)=259.4549	EXE	显示垂点设计高程
d_L(m)=-20.3852	EXE	显示负数为左边距
i_L(%)=-5.0000	EXE	显示路基左横坡度
T(>0)/W(<0)/no(0)=?	-1 EXE	输入任意负数为挖方边坡
H_{Lj}(m)=265.4852	EXE	显示测点左边桩设计高程
δd_j(m)+ni=-2.4648+1.0000i	EXE	显示坡口平距+边坡级数 i 复数
δh_j(m)=4.2578	EXE	显示边桩点挖填高差(实测 H-设计 H)
x_j(m)/π⇒end	93359.6273 EXE	输入 2 号边桩点三维坐标
y_j(m)+ni=?	87219.5206 EXE	
H_j(m),0⇒no=?	259.478 EXE	
p peg(m)+ni=27237.1876+31.0000i	EXE	显示垂点桩号+平曲线元号 i 复数/耗时 2.30s
α_P=57°09′31.99″	EXE	显示垂点走向方位角
x_P+y_Pi(m)=93355.0450+87222.4784i	EXE	显示垂点坐标复数
H_P(m)=259.4549	EXE	显示垂点设计高程

续表

屏幕提示	按键	说明
d_L(m)=-5.4540	EXE	显示负数为左边距
i_L(%)=-5.0000	EXE	显示路基左横坡度
H_{Lj}(m)=259.6776+258.8676i	EXE	显示左边桩路面设计高程+路基设计高程 i 复数
δh_j(m)=-0.1996+0.6104i	EXE	显示边桩点挖填高差(实测 H−设计 H)
x_j(m)/π⇒end	SHIFT π EXE	输入 π 结束程序
Q2X8⇒End		程序结束显示

上述 2 号边桩测点的挖填高差复数“**δh**”

上述 2 号边桩测点的挖填高差复数“**δh_j(m)=-0.1996+0.6104i**”，其实部数值为相对于路面的挖填高差，虚部数值为相对于路基的挖填高差，两者相差路面结构层厚度 0.81m。

第七，屏蔽边桩设计高程的方法。

进行有边桩设计高程的坐标正反算时，屏幕显示的项目比较多，需要多次按 EXE 键。当不需要计算边桩高程时，应重新计算主点数据，屏幕显示下列提示时：

i_L%,i_R% Mat B(1)/C(2)/D(3)/E(4)/F(5)/G(6)/no(0)=?

输入 0 响应即可屏蔽边桩设计高程计算功能。有关屏幕提示与用户操作过程如下：

屏幕提示	按键	说明
JD curve xyH Q2X8		显示程序标题
new(0)/old(≠0) main point data=?	0 EXE	输入 0 重新计算主点数据
i_L%,i_R% Mat B(1)/C(2)/D(3)/E(4)/F(5)/G(6)/no(0)=?	0 EXE	输入 0 不选择路基超高横坡矩阵
hor−curve first JD num=?	13 EXE	输入平曲线起始交点号(number)
ver−curve first SJD num=?	1 EXE	输入竖曲线起始变坡点号/耗时 16.59s
Z_{ZD}(m)=40668.3949	EXE	显示平曲线终点设计桩号(1.3mm)/耗时 17.46s
α_{ZD}=48°20′34.21″	EXE	显示平曲线终点走向方位角
Press [MENU][2]⇒Stop!	EXE	继续执行程序
st xy new(0)/old(>0)/no(<0)=?	5 EXE	使用最近输入的测站点(station)
peg→xyH(1)/xyH→peg(2)/xyH→δr(3)/pier(4)=?	1 EXE	输入 1 选择坐标正算
+peg(m),<QD⇒end=?	26445 EXE	输入加桩号
α_j=82°10′53.39″	EXE	显示走向方位角/耗时 2.46s
x_j+y_ji(m)=92924.1934+86616.3628i	EXE	显示中桩坐标复数
H_j(m)=249.9068	EXE	显示中桩设计高程
W_L(m)±∠γi,0⇒no=?	11.5 EXE	输入左边距
x_L+y_Li(m)=92935.5865+86614.7984i	EXE	显示左边桩坐标复数
W_L(m)±∠γi,0⇒no=?	0 EXE	输入 0 结束左边桩坐标计算
W_R(m),0⇒no=?	11.5 EXE	输入右边距
x_R+y_Ri(m)=92912.8003+86617.9272i	EXE	显示右边桩坐标复数
W_R(m),0⇒no=?	0 EXE	输入 0 结束右边桩坐标计算
+peg(m),<QD⇒end=?	4 EXE	输入小于起点 *QD* 的桩号结束程序
Q2X8⇒End		程序结束显示

选择屏蔽边桩高程计算后，程序并未删除 Mat A，Mat B~Mat G 矩阵的数据，当需要恢复边桩高程计算时，只需再次执行 Q2X8 程序重新计算主点数据，在屏幕显示如下程序时：

i_L%,i_R% Mat B(1)/C(2)/D(3)/E(4)/F(5)/G(6)/no(0)=?

输入 1 响应选择超高横坡设计矩阵 Mat B 即可。

本例数据文件位于光盘“4 章\[例 4-12]\K 线”路径下。

④ Z18 线平竖曲线主点数据计算与三维坐标正算。

设置 **File2** 为当前串列文件，执行 Q2X8 程序，计算 Z18 线平竖曲线主点数据与三维坐标正算的屏幕提示与用户操作过程如下：

屏幕提示	按键	说明
JD curve xyH Q2X8		显示程序标题
new(0)/old(≠0) main point data=?	0 EXE	输入 0 为重新计算主点数据
i_L%,i_R% Mat B(1)/C(2)/D(3)/ E(4)/F(5)/G(6)/no(0)=?	2 EXE	输入 2 为选择 Mat C 为路基超高横坡矩阵
k(0)/k^3(≠0)=?	3 EXE	输入非零数选择三次抛物线超高渐变方式
+W_L,+W_R Mat H(1)/I(2)/J(3)/ K(4)/L(5)/M(6)/no(0)=?	0 EXE	输入 0 为不选择路基加宽矩阵
hor-curve first JD num=?	1 EXE	输入平曲线起始交点号(number)
ver-curve first SJD num=?	1 EXE	输入竖曲线起始变坡点号/耗时 2.77s
Z_{ZD}(m)=21483.3708	EXE	显示平曲线终点设计桩号(-0.2mm)/耗时 1.39s
α_{ZD}=39°01′41.55″	EXE	显示平曲线终点走向方位角
Press [MENU][2]⇒Stop!	EXE	继续执行程序
st xy new(0)/old(>0)/no(<0)=?	5 EXE	使用最近输入的测站点(station)
peg→xyH(1)/xyH→peg(2)/ xyH→δr(3)/pier(4)=?	1 EXE	输入 1 选择坐标正算
+peg(m),<QD⇒end=?	20510 EXE	输入加桩号
α_j=40°26′18.85″	EXE	显示走向方位角/耗时 0.93s
x_j+y_ji(m)=89364.4165+82026.6002i	EXE	显示中桩坐标复数
H_j(m)=278.1103	EXE	显示中桩设计高程
i_L(%)=2.0000	EXE	显示路基左横坡度
W_L(m)±∠γi,0⇒no=?	6.25 EXE	输入左边距
x_L+y_Li(m)=89368.4704+82021.8433i	EXE	显示左边桩坐标复数
H_L(m)=278.0003+277.1903i	EXE	显示左边桩路面设计高程+路基设计高程 i 复数
W_L(m)±∠γi,0⇒no=?	11.875 EXE	输入左边距
x_L+y_Li(m)=89372.1190+82017.5621i	EXE	显示左边桩坐标复数
H_L(m)=277.8753	EXE	显示左边桩设计高程
W_L(m)±∠γi,0⇒no=?	18.25 EXE	输入左边距
x_L+y_Li(m)=89376.2540+82012.7101i	EXE	显示左边桩坐标复数
T(>0)/W(<0)/no(0)=?	1 EXE	输入任意正数为填方边坡
H_L(m)=273.7036	EXE	显示左边桩设计高程
W_L(m),0⇒no=?	-1.1 EXE	输入一级边坡平台内缘点边距系数
T(>0)/W(<0)/no(0)=?	2 EXE	输入任意正数为填方边坡
d_L(m)=24.0000	EXE	显示填方平台-1.1 号点左边距
x_L+y_Li(m)=89379.9837+82008.3337i	EXE	显示左边桩坐标复数
H_L(m)=269.8703	EXE	显示左边桩设计高程
W_L(m),0⇒no=?	0 EXE	输入 0 结束左边桩坐标计算
i_R(%)=0.0000	EXE	显示路基右横坡度
W_R(m),0⇒no=?	0.5 EXE	输入右边距
x_R+y_Ri(m)=89364.0922+82026.9807i	EXE	显示右边桩坐标复数
H_R(m)=278.0903	EXE	显示右边桩设计高程
W_R(m),0⇒no=?	3.1 EXE	输入右边距
x_R+y_Ri(m)=89362.4057+82028.9596i	EXE	显示右边桩坐标复数
T(>0)/W(<0)/no(0)=?	-1 EXE	输入任意负数为挖方边坡
H_R(m)=278.0803	EXE	显示右边桩设计高程
W_R(m),0⇒no=?	7.1 EXE	输入右边距
x_R+y_Ri(m)=89359.8112+82032.0040i	EXE	显示右边桩坐标复数
T(>0)/W(<0)/no(0)=?	-2 EXE	输入任意负数为挖方边坡
H_R(m)=281.8303	EXE	显示右边桩设计高程
W_R(m),0⇒no=?	-1.2 EXE	输入一级边坡平台外缘点边距系数
T(>0)/W(<0)/no(0)=?	-3 EXE	输入任意负数为挖方边坡
d_R(m)=13.3500	EXE	显示挖方平台-1.2 号点右边距
x_R+y_Ri(m)=89355.7572+82036.7609i	EXE	显示右边桩坐标复数

续表

屏幕提示	按键	说明
H_R(m)=286.1603	EXE	显示右边桩设计高程
W_R(m),0⇒no=?	0 EXE	输入 0 结束右边桩坐标计算
+peg(m),<QD⇒end=?	1 EXE	输入小于起点 *QD* 的桩号结束程序
Q2X8⇒End		程序结束显示

本例数据文件位于光盘“4 章\[例 4-12]\Z18 线”路径下。

⑤ Z33 线平竖曲线主点数据计算与三维坐标正算。

设置 **File3** 为当前串列文件，执行 Q2X8 程序，计算 Z33 线平竖曲线主点数据与三维坐标正算的屏幕提示与用户操作过程如下：

屏幕提示	按键	说明
JD curve xyH Q2X8		显示程序标题
new(0)/old(≠0) main point data=?	0 EXE	输入 0 为重新计算主点数据
i_L%,i_R% Mat B(1)/C(2)/D(3)/ E(4)/F(5)/G(6)/no(0)=?	3 EXE	输入 3 为选择 Mat D 为路基超高横坡矩阵
k(0)/k^3(≠0)=?	4 EXE	输入非零数选择三次抛物线超高渐变方式
+W_L,+W_R Mat H(1)/I(2)/J(3)/ K(4)/L(5)/M(6)/no(0)=?	0 EXE	输入 0 为不选择路基加宽矩阵
hor-curve first JD num=?	1 EXE	输入平曲线起始交点号(number)
ver-curve first SJD num=?	1 EXE	输入竖曲线起始变坡点号/耗时 3.05s
Z_{ZD}(m)=38709.0712	EXE	显示平曲线终点设计桩号(0.2mm)/耗时 1.49s
α_{ZD}=58°12′20.2″	EXE	显示平曲线终点走向方位角
Press [MENU][2]⇒Stop!	EXE	继续执行程序
st xy new(0)/old(>0)/no(<0)=?	6 EXE	使用最近输入的测站点(station)
peg→xyH(1)/xyH→peg(2)/ xyH→δr(3)/pier(4)=?	1 EXE	输入 1 选择坐标正算
+peg(m),<QD⇒end=?	34100 EXE	输入加桩号
α_j=111°56′23.15″	EXE	显示走向方位角/耗时 0.58s
x_j+y_ji(m)=96407.1774+93220.5743i	EXE	显示中桩坐标复数
H_j(m)=381.7220	EXE	显示中桩设计高程
i_L(%)=0.6557	EXE	显示路基左横坡度
W_L(m)±∠γi,0⇒no=?	6.25 EXE	输入左边距
x_L+y_Li(m)=96412.9747+93222.9095i	EXE	显示左边桩坐标复数
H_L(m)=381.6859+380.8759i	EXE	显示左边桩路面设计高程+路基设计高程 i 复数
W_L(m)±∠γi,0⇒no=?	11.875 EXE	输入左边距
x_L+y_Li(m)=96418.1923+93225.0112i	EXE	显示左边桩坐标复数
H_L(m)=381.6282	EXE	显示左边桩设计高程
W_L(m)±∠γi,0⇒no=?	18.25 EXE	输入左边距
x_L+y_Li(m)=96424.1056+93227.3931i	EXE	显示左边桩坐标复数
T(>0)/W(<0)/no(0)=?	1 EXE	输入任意正数为填方边坡
H_L(m)=377.4565	EXE	显示左边桩设计高程
W_L(m),0⇒no=?	-1.1 EXE	输入一级边坡平台内缘点边距系数
T(>0)/W(<0)/no(0)=?	2 EXE	输入任意正数为填方边坡
d_L(m)=24.0000	EXE	显示填方平台-1.1 号点左边距
x_L+y_Li(m)=96429.4392+93229.5415i	EXE	显示左边桩坐标复数
H_L(m)=373.6232	EXE	显示左边桩设计高程
W_L(m)±∠γi,0⇒no=?	0 EXE	输入 0 结束左边桩坐标计算
i_R(%)=0.0000	EXE	显示路基右横坡度

续表

屏幕提示	按键	说明
W_R(m),0⇒no=?	0.5 EXE	输入右边距
x_R+y_Ri(m)=96406.7136+93220.3875i	EXE	显示右边桩坐标复数
H_R(m)=381.7020	EXE	显示右边桩设计高程
W_R(m),0⇒no=?	3.1 EXE	输入右边距
x_R+y_Ri(m)=96404.3019+93219.4160i	EXE	显示右边桩坐标复数
T(>0)/W(<0)/no(0)=?	-1 EXE	输入任意负数为挖方边坡
H_R(m)=381.6920	EXE	显示右边桩设计高程
W_R(m),0⇒no=?	7.1 EXE	输入右边距
x_R+y_Ri(m)=96400.5916+93217.9215i	EXE	显示右边桩坐标复数
T(>0)/W(<0)/no(0)=?	-2 EXE	输入任意负数为挖方边坡
H_R(m)=385.4420	EXE	显示右边桩设计高程
W_R(m),0⇒no=?	-1.2 EXE	输入一级边坡平台外缘点边距系数
T(>0)/W(<0)/no(0)=?	-3 EXE	输入任意负数为挖方边坡
d_R(m)=13.3500	EXE	显示挖方平台-1.2 号点右边距
x_R+y_Ri(m)=96394.7942+93215.5863i	EXE	显示右边桩坐标复数
H_R(m)=389.7720	EXE	显示右边桩设计高程
W_R(m),0⇒no=?	0 EXE	输入 0 结束右边桩坐标计算
+peg(m),<QD⇒end=?	2 EXE	输入小于起点 *QD* 的桩号结束程序
Q2X8⇒End		程序结束显示

本例数据文件位于光盘“4 章\[例 4-12]\Z33 线”路径下。

[例 4-13] 图 4-93 为云南省石(林)锁(龙寺)高速公路第 13 合同红坡段新哨(弥勒)互通式立交 A 匝道平竖曲线交点法设计图，其竖曲线设计数据列于图中内表；图 4-94 为其路基标准横断面设计图，路基超高横坡设计数据列于图中内表，路基超高渐变方式为线性渐变，试计算加桩 AK0+815 的三维坐标正算结果。

竖曲线及纵坡表

序	桩号	高程(m)	R(m)	i(%)
1	K0+000	1 431.350		-0.14
2	K0+250	1 431.0	2 800	3.9
3	K1+024.120	1 461.2	2 800	-3.42
4	K1+127.012	1 457.679	30 000	

图 4-93 红坡段新哨(弥勒)互通式立交 A 匝道平竖曲线交点法设计图

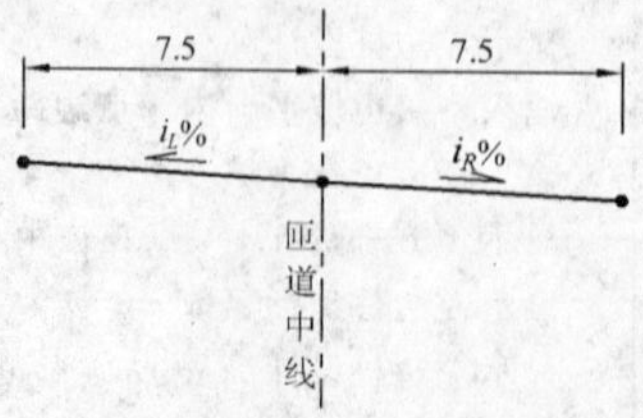

A匝道路基超高横坡设计数据

桩号	i_L(%)	i_R(%)	路基号
AK0+000	-2	2	1
AK0+717.62	-2	2	1
AK0+847.62	-7	7	1
AK0+978.55	-7	7	1
AK1+105.20	-5	5	1
AK1+127.012	-5	5	1

图 4-94 A 匝道路基标准横断面设计图

[解] ① 平竖曲线设计数据的输入。

按表 4-1 的规定，在 MS Excel 的 File4 选项卡的 A~F 列输入图 4-93 所示的匝道交点平曲线设计数据，在 W 列输入图 4-93 内表所列的竖曲线设计数据，结果如图 4-95 所示。

	A	B	C	D	E	F
1	0	2694944.286	154680.019	0	0	0
2		2695631.128	154015.384	185.60711	265	350
3		2695877.835	154114.745	0	365	147.98649
4		2695950.781	154187.15			

File4 / MAT_A / MAT_E

	W
1	0
2	1431.35
3	250
4	1431
5	2800

	W
6	1024.12
7	1461.2
8	2800
9	1127.012
10	1457.6791

图 4-95 在 MS Excel 的 File4 选项卡输入 A 匝道平竖曲线设计数据

在图 4-95 中，F2 单元灰底色背景的数值为 JD_1 的第二缓和曲线参数，应为非完整缓和曲线，因此还应在 **List 6[2]** 串列单元补充输入终点半径 365 为复数虚部，结果如图 4-96 左二图所示。

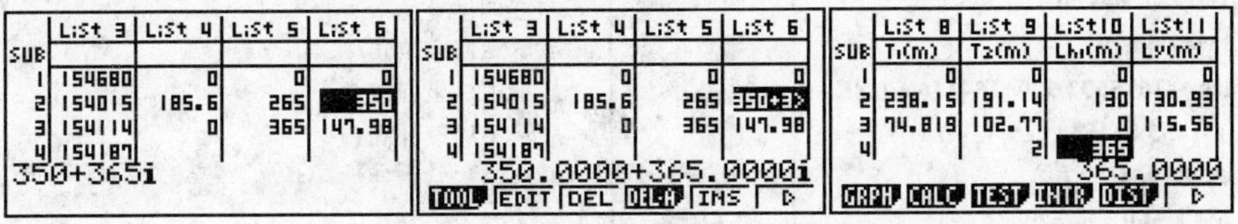

图 4-96 编辑 File4 串列文件 List 6[2]单元的数值

在 MS Excel 的 MAT_A 选项卡输入图 4-94 所示的路基标准横断面设计数据，因为 A 匝道为立交桥设计，所以无边坡设计数据；左右幅中分带宽度、土路肩宽度及其横坡值应输入 0，结构层厚度也应输入 0，只有左右车道宽输入 7.5，结果如图 4-97 左图所示。

	A	B	C	D	E	F	G	H	I	J
1	0	0	7.5	0	0	7.5	0	0	0	0
2	0	0	0	0	0	0	0	0	0	0
3	0	0	0	0	0	0	0	0	0	0

File4 / MAT_A / MAT_E

	A	B	C	D
1	0	-2	2	1
2	717.62	-2	2	1
3	847.62	-7	7	1
4	978.55	-7	7	1
5	1105.2	-5	5	1
6	1127.012	-5	5	1

MAT_A / MAT_E

图 4-97 在 MS Excel 的 MAT_A 选项卡输入路基标准横断面设计数据，在 MAT_E 选项卡输入路基超高横坡设计数据

在 MS Excel 的 MAT_E 选项卡输入图 4-94 内表所列的路基超高横坡设计数据，结果如图 4-97 右图所示。

将 MAT_A 选项卡的数据另存为 MAT_A.csv 文件，MAT_E 选项卡的数据另存为 MAT_E.csv 文件，将 MAT_A.csv 与 MAT_E.csv 文件上传到 fx-9750GⅡ内存。

② 计算平竖曲线主点数据及坐标正算。

执行 Q2X8 程序，计算 A 匝道平竖曲线主点数据及坐标正算的屏幕提示与用户操作过程如下：

屏幕提示	按键	说明
JD curve xyH Q2X8		显示程序标题
new(0)/old(≠0) main point data=?	0 EXE	输入 0 重新计算主点数据
i_L%,i_R% Mat B(1)/C(2)/D(3)/E(4)/F(5)/G(6)/no(0)=?	4 EXE	输入 4 为选择 Mat E 为路基超高横坡矩阵

续表

屏幕提示	按键	说明
k(0)/k^3(≠0)=?	**0** EXE	输入 0 选择线性超高渐变方式
+W_L,+W_R Mat H(1)/I(2)/J(3)/ K(4)/L(5)/M(6)/no(0)=?	**0** EXE	输入 0 为不选择路基加宽矩阵
hor-curve first JD num=?	**1** EXE	输入平曲线起始交点号(number)
ver-curve first SJD num=?	**1** EXE	输入竖曲线起始变坡点号/耗时 2.4s
Z_{ZD}(m)=1280.7635	EXE	显示平曲线终点设计桩号(差 0.5mm)/耗时 1.42s
α_{ZD}=44°47′12.28″	EXE	显示平曲线终点走向方位角
Press [MENU][2]⇒Stop!	EXE	继续执行程序
del List 4/List 6 ImP,yes(0)/no(≠0)=?	**0** EXE	输入 0 删除第一 List 4/第二 List 6 缓曲参数虚部
st xy new(0)/old(>0)/no(<0)=?	**-5** EXE	输入负数为不输入测站点(station)坐标
peg→xyH(1)/xyH→peg(2)/ xyH→δr(3)/pier(4)=?	**1** EXE	输入 1 选择坐标正算
+peg(m),<QD⇒end=?	**815** EXE	输入加桩号
α_j=323°49′40.79″	EXE	显示走向方位角/耗时 0.65s
x_j+y_ji(m)=2695532.939+154116.6078i	EXE	显示中桩坐标复数
H_j(m)=1453.0418	EXE	显示中桩设计高程
i_L(%)=-5.7454	EXE	显示路基左横坡度
W_L(m)±∠γi,0⇒no=?	**7.5** EXE	输入左边距
x_L+y_Li(m)=2695528.512+154110.5534i	EXE	显示左边桩坐标复数
H_L(m)=1453.4727	EXE	显示左边桩设计高程
W_L(m)±∠γi,0⇒no=?	**7.7** EXE	输入左边距
x_L+y_Li(m)=2695528.394+154110.3920i	EXE	显示左边桩坐标复数
W_L(m)±∠γi,0⇒no=?	**0** EXE	输入 0 结束左边桩坐标计算
i_R(%)=5.7454	EXE	显示路基右横坡度
W_R(m),0⇒no=?	**7.5** EXE	输入右边距
x_R+y_Ri(m)=2695537.366+154122.6622i	EXE	显示右边桩坐标复数
H_R(m)=1452.6109	EXE	显示右边桩设计高程
W_R(m),0⇒no=?	**7.6** EXE	输入右边距
x_R+y_Ri(m)=2695537.425+154122.7429i	EXE	显示右边桩坐标复数
W_R(m),0⇒no=?	**0** EXE	输入 0 结束右边桩坐标计算
+peg(m),<QD⇒end=?	**-1** EXE	输入小于 *QD* 的桩号结束程序
Q2X8⇒End		程序结束显示

本例数据文件位于光盘“\4 章\[例 4-13]\”路径下。

由于本例路基标准横断面矩阵 Mat A 的边坡数据全部是 0，路基左右幅最大边距为 7.5m，因此当输入的左右边距值大于 7.5m 时，程序不计算边桩设计高程。

完成平竖曲线主点数据计算，屏幕提示“**del List 4/List 6 ImP,yes(0)/no(≠0)=?**”时，输入 0 响应为删除 **List 6[2]**串列单元的第二缓和曲线参数复数的虚部数值，其所在的行号存入 **List 9[4]**串列单元，虚部 R_{HZ}的值存入 **List 10[4]**串列单元，结果如图 4-96 右图所示。

4.12 桥墩桩基坐标计算

《公路工程技术标准》[25]对公路桥梁的分类规定列于表 4-25。

表 4-25　桥梁分类

分类	多孔跨径总长 L(m)	单孔跨径 L_K(m)
特大桥	$L\geqslant 1\,000$	$L_K\geqslant 150$
大桥	$100\leqslant L<1\,000$	$40\leqslant L_K<150$
中桥	$30\leqslant L<100$	$20\leqslant L_K<40$
小桥	$8\leqslant L<30$	$5\leqslant L_K<20$

桥梁施工图应给出每个桥墩的墩台中心设计桩号、法向偏距、走向偏角和每个桩基的测量坐标，施工前，应验算每个桩基的设计坐标，只有与设计坐标相符后才能放样桥墩桩基。

1) 桥墩桩基坐标的计算原理

桥梁属于路线构筑物的组成部分，桥墩桩基的平面位置及其排列方向是以墩台中心的平面坐标及其走向方位角为基准，按一定的法向偏距与走向偏角设计的，而墩台中心的平面坐标及其走向方位角可以使用设计给出的墩台中心设计桩号，根据路线平曲线设计数据算出，因此桥墩桩基坐标与路线平曲线的关系是通过墩台中心设计桩号联系的。

如图 4-98 所示，设图中给出的 j#桥墩墩台中心设计桩号为 $Z_{j\#}$，法向偏距为 d_X，走向偏角为 δ，图中桩基及其承台的尺寸从墩台大样图获取。

设使用 Q2X8 程序的坐标正算功能，由墩台中心设计桩号 $Z_{j\#}$算出的 j#桥墩中心的走向方位角为 $\alpha_{j\#}$，中桩坐标复数为 $z_{j\#}$；设 1 号桩基在图 4-98 所示的墩台中心坐标系 $XO_{j\#}Y$ 中的坐标复数为 $z_1=Y_1+X_1\mathrm{i}$，则 $O_{j\#}\to$1 号桩基的测量方位角为

$$\alpha_{O_{j\#}1}=\alpha_{j\#}+\delta+\mathrm{Arg}(Z_1)+360° \tag{4-161}$$

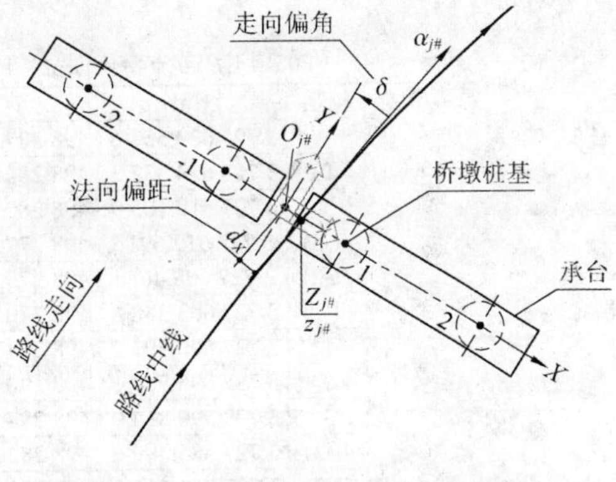

图 4-98　桥墩桩基坐标计算原理

式中的辐角 $\mathrm{Arg}(Z_1)$，当 $\mathrm{Arg}(Z_1)<0°$时，需要加 360°，否则不需要加 360°；走向偏角 δ，当+Y 轴偏向走向方位角 $\alpha_{j\#}$左侧时为负角，+Y 轴偏向走向方位角 $\alpha_{j\#}$右侧时为正角。

当 j#桥墩有法向偏距 d_X 时，表示墩台中心 $O_{j\#}$不在路线中线上，其测量坐标复数为

$$z_{O_{j\#}}=z_{j\#}+|d_X|\angle(\alpha_{j\#}\pm 90°) \tag{4-162}$$

式中的法向偏距 d_X，当 $O_{j\#}$位于走向方位角 $\alpha_{j\#}$左侧时为负数，$O_{j\#}$位于走向方位角 $\alpha_{j\#}$右侧时为正数；式中的“±”号，$d_X>0$ 时取“+”号，$d_X<0$ 时取“−”号。由此得 1 号桩基的测量坐标复数为

$$z_1=z_{O_{j\#}}+\mathrm{Abs}(Z_1)\angle\alpha_{O_{j\#}} \tag{4-163}$$

2) 205 国道江苏淮安西绕城段淮涟三干渠中桥

下面先以一个简单的中型桥梁为例，介绍 Q2X8 程序桥墩桩基坐标计算功能的使用方法。

图 4-99 为 205 国道江苏省淮安西绕城段淮涟三干渠中桥的平竖曲线设计图、桥墩桩基大样图、墩台中心设计参数及全部桥墩桩基的设计坐标。

按设计惯例，桥梁设计图一般从 0#墩开始编写桥墩号，三干渠中桥有 0#、1#、2#、3#共四个桥墩，其与路线平曲线的关系如图 4-99(a)所示。

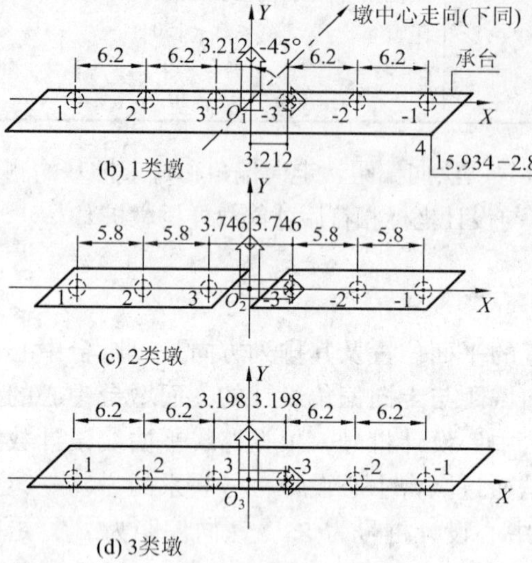

淮涟三干渠中桥墩台中心参数

墩号	墩类号	设计桩号	法向偏距	走向偏角
0#	1	K0+186.346	0	-45°
1#	2	K0+215.780	0	-45°
2#	2	K0+245.780	0	-45°
3#	3	K0+275.214	0	-45°

竖曲线及纵坡表

序	桩号	高程(m)	R(m)	i(%)
SQD	K0+000	14.559		0.3
SJD_1	K0+250	15.309	60 000	-0.169 9
SJD_2	K0+785	14.400	80 000	0.011 9
SJD_3	K0+600	14.497	200 000	0.089 8
SJD_4	K0+875	14.250		

设计单位：江苏淮安交通勘察设计研究院

施工单位：泛华建设集团有限公司

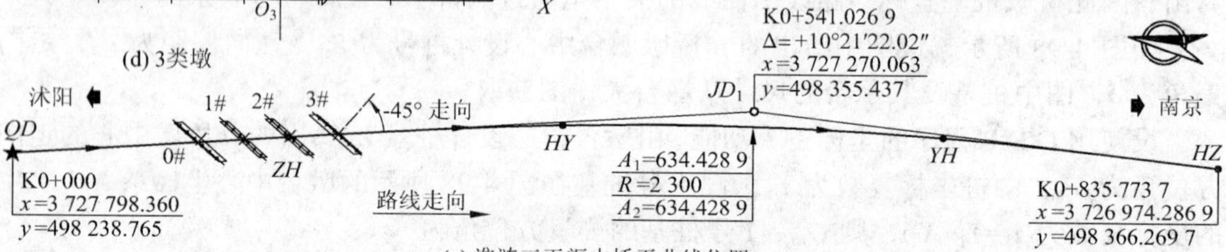

(a) 淮涟三干渠中桥平曲线位置

205国道江苏省淮安西绕城段淮涟三干渠中桥桥墩桩基坐标设计表

墩号	桩基	x(m)	y(m)	墩号	桩基	x(m)	y(m)
0#	1	3 727 629.558 6	498 287.349 1	2#	1	3 727 571.299 1	498 300.023 1
	2	3 727 624.332 3	498 284.013 6		2	3 727 566.409 9	498 296.902 8
	3	3 727 619.105 9	498 280.678 1		3	3 727 561.520 8	498 293.782 5
	4(-3)	3 727 613.691 5	498 277.222 5		4(-3)	3 727 555.205 5	498 289.752 0
	5(-2)	3 727 608.465 1	498 273.887 1		5(-2)	3 727 550.316 3	498 286.631 7
	6(-1)	3 727 603.238 8	498 270.551 6		6(-1)	3 727 545.427 2	498 283.511 4
1#	1	3 727 600.593 2	498 293.553 6	3#	1	3 727 542.758 1	498 306.509 9
	2	3 727 595.704 1	498 290.433 3		2	3 727 537.535 5	498 303.168 5
	3	3 727 590.814 9	498 287.313 0		3	3 727 532.312 9	498 299.827 1
	4(-3)	3 727 584.499 6	498 283.282 5		4(-3)	3 727 526.925 3	498 296.380 1
	5(-2)	3 727 579.610 5	498 280.162 2		5(-2)	3 727 521.702 7	498 293.038 7
	6(-1)	3 727 574.721 3	498 277.041 9		6(-1)	3 727 516.480 2	498 289.697 3

说明：

1.平面坐标系为淮安市独立坐标系。

2.本图提供的数据需经施工单位核实无误后方可施工，并需用桩号和纵横向距离相互校核。

图 4-99　205 国道江苏省淮安西绕城段淮涟三干渠中桥设计图

(1) 编写桥墩类号

将桥墩桩基完全相同的桥墩合并为同类，并编注墩类号。在图 4-99 中，0#桥墩编为 1 类墩，1#与 2#桥墩的桥墩桩基完全相同，编为 2 类墩，3#桥墩编为 3 类墩。

(2) 桩基墩台中心坐标矩阵 Mat V 的输入规定

启动 AutoCAD，以 m 为单位，按 1∶1 的比例分别绘制 1、2、3 类墩的桩基大样图，执行 AutoCAD 的“UCS/新建(N)”命令，用鼠标对象捕捉图 4-99 中的 O_1 点，建立图示的 XO_1Y 用户坐标系(简称墩台中心坐标系)。由于这三类墩的桩基都是关于 Y 轴对称的图形，故只需为左幅(也可以是右幅)的三个桩基编写桩基号 1、2、3，右幅对称桩基号分别为-1、-2、-3。

在 AutoCAD 中执行“id”命令，分别对象捕捉 1、2、3 号桩基点，将命令行显示的墩台中心坐标依次输入到 Mat V 矩阵的 1~2 列。重复上述操作，分别采集 2 类与 3 类墩台 1、2、3 号桩基的墩台中心坐标，并输入到 Mat V 矩阵的 3~4 列与 5~6 列。

Mat V 矩阵的数据规划列于表 4-26，每类桥墩的桩基墩台中心坐标占用 Mat V 矩阵 2 列，本例共有 1、2、3 类墩，需要占用 Mat V 矩阵 6 列；1、2、3 类墩左幅都只有 3 个桩基，需要占用 Mat V 矩阵 3 行，因此本例的 Mat V 矩阵的维数为 3 行×6 列。

表 4-26　桥墩桩基墩台中心坐标矩阵 Mat V 的数据规划

墩类	1 类墩		2 类墩		3 类墩		4 类墩		……	
行\列	1	2	3	4	5	6	7	8	……	……
Excel	A	B	C	D	E	F	G	H	……	……
1	X_1	Y_1	X_1	Y_1	X_1	Y_1	X_1	Y_1	……	……
2	X_2	Y_2	X_2	Y_2	X_2	Y_2	X_2	Y_2	……	……
3	X_3	Y_3	X_3	Y_3	X_3	Y_3	X_3	Y_3	……	……
……	……	……	……	……	……	……	……	……	……	……

(3) 桥墩墩台中心设计参数矩阵 Mat U 的输入规定

每个桥墩有四个墩台中心设计参数，它们是墩类号 n、设计桩号 Z、法向偏距 d、走向偏角 δ，需按桥墩号 0#，1#，2#，……的顺序分别输入到 Mat U 矩阵的 1，2，3，……行，每个桥墩的四个墩台中心设计参数需要占用 Mat U 矩阵 4 列，Mat U 矩阵的数据规划列于表 4-27。

表 4-27　桥墩墩台中心设计参数矩阵 Mat U 的数据规划

桥墩号	参数	墩类号	桩号	法向偏距	走向偏角
	行\列	1	2	3	4
	Excel	A	B	C	D
0#	1	$n_{0\#}$	$Z_{0\#}+Z_{0\#R}\mathrm{i}$	$d_{0\#}+d_{0\#R}\mathrm{i}$	$\delta_{0\#}+\delta_{0\#R}\mathrm{i}$
1#	2	$n_{1\#}$	$Z_{1\#}+Z_{1\#R}\mathrm{i}$	$d_{1\#}+d_{1\#R}\mathrm{i}$	$\delta_{1\#}+\delta_{1\#R}\mathrm{i}$
2#	3	$n_{2\#}$	$Z_{2\#}+Z_{2\#R}\mathrm{i}$	$d_{2\#}+d_{2\#R}\mathrm{i}$	$\delta_{2\#}+\delta_{2\#R}\mathrm{i}$
……	……	……	……	……	……

表 4-27 中，当桥墩的左右幅桩基共用一个墩台中心桩号时，Mat U 矩阵的第 2 列输入实数设计桩号 $Z_{0\#}$，$Z_{1\#}$，$Z_{2\#}$，……。当桥墩的左右幅桩号不相同时，Mat U 矩阵的第 2 列应输入复数设计桩号 $Z_{0\#}+Z_{0\#R}\mathrm{i}$，$Z_{1\#}+Z_{1\#R}\mathrm{i}$，$Z_{2\#}+Z_{2\#R}\mathrm{i}$，……其中，复数实部为墩台中心左幅设计桩号，复数虚部为墩台中心右幅设计桩号；此时，法向偏距也应输入复数为 $d_{0\#}+d_{0\#R}\mathrm{i}$，$d_{1\#}+d_{1\#R}\mathrm{i}$，$d_{2\#}+d_{2\#R}\mathrm{i}$，……其中复数实部为墩台中心左幅法向偏距，复数虚部为墩台中心右幅法向偏距；走向偏角也应输入复数为 $\delta_{0\#}+\delta_{0\#R}\mathrm{i}$，$\delta_{1\#}+\delta_{1\#R}\mathrm{i}$，$\delta_{2\#}+\delta_{2\#R}\mathrm{i}$，……其中复数实部为墩台中心左幅走向偏角，复数虚部为墩台中心右幅走向偏角。在很多情况下，墩台中心的法向偏距与走向偏角均等于 0，此时，只需要输入 0 即可。

(4) 三干渠中桥设计数据的输入

① 平竖曲线设计数据的输入。

本例在串列文件 **File5** 输入路线平竖曲线设计数据。可以在 MS Excel 的 File5 选项卡，按表 4-1 的规定，在 A~F 列(相当于 List 1~List 6 串列)输入三干渠中桥的平曲线设计数据；按表 4-13 的规定，在 W 列(相当于 List 23 串列)输入竖曲线设计数据，结果如图 4-100 左图所示。

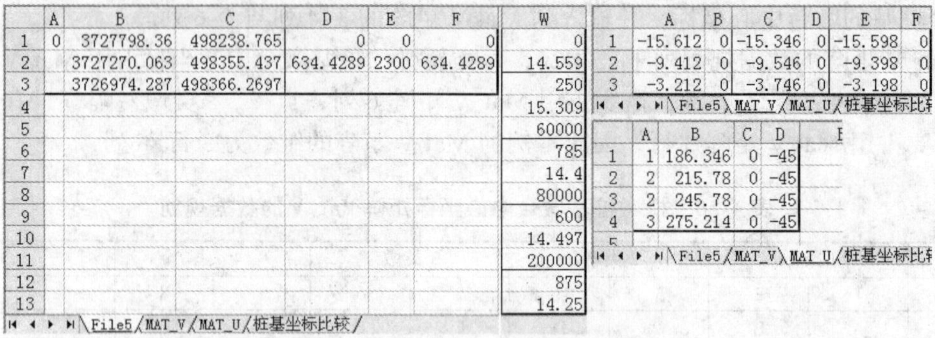

	A	B	C	D	E	F	W
1	0	3727798.36	498238.765	0	0	0	0
2		3727270.063	498355.437	634.4289	2300	634.4289	14.559
3		3726974.287	498366.2697				250
4							15.309
5							60000
6							785
7							14.4
8							80000
9							600
10							14.497
11							200000
12							875
13							14.25

File5 / MAT_V / MAT_U / 桩基坐标比较

	A	B	C	D	E	F
1	-15.612	0	-15.346	0	-15.598	0
2	-9.412	0	-9.546	0	-9.398	0
3	-3.212	0	-3.746	0	-3.198	0

File5 / MAT_V / MAT_U / 桩基坐标比较

	A	B	C	D
1	1	186.346	0	-45
2	2	215.78	0	-45
3	2	245.78	0	-45
4	3	275.214	0	-45

File5 / MAT_V / MAT_U / 桩基坐标比较

图 4-100　在 MS Excel 的 File5 选项卡输入平竖曲线设计数据，在 MAT_V 选项卡输入桥墩桩基墩台中心坐标，在 MAT_U 选项卡输入桥墩墩台中心设计参数

② 桥墩桩基坐标与墩台中心设计参数的输入。

按表 4-26 的规定，在 MAT_V 选项卡输入 1、2、3 类墩的桩基墩台中心坐标，结果如图 4-100 右上图所示。

按表 4-27 的规定，在 MAT_U 选项卡输入 0#、1#、2#、3#桥墩的墩台中心设计参数，结果如图 4-100 右下图所示。

(5) 桥墩桩基坐标计算

将 File5 选项卡的数据另存为 File5.csv 文件，MAT_V 选项卡的数据另存为 MAT_V.csv 文件，MAT_U 选项卡的数据另存为 MAT_U.csv 文件，将这三个文件上传到 fx-9750GⅡ内存，设置 **File5** 为当前串列文件。

使用 MS Excel 输入 Mat V 与 Mat U 矩阵的数据时，应注意，当矩阵单元数值≤-0.09 时，将 CSV 格式文件上传到 fx-9750GⅡ内存后，其负号将丢失，这是 FA-124 通信软件的设计缺陷所致，详细情况请参见图 1-134。

执行 Q2X8 程序，计算平竖曲线主点数据及桥墩桩基坐标的屏幕提示与用户操作过程如下：

屏幕提示	按键	说明
JD curve xyH Q2X8		显示程序标题
new(0)/old(≠0) main point data=?	**0** EXE	输入 0 重新计算主点数据
i_L%,i_R% Mat B(1)/C(2)/D(3)/ E(4)/F(5)/G(6)/no(0)=?	**0** EXE	输入 0 不选择路基超高横坡矩阵
hor-curve first JD num=?	**1** EXE	输入平曲线起始交点号(number)
ver-curve first SJD num=?	**1** EXE	输入竖曲线起始变坡点号/耗时 1.55s
Z_{ZD}(m)=835.7736	EXE	显示平曲线终点设计桩号/耗时 1.24s
α_{ZD}=177°54′08.99″	EXE	显示平曲线终点走向方位角
Press [MENU][2]⇒Stop!	EXE	继续执行程序
st xy new(0)/old(>0)/no(<0)=?	**-1** EXE	输入负数为不设置测站点(station)

续表

屏幕提示	按键	说明
peg→xyH(1)/xyH→peg(2) /xyH→δr(3)/pier(4)=?	4 EXE	输入 4 选择桥墩(pier)桩基坐标计算
pier n#,<0⇒end=?	0 EXE	输入 0#桥墩
pier peg(m)+ni=186.3460+1.0000i	EXE	显示墩台中心桩号+墩类号 i 复数
α_j=167°32′46.98″	EXE	显示墩台中心走向方位角
x_j+y_ji(m)=3727616.399+498278.9504i	EXE	显示墩台中心坐标复数
H_j(m)=15.0682	EXE	显示墩台中心桥面设计高程
stake num/X+Yi(m)/π⇒end=?	1 EXE	输入 1 号桩基(stake)
$x_{pi}+y_{pi}i$(m)=3727629.559+498287.3493i	EXE	显示桩基测量坐标复数
stake num/X+Yi(m)/π⇒end=?	2 EXE	输入 2 号桩基(stake)
$x_{pi}+y_{pi}i$(m)=3727624.332+498284.0139i	EXE	显示桩基测量坐标复数
stake num/X+Yi(m)/π⇒end=?	3 EXE	输入 3 号桩基(stake)
$x_{pi}+y_{pi}i$(m)=3727619.106+498280.6784i	EXE	显示桩基测量坐标复数
stake num/X+Yi(m)/π⇒end=?	-3 EXE	输入-3 号桩基(stake)
$x_{pi}+y_{pi}i$(m)=3727613.691+498277.2224i	EXE	显示桩基测量坐标复数
stake num/X+Yi(m)/π⇒end=?	-2 EXE	输入-2 号桩基(stake)
$x_{pi}+y_{pi}i$(m)=3727608.465+498273.8869i	EXE	显示桩基测量坐标复数
stake num/X+Yi(m)/π⇒end=?	-1 EXE	输入-1 号桩基(stake)
$x_{pi}+y_{pi}i$(m)=3727603.238+498270.5514i	EXE	显示桩基测量坐标复数
stake num/X+Yi(m)/π⇒end=?	15.934 (−) 2.875 SHIFT (i) EXE	输入 4 号点(承台角点)墩台中心坐标复数
$x_{pi}+y_{pi}i$(m)=3727604.514+498267.9547i	EXE	显示承台角点测量坐标复数
stake num/X+Yi(m)/π⇒end=?	SHIFT (π) EXE	输入 π 结束 0#桥墩桩基坐标计算
pier n#,<0⇒end=?	3 EXE	输入 3#桥墩
pier peg(m)+ni=275.2140+3.0000i	EXE	显示墩台中心桩号+墩类号 i 复数
α_j=167°36′40.08″	EXE	显示墩台中心走向方位角
x_j+y_ji(m)=3727529.619+498298.1036i	EXE	显示墩台中心坐标复数
H_j(m)=15.1545	EXE	显示墩台中心设计高程
stake num/X+Yi(m)/π⇒end=?	1 EXE	输入 1 号桩基(stake)
$x_{pi}+y_{pi}i$(m)=3727542.758+498306.5099i	EXE	显示桩基测量坐标复数
stake num/X+Yi(m)/π⇒end=?	2 EXE	输入 2 号桩基(stake)
$x_{pi}+y_{pi}i$(m)=3727537.535+498303.1685i	EXE	显示桩基测量坐标复数
stake num/X+Yi(m)/π⇒end=?	3 EXE	输入 3 号桩基(stake)
$x_{pi}+y_{pi}i$(m)=3727532.313+498299.8271i	EXE	显示桩基测量坐标复数
stake num/X+Yi(m)/π⇒end=?	-3 EXE	输入-3 号桩基(stake)
$x_{pi}+y_{pi}i$(m)=3727526.925+498296.3801i	EXE	显示桩基测量坐标复数
stake num/X+Yi(m)/π⇒end=?	-2 EXE	输入-2 号桩基(stake)
$x_{pi}+y_{pi}i$(m)=3727521.703+498293.0387i	EXE	显示桩基测量坐标复数
stake num/X+Yi(m)/π⇒end=?	-1 EXE	输入-1 号桩基(stake)
$x_{pi}+y_{pi}i$(m)=3727516.480+498289.6973i	EXE	显示桩基测量坐标复数
stake num/X+Yi(m)/π⇒end=?	SHIFT (π) EXE	输入 π 结束 3#桥墩桩基坐标计算
pier n#,<0⇒end=?	-1 EXE	输入任意负数结束程序
Q2X8⇒End		程序结束显示

当已在桥梁附近的 G2 点(3 727 545.502，498 312.147)安置了全站仪时，执行 Q2X8 程序，计算 1#桥墩 1 号桩基点的设计坐标及其极坐标放样数据的屏幕提示与用户操作过程如下：

屏幕提示	按键	说明
JD curve xyH Q2X8		显示程序标题
new(0)/old(≠0) main point data=?	2 EXE	输入非零数使用现有主点数据计算
st xy new(0)/old(>0)/no(<0)=?	0 EXE	输入 0 为重新输入测站点(station)坐标

续表

屏幕提示	按键	说明
station JD(<0)/Mat S(>0)/x(m)=?	3727545.502 EXE	输入任意点的坐标为测站点
station y(m)=?	498312.147 EXE	
peg→xyH(1)/xyH→peg(2)/xyH→δr(3)/pier(4)=?	4 EXE	输入 4 选择桥墩(pier)桩基坐标计算
pier n#,<0⇛end=?	1 EXE	输入 1#桥墩
pier peg(m)+ni=215.7800+2.0000i	EXE	显示墩台中心桩号+墩类号 i 复数
α_j=167°32′46.98″	EXE	显示墩台中心走向方位角
x_j+y_ji(m)=3727587.657+498285.2978i	EXE	显示墩台中心坐标复数
H_j(m)=15.1114	EXE	显示墩台中心设计高程
α=327°30′22.78″	EXE	显示测站→墩台中心方位角
HD(m)=49.9793	EXE	显示测站→墩台中心平距
stake num/X+Yi(m)/π⇛end=?	1 EXE	输入 1 号桩基(stake)
$x_{pi}+y_{pi}i$(m)=3727600.593+498293.5537i	EXE	显示桩基测量坐标复数
α=341°21′01.34″	EXE	显示测站→桩基中心方位角
HD(m)=58.1442	EXE	显示测站→桩基中心平距
stake num/X+Yi(m)/π⇛end=?	SHIFT π EXE	输入 π 结束 1#桥墩桩基坐标计算
pier n#,<0⇛end=?	-2 EXE	输入任意负数结束程序
Q2X8⇛End		程序结束显示

程序使用竖曲线设计数据算出的墩台中心设计高程一般为该点的桥面设计高程，具体应查阅桥台立面构造图。图 4-101 为 3#桥墩的立面构造图，图中注记的“设计高程”位置即为 Q2X8 程序算出的墩台中心设计高程 15.154 5m。

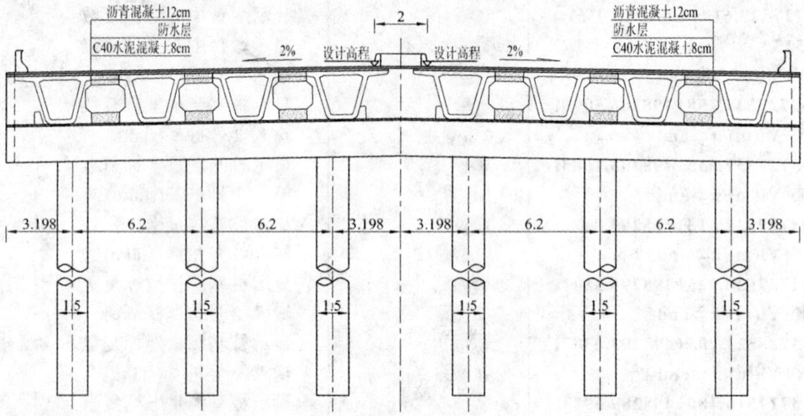

图 4-101　淮涟三干渠中桥 3#桥墩立面构造图

上述只计算了 0#、3#、1#桥墩部分桩基的坐标，它们与图 4-99 下表所列的设计坐标是基本相同的。其余桥墩桩基坐标的计算请读者自行完成。

桥墩桩基施工前，施工单位应提供桥墩桩基坐标的复核结果供监理单位确认后，方可进行后续施工。可以在本例的 Ms Excel 文件中，新建“桩基坐标比较”选项卡，使用 Ms Excel 的表格计算功能，比较全部桩基坐标的设计值与 Q2X8 程序计算值的差异，本例全部 24 个桩基的坐标比较结果如图 4-102 所示。

本例的全部数据文件位于光盘“4 章\三干渠中桥\”路径下。

	A	B	C	D	E	F	G	H
1	设计图纸				Q2X8程序计算		坐标差	
2	墩号	点号	x(m)	y(m)	x(m)	y(m)	△x(m)	△y(m)
3	0#	1	3727629.5586	498287.3491	3727629.5590	498287.3493	-0.0004	-0.0002
4		2	3727624.3323	498284.0136	3727624.3320	498284.0139	0.0003	-0.0003
5		3	3727619.1059	498280.6781	3727619.1060	498280.6784	-0.0001	-0.0003
6		-3	3727613.6915	498277.2225	3727613.6910	498277.2224	0.0005	0.0001
7		-2	3727608.4651	498273.8871	3727608.4650	498273.8869	0.0001	0.0002
8		-1	3727603.2388	498270.5516	3727603.2380	498270.5514	0.0008	0.0002
9	1#	1	3727600.5932	498293.5536	3727600.5930	498293.5537	0.0002	-0.0001
10		2	3727595.7041	498290.4333	3727595.7040	498290.4334	0.0001	-0.0001
11		3	3727590.8149	498287.313	3727590.8150	498287.3131	-0.0001	-0.0001
12		-3	3727584.4996	498283.2825	3727584.4990	498283.2825	0.0006	0.0000
13		-2	3727579.6105	498280.1622	3727579.6100	498280.1622	0.0005	0.0000
14		-1	3727574.7213	498277.0419	3727574.7210	498277.0419	0.0003	0.0000
15	2#	1	3727571.2991	498300.0231	3727571.2990	498300.0231	0.0001	0.0000
16		2	3727566.4099	498296.9028	3727566.4100	498296.9028	-0.0001	0.0000
17		3	3727561.5208	498293.7825	3727561.5210	498293.7825	-0.0002	0.0000
18		-3	3727555.2055	498289.752	3727555.2050	498289.752	0.0005	0.0000
19		-2	3727550.3163	498286.6317	3727550.3160	498286.6317	0.0003	0.0000
20		-1	3727545.4272	498283.5114	3727545.4270	498283.5114	0.0002	0.0000
21	3#	1	3727542.7581	498306.5099	3727542.7580	498306.5099	0.0001	0.0000
22		2	3727537.5355	498303.1685	3727537.5350	498303.1685	0.0005	0.0000
23		3	3727532.3129	498299.8271	3727532.3130	498299.8271	-0.0001	0.0000
24		-3	3727526.9253	498296.3801	3727526.9250	498296.3801	0.0003	0.0000
25		-2	3727521.7027	498293.0387	3727521.7030	498293.0387	-0.0003	0.0000
26		-1	3727516.4802	498289.6973	3727516.4800	498289.6973	0.0002	0.0000

File5 / MAT_V / MAT_U / 桩基坐标比较

图 4-102　在 MS Excel 中比较三干渠中桥桩基坐标设计值与计算值的差异

3) 重庆涪（陵）丰（都）高速公路 A1 标 K 线清溪沟大桥

图 4-103 为重庆涪(陵)丰(都)高速公路 A1 标 K 线清溪沟大桥设计图，其墩台中心设计参数列于表 4-28。

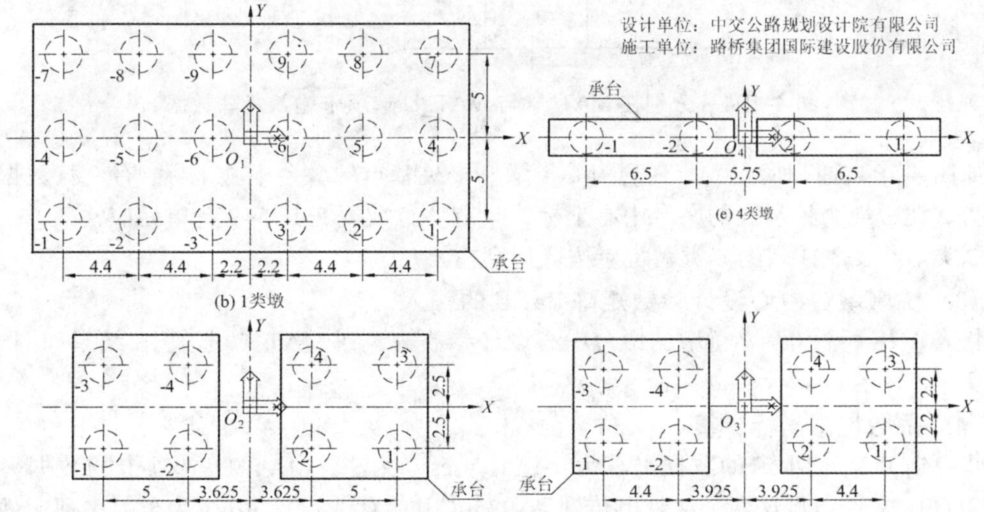

图 4-103　重庆涪(陵)丰(都)高速公路 A1 标 K 线清溪沟大桥设计图

表 4-28　清溪沟大桥墩台中心设计参数

墩号	墩类号	设计桩号	d(m)	δ	墩号	墩类号	设计桩号	d(m)	δ
0#	4	K23+982	0	0	4#	2	K24+331.53	0	0
1#	2	K24+022.47	0	0	5#	3	K24+372	0	0
2#	1	K24+102	0	0	6#	4	K24+412	0	0
3#	1	K24+252	0	0	7#	4	K24+452	0	0

清溪沟大桥所使用的平竖曲线设计数据已在例 4-11 中输入到 **File1** 串列文件，将光盘"\4 章\[例 4-11]\File1.g1m"文件上传到 fx-9750GⅡ内存，并设置 **File1** 为当前串列文件。

（1）编写桥墩类号

如图 4-103 所示，清溪沟大桥共有 0#~7# 8 个桥墩，按桥墩桩基布置与尺寸的不同，可分为 1~4 类墩。

（2）桩基墩台中心坐标矩阵 Mat V 的输入

在 AutoCAD 中，以 m 为单位，按 1∶1 的比例分别绘制 1~4 类墩的桩基大样图。由于这三类桥墩桩基都是关于 Y 轴对称的图形，编写右幅桩基点号的结果如图 4-103 所示。

在 MS Excel 的 MAT_V 选项卡输入 1~4 类墩桩基的墩台中心坐标，结果如图 4-104 左图所示。由于 MAT_V 选项卡的数据为需要输入到 Mat V 矩阵的数据，因此应保证其行数的一致性。

	A	B	C	D	E	F	G	H
1	11	-5	8.625	-2.5	8.325	-2.2	9.375	0
2	6.6	-5	3.625	-2.5	3.925	-2.2	2.875	0
3	2.2	-5	8.625	2.5	8.325	2.2	0	0
4	11	0	3.625	2.5	3.925	2.2	0	0
5	6.6	0	0	0	0	0	0	0
6	2.2	0	0	0	0	0	0	0
7	11	5	0	0	0	0	0	0
8	6.6	5	0	0	0	0	0	0
9	2.2	5	0	0	0	0	0	0

MAT_V / MAT_U / 桩基坐标比较

	A	B	C	D
1	4	23982	0	0
2	2	24022.47	0	0
3	1	24102	0	0
4	1	24252	0	0
5	2	24331.53	0	0
6	3	24372	0	0
7	4	24412	0	0
8	4	24452	0	0

MAT_V / MAT_U / 桩

图 4-104　分别在 MAT_V 与 MAT_U 选项卡输入矩阵数据

如图 4-104 左图所示，A、B 列为 1 类墩 9 个桩基点的墩台中心坐标，有 9 行数据；C、D 列为 2 类墩 4 个桩基点的墩台中心坐标，只有 4 行数据，其 5~9 行单元应输入 0；E、F 列的 3 类墩与 G、H 列的 4 类墩也应按此规则输入。

（3）桥墩墩台中心设计参数矩阵 Mat U 的输入

将表 4-28 所列 0#~7#桥墩的墩台中心设计参数输入到 MAT_U 选项卡，结果如图 4-104 右图所示。

（4）桥墩桩基坐标计算

将 MAT_V 选项卡的数据另存为 MAT_V.csv 文件，MAT_U 选项卡的数据另存为 MAT_U.csv 文件，将这两个文件上传到 fx-9750GⅡ内存，设置 **File1** 为当前串列文件。

执行 Q2X8 程序，计算平竖曲线主点数据及桥墩桩基坐标的屏幕提示与用户操作过程如下：

屏幕提示	按键	说明
JD curve xyH Q2X8		显示程序标题
new(0)/old(≠0) main point data=?	**0** EXE	输入 0 重新计算主点数据
i_L%,i_R% Mat B(1)/C(2)/D(3)/ E(4)/F(5)/G(6)/no(0)=?	**0** EXE	输入 0 不选择路基超高横坡矩阵
hor-curve first JD num=?	**13** EXE	输入平曲线起始交点号

续表

屏幕提示	按键	说明
ver−curve first SJD num=?	1 [EXE]	输入竖曲线起始变坡点号/耗时 15.05s
Z_{ZD}(m)=40668.3949	[EXE]	显示平曲线终点设计桩号/耗时 17.09s
α_{ZD}=48°20′34.21″	[EXE]	显示平曲线终点走向方位角
Press [MENU][2]⇛Stop!	[EXE]	继续执行程序
st xy new(0)/old(>0)/no(<0)=?	-1 [EXE]	输入负数为不设置测站点(station)
peg➔xyH(1)/xyH➔peg(2)/ xyH➔δr(3)/pier(4)=?	4 [EXE]	输入 4 选择桥墩(pier)桩基坐标计算
pier n#,<0⇛end=?	0 [EXE]	输入 0#桥墩
pier peg(m)+ni=23982.0000+4.0000i	[EXE]	显示墩台中心桩号+墩类号 i 复数
α_j=49°54′18.15″	[EXE]	显示墩台中心走向方位角/耗时 1.52s
x_j+y_ji(m)=91692.2884+84538.4145i	[EXE]	显示墩台中心坐标复数
H_j(m)=285.3550	[EXE]	显示墩台中心设计高程
stake num/X+Yi(m)/π⇛end=?	1 [EXE]	输入 1 号桩基(stake)
$x_{pi}+y_{pi}i$(m)=91685.1167+84544.4526i	[EXE]	显示桩基测量坐标复数
stake num/X+Yi(m)/π⇛end=?	2 [EXE]	输入 2 号桩基(stake)
$x_{pi}+y_{pi}i$(m)=91690.0891+84540.2662i	[EXE]	显示桩基测量坐标复数
stake num/X+Yi(m)/π⇛end=?	-1 [EXE]	输入-1 号桩基(stake)
$x_{pi}+y_{pi}i$(m)=91699.4601+84532.3765i	[EXE]	显示桩基测量坐标复数
stake num/X+Yi(m)/π⇛end=?	-2 [EXE]	输入-2 号桩基(stake)
$x_{pi}+y_{pi}i$(m)=91694.4877+84536.5629i	[EXE]	显示桩基测量坐标复数
stake num/X+Yi(m)/π⇛end=?	[SHIFT] [π] [EXE]	输入 π 结束 0#桥墩桩基坐标计算
pier n#,<0⇛end=?	-2 [EXE]	输入任意负数结束程序
Q2X8⇛End		程序结束显示

清溪沟大桥 0#~7#桥墩共设计有 72 个桩基，上述只计算了 0#桥墩 4 个桩基的坐标，其余 68 个桩基的坐标请读者自行计算。图 4-105 为在 MS Excel 的“桩基坐标比较”选项卡比较桩基坐标设计值与计算值的差异，为节省篇幅，图中只列出部分桩基的坐标比较结果，详细情况请参见光盘“\4 章\清溪沟大桥\清溪沟大桥.xls”文件。

	A	B	C	D	E	F	G	H
1			设计图纸		Q2X8程序计算		坐标差	
2	墩号	点号	x(m)	y(m)	x(m)	y(m)	△x(m)	△y(m)
3	0#	1	91685.117	84544.453	91685.1167	84544.4526	0.0003	0.0004
4		2	91690.09	84540.267	91690.0891	84540.2662	0.0009	0.0008
5		-1	91699.461	84532.377	91699.4601	84532.3765	0.0009	0.0005
6		-2	91694.488	84536.564	91694.4877	84536.5629	0.0003	0.0011
7	1#	1	91710.455	84572.935	91710.4547	84572.9358	0.0003	-0.0008
8		2	91714.227	84569.654	91714.227	84569.654	0	0
9		3	91713.736	84576.708	91713.7365	84576.7081	-0.0005	-0.0001
10		4	91717.509	84573.427	91717.5088	84573.4263	0.0002	0.0007
11		-1	91723.471	84561.615	91723.469	84561.6137	0.002	0.0013
12		-2	91719.698	84564.896	91719.6968	84564.8955	0.0012	0.0005
13		-3	91726.752	84565.388	91726.7508	84565.3859	0.0012	0.0021
14		-4	91722.979	84568.669	91722.9786	84568.6677	0.0004	0.0013
15	2#	1	91760.284	84632.137	91760.2829	84632.1364	0.0011	0.0006
16		2	91763.51	84629.145	91763.509	84629.1443	0.001	0.0007
17		3	91766.736	84626.153	91766.7351	84626.1522	0.0009	0.0008
18		4	91763.684	84635.803	91763.683	84635.8023	0.001	0.0007
19		5	91766.91	84632.811	91766.9091	84632.8103	0.0009	0.0007
20		6	91770.136	84629.819	91770.1352	84629.8182	0.0008	0.0008
21		7	91767.084	84639.469	91767.0831	84639.4683	0.0009	0.0007
22		8	91770.31	84636.477	91770.3092	84636.4762	0.0008	0.0008
23		9	91773.536	84633.485	91773.5353	84633.4841	0.0007	0.0009
24		-1	91776.414	84617.177	91776.4132	84617.1759	0.0008	0.0011
25		-2	91773.188	84620.169	91773.1872	84620.168	0.0008	0.001
26		-3	91769.962	84623.161	91769.9611	84623.1601	0.0009	0.0009
27		-4	91779.814	84620.843	91779.8133	84620.8419	0.0007	0.0011
28		-5	91776.588	84623.835	91776.5873	84623.834	0.0007	0.001
29		-6	91773.362	84626.827	91773.3612	84626.8261	0.0008	0.0009
30		-7	91783.214	84624.508	91783.2134	84624.5079	0.0006	0.0001
31		-8	91779.988	84627.501	91779.9874	84627.5	0.0006	0.001
32		-9	91776.762	84630.493	91776.7613	84630.4921	0.0007	0.0009
71	7#	1	92010.43	84883.879	92010.4295	84883.8787	0.0005	0.0003
72		2	92015.236	84879.503	92015.2356	84879.5024	0.0004	0.0006
73		-1	92024.294	84871.255	92024.2931	84871.2548	0.0009	0.0002
74		-2	92019.488	84875.632	92019.4871	84875.6311	0.0009	0.0009
75								

MAT_V / MAT_U / 桩基坐标比较

图 4-105　在 MS Excel 中比较清溪沟大桥桩基坐标设计值与计算值的差异

4) 205 国道江苏淮安西绕城段里运河—京杭运河特大桥

图 4-106 为 205 国道江苏省淮安西绕城段里运河—京杭运河特大桥平曲线设计图，该桥共有 0#~33#44 个桥墩，217 个桩基，其中 24#与 25#桥墩为主墩，合并同类桥墩桩基后，共有 1~25 类墩，44 个桥墩的墩台中心设计参数列于表 4-29，桩基大样图如图 4-107 与图 4-108 所示。

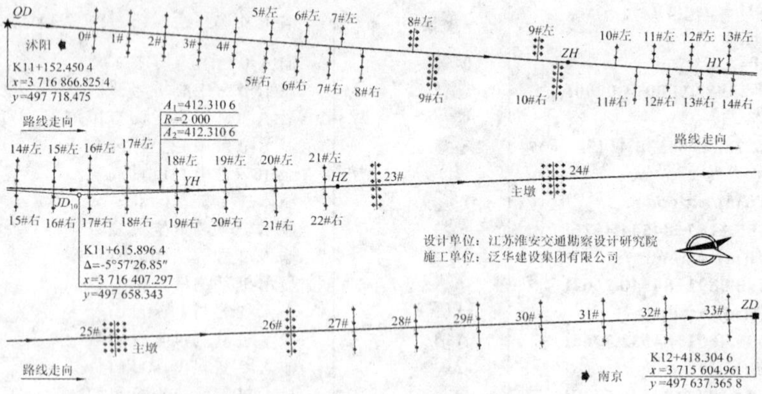

图 4-106　205 国道江苏省淮安西绕城段里运河—京杭运河特大桥平曲线设计图

表 4-29　里运河—京杭运河特大桥墩台中心设计参数

墩号	墩类号	设计桩号(或左幅)	右幅设计桩号	d(m)	δ	备注
0#	1	K11+202.45		0	0	
1#	2	K11+222		0	0	
2#	3	K11+242		0	0	
3#	4	K11+262		0	0	
4#	5	K11+282		0	0	
5#	6	K11+302	K11+300	0	0	
6#	7	K11+322	K11+318	0	0	
7#	8	K11+342.1	K11+336	0	0	
8#	9	K11+382	K11+354.05	0	0	
9#	10	K11+452	K11+394	0	0	
10#	11	K11+495.76	K11+464	0	0	
11#	12	K11+517	K11+507.91	0	0	
12#	13	K11+538	K11+526	0	0	
13#	14	K11+559	K11+544	0	0	
14#	15	K11+580	K11+562	0	0	
15#	16	K11+601	K11+580	0	0	
16#	17	K11+622	K11+601	0	0	
17#	18	K11+643.14	K11+622	0	0	
18#	19	K11+671.061	K11+643.14	0	0	
19#	19	K11+699.122	K11+671.061	0	0	
20#	19	K11+727.183	K11+699.122	0	0	
21#	20	K11+755.244	K11+727.183	0	0	
22#	21	K11+755.244		0	0	
23#	22	K11+783.635		0	0	
24#	23	K11+883.305		0	0	主墩
25#	23	K12+058.305		0	0	主墩
26#	22	K12+157.905		0	0	
27#	24	K12+193.305		0	0	
28#	24	K12+228.305		0	0	
29#	24	K12+263.305		0	0	
30#	24	K12+298.305		0	0	
31#	24	K12+333.305		0	0	
32#	24	K12+368.305		0	0	
33#	25	K12+402.855		0	0	

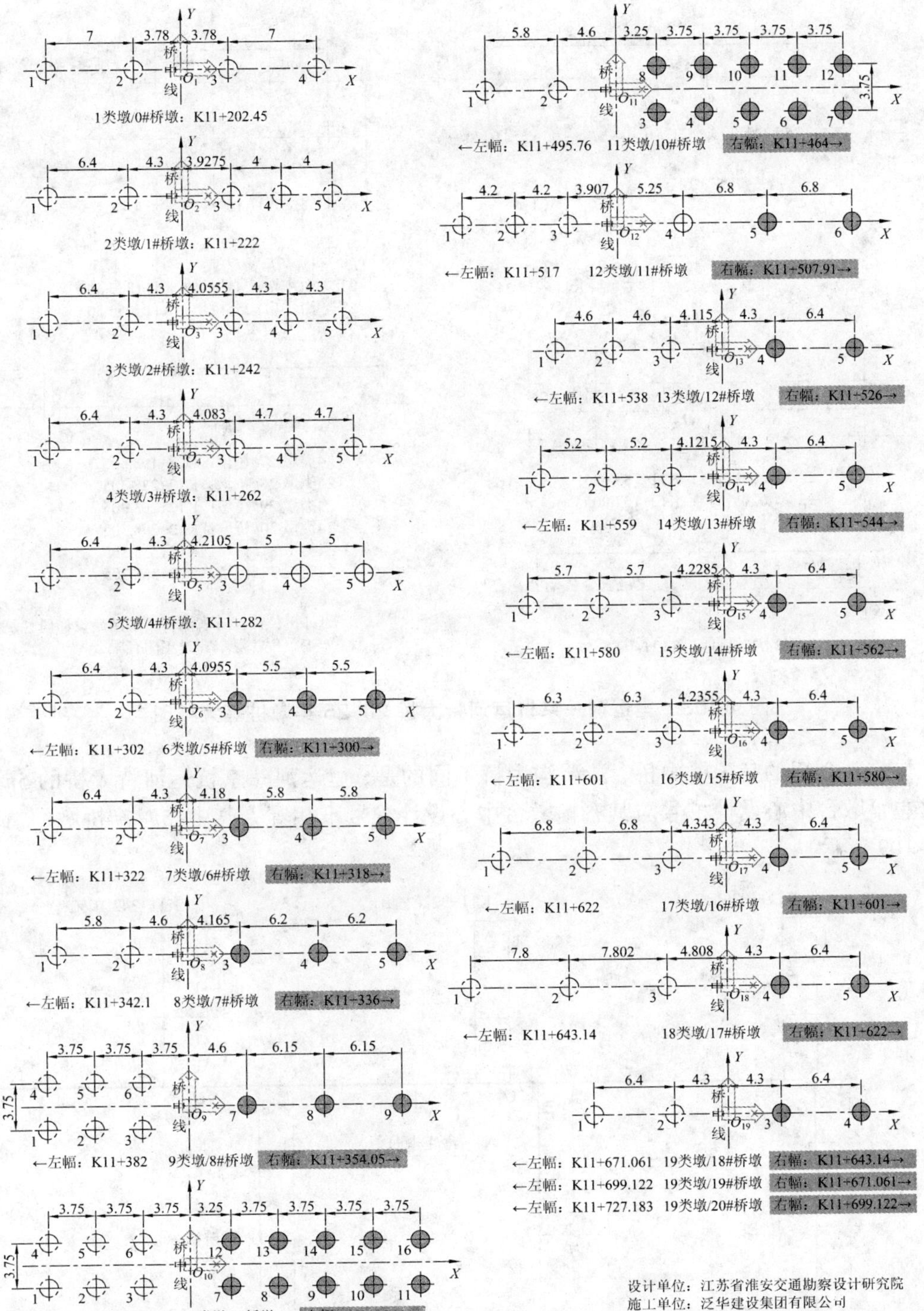

图 4-107 里运河—京杭运河特大桥 1~19 类墩桩基大样图

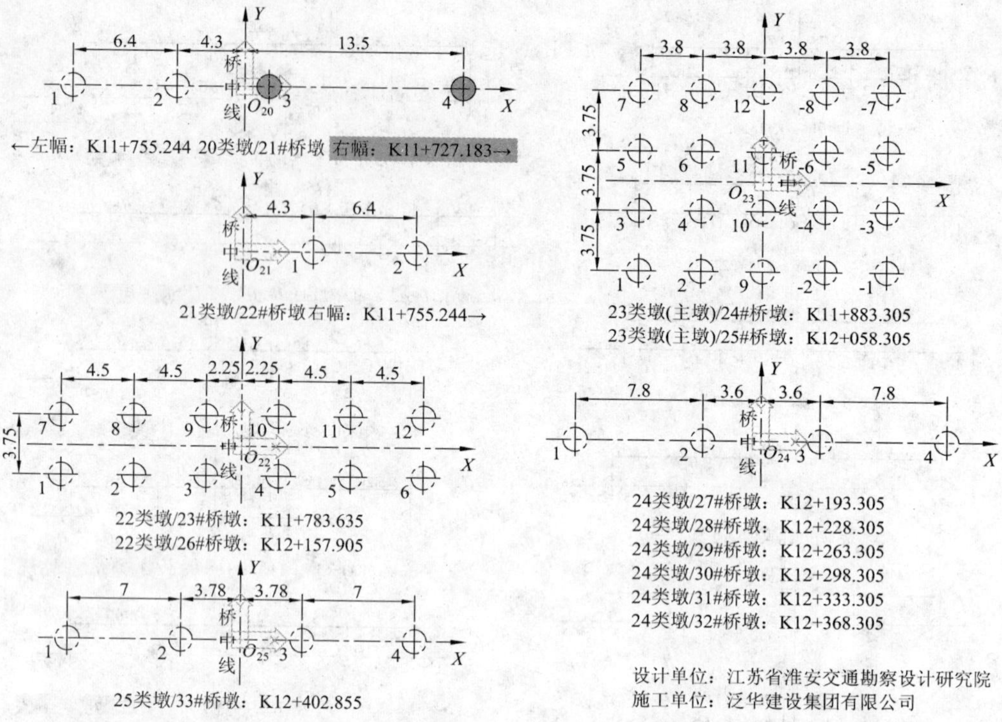

图 4-108　里运河—京杭运河特大桥 20~25 类墩桩基大样图

与前已介绍的三干渠中桥、清溪沟大桥不同的是，里运河—京杭运河特大桥的 5#~21# 桥墩左幅墩台中心设计桩号与其右幅墩台中心设计桩号不相等，其中 5#~7#桥墩的情形如图 4-109 所示。

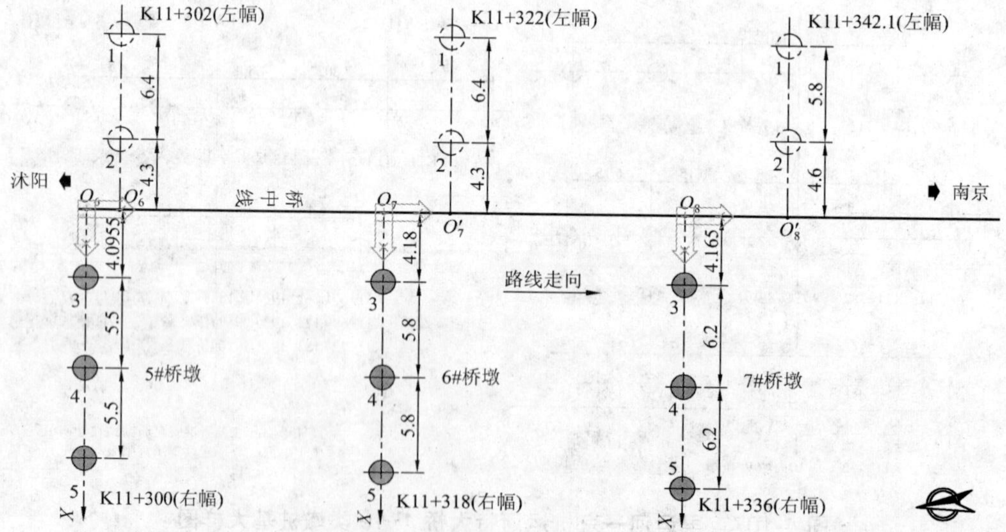

图 4-109　里运河—京杭运河特大桥 5#~7#桥墩左右幅墩台中心桩号错位布置图

(1) 平曲线设计数据的输入

按表 4-1 的规定，在 MS Excel 的 File6 选项卡输入图 4-106 所示的平曲线设计数据，结果如图 4-110 所示。将 File6 选项卡的数据另存为 File6.csv 文件，将 File6.csv 文件上传到 fx-9750GⅡ内存。

(2) Mat V 与 Mat U 矩阵数据的输入

按表 4-26 的规定，在 MS Excel 的 MAT_V 选项卡输入图 4-107 与图 4-108 所示的 25 类墩的墩台中心桩基坐标，结果如图 4-111 所示。

	A	B	C	D	E	F
1	11152.4504	3716866.825	497718.475	0	0	0
2		3716407.297	497658.343	412.31056	2000	412.31056
3		3715604.961	497637.366			

File6 / MAT_V / MAT_U / 桩基坐标比较

图 4-110 在 MS Excel 的 File6 选项卡输入平曲线设计数据

在图 4-111 中，灰底色单元列的数据为 23 类主墩的桩基坐标。

	A	B	C	D	E	F	G	H	I	J	K	L	M	N	O	P	Q	R
1	-10.78	0	-10.7	0	-10.7	0	-10.7	0	-10.7	0	-10.7	0	-10.7	0	-10.4	0	-11.25	-1.875
2	-3.78	0	-4.3	0	-4.3	0	-4.3	0	-4.3	0	-4.3	0	-4.3	0	-4.6	0	-7.5	-1.875
3	3.78	0	3.9275	0	4.0555	0	4.083	0	4.2105	0	4.0955	0	4.18	0	4.165	0	-3.75	-1.875
4	10.78	0	7.9275	0	8.3555	0	8.783	0	9.2105	0	9.5955	0	9.98	0	10.365	0	-11.25	1.875
5	0	0	11.9275	0	12.6555	0	13.483	0	14.2105	0	15.0955	0	15.78	0	16.565	0	-7.5	1.875
6	0	0	0	0	0	0	0	0	0	0	0	0	0	0	0	0	-3.75	1.875
7	0	0	0	0	0	0	0	0	0	0	0	0	0	0	0	0	4.6	0
8	0	0	0	0	0	0	0	0	0	0	0	0	0	0	0	0	10.75	0
9	0	0	0	0	0	0	0	0	0	0	0	0	0	0	0	0	16.9	0
10	0	0	0	0	0	0	0	0	0	0	0	0	0	0	0	0	0	0
11	0	0	0	0	0	0	0	0	0	0	0	0	0	0	0	0	0	0
12	0	0	0	0	0	0	0	0	0	0	0	0	0	0	0	0	0	0
13	0	0	0	0	0	0	0	0	0	0	0	0	0	0	0	0	0	0
14	0	0	0	0	0	0	0	0	0	0	0	0	0	0	0	0	0	0
15	0	0	0	0	0	0	0	0	0	0	0	0	0	0	0	0	0	0
16	0	0	0	0	0	0	0	0	0	0	0	0	0	0	0	0	0	0

File6 / MAT_V / MAT_U / 桩基坐标比较

	S	T	U	V	W	X	Y	Z	AA	AB	AC	AD	AE	AF	AG	AH
1	-11.3	-1.875	-10.4	0	-12.307	0	-13.315	0	-14.5215	0	-15.6285	0	-16.8355	0	-17.943	0
2	-7.5	-1.875	-4.6	0	-8.107	0	-8.715	0	-9.3215	0	-9.9285	0	-10.5355	0	-11.143	0
3	-3.75	-1.875	3.25	-1.875	-3.907	0	-4.115	0	-4.1215	0	-4.2285	0	-4.2355	0	-4.343	0
4	-11.3	1.875	7	-1.875	5.25	0	4.3	0	4.3	0	4.3	0	4.3	0	4.3	0
5	-7.5	1.875	10.75	-1.875	12.05	0	10.7	0	10.7	0	10.7	0	10.7	0	10.7	0
6	-3.75	1.875	14.5	-1.875	18.85	0	0	0	0	0	0	0	0	0	0	0
7	3.25	-1.875	18.25	-1.875	0	0	0	0	0	0	0	0	0	0	0	0
8	7	-1.875	3.25	1.875	0	0	0	0	0	0	0	0	0	0	0	0
9	10.75	-1.875	7	1.875	0	0	0	0	0	0	0	0	0	0	0	0
10	14.5	-1.875	10.75	1.875	0	0	0	0	0	0	0	0	0	0	0	0
11	18.25	-1.875	14.5	1.875	0	0	0	0	0	0	0	0	0	0	0	0
12	3.25	1.875	18.25	1.875	0	0	0	0	0	0	0	0	0	0	0	0
13	7	1.875	0	0	0	0	0	0	0	0	0	0	0	0	0	0
14	10.75	1.875	0	0	0	0	0	0	0	0	0	0	0	0	0	0
15	14.5	1.875	0	0	0	0	0	0	0	0	0	0	0	0	0	0
16	18.25	1.875	0	0	0	0	0	0	0	0	0	0	0	0	0	0

File6 / MAT_V / MAT_U / 桩基坐标比较

	AI	AJ	AK	AL	AM	AN	AO	AP	AQ	AR	AS	AT	AU	AV	AW	AX
1	-20.41	0	-10.7	0	-10.7	0	4.3	0	-11.25	-1.875	-7.6	-5.625	-11.4	0	-10.78	0
2	-12.61	0	-4.3	0	-4.3	0	10.7	0	-6.75	-1.875	-3.8	-5.625	-3.6	0	-3.78	0
3	-4.808	0	4.3	0	1.5	0	0	0	-2.25	-1.875	-7.6	-1.875	3.6	0	3.78	0
4	4.3	0	10.7	0	13.5	0	0	0	2.25	-1.875	-3.8	-1.875	11.4	0	10.78	0
5	10.7	0	0	0	0	0	0	0	6.75	-1.875	-7.6	1.875	0	0	0	0
6	0	0	0	0	0	0	0	0	11.25	-1.875	-3.8	1.875	0	0	0	0
7	0	0	0	0	0	0	0	0	-11.25	1.875	-7.6	5.625	0	0	0	0
8	0	0	0	0	0	0	0	0	-6.75	1.875	-3.8	5.625	0	0	0	0
9	0	0	0	0	0	0	0	0	-2.25	1.875	0	-5.625	0	0	0	0
10	0	0	0	0	0	0	0	0	2.25	1.875	0	-1.875	0	0	0	0
11	0	0	0	0	0	0	0	0	6.75	1.875	0	1.875	0	0	0	0
12	0	0	0	0	0	0	0	0	11.25	1.875	0	5.625	0	0	0	0
13	0	0	0	0	0	0	0	0	0	0	0	0	0	0	0	0
14	0	0	0	0	0	0	0	0	0	0	0	0	0	0	0	0
15	0	0	0	0	0	0	0	0	0	0	0	0	0	0	0	0
16	0	0	0	0	0	0	0	0	0	0	0	0	0	0	0	0

File6 / MAT_V / MAT_U / 桩基坐标比较

图 4-111 在 MS Excel 的 MAT_V 选项卡输入 25 类墩台的墩台中心桩基坐标

按表 4-27 的规定，在 MS Excel 的 MAT_U 选项卡输入表 4-29 所列 0#~33#桥墩的墩台中心设计参数，结果如图 4-112 所示，其中灰底色单元行只输入了 5#~21#桥墩左幅墩台中心设计桩号，由于 MS Excel 不能输入复数的虚部，因此其右幅设计桩号，应在 fx-9750GⅡ中通过编辑矩阵单元数值的方式添加。

	A	B	C	D
1	1	11202.45	0	0
2	2	11222	0	0
3	3	11242	0	0
4	4	11262	0	0
5	5	11282	0	0
6	6	11302	0	0
7	7	11322	0	0
8	8	11342.1	0	0
9	9	11382	0	0
10	10	11452	0	0
11	11	11495.76	0	0
12	12	11517	0	0
13	13	11538	0	0
14	14	11559	0	0
15	15	11580	0	0
16	16	11601	0	0
17	17	11622	0	0
18	18	11643.14	0	0
19	19	11671.061	0	0
20	19	11699.122	0	0
21	19	11727.183	0	0
22	20	11755.244	0	0
23	21	11755.244	0	0
24	22	11783.635	0	0
25	23	11883.305	0	0
26	23	12058.305	0	0
27	22	12157.905	0	0
28	24	12193.305	0	0
29	24	12228.305	0	0
30	24	12263.305	0	0
31	24	12298.305	0	0
32	24	12333.305	0	0
33	24	12368.305	0	0
34	25	12402.855	0	0

MAT_V MAT_U 桩基

图 4-112　在 MS Excel 的 MAT_U 选项卡输入 0#~33#桥墩的墩台中心设计参数

将 MAT_V 选项卡的数据另存为 MAT_V.csv 文件， MAT_U 选项卡的数据另存为 MAT_U.csv 文件，将这两个文件上传到 fx-9750GⅡ内存。

按 [MENU] [1] 键进入 **RUN·MAT** 模式，按 [F1] [ALPHA] [U] [EXE] 键进入矩阵单元数值编辑模式，移动光标到 Mat U[6,2]单元，按 [F4] 键进入编辑模式。Mat U[6,2]矩阵单元存储了 5#桥墩左幅墩台中心设计桩号 11302，将其修改为"11302+11300i"后按 [EXE] 键，操作过程如图 4-113 所示。

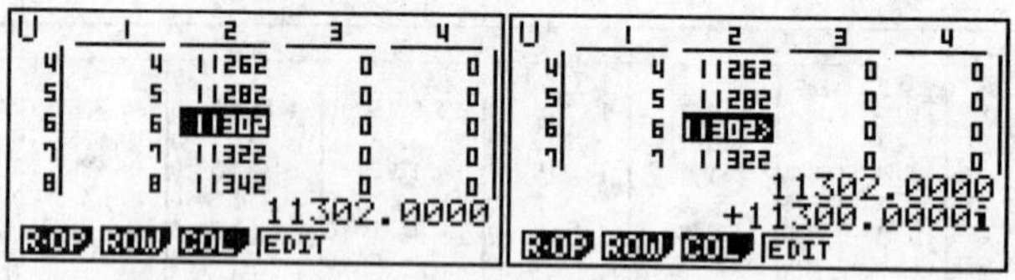

图 4-113　编辑 Mat U 矩阵添加复数桩号虚部数值

同理，按表 4-29 的设计数据，为 Mat U[7,2](6#桥墩墩台中心设计桩号)~Mat U[22,2](21#桥墩墩台中心设计桩号)矩阵单元实数添加右幅墩台中心设计桩号为虚部数值。

由于本例 0#~33#桥墩的法向偏距与走向偏角均为 0，因此不需要编辑存储在矩阵单元 Mat U[6,3]~Mat U[22,3]的 5#~21#桥墩的法向偏距与存储在矩阵单元 Mat U[6,4]~Mat U[22,4]的 5#~21#桥墩的走向偏角。

(3) 计算平曲线主点数据及桥墩桩基坐标

执行 Q2X8 程序，计算平曲线主点数据及桥墩桩基坐标的屏幕提示与用户操作过程如下：

屏幕提示	按键	说明
JD curve xyH Q2X8		显示程序标题
new(0)/old(≠0) main point data=?	0 [EXE]	输入 0 重新计算主点数据
hor-curve first JD num=?	10 [EXE]	输入平曲线起始交点号
Z_{ZD}(m)=12418.3046	[EXE]	显示平曲线终点设计桩号/耗时 1.71s
α_{ZD}=181°29′51.6″	[EXE]	显示平曲线终点走向方位角

续表

屏幕提示	按键	说明
Press [MENU][2]⇒Stop!	EXE	继续执行程序
st xy new(0)/old(>0)/no(<0)=?	-3 EXE	输入负数为不设置测站点(station)
peg→xy(1)/xy→peg(2)/pier(4)=?	4 EXE	输入 4 选择桥墩(pier)桩基坐标计算
pier n#,<0⇒end=?	0 EXE	输入 0#桥墩
pier peg(m)+ni=11202.4500+1.0000i	EXE	显示墩台中心桩号+墩类号 i 复数
α_j=187°27′18.47″	EXE	显示墩台中心走向方位角
x_j+y_ji(m)=3716817.248+497711.9876i	EXE	显示墩台中心坐标复数
stake num/X+Yi(m)/π⇒end=?	1 EXE	输入 1 号桩基(stake)
$x_{pi}+y_{pi}i$(m)=3716815.850+497722.6764i	EXE	显示桩基测量坐标复数
stake num/X+Yi(m)/π⇒end=?	2 EXE	输入 2 号桩基(stake)
$x_{pi}+y_{pi}i$(m)=3716816.758+497715.7356i	EXE	显示桩基测量坐标复数
stake num/X+Yi(m)/π⇒end=?	4 EXE	输入 4 号桩基(stake)
$x_{pi}+y_{pi}i$(m)=3716818.647+497701.2987i	EXE	显示桩基测量坐标复数
stake num/X+Yi(m)/π⇒end=?	SHIFT π EXE	输入 π 结束 0#桥墩桩基坐标计算
pier n#,<0⇒end=?	5 EXE	输入 5#桥墩
$Z_L(0)/Z_R(\neq 0)$=?	0 EXE	输入 0 选择左墩台中心桩号
pier peg(m)+ni=11302.0000+6.0000i	EXE	显示墩台中心桩号+墩类号 i 复数
α_j=187°27′18.47″	EXE	显示墩台中心走向方位角
x_j+y_ji(m)=3716718.540+497699.0710i	EXE	显示墩台中心坐标复数
stake num/X+Yi(m)/π⇒end=?	1 EXE	输入 1 号桩基(stake)
$x_{pi}+y_{pi}i$(m)=3716717.152+497709.6805i	EXE	显示桩基测量坐标复数
stake num/X+Yi(m)/π⇒end=?	2 EXE	输入 2 号桩基(stake)
$x_{pi}+y_{pi}i$(m)=3716717.982+497703.3346i	EXE	显示桩基测量坐标复数
stake num/X+Yi(m)/π⇒end=?	SHIFT π EXE	输入 π 结束 5#桥墩桩基坐标计算
pier n#,<0⇒end=?	5 EXE	输入 5#桥墩
$Z_L(0)/Z_R(\neq 0)$=?	1 EXE	输入非零数选择右墩台中心桩号
pier peg(m)+ni=11300.0000+6.0000i	EXE	显示墩台中心桩号+墩类号 i 复数
α_j=187°27′18.47″	EXE	显示墩台中心走向方位角
x_j+y_ji(m)=3716720.523+497699.3305i	EXE	显示墩台中心坐标复数
stake num/X+Yi(m)/π⇒end=?	3 EXE	输入 3 号桩基(stake)
$x_{pi}+y_{pi}i$(m)=3716721.054+497695.2696i	EXE	显示桩基测量坐标复数
stake num/X+Yi(m)/π⇒end=?	4 EXE	输入 4 号桩基(stake)
$x_{pi}+y_{pi}i$(m)=3716721.768+497689.8161i	EXE	显示桩基测量坐标复数
stake num/X+Yi(m)/π⇒end=?	5 EXE	输入 5 号桩基(stake)
$x_{pi}+y_{pi}i$(m)=3716722.482+497684.3626i	EXE	显示桩基测量坐标复数
stake num/X+Yi(m)/π⇒end=?	SHIFT π EXE	输入 π 结束 5#桥墩桩基坐标计算
pier n#,<0⇒end=?	-3 EXE	输入任意负数结束程序
Q2X8⇒End		程序结束显示

执行 Q2X8 程序的桥墩桩基坐标计算功能时，不一定要输入路线竖曲线设计数据。当前串列文件的 List 23 串列没有输入路线竖曲线设计数据时，屏幕不显示桥墩中心的桥面设计高程，这样可以加快桥墩桩基坐标计算的速度。

在屏幕提示“**pier n#,<0⇒end=?**”时，用户输入桥墩号后，如果在 Mat U 矩阵第 2 列提取的桥墩中心设计桩号含有复数虚部桩号，屏幕继续显示下列提示：

$Z_L(0)/Z_R(\neq 0)$=?

输入 0 为选择左幅桥墩中心设计桩号计算，输入非零数为选择右幅桥墩中心设计桩号计算。

里运河—京杭运河特大桥 0#~32#桥墩共设计有 217 个桩基，上述只计算了 0#桥墩与 5#桥墩的部分桩基的坐标，剩余桩基坐标请读者自行计算。图 4-114 为在 MS Excel 的“桩基坐标比较”选项卡比较桩基坐标的设计值与计算值的差异，图中灰底色背景的桩基坐标为使用右幅墩台中心设计参数计算的结果。为节省篇幅，图中只列出了部分桥墩桩基的坐标比较结果，详细情况请参见光盘“\4 章\里运河京杭运河特大桥\京杭运河特大桥.xls”文件。

本例的数据文件位于光盘“\4 章\里运河京杭运河特大桥\”路径。

	A	B	C	D	E	F	G	H
1	设计图纸				Q2X8程序计算		坐标差	
2	墩号	点号	x/m	y/m	x/m	y/m	△x/m	△y/m
3	0#	1	3716815.85	497722.676	3716815.85	497722.6764	0	-0.0004
4		2	3716816.758	497715.736	3716816.758	497715.7356	0	0.0004
5		3	3716817.739	497708.239	3716817.739	497708.2395	0	-0.0005
6		4	3716818.647	497701.299	3716818.647	497701.2987	0	0.0003
7	1#	1	3716796.475	497720.06	3716796.475	497720.0605	0	-0.0005
8		2	3716797.306	497713.715	3716797.306	497713.7146	0	0.0004
9		3	3716798.373	497705.557	3716798.373	497705.5567	0	0.0003
10		4	3716798.892	497701.59	3716798.892	497701.5905	0	-0.0005
11	2#	1	3716776.644	497717.465	3716776.644	497717.4655	0	-0.0005
12		2	3716777.475	497711.12	3716777.475	497711.1196	0	0.0004
13		3	3716778.559	497702.835	3716778.559	497702.8347	0	0.0003
14		4	3716779.117	497698.571	3716779.117	497698.5711	0	-0.0001
15		5	3716779.675	497694.307	3716779.675	497694.3074	0	-0.0004
16	3#	1	3716756.813	497714.87	3716756.814	497714.8705	-0.001	-0.0005
17		2	3716757.644	497708.525	3716757.644	497708.5246	0	0.0004
18		3	3716758.731	497700.212	3716758.732	497700.2125	-0.001	-0.0005
19		4	3716759.341	497695.552	3716759.341	497695.5522	0	-0.0002
20		5	3716759.951	497690.892	3716759.951	497690.8919	0	0.0001
21	4#	1	3716736.982	497712.275	3716736.983	497712.2755	-0.001	-0.0005
22		2	3716737.813	497705.93	3716737.813	497705.9296	0	0.0004
23		3	3716738.917	497697.491	3716738.917	497697.4911	0	-0.0001
24		4	3716739.566	497692.533	3716739.566	497692.5333	0	-0.0003
25		5	3716740.215	497687.576	3716740.215	497687.5756	0	0.0004
26	5#	1	3716717.151	497709.681	3716717.152	497709.6805	-0.001	0.0005
27		2	3716717.982	497703.335	3716717.982	497703.3346	0	0.0004
28		3	3716721.054	497695.27	3716721.054	497695.2696	0	0.0004
29		4	3716721.768	497689.816	3716721.768	497689.8161	0	-0.0001
30		5	3716722.481	497684.362	3716722.482	497684.3626	-0.001	-0.0006
212	31#	1	3715689.633	497650.983	3715689.634	497650.9835	-0.001	-0.0005
213		2	3715689.837	497643.186	3715689.838	497643.1861	-0.001	-0.0001
214		3	3715690.026	497635.989	3715690.026	497635.9886	0	0.0004
215		4	3715690.229	497628.191	3715690.23	497628.1913	-0.001	-0.0003
216	32#	1	3715654.645	497650.069	3715654.646	497650.0687	-0.001	0.0003
217		2	3715654.849	497642.271	3715654.849	497642.2714	0	-0.0004
218		3	3715655.037	497635.074	3715655.038	497635.0738	-0.001	0.0002
219		4	3715655.241	497627.276	3715655.242	497627.2765	-0.001	-0.0005

MAT_V / MAT_U / 桩基坐标比较

图 4-114　在 MS Excel 中比较里运河—京杭运河特大桥桩基坐标设计值与计算值的差异

4.13 隧道超欠挖、开挖轮廓线放样与净空测量计算

将全站仪安置在隧道掌子面附近的导线点上，使用全站仪的免棱镜测距功能，测定掌子面边缘测点的三维坐标，计算该测点到基准线的径向距离(简称径距)，称为隧道超欠挖计算。

当测点位于基准线内缘时，径距应为负数，表示欠挖；当测点位于基准线外缘时，径距应为正数，表示超挖。

隧道超欠挖计算的基础是隧道二衬轮廓线。将二衬轮廓线向外偏移距离 δ_1=二衬厚度+

预留变形量，可得到隧道初期支护轮廓线；将隧道初期支护轮廓线再向外偏移距离 δ_2=喷射层厚度，可得到隧道开挖轮廓线。

当选择隧道初期支护轮廓线或开挖轮廓线为基准线时，除计算测点径距外，还应计算测点分别至基准线的水平移距 a 与垂直移距 h，以便于测量员用钢卷尺量距的方式快速确定测点至基准线的位置，以指导隧道施工。

称二衬厚度、预留变形量、喷射层厚度等数据为隧道洞身支护参数。隧道洞身支护参数与围岩级别有关，不同的围岩级别，其隧道洞身支护参数也不相同。

隧道竣工后，应测量隧道净空尺寸，以检查隧道二衬轮廓线与设计图纸的差异，作为竣工验收的依据。隧道净空测量的基准线为二衬轮廓线。

Q2X8 程序按洞身衬砌厚度=仰拱衬砌厚度设计。某些设有仰拱的隧道，当其洞身衬砌厚度≠仰拱衬砌厚度时，净空测量算出的仰拱部分的测点径距，将存在一个固定偏差，其值为洞身衬砌厚度与仰拱衬砌厚度之差。

由于净空测量的测点一般位于隧道电缆槽以上，而仰拱位于电缆槽以下，且净空测量时仰拱已变成隐蔽工程，实际上也是测不到的，因此这种偏差对实际工作并没有影响。

1) 隧道数据的输入

隧道数据包括二衬轮廓线主点数据与围岩洞身支护参数，应将二衬轮廓线主点数据预先输入到 Mat Z 矩阵，各级围岩洞身支护参数输入到 Mat Y 或 Mat X 矩阵。

(1) 二衬轮廓线主点数据的采集与输入规定

将隧道二衬轮廓线按线元数或尺寸的不同进行分类，为每类二衬轮廓线建立隧中坐标系。隧中坐标系为笛卡儿坐标系，纵轴 Y 应为隧道中线，$+Y$ 轴指向拱顶方向；X 轴应为通过路线竖曲线算出的设计高程位置的水平线，$+X$ 轴指向路线走向的右边。

在 AutoCAD 中，应以 m 为单位，按 1：1 的比例精确绘制各类二衬轮廓线，分别建立各类二衬轮廓线的隧中坐标系 XOY。称二衬轮廓线线元在隧中坐标系 XOY 的圆心坐标(X_{Oj}，Y_{Oj})、半径 R_j、端点坐标(X_j，Y_j)等 5 个数据为二衬轮廓线主点数据。在 Mat Z 矩阵中，按行输入每个线元二衬轮廓线的主点数据需要占用 5 列矩阵单元，输入 m 类二衬轮廓线主点数据需要占用 $5m$ 列矩阵单元，详见表 4-30。

表 4-30　隧道二衬轮廓线主点数据矩阵 Mat Z 单元数据规划

序	1 类二衬轮廓线主点数据					2 类二衬轮廓线主点数据					……
列	1	2	3	4	5	1	2	3	4	5	……
Excel	A	B	C	D	E	F	G	H	I	J	……
1	X_{O1}	Y_{O1}	R_1	X_1	Y_1	X_{O1}	Y_{O1}	R_1	X_1	Y_1	……
2	X_{O2}	Y_{O2}	R_2	X_2	Y_2	X_{O2}	Y_{O2}	R_2	X_2	Y_2	……
……	……	……	……	……	……	……	……	……	……	……	……
t	X_{Ot1}	Y_{Ot1}	R_{t1}	0	100	……	……	……	……	……	……
						……	……	……	……	……	……
						X_{Ot2}	Y_{Ot2}	R_{t2}	0	100	

由于二衬轮廓线是关于 Y 轴的对称图形，所以每类二衬轮廓线只需要输入右半幅线元的主点数据，其左半幅线元的主点数据由 Q2X8 程序反求出。

当某类二衬轮廓线包含 n 个线元时，应输入 $t=(n-2)/2+2=n/2+1$ 个线元的主点数据，它也是该类二衬轮廓线主点数据所占用的 Mat Z 矩阵的行数。例如，n=6 时，应输入 t=4 个线元的主点数据，其主点数据需要占用 Mat Z 矩阵 4 行；n=10 时，应输入 t=6 个线元的主点数据，其主点数据需要占用 Mat Z 矩阵 6 行。

Q2X8 程序允许每类二衬轮廓线的线元数 n 不相等。例如，在表 4-30 中，1 类二衬轮廓线的主点数为 t_1，线元数为 n_1，2 类二衬轮廓线的主点数为 t_2，线元数为 n_2，允许 $t_1 \neq t_2$，$n_1 \neq n_2$。

包含 t 个主点的二衬轮廓线，其第 t 行的圆心坐标(X_{Ot}，Y_{Ot})与半径 R_t 是属于仰拱线元的，其端点坐标(X_t，Y_t)是 t−1 行主点线元端点坐标(X_{t-1}，Y_{t-1})的对称点($-X_{t-1}$，Y_{t-1})，也即有

$$\left.\begin{aligned} X_t &= -X_{t-1} \\ Y_t &= Y_{t-1} \end{aligned}\right\} \tag{4-164}$$

也就是说，包含 t 个主点的第 m 类二衬轮廓线，存储在 Mat Z[t,5m−1]与 Mat Z[t,5m]矩阵单元的主点数据不需要输入，但为了自动计算 m 类二衬轮廓线主点数据个数 t 的需要，Q2X8 程序规定，应在 Mat Z[t,5m]矩阵单元输入固定数值 100，对 Mat Z[t,5m−1]矩阵单元没有规定，一般输入 0，如表 4-30 灰底色单元所示。

(2) 围岩洞身支护参数的输入

计算单线隧道时，应将围岩洞身支护参数输入到 Mat Y 矩阵；计算双线隧道时，通常将左洞围岩洞身支护参数输入到 Mat Y 矩阵，右洞围岩洞身支护参数输入到 Mat X 矩阵。

每级围岩的洞身支护参数有 4 个：起始设计桩号 Z_j、二衬厚度+预留变形量 δ_{j1}、喷射层厚 δ_{j2}、隧中偏距 δ_{j3}，需要占用 Mat Y 或 Mat X 矩阵 5 列，其中增加的 1 列用于输入 Mat Z 矩阵的二衬轮廓线类号 c。Mat Y 与 Mat X 矩阵各单元数据的规定列于表 4-31。

表 4-31　围岩洞身支护参数矩阵 Mat Y/Mat X 单元数据规划

行\列	1	2	3	4	5
Excel	A	B	C	D	E
1 2 ……	Z_1 Z_2 ……	c_1 c_2 ……	δ_{11} δ_{21} ……	δ_{12} δ_{22} ……	δ_{13}+i δ_{23}+i ……

表 4-31 中，隧中偏距复数 δ_{j3}+i 的实部数值 δ_{j3}，是以路中线为基准，隧道中线偏离路中线左侧为负数，隧道中线偏离路中线右侧为正数。当隧中偏距为固定不变时，只需要输入实数 δ_{j3}；当隧中偏距需要与下一个隧中偏距按垂点桩号线性内插时，需要输入复数 δ_{j3}+i，案例见 4.17 节。

开挖轮廓线与初期支护轮廓线都是由二衬轮廓线分别外偏距离 δ_1 与外偏距离 $\delta_1+\delta_2$ 获得的，称该二衬轮廓线为外偏二衬轮廓线。当外偏二衬轮廓线与净空测量的二衬轮廓线不相同时，二衬轮廓线类号 c 应输入为复数，其实部为外偏二衬轮廓线类号，虚部为净空测量二衬轮廓线类号。

作为特例，当只有 1 个围岩洞身支护参数时，只需要将 Mat Y 或 Mat X 矩阵定义为 1 行×6 列。

围岩洞身支护参数，应按围岩起始设计桩号 Z_j 的大小，由小到大顺序输入。

本节通过三个工程案例，分别介绍三种典型二衬轮廓线的主点数据采集及其隧道超欠挖计算的方法。

2) 广(州)珠(海)西线高速公路三期中山沙溪至月环段隧道超欠挖计算案例

图 4-115 为广(州)珠(海)西线高速公路三期中山沙溪至月环段 K 线八亩、斜飞凤与南龙三座隧道的平竖曲线设计图，图 4-116 为该标段 L 线八亩、斜飞凤与南龙三座隧道的平竖曲线设计图。

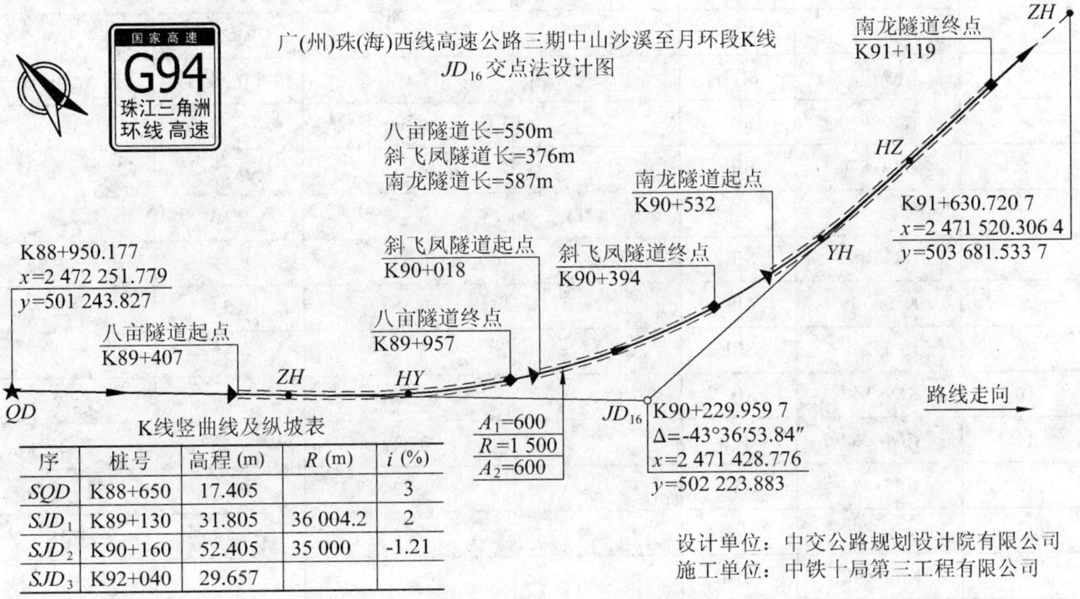

K线竖曲线及纵坡表

序	桩号	高程(m)	R (m)	i (%)
SQD	K88+650	17.405		3
SJD_1	K89+130	31.805	36 004.2	2
SJD_2	K90+160	52.405	35 000	-1.21
SJD_3	K92+040	29.657		

图 4-115　中山沙溪至月环段 K 线八亩、斜飞凤、南龙隧道平竖曲线设计图

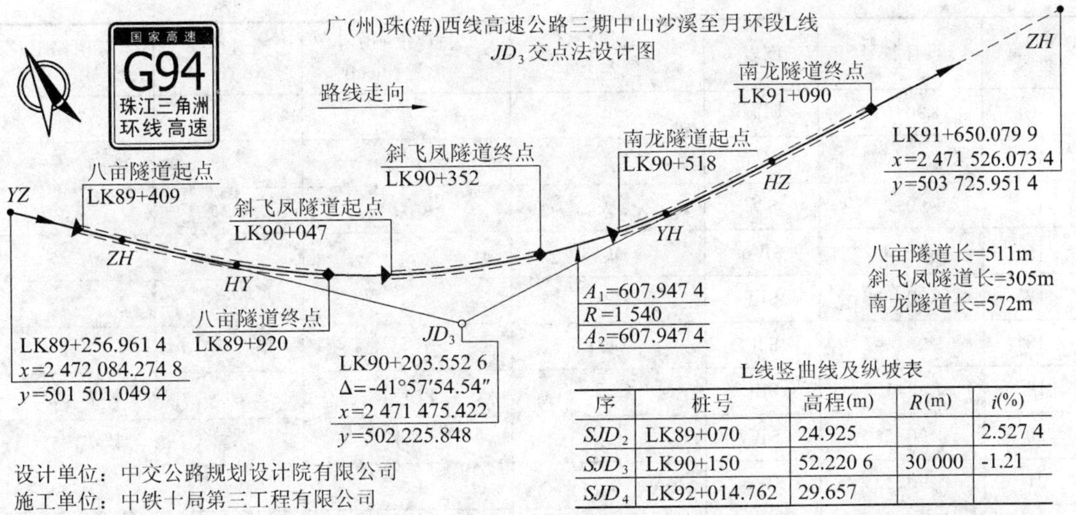

L线竖曲线及纵坡表

序	桩号	高程(m)	R(m)	i(%)
SJD_2	LK89+070	24.925		2.527 4
SJD_3	LK90+150	52.220 6	30 000	-1.21
SJD_4	LK92+014.762	29.657		

图 4-116　中山沙溪至月环段 L 线八亩、斜飞凤、南龙隧道平竖曲线设计图纸

表 4-32~表 4-37 为这三座隧道的洞身支护参数，图 4-117 为 1、2 类二衬轮廓线设计图。

表 4-32　K 线八亩隧道各级围岩洞身支护参数

Mat Y 行号	设计桩号	围岩	二衬轮廓线类号	二衬厚度+预留变形量 δ_1(m)	喷射层厚 δ_2(m)	隧中偏距 δ_3(m)
	K89+407	明洞				
1	K89+412	SⅤq	2	0.72	0.28	7.725
2	K89+456	SⅤ	2	0.72	0.26	7.725
3	K89+466	SⅣq	2	0.63	0.26	7.725
4	K89+480	SⅣ	2	0.58	0.24	7.725
5	K89+506	SⅢ	2	0.51	0.18	7.725
6	K89+586	SⅡ	1+2i	0.45	0.10	7.725
7	K89+686	SⅢ	2	0.51	0.18	7.725
8	K89+730	SⅣ	2	0.58	0.24	7.725
9	K89+770	SⅢ	2	0.51	0.18	7.725
10	K89+842	SⅣ	2	0.58	0.24	7.725
11	K89+862	SⅣq	2	0.63	0.26	7.725
12	K89+894	SⅤ	2	0.72	0.26	7.725
13	K89+899	SⅤq	2	0.72	0.28	7.725
	K89+942	明洞				
	K89+957	终点				

表 4-33　K 线斜飞凤隧道各级围岩洞身支护参数

Mat Y 行号	设计桩号	围岩	二衬轮廓线类号	二衬厚度+预留变形量 δ_1(m)	喷射层厚 δ_2(m)	隧中偏距 δ_3(m)
	K90+018	明洞				
14	K90+023	SⅤq	2	0.72	0.28	7.725
15	K90+052	SⅤ	2	0.72	0.26	7.725
16	K90+062	SⅣq	2	0.63	0.26	7.725
17	K90+098	SⅢ	2	0.51	0.18	7.725
18	K90+143	SⅡ	1+2i	0.45	0.10	7.725
19	K90+178	SⅢ	2	0.51	0.18	7.725
20	K90+280	SⅣ	2	0.58	0.24	7.725
21	K90+323	SⅣq	2	0.63	0.26	7.725
22	K90+333	SⅤ	2	0.72	0.26	7.725
23	K90+343	SⅤq	2	0.72	0.28	7.725
	K90+389	明洞				
	K90+394	终点				

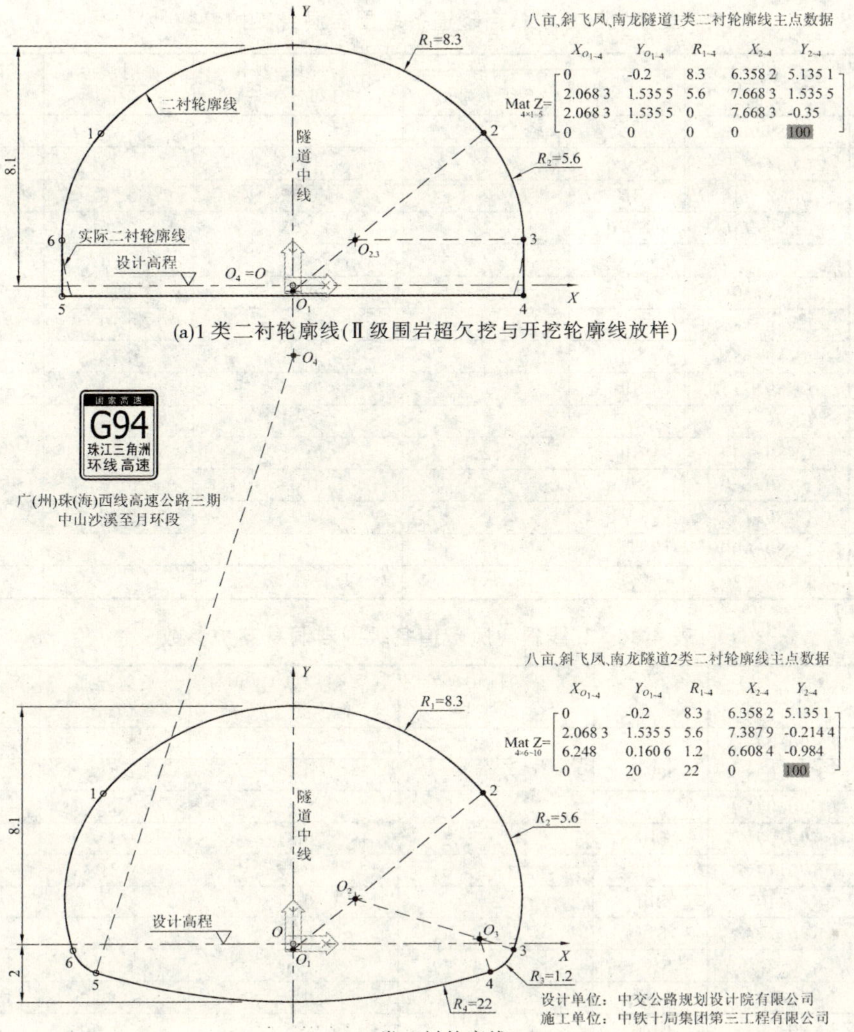

图 4-117　K 线八亩、斜飞凤、南龙隧道二衬轮廓线设计图

表 4-34　K 线南龙隧道各级围岩洞身支护参数

Mat Y 行号	设计桩号	围岩	二衬轮廓线类号	二衬厚度+预留变形量 δ_1(m)	喷射层厚 δ_2(m)	隧中偏距 δ_3(m)
	K90+532	明洞				
24	K90+544	SⅤq	2	0.72	0.28	7.725
25	K90+566	SⅣq	2	0.72	0.26	7.725
26	K90+586	SⅣ	2	0.58	0.26	7.725
27	K90+611	SⅢ	2	0.51	0.18	7.725
28	K90+651	SⅡ	1+2i	0.45	0.10	7.725
29	K90+831	SⅢ	2	0.51	0.18	7.725
30	K91+021	SⅣ	2	0.58	0.26	7.725
31	K91+056	SⅤ	2	0.72	0.26	7.725
32	K91+066	SⅤq	2	0.72	0.28	7.725
	K91+113	明洞				
	K91+119	终点				

表 4-35 L线八亩隧道各级围岩洞身支护参数

Mat X 行号	设计桩号	围岩	二衬轮廓线类号	二衬厚度+预留变形量 δ_1(m)	喷射层厚 δ_2(m)	隧中偏距 δ_3(m)
	LK89+409	明洞				
1	LK89+420	SⅤq	2	0.72	0.28	-7.725
2	LK89+446	SⅤ	2	0.72	0.26	-7.725
3	LK89+456	SⅣq	2	0.63	0.26	-7.725
4	LK89+480	SⅣ	2	0.58	0.24	-7.725
5	LK89+501	SⅢ	2	0.51	0.18	-7.725
6	LK89+581	SⅡ	1+2i	0.45	0.10	-7.725
7	LK89+681	SⅢ	2	0.51	0.18	-7.725
8	LK89+733	SⅣ	2	0.58	0.24	-7.725
9	LK89+773	SⅢ	2	0.51	0.18	-7.725
10	LK89+845	SⅣ	2	0.58	0.24	-7.725
11	LK89+860	SⅣq	2	0.63	0.26	-7.725
12	LK89+886	SⅤq	2	0.72	0.28	-7.725
	LK89+900	明洞				
	LK89+920	终点				

表 4-36 L线斜飞凤隧道各级围岩洞身支护参数

Mat X 行号	设计桩号	围岩	二衬轮廓线类号	二衬厚度+预留变形量 δ_1(m)	喷射层厚 δ_2(m)	隧中偏距 δ_3(m)
	LK90+047	明洞				
13	LK90+055	SⅤq	2	0.72	0.28	-7.725
14	LK90+075	SⅣq	2	0.63	0.26	-7.725
15	LK90+096	SⅢ	2	0.51	0.18	-7.725
16	LK90+147	SⅡ	1+2i	0.45	0.10	-7.725
17	LK90+175	SⅢ	2	0.51	0.18	-7.725
18	LK90+274	SⅣ	2	0.58	0.24	-7.725
19	LK90+300	SⅣq	2	0.63	0.26	-7.725
20	LK90+320	SⅤq	2	0.72	0.28	-7.725
	LK90+347	明洞				
	LK90+352	终点				

表 4-37 L线南龙隧道各级围岩洞身支护参数

Mat X 行号	设计桩号	围岩	二衬轮廓线类号	二衬厚度+预留变形量 δ_1(m)	喷射层厚 δ_2(m)	隧中偏距 δ_3(m)
	LK90+518	明洞				
21	LK90+530	SⅤq	2	0.72	0.28	-7.725
22	LK90+552	SⅣq	2	0.63	0.26	-7.725
23	LK90+582	SⅣ	2	0.58	0.24	-7.725
24	LK90+598	SⅢ	2	0.51	0.18	-7.725
25	LK90+648	SⅡ	1+2i	0.45	0.10	-7.725
26	LK90+828	SⅢ	2	0.51	0.18	-7.725
27	LK90+973	SⅣ	2	0.58	0.24	-7.725
28	LK91+013	SⅣq	2	0.63	0.26	-7.725
29	LK91+033	SⅤ	2	0.72	0.28	-7.725
30	LK91+043	SⅤq	2	0.72	0.28	-7.725
	LK91+080	明洞				
	LK91+090	终点				

（1）平竖曲线串列数据的输入

按表 4-1 的规定，在 MS Excel 的 File1 选项卡的 A~F 列输入图 4-115 所示的 K 线平曲线设计数据；按表 4-13 的规定，在 W 列输入图 4-115 内表所列的 K 线竖曲线设计数据，结果如图 4-118 上图所示。

在 MS Excel 的 File2 选项卡的 A~F 列输入图 4-116 所示的 L 线平曲线设计数据；按表 4-13 的规定，在 W 列输入图 4-116 内表所列的 L 线竖曲线设计数据，结果如图 4-118 下图所示。

	A	B	C	D	E	F
1	88950.177	2472251.779	501243.827	0	0	0
2		2471428.776	502223.883	600	1500	600
3		2471520.306	503681.534			

File1 / File2 / MAT_Z / MAT_Y / MAT_X

	W
1	88650
2	17.405
3	89130
4	31.805
5	36004.2
6	90160
7	52.405
8	35000
9	92040
10	29.657

	A	B	C	D	E	F
1	89256.961	2472084.275	501501.049	0	0	0
2		2471475.422	502225.848	607.94737	1540	607.94737
3		2471526.073	503725.951			

File1 / File2 / MAT_Z / MAT_Y / MAT_X

	W
1	89070
2	24.925
3	90150
4	52.2206
5	30000
6	92014.762
7	29.657

图 4-118 在 MS Excel 的 File1 选项卡输入 K 线平竖曲线设计数据，在 File2 选项卡输入 L 线平竖曲线设计数据

将 File1 选项卡的数据另存为 File1.csv 文件，File2 选项卡的数据另存为 File2.csv 文件，将 File1.csv 与 File2.csv 文件上传到 fx-9750GⅡ内存。

（2）Mat Z，Mat Y 与 Mat X 矩阵数据的输入

① 隧道二衬轮廓线主点数据的采集与 Mat Z 矩阵数据的输入。

如图 4-117 所示，以路线设计高程线为 X 轴，隧道中线为 Y 轴，建立图示的隧中坐标系 XOY。本例 1~2 类二衬轮廓线的线元数均为 n=6，需要输入的线元主点数均为 t=n/2+1=4，在 AutoCAD 中采集的 4 个线元的主点数据结果如图 4-117 所示，直线线元的半径应输入 0。

1 类二衬轮廓线的主点数据应输入到 Mat Z 矩阵的 1~5 列，2 类二衬轮廓线的主点数据应输入到 Mat Z 矩阵的 6~10 列。Mat Z[4,4]与 Mat Z[4,9]两个矩阵单元没有使用，应输入 0；Mat Z[4,5]与 Mat Z[4,10]两个矩阵单元均应输入固定数值 100，用于程序自动计算各类二衬轮廓线的主点数 t。

例如，采集 1 类二衬轮廓线线元圆心坐标与端点坐标的方法是：在 AutoCAD 中，执行“UCS/新建(N)”命令选项，交点捕捉 1 类二衬轮廓线的隧中坐标系原点 O，建立隧中坐标系 XOY；在 AutoCAD 中执行“id”命令，分别测量 1 类二衬轮廓线 1、2、3 号线元圆心 O_1、O_2、O_3 点的隧中坐标，2、3、4 号端点的隧中坐标。

为保证线元圆心坐标与端点坐标的采集精度，在 AutoCAD 中执行“id”命令前，应先执行“units”命令，在弹出的“图形单位”对话框中，将“精度”列表框设置为 0.0000，结果如图 4-119 所示。在 AutoCAD 中，新建一个图形文件，在弹出的图 4-119 右图所示的“创建新图形”对话框中，鼠标左键单击“公制”单选框创建的图形文件，自动将“精度”列表框设置为 0.0000。

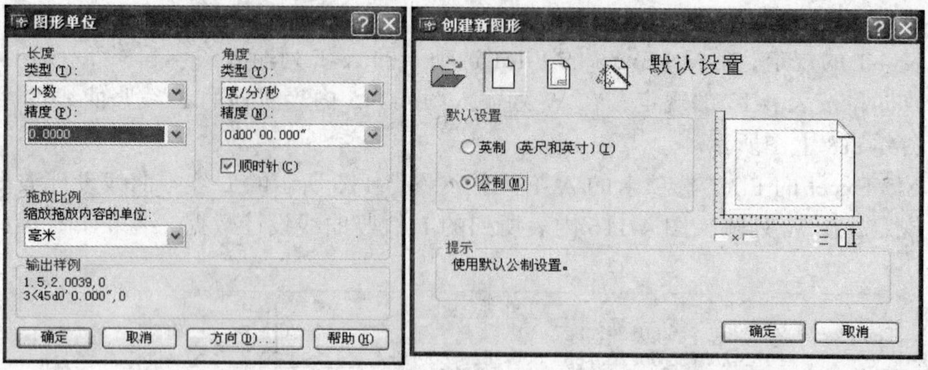

图 4-119 在 AutoCAD 执行“units”命令设置小数显示位数与新建图形文件对话框

在 MS Excel 的 MAT_Z 选项卡输入二衬轮廓线主点数据，输入本例 1、2 类二衬轮廓线主点数据的结果如图 4-120 所示。

	A	B	C	D	E	F	G	H	I	J
1	0	-0.2	8.3	6.3582	5.1351	0	-0.2	8.3	6.358	5.1351
2	2.0683	1.5355	5.6	7.6683	1.5355	2.0683	1.5355	5.6	7.388	-0.2144
3	2.0683	1.5355	0	7.6683	-0.35	6.248	0.1606	1.2	6.608	-0.984
4	0	0	0	0	100	0	20	22	0	100

File1 / File2 / MAT_Z / MAT_Y / MAT_X

图 4-120 在 MS Excel 的 MAT_Z 选项卡输入 1、2 类二衬轮廓线主点数据

将 MAT_Z 选项卡的数据另存为 MAT_Z.csv 文件，将 MAT_Z.csv 文件上传到 fx- 9750 GⅡ内存。

② 围岩洞身支护参数的输入。

本例三座隧道分 K 线(右线)与 L 线(左线)，其中 K 线隧道的围岩洞身支护参数分别列于表 4-32~表 4-34，需要将表中灰底色背景的数据，按桩号顺序输入到 MAT_Y 选项卡，结果如图 4-121 上图所示；L 线隧道的围岩洞身支护参数分别列于表 4-35~表 4-37，需要将表中灰底色背景的数据，按桩号顺序输入到 MAT_X 选项卡，结果如图 4-121 下图所示。

	A	B	C	D	E
1	89412	2	0.72	0.28	7.725
2	89456	2	0.72	0.26	7.725
3	89466	2	0.63	0.26	7.725
4	89480	2	0.58	0.24	7.725
5	89506	2	0.51	0.18	7.725
6	89586	1	0.45	0.1	7.725
7	89686	2	0.51	0.18	7.725
8	89730	2	0.58	0.24	7.725
9	89770	2	0.51	0.18	7.725
10	89842	2	0.58	0.24	7.725
11	89862	2	0.63	0.26	7.725
12	89894	2	0.72	0.26	7.725
13	89899	2	0.72	0.28	7.725
14	90023	2	0.72	0.28	7.725
15	90052	2	0.72	0.26	7.725
16	90062	2	0.63	0.26	7.725
17	90098	2	0.51	0.18	7.725
18	90143	1	0.45	0.1	7.725
19	90178	2	0.51	0.18	7.725
20	90280	2	0.58	0.24	7.725
21	90323	2	0.63	0.26	7.725
22	90333	2	0.72	0.26	7.725
23	90343	2	0.72	0.28	7.725
24	90544	2	0.72	0.28	7.725
25	90566	2	0.72	0.26	7.725
26	90586	2	0.58	0.26	7.725
27	90611	2	0.51	0.18	7.725
28	90651	1	0.45	0.1	7.725
29	90831	2	0.51	0.18	7.725
30	91021	2	0.58	0.26	7.725
31	91056	2	0.72	0.26	7.725
32	91066	2	0.72	0.28	7.725

MAT_Z / MAT_Y / MAT_X

	A	B	C	D	E
1	89420	2	0.72	0.28	-7.725
2	89446	2	0.72	0.26	-7.725
3	89456	2	0.63	0.26	-7.725
4	89480	2	0.58	0.24	-7.725
5	89501	2	0.51	0.18	-7.725
6	89581	1	0.45	0.1	-7.725
7	89681	2	0.51	0.18	-7.725
8	89733	2	0.58	0.24	-7.725
9	89773	2	0.51	0.18	-7.725
10	89845	2	0.58	0.24	-7.725
11	89860	2	0.63	0.26	-7.725
12	89886	2	0.72	0.28	-7.725
13	90055	2	0.72	0.28	-7.725
14	90075	2	0.63	0.26	-7.725
15	90096	2	0.51	0.18	-7.725
16	90147	1	0.45	0.1	-7.725
17	90175	2	0.51	0.18	-7.725
18	90274	2	0.58	0.24	-7.725
19	90300	2	0.63	0.26	-7.725
20	90320	2	0.72	0.28	-7.725
21	90530	2	0.72	0.28	-7.725
22	90552	2	0.63	0.26	-7.725
23	90582	2	0.58	0.24	-7.725
24	90598	2	0.51	0.18	-7.725
25	90648	1	0.45	0.1	-7.725
26	90828	2	0.51	0.18	-7.725
27	90973	2	0.58	0.24	-7.725
28	91013	2	0.63	0.26	-7.725
29	91033	2	0.72	0.28	-7.725
30	91043	2	0.72	0.28	-7.725

MAT_Z / MAT_Y / MAT_X

图 4-121 在 MS Excel 的 MAT_Y 选项卡输入 K 线围岩洞身支护参数，MAT_X 选项卡输入 L 线围岩洞身支护参数

由于 SⅡ级围岩的外偏二衬轮廓线是采用 1 类轮廓线，而净空测量二衬轮廓线是采用 2 类轮廓线，这时，在 SⅡ级围岩行的第 2 列，应输入复数 1+2i。

执行 Q2X8 程序，选择隧道超欠挖功能，屏幕显示下列提示时：

contour line(1/0/2)=?

输入 1 为选择初期支护轮廓线为超欠挖计算的基准线，当隧道掌子面测点位于 SⅡ级围岩时，程序自动选择 1 类二衬轮廓线外偏 δ_1 作为基准线；输入 0 为选择开挖轮廓线为超欠挖计算的基准线，当掌子面测点位于 SⅡ级围岩时，程序自动选择 1 类二衬轮廓线外偏 $\delta_1+\delta_2$ 作为基准线；输入 2 为选择 2 类二衬轮廓线为净空测量计算的基准线，当掌子面测点位于 SⅡ级围岩时，程序自动选择复数虚部的 2 类二衬轮廓线为基准线。

对 SⅡ级以外的其余级围岩，其 Mat Y，Mat X 矩阵第 2 列的二衬轮廓线类号均为实数，也即其虚部数值均为 0，此时，输入 2 进行隧道净空测量时，也采用实部数值表示的二衬轮廓线类号。

由于在 MS Excel 中不能输入复数，因此将 MAT_Y 选项卡的数据另存为 MAT_Y.csv 文件， MAT_X 选项卡的数据另存为 MAT_X.csv 文件，将这两个文件上传到 fx-9750GⅡ内存后，应在 fx-9750GⅡ中，编辑 Mat Y[6,1]，Mat Y[18,1]，Mat Y[28,1]矩阵单元的数值，为其添加虚部数值“2i”。Mat Y 矩阵的编辑结果如图 4-122 所示。

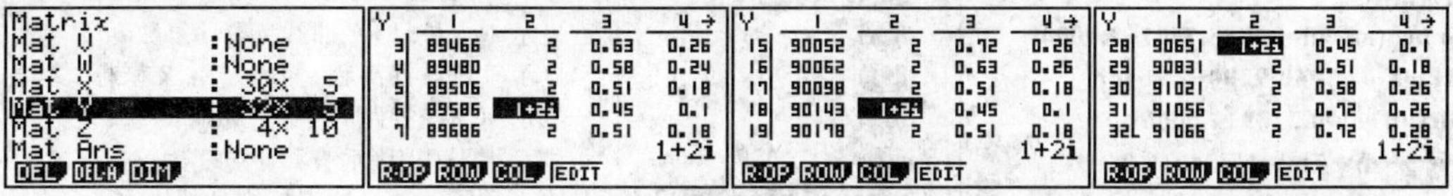

图 4-122　将 MAT_Y.csv 文件上传到 fx-9750GⅡ内存并编辑 Mat Y 矩阵的结果

Mat X 矩阵的编辑结果如图 4-123 所示。

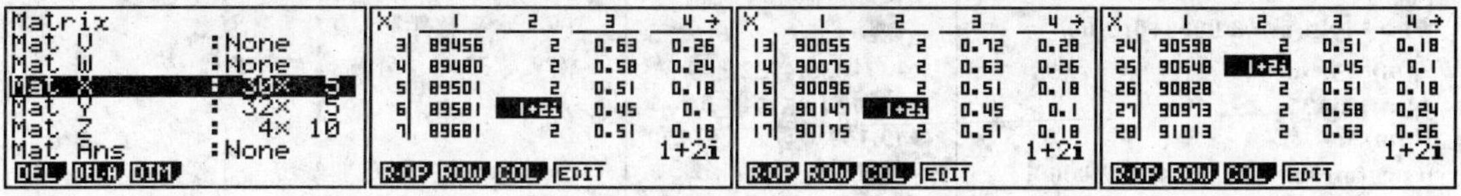

图 4-123　将 MAT_X.csv 文件上传到 fx-9750GⅡ内存并编辑 Mat X 矩阵的结果

(3) K 线平竖曲线主点数据计算与八亩隧道超欠挖计算案例

设置 **File1** 为当前串列文件，执行 Q2X8 程序，计算平竖曲线主点数据及八亩隧道 K89+585.75/ K89+586.25 连接断面测点的隧道超欠挖值的屏幕提示与用户操作过程如下：

屏幕提示	按键	说明
JD curve xyH Q2X8		显示程序标题
new(0)/old(≠0) main point data=?	0 EXE	输入 0 重新计算主点数据
i_L%,i_R% Mat B(1)/C(2)/D(3)/ E(4)/F(5)/G(6)/no(0)=?	0 EXE	输入 0 不选择路基超高横坡矩阵
hor−curve first JD num=?	16 EXE	输入平曲线起始交点号(number)
ver−curve first SJD num=?	1 EXE	输入竖曲线起始变坡点号/耗时 1.52s
Z_{ZD}(m)=91630.7207	EXE	显示平曲线终点设计桩号(0mm)/耗时 1.27s
α_{ZD}=86°24′24.98″	EXE	显示平曲线终点走向方位角
Press [MENU][2]⇛Stop!	EXE	继续执行程序

续表

屏幕提示	按键	说明
st xy new(0)/old(>0)/no(<0)=?	-1 EXE	输入负数为不设置测站点(station)
peg→xyH(1)/xyH→peg(2)/ xyH→δr(3)/pier(4)=?	3 EXE	输入 3 选择隧道超欠挖计算
Mat Y(0)/Mat X(≠0)=?	0 EXE	输入 0 选择 Mat Y 矩阵为洞身支护参数
contour line(1/0/2)=?	1 EXE	输入 1 选择初期支护轮廓线
x_i(m)/π⇒end=?	2471841.5465 EXE	输入掌子面 1 号测点三维坐标
y_i(m)+ni=?	501729.3041 EXE	
H_i(m)=?	47.8948 EXE	
p peg(m)+ni=89585.7501+2.0000i	EXE	显示垂点桩号+平曲线元号 i 复数/耗时 1.09s
H_p+X_ji(m)=40.9200−5.5621i	EXE	显示垂点设计高程+测点隧中 X 坐标 i 复数
δr(m)+ni=0.2683+2.0000i	EXE	显示超欠挖径距+二衬轮廓线类号 i 复数
←→+↑↓i(m)=0.4496+0.3426i	EXE	显示水平移距+垂直移距 i 复数
x_i(m)/π⇒end=?	2471840.1009 EXE	输入掌子面 2 号测点三维坐标
y_i(m)+ni=?	501728.1102 EXE	
H_i(m)=?	48.5768 EXE	
p peg(m)+ni=89585.7502+2.0000i	EXE	显示垂点桩号+平曲线元号 i 复数
H_p+X_ji(m)=40.9200−3.6873i	EXE	显示垂点设计高程+测点隧中 X 坐标 i 复数
δr(m)+ni=-0.1310+2.0000i	EXE	显示超欠挖径距+二衬轮廓线类号 i 复数
←→+↑↓i(m)=-0.2986−0.1445i	EXE	显示水平移距+垂直移距 i 复数
x_i(m)/π⇒end=?	2471838.7727 EXE	输入掌子面 3 号测点三维坐标
y_i(m)+ni=?	501727.0131 EXE	
H_i(m)=?	49.5275 EXE	
p peg(m)+ni=89585.7501+2.0000i	EXE	显示垂点桩号+平曲线元号 i 复数
H_p+X_ji(m)=40.9200−1.9646i	EXE	显示垂点设计高程+测点隧中 X 坐标 i 复数
δr(m)+ni=0.2139+2.0000i	EXE	显示超欠挖径距+二衬轮廓线类号 i 复数
←→+↑↓i(m)=1.7546+0.2193i	EXE	显示水平移距+垂直移距 i 复数
x_i(m)/π⇒end=?	2471836.7374 EXE	输入掌子面 4 号测点三维坐标
y_i(m)+ni=?	501725.9813 EXE	
H_i(m)=?	49.7721 EXE	
p peg(m)+ni=89586.2498+2.0000i	EXE	显示垂点桩号+平曲线元号 i 复数
H_p+X_ji(m)=40.9300+0.2618i	EXE	显示垂点设计高程+测点隧中 X 坐标 i 复数
δr(m)+ni=0.2959+1.0000i	EXE	显示超欠挖径距+二衬轮廓线类号 i 复数
←→+↑↓i(m)=0.0000+0.2960i	EXE	显示水平移距+垂直移距 i 复数
x_i(m)/π⇒end=?	2471835.4932 EXE	输入掌子面 5 号测点三维坐标
y_i(m)+ni=?	501724.9539 EXE	
H_i(m)=?	49.147 EXE	
p peg(m)+ni=89586.2499+2.0000i	EXE	显示垂点桩号+平曲线元号 i 复数
H_p+X_ji(m)=40.9300+1.8753i	EXE	显示垂点设计高程+测点隧中 X 坐标 i 复数
δr(m)+ni=-0.1266+1.0000i	EXE	显示超欠挖径距+二衬轮廓线类号 i 复数
←→+↑↓i(m)=-0.5156−0.1297i	EXE	显示水平移距+垂直移距 i 复数
x_i(m)/π⇒end=?	2471833.9841 EXE	输入掌子面 6 号测点三维坐标
y_i(m)+ni=?	501723.7077 EXE	
H_i(m)=?	48.8887 EXE	
p peg(m)+ni=89586.2498+2.0000i	EXE	显示垂点桩号+平曲线元号 i 复数
H_p+X_ji(m)=40.9300+3.8325i	EXE	显示垂点设计高程+测点隧中 X 坐标 i 复数
δr(m)+ni=0.2640+1.0000i	EXE	显示超欠挖径距+二衬轮廓线类号 i 复数
←→+↑↓i(m)=0.6705+0.2927i	EXE	显示水平移距+垂直移距 i 复数
x_i(m)/π⇒end=?	2471832.8834 EXE	输入掌子面 7 号测点三维坐标
y_i(m)+ni=?	501722.7988 EXE	
H_i(m)=?	47.5259 EXE	
p peg(m)+ni=89586.2499+2.0000i	EXE	显示垂点桩号+平曲线元号 i 复数
H_p+X_ji(m)=40.9300+5.2599i	EXE	显示垂点设计高程+测点隧中 X 坐标 i 复数
δr(m)+ni=-0.1563+1.0000i	EXE	显示超欠挖径距+二衬轮廓线类号 i 复数
←→+↑↓i(m)=-0.2517−0.1966i	EXE	显示水平移距+垂直移距 i 复数
x_i(m)/π⇒end=?	2471831.5664 EXE	输入掌子面 8 号测点三维坐标

续表

屏幕提示	按键	说明
y_i(m)+ni=?	501721.7112 EXE	
H_i(m)=?	46.4869 EXE	
p peg(m)+ni=89586.2498+2.0000i	EXE	显示垂点桩号+平曲线元号 i 复数
H_p+X_ji(m)=40.9300+6.9680i	EXE	显示垂点设计高程+测点隧中 X 坐标 i 复数
δr(m)+ni=0.2887+1.0000i	EXE	显示超欠挖径距+二衬轮廓线类号 i 复数
←→+↑↓i(m)=0.3796+0.4724i	EXE	显示水平移距+垂直移距 i 复数
x_i(m)/π⇒end=?	2471831.1986 EXE	输入掌子面 9 号测点三维坐标
y_i(m)+ni=?	501721.4075 EXE	
H_i(m)=?	44.5154 EXE	
p peg(m)+ni=89586.2498+2.0000i	EXE	显示垂点桩号+平曲线元号 i 复数
H_p+X_ji(m)=40.9300+7.4450i	EXE	显示垂点设计高程+测点隧中 X 坐标 i 复数
δr(m)+ni=-0.2958+1.0000i	EXE	显示超欠挖径距+二衬轮廓线类号 i 复数
←→+↑↓i(m)=-0.3155−0.7239i	EXE	显示水平移距+垂直移距 i 复数
x_i(m)/π⇒end=?	2471830.2842 EXE	输入掌子面 10 号测点三维坐标
y_i(m)+ni=?	501720.6524 EXE	
H_i(m)=?	42.9 EXE	
p peg(m)+ni=89586.2498+2.0000i	EXE	显示垂点桩号+平曲线元号 i 复数
H_p+X_ji(m)=40.9300+8.6308i	EXE	显示垂点设计高程+测点隧中 X 坐标 i 复数
δr(m)+ni=0.5269+1.0000i	EXE	显示超欠挖径距+二衬轮廓线类号 i 复数
←→+↑↓i(m)=0.5282	EXE	只显示水平移距
x_i(m)/π⇒end=?	2471830.9852 EXE	输入掌子面 11 号测点三维坐标
y_i(m)+ni=?	501721.2313 EXE	
H_i(m)=?	40.93 EXE	
p peg(m)+ni=89586.2499+2.0000i	EXE	显示垂点桩号+平曲线元号 i 复数
H_p+X_ji(m)=40.9300+7.7217i	EXE	显示垂点设计高程+测点隧中 X 坐标 i 复数
δr(m)+ni=-0.3966+1.0000i	EXE	显示超欠挖径距+二衬轮廓线类号 i 复数
x_i(m)/π⇒end=?	2471830.9818 EXE	输入掌子面 12 号测点三维坐标
y_i(m)+ni=?	501721.2285 EXE	
H_i(m)=?	39.972 EXE	
p peg(m)+ni=89586.2499+2.0000i	EXE	显示垂点桩号+平曲线元号 i 复数
H_p+X_ji(m)=40.9300+7.7261i	EXE	显示垂点设计高程+测点隧中 X 坐标 i 复数
δr(m)+ni=0.1580+1.0000i	EXE	显示超欠挖径距+二衬轮廓线类号 i 复数
x_i(m)/π⇒end=?	2471832.2324 EXE	输入掌子面 13 号测点三维坐标
y_i(m)+ni=?	501722.2612 EXE	
H_i(m)=?	40.2951 EXE	
p peg(m)+ni=89586.2498+2.0000i	EXE	显示垂点桩号+平曲线元号 i 复数
H_p+X_ji(m)=40.9300+6.1042i	EXE	显示垂点设计高程+测点隧中 X 坐标 i 复数
δr(m)+ni=-0.1651+1.0000i	EXE	显示超欠挖径距+二衬轮廓线类号 i 复数
x_i(m)/π⇒end=?	2471833.396 EXE	输入掌子面 14 号测点三维坐标
y_i(m)+ni=?	501723.222 EXE	
H_i(m)=?	39.9339 EXE	
p peg(m)+ni=89586.2498+2.0000i	EXE	显示垂点桩号+平曲线元号 i 复数
H_p+X_ji(m)=40.9300+4.5952i	EXE	显示垂点设计高程+测点隧中 X 坐标 i 复数
δr(m)+ni=0.1961+1.0000i	EXE	显示超欠挖径距+二衬轮廓线类号 i 复数
x_i(m)/π⇒end=?	2471834.9623 EXE	输入掌子面 15 号测点三维坐标
y_i(m)+ni=?	501724.5154 EXE	
H_i(m)=?	40.3419 EXE	
p peg(m)+ni=89586.2498+2.0000i	EXE	显示垂点桩号+平曲线元号 i 复数
H_p+X_ji(m)=40.9300+2.5639i	EXE	显示垂点设计高程+测点隧中 X 坐标 i 复数
δr(m)+ni=-0.2119+1.0000i	EXE	显示超欠挖径距+二衬轮廓线类号 i 复数
x_i(m)/π⇒end=?	2471836.0095 EXE	输入掌子面 16 号测点三维坐标
y_i(m)+ni=?	501725.3802 EXE	
H_i(m)=?	39.9032 EXE	
p peg(m)+ni=89586.2498+2.0000i	EXE	显示垂点桩号+平曲线元号 i 复数
H_p+X_ji(m)=40.9300+1.2058i	EXE	显示垂点设计高程+测点隧中 X 坐标 i 复数

续表

屏幕提示	按键	说明
δr(m)+ni=0.2268+1.0000i	EXE	显示超欠挖径距+二衬轮廓线类号 i 复数
x_i(m)/π⇒end=?	2471837.3787 EXE	输入掌子面 17 号测点三维坐标
y_i(m)+ni=?	501725.8617 EXE	
H_i(m)=?	38.5578 EXE	
p peg(m)+ni=89585.7501+2.0000i	EXE	显示垂点桩号+平曲线元号 i 复数
H_p+X_ji(m)=40.9200−0.1565i	EXE	显示垂点设计高程+测点隧中 X 坐标 i 复数
δr(m)+ni=-0.1473+2.0000i	EXE	显示超欠挖径距+二衬轮廓线类号 i 复数
←→+↑↓i(m)=-2.4187−0.1473i	EXE	显示水平移距+垂直移距 i 复数
x_i(m)/π⇒end=?	2471838.2808 EXE	输入掌子面 18 号测点三维坐标
y_i(m)+ni=?	501726.6068 EXE	
H_i(m)=?	38.1653 EXE	
p peg(m)+ni=89585.7501+2.0000i	EXE	显示垂点桩号+平曲线元号 i 复数
H_p+X_ji(m)=40.9200−1.3266i	EXE	显示垂点设计高程+测点隧中 X 坐标 i 复数
δr(m)+ni=0.2833+2.0000i	EXE	显示超欠挖径距+二衬轮廓线类号 i 复数
←→+↑↓i(m)=0.0000+0.2838i	EXE	显示水平移距+垂直移距 i 复数
x_i(m)/π⇒end=?	SHIFT π EXE	输入 π 结束程序
Q2X8⇒End		程序结束显示

执行 Q2X8 程序的隧道超欠挖功能时，测点极坐标放样功能自动失效。

称屏幕显示提示“**x_i(m)/π⇒end=?**”时，按 SHIFT π EXE 键输入 π 响应结束程序，为正常结束程序。使用免棱镜测距全站仪测量掌子面测点三维坐标的过程中，因故正常结束程序，再次执行 Q2X8 程序，选择隧道超欠挖计算的屏幕提示与用户操作过程如下：

屏幕提示	按键	说明
JD curve xyH Q2X8		显示程序标题
new(0)/old(≠0) main point data=?	4 EXE	输入非零数为使用现有主点数据计算
st xy new(0)/old(>0)/no(<0)=?	-1 EXE	输入负数为不设置测站点(station)
peg→xyH(1)/xyH→peg(2)/ xyH→δr(3)/pier(4)=?	3 EXE	输入 3 选择隧道超欠挖计算
Mat Y(0)/Mat X(≠0)=?	0 EXE	输入 0 选择 Mat Y 矩阵为洞身支护参数
contour line(1/0/2)=?	1 EXE	输入 1 选择初期支护轮廓线
ClrMat W(0),no(≠0)=?	2 EXE	输入非零数为不清除前已存储的测点数据*
x_i(m)/π⇒end=?	2471839.3973 EXE	输入掌子面 19 号测点三维坐标
y_i(m)+ni=?	501727.529 EXE	
H_i(m)=?	38.7072 EXE	
p peg(m)+ni=89585.7501+2.0000i	EXE	显示垂点桩号+平曲线元号 i 复数/耗时 1.09s
H_p+X_ji(m)=40.9200−2.7747i	EXE	显示垂点设计高程+测点隧中 X 坐标 i 复数
δr(m)+ni=-0.1246+2.0000i	EXE	显示超欠挖径距+二衬轮廓线类号 i 复数
←→+↑↓i(m)=-0.8711−0.1255i	EXE	显示水平移距+垂直移距 i 复数
x_i(m)/π⇒end=?	2471840.8436 EXE	输入掌子面 20 号测点三维坐标
y_i(m)+ni=?	501728.7236 EXE	
H_i(m)=?	38.6804 EXE	
p peg(m)+ni=89585.7501+2.0000i	EXE	显示垂点桩号+平曲线元号 i 复数
H_p+X_ji(m)=40.9200−4.6505i	EXE	显示垂点设计高程+测点隧中 X 坐标 i 复数
δr(m)+ni=0.2106+2.0000i	EXE	显示超欠挖径距+二衬轮廓线类号 i 复数
←→+↑↓i(m)=1.1720+0.2152i	EXE	显示水平移距+垂直移距 i 复数
x_i(m)/π⇒end=?	2471841.9764 EXE	输入掌子面 21 号测点三维坐标
y_i(m)+ni=?	501729.6592 EXE	
H_i(m)=?	39.5232 EXE	
p peg(m)+ni=89585.7501+2.0000i	EXE	显示垂点桩号+平曲线元号 i 复数
H_p+X_ji(m)=40.9200−6.1197i	EXE	显示垂点设计高程+测点隧中 X 坐标 i 复数
δr(m)+ni=-0.2552+2.0000i	EXE	显示超欠挖径距+二衬轮廓线类号 i 复数

续表

屏幕提示	按键	说明
←→+↑↓i(m)=-0.8715-0.2654i	EXE	显示水平移距+垂直移距 i 复数
x_i(m)/π⇒end=?	2471843.2565 EXE	输入掌子面 22 号测点三维坐标
y_i(m)+ni=?	501730.7165 EXE	
H_i(m)=?	39.8478 EXE	
p peg(m)+ni=89585.7501+2.0000i	EXE	显示垂点桩号+平曲线元号 i 复数
H_p+X_ji(m)=40.9200-7.7800i	EXE	显示垂点设计高程+测点隧中 X 坐标 i 复数
δr(m)+ni=0.2564+2.0000i	EXE	显示超欠挖径距+二衬轮廓线类号 i 复数
←→+↑↓i(m)=0.3470+0.4732i	EXE	显示水平移距+垂直移距 i 复数
x_i(m)/π⇒end=?	2471843.2361 EXE	输入掌子面 23 号测点三维坐标
y_i(m)+ni=?	501730.6996 EXE	
H_i(m)=?	41.181 EXE	
p peg(m)+ni=89585.7500+2.0000i	EXE	显示垂点桩号+平曲线元号 i 复数
H_p+X_ji(m)=40.9200-7.7535i	EXE	显示垂点设计高程+测点隧中 X 坐标 i 复数
δr(m)+ni=-0.2837+2.0000i	EXE	显示超欠挖径距+二衬轮廓线类号 i 复数
←→+↑↓i(m)=-0.2904-0.9639i	EXE	显示水平移距+垂直移距 i 复数
x_i(m)/π⇒end=?	2471843.734 EXE	输入掌子面 24 号测点三维坐标
y_i(m)+ni=?	501731.1109 EXE	
H_i(m)=?	42.8371 EXE	
p peg(m)+ni=89585.7501+2.0000i	EXE	显示垂点桩号+平曲线元号 i 复数
H_p+X_ji(m)=40.9200-8.3993i	EXE	显示垂点设计高程+测点隧中 X 坐标 i 复数
δr(m)+ni=0.2325+2.0000i	EXE	显示超欠挖径距+二衬轮廓线类号 i 复数
←→+↑↓i(m)=0.2330	EXE	只显示水平移距
x_i(m)/π⇒end=?	2471843.3068 EXE	输入掌子面 25 号测点三维坐标
y_i(m)+ni=?	501730.758 EXE	
H_i(m)=?	43.787 EXE	
p peg(m)+ni=89585.7501+2.0000i	EXE	显示垂点桩号+平曲线元号 i 复数
H_p+X_ji(m)=40.9200-7.8452i	EXE	显示垂点设计高程+测点隧中 X 坐标 i 复数
δr(m)+ni=-0.1816+2.0000i	EXE	显示超欠挖径距+二衬轮廓线类号 i 复数
←→+↑↓i(m)=-0.1862-0.6583i	EXE	显示水平移距+垂直移距 i 复数
x_i(m)/π⇒end=?	2471843.4747 EXE	输入掌子面 26 号测点三维坐标
y_i(m)+ni=?	501730.8967 EXE	
H_i(m)=?	44.803 EXE	
p peg(m)+ni=89585.7501+2.0000i	EXE	显示垂点桩号+平曲线元号 i 复数
H_p+X_ji(m)=40.9200-8.0630i	EXE	显示垂点设计高程+测点隧中 X 坐标 i 复数
δr(m)+ni=0.3280+2.0000i	EXE	显示超欠挖径距+二衬轮廓线类号 i 复数
←→+↑↓i(m)=0.3537+1.1662i	EXE	显示水平移距+垂直移距 i 复数
x_i(m)/π⇒end=?	2471842.3766 EXE	输入掌子面 27 号测点三维坐标
y_i(m)+ni=?	501729.9897 EXE	
H_i(m)=?	46.2143 EXE	
p peg(m)+ni=89585.7501+2.0000i	EXE	显示垂点桩号+平曲线元号 i 复数
H_p+X_ji(m)=40.9200-6.6388i	EXE	显示垂点设计高程+测点隧中 X 坐标 i 复数
δr(m)+ni=-0.1924+2.0000i	EXE	显示超欠挖径距+二衬轮廓线类号 i 复数
←→+↑↓i(m)=-0.2465-0.2962i	EXE	显示水平移距+垂直移距 i 复数
x_i(m)/π⇒end=?	SHIFT π EXE	输入 π 结束程序
Q2X8⇒End		程序结束显示

注：*Mat W 矩阵已存储测点数据个数计数变量为 List 22[14]串列单元，重新执行程序，只有当 List 22[14]>0 时，屏幕才显示是否清除 Mat W 矩阵数据提示“ClrMat W(0),no(≠0)=?”。用户输入 0 响应，清除了 Mat W 矩阵的数据后，程序自动为 List 22[14]串列单元赋 0 值，下同。

在执行 Q2X8 程序，屏幕显示提示“**contour line(1/0/2)=?**”时，只有输入 1 选择初期支护轮廓线，屏幕才显示测点的“垂点设计高程+测点隧中 X 坐标 i”复数；输入 0 选择开挖轮廓线或输入 2 选择二衬轮廓线(净空测量)，屏幕不显示上述内容。

屏幕显示的“测点隧中 X 坐标”正负数的意义是按路线走向的左右来确定的：测点隧中 X 坐标为正数时，表示测点位于隧道中线的右侧；测点隧中 X 坐标为负数时，表示测点位于隧道中线的左侧。当隧道是按进洞方向与出洞方向对向开挖时，出洞方向所测的“测点隧中 X 坐标”正负数的意义正好相反。

① Mat Y 矩阵数据说明。

执行隧道超欠挖功能，首次选择围岩洞身参数支护矩阵 Mat Y 时，如果程序检测到 Mat Y 矩阵的列数等于 5，则为 Mat Y 矩阵新增 1 列，将第 1 列的设计桩号转换为连续桩号并存入新增的第 6 列。

完成首次隧道超欠挖计算以后，可以按 MENU 1 键进入 **RUN·MAT** 模式，按 F1 ALPHA Y EXE 键查看 Mat Y 矩阵处理后的结果，如图 4-124 所示。此时，Mat Y 矩阵已有 6 列。由于本例没有断链，因此第 6 列的连续桩号与第 1 列的设计桩号对应相等。因为 L 线的围岩洞身支护参数矩阵 Mat X 还未选择，所以 Mat X 矩阵仍为 5 列。

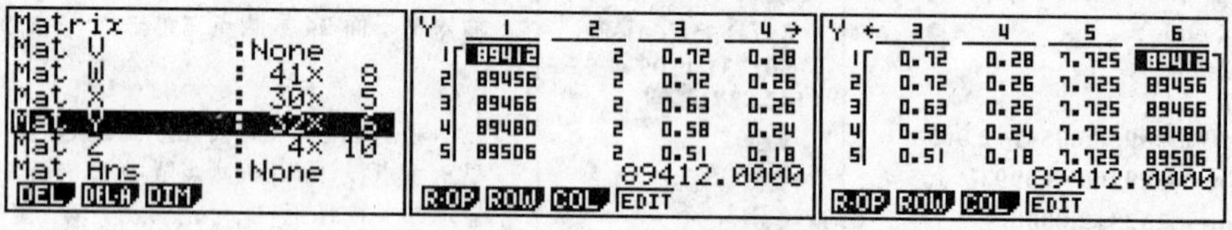

图 4-124　首次选择 Mat Y 矩阵后新增 1 列的结果

② Mat W 矩阵数据说明。

程序定义 Mat W 矩阵为 41 行×8 列，用于存储最多 40 个测点的数据，第 41 行用于存储中间数据，以便于执行 PC 机成果整理程序 H2X8.exe 时，自动读取本次测量使用的洞身支护参数矩阵 Mat Y 或 Mat X 及选择的基准线类型。Mat W 矩阵存储的测点数据内容列于表 4-38。

表 4-38　Mat W 矩阵存储的测点数据内容

行/列	1	2	3	4	5	6	7	8
1	Z_{p1}	δr_1	X_1	Y_1	c_1	x_1	y_1	H_1
2	Z_{p2}	δr_2	X_2	Y_2	c_2	x_2	y_2	H_2
3	Z_{p3}	δr_3	X_3	Y_3	c_3	x_3	y_3	H_3
……	……	……	……	……	……	……	……	……
40	Z_{p40}	δr_{40}	X_{40}	Y_{40}	c_{40}	x_{40}	y_{40}	H_{40}
41	0/≠0	1/0/2	x_L	y_L	H_L	0	0	0

表 4-38 中，Z_p 为测点的垂点设计桩号，δr 为测点的超欠挖值，(X, Y)为测点的隧中坐标，c 为测点所用的二衬轮廓线类号，(x, y, H)为用户输入的测点三维坐标。

Mat W 矩阵第 41 行的前 5 列单元用于存储程序计算的中间数据，后 3 列单元没有使用，为定义 Mat W 矩阵时的缺省值 0。

Mat W[41,1]矩阵单元用于存储用户选择的洞身支护参数矩阵控制系数 0 或非零数。执行 Q2X8 程序，屏幕显示提示“**Mat Y(0)/Mat X(≠0)=?**”时，输入 0 为选择 Mat Y 作为洞身支护参数矩阵，输入非零数为选择 Mat X 作为洞身支护参数矩阵，用户输入的控制数字存入 Mat W[41,1]矩阵单元。

Mat W[41,2]矩阵单元用于存储用户选择基准线类型控制系数 0、1 或 2。执行 Q2X8 程序，屏幕显示提示“**contour line(1/0/2)=?**”时，输入 1 为选择初期支护轮廓线为计算基准线，输入 0 为选择隧道开挖轮廓线为计算基准线，输入 2 为选择二衬轮廓线为计算基准线，用户输入的控制数字存入 Mat W[41,2]矩阵单元。

Mat W[41,3]，Mat W[41,4]，Mat W[41,5]矩阵单元用于存储用户输入的最后一个测点(Last point)的三维坐标(x_L，y_L，H_L)。

完成隧道超欠挖计算并正常结束程序后，按 MENU 1 键进入 **RUN•MAT** 模式，按 F1 键调出矩阵列表菜单，按 ALPHA W 键将光标快速移动到 Mat W 矩阵，按 EXE 键显示 Mat W 矩阵的内容，本例 Mat W 矩阵的内容如图 4-125 所示。

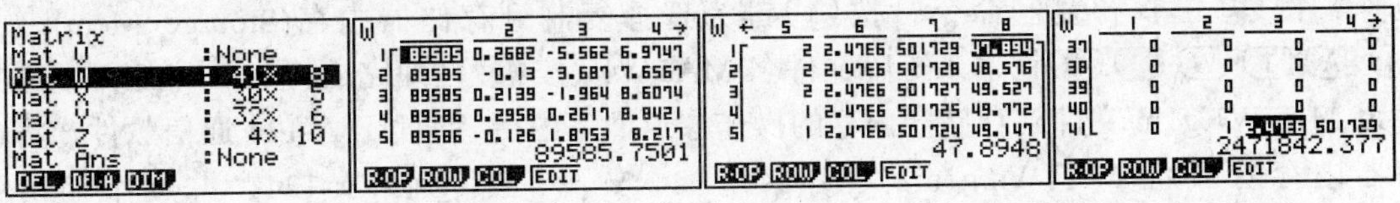

图 4-125　在 RUN•MAT 模式下查看 Mat W 矩阵的内容

程序设计使用 Mat W 矩阵存储一个隧道断面测量的计算数据。完成隧道一个断面测量的超欠挖计算后，应及时将 Mat W 矩阵的数据输出到 FA-124 通信软件并另存为 MAT_W.csv 文件。由于 fx-9750GⅡ只有 62kB 主内存，没有存储器内存，输出 Mat W 矩阵的数据必须与 PC 机连接才能进行。当隧道测量现场没有数据传输条件时，在进行下一次隧道计算时，当 Mat W 矩阵已经存满 40 个测点的数据后，用户必须清除 Mat W 矩阵的已有数据，才能继续进行隧道超欠挖计算，否则，自动停止程序。

重复执行 Q2X8 程序，继续选择隧道超欠挖功能，屏幕显示如下提示时：

ClrMat W(0),no(≠0)=?

表示是否清除 Mat W 矩阵的数据，输入 0 为清除 Mat W 矩阵的数据，输入非零数为紧接着上次测量的超欠挖测点数据行后继续存储。当存满了 40 个测点的超欠挖数据时，屏幕显示如下提示后：

Mat W[n,8],n>40!

please output Mat W⇒MAT_W.csv file!

自动终止程序，以确保 Mat W 矩阵的数据安全。

用户将本次隧道超欠挖测点的 Mat W 矩阵数据输出到 FA-124 并另存为 MAT_W.csv 文件后，再次执行 Q2X8 程序，继续选择隧道超欠挖计算，屏幕显示如下提示时：

ClrMat W(0),no(≠0)=?

输入 0 响应，程序自动清除 Mat W 矩阵的数据，重新存储新断面的测点数据。

③ fx-9860GⅡ输出 Mat W 矩阵数据到存储器内存文件的方法。

与 fx-9750GⅡ不同的是，fx-9860GⅡ除有 62kB 主内存外，还有 16MB 存储器内存，用户可以在 **MEMORY** 模式下将主内存的 Mat W 矩阵数据另存为 g1m 格式文件到存储器内存保存。图 4-126 为在 fx-9860GⅡ上，将 Mat W 矩阵数据另存为 MATW1.g1m 文件到存储器内存的操作过程。

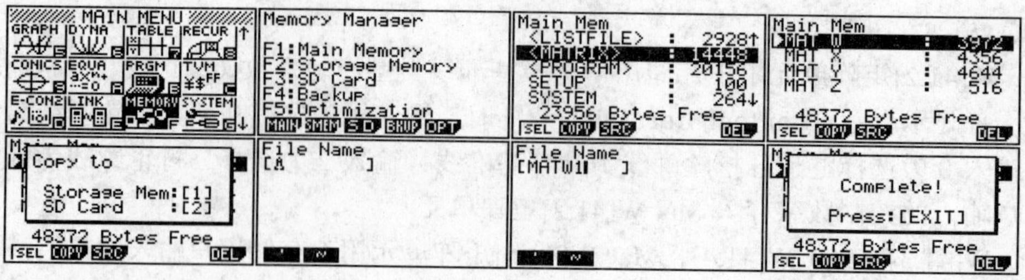

图 4-126 在 fx-9860GⅡ上将 Mat W 矩阵数据另存为 MATW1.g1m 文件到存储器内存的操作过程

在 fx-9860GⅡ上，按 MENU F 键进入 **MEMORY** 模式，按 F1 键选择主内存；移动光标到 **<MAT RIX>** 行，按 EXE 键展开矩阵列表；移动光标到 **MAT W** 行，按 F1 键选择 **MAT W** 矩阵，按 F2 键执行复制命令，按 1 键为选择复制到存储器内存(Storage Mem)，按 M A T W ALPHA 1 键输入矩阵文件名 MATW1，按 EXE 键即完成将 Mat W 矩阵数据另存为 MATW1.g1m 文件到存储器内存的操作。返回室内后，通过 FA-124 通信软件，将存储器内存的系列 MATWn.g1m 文件(n=1，2，……)上传到 FA-124，并逐个输出为 MAT_Wn.csv 文件即可。

使用 fx-9860GⅡ计算时，在图 4-126 左下图的界面下，按 2 键为将 Mat W 矩阵数据另存到 SD 卡。

④ fx-CG20 中文彩色图形机输出 Mat W 矩阵数据到存储器内存文件的方法。

与 fx-9860GⅡ图形机相同，fx-CG20 也有 16MB 的存储器内存。使用通用 USB 数据线连接 fx-CG20 与 PC 机后，存储器内存即为 PC 机的一个 U 盘，用户可以使用 Windows 的资源管理器对 fx-CG20 的存储器内存进行文件复制操作。fx-CG20 完全摆脱了使用 FA-124 通信软件与 PC 机交换文件的操作方式。

在 fx-CG20 上可以直接将串列文件与矩阵数据输出为 CSV 格式文件到存储器内存，在 fx-CG20 上将 Mat W 矩阵数据另存为 MAT_W1.csv 文件到存储器内存的操作过程如图 4-127 所示。

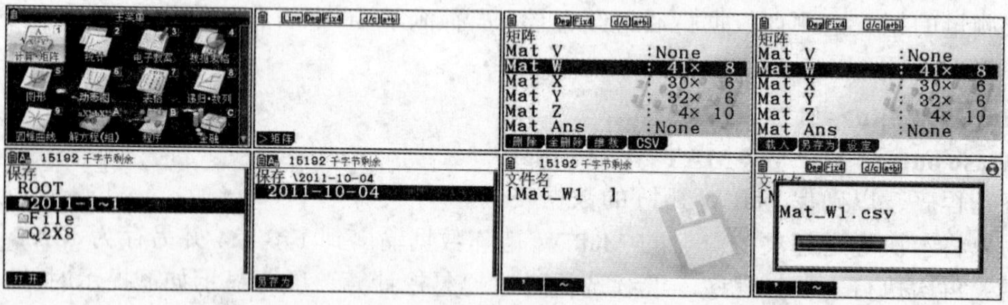

图 4-127 在 fx-CG20 上将 Mat W 矩阵数据另存为 MAT_W1.csv 文件到存储器内存的操作过程

在 fx-CG20 上，按 MENU 1 键进入“计算·矩阵”模式，按 F1 键调出矩阵列表菜单，按 ▲▲▲▲▲▲ 键移动光标到 **Mat W** 矩阵行，按 F4 (CSV) F2 (另存为) F1 (打开) F1 (另存为) 键弹出图 4-127 右下二图所示的输入文件名界面，系统缺省设置的文件名为 Mat_W，按 ALPHA 键取消字母输入模式，按 1 键将文件名编辑为 Mat_W1，按 EXE 键即将 Mat W 矩阵数据另存为 Mat_W1.csv 文件到存储器内存。

返回室内后，用通用 USB 数据线连接 fx-CG20 与 PC 机，将存储器内存“\2011-10-04\”文件夹下的系列 Mat_Wn.csv 文件(n=1，2，……)复制到 PC 机硬盘文件夹下即可。

fx-9750GⅡ、fx-9860GⅡ、fx-CG20 的编程语言完全相同，本书的所有程序都可以在 fx-9860GⅡ/fx-9860GⅡSD 与 fx-CG20 图形机上运行。

⑤ 执行 PC 机成果整理程序 H2X8.exe 处理 Mat_Wn.csv 系列文件的方法。

完成隧道超欠挖计算后，通过 FA-124，将当前串列文件 **File1** 另存为 File1.csv 文件，将各次断面测量的 Mat W 矩阵数据另存为 Mat_Wn.csv 文件(n=1，2，……)。将这些 CSV 格式文件全部复制到用户 PC 机的某个文件夹下，将光盘“\4 章\H2X8.exe”文件复制到该文件夹下，在 Windows 的资源管理器下，鼠标左键双击 H2X8.exe 文件，在弹出的对话框中输入 File1/10，即可在该文件夹下得到一系列成果文件。在各种 Windows 系统下执行 H2X8.exe 程序文件的界面与图 4-13~图 4-15 类似。

H2X8.exe 程序能在当前文件夹下自动搜索是否有 Mat_W.csv，Mat_W1.csv~Mat_W99.csv 等 100 个文件名，如果有，则逐个读入矩阵文件，并为每个矩阵文件输出一对矩阵成果文件 MATRIWn.CSV 与 MATRIWn.DAT(n 为 1~99 之间的整数)，前者用于隧道超欠挖外业观测与计算数据存档，后者为南方 CASS 断面绘图展点文件。图 4-128 左上图为执行 H2X8.exe 程序之前的文件目录，当前文件夹下共有 MAT_W.csv，MAT_W1.csv~MAT_W5.csv 等 6 个隧道断面测量矩阵文件，图 4-128 右图为执行 H2X8.exe 程序后的文件目录。

图 4-128　执行 H2X8.exe 程序整理 6 个 Mat W 矩阵文件的文件目录与执行 CASS 展点命令界面

矩阵成果文件 MATRIW.CSV 与 MATRIW.DAT 的内容如图 4-129 所示。

启动南方 CASS 软件，执行下拉菜单“绘图处理\展野外测点代码”命令(局部界面如图 4-128 左下图所示)，在弹出的文件选择对话框中选择 MATRIW.DAT 文件，即可在 CASS 绘图区得到上述 27 个超欠挖点的平面位置，并在点位右侧注记该点的超欠挖值。在 AutoCAD 中，将自动对象捕捉仪设置为“节点”捕捉，按 F3 键启用对象捕捉，执行“pline”命令(绘制多段线命令)，顺序捕捉并连接图面点位，即可得到 K89+585.75 与 K89+586.25

两类二衬轮廓线接口处的隧道横断面图，结果如图 4-130 所示。

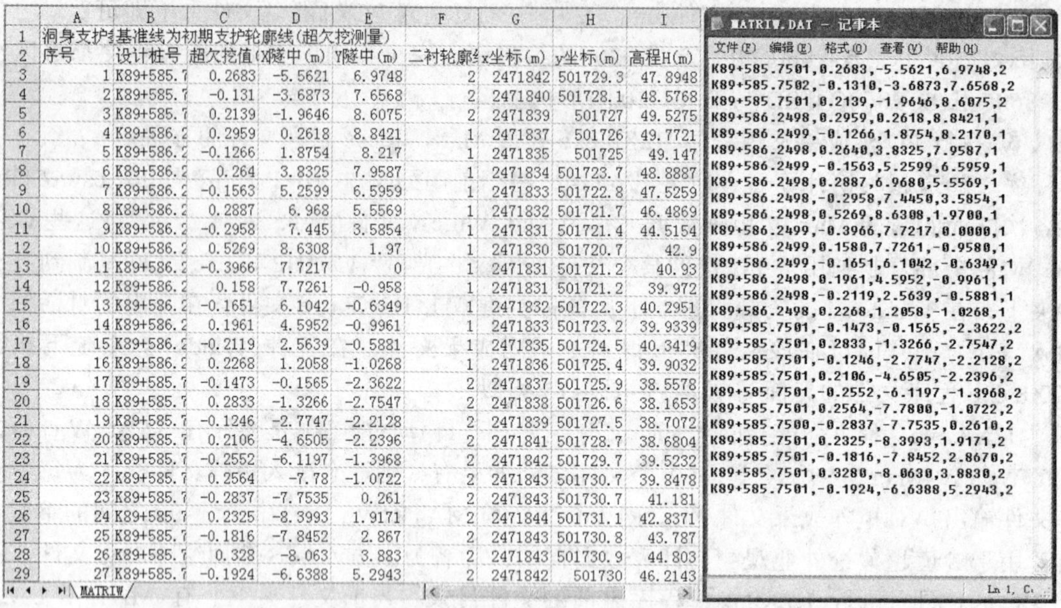

	A	B	C	D	E	F	G	H	I
1	洞身支护纟	基准线为初期支护轮廓线(超欠挖测量)							
2	序号	设计桩号	超欠挖值	X隧中(m)	Y隧中(m)	二衬轮廓纟	x坐标(m)	y坐标(m)	高程H(m)
3	1	K89+585.7	0.2683	-5.5621	6.9748	2	2471842	501729.3	47.8948
4	2	K89+585.7	-0.131	-3.6873	7.6568	2	2471840	501728.1	48.5768
5	3	K89+585.7	0.2139	-1.9646	8.6075	2	2471839	501727	49.5275
6	4	K89+586.2	0.2959	0.2618	8.8421	1	2471837	501726	49.7721
7	5	K89+586.2	-0.1266	1.8754	8.217	1	2471835	501725	49.147
8	6	K89+586.2	0.264	3.8325	7.9587	1	2471834	501723.7	48.8887
9	7	K89+586.2	-0.1563	5.2599	6.5959	1	2471833	501722.8	47.5259
10	8	K89+586.2	0.2887	6.968	5.5569	1	2471832	501721.7	46.4869
11	9	K89+586.2	-0.2958	7.445	3.5854	1	2471831	501721.4	44.5154
12	10	K89+586.2	0.5269	8.6308	1.97	1	2471830	501720.7	42.9
13	11	K89+586.2	-0.3966	7.7217	0	1	2471831	501721.2	40.93
14	12	K89+586.2	0.158	7.7261	-0.958	1	2471831	501721.2	39.972
15	13	K89+586.2	-0.1651	6.1042	-0.6349	1	2471832	501722.3	40.2951
16	14	K89+586.2	0.1961	4.5952	-0.9961	1	2471833	501723.2	39.9339
17	15	K89+586.2	-0.2119	2.5639	-0.5881	1	2471835	501724.5	40.3419
18	16	K89+586.2	0.2268	1.2058	-1.0268	1	2471836	501725.4	39.9032
19	17	K89+585.7	-0.1473	-0.1565	-2.3622	2	2471837	501725.9	38.5578
20	18	K89+585.7	0.2833	-1.3266	-2.7547	2	2471838	501726.6	38.1653
21	19	K89+585.7	-0.1246	-2.7747	-2.2128	2	2471839	501727.5	38.7072
22	20	K89+585.7	0.2106	-4.6505	-2.2396	2	2471841	501728.7	38.6804
23	21	K89+585.7	-0.2552	-6.1197	-1.3968	2	2471842	501729.7	39.5232
24	22	K89+585.7	0.2564	-7.78	-1.0722	2	2471843	501730.7	39.8478
25	23	K89+585.7	-0.2837	-7.7535	0.261	2	2471843	501730.7	41.181
26	24	K89+585.7	0.2325	-8.3993	1.9171	2	2471844	501731.1	42.8371
27	25	K89+585.7	-0.1816	-7.8452	2.867	2	2471843	501730.8	43.787
28	26	K89+585.7	0.328	-8.063	3.883	2	2471843	501730.9	44.803
29	27	K89+585.7	-0.1924	-6.6388	5.2943	2	2471842	501730	46.2143

MATRIW

MATRIW.DAT - 记事本

文件(F) 编辑(E) 格式(O) 查看(V) 帮助(H)

```
K89+585.7501,0.2683,-5.5621,6.9748,2
K89+585.7502,-0.1310,-3.6873,7.6568,2
K89+585.7501,0.2139,-1.9646,8.6075,2
K89+586.2498,0.2959,0.2618,8.8421,1
K89+586.2499,-0.1266,1.8754,8.2170,1
K89+586.2498,0.2640,3.8325,7.9587,1
K89+586.2499,-0.1563,5.2599,6.5959,1
K89+586.2498,0.2887,6.9680,5.5569,1
K89+586.2498,-0.2958,7.4450,3.5854,1
K89+586.2498,0.5269,8.6308,1.9700,1
K89+586.2499,-0.3966,7.7217,0.0000,1
K89+586.2499,0.1580,7.7261,-0.9580,1
K89+586.2499,-0.1651,6.1042,-0.6349,1
K89+586.2498,0.1961,4.5952,-0.9961,1
K89+586.2498,-0.2119,2.5639,-0.5881,1
K89+586.2498,0.2268,1.2058,-1.0268,1
K89+585.7501,-0.1473,-0.1565,-2.3622,2
K89+585.7501,0.2833,-1.3266,-2.7547,2
K89+585.7501,-0.1246,-2.7747,-2.2128,2
K89+585.7501,0.2106,-4.6505,-2.2396,2
K89+585.7501,-0.2552,-6.1197,-1.3968,2
K89+585.7501,0.2564,-7.7800,-1.0722,2
K89+585.7500,-0.2837,-7.7535,0.2610,2
K89+585.7501,0.2325,-8.3993,1.9171,2
K89+585.7501,-0.1816,-7.8452,2.8670,2
K89+585.7501,0.3280,-8.0630,3.8830,2
K89+585.7501,-0.1924,-6.6388,5.2943,2
```

图 4-129 执行 H2X8 程序输出的 MATRIW.CSV 与 MATRIW.DAT 文件内容

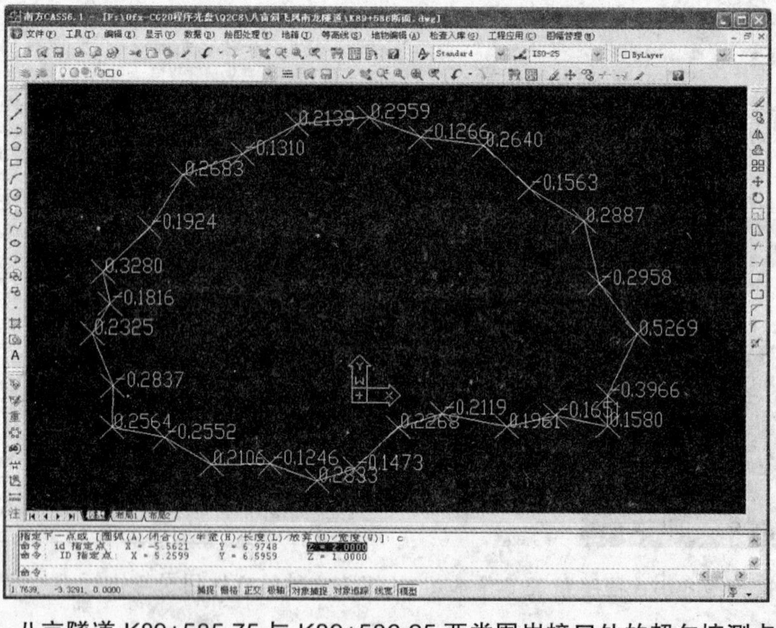

图 4-130 八亩隧道 K89+585.75 与 K89+586.25 两类围岩接口处的超欠挖测点横断面图

执行 AutoCAD 的“id”命令，分别测量 1 号与 7 号掌子面点的隧中坐标，结果如图 4-130 底部的命令行所示，其中高程位数值为测点所使用的二衬轮廓线类号，1 号点为 2 类轮廓线，7 号点为 1 类轮廓线。

(4) 隧道开挖轮廓线的放样计算

隧道开挖轮廓线是将二衬轮廓线向洞外方向偏移距离 $\delta_1+\delta_2$ 得到的。与地面点位放样不同，隧道属于地下工程，在未开挖到设计轮廓线之前，轮廓线的细部点是放样不出来的。通常是使用全站仪的免棱镜测距功能，测量掌子面上已开挖轮廓线附近某个点的三维坐标，并输入到计算器，Q2X8 程序首先算出该点的超欠挖值，然后算出该点的水平移距+垂直移距 i 复数“**←→+↑↓i(m)**”，测量员用钢卷尺，以该测点为基准，丈量水平移距放样开挖轮廓线的水平交点，丈量垂直移距放样开挖轮廓线的垂直交点，两个点均位于开挖轮廓线上。当测点为欠挖时，用钢卷尺量距的方法在隧道掌子面标注不出轮廓线点，一般用油漆在过测点的水平线上标注水平移距，在过测点的垂直线上标注垂直移距，这样就可以通过测量掌子面上一个测点的坐标，放样出开挖轮廓线上两个点的位置。

执行 Q2X8 程序，计算上例 4，7，8，24 号测点的开挖轮廓线点位置的屏幕提示与用户操作过程如下：

屏幕提示	按键	说明
JD curve xyH Q2X8		显示程序标题
new(0)/old(≠0) main point data=?	**6** EXE	输入非零数为使用现有主点数据计算
st xy new(0)/old(>0)/no(<0)=?	**-3** EXE	输入负数为不设置测站点(station)
peg→xyH(1)/xyH→peg(2)/ xyH→δr(3)/pier(4)=?	**3** EXE	输入 3 选择隧道超欠挖计算
Mat Y(0)/Mat X(≠0)=?	**0** EXE	输入 0 选择 Mat Y 矩阵为洞身支护参数
contour line(1/0/2)=?	**0** EXE	输入 0 选择开挖轮廓线
ClrMat W(0),no(≠0)=?	**0** EXE	输入 0 为清除前已存储的测点数据
x_i(m)/π⇒end=?	**2471836.7374** EXE	输入掌子面 4 号测点三维坐标
y_i(m)=?	**501725.9813** EXE	
y_i(m)+ni=?	**49.7721** EXE	
p peg(m)+ni=89586.2498+2.0000i	EXE	显示垂点桩号+平曲线元号 i 复数
δr(m)+ni=0.1959+1.0000i	EXE	显示超欠挖径距+二衬轮廓线类号 i 复数
←→+↑↓i(m)=0.0000+0.1960i	EXE	显示水平移距+垂直移距 i 复数
x_i(m)/π⇒end=?	**2471832.8834** EXE	输入掌子面 7 号测点三维坐标
y_i(m)=?	**501722.7988** EXE	
y_i(m)+ni=?	**47.5259** EXE	
p peg(m)+ni=89586.2499+2.0000i	EXE	显示垂点桩号+平曲线元号 i 复数
δr(m)+ni=-0.2563+1.0000i	EXE	显示超欠挖径距+二衬轮廓线类号 i 复数
←→+↑↓i(m)=-0.4091−0.3214i	EXE	显示水平移距+垂直移距 i 复数
x_i(m)/π⇒end=?	**2471831.5664** EXE	输入掌子面 8 号测点三维坐标
y_i(m)+ni=?	**501721.7112** EXE	
H_i(m)=?	**46.4869** EXE	
p peg(m)+ni=89586.2498+2.0000i	EXE	显示垂点桩号+平曲线元号 i 复数
δr(m)+ni=0.1887+1.0000i	EXE	显示超欠挖径距+二衬轮廓线类号 i 复数
←→+↑↓i(m)=0.2466+0.3045i	EXE	显示水平移距+垂直移距 i 复数
x_i(m)/π⇒end=?	**2471843.734** EXE	输入掌子面 24 号测点三维坐标
y_i(m)+ni=?	**501731.1109** EXE	
H_i(m)=?	**42.8371** EXE	
p peg(m)+ni=89585.7501+2.0000i	EXE	显示垂点桩号+平曲线元号 i 复数
δr(m)+ni=0.0525+2.0000i	EXE	显示超欠挖径距+二衬轮廓线类号 i 复数
←→+↑↓i(m)=0.0526	EXE	显示水平移距+垂直移距 i 复数
x_i(m)/π⇒end=?	SHIFT π EXE	输入 π 结束程序
Q2X8⇒End		程序结束显示

上述算出的 4，7，8，24 号测点的水平移距+垂直移距 i 复数“←→+↑↓i(m)”的几何意义如图 4-131 所示，说明如下：

① 由于过 4 号测点的水平线与开挖轮廓线 1 号线元没有交点，因此复数的实部显示为 0.0000；过 4 号测点的垂直线与开挖轮廓线 1 号线元的交点为 4"点，4 点→4"点的垂直移距为 0.1960m，显示为复数的虚部。垂直移距为正数表示 4 号测点为超挖，需要向洞内方向移动。

② 过 7 号测点的水平线与开挖轮廓线 1 号线元的交点为 7'点，垂直线与开挖轮廓线 1 号线元的交点为 7"点，7 点→7'点的水平移距为-0.4091m，显示为复数的实部，该点为欠挖，需要向洞外方向移动；7 点→7"点的垂直移距为-0.3214m，显示为复数的虚部，需要向洞外方向移动。7'点与 7"点均在开挖轮廓线上，这就实现了测量 7 号测点的坐标，可以同时得到 7'点与 7"点等两个开挖轮廓线放样点。

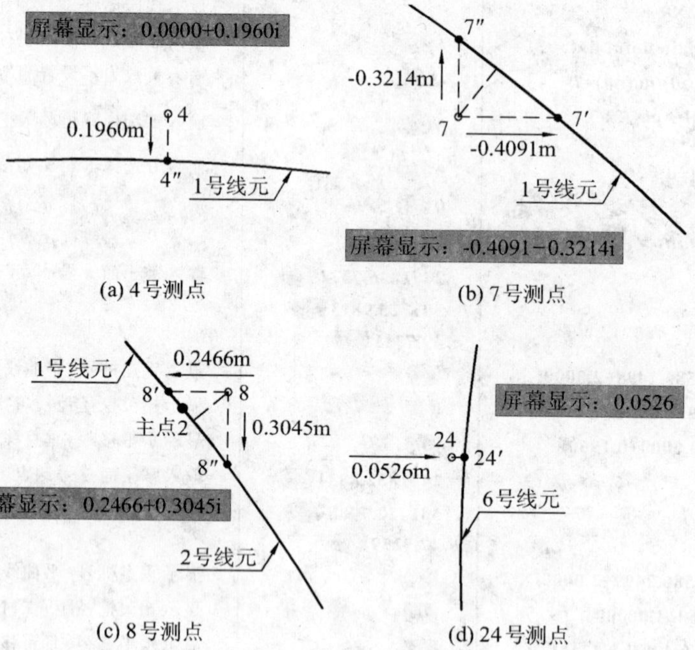

图 4-131 4，7，8，24 号测点水平移距+垂直移距 i 复数“←→+↑↓i(m)”的几何意义

③ 与 7 号测点不同，由于 8 号测点位于开挖轮廓线 1 号线元与 2 号线元的连接主点 2 附近，程序只能使用超欠挖计算时搜索到的 2 号线元主点数据计算，而水平交点 8'应位于 1 号线元，程序实际计算的 8'点位置是过 8 点的水平线与 2 号线元延长线的交点，8 点→8'点的水平移距为 0.2466m，显示为复数的实部，它与使用 AutoCAD 作图测得的理论值 0.2468m 比较，相差 0.0002m。

④ 由于过 24 号测点的垂直线与开挖轮廓线 6 号线元没有交点，因此不显示复数的虚部，只显示水平移距实部数值 0.0526。水平移距为正数表示 24 号测点为超挖，需要向洞内方向移动。

(5) 隧道净空测量计算

隧道二衬施工完成后，需要测量二衬的实际净空值，并与二衬设计轮廓线比较，以检查是否符合设计要求。执行 Q2X8 程序，输入三个实测二衬点坐标的屏幕提示与用户操作过程如下：

屏幕提示	按键	说明
JD curve xyH Q2X8		显示程序标题
new(0)/old(≠0) main point data=?	6 [EXE]	输入非零数为使用现有主点数据计算
st xy new(0)/old(>0)/no(<0)=?	-3 [EXE]	输入负数为不设置测站点(station)
peg→xyH(1)/xyH→peg(2)/ xyH→δr(3)/pier(4)=?	3 [EXE]	输入 3 选择隧道超欠挖计算
Mat Y(0)/Mat X(≠0)=?	0 [EXE]	输入 0 选择 Mat Y 矩阵为洞身支护参数
contour line(1/0/2)=?	2 [EXE]	输入 2 选择二衬轮廓线(净空测量)
ClrMat W(0),no(≠0)=?	0 [EXE]	输入 0 为清除前已存储的测点数据
x_i(m)/π⇒end=?	2471843.2054 [EXE]	输入全站仪实测二衬点三维坐标
y_i(m)+ni=?	501730.6743 [EXE]	
H_i(m)=?	42.3858 [EXE]	
p peg(m)+ni=89585.7500+2.0000i	[EXE]	显示垂点桩号+平曲线元号 i 复数
δr(m)+ni=0.0459+2.0000i	[EXE]	显示超欠挖径距+二衬轮廓线类号 i 复数
x_i(m)/π⇒end=?	2471837.3958 [EXE]	输入全站仪实测二衬点三维坐标
y_i(m)+ni=?	501725.8758 [EXE]	
H_i(m)=?	49.0397 [EXE]	
p peg(m)+ni=89585.7501+2.0000i	[EXE]	显示垂点桩号+平曲线元号 i 复数
δr(m)+ni=0.0216+2.0000i	[EXE]	显示超欠挖径距+二衬轮廓线类号 i 复数
x_i(m)/π⇒end=?	2471831.3449 [EXE]	输入全站仪实测二衬点三维坐标
y_i(m)+ni=?	501720.8781 [EXE]	
H_i(m)=?	43.0393 [EXE]	
p peg(m)+ni=89585.7501+2.0000i	[EXE]	显示垂点桩号+平曲线元号 i 复数
δr(m)+ni=0.0313+2.0000i	[EXE]	显示超欠挖径距+二衬轮廓线类号 i 复数
x_i(m)/π⇒end=?	[SHIFT] [π] [EXE]	输入 π 结束程序
Q2X8⇒End		程序结束显示

在执行 Q2X8 程序，屏幕显示提示“**contour line(1/0/2)=?**”，输入 2 响应选择净空测量时，每输入一个二衬测点的三维坐标，屏幕只显示超欠挖值，不计算也不显示水平移距+垂直移距 i 复数“**←→+↑↓i(m)**”。

本例的全部数据文件位于光盘“\4 章\八亩斜飞凤南龙隧道\K 线”路径下。

(6) L 线南龙隧道超欠挖计算案例

设置 **File2** 为当前串列文件，执行 Q2X8 程序，计算 L 线平竖曲线主点数据与隧道超欠挖的屏幕提示及用户操作过程如下：

屏幕提示	按键	说明
JD curve xyH Q2X8		显示程序标题
new(0)/old(≠0) main point data=?	0 [EXE]	输入 0 为重新计算主点数据
i_L%,i_R% Mat B(1)/C(2)/D(3)/ E(4)/F(5)/G(6)/no(0)=?	0 [EXE]	输入 0 不选择路基超高横坡矩阵
hor−curve first JD num=?	3 [EXE]	输入平曲线起始交点号(number)
ver−curve first SJD num=?	3 [EXE]	输入竖曲线起始变坡点号/耗时 1.80s
Z_{ZD}(m)=91650.0800	[EXE]	显示平曲线终点桩号(0.1mm)/耗时 1.05s
α_{ZD}=88°03′58.06″	[EXE]	显示平曲线终点走向方位角
Press [MENU][2]⇒Stop!	[EXE]	继续计算
st xy new(0)/old(>0)/no(<0)=?	-7 [EXE]	输入负数为不设置测站点(station)
peg→xyH(1)/xyH→peg(2)/ xyH→δr(3)/pier(4)=?	3 [EXE]	输入 3 选择隧道超欠挖计算
Mat Y(0)/Mat X(≠0)=?	2 [EXE]	输入非零数选择 Mat X 矩阵洞身支护参数

续表

屏幕提示	按键	说明
contour line(1/0/2)=?	1 EXE	输入 1 选择初期支护轮廓线
ClrMat W(0),no(≠0)=?	0 EXE	输入 0 为清除前已存储的测点数据
x_i(m)/π⇒end=?	2471509.8565 EXE	输入掌子面 1 号测点三维坐标
y_i(m)+ni=?	502724.4891 EXE	
H_i(m)=?	53.0451 EXE	
p peg(m)+ni=90647.7500+4.0000i	EXE	显示垂点桩号+平曲线元号 i 复数/耗时 1.24s
H_p+X_ji(m)=46.1321−5.5581i	EXE	显示垂点设计高程+测点隧中 X 坐标 i 复数
δr(m)+ni=0.2170+2.0000i	EXE	显示超欠挖径距+二衬轮廓线类号 i 复数
←→+↑↓i(m)=0.3598+0.2775i	EXE	显示水平移距+垂直移距 i 复数
x_i(m)/π⇒end=?	2471507.986 EXE	输入掌子面 2 号测点三维坐标
y_i(m)+ni=?	502724.4379 EXE	
H_i(m)=?	53.7889 EXE	
p peg(m)+ni=90647.7500+4.0000i	EXE	显示垂点桩号+平曲线元号 i 复数
H_p+X_ji(m)=46.1321−3.6869i	EXE	显示垂点设计高程+测点隧中 X 坐标 i 复数
δr(m)+ni=-0.1312+2.0000i	EXE	显示超欠挖径距+二衬轮廓线类号 i 复数
←→+↑↓i(m)=-0.2990−0.1447i	EXE	显示水平移距+垂直移距 i 复数
x_i(m)/π⇒end=?	2471504.0253 EXE	输入掌子面 3 号测点三维坐标
y_i(m)+ni=?	502724.8275 EXE	
H_i(m)=?	54.9692 EXE	
p peg(m)+ni=90648.2500+4.0000i	EXE	显示垂点桩号+平曲线元号 i 复数
H_p+X_ji(m)=46.1271+0.2618i	EXE	显示垂点设计高程+测点隧中 X 坐标 i 复数
δr(m)+ni=0.2959+1.0000i	EXE	显示超欠挖径距+二衬轮廓线类号 i 复数
←→+↑↓i(m)=0.0000+0.2960i	EXE	显示水平移距+垂直移距 i 复数
x_i(m)/π⇒end=?	2471496.8448 EXE	输入掌子面 4 号测点三维坐标
y_i(m)+ni=?	502724.633 EXE	
H_i(m)=?	49.7125 EXE	
p peg(m)+ni=90648.2500+4.0000i	EXE	显示垂点桩号+平曲线元号 i 复数
H_p+X_ji(m)=46.1271+7.4449i	EXE	显示垂点设计高程+测点隧中 X 坐标 i 复数
δr(m)+ni=-0.2959+1.0000i	EXE	显示超欠挖径距+二衬轮廓线类号 i 复数
←→+↑↓i(m)=-0.3155−0.7240i	EXE	显示水平移距+垂直移距 i 复数
x_i(m)/π⇒end=?	2471495.9855 EXE	输入掌子面 5 号测点三维坐标
y_i(m)+ni=?	502724.6097 EXE	位于 3 号线元(垂直线)
H_i(m)=?	45.8177 EXE	
p peg(m)+ni=90648.2500+4.0000i	EXE	显示垂点桩号+平曲线元号 i 复数
H_p+X_ji(m)=46.1271+8.3045i	EXE	显示垂点设计高程+测点隧中 X 坐标 i 复数
δr(m)+ni=0.1862+1.0000i	EXE	显示超欠挖径距+二衬轮廓线类号 i 复数
x_i(m)/π⇒end=?	2471503.7341 EXE	输入掌子面 6 号测点三维坐标
y_i(m)=?	502724.8196 EXE	位于 4 号线元(水平线)
H_i(m)=?	45.0858 EXE	
p peg(m)+ni=90648.2500+4.0000i	EXE	显示垂点桩号+平曲线元号 i 复数
H_p+X_ji(m)=46.1271+0.5531i	EXE	显示垂点设计高程+测点隧中 X 坐标 i 复数
δr(m)+ni=0.2413+1.0000i	EXE	显示超欠挖径距+二衬轮廓线类号 i 复数
x_i(m)/π⇒end=?	2471505.6159 EXE	输入掌子面 7 号测点三维坐标
y_i(m)+ni=?	502724.373 EXE	
H_i(m)=?	43.3953 EXE	
p peg(m)+ni=90647.7500+4.0000i	EXE	显示垂点桩号+平曲线元号 i 复数
H_p+X_ji(m)=46.1321−1.3159i	EXE	显示垂点设计高程+测点隧中 X 坐标 i 复数
δr(m)+ni=0.2649+2.0000i	EXE	显示超欠挖径距+二衬轮廓线类号 i 复数
←→+↑↓i(m)=0.0000+0.2653i	EXE	显示水平移距+垂直移距 i 复数
x_i(m)/π⇒end=?	2471512.0371 EXE	输入掌子面 8 号测点三维坐标
y_i(m)+ni=?	502724.5488 EXE	
H_i(m)=?	45.0131 EXE	
p peg(m)+ni=90647.7500+4.0000i	EXE	显示垂点桩号+平曲线元号 i 复数

续表

屏幕提示	按键	说明
H_p+X_ji(m)=46.1321−7.7395i	EXE	显示垂点设计高程+测点隧中 X 坐标 i 复数
δr(m)+ni=0.2552+2.0000i	EXE	显示超欠挖径距+二衬轮廓线类号 i 复数
←→+↑↓i(m)=0.3571+0.4432i	EXE	显示水平移距+垂直移距 i 复数
x_i(m)/π⇌end=?	2471512.1425 EXE	输入掌子面 9 号测点三维坐标
y_i(m)+ni=?	502724.5517 EXE	
H_i(m)=?	48.9991 EXE	
p peg(m)+ni=90647.7500+4.0000i	EXE	显示垂点桩号+平曲线元号 i 复数
H_p+X_ji(m)=46.1321−7.8449i	EXE	显示垂点设计高程+测点隧中 X 坐标 i 复数
δr(m)+ni=-0.1819+2.0000i	EXE	显示超欠挖径距+二衬轮廓线类号 i 复数
←→+↑↓i(m)=-0.1865−0.6592i	EXE	显示水平移距+垂直移距 i 复数
x_i(m)/π⇌end=?	SHIFT π EXE	输入 π 结束程序
Q2X8⇌End		程序结束显示

执行隧道超欠挖功能，首次选择围岩洞身参数支护矩阵 Mat X 时，如果程序检测到 Mat X 矩阵的列数等于 5，则为 Mat X 矩阵新增 1 列，将第 1 列的设计桩号转换为连续桩号并存入新增的第 6 列。

完成首次隧道超欠挖计算以后，可以按 MENU 1 键进入 **RUN•MAT** 模式，按 F1 ALPHA X EXE 键查看 Mat X 矩阵处理后的结果，如图 4-132 所示。此时，Mat X 矩阵已有 6 列。由于本例没有断链，因此第 6 列的连续桩号与第 1 列的设计桩号对应相等。

本例的全部数据文件位于光盘"\4 章\八亩斜飞凤南龙隧道\L 线"路径下。

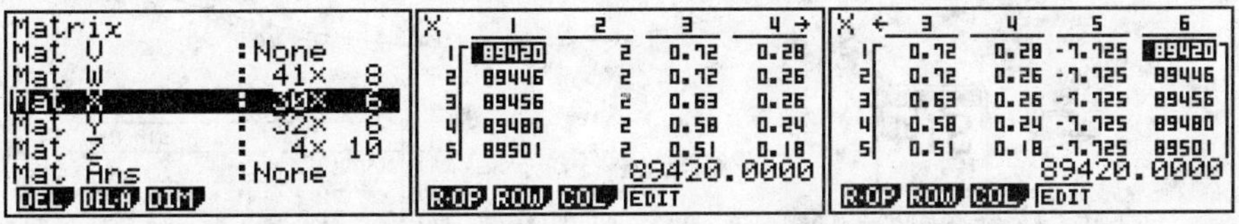

图 4-132　首次选择 Mat X 矩阵后新增 1 列的结果

3) 隧道超欠挖计算原理

用户输入了全站仪实测 i 点的三维坐标(x_i，y_i，H_i)后，程序应用测点 i 的平面坐标(x_i，y_i)反算出该点在路线中线的垂点连续桩号 Z'_p 与中桩三维设计坐标(x_p，y_p，H_p)及其边距代数值 d_i (左偏为负数，右偏为正数)；根据垂点连续桩号 Z'_p，在 Mat Y(或 Mat X)矩阵第 6 列单元中搜索该点所在的围岩起始连续桩号所在的行号，根据该行号从 Mat Y(或 Mat X)矩阵的第 5 列提取该点围岩的隧道中线偏距 δ_3；根据围岩类号，从 Mat Z 矩阵提取测点所在围岩二衬轮廓线的右幅主点数据，并计算二衬轮廓线的全幅主点数据，结果存入 Mat T 矩阵，再按下列公式计算测点的隧中坐标

$$\left.\begin{aligned} Y_i &= H_i - H_p \\ X_i &= d_i - \delta_3 \end{aligned}\right\} \tag{4-165}$$

Mat T 矩阵的第 1 列为二衬轮廓线线元的圆心坐标复数 Y_O+X_Oi，第 2 列为线元半径，第 3 列为线元起点坐标复数 Y_s+X_si，第 4 列为线元圆心至起点的隧中坐标方位角，该方位角是确定测点所在线元的重要依据之一。

由于 Mat Z 矩阵只存储了各类围岩二衬轮廓线的主点数据，执行 Q2X8 程序，屏幕显示提示“**contour line(1/0/2)=?**”，输入 1 响应时，程序从 Mat Y(或 Mat X)矩阵的测点行号第 3 列提取 δ_1 作为二衬轮廓线的外偏距；输入 0 响应时，程序从 Mat Y(或 Mat X)矩阵的测点行号第 3 列提取 δ_1，第 4 列提取 δ_2，将 $\delta_1+\delta_2$ 作为二衬轮廓线的外偏距；输入 2 响应时，程序设置二衬轮廓线的外偏距为 0。

程序首先以二衬轮廓线为基准线，算出测点的超欠挖值，再用外偏距值改正算出的超欠挖值，然后发送到屏幕显示。

当断面测点位于二衬轮廓线的圆曲线元时，超欠挖值等于测点至圆心的距离减圆曲线元半径，再减外偏距值；当测点位于直线线元时，超欠挖值等于测点至直线的垂距减外偏距值。

4) 共用一条平竖曲线的高速公路左右连体隧道超欠挖计算案例

图 4-133 为浙江省杭(州)长(兴)高速公路安城段 13 合同段骆驼山连体隧道平竖曲线设计图，该隧道虽然也有左洞与右洞，但它们共用一条平竖曲线，因此进行左洞或右洞的超欠挖计算时，不需要更换平竖曲线串列文件，只需要在 Mat Y 与 Mat X 矩阵选择一个作为洞身支护参数矩阵即可进行计算。

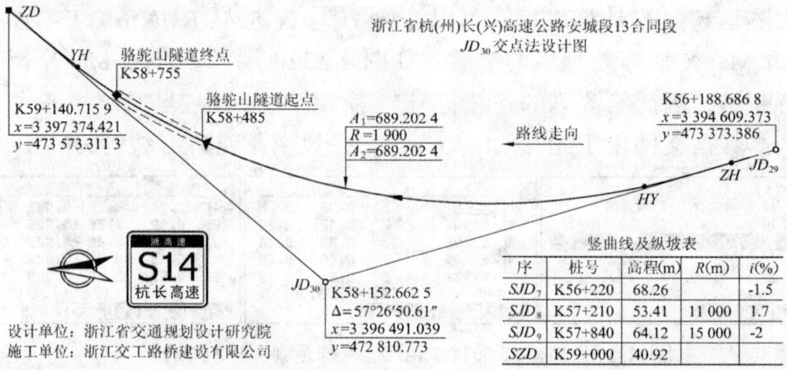

图 4-133　浙江省杭(州)长(兴)高速公路安城段 13 合同段骆驼山连体隧道平竖曲线设计图

骆驼山隧道只采用了Ⅴ级围岩一种断面，图 4-134 为该围岩的 1 类与 2 类二衬轮廓线设计图，表 4-39 列出了围岩洞身支护参数。

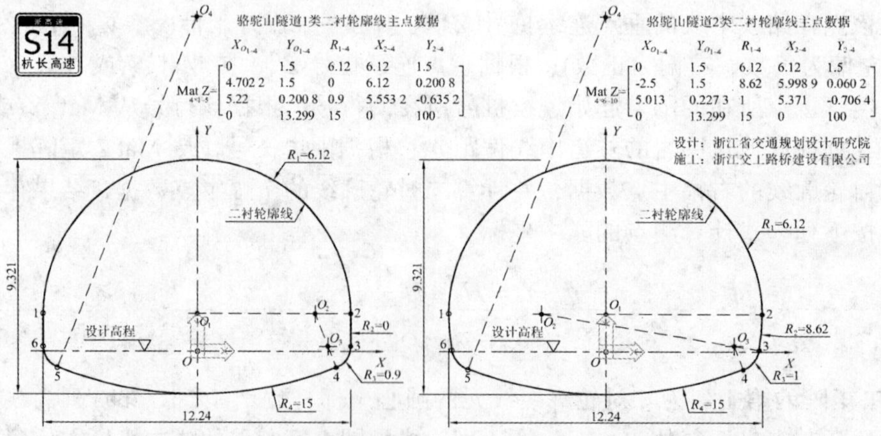

(a)1 类二衬轮廓线(超欠挖与开挖轮廓线放样)　　(b)2 类二衬轮廓线(净空测量)

图 4-134　骆驼山隧道 1 类与 2 类二衬轮廓线设计图

表 4-39　骆驼山隧道左、右洞围岩洞身支护参数

行号	设计桩号	围岩	二衬轮廓线类号	二衬厚度+预留变形量 δ_1(m)	喷射层厚 δ_2(m)	隧中偏距 δ_3(m)
1	K58+485	Vc	1	0.72	0.25	±7.62
	K58+755	终点				左负右正

(1) 平竖曲线串列数据的输入

按表 4-1 的规定，在 MS Excel 的 File3 选项卡的 A~F 列输入图 4-133 所示的平曲线设计数据，在 W 列输入图 4-133 内表所列竖曲线设计数据，结果如图 4-135 上图所示。

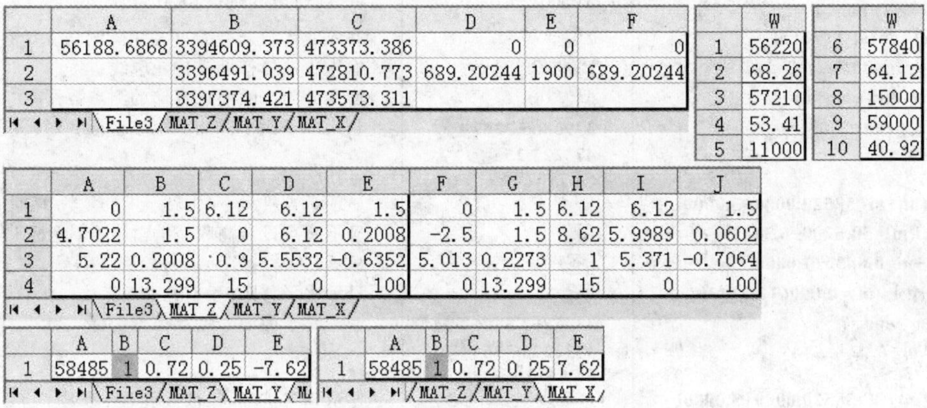

	A	B	C	D	E	F
1	56188.6868	3394609.373	473373.386	0	0	0
2		3396491.039	472810.773	689.20244	1900	689.20244
3		3397374.421	473573.311			

File3 / MAT_Z / MAT_Y / MAT_X

	W		W
1	56220	6	57840
2	68.26	7	64.12
3	57210	8	15000
4	53.41	9	59000
5	11000	10	40.92

	A	B	C	D	E	F	G	H	I	J
1	0	1.5	6.12	6.12	1.5	0	1.5	6.12	6.12	1.5
2	4.7022	1.5	0	6.12	0.2008	-2.5	1.5	8.62	5.9989	0.0602
3	5.22	0.2008	0.9	5.5532	-0.6352	5.013	0.2273	1	5.371	-0.7064
4	0	13.299	15	0	100	0	13.299	15	0	100

File3 / MAT_Z / MAT_Y / MAT_X

	A	B	C	D	E
1	58485	1	0.72	0.25	-7.62

File3 / MAT_Z / MAT_Y / MA

	A	B	C	D	E
1	58485	1	0.72	0.25	7.62

MAT_Z / MAT_Y / MAT_X

图 4-135　在 MS Excel 的 File3 选项卡输入平竖曲线设计数据，在 MAT_Z 选项卡输入隧道二衬轮廓线主点数据，在 MAT_Y 与 MAT_X 选项卡输入左、右洞围岩洞身支护参数

(2) Mat Z，Mat Y 与 Mat X 矩阵数据的输入

按表 4-30 的规定，在 MS Excel 的 MAT_Z 选项卡输入图 4-134 的 1、2 类二衬轮廓线主点数据，结果如图 4-135 中图所示，并另存为 MAT_Z.csv 文件。

按表 4-31 的规定，在 MAT_Y 选项卡输入表 4-39 的围岩洞身支护参数，并另存为 MAT_Y.csv 文件；由于左右洞的洞身支护参数基本相同，只需要将 MAT_Y 选项卡的数据复制到 MAT_X 选项卡，并将隧中偏距-7.62 修改为 7.62，将其另存为 MAT_X.csv 文件即可，结果如图 4-135 下图所示。图 4-135 是将左洞的围岩洞身支护参数输入 Mat Y 矩阵，右洞的围岩洞身支护参数输入 Mat X 矩阵。

将 MAT_Z.csv, MAT_Y.csv, MAT_X.csv 文件上传到 fx-9750GⅡ内存，并将 Mat Y[1,2]与 Mat X[1,2]单元的数值修改为复数"1+2i"，结果如图 4-136 所示。

图 4-136　为 Mat Y[1,2]与 Mat X[1,2]矩阵单元添加复数虚部的结果

(3) 计算平竖曲线主点数据与右洞超欠挖值案例

设置 **File3** 为当前串列文件，执行 Q2X8 程序，计算平竖曲线主点数据及隧道超欠挖的屏幕提示与用户操作过程如下：

屏幕提示	按键	说明
JD curve xyH Q2X8		显示程序标题
new(0)/old(≠0) main point data=?	0 EXE	输入 0 为重新计算主点数据
i_L%,i_R% Mat B(1)/C(2)/D(3)/ E(4)/F(5)/G(6)/no(0)=?	0 EXE	输入 0 不选择路基超高横坡矩阵
hor-curve first JD num=?	30 EXE	输入平曲线起始交点号(<u>num</u>ber)
ver-curve first SJD num=?	8 EXE	输入竖曲线起始变坡点号/耗时 1.55s
Z_{ZD}(m)=59140.7159	EXE	显示平曲线终点桩号(0mm)/耗时 0.96s
α_{ZD}=40°48′03.13″	EXE	显示平曲线终点走向方位角
Press [MENU][2]⇛Stop!	EXE	继续计算
st xy new(0)/old(>0)/no(<0)=?	-7 EXE	输入负数为不设置测站点(<u>st</u>ation)
peg→xyH(1)/xy→peg(2)/ xyH→δr(3)/pier(4)=?	3 EXE	输入 3 选择隧道超欠挖计算
Mat Y(0)/Mat X(≠0)=?	2 EXE	输入非零数选择 Mat X 矩阵洞身支护参数
contour line(1/0/2)=?	1 EXE	输入 1 选择初期支护轮廓线
ClrMat W(0),no(≠0)=?	0 EXE	输入 0 为清除前已存储的测点数据
x_i(m)/π⇛end=?	3396865.3367 EXE	输入掌子面 1 号测点三维坐标
y_i(m)+ni=?	473222.25 EXE	
H_i(m)=?	54.7907 EXE	
p peg(m)+ni=58520.0000+3.0000i	EXE	显示垂点桩号+平曲线元号 i 复数/耗时 0.96s
H_p+X_ji(m)=50.5200−6.3443i	EXE	显示垂点设计高程+测点隧中 X 坐标 i 复数
δr(m)+ni=0.0830+1.0000i	EXE	显示超欠挖径距+二衬轮廓线类号 i 复数
←→+↑↓i(m)=0.0906+0.2143i	EXE	显示水平移距+垂直移距 i 复数
x_i(m)/π⇛end=?	3396862.8706 EXE	输入掌子面 2 号测点三维坐标
y_i(m)+ni=?	473227.3396 EXE	
H_i(m)=?	58.6553 EXE	
p peg(m)+ni=58520.0000+3.0000i	EXE	显示垂点桩号+平曲线元号 i 复数
H_p+X_ji(m)=50.5200−0.6887i	EXE	显示垂点设计高程+测点隧中 X 坐标 i 复数
δr(m)+ni=-0.1691+1.0000i	EXE	显示超欠挖径距+二衬轮廓线类号 i 复数
←→+↑↓i(m)=-0.9721−0.1699i	EXE	显示水平移距+垂直移距 i 复数
x_i(m)/π⇛end=?	3396859.9202 EXE	输入掌子面 3 号测点三维坐标
y_i(m)+ni=?	473233.4287 EXE	
H_i(m)=?	54.8524 EXE	
p peg(m)+ni=58520.0001+3.0000i	EXE	显示垂点桩号+平曲线元号 i 复数
H_p+X_ji(m)=50.5200+6.0775i	EXE	显示垂点设计高程+测点隧中 X 坐标 i 复数
δr(m)+ni=-0.1349+1.0000i	EXE	显示超欠挖径距+二衬轮廓线类号 i 复数
←→+↑↓i(m)=-0.1485−0.3060i	EXE	显示水平移距+垂直移距 i 复数
x_i(m)/π⇛end=?	3396859.5256 EXE	输入掌子面 4 号测点三维坐标
y_i(m)+ni=?	473234.243 EXE	测点位于 2 号垂直直线线元
H_i(m)=?	51.2961 EXE	
p peg(m)+ni=58520.0000+3.0000i	EXE	显示垂点桩号+平曲线元号 i 复数
H_p+X_ji(m)=50.5200+6.9824i	EXE	显示垂点设计高程+测点隧中 X 坐标 i 复数
δr(m)+ni=0.1424+1.0000i	EXE	显示超欠挖径距+二衬轮廓线类号 i 复数
x_i(m)/π⇛end=?	3396859.8485 EXE	输入掌子面 5 号测点三维坐标
y_i(m)+ni=?	473233.5767 EXE	
H_i(m)=?	49.6722 EXE	
p peg(m)+ni=58520.0001+3.0000i	EXE	显示垂点桩号+平曲线元号 i 复数
H_p+X_ji(m)=50.5200+6.2420i	EXE	显示垂点设计高程+测点隧中 X 坐标 i 复数
δr(m)+ni=-0.1558+1.0000i	EXE	显示超欠挖径距+二衬轮廓线类号 i 复数
←→+↑↓i(m)=-0.2129−0.2084i	EXE	显示水平移距+垂直移距 i 复数
x_i(m)/π⇛end=?	3396861.9379 EXE	输入掌子面 6 号测点三维坐标
y_i(m)+ni=?	473229.2645 EXE	
H_i(m)=?	47.9866 EXE	
p peg(m)+ni=58520.0000+3.0000i	EXE	显示垂点桩号+平曲线元号 i 复数
H_p+X_ji(m)=50.5200+1.4502i	EXE	显示垂点设计高程+测点隧中 X 坐标 i 复数
δr(m)+ni=0.1787+1.0000i	EXE	显示超欠挖径距+二衬轮廓线类号 i 复数
←→+↑↓i(m)=0.0000+0.1794i	EXE	显示水平移距+垂直移距 i 复数

续表

屏幕提示	按键	说明
x_i(m)/π⇒end=?	3396864.0364 EXE	输入掌子面 7 号测点三维坐标
y_i(m)+ni=?	473224.9337 EXE	
H_i(m)=?	48.6649 EXE	
p peg(m)+ni=58520.0001+3.0000i	EXE	显示垂点桩号+平曲线元号 i 复数
H_p+X_ji(m)=50.5200−3.3622i	EXE	显示垂点设计高程+测点隧中 X 坐标 i 复数
δr(m)+ni=-0.1974+1.0000i	EXE	显示超欠挖径距+二衬轮廓线类号 i 复数
←→+↑↓i(m)=-0.8177−0.2021i	EXE	显示水平移距+垂直移距 i 复数
x_i(m)/π⇒end=?	3396865.4712 EXE	输入掌子面 8 号测点三维坐标
y_i(m)+ni=?	473221.9725 EXE	
H_i(m)=?	49.6722 EXE	
p peg(m)+ni=58520.0000+3.0000i	EXE	显示垂点桩号+平曲线元号 i 复数
H_p+X_ji(m)=50.5200−6.6527i	EXE	显示垂点设计高程+测点隧中 X 坐标 i 复数
δr(m)+ni=0.1554+1.0000i	EXE	显示超欠挖径距+二衬轮廓线类号 i 复数
←→+↑↓i(m)=0.1979+0.2925i	EXE	显示水平移距+垂直移距 i 复数
x_i(m)/π⇒end=?	3396865.4892 EXE	输入掌子面 9 号测点三维坐标
y_i(m)+ni=?	473221.9354 EXE	测点位于 6 号垂直直线线元
H_i(m)=?	51.3578 EXE	
p peg(m)+ni=58520.0000+3.0000i	EXE	显示垂点桩号+平曲线元号 i 复数
H_p+X_ji(m)=50.5200−6.6939i	EXE	显示垂点设计高程+测点隧中 X 坐标 i 复数
δr(m)+ni=-0.1461+1.0000i	EXE	显示超欠挖径距+二衬轮廓线类号 i 复数
x_i(m)/π⇒end=?	SHIFT π EXE	输入 π 结束程序
Q2X8⇒End		程序结束显示

（4）右洞净空测量计算案例

重复执行 Q2X8 程序，计算右洞净空测量的屏幕提示及用户操作过程如下：

屏幕提示	按键	说明
JD curve xyH Q2X8		显示程序标题
new(0)/old(≠0) main point data=?	6 EXE	输入非零数为使用现有主点数据计算
st xy new(0)/old(>0)/no(<0)=?	-7 EXE	输入负数为不设置测站点(station)
peg→xyH(1)/xy→peg(2)/ xyH→δr(3)/pier(4)=?	3 EXE	输入 3 选择隧道超欠挖计算
Mat Y(0)/Mat X(≠0)=?	7 EXE	输入非零数选择 Mat X 矩阵洞身支护参数
contour line(1/0/2)=?	2 EXE	输入 2 选择二衬轮廓线(净空测量)
ClrMat W(0),no(≠0)=?	0 EXE	输入 0 为清除前已存储的测点数据
x_i(m)/π⇒end=?	3396936.4028 EXE	输入掌子面 1 号测点三维坐标
y_i(m)+ni=?	473258.8457 EXE	
H_i(m)=?	49.3332 EXE	
p peg(m)+ni=58599.9999+3.0000i	EXE	显示垂点桩号+平曲线元号 i 复数/耗时 0.77s
δr(m)+ni=0.0307+2.0000i	EXE	显示超欠挖径距+二衬轮廓线类号 i 复数
x_i(m)/π⇒end=?	3396933.9786 EXE	输入掌子面 2 号测点三维坐标
y_i(m)+ni=?	473263.3547 EXE	
H_i(m)=?	56.4889 EXE	
p peg(m)+ni=58600.0000+3.0000i	EXE	显示垂点桩号+平曲线元号 i 复数
δr(m)+ni=0.0248+2.0000i	EXE	显示超欠挖径距+二衬轮廓线类号 i 复数
x_i(m)/π⇒end=?	3396930.6095 EXE	输入掌子面 3 号测点三维坐标
y_i(m)+ni=?	473269.6211 EXE	
H_i(m)=?	50.5503 EXE	
p peg(m)+ni=58600.0000+3.0000i	EXE	显示垂点桩号+平曲线元号 i 复数
δr(m)+ni=0.0333+2.0000i	EXE	显示超欠挖径距+二衬轮廓线类号 i 复数
x_i(m)/π⇒end=?	SHIFT π EXE	输入 π 结束程序
Q2X8⇒End		程序结束显示

由于 Mat X[1,2]单元的数值是复数 1+2i，选择净空测量功能时，程序自动提取该单元虚部数值 2 作为净空测量二衬轮廓线类号，并使用 Mat Z 矩阵 6~10 列的数值计算二衬轮廓线全幅主点数据。

(5) 左洞开挖轮廓线放样计算案例

重复执行 Q2X8 程序，计算左洞隧道超欠挖的屏幕提示与用户操作过程如下：

屏幕提示	按键	说明
JD curve xyH Q2X8		显示程序标题
new(0)/old(≠0) main point data=?	7 EXE	输入非零数为使用现有主点数据计算
st xy new(0)/old(>0)/no(<0)=?	-8 EXE	输入负数为不设置测站点(station)
peg→xyH(1)/xy→peg(2)/ xyH→δr(3)/pier(4)=?	3 EXE	输入 3 选择隧道超欠挖计算
Mat Y(0)/Mat X(≠0)=?	0 EXE	输入 0 选择 Mat Y 矩阵洞身支护参数
contour line(1/0/2)=?	0 EXE	输入 0 选择开挖轮廓线
ClrMat W(0),no(≠0)=?	0 EXE	输入 0 为清除前已存储的测点数据
x_i(m)/π⇒end=?	3396908.1415 EXE	输入掌子面 1 号测点三维坐标
y_i(m)+ni=?	473226.3184 EXE	
H_i(m)=?	52.5665 EXE	
p peg(m)+ni=58560.0000+3.0000i	EXE	显示垂点桩号+平曲线元号 i 复数/耗时 0.77s
δr(m)+ni=-0.4203+1.0000i	EXE	显示超欠挖径距+二衬轮廓线类号 i 复数
←→+↑↓i(m)=-0.4286-1.4097i	EXE	显示水平移距+垂直移距 i 复数
x_i(m)/π⇒end=?	3396903.9707 EXE	输入掌子面 2 号测点三维坐标
y_i(m)+ni=?	473234.4835 EXE	
H_i(m)=?	57.9792 EXE	
p peg(m)+ni=58560.0000+3.0000i	EXE	显示垂点桩号+平曲线元号 i 复数
δr(m)+ni=0.1651+1.0000i	EXE	显示超欠挖径距+二衬轮廓线类号 i 复数
←→+↑↓i(m)=0.4959+0.1776i	EXE	显示水平移距+垂直移距 i 复数
x_i(m)/π⇒end=?	3396902.1287 EXE	输入掌子面 3 号测点三维坐标
y_i(m)+ni=?	473238.0895 EXE	
H_i(m)=?	52.2748 EXE	
p peg(m)+ni=58560.0000+3.0000i	EXE	显示垂点桩号+平曲线元号 i 复数
δr(m)+ni=-0.3218+1.0000i	EXE	显示超欠挖径距+二衬轮廓线类号 i 复数
←→+↑↓i(m)=-0.3256-1.3057i	EXE	显示水平移距+垂直移距 i 复数
x_i(m)/π⇒end=?	SHIFT π EXE	输入 π 结束程序
Q2X8⇒End		程序结束显示

由于骆驼山隧道为共用一条平竖曲线的左右连体隧道，因此计算左洞时，不需要更换串列文件，只需在程序提示"**Mat Y(0)/Mat X(≠0)=?**"时，输入 0 选择洞身支护参数矩阵 Mat Y 即可计算。

按 MENU 1 键进入 **RUN•MAT** 模式，按 F1 ALPHA Y EXE 键查看 Mat Y 与 Mat X 矩阵新增 1 列的结果，如图 4-137 所示。

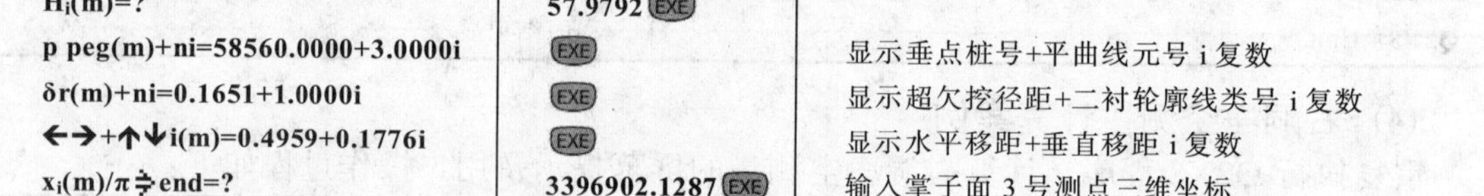

图 4-137 为 Mat Y 与 Mat X 矩阵各新增 1 列的结果

本例的全部数据文件位于光盘"\4 章\骆驼山隧道\"路径下。

5) 单线铁路隧道超欠挖计算案例

图 4-138 为新建贵阳久长至永温铁路白岩脚隧道平竖曲线设计图，该隧道共采用了Ⅲb+0，Ⅳa+0，Ⅳa+30，Ⅴc+0，Ⅴc+30 等 5 种围岩断面，图 4-139 与图 4-140 为这 5 种围岩的二衬轮廓线设计图，表 4-40 列出了其围岩洞身支护参数，表 4-41 列出了围岩洞身衬砌厚度与仰拱衬砌厚度。

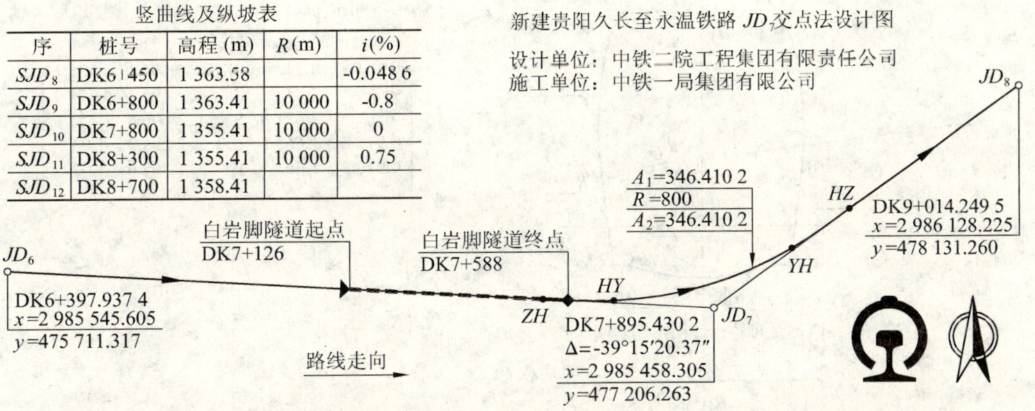

图 4-138 新建贵阳久长至永温铁路白岩脚隧道平竖曲线设计图

表 4-40 白岩脚隧道围岩洞身支护参数

行号	设计桩号	围岩	二衬轮廓线类号	二衬厚度+预留变形量 δ_1(m)	喷射层厚 δ_2(m)	隧中偏距 δ_3(m)
1	DK7+126	Ⅴc+0	4	0.45	0.22	0
2	DK7+205	Ⅳa+0	2	0.30	0.10	0
3	DK7+240	Ⅲb+0	1	0.30	0.07	0
4	DK7+485	Ⅳa+0	2	0.30	0.10	0
5	DK7+512	Ⅳa+30	3	0.30	0.10	-0.09
6	DK7+525	Ⅴc+30	5	0.45	0.22	-0.09
	DK7+588	终点				

表 4-41 白岩脚隧道洞身衬砌厚度与仰拱衬砌厚度比较

围岩类号	起点桩号	长度(m)	衬砌类型	加宽(cm)	隧中偏距(cm)	C25 混凝土喷层厚(cm)	衬砌		仰拱	
							标号	厚度(cm)	标号	厚度(cm)
4	DK7+126	79	Ⅴc+0	0	0	22	C35	45	C35	45
2	DK7+205	35	Ⅳa+0	0	0	10	C30	30	C30	40
1	DK7+240	245	Ⅲb+0	0	0	7	C30	30	C30	30
2	DK7+485	27	Ⅳa+0	0	0	10	C30	30	C30	40
3	DK7+512	13	Ⅳa+30	30	-9	10	C30	30	C30	40
5	DK7+525	63	Ⅴc+30	30	-9	22	C35	45	C35	45

由表 4-41 可知，Ⅳa+0 与Ⅳa+30 两种围岩的仰拱衬砌厚度不等于其洞身衬砌厚度(表中灰底色数字)，两者相差 10cm，而在 AutoCAD 中绘制这两类围岩的二衬轮廓线时，只能是在整个洞身(含仰拱)的二衬轮廓线上，内偏二次衬砌厚度获得。因此，执行 Q2X8 程序的净空测量功能时，仰拱测点的超欠挖值将存在 10cm 的偏差。隧道竣工后，进行二次衬砌净空测量时，由于仰拱已属于隐蔽工程，所以一般不测量仰拱的二次衬砌净空。

与高速公路隧道断面比较，单线铁路只需要将隧道洞身支护参数输入到 Mat Y 矩阵(或

Mat X 矩阵)，隧道断面的特点是：二衬轮廓线的线元数较多，且含有倾斜直线线元，由于仰拱的半径不同，倾斜直线的斜率也不相同，因此二衬轮廓线的类号也比较多，Mat Z 矩阵的数据采集与输入工作量比较大。

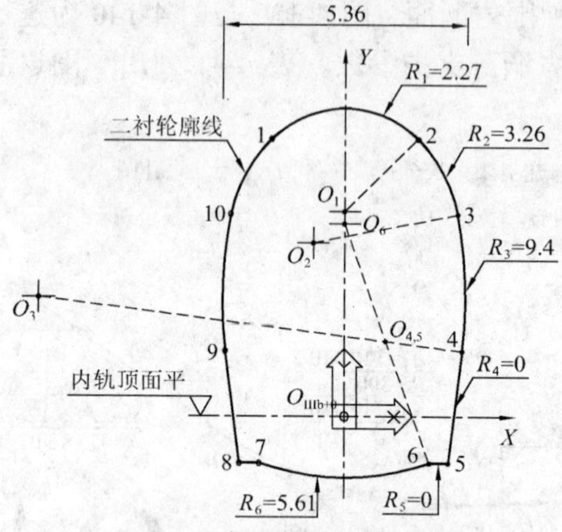

(a) 1类二衬轮廓线(IIIb+0级围岩)

新建贵阳久长至永温铁路白岩脚隧道
IIIb+0级围岩二衬轮廓线主点数据

Mat $Z_{6\times1\sim5}$=

$X_{O_{1\sim6}}$	$Y_{O_{1\sim6}}$	$R_{1\sim6}$	$X_{2\sim6}$	$Y_{2\sim6}$
0	4.53	2.27	1.605 1	6.135 1
-0.7	3.83	3.26	2.496 2	4.471 4
-6.72	2.621 8	9.4	2.606 8	1.451
0.916 8	1.663 1	0	2.295 3	-1.03
0.916 8	1.663 1	0	1.867 6	-1.03
0	4.26	5.61	0	100

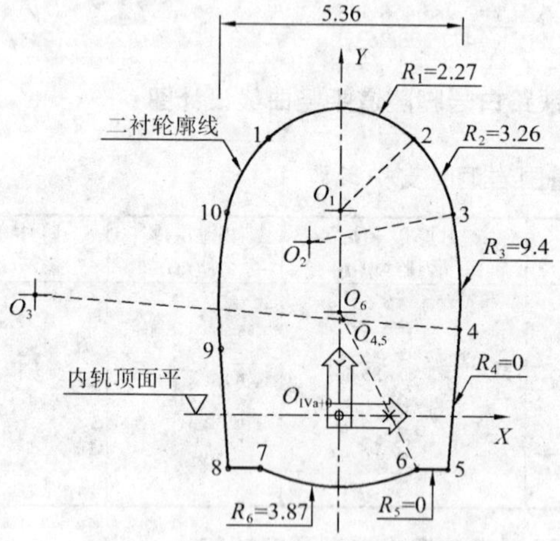

(b) 2类二衬轮廓线(IVa+0级围岩)

新建贵阳久长至永温铁路白岩脚隧道
IVa+0级围岩二衬轮廓线主点数据

Mat $Z_{6\times6\sim10}$=

$X_{O_{1\sim6}}$	$Y_{O_{1\sim6}}$	$R_{1\sim6}$	$X_{2\sim6}$	$Y_{2\sim6}$
0	4.53	2.27	1.605 1	6.135 1
-0.7	3.83	3.26	2.496 2	4.471 4
-6.72	2.621 8	9.4	2.653 8	1.919 9
0.084	2.112 3	0	2.421 6	-1.18
0.084	2.112 3	0	1.733 6	-1.18
0	2.28	3.87	0	100

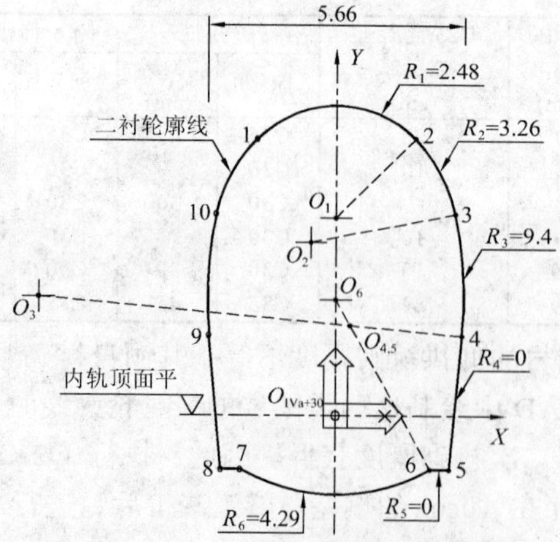

(c) 3类二衬轮廓线(IVa+30级围岩)

新建贵阳久长至永温铁路白岩脚隧道
IVa+30级围岩二衬轮廓线主点数据

Mat $Z_{6\times11\sim15}$=

$X_{O_{1\sim6}}$	$Y_{O_{1\sim6}}$	$R_{1\sim6}$	$X_{2\sim6}$	$Y_{2\sim6}$
0	4.38	2.48	1.752 1	6.135 1
-0.551 5	3.828 5	3.26	2.643 9	4.473 9
-6.57	2.612 8	9.4	2.792	1.768 9
0.319 3	1.991 8	0	2.526 2	-1.18
0.319 3	1.991 8	0	2.101 5	-1.18
0	2.56	4.29	0	100

设计：中铁二院工程集团有限公司
施工：中国中铁一局

图 4-139　白岩脚隧道ⅢIb+0，Ⅳa+0，Ⅳa+30 级围岩二衬轮廓线设计图

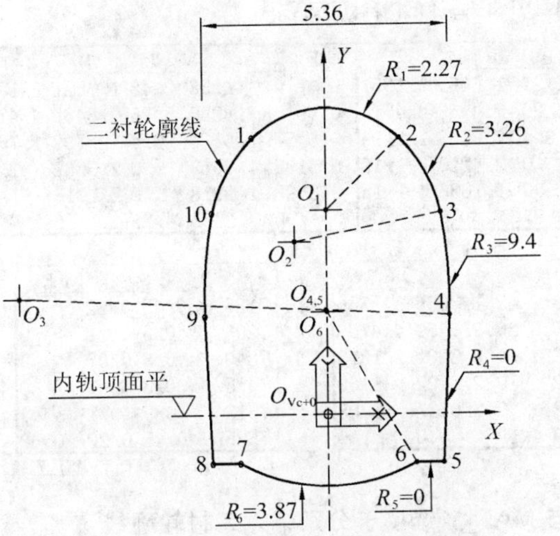

新建贵阳久长至永温铁路白岩脚隧道

Vc+0级围岩二衬轮廓线主点数据

Mat Z= ($6\times16\sim20$)

$X_{O_{1\sim6}}$	$Y_{O_{1\sim6}}$	$R_{1\sim6}$	$X_{2\sim6}$	$Y_{2\sim6}$
0	4.53	2.27	1.605 1	6.135 1
-0.7	3.83	3.26	2.496 2	4.471 4
-6.72	2.621 8	9.4	2.670 1	2.191 4
-0.019 8	2.314 7	0	2.520 2	-1.08
-0.019 8	2.314 7	0	1.920 2	-1.08
0	2.28	3.87	0	100

(a) 4类二衬轮廓线(Vc+0级围岩)

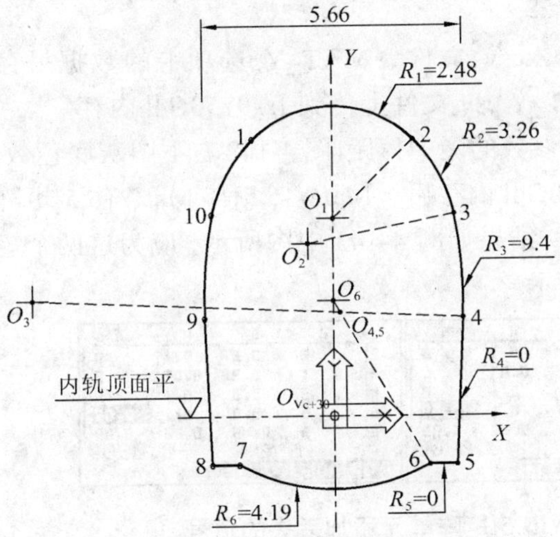

新建贵阳久长至永温铁路白岩脚隧道

Vc+30级围岩二衬轮廓线主点数据

Mat Z= ($6\times21\sim25$)

$X_{O_{1\sim6}}$	$Y_{O_{1\sim6}}$	$R_{1\sim6}$	$X_{2\sim6}$	$Y_{2\sim6}$
0	4.38	2.48	1.753 6	6.133 6
-0.551 5	3.828 5	3.26	2.643 9	4.473 9
-6.57	2.612 8	9.4	2.820 1	2.181 3
0.146 2	2.304 2	0	2.670 2	-1.08
0.146 2	2.304 2	0	2.073 7	-1.08
0	2.560 9	4.19	0	100

(b) 5类二衬轮廓线(Vc+30级围岩)

图 4-140　白岩脚隧道Ⅴc+0，Ⅴc +30 级围岩二衬轮廓线设计图

(1) 平竖曲线串列数据的输入

按表 4-1 的规定，在 MS Excel 的 File4 选项卡的 A~F 列输入图 4-138 所示的平曲线设计数据，在 W 列输入图 4-138 内表所列竖曲线设计数据，结果如图 4-141 所示。

	A	B	C	D	E	F
1	6397.9374	2985545.605	475711.317	0	0	0
2		2985458.305	477206.263	346.41016	800	346.41016
3		2986128.225	478131.26			

File4 / MAT_Z / MAT_Y

	W
1	6450
2	1363.58
3	6800
4	1363.41
5	10000
6	7800
7	1355.41
8	10000
9	8300
10	1355.41
11	10000
12	8700
13	1358.41

图 4-141　在 MS Excel 中的 File4 选项卡输入平竖曲线设计数据

(2) Mat Z 与 Mat Y 矩阵数据的输入

按表 4-30 的规定，在 MS Excel 的 MAT_Z 选项卡输入图 4-139 与图 4-140 等 1 ~5 类二衬轮廓线的主点数据，结果如图 4-142 所示；按表 4-31 的规定，在 MAT_Y 选项卡输入

表 4-40 隧道左洞围岩洞身支护参数，结果如图 4-142 右下图所示。

	A	B	C	D	E	F	G	H	I	J	K	L	M	N	O
1	0	4.53	2.27	1.6051	6.1351	0	4.53	2.27	1.6051	6.1351	0	4.38	2.48	1.7521	6.1351
2	-0.7	3.83	3.26	2.4962	4.4714	-0.7	3.83	3.26	2.4962	4.4714	-0.5515	3.8285	3.26	2.6439	4.4739
3	-6.72	2.6218	9.4	2.6068	1.451	-6.72	2.6218	9.4	2.6538	1.9199	-6.57	2.6128	9.4	2.792	1.7689
4	0.9168	1.6631	0	2.2953	-1.03	0.084	2.1123	0	2.4216	-1.18	0.3193	1.9918	0	2.5262	-1.18
5	0.9168	1.6631	0	1.8676	-1.03	0.084	2.1123	0	1.7336	-1.18	0.3193	1.9918	0	2.1015	-1.18
6	0	4.26	5.61	0	100	0	2.28	3.87	0	100	0	2.56	4.29	0	100

File4 MAT_Z MAT_Y

	P	Q	R	S	T	U	V	W	X	Y
1	0	4.53	2.27	1.6051	6.1351	0	4.38	2.48	1.7536	6.1336
2	-0.7	3.83	3.26	2.4962	4.4714	-0.5515	3.8285	3.26	2.6439	4.4739
3	-6.72	2.6218	9.4	2.6701	2.1914	-6.57	2.6128	9.4	2.8201	2.1813
4	-0.0198	2.3147	0	2.5202	-1.08	0.1462	2.3042	0	2.6702	-1.08
5	-0.0198	2.3147	0	1.9202	-1.08	0.1462	2.3042	0	2.0737	-1.08
6	0	2.28	3.87	0	100	0	2.5609	4.19	0	100

File4 MAT_Z MAT_Y

	A	B	C	D	E
1	7126	4	0.45	0.22	0
2	7205	2	0.3	0.1	0
3	7240	1	0.3	0.07	0
4	7485	2	0.3	0.1	0
5	7512	3	0.3	0.1	-0.09
6	7525	5	0.45	0.22	-0.09

File4 MAT_Z MAT_Y

图 4-142 在 MS Excel 中的 MAT_Z 与 MAT_Y 选项卡分别输入二衬轮廓线主点数据与围岩洞身支护参数

将 MAT_Z 选项卡的数据另存为 MAT_Z.csv 文件，MAT_Y 选项卡的数据另存为 MAT_Y.csv 文件，将 MAT_Z.csv 文件与 MAT_Y.csv 文件上传到 fx-9750GⅡ内存。

由于 DK7+512 与 DK7+525 桩号洞身支护参数的隧中偏距(图 4-142 右下图灰底色数值)均为-0.09，将 MAT_Y.csv 文件上传到 fx-9750GⅡ内存后，Mat Y[5,5]与 Mat Y[6,5]矩阵单元数值-0.09 的负号将丢失(原因参见图 1-134)，结果如图 4-143 中图所示，应为这两个矩阵单元的数值添加负号，结果如图 4-143 右图所示。

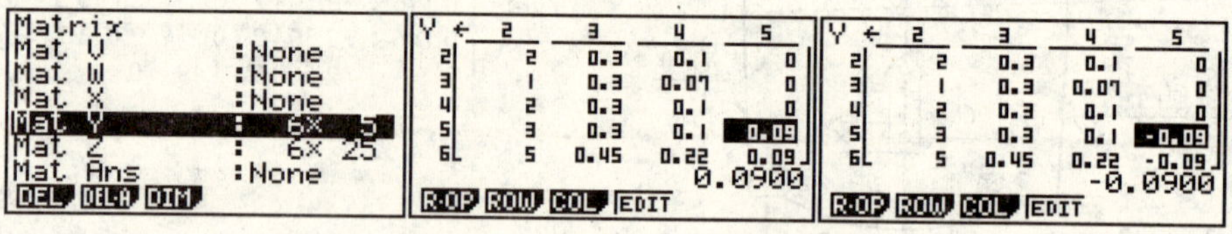

图 4-143 为 Mat Y[5,5]与 Mat Y[6,5]矩阵单元添加丢失的负号

(3) 平竖曲线主点数据计算与隧道超欠挖值计算案例

设置 **File4** 为当前串列文件，执行 Q2X8 程序，计算平竖曲线主点数据与隧道超欠挖值的屏幕提示及用户操作过程如下：

屏幕提示	按键	说明
JD curve xyH Q2X8		显示程序标题
new(0)/old(≠0) main point data=?	0 EXE	输入 0 为重新计算主点数据
i_L%,i_R% Mat B(1)/C(2)/D(3)/E(4)/F(5)/G(6)/no(0)=?	0 EXE	输入 0 不选择路基超高横坡矩阵
hor−curve first JD num=?	7 EXE	输入平曲线起始交点号(number)
ver−curve first SJD num=?	9 EXE	输入竖曲线起始变坡点号/耗时 1.52s
Z_{ZD}(m)=9014.2496	EXE	显示平曲线终点桩号(差 0.1mm)/耗时 1.08s
α_{ZD}=54°05′11.16″	EXE	显示平曲线终点走向方位角
Press [MENU][2] ⇟Stop!	EXE	继续计算
st xy new(0)/old(>0)/no(<0)=?	-8 EXE	输入负数为不设置测站点(station)
peg→xyH(1)/xy→peg(2)/xyH→δr(3)/pier(4)=?	3 EXE	输入 3 选择隧道超欠挖计算
Mat Y(0)/Mat X(≠0)=?	0 EXE	输入 0 选择 Mat Y 矩阵洞身支护参数

续表

屏幕提示	按键	说明
contour line(1/0/2)=?	**1** EXE	输入 1 选择初期支护轮廓线
ClrMat W(0),no(≠0)=?	**0** EXE	输入 0 为清除前已存储的测点数据
x_i(m)/π⇒end=?	**2985482.581** EXE	输入掌子面 1 号测点三维坐标
y_i(m)+ni=?	**476836.3689** EXE	
H_i(m)=?	**1363.7867** EXE	
p peg(m)+ni=7524.7500+1.0000i	EXE	显示垂点桩号+平曲线元号 i 复数/耗时 0.71s
H_p+X_ji(m)=1357.6120−2.5808i	EXE	显示垂点设计高程+测点隧中 X 坐标 i 复数
δr(m)+ni=0.3536+3.0000i	EXE	显示超欠挖径距+二衬轮廓线类号 i 复数
←→+↑↓i(m)=0.4548+0.6544i	EXE	显示水平移距+垂直移距 i 复数
x_i(m)/π⇒end=?	**2985481.6025** EXE	输入掌子面 2 号测点三维坐标
y_i(m)+ni=?	**476836.3118** EXE	
H_i(m)=?	**1364.2285** EXE	
p peg(m)+ni=7524.7501+1.0000i	EXE	显示垂点桩号+平曲线元号 i 复数
H_p+X_ji(m)=1357.6120−1.6007i	EXE	显示垂点设计高程+测点隧中 X 坐标 i 复数
δr(m)+ni=-0.0297+3.0000i	EXE	显示超欠挖径距+二衬轮廓线类号 i 复数
←→+↑↓i(m)=-0.0505−0.0364i	EXE	显示水平移距+垂直移距 i 复数
x_i(m)/π⇒end=?	**2985480.9853** EXE	输入掌子面 3 号测点三维坐标
y_i(m)+ni=?	**476836.2757** EXE	
H_i(m)=?	**1364.9086** EXE	
p peg(m)+ni=7524.7500+1.0000i	EXE	显示垂点桩号+平曲线元号 i 复数
H_p+X_ji(m)=1357.6120−0.9824i	EXE	显示垂点设计高程+测点隧中 X 坐标 i 复数
δr(m)+ni=0.2976+3.0000i	EXE	显示超欠挖径距+二衬轮廓线类号 i 复数
←→+↑↓i(m)=0.0000+0.3160i	EXE	显示水平移距+垂直移距 i 复数
x_i(m)/π⇒end=?	**2985480.0926** EXE	输入掌子面 4 号测点三维坐标
y_i(m)+ni=?	**476836.2236** EXE	
H_i(m)=?	**1364.8341** EXE	
p peg(m)+ni=7524.7500+1.0000i	EXE	显示垂点桩号+平曲线元号 i 复数
H_p+X_ji(m)=1357.6120−0.0882i	EXE	显示垂点设计高程+测点隧中 X 坐标 i 复数
δr(m)+ni=0.0635+3.0000i	EXE	显示超欠挖径距+二衬轮廓线类号 i 复数
←→+↑↓i(m)=0.0000+0.0635i	EXE	显示水平移距+垂直移距 i 复数
x_i(m)/π⇒end=?	**2985478.8733** EXE	输入掌子面 5 号测点三维坐标
y_i(m)+ni=?	**476836.6533** EXE	
H_i(m)=?	**1364.8674** EXE	
p peg(m)+ni=7525.2501+1.0000i	EXE	显示垂点桩号+平曲线元号 i 复数
H_p+X_ji(m)=1357.6080+1.1040i	EXE	显示垂点设计高程+测点隧中 X 坐标 i 复数
δr(m)+ni=0.1538+5.0000i	EXE	显示超欠挖径距+二衬轮廓线类号 i 复数
←→+↑↓i(m)=0.5618+0.1653i	EXE	显示水平移距+垂直移距 i 复数
x_i(m)/π⇒end=?	**2985478.2857** EXE	输入掌子面 6 号测点三维坐标
y_i(m)+ni=?	**476836.619** EXE	
H_i(m)=?	**1364.2343** EXE	
p peg(m)+ni=7525.2501+1.0000i	EXE	显示垂点桩号+平曲线元号 i 复数
H_p+X_ji(m)=1357.6080+1.6926i	EXE	显示垂点设计高程+测点隧中 X 坐标 i 复数
δr(m)+ni=-0.1174+5.0000i	EXE	显示超欠挖径距+二衬轮廓线类号 i 复数
←→+↑↓i(m)=-0.1887−0.1454i	EXE	显示水平移距+垂直移距 i 复数
x_i(m)/π⇒end=?	**2985477.5269** EXE	输入掌子面 7 号测点三维坐标
y_i(m)+ni=?	**476836.5746** EXE	
H_i(m)=?	**1363.8545** EXE	
p peg(m)+ni=7525.2500+1.0000i	EXE	显示垂点桩号+平曲线元号 i 复数
H_p+X_ji(m)=1357.6080+2.4527i	EXE	显示垂点设计高程+测点隧中 X 坐标 i 复数
δr(m)+ni=0.1464+5.0000i	EXE	显示超欠挖径距+二衬轮廓线类号 i 复数
←→+↑↓i(m)=0.1904+0.2411i	EXE	显示水平移距+垂直移距 i 复数

续表

屏幕提示	按键	说明
x_i(m)/π⇒end=?	2985477.1773 EXE	输入掌子面 8 号测点三维坐标
y_i(m)+ni=?	476836.5542 EXE	
H_i(m)=?	1362.8342 EXE	
p peg(m)+ni=7525.2500+1.0000i	EXE	显示垂点桩号+平曲线元号 i 复数
H_p+X_ji(m)=1357.6080+2.8029i	EXE	显示垂点设计高程+测点隧中 X 坐标 i 复数
δr(m)+ni=-0.0761+5.0000i	EXE	显示超欠挖径距+二衬轮廓线类号 i 复数
←→+↑↓i(m)=-0.0823-0.1873i	EXE	显示水平移距+垂直移距 i 复数
x_i(m)/π⇒end=?	2985476.7236 EXE	输入掌子面 9 号测点三维坐标
y_i(m)+ni=?	476836.5277 EXE	
H_i(m)=?	1361.9702 EXE	
p peg(m)+ni=7525.2500+1.0000i	EXE	显示垂点桩号+平曲线元号 i 复数
H_p+X_ji(m)=1357.6080+3.2573i	EXE	显示垂点设计高程+测点隧中 X 坐标 i 复数
δr(m)+ni=0.1318+5.0000i	EXE	显示超欠挖径距+二衬轮廓线类号 i 复数
←→+↑↓i(m)=0.1339+1.0818i	EXE	显示水平移距+垂直移距 i 复数
x_i(m)/π⇒end=?	2985476.8872 EXE	输入掌子面 10 号测点三维坐标
y_i(m)+ni=?	476836.5373 EXE	
H_i(m)=?	1360.9276 EXE	
p peg(m)+ni=7525.2501+1.0000i	EXE	显示垂点桩号+平曲线元号 i 复数
H_p+X_ji(m)=1357.6080+3.0935i	EXE	显示垂点设计高程+测点隧中 X 坐标 i 复数
δr(m)+ni=-0.1607+5.0000i	EXE	显示超欠挖径距+二衬轮廓线类号 i 复数
←→+↑↓i(m)=-0.1611-1.2011i	EXE	显示水平移距+垂直移距 i 复数
x_i(m)/π⇒end=?	2985476.5219 EXE	输入掌子面 11 号测点三维坐标
y_i(m)+ni=?	476836.516 EXE	
H_i(m)=?	1359.8669 EXE	
p peg(m)+ni=7525.2501+1.0000i	EXE	显示垂点桩号+平曲线元号 i 复数
H_p+X_ji(m)=1357.6080+3.4594i	EXE	显示垂点设计高程+测点隧中 X 坐标 i 复数
δr(m)+ni=0.1856+5.0000i	EXE	显示超欠挖径距+二衬轮廓线类号 i 复数
←→+↑↓i(m)=0.1857	EXE	只显示水平移距
x_i(m)/π⇒end=?	2985476.9145 EXE	输入掌子面 12 号测点三维坐标
y_i(m)+ni=?	476836.5389 EXE	
H_i(m)=?	1358.5687 EXE	
p peg(m)+ni=7525.2501+1.0000i	EXE	显示垂点桩号+平曲线元号 i 复数
H_p+X_ji(m)=1357.6080+3.0661i	EXE	显示垂点设计高程+测点隧中 X 坐标 i 复数
δr(m)+ni=-0.1482+5.0000i	EXE	显示超欠挖径距+二衬轮廓线类号 i 复数
←→+↑↓i(m)=-0.1484	EXE	只显示水平移距
x_i(m)/π⇒end=?	2985476.6071 EXE	输入掌子面 13 号测点三维坐标
y_i(m)+ni=?	476836.5209 EXE	
H_i(m)=?	1357.6685 EXE	
p peg(m)+ni=7525.2500+1.0000i	EXE	显示垂点桩号+平曲线元号 i 复数
H_p+X_ji(m)=1357.6080+3.3740i	EXE	显示垂点设计高程+测点隧中 X 坐标 i 复数
δr(m)+ni=0.2007+5.0000i	EXE	显示超欠挖径距+二衬轮廓线类号 i 复数
←→+↑↓i(m)=0.2009	EXE	只显示水平移距
x_i(m)/π⇒end=?	2985476.975 EXE	输入掌子面 14 号测点三维坐标
y_i(m)+ni=?	476836.5424 EXE	
H_i(m)=?	1356.5109 EXE	
p peg(m)+ni=7525.2500+1.0000i	EXE	显示垂点桩号+平曲线元号 i 复数
H_p+X_ji(m)=1357.6080+3.0055i	EXE	显示垂点设计高程+测点隧中 X 坐标 i 复数
δr(m)+ni=-0.1143+5.0000i	EXE	显示超欠挖径距+二衬轮廓线类号 i 复数
←→+↑↓i(m)=-0.1144	EXE	只显示水平移距
x_i(m)/π⇒end=?	2985476.7333 EXE	输入掌子面 15 号测点三维坐标
y_i(m)+ni=?	476836.5283 EXE	

续表

屏幕提示	按键	说明
H_i(m)=?	1355.9741 EXE	
p peg(m)+ni=7525.2500+1.0000i	EXE	显示垂点桩号+平曲线元号 i 复数
H_p+X_ji(m)=1357.6080+3.2476i	EXE	显示垂点设计高程+测点隧中 X 坐标 i 复数
δr(m)+ni=0.1523+5.0000i	EXE	显示超欠挖径距+二衬轮廓线类号 i 复数
←→+↑↓i(m)=0.1524	EXE	只显示水平移距
x_i(m)/π⇒end=?	2985478.3309 EXE	输入掌子面 16 号测点三维坐标
y_i(m)+ni=?	476836.6216 EXE	
H_i(m)=?	1355.9636 EXE	
p peg(m)+ni=7525.2501+1.0000i	EXE	显示垂点桩号+平曲线元号 i 复数
H_p+X_ji(m)=1357.6080+1.6473i	EXE	显示垂点设计高程+测点隧中 X 坐标 i 复数
δr(m)+ni=-0.1236+5.0000i	EXE	显示超欠挖径距+二衬轮廓线类号 i 复数
←→+↑↓i(m)=-0.3136−0.1324i	EXE	显示水平移距+垂直移距 i 复数
x_i(m)/π⇒end=?	2985479.5614 EXE	输入掌子面 17 号测点三维坐标
y_i(m)+ni=?	476836.6935 EXE	
H_i(m)=?	1355.4435 EXE	
p peg(m)+ni=7525.2501+1.0000i	EXE	显示垂点桩号+平曲线元号 i 复数
H_p+X_ji(m)=1357.6080+0.4147i	EXE	显示垂点设计高程+测点隧中 X 坐标 i 复数
δr(m)+ni=0.1036+5.0000i	EXE	显示超欠挖径距+二衬轮廓线类号 i 复数
←→+↑↓i(m)=0.0000+0.1040i	EXE	显示水平移距+垂直移距 i 复数
x_i(m)/π⇒end=?	2985481.0697 EXE	输入掌子面 18 号测点三维坐标
y_i(m)+ni=?	476836.2807 EXE	
H_i(m)=?	1355.801 EXE	
p peg(m)+ni=7524.7501+1.0000i	EXE	显示垂点桩号+平曲线元号 i 复数
H_p+X_ji(m)=1357.6120−1.0670i	EXE	显示垂点设计高程+测点隧中 X 坐标 i 复数
δr(m)+ni=-0.0907+3.0000i	EXE	显示超欠挖径距+二衬轮廓线类号 i 复数
←→+↑↓i(m)=-0.3339−0.0933i	EXE	显示水平移距+垂直移距 i 复数
x_i(m)/π⇒end=?	2985482.1455 EXE	输入掌子面 19 号测点三维坐标
y_i(m)+ni=?	476836.3435 EXE	
H_i(m)=?	1355.7841 EXE	
p peg(m)+ni=7524.7500+1.0000i	EXE	显示垂点桩号+平曲线元号 i 复数
H_p+X_ji(m)=1357.6120−2.1446i	EXE	显示垂点设计高程+测点隧中 X 坐标 i 复数
δr(m)+ni=0.2939+3.0000i	EXE	显示超欠挖径距+二衬轮廓线类号 i 复数
←→+↑↓i(m)=0.7976+0.3297i	EXE	显示水平移距+垂直移距 i 复数
x_i(m)/π⇒end=?	2985482.9019 EXE	输入掌子面 20 号测点三维坐标
y_i(m)+ni=?	476836.3877 EXE	
H_i(m)=?	1356.289 EXE	
p peg(m)+ni=7524.7501+1.0000i	EXE	显示垂点桩号+平曲线元号 i 复数
H_p+X_ji(m)=1357.6120−2.9023i	EXE	显示垂点设计高程+测点隧中 X 坐标 i 复数
δr(m)+ni=0.0874+3.0000i	EXE	显示超欠挖径距+二衬轮廓线类号 i 复数
←→+↑↓i(m)=0.0878	EXE	只显示水平移距
x_i(m)/π⇒end=?	2985483.3222 EXE	输入掌子面 21 号测点三维坐标
y_i(m)+ni=?	476836.4122 EXE	
H_i(m)=?	1356.9791 EXE	
p peg(m)+ni=7524.7500+1.0000i	EXE	显示垂点桩号+平曲线元号 i 复数
H_p+X_ji(m)=1357.6120−3.3233i	EXE	显示垂点设计高程+测点隧中 X 坐标 i 复数
δr(m)+ni=0.4448+3.0000i	EXE	显示超欠挖径距+二衬轮廓线类号 i 复数
←→+↑↓i(m)=0.4466	EXE	只显示水平移距
x_i(m)/π⇒end=?	2985483.0365 EXE	输入掌子面 22 号测点三维坐标
y_i(m)+ni=?	476836.3955 EXE	
H_i(m)=?	1358.1067 EXE	
p peg(m)+ni=7524.7500+1.0000i	EXE	显示垂点桩号+平曲线元号 i 复数

续表

屏幕提示	按键	说明
$H_p+X_ji(m)=1357.6120-3.0371i$	EXE	显示垂点设计高程+测点隧中 X 坐标 i 复数
δr(m)+ni=0.0585+3.0000i	EXE	显示超欠挖径距+二衬轮廓线类号 i 复数
←→+↑↓i(m)=0.0587	EXE	只显示水平移距
x_i(m)/π⇒end=?	**2985483.423** EXE	输入掌子面 23 号测点三维坐标
y_i(m)+ni=?	**476836.4181** EXE	
H_i(m)=?	**1359.068** EXE	
p peg(m)+ni=7524.7500+1.0000i	EXE	显示垂点桩号+平曲线元号 i 复数
$H_p+X_ji(m)=1357.6120-3.4243i$	EXE	显示垂点设计高程+测点隧中 X 坐标 i 复数
δr(m)+ni=0.3578+3.0000i	EXE	显示超欠挖径距+二衬轮廓线类号 i 复数
←→+↑↓i(m)=0.3593	EXE	只显示水平移距
x_i(m)/π⇒end=?	**2985483.1036** EXE	输入掌子面 24 号测点三维坐标
y_i(m)+ni=?	**476836.3995** EXE	
H_i(m)=?	**1360.1094** EXE	
p peg(m)+ni=7524.7501+1.0000i	EXE	显示垂点桩号+平曲线元号 i 复数
$H_p+X_ji(m)=1357.6120-3.1043i$	EXE	显示垂点设计高程+测点隧中 X 坐标 i 复数
δr(m)+ni=-0.0250+3.0000i	EXE	显示超欠挖径距+二衬轮廓线类号 i 复数
←→+↑↓i(m)=-0.0250-0.5898i	EXE	显示水平移距+垂直移距 i 复数
x_i(m)/π⇒end=?	**2985483.3894** EXE	输入掌子面 25 号测点三维坐标
y_i(m)+ni=?	**476836.4161** EXE	
H_i(m)=?	**1361.3549** EXE	
p peg(m)+ni=7524.7500+1.0000i	EXE	显示垂点桩号+平曲线元号 i 复数
$H_p+X_ji(m)=1357.6120-3.3906i$	EXE	显示垂点设计高程+测点隧中 X 坐标 i 复数
δr(m)+ni=0.3245+3.0000i	EXE	显示超欠挖径距+二衬轮廓线类号 i 复数
←→+↑↓i(m)=0.3267	EXE	只显示水平移距
x_i(m)/π⇒end=?	**2985482.8011** EXE	输入掌子面 26 号测点三维坐标
y_i(m)+ni=?	**476836.3818** EXE	
H_i(m)=?	**1362.4656** EXE	
p peg(m)+ni=7524.7501+1.0000i	EXE	显示垂点桩号+平曲线元号 i 复数
$H_p+X_ji(m)=1357.6120-2.8013i$	EXE	显示垂点设计高程+测点隧中 X 坐标 i 复数
δr(m)+ni=-0.0540+3.0000i	EXE	显示超欠挖径距+二衬轮廓线类号 i 复数
←→+↑↓i(m)=-0.0564-0.1717i	EXE	显示水平移距+垂直移距 i 复数
x_i(m)/π⇒end=?	SHIFT π EXE	输入 π 结束程序
Q2X8⇒End		程序结束显示

由于上述 26 个测点位于 3 类二衬轮廓线与 5 类二衬轮廓线交界处，因此有些测点位于 3 类二衬轮廓线，而有些测点位于 5 类二衬轮廓线，由程序根据算出的测点垂点桩号自动选择。

将当前串列文件 **File4** 另存为 File4.csv 文件，将本次隧道超欠挖测量结果的 Mat W 矩阵另存为 MAT_W.csv 文件，将这两个文件复制到用户 PC 机的某个文件夹下，将光盘“4 章\H2X8.exe”文件复制到该文件夹下，在 Windows 的资源管理器下，鼠标左键双击 H2X8.exe 文件，在弹出的对话框中输入 File4，即可在该文件夹下得到一系列成果文件。在各种 Windows 系统下执行 H2X8.exe 程序文件的界面与图 4-13~图 4-15 类似。图 4-144 为整理单个 MAT_W.csv 文件输出的两个文件结果。

在南方 CASS 执行“绘图处理\展野外测点代码”下拉菜单命令，在弹出的文件选择对话框中选择 MATRIW.DAT 文件，即可在 CASS 绘图区得到上述 26 个测点的平面位置，并在点位的右侧注记该点的超欠挖值。将 AutoCAD 的自动对象捕捉只设置为“节点”捕捉，按 F3 键启用对象捕捉，执行“pline”命令，顺序捕捉并连接图面点位，即可绘制出白岩脚隧道 K7+524.75 与 K7+525.25 两个断面的横断面图，结果如图 4-145 所示。

	A	B	C	D	E	F	G	H	I
1	洞身支护	基准线为初期支护轮廓线(超欠挖测量)							
2	序号	设计桩号	超欠挖值(	X隧中(m)	Y隧中(m)	二衬轮廓	x坐标(m)	y坐标(m)	高程H(m)
3	1	K7+524.75	0.3536	-2.5808	6.1747	3	2985483	476836.4	1363.787
4	2	K7+524.75	-0.0297	-1.6007	6.6165	3	2985482	476836.3	1364.229
5	3	K7+524.75	0.2976	-0.9824	7.2966	3	2985481	476836.3	1364.909
6	4	K7+524.75	0.0635	-0.0882	7.2221	3	2985480	476836.2	1364.834
7	5	K7+525.25	0.1538	1.104	7.2594	5	2985479	476836.7	1364.867
8	6	K7+525.25	-0.1174	1.6926	6.6263	5	2985478	476836.6	1364.234
9	7	K7+525.25	0.1464	2.4527	6.2465	5	2985478	476836.6	1363.855
10	8	K7+525.25	-0.0761	2.8029	5.2262	5	2985477	476836.6	1362.834
11	9	K7+525.25	0.1318	3.2573	4.3622	5	2985477	476836.5	1361.97
12	10	K7+525.25	-0.1607	3.0935	3.3196	5	2985477	476836.5	1360.928
13	11	K7+525.25	0.1856	3.4594	2.2589	5	2985477	476836.5	1359.867
14	12	K7+525.25	-0.1482	3.0661	0.9607	5	2985477	476836.5	1358.569
15	13	K7+525.25	0.2007	3.374	0.0605	5	2985477	476836.5	1357.669
16	14	K7+525.25	-0.1143	3.0055	-1.0971	5	2985477	476836.5	1356.511
17	15	K7+525.25	0.1523	3.2476	-1.6339	5	2985477	476836.5	1355.974
18	16	K7+525.25	-0.1236	1.6473	-1.6444	5	2985478	476836.6	1355.964
19	17	K7+525.25	0.1036	0.4147	-2.1645	5	2985480	476836.7	1355.444
20	18	K7+524.75	-0.0907	-1.067	-1.811	3	2985481	476836.3	1355.801
21	19	K7+524.75	0.2939	-2.1446	-1.8279	3	2985482	476836.3	1355.784
22	20	K7+524.75	0.0874	-2.9023	-1.323	3	2985483	476836.4	1356.289
23	21	K7+524.75	0.4448	-3.3233	-0.6329	3	2985483	476836.4	1356.979
24	22	K7+524.75	0.0585	-3.0371	0.4947	3	2985483	476836.4	1358.107
25	23	K7+524.75	0.3578	-3.4243	1.456	3	2985483	476836.4	1359.068
26	24	K7+524.75	-0.025	-3.1043	2.4974	3	2985483	476836.4	1360.109
27	25	K7+524.75	0.3245	-3.3906	3.7429	3	2985483	476836.4	1361.355
28	26	K7+524.75	-0.054	-2.8013	4.8536	3	2985483	476836.4	1362.466

MATRIW

MATRIW.DAT - 记事本

```
K7+524.7500,0.3536,-2.5808,6.1747,3
K7+524.7500,-0.0297,-1.6007,6.6165,3
K7+524.7500,0.2976,-0.9824,7.2966,3
K7+524.7500,0.0635,-0.0882,7.2221,3
K7+525.2501,0.1538,1.1040,7.2594,5
K7+525.2501,-0.1174,1.6926,6.6263,5
K7+525.2500,0.1464,2.4527,6.2465,5
K7+525.2500,-0.0761,2.8029,5.2262,5
K7+525.2500,0.1318,3.2573,4.3622,5
K7+525.2501,-0.1607,3.0935,3.3196,5
K7+525.2501,0.1856,3.4594,2.2589,5
K7+525.2501,-0.1482,3.0661,0.9607,5
K7+525.2500,0.2007,3.3740,0.0605,5
K7+525.2500,-0.1143,3.0055,-1.0971,5
K7+525.2500,0.1523,3.2476,-1.6339,5
K7+525.2500,-0.1236,1.6473,-1.6444,5
K7+525.2501,0.1036,0.4147,-2.1645,5
K7+524.7501,-0.0907,-1.0670,-1.8110,3
K7+524.7500,0.2939,-2.1446,-1.8279,3
K7+524.7501,0.0874,-2.9023,-1.3230,3
K7+524.7500,0.4448,-3.3233,-0.6329,3
K7+524.7500,0.0585,-3.0371,0.4947,3
K7+524.7500,0.3578,-3.4243,1.4560,3
K7+524.7501,-0.0250,-3.1043,2.4974,3
K7+524.7500,0.3245,-3.3906,3.7429,3
K7+524.7501,-0.0540,-2.8013,4.8536,3
```

图 4-144　H2X8.exe 程序整理单个 Mat_W.csv 文件输出的 MATRIW.CSV 与 MATRIW.DAT 文件内容

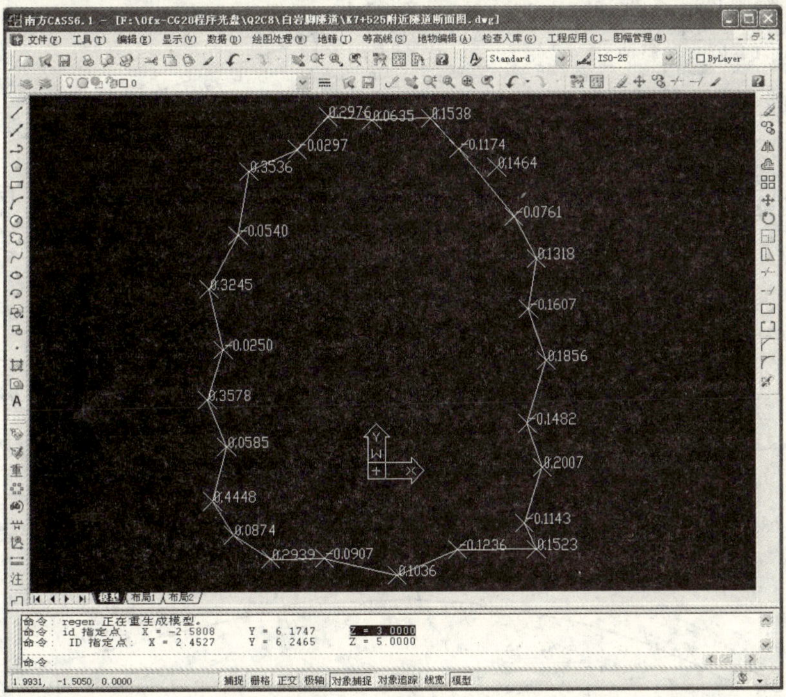

图 4-145　白岩脚隧道 K7+524.75、K7+525.25 两个断面的横断面图

执行 AutoCAD 的“id”命令，分别测量 1 号与 7 号掌子面点的隧中坐标，结果如图 4-145 命令行所示，其中高程为该点所使用的二衬轮廓线类号，1 号点为 3 类轮廓线，7 号点为 5 类轮廓线。

4.14 交点法道路、桥梁、隧道测量综合计算案例

陕西省延安安塞经志丹至吴起高速公路总长 116.9km，工程估算投资约 104.95 亿元，其中 C 合同段全线长 37.8km，工程估算投资约 33 亿元，每公里平均造价 8 730 万元。

C 合同段平曲线共含有 JD_{41}~JD_{74} 34 个交点，图 4-146 为 K 线 JD_{58}~JD_{63} 平曲线设计图，内表为其竖曲线设计数据；图 4-147 为 Z 线 JD_1~JD_4 的平曲线设计图，内表为其竖曲线设计数据。

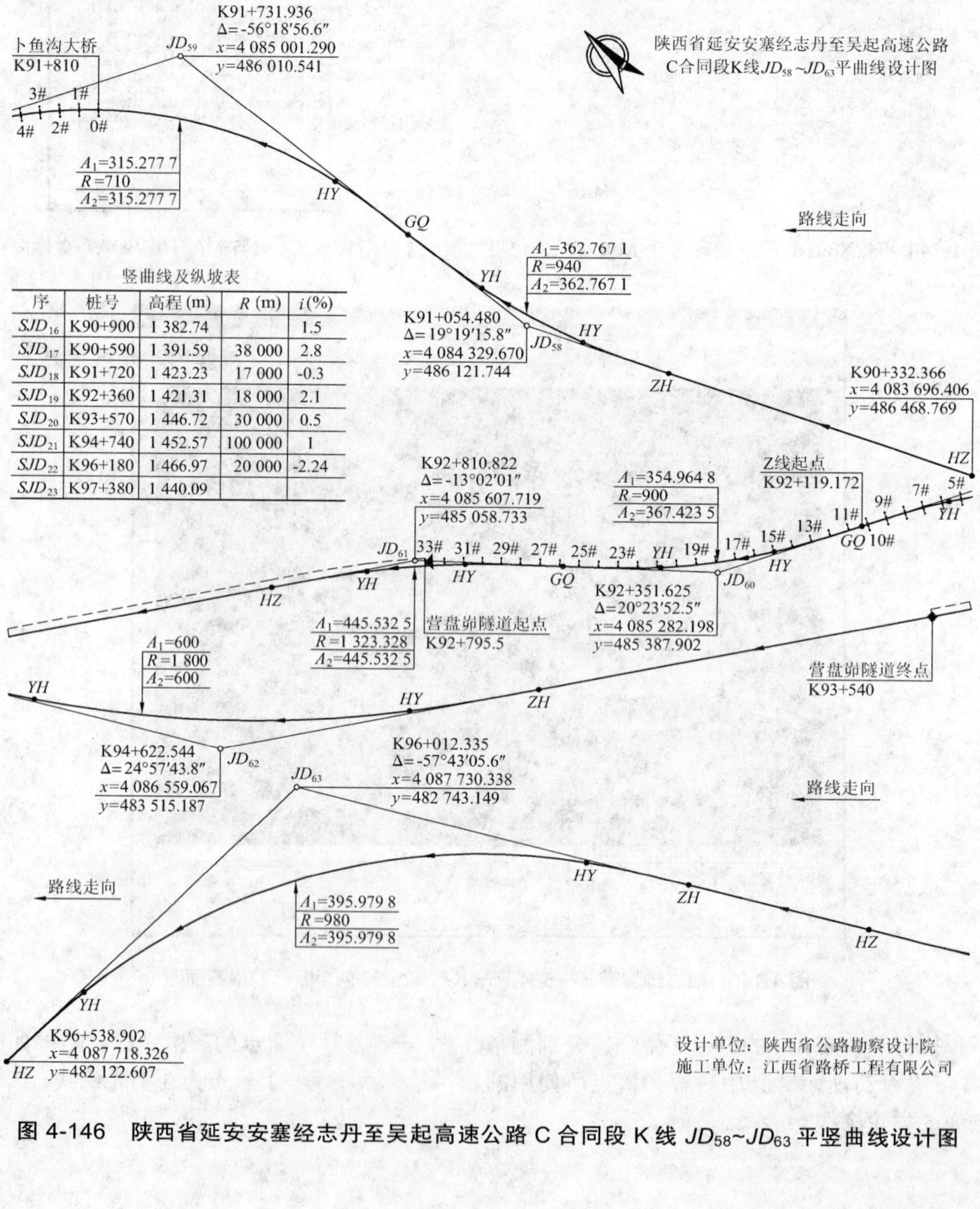

竖曲线及纵坡表

序	桩号	高程 (m)	R (m)	i (%)
SJD_{16}	K90+900	1 382.74		1.5
SJD_{17}	K90+590	1 391.59	38 000	2.8
SJD_{18}	K91+720	1 423.23	17 000	-0.3
SJD_{19}	K92+360	1 421.31	18 000	2.1
SJD_{20}	K93+570	1 446.72	30 000	0.5
SJD_{21}	K94+740	1 452.57	100 000	1
SJD_{22}	K96+180	1 466.97	20 000	-2.24
SJD_{23}	K97+380	1 440.09		

图 4-146 陕西省延安安塞经志丹至吴起高速公路 C 合同段 K 线 JD_{58}~JD_{63} 平竖曲线设计图

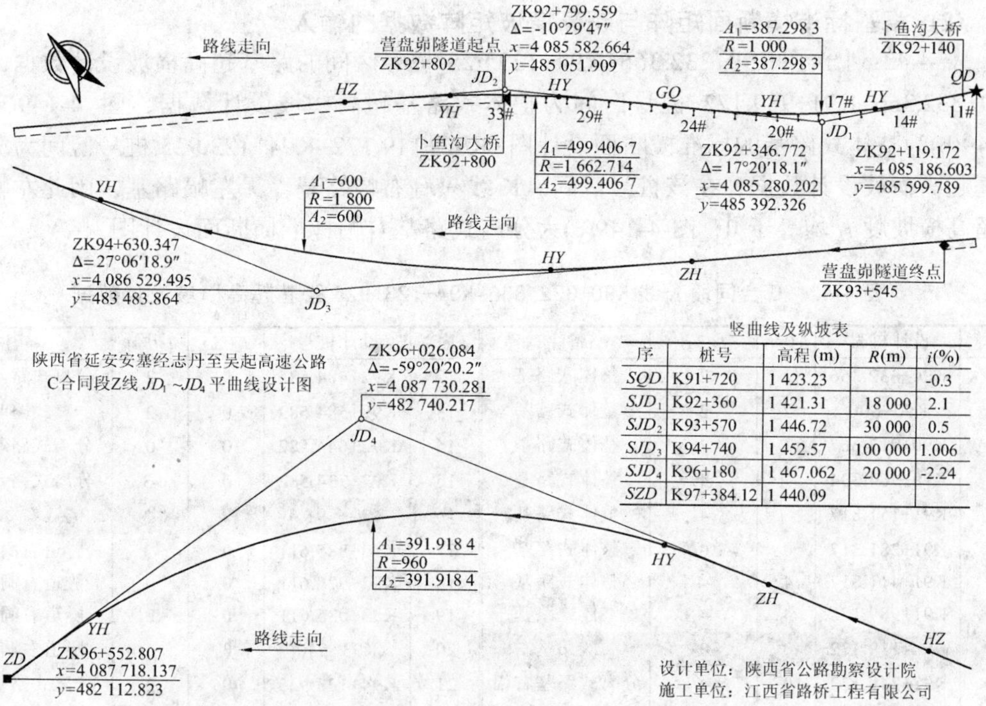

竖曲线及纵坡表

序	桩号	高程(m)	R(m)	i(%)
SQD	K91+720	1 423.23		-0.3
SJD_1	K92+360	1 421.31	18 000	2.1
SJD_2	K93+570	1 446.72	30 000	0.5
SJD_3	K94+740	1 452.57	100 000	1.006
SJD_4	K96+180	1 467.062	20 000	-2.24
SZD	K97+384.12	1 440.09		

图 4-147　陕西省延安安塞经志丹至吴起高速公路 C 合同段 Z 线 JD_1~JD_4 平竖曲线设计图

1) 设计数据的输入

(1) K 线与 Z 线平竖曲线串列数据的输入

按表 4-1 的规定，在 MS Excel 的 File5 选项卡的 A~F 列输入图 4-146 所示的平曲线设计数据；按表 4-13 的规定，在 W 列输入图 4-146 内表所列竖曲线设计数据，结果如图 4-148 上图所示。

在 MS Excel 的 File6 选项卡的 A~F 列输入图 4-147 所示的平曲线设计数据，在 W 列输入图 4-147 内表所列竖曲线设计数据，结果如图 4-148 下图所示。

	A	B	C	D	E	F
1	90332.366	4083696.406	486468.769	0	0	0
2		4084329.67	486121.744	362.76714	940	362.76714
3		4085001.29	486010.541	315.27766	710	315.27766
4		4085282.198	485387.902	354.96479	900	367.42346
5		4085607.719	485058.733	445.53249	1323.328	445.53249
6		4086559.067	483515.187	600	1800	600
7		4087730.338	482743.149	395.9798	980	395.9798
8		4087718.326	482122.607			

File5 / File6 / MAT_A / MAT_B / MAT_C / MAT_V / MAT_U / MAT_X / MAT_Y / MAT_

	W		W
1	90000	12	93570
2	1382.74	13	1446.72
3	90590	14	30000
4	1391.59	15	94740
5	38000	16	1452.57
6	91720	17	100000
7	1423.23	18	96180
8	17000	19	1466.97
9	92360	20	20000
10	1421.31	21	97380
11	18000	22	1440.09

	A	B	C	D	E	F
1	92119.172	4085186.603	485599.789	0	0	0
2		4085280.202	485392.326	387.29833	1000	387.29833
3		4085582.664	485051.909	499.40675	1662.714	499.40675
4		4086529.495	483483.864	600	1800	600
5		4087730.281	482740.217	391.91836	960	391.91836
6		4087718.137	482112.823			

File5 / File6 / MAT_A / MAT_B / MAT_C / MAT_V / MAT_U / MAT_X / MAT_Y / MAT

	W		W
1	91720	9	94740
2	1423.23	10	1452.57
3	92360	11	100000
4	1421.31	12	96180
5	18000	13	1467.062
6	93570	14	20000
7	1446.72	15	97384.12
8	30000	16	1440.09

图 4-148　在 MS Excel 的 File5 选项卡输入 K 线平竖曲线设计数据，在 File6 选项卡输入 Z 线平竖曲线设计数据

(2) 路基标准横断面矩阵与超高横坡矩阵数据的输入

表 4-42 列出了 K90+332.366~K94+123.925 桩号区间的路基超高横坡设计数据，其中K90+332.366~K91+989.172 桩号区间为整体式路基超高横坡设计数据，图 4-149(a)与图 4-149(b)为整体式路基的标准横断面设计图；K92+119.172~K94+123.925 桩号区间为分离式路基超高横坡设计数据，在该桩号区间，K 线只有右幅路基，无左幅路基，因此左幅路基的超高横坡度 i_L 均等于 0，图 4-149(c)为分离式路基右幅标准横断面设计图。

表 4-42　C 合同段 K 线 K90+332.366~K94+123.925 路基超高横坡设计数据

序	设计桩号	i_L(%)	i_R(%)	备注	序	设计桩号	i_L(%)	i_R(%)	备注
1	K90+332.366	2	2	整体式路基	12	K92+484.585	0	2	分离式路基右幅
2	K90+600	2	2	整体式路基	13	K92+584.582	0	2	分离式路基右幅
3	K90+917.667	-2	2	整体式路基	14	K92+644.582	0	0	分离式路基右幅
4	K90+964.334	-4	4	整体式路基	15	K92+734.582	0	-3	分离式路基右幅
5	K91+151.817	-4	4	整体式路基	16	K92+795.5	0	-3	隧道右洞路基
6	K91+281.317	0	0	整体式路基	17	K92+885.611	0	-3	隧道右洞路基
7	K91+411.817	4	-4	整体式路基	18	K92+975.611	0	0	隧道右洞路基
8	K91+989.172	4	-4	整体式路基	19	K93+035.611	0	2	隧道右洞路基
9	K92+119.172	0	0	分离式路基右幅	20	K93+540	0	2	隧道右洞路基
10	K92+249.172	0	4	分离式路基右幅	21	K94+123.925	0	2	分离式路基右幅
11	K92+434.582	0	4	分离式路基右幅					

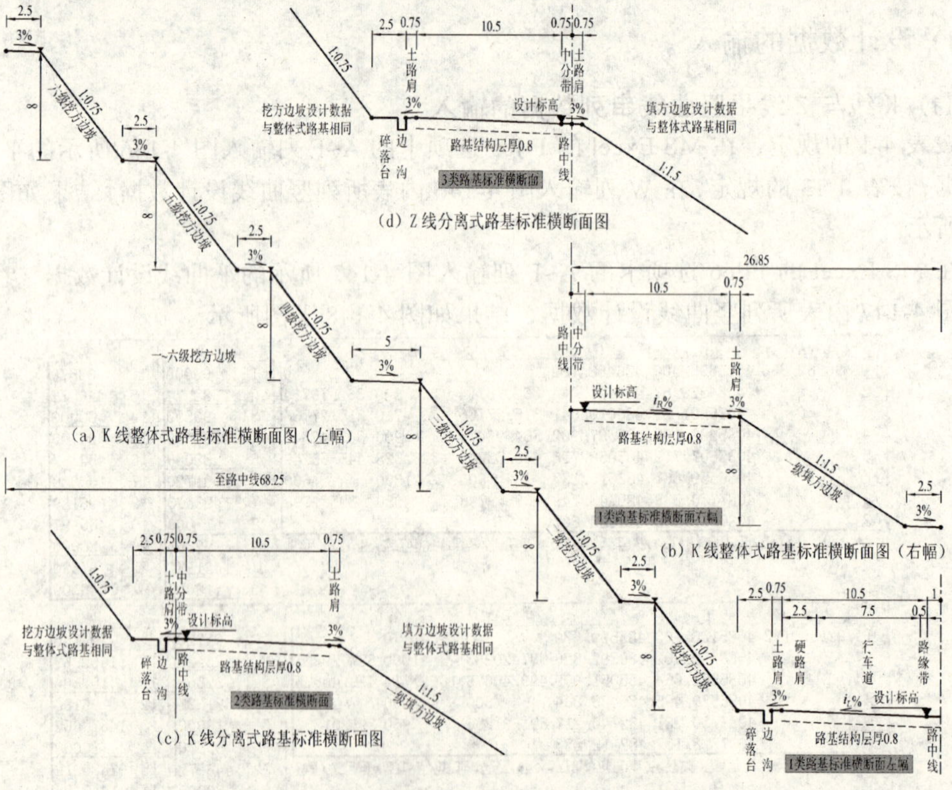

图 4-149　C 合同段三种路基标准横断面设计图

表 4-43 为 Z 线左幅路基超高横坡设计数据，Z 线只有左幅路基，无右幅路基，图 4-149(d)

为分离式路基左幅标准横断面设计图。

表 4-43　C 合同段 Z 线路基超高横坡设计数据

序	设计桩号	i_L(%)	i_R(%)	备注
1	ZK92+119.172	0	0	分离式路基左幅
2	ZK92+209.172	-3	0	分离式路基左幅
3	ZK92+421.783	-3	0	分离式路基左幅
4	ZK92+511.783	0	0	分离式路基左幅
5	ZK92+571.783	2	0	分离式路基左幅
6	ZK92+802	2	0	隧道左洞路基
7	ZK93+545	2	0	隧道左洞路基
8	ZK94+123.923	2	0	分离式路基左幅

在 MS Excel 的 MAT_A 选项卡输入图 4-149 所示 1~3 类路基标准横断面设计数据，结果如图 4-150 所示。将 MAT_A 选项卡的数据另存为 MAT_A.csv 文件。

	A	B	C	D	E	F	G	H	I	J	K	L	M	N	O	P	Q	R	S	T	U	V	W	X
1	0.75	3	10.5	1	1	10.5	3	0.75	2.5	0.8	0	0	0	0	0	0	0	0	0	0	0	0	0	0
2	1.5	8	3	2.5	0	0	0	0	0	0	0	0	0	0	0	0	0	0	0	0	0	0	0	0
3	0.75	8	3	2.5	0.75	8	3	2.5	0.75	8	3	5	0.75	8	3	2.5	0.75	8	3	2.5	0.75	8	3	2.5
4	0.75	3	0	0	0.75	10.5	3	2.5	2.5	0.8	0	0	0	0	0	0	0	0	0	0	0	0	0	0
5	1.5	8	3	2.5	0	0	0	0	0	0	0	0	0	0	0	0	0	0	0	0	0	0	0	0
6	0.75	8	3	2.5	0.75	8	3	2.5	0.75	8	3	5	0.75	8	3	2.5	0.75	8	3	2.5	0.75	8	3	2.5
7	0.75	3	10.5	0.75	0	0	3	0.75	2.5	0.8	0	0	0	0	0	0	0	0	0	0	0	0	0	0
8	1.5	8	3	2.5	0	0	0	0	0	0	0	0	0	0	0	0	0	0	0	0	0	0	0	0
9	0.75	8	3	2.5	0.75	8	3	2.5	0.75	8	3	5	0.75	8	3	2.5	0.75	8	3	2.5	0.75	8	3	2.5
10	0	0	0	0	1.5	9	0	0	0	0	0	0	0	0	0	0	0	0	0	0	0	0	0	0
11	0	0	0	0	0	0	0	0	0	0	0	0	0	0	0	0	0	0	0	0	0	0	0	0
12	0	0	0	0	0	0	0	0	0	0	0	0	0	0	0	0	0	0	0	0	0	0	0	0
13	0	0	9	1.5	0	0	0	0	0	0	0	0	0	0	0	0	0	0	0	0	0	0	0	0
14	0	0	0	0	0	0	0	0	0	0	0	0	0	0	0	0	0	0	0	0	0	0	0	0
15	0	0	0	0	0	0	0	0	0	0	0	0	0	0	0	0	0	0	0	0	0	0	0	0

File5 / File6 / MAT_A / MAT_F / MAT_G / MAT_V / MAT_U / MAT_X / MAT_Y / MAT_Z / 桩基坐标比较

图 4-150　在 MS Excel 的 MAT_A 选项卡输入 1~5 类路基标准横断面设计数据

在 MS Excel 的 MAT_F 选项卡输入表 4-42 所示 K 线路基超高横坡设计数据，结果如图 4-151 左二图所示；在 MAT_G 选项卡输入表 4-43 所示 Z 线路基超高横坡设计数据，结果如图 4-151 右图所示。

	A	B	C	D
1	90332.366	2	2	1
2	90600	2	2	1
3	90917.667	-2	2	1
4	90964.334	-4	4	1
5	91151.817	-4	4	1
6	91281.317	0	0	1
7	91411.817	4	-4	1
8	91989.172	4	-4	1
9	92119.172	0	0	2
10	92249.172	0	4	2
11	92434.582	0	4	2
12	92484.585	0	2	2
13	92584.582	0	2	2
14	92644.582	0	0	2
15	92734.582	0	-3	2
16	92795.5	0	-3	4
17	92885.611	0	-3	4
18	92975.611	0	0	4
19	93035.611	0	2	4
20	93540	0	2	2
21	94123.925	0	2	2

MAT_A / MAT_F / MAT_

	A	B	C	D
1	92119.172	0	0	3
2	92209.172	-3	0	3
3	92421.783	-3	0	3
4	92511.783	0	0	3
5	92571.783	2	0	3
6	92802	2	0	5
7	93545	2	0	3
8	94123.923	2	0	3

MAT_F / MAT_G / MAT_

图 4-151　在 MS Excel 的 MAT_F 选项卡输入 K 线路基超高横坡设计数据，在 MAT_G 选项卡输入 Z 线路基超高横坡设计数据

将 MAT_F 选项卡的数据另存为 MAT_F.csv 文件，MAT_G 选项卡的数据另存为 MAT_G.csv 文件，将这两个文件上传到 fx-9750GⅡ内存。因为这两个文件中没有小于等于 -0.09 的数值，所以将这两个文件上传到 fx-9750GⅡ内存后，不会产生负号丢失现象。

(3)　卜鱼沟大桥矩阵数据的输入

卜鱼沟大桥设计共有 0#~33#34 个桥墩，136 根桩基，桥墩桩基类型分为 1、2、3 类，

桩基大样图如图 4-152 所示。

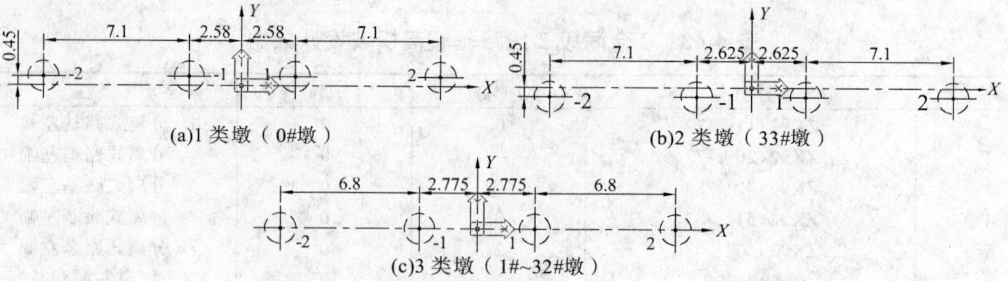

图 4-152　C 合同段卜鱼沟大桥桥墩桩基大样图

卜鱼沟大桥的 0#~10#桥墩按 K 线平曲线设置，11#~33#桥墩右幅 1、2 号桩基按 K 线平曲线设置，左幅-1、-2 号桩基按 Z 线平曲线设置，其墩台中心设计参数列于表 4-44。

表 4-44　卜鱼沟大桥墩台中心设计参数

K 线桥墩(右幅)					Z 线桥墩(左幅)				
墩号	墩类号	设计桩号	d(m)	δ(°)	墩号	墩类号	设计桩号	d(m)	δ(°)
0#	1	K91+810	0	-1.210 5	0#	1	K91+810	0	-1.210 5
1#	3	K91+840	0	0	1#	3	K91+840	0	0
2#	3	K91+870	0	0	2#	3	K91+870	0	0
3#	3	K91+900	0	0	3#	3	K91+900	0	0
4#	3	K91+930	0	0	4#	3	K91+930	0	0
5#	3	K91+960	0	0	5#	3	K91+960	0	0
6#	3	K91+990	0	0	6#	3	K91+990	0	0
7#	3	K92+020	0	0	7#	3	K92+020	0	0
8#	3	K92+050	0	0	8#	3	K92+050	0	0
9#	3	K92+080	0	0	9#	3	K92+080	0	0
10#	3	K92+110	0	0	10#	3	K92+110	0	0
11#	3	*ZK92+140	0	0	11#	3	K92+140	0	0
12#	3	ZK92+170	0	0	12#	3	K92+170	0	0
13#	3	ZK92+200	0	0	13#	3	K92+200	0	0
14#	3	ZK92+230	0	0	14#	3	K92+230	0	0
15#	3	ZK92+260	0	0	15#	3	K92+260	0	0
16#	3	ZK92+290	0	0	16#	3	K92+290	0	0
17#	3	ZK92+320	0	0	17#	3	K92+320	0	0
18#	3	ZK92+350	0	0	18#	3	K92+350	0	0
19#	3	ZK92+380	0	0	19#	3	K92+380	0	0
20#	3	ZK92+410	0	0	20#	3	K92+410	0	0
21#	3	ZK92+440	0	0	21#	3	K92+440	0	0
22#	3	ZK92+470	0	0	22#	3	K92+470	0	0
23#	3	ZK92+500	0	0	23#	3	K92+500	0	0
24#	3	ZK92+530	0	0	24#	3	K92+530	0	0
25#	3	ZK92+560	0	0	25#	3	K92+560	0	0
26#	3	ZK92+590	0	0	26#	3	K92+590	0	0
27#	3	ZK92+620	0	0	27#	3	K92+620	0	0
28#	3	ZK92+650	0	0	28#	3	K92+650	0	0

续表 4-44

K 线桥墩(右幅)					Z 线桥墩(左幅)				
墩号	墩类号	设计桩号	d(m)	δ(°)	墩号	墩类号	设计桩号	d(m)	δ(°)
29#	3	K92+680	0	0	29#	3	ZK92+679	0	0
30#	3	K92+710	0	0	30#	3	ZK92+708	0	0
31#	3	K92+740	0	0	31#	3	ZK92+737	0	0
32#	3	K92+770	0	0	32#	3	ZK92+766	0	0
33#	2	K92+800	0	0.516 9	33#	2	ZK92+795	0	0.627 8

注：*Z 线起点桩号：ZK92+119.172=K92+119.172，Z 线终点桩号：ZK96+552.807=K96+548.687。

桥梁设计图给出的 0#~33#桥墩共 136 个桩基的设计坐标列于表 4-45。

表 4-45　卜鱼沟大桥桥墩桩基设计坐标*

	左幅			右幅		
墩号	点号	x(m)	y(m)	点号	x(m)	y(m)
0#	-2	4 085 017.048	485 853.748	1	4 085 026.105	485 862.010
	-1	4 085 022.293	485 858.533	2	4 085 031.351	485 866.795
1#	-2	4 085 036.905	485 832.140	1	4 085 046.202	485 840.269
	-1	4 085 042.024	485 836.616	2	4 085 051.322	485 844.745
2#	-2	4 085 055.908	485 809.455	1	4 085 065.541	485 817.183
	-1	4 085 061.212	485 813.710	2	4 085 070.845	485 821.439
3#	-2	4 085 073.936	485 785.986	1	4 085 083.887	485 793.301
	-1	4 085 079.415	485 790.014	2	4 085 089.365	485 797.329
4#	-2	4 085 090.957	485 761.778	1	4 085 101.207	485 768.666
	-1	4 085 096.601	485 765.570	2	4 085 106.851	485 772.459
5#	-2	4 085 106.939	485 736.872	1	4 085 117.472	485 743.321
	-1	4 085 112.739	485 740.423	2	4 085 123.271	485 746.872
6#	-2	4 085 121.860	485 711.309	1	4 085 132.652	485 717.314
	-1	4 085 127.803	485 714.615	2	4 085 138.595	485 720.620
7#	-2	4 085 135.817	485 685.128	1	4 085 146.809	485 690.757
	-1	4 085 141.869	485 688.228	2	4 085 152.862	485 693.857
8#	-2	4 085 149.022	485 658.463	1	4 085 160.154	485 663.811
	-1	4 085 155.152	485 661.408	2	4 085 166.283	485 666.756
9#	-2	4 085 161.705	485 631.449	1	4 085 172.923	485 636.614
	-1	4 085 167.882	485 634.293	2	4 085 179.100	485 639.459
10#	-2	4 085 174.104	485 604.208	1	4 085 185.359	485 609.291
	-1	4 085 180.301	485 607.007	2	4 085 191.557	485 612.090
11#	-2	4 085 186.456	485 576.858	1	4 085 197.707	485 581.954
	-1	4 085 192.650	485 579.663	2	4 085 203.901	485 584.761
12#	-2	4 085 198.945	485 549.506	1	4 085 210.182	485 554.697
	-1	4 085 205.119	485 552.355	2	4 085 216.351	485 557.557
13#	-2	4 085 211.737	485 522.230	1	4 085 222.977	485 527.611
	-1	4 085 217.873	485 525.161	2	4 085 229.101	485 530.567
14#	-2	4 085 224.992	485 495.114	1	4 085 236.282	485 500.794
	-1	4 085 231.071	485 498.162	2	4 085 242.337	485 503.889
15#	-2	4 085 238.872	485 468.247	1	4 085 250.280	485 474.355
	-1	4 085 244.872	485 471.447	2	4 085 256.239	485 477.630
16#	-2	4 085 253.514	485 441.739	1	4 085 265.118	485 448.390
	-1	4 085 259.417	485 445.116	2	4 085 270.965	485 451.862
17#	-2	4 085 268.946	485 415.679	1	4 085 280.814	485 422.934
	-1	4 085 274.745	485 419.231	2	4 085 286.542	485 426.599
18#	-2	4 085 285.153	485 390.094	1	4 085 297.349	485 398.015
	-1	4 085 290.842	485 393.819	2	4 085 302.952	485 401.868
19#	-2	4 085 302.119	485 365.007	1	4 085 314.706	485 373.660
	-1	4 085 307.694	485 368.900	2	4 085 320.177	485 377.699
20#	-2	4 085 319.831	485 340.439	1	4 085 332.864	485 349.898
	-1	4 085 325.287	485 344.498	2	4 085 338.198	485 354.117
21#	-2	4 085 338.260	485 316.419	1	4 085 351.805	485 326.754
	-1	4 085 343.596	485 320.534	2	4 085 356.995	485 331.147
22#	-2	4 085 357.280	485 292.932	1	4 085 371.474	485 304.209
	-1	4 085 362.517	485 297.270	2	4 085 376.535	485 308.750

续表 4-45

墩号	左幅 点号	左幅 x(m)	左幅 y(m)	右幅 点号	右幅 x(m)	右幅 y(m)
23#	-2	4 085 376.738	485 269.880	1	4 085 391.723	485 282.158
	-1	4 085 381.899	485 274.309	2	4 085 396.683	485 286.809
24#	-2	4 085 396.488	485 247.154	1	4 085 412.396	485 260.477
	-1	4 085 401.597	485 251.641	2	4 085 417.283	485 265.205
25#	-2	4 085 416.389	485 224.636	1	4 085 433.343	485 239.036
	-1	4 085 421.474	485 229.151	2	4 085 438.189	485 243.806
26#	-2	4 085 436.309	485 202.207	1	4 085 454.420	485 217.696
	-1	4 085 441.395	485 206.721	2	4 085 459.256	485 222.477
27#	-2	4 085 456.157	485 179.763	1	4 085 475.495	485 196.333
	-1	4 085 461.261	485 184.255	2	4 085 480.345	485 201.099
28#	-2	4 085 475.851	485 157.229	1	4 085 496.463	485 174.848
	-1	4 085 480.989	485 161.683	2	4 085 501.349	485 179.577
29#	-2	4 085 495.310	485 134.537	1	4 085 516.539	485 153.876
	-1	4 085 500.498	485 138.933	2	4 085 521.480	485 158.547
30#	-2	4 085 514.450	485 111.621	1	4 085 536.331	485 132.620
	-1	4 085 519.702	485 115.940	2	4 085 541.346	485 137.212
31#	-2	4 085 533.191	485 088.414	1	4 085 555.745	485 111.002
	-1	4 085 538.520	485 092.639	2	4 085 560.851	485 115.493
32#	-2	4 085 551.510	485 064.876	1	4 085 574.695	485 088.971
	-1	4 085 556.914	485 069.004	2	4 085 579.899	485 093.349
33#	-2	4 085 569.063	485 041.212	1	4 085 592.738	485 066.806
	-1	4 085 574.744	485 045.471	2	4 085 598.221	485 071.317

注：*施工单位应仔细复核桥梁墩、台坐标的准确性后，再进行后续施工。

按表 4-26 的规定，在 MS Excel 的 MAT_V 选项卡输入图 4-152 所示 1~3 类桥墩桩基的墩台中心坐标，结果如图 4-153 左图所示，将其另存为 MAT_V.csv 文件。

按表 4-27 的规定，在 MS Excel 的 MAT_U 选项卡输入表 4-44 所列 0#~33#桥墩的墩台中心设计参数，结果如图 4-153 右二图所示，将其另存为 MAT_U.csv 文件。将 MAT_V.csv 与 MAT_U.csv 文件上传到 fx-9750GⅡ内存。

	A	B	C	D	E	F
1	2.58	0.45	2.625	-0.45	2.775	0
2	9.68	0.45	9.725	-0.45	9.575	0

MAT_A / MAT_F / MAT_G / MAT_V / MAT_U

	A	B	C	D
1	1	91810	0	-1.2105
2	3	91840	0	0
3	3	91870	0	0
4	3	91900	0	0
5	3	91930	0	0
6	3	91960	0	0
7	3	91990	0	0
8	3	92020	0	0
9	3	92050	0	0
10	3	92080	0	0
11	3	92110	0	0
12	3	92140	0	0
13	3	92170	0	0
14	3	92200	0	0
15	3	92230	0	0
16	3	92260	0	0
17	3	92290	0	0
18	3	92320	0	0
19	3	92350	0	0
20	3	92380	0	0
21	3	92410	0	0
22	3	92440	0	0
23	3	92470	0	0
24	3	92500	0	0
25	3	92530	0	0
26	3	92560	0	0
27	3	92590	0	0
28	3	92620	0	0
29	3	92650	0	0
30	3	92680	0	0
31	3	92710	0	0
32	3	92740	0	0
33	3	92770	0	0
34	2	92800	0	0.5169

MAT_V / MAT_U / MA

图 4-153　在 MS Excel 的 MAT_V 选项卡输入 1~3 类桥墩桩基的墩台中心坐标，在 MAT_U 选项卡输入 0#~33#桥墩的墩台中心设计参数

虽然卜鱼沟大桥是从 11#桥墩开始，左幅-1、-2 号桩基使用 Z 线平曲线定位，右幅 1、2 号桩基使用 K 线平曲线定位，但由于 11#~28#桥墩 Z 线的墩台中心设计桩号与 K 线的墩台中心设计桩号对应相等，因此在 MAT_U 选项卡中，11#~28#桥墩 Z 线与 K 线共用墩台中心设计参数。而 29#~33#桥墩 Z 线的墩台中心设计桩号不等于 K 线的墩台中心设计桩号，其中 K 线的墩台中心设计桩号应输入为对应 Z 线墩台中心设计桩号的复数虚部。因为在

MS Excel 中不能输入复数，所以需要在 fx-9750GⅡ中通过编辑相应矩阵单元数值的方式添加复数的虚部数值。

图 4-154 左二图与右二图为编辑 Mat U[30,2]矩阵单元的数值，为 29#桥墩的 Z 线墩台中心设计桩号 K92+680 添加其 K 线墩台中心设计桩号 K92+679 到复数虚部的结果。

由表 4-44 可知，33#桥墩 Z 线的走向偏角为 0.5169°，而 K 线的走向偏角为 0.6278°，也即，Mat U[34,4]矩阵单元应输入走向偏角复数“0.5169+0.6278i”，在 fx-9750GⅡ中通过编辑该矩阵单元数值的方式添加复数的虚部数值，结果如图 4-154 右图所示。

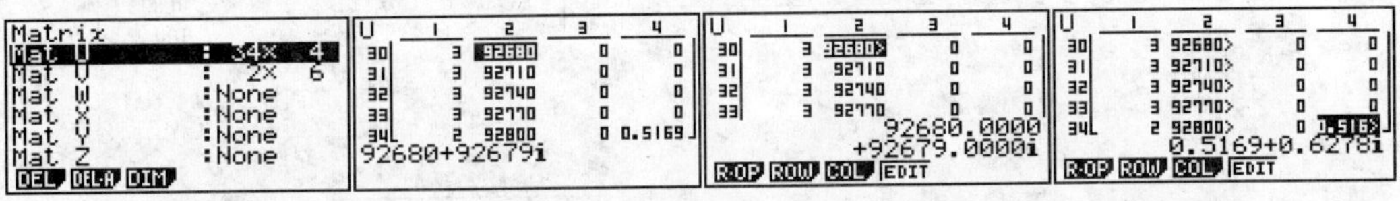

图 4-154 编辑 Mat U 矩阵单元数据的操作过程及其最后结果

(4) 营盘峁隧道矩阵数据的输入

营盘峁隧道右洞按 K 线平曲线设置，左洞按 Z 线平曲线设置，图 4-155(a)为其二衬轮廓线设计图，表 4-46 为 K 线右洞围岩洞身支护参数，表 4-47 为 Z 线左洞围岩洞身支护参数。

表 4-46 营盘峁隧道 K 线右洞围岩洞身支护参数

Mat X 行号	设计桩号	围岩	二衬轮廓线类号	二衬厚度+预留变形量 δ_1(m)	喷射层厚 δ_2(m)	隧中偏距 δ_3(m)
	K92+795.5	明洞				
1	K92+810	S	1	0.67	0.26	5.715
2	K92+840	SⅤ-1	1	0.67	0.26	5.715
3	K92+981	SⅤ-2	1	0.60	0.26	5.715
4	K93+148	SⅣ-1	1	0.55	0.22	5.715
5	K93+326	SⅤ-2	1	0.60	0.26	5.715
6	K93+428	SⅤ-1	1	0.67	0.26	5.715
7	K93+495	S	1	0.67	0.26	5.715
8	K93+525	明洞				
	K93+540	终点				

表 4-47 营盘峁隧道 Z 线左洞围岩洞身支护参数

Mat Y 行号	设计桩号	围岩	二衬轮廓线类号	二衬厚度+预留变形量 δ_1(m)	喷射层厚 δ_2(m)	隧中偏距 δ_3(m)
	ZK92+802	明洞				
1	ZK92+814	S	1	0.67	0.26	-5.715
2	ZK92+844	SⅤ-1	1	0.67	0.26	-5.715
3	ZK92+914	SⅤ-2	1	0.60	0.26	-5.715
4	ZK93+132	SⅣ-1	1	0.55	0.22	-5.715
5	ZK93+322	SⅤ-2	1	0.60	0.26	-5.715
6	ZK93+428	SⅤ-1	1	0.67	0.26	-5.715
7	ZK93+502	S	1	0.67	0.26	-5.715
8	ZK93+532	明洞				
	ZK93+545	终点				

图 4-155(b)为 K 线右洞隧道路基标准横断面图，其设计数据已作为 4 类标准横断面输入

到 Mat A 矩阵的 10~12 行；图 4-155(c)为 Z 线左洞隧道路基标准横断面图，其设计数据已作为 5 类标准横断面输入到 Mat A 矩阵的 13~15 行，结果如图 4-150 所示。

按表 4-30 的规定，在 MS Excel 的 MAT_Z 选项卡输入图 4-155(a)所示的二衬轮廓线主点数据，结果如图 4-156 左图所示，将其另存为 MAT_Z.csv 文件。

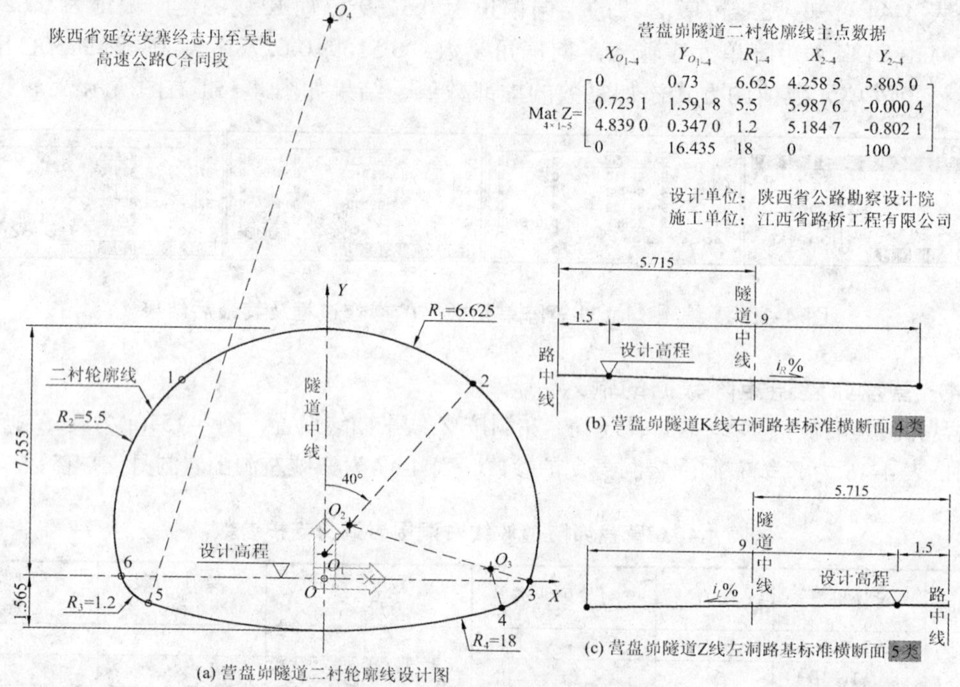

(a) 营盘峁隧道二衬轮廓线设计图

图 4-155　C 合同段营盘峁隧道二衬轮廓线设计图

	A	B	C	D	E
1	0	0.73	6.625	4.2585	5.805
2	0.7231	1.5918	5.5	5.9876	-0.0004
3	4.839	0.347	1.2	5.1847	-0.8021
4	0	16.435	18	0	100

MAT_V / MAT_U / MAT_X / MAT_Y / MAT_Z / 桩

	A	B	C	D	E	F
1	92810	1	0.67	0.26	5.715	0
2	92840	1	0.67	0.26	5.715	0
3	92981	1	0.6	0.26	5.715	0
4	93148	1	0.55	0.22	5.715	0
5	93326	1	0.6	0.26	5.715	0
6	93428	1	0.67	0.26	5.715	0
7	93495	1	0.67	0.26	5.715	0

MAT_X / MAT_Y / MAT_Z / 桩基

	A	B	C	D	E	F
1	92814	1	0.67	0.26	-5.715	0
2	92844	1	0.67	0.26	-5.715	0
3	92914	1	0.6	0.26	-5.715	0
4	93132	1	0.55	0.22	-5.715	0
5	93322	1	0.6	0.26	-5.715	0
6	93428	1	0.67	0.26	-5.715	0
7	93502	1	0.67	0.26	-5.715	0

MAT_X / MAT_Y / MAT_Z / 桩基坐

图 4-156　在 MS Excel 的 MAT_Z 选项卡输入二衬轮廓线主点数据，分别在 MAT_X 与 MAT_Y 选项卡输入右洞与左洞的围岩洞身支护参数

按表 4-31 的规定，在 MAT_X 选项卡输入表 4-46 灰底色行的营盘峁隧道 K 线右洞围岩洞身支护参数，结果如图 4-156 中图所示，将其另存为 MAT_X.csv 文件；在 MAT_Y 选项卡输入表 4-47 灰底色行的营盘峁隧道 Z 线左洞围岩洞身支护参数，结果如图 4-156 右图所示，将其另存为 MAT_Y.csv 文件。

将 MAT_Z.csv，MAT_X.csv 与 MAT_Y.csv 文件上传到 fx-9750GⅡ内存。

2) K 线三维坐标计算

(1) 计算平竖曲线主点数据

设置 **File5** 为当前串列文件，执行 Q2X8 程序，计算平竖曲线主点数据的屏幕提示与

用户操作过程如下：

屏幕提示	按键	说明
JD curve xyH Q2X8		显示程序标题
new(0)/old(≠0) main point data=?	0 EXE	输入 0 为重新计算主点数据
i_L%,i_R% Mat B(1)/C(2)/D(3)/ E(4)/F(5)/G(6)/no(0)=?	5 EXE	输入 5 为选择 Mat F 为路基超高横坡矩阵
k(0)/k^3(≠1)=?	0 EXE	输入 0 选择线性超高渐变方式
+W_L,+W_R Mat H(1)/I(2)/J(3)/ K(4)/L(5)/M(6)/no(0)=?	0 EXE	输入 0 为不选择路基加宽矩阵
hor-curve first JD num=?	58 EXE	输入平曲线起始交点号(<u>num</u>ber)
ver-curve first SJD num=?	16 EXE	输入竖曲线起始变坡点号/耗时 6.18s
Z_{ZD}(m)=96538.9025	EXE	显示平曲线终点设计桩号(0.5mm)/耗时 3.83s
α_{ZD}=268°53′27.77″	EXE	显示平曲线终点走向方位角
Press [MENU][2]⇒Stop!	MENU 2	进入 **STAT** 模式查看主点数据

(2) 三维坐标正反算案例

① 计算整体式路基加桩 K91+600 的中边桩坐标及其设计高程。

执行 Q2X8 程序，进行三维坐标正算的屏幕提示与用户操作过程如下：

屏幕提示	按键	说明
JD curve xyH Q2X8		显示程序标题
new(0)/old(≠0) main point data=?	1 EXE	输入非零数为使用现有主点数据计算
st xy new(0)/old(>0)/no(<0)=?	-1 EXE	输入负数为不设置测站点(<u>st</u>ation)
peg→xyH(1)/xyH→peg(2)/ xyH→δr(3)/pier(4)=?	1 EXE	输入 1 选择坐标正算
+peg(m),<QD⇒end=?	91600 EXE	输入加桩号
α_j=330°31′49.08″	EXE	显示中桩走向方位角/耗时 0.92s
x_j+y_ji(m)=4084858.888+485989.2586i	EXE	显示中桩坐标复数
H_j(m)=1419.2650	EXE	显示中桩设计高程
i_L(%)=4.0000	EXE	显示路基左横坡度
W_L(m)±∠γi,0⇒no=?	1 EXE	输入左边距
x_L+y_Li(m)=4084858.396+485988.3880i	EXE	显示左边桩坐标复数
H_L(m)=1419.2650+1418.4650i	EXE	显示左边桩路面设计高程+路基设计高程 i 复数
W_L(m)±∠γi,0⇒no=?	11.5 EXE	输入左边距
x_L+y_Li(m)=4084853.230+485979.2465i	EXE	显示左边桩坐标复数
H_L(m)=1418.8450+1418.0450i	EXE	显示左边桩路面设计高程+路基设计高程 i 复数
W_L(m)±∠γi,0⇒no=?	12.25 EXE	输入左边距
x_L+y_Li(m)=4084852.861+485978.5936i	EXE	显示左边桩坐标复数
H_L(m)=1418.8150+1418.0150i	EXE	显示左边桩路面设计高程+路基设计高程 i 复数
W_L(m)±∠γi,0⇒no=?	37.75 EXE	输入左边距
x_L+y_Li(m)=4084840.316+485956.3928i	EXE	显示左边桩坐标复数
T(>0)/W(<0)/no(0)=?	-1 EXE	输入任意负数为挖方边坡
H_L(m)=1442.9650	EXE	显示左边桩设计高程
W_L(m)±∠γi,0⇒no=?	68.25 EXE	输入左边距
x_L+y_Li(m)=4084825.311+485929.8391i	EXE	显示左边桩坐标复数
T(>0)/W(<0)/no(0)=?	-2 EXE	输入任意负数为挖方边坡
H_L(m)=1467.3400	EXE	显示左边桩设计高程
W_L(m)±∠γi,0⇒no=?	0 EXE	输入 0 结束左边桩坐标计算
i_R(%)=-4.0000	EXE	显示路基右横坡度
W_R(m),0⇒no=?	6.25 EXE	输入右边距
x_R+y_Ri(m)=4084861.963+485994.6999i	EXE	显示右边桩坐标复数
H_R(m)=1419.4750+1418.6750i	EXE	显示右边桩路面设计高程+路基设计高程 i 复数
W_R(m),0⇒no=?	11.5 EXE	输入右边距
x_R+y_Ri(m)=4084864.546+485999.2707i	EXE	显示右边桩坐标复数

续表

屏幕提示	按键	说明
H_R(m)=1419.6850+1418.8850i	EXE	显示右边桩路面设计高程+路基设计高程 i 复数
W_R(m),0⇒no=?	22 EXE	输入右边距
x_R+y_Ri(m)=4084869.711+486008.4121i	EXE	显示右边桩坐标复数
T(>0)/W(<0)/no(0)=?	-4 EXE	输入任意负数为挖方边坡
H_R(m)=1427.7000	EXE	显示右边桩设计高程
W_R(m),0⇒no=?	0 EXE	输入 0 结束右边桩坐标计算
+peg(m),<QD⇒end=?	1 EXE	输入小于 *QD* 的桩号结束程序
Q2X8⇒End		程序结束显示

② 计算整体式路基边桩三维设计坐标。

执行 Q2X8 程序，进行三维坐标反算的屏幕提示与用户操作过程如下：

屏幕提示	按键	说明
JD curve xyH Q2X8		显示程序标题
new(0)/old(≠0) main point data=?	2 EXE	输入非零数使用现有主点数据计算
st xy new(0)/old(>0)/no(<0)=?	2 EXE	使用最近输入的测站点(station)
peg→xyH(1)/xyH→peg(2)/ xyH→δr(3)/pier(4)=?	2 EXE	输入 2 选择坐标反算
x_j(m)/π⇒end	4084839.086 EXE	输入 1 号边桩点三维坐标
y_j(m)+ni=?	485954.217 EXE	
H_j(m),0⇒no=?	1447.242 EXE	
p peg(m)+ni=91599.9993+7.0000i	EXE	显示垂点桩号+平曲线元号 i 复数/耗时 1.37s
α_P=330°31′49.29″	EXE	显示走向方位角
x_P+y_Pi(m)=4084858.887+485989.2590i	EXE	显示中桩坐标复数
H_P(m)=1419.2650	EXE	显示中桩设计高程
d_L(m)=-40.2496	EXE	显示负数为左边距
i_L(%)=4.0000	EXE	显示路基左横坡度
T(>0)/W(<0)/no(0)=?	-1 EXE	输入任意负数为挖方边坡
H_{Lj}(m)=1443.0400	EXE	显示测点左边桩设计高程
δd_j(m)+ni=2.4996+3.0000i	EXE	显示坡口平距+边坡级数 i 复数
δh_j(m)=4.2020	EXE	显示边桩点挖填高差(实测 H−设计 H)
x_j(m)/π⇒end	4084827.028 EXE	输入 2 号边桩点三维坐标
y_j(m)+ni=?	485932.878 EXE	
H_j(m),0⇒no=?	1467.436 EXE	
p peg(m)+ni=91599.9994+7.0000i	EXE	显示垂点桩号+平曲线元号 i 复数/耗时 1.37s
α_P=330°31′49.27″	EXE	显示走向方位角
x_P+y_Pi(m)=4084858.887+485989.2589i	EXE	显示中桩坐标复数
H_P(m)=1419.2650	EXE	显示中桩设计高程
d_L(m)=-64.7598	EXE	显示负数为左边距
i_L(%)=4.0000	EXE	显示路基左横坡度
T(>0)/W(<0)/no(0)=?	-2 EXE	输入任意负数为挖方边坡
H_{Lj}(m)=1465.9447	EXE	显示左边桩设计高程
δd_j(m)+ni=-0.9902+6.0000i	EXE	显示坡口平距+边坡级数 i 复数
δh_j(m)=1.4913	EXE	显示边桩点挖填高差(实测 H−设计 H)
x_j(m)/π⇒end	4084868.726 EXE	输入 3 号边桩点三维坐标
y_j(m)+ni=?	486006.671 EXE	
H_j(m),0⇒no=?	1427.005 EXE	
p peg(m)+ni=91599.9989+7.0000i	EXE	显示垂点桩号+平曲线元号 i 复数/耗时 1.37s
α_P=330°31′49.38″	EXE	显示走向方位角
x_P+y_Pi(m)=4084858.887+485989.2591i	EXE	显示中桩坐标复数
H_P(m)=1419.2650	EXE	显示中桩设计高程
d_R(m)=19.9995	EXE	显示正数为右边距

续表

屏幕提示	按键	说明
i_R(%)=-4.0000	EXE	显示路基右横坡度
T(>0)/W(<0)/no(0)=?	-3 EXE	输入任意负数为挖方边坡
H_{Lj}(m)=1426.6618	EXE	显示左边桩设计高程
δd_j(m)+ni=-0.7505+1.0000i	EXE	显示坡口平距+边坡级数 i 复数
δh_j(m)=0.3432	EXE	显示边桩点挖填高差(实测 H-设计 H)
x_j(m)/π⇛end	SHIFT π EXE	输入 π 结束程序
Q2X8⇛End		程序结束显示

③ 计算营盘峁隧道右洞路基三维设计坐标。

执行 Q2X8 程序，进行三维坐标正算的屏幕提示与用户操作过程如下：

屏幕提示	按键	说明
JD curve xyH Q2X8		显示程序标题
new(0)/old(≠0) main point data=?	3 EXE	输入非零数为使用现有主点数据计算
st xy new(0)/old(>0)/no(<0)=?	-1 EXE	输入负数为不设置测站点(station)
peg→xyH(1)/xyH→peg(2)/ xyH→δr(3)/pier(4)=?	1 EXE	输入 1 选择坐标正算
+peg(m),<QD⇛end=?	92940 EXE	输入加桩号
α_j=302°57′59.38″	EXE	显示中桩走向方位角/耗时 1.71s
x_j+y_ji(m)=4085675.636+484947.1403i	EXE	显示中桩坐标复数
H_j(m)=1433.4900	EXE	显示中桩设计高程
i_L(%)=0.0000	EXE	显示路基左横坡度
W_L(m)±∠γi,0⇛no=?	0 EXE	输入 0 结束左边桩坐标计算
i_R(%)=-1.1870	EXE	显示路基右横坡度
W_R(m),0⇛no=?	6 EXE	输入右边距
x_R+y_Ri(m)=4085680.670+484950.4052i	EXE	显示右边桩坐标复数
H_R(m)=1433.5434	EXE	显示右边桩设计高程
W_R(m),0⇛no=?	10.5 EXE	输入右边距
x_R+y_Ri(m)=4085684.445+484952.8539i	EXE	显示右边桩坐标复数
H_R(m)=1433.5968	EXE	显示右边桩设计高程
W_R(m),0⇛no=?	10.6 EXE	输入右边距
x_R+y_Ri(m)=4085684.529+484952.9083i	EXE	显示右边桩坐标复数
W_R(m),0⇛no=?	0 EXE	输入 0 结束右边桩坐标计算
+peg(m),<QD⇛end=?	1 EXE	输入小于 *QD* 的桩号结束程序
Q2X8⇛End		程序结束显示

由图 4-155(b)可知，营盘峁隧道 K 线右洞路基标准横断面的最大右边距为 1.5+9=10.5m，因此当输入的右边距大于 10.5m 时，程序不能计算右边桩设计高程。

由图 4-150 可知，营盘峁隧道 K 线右洞路基标准横断面为 4 号横断面，其数据位于 Mat A 矩阵的 10~12 行，因为矩阵单元 Mat A[10,10]的结构层厚度为 0，所以屏幕只显示边桩的路面设计高程，不显示其路基设计高程。

(3) 卜鱼沟大桥桥墩桩基坐标计算

执行 Q2X8 程序，进行桥墩桩基坐标计算的屏幕提示与用户操作过程如下：

屏幕提示	按键	说明
JD curve xyH Q2X8		显示程序标题
new(0)/old(≠0) main point data=?	3 EXE	输入非零数为使用现有主点数据计算
st xy new(0)/old(>0)/no(<0)=?	-3 EXE	输入负数为不设置测站点(station)

续表

屏幕提示	按键	说明
peg➔xyH(1)/xyH➔peg(2)/ xyH➔δr(3)/pier(4)=?	4 EXE	输入 4 选择桥墩(pier)桩基坐标计算
pier n#,<0⇒end=?	0 EXE	输入 0#桥墩
pier peg(m)+ni=91810.0000+1.0000i	EXE	显示墩台中心桩号+墩类号 i 复数
α_j=313°35′01.18″	EXE	显示墩台中心走向方位角/耗时 0.96s
x_j+y_ji(m)=4085023.896+485860.6045i	EXE	显示墩台中心坐标复数
H_j(m)=1422.0751	EXE	显示中桩设计高程
stake num/X+Yi(m)/π⇒end=?	1 EXE	输入 1 号桩基(stake)
$x_{pi}+y_{pi}$i(m)=4085023.105+485862.0108i	EXE	显示桩基测量坐标复数
stake num/X+Yi(m)/π⇒end=?	2 EXE	输入 2 号桩基(stake)
$x_{pi}+y_{pi}$i(m)=4085031.350+485866.7959i	EXE	显示桩基测量坐标复数
stake num/X+Yi(m)/π⇒end=?	-1 EXE	输入-1 号桩基(stake)
$x_{pi}+y_{pi}$i(m)=4085022.293+485858.5332i	EXE	显示桩基测量坐标复数
stake num/X+Yi(m)/π⇒end=?	-2 EXE	输入-2 号桩基(stake)
$x_{pi}+y_{pi}$i(m)=4085017.048+485853.7481i	EXE	显示桩基测量坐标复数
stake num/X+Yi(m)/π⇒end=?	SHIFT π EXE	输入 π 结束 0#桥墩桩基坐标计算
pier n#,<0⇒end=?	11 EXE	输入 11#桥墩
pier peg(m)+ni=92140.0000+3.0000i	EXE	显示墩台中心桩号+墩类号 i 复数
α_j=294°22′53.3″	EXE	显示墩台中心走向方位角/耗时 1.24s
x_j+y_ji(m)=4085195.179+485580.8096i	EXE	显示墩台中心坐标复数
H_j(m)=1421.9700	EXE	显示中桩设计高程
stake num/X+Yi(m)/π⇒end=?	1 EXE	输入 1 号桩基(stake)
$x_{pi}+y_{pi}$i(m)=4085197.707+485581.9551i	EXE	显示桩基测量坐标复数
stake num/X+Yi(m)/π⇒end=?	2 EXE	输入 2 号桩基(stake)
$x_{pi}+y_{pi}$i(m)=4085203.901+485584.7622i	EXE	显示桩基测量坐标复数
stake num/X+Yi(m)/π⇒end=?	SHIFT π EXE	输入 π 结束 11#桥墩桩基坐标计算
pier n#,<0⇒end=?	29 EXE	输入 29#桥墩
Z_L(0)/Z_R(≠0)=?	1 EXE	输入非零数选择右墩台中心桩号
pier peg(m)+ni=92679.0000+3.0000i	EXE	显示墩台中心桩号+墩类号 i 复数
α_j=313°23′38.95″	EXE	显示墩台中心走向方位角/耗时 1.45s
x_j+y_ji(m)=4085514.522+485151.9698i	EXE	显示墩台中心坐标复数
H_j(m)=1428.0090	EXE	显示中桩设计高程
stake num/X+Yi(m)/π⇒end=?	1 EXE	输入 1 号桩基(stake)
$x_{pi}+y_{pi}$i(m)=4085516.538+485153.8763i	EXE	显示桩基测量坐标复数
stake num/X+Yi(m)/π⇒end=?	2 EXE	输入 2 号桩基(stake)
$x_{pi}+y_{pi}$i(m)=4085521.479+485158.5480i	EXE	显示桩基测量坐标复数
stake num/X+Yi(m)/π⇒end=?	SHIFT π EXE	输入 π 结束 29#桥墩桩基坐标计算
pier n#,<0⇒end=?	33 EXE	输入 33#桥墩
Z_L(0)/Z_R(≠0)=?	2 EXE	输入非零数选择右墩台中心桩号
pier peg(m)+ni=92795.0000+2.0000i	EXE	显示墩台中心桩号+墩类号 i 复数
α_j=308°49′03.36″	EXE	显示墩台中心走向方位角/耗时 1.24s
x_j+y_ji(m)=4085590.996+485064.7911i	EXE	显示墩台中心坐标复数
H_j(m)=1430.4450	EXE	显示中桩设计高程
stake num/X+Yi(m)/π⇒end=?	1 EXE	输入 1 号桩基(stake)
$x_{pi}+y_{pi}$i(m)=4085592.737+485066.8063i	EXE	显示桩基测量坐标复数
stake num/X+Yi(m)/π⇒end=?	2 EXE	输入 2 号桩基(stake)
$x_{pi}+y_{pi}$i(m)=4085598.220+485071.3173i	EXE	显示桩基测量坐标复数
stake num/X+Yi(m)/π⇒end=?	SHIFT π EXE	输入 π 结束 33#桥墩桩基坐标计算
pier n#,<0⇒end=?	-3 EXE	输入任意负数结束程序
Q2X8⇒End		程序结束显示

K 线的-1、-2 号桩基只适用于 0#~10#桥墩，11#~33#桥墩只能计算 1、2 号桩基。从 29#桥墩开始，其 K 线与 Z 线的墩台中心桩号不相等，计算这些桥墩桩基坐标时，屏幕显示如下提示时：

$Z_L(0)/Z_R(\neq 0)$=?

输入 0 为选择左幅墩台中心设计参数，适用于 Z 线；输入非零数为选择右幅墩台中心设计参数，适用于 K 线。

上述只计算了 0#，11#，29#，33#桥墩的桩基坐标，与表 4-45 的设计值比较，坐标差一般在±1mm。其余桥墩的桩基坐标请读者自行计算。

图 4-157 为在 MS Excel 的“桩基坐标比较”选项卡比较桩基坐标的设计值与计算值的差异，图中灰底色桩基坐标为使用 Z 线平竖曲线串列文件计算的结果。为节省篇幅，图中只列出了部分桥墩桩基的坐标比较结果，详细情况请参见光盘“\4 章\陕西延安安塞至吴起高速 C 合同段\延志吴高速.xls”文件。

	A	B	C	D	E	F	G	H
1			设计图纸		Q2X8程序计算		坐标差	
2	墩号	点号	x/m	y/m	x/m	y/m	△x/m	△y/m
3	0#	-2	4085017.048	485853.748	4085017.048	485853.7481	0	-0.0001
4		-1	4085022.293	485858.533	4085022.293	485858.5332	0	-0.0002
5		1	4085026.105	485862.01	4085026.105	485862.0108	0	-0.0008
6		2	4085031.351	485866.795	4085031.35	485866.7959	0.001	-0.0009
7	1#	-2	4085036.905	485832.14	4085036.904	485832.1407	0.001	-0.0007
8		-1	4085042.024	485836.616	4085042.024	485836.6165	0	-0.0005
9		1	4085046.202	485840.269	4085046.202	485840.2695	0	-0.0005
10		2	4085051.322	485844.745	4085051.321	485844.7453	0.001	-0.0003
11	2#	-2	4085055.908	485809.455	4085055.908	485809.4552	0	-0.0002
12		-1	4085061.212	485813.71	4085061.211	485813.7107	0.001	-0.0007
13		1	4085065.541	485817.183	4085065.54	485817.1839	0.001	-0.0009
14		2	4085070.845	485821.439	4085070.844	485821.4395	0.001	-0.0005
15	3#	-2	4085073.936	485785.986	4085073.936	485785.9871	0	-0.0011
16		-1	4085079.415	485790.014	4085079.415	485790.0148	0	-0.0008
17		1	4085083.887	485793.301	4085083.886	485793.3021	0.001	-0.0011
18		2	4085089.365	485797.329	4085089.365	485797.3298	0	-0.0008
19	4#	-2	4085090.957	485761.778	4085090.956	485761.7785	0.001	-0.0005
20		-1	4085096.601	485765.57	4085096.6	485765.5712	0.001	-0.0012
21		1	4085101.207	485768.666	4085101.207	485768.6666	0	-0.0006
22		2	4085106.851	485772.459	4085106.851	485772.4593	0	-0.0003
23	5#	-2	4085106.939	485736.872	4085106.939	485736.8725	0	-0.0005
24		-1	4085112.739	485740.423	4085112.738	485740.4234	0.001	-0.0004
25		1	4085117.472	485743.321	4085117.472	485743.3215	0	-0.0005
26		2	4085123.271	485746.872	4085123.271	485746.8724	0	-0.0004
131	32#	-2	4085551.51	485064.876	4085551.51	485064.8763	0	-0.0003
132		-1	4085556.914	485069.004	4085556.914	485069.0041	0	-0.0001
133		1	4085574.695	485088.971	4085574.695	485088.9717	0	-0.0007
134		2	4085579.899	485093.349	4085579.898	485093.3494	0.001	-0.0004
135	33#	-2	4085569.063	485041.212	4085569.063	485041.2119	0	0.0001
136		-1	4085574.744	485045.471	4085574.744	485045.4708	0	0.0002
137		1	4085592.738	485066.806	4085592.737	485066.8063	0.001	-0.0003
138		2	4085598.221	485071.317	4085598.22	485071.3173	0.001	-0.0003

MAT_A / MAT_B / MAT_C / MAT_V / MAT_U / MAT_X / MAT_Y / MAT_Z / 桩基坐标比较

图 4-157　在 MS Excel 中比较卜鱼沟大桥桩基坐标设计值与计算值的差异

(4) 营盘峁隧道 K 线右洞超欠挖计算

图 4-155(a)所示的二衬轮廓线共有 6 个线元，下面为每个线元计算一个测点的超欠挖值。

执行 Q2X8 程序，进行隧道超欠挖计算的屏幕提示与用户操作过程如下：

屏幕提示	按键	说明
JD curve xyH Q2X8		显示程序标题
new(0)/old(≠0) main point data=?	4 [EXE]	输入非零数为使用现有主点数据计算
st xy new(0)/old(>0)/no(<0)=?	-4 [EXE]	输入负数为不设置测站点(station)
peg→xyH(1)/xyH→peg(2)/ xyH→δr(3)/pier(4)=?	3 [EXE]	输入 3 选择隧道超欠挖计算
Mat Y(0)/Mat X(≠0)=?	1 [EXE]	输入非零数选择洞身支护参数矩阵 Mat X
contour line(1/0/2)=?	1 [EXE]	输入 1 选择初期支护轮廓线
x_i(m)/π⇒end=?	4085793.1756 [EXE]	输入掌子面 1 号测点三维坐标
y_i(m)+ni=?	484775.1398 [EXE]	
H_i(m)=?	1444.8083 [EXE]	
p peg(m)+ni=93148.0999+17.0000i	[EXE]	显示垂点桩号+平曲线元号 i 复数/耗时 1.39s
H_p+X_ji(m)=1437.8601+3.3657i	[EXE]	显示垂点设计高程+测点隧中 X 坐标 i 复数
δr(m)+ni=-0.1043+1.0000i	[EXE]	显示超欠挖径距+二衬轮廓线类号 i 复数
←→+↑↓i(m)=-0.2140-0.1184i	[EXE]	显示水平移距+垂直移距 i 复数
x_i(m)/π⇒end=?	4085796.2447 [EXE]	输入掌子面 2 号测点三维坐标
y_i(m)+ni=?	484777.0314 [EXE]	
H_i(m)=?	1439.8939 [EXE]	
p peg(m)+ni=93148.0999+17.0000i	[EXE]	显示垂点桩号+平曲线元号 i 复数
H_p+X_ji(m)=1437.8601+6.9710i	[EXE]	显示垂点设计高程+测点隧中 X 坐标 i 复数
δr(m)+ni=0.2135+1.0000i	[EXE]	显示超欠挖径距+二衬轮廓线类号 i 复数
←→+↑↓i(m)=0.2140	[EXE]	只显示水平移距
x_i(m)/π⇒end=?	4085795.5205 [EXE]	输入掌子面 3 号测点三维坐标
y_i(m)+ni=?	484776.585 [EXE]	
H_i(m)=?	1437.1268 [EXE]	
p peg(m)+ni=93148.0999+17.0000i	[EXE]	显示垂点桩号+平曲线元号 i 复数
H_p+X_ji(m)=1437.8601+6.1202i	[EXE]	显示垂点设计高程+测点隧中 X 坐标 i 复数
δr(m)+ni=-0.0741+1.0000i	[EXE]	显示超欠挖径距+二衬轮廓线类号 i 复数
←→+↑↓i(m)=-0.0955-0.1117i	[EXE]	显示水平移距+垂直移距 i 复数
x_i(m)/π⇒end=?	4085791.4809 [EXE]	输入掌子面 4 号测点三维坐标
y_i(m)+ni=?	484774.0952 [EXE]	
H_i(m)=?	1435.6468 [EXE]	
p peg(m)+ni=93148.0999+17.0000i	[EXE]	显示垂点桩号+平曲线元号 i 复数
H_p+X_ji(m)=1437.8601+1.3750i	[EXE]	显示垂点设计高程+测点隧中 X 坐标 i 复数
δr(m)+ni=0.1489+1.0000i	[EXE]	显示超欠挖径距+二衬轮廓线类号 i 复数
←→+↑↓i(m)=0.0000+0.1493i	[EXE]	显示水平移距+垂直移距 i 复数
x_i(m)/π⇒end=?	4085784.8691 [EXE]	输入掌子面 5 号测点三维坐标
y_i(m)+ni=?	484770.2551 [EXE]	
H_i(m)=?	1437.05 [EXE]	
p peg(m)+ni=93147.8999+17.0000i	[EXE]	显示垂点桩号+平曲线元号 i 复数
H_p+X_ji(m)=1437.8559-6.2685i	[EXE]	显示垂点设计高程+测点隧中 X 坐标 i 复数
δr(m)+ni=0.0365+1.0000i	[EXE]	显示超欠挖径距+二衬轮廓线类号 i 复数
←→+↑↓i(m)=0.0471+0.0590i	[EXE]	显示水平移距+垂直移距 i 复数
x_i(m)/π⇒end=?	4085785.1197 [EXE]	输入掌子面 6 号测点三维坐标
y_i(m)+ni=?	484770.4096 [EXE]	
H_i(m)=?	1442.0782 [EXE]	
p peg(m)+ni=93147.8998+17.0000i	[EXE]	显示垂点桩号+平曲线元号 i 复数
H_p+X_ji(m)=1437.8559-5.9741i	[EXE]	显示垂点设计高程+测点隧中 X 坐标 i 复数
δr(m)+ni=-0.2270+1.0000i	[EXE]	显示超欠挖径距+二衬轮廓线类号 i 复数
←→+↑↓i(m)=-0.2527-0.4739i	[EXE]	显示水平移距+垂直移距 i 复数
x_i(m)/π⇒end=?	[SHIFT] [π] [EXE]	输入 π 结束程序
Q2X8⇒End		程序结束显示

3) Z线三维坐标计算

（1）计算平竖曲线主点数据

设置 **File6** 为当前串列文件，执行 Q2X8 程序，计算平曲线主点数据的屏幕提示与用户操作过程如下：

屏幕提示	按键	说明
JD curve xyH Q2X8		显示程序标题
new(0)/old(≠0) main point data=?	0 EXE	输入 0 为重新计算主点数据
i_L%,i_R% Mat B(1)/C(2)/D(3)/ E(4)/F(5)/G(6)/no(0)=?	6 EXE	输入 6 为选择 Mat G 为路基超高横坡矩阵
k(0)/k^3(≠1)=?	0 EXE	输入 0 选择线性超高渐变方式
+W_L,+W_R Mat H(1)/I(2)/J(3)/ K(4)/L(5)/M(6)/no(0)=?	0 EXE	输入 0 为不选择路基加宽矩阵
hor-curve first JD num=?	1 EXE	输入平曲线起始交点号(number)
ver-curve first SJD num=?	1 EXE	输入竖曲线起始变坡点号/耗时 4.49s
Z_{ZD}(m)=96552.8074	EXE	显示平曲线终点设计桩号(0.4mm)/耗时 2.58s
α_{ZD}=268°53′27.98″	EXE	显示平曲线终点走向方位角
Press [MENU][2]⇛Stop!	MENU 2	进入 **STAT** 模式查看主点数据

（2）三维坐标正反算案例

① 计算分离式路基加桩 ZK93+720 的中边桩坐标及其设计高程。

执行 Q2X8 程序，进行坐标正算的屏幕提示与用户操作过程如下：

屏幕提示	按键	说明
JD curve xyH Q2X8		显示程序标题
new(0)/old(≠0) main point data=?	1 EXE	输入非零数为使用现有主点数据计算
st xy new(0)/old(>0)/no(<0)=?	-1 EXE	输入负数为不设置测站点(station)
peg→xyH(1)/xyH→peg(2)/ xyH→δr(3)/pier(4)=?	1 EXE	输入 1 选择坐标正算
+peg(m),<QD⇛end=?	93720 EXE	输入加桩号
α_j=301°07′29.26″	EXE	显示中桩走向方位角/耗时 1.05s
x_j+y_ji(m)=4086058.933+484263.1600i	EXE	显示中桩坐标复数
H_j(m)=1447.3351	EXE	显示中桩设计高程
i_L(%)=2.0000	EXE	显示路基左横坡度
W_L(m)±∠γi,0⇛no=?	6 EXE	输入左边距
x_L+y_Li(m)=4086053.797+484260.0586i	EXE	显示左边桩坐标复数
H_L(m)=1447.2301+1446.4301i	EXE	显示左边桩路面设计高程+路基设计高程 i 复数
W_L(m)±∠γi,0⇛no=?	11.25 EXE	输入左边距
x_L+y_Li(m)=4086049.303+484257.3449i	EXE	显示左边桩坐标复数
H_L(m)=1447.1251+1446.3251i	EXE	显示左边桩路面设计高程+路基设计高程 i 复数
W_L(m)±∠γi,0⇛no=?	12 EXE	输入左边距
x_L+y_Li(m)=4086048.661+484256.9572i	EXE	显示左边桩坐标复数
H_L(m)=1447.1026+1446.3026i	EXE	显示左边桩路面设计高程+路基设计高程 i 复数
W_L(m)±∠γi,0⇛no=?	30.25 EXE	输入左边距
x_L+y_Li(m)=4086033.038+484247.5237i	EXE	显示左边桩坐标复数
T(>0)/W(<0)/no(0)=?	-1 EXE	输入任意负数为挖方边坡
H_L(m)=1463.2151	EXE	显示左边桩设计高程
W_L(m)±∠γi,0⇛no=?	68 EXE	输入左边距
x_L+y_Li(m)=4086000.723+484228.0106i	EXE	显示左边桩坐标复数
T(>0)/W(<0)/no(0)=?	-2 EXE	输入任意负数为挖方边坡
H_L(m)=1495.6276	EXE	显示左边桩设计高程
W_L(m)±∠γi,0⇛no=?	0 EXE	输入 0 结束左边桩坐标计算
i_R(%)=0.0000	EXE	显示路基右横坡度
W_R(m),0⇛no=?	0.75 EXE	输入右边距

续表

屏幕提示	按键	说明
x_R+y_Ri(m)=4086059.576+484263.5477i	EXE	显示右边桩坐标复数
H_R(m)=1447.3126+1446.5126i	EXE	显示右边桩路面设计高程+路基设计高程 i 复数
W_R(m),0⇒no=?	14.05 EXE	输入右边距
x_R+y_Ri(m)=4086070.961+484270.4225i	EXE	显示右边桩坐标复数
T(>0)/W(<0)/no(0)=?	1 EXE	输入任意正数为填方边坡
H_R(m)=1439.2736	EXE	显示右边桩设计高程
W_R(m),0⇒no=?	0 EXE	输入 0 结束右边桩坐标计算
+peg(m),<QD⇒end=?	1 EXE	输入小于 *QD* 的桩号结束程序
Q2X8⇒End		程序结束显示

② 计算分离式路基边桩三维设计坐标。

执行 Q2X8 程序，进行三维坐标反算的屏幕提示与用户操作过程如下：

屏幕提示	按键	说明
JD curve xyH Q2X8		显示程序标题
new(0)/old(≠0) main point data=?	2 EXE	输入非零数使用现有主点数据计算
st xy new(0)/old(>0)/no(<0)=?	2 EXE	使用最近输入的测站点(station)
peg→xyH(1)/xyH→peg(2)/ xyH→δr(3)/pier(4)=?	2 EXE	输入 2 选择坐标反算
x_j(m)/π⇒end	4086068.397 EXE	输入 1 号边桩点三维坐标
y_j(m)+ni=?	484268.874 EXE	
H_j(m),0⇒no=?	1439.965 EXE	
p peg(m)+ni=93720.0003+9.0000i	EXE	显示垂点桩号+平曲线元号 i 复数/耗时 1.15s
α_P=301°07′29.26″	EXE	显示垂点走向方位角
x_P+y_Pi(m)=4086058.934+484263.1598i	EXE	显示垂点坐标复数
H_P(m)=1447.3351	EXE	显示垂点设计高程
d_R(m)=11.0548	EXE	显示正数为右边距
i_R(%)=0.0000	EXE	显示路基右横坡度
T(>0)/W(<0)/no(0)=?	1 EXE	输入任意正数为填方边坡
H_{Lj}(m)=1440.4428	EXE	显示测点右边桩设计高程
δd_j(m)+ni=-1.6952+1.0000i	EXE	显示坡口平距+边坡级数 i 复数
δh_j(m)=-0.4778	EXE	显示边桩点挖填高差(实测 H-设计 H)
x_j(m)/π⇒end	4086059.255 EXE	输入 2 号边桩点三维坐标
y_j(m)+ni=?	484263.354 EXE	
H_j(m),0⇒no=?	1446.954 EXE	
p peg(m)+ni=93720.0001+9.0000i	EXE	显示垂点桩号+平曲线元号 i 复数/耗时 1.15s
α_P=301°07′29.26″	EXE	显示垂点走向方位角
x_P+y_Pi(m)=4086058.934+484263.1599i	EXE	显示垂点坐标复数
H_P(m)=1447.3351	EXE	显示垂点设计高程
d_R(m)=0.3755	EXE	显示正数为右边距
i_R(%)=0.0000	EXE	显示路基右横坡度
H_{Rj}(m)=1447.3239+1446.5239i	EXE	显示右边桩设计高程
δh_j(m)=-0.3699+0.4301i	EXE	显示边桩点挖填高差(实测 H-设计 H)
x_j(m)/π⇒end	4086053.797 EXE	输入 3 号边桩点三维坐标
y_j(m)+ni=?	484260.059 EXE	
H_j(m),0⇒no=?	1448.105 EXE	
p peg(m)+ni=93719.9995+9.0000i	EXE	显示垂点桩号+平曲线元号 i 复数/耗时 1.15s
α_P=301°07′29.26″	EXE	显示垂点走向方位角
x_P+y_Pi(m)=4086058.933+484263.1604i	EXE	显示垂点坐标复数
H_P(m)=1447.3351	EXE	显示垂点设计高程
d_L(m)=-6.0000	EXE	显示负数为左边距
i_L(%)=2.0000	EXE	显示路基左横坡度

续表

屏幕提示	按键	说明
H_{Lj}(m)=1447.2301+1446.4301i	EXE	显示左边桩路面+路基 i 设计高程复数
δh_j(m)=0.8749+1.6749i	EXE	显示边桩点挖填高差(实测 H-设计 H)
x_j(m)/π⇒end	4086024.478 EXE	输入 4 号边桩点三维坐标
y_j(m)+ni=?	484242.355 EXE	
H_j(m),0⇒no=?	1472.583 EXE	
p peg(m)+ni=93719.9998+9.0000i	EXE	显示垂点桩号+平曲线元号 i 复数/耗时 1.15s
α_P=301°07′29.26″	EXE	显示垂点走向方位角
x_P+y_Pi(m)=4086058.933+484263.1602i	EXE	显示垂点坐标复数
H_P(m)=1447.3351	EXE	显示垂点设计高程
d_L(m)=-40.2496	EXE	显示负数为左边距
i_L(%)=2.0000	EXE	显示路基左横坡度
T(>0)/W(<0)/no(0)=?	-2 EXE	输入任意负数为挖方边坡
H_{Lj}(m)=1471.3351	EXE	显示左边桩设计高程
δd_j(m)+ni=2.7496+3.0000i	EXE	显示坡口平距+边坡级数 i 复数
δh_j(m)=1.2479	EXE	显示边桩点挖填高差(实测 H-设计 H)
x_j(m)/π⇒end	SHIFT π EXE	输入 π 结束程序
Q2X8⇒End		程序结束显示

上述 3 号边桩点的挖填高差复数“**δh_j(m)=0.8749+1.6749i**”，其实部数值为相对于路面的挖填高差，虚部数值为相对于路基的挖填高差，两者相差路面结构层厚度 0.8m。

③ 计算营盘峁隧道左洞路基三维设计坐标。

执行 Q2X8 程序，进行三维坐标正算的屏幕提示与用户操作过程如下：

屏幕提示	按键	说明
JD curve xyH Q2X8		显示程序标题
new(0)/old(≠0) main point data=?	3 EXE	输入非零数为使用现有主点数据计算
st xy new(0)/old(>0)/no(<0)=?	-1 EXE	输入负数为不设置测站点(station)
peg→xyH(1)/xyH→peg(2)/ xyH→δr(3)/pier(4)=?	1 EXE	输入 1 选择坐标正算
+peg(m),<QD⇒end=?	92940 EXE	输入加桩号
α_j=301°58′55.21″	EXE	显示中桩走向方位角/耗时 1.08s
x_j+y_ji(m)=4085655.381+484930.6496i	EXE	显示中桩坐标复数
H_j(m)=1433.4900	EXE	显示中桩设计高程
i_L(%)=2.0000	EXE	显示路基左横坡度
W_L(m)±∠γi,0⇒no=?	6 EXE	输入左边距
x_L+y_Li(m)=4085650.291+484927.4717i	EXE	显示左边桩坐标复数
H_L(m)=1433.4000	EXE	显示左边桩设计高程
W_L(m)±∠γi,0⇒no=?	10.5 EXE	输入左边距
x_L+y_Li(m)=4085646.474+484925.0882i	EXE	显示左边桩坐标复数
H_L(m)=1433.3100	EXE	显示左边桩设计高程
W_L(m)±∠γi,0⇒no=?	10.6 EXE	输入左边距
x_L+y_Li(m)=4085646.390+484925.0353i	EXE	显示左边桩坐标复数
W_L(m)±∠γi,0⇒no=?	0 EXE	输入 0 结束左边桩坐标计算
i_R(%)=0.0000	EXE	显示路基右横坡度
W_R(m),0⇒no=?	0 EXE	输入 0 结束右边桩坐标计算
+peg(m),<QD⇒end=?	1 EXE	输入小于 *QD* 的桩号结束程序
Q2X8⇒End		程序结束显示

由图 4-155(c)可知，营盘峁隧道 Z 线左洞路基标准横断面的最大左边距为 1.5+9=10.5m，因此当输入的左边距大于 10.5m 时，程序不能计算左边桩设计高程。

由图 4-150 可知，营盘峁隧道 Z 线左洞路基标准横断面为 5 号横断面，其数据位于 Mat A 矩阵的 13~15 行，因为矩阵单元 Mat A[13,10]的结构层厚度为 0，所以屏幕只显示边桩的路面设计高程，不显示其路基设计高程。

(3) 卜鱼沟大桥桥墩桩基坐标计算

执行 Q2X8 程序，进行桥墩桩基坐标计算的屏幕提示与用户操作过程如下：

屏幕提示	按键	说明
JD curve xyH Q2X8		显示程序标题
new(0)/old(≠0) main point data=?	3 EXE	输入非零数为使用现有主点数据计算
st xy new(0)/old(>0)/no(<0)=?	-3 EXE	输入负数为不设置测站点(station)
peg→xyH(1)/xyH→peg(2)/xyH→δr(3)/pier(4)=?	EXE	输入 4 选择桥墩(pier)桩基坐标计算
pier n#,<0⇒end=?	11 EXE	输入 11#桥墩
pier peg(m)+ni=92140.0000+3.0000i	EXE	显示墩台中心桩号+墩类号 i 复数
α_j=294°21′57″	EXE	显示墩台中心走向方位角/耗时 0.67s
x_j+y_ji(m)=4085195.178+485580.8079i	EXE	显示墩台中心坐标复数
H_j(m)=1421.9700	EXE	显示中桩设计高程
stake num/X+Yi(m)/π⇒end=?	-2 EXE	输入-2 号桩基(stake)
$x_{pi}+y_{pi}i$(m)=4085186.455+485576.8576i	EXE	显示桩基测量坐标复数
stake num/X+Yi(m)/π⇒end=?	-1 EXE	输入-1 号桩基(stake)
$x_{pi}+y_{pi}i$(m)=4085192.650+485579.6630i	EXE	显示桩基测量坐标复数
stake num/X+Yi(m)/π⇒end=?	SHIFT π EXE	输入 π 结束 11#桥墩桩基坐标计算
pier n#,<0⇒end=?	29 EXE	输入 29#桥墩
Z_L(0)/Z_R(≠0)=?	0 EXE	输入 0 选择左墩台中心桩号
pier peg(m)+ni=92680.0000+3.0000i	EXE	显示墩台中心桩号+墩类号 i 复数
α_j=310°16′33.82″	EXE	显示墩台中心走向方位角/耗时 1.45s
x_j+y_ji(m)=4085502.615+485140.7277i	EXE	显示墩台中心坐标复数
H_j(m)=1428.0300	EXE	显示中桩设计高程
stake num/X+Yi(m)/π⇒end=?	-2 EXE	输入-2 号桩基(stake)
$x_{pi}+y_{pi}i$(m)=4085495.310+485134.5378i	EXE	显示桩基测量坐标复数
stake num/X+Yi(m)/π⇒end=?	-1 EXE	输入-1 号桩基(stake)
$x_{pi}+y_{pi}i$(m)=4085500.498+485138.9338i	EXE	显示桩基测量坐标复数
stake num/X+Yi(m)/π⇒end=?	SHIFT π EXE	输入 π 结束 29#桥墩桩基坐标计算
pier n#,<0⇒end=?	33 EXE	输入 33#桥墩
Z_L(0)/Z_R(≠0)=?	0 EXE	输入 0 选择左墩台中心桩号
pier peg(m)+ni=92800.0000+2.0000i	EXE	显示墩台中心桩号+墩类号 i 复数
α_j=306°20′29.36″	EXE	显示墩台中心走向方位角/耗时 1.24s
x_j+y_ji(m)=4085577.114+485046.6853i	EXE	显示墩台中心坐标复数
H_j(m)=1430.5500	EXE	显示中桩设计高程
stake num/X+Yi(m)/π⇒end=?	-2 EXE	输入-2 号桩基(stake)
$x_{pi}+y_{pi}i$(m)=4085569.063+485041.2119i	EXE	显示桩基测量坐标复数
stake num/X+Yi(m)/π⇒end=?	-1 EXE	输入-1 号桩基(stake)
$x_{pi}+y_{pi}i$(m)=4085574.744+485045.4708i	EXE	显示桩基测量坐标复数
stake num/X+Yi(m)/π⇒end=?	SHIFT π EXE	输入 π 结束 33#桥墩桩基坐标计算
pier n#,<0⇒end=?	-3 EXE	输入任意负数结束程序
Q2X8⇒End		程序结束显示

Z 线只能输入-1、-2 号桩基，且只适用于 11#~33#桥墩，从 29#桥墩开始，其 K 线与 Z 线的墩台中心桩号不相等，计算这些桥墩桩基坐标时，屏幕显示“**Z_L(0)/Z_R(≠0)=?**”提示时，应输入 0 选择左幅墩台中心设计参数。

上述只计算了 11#，29#，33#桥墩左幅-1、-2 号桩基坐标，与表 4-45 的设计值比较，坐标差一般在±1mm。其余桥墩的桩基坐标请读者自行计算。

在 MS Excel 的“桩基坐标比较”选项卡比较桩基坐标的设计值与计算值的差异，如图 4-157 所示，图中灰底色桩基坐标为使用 Z 线平竖曲线串列文件计算的结果。详细情况请参见光盘“\4 章\陕西延安安塞至吴起高速 C 合同段\延志吴高速.xls”文件。

（4）营盘峁隧道 Z 线左洞超欠挖计算

图 4-155（a）所示的二衬轮廓线共有 6 个线元，为每个线元计算一个测点的超欠挖值。

执行 Q2X8 程序，进行隧道超欠挖计算的屏幕提示与用户操作过程如下：

屏幕提示	按键	说明
JD curve xyH Q2X8		显示程序标题
new(0)/old(≠0) main point data=?	**4** EXE	输入非零数为使用现有主点数据计算
St xy new(0)/old(>0)/no(<0)=?	**-4** EXE	输入负数为不设置测站点(station)
peg→xyH(1)/xyH→peg(2)/ xyH→δr(3)/pier(4)=?	**3** EXE	输入 3 选择隧道超欠挖计算
Mat Y(0)/Mat X(≠0)=?	**0** EXE	输入 0 选择 Mat Y 矩阵为洞身支护参数
contour line(1/0/2)=?	**1** EXE	输入 1 选择初期支护轮廓线
x_i(m)/π⇒end=?	**4085753.0352** EXE	输入掌子面 1 号测点三维坐标
y_i(m)+ni=?	**484765.2138** EXE	
H_i(m)=?	**1444.4723** EXE	
p peg(m)+ni=93132.1001+9.0000i	EXE	显示垂点桩号+平曲线元号 i 复数/耗时 1.27s
H_p+X_ji(m)=1437.5241+3.3663i	EXE	显示垂点设计高程+测点隧中 X 坐标 i 复数
δr(m)+ni=-0.1041+1.0000i	EXE	显示超欠挖径距+二衬轮廓线类号 i 复数
←→+↑↓i(m)=-0.2135−0.1181i	EXE	显示水平移距+垂直移距 i 复数
x_i(m)/π⇒end=?	**4085756.1214** EXE	输入掌子面 2 号测点三维坐标
y_i(m)+ni=?	**484767.0773** EXE	
H_i(m)=?	**1439.5579** EXE	
p peg(m)+ni=93132.1002+9.0000i	EXE	显示垂点桩号+平曲线元号 i 复数
H_p+X_ji(m)=1437.5241+6.9715i	EXE	显示垂点设计高程+测点隧中 X 坐标 i 复数
δr(m)+ni=0.2140+1.0000i	EXE	显示超欠挖径距+二衬轮廓线类号 i 复数
←→+↑↓i(m)=0.2145	EXE	只显示水平移距
x_i(m)/π⇒end=?	**4085755.3931** EXE	输入掌子面 3 号测点三维坐标
y_i(m)+ni=?	**484766.6376** EXE	
H_i(m)=?	**1436.7908** EXE	
p peg(m)+ni=93132.1001+9.0000i	EXE	显示垂点桩号+平曲线元号 i 复数
H_p+X_ji(m)=1437.5241+6.1207i	EXE	显示垂点设计高程+测点隧中 X 坐标 i 复数
δr(m)+ni=-0.0737+1.0000i	EXE	显示超欠挖径距+二衬轮廓线类号 i 复数
←→+↑↓i(m)=-0.0950−0.1112i	EXE	显示水平移距+垂直移距 i 复数
x_i(m)/π⇒end=?	**4085751.3307** EXE	输入掌子面 4 号测点三维坐标
y_i(m)+ni=?	**484764.1846** EXE	
H_i(m)=?	**1435.3108** EXE	
p peg(m)+ni=93132.1001+9.0000i	EXE	显示垂点桩号+平曲线元号 i 复数
H_p+X_ji(m)=1437.5241+1.3752i	EXE	显示垂点设计高程+测点隧中 X 坐标 i 复数
δr(m)+ni=0.1489+1.0000i	EXE	显示超欠挖径距+二衬轮廓线类号 i 复数
←→+↑↓i(m)=0.0000+0.1493i	EXE	显示水平移距+垂直移距 i 复数
x_i(m)/π⇒end=?	**4085744.6839** EXE	输入掌子面 5 号测点三维坐标

续表

屏幕提示	按键	说明
y_i(m)+ni=?	484760.405 EXE	
H_i(m)=?	1436.7140 EXE	
p peg(m)+ni=93131.8999+9.0000i	EXE	显示垂点桩号+平曲线元号 i 复数
H_p+X_ji(m)=1437.5199−6.2685i	EXE	显示垂点设计高程+测点隧中 X 坐标 i 复数
δr(m)+ni=0.0364+1.0000i	EXE	显示超欠挖径距+二衬轮廓线类号 i 复数
←→+↑↓i(m)=0.0471+0.0590i	EXE	显示水平移距+垂直移距 i 复数
x_i(m)/π⇔end=?	4085744.9359 EXE	输入掌子面 6 号测点三维坐标
y_i(m)+ni=?	484760.5572 EXE	
H_i(m)=?	1441.7422 EXE	
p peg(m)+ni=93131.8998+9.0000i	EXE	显示垂点桩号+平曲线元号 i 复数
H_p+X_ji(m)=1437.5199−5.9741i	EXE	显示垂点设计高程+测点隧中 X 坐标 i 复数
δr(m)+ni=-0.2270+1.0000i	EXE	显示超欠挖径距+二衬轮廓线类号 i 复数
←→+↑↓i(m)=-0.2527−0.4739i	EXE	显示水平移距+垂直移距 i 复数
x_i(m)/π⇔end=?	SHIFT π EXE	输入 π 结束程序
Q2X8⇔End		程序结束显示

本例的全部矩阵数据为光盘“\4 章\陕西延安安塞至吴起高速 C 合同段\MAT.g2m”文件，K 线串列文件 File5.g1m 及执行成果整理程序 H2X8.exe 输出的成果文件位于光盘“\4 章\陕西延安安塞至吴起高速 C 合同段\K 线”路径下，Z 线串列文件 File6.g1m 及执行成果整理程序 H2X8.exe 输出的成果文件位于光盘“\4 章\陕西延安安塞至吴起高速 C 合同段\Z 线”路径下。

4.15 交点法主线与匝道曲线连接部路基加宽计算案例

图 4-158(a)为沽诸枢纽 JS 主线交点法设计图，图 4-158（b）为 JS 主线与 A 匝道连接部路基加宽设计图，图 4-158(c)为 A 匝道交点法设计图，图 4-159(a)为 JS 主线 8 车道路基标准横断面图，图 4-159(b)为 A 匝道单向双车道路基标准横断面图。

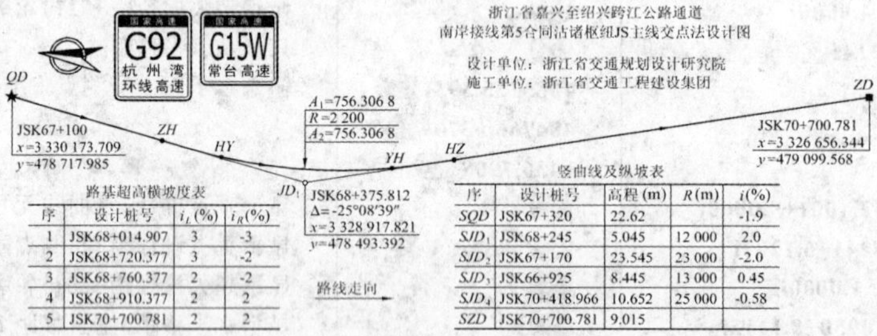

路基超高横坡度表

序	设计桩号	i_L(%)	i_R(%)
1	JSK68+014.907	3	-3
2	JSK68+720.377	3	-2
3	JSK68+760.377	2	-2
4	JSK68+910.377	2	2
5	JSK70+700.781	2	2

竖曲线及纵坡表

序	设计桩号	高程 (m)	R(m)	i(%)
SQD	JSK67+320	22.62		-1.9
SJD_1	JSK68+245	5.045	12 000	2.0
SJD_2	JSK67+170	23.545	23 000	-2.0
SJD_3	JSK66+925	8.445	13 000	0.45
SJD_4	JSK70+418.966	10.652	25 000	-0.58
SZD	JSK70+700.781	9.015		

(a)JS 主线交点法设计图

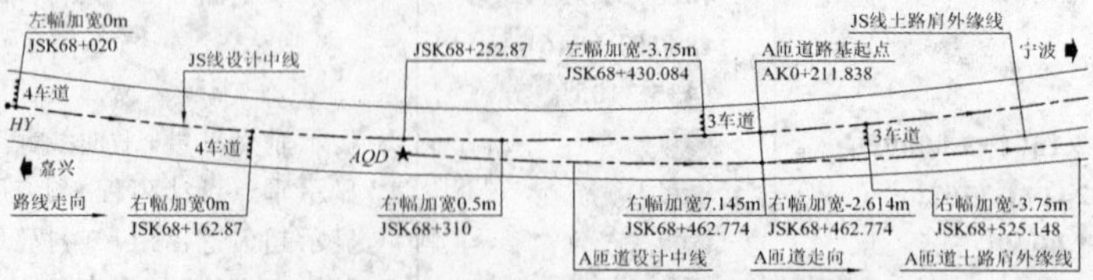

(b)JS 主线与 A 匝道连接部路基加宽设计图

图 4-158 JS 主线与 A 匝道平竖曲线、路基超高与连接部路基加宽设计图

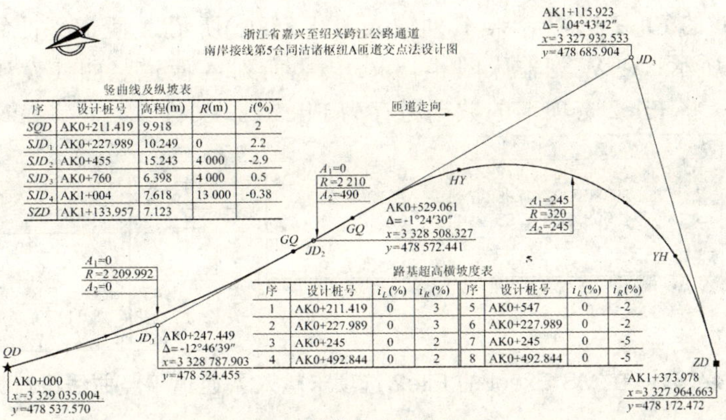

(c)A 匝道交点设计图

续图 4-158

由图 4-158(b)可知，A 匝道 AK0+000~AK0+211.838 桩号区间为 A 匝道与 JS 主线的连接部，其路基应使用 JS 主线 JSK68+252.87~JSK68+462.774 桩号区间的右路基计算。

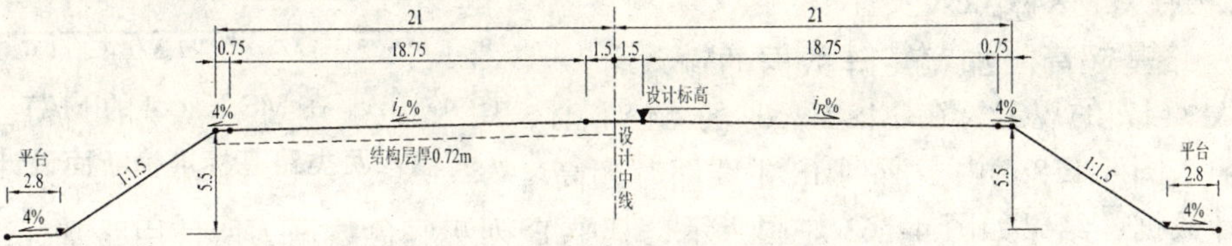

(a)JS 主线 8 车道路基标准横断面图(1 类)

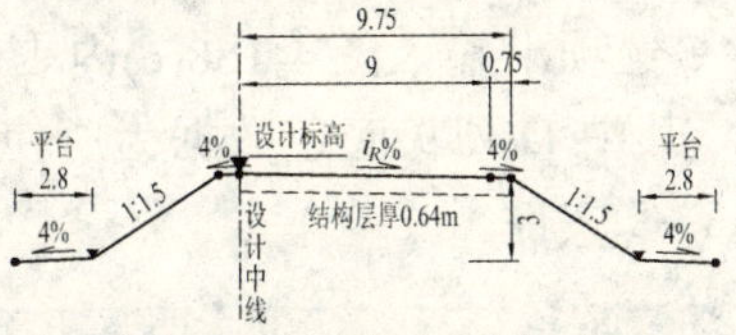

(b)A 匝道单双车道路基标准横断面图(2 类)

图 4-159　1、2 号路基标准横断面设计图

1) 设计数据的输入

(1) 平竖曲线串列数据的输入

按表 4-1 的规定，在 MS Excel 的 File1 选项卡 A~F 列输入图 4-158(a)所示 JS 主线平曲线设计数据，结果如图 4-160 左图所示；按表 4-13 的规定，在 W 列输入图 4-158(a)内表所列 JS 主线竖曲线设计数据，结果如图 4-160 右图所示。将 File1 选项卡的数据另存为 File1.csv 文件。

	A	B	C	D	E	F
1	67100	3330173.709	478717.985	0	0	0
2		3328917.821	478493.392	756.3068	2200	756.3068
3		3326656.344	479099.568			

File1 / File2 / MAT_A / MAT_B / MAT_C / MAT_H

	W
1	67320
2	22.62
3	68245
4	5.045
5	12000
6	69170
7	23.545
8	23000

	W
9	69925
10	8.445
11	13000
12	70418.966
13	10.652
14	25000
15	70700.781
16	9.015

图 4-160　在 MS Excel 的 File1 选项卡输入 JS 主线平竖曲线设计数据

在 MS Excel 的 File2 选项卡 A~F 列输入图 4-158(c)所示 A 匝道平曲线设计数据，结果如图 4-161 左图所示；在 W 列输入图 4-158(c)内表所列 A 匝道竖曲线设计数据，结果如图 4-161 右图所示。将 File2 选项卡的数据另存为 File2.csv 文件。

	A	B	C	D	E	F
1	0	3329035.004	478537.57	0	0	0
2		3328787.903	478524.455	0	2209.992	0
3		3328508.327	478572.441	0	2210	490
4		3327932.533	478685.904	245	320	245
5		3327964.663	478172.472			

File1 File2 MAT_A MAT_B MAT_C MAT_H

	W
1	211.419
2	9.918
3	227.989
4	10.249
5	0
6	455
7	15.243
8	4000

	W
9	760
10	6.398
11	4000
12	1004
13	7.618
14	13000
15	1133.957
16	7.123

图 4-161　在 MS Excel 的 File2 选项卡输入 A 匝道平竖曲线设计数据

(2) 路基标准横断面矩阵数据的输入

按表 4-16 的规定，在 MS Excel 的 MAT_A 选项卡输入图 4-159 所示的 1、2 类路基标准横断面设计数据，结果如图 4-162 所示。将 MAT_A 选项卡的数据另存为 MAT_A.csv 文件。

	A	B	C	D	E	F	G	H	I	J
1	0.75	4	18.75	1.5	1.5	18.75	4	0.75	0	0.72
2	1.5	5.5	4	2.8	0	0	0	0	0	0
3	0	0	0	0	0	0	0	0	0	0
4	0.75	4	0	0	0	9	4	0.75	0	0.64
5	1.5	3	4	2.8	0	0	0	0	0	0
6	0	0	0	0	0	0	0	0	0	0

File1 File2 MAT_A MAT_B MAT_C MAT_H

图 4-162　在 MS Excel 的 MAT_A 选项卡输入两类路基标准横断面设计数据

(3) 路基超高与加宽矩阵数据的输入

按表 4-17 的规定，在 MS Excel 的 MAT_B 选项卡输入图 4-158(a)内表所列 JS 主线路基超高横坡设计数据，结果如图 4-163 左图所示，其中 D 列灰底色数据为所使用路基标准横断面类号。将 MAT_B 选项卡的数据另存为 MAT_B 文件。

在 MS Excel 的 MAT_C 选项卡输入图 4-158(c)内表所列 A 匝道路基超高横坡设计数据，结果如图 4-163 中图所示，其中 D 列灰底色数据为所使用路基标准横断面类号。将 MAT_C 选项卡的数据另存为 MAT_C 文件。

	A	B	C	D
1	68014.907	3	-3	1
2	68720.377	3	-3	1
3	68760.377	2	-2	1
4	68910.377	2	2	1
5	70700.781	2	2	1

MAT_B MAT_C

	A	B	C	D
1	211.419	0	-3	2
2	227.989	0	-3	2
3	245	0	-2	2
4	492.844	0	-2	2
5	547	0	2	2
6	720	0	2	2
7	789.065	0	5	2
8	1133.957	0	5	2

MAT_B MAT_C

	A	B	C	D
1	68014.907	0	68014.907	0
2	68020	0	68162.87	0
3	68430.084	-3.75	68310	0.5
4	0	0	68462.774	7.145
5	0	0	68462.774	-2.614
6	0	0	68525.148	-3.75

MAT_A MAT_B MAT_C MAT_H

图 4-163　在 MS Excel 的 MAT_B 选项卡输入 JS 主线路基超高设计数据，在 MAT_C 选项卡输入 A 匝道路基超高设计数据，在 MAT_H 选项卡输入 JS 主线路基加宽设计数据

按表 4-18 的规定，在 MS Excel 的 MAT_H 选项卡输入图 4-158(b)所示 JS 主线路基加宽设计数据，结果如图 4-163 右图所示。将 MAT_H 选项卡的数据另存为 MAT_H 文件。

2) 平竖曲线主点数据计算

(1) JS 主线平竖曲线主点数据计算

设置 **File1** 为当前串列文件，执行 Q2X8 程序，计算平竖曲线主点数据的屏幕提示与用户操作过程如下：

屏幕提示	按键	说明
JD curve xyH Q2X8		显示程序标题
new(0)/old(≠0) main point data=?	0 EXE	输入 0 为重新计算主点数据
i_L%,i_R% Mat B(1)/C(2)/D(3)/E(4)/F(5)/G(6)/no(0)=?	1 EXE	输入 1 选择路基超高横坡矩阵 Mat B
k(0)/k^3(≠1)=?	0 EXE	输入 0 选择线性超高渐变方式
+W_L,+W_R Mat H(1)/I(2)/J(3)/K(4)/L(5)/M(6)/no(0)=?	1 EXE	输入 1 选择路基加宽矩阵 Mat H
hor-curve first JD num=?	1 EXE	输入平曲线起始交点号(number)
ver-curve first SJD num=?	1 EXE	输入竖曲线起始变坡点号/耗时 1.74s
Z_{ZD}(m)=70700.7812	EXE	显示平曲线终点设计桩号(0.2mm)/耗时 1.43s
α_{ZD}=164°59′41.7″	EXE	显示平曲线终点走向方位角
Press [MENU][2]⇛Stop!	MENU 2	进入 STAT 模式查看主点数据

（2）A 匝道平竖曲线主点数据计算

设置 **File2** 为当前串列文件，执行 Q2X8 程序，计算平竖曲线主点数据的屏幕提示与用户操作过程如下：

屏幕提示	按键	说明
JD curve xyH Q2X8		显示程序标题
new(0)/old(≠0) main point data=?	0 EXE	输入 0 为重新计算主点数据
i_L%,i_R% Mat B(1)/C(2)/D(3)/E(4)/F(5)/G(6)/no(0)=?	2 EXE	输入 2 选择路基超高横坡矩阵 Mat C
k(0)/k^3(≠1)=?	0 EXE	输入 0 选择线性超高渐变方式
+W_L,+W_R Mat H(1)/I(2)/J(3)/K(4)/L(5)/M(6)/no(0)=?	0 EXE	输入 0 为不选择路基加宽矩阵
hor-curve first JD num=?	1 EXE	输入平曲线起始交点号(number)
ver-curve first SJD num=?	1 EXE	输入竖曲线起始变坡点号/耗时 3.08s
Z_{ZD}(m)=1373.9782	EXE	显示平曲线终点设计桩号(差 0.2mm)/耗时 1.96s
α_{ZD}=273°34′51.01″	EXE	显示平曲线终点走向方位角
Press [MENU][2]⇛Stop!	MENU 2	进入 STAT 模式查看主点数据

3) JS 主线三维坐标正反算

（1）坐标正算

设置 **File1** 为当前串列文件，执行 Q2X8 程序，计算加桩 JSK68+460 路基主点数据三维设计坐标的屏幕提示与用户操作过程如下：

屏幕提示	按键	说明
JD curve xyH Q2X8		显示程序标题
new(0)/old(≠0) main point data=?	1 EXE	输入非零数为使用现有主点数据计算
st xy new(0)/old(>0)/no(<0)=?	-1 EXE	输入负数为不设置测站点(station)
peg→xyH(1)/xyH→peg(2)/xyH→δr(3)/pier(4)=?	1 EXE	输入 1 选择坐标正算
+peg(m),<QD⇛end=?	68460 EXE	输入加桩号
α_j=175°09′42.14″	EXE	显示中桩走向方位角/耗时 0.67s
x_j+y_ji(m)=3328828.006+478554.5554i	EXE	显示中桩坐标复数
H_j(m)=9.3600	EXE	显示中桩设计高程
i_L(%)=3.0000	EXE	显示路基左横坡度
+W_L(m)=-3.7500	EXE	显示路基左幅加宽值
+W_L(m),π⇛no=?	SETUP π EXE	输入 π 为不修改路基左幅加宽值
W_L(m)±∠γi,0⇛no=?	-1 EXE	输入中分带外缘点边距系数
d_L(m)=1.5000	EXE	显示-1 号点左边距
x_L+y_Li(m)=3328828.132+478556.0501i	EXE	显示左边桩坐标复数
H_L(m)=9.3600+8.6400i	EXE	显示左边桩路面设计高程+路基设计高程 i 复数

续表

屏幕提示	按键	说明
W_L(m)±∠γi,0⇛no=?	-2 EXE	输入硬路肩外缘点边距系数
d_L(m)=16.5000	EXE	显示-2 号点左边距
x_L+y_Li(m)=3328829.397+478570.9966i	EXE	显示左边桩坐标复数
H_L(m)=8.9100+8.1900i	EXE	显示左边桩路面设计高程+路基设计高程 i 复数
W_L(m)±∠γi,0⇛no=?	-3 EXE	输入土路肩外缘点边距系数
d_L(m)=17.2500	EXE	显示-3 号点左边距
x_L+y_Li(m)=3328829.461+478571.7440i	EXE	显示左边桩坐标复数
H_L(m)=8.8800+8.1600i	EXE	显示左边桩路面设计高程+路基设计高程 i 复数
W_L(m)±∠γi,0⇛no=?	-1.1 EXE	输入 1 级边坡平台内缘点边距系数
T(>0)/W(<0)/no(0)=?	1 EXE	输入任意正数为填方边坡
d_L(m)=25.5000	EXE	显示-1.1 号点左边距
x_L+y_Li(m)=3328830.157+478579.9646i	EXE	显示左边桩坐标复数
H_L(m)=3.3800	EXE	显示左边桩设计高程
W_L(m)±∠γi,0⇛no=?	-1.2 EXE	输入 1 级边坡平台外缘点边距系数
T(>0)/W(<0)/no(0)=?	1 EXE	输入任意正数为填方边坡
d_L(m)=28.3000	EXE	显示-1.2 号点左边距
x_L+y_Li(m)=3328830.393+478582.7546i	EXE	显示左边桩坐标复数
H_L(m)=3.2680	EXE	显示左边桩设计高程
W_L(m)±∠γi,0⇛no=?	0 EXE	输入 0 结束左边桩坐标计算
i_R(%)=-3.0000	EXE	显示路基右横坡度
+W_R(m)=7.0243	EXE	显示路基右幅加宽值
+W_R(m),π⇛no=?	SET UP π EXE	输入 π 为不修改路基右幅加宽值
W_R(m),0⇛no=?	-1 EXE	输入中分带外缘点边距系数
d_R(m)=1.5000	EXE	显示-1 号点右边距
x_R+y_Ri(m)=3328827.879+478553.0608i	EXE	显示右边桩坐标复数
H_R(m)=9.3600+8.6400i	EXE	显示右边桩路面设计高程+路基设计高程 i 复数
W_R(m),0⇛no=?	-2 EXE	输入硬路肩外缘点边距系数
d_R(m)=27.2743	EXE	显示-2 号点右边距
x_R+y_Ri(m)=3328825.705+478527.3783i	EXE	显示右边桩坐标复数
H_R(m)=10.1332+9.4132i	EXE	显示右边桩路面设计高程+路基设计高程 i 复数
W_R(m),0⇛no=?	-3 EXE	输入土路肩外缘点边距系数
d_R(m)=28.0243	EXE	显示-3 号点右边距
x_R+y_Ri(m)=3328825.642+478526.6309i	EXE	显示右边桩坐标复数
H_R(m)=10.1032+9.3832i	EXE	显示右边桩路面设计高程+路基设计高程 i 复数
W_R(m),0⇛no=?	-1.1 EXE	输入 1 级边坡平台内缘点边距系数
T(>0)/W(<0)/no(0)=?	1 EXE	输入任意正数为填方边坡
d_R(m)=36.2743	EXE	显示-1.1 号点右边距
x_R+y_Ri(m)=3328824.946+478518.4103i	EXE	显示右边桩坐标复数
H_R(m)=4.6032	EXE	显示右边桩设计高程
W_R(m),0⇛no=?	-1.2 EXE	输入 1 级边坡平台外缘点边距系数
T(>0)/W(<0)/no(0)=?	1 EXE	输入任意正数为填方边坡
d_R(m)=39.0743	EXE	显示-1.2 号点右边距
x_R+y_Ri(m)=3328824.710+478515.6203i	EXE	显示右边桩坐标复数
H_R(m)=4.4912	EXE	显示右边桩设计高程
W_R(m),0⇛no=?	0 EXE	输入 0 结束右边桩坐标计算
+peg(m),<QD⇛end=?	1 EXE	输入小于 *QD* 的桩号结束程序
Q2X8⇛End		程序结束显示

（2）坐标反算

执行 Q2X8 程序，进行加桩 JSK68+460 横断面边桩测点三维坐标反算的屏幕提示与用户操作过程如下：

屏幕提示	按键	说明
JD curve xyH Q2X8		显示程序标题
new(0)/old(≠0) main point data=?	2 EXE	输入非零数使用现有主点数据计算
st xy new(0)/old(>0)/no(<0)=?	2 EXE	使用最近输入的测站点(station)
peg→xyH(1)/xyH→peg(2)/ xyH→δr(3)/pier(4)=?	2 EXE	输入 2 选择坐标反算
x_j(m)/π⇒end	3328830.105 EXE	输入 1 号边桩点三维坐标
y_j(m)+ni=?	478579.357 EXE	
H_j(m),0⇒no=?	4.679 EXE	
p peg(m)+ni=68460.0001+3.0000i	EXE	显示垂点桩号+平曲线元号 i 复数/耗时 1.02s
α_P=175°09′42.13″	EXE	显示垂点走向方位角
x_P+y_Pi(m)=3328828.006+478554.5554i	EXE	显示垂点坐标复数
H_P(m)=9.3600	EXE	显示垂点设计高程
d_L(m)=-24.8903	EXE	显示负数为左边距
i_L(%)=3.0000	EXE	显示路基左横坡度
+W_L(m)=-3.7500	EXE	显示路基左幅加宽值
+W_L(m),π⇒no=?	SET UP π EXE	输入 π 为不修改路基左幅加宽值
T(>0)/W(<0)/no(0)=?	1 EXE	输入任意正数为填方边坡
H_{Lj}(m)=3.7865	EXE	显示测点左边桩设计高程
δd_j(m)+ni=-0.6097+1.0000i	EXE	显示坡口平距+边坡级数 i 复数
δh_j(m)=0.8925	EXE	显示边桩点挖填高差(实测 H-设计 H)
x_j(m)/π⇒end	3328829.118 EXE	输入 2 号边桩点三维坐标
y_j(m)+ni=?	478567.696 EXE	
H_j(m),0⇒no=?	8.545 EXE	
p peg(m)+ni=68460.0001+3.0000i	EXE	显示垂点桩号+平曲线元号 i 复数/耗时 1.02s
α_P=175°09′42.13″	EXE	显示垂点走向方位角
x_P+y_Pi(m)=3328828.006+478554.5554i	EXE	显示垂点坐标复数
H_P(m)=9.3600	EXE	显示垂点设计高程
d_L(m)=-13.1876	EXE	显示负数为左边距
i_L(%)=3.0000	EXE	显示路基左横坡度
+W_L(m)=-3.7500	EXE	显示路基左幅加宽值
+W_L(m),π⇒no=?	SET UP π EXE	输入 π 为不修改路基左幅加宽值
H_{Lj}(m)=9.0094+8.2894i	EXE	显示左边桩路面设计高程+路基设计高程 i 复数
δh_j(m)=-0.4644+0.2556i	EXE	显示边桩点挖填高差(实测 H-设计 H)
x_j(m)/π⇒end	3328825.973 EXE	输入 3 号边桩点三维坐标
y_j(m)+ni=?	478530.54 EXE	
H_j(m),0⇒no=?	9.273 EXE	
p peg(m)+ni=68460.0000+3.0000i	EXE	显示垂点桩号+平曲线元号 i 复数/耗时 1.02s
α_P=175°09′42.14″	EXE	显示垂点走向方位角
x_P+y_Pi(m)=3328828.006+478554.5554i	EXE	显示垂点坐标复数
H_P(m)=9.3600	EXE	显示垂点设计高程
d_R(m)=24.1013	EXE	显示正数为右边距
i_R(%)=-3.0000	EXE	显示路基右横坡度
+W_R(m)=7.0243	EXE	显示路基右幅加宽值
+W_R(m),π⇒no=?	SET UP π EXE	输入 π 为不修改路基右幅加宽值
H_{Rj}(m)=10.0380+9.3180i	EXE	显示右边桩路面设计高程+路基设计高程 i 复数
δh_j(m)=-0.7650-0.0450i	EXE	显示边桩点挖填高差(实测 H-设计 H)
x_j(m)/π⇒end	3328825.201 EXE	输入 4 号边桩点三维坐标
y_j(m)+ni=?	478521.417 EXE	
H_j(m),0⇒no=?	5.744 EXE	
p peg(m)+ni=68459.9998+3.0000i	EXE	显示垂点桩号+平曲线元号 i 复数/耗时 1.02s
α_P=175°09′42.16″	EXE	显示垂点走向方位角
x_P+y_Pi(m)=3328828.006+478554.5554i	EXE	显示垂点坐标复数
H_P(m)=9.3600	EXE	显示垂点设计高程

续表

屏幕提示	按键	说明
d_R(m)=33.2569	EXE	显示正数为右边距
i_R(%)=-3.0000	EXE	显示路基右横坡度
+W_R(m)=7.0243	EXE	显示路基右幅加宽值
+W_R(m),π⇛no=?	SETUP π EXE	输入 π 为不修改路基右幅加宽值
T(>0)/W(<0)/no(0)=?	1 EXE	输入任意正数为填方边坡
H_{Rj}(m)=6.6148	EXE	显示测点右边桩设计高程
δd_j(m)+ni=-3.0174+1.0000i	EXE	显示坡口平距+边坡级数 i 复数
δh_j(m)=-0.8708	EXE	显示边桩点挖填高差(实测 H-设计 H)
x_j(m)/π⇛end	SHIFT π EXE	输入 π 结束程序
Q2X8⇛End		程序结束显示

4) A 匝道三维坐标正反算

(1) 坐标正算

设置 **File2** 为当前串列文件，执行 Q2X8 程序，计算加桩 AK0+360 路基主点数据三维设计坐标的屏幕提示与用户操作过程如下：

屏幕提示	按键	说明
JD curve xyH Q2X8		显示程序标题
new(0)/old(≠0) main point data=?	1 EXE	输入非零数为使用现有主点数据计算
st xy new(0)/old(>0)/no(<0)=?	-1 EXE	输入负数为不设置测站点(station)
peg→xyH(1)/xyH→peg(2)/ xyH→δr(3)/pier(4)=?	1 EXE	输入 1 选择坐标正算
+peg(m),<QD⇛end=?	360 EXE	输入加桩号
$α_j$=173°42′17.48″	EXE	显示中桩走向方位角/耗时 0.67s
x_j+y_ji(m)=3328675.547+478547.7895i	EXE	显示中桩坐标复数
H_j(m)=13.1470	EXE	显示中桩设计高程
i_L(%)=0.0000	EXE	显示路基左横坡度
W_L(m)±∠γi,0⇛no=?	-3 EXE	输入土路肩外缘点边距系数
d_L(m)=0.7500	EXE	显示-3 号点左边距
x_L+y_Li(m)=3328675.629+478548.5350i	EXE	显示左边桩坐标复数
H_L(m)=13.1170+12.4770i	EXE	显示左边桩路面设计高程+路基设计高程 i 复数
W_L(m)±∠γi,0⇛no=?	-1.1 EXE	输入 1 级边坡平台内缘点边距系数
T(>0)/W(<0)/no(0)=?	1 EXE	输入任意正数为填方边坡
d_L(m)=5.2500	EXE	显示-1.1 号点左边距
x_L+y_Li(m)=3328676.123+478553.0078i	EXE	显示左边桩坐标复数
H_L(m)=10.1170	EXE	显示左边桩设计高程
W_L(m)±∠γi,0⇛no=?	-1.2 EXE	输入 1 级边坡平台外缘点边距系数
T(>0)/W(<0)/no(0)=?	1 EXE	输入任意正数为填方边坡
d_L(m)=8.0500	EXE	显示-1.2 号点左边距
x_L+y_Li(m)=3328676.430+478555.7910i	EXE	显示左边桩坐标复数
H_L(m)=10.0050	EXE	显示左边桩设计高程
W_L(m)±∠γi,0⇛no=?	0 EXE	输入 0 结束左边桩坐标计算
i_R(%)=-2.0000	EXE	显示路基右横坡度
W_R(m),0⇛no=?	-2 EXE	输入硬路肩外缘点边距系数
d_R(m)=9.0000	EXE	显示-2 号点右边距
x_R+y_Ri(m)=3328674.560+478538.8438i	EXE	显示右边桩坐标复数

续表

屏幕提示	按键	说明
$H_R(m)$=13.3270+12.6870i	EXE	显示右边桩路面设计高程+路基设计高程 i 复数
$W_R(m)$,0⇒no=?	-3 EXE	输入土路肩外缘点边距系数
$d_R(m)$=9.7500	EXE	显示-3 号点右边距
$x_R+y_Ri(m)$=3328674.478+478538.0983i	EXE	显示右边桩坐标复数
$H_R(m)$=13.2970+12.6570i	EXE	显示右边桩路面设计高程+路基设计高程 i 复数
$W_R(m)$,0⇒no=?	-1.1 EXE	输入 1 级边坡平台内缘点边距系数
T(>0)/W(<0)/no(0)=?	1 EXE	输入任意正数为填方边坡
$d_R(m)$=14.2500	EXE	显示-1.1 号点右边距
$x_R+y_Ri(m)$=3328673.985+478533.6254i	EXE	显示右边桩坐标复数
$H_R(m)$=10.2970	EXE	显示右边桩设计高程
$W_R(m)$,0⇒no=?	-1.2 EXE	输入 1 级边坡平台外缘点边距系数
T(>0)/W(<0)/no(0)=?	1 EXE	输入任意正数为填方边坡
$d_R(m)$=17.0500	EXE	显示-1.2 号点右边距
$x_R+y_Ri(m)$=3328673.678+478530.8423i	EXE	显示右边桩坐标复数
$H_R(m)$=10.1850	EXE	显示右边桩设计高程
$W_R(m)$,0⇒no=?	0 EXE	输入 0 结束右边桩坐标计算
+peg(m),<QD⇒end=?	-1 EXE	输入小于 *QD* 的桩号结束程序
Q2X8⇒End		程序结束显示

(2) 坐标反算

执行 Q2X8 程序，进行加桩 AK0+360 横断面边桩测点三维坐标反算的屏幕提示与用户操作过程如下：

屏幕提示	按键	说明
JD curve xyH Q2X8		显示程序标题
new(0)/old(≠0) main point data=?	2 EXE	输入非零数使用现有主点数据计算
st xy new(0)/old(>0)/no(<0)=?	2 EXE	使用最近输入的测站点(station)
peg➔xyH(1)/xyH➔peg(2)/ xyH➔δr(3)/pier(4)=?	2 EXE	输入 2 选择坐标反算
$x_j(m)$/π⇒end	3328676.033 EXE	输入 1 号边桩点三维坐标
$y_j(m)$+ni=?	478552.195 EXE	
$H_j(m)$,0⇒no=?	10.395 EXE	
p peg(m)+ni=360.0001+3.0000i	EXE	显示垂点桩号+平曲线元号 i 复数/耗时 1.05s
α_P=173°42′17.47″	EXE	显示垂点走向方位角
$x_P+y_Pi(m)$=3328675.547+478547.7895i	EXE	显示垂点坐标复数
$H_P(m)$=13.1470	EXE	显示垂点设计高程
$d_L(m)$=-4.4322	EXE	显示负数为左边距
i_L(%)=0.0000	EXE	显示路基左横坡度
T(>0)/W(<0)/no(0)=?	1 EXE	输入任意正数为填方边坡
$H_{Lj}(m)$=10.6622	EXE	显示测点左边桩设计高程
$\delta d_j(m)$+ni=-0.8178+1.0000i	EXE	显示坡口平距+边坡级数 i 复数
$\delta h_j(m)$=-0.2672	EXE	显示边桩点挖填高差(实测 H-设计 H)
$x_j(m)$/π⇒end	3328674.713 EXE	输入 2 号边桩点三维坐标
$y_j(m)$+ni=?	478540.225 EXE	

续表

屏幕提示	按键	说明
H_j(m),0⇒no=?	13.015 EXE	
p peg(m)+ni=359.9997+3.0000i	EXE	显示垂点桩号+平曲线元号 i 复数/耗时 1.02s
α_P=173°42′17.51″	EXE	显示垂点走向方位角
x_P+y_Pi(m)=3328675.547+478547.7895i	EXE	显示垂点坐标复数
H_P(m)=13.1470	EXE	显示垂点设计高程
d_R(m)=7.6103	EXE	显示正数为右边距
i_R(%)=-2.0000	EXE	显示路基右横坡度
H_{Rj}(m)=13.2992+12.6592i	EXE	显示右边桩路面设计高程+路基设计高程 i 复数
δh_j(m)=-0.2842+0.3558i	EXE	显示边桩点挖填高差(实测 H−设计 H)
x_j(m)/π⇒end	SHIFT π EXE	输入 π 结束程序
Q2X8⇒End		程序结束显示

4.16 单交点卵形曲线拆分为双交点卵形曲线程序(QC28)

称由"第一缓和曲线+第一圆曲线+第二缓和曲线+第二圆曲线+第三缓和曲线"组成的交点平曲线为卵形曲线，其中的第二缓和曲线为非完整缓和曲线，其起点半径 R_s 等于第一圆曲线半径 R_1，终点半径 R_e 等于第二圆曲线半径 R_2。

当设计图是按双交点给出卵形曲线的设计数据时，可以直接使用 Q2X8 程序计算；当设计图是按单交点给出卵形曲线的平曲线设计数据时，应先使用 QC28 程序将单交点拆分为双交点后，才可以使用 Q2X8 程序计算。

QC28 程序文件为光盘"\4 章\单交点卵形曲线拆分程序\QC28.g1m"文件。执行 QC28 程序前，应先按表 4-48 的规定输入卵形曲线的平曲线设计数据，表中灰底色串列单元为用户输入数据，其余串列单元为程序计算结果。

表 4-48 单交点卵形曲线拆分为双交点卵形曲线程序 QC28 输入输出串列明细表

行数	List 1	List 2	List 3	List 4	List 5	List 6	List 7	List 8	List 9
子名	x_{JD}(m)	y_{JD}(m)	Ref	Δ(Deg)	β(Deg)	L(m)	T(m)	x'_{JD}(m)	y'_{JD}(m)
1	起点 x 坐标	起点 y 坐标	A_1+R_{ZH}i	Δ	β_{h1}	L_{h1}	T_1	x'_{JD1}	y'_{JD1}
2	交点 x 坐标	交点 y 坐标	R_1	Δ_1	β_{y1}	L_{y1}	T_2	x'_{JD2}	y'_{JD2}
3	终点 x 坐标	终点 y 坐标	A_2	Δ_2	β_{h2}	L_{h2}	T_3		
4			R_2		β_{y2}	L_{y2}	T_4		
5			A_3+R_{HZ}i		β_{h3}	L_{h3}			
6			L_{y1}						

1) 单交点卵形曲线拆分案例 1

图 4-164 的卵形曲线只给出了一个交点 JD_1 的坐标，需要根据设计数据，求出 JD'_1 与 JD''_1 的坐标，才能使用 Q2X8 程序计算。

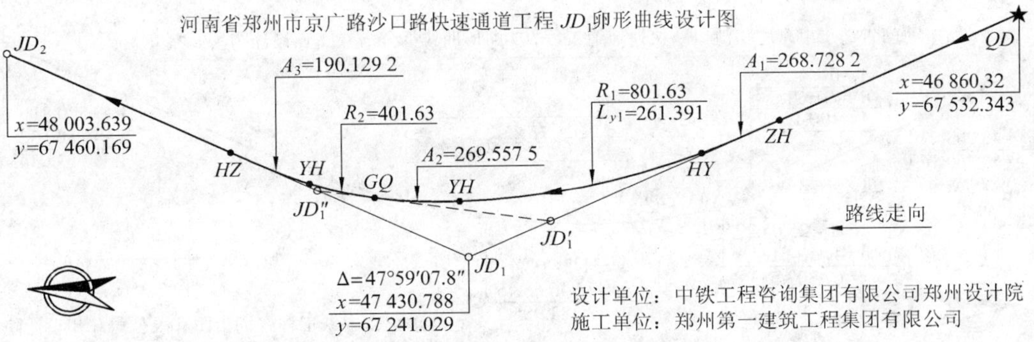

图 4-164　河南省郑州市京广路沙口路快速通道工程 JD_1 卵形曲线设计图

设置 **File3** 为当前串列文件，按表 4-48 的规定，在 List 1~List 3 串列输入平曲线设计数据，结果如表 4-49 灰底色单元所示。

表 4-49　图 4-164 单交点 JD_1 卵形曲线串列文件设计数据输入与计算结果

行数	List 1	List 2	List 3	List 8	List 9
1	46 860.320	67 532.343	268.728 2	47 346.668 6	67 283.985 2
2	47 430.788	67 241.029	801.630	47 594.181 0	67 303.533 8
3	48 003.639	67 460.169	269.557 5		
4			401.630		
5			190.129 2		
6			261.391		

执行 QC28 程序的屏幕提示如下：

屏幕提示	按键	说明
JD egg curve QC28		显示程序标题
x'_{JD1},x'_{JD2}➔List 8		显示拆分后的双交点 x 坐标存储串列
y'_{JD1},y'_{JD2}➔List 9		显示拆分后的双交点 y 坐标存储串列
QC28⇛End		程序结束显示

在 fx-9750GⅡ执行 QC28 程序的屏幕显示如图 4-165 左图所示，用户不需要按任何键，程序自动从当前串列文件的 List 1~List 3 串列读入设计数据，并将算出的双交点坐标存入 List 8 与 List 9 串列。按 MENU ② 键进入 **STAT** 模式查看计算结果，如图 4-165 右图所示，详细结果抄录于表 4-49 最后两列。

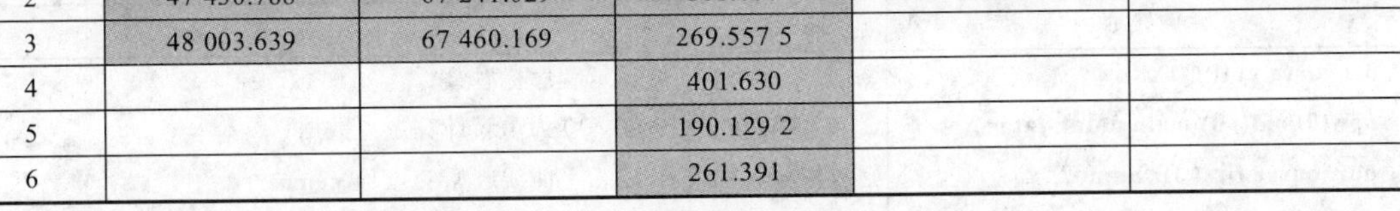

图 4-165　执行 QC28 程序拆分 JD_1 的屏幕显示及串列结果

本例计算的串列文件为光盘“\4 章\河南郑州京广路沙口路快速通道工程 JD1\File3.g1m”文件。

应用 QC28 程序算出的卵形曲线双交点坐标，编写适用于 Q2X8 程序计算的交点设计数据，如图 4-166 所示。

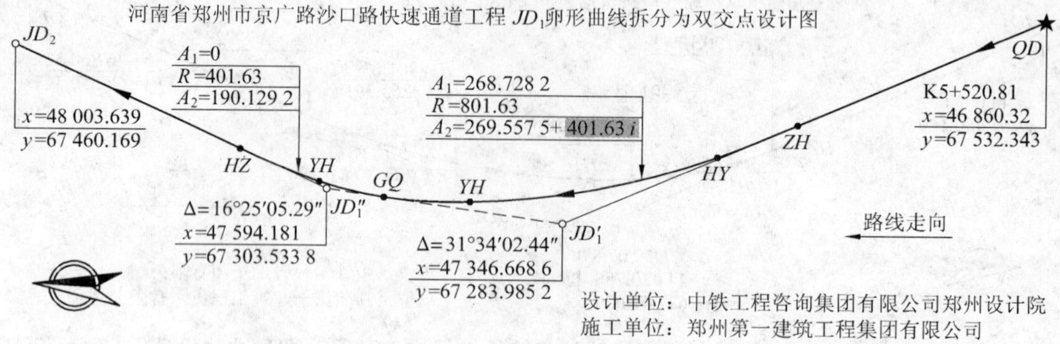

图 4-166 河南省郑州市京广路沙口路快速通道工程拆分后的 JD'_1 与 JD''_1 卵形曲线设计图

京广路沙口路快速通道工程共有 6 个交点(含 JD_1 拆分为 JD'_1 与 JD''_1 的两个交点)，路线长 2.272 km，为全线高架桥设计，其平曲线串列文件为光盘“\4 章\河南郑州京广路沙口路快速通道工程\File1.g1m”文件，将其上传到 fx-9750GⅡ内存，并设置 **File1** 为当前串列文件。

执行 Q2X8 程序，计算平曲线主点数据的屏幕提示与用户操作过程如下：

屏幕提示	按键	说明
JD curve xyH Q2X8		显示程序标题
new(0)/old(≠0) main point data=?	0 EXE	输入 0 为重新计算主点数据
hor-curve first JD num=?	1 EXE	输入平曲线起始交点号(number)
Z_{ZD}(m)=7793.6929	EXE	显示平曲线终点设计桩号/耗时 4.52s
α_{ZD}=323°32′47.1″	EXE	显示平曲线终点走向方位角
Press [MENU][2]⇛Stop!	EXE	继续执行程序
del List 4/List 6 ImP,yes(0)/no(≠0)=?	0 EXE	输入 0 删除 List 4/List 6 串列的复数虚部
st xy new(0)/old(>0)/no(<0)=?	MENU 2	进入 **STAT** 模式查看主点数据

2) 单交点卵形曲线拆分案例 2

图 4-167 的卵形曲线只给出了一个交点 JD_{10} 的坐标，需要根据设计数据，求出 JD'_{10} 与 JD''_{10} 的坐标，才能使用 Q2X8 程序计算。

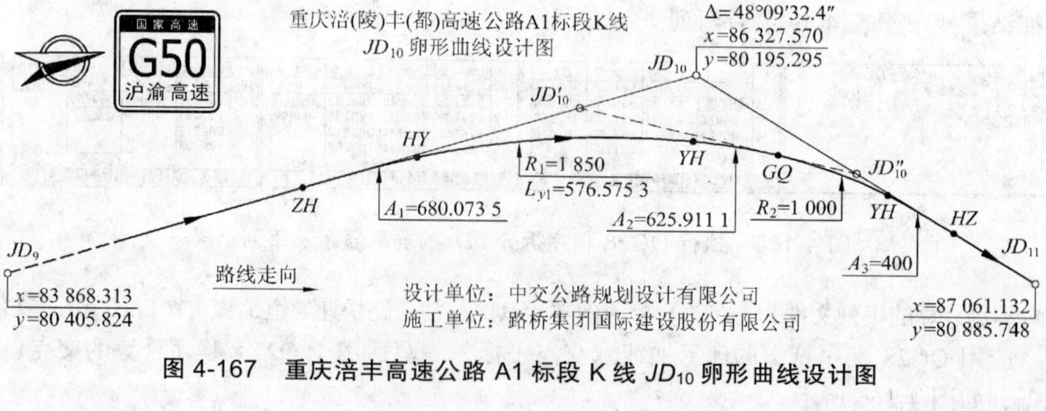

图 4-167 重庆涪丰高速公路 A1 标段 K 线 JD_{10} 卵形曲线设计图

设置 File4 为当前串列文件，按表 4-48 的规定，在 List 1~List 3 串列输入设计数据，结果如表 4-50 所示。

表 4-50　图 4-167 单交点 JD_{10} 卵形曲线串列文件设计数据输入与计算结果

行数	List 1	List 2	List 3	List 8	List 9
1	83 868.313	80 405.824	680.073 5	86 077.470 4	80 216.705 2
2	86 327.570	80 195.295	1 850	86 612.933 9	80 463.889 0
3	87 061.132	80 885.748	625.911 1		
4			1 000		
5			400		
6			576.575 3		

执行 QC28 程序的屏幕提示如下：

屏幕提示	按键	说明
JD egg curve QC28		显示程序标题
x'$_{JD1}$,x'$_{JD2}$→List 8		显示拆分后的双交点 x 坐标存储串列
y'$_{JD1}$,y'$_{JD2}$→List 9		显示拆分后的双交点 y 坐标存储串列
QC28⇒End		程序结束显示

在 fx-9750GⅡ执行 QC28 程序的屏幕显示如图 4-168 左图所示。完成计算后，按 MENU 2 键进入 **STAT** 模式查看计算结果，如图 4-165 右图所示，详细结果抄录于表 4-50 最后两列。

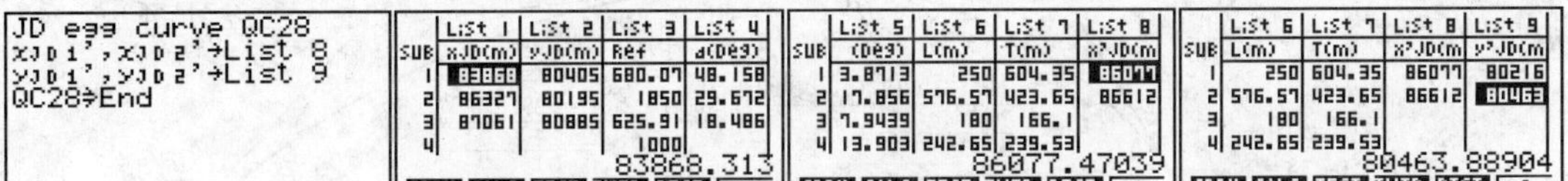

图 4-168　执行 QC28 程序拆分 JD_{10} 的屏幕显示及串列结果

本例计算的串列文件为光盘“\4 章\重庆涪丰高速 A1 标段 JD10\File4.g1m”文件。

应用 QC28 程序算出的卵形曲线双交点坐标，编写适用于 Q2X8 程序计算的交点设计数据，如图 4-169 所示。

重庆涪丰高速公路 A1 标段共有 30 个交点(含 JD_{10} 拆分为 JD'_{10} 与 JD''_{10} 的两个交点)，路线长 40.668 km，其中图 4-81 为 JD_{13}~JD_{30} 的平曲线设计图，其串列文件为光盘“4 章\[例 4-12]\K 线\File1.g1m”文件；JD_1~JD_{12} 的平曲线串列为光盘“\4 章\重庆涪丰高速 A1 标 JD1_JD12\File 5.g1m”文件，将该文件上载到 fx-9750GⅡ内存，并设置 **File5** 为当前串列文件。

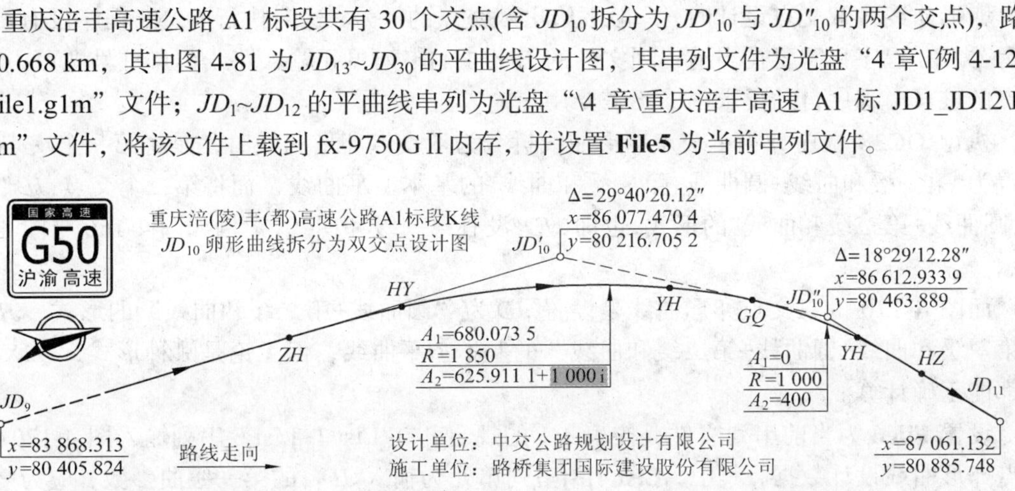

图 4-169　重庆涪丰高速公路 A1 标段拆分后的 JD'_{10} 与 JD''_{10} 卵形曲线设计图

执行 Q2X8 程序，重新计算平曲线主点数据的屏幕提示与用户操作过程如下：

屏幕提示	按键	说明
JD curve xyH Q2X8		显示程序标题
new(0)/old(≠0) main point data=?	0 EXE	输入 0 为重新计算主点数据
hor−curve first JD num=?	1 EXE	输入平曲线起始交点号(number)
Z_{ZD}(m)=19809.9616	EXE	显示平曲线终点设计桩号(-0.8mm)/耗时 10.77s
α_{ZD}=53°00′52.04″	EXE	显示平曲线终点走向方位角
Press [MENU][2] ⇒ Stop!	EXE	继续执行程序
del List 4/List 6 ImP,yes(0)/no(≠0)=?	0 EXE	输入 0 删除 List 4/List 6 串列的复数虚部
st xy new(0)/old(>0)/no(<0)=?	MENU 2	进入 **STAT** 模式查看主点数据

执行 Q2X8 程序算出的终点桩号为 JD_{13} 的 *ZY* 点桩号，它也是图 4-81 起点的桩号，与其比较相差-0.8mm。

3) 双交点卵形曲线计算案例

图 4-170 所示的卵形曲线已给出了 JD_{62} 与 JD_{63} 双交点的坐标，可以直接使用 Q2X8 程序计算。

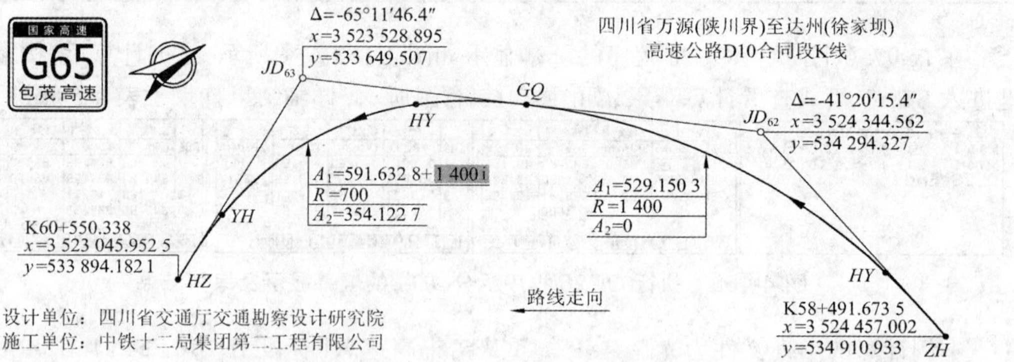

图 4-170　万源(陕川界)至达州(徐家坝)高速公路 D10 合同段 K 线 JD_{62} 与 JD_{63} 双交点卵形曲线设计图

卵形曲线按双交点设计时，一般不给出双交点的桩号，这对执行 Q2X8 程序没有影响，因为 Q2X8 程序只需要在当前串列文件的 List 1[1]串列单元输入路线起点桩号即可，其余交点的桩号由程序自动反求出，不需要用户输入。

执行 QC28 程序，将单交点卵形曲线拆分为双交点卵形曲线时，是将第一个交点 *JD′* 设置为“第一缓和曲线+圆曲线+第二缓和曲线”的基本型平曲线，而将第二个交点 *JD″*设置为“圆曲线+第二缓和曲线”的形式，也即，*JD″*没有第一缓和曲线，案例如图 4-166 与图 4-169 所示。

而图 4-170 的双交点卵形曲线是设置 *JD′*为“圆曲线+第二缓和曲线”的形式，*JD″*为“第一缓和曲线+圆曲线+第二缓和曲线”的基本型平曲线，但无论是哪种形式，Q2X8 程序都能正确计算。

设置 **File6** 为当前串列文件，按表 4-1 的规定，在 List 1~List 6 串列输入图 4-170 的双交点卵形曲线设计数据，其中，**List 4[3]**串列单元为输入 JD_{63} 的第一缓曲参数，应为复数，其虚部为 JD_{62} 的圆曲线半径 1 400m，结果如图 4-171 左图所示。

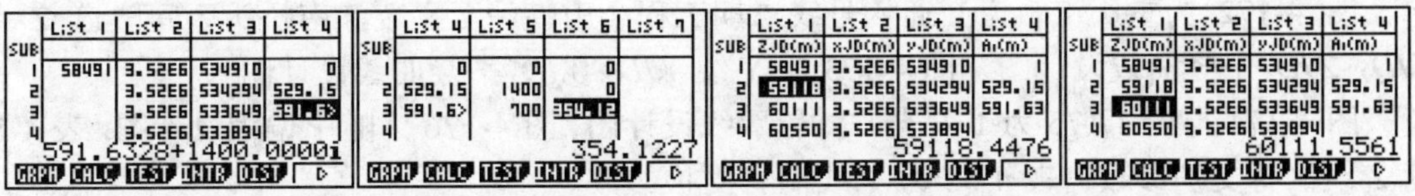

图 4-171　输入图 4-170 双交点卵形曲线设计数据及双交点桩号计算结果

执行 Q2X8 程序，计算卵形曲线主点数据的屏幕提示与用户操作过程如下：

屏幕提示	按键	说明
JD curve xyH Q2X8		显示程序标题
new(0)/old(≠0) main point data=?	**0** EXE	输入 0 为重新计算主点数据
hor-curve first JD num=?	**62** EXE	输入平曲线起始交点号/耗时 2.49s
Z_{ZD}(m)=60550.3369	EXE	显示平曲线终点设计桩号(差-1.4mm)
α_{ZD}=153°07′54.03″	EXE	显示平曲线终点走向方位角
Press [MENU][2]⇢Stop!	EXE	继续执行程序
del List 4/List 6 ImP,yes(0)/no(≠0)=?	**0** EXE	输入 0 删除 List 4/List 6 串列的复数虚部
st xy new(0)/old(>0)/no(<0)=?	MENU 2	进入 **STAT** 模式查看主点数据

按 MENU 2 键进入 **STAT** 模式，查看存储在 **List 1[2]**与 **List 1[3]**串列单元的 JD_{62} 与 JD_{63} 的设计桩号结果，如图 4-171 右二图所示。

本例的全部数据文件位于光盘“\4 章\四川万源至达州高速 D10 合同段 K 线 JD62_JD63\”路径下。

4) QC28 程序计算成果说明

执行 QC28 程序拆分图 4-164 与图 4-167 所示的单交点卵形曲线时，两例的共同点是卵形曲线的第一缓和曲线与第三缓和曲线均为完整缓和曲线。事实上，QC28 程序是按拆分第一缓和曲线与第三缓和曲线均为非完整缓和曲线的卵形曲线设计的，也即允许第一缓和曲线的 $R_{ZH}\neq\infty$，第三缓和曲线的 $R_{HZ}\neq\infty$。当第一缓和曲线为非完整缓和曲线时，应将 R_{ZH} 输入到第一缓曲参数 A_1 的虚部；当第三缓和曲线为非完整缓和曲线时，应将 R_{HZ} 输入到第三缓曲参数 A_3 的虚部，详见表 4-48 的规定。

4.17　线性内插隧中偏距的地铁隧道超欠挖计算案例

本节介绍的地铁隧道的特点是：缓和曲线段的隧中偏距，是按垂点桩号线性内插计算获取的。

重庆市轨道交通六号线是重庆市“六线一环”的主骨架，为东南至西北方向贯穿五个行政区、联系七个组团的快速轨道交通干线，是缓解重庆交通拥堵、拉大城市骨架、优化城市结构布局、促进主城区整体发展的重要轨道交通骨干线。六号线二期工程茶园南—新街及礼嘉—路口段，全长 37.066km，设站 12 座，投资总额 146.4 亿元，含车站每公里平均造价 3.95 亿元。

图 4-172 为重庆市轨道交通六号线二期工程金山寺站至嘉陵江南桥头区间隧道 Z 线 ZJD_2~ZJD_4 平竖曲线设计图，图 4-173 为 Y 线 YJD_2~YJD_4 平竖曲线设计图。

图 4-174 与图 4-175 为 1~6 类二衬轮廓线设计图，图 4-176 为隧中偏距设计图。表 4-51 为 Z 线洞身支护参数，表 4-52 为 Y 线洞身支护参数。

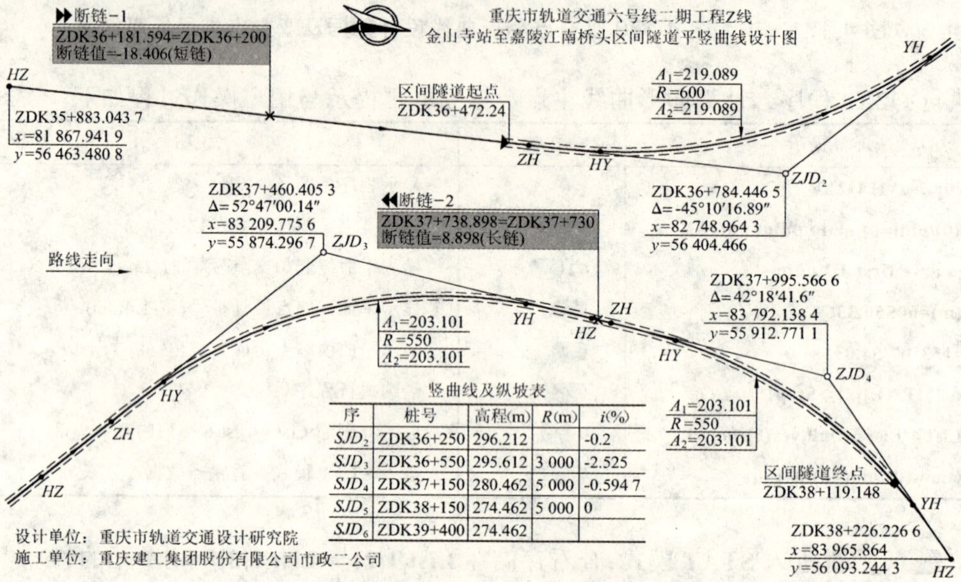

图 4-172　金山寺站至嘉陵江南桥头区间隧道 Z 线平竖曲线设计图

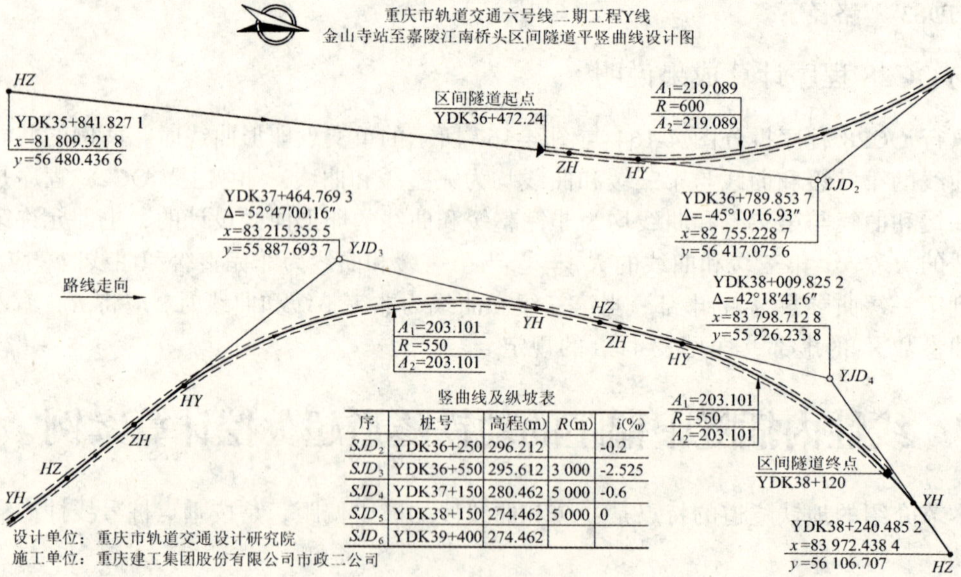

图 4-173　金山寺站至嘉陵江南桥头区间隧道 Y 线平竖曲线设计图

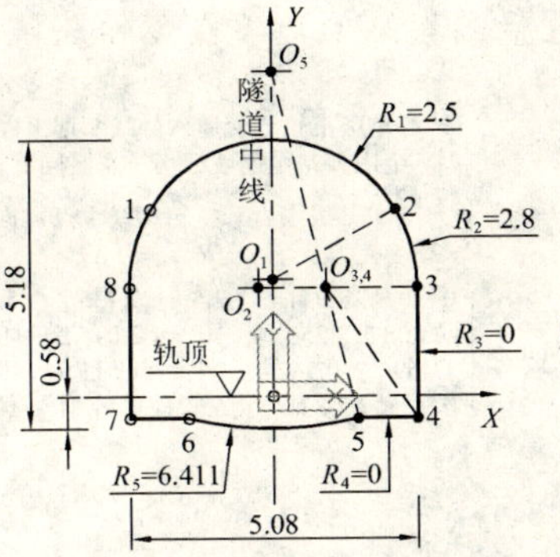

重庆市轨道交通六号线二期工程
金山寺站至嘉陵江南桥头区间隧道

ⅣD级围岩开挖轮廓线主点数据

Mat Z= ($5\times 1\sim5$)

$X_{O_{1\sim5}}$	$Y_{O_{1\sim5}}$	$R_{1\sim5}$	$X_{2\sim5}$	$Y_{2\sim5}$
0	2.1	2.5	2.165 1	3.35
-0.259 8	1.95	2.8	2.540 2	1.95
0.928 9	1.95	0	2.540 2	-0.403 9
0.928 9	1.95	0	1.492 2	-0.403 9
0	5.831	6.411	0	100

(a)1 类二衬轮廓线主点数据

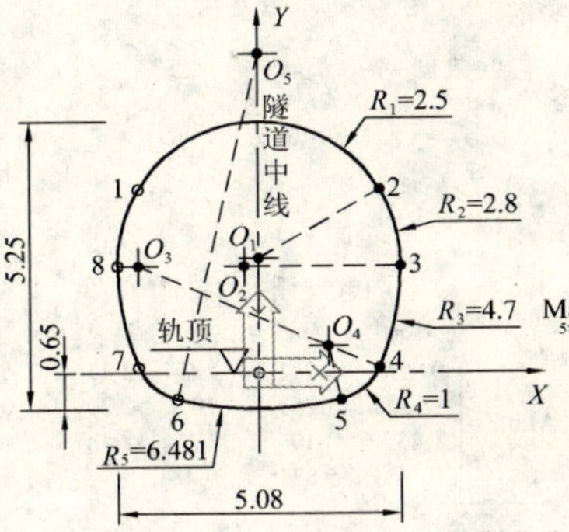

ⅣD级围岩二衬轮廓线主点数据

Mat Z= ($5\times 6\sim10$)

$X_{O_{1\sim5}}$	$Y_{O_{1\sim5}}$	$R_{1\sim5}$	$X_{2\sim5}$	$Y_{2\sim5}$
0	2.1	2.5	2.165 1	3.35
-0.259 8	1.95	2.8	2.540 2	1.95
-2.159 8	1.95	4.7	2.160 1	0.098 4
1.241	0.492 3	1	1.467 4	-0.481 7
0	5.831	6.481	0	100

(b)2 类二衬轮廓线主点数据(适用于净空测量)

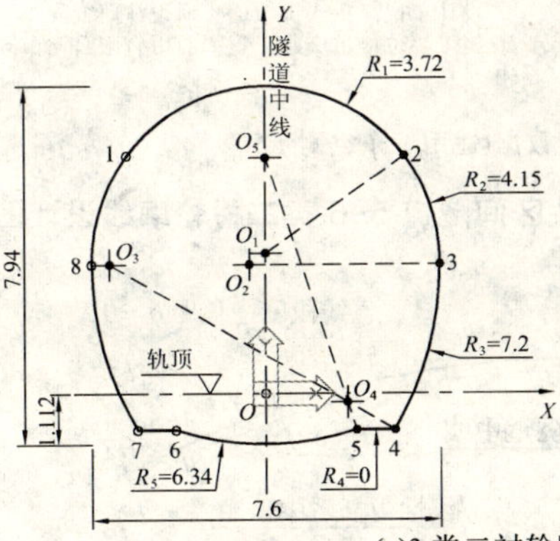

ⅣE级围岩开挖轮廓线主点数据

Mat Z= ($5\times 11\sim15$)

$X_{O_{1\sim5}}$	$Y_{O_{1\sim5}}$	$R_{1\sim5}$	$X_{2\sim5}$	$Y_{2\sim5}$
0	3.108	3.72	3.027 9	5.269 1
-0.35	2.858 2	4.15	3.8	2.858 2
-3.4	2.858 2	7.2	2.801 4	-0.8
1.765 2	-0.188 7	0	1.964 4	-0.8
0	5.228	6.34	0	100

(c)3 类二衬轮廓线主点数据

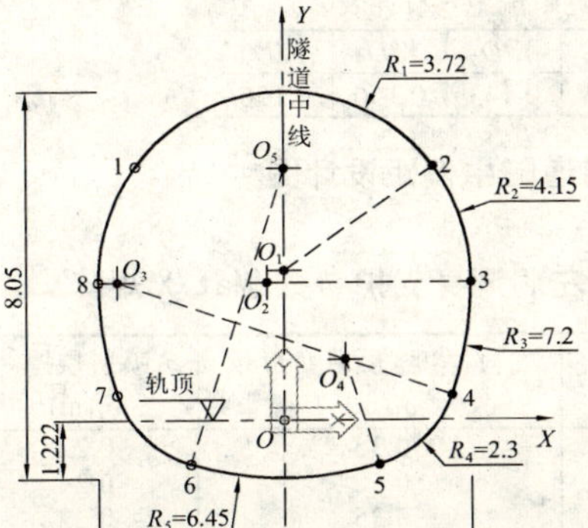

ⅣE级围岩二衬轮廓线主点数据

Mat Z= ($5\times 16\sim20$)

$X_{O_{1\sim5}}$	$Y_{O_{1\sim5}}$	$R_{1\sim5}$	$X_{2\sim5}$	$Y_{2\sim5}$
0	3.108	3.72	3.027 9	5.269 1
-0.35	2.858 2	4.15	3.8	2.858 2
-3.4	2.858 2	7.2	3.409 1	0.518 2
1.234	1.265 7	2.3	1.917 9	-0.930 3
0	5.228	6.45	0	100

设计单位：重庆市轨道交通设计研究院
施工单位：重庆建工集团股份有限公司市政二公司

(d)4 类二衬轮廓线主点数据(适用于净空测量)

图 4-174　金山寺站至嘉陵江南桥头区间隧道 1~4 类二衬轮廓线设计图

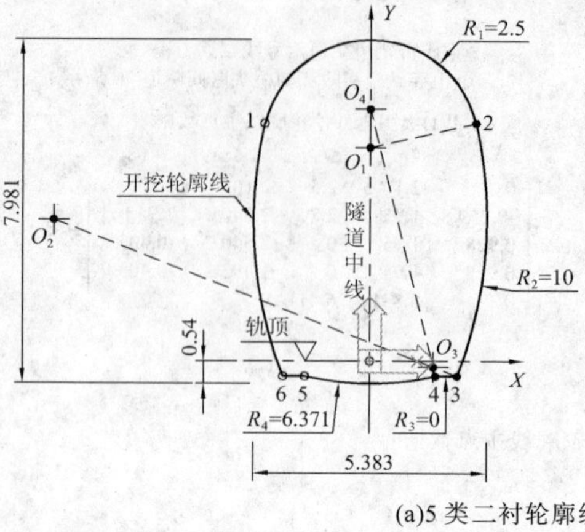

重庆市轨道交通六号线二期工程
金山寺站至嘉陵江南桥头区间隧道

ⅣC级围岩开挖轮廓线主点数据

$$\underset{5\times21\sim25}{\text{Mat }Z}=\begin{bmatrix} X_{O_{1\sim5}} & Y_{O_{1\sim5}} & R_{1\sim5} & X_{2\sim5} & Y_{2\sim5} \\ 0 & 4.941 & 2.5 & 2.436\,2 & 5.502\,3 \\ -7.308\,5 & 3.257 & 10 & 2.015\,2 & -0.358 \\ 1.459\,3 & -0.142\,4 & 0 & 1.511\,9 & -0.358 \\ 0 & 5.831 & 6.371 & 0 & 100 \end{bmatrix}$$

(a)5 类二衬轮廓线主点数据

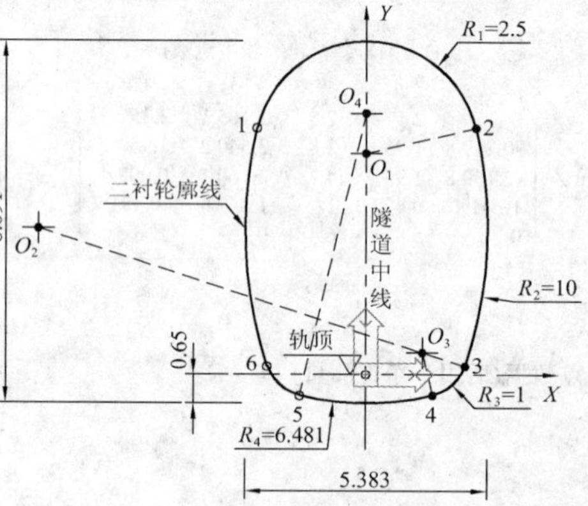

ⅣC级围岩二衬轮廓线主点数据

$$\underset{5\times26\sim30}{\text{Mat }Z}=\begin{bmatrix} X_{O_{1\sim5}} & Y_{O_{1\sim5}} & R_{1\sim5} & X_{2\sim5} & Y_{2\sim5} \\ 0 & 4.941 & 2.5 & 2.436\,2 & 5.502\,3 \\ -7.308\,5 & 3.257 & 10 & 2.209\,4 & 0.189\,5 \\ 1.257\,6 & 0.496\,2 & 1 & 1.487 & -0.477\,1 \\ 0 & 5.831 & 6.481 & 0 & 100 \end{bmatrix}$$

设计单位：重庆市轨道交通设计研究院
施工单位：重庆建工集团股份有限公司市政二公司

(b)6 类二衬轮廓线主点数据(适用于净空测量)

图 4-175　金山寺站至嘉陵江南桥头区间隧道 5~6 类二衬轮廓线设计图

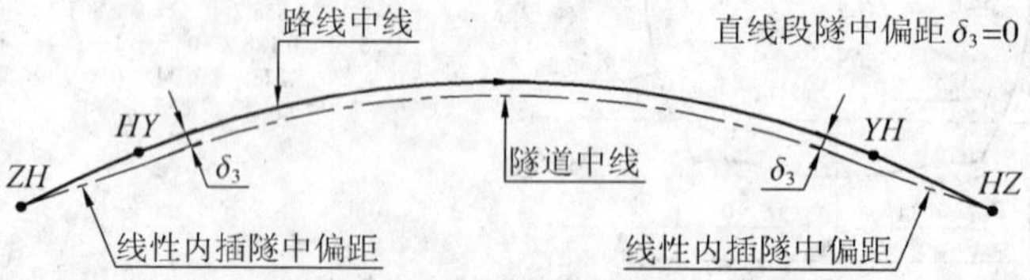

Z线/Y线隧道曲线段隧中偏距 δ_3设计表

交点	ZJD_2	ZJD_3	ZJD_4	YJD_2	YJD_3	YJD_4
δ_3(m)	0.135 6	0.156	0.156	0.143	0.156	0.156

图 4-176　曲线段隧道隧中偏距设计图

表 4-51　金山寺至曹家湾站隧道左洞洞身支护参数(Mat X 矩阵)

行号	设计桩号	围岩	二衬轮廓线类号	二衬厚度+预留变形量 δ_1(m)	喷射层厚 δ_2(m)	隧中偏距 δ_3(m)
1	ZDK36+472.240	ⅣD	1+2i	0.35	0.22	0
2	ZDK36+477.5	ⅣE	3+4i	0.52	0.24	0
3	ZDK36+493.5	ⅣD	1+2i	0.35	0.22	0
4/ZH_2	ZDK36+494.6876	ⅣD	1+2i	0.35	0.22	i
5/HY_2	ZDK36+574.6876	ⅣD	1+2i	0.35	0.22	-0.1356
6/YH_2	ZDK36+967.7209	ⅣD	1+2i	0.35	0.22	-0.1356+i
7/HZ_2	ZDK37+047.7209	ⅣD	1+2i	0.35	0.22	0
8/ZH_3	ZDK37+149.7768	ⅣD	1+2i	0.35	0.22	i

续表 4-51

行号	设计桩号	围岩	二衬轮廓线类号	二衬厚度+预留变形量 δ_1(m)	喷射层厚 δ_2(m)	隧中偏距 δ_3(m)
9/HY_3	ZDK37+224.7768	ⅣD	1+2i	0.35	0.22	0.156
10/YH_3	ZDK37+656.4608	ⅣD	1+2i	0.35	0.22	0.156+i
11/HZ_3	ZDK37+731.4608	ⅣD	1+2i	0.35	0.22	0
12	ZDK37+737	ⅣD+	1+2i	0.47	0.26	0
13/ZH_4	ZDK37+745.0649	ⅣD+	1+2i	0.47	0.26	i
14	ZDK37+776	ⅤD	1+2i	0.68	0.28	0.0643+i*
15/HY_4	ZDK37+820.0649	ⅤD	1+2i	0.68	0.28	0.156
16	ZDK37+860	ⅣD	1+2i	0.35	0.22	0.156
17	ZDK37+897	ⅣC	5+6i	0.42	0.24	0.156
18	ZDK37+927	ⅣD	1+2i	0.35	0.22	0.156
19	ZDK37+963	ⅤC	5+6i	0.53	0.26	0.156
20	ZDK38+027	明洞				
21/YH_4	ZDK38+151.2266					
22	ZDK38+119.148	终点		隧道长	1646.908m	

注：*表中灰底色背景数值为手工内插出的隧中偏距。

在表 4-51 中，第 3~11 行的围岩级别是相同的，由于隧中偏距与平曲线主点桩号有关，因此需要将其按平曲线主点桩号细分，表 4-52 也一样。

表 4-52　金山寺至曹家湾站隧道右洞洞身支护参数(Mat Y 矩阵)

行号	设计桩号	围岩	二衬轮廓线类号	二衬厚度+预留变形量 δ_1(m)	喷射层厚 δ_2(m)	隧中偏距 δ_3(m)
1	YDK36+472.240	ⅣD	1+2i	0.35	0.22	0
2	YDK36+477.5	ⅣE	3+4i	0.52	0.24	0
3	YDK36+493.5	ⅣD	1+2i	0.35	0.22	0
4/ZH_2	YDK36+500.0948	ⅣD	1+2i	0.35	0.22	i
5/HY_2	YDK36+580.0948	ⅣD	1+2i	0.35	0.22	-0.143
6/YH_2	YDK36+973.1283	ⅣD	1+2i	0.35	0.22	-0.143+i
7/HZ_2	YDK37+053.1283	ⅣD	1+2i	0.35	0.22	0
8/ZH_3	YDK37+154.1407	ⅣD	1+2i	0.35	0.22	i
9/HY_3	YDK37+229.1407	ⅣD	1+2i	0.35	0.22	0.156
10/YH_3	YDK37+660.8248	ⅣD	1+2i	0.35	0.22	0.156+i
11	YDK37+735	ⅣD+	1+2i	0.47	0.26	0.00172+i*
12/HZ_3	YDK37+735.8248	ⅣD+	1+2i	0.47	0.26	0
13/ZH_4	YDK37+759.3234	ⅣD+	1+2i	0.47	0.26	i
14	YDK37+781	ⅤD	1+2i	0.68	0.28	0.0451+i*
15/HY_4	YDK37+834.3234	ⅤD	1+2i	0.68	0.28	0.156
16	YDK37+860	ⅣD	1+2i	0.35	0.22	0.156
17	YDK37+898	ⅣC	5+6i	0.42	0.24	0.156
18	YDK37+928	ⅣD	1+2i	0.35	0.22	0.156
19	YDK37+968	ⅤC	5+6i	0.53	0.26	0.156
20	YDK38+010	明洞				
21/YH_4	YDK38+165.4852					
22	YDK38+120	终点		隧道长	1647.6m	

注：*表中灰底色背景数值为手工内插出的隧中偏距。

1) 平竖曲线串列数据的输入

按表 4-1 的规定，在 MS Excel 的 File3 选项卡的 A~F 列输入图 4-172 所示的 Z 线平曲线设计数据；按表 4-13 的规定，在 W 列输入图 4-172 内表所列的 Z 线竖曲线设计数据，结果如图 4-177 上图所示，其中灰底色数值为 2 个断链桩的设计数据。

	A	B	C	D	E	F
1	35883.0437	81867.9419	56463.4808	0	0	0
2		82748.9643	56404.466	219.08902	600	219.08902
3		83209.7756	55874.2967	203.10096	550	203.10096
4		83792.1384	55912.7711	203.10096	550	203.10096
5		83965.864	56093.2443	36181.594	36200	
6				37738.898	37730	

File3 / File4 / MAT_Z / MAT_X / MAT_Y

	W
1	36250
2	296.212
3	36550
4	295.612
5	3000
6	37150
7	280.462
8	5000
9	38150
10	274.462
11	5000
12	39400
13	274.462

	A	B	C	D	E	F
3		83215.3555	55887.6937	203.10096	550	203.10096
4		83798.7128	55926.2338	203.10096	550	203.10096
5		83972.4384	56106.707			

File3 / File4 / MAT_Z / MAT_X / MAT_Y

	W
1	36250
2	296.212
3	36550
4	295.612
5	3000
6	37150
7	280.462
8	5000
9	38150
10	274.462
11	5000
12	39400
13	274.462

图 4-177　在 MS Excel 的 File3 选项卡输入 Z 线平竖曲线设计数据，
在 File4 选项卡输入 Y 线平竖曲线设计数据

在 MS Excel 的 File4 选项卡的 A~F 列输入图 4-173 所示的 Y 线平曲线设计数据；按表 4-13 的规定，在 W 列输入图 4-173 内表所列的 Y 线竖曲线设计数据，结果如图 4-177 下图所示。

将 File3 选项卡的数据另存为 File3.csv 文件，将 File4 选项卡的数据另存为 File4.csv 文件，将 File3.csv 与 File4.csv 文件上传到 fx-9750GⅡ内存。

2) Mat Z，Mat Y 与 Mat X 矩阵数据的输入

按表 4-30 的规定，在 MS Excel 的 MAT_Z 选项卡输入图 4-174 与图 4-175 所示 1~6 类二衬轮廓线主点数据，结果如图 4-178 所示。

	A	B	C	D	E	F	G	H	I	J	K	L	M	N	O
1	0	2.1	2.5	2.1651	3.35	0	2.1	2.5	2.1651	3.35	0	3.108	3.72	3.0279	5.2691
2	-0.2598	1.95	2.8	2.5402	1.95	-0.2598	1.95	2.8	2.5402	1.95	-0.35	2.8582	4.15	3.8	2.8582
3	0.9289	1.95	0	2.5402	-0.4039	-2.1598	1.95	4.7	2.1601	0.0984	-3.4	2.8582	7.2	2.8014	-0.8
4	0.9289	1.95	0	1.4922	-0.4039	1.241	0.4923	1	1.4674	-0.4817	1.7652	-0.1887	0	1.9644	-0.8
5	0	5.831	6.411	0	100	0	5.831	6.481	0	100	0	5.228	6.34	0	100

File3 / File4 / MAT_Z / MAT_X / MAT_Y

	P	Q	R	S	T	U	V	W	X	Y	Z	AA	AB	AC	AD
1	0	3.108	3.72	3.0279	5.2691	0	4.941	2.5	2.4362	5.5023	0	4.941	2.5	2.4362	5.5023
2	-0.35	2.8582	4.15	3.8	2.8582	-7.3085	3.257	10	2.0152	-0.358	-7.3085	3.257	10	2.2094	0.1895
3	-3.4	2.8582	7.2	3.4091	0.5182	1.4593	-0.1424	0	1.5119	-0.358	1.2576	0.4962	1	1.487	-0.4771
4	1.234	1.2657	2.3	1.9179	-0.9303	0	5.831	6.371	0	100	0	5.831	6.481	0	100
5	0	5.228	6.45	0	100	0	0	0	0	0	0	0	0	0	0

File3 / File4 / MAT_Z / MAT_X / MAT_Y

图 4-178　在 MS Excel 的 MAT_Z 选项卡输入 1~6 类二衬轮廓线主点数据

按表 4-31 的规定，在 MS Excel 的 MAT_X 选项卡输入表 4-51 所列的 Z 线洞身支护参数，结果如图 4-179 左图所示。

在 MS Excel 的 MAT_Y 选项卡输入表 4-52 所列的 Y 线洞身支护参数，结果如图 4-179 右图所示。

在图 4-179 中，B 列灰底色单元数值只输入了二衬轮廓线类号复数的实部，还需要在

fx-9750GⅡ中，按照表 4-51 与表 4-52 所列的数值，添加复数的虚部数值；E 列灰底色单元数值只输入了隧中偏距复数的实部，还需要在 fx-9750GⅡ中，按照表 4-51 与表 4-52 所列的数值，添加复数符号 i。

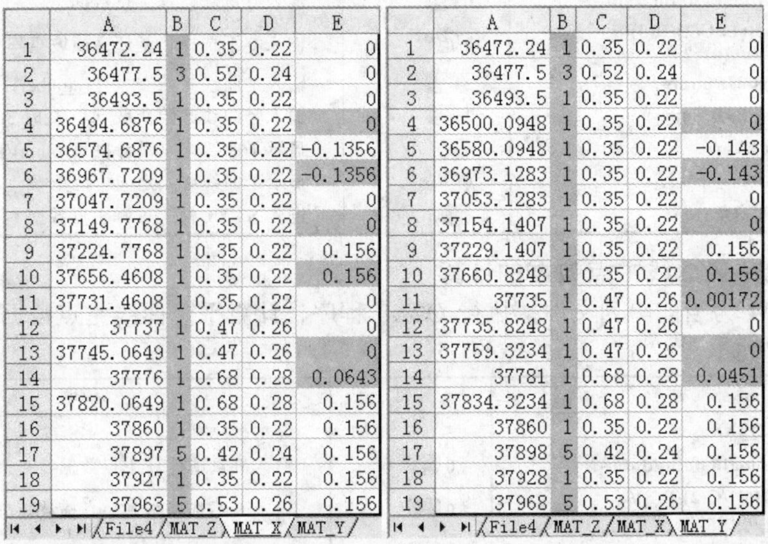

	A	B	C	D	E
1	36472.24	1	0.35	0.22	0
2	36477.5	3	0.52	0.24	0
3	36493.5	1	0.35	0.22	0
4	36494.6876	1	0.35	0.22	0
5	36574.6876	1	0.35	0.22	-0.1356
6	36967.7209	1	0.35	0.22	-0.1356
7	37047.7209	1	0.35	0.22	0
8	37149.7768	1	0.35	0.22	0
9	37224.7768	1	0.35	0.22	0.156
10	37656.4608	1	0.35	0.22	0.156
11	37731.4608	1	0.35	0.22	0
12	37737	1	0.47	0.26	0
13	37745.0649	1	0.47	0.26	0
14	37776	1	0.68	0.28	0.0643
15	37820.0649	1	0.68	0.28	0.156
16	37860	1	0.35	0.22	0.156
17	37897	5	0.42	0.24	0.156
18	37927	1	0.35	0.22	0.156
19	37963	5	0.53	0.26	0.156

File4 / MAT_Z / MAT_X / MAT_Y

	A	B	C	D	E
1	36472.24	1	0.35	0.22	0
2	36477.5	3	0.52	0.24	0
3	36493.5	1	0.35	0.22	0
4	36500.0948	1	0.35	0.22	0
5	36580.0948	1	0.35	0.22	-0.143
6	36973.1283	1	0.35	0.22	-0.143
7	37053.1283	1	0.35	0.22	0
8	37154.1407	1	0.35	0.22	0
9	37229.1407	1	0.35	0.22	0.156
10	37660.8248	1	0.35	0.22	0.156
11	37735	1	0.47	0.26	0.00172
12	37735.8248	1	0.47	0.26	0
13	37759.3234	1	0.47	0.26	0
14	37781	1	0.68	0.28	0.0451
15	37834.3234	1	0.68	0.28	0.156
16	37860	1	0.35	0.22	0.156
17	37898	5	0.42	0.24	0.156
18	37928	1	0.35	0.22	0.156
19	37968	5	0.53	0.26	0.156

File4 / MAT_Z / MAT_X / MAT_Y

图 4-179　在 MS Excel 的 MAT_Z 选项卡输入 1~6 类二衬轮廓线主点数据

将 MAT_Z 选项卡的数据另存为 MAT_Z.csv 文件，将 MAT_X 选项卡的数据另存为 MAT_X.csv 文件，将 MAT_Y 选项卡的数据另存为 MAT_Y.csv 文件，将 MAT_Z.csv，MAT_X.csv 与 MAT_Y.csv 文件上传到 fx-9750GⅡ内存。

按 MENU 1 键进入 **RUN▪MAT** 模式，按 F1 键调出矩阵列表菜单，按 ALPHA X EXE 键进入 Mat X 矩阵单元数值编辑模式，按表 4-51 所列数值，为第 2 列的 19 个二衬轮廓线类号添加复数虚部数值，为第 5 列需要线性内插隧中偏距的起点隧中偏距添加复数符号 i，结果如图 4-180 上右二图所示。按表 4-52 所列数值，同法编辑 Mat Y 矩阵的单元数值，结果如图 4-180 下右二图所示。

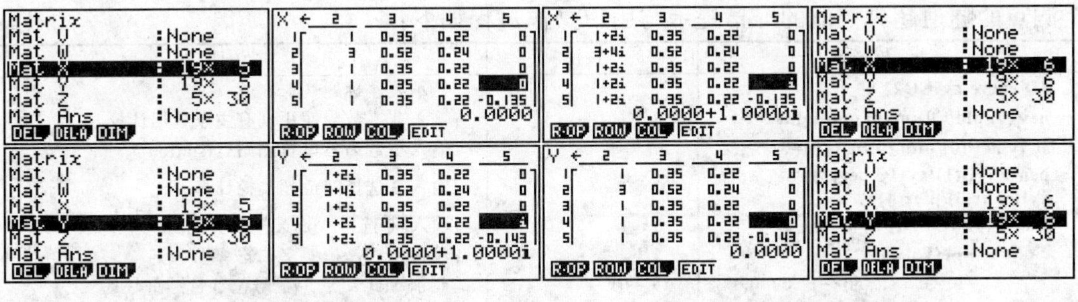

图 4-180　在 **RUN▪MAT** 模式下编辑 Mat X 与 Mat Y 矩阵单元数值

3) 平竖曲线主点数据的计算

(1) Z 线平竖曲线主点数据的计算

设置 **File3** 为当前串列文件，执行 Q2X8 程序，计算平竖曲线主点数据的屏幕提示与

用户操作过程如下：

屏幕提示	按键	说明
JD curve xyH Q2X8		显示程序标题
new(0)/old(≠0) main point data=?	**0** EXE	输入 0 重新计算主点数据
i_L%,i_R% Mat B(1)/C(2)/D(3)/ E(4)/F(5)/G(6)/no(0)=?	**0** EXE	输入 0 不选择路基超高横坡矩阵
hor-curve first JD num=?	**2** EXE	输入平曲线起始交点号(num̲ber)
ver-curve first SJD num=?	**2** EXE	输入竖曲线起始变坡点号/耗时 3.71s
Z_{ZD}(m)=38226.2266	EXE	显示平曲线终点设计桩号(0mm)/耗时 2.08s
α_{ZD}=46°05′28.94″	EXE	显示平曲线终点走向方位角
Press [MENU][2]⇒Stop!	MENU 2	进入 **STAT** 模式查看主点数据

(2) Y 线平竖曲线主点数据的计算

设置 **File4** 为当前串列文件，执行 Q2X8 程序，计算平竖曲线主点数据的屏幕提示与用户操作过程如下：

屏幕提示	按键	说明
JD curve xyH Q2X8		显示程序标题
new(0)/old(≠0) main point data=?	**0** EXE	输入 0 重新计算主点数据
i_L%,i_R% Mat B(1)/C(2)/D(3)/ E(4)/F(5)/G(6)/no(0)=?	**0** EXE	输入 0 不选择路基超高横坡矩阵
hor-curve first JD num=?	**2** EXE	输入平曲线起始交点号(num̲ber)
ver-curve first SJD num=?	**2** EXE	输入竖曲线起始变坡点号/耗时 3.42s
Z_{ZD}(m)=38240.4852	EXE	显示平曲线终点设计桩号(0mm)/耗时 1.84s
α_{ZD}=46°05′28.94″	EXE	显示平曲线终点走向方位角
Press [MENU][2]⇒Stop!	MENU 2	进入 **STAT** 模式查看主点数据

4) Z 线隧道超欠挖计算案例

设置 **File3** 为当前串列文件。

(1) 使用 1~2 类二衬轮廓线进行隧道超欠挖计算案例

① 使用 1 类二衬轮廓线进行隧道超欠挖计算案例。

重复执行 Q2X8 程序，选择初期支护轮廓线(1 类轮廓线)计算 ZDK36+534.6876 断面 10 个测点的隧道超欠挖值的屏幕提示与用户操作过程如下：

屏幕提示	按键	说明
JD curve xyH Q2X8		显示程序标题
new(0)/old(≠0) main point data=?	**3** EXE	输入非零数为使用现有主点数据计算
st xy new(0)/old(>0)/no(<0)=?	**-1** EXE	输入负数为不设置测站点(s̲tation)
peg→xyH(1)/xyH→peg(2)/ xyH→δr(3)/pier(4)=?	**3** EXE	输入 3 选择隧道超欠挖计算
Mat Y(0)/Mat X(≠0)=?	**3** EXE	输入≠0 选择 Mat X 矩阵为洞身支护参数
contour line(1/0/2)=?	**1** EXE	输入 1 选择初期支护轮廓线
$Z_{MAT\ Y/X}$+ni=37731.4608+11.0000i	EXE	显示 Mat X[11,1]桩号位于长链重桩区
←(0) +break →(≠0)=?	**0** EXE	输入 0 选择长链(+break)后重桩区
$Z_{MAT\ Y/X}$+ni=37737.0000+12.0000i	EXE	显示 Mat X[12,1]桩号位于长链重桩区
←(0) +break →(≠0)=?	**0** EXE	输入 0 选择长链(+break)后重桩区
x_j(m)/π⇒end=?	**82499.8672** EXE	输入掌子面 1 号测点三维坐标
y_i(m)+ni=?	**56422.3604** EXE	
H_i(m)=?	**300.1945** EXE	
p peg(m)+ni=36534.6876+2.0000i	EXE	显示垂点桩号+平曲线元号 i 复数/耗时 1.27s
δ_3(m)=-0.0678	EXE	显示测点的线性内插隧中偏距

续表

屏幕提示	按键	说明
H_p+X_ji(m)=295.5789+1.4963i	EXE	显示测点垂点设计高程+隧中 X 坐标 i 复数
δr(m)+ni=0.0770+1.0000i	EXE	显示超欠挖径距+二衬轮廓线类号 i 复数
←→+↑↓i(m)=0.1568+0.0900i	EXE	显示水平移距+垂直移距 i 复数
x_i(m)/π⇒end=?	82499.9614 EXE	输入掌子面 2 号测点三维坐标
y_i(m)+ni=?	56423.485 EXE	
H_i(m)=?	298.6318 EXE	
p peg(m)+ni=36534.6876+2.0000i	EXE	显示垂点桩号+平曲线元号 i 复数
δ_3(m)=-0.0678	EXE	显示测点的线性内插隧中偏距
H_p+X_ji(m)=295.5789+2.6248i	EXE	显示测点垂点设计高程+隧中 X 坐标 i 复数
δr(m)+ni=-0.0617+1.0000i	EXE	显示超欠挖径距+二衬轮廓线类号 i 复数
←→+↑↓i(m)=-0.0660-0.1626i	EXE	显示水平移距+垂直移距 i 复数
x_i(m)/π⇒end=?	82499.9869 EXE	输入掌子面 3 号测点三维坐标
y_i(m)+ni=?	56423.7895 EXE	
H_i(m)=?	296.3054 EXE	
p peg(m)+ni=36534.6876+2.0000i	EXE	显示垂点桩号+平曲线元号 i 复数
δ_3(m)=-0.0678	EXE	显示测点的线性内插隧中偏距
H_p+X_ji(m)=295.5789+2.9304i	EXE	显示测点垂点设计高程+隧中 X 坐标 i 复数
δr(m)+ni=0.0402+1.0000i	EXE	显示超欠挖径距+二衬轮廓线类号 i 复数
x_i(m)/π⇒end=?	82499.9634 EXE	输入掌子面 4 号测点三维坐标
y_i(m)+ni=?	56423.5084 EXE	
H_i(m)=?	294.872 EXE	
p peg(m)+ni=36534.6877+2.0000i	EXE	显示垂点桩号+平曲线元号 i 复数
δ_3(m)=-0.0678	EXE	显示测点的线性内插隧中偏距
H_p+X_ji(m)=295.5789+2.6483i	EXE	显示测点垂点设计高程+隧中 X 坐标 i 复数
δr(m)+ni=-0.0470+1.0000i	EXE	显示超欠挖径距+二衬轮廓线类号 i 复数
x_i(m)/π⇒end=?	82499.8473 EXE	输入掌子面 5 号测点三维坐标
y_i(m)+ni=?	56422.1225 EXE	
H_i(m)=?	294.7173 EXE	
p peg(m)+ni=36534.6877+2.0000i	EXE	显示垂点桩号+平曲线元号 i 复数
δ_3(m)=-0.0678	EXE	显示测点的线性内插隧中偏距
H_p+X_ji(m)=295.5789+1.2576i	EXE	显示测点垂点设计高程+隧中 X 坐标 i 复数
δr(m)+ni=0.0487+1.0000i	EXE	显示超欠挖径距+二衬轮廓线类号 i 复数
←→+↑↓i(m)=0.2981+0.0496i	EXE	显示水平移距+垂直移距 i 复数
x_i(m)/π⇒end=?	82499.6384 EXE	输入掌子面 6 号测点三维坐标
y_i(m)+ni=?	56419.6286 EXE	
H_i(m)=?	294.8075 EXE	
p peg(m)+ni=36534.6876+2.0000i	EXE	显示垂点桩号+平曲线元号 i 复数
δ_3(m)=-0.0678	EXE	显示测点的线性内插隧中偏距
H_p+X_ji(m)=295.5789-1.2451i	EXE	显示测点垂点设计高程+隧中 X 坐标 i 复数
δr(m)+ni=-0.0422+1.0000i	EXE	显示超欠挖径距+二衬轮廓线类号 i 复数
←→+↑↓i(m)=-0.2108-0.0430i	EXE	显示水平移距+垂直移距 i 复数
x_i(m)/π⇒end=?	82499.5159 EXE	输入掌子面 7 号测点三维坐标
y_i(m)+ni=?	56418.1667 EXE	
H_i(m)=?	294.731 EXE	
p peg(m)+ni=36534.6875+2.0000i	EXE	显示垂点桩号+平曲线元号 i 复数
δ_3(m)=-0.0678	EXE	显示测点的线性内插隧中偏距
H_p+X_ji(m)=295.5789-2.7121i	EXE	显示测点垂点设计高程+隧中 X 坐标 i 复数
δr(m)+ni=0.0940+1.0000i	EXE	显示超欠挖径距+二衬轮廓线类号 i 复数
x_i(m)/π⇒end=?	82499.4963 EXE	输入掌子面 8 号测点三维坐标
y_i(m)+ni=?	56417.9325 EXE	
H_i(m)=?	295.9177 EXE	
p peg(m)+ni=36534.6875+2.0000i	EXE	显示垂点桩号+平曲线元号 i 复数
δ_3(m)=-0.0678	EXE	显示测点的线性内插隧中偏距
H_p+X_ji(m)=295.5789-2.9471i	EXE	显示测点垂点设计高程+隧中 X 坐标 i 复数

续表

屏幕提示	按键	说明
δr(m)+ni=0.0569+1.0000i	EXE	显示超欠挖径距+二衬轮廓线类号 i 复数
x_i(m)/π⇛end=?	82499.5169 EXE	输入掌子面 9 号测点三维坐标
y_i(m)+ni=?	56418.1784 EXE	
H_i(m)=?	298.3733 EXE	
p peg(m)+ni=36534.6876+2.0000i	EXE	显示垂点桩号+平曲线元号 i 复数
$δ_3$(m)=-0.0678	EXE	显示测点的线性内插隧中偏距
H_p+X_ji(m)=295.5789−2.7004i	EXE	显示测点垂点设计高程+隧中 X 坐标 i 复数
δr(m)+ni=-0.0718+1.0000i	EXE	显示超欠挖径距+二衬轮廓线类号 i 复数
←→+↑↓i(m)=-0.0745−0.2326i	EXE	显示水平移距+垂直移距 i 复数
x_i(m)/π⇛end=?	82499.6229 EXE	输入掌子面 10 号测点三维坐标
y_i(m)+ni=?	56419.4436 EXE	
H_i(m)=?	300.2415 EXE	
p peg(m)+ni=36534.6876+2.0000i	EXE	显示垂点桩号+平曲线元号 i 复数
$δ_3$(m)=-0.0678	EXE	显示测点的线性内插隧中偏距
H_p+X_ji(m)=295.5789−1.4307i	EXE	显示测点垂点设计高程+隧中 X 坐标 i 复数
δr(m)+ni=0.0850+1.0000i	EXE	显示超欠挖径距+二衬轮廓线类号 i 复数
←→+↑↓i(m)=0.1835+0.0978i	EXE	显示水平移距+垂直移距 i 复数
x_i(m)/π⇛end=?	SHIFT π EXE	输入 π 结束程序
Q2X8⇛End		程序结束显示

存储本例 10 个测点观测数据与计算结果的 Mat W 矩阵记录文件为光盘文件“4 章\金山寺站至嘉陵江南桥头区间隧道\Z 线\MAT_W1.CSV”。

执行 Q2X8 程序的隧道超欠挖计算功能，首次选择 Mat X 矩阵时，程序自动为 Mat X 矩阵新增 1 列，使其变成 6 列(如图 4-180 上右图所示)，并将第 1 列的设计桩号一次性转换为连续桩号，存入第 6 列。在表 4-51 所列的 Z 线洞身支护参数中，由于第 11 行与第 12 行的设计桩号位于长链重桩区，因此程序在转换 Mat X[11,1]与 Mat X[12,1]的设计桩号时，屏幕将显示其设计桩号，并需要用户输入数值选择所在的长链重桩区位置，本例均为选择长链后重桩区。

以后重复执行 Q2X8 程序的隧道超欠挖计算功能，再次选择 Mat X 矩阵，当程序检测到 Mat X 矩阵已经为 6 列时，将不再重复转换 Mat X 矩阵第 1 列的设计桩号为连续桩号。

只有当测点的隧中偏距为使用线性内插法计算时，屏幕才显示测点的隧中偏距，当隧中偏距为从 Mat X(或 Mat Y)矩阵的第 5 列直接提取时，屏幕不显示测点的隧中偏距。

② 使用 2 类二衬轮廓线进行隧道净空测量计算案例。

重复执行 Q2X8 程序，选择二衬轮廓线(2 类轮廓线)计算 ZDK36+534.6876 断面 11 个测点的隧道超欠挖值的屏幕提示与用户操作过程如下：

屏幕提示	按键	说明
JD curve xyH Q2X8		显示程序标题
new(0)/old(≠0) main point data=?	3 EXE	输入非零数为使用现有主点数据计算
st xy new(0)/old(>0)/no(<0)=?	-1 EXE	输入负数为不设置测站点(station)
peg→xyH(1)/xyH→peg(2)/ xyH→δr(3)/pier(4)=?	3 EXE	输入 3 选择隧道超欠挖计算
Mat Y(0)/Mat X(≠0)=?	3 EXE	输入≠0 选择 Mat X 矩阵为洞身支护参数
contour line(1/0/2)=?	2 EXE	输入 2 选择二衬轮廓线(净空测量)
ClrMat W(0),no(≠0)=?	0 EXE	输入 0 为清除前已存储的测点数据
x_i(m)/π⇛end=?	82499.8329 EXE	输入掌子面 1 号测点三维坐标
y_i(m)+ni=?	56421.9509 EXE	

续表

屏幕提示	按键	说明
H_i(m)=?	299.9545 EXE	
p peg(m)+ni=36534.6876+2.0000i	EXE	显示垂点桩号+平曲线元号 i 复数/耗时 1.27s
δ_3(m)=-0.0678	EXE	显示测点的线性内插隧中偏距
δr(m)+ni=0.0212+2.0000i	EXE	显示超欠挖径距+二衬轮廓线类号 i 复数
x_i(m)/π⇒end=?	82499.9397 EXE	输入掌子面 2 号测点三维坐标
y_i(m)+ni=?	56423.2258 EXE	
H_i(m)=?	298.5839 EXE	
p peg(m)+ni=36534.6877+2.0000i	EXE	显示垂点桩号+平曲线元号 i 复数
δ_3(m)=-0.0678	EXE	显示测点的线性内插隧中偏距
δr(m)+ni=0.0286+2.0000i	EXE	显示超欠挖径距+二衬轮廓线类号 i 复数
x_i(m)/π⇒end=?	82499.9555 EXE	输入掌子面 3 号测点三维坐标
y_i(m)+ni=?	56423.4146 EXE	
H_i(m)=?	297.3599 EXE	
p peg(m)+ni=36534.6876+2.0000i	EXE	显示垂点桩号+平曲线元号 i 复数
δ_3(m)=-0.0678	EXE	显示测点的线性内插隧中偏距
δr(m)+ni=0.0170+2.0000i	EXE	显示超欠挖径距+二衬轮廓线类号 i 复数
x_i(m)/π⇒end=?	82499.9298 EXE	输入掌子面 4 号测点三维坐标
y_i(m)+ni=?	56423.1073 EXE	
H_i(m)=?	295.8267 EXE	
p peg(m)+ni=36534.6877+2.0000i	EXE	显示垂点桩号+平曲线元号 i 复数
δ_3(m)=-0.0678	EXE	显示测点的线性内插隧中偏距
δr(m)+ni=0.0230+2.0000i	EXE	显示超欠挖径距+二衬轮廓线类号 i 复数
x_i(m)/π⇒end=?	82499.9105 EXE	输入掌子面 5 号测点三维坐标
y_i(m)+ni=?	56422.8769 EXE	
H_i(m)=?	295.3952 EXE	
p peg(m)+ni=36534.6877+2.0000i	EXE	显示垂点桩号+平曲线元号 i 复数
δ_3(m)=-0.0678	EXE	显示测点的线性内插隧中偏距
δr(m)+ni=0.0273+2.0000i	EXE	显示超欠挖径距+二衬轮廓线类号 i 复数
x_i(m)/π⇒end=?	82499.8084 EXE	输入掌子面 6 号测点三维坐标
y_i(m)+ni=?	56421.6582 EXE	
H_i(m)=?	294.9575 EXE	
p peg(m)+ni=36534.6876+2.0000i	EXE	显示垂点桩号+平曲线元号 i 复数
δ_3(m)=-0.0678	EXE	显示测点的线性内插隧中偏距
δr(m)+ni=0.0198+2.0000i	EXE	显示超欠挖径距+二衬轮廓线类号 i 复数
x_i(m)/π⇒end=?	82499.6587 EXE	输入掌子面 7 号测点三维坐标
y_i(m)+ni=?	56419.872 EXE	
H_i(m)=?	294.9916 EXE	
p peg(m)+ni=36534.6875+2.0000i	EXE	显示垂点桩号+平曲线元号 i 复数
δ_3(m)=-0.0678	EXE	显示测点的线性内插隧中偏距
δr(m)+ni=0.0148+2.0000i	EXE	显示超欠挖径距+二衬轮廓线类号 i 复数
x_i(m)/π⇒end=?	82499.566 EXE	输入掌子面 8 号测点三维坐标
y_i(m)+ni=?	56418.7648 EXE	
H_i(m)=?	295.5448 EXE	
p peg(m)+ni=36534.6875+2.0000i	EXE	显示垂点桩号+平曲线元号 i 复数
δ_3(m)=-0.0678	EXE	显示测点的线性内插隧中偏距
δr(m)+ni=0.0176+2.0000i	EXE	显示超欠挖径距+二衬轮廓线类号 i 复数
x_i(m)/π⇒end=?	82499.5323 EXE	输入掌子面 9 号测点三维坐标
y_i(m)+ni=?	56418.3623 EXE	
H_i(m)=?	296.7601 EXE	
p peg(m)+ni=36534.6876+2.0000i	EXE	显示垂点桩号+平曲线元号 i 复数
δ_3(m)=-0.0678	EXE	显示测点的线性内插隧中偏距

续表

屏幕提示	按键	说明
δr(m)+ni=0.0384+2.0000i	EXE	显示超欠挖径距+二衬轮廓线类号 i 复数
x_i(m)/π⇒end=?	82499.5378 EXE	输入掌子面 10 号测点三维坐标
y_i(m)+ni=?	56418.4274 EXE	
H_i(m)=?	298.3931 EXE	
p peg(m)+ni=36534.6876+2.0000i	EXE	显示垂点桩号+平曲线元号 i 复数
$δ_3$(m)=-0.0678	EXE	显示测点的线性内插隧中偏距
δr(m)+ni=0.0447+2.0000i	EXE	显示超欠挖径距+二衬轮廓线类号 i 复数
x_i(m)/π⇒end=?	82499.6259 EXE	输入掌子面 11 号测点三维坐标
y_i(m)+ni=?	56419.4801 EXE	
H_i(m)=?	299.7974 EXE	
p peg(m)+ni=36534.6875+2.0000i	EXE	显示垂点桩号+平曲线元号 i 复数
$δ_3$(m)=-0.0678	EXE	显示测点的线性内插隧中偏距
δr(m)+ni=0.0361+2.0000i	EXE	显示超欠挖径距+二衬轮廓线类号 i 复数
x_i(m)/π⇒end=?	SHIFT π EXE	输入 π 结束程序
Q2X8⇒End		程序结束显示

存储本例 11 个测点观测数据与计算结果的 Mat W 矩阵记录文件为光盘文件“4 章\金山寺站至嘉陵江南桥头区间隧道\Z 线\MAT_W2.CSV”。

（2）使用 3~4 类二衬轮廓线进行隧道超欠挖计算案例

① 使用 3 类二衬轮廓线进行隧道超欠挖计算案例。

重复执行 Q2X8 程序，选择开挖轮廓线(3 类轮廓线)计算 ZDK36+485 断面 10 个测点的隧道超欠挖值的屏幕提示与用户操作过程如下：

屏幕提示	按键	说明
JD curve xyH Q2X8		显示程序标题
new(0)/old(≠0) main point data=?	3 EXE	输入非零数为使用现有主点数据计算
st xy new(0)/old(>0)/no(<0)=?	-1 EXE	输入负数为不设置测站点(station)
peg→xyH(1)/xyH→peg(2)/ xyH→δr(3)/pier(4)=?	3 EXE	输入 3 选择隧道超欠挖计算
Mat Y(0)/Mat X(≠0)=?	3 EXE	输入≠0 选择 Mat X 矩阵为洞身支护参数
contour line(1/0/2)=?	0 EXE	输入 0 选择开挖轮廓线
ClrMat W(0),no(≠0)=?	0 EXE	输入 0 为清除前已存储的测点数据
x_i(m)/π⇒end=?	82450.3486 EXE	输入掌子面 1 号测点三维坐标
y_i(m)+ni=?	56426.8855 EXE	
H_i(m)=?	302.4381 EXE	
p peg(m)+ni=36485.0000+1.0000i	EXE	显示垂点桩号+平曲线元号 i 复数/耗时 0.83s
δr(m)+ni=-0.1568+3.0000i	EXE	显示超欠挖径距+二衬轮廓线类号 i 复数
←→+↑↓i(m)=-0.2710-0.1875i	EXE	显示水平移距+垂直移距 i 复数
x_i(m)/π⇒end=?	82450.4646 EXE	输入掌子面 2 号测点三维坐标
y_i(m)+ni=?	56428.6171 EXE	
H_i(m)=?	300.6187 EXE	
p peg(m)+ni=36485.0000+1.0000i	EXE	显示垂点桩号+平曲线元号 i 复数
δr(m)+ni=0.0192+3.0000i	EXE	显示超欠挖径距+二衬轮廓线类号 i 复数
←→+↑↓i(m)=0.0211+0.0474i	EXE	显示水平移距+垂直移距 i 复数
x_i(m)/π⇒end=?	82450.4799 EXE	输入掌子面 3 号测点三维坐标
y_i(m)+ni=?	56428.8457 EXE	
H_i(m)=?	297.5674 EXE	
p peg(m)+ni=36485.0000+1.0000i	EXE	显示垂点桩号+平曲线元号 i 复数
δr(m)+ni=-0.1156+3.0000i	EXE	显示超欠挖径距+二衬轮廓线类号 i 复数
←→+↑↓i(m)=-0.1166-0.6684i	EXE	显示水平移距+垂直移距 i 复数
x_i(m)/π⇒end=?	82450.4254 EXE	输入掌子面 4 号测点三维坐标

续表

屏幕提示	按键	说明
y_i(m)+ni=?	56428.0316 EXE	
H_i(m)=?	294.8975 EXE	
p peg(m)+ni=36485.0000+1.0000i	EXE	显示垂点桩号+平曲线元号 i 复数
δr(m)+ni=-0.0762+3.0000i	EXE	显示超欠挖径距+二衬轮廓线类号 i 复数
←→+↑↓i(m)=-0.0862−0.1597i	EXE	显示水平移距+垂直移距 i 复数
x_i(m)/π⇒end=?	82450.3938 EXE	输入掌子面 5 号测点三维坐标
y_i(m)+ni=?	56427.5603 EXE	
H_i(m)=?	294.1198 EXE	
p peg(m)+ni=36485.0000+1.0000i	EXE	显示垂点桩号+平曲线元号 i 复数
δr(m)+ni=0.0622+3.0000i	EXE	显示超欠挖径距+二衬轮廓线类号 i 复数
x_i(m)/π⇒end=?	82450.1598 EXE	输入掌子面 6 号测点三维坐标
y_i(m)+ni=?	56424.067 EXE	
H_i(m)=?	293.9671 EXE	
p peg(m)+ni=36485.0000+1.0000i	EXE	显示垂点桩号+平曲线元号 i 复数
δr(m)+ni=-0.0849+3.0000i	EXE	显示超欠挖径距+二衬轮廓线类号 i 复数
←→+↑↓i(m)=-0.7569−0.0851i	EXE	显示水平移距+垂直移距 i 复数
x_i(m)/π⇒end=?	82449.9815 EXE	输入掌子面 7 号测点三维坐标
y_i(m)+ni=?	56421.4055 EXE	
H_i(m)=?	294.2587 EXE	
p peg(m)+ni=36485.0000+1.0000i	EXE	显示垂点桩号+平曲线元号 i 复数
δr(m)+ni=-0.0767+3.0000i	EXE	显示超欠挖径距+二衬轮廓线类号 i 复数
x_i(m)/π⇒end=?	82449.9083 EXE	输入掌子面 8 号测点三维坐标
y_i(m)+ni=?	56420.3136 EXE	
H_i(m)=?	295.939 EXE	
p peg(m)+ni=36484.9999+1.0000i	EXE	显示垂点桩号+平曲线元号 i 复数
δr(m)+ni=0.0690+3.0000i	EXE	显示超欠挖径距+二衬轮廓线类号 i 复数
←→+↑↓i(m)=0.0732+0.2160i	EXE	显示水平移距+垂直移距 i 复数
x_i(m)/π⇒end=?	82449.9007 EXE	输入掌子面 9 号测点三维坐标
y_i(m)+ni=?	56420.1995 EXE	
H_i(m)=?	299.9661 EXE	
p peg(m)+ni=36485.0000+1.0000i	EXE	显示垂点桩号+平曲线元号 i 复数
δr(m)+ni=-0.0736+3.0000i	EXE	显示超欠挖径距+二衬轮廓线类号 i 复数
←→+↑↓i(m)=-0.0767−0.2413i	EXE	显示水平移距+垂直移距 i 复数
x_i(m)/π⇒end=?	82450.04 EXE	输入掌子面 10 号测点三维坐标
y_i(m)+ni=?	56422.2788 EXE	
H_i(m)=?	302.8406 EXE	
p peg(m)+ni=36485.0000+1.0000i	EXE	显示垂点桩号+平曲线元号 i 复数
δr(m)+ni=0.0795+3.0000i	EXE	显示超欠挖径距+二衬轮廓线类号 i 复数
←→+↑↓i(m)=0.1695+0.0911i	EXE	显示水平移距+垂直移距 i 复数
x_i(m)/π⇒end=?	SHIFT π EXE	输入 π 结束程序
Q2X8⇒End		程序结束显示

存储本例 10 个测点观测数据与计算结果的 Mat W 矩阵记录文件为光盘文件“4 章\金山寺站至嘉陵江南桥头区间隧道\Z 线\MAT_W3.CSV”。

② 使用 4 类二衬轮廓线进行隧道净空测量计算案例。

重复执行 Q2X8 程序，选择二衬轮廓线(4 类轮廓线)计算 ZDK36+485 断面 9 个测点的隧道超欠挖值的屏幕提示与用户操作过程如下：

屏幕提示	按键	说明
JD curve xyH Q2X8		显示程序标题
new(0)/old(≠0) main point data=?	**3** EXE	输入非零数为使用现有主点数据计算
st xy new(0)/old(>0)/no(<0)=?	**-1** EXE	输入负数为不设置测站点(station)
peg→xyH(1)/xyH→peg(2)/ xyH→δr(3)/pier(4)=?	**3** EXE	输入 3 选择隧道超欠挖计算
Mat Y(0)/Mat X(≠0)=?	**3** EXE	输入≠0 选择 Mat X 矩阵为洞身支护参数
contour line(1/0/2)=?	**2** EXE	输入 2 选择二衬轮廓线(净空测量)
ClrMat W(0),no(≠0)=?	**0** EXE	输入 0 为清除前已存储的测点数据
x_i(m)/π⇒end=?	**82450.3199** EXE	输入掌子面 1 号测点三维坐标
y_i(m)+ni=?	**56426.4566** EXE	
H_i(m)=?	**302.02** EXE	
p peg(m)+ni=36485.0000+1.0000i	EXE	显示垂点桩号+平曲线元号 i 复数/耗时 0.83s
δr(m)+ni=0.0184+4.0000i	EXE	显示超欠挖径距+二衬轮廓线类号 i 复数
x_i(m)/π⇒end=?	**82450.4431** EXE	输入掌子面 2 号测点三维坐标
y_i(m)+ni=?	**56428.2956** EXE	
H_i(m)=?	**298.7584** EXE	
p peg(m)+ni=36485.0001+1.0000i	EXE	显示垂点桩号+平曲线元号 i 复数
δr(m)+ni=0.0277+4.0000i	EXE	显示超欠挖径距+二衬轮廓线类号 i 复数
x_i(m)/π⇒end=?	**82450.421** EXE	输入掌子面 3 号测点三维坐标
y_i(m)+ni=?	**56427.9663** EXE	
H_i(m)=?	**296.4186** EXE	
p peg(m)+ni=36485.0000+1.0000i	EXE	显示垂点桩号+平曲线元号 i 复数
δr(m)+ni=0.0316+4.0000i	EXE	显示超欠挖径距+二衬轮廓线类号 i 复数
x_i(m)/π⇒end=?	**82450.3576** EXE	输入掌子面 4 号测点三维坐标
y_i(m)+ni=?	**56427.0201** EXE	
H_i(m)=?	**295.0827** EXE	
p peg(m)+ni=36485.0000+1.0000i	EXE	显示垂点桩号+平曲线元号 i 复数
δr(m)+ni=0.0298+4.0000i	EXE	显示超欠挖径距+二衬轮廓线类号 i 复数
x_i(m)/π⇒end=?	**82450.222** EXE	输入掌子面 5 号测点三维坐标
y_i(m)+ni=?	**56424.9966** EXE	
H_i(m)=?	**294.5118** EXE	
p peg(m)+ni=36484.9999+1.0000i	EXE	显示垂点桩号+平曲线元号 i 复数
δr(m)+ni=0.0290+4.0000i	EXE	显示超欠挖径距+二衬轮廓线类号 i 复数
x_i(m)/π⇒end=?	**82450.0178** EXE	输入掌子面 6 号测点三维坐标
y_i(m)+ni=?	**56421.9472** EXE	
H_i(m)=?	**295.0559** EXE	
p peg(m)+ni=36485.0000+1.0000i	EXE	显示垂点桩号+平曲线元号 i 复数
δr(m)+ni=0.0473+4.0000i	EXE	显示超欠挖径距+二衬轮廓线类号 i 复数
x_i(m)/π⇒end=?	**82449.9376** EXE	输入掌子面 7 号测点三维坐标
y_i(m)+ni=?	**56420.7503** EXE	
H_i(m)=?	**297.3901** EXE	
p peg(m)+ni=36485.0000+1.0000i	EXE	显示垂点桩号+平曲线元号 i 复数
δr(m)+ni=0.0393+4.0000i	EXE	显示超欠挖径距+二衬轮廓线类号 i 复数
x_i(m)/π⇒end=?	**82449.947** EXE	输入掌子面 8 号测点三维坐标
y_i(m)+ni=?	**56420.8903** EXE	
H_i(m)=?	**300.0558** EXE	
p peg(m)+ni=36485.0000+1.0000i	EXE	显示垂点桩号+平曲线元号 i 复数
δr(m)+ni=0.0570+4.0000i	EXE	显示超欠挖径距+二衬轮廓线类号 i 复数
x_i(m)/π⇒end=?	**82450.0758** EXE	输入掌子面 9 号测点三维坐标
y_i(m)+ni=?	**56422.8129** EXE	
H_i(m)=?	**302.2242** EXE	

续表

屏幕提示	按键	说明
p peg(m)+ni=36485.0000+1.0000i	EXE	显示垂点桩号+平曲线元号 i 复数
δr(m)+ni=0.0450+4.0000i	EXE	显示超欠挖径距+二衬轮廓线类号 i 复数
x_i(m)/π⇒end=?	SHIFT π EXE	输入 π 结束程序
Q2X8⇒End		程序结束显示

存储本例 9 个测点观测数据与计算结果的 Mat W 矩阵记录文件为光盘文件“4 章\金山寺站至嘉陵江南桥头区间隧道\Z 线\MAT_W4.CSV”。

(3) 使用 5~6 类二衬轮廓线进行隧道超欠挖计算案例

① 使用 5 类二衬轮廓线进行隧道超欠挖计算案例。

重复执行 Q2X8 程序，选择开挖轮廓线(5 类轮廓线)计算 ZDK37+900 断面 10 个测点的隧道超欠挖值的屏幕提示与用户操作过程如下：

屏幕提示	按键	说明
JD curve xyH Q2X8		显示程序标题
new(0)/old(≠0) main point data=?	3 EXE	输入非零数为使用现有主点数据计算
st xy new(0)/old(>0)/no(<0)=?	-1 EXE	输入负数为不设置测站点(station)
peg→xyH(1)/xyH→peg(2)/ xyH→δr(3)/pier(4)=?	3 EXE	输入 3 选择隧道超欠挖计算
Mat Y(0)/Mat X(≠0)=?	3 EXE	输入≠0 选择 Mat X 矩阵为洞身支护参数
contour line(1/0/2)=?	0 EXE	输入 0 选择开挖轮廓线
ClrMat W(0),no(≠0)=?	0 EXE	输入 0 为清除前已存储的测点数据
x_i(m)/π⇒end=?	83694.3714 EXE	输入掌子面 1 号测点三维坐标
y_i(m)+ni=?	55921.6084 EXE	
H_i(m)=?	283.0351 EXE	
p peg(m)+ni=37899.9999+11.0000i	EXE	显示垂点桩号+平曲线元号 i 复数/耗时 1.12s
δr(m)+ni=-0.0541+5.0000i	EXE	显示超欠挖径距+二衬轮廓线类号 i 复数
←→+↑↓i(m)=-0.0743-0.0777i	EXE	显示水平移距+垂直移距 i 复数
x_i(m)/π⇒end=?	83694.0776 EXE	输入掌子面 2 号测点三维坐标
y_i(m)+ni=?	55922.6323 EXE	
H_i(m)=?	280.556 EXE	
p peg(m)+ni=37900.0000+11.0000i	EXE	显示垂点桩号+平曲线元号 i 复数
δr(m)+ni=0.0451+5.0000i	EXE	显示超欠挖径距+二衬轮廓线类号 i 复数
←→+↑↓i(m)=0.0451+0.4229i	EXE	显示水平移距+垂直移距 i 复数
x_i(m)/π⇒end=?	83694.2617 EXE	输入掌子面 3 号测点三维坐标
y_i(m)+ni=?	55921.9905 EXE	
H_i(m)=?	275.5661 EXE	
p peg(m)+ni=37899.9999+11.0000i	EXE	显示垂点桩号+平曲线元号 i 复数
δr(m)+ni=-0.0634+5.0000i	EXE	显示超欠挖径距+二衬轮廓线类号 i 复数
←→+↑↓i(m)=-0.0675-0.1807i	EXE	显示水平移距+垂直移距 i 复数
x_i(m)/π⇒end=?	83694.3407 EXE	输入掌子面 4 号测点三维坐标
y_i(m)+ni=?	55921.7154 EXE	
H_i(m)=?	274.851 EXE	
p peg(m)+ni=37899.9999+11.0000i	EXE	显示垂点桩号+平曲线元号 i 复数
δr(m)+ni=0.0798+5.0000i	EXE	显示超欠挖径距+二衬轮廓线类号 i 复数
x_i(m)/π⇒end=?	83694.8495 EXE	输入掌子面 5 号测点三维坐标
y_i(m)+ni=?	55919.9426 EXE	
H_i(m)=?	274.8351 EXE	
p peg(m)+ni=37899.9999+11.0000i	EXE	显示垂点桩号+平曲线元号 i 复数
δr(m)+ni=-0.0674+5.0000i	EXE	显示超欠挖径距+二衬轮廓线类号 i 复数
←→+↑↓i(m)=-0.5856-0.0676i	EXE	显示水平移距+垂直移距 i 复数
x_i(m)/π⇒end=?	83695.3319 EXE	输入掌子面 6 号测点三维坐标

续表

屏幕提示	按键	说明
y_i(m)+ni=?	55918.2616 EXE	
H_i(m)=?	274.8192 EXE	
p peg(m)+ni=37899.9999+11.0000i	EXE	显示垂点桩号+平曲线元号 i 复数
δr(m)+ni=0.0385+5.0000i	EXE	显示超欠挖径距+二衬轮廓线类号 i 复数
←→+↑↓i(m)=0.2434+0.0391i	EXE	显示水平移距+垂直移距 i 复数
x_i(m)/π⇞end=?	83695.6477 EXE	输入掌子面 7 号测点三维坐标
y_i(m)+ni=?	55917.1613 EXE	
H_i(m)=?	274.9622 EXE	
p peg(m)+ni=37899.9999+11.0000i	EXE	显示垂点桩号+平曲线元号 i 复数
δr(m)+ni=-0.0314+5.0000i	EXE	显示超欠挖径距+二衬轮廓线类号 i 复数
x_i(m)/π⇞end=?	83695.8846 EXE	输入掌子面 8 号测点三维坐标
y_i(m)+ni=?	55916.336 EXE	
H_i(m)=?	277.2824 EXE	
p peg(m)+ni=37899.9999+11.0000i	EXE	显示垂点桩号+平曲线元号 i 复数
δr(m)+ni=0.0618+5.0000i	EXE	显示超欠挖径距+二衬轮廓线类号 i 复数
←→+↑↓i(m)=0.0628+0.3814i	EXE	显示水平移距+垂直移距 i 复数
x_i(m)/π⇞end=?	83695.8626 EXE	输入掌子面 9 号测点三维坐标
y_i(m)+ni=?	55916.4125 EXE	
H_i(m)=?	280.9056 EXE	
p peg(m)+ni=37899.9999+11.0000i	EXE	显示垂点桩号+平曲线元号 i 复数
δr(m)+ni=-0.0546+5.0000i	EXE	显示超欠挖径距+二衬轮廓线类号 i 复数
←→+↑↓i(m)=-0.0553−0.3128i	EXE	显示水平移距+垂直移距 i 复数
x_i(m)/π⇞end=?	83695.5381 EXE	输入掌子面 10 号测点三维坐标
y_i(m)+ni=?	55917.5433 EXE	
H_i(m)=?	283.4324 EXE	
p peg(m)+ni=37899.9999+11.0000i	EXE	显示垂点桩号+平曲线元号 i 复数
δr(m)+ni=0.0647+5.0000i	EXE	显示超欠挖径距+二衬轮廓线类号 i 复数
←→+↑↓i(m)=0.1070+0.0826i	EXE	显示水平移距+垂直移距 i 复数
x_i(m)/π⇞end=?	SHIFT π EXE	输入 π 结束程序
Q2X8⇞End		程序结束显示

存储本例 10 个测点观测数据与计算结果的 Mat W 矩阵记录文件为光盘文件“4 章\金山寺站至嘉陵江南桥头区间隧道\Z 线\MAT_W5.CSV”。

② 使用 6 类二衬轮廓线进行隧道净空测量计算案例。

重复执行 Q2X8 程序，选择二衬轮廓线(6 类轮廓线)计算 ZDK37+900 断面 9 个测点的隧道超欠挖值的屏幕提示与用户操作过程如下：

屏幕提示	按键	说明
JD curve xyH Q2X8		显示程序标题
new(0)/old(≠0) main point data=?	3 EXE	输入非零数为使用现有主点数据计算
st xy new(0)/old(>0)/no(<0)=?	-1 EXE	输入负数为不设置测站点(station)
peg→xyH(1)/xyH→peg(2)/ xyH→δr(3)/pier(4)=?	3 EXE	输入 3 选择隧道超欠挖计算
Mat Y(0)/Mat X(≠0)=?	3 EXE	输入≠0 选择 Mat X 矩阵为洞身支护参数
contour line(1/0/2)=?	2 EXE	输入 2 选择二衬轮廓线(净空测量)
ClrMat W(0),no(≠0)=?	0 EXE	输入 0 为清除前已存储的测点数据
x_i(m)/π⇞end=?	83694.458 EXE	输入掌子面 1 号测点三维坐标
y_i(m)+ni=?	55921.3067 EXE	
H_i(m)=?	282.5191 EXE	
p peg(m)+ni=37899.9999+11.0000i	EXE	显示垂点桩号+平曲线元号 i 复数/耗时 0.83s
δr(m)+ni=0.0273+6.0000i	EXE	显示超欠挖径距+二衬轮廓线类号 i 复数

续表

屏幕提示	按键	说明
x_i(m)/π⇒end=?	83694.2917 EXE	输入掌子面 2 号测点三维坐标
y_i(m)+ni=?	55921.8862 EXE	
H_i(m)=?	281.0438 EXE	
p peg(m)+ni=37899.9999+11.0000i	EXE	显示垂点桩号+平曲线元号 i 复数
δr(m)+ni=0.0135+6.0000i	EXE	显示超欠挖径距+二衬轮廓线类号 i 复数
x_i(m)/π⇒end=?	83694.2411 EXE	输入掌子面 3 号测点三维坐标
y_i(m)+ni=?	55922.0625 EXE	
H_i(m)=?	278.5838 EXE	
p peg(m)+ni=37899.9999+11.0000i	EXE	显示垂点桩号+平曲线元号 i 复数
δr(m)+ni=0.0461+6.0000i	EXE	显示超欠挖径距+二衬轮廓线类号 i 复数
x_i(m)/π⇒end=?	83694.3594 EXE	输入掌子面 4 号测点三维坐标
y_i(m)+ni=?	55921.6501 EXE	
H_i(m)=?	276.3217 EXE	
p peg(m)+ni=37899.9999+11.0000i	EXE	显示垂点桩号+平曲线元号 i 复数
δr(m)+ni=0.0217+6.0000i	EXE	显示超欠挖径距+二衬轮廓线类号 i 复数
x_i(m)/π⇒end=?	83694.4351 EXE	输入掌子面 5 号测点三维坐标
y_i(m)+ni=?	55921.3866 EXE	
H_i(m)=?	275.7496 EXE	
p peg(m)+ni=37899.9999+11.0000i	EXE	显示垂点桩号+平曲线元号 i 复数
δr(m)+ni=0.0283+6.0000i	EXE	显示超欠挖径距+二衬轮廓线类号 i 复数
x_i(m)/π⇒end=?	83694.9473 EXE	输入掌子面 6 号测点三维坐标
y_i(m)+ni=?	55919.6018 EXE	
H_i(m)=?	275.2858 EXE	
p peg(m)+ni=37899.9999+11.0000i	EXE	显示垂点桩号+平曲线元号 i 复数
δr(m)+ni=0.0149+6.0000i	EXE	显示超欠挖径距+二衬轮廓线类号 i 复数
x_i(m)/π⇒end=?	83695.4863 EXE	输入掌子面 7 号测点三维坐标
y_i(m)+ni=?	55917.7237 EXE	
H_i(m)=?	275.568 EXE	
p peg(m)+ni=37899.9999+11.0000i	EXE	显示垂点桩号+平曲线元号 i 复数
δr(m)+ni=0.0289+6.0000i	EXE	显示超欠挖径距+二衬轮廓线类号 i 复数
x_i(m)/π⇒end=?	83695.6737 EXE	输入掌子面 8 号测点三维坐标
y_i(m)+ni=?	55917.0707 EXE	
H_i(m)=?	277.0473 EXE	
p peg(m)+ni=37899.9999+11.0000i	EXE	显示垂点桩号+平曲线元号 i 复数
δr(m)+ni=0.0188+6.0000i	EXE	显示超欠挖径距+二衬轮廓线类号 i 复数
x_i(m)/π⇒end=?	83695.7374 EXE	输入掌子面 9 号测点三维坐标
y_i(m)+ni=?	55916.8489 EXE	
H_i(m)=?	279.4287 EXE	
p peg(m)+ni=37899.9999+11.0000i	EXE	显示垂点桩号+平曲线元号 i 复数
δr(m)+ni=0.0168+6.0000i	EXE	显示超欠挖径距+二衬轮廓线类号 i 复数
x_i(m)/π⇒end=?	83695.4725 EXE	输入掌子面 10 号测点三维坐标
y_i(m)+ni=?	55917.7717 EXE	
H_i(m)=?	282.7092 EXE	
p peg(m)+ni=37899.9999+11.0000i	EXE	显示垂点桩号+平曲线元号 i 复数
δr(m)+ni=0.0215+6.0000i	EXE	显示超欠挖径距+二衬轮廓线类号 i 复数
x_i(m)/π⇒end=?	SHIFT π EXE	输入 π 结束程序
Q2X8⇒End		程序结束显示

存储本例 10 个测点观测数据与计算结果的 Mat W 矩阵记录文件为光盘文件“4 章\金山寺站至嘉陵江南桥头区间隧道\Z 线\MAT_W6.CSV”。

5) Y 线隧道超欠挖计算案例

设置 **File4** 为当前串列文件，重复执行 Q2X8 程序，选择开挖轮廓线(1 类轮廓线)计算 YDK36+540 断面 10 个测点的隧道超欠挖值的屏幕提示与用户操作过程如下：

屏幕提示	按键	说明
JD curve xyH Q2X8		显示程序标题
new(0)/old(≠0) main point data=?	**3** EXE	输入非零数为使用现有主点数据计算
st xy new(0)/old(>0)/no(<0)=?	**-1** EXE	输入负数为不设置测站点(station)
peg→xyH(1)/xyH→peg(2)/ xyH→δr(3)/pier(4)=?	**3** EXE	输入 3 选择隧道超欠挖计算
Mat Y(0)/Mat X(≠0)=?	**0**	输入 0 选择 Mat Y 矩阵为洞身支护参数
contour line(1/0/2)=?	**1** EXE	输入 1 选择初期支护轮廓线
ClrMat W(0),no(≠0)=?	**0** EXE	输入 0 为清除前已存储的测点数据
x_i(m)/π⇛end=?	**82506.0366** EXE	输入掌子面 1 号测点三维坐标
y_i(m)+ni=?	**56434.9744** EXE	
H_i(m)=?	**300.1445** EXE	
p peg(m)+ni=36540.0000+2.0000i	EXE	显示垂点桩号+平曲线元号 i 复数/耗时 1.27s
$δ_3$(m)=-0.0713	EXE	显示测点的线性内插隧中偏距
H_p+X_ji(m)=295.5289+1.4963i	EXE	显示测点垂点设计高程+隧中 X 坐标 i 复数
δr(m)+ni=0.0769+1.0000i	EXE	显示超欠挖径距+二衬轮廓线类号 i 复数
←→+↑↓i(m)=0.1567+0.0900i	EXE	显示水平移距+垂直移距 i 复数
x_i(m)/π⇛end=?	**82506.1307** EXE	输入掌子面 2 号测点三维坐标
y_i(m)+ni=?	**56436.099** EXE	
H_i(m)=?	**298.5818** EXE	
p peg(m)+ni=36540.0000+2.0000i	EXE	显示垂点桩号+平曲线元号 i 复数
$δ_3$(m)=-0.0713	EXE	显示测点的线性内插隧中偏距
H_p+X_ji(m)=295.5289+2.6248i	EXE	显示测点垂点设计高程+隧中 X 坐标 i 复数
δr(m)+ni=-0.0617+1.0000i	EXE	显示超欠挖径距+二衬轮廓线类号 i 复数
←→+↑↓i(m)=-0.0660−0.1626i	EXE	显示水平移距+垂直移距 i 复数
x_i(m)/π⇛end=?	**82506.1562** EXE	输入掌子面 3 号测点三维坐标
y_i(m)+ni=?	**56436.4035** EXE	
H_i(m)=?	**296.2554** EXE	
p peg(m)+ni=36540.0000+2.0000i	EXE	显示垂点桩号+平曲线元号 i 复数
$δ_3$(m)=-0.0713	EXE	显示测点的线性内插隧中偏距
H_p+X_ji(m)=295.5289+2.9304i	EXE	显示测点垂点设计高程+隧中 X 坐标 i 复数
δr(m)+ni=0.0402+1.0000i	EXE	显示超欠挖径距+二衬轮廓线类号 i 复数
x_i(m)/π⇛end=?	**82506.1327** EXE	输入掌子面 4 号测点三维坐标
y_i(m)+ni=?	**56436.1224** EXE	
H_i(m)=?	**294.822** EXE	
p peg(m)+ni=36540.0001+2.0000i	EXE	显示垂点桩号+平曲线元号 i 复数
$δ_3$(m)=-0.0713	EXE	显示测点的线性内插隧中偏距
H_p+X_ji(m)=295.5289+2.6483i	EXE	显示测点垂点设计高程+隧中 X 坐标 i 复数
δr(m)+ni=-0.0470+1.0000i	EXE	显示超欠挖径距+二衬轮廓线类号 i 复数
x_i(m)/π⇛end=?	**82506.0167** EXE	输入掌子面 5 号测点三维坐标
y_i(m)+ni=?	**56434.7366** EXE	
H_i(m)=?	**294.6673** EXE	
p peg(m)+ni=36540.0000+2.0000i	EXE	显示垂点桩号+平曲线元号 i 复数
$δ_3$(m)=-0.0713	EXE	显示测点的线性内插隧中偏距
H_p+X_ji(m)=295.5289+1.2577i	EXE	显示测点垂点设计高程+隧中 X 坐标 i 复数
δr(m)+ni=0.0488+1.0000i	EXE	显示超欠挖径距+二衬轮廓线类号 i 复数
←→+↑↓i(m)=0.2985+0.0496i	EXE	显示水平移距+垂直移距 i 复数
x_i(m)/π⇛end=?	**82505.8034** EXE	输入掌子面 6 号测点三维坐标
y_i(m)+ni=?	**56432.1865** EXE	

续表

屏幕提示	按键	说明
H_i(m)=?	294.775 EXE	
p peg(m)+ni=36540.0001+2.0000i	EXE	显示垂点桩号+平曲线元号 i 复数
δ_3(m)=-0.0713	EXE	显示测点的线性内插隧中偏距
H_p+X_ji(m)=295.5289−1.3013i	EXE	显示测点垂点设计高程+隧中 X 坐标 i 复数
δr(m)+ni=-0.0487+1.0000i	EXE	显示超欠挖径距+二衬轮廓线类号 i 复数
←→+↑↓i(m)=-0.2316−0.0497i	EXE	显示水平移距+垂直移距 i 复数
x_i(m)/π⇒end=?	82505.6857 EXE	输入掌子面 7 号测点三维坐标
y_i(m)+ni=?	56430.7808 EXE	
H_i(m)=?	294.681 EXE	
p peg(m)+ni=36540.0000+2.0000i	EXE	显示垂点桩号+平曲线元号 i 复数
δ_3(m)=-0.0713	EXE	显示测点的线性内插隧中偏距
H_p+X_ji(m)=295.5289−2.7120i	EXE	显示测点垂点设计高程+隧中 X 坐标 i 复数
δr(m)+ni=0.0940+1.0000i	EXE	显示超欠挖径距+二衬轮廓线类号 i 复数
x_i(m)/π⇒end=?	82505.6661 EXE	输入掌子面 8 号测点三维坐标
y_i(m)+ni=?	56430.5465 EXE	
H_i(m)=?	295.8677 EXE	
p peg(m)+ni=36540.0000+2.0000i	EXE	显示垂点桩号+平曲线元号 i 复数
δ_3(m)=-0.0713	EXE	显示测点的线性内插隧中偏距
H_p+X_ji(m)=295.5289−2.9471i	EXE	显示测点垂点设计高程+隧中 X 坐标 i 复数
δr(m)+ni=0.0569+1.0000i	EXE	显示超欠挖径距+二衬轮廓线类号 i 复数
x_i(m)/π⇒end=?	82505.6867 EXE	输入掌子面 9 号测点三维坐标
y_i(m)+ni=?	56430.7925 EXE	
H_i(m)=?	298.3233 EXE	
p peg(m)+ni=36540.0000+2.0000i	EXE	显示垂点桩号+平曲线元号 i 复数
δ_3(m)=-0.0713	EXE	显示测点的线性内插隧中偏距
H_p+X_ji(m)=295.5289−2.7002i	EXE	显示测点垂点设计高程+隧中 X 坐标 i 复数
δr(m)+ni=-0.0719+1.0000i	EXE	显示超欠挖径距+二衬轮廓线类号 i 复数
←→+↑↓i(m)=-0.0747−0.2330i	EXE	显示水平移距+垂直移距 i 复数
x_i(m)/π⇒end=?	82505.7926 EXE	输入掌子面 10 号测点三维坐标
y_i(m)+ni=?	56432.0576 EXE	
H_i(m)=?	300.1915 EXE	
p peg(m)+ni=36540.0000+2.0000i	EXE	显示垂点桩号+平曲线元号 i 复数
δ_3(m)=-0.0713	EXE	显示测点的线性内插隧中偏距
H_p+X_ji(m)=295.5289−1.4307i	EXE	显示测点垂点设计高程+隧中 X 坐标 i 复数
δr(m)+ni=0.0849+1.0000i	EXE	显示超欠挖径距+二衬轮廓线类号 i 复数
←→+↑↓i(m)=0.1834+0.0977i	EXE	显示水平移距+垂直移距 i 复数
x_i(m)/π⇒end=?	SHIFT π EXE	输入 π 结束程序
Q2X8⇒End		程序结束显示

存储本例 10 个测点观测数据与计算结果的 Mat W 矩阵记录文件为光盘文件“4 章\金山寺站至嘉陵江南桥头区间隧道\Y 线\MAT_W.CSV”。

执行 Q2X8 程序的隧道超欠挖计算功能，首次选择 Mat Y 矩阵时，程序自动为 Mat Y 矩阵新增 1 列，使其变成 6 列(如图 4-180 下右图所示)，并将第 1 列的设计桩号一次性转换为连续桩号，存入第 6 列。由于 Y 线没有断链，因此 Mat Y 矩阵第 1 列的设计桩号与第 6 列的连续桩号对应相等。

本例的全部矩阵数据为光盘文件“\4 章\金山寺站至嘉陵江南桥头区间隧道\MATZYX.G2M”，Z 线串列文件 File3.g1m 及执行成果整理程序 H2X8.exe 输出的成果文件位于光盘“\4 章\金山寺站至嘉陵江南桥头区间隧道\Z 线”路径，Y 线串列文件 File4.g1m 及执行成果整理程序 H2X8.exe 输出的成果文件位于光盘“\4 章\金山寺站至嘉陵江南桥头区间隧道\Y 线”路径。

练习题

4-1　图 4-181 为高速公路主线三个交点的平曲线设计图。

① 计算交点平曲线主点数据及其曲线要素：切线长 T_1、T_2，缓和曲线长 L_{h1}、L_{h2}，圆曲线长 L_y，外距 E，切曲差 J；

② 计算加桩 K24+930，K25+680，K25+980 的中边桩坐标，左、右边距均取 12.25m；

③ 计算边桩点(3 139 127.776, 508 079.860), (3 138 024.672, 507 518.451), (3 137 647.851, 507 309.685)的垂点桩号、中桩坐标及其边距。

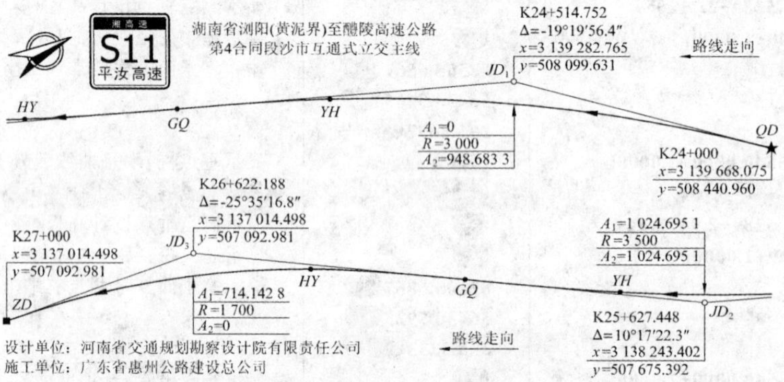

图 4-181　沙市互通式立交主线平曲线设计图

4-2　图 4-182 为互通式立交 A 匝道单交点卵形曲线设计图。

① 将 JD_1 拆分为 JD'_1 与 JD''_1 并计算其平面坐标；

② 计算拆分后的双交点卵形曲线的主点数据及其曲线要素：切线长 T_1、T_2，缓和曲线长 L_{h1}、L_{h2}，圆曲线长 L_y，外距 E，切曲差 J；

③ 计算加桩 AK0+330，AK0+550，AK0+750 的中桩坐标；

④ 计算边桩点(3 138 339.639, 507 544.569), (3 138 137.587, 507 725.283), (3 138 158.005, 507 978.861)的垂点桩号、中桩坐标及其边距。

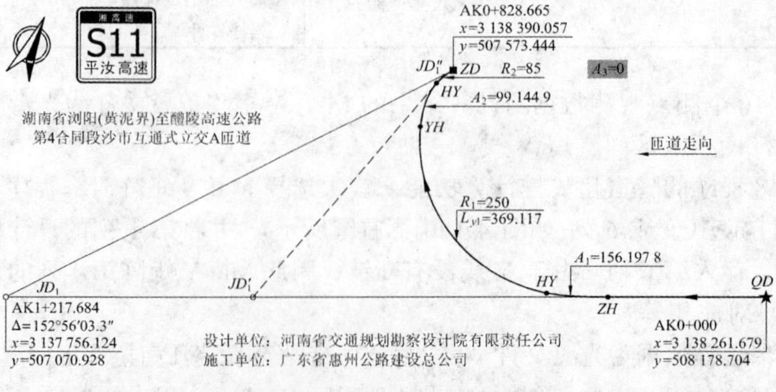

图 4-182　沙市互通式立交 A 匝道单交点卵形曲线设计图

4-3 图 4-183 为互通式立交 E 匝道平曲线设计图。

① 计算 Q2X8 程序所需要的设计数据；

② 计算非完整缓和曲线起、终点的原点偏角；

③ 计算平曲线主点数据及其曲线要素：切线长 T_1、T_2，缓和曲线长 L_{h1}、L_{h2}，圆曲线长 L_y，外距 E，切曲差 J；

④ 计算加桩 EK0+040，EK0+110，EK0+170 的中桩坐标；

⑤ 计算边桩点(3 138 404.977, 507 605.83), (3 138 406.937, 507 672.784), (3 138 346.957, 507 683.933)的垂点桩号、中桩坐标及其边距。

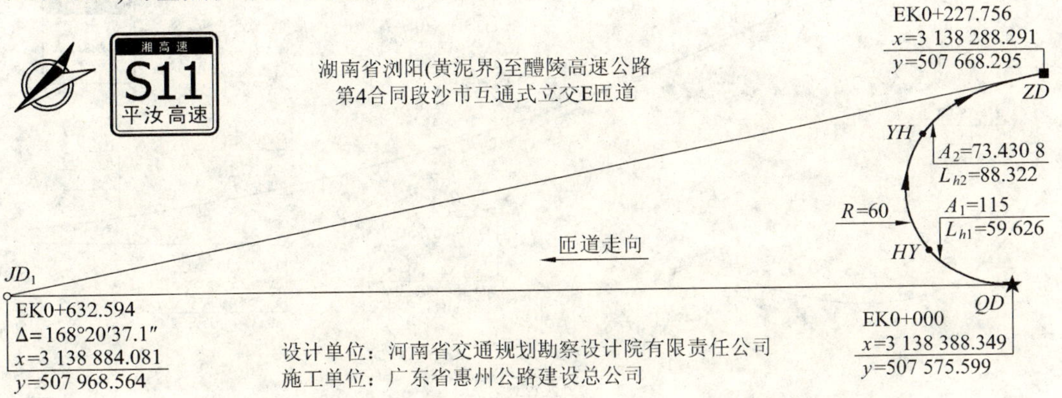

图 4-183 沙市互通式立交 E 匝道单交点基本型平曲线设计图

4-4 图 4-184 为互通式立交 B 匝道平曲线设计图。

① 计算 Q2X8 程序所需要的设计数据；

② 计算非完整缓和曲线起、终点的原点偏角；

③ 计算平曲线主点数据及其曲线要素：切线长 T_1、T_2，缓和曲线长 L_{h1}、L_{h2}，圆曲线长 L_y，外距 E，切曲差 J；

④ 计算加桩 BK0+060，BK0+150，BK0+250，BK0+330 的中桩坐标；

⑤ 计算边桩点(4 214 988.897, 445 476.017), (4 215 169.375, 445 511.561), (4 215 210.293, 445 591.705)的垂点桩号、中桩坐标及其边距。

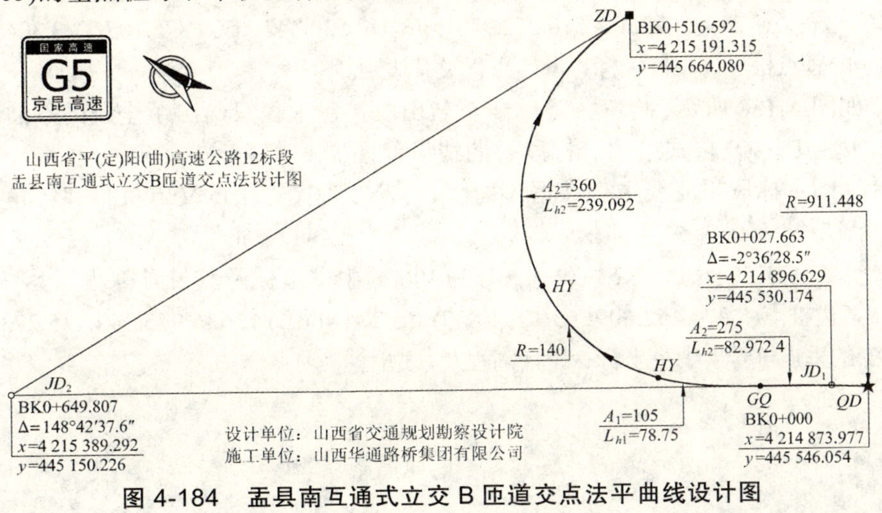

图 4-184 盂县南互通式立交 B 匝道交点法平曲线设计图

4-5 图 4-185 为三个交点的互通式立交 D 匝道平曲线设计图，其中 JD_1 的平曲线为回头曲线，且第一、第二缓和曲线均为完整缓和曲线。

① 计算平曲线主点数据及其曲线要素：切线长 T_1、T_2，缓和曲线长 L_{h1}、L_{h2}，圆曲线长 L_y，外距 E，切曲差 J；

② 计算加桩 DK0+055，DK0+150，DK0+210，DK0+380 的中桩坐标；

③ 计算边桩点(3 548 883.274，383 914.097)，(3 548 926.335，383 912.725)，(3 548 921.204，383 989.617)的垂点桩号、中桩坐标及其边距。

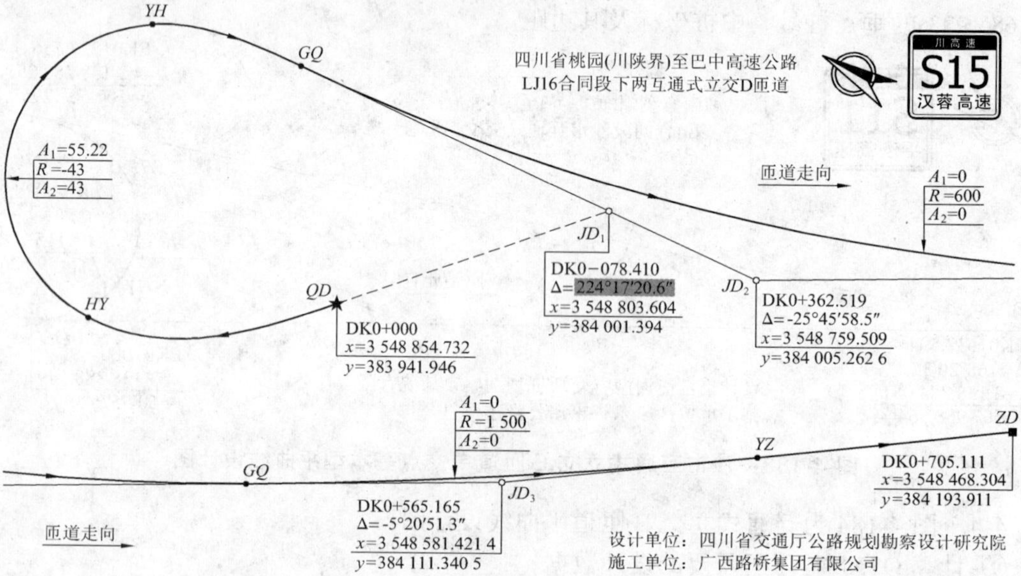

图 4-185 起始交点平曲线为回头曲线的互通式立交 D 匝道平曲线设计图

4-6 图 4-186 和图 4-187 为 13 个交点、含 5 个断链的铁路客运专线左线平曲线设计图，表 4-53 为其竖曲线设计数据。

① 计算加桩 DK1195+800，DK1260+510，DK1208+980，DK1238+800 的中桩坐标及其设计高程；

② 计算边桩点(3 314 214.356，510 272.940)，(3 313 530.342，509 876.105)，(3 304 742.726，496 401.819)的垂点桩号、中桩坐标、设计高程及其边距。

4-7 如图 4-188 所示，哈肇公路鹤岗至名山段扩建工程只给出了全线的平曲线设计图纸，未按 $QD\sim JD_n\sim ZD$ 格式给出分标段平曲线设计图。

① 计算图示标段平曲线主点数据，并比较 Q2X8 程序算出的交点桩号和转角与设计值的差异；

② 计算加桩 K50+620，K51+060，K51+300 的中桩坐标及其设计高程；

③ 计算边桩点(5 274 452.609，636 251.837)，(5 274 466.514，636 975.349)，(5 273 994.081，639 193.997)的垂点桩号、中桩坐标、设计高程及其边距。

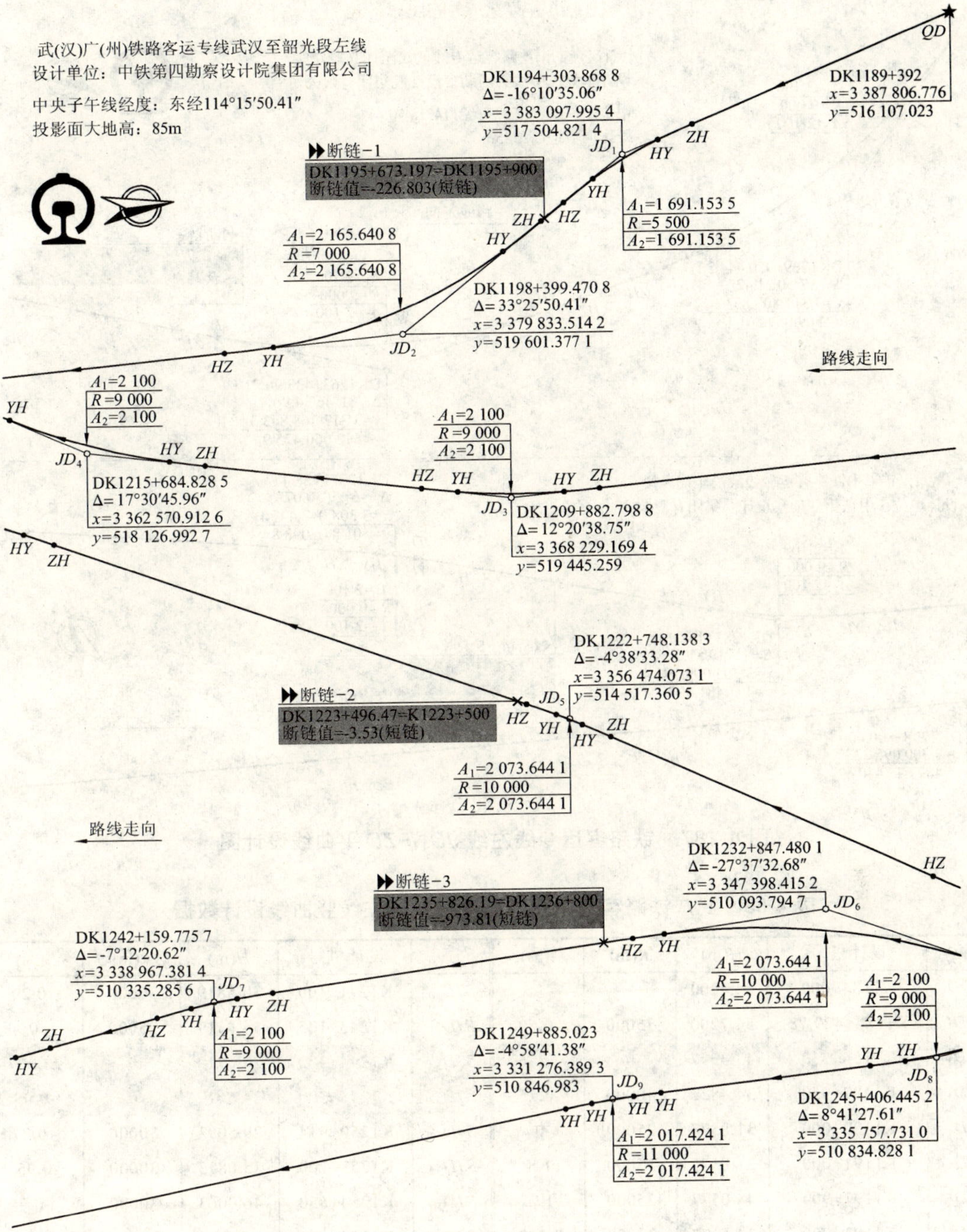

图 4-186　铁路客运专线左线 QD~JD_{10} 平曲线设计图

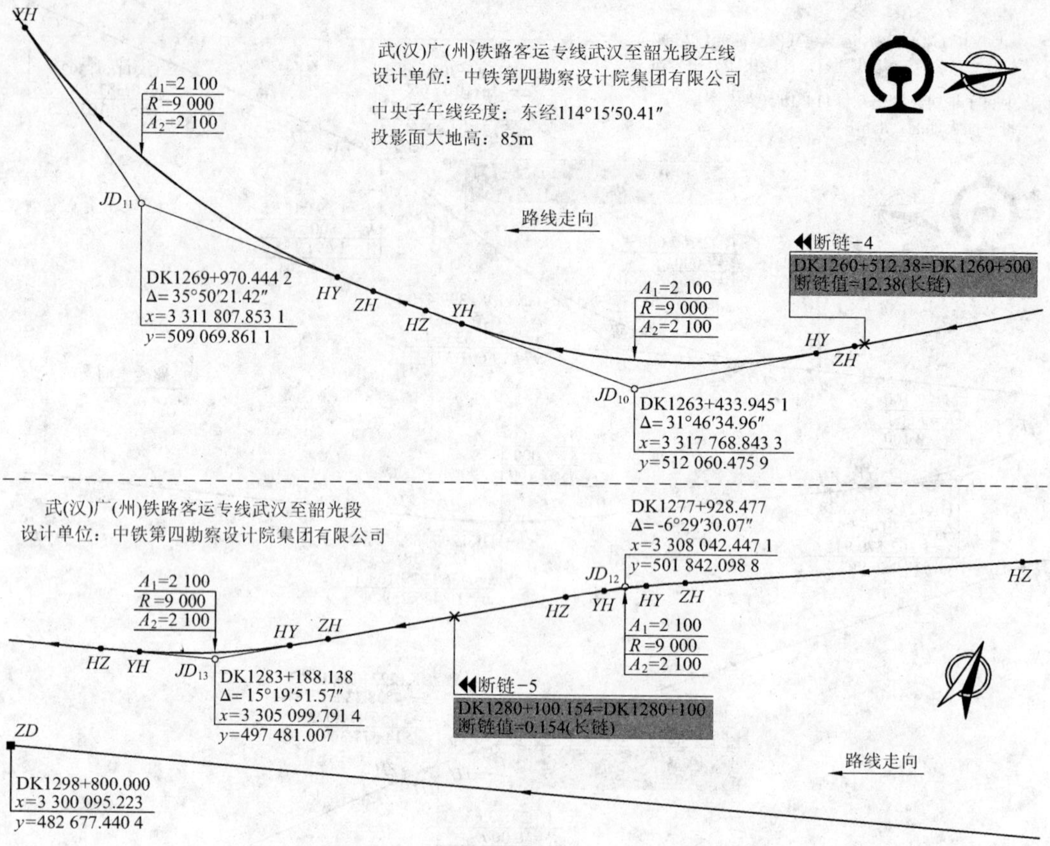

图 4-187　铁路客运专线左线 JD_{11}~ZD 平曲线设计图

表 4-53　武广铁路客运专线武汉至韶关段左线竖曲线设计数据

序	设计桩号	H(m)	R(m)	i(%)	序	设计桩号	H(m)	R(m)	i(%)
SQD	K1184+000	54.7200			SJD_{30}	K1241+100	30.5819	30000	0.2
SJD_1	K1184+429.78	54.7200	25000	-0.59	SJD_{31}	K1243+125	34.6319	25000	0
SJD_2	K1186+350	43.3907	0	-0.5567	SJD_{32}	K1244+300	34.6319	0	-0.007
SJD_3	K1187+950	34.4827	30000	-0.25	SJD_{33}	K1245+300	34.5619	0	-0.09
SJD_4	K1189+000	31.8577	25000	0	SJD_{34}	K1250+914	29.5093	30000	0.2
SJD_5	K1191+000	31.8577	25000	1.8	SJD_{35}	K1253+700	35.0813	30000	0.95
SJD_6	K1191+900	48.0577	25000	-1.22	SJD_{36}	K1254+850	46.0063	30000	-0.7
SJD_7	K1193+000	34.6377	25000	0.702	SJD_{37}	K1256+150	36.9063	30000	0.61
SJD_8	K1194+000	41.6577	30000	-0.437	SJD_{38}	K1257+350	44.2263	30000	-0.2
SJD_9	K1197+009	29.5000	30000	0	SJD_{39}	K1258+900	41.1263	30000	1.028
SJD_{10}	K1198+000	29.5000	30000	0.67	SJD_{40}	K1260+350	56.0323	25000	-0.6799
SJD_{11}	K1201+550	53.2850	30000	0.13	SJD_{41}	K1262+260	42.9619	30000	0.7
SJD_{12}	K1202+900	55.0400	30000	-0.3	SJD_{42}	K1263+600	52.3419	30000	-0.2
SJD_{13}	K1203+800	52.3400	30000	0	SJD_{43}	K1264+700	50.1419	0	-0.1962
SJD_{14}	K1207+400	52.3400	30000	0.65	SJD_{44}	K1266+550	46.5118	30000	-0.368

续表 4-53

序	设计桩号	H(m)	R(m)	i(%)	序	设计桩号	H(m)	R(m)	i(%)
SJD_{15}	K1208+400	58.8400	30000	-0.55	SJD_{45}	K1269+950	33.9998	35000	0.42
SJD_{16}	K1210+400	47.8400	30000	0.292	SJD_{46}	K1271+900	42.1898	25000	-0.438
SJD_{17}	K1212+900	55.1400	30000	-0.56	SJD_{47}	K1273+950	33.2098	25000	0.03
SJD_{18}	K1216+700	33.8600	30000	-0.1017	SJD_{48}	K1277+960	34.4128	30000	0.66
SJD_{19}	K1219+000	31.5200	30000	1.1	SJD_{49}	K1279+700	45.8968	30000	-0.28
SJD_{20}	K1220+800	51.3200	30000	0.388	SJD_{50}	K1282+400	38.3374	25000	0.578
SJD_{21}	K1222+050	56.1700	30000	0	SJD_{51}	K1285+100	53.9434	30000	-0.95
SJD_{22}	K1223+500	56.1700	30000	-0.8	SJD_{52}	K1287+000	35.8934	30000	0.056
SJD_{23}	K1225+900	36.9700	30000	-0.2483	SJD_{53}	K1288+200	36.5654	30000	1.257
SJD_{24}	K1228+300	31.0101	30000	0.6	SJD_{54}	K1289+500	52.9064	25000	-0.416
SJD_{25}	K1230+800	46.0101	25000	-0.7	SJD_{55}	K1291+399	45.0066	35000	-0.998
SJD_{26}	K1233+500	27.1101	30000	1.2	SJD_{56}	K1292+550	33.5196	35000	0.79
SJD_{27}	K1234+751	42.1221	25000	-0.5627	SJD_{57}	K1293+700	42.6046	25000	-0.4
SJD_{28}	K1236+800	36.0720	30000	-0.1	SJD_{58}	K1294+820	38.1246	30000	0.052
SJD_{29}	K1238+800	34.0720	0	-0.1517	SZD	K1298+800	40.1942		

注：表中灰底色所示的 5 个变坡点的竖曲线半径等于 0。

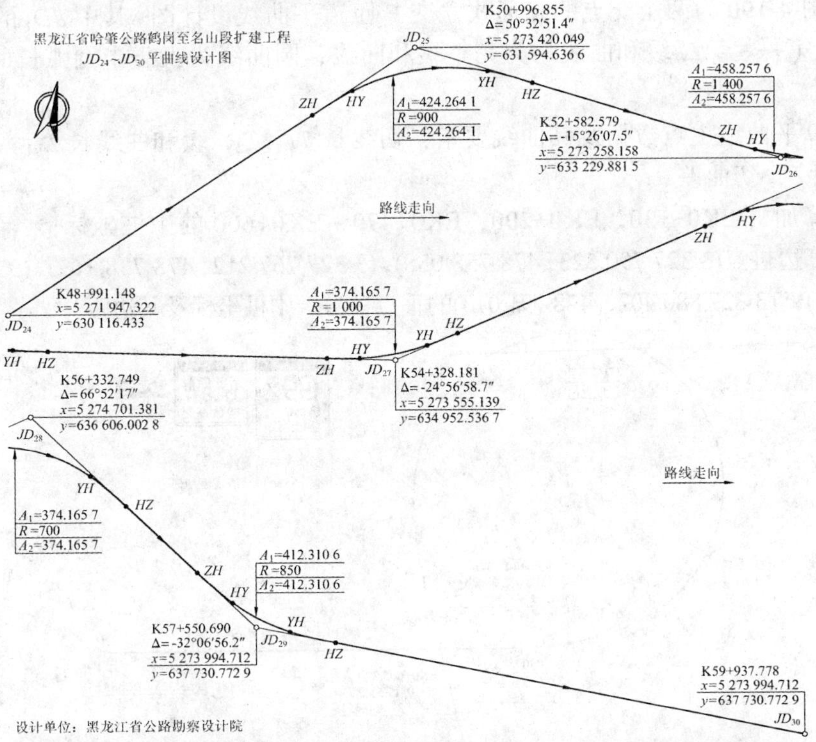

图 4-188 哈肇公路鹤岗至名山段扩建工程 JD_{24}~JD_{30} 平曲线设计图

4-8 图 4-189 为斜交涵洞路线平曲线及其平、立面设计图，计算斜交涵洞轴线端点 A、B 的设计坐标。

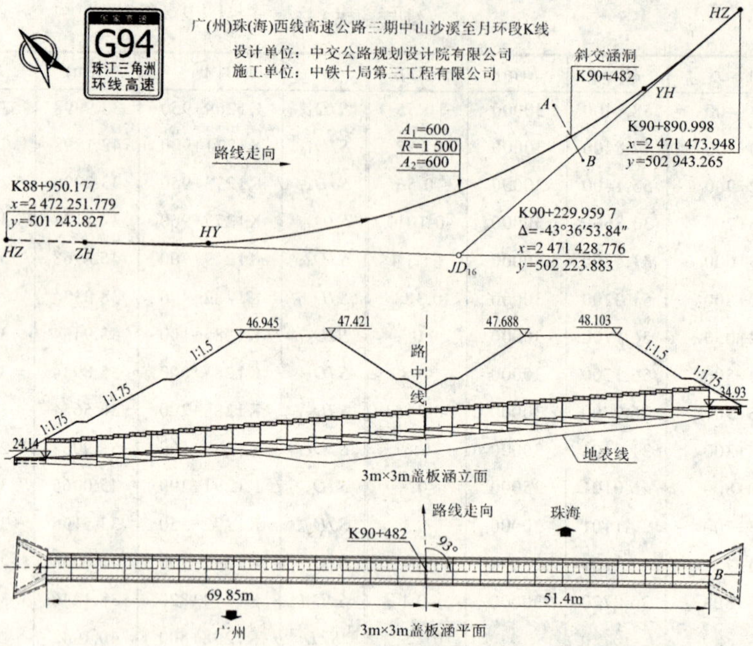

图 4-189　斜交涵洞路线平曲线、平面及立面设计图

4-9　图 4-190 为两个交点的互通式立交 E 匝道平曲线设计图，其中 JD_1 的平曲线为回头曲线，且第一、第二缓和曲线均为完整缓和曲线，圆曲线为大于半圆弧长曲线，JD_2 的平曲线无第二缓和曲线。

① 计算平曲线主点数据及其曲线要素：切线长 T_1、T_2，缓和曲线长 L_{h1}、L_{h2}，圆曲线长 L_y，外距 E，切曲差 J；

② 计算加桩 EK0+130，EK0+200，EK0+470，EK0+600 的中桩坐标；

③ 计算边桩点(3 327 790.523，478 758.088)，(3 327 767.212，478 738.162)，(3 327 863.144，478 653.799)，(3 327 880.402，478 791.013)的垂点桩号、中桩坐标及其边距。

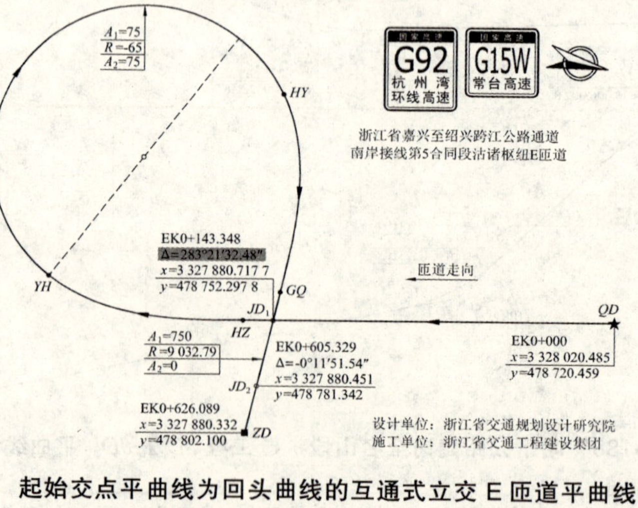

图 4-190　起始交点平曲线为回头曲线的互通式立交 E 匝道平曲线设计图

4-10　图 4-191 为三台涪江特大桥平曲线设计图，桥梁设计共有 0#~22# 23 个桥墩，其墩台中心设计参数列于表 4-54，1~3 类桥墩桩基大样图如图 4-192 所示，设计图给出的 205 个桥墩桩基设计坐标列于表 4-55，试验算全部桩基的设计坐标，并在 MS Excel 中比较 205 个桩基计算坐标与设计坐标的差异。

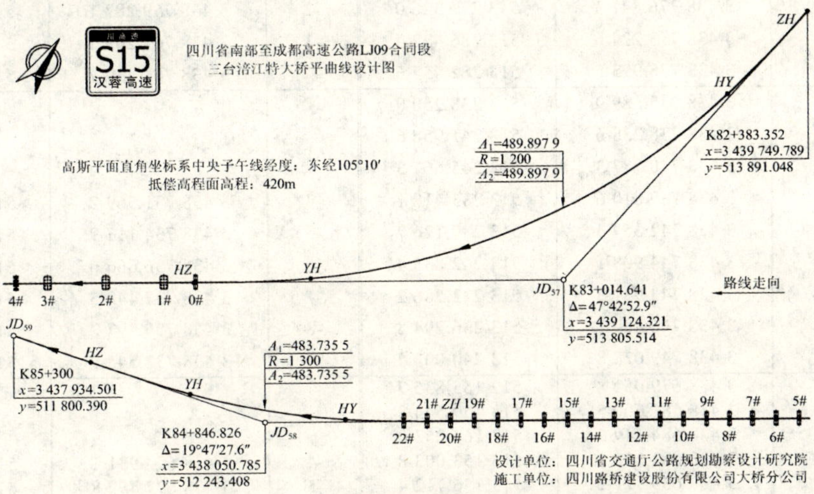

图 4-191　三台涪江特大桥平曲线设计图

表 4-54　三台涪江特大桥墩台中心设计参数

墩号	墩类号	设计桩号	d(m)	δ	墩号	墩类号	设计桩号	d(m)	δ
0#	1	K83+579.956	1	0	12#	1	K84+209.516	1	0
1#	3	K83+634.516	1	0	13#	1	K84+249.516	1	0
2#	3	K83+734.516	1	0	14#	1	K84+289.516	1	0
3#	3	K83+834.516	1	0	15#	1	K84+329.516	1	0
4#	2	K83+889.076	1	0	16#	1	K84+369.516	1	0
5#	1	K83+929.516	1	0	17#	1	K84+409.516	1	0
6#	1	K83+969.516	1	0	18#	1	K84+449.516	1	0
7#	1	K84+009.516	1	0	19#	1	K84+489.516	1	0
8#	1	K84+049.516	1	0	20#	1	K84+529.516	1	0
9#	1	K84+089.516	1	0	21#	1	K84+569.516	1	0
10#	1	K84+129.516	1	0	22#	1	K84+609.516	1	0
11#	1	K84+169.516	1	0					

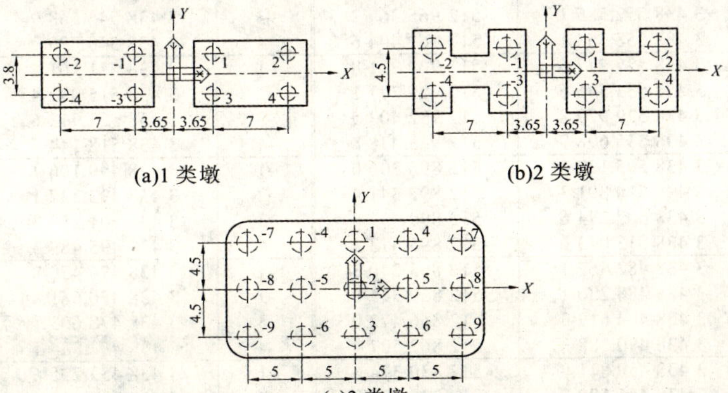

(a)1 类墩　(b)2 类墩　(c)3 类墩

图 4-192　三台涪江特大桥桥墩桩基大样图

表 4-55　三台涪江特大桥桥墩桩基设计坐标*

墩号	点号	x(m)	y(m)	点号	x(m)	y(m)
0#	1	3 438 771.072 3	513 283.290 7	-1	3 438 765.056 1	513 287.425 3
	2	3 438 776.841 3	513 279.326 0	-2	3 438 759.287 1	513 291.390 0
	3	3 438 773.224 6	513 286.422 4	-3	3 438 767.208 5	513 290.557 1
	4	3 438 778.993 5	513 282.457 6	-4	3 438 761.439 7	513 294.522 0
1#	1	3 438 735.689 9	513 238.250 0			
	2	3 438 738.238 6	513 241.958 6			
	3	3 438 740.787 3	513 245.667 3			
	4	3 438 739.810 6	513 235.418 1	-4	3 438 731.569 2	513 241.081 9
	5	3 438 742.359 3	513 239.126 7	-5	3 438 734.117 9	513 244.790 5
	6	3 438 744.908 1	513 242.835 4	-6	3 438 736.666 6	513 248.499 2
	7	3 438 743.931 3	513 232.586 2	-7	3 438 727.448 5	513 243.913 8
	8	3 438 746.480 1	513 236.294 8	-8	3 438 729.997 2	513 247.622 5
	9	3 438 749.028 8	513 240.003 5	-9	3 438 732.545 9	513 251.331 1
2#	1	3 438 679.051 8	513 155.835 7			
	2	3 438 681.600 5	513 159.544 3			
	3	3 438 684.149 2	513 163.253 0			
	4	3 438 683.172 5	513 153.003 8	-4	3 438 674.931 1	513 158.667 6
	5	3 438 685.721 2	513 156.712 4	-5	3 438 677.479 8	513 162.376 2
	6	3 438 688.269 9	513 160.421 1	-6	3 438 680.028 5	513 166.084 9
	7	3 438 687.293 2	513 150.171 9	-7	3 438 670.810 3	513 161.499 5
	8	3 438 689.841 9	513 153.880 5	-8	3 438 673.359 1	513 165.208 1
	9	3 438 692.390 6	513 157.589 1	-9	3 438 675.907 8	513 168.916 8
3#	1	3 438 622.413 6	513 073.421 3			
	2	3 438 624.962 3	513 077.130 0			
	3	3 438 627.511 1	513 080.838 6			
	4	3 438 626.534 3	513 070.589 4	-4	3 438 618.292 9	513 076.253 3
	5	3 438 629.083 1	513 074.298 1	-5	3 438 620.841 6	513 079.961 9
	6	3 438 631.631 8	513 078.006 7	-6	3 438 623.390 3	513 083.670 5
	7	3 438 630.655 1	513 067.757 5	-7	3 438 614.172 2	513 079.085 2
	8	3 438 633.203 8	513 071.466 2	-8	3 438 616.720 9	513 082.793 8
	9	3 438 635.752 5	513 075.174 8	-9	3 438 619.269 6	513 086.502 4
4#	1	3 438 595.794 3	513 028.243 0	-1	3 438 589.778 1	513 032.377 7
	2	3 438 601.563 3	513 024.278 4	-2	3 438 584.009 1	513 036.342 4
	3	3 438 598.343 0	513 031.951 7	-3	3 438 592.326 8	513 036.086 3
	4	3 438 604.112 0	513 027.987 0	-4	3 438 586.557 8	513 040.051 0
5#	1	3 438 573.088 1	512 995.203 2	-1	3 438 567.071 9	512 999.337 8
	2	3 438 578.857 1	512 991.238 5	-2	3 438 561.302 9	513 003.302 5
	3	3 438 575.240 4	512 998.335 0	-3	3 438 569.224 1	513 002.469 5
	4	3 438 581.009 4	512 994.370 3	-4	3 438 563.455 1	513 006.434 2
6#	1	3 438 550.432 9	512 962.237 5	-1	3 438 544.416 6	512 966.372 1
	2	3 438 556.201 9	512 958.272 8	-2	3 438 538.647 6	512 970.336 7
	3	3 438 552.585 1	512 965.369 2	-3	3 438 546.568 9	512 969.503 8
	4	3 438 558.354 1	512 961.404 6	-4	3 438 540.799 9	512 973.468 5
7#	1	3 438 527.777 6	512 929.271 8	-1	3 438 521.761 4	512 933.406 3
	2	3 438 533.546 6	512 925.307 1	-2	3 438 515.992 4	512 937.371 0
	3	3 438 529.929 8	512 932.403 5	-3	3 438 523.913 6	512 936.538 1
	4	3 438 535.698 9	512 928.438 8	-4	3 438 518.144 6	512 940.502 8
8#	1	3 438 505.122 3	512 896.306 0	-1	3 438 499.106 1	512 900.440 6
	2	3 438 510.891 3	512 892.341 4	-2	3 438 493.337 1	512 904.405 3
	3	3 438 507.274 6	512 899.437 8	-3	3 438 501.258 3	512 903.572 4
	4	3 438 513.043 6	512 895.473 1	-4	3 438 495.489 3	512 907.537 0
9#	1	3 438 482.467 1	512 863.340 3	-1	3 438 476.450 8	512 867.474 9
	2	3 438 488.236 1	512 859.375 6	-2	3 438 470.681 8	512 871.439 5
	3	3 438 484.619 3	512 866.472 0	-3	3 438 478.603 1	512 870.606 6
	4	3 438 490.388 3	512 862.507 4	-4	3 438 472.834 1	512 874.571 3
10#	1	3 438 459.811 8	512 830.374 6	-1	3 438 453.795 6	512 834.509 1
	2	3 438 465.580 8	512 826.409 9	-2	3 438 448.026 6	512 838.473 8
	3	3 438 461.964 1	512 833.506 3	-3	3 438 455.947 8	512 837.640 9
	4	3 438 467.733 1	512 829.541 6	-4	3 438 450.178 8	512 841.605 6

续表 4-55

墩号	点号	x(m)	y(m)	点号	x(m)	y(m)
11#	1	3 438 437.156 6	512 797.408 8	-1	3 438 431.140 3	512 801.543 4
	2	3 438 442.925 6	512 793.444 2	-2	3 438 425.371 3	512 805.508 1
	3	3 438 439.308 8	512 800.540 6	-3	3 438 433.292 6	512 804.675 2
	4	3 438 445.077 8	512 796.575 9	-4	3 438 427.523 6	512 808.639 8
12#	1	3 438 414.501 3	512 764.443 1	-1	3 438 408.485 1	512 768.577 7
	2	3 438 420.270 3	512 760.478 4	-2	3 438 402.716 1	512 772.542 4
	3	3 438 416.653 6	512 767.574 8	-3	3 438 410.637 3	512 771.709 4
	4	3 438 422.422 6	512 763.610 2	-4	3 438 404.868 3	512 775.674 1
13#	1	3 438 391.846 1	512 731.477 4	-1	3 438 385.829 8	512 735.612 0
	2	3 438 397.615 1	512 727.512 7	-2	3 438 380.060 8	512 739.576 6
	3	3 438 393.998 3	512 734.609 1	-3	3 438 387.982 1	512 738.743 7
	4	3 438 399.767 3	512 730.644 4	-4	3 438 382.213 1	512 742.708 4
14#	1	3 438 369.190 8	512 698.511 6	-1	3 438 363.174 6	512 702.646 2
	2	3 438 374.959 8	512 694.547 0	-2	3 438 357.405 6	512 706.610 9
	3	3 438 371.343 1	512 701.643 4	-3	3 438 365.326 8	512 705.778 0
	4	3 438 377.112 1	512 697.678 7	-4	3 438 359.557 8	512 709.742 6
15#	1	3 438 346.535 6	512 665.545 9	-1	3 438 340.519 3	512 669.680 5
	2	3 438 352.304 6	512 661.581 2	-2	3 438 334.750 3	512 673.645 2
	3	3 438 348.687 8	512 668.677 7	-3	3 438 342.671 6	512 672.812 2
	4	3 438 354.456 8	512 664.713 0	-4	3 438 336.902 6	512 676.776 9
16#	1	3 438 323.880 3	512 632.580 2	-1	3 438 317.864 1	512 636.714 8
	2	3 438 329.649 3	512 628.615 5	-2	3 438 312.095 1	512 640.679 4
	3	3 438 326.032 5	512 635.711 9	-3	3 438 320.016 3	512 639.846 5
	4	3 438 331.801 6	512 631.747 3	-4	3 438 314.247 3	512 643.811 2
17#	1	3 438 301.225 0	512 599.614 4	-1	3 438 295.208 8	512 603.749 0
	2	3 438 306.994 0	512 595.649 8	-2	3 438 289.439 8	512 607.713 7
	3	3 438 303.377 3	512 602.746 2	-3	3 438 297.361 0	512 606.880 8
	4	3 438 309.146 3	512 598.781 5	-4	3 438 291.592 0	512 610.845 4
18#	1	3 438 278.569 8	512 566.648 7	-1	3 438 272.553 5	512 570.783 3
	2	3 438 284.338 8	512 562.684 0	-2	3 438 266.784 5	512 574.748 0
	3	3 438 280.722 0	512 569.780 5	-3	3 438 274.705 8	512 573.915 0
	4	3 438 286.491 0	512 565.815 8	-4	3 438 268.936 8	512 577.879 7
19#	1	3 438 255.914 5	512 533.682 9	-1	3 438 249.898 3	512 537.817 6
	2	3 438 261.683 5	512 529.718 2	-2	3 438 244.129 3	512 541.782 2
	3	3 438 258.066 8	512 536.814 7	-3	3 438 252.050 5	512 540.949 3
	4	3 438 263.835 8	512 532.850 0	-4	3 438 246.281 5	512 544.914 0
20#	1	3 438 233.259 3	512 500.717 2	-1	3 438 227.243 0	512 504.851 8
	2	3 438 239.028 3	512 496.752 5	-2	3 438 221.474 0	512 508.816 5
	3	3 438 235.411 5	512 503.848 9	-3	3 438 229.395 3	512 507.983 6
	4	3 438 241.180 5	512 499.884 2	-4	3 438 223.626 3	512 511.948 3
21#	1	3 438 210.649 6	512 467.731 7	-1	3 438 204.624 4	512 471.849 2
	2	3 438 216.432 8	512 463.787 9	-2	3 438 198.840 8	512 475.792 6
	3	3 438 212.790 7	512 470.869 0	-3	3 438 206.767 1	512 474.989 6
	4	3 438 218.571 3	512 466.921 3	-4	3 438 200.986 2	512 478.936 9
22#	1	3 438 188.277 5	512 434.606 2	-1	3 438 182.230 6	512 438.671 9
	2	3 438 194.101 0	512 430.722 0	-2	3 438 176.405 9	512 442.554 3
	3	3 438 190.386 5	512 437.763 0	-3	3 438 184.342 2	512 441.835 5
	4	3 438 196.204 8	512 433.871 0	-4	3 438 178.522 8	512 445.725 8

注：*施工单位在桩基施工前，应仔细复核各桩位的坐标，经核实无误后方可施工。

4-11 图 4-193 为观音山隧道 K 线平竖曲线设计图，图 4-194 为该隧道的 1~2 类二衬轮廓线设计图，表 4-56 为该隧道的围岩洞身支护参数，试计算表 4-57 所示 17 个测点相对于隧道初期支护轮廓线的超欠挖值，执行成果整理程序 H2X8.exe 输出存储了这 17 个测点的南方 CASS 展点文件 Matriw.dat，并在南方 CASS 展绘所测断面的图形。

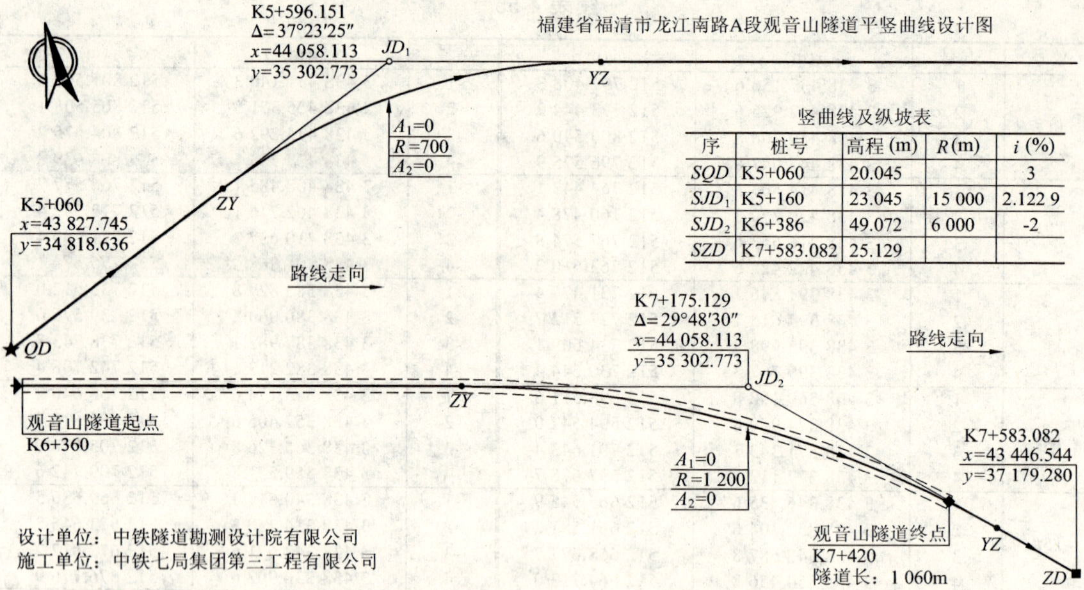

竖曲线及纵坡表

序	桩号	高程(m)	R(m)	i(%)
SQD	K5+060	20.045		3
SJD_1	K5+160	23.045	15 000	2.122 9
SJD_2	K6+386	49.072	6 000	-2
SZD	K7+583.082	25.129		

图 4-193 观音山隧道 K 线平竖曲线设计图纸

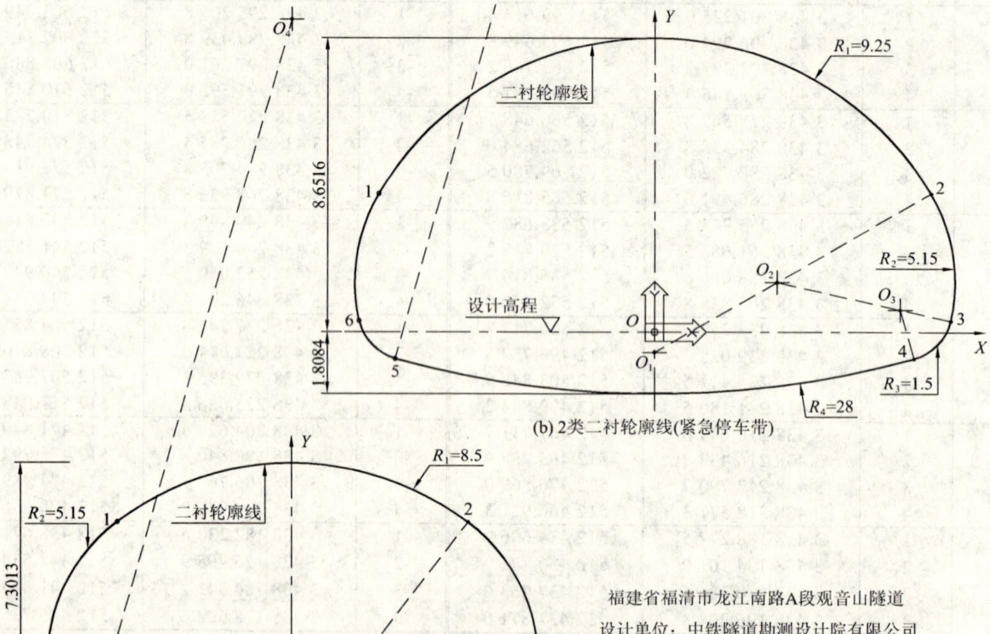

图 4-194 观音山隧道 1~2 类二衬轮廓线设计图

表 4-56　观音山隧道 K 线右洞围岩洞身支护参数

行号	设计桩号	围岩	二衬轮廓线类号	二衬厚度+预留变形量 δ_1(m)	喷射层厚 δ_2 (m)	隧中偏距 δ_3 (m)
1	K6+360	Ⅴa	1	0.60	0.22	0
2	K6+388	Ⅴb	1	0.50	0.10	0
3	K6+430	Ⅳ	1	0.45	0.07	0
4	K6+445	Ⅲ	1	0.45	0.10	0
5	K6+565	Ⅳ	1	0.45	0.10	-0.09
6	K6+590	Ⅴb	1	0.45	0.10	0
7	K6+683	Ⅴb	2	0.45	0.10	-1.51
8	K6+687	Ⅴb	1	0.45	0.10	0
9	K6+690	Ⅳ	1	0.45	0.07	0
10	K6+725	Ⅲ	1	0.45	0.10	0
11	K6+750	Ⅳ	1	0.45	0.10	0
12	K6+805	Ⅲ	1	0.45	0.07	0
13	K6+880	JⅢ	1	0.45	0.10	0
14	K6+920	Ⅳ	1	0.45	0.10	0
15	K6+990	Ⅴb	1	0.45	0.10	0
16	K7+090	Ⅳ	1	0.45	0.07	0
17	K7+175	Ⅲ	1	0.45	0.10	0
18	K7+250	Ⅳ	1	0.45	0.10	0
19	K7+270	Ⅴb	1	0.45	0.10	0
20	K7+317	Ⅴa	1	0.45	0.07	0
21	K7+370	Ⅳb	1	0.45	0.10	0
22	K7+407	Ⅳa	1	0.45	0.10	0
23	K7+420	终点				

表 4-57　全站仪实测隧道掌子面点三维坐标

序	x(m)	y(m)	H(m)	序	x(m)	y(m)	H(m)
1	43 834.181 7	36 383.355 2	50.175 5	10	43 826.379 1	36 382.215 8	41.634 0
2	43 831.756 2	36 382.842 1	50.259 9	11	43 828.951 2	36 382.759 9	40.561 7
3	43 829.498 0	36 382.875 6	52.334 9	12	43 831.510 0	36 382.790 1	40.692 9
4	43 826.860 6	36 382.317 7	50.812 3	13	43 834.351 7	36 383.391 2	41.969 6
5	43 823.825 0	36 381.675 6	49.349 0	14	43 837.061 0	36 383.964 4	42.182 4
6	43 823.016 6	36 381.504 6	46.792 7	15	43 836.556 0	36 383.857 4	44.531 6
7	43 821.883 3	36 381.264 8	43.609 1	16	43 837.255 1	36 384.005 3	46.466 1
8	43 823.005 2	36 381.502 2	42.803 0	17	43 835.954 5	36 383.730 2	47.685 0
9	43 823.325 9	36 381.570 0	41.421 6				

4-12　图 4-195 为省道改建工程平竖曲线设计图，图 4-196 为其路基标准横断面设计图，表 4-58 为路基超高横坡设计数据。

① 计算加桩 K0+925 中桩三维设计坐标，计算边距系数分别为-1，-2，-3，-1.1，-1.2，-2.1，-2.2 的左、右幅三维设计坐标，其中左幅为挖方边坡，右幅为填方边坡；

② 全站仪实测边桩点三维坐标分别为(3 016 964.044，509 269.636，72.753)，(3 016 956.211，509 259.312，81.865)，(3 016 969.856，509 277.297，72.989)，(3 016 973.556，509 282.174，68.028)，计算其三维坐标反算结果。

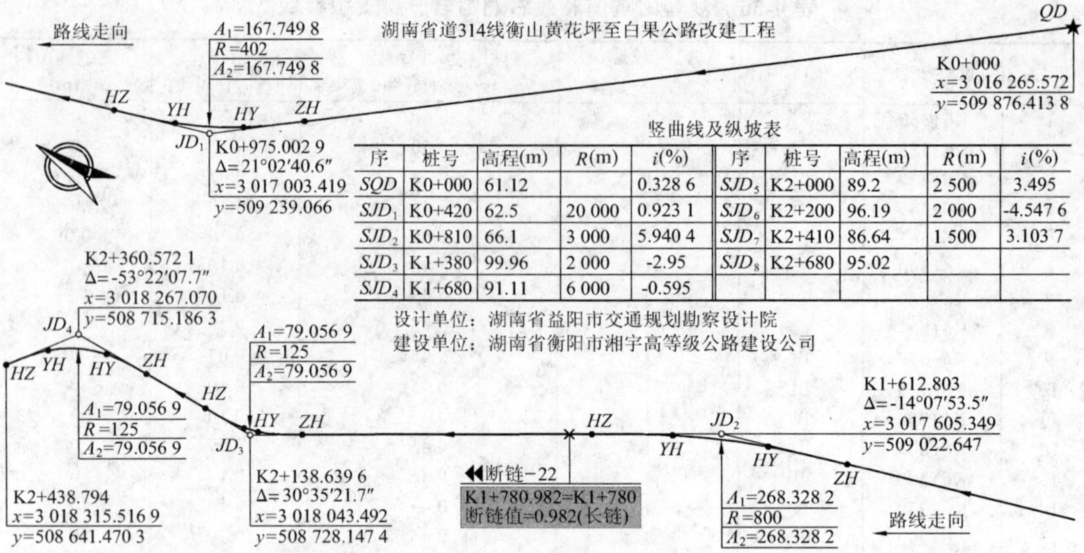

序	桩号	高程(m)	R(m)	i(%)	序	桩号	高程(m)	R(m)	i(%)
SQD	K0+000	61.12		0.328 6	SJD_5	K2+000	89.2	2 500	3.495
SJD_1	K0+420	62.5	20 000	0.923 1	SJD_6	K2+200	96.19	2 000	-4.547 6
SJD_2	K0+810	66.1	3 000	5.940 4	SJD_7	K2+410	86.64	1 500	3.103 7
SJD_3	K1+380	99.96	2 000	-2.95	SJD_8	K2+680	95.02		
SJD_4	K1+680	91.11	6 000	-0.595					

图 4-195 湖南省道 314 线衡山黄花坪至白果公路改建工程 JD_1~JD_4 平竖曲线设计图

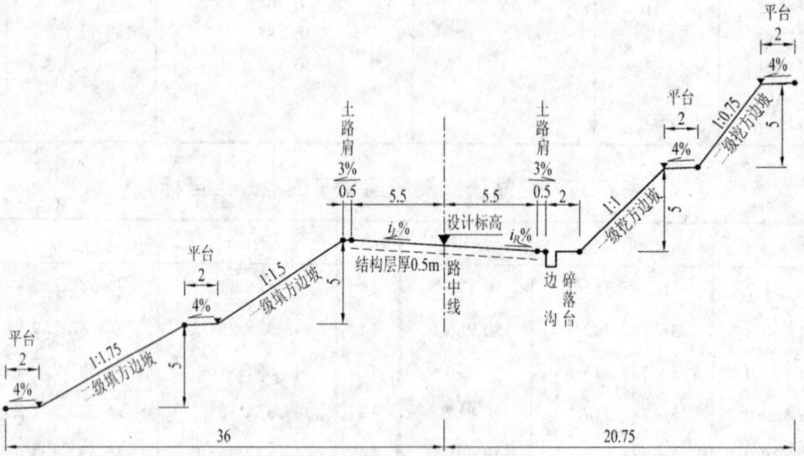

图 4-196 湖南省道 314 线衡山黄花坪至白果公路改建工程标准横断面设计图

表 4-58 路基超高横坡设计数据(线性超高渐变)

序	设计桩号	i_L(%)	i_R(%)	序	设计桩号	i_L(%)	i_R(%)	序	设计桩号	i_L(%)	i_R(%)
1	0	2	2	10	K1+558.595 6	4	-4	19	K2+195.997 3	2	2
2	K0+865.249 2	2	2	11	K1+665.909	4	-4	20	K2+272.361 4	2	2
3	K0+905.249 2	-2	2	12	K1+695.909	2	-2	21	K2+297.361 4	2	-2
4	K0+935.249 2	-5	5	13	K1+755.909	2	2	22	K2+322.361 4	6	-6
5	K1+012.902 9	-5	5	14	K2+079.261 6	2	2	23	K2+388.794	6	-6
6	K1+042.902 9	-2	2	15	K2+104.261 6	-2	2	24	K2+413.794	2	-2
7	K1+082.902 9	2	2	16	K2+129.261 6	-6	6	25	K2+438.794	2	2
8	K1+468.595 6	2	2	17	K2+145.997 3	-6	6				
9	K1+528.595 6	2	-2	18	K2+170.997 3	-2	2				

4-13 在图 4-197 的交点平曲线中，第二缓和曲线为非完整缓和曲线，没有第一缓和曲线，试计算：

① *YH* 与 *GQ* 点的原点偏角；

② 交点曲线要素；

③ 加桩 K11+555 的中桩坐标；

④ 边桩点(2 626 957.476，50 192.205)，(2 626 981.122，50 121.177)的垂点坐标及其边距。

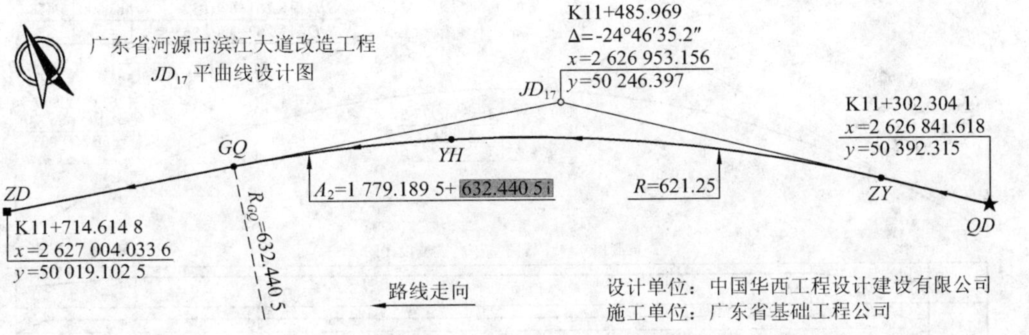

图 4-197　含大原点偏角缓和曲线的交点平曲线设计图

4-14 试反求图 4-198 所示匝道平曲线 JD_2 与 JD_3 的缓和曲线起讫半径，使用 Q2X8 程序计算各交点的平曲线要素及其主点数据。

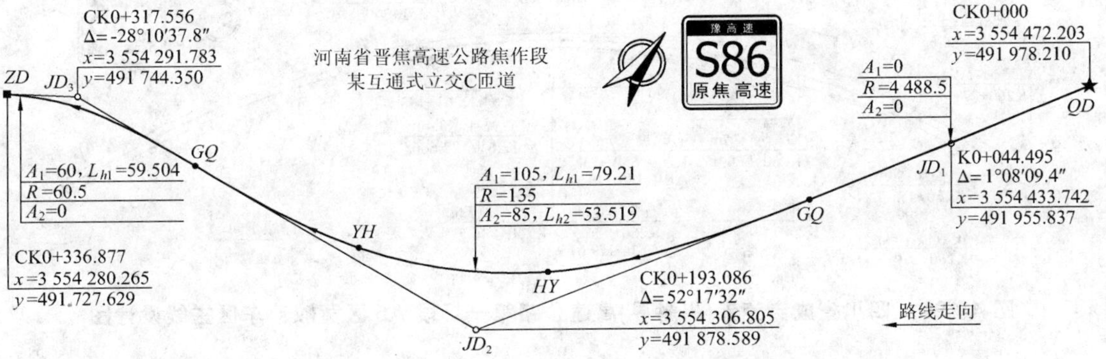

图 4-198　河南省晋焦高速公路焦作段某互通式立交 C 匝道交点法平曲线设计图

4-15 图 4-199 为高速公路停车区主线设计图，图 4-200 为停车区主线路基标准横断面设计图，停车区主线右路基与 A 匝道连接，在其连接部，K260+650.953~K260+939.579 桩号区间右幅路基无加宽，对应于 A 匝道的桩号区间为 AK0+149.314~AK0+479.613，A 匝道在该桩号区间使用自身的路基标准横断面及其超高横坡计算，A 匝道其余区间使用主线的路基标准横断面及其超高横坡计算；停车区主线左路基与 B 匝道连接，在其连接部，K260+813.72~K260+924.686 桩号区间左幅路基无加宽，对应于 B 匝道的桩号区间为 BK0+082.957~BK0+194.966，B 匝道在该桩号区间使用自身的路基标准横断面及其超高横坡计算，B 匝道其余区间使用主线的路基标准横断面及其超高横坡计算。路基超高横坡与加宽过渡方式均为线性渐变。

① 计算加桩 K260+525，K260+880，K260+965 土路肩外缘点的三维设计坐标；

② 全站仪实测两个边桩点的三维坐标为(3 193 335.797,556 142.576,318.383)，(3 193 306.575，556 113.044，312.675)，计算边桩点的设计高程、挖填高差及距离坡脚的水平移距(左右边坡均为填方边坡)。

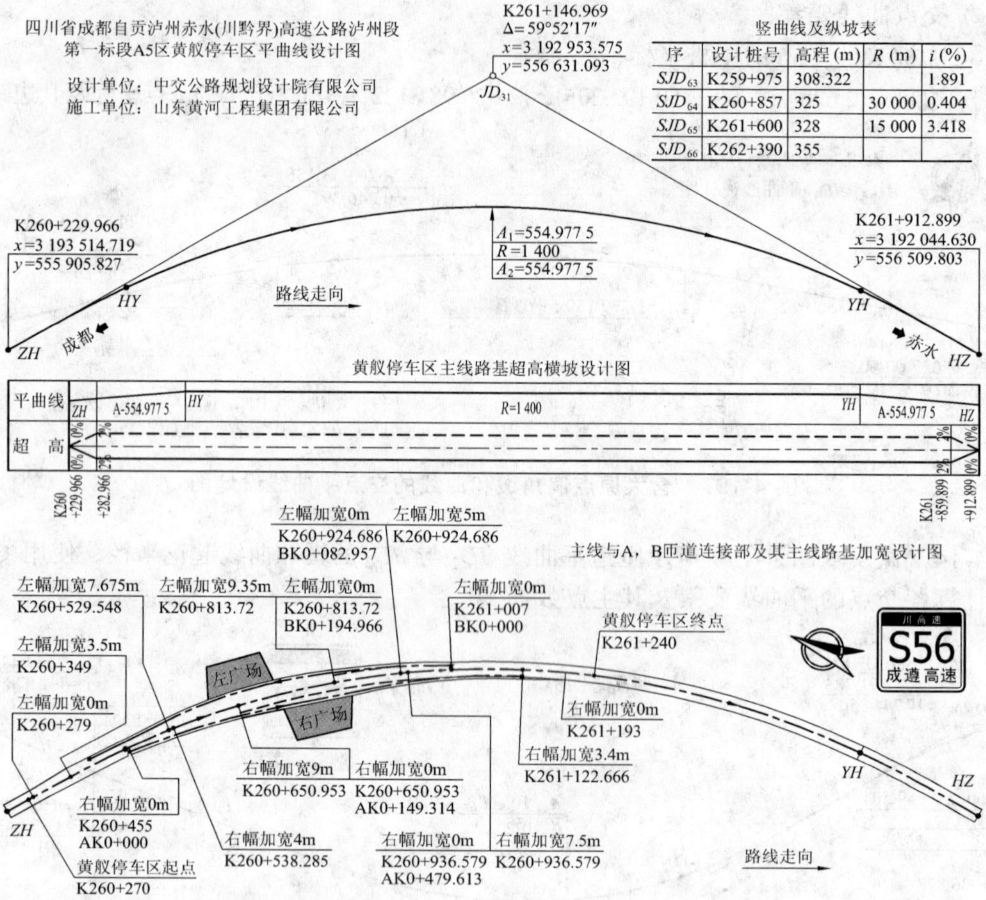

序	设计桩号	高程 (m)	R (m)	i (%)
SJD_{63}	K259+975	308.322		1.891
SJD_{64}	K260+857	325	30 000	0.404
SJD_{65}	K261+600	328	15 000	3.418
SJD_{66}	K262+390	355		

图 4-199　四川省成自泸赤(川黔界)高速公路第一标段 A5 区黄舣停车区主线设计图

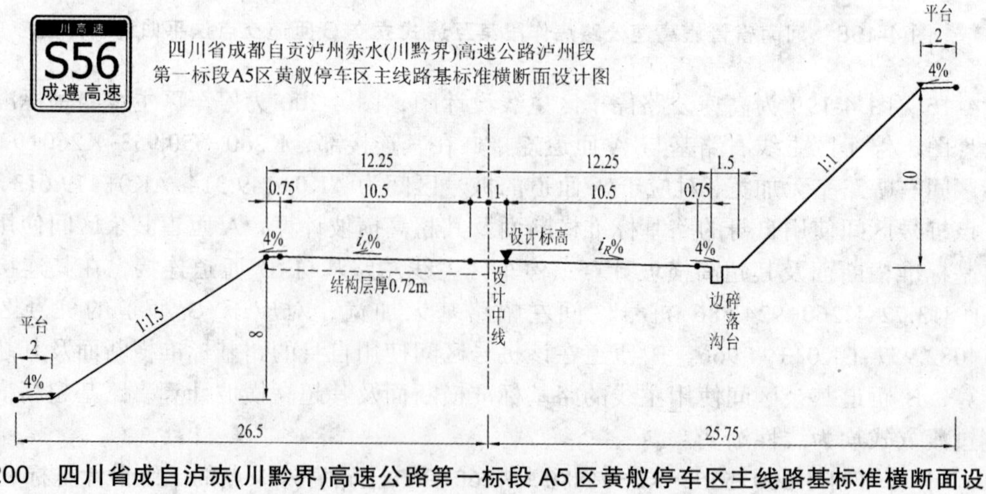

图 4-200　四川省成自泸赤(川黔界)高速公路第一标段 A5 区黄舣停车区主线路基标准横断面设计图

4-16 图 4-201 为重庆市悦来变电站及联络道工程交点法平竖曲线设计图，JD_6 的平曲线为大于半圆弧的回头曲线，内表为竖曲线设计数据。图 4-202 为 1，2 类路基标准横断面设计图，内表为路基超高横坡设计数据。试用 Q2X8 程序计算平竖曲线主点数据，加桩

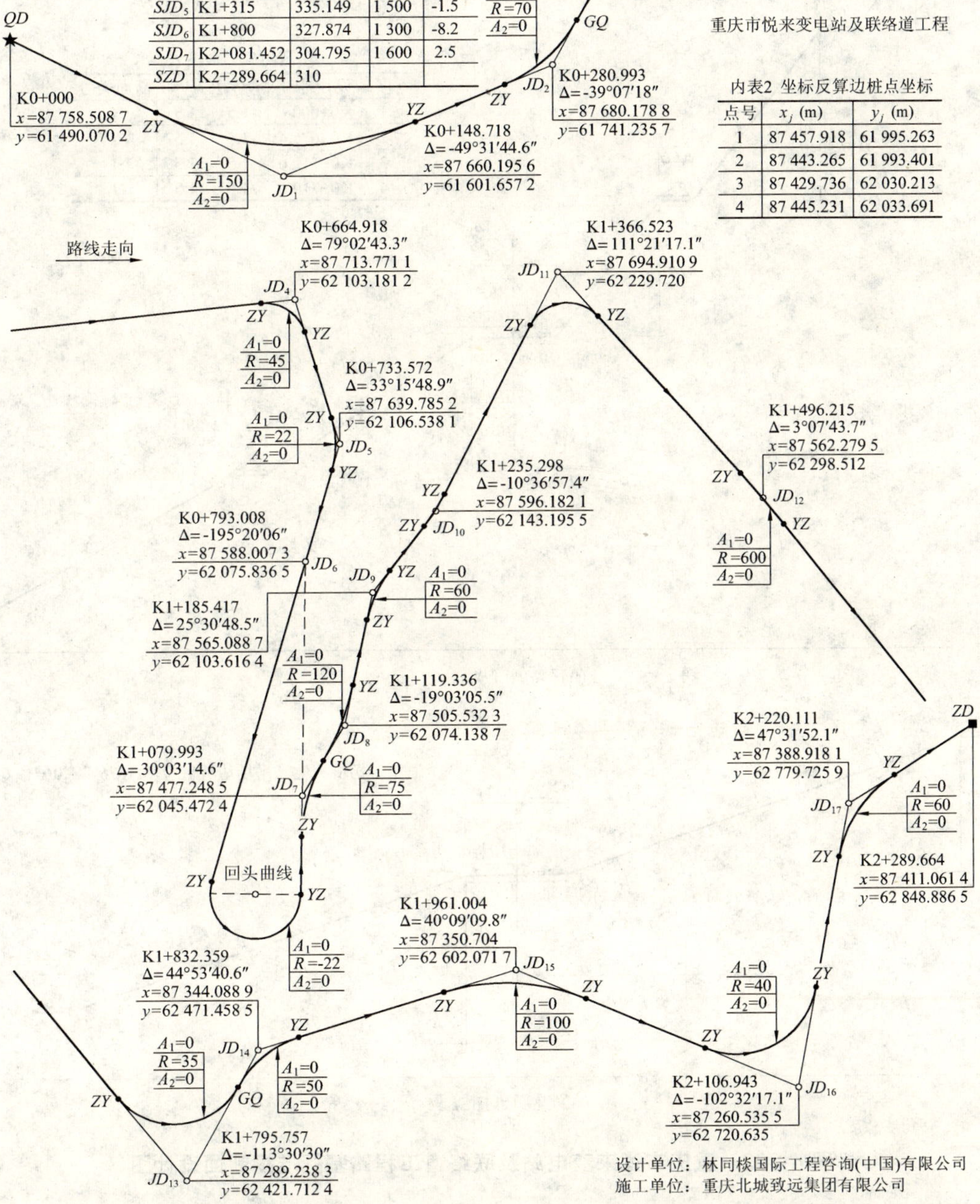

内表1 竖曲线及纵坡表

序	桩号	高程 (m)	R (m)	i (%)
SQD	K0+000	255		5.4
SJD_1	K0+260	269.040	1 500	10
SJD_2	K0+586.086	301.649	1 200	2.61
SJD_3	K0+770	306.449	3 500	1.4
SJD_4	K1+070	310.649	900	10
SJD_5	K1+315	335.149	1 500	-1.5
SJD_6	K1+800	327.874	1 300	-8.2
SJD_7	K2+081.452	304.795	1 600	2.5
SZD	K2+289.664	310		

内表2 坐标反算边桩点坐标

点号	x_j (m)	y_j (m)
1	87 457.918	61 995.263
2	87 443.265	61 993.401
3	87 429.736	62 030.213
4	87 445.231	62 033.691

设计单位：林同棪国际工程咨询(中国)有限公司
施工单位：重庆北城致远集团有限公司

图 4-201 重庆市悦来变电站及联络道工程交点法平竖曲线设计图

K0+660 边距系数分别为-3，-1.1，-1.2，-2.1，-2.2，-3.1，-3.2 点的边桩三维设计坐标，设左、右边坡均为挖方边坡；全站仪实测 2 个边桩点三维坐标分别为(87 662.556，62 088.351，299.919)与(87 664.196，62 124.496，310.689)，计算三维坐标反算结果，设左边坡为挖方边坡，右边坡为填方边坡。

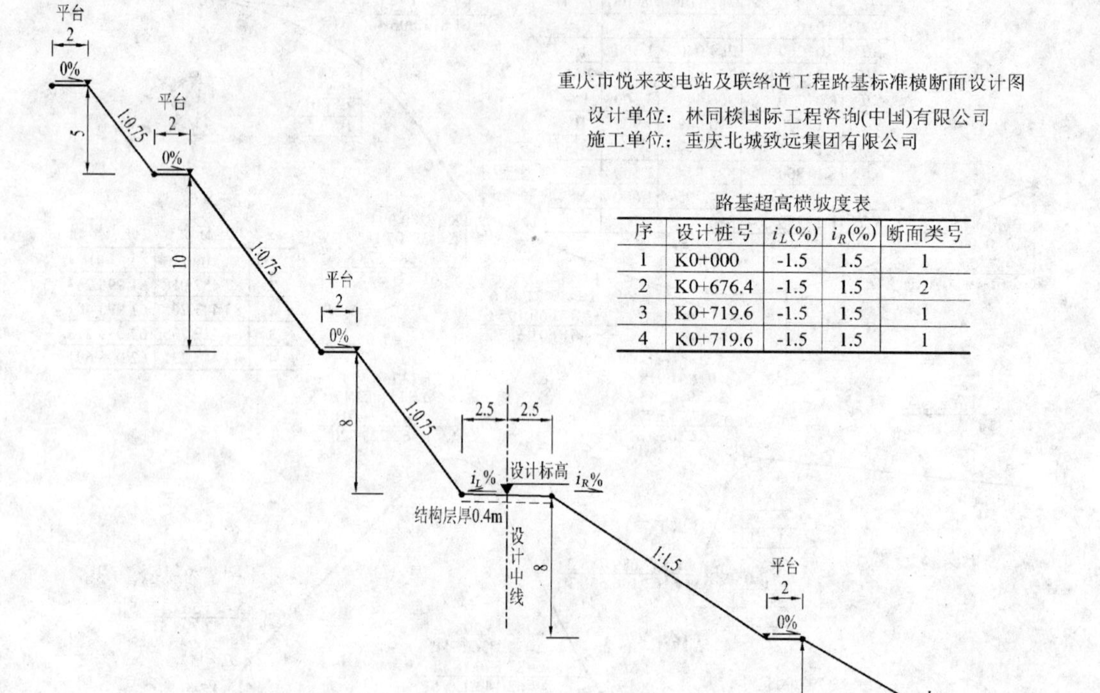

路基超高横坡度表

序	设计桩号	i_L(%)	i_R(%)	断面类号
1	K0+000	-1.5	1.5	1
2	K0+676.4	-1.5	1.5	2
3	K0+719.6	-1.5	1.5	1
4	K0+719.6	-1.5	1.5	1

图 4-202　重庆市悦来变电站及联络道工程路基标准横断面设计图

4-17　在图 4-203 所示的城市道路设计图中，JD_1 为直转点，试用 Q2X8 程序计算：

① 平竖曲线主点数据；

② 加桩 K0+778，K0+780 的中桩三维设计坐标；

③ 图中 3#涵洞轴线端点 A，B 的坐标，其左边距为 15.35m(对应 A 点)，右边距为 15.41m(对应 B 点)；

④ 全站仪实测 2 个边桩点坐标分别为(3 439 519.173，497 935.133)与(3 439 619.643，497 959.497)，计算坐标反算结果。

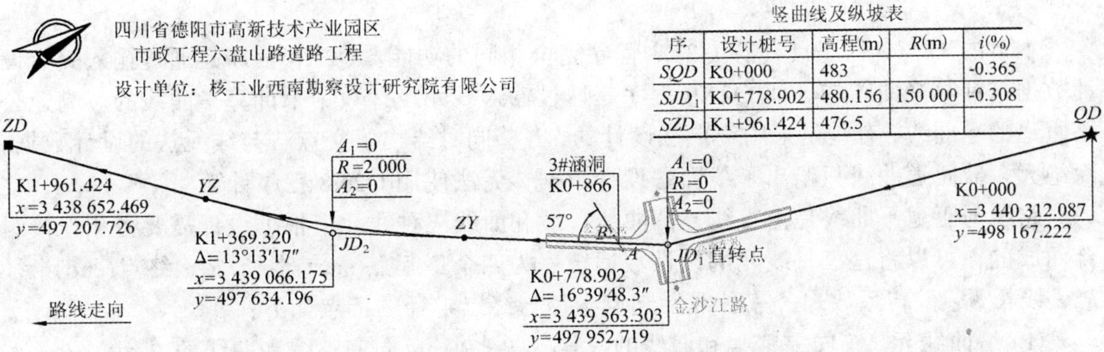

序	设计桩号	高程(m)	R(m)	i(%)
SQD	K0+000	483		-0.365
SJD_1	K0+778.902	480.156	150 000	-0.308
SZD	K1+961.424	476.5		

图 4-203　四川省德阳市高新技术产业园区市政工程六盘山路道路工程平竖曲线设计图

第 5 章　含断链线元法任意路线或匝道曲线三维坐标计算程序(Q2X9/H2X9)

本章的 Q2X9 程序具有与 Q2X8 程序完全相同的功能。Q2X8 程序是通过输入交点设计数据来计算平曲线的，而 Q2X9 程序是通过输入线元设计数据来计算平曲线的。高速公路匝道的平曲线，有些是采用交点法设计的，有些同时给出了交点法与线元法的设计数据，而绝大多数匝道曲线只给出了线元法设计数据，无法使用 Q2X8 程序计算。

路线与匝道平曲线是由直线、圆曲线、缓和曲线三种线元，根据设计需要径相连接组合而成的，可以将这三种线元的设计数据统一为四个：起点(start)半径 R_s、终点(end)半径 R_e、线长 L、偏转系数±1。三种线元起点半径与终点半径的特点如下：

① 缓曲线元。正向完整缓和曲线的 $R_s=\infty$，$R_e<R_s$；反向完整缓和曲线的 $R_s<R_e$，$R_e=\infty$；正向非完整缓和曲线的 $R_e<R_s<\infty$，反向非完整缓和曲线的 $R_s<R_e<\infty$；线元左偏时，偏转系数为-1，线元右偏时，偏转系数为 1。

② 圆曲线元。$R_s=R_e<\infty$，线元左偏时，偏转系数为-1，线元右偏时，偏转系数为 1。

③ 直线线元。$R_s=R_e=\infty$，直线线元没有偏转系数，应输入 0；当直线线元为直转点直线时，应将直线起点的转角 $\Delta_{直}$输入为偏转系数，左转角应输入负数，右转角应输入正数。

称 R_s 或 R_e 有一个为∞的缓和曲线为完整缓和曲线，两个均不为∞的缓和曲线为非完整缓和曲线。与交点法程序 Q2X8 不同，线元法程序 Q2X9 不需要输入缓曲线元参数 A，A 是由程序根据缓曲线元的设计数据 R_s、R_e 和 L_h，依据式(5-1)反算求出的。

$$A=\sqrt{\frac{L_h}{\left|R_s^{-1}-R_e^{-1}\right|}} \tag{5-1}$$

为保证缓曲线元参数 A 的反算精度，在可能的情况下，缓曲线元的 R_s，R_e 和 L_h 应尽可能取位到 0.000 1m。

5.1　Q2X9程序平竖曲线与路基超高横坡设计数据串列规划

如表 5-1 所示，路线平曲线各线元的设计数据应按行输入到 List 1~List 4 串列单元；平曲线起点桩号、中桩坐标及其走向方位角应分别输入到 List 6[1]，List 7[1]，List 8[1]，List 10[1]串列单元；竖曲线设计数据应输入到 List 12 ~List 14 串列单元；断链桩数据应输入到 List 19 串列单元；路基超高横坡设计数据应输入到 List 21~List 24 串列单元。

在表 5-1 中，灰底色背景的串列单元为用户应输入的设计数据，其余串列单元均为程序计算结果，无须用户输入。表中“Excel”行的字母为在 MS Excel 中输入设计数据时的字母列号。

表 5-1　程序 Q2X9 平竖曲线设计数据输入输出串列明细表

行数	List 1	List 2	List 3	List 4				
Excel	A	B	C	D				
子名	**R_s(m)**	**R_e(m)**	**L_{se}(m)**	**±1,0**				
1	线元 1 起点半径	终点半径	线长	偏转系数				
2	线元 2 起点半径	终点半径	线长	偏转系数				
……	……	……	……	……				
行数	List 5	List 6	List 7	List 8	List 9	List 10		
Excel	E	F	G	H	I	J		
子名	**A(m)**	**Z_m(m)**	**x_m(m)**	**y_m(m)**	**H_m(m)**	**α_m(Deg)**		
1	缓曲参数	线元 1 起点桩号	x 坐标	y 坐标	设计高程	走向方位角		
2	缓曲参数	线元 2 起点桩号	x 坐标	y 坐标	设计高程	……		
	……	……	……	……	……	……		
行数	List 11	List 12	List 13	List 14	List 15	List 16	List 17	List 18
Excel	K	L	M	N	O	P	Q	R
子名	**ctrl**	**Z_{SJD}(m)**	**H_{SJD}(m)**	**R_{SJD}(m)**	**i_{SJD}(%)**	**Z_m (m)**	**H_m (m)**	**i/R**
1	1/2 控制系数	起点桩号	高程	0	i_s	起点桩号	起点高程	τ_s
2	平曲线元数	变坡点 1 桩号	高程	竖曲半径	i_1	ZY_1 桩号	ZY_1 高程	R_1
3	竖曲变坡点数	变坡点 2 桩号	高程	竖曲半径	i_2	YZ_1 桩号	YZ_1 高程	τ_1
4	测站 x 坐标	……	……	……	……	ZY_2 桩号	ZY_2 高程	R_2
5	测站 y 坐标	终点桩号	高程			YZ_2 桩号	YZ_2 高程	τ_2
6	……					……	……	……
行数	List 19	List 20	List 21	List 22	List 23	List 24	List 25	
Excel	S	T	U	V	W	X	Y	
子名	**bropeg(m)**	**broval(m)**	**Z_C(m)**	**i_L(%)**	**i_R(%)**	**type**	**Z_{CC}(m)**	
1	断链桩 1 后桩号	断链桩个数	超高桩号 1	左横坡 1	右横坡 1	路基类号 1	连续桩号 1	
2	断链桩 1 前桩号	断链桩 1 断链值	超高桩号 2	左横坡 2	右横坡 2	路基类号 2	连续桩号 2	
3	断链桩 2 后桩号	断链桩 2 断链值	超高桩号 3	左横坡 2	右横坡 2	路基类号 2	连续桩号 3	
4	断链桩 2 前桩号	……	超高桩号 4	左横坡 2	右横坡 2	路基类号 2	连续桩号 4	
5	……		……	……	……	……	……	

注：①半径为∞时，应输入 0。②List 4 串列应输入线元的偏转系数±1，直线线元的偏转系数应输入 0，当为直转点时，输入直线的转角，左转角为负数，右转角为正数。输入直转点或起点的走向方位角时，应先输入角度的度数值，再按 OPTN F6 F2 键调出角度功能菜单，按 F4 键输入角度的度分秒值。

Q2X9 程序与 Q2X8 程序比较，串列数据输入的另一个特点是，路基超高横坡设计数据是输入到当前串列文件的 List 21~List 24 串列，而不是输入到 Mat B~Mat G 矩阵中。因此，当串列文件含竖曲线设计数据时，执行 Q2X9 程序，屏幕不显示下列提示字符：

i_L%,i_R% Mat B(1)/C(2)/D(3)/E(4)/F(5)/G(6)/no(0)=?

Q2X9 程序的功能也很强大，但要实现某些功能，除在当前串列文件输入平竖曲线设计数据，以及路基超高横坡设计数据外，还需要在某些矩阵输入相应的设计数据。矩阵数据的意义及可实现的功能如下：

只有在 Mat A 矩阵输入了各类路基标准横断面设计数据、各级填挖边坡设计数据，在当前串列文件的 List 21~List 24 串列输入了路基超高横坡设计数据时，程序才能进行边桩设计高程正反算及边坡坡口三维设计坐标计算。

只有在 Mat H，Mat I，Mat J，Mat K，Mat L 或 Mat M 矩阵输入了路基加宽设计数据，且同时在 Mat A 矩阵输入了路基标准横断面设计数据，在当前串列文件的 List 21~List 24 串列输入了路基超高横坡设计数据，程序才能进行路基加宽计算。

只有在 Mat V 矩阵输入了各类桥墩桩基的墩台中心坐标，在 Mat U 矩阵输入了所有桥墩的墩台中心设计参数时，程序才能进行桥墩桩基坐标计算。桥墩桩基坐标计算允许不在当前串列文件中输入竖曲线设计数据。

只有在 Mat Z 矩阵输入了隧道各类二衬轮廓线主点数据，在 Mat Y 或 Mat X 矩阵输入了隧道左、右洞洞身支护参数时，程序才能进行隧道超欠挖计算。

只有在 Mat S 矩阵输入了导线点(≤50 个)的三维坐标，屏幕显示如下提示时：

station Mat S(>0)/x(m)=?

才能以输入 Mat S 矩阵行号的方式，选择导线点作为测站点，计算中边桩的极坐标放样数据。

Q2X9 程序最简单的功能是对平曲线进行坐标正反算，此时，用户只需要在当前串列文件的 List 1~List 4 串列输入平曲线线元设计数据，在 List 6[1]，List 7[1]，List 8[1]，List 10[1]串列单元输入起点数据。作为特例，用户可以只在 List 1[1]~List 4[1]串列单元输入 1 个线元的设计数据，案例如图 5-31 所示。

5.2 从匝道平曲线设计图获取缓曲线元起讫半径的方法

Q2X9 程序将直线、圆曲线、缓和曲线三种线元设计数据统一为：起点半径 R_s、终点半径 R_e、线长 L、偏转系数±1。获取直线与圆曲线元的设计数据并不困难，最麻烦的是如何获取缓曲线元的起讫半径 R_s 与 R_e。这是因为按线元法设计的匝道平曲线设计图只提供线位数据表，从线位数据表只能获取缓曲线元参数 A 及其线长 L_h，没有给出起讫半径，需要根据相邻线元的线位数据，依据缓和曲线的线长方程与角度方程计算确定起讫半径。

例如，图 5-1 的设计图只标注了圆曲线元半径 R 与缓曲线元参数 A，线位数据表中给出了主点的桩号、中桩坐标、走向方位角与线元线长(图中未给出线长时，可由匝道主点桩号反算得到)，各缓曲线元的起点(start)半径 R_s 与终点(end)半径 R_e 均未标注。

缓和曲线两端径相连接的线元，如起讫半径分别与所连线元在该点的半径相等，称半径为连续过渡，否则称为非连续过渡。路线曲线主点的半径一般是连续过渡的，但匝道曲线就不一定。

在匝道平曲线设计图上，半径为连续过渡的主点名一般为 *YH*，*HY*，*HZ* 等，半径为非连续过渡的主点名一般为 *GQ*(公切)等。

缓曲线元两端的半径过渡是否连续，应对设计数据进行反复试算后才能最终确定，不能仅仅凭设计图标注的点名简单下结论。当使用 Q2X9 程序算出的匝道终点数据与设计图不符时，其主要原因就是缓曲线元的起讫半径输入有误。

重庆市涪(陵)丰(都)高速公路A1标清溪互通立交A匝道线位数据表

点名	桩 号	x(m)	y(m)	走向方位角	线长(m)
QD	AK0+000.000	92 876.999	85 816.674	95°31′00″	119.367
YH	AK0+119.367	92 904.320	85 930.638	57°31′15″	40.000
HY	AK0+159.367	92 928.485	85 962.473	49°30′20″	39.459
GQ	AK0+198.826	92 954.727	85 991.936	46°53′47″	40.000
HY	AK0+238.826	92 974.582	86 025.753	85°05′37″	58.452
YH	AK0+297.278	92 936.058	85 057.049	196°43′41″	40.000
GQ	AK0+337.278	92 907.026	86 030.686	234°55′30″	155.615
YZ	AK0+492.893	92 811.162	85 908.193	228°58′52″	225.940
ZY	AK0+718.833	92 662.875	85 737.723	228°58′52″	380.901
GQ	AK1+099.734	92 472.963	85 410.198	250°48′18″	40.000
HY	AK1+139.734	92 455.041	85 374.755	227°53′12″	40.963
YH	AK1+180.697	92 418.775	85 358.292	180°56′46″	40.000
HZ	AK1+220.697	92 380.297	85 368.131	158°01′40″	41.951
ZD	AK1+262.648	92 341.393	85 383.827	158°01′40″	

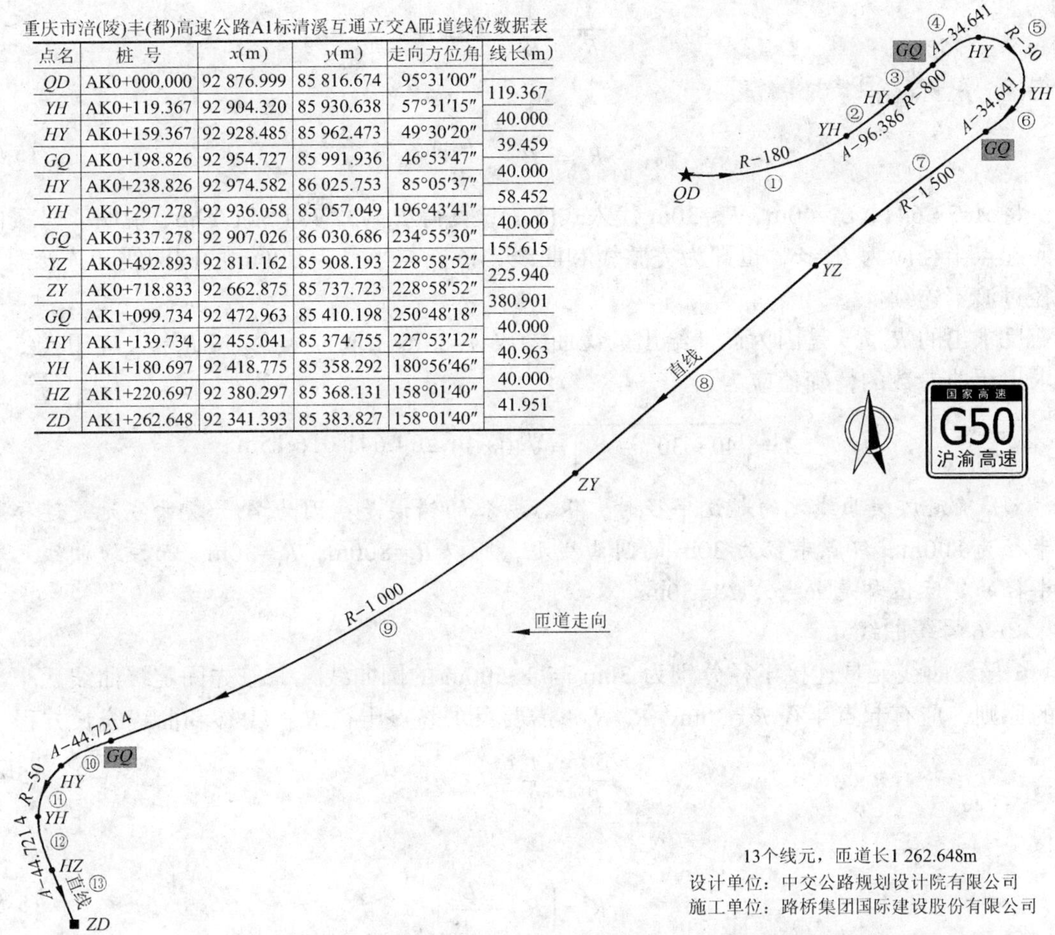

图 5-1　重庆市涪(陵)丰(都)高速公路 A1 标清溪互通立交 A 匝道平曲线设计图

1) 确定缓曲线元起讫半径的原则

当缓曲线元所连接的两个线元的半径已知时，应先固定该缓曲线元的小半径，再应用缓和曲线线长方程算出另一端的大半径；当缓曲线元所连接的两个线元的半径均未知时，应使用设计图中的线位数据表，反算出该缓曲线元的偏角差 βh 与两端点的原点偏角 βs，βe，再应用缓和曲线偏角方程算出一端的半径，最后应用缓和曲线线长方程算出另一端的半径。

2) 匝道案例 1

图 5-1 所示的 A 匝道有 13 个线元，其中 3、4 号线元的连接点，6、7 号线元的连接点及 9、10 号线元的连接点点名均为 GQ，因此应验证 4、6、10 号线元的起讫半径。

(1) 缓曲线元起讫半径的验证

① 4 号缓曲线元。

4 号缓曲线元是连接半径分别为 800m 与 30m 的圆曲线元，按先固定缓曲线元小半径的原则，应有终点半径 R_e=30m，R_e<R_s，需要反求起点半径 R_s。由缓和曲线线长方程

$$\frac{A^2}{R_e}-\frac{A^2}{R_s}=L_h \tag{5-2}$$

解得

$$R_s=\left(R_e^{-1}-\frac{L_h}{A^2}\right)^{-1} \tag{5-3}$$

将 A=34.641，L_h=40m，R_e=30m 代入式(5-3)，算得 R_s=-32 171 551.79m，说明 4 号缓曲线元起点半径应为 $R_s=\infty$，也即为完整缓和曲线，该点与半径为 800m 的圆曲线元连接时，半径过渡不连续。

反求出的 R_s 为∞是因为设计给出的缓曲参数 A=34.641 取位太少。按 $R_s=\infty$，应用式(5-2)反求出缓曲参数的精确值应为

$$A=\sqrt{40\div\left|30^{-1}-\infty^{-1}\right|}=\sqrt{40\times 30}=34.641\ 016\ 15\text{m}$$

确定该缓曲线元的起讫半径时，很容易犯的错误是：因为 4 号缓曲线元是连接起点半径为 800m、终点半径为 30m 的圆曲线元，所以 R_s=800m，R_e=30m。而该缓曲线元起讫半径的实际值却是 $R_s=\infty$，R_e=30m。

② 6 号缓曲线元。

6 号缓曲线元是连接半径分别为 30m 与 1 500m 的圆曲线元，按先固定缓曲线元小半径的原则，应有起点半径 R_s=30m，$R_s<R_e$，需要反求终点半径 R_e。由缓和曲线线长方程

$$\frac{A^2}{R_s}-\frac{A^2}{R_e}=L_h \tag{5-4}$$

解得

$$R_e=\left(R_s^{-1}-\frac{L_h}{A^2}\right)^{-1} \tag{5-5}$$

将 A=34.641，L_h=40m，R_s=30m 代入式(5-5)，算得 R_e=-32 171 551.79m，说明 6 号缓曲线元的终点半径应为 $R_e=\infty$，该点与半径为 1 500m 的圆曲线元连接时，半径过渡不连续。

确定该缓曲线元的起讫半径时，很容易犯的错误是：因为 6 号缓曲线元是连接起点半径为 30m、终点半径为 1 500m 的圆曲线元，所以 R_s=30m，R_e=1 500m。而该缓曲线元起讫半径的实际值却是 R_s=30m，$R_e=\infty$。

③ 10 号缓曲线元。

10 号缓曲线元是连接半径分别为 1 000m 与 50m 的圆曲线元，按先固定缓曲线元小半径的原则，应有终点半径 R_e=50m，$R_e<R_s$，需要反求起点半径 R_s。

将 A=44.721 4，L_h=40m，R_s=50m 代入式(5-3)，算得 R_s=27 639 935.42m，说明 10 号缓曲线元的起点半径应为 $R_s=\infty$，该点与半径为 1 000m 的圆曲线元连接时，半径过渡不连续。

确定该缓曲线元的起讫半径时，很容易犯的错误是：因为 10 号缓曲线元是连接起点半径为 1 000m、终点半径为 50m 的圆曲线元，所以 R_s=1 000m，R_e=50m。而该缓曲线元起讫半径的实际值却是 $R_s=\infty$，R_e=50。

(2) 在 MS Excel 输入平曲线设计数据

根据上述缓曲线元起讫半径验算结果，编写该案例 13 个线元的设计数据，并在 MS Excel 的 File1 选项卡，按表 5-1 的规定输入平曲线设计数据，结果如图 5-2 所示。

	A	B	C	D	E	F	G	H	I	J
1	180	180	119.367	-1		0	92876.999	85816.674		95.51666667
2	180	800	40	-1						
3	800	800	39.459	-1						
4	0	30	40	1						
5	30	30	58.452	1						
6	30	0	40	1						
7	1500	1500	155.615	-1						
8	0	0	225.94	0						
9	1000	1000	380.9	1						
10	0	50	40	-1						
11	50	50	40.963	-1						
12	50	0	40	-1						
13	0	0	41.951	0						

File1 / Sheet2 / Sheet3

图 5-2　在 MS Excel 的 File1 选项卡输入 A 匝道的平曲线设计数据结果

A 匝道的 *QD* 走向方位角为 95°31′= 95.51666667°，应在表中 J1 单元输入以十进制度为单位的 *QD* 走向方位角 95.51666667。

将 File1 选项卡的数据另存为 File1.csv 文件，将 File1.csv 文件上传到 fx-9750GⅡ内存，并设置 **File1** 为当前串列文件。

（3）计算平曲线主点数据

执行 Q2X9 程序，计算 A 匝道平曲线主点数据的屏幕提示与用户操作过程如下：

屏幕提示	按键	说明
Route or ramp xyH Q2X9		显示程序标题
new(0)/old(≠0) main point data=?	0 EXE	输入 0 为重新计算主点数据
hor-curve QD num=?	1 EXE	输入平曲线起始点号(number)
Z_{ZD}(m)=1262.6480	EXE	显示平曲线终点设计桩号(0mm)/耗时 2.59s
α_{ZD}=158°01′44.42″	EXE	显示终点走向方位角(4.42″)
$x_{ZD}+y_{ZD}i$(m)=92341.4012+85383.8286i	EXE	显示终点中桩坐标复数(Δx=8.2mm,Δy=1.6mm)
Press [MENU][2]⇒Stop!	MENU 2	进入 **STAT** 模式查看主点数据

程序算出的匝道终点数据，桩号与设计图相符，而走向方位角及中桩坐标与设计图还是有一定的差异。这是因为设计给出的线长取位太少，尤其是对于 5 号与 11 号小半径圆曲线元，线长取位只到 0.001m 是不够的。当设计单位给出了 dwg 格式匝道平曲线设计文件时，可以用在 AutoCAD 中，直接量取 5 号与 11 号小半径圆曲线元的线长值，代替设计图给出的线长值，再重新计算主点数据。本例的全部数据文件位于光盘"\5 章\匝道案例 1\"路径下。

3）匝道案例 2

图 5-3 所示的 D 匝道有 4 个线元，其中 1、3 号线元为圆曲线元，2、4 号线元为缓曲线元，主点名没有 *GQ*，因此半径过渡一般应是连续的。

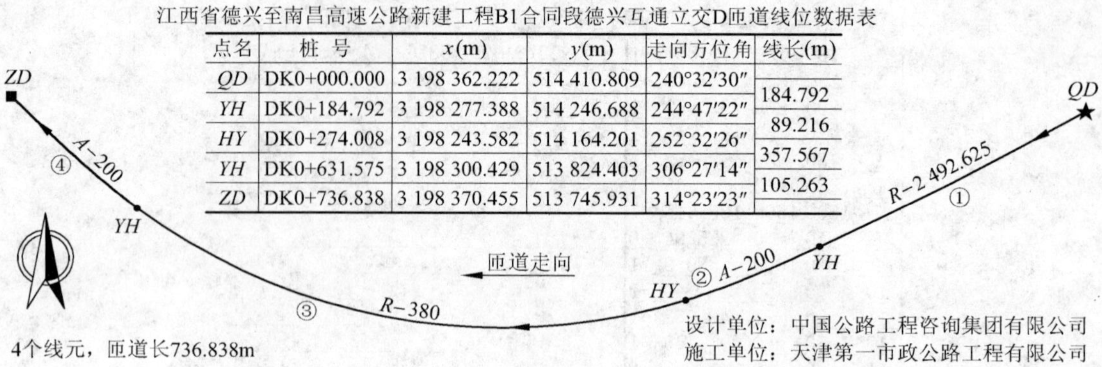

江西省德兴至南昌高速公路新建工程B1合同段德兴互通立交D匝道线位数据表

点名	桩 号	x(m)	y(m)	走向方位角	线长(m)
QD	DK0+000.000	3 198 362.222	514 410.809	240°32′30″	
					184.792
YH	DK0+184.792	3 198 277.388	514 246.688	244°47′22″	
					89.216
HY	DK0+274.008	3 198 243.582	514 164.201	252°32′26″	
					357.567
YH	DK0+631.575	3 198 300.429	513 824.403	306°27′14″	
					105.263
ZD	DK0+736.838	3 198 370.455	513 745.931	314°23′23″	

图 5-3 江西省德兴至南昌高速公路新建工程 B1 合同段德兴互通立交 D 匝道设计图

(1) 缓曲线元起讫半径的验证

① 2 号缓曲线元。

2 号缓曲线元是连接半径分别为 2 492.625m 与 380m 的圆曲线元，按先固定缓曲线元小半径的原则，应有终点半径 R_e=380m，$R_e<R_s$，需要反求起点半径 R_s。

将 A=200，L_h=89.216m，R_e=380m 代入式(5-3)，算得 R_s=2 492.653 233m，说明 2 号缓曲线元起点半径应等于 1 号圆曲线元的半径，也即 R_s=2 492.625m。

应用式(5-3)反求出的 R_s 并不完全等于 1 号圆曲线元半径的原因是 2 号缓曲线元的线长取位太少。将 2 号缓曲线元的设计数据 A=200，R_s=2 492.625m，R_e=380m 代入式(5-2)，反求出的缓曲线长的准确值应为 L_h=89.215 818 24m，而设计值 89.216m 是四舍五入的结果。

② 4 号缓曲线元。

4 号缓曲线元起点是连接半径为 380m 的圆曲线元，且起点名为 YH，可以认为半径为连续过渡，应有起点半径 R_s=380m，需要反求终点半径 R_e。

将 A=200，L_h=105.263m，R_s=380m 代入式(5-5)，算得 R_e=253 333 333.4m，说明 4 号缓曲线元终点半径应为 $R_e=\infty$，也即为完整缓和曲线。应用缓和曲线方程式(2-1)反求出缓曲线长的精确值应为 $L_h=A^2/R$=105.263 157 9m。

(2) 在 MS Excel 输入平曲线设计数据

根据上述缓曲线元起讫半径验算结果，编写该案例 4 个线元的设计数据，并在 MS Excel 的 File2 选项卡，按表 5-1 的规定输入平曲线设计数据，结果如图 5-4 所示。

D 匝道的 QD 走向方位角为 240°32′30″= 240.5416667°，应在表中 J1 单元输入以十进制度为单位的 QD 走向方位角 240.5416667。

	A	B	C	D	E	F	G	H	I	J
1	2492.625	2492.625	184.792	1		0	3198362.222	514410.809		240.5416667
2	2492.625	380	89.2158	1						
3	380	380	357.567	1						
4	380	0	105.2632	1						

File2 / Sheet2 / Sheet3

图 5-4 在 MS Excel 的 File2 选项卡输入 D 匝道的平曲线设计数据结果

将 File2 选项卡的数据另存为 File2.csv 文件，将 File2.csv 文件上传到 fx-9750GⅡ内存，并设置 **File2** 为当前串列文件。

(3) 计算平曲线主点数据

执行 Q2X9 程序，计算 D 匝道平曲线主点数据的屏幕提示与用户操作过程如下：

屏幕提示	按键	说明
Route or ramp xyH Q2X9		显示程序标题
new(0)/old(≠0) main point data=?	0 EXE	输入 0 为重新计算主点数据
hor−curve QD num=?	1 EXE	输入平曲线起始点号(number)
Z_{ZD}(m)=736.8380	EXE	显示平曲线终点设计桩号(0mm)/耗时 1.24s
α_{ZD}=314°23′22.78″	EXE	显示终点走向方位角(差-0.22″)
$x_{ZD}+y_{ZD}i$(m)=3198370.454+513745.9313i	EXE	显示终点中桩坐标复数(Δx= -1mm, Δy=0.3mm)
Press [MENU][2]⇨Stop!	MENU 2	进入 **STAT** 模式查看主点数据

程序算出的匝道终点数据，桩号与设计图相符，走向方位角差-0.22″，中桩坐标与设计图最大差 1mm。本例的全部数据文件位于光盘“\5 章\匝道案例 2\”路径下。

4) 匝道案例 3

图 5-5 所示的 AB 匝道有 5 个线元，其中只有 3 号线元为圆曲线元，其余 4 个线元均为缓曲线元，且有两个主点名为 *GQ* 点。

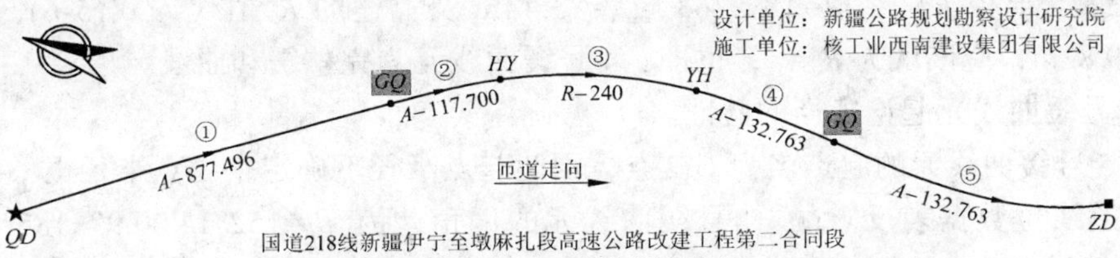

国道218线新疆伊宁至墩麻扎段高速公路改建工程第二合同段
伊宁县互通式立交AB匝道线位数据表

点名	桩 号	x(m)	y(m)	走向方位角	线长(m)
QD	ABK0+000	4 868 100.300	488 049.656	143°31′00.7″	193.99
GQ	ABK0+193.99	4 867 940.654	488 159.820	146°48′03.2″	55.38
HY	ABK0+249.37	4 867 893.129	488 188.169	153°40′46.2″	97.6
YH	ABK0+346.97	4 867 799.361	488 212.717	176°58′46.3″	73.44
GQ	ABK0+420.41	4 867 726.085	488 209.102	185°44′45.7″	143.59
ZD	ABK0+564	4 867 585.288	488 222.392	152°14′00.9″	

5个线元
匝道长564m

图 5-5 国道 218 线新疆伊宁至墩麻扎段高速公路改建工程第二合同段
伊宁县互通式立交 AB 匝道设计图

(1) 缓曲线元起讫半径的验证

① 1 号缓曲线元。

由于 1 号缓曲线元的终点名为 *GQ* 点，所以其起点半径与终点半径都不确定，无法使用固定小半径的方法确定该缓曲线元另一端的半径。此时，应先使用设计图线位数据表中的走向方位角反算缓曲线元的偏角差 β_h，以确定大半径。

1 号缓曲线元的偏角差为 β_h=146°48′03.2″−143°31′00.7″=3°17′02.5″=0.057 317 097 45 弧度，由式(4-5)可以列出偏角方程为

$$\beta_h = \frac{l_e^2}{2A^2} - \frac{l_s^2}{2A^2} = \frac{l_e^2 - l_s^2}{2A^2} = \frac{(l_e - l_s)(l_e + l_s)}{2A^2} = \frac{L_h(l_s + L_h + l_s)}{2A^2} = \frac{2l_sL_h + L_h^2}{2A^2} \tag{5-6}$$

式中，L_h=193.99m，为缓曲线长；l_s 为起点(大半径端)的原点线长，由于起点半径未知，因此 l_s 也未知。

解式(5-6)，得

$$l_s = \frac{2A^2\beta_h - L_h^2}{2L_h} \tag{5-7}$$

将 1 号线元的缓曲参数 A=877.496，偏角差 β_h=0.057 317 097 45 代入式(5-7)，算出起点的原点线长为 l_s=130.512 2m。再由式(4-2)算出起点半径为

$$R_s = \frac{A^2}{l_s} = \frac{877.496^2}{130.512\ 2} = 5\ 899.825\ 7\text{m}$$

由式(5-3)，得

$$R_e = \left(R_s^{-1} + \frac{L_h}{A^2}\right)^{-1} = \left(5\ 899.825\ 7^{-1} + \frac{193.99}{877.496^2}\right)^{-1} = 2\ 372.862\ 9\text{m}$$

② 2 号缓曲线元。

因 2 号缓曲线元的终点名为 *HY* 点，按固定小半径的原则，应有 R_e=240m，$R_e<R_s$，只需要确定起点半径 R_s。将 A=117.7，L_h=55.38m 及 R_e=240m 代入式(5-3)，算得 R_s=5 915.048 5m。可见，2 号缓曲线元的起点半径并不等于 1 号线元的终点半径，也即，该点的半径过渡不连续。

③ 4 号缓曲线元起讫半径的验证。

因 4 号缓曲线元的起点名为 *YH* 点，按固定小半径的原则，应有 R_s=240m，$R_s<R_e$，只需要确定终点半径 R_e。将 A=132.763，L_h=73.44m 及上述的 R_s 值代入式(5-6)，算得 R_e=10 213 809.82m，应该认为 $R_e=\infty$，也即，4 号缓曲线元为完整缓和曲线。

④ 5 号缓曲线元起讫半径的验证。

由于 5 号缓曲线元的起点名为 *GQ* 点，因此起点半径不确定，终点半径也不确定。

由匝道线位数据表反求的 5 号缓曲线元的偏角差为 β_h=152°14′00.9″−185°44′45.7″=-33°30′44.8″= -0.584 902 495 9 弧度。

将 A=132.763，L_h=143.59m 及上述偏角差绝对值代入式(5-7)，算得起点(大半径端)的原点线长为 l_s=0.003 173m≈0m，因此可以认为 $R_s=\infty$，也即，该缓曲线元为完整缓和曲线，该线元起点半径过渡是连续的。

本例说明，主点名为 *GQ* 的半径过渡也有连续的，不能简单地认为凡是 *GQ* 点的半径过渡都不连续。

将上述数据代入式(4-2)，算得终点半径为 R_e=122.752 4m。

由于该线元为左偏，因此由线元起讫点走向方位角反算出的偏角值为负数，将其代入式(5-7)计算起点的原点线长时，应取绝对值。

(2) 在 MS Excel 输入平曲线设计数据

根据上述缓曲线元起讫半径验算结果，编写的该案例 5 个线元的设计数据，并在 MS Excel 的 File3 选项卡，按表 5-1 的规定输入平曲线设计数据，结果如图 5-6 所示。

	A	B	C	D	E	F	G	H	I	J
1	2372.863	5899.826	193.99	1		0	4868100.3	488049.656		143.5168611
2	5915.049	240	55.38	1						
3	240	240	97.6	1						
4	240	0	73.44	1						
5	0	122.7524	143.59	-1						

File3 / Sheet2 / Sheet3

图 5-6 在 MS Excel 的 File3 选项卡输入 AB 匝道的平曲线设计数据结果

AB 匝道的 *QD* 走向方位角为 143°31′0.7″=143.5168611°，应在表中 J1 单元输入以十进

制度为单位的 *QD* 走向方位角 143.5168611。

将 File3 选项卡的数据另存为 File3.csv 文件，将 File3.csv 文件上传到 fx-9750GⅡ内存，并设置 **File3** 为当前串列文件。

(3) 计算平曲线主点数据

执行 Q2X9 程序，计算 AB 匝道平曲线主点数据的屏幕提示与用户操作过程如下：

屏幕提示	按键	说明
Route or ramp xyH Q2X9		显示程序标题
new(0)/old(≠0) main point data=?	0 EXE	输入 0 为重新计算主点数据
hor-curve QD num=?	1 EXE	输入平曲线起始点号(number)
Z_{ZD}(m)=564.0000	EXE	显示平曲线终点设计桩号(0mm)/耗时 1.52s
α_{ZD}=152°14′06.67″	EXE	显示终点走向方位角(差 5.77″)
x_{ZD}+y_{ZD}i(m)=4867585.290+488222.3919i	EXE	显示终点中桩坐标复数(Δ*x*=2mm, Δ*y*= 0.1mm)
Press [MENU][2]⇒Stop!	MENU 2	进入 **STAT** 模式查看主点数据

程序算出的匝道终点数据，桩号与设计图基本相符，走向方位角与设计图相差 5.77″，中桩坐标与设计图最大差 2mm。本例的全部数据文件位于光盘"\5 章\匝道案例 3\"路径下。

5) 匝道案例 4

图 5-7 所示的 B 匝道有 6 个线元，其中 1、3、5 号线元为圆曲线元，2、4、6 号线元为缓曲线元。

(1) 缓曲线元起讫半径的验证

① 2 号缓曲线元。

2 号缓曲线元是连接半径分别为 400m 与 4 000m 的圆曲线元，按先固定缓曲线元小半径的原则，应有起点半径 R_s=400m，$R_s<R_e$，需要反求终点半径 R_e。

广西阳(朔)至鹿(寨)高速公路第A3合同段荔浦服务区B匝道线位数据表

点名	桩 号	*x*(m)	*y*(m)	走向方位角	线长(m)
QD	BK0+000	2 714 677.656	433 835.581	256°55′08.2″	41.238
YH	BK0+041.238	2 714 666.270	433 795.964	251°00′43.1″	56.25
HY	BK0+097.488	2 714 645.500	433 743.703	246°59′00.1″	43.845
YH	BK0+141.333	2 714 628.578	433 703.255	247°36′41″	47.85
HY	BK0+189.183	2 714 610.005	433 659.158	246°15′22.3″	24.876
YH	BK0+214.059	2 714 599.710	433 636.514	244°50′49.6″	58.985
ZD	BK0+273.044	2 714 573.195	433 583.831	241°49′43.6″	

设计单位：黑龙江省公路勘察设计院
施工单位：福建省第一公路工程公司

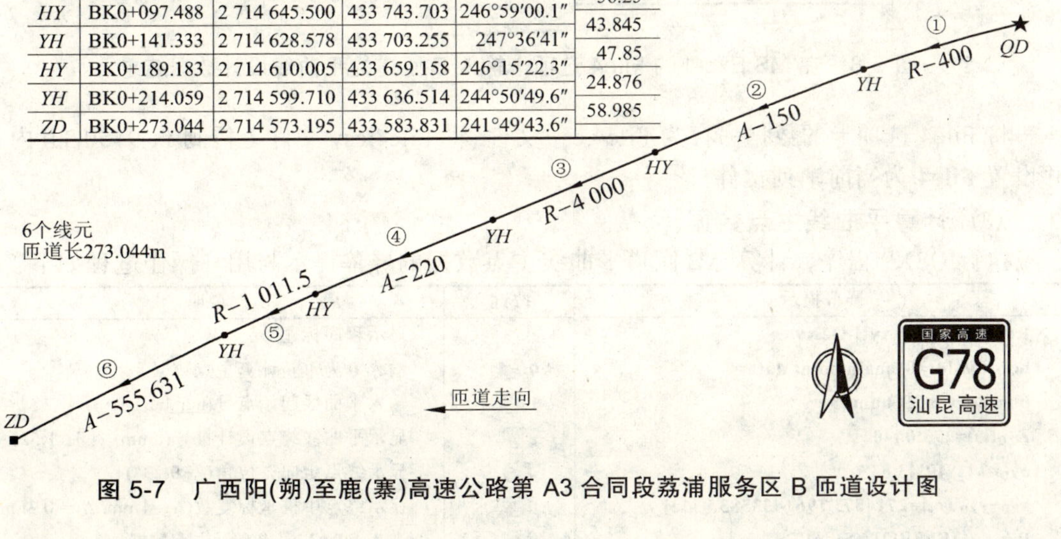

图 5-7　广西阳(朔)至鹿(寨)高速公路第 A3 合同段荔浦服务区 B 匝道设计图

假设该缓曲线元为完整缓和曲线，将 *A*=150，R_s=400m 代入式(4-2)求得缓曲线长为

L_h=56.25m，正好等于设计值，因此 $R_e=\infty$。

当然也可以用式(5-3)反求，如果将 A=150，L_h=56.25m，R_s=400m 代入式(5-3)，由于分母为 0，计算时将出现数学错误。因为 0 的倒数等于∞，这也表明 $R_e=\infty$。

而图 5-7 标注的 2 号缓曲线元的终点名为 *HY*，这也说明，点名为 *HY* 的点，其半径过渡也不一定连续。

② 4 号缓曲线元。

4 号缓曲线元是连接半径分别为 4 000m 与 1 011.5m 的圆曲线元，按先固定缓曲线元小半径的原则，应有终点半径 R_e=1 011.5m，$R_s>R_e$，需要反求起点半径 R_s。

假设该缓曲线元为完整缓和曲线，将 A=220，R_s=1 011.5m 代入式(4-2)求得缓曲线长为 L_h=47.849 7m≈47.85m，因此 $R_s=\infty$。

当然也可以用式(5-3)反求，如果将 A=220，L_h=47.85m，R_e=1 011.5m 代入式(5-3)，算得 R_s=-178 024 000，这也表明 $R_s=\infty$。

③ 6 号缓曲线元。

假设 6 号缓曲线元起点端的半径为连续过渡，因此有 R_s=1 011.5m，$R_s<R_e$，需要反求终点半径 R_e。

将 A=555.631，L_h=59.985m，R_s=1 011.5m 代入式(5-5)，算得 R_e=1 253.806 5m。

(2) 在 MS Excel 输入平曲线设计数据

根据上述缓曲线元起讫半径验算结果，编写该案例 6 个线元的设计数据，并在 MS Excel 的 File4 选项卡，按表 5-1 的规定输入平曲线设计数据，结果如图 5-8 所示。

B 匝道的 *QD* 走向方位角为 256°55′08.2″= 256.9189444°，应在表中 J1 单元输入以十进制度为单位的 *QD* 走向方位角 256.9189444。

	A	B	C	D	E	F	G	H	I	J
1	400	400	41.238	-1		0	2714677.656	433835.581		256.9189444
2	400	0	56.25	-1						
3	4000	4000	43.845	1						
4	0	1011.5	47.85	-1						
5	1011.5	1011.5	24.876	-1						
6	1011.5	1253.8065	58.985	-1						

File4 / Sheet2 / Sheet3

图 5-8　在 MS Excel 的 File4 选项卡输入 B 匝道的平曲线设计数据结果

将 File4 选项卡的数据另存为 File4.csv 文件，将 File4.csv 文件上传到 fx-9750GⅡ内存，并设置 **File4** 为当前串列文件。

(3) 计算平曲线主点数据

执行 Q2X9 程序，计算 AB 匝道平曲线主点数据的屏幕提示与用户操作过程如下：

屏幕提示	按键	说明
Route or ramp xyH Q2X9		显示程序标题
new(0)/old(≠0) main point data=?	0 EXE	输入 0 为重新计算主点数据
hor-curve QD num=?	1 EXE	输入平曲线起始点号(number)
Z_{ZD}(m)=273.0440	EXE	显示平曲线终点设计桩号(0mm)/耗时 1.52s
α_{ZD}=241°49′43.83″	EXE	显示终点走向方位角(差 0.23″)
$x_{ZD}+y_{ZD}i$(m)=2714573.196+433583.8313i	EXE	显示终点中桩坐标复数(Δx=1mm, Δy= 0.3mm)
Press [MENU][2]⇒Stop!	MENU 2	进入 **STAT** 模式查看主点数据

程序算出的匝道终点数据，桩号与设计图相符，走向方位角与设计图相差 0.23″，中桩坐标与设计图最大差 1mm。本例的全部数据文件位于光盘“\5 章\匝道案例 4\”路径下。

6) 线元设计数据输入有误的检查方法

使用上述介绍的方法验算完缓曲线元起讫半径，完成匝道平曲线元数据输入，执行 Q2X9 程序计算平曲线的主点数据，当屏幕显示的终点数据与设计图相差较大时，应按 MENU 2 键进入 **STAT** 模式，将 List 6 串列的主点桩号，List 7 与 List 8 串列的主点中桩坐标，List 10 的主点走向方位角与设计图给出的主点数据逐个比较，哪个主点的数据相差较大，就表示该线元的设计数据输入有误。

List 10 串列的主点方位角是以十进制度显示的角度，需要将其转换为六十进制角度显示时，应按 OPTN F6 F2 键调出角度功能菜单，按 F5 键为将当前串列单元数值转换为六十进制角度显示。

5.3 线元法程序 Q2X9 计算平曲线主点数据的精度分析

每个平曲线元的设计数据为起点半径 R_s、终点半径 R_e、线长 L 与偏转系数，Q2X9 程序是按各平曲线元径相连接原理计算路线或匝道平曲线主点数据的，每个主点的数据包括主点桩号、走向方位角及其中桩坐标，其计算精度与用户输入的每个线元的 R_s，R_e，L 的数据位数有关。

一般地，当设计图给出的 R_s，R_e 为整数时，容易准确获取；当不是整数时，设计图给出的数值是四舍五入后取位到 0.001 m 的半径值。线长 L，设计图一般也只给到了 0.001m 位，实际上，其 0.000 1m 位是有数字的。当标段的总线元数不多时，这种误差积累即使传递到标段终点也不会太大。

对于交点法设计的路线平曲线，还有一个重要的误差来源是相邻交点平曲线之间的夹直线长，这就与设计院所给设计图的精度有关。

图 5-9 为光盘“\4 章\[例 4-1]\File1.txt”文件的部分内容，它是使用 Q2X8 程序计算图 4-6 所示的福建永安至宁化高速公路 JD_{52}~JD_{55} 四个交点的平曲线成果文件。

设计图给出的 JD_{52}~JD_{53} 之间的平曲线夹直线长为 0，而实际上是-0.000 7m；JD_{54}~JD_{55} 之间的平曲线夹直线长为 0，而实际上是-0.000 2m。在编写 Q2X9 程序的线元数据时，忽略了这些实际不等于 0 的夹直线长，这就造成了用 Q2X9 程序计算该标段的平曲线数据时，终点的桩号、走向方位角及其中桩坐标与设计值会有稍许差异。虽然这种 mm 级(有些到 cm 级)的差异不会对路线施工放样产生影响，但总容易使用户错误地认为 Q2X9 线元法程序的计算精度不高。

为保证线元法程序 Q2X9 的计算精度，要求每个线元的 R_s，R_e，L 的数据位应尽可能地取位到 0.000 1m。为便于用户从交点法程序 Q2X8 的成果文件中，准确地获取线长数据，我们在编写 Q2X8 程序配套的成果整理程序 H2X8.exe 时，将输出的所有成果文件中的桩号、线长与坐标都取位到了 0.000 1m。

图 5-10 为将图 4-6 所示的交点法平曲线设计数据转换为线元法平曲线设计数据的结果，其取位到 0.000 1m 位的线长从图 5-9 所示的 File1.txt 文件中获取。

```
FILE1.TXT - 记事本
文件(F) 编辑(E) 格式(O) 查看(V) 帮助(H)
                         交点平曲线要素计算成果
                         ======================

JD号   转角(dms)     T1(m)      T2(m)      Lh1(m)      Ly(m)      Lh2(m)     E(m)       J(m)
JD52    57.541360   499.5280   499.5280   200.0000    527.6403   200.0000   105.4758   71.4156
JD53  - 27.385411   374.3155   355.8434   209.0910    342.6285   167.2730   34.2124    11.1664
JD54    28.260779   480.3194   480.3194   200.0000    544.4396   200.0000   48.5439    16.1993
JD55  - 17.430185   363.6863   341.4445   200.0000    350.6793   150.0000   21.2991     4.4515

             平曲线主点桩号,中桩坐标(设计高程),走向方位角计算成果
             ==================================================

点名   设计桩号          x(m)          y(m)        H(m)     走向方位角(dms)
QD     K59+600         2897528.5790  495053.9060             236.434506
夹直线长(m)=477.9290
ZH52   K60+077.9290    2897266.3886  494654.3158             236.434506
HY52   K60+277.9290    2897164.6115  494482.3481             244.411295
YH52   K60+805.5694    2897125.7591  493967.9007             286.403078
HZ52   K61+005.5694    2897200.5542  493782.5978             294.375867
夹直线长(m)=-      .0007
ZH53   K61+005.5686    2897200.5539  493782.5985             294.375867
HY53   K61+214.6596    2897281.6077  493589.9480             289.111498
YH53   K61+557.2881    2897342.4135  493254.1640             271.202752
HZ53   K61+724.5611    2897337.8511  493086.9963             266.590455
夹直线长(m)=203.6549
ZH54   K61+928.2160    2897327.1379  492883.6234             266.590455
HY54   K62+128.2160    2897321.0586  492683.7554             270.481554
YH54   K62+672.6556    2897426.2497  492152.6156             291.360135
HZ54   K62+872.6556    2897508.0490  491970.1518             295.251234
夹直线长(m)=-      .0002
ZH55   K62+872.6554    2897508.0490  491970.1519             295.251234
HY55   K63+072.6554    2897590.3286  491787.8946             292.025911
YH55   K63+423.3347    2897687.6408  491451.6345             280.135041
HZ55   K63+573.3347    2897709.9281  491303.3126             277.421049
夹直线长(m)=-      .0004
ZD     K63+573.3343    2897709.9280  491303.3130             277.421049
                                                                    Ln 1, Col 1
```

图 5-9　Q2X8 程序计算出例 4-1 成果文件 File1.txt 的部分内容(执行 H2X8.exe 程序整理输出)

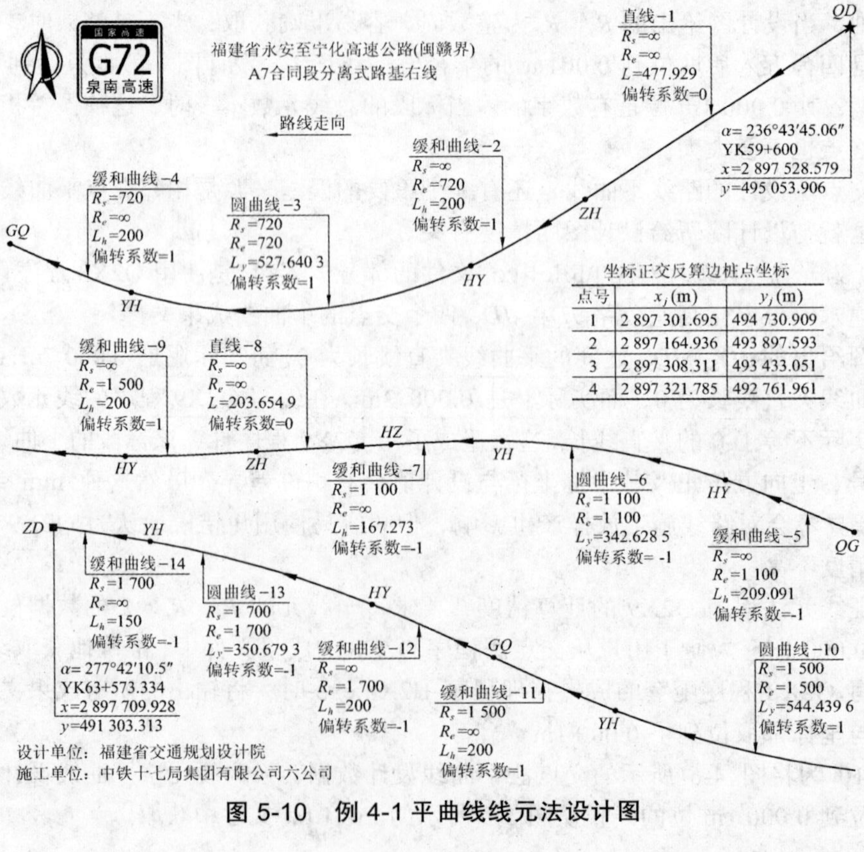

图 5-10　例 4-1 平曲线线元法设计图

[例 5-1]　试用 Q2X9 程序计算图 5-10 所示 14 个线元的平曲线主点数据；将表 4-4 所列 7 个一级导线点的平面坐标输入到 Mat S 矩阵，分别设置导线点 $A7-3$ 和任意点坐标 (2 897 267.462，493 533.521)为测站点，计算 K61+190，K61+440，K61+600 桩号的中边桩坐标及其极坐标放样数据，左边距取 1.5m，右边距取 12.5m；计算图中内表所列 4 个边桩点的坐标反算结果。

[解]　① 平曲线设计数据及导线点坐标的输入。

在 MS Excel 的 File1 选项卡，按表 5-1 的规定输入图 5-10 所示 14 个线元的平曲线设计数据，结果如图 5-11 所示。

	A	B	C	D	E	F	G	H	I	J
1	0	0	477.929	0		59600	2897528.579	495053.906		236.7291833
2	0	720	200	1						
3	720	720	527.6403	1						
4	720	0	200	1						
5	0	1100	209.091	-1						
6	1100	1100	342.6285	-1						
7	1100	0	167.273	-1						
8	0	0	203.6549	0						
9	0	1500	200	1						
10	1500	1500	544.4396	1						
11	1500	0	200	1						
12	0	1700	200	-1						
13	1700	1700	350.6793	-1						
14	1700	0	150	-1						

File1 / MAT_S / Sheet3

	A	B	C
1	2897181.596	494219.281	0
2	2897260.565	493760.349	0
3	2897253.446	493294.155	0
4	2897413.003	492834.481	0
5	2897472.598	492390.654	0
6	2897472.598	491947.046	0
7	2897557.446	491616.699	0

File1 / MAT_S / Sheet3

图 5-11　在 MS Excel 的 File1 选项卡输入图 5-10 所示平曲线设计数据结果

QD 走向方位角为 236°43′45.06″= 236.7291833°，应在表中 J1 单元输入以十进制度为单位的 QD 走向方位角 236.7291833。

将 File1 选项卡的数据另存为 File1.csv 文件，将 File1.csv 文件上传到 fx-9750GⅡ内存，并设置 **File1** 为当前串列文件。

在 MS Excel 的 MAT_S 选项卡，输入表 4-4 所列 7 个导线点的已知坐标，因为没有给出导线点的高程，所以高程位应全部输入 0。将 MAT_S 选项卡的数据另存为 MAT_S.csv 文件，将 MAT_S.csv 文件上传到 fx-9750GⅡ内存。

② 计算平曲线主点数据。

执行 Q2X9 程序，计算平曲线主点数据的屏幕提示与用户操作过程如下：

屏幕提示	按键	说明
Route or ramp xyH Q2X9		显示程序标题
new(0)/old(≠0) main point data=?	0 EXE	输入 0 为重新计算主点数据
hor-curve QD num=?	1 EXE	输入平曲线起始点号(number)
Z_{ZD}(m)=63573.3356	EXE	显示平曲线终点设计桩号(1.6mm)/耗时 2.49s
α_{ZD}=277°42′10.48″	EXE	显示终点走向方位角(0.02″)
$x_{ZD}+y_{ZD}$i(m)=2897709.928+491303.3117i	EXE	显示终点中桩坐标复数(Δx=0mm, Δy= -1.3mm)
Press [MENU][2]⇒Stop!	MENU 2	进入 **STAT** 模式查看主点数据

③ 坐标正算。

重复执行 Q2X9 程序，设置 Mat S 矩阵的导线点 $A7-3$ 为测站点，进行坐标正算的屏幕提示与用户操作过程如下：

屏幕提示	按键	说明
Route or ramp xyH Q2X9		显示程序标题
new(0)/old(≠0) main point data=?	**1** EXE	输入非零数为使用现有主点数据计算
st xy new(0)/old(>0)/no(<0)=?	**0** EXE	输入 0 为重新输入测站点(station)坐标
station Mat S(>0)/x(m)=?	**3** EXE	输入 3 为选择导线点 *A*7-3 为测站点
$x_{str}+y_{str}$i(m)=2897253.446+493294.1550i	EXE	显示导线点(traverse)平面坐标复数
peg→xy(1)/xy→peg(2)/pier(4)=?	**1** EXE	输入 1 选择坐标正算
+peg(m),<QD⇒end=?	**61190** EXE	输入加桩号
α_j=290°23′46.41″	EXE	显示中桩走向方位角/耗时 0.64s
x_j+y_ji(m)=2897273.253+493613.1487i	EXE	显示中桩坐标复数
α=86°26′49.05″	EXE	显示测站→中桩方位角
HD(m)=319.6080	EXE	显示测站→中桩平距
W_L(m)±∠γi,0⇒no=?	**1.5** EXE	输入左边距
x_L+y_Li(m)=2897271.847+493612.6259i	EXE	显示左边桩坐标复数
α=86°41′35.44″	EXE	显示测站→左边桩方位角
HD(m)=319.0021	EXE	显示测站→左边桩平距
W_L(m)±∠γi,0⇒no=?	**0** EXE	输入 0 结束左边桩坐标计算
W_R(m),0⇒no=?	**12.5** EXE	输入右边距
x_R+y_Ri(m)=2897284.969+493617.5051i	EXE	显示右边桩坐标复数
α=84°25′54.7″	EXE	显示测站→右边桩方位角
HD(m)=324.8830	EXE	显示测站→右边桩平距
W_R(m),0⇒no=?	**0** EXE	输入 0 结束右边桩坐标计算
+peg(m),<QD⇒end=?	**0** EXE	输入小于 *QD* 的桩号结束程序
Q2X9⇒End		程序结束显示

重复执行 Q2X9 程序，设置任意点坐标(2 897 267.462，493 533.521)为测站点，进行坐标正算的屏幕提示与用户操作过程如下：

屏幕提示	按键	说明
Route or ramp xyH Q2X9		显示程序标题
new(0)/old(≠0) main point data=?	**2** EXE	输入非零数为使用现有主点数据计算
st xy new(0)/old(>0)/no(<0)=?	**0** EXE	输入 0 为重新输入测站点(station)坐标
station JD(<0)/Mat S(>0)/x(m)=?	**2897267.462** EXE	输入任意点的坐标为测站点
station y(m)=?	**493533.521** EXE	
peg→xy(1)/xy→peg(2)/pier(4)=?	**1** EXE	输入 1 选择坐标正算
+peg(m),<QD⇒end=?	**61190** EXE	输入加桩号
α_j=290°23′46.41″	EXE	显示中桩走向方位角/耗时 0.64s
x_j+y_ji(m)=2897273.253+493613.1487i	EXE	显示中桩坐标复数
α=85°50′25.77″	EXE	显示测站→中桩方位角
HD(m)=79.8380	EXE	显示测站→中桩平距
W_L(m)±∠γi,0⇒no=?	**1.5** EXE	输入左边距
x_L+y_Li(m)=2897271.847+493612.6259i	EXE	显示左边桩坐标复数
α=86°49′37.98″	EXE	显示测站→左边桩方位角
HD(m)=79.2264	EXE	显示测站→左边桩平距
W_L(m)±∠γi,0⇒no=?	**0** EXE	输入 0 结束左边桩坐标计算
W_R(m),0⇒no=?	**12.5** EXE	输入右边距
x_R+y_Ri(m)=2897284.969+493617.5051i	EXE	显示右边桩坐标复数
α=78°13′29.34″	EXE	显示测站→右边桩方位角
HD(m)=85.7894	EXE	显示测站→右边桩平距
W_R(m),0⇒no=?	**0** EXE	输入 0 结束右边桩坐标计算
+peg(m),<QD⇒end=?	**0** EXE	输入小于 *QD* 的桩号结束程序
Q2X9⇒End		程序结束显示

重复执行 Q2X9 程序，不设置测站点，进行坐标正算的屏幕提示与用户操作过程如下：

屏幕提示	按键	说明
Route or ramp xyH Q2X9		显示程序标题
new(0)/old(≠0) main point data=?	3 EXE	输入非零数为使用现有主点数据计算
st xy new(0)/old(>0)/no(<0)=?	-3 EXE	输入负数为不设置测站点(station)
peg→xy(1)/xy→peg(2)/pier(4)=?	1 EXE	输入 1 选择坐标正算
+peg(m),<QD⇒end=?	61190 EXE	输入加桩号
α_j=290°23′46.41″	EXE	显示走向方位角/耗时 0.64s
x_j+y_ji(m)=2897273.253+493613.1487i	EXE	显示中桩坐标复数
W_L(m)±∠γi,0⇒no=?	1.5 EXE	输入左边距
x_L+y_Li(m)=2897271.847+493612.6259i	EXE	显示左边桩坐标复数
W_L(m)±∠γi,0⇒no=?	0 EXE	输入 0 结束左边桩坐标计算
W_R(m),0⇒no=?	12.5 EXE	输入右边距
x_R+y_Ri(m)=2897284.969+493617.5051i	EXE	显示右边桩坐标复数
W_R(m),0⇒no=?	0 EXE	输入 0 结束右边桩坐标计算
+peg(m),<QD⇒end=?	0 EXE	输入小于 *QD* 的桩号结束程序
Q2X9⇒End		程序结束显示

④ 坐标反算。

执行 Q2X9 程序，进行坐标反算的屏幕提示与用户操作过程如下：

屏幕提示	按键	说明
Route or ramp xyH Q2X9		显示程序标题
new(0)/old(≠0) main point data=?	1 EXE	输入非零数为使用现有主点数据计算
st xy new(0)/old(>0)/no(<0)=?	-1 EXE	输入负数为不设置测站点(station)
peg→xy(1)/xy→peg(2)/pier(4)=?	2 EXE	输入 2 选择坐标反算
x_j(m)/π⇒end=?	2897301.695 EXE	输入 1 号边桩点坐标(图 5-10 内表)
y_j(m)+ni=?	494730.909 EXE	
p peg(m)+ni=59994.5214+1.0000i	EXE	显示垂点桩号+线元号 i 复数/耗时 0.73s
α_p=236°43′45.06″	EXE	显示垂点走向方位角
x_p+y_pi(m)=2897312.146+494724.0518i	EXE	显示垂点坐标复数
d_L(m)=-12.4995	EXE	显示负数为左边距
x_j(m)/π⇒end=?	2897164.936 EXE	输入 2 号边桩点坐标(图 5-10 内表)
y_j(m)+ni=?	493897.593 EXE	
p peg(m)+ni=60885.4843+4.0000i	EXE	显示垂点桩号+线元号 i 复数/耗时 1.24s
α_p=291°45′50.79″	EXE	显示垂点走向方位角
x_p+y_pi(m)=2897152.336+493892.5626i	EXE	显示垂点坐标复数
d_R(m)=13.5667	EXE	显示正数为右边距
x_j(m)/π⇒end=?	2897308.311 EXE	输入 3 号边桩点坐标(图 5-10 内表)
y_j(m)+ni=?	493433.051 EXE	
p peg(m)+ni=61374.3375+6.0000i	EXE	显示垂点桩号+线元号 i 复数/耗时 0.99s
α_p=280°52′13.34″	EXE	显示垂点走向方位角
x_p+y_pi(m)=2897322.977+493435.8674i	EXE	显示垂点坐标复数
d_L(m)=-14.9339	EXE	显示负数为左边距
x_j(m)/π⇒end=?	2897321.785 EXE	输入 4 号边桩点坐标(图 5-10 内表)
y_j(m)+ni=?	492761.961 EXE	
p peg(m)+ni=62050.0003+9.0000i	EXE	显示垂点桩号+线元号 i 复数/耗时 1.11s
α_p=268°24′03.15″	EXE	显示垂点走向方位角
x_p+y_pi(m)=2897321.734+492761.9624i	EXE	显示垂点坐标复数
d_R(m)=0.0508	EXE	显示正数为右边距
x_j(m)/π⇒end=?	SHIFT π EXE	输入 π 结束程序
Q2X9⇒End		程序结束显示

⑤ 下传串列文件到通信软件 FA-124 并输出为 CSV 格式文件。

用通用 USB 数据线连接好 fx-9750GⅡ与 PC 机的 USB 口；在 PC 机启动 FA-124，先在 fx-9750GⅡ上按 MENU C F2 (RECV)键，再在 PC 机用鼠标左键单击 FA-124 工具栏的图标，启动数据同步操作；待 fx-9750GⅡ与 FA-124 Calculator 窗口的数据同步操作完成后，将 Calculator 窗口 List File 图标下的串列文件 File1 复制到 FA-124 窗口的 List File 图标下，鼠标左键单击该图标下的 File 1 文件，执行下拉菜单“File/CSV/Save as CSV”命令，将串列文件 File 1 以文件名 File1.csv 另存入 PC 机硬盘或 U 盘文件夹中。

⑥ 执行成果整理程序 H2X9.exe 输出成果文件。

将随书光盘文件“\5 章\H2X9.exe”复制到存储了 File1.csv 的硬盘或 U 盘文件夹下，鼠标左键双击 H2X9.exe 文件名执行该程序，输入“file1/10”(图 5-12 灰底色字符)按回车键，程序自动从同路径下的 File1.csv 文件中读入数据，并在同路径下生成四个成果文件 File1.txt，CSfile1.dat，SUfile1.csv，SKfile1.csv，这些文件连同源串列文件 File1.csv 均位于光盘“\5 章\[例 5-1]\”路径下。

在 Windows 98 操作系统下执行 H2X9.exe 程序文件的界面如图 5-12 所示。

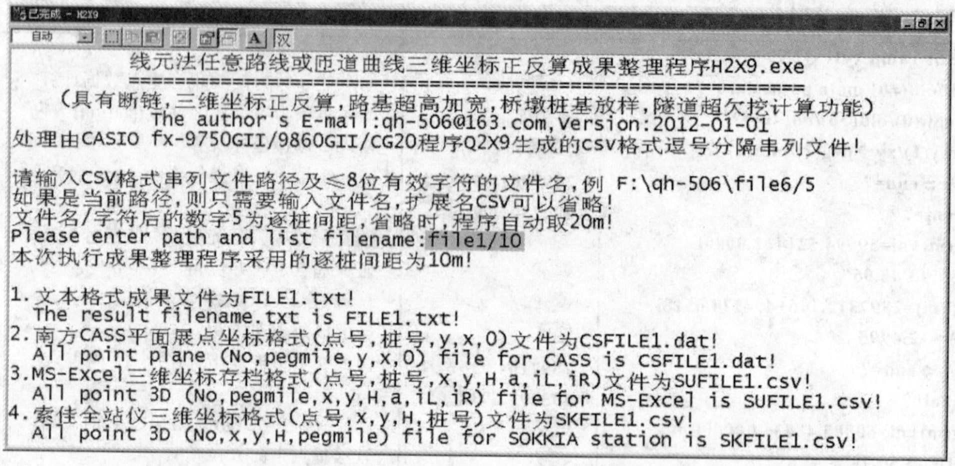

图 5-12 在 Windows 98 操作系统下执行 H2X9.exe 程序文件的界面

在 Windows XP 操作系统下执行 H2X9.exe 程序文件的界面如图 5-13 所示。

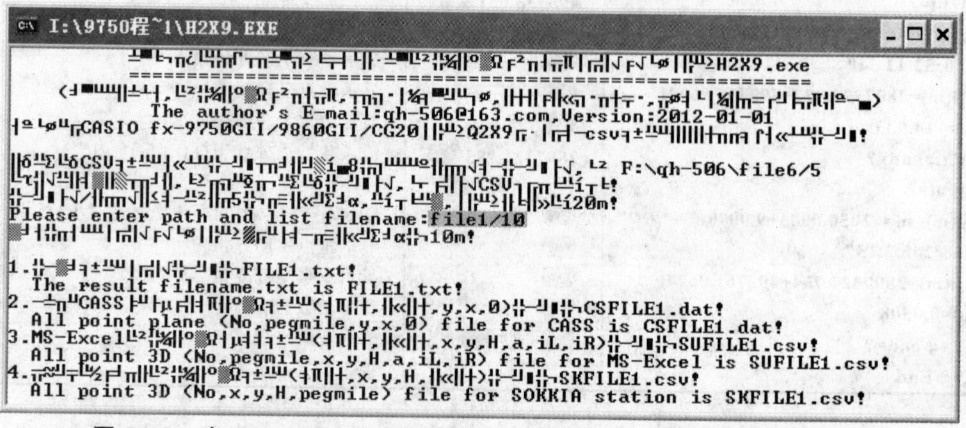

图 5-13 在 Windows XP 操作系统下执行 H2X9.exe 程序文件的界面

在 Windows 7/32bit 版操作系统下执行 H2X9.exe 程序文件的界面如图 5-14 所示。

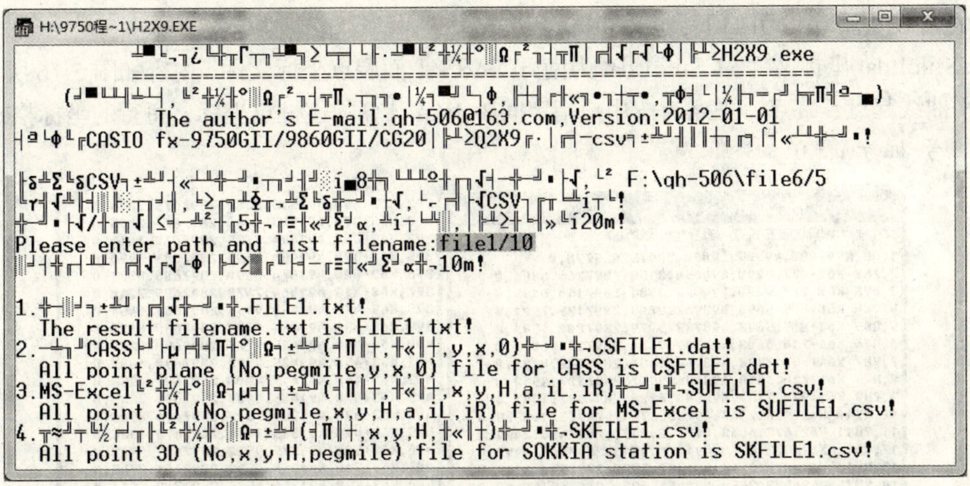

图 5-14　在 Windows 7/32bit 版操作系统下执行 H2X9.exe 程序文件的界面

需要特别说明的是，微软公司市售的 Windows 7 操作系统有 32bit 版与 64bit 版两种版本，当用户 PC 机安装的是 Windows 7 操作系统时，H2X9.exe 程序文件只能在 32bit 版的 Windows 7 操作系统下执行，不能在 64bit 版的 Windows 7 操作系统下执行。

本例输出的成果文件 File1.txt 的部分内容如图 5-15 所示，该文件只输出了平曲线设计数据、曲线要素及主点数据，不输出逐桩坐标数据。

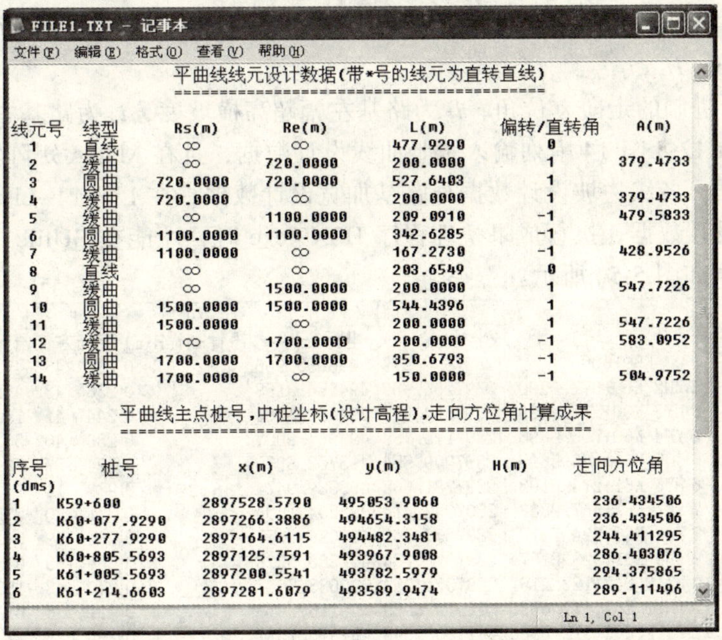

FILE1.TXT - 记事本

平曲线线元设计数据(带*号的线元为直转直线)

线元号	线型	Rs(m)	Re(m)	L(m)	偏转/直转角	A(m)
1	直线	∞	∞	477.9290	0	
2	缓曲	∞	720.0000	200.0000	1	379.4733
3	圆曲	720.0000	720.0000	527.6403	1	
4	缓曲	720.0000	∞	200.0000	1	379.4733
5	缓曲	∞	1100.0000	209.0910	-1	479.5833
6	圆曲	1100.0000	1100.0000	342.6285	-1	
7	缓曲	1100.0000	∞	167.2730	-1	428.9526
8	直线	∞	∞	203.6549	0	
9	缓曲	∞	1500.0000	200.0000	1	547.7226
10	圆曲	1500.0000	1500.0000	544.4396	1	
11	缓曲	1500.0000	∞	200.0000	1	547.7226
12	缓曲	∞	1700.0000	200.0000	-1	583.0952
13	圆曲	1700.0000	1700.0000	350.6793	-1	
14	缓曲	1700.0000	∞	150.0000	-1	504.9752

平曲线主点桩号,中桩坐标(设计高程),走向方位角计算成果

序号	桩号	x(m)	y(m)	H(m)	走向方位角 (dms)
1	K59+600	2897528.5790	495053.9060		236.434506
2	K60+077.9290	2897266.3886	494654.3158		236.434506
3	K60+277.9290	2897164.6115	494482.3481		244.411295
4	K60+805.5693	2897125.7591	493967.9008		286.403076
5	K61+005.5693	2897200.5541	493782.5979		294.375865
6	K61+214.6603	2897281.6079	493589.9474		289.111496

Ln 1, Col 1

图 5-15　成果文件 File1.txt 的部分内容

在 CSfile1.dat，SUfile1.csv，SKfile1.csv 三个坐标文件中，存储了平曲线起点、终点、主点与按用户指定间距 10m 计算的逐桩点坐标。在 PC 机执行成果整理程序 H2X9.exe，在弹出的对话框中输入“file1/10”时，串列文件名 “file1” 后的“/10”为逐桩间距值。当用户只

输入“file1”，没有输入其后的字符“/10”时，程序自动取 20m 为逐桩间距计算。三个坐标文件的格式及用途说明如下：

CSfile1.dat 坐标文件。CSfile1.dat 为南方 CASS 平面展点坐标文件，内容如图 5-16 所示。它包括平曲线起点、终点、主点与按用户指定间距 10m 计算的逐桩点坐标，每行的坐标格式为：

点号,桩号,y,x,0

```
CSFILE1.DAT - 记事本
文件(F) 编辑(E) 格式(O) 查看(V) 帮助(H)
1,QD_K59+600,495053.9060,2897528.5790,0
2,ZH2_K60+077.9290,494654.3158,2897266.3886,0
3,HY3_K60+277.9290,494482.3481,2897164.6115,0
4,YH4_K60+805.5693,493967.9008,2897125.7591,0
5,GQ5_K61+005.5693,493782.5979,2897200.5541,0
6,HY6_K61+214.6603,493589.9474,2897281.6079,0
7,YH7_K61+557.2888,493254.1634,2897342.4137,0
8,HZ8_K61+724.5618,493086.9957,2897337.8513,0
9,ZH9_K61+928.2167,492883.6228,2897327.1381,0
10,HY10_K62+128.2167,492683.7547,2897321.0588,0
11,YH11_K62+672.6563,492152.6150,2897426.2499,0
12,GQ12_K62+872.6563,491970.1511,2897508.0492,0
13,HY13_K63+072.6563,491787.8937,2897590.3289,0
14,YH14_K63+423.3356,491451.6336,2897687.6410,0
15,ZD_K63+573.3356,491303.3117,2897709.9283,0
16,K59+600,495053.9060,2897528.5790,0
17,K59+610,495045.5451,2897523.0930,0
18,K59+620,495037.1843,2897517.6071,0
19,K59+630,495028.8234,2897512.1211,0
20,K59+640,495020.4625,2897506.6351,0
21,K59+650,495012.1017,2897501.1491,0

392,K63+360,491513.7383,2897675.2336,0
393,K63+370,491503.9640,2897677.3463,0
394,K63+380,491494.1775,2897679.4014,0
395,K63+390,491484.3791,2897681.3990,0
396,K63+400,491474.5690,2897683.3389,0
397,K63+410,491464.7478,2897685.2210,0
398,K63+420,491454.9156,2897687.0454,0
399,K63+430,491445.0729,2897688.8120,0
400,K63+440,491435.2205,2897690.5234,0
401,K63+450,491425.3592,2897692.1832,0
402,K63+460,491415.4900,2897693.7953,0
403,K63+470,491405.6137,2897695.3635,0
404,K63+480,491395.7312,2897696.8916,0
405,K63+490,491385.8431,2897698.3836,0
406,K63+500,491375.9502,2897699.8433,0
407,K63+510,491366.0532,2897701.2745,0
408,K63+520,491356.1526,2897702.6811,0
409,K63+530,491346.2491,2897704.0670,0
410,K63+540,491336.3433,2897705.4361,0
411,K63+550,491326.4356,2897706.7922,0
412,K63+560,491316.5268,2897708.1393,0
413,K63+570,491306.6172,2897709.4812,0
Ln 1, C
```

图 5-16　南方 CASS 平面展点坐标文件 CSfile1.dat 的内容

由于 CSfile1.dat 文件仅用于南方 CASS 平面展点,因此每行最末的高程字符总是为数字 0。

SUfile1.csv 坐标文件。SUfile1.csv 为存档坐标文件，可以用 MS Excel 打开，其部分内容如图 5-17 所示。它也包括平曲线起点、终点、主点与逐桩点的中桩坐标，每行的坐标格式为：

点号,桩号,x,y,H,α,i_L,i_R

其中，α 为六十进制的走向方位角，i_L 为路基左幅超高横坡度，i_R 为路基右幅超高横坡度。

只有在 List 12~List 14 串列输入了竖曲线设计数据，且在 Mat A 矩阵输入了路基标准横断面设计数据、各级边坡设计数据与路基加宽设计数据，在 List 21~List 24 串列输入了路基超高横坡设计数据，执行成果整理程序 H2X9.exe 时，才能在 SUfile1.csv 文件输出 i_L 与 i_R 的值，案例如图 5-54 所示。

	A	B	C	D	E	F	G
1	序号	桩号	x坐标(m)	y坐标(m)	设计高程H(m)	走向方位角	
2	1	QD_K59+600	2897528.579	495053.906	0	236° 43′ 45.060″	
3	2	ZH2_K60+077.9290	2897266.389	494654.3158	0	236° 43′ 45.060″	
4	3	HY3_K60+277.9290	2897164.612	494482.3481	0	244° 41′ 12.950″	
5	4	YH4_K60+805.5693	2897125.759	493967.9008	0	286° 40′ 30.761″	
6	5	GQ5_K61+005.5693	2897200.554	493782.5979	0	294° 37′ 58.651″	
7	6	HY6_K61+214.6603	2897281.608	493589.9474	0	289° 11′ 14.962″	
8	7	YH7_K61+557.2888	2897342.414	493254.1634	0	271° 20′ 27.507″	
9	8	HZ8_K61+724.5618	2897337.851	493086.9957	0	266° 59′ 04.537″	
10	9	ZH9_K61+928.2167	2897327.138	492883.6228	0	266° 59′ 04.537″	
11	10	HY10_K62+128.2167	2897321.059	492683.7547	0	270° 48′ 15.524″	
12	11	YH11_K62+672.6563	2897426.25	492152.615	0	291° 36′ 01.343″	
13	12	GQ12_K62+872.6563	2897508.049	491970.1511	0	295° 25′ 12.331″	
14	13	HY13_K63+072.6563	2897590.329	491787.8937	0	292° 02′ 59.107″	
15	14	YH14_K63+423.3356	2897687.641	491451.6336	0	280° 13′ 50.402″	
16	15	ZD_K63+573.3356	2897709.928	491303.3117	0	277° 42′ 10.484″	
17	16	K59+600	2897528.579	495053.906	0	236° 43′ 45.060″	
18	17	K59+610	2897523.093	495045.5451	0	236° 43′ 45.060″	

SUFILE1

图 5-17　存档坐标文件 SUfile1.csv 的部分内容

SKfile1.csv 坐标文件。SKfile1.csv 为索佳 SET 系列全站仪坐标文件，它也包括了平曲线起点、终点、主点与逐桩点的中桩坐标，每行的坐标格式为：

点名,x,y,H,桩号

图 5-18 为用索佳 Coord.exe 软件打开 SKfile1.csv 文件的界面。

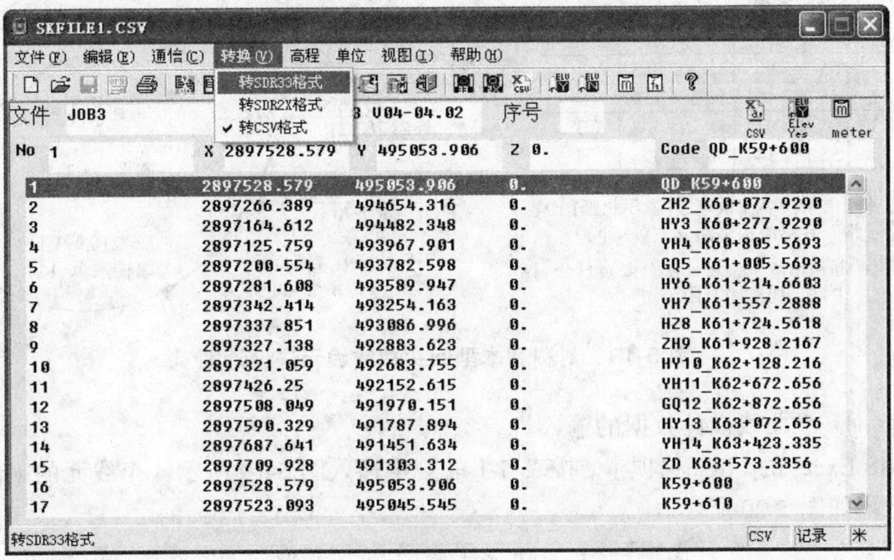

图 5-18　用索佳 Coord.exe 软件打开 SKfile1.csv 文件的界面

执行下拉菜单“转换/转 SDR33 格式”命令，将其转换为索佳坐标文件格式，再执行下拉菜单“文件/另存为”命令，存储为 SKfile1.sdr 格式坐标文件后，才能执行下拉菜单“通信”下的命令，将其上传到索佳 SET 系列全站仪内存文件中。

Coord.exe 程序是索佳公司开发的一个绿色免费软件，无须安装，只需要将随书标配光盘“\全站仪通信软件\索佳\Coord.exe”文件复制到 PC 机硬盘，再将其发送到 Windows 桌面，双击其桌面图标即可启动 Coord.exe 软件。

本例的全部数据文件位于光盘“\5 章\[例 5-1]\”路径下。

5.4　回头曲线坐标正反算案例

使用 Q2X9 程序计算回头曲线，比 Q2X8 程序计算要简单得多。本节为用 Q2X9 程序计算第 4 章 4.3 节的三个回头曲线案例。

1) 回头曲线坐标正反算案例 1

[例 5-2]　图 5-19 为将图 4-21 所示的交点法对称基本型回头曲线设计数据转换为线元法设计数据的结果，试用 Q2X9 程序计算平曲线主点数据；计算加桩 WNK0+550，WNK0+750，WNK0+850 的中边桩坐标，左边距取 0.75m，右边距取 9.75m；计算图中内表所列 4 个边桩点的坐标反算结果。

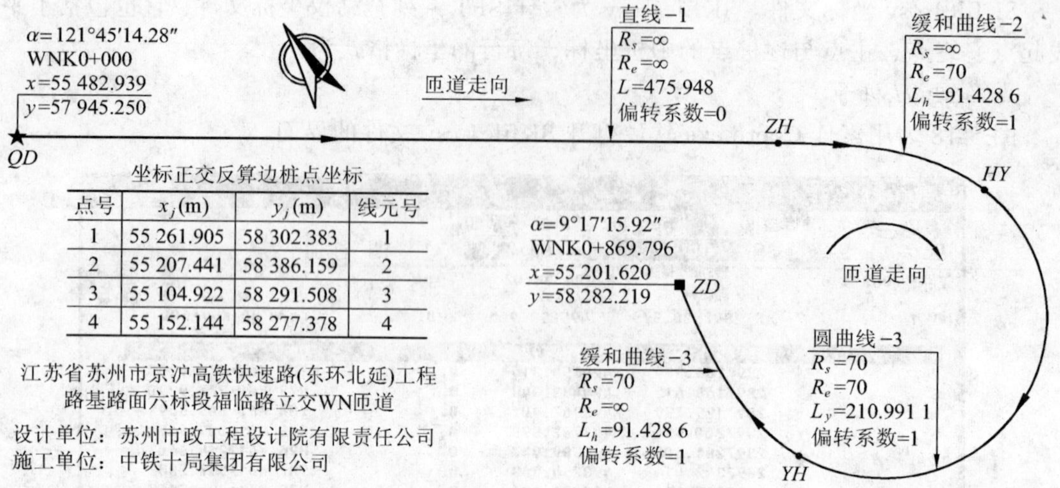

图 5-19　对称基本型回头曲线线元法设计图

[解]　① 平曲线设计数据的输入。

在 MS Excel 的 File2 选项卡，按表 5-1 的规定输入图 5-19 所示 4 个线元的平曲线设计数据，结果如图 5-20 所示。

	A	B	C	D	E	F	G	H	I	J
1	0	0	475.948	0		0	55482.939	57945.25		121.7539667
2	0	70	91.4286	1						
3	70	70	210.9911	1						
4	70	0	91.4286	1						

File2 / Sheet2 / Sheet3

图 5-20　在 MS Excel 的 File2 选项卡输入图 5-19 所示平曲线设计数据

QD 走向方位角为 121°45′14.28″=121.7539667°，应在表中 J1 单元输入以十进制度为单位的 *QD* 走向方位角 121.7539667。

将 File2 选项卡的数据另存为 File2.csv 文件，将 File2.csv 文件上传到 fx-9750GⅡ内存，并设置 **File2** 为当前串列文件。

② 计算平曲线主点数据及坐标正算。

执行 Q2X9 程序，计算平曲线主点数据及坐标正算的屏幕提示与用户操作过程如下：

屏幕提示	按键	说明
Route or ramp xyH Q2X9		显示程序标题
new(0)/old(≠0) main point data=?	0 EXE	输入 0 为重新计算主点数据
hor−curve QD num=?	1 EXE	输入平曲线起始点号(number)
Z_{ZD}(m)=869.7963	EXE	显示平曲线终点设计桩号(0.3mm)/耗时 1.14s
$α_{ZD}$=9°17′16.29″	EXE	显示平曲线终点走向方位角(-0.37″)
$x_{ZD}+y_{ZD}$i(m)=55201.6209+58282.2192i	EXE	显示终点中桩坐标复数(Δx=0.9mm, Δy=0.2mm)
Press [MENU][2]⇒Stop!	EXE	继续执行程序
st xy new(0)/old(>0)/no(<0)=?	-2 EXE	输入任意负数为不输入测站点(station)坐标
peg→xy(1)/xy→peg(2)/pier(4)=?	1 EXE	输入 1 选择坐标正算
+peg(m),<QD⇒end=?	550 EXE	输入加桩号
$α_j$=146°18′00.98″	EXE	显示走向方位角/耗时 0.58s
x_j+y_ji(m)=55185.3233+58406.2850i	EXE	显示中桩坐标复数
W_L(m)±∠γi,0⇒no=?	0.75 EXE	输入左边距
x_L+y_Li(m)=55185.7394+58406.9090i	EXE	显示左边桩坐标复数

续表

屏幕提示	按键	说明
W_L(m)±∠γi,0⇒no=?	0 EXE	输入 0 结束左边桩坐标计算
W_R(m),0⇒no=?	9.75 EXE	输入右边距
x_R+y_Ri(m)=55179.9136+58398.1734i	EXE	显示右边桩坐标复数
W_R(m),0⇒no=?	0 EXE	输入 0 结束右边桩坐标计算
+peg(m),<QD⇒end=?	-2 EXE	输入小于 *QD* 的桩号结束程序
Q2X9⇒End		程序结束显示

请读者自行计算 WNK0+750 与 WNK0+850 桩号的中边桩坐标。

③ 坐标反算。

执行 Q2X9 程序，进行图 5-19 内表所列 4 个边桩点的坐标反算的屏幕提示与用户操作过程如下：

屏幕提示	按键	说明
Route or ramp xyH Q2X9		显示程序标题
new(0)/old(≠0) main point data=?	2 EXE	输入非零数为使用现有主点数据计算
st xy new(0)/old(>0)/no(<0)=?	-2 EXE	输入负数为不设置测站点(station)
peg→xy(1)/xy→peg(2)/pier(4)=?	2 EXE	输入 2 选择坐标正交反算
x_j(m)/π⇒end=?	55261.905 EXE	输入 1 号边桩点坐标(图 5-19 内表)
y_j(m)+ni=?	58302.383 EXE	
p peg(m)+ni=420.0000+1.0000i	EXE	显示垂点桩号+线元号 i 复数/耗时 0.59s
α_p=121°45′14.28″	EXE	显示垂点走向方位角
x_p+y_pi(m)=55261.9044+58302.3826i	EXE	显示垂点坐标复数
d_L(m)=-0.0007	EXE	显示负数为左边距
x_j(m)/π⇒end=?	55207.441 EXE	输入 2 号边桩点坐标(图 5-19 内表)
y_j(m)+ni=?	58386.159 EXE	
p peg(m)+ni=520.0000+2.0000i	EXE	显示垂点桩号+线元号 i 复数/耗时 0.93s
α_p=130°26′25.65″	EXE	显示垂点走向方位角
x_p+y_pi(m)=55207.4405+58386.1586i	EXE	显示垂点坐标复数
d_L(m)=-0.0007	EXE	显示负数为左边距
x_j(m)/π⇒end=?	55104.922 EXE	输入 3 号边桩点坐标(图 5-19 内表)
y_j(m)+ni=?	58291.508 EXE	
p peg(m)+ni=770.0000+3.0000i	EXE	显示垂点桩号+线元号 i 复数/耗时 0.58s
α_p=325°01′16.15″	EXE	显示垂点走向方位角
x_p+y_pi(m)=55104.9220+58291.5080i	EXE	显示垂点坐标复数
d_R(m)=0.0000	EXE	显示正数为右边距
x_j(m)/π⇒end=?	55152.144 EXE	输入 4 号边桩点坐标(图 5-19 内表)
y_j(m)+ni=?	58277.378 EXE	
p peg(m)+ni=820.0000+4.0000i	EXE	显示垂点桩号+线元号 i 复数/耗时 1.27s
α_p=358°11′17.87″	EXE	显示垂点走向方位角
x_p+y_pi(m)=55152.1440+58277.3773i	EXE	显示垂点坐标复数
d_R(m)=0.0007	EXE	显示正数为右边距
x_j(m)/π⇒end=?	SHIFT π EXE	输入 π 结束程序
Q2X9⇒End		程序结束显示

本例 4 个边桩点的边距基本都等于 0，说明这些点基本位于匝道中线上。

本例的全部数据文件位于光盘"\5 章\[例 5-2]"路径下。

2) 回头曲线坐标正反算案例 2

[例 5-3]　图 5-21 为将图 4-24 所示的交点法对称基本型回头曲线设计数据转换为线元法设计数据的结果，试用 Q2X9 程序计算平曲线主点数据；计算 MK0+300，MK0+420，MK0+560 桩号的中边桩坐标，左、右边距均取 4.5m；计算图中内表所列 5 个边桩点的坐标反算结果。

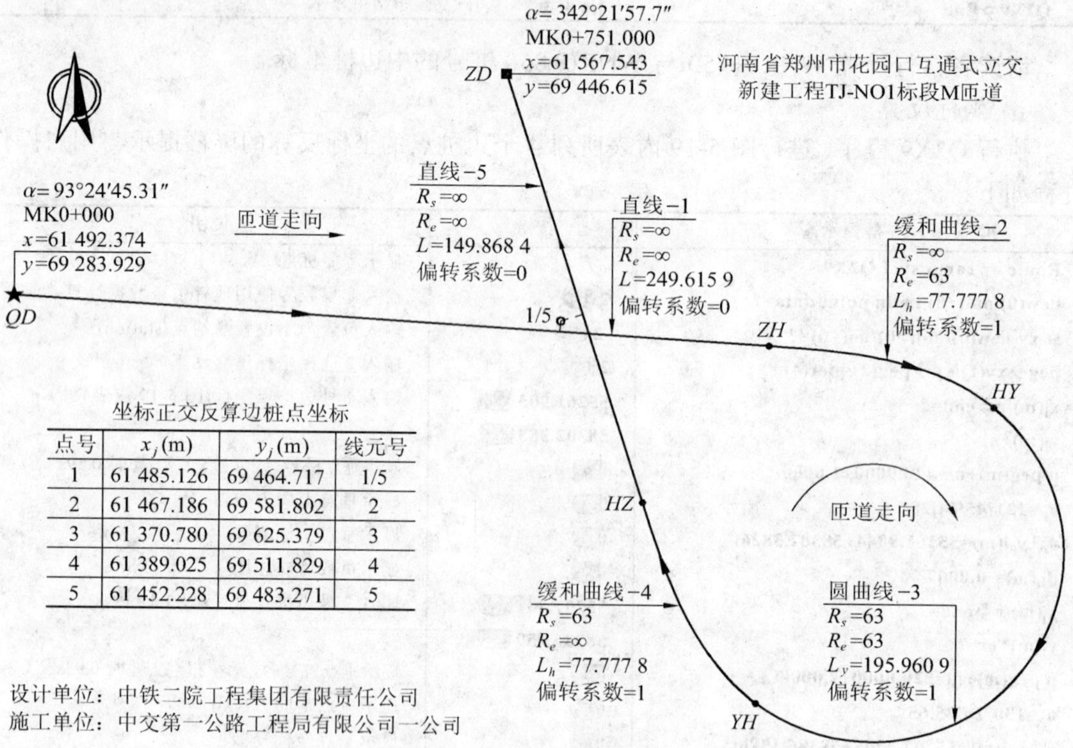

坐标正交反算边桩点坐标

点号	x_j(m)	y_j(m)	线元号
1	61 485.126	69 464.717	1/5
2	61 467.186	69 581.802	2
3	61 370.780	69 625.379	3
4	61 389.025	69 511.829	4
5	61 452.228	69 483.271	5

图 5-21　对称基本型回头曲线线元法设计图

[解]　① 平曲线设计数据的输入。

在 MS Excel 的 File3 选项卡，按表 5-1 的规定输入图 5-21 所示 5 个线元的平曲线设计数据，结果如图 5-22 所示。

	A	B	C	D	E	F	G	H	I	J
1	0	0	249.6159	0		0	61492.374	69283.929		93.41258611
2	0	63	77.7778	1						
3	63	63	195.9609	1						
4	63	0	77.7778	1						
5	0	0	149.8684	0						

File3 / Sheet2 / Sheet3

图 5-22　在 MS Excel 的 File3 选项卡输入图 5-21 所示平曲线设计数据

QD 走向方位角为 93°24′45.31″=93.41258611°，应在表中 J1 单元输入以十进制度为单位的 *QD* 走向方位角 93.41258611。

将 File3 选项卡的数据另存为 File3.csv 文件，将 File3.csv 文件上传到 fx-9750GⅡ内存，

并设置 **File3** 为当前串列文件。

② 计算平曲线主点数据及坐标正算。

执行 Q2X9 程序，计算平曲线主点数据与坐标正算的屏幕提示与用户操作过程如下：

屏幕提示	按键	说明
Route or ramp xyH Q2X9		显示程序标题
new(0)/old(≠0) main point data=?	0 EXE	输入 0 为重新计算主点数据
hor-curve QD num=?	1 EXE	输入平曲线起始点号(number)
Z_{ZD}(m)=751.0008	EXE	显示平曲线终点设计桩号(差 0.8mm)/耗时 1.24s
α_{ZD}=342°21′58.01″	EXE	显示平曲线终点走向方位角(0.31″)
$x_{ZD}+y_{ZD}$i(m)=61567.5431+69446.6152i	EXE	显示终点中桩坐标复数(Δx=0.9mm, Δy=0.2mm)
Press [MENU][2]⇒Stop!	EXE	继续执行程序
st xy new(0)/old(>0)/no(<0)=?	-3 EXE	输入任意负数为不输入测站点(station)坐标
peg→xy(1)/xy→peg(2)/pier(4)=?	1 EXE	输入 1 选择坐标正算
+peg(m),<QD⇒end=?	300 EXE	输入加桩号
α_j=108°15′15.4″	EXE	显示走向方位角/耗时 0.55s
x_j+y_ji(m)=61470.2144+69582.8029i	EXE	显示中桩坐标复数
W_L(m)±∠γi,0⇒no=?	4.5 EXE	输入左边距
x_L+y_Li(m)=61474.4880+69584.2124i	EXE	显示左边桩坐标复数
W_L(m)±∠γi,0⇒no=?	0 EXE	输入 0 结束左边桩坐标计算
W_R(m),0⇒no=?	4.5 EXE	输入右边距
x_R+y_Ri(m)=61465.9409+69581.3933i	EXE	显示右边桩坐标复数
W_R(m),0⇒no=?	0 EXE	输入 0 结束右边桩坐标计算
+peg(m),<QD⇒end=?	-3 EXE	输入小于 *QD* 的桩号结束程序
Q2X9⇒End		程序结束显示

请读者自行计算 MK0+420 与 MK0+560 桩号的中边桩坐标。

③ 坐标反算。

执行 Q2X9 程序，进行图 5-21 内表所列 5 个边桩点的坐标反算的屏幕提示与用户操作过程如下：

屏幕提示	按键	说明
Route or ramp xyH Q2X9		显示程序标题
new(0)/old(≠0) main point data=?	3 EXE	输入非零数为使用现有主点数据计算
st xy new(0)/old(>0)/no(<0)=?	-3 EXE	输入负数为不设置测站点(station)
peg→xy(1)/xy→peg(2)/pier(4)=?	2 EXE	输入 2 选择坐标正交反算
x_j(m)/π⇒end=?	61485.126 EXE	输入 1 号边桩点坐标(图 5-21 内表)
y_j(m)+ni=?	69464.717 EXE	
p peg(m)+ni=666.9727+5.0000i	EXE	显示垂点桩号+线元号 i 复数/耗时 0.74s
α_p=342°21′58.01″	EXE	显示垂点走向方位角
x_p+y_pi(m)=61487.4633+69472.0701i	EXE	显示垂点坐标复数
d_L(m)=-7.7157	EXE	显示负数为左边距
x_j(m)/π⇒end=?	61485.126 EXE	输入 1 号边桩点坐标(图 5-21 内表)
y_j(m)+ni=?	69464.717 + SHIFT i EXE	复数虚部输入垂点线元号 1
p peg(m)+ni=180.8989+1.0000i	EXE	显示垂点桩号+线元号 i 复数/耗时 0.55s
α_p=93°24′45.31″	EXE	显示垂点走向方位角
x_p+y_pi(m)=61481.6059+69464.5071i	EXE	显示垂点坐标复数

续表

屏幕提示	按键	说明
d_L(m)=-3.5264	EXE	显示负数为左边距
x_j(m)/π⇒end=?	61467.186 EXE	输入 2 号边桩点坐标(图 5-21 内表)
y_j(m)+ni=?	69581.802 EXE	
p peg(m)+ni=299.9979+2.0000i	EXE	显示垂点桩号+线元号 i 复数/耗时 1.02s
α_p=108°15′10.91″	EXE	显示垂点走向方位角
x_p+y_pi(m)=61470.2151+69582.8009i	EXE	显示垂点坐标复数
d_R(m)=3.1895	EXE	显示正数为右边距
x_j(m)/π⇒end=?	61370.78 EXE	输入 3 号边桩点坐标(图 5-21 内表)
y_j(m)+ni=?	69625.379 EXE	
p peg(m)+ni=419.9991+3.0000i	EXE	显示垂点桩号+线元号 i 复数/耗时 0.83s
α_p=213°00′03.56″	EXE	显示垂点走向方位角
x_p+y_pi(m)=61374.0883+69620.2849i	EXE	显示垂点坐标复数
d_L(m)=-6.0741	EXE	显示负数为左边距
x_j(m)/π⇒end=?	61389.025 EXE	输入 4 号边桩点坐标(图 5-21 内表)
y_j(m)+ni=?	69511.829 EXE	
p peg(m)+ni=559.9985+4.0000i	EXE	显示垂点桩号+线元号 i 复数/耗时 1.21s
α_p=332°28′25.73″	EXE	显示垂点走向方位角
x_p+y_pi(m)=61386.3479+69506.6904i	EXE	显示垂点坐标复数
d_R(m)=5.7941	EXE	显示正数为右边距
x_j(m)/π⇒end=?	61452.228 EXE	输入 5 号边桩点坐标(图 5-21 内表)
y_j(m)+ni=?	69483.271 EXE	
p peg(m)+ni=629.9999+5.0000i	EXE	显示垂点桩号+线元号 i 复数/耗时 0.74s
α_p=342°21′58.01″	EXE	显示垂点走向方位角
x_p+y_pi(m)=61452.2278+69483.2704i	EXE	显示垂点坐标复数
d_R(m)=0.0006	EXE	显示正数为右边距
x_j(m)/π⇒end=?	SHIFT π EXE	输入 π 结束程序
Q2X9⇒End		程序结束显示

本例“1/5”号边桩点的位置如图 5-21 所示，程序自动搜索的垂点线元号为 5，算出的垂点桩号为 MK0+666.972 7，在边桩 y 坐标复数输入“69464.717+i”，用 y 坐标复数虚部指定垂点线元号为 1 时，算出垂点桩号为 MK0+180.898 9。

输入了“1/5”号边桩点的 x 坐标后，屏幕显示输入边桩点 y 坐标复数提示如下：

y_j(m)+ni=?

按 **69464.717** + **1** SHIFT i 键输入“**69464.717+1i**”与按 **69464.717** + SHIFT i 键输入“**69464.717+i**”的效果是相同的。

本例的全部数据文件位于光盘“\5 章\[例 5-3]\”路径下。

3) 大于半圆弧长圆曲线的回头曲线匝道平曲线坐标正交反算案例

[例 5-4]　图 5-23 为将图 4-44 所示的模拟圆曲线长大于半圆弧长的交点法对称基本型回头曲线设计数据转换为线元法设计数据的结果，试用 Q2X9 程序计算平曲线主点数据；

计算图中内表所列 3 个边桩点的坐标反算结果。

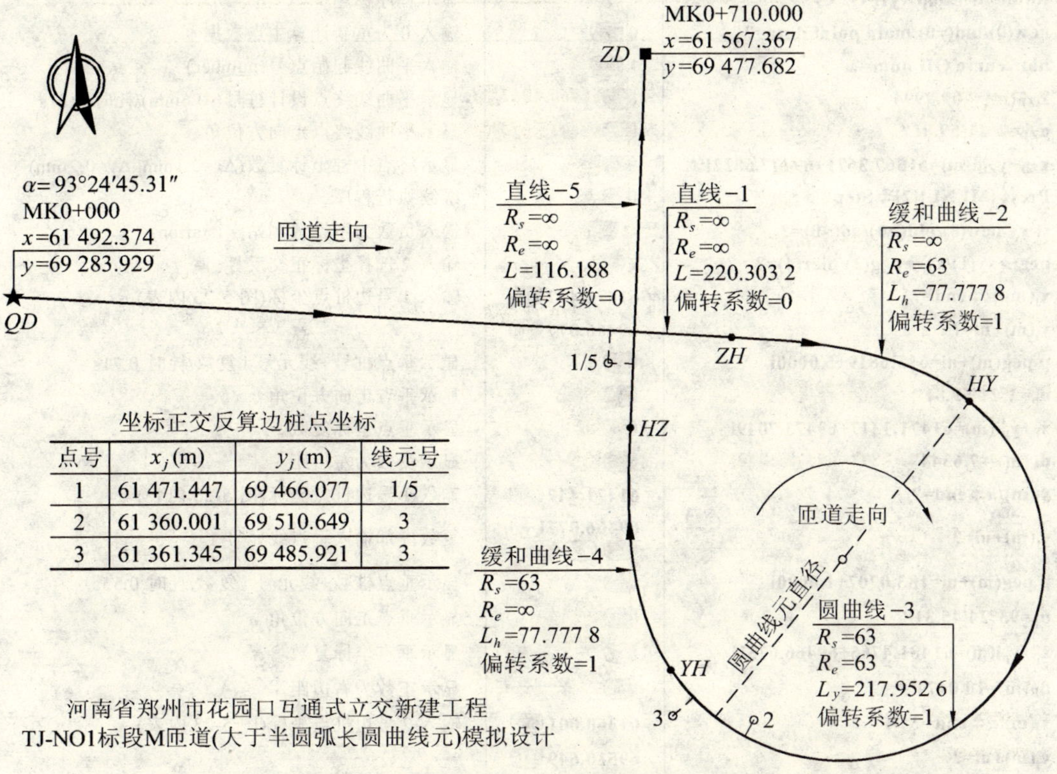

点号	x_j(m)	y_j(m)	线元号
1	61 471.447	69 466.077	1/5
2	61 360.001	69 510.649	3
3	61 361.345	69 485.921	3

图 5-23　圆曲线长大于半圆弧长的单交点对称基本型回头曲线模拟设计图

[解]　① 平曲线设计数据的输入。

在 MS Excel 的 File4 选项卡，按表 5-1 的规定输入图 5-23 所示 5 个线元的平曲线设计数据，结果如图 5-24 所示。

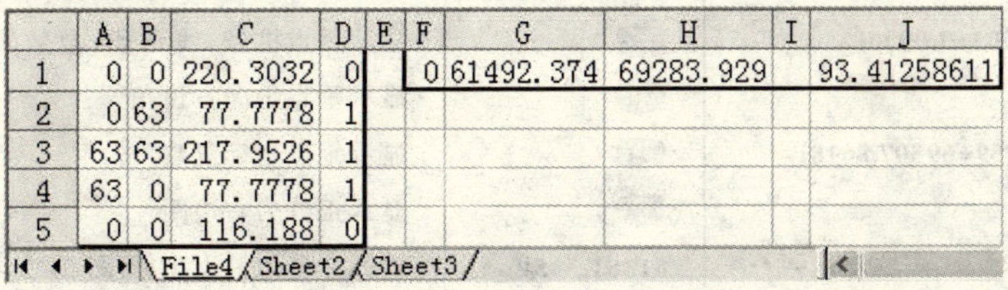

	A	B	C	D	E	F	G	H	I	J
1	0	0	220.3032	0		0	61492.374	69283.929		93.41258611
2	0	63	77.7778	1						
3	63	63	217.9526	1						
4	63	0	77.7778	1						
5	0	0	116.188	0						

图 5-24　在 MS Excel 的 File4 选项卡输入图 5-23 所示平曲线设计数据

QD 走向方位角为 93°24′45.31″=93.41258611°，应在表中 J1 单元输入以十进制度为单位的 *QD* 走向方位角 93.41258611。

将 File4 选项卡的数据另存为 File4.csv 文件，将 File4.csv 文件上传到 fx-9750GⅡ内存，并设置 **File4** 为当前串列文件。

② 计算平曲线主点数据及坐标反算。

执行 Q2X9 程序，计算平曲线主点数据与坐标反算的屏幕提示与用户操作过程如下：

屏幕提示	按键	说明
Route or ramp xyH Q2X9		显示程序标题
new(0)/old(≠0) main point data=?	**0** EXE	输入 0 为重新计算主点数据
hor-curve QD num=?	**1** EXE	输入平曲线起始点号(number)
Z_{ZD}(m)=709.9994	EXE	显示平曲线终点设计桩号(-0.6mm)/耗时 1.21s
α_{ZD}=2°21′59.81″	EXE	显示平曲线终点走向方位角
x_{ZD}+y_{ZD}i(m)=61567.3671+69477.6822i	EXE	显示终点中桩坐标复数(Δx=0.1mm, Δy=0.2mm)
Press [MENU][2]⇛Stop!	EXE	继续执行程序
st xy new(0)/old(>0)/no(<0)=?	**-2** EXE	输入负数为不设置测站点(station)
peg→xy(1)/xy→peg(2)/pier(4)=?	**2** EXE	输入 2 选择坐标正交反算
x_j(m)/π⇛end=?	**61471.447** EXE	输入 1 号边桩点坐标(图 5-23 内表)
y_j(m)+ni=?	**69466.077** EXE	
p peg(m)+ni=613.6819+5.0000i	EXE	显示垂点桩号+线元号 i 复数/耗时 0.71s
α_p=2°21′59.81″	EXE	显示垂点走向方位角
x_p+y_pi(m)=61471.1317+69473.7049i	EXE	显示垂点坐标复数
d_L(m)=-7.6344	EXE	显示负数为左边距
x_j(m)/π⇛end=?	**61471.447** EXE	输入 1 号边桩点坐标(图 5-23 内表)
y_j(m)+ni=?	**69466.077** + SHIFT i EXE	复数虚部输入垂点线元号 1
p peg(m)+ni=183.0707+1.0000i	EXE	显示垂点桩号+线元号 i 复数/耗时 0.55s
α_p=93°24′45.31″	EXE	显示垂点走向方位角
x_p+y_pi(m)=61481.4766+69466.6751i	EXE	显示垂点坐标复数
d_R(m)=10.0474	EXE	显示正数为右边距
x_j(m)/π⇛end=?	**61360.001** EXE	输入 2 号边桩点坐标(图 5-23 内表)
y_j(m)+ni=?	**69510.649** EXE	
p peg(m)+ni=237.9757+2.0000i	EXE	显示垂点桩号+线元号 i 复数/耗时 1.24s
α_p=95°14′18.77″	EXE	显示垂点走向方位角
x_p+y_pi(m)=61478.0211+69521.4697i	EXE	显示垂点坐标复数
d_R(m)=118.5151	EXE	显示正数为右边距
x_j(m)/π⇛end=?	**61360.001** EXE	输入 2 号边桩点坐标(图 5-23 内表)
y_j(m)+ni=?	**69510.649** + **3** SHIFT i EXE	复数虚部输入垂点线元号 3
p peg(m)+ni=485.0003+3.0000i	EXE	显示垂点桩号+线元号 i 复数/耗时 0.70s
α_p=298°46′31.38″	EXE	显示垂点走向方位角
x_p+y_pi(m)=61354.9259+69507.8618i	EXE	显示垂点坐标复数
d_R(m)=5.7901	EXE	显示正数为右边距
x_j(m)/π⇛end=?	**61361.345** EXE	输入 3 号边桩点坐标(图 5-23 内表)
y_j(m)+ni=?	**69485.921** EXE	
p peg(m)+ni=505.0000+3.0000i	EXE	显示垂点桩号+线元号 i 复数/耗时 0.67s
α_p=316°57′51.31″	EXE	显示垂点走向方位角
x_p+y_pi(m)=61367.1516+69492.1401i	EXE	显示垂点坐标复数
d_L(m)=-8.5085	EXE	显示负数为左边距
x_j(m)/π⇛end=?	SHIFT π EXE	输入 π 结束程序
Q2X9⇛End		程序结束显示

由图 5-23 可知，2 号边桩点的垂点圆曲线长小于半圆弧长，3 号边桩点的垂点圆曲线长大于半圆弧长。由于程序自动搜索到的 2 号边桩垂点位于 2 号缓曲线元，其边距值为

118.5151m，这显然是不对的，因此再次输入 2 号边桩点坐标时，在 y 坐标复数虚部输入线元号 3。

本例的全部数据文件位于光盘"\5 章\[例 5-4]\"路径下。

5.5 含直转点的平曲线坐标正反算案例

使用 Q2X9 程序计算直转点直线线元时，只需要在当前串列文件的 List 4 串列，将直转点直线线元的偏转系数输入为其转角即可，右转输入正转角，左转输入负转角，而普通直线线元的偏转系数应输入 0。

[例 5-5] 图 5-25 为将图 4-27 所示含 JD_2，JD_4，JD_7 三个直转点的交点法平曲线设计数据转换为线元法设计数据的结果，试用 Q2X9 程序计算平曲线主点数据及加桩 K1+393.01，K1+393.02 的中桩坐标；计算边桩点(2 761 462.922，515 477.880)，(2 761 462.929，515 477.873 2)的坐标反算结果。

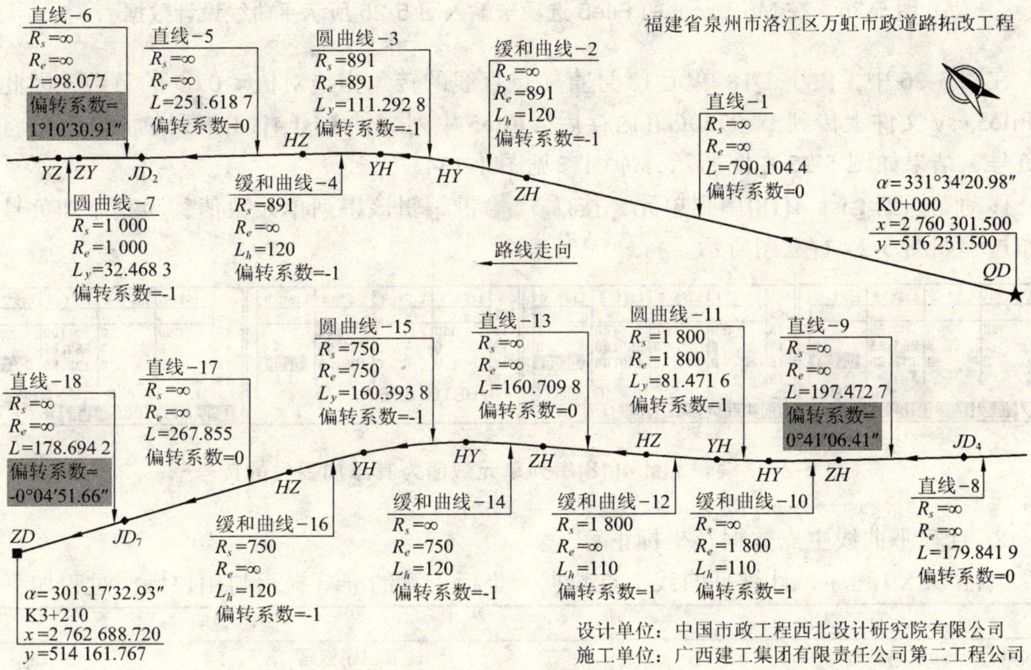

图 5-25 含三个直转点的线元法平曲线设计图

[解] ① 平曲线设计数据的输入。

在 MS Excel 的 File5 选项卡，按表 5-1 的规定输入图 5-25 所示 18 个线元的平曲线设计数据，结果如图 5-26 所示，其中，灰底色所示数值为 6，9，18 号直转点直线线元的偏角系数，右转应输入正数转角，左转输入负数转角，转角的单位应为十进制度。

QD 走向方位角为 331°34′20.98″=331.5724944°，应在表中 J1 单元输入以十进制度为单位的 *QD* 走向方位角 331.5724944。

将 File5 选项卡的数据另存为 File5.csv 文件，将 File5.csv 文件上传到 fx-9750GⅡ内存，

并设置 **File5** 为当前串列文件。

	A	B	C	D	E	F	G	H	I	J
1	0	0	790.1044	0		0	2760301.5	516231.5		331.5724944
2	0	891	120	-1						
3	891	891	111.2928	-1						
4	891	0	120	-1						
5	0	0	251.6187	0						
6	0	0	98.077	1.175252778						
7	1000	1000	32.4683	-1						
8	0	0	179.8419	0						
9	0	0	197.4727	0.685113889						
10	0	1800	110	1						
11	1800	1800	81.4716	1						
12	1800	0	110	1						
13	0	0	160.7098	0						
14	0	750	120	-1						
15	750	750	160.3938	-1						
16	750	0	120	-1						
17	0	0	267.855	0						
18	0	0	178.6942	-0.08101667						

File5 / Sheet2 / Sheet3

图 5-26　在 MS Excel 的 File5 选项卡输入图 5-25 所示平曲线设计数据

在图 5-26 中，由于 D18 单元 18 号直转点直线的转角为绝对值≤0.09 的负数，因此在将 File5.csv 文件上传到 fx-9750GⅡ内存后，**File5** 串列文件 **List 4[18]**串列单元的数值将丢失负号，结果如图 5-27 左图所示，原因参见图 1-134。

移动光标到 **List 4[18]**串列单元，按 F6 F2 键编辑该串列单元数值，为其添加负号，操作过程如图 5-27 右三图所示。

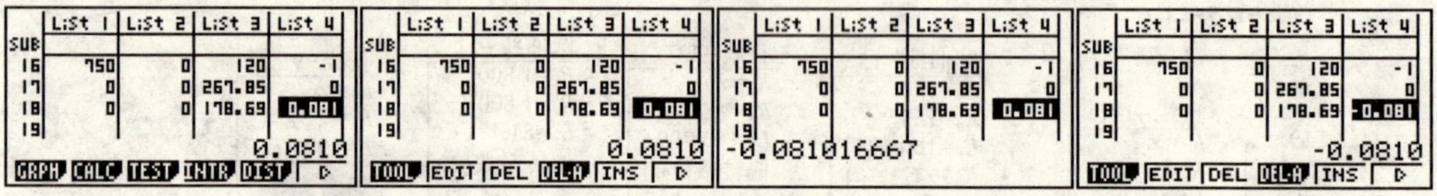

图 5-27　编辑 List 4[18]串列单元数值为其添加丢失的负号

② 计算平曲线主点数据及坐标正算。

执行 Q2X9 程序，计算平曲线主点数据与坐标正算的屏幕提示与用户操作过程如下：

屏幕提示	按键	说明
Route or ramp xyH Q2X9		显示程序标题
new(0)/old(≠0) main point data=?	**0** EXE	输入 0 为重新计算主点数据
hor−curve QD num=?	**1** EXE	输入平曲线起始点号(<u>num</u>ber)
Z_{ZD}(m)=3210.0002	EXE	显示平曲线终点设计桩号(0.2mm)耗时 2.70s
α_{ZD}=301°17′32.93″	EXE	显示平曲线终点走向方位角(0″)
$x_{ZD}+y_{ZD}$i(m)=2762688.720+514161.7669i	EXE	显示终点中桩坐标复数(Δ*x*=0.1mm, Δ*y*=0.2mm)
Press [MENU][2]⇛Stop!	EXE	继续执行程序
st xy new(0)/old(>0)/no(<0)=?	**-4** EXE	输入任意负数为不输入测站点(<u>st</u>ation)坐标
peg→xy(1)/xy→peg(2)/pier(4)=?	**1** EXE	输入 1 选择坐标正算
+peg(m),<QD⇛end=?	**1393.01** EXE	输入第一个加桩号
α_j=316°41′57.14″	EXE	显示走向方位角/耗时 0.56s
x_j+y_ji(m)=2761462.922+515477.8800i	EXE	显示中桩坐标复数

续表

屏幕提示	按键	说明
W_L(m)±∠γi,0⇒no=?	-5 EXE	输入<-4 的负整数结束边桩坐标计算
+peg(m),<QD⇒end=?	1393.02 EXE	输入第二个加桩号
$α_j$=317°52′28.05″	EXE	显示走向方位角/耗时 0.56s
x_j+y_ji(m)=2761462.929+515477.8732i	EXE	显示中桩坐标复数
W_L(m)±∠γi,0⇒no=?	-6 EXE	输入<-4 的负整数结束边桩坐标计算
+peg(m),<QD⇒end=?	-4 EXE	输入小于 *QD* 的桩号结束程序
Q2X9⇒End		程序结束显示

由于 JD_2 的桩号为 K1+393.015 9，因此上述 K1+393.01 加桩位于直转点 JD_2 后的直线线元(路线走向为前)，而 K1+393.02 加桩位于直转点 JD_2 前的直线线元，前者的走向方位角为 316°41′57.14″，后者的走向方位角为 317°52′28.05″，两者之差为 317°52′28.05″−316°41′57.14″= 1°10′30.91″，它正好等于直转点 JD_2 的转角。在图 5-25 中，JD_2 的转角为 6 号直线线元的直转角。

③ 坐标反算。

执行 Q2X9 程序，进行坐标反算的屏幕提示与用户操作过程如下：

屏幕提示	按键	说明
Route or ramp xyH Q2X9		显示程序标题
new(0)/old(≠0) main point data=?	4 EXE	输入非零数为使用现有主点数据计算
st xy new(0)/old(>0)/no(<0)=?	-4 EXE	输入负数为不设置测站点(station)
peg→xy(1)/xy→peg(2)/pier(4)=?	2 EXE	输入 2 选择坐标正交反算
x_j(m)/π⇒end=?	2761462.922 EXE	输入 1 号边桩点坐标
y_j(m)+ni=?	515477.88 EXE	
p peg(m)+ni=1393.0102+5.0000i	EXE	显示垂点桩号+线元号 i 复数/耗时 0.76s
$α_p$=316°41′57.14″	EXE	显示垂点走向方位角
x_p+y_pi(m)=2761462.922+515477.8799i	EXE	显示垂点坐标复数
d_R(m)=0.0002	EXE	显示正数为右边距
x_j(m)/π⇒end=?	2761462.929 EXE	输入 2 号边桩点坐标
y_j(m)+ni=?	515477.8732 EXE	
p peg(m)+ni=1393.0200+6.0000i	EXE	显示垂点桩号+线元号 i 复数/耗时 0.93s
$α_p$=317°52′28.05″	EXE	显示垂点走向方位角
x_p+y_pi(m)=2761462.929+515477.8732i	EXE	显示垂点坐标复数
d_L(m)=-0.0001	EXE	显示负数为左边距
x_j(m)/π⇒end=?	SHIFT π EXE	输入 π 结束程序
Q2X9⇒End		程序结束显示

完成主点数据计算后，将当前串列文件通过 FA-124 另存为 File5.csv 文件，在 PC 机执行 H2X9.exe 程序，输入文件名 File5，在当前路径下输出 4 个成果文件。图 5-28 为 File5.txt 文件的部分内容，其中直转点直线的转角位于“偏转/直转角”列，其单位为六十进制角度，见图中灰底色数据。

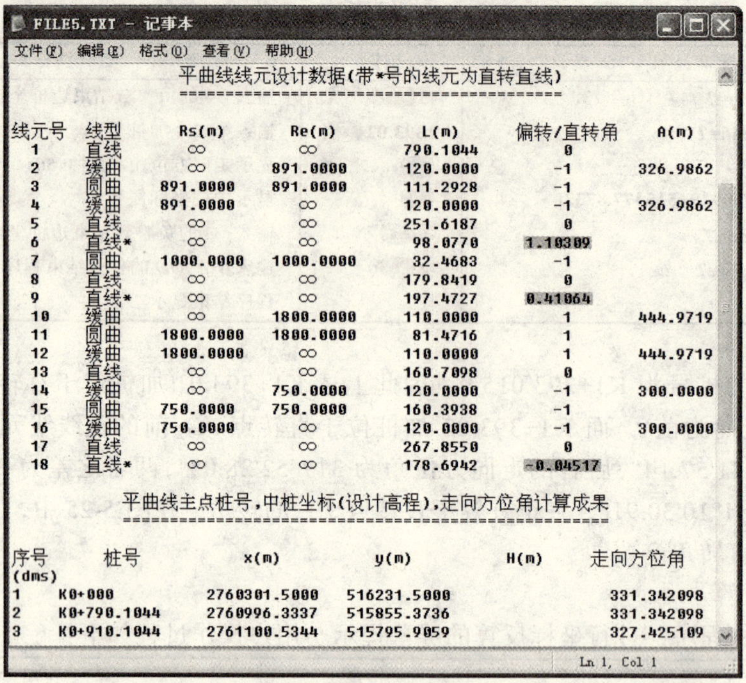

FILE5.TXT - 记事本

文件(F) 编辑(E) 格式(O) 查看(V) 帮助(H)

平曲线线元设计数据(带*号的线元为直转直线)

线元号	线型	Rs(m)	Re(m)	L(m)	偏转/直转角	A(m)
1	直线	∞	∞	790.1044	0	
2	缓曲	∞	891.0000	120.0000	-1	326.9862
3	圆曲	891.0000	891.0000	111.2928	-1	
4	缓曲	891.0000	∞	120.0000	-1	326.9862
5	直线	∞	∞	251.6187	0	
6	直线*	∞	∞	98.0770	1.10309	
7	圆曲	1000.0000	1000.0000	32.4683	-1	
8	直线	∞	∞	179.8419	0	
9	直线*	∞	∞	197.4727	0.41064	
10	缓曲	∞	1800.0000	110.0000	1	444.9719
11	圆曲	1800.0000	1800.0000	81.4716	1	
12	缓曲	1800.0000	∞	110.0000	1	444.9719
13	直线	∞	∞	160.7098	0	
14	缓曲	∞	750.0000	120.0000	-1	300.0000
15	圆曲	750.0000	750.0000	160.3938	-1	
16	缓曲	750.0000	∞	120.0000	-1	300.0000
17	直线	∞	∞	267.8550	0	
18	直线*	∞	∞	178.6942	-0.04517	

平曲线主点桩号,中桩坐标(设计高程),走向方位角计算成果

序号	桩号	x(m)	y(m)	H(m)	走向方位角 (dms)
1	K0+000	2760301.5000	516231.5000		331.342098
2	K0+790.1044	2760996.3337	515855.3736		331.342098
3	K0+910.1044	2761100.5344	515795.9059		327.425109

Ln 1, Col 1

图 5-28　在成果文件 File5.txt 中直转点直线线元设计数据的表示方法

本例的全部数据文件位于光盘"\5 章\[例 5-5]\"路径下。

5.6　含非完整缓和曲线的匝道平曲线坐标正反算案例

使用 Q2X9 程序计算含非完整缓曲线元的平曲线时，只需要在当前串列文件、该线元行的 List 1 与 List 2 串列，按实际值输入其起讫半径即可。非完整缓曲线元的设计数据无特别之处。

Q2X9 程序是通过调用 SUB2−92 子程序计算缓曲线元加桩的切线支距坐标，它也是按表 4-3 的规则编写的。当加桩的原点偏角大于 65°时，子程序自动使用式(4-12)的积分公式计算切线支距坐标。

[例 5-6]　图 5-29 为将图 4-30 所示的交点法匝道平曲线设计数据转换为线元法设计数据的结果，试用 Q2X9 程序计算平曲线主点数据及加桩 K0+680，K0+750，K0+825 的中桩坐标；计算图中内表所列 2 个边桩点的坐标反算结果。

[解]　在图 5-29 中，7 号缓曲线元为非完整缓和曲线，其缓曲参数为 A_2=100，R_{GQ}=55m，R=300m，由式(4-5)求得 GQ 点的原点偏角为

$$\beta_{GQ}=\frac{A_2^2}{2R_{GQ}^2}=\frac{100^2}{2\times55^2}=94°42'13.56''>65°$$

按表 4-3 的规定，子程序 SUB2−92 将自动采用式(4-12)的积分公式计算 GQ 点的切线支距坐标。

① 平曲线设计数据的输入。

在 MS Excel 的 File6 选项卡，按表 5-1 的规定输入图 5-29 所示 8 个线元的平曲线设计数据，结果如图 5-30 所示。

QD 走向方位角为 307°18′23.07″=307.3064083°，应在表中 J1 单元输入以十进制度为单位的 *QD* 走向方位角 307.3064083。

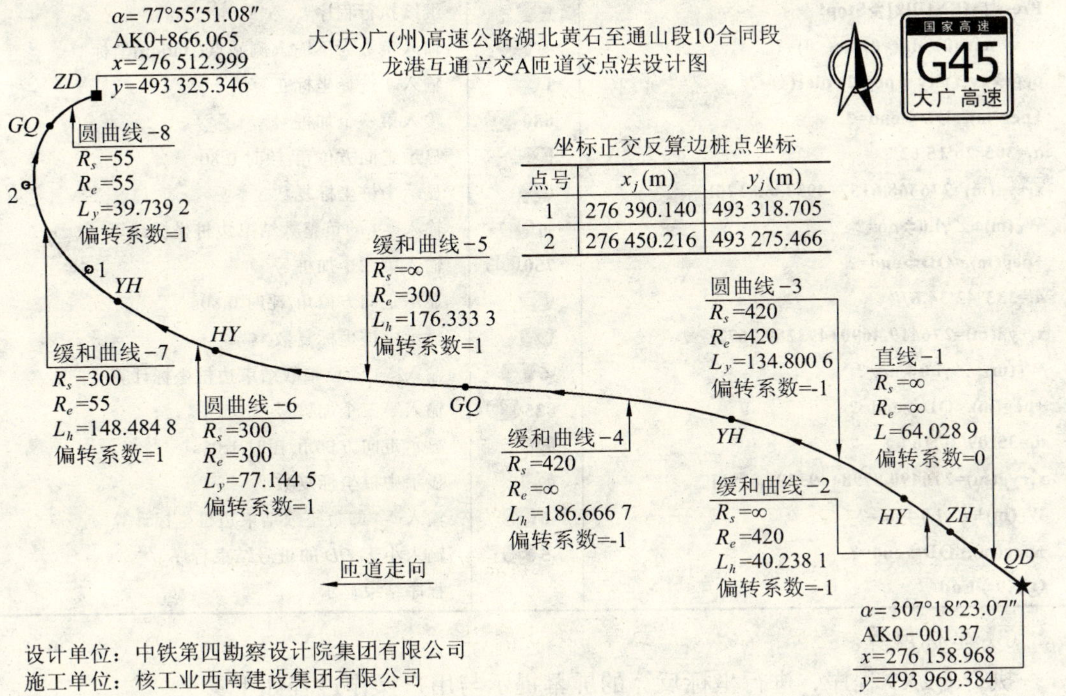

图 5-29　7 号缓曲线元为非完整缓和曲线的匝道平曲线线元法设计图

将 File 6 选项卡的数据另存为 File6.csv 文件，将 File6.csv 文件上传到 fx-9750GⅡ内存，并设置 **File 6** 为当前串列文件。

	A	B	C	D	E	F	G	H	I	J
1	0	0	64.0289	0		-1.37	276158.968	493969.384		307.3064083
2	0	420	40.2381	-1						
3	420	420	134.8006	-1						
4	420	0	186.6667	-1						
5	0	300	176.3333	1						
6	300	300	77.1445	1						
7	300	55	148.4848	1						
8	55	55	39.7392	1						

File6 / Sheet2 / Sheet3

图 5-30　在 MS Excel 的 File6 选项卡输入图 5-29 所示平曲线设计数据

② 计算平曲线主点数据与坐标正算。

执行 Q2X9 程序，计算平曲线主点数据及坐标正算的屏幕提示与用户操作过程如下：

屏幕提示	按键	说明
Route or ramp xyH Q2X9		显示程序标题
new(0)/old(≠0) main point data=?	0 EXE	输入 0 为重新计算主点数据
hor-curve QD num=?	1 EXE	输入平曲线起始点号(number)
Z_{ZD}(m)=866.0661	EXE	显示平曲线终点设计桩号(1.1mm)/耗时 2.14s

续表

屏幕提示	按键	说明
α_{ZD}=77°55′50.94″	EXE	显示平曲线终点走向方位角(-0.14″)
$x_{ZD}+y_{ZD}i$(m)=276512.9990+493325.3492i	EXE	显示终点中桩坐标复数(Δ*x*=0mm, Δ*y*=3.2mm)
Press [MENU][2]⇒Stop!	EXE	继续执行程序
st xy new(0)/old(>0)/no(<0)=?	-6 EXE	输入负数为不输入测站点(station)坐标
peg→xy(1)/xy→peg(2)/pier(4)=?	1 EXE	输入 1 选择坐标正算
+peg(m),<QD⇒end=?	680 EXE	输入第一个加桩号
α_j=305°26′15.62″	EXE	显示走向方位角/耗时 0.80s
x_j+y_ji(m)=276368.6157+493336.8175i	EXE	显示中桩坐标复数
W_L(m)±∠γi,0⇒no=?	-6 EXE	输入<-4 的负整数结束边桩坐标计算
+peg(m),<QD⇒end=?	750 EXE	输入第二个加桩号
α_j=333°42′34.67″	EXE	显示走向方位角/耗时 0.80s
x_j+y_ji(m)=276419.4690+493289.7672i	EXE	显示中桩坐标复数
W_L(m)±∠γi,0⇒no=?	-6 EXE	输入<-4 的负整数结束边桩坐标计算
+peg(m),<QD⇒end=?	825 EXE	输入第三个加桩号
α_j=35°09′20.16″	EXE	显示走向方位角/耗时 1.08s
x_j+y_ji(m)=276490.8798+493291.8790i	EXE	显示中桩坐标复数
W_L(m)±∠γi,0⇒no=?	-6 EXE	输入<-4 的负整数结束边桩坐标计算
+peg(m),<QD⇒end=?	-5 EXE	输入小于 *QD* 的桩号结束程序
Q2X9⇒End		程序结束显示

③ 坐标反算。

执行 Q2X9 程序，进行坐标反算的屏幕提示与用户操作过程如下：

屏幕提示	按键	说明
Route or ramp xyH Q2X9		显示程序标题
new(0)/old(≠0) main point data=?	4 EXE	输入非零数为使用现有主点数据计算
st xy new(0)/old(>0)/no(<0)=?	-4 EXE	输入负数为不设置测站点(station)
peg→xy(1)/xy→peg(2)/pier(4)=?	2 EXE	输入 2 选择坐标正交反算
x_j(m)/π⇒end=?	276390.14 EXE	输入 1 号边桩点坐标
y_j(m)+ni=?	493318.705 EXE	
p peg(m)+ni=708.0521+7.0000i	EXE	显示垂点桩号+线元号 i 复数/耗时 1.17s
α_p=313°23′47.13″	EXE	显示垂点走向方位角
x_p+y_pi(m)=276386.2709+493315.0472i	EXE	显示垂点坐标复数
d_R(m)=5.3244	EXE	显示正数为右边距
x_j(m)/π⇒end=?	276450.216 EXE	输入 2 号边桩点坐标
y_j(m)+ni=?	493275.466 EXE	
p peg(m)+ni=782.4884+7.0000i	EXE	显示垂点桩号+线元号 i 复数/耗时 1.55s
α_p=356°22′12.06″	EXE	显示垂点走向方位角
x_p+y_pi(m)=276450.5771+493281.1603i	EXE	显示垂点坐标复数
d_L(m)=-5.7058	EXE	显示负数为左边距
x_j(m)/π⇒end=?	SHIFT π EXE	输入 π 结束程序
Q2X9⇒End		程序结束显示

本例的全部数据文件位于光盘“\5 章\[例 5-6]\”路径下。

5.7 斜交涵洞的坐标计算

[例 5-7] 图 5-31 为将图 4-37 所示的交点法路线平曲线设计数据转换为线元法设计数据的结果，在平面图上，标注了涵洞中心线右偏路线走向 58°，涵洞设计桩号为 K6+678.503，试用 Q2X9 程序的坐标正算功能，计算涵洞轴线端点 *A*，*B* 的坐标。

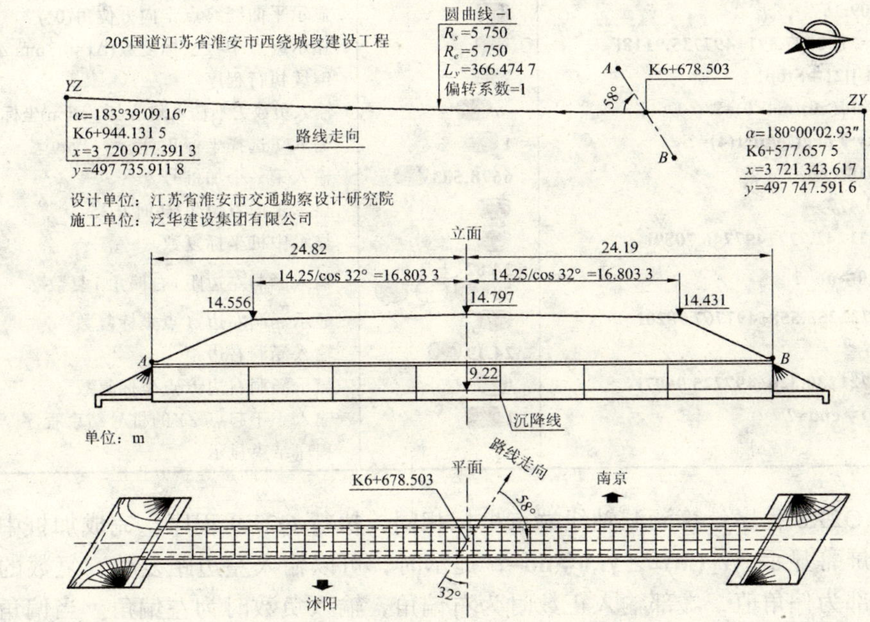

图 5-31 线元法平曲线斜交涵洞设计图

[解] ① 平曲线设计数据的输入。

本例的平曲线只有一个圆曲线元，设计数据很少，可以直接在 fx-9750GⅡ按键输入。

按 MENU 2 键进入 **STAT** 模式，按 SHIFT SET UP ▼ ▼ F1 (FILE) 1 EXE EXE 键设置 **File1** 为当前串列文件；按 MENU 1 键进入 **RUN·MAT** 模式，按 SHIFT PRGM F6 F1 F3 EXE 键执行 **ClrList** 命令，清除当前串列文件。

按 MENU 2 键进入 **STAT** 模式，按表 5-1 的规定，在 List 1~List 4 串列的第一行输入图 5-31 所示单个圆曲线元的设计数据，在 List 6~List 8 串列的第一行输入起点桩号及中桩坐标，在 **List 10[1]**串列单元输入起点走向方位角，结果如图 5-32 所示。

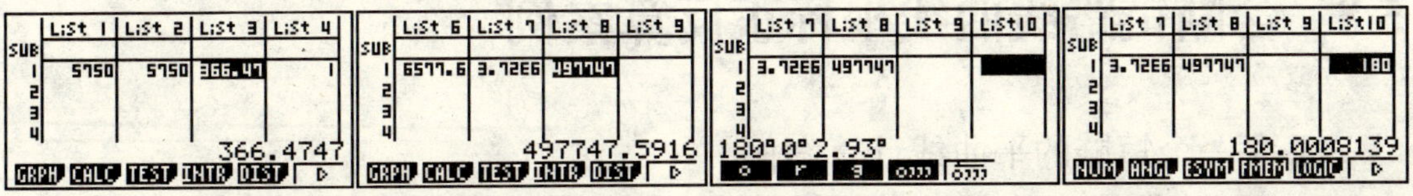

图 5-32 在 STAT 模式下输入单个圆曲线元设计数据

在 **List 10[1]**串列单元输入起点走向方位角的操作方法是：按 **180** OPTN F6 F2 F4 **0** F4 **2.93** F4 EXE 键。

② 计算平曲线主点数据与坐标正算。

执行 Q2X9 程序，计算平曲线主点数据及坐标正算的屏幕提示与用户操作过程如下：

屏幕提示	按键	说明
Route or ramp xyH Q2X9		显示程序标题
new(0)/old(≠0) main point data=?	**0** EXE	输入 0 为重新计算主点数据
hor-curve QD num=?	**1** EXE	输入平曲线起始点号(number)
Z_{ZD}(m)=6944.1322	EXE	显示平曲线终点设计桩号(-0.1mm)/耗时 0.61s
α_{ZD}=183°39′09.16″	EXE	显示平曲线终点走向方位角(0″)
$x_{ZD}+y_{ZD}$i(m)=3720977.391+497735.9118i	EXE	显示终点中桩坐标复数(Δ*x*=0.3mm,Δ*y*=0mm)
Press [MENU][2]⇒Stop!	EXE	继续执行程序
st xy new(0)/old(>0)/no(<0)=?	**-6** EXE	输入负数为不输入测站点(station)坐标
peg→xy(1)/xy→peg(2)/pier(4)=?	**1** EXE	输入 1 选择坐标正算
+peg(m),<QD⇒end=?	**6678.503** EXE	输入第一个加桩号
α_j=181°00′20.47″	EXE	显示走向方位角/耗时 0.35s
x_j+y_ji(m)=3721242.777+497746.7059i	EXE	显示中桩坐标复数
W_L(m)±∠γi,0⇒no=?	**24.82** + **58** SHIFT i EXE	输入涵洞左边距+右偏角 i 复数
x_L+y_Li(m)=3721255.558+497767.9820i	EXE	显示涵洞左边 *A* 点坐标复数
W_R(m),0⇒no=?	**24.19** EXE	输入涵洞右边距
x_R+y_Ri(m)=3721230.320+497725.9697i	EXE	显示涵洞右边 *B* 点坐标复数
+peg(m),<QD⇒end=?	**1** EXE	输入小于起点 *ZY* 的桩号结束程序
Q2X9⇒End		程序结束显示

与使用 Q2X8 程序计算涵洞轴线端点坐标相同，执行 Q2X9 程序，完成加桩中桩坐标的显示后，屏幕显示"**W_L(m)±∠γi,0⇒no=?**"提示时，可以输入左边距复数，复数的实部为边距值，虚部为偏角值，虚部输入正数时为右偏角，输入负数时为左偏角。当偏角含有分秒值时，应按 OPTN F6 F5 键调出角度功能菜单，按 F4 键输入偏角的度分秒值。

当用户没有输入左边距复数的虚部偏角值时，程序自动采用-90°作为左偏角计算边桩坐标，且循环提示用户继续输入其余左边距值，输入 0 结束左边桩坐标计算后，继续循环提示"**W_R, 0⇒no =?**"，要求输入右边距。右边距只能输入实数，不能输入复数，输入 0 结束右边桩坐标计算。

当用户输入了左边距复数的虚部偏角值时，程序只计算一次左边桩及其后的右边桩坐标。无论是否输入边距复数的虚部偏角值，程序算出的左、右边桩点都位于过加桩的同一条直线上。

本例的全部数据文件位于光盘"\5 章\[例 5-7]\"路径下。

5.8 含断链路线曲线坐标正反算案例

1) 含一个短链的平曲线计算案例

[例 5-8]　图 5-33 为将图 4-46 所示的含一个短链的交点法对称基本型平曲线设计数据转换为线元法设计数据的结果，试用 Q2X9 程序计算平曲线主点数据；计算加桩 K26+510，K26+480，K26+530 的中桩坐标；计算图中内表所列 2 个边桩点的坐标反算结果。

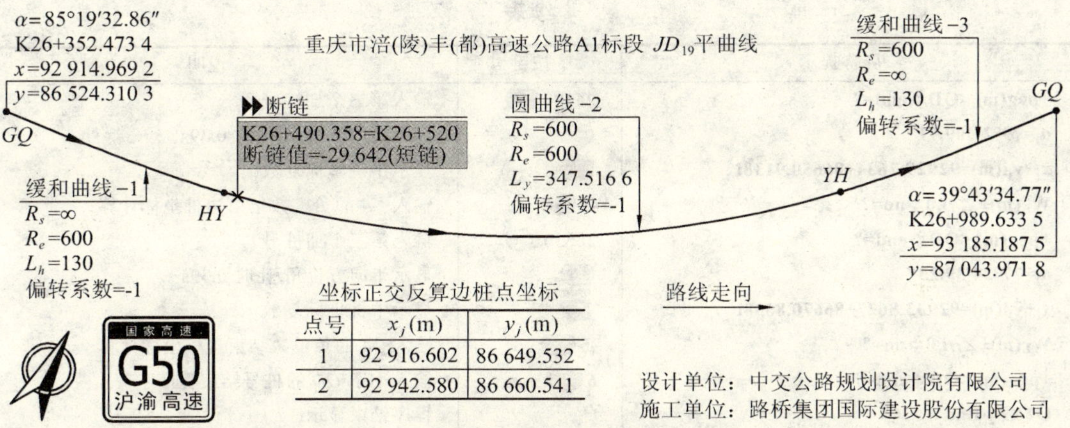

坐标正交反算边桩点坐标

点号	x_j(m)	y_j(m)
1	92 916.602	86 649.532
2	92 942.580	86 660.541

图 5-33　含短链的 JD_{19} 平曲线线元法设计图

[解]　① 输入平曲线及断链设计数据。

在 MS Excel 的 File2 选项卡，按表 5-1 的规定输入平曲线设计数据，结果如图 5-34 所示，其中断链桩的设计数据应输入到 S 列(等价于 List 19 串列)。

	A	B	C	D	E	F	G	H	I	J	S
1	0	600	130	-1		26352.4734	92914.9692	86524.3103		85.32579444	26490.358
2	600	600	347.5166	-1							26520
3	600	0	130	-1							

File2 / Sheet2 / Sheet3

图 5-34　在 MS Excel 的 File2 选项卡输入图 5-33 所示平曲线及断链设计数据

起点 *GQ* 走向方位角为 85°19′32.86″=85.32579444°，应在表中 J1 单元输入以十进制度为单位的 *GQ* 走向方位角 85.32579444。

将 File2 选项卡的数据另存为 File2.csv 文件，将 File2.csv 文件上传到 fx-9750GⅡ内存，并设置 **File2** 为当前串列文件。

② 坐标正算。

执行 Q2X9 程序，计算主点数据及坐标正算的屏幕提示与用户操作过程如下：

屏幕提示	按键	说明
Route or ramp xyH Q2X9		显示程序标题
new(0)/old(≠0) main point data=?	**0** EXE	输入 0 为重新计算主点数据
hor-curve QD num=?	**1** EXE	输入平曲线起始点号(number)
Z_{ZD}(m)=26989.6320	EXE	显示平曲线终点设计桩号(-1.5mm)/耗时 1.17s
$α_{ZD}$=39°43′34.75″	EXE	显示平曲线终点走向方位角(-0.02″)
x_{ZD}+y_{ZD}i(m)=93185.1875+87043.9717i	EXE	显示终点中桩坐标复数(Δx=0.9mm,Δy=0.2mm)
Press [MENU][2]⇛Stop!	EXE	继续执行程序
st xy new(0)/old(>0)/no(<0)=?	**-6** EXE	输入负数为不设置测站点(station)
peg➔xy(1)/xy➔peg(2)/pier(4)=?	**1** EXE	输入 1 选择坐标正算
+peg(m),<QD⇛end=?	**26510** EXE	输入第一个加桩号
j in -break peg n=1.0000	EXE	显示加桩位于 1 号短链(-break)空桩区

续表

屏幕提示	按键	说明
+peg(m),<QD⇒end=?	**26480** EXE	输入第二个加桩号
α_j=79°21′09.71″	EXE	显示走向方位角/耗时 0.39s
x_j+y_ji(m)=92929.7634+86650.9138i	EXE	显示中桩坐标复数
W_L(m)±∠γi,0⇒no=?	**-5** EXE	输入<-4 的负整数结束边桩坐标计算
+peg(m),<QD⇒end=?	**26530** EXE	输入第三个加桩号
α_j=77°24′39.23″	EXE	显示走向方位角/耗时 0.39s
x_j+y_ji(m)=92933.8627+86670.8538i	EXE	显示中桩坐标复数
W_L(m)±∠γi,0⇒no=?	**-5** EXE	输入<-4 的负整数结束边桩坐标计算
+peg(m),<QD⇒end=?	**6** EXE	输入小于 *QD* 的桩号结束程序
Q2X9⇒End		程序结束显示

③ 坐标反算。

重复执行 Q2X9 程序，进行坐标反算的屏幕提示与用户操作过程如下：

屏幕提示	按键	说明
Route or ramp xyH Q2X9		显示程序标题
new(0)/old(≠0) main point data=?	**6** EXE	输入非零数为使用现有主点数据计算
st xy new(0)/old(>0)/no(<0)=?	**-6** EXE	输入负数为不设置测站点(station)
peg→xy(1)/xy→peg(2)/pier(4)=?	**2** EXE	输入 2 选择坐标正交反算
x_j(m)/π⇒end=?	**92916.602** EXE	输入 1 号边桩点坐标(图 5-33 内表)
y_j(m)+ni=?	**86649.532** EXE	
p peg(m)+ni=26476.2862+1.0000i	EXE	显示垂点桩号+线元号 i 复数/耗时 0.83s
α_p=79°41′43.91″	EXE	显示垂点走向方位角
x_p+y_pi(m)=92929.0882+86647.2619i	EXE	显示垂点坐标复数
d_R(m)=12.6909	EXE	显示正数为右边距
x_j(m)/π⇒end=?	**92942.58** EXE	输入 2 号边桩点坐标(图 5-33 内表)
y_j(m)+ni=?	**86660.541** EXE	
p peg(m)+ni=26521.6866+2.0000i	EXE	显示垂点桩号+线元号 i 复数/耗时 0.77s
α_p=78°12′17.15″	EXE	显示垂点走向方位角
x_p+y_pi(m)=92932.1070+86662.7280i	EXE	显示垂点坐标复数
d_L(m)=-10.6989	EXE	显示负数为左边距
x_j(m)/π⇒end=?	SHIFT π EXE	输入 π 结束程序
Q2X9⇒End		程序结束显示

本例的全部数据文件位于光盘“\5 章\[例 5-8]\”路径下。

2) 含一个长链的平曲线计算案例

[例 5-9] 图 5-35 为将图 4-47 所示的含一个长链的交点法对称基本型平曲线设计数据转换为线元法设计数据的结果，试用 Q2X9 程序计算平曲线主点数据；计算加桩 K26+510，K26+480，K26+530 的中桩坐标；计算图中内表所列 2 个边桩点的坐标反算结果。

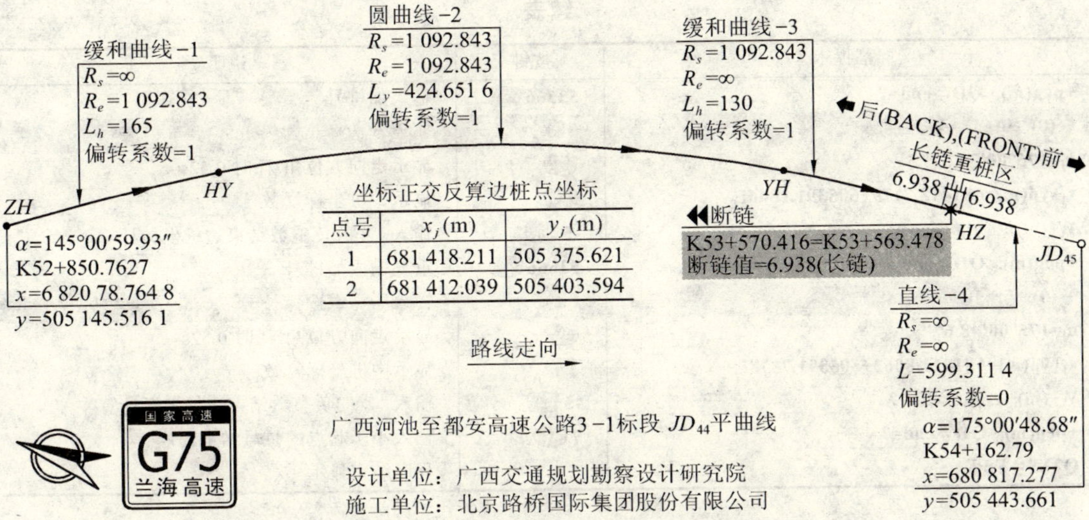

图 5-35　含长链的 JD_{44} 平曲线线元法设计图

[解]　① 输入平曲线及断链设计数据。

在 MS Excel 的 File3 选项卡，按表 5-1 的规定输入平曲线设计数据，结果如图 5-36 所示，其中断链桩的设计数据应输入到 S 列(等价于 List 19 串列)。

	A	B	C	D	E	F	G	H	I	J	S
1	0	1092.843	165	1		52850.7627	682078.7648	505145.5161		145.0166472	53570.416
2	1092.843	1092.843	424.6516	1							53563.478
3	1092.843	0	130	1							
4	0	0	599.3114	0							

File3 / Sheet2 / Sheet3

图 5-36　在 MS Excel 的 File3 选项卡输入图 5-35 所示平曲线及断链设计数据

起点 *ZH* 走向方位角为 145°00′59.93″=145.0166472°,应在表中 J1 单元输入以十进制度为单位的 *ZH* 点走向方位角 145.0166472。

将 File3 选项卡的数据另存为 File3.csv 文件,将 File3.csv 文件上传到 fx-9750GⅡ内存，并设置 **File3** 为当前串列文件。

② 坐标正算。

执行 Q2X9 程序，计算主点数据及坐标正算的屏幕提示与用户操作过程如下：

屏幕提示	按键	说明
Route or ramp xyH Q2X9		显示程序标题
new(0)/old(≠0) main point data=?	**0** EXE	输入 0 为重新计算主点数据
hor-curve QD num=?	**1** EXE	输入平曲线起始点号(number)
Z_{ZD}(m)=54162.7877	EXE	显示平曲线终点设计桩号(-2.3mm)/耗时 1.30s
$α_{ZD}$=175°00′48.67″	EXE	显示平曲线终点走向方位角
$x_{ZD}+y_{ZD}i$(m)=680817.2772+505443.6610i	EXE	显示终点中桩坐标复数(Δx=0.2mm,Δy=0mm)
Press [MENU][2]⇛Stop!	EXE	继续执行程序
st xy new(0)/old(>0)/no(<0)=?	**-7** EXE	输入负数为不设置测站点(station)
peg→xy(1)/xy→peg(2)/pier(4)=?	**1** EXE	输入 1 选择坐标正算

续表

屏幕提示	按键	说明
+peg(m),<QD⇒end=?	53566 EXE	输入加桩号
←(0) +break →(≠0)=?	0 EXE	输入 0 选择长链(+break)后重桩区
α_j=175°00′34.52″	EXE	显示走向方位角/耗时 0.52s
$x_j+y_j i$(m)=681418.7179+505391.1846i	EXE	显示中桩坐标复数
W_L(m)±∠γi,0⇒no=?	-5 EXE	输入<-4 的负整数结束边桩坐标计算
+peg(m),<QD⇒end=?	53566 EXE	重复输入加桩号
←(0) +break →(≠0)=?	1 EXE	输入非零数选择长链(+break)前重桩区
α_j=175°00′48.67″	EXE	显示走向方位角/耗时 0.52s
$x_j+y_j i$(m)=681411.8062+505391.7878i	EXE	显示中桩坐标复数
W_L(m)±∠γi,0⇒no=?	-5 EXE	输入<-4 的负整数结束边桩坐标计算
+peg(m),<QD⇒end=?	7 EXE	输入小于起点的桩号结束程序
Q2X9⇒End		程序结束显示

③ 坐标反算。

重复执行 Q2X9 程序，进行坐标反算的屏幕提示与用户操作过程如下：

屏幕提示	按键	说明
Route or ramp xyH Q2X9		显示程序标题
new(0)/old(≠0) main point data=?	7 EXE	输入非零数为使用现有主点数据计算
st xy new(0)/old(>0)/no(<0)=?	-7 EXE	输入负数为不设置测站点(station)
peg→xy(1)/xy→peg(2)/pier(4)=?	2 EXE	输入 2 选择坐标正交反算
x_j(m)/π⇒end=?	681418.211 EXE	输入 1 号边桩点坐标(图 5-35 内表)
y_j(m)+ni=?	505375.621 EXE	
p peg(m)+ni=53565.1507+3.0000i	EXE	显示垂点桩号+线元号 i 复数/耗时 1.12s
α_p=175°00′28.56″	EXE	显示垂点走向方位角
$x_p+y_p i$(m)=681419.5640+505391.1107i	EXE	显示垂点坐标复数
d_R(m)=15.5487	EXE	显示正数为右边距
x_j(m)/π⇒end=?	681412.039 EXE	输入 2 号边桩点坐标(图 5-35 内表)
y_j(m)+ni=?	505403.594 EXE	
p peg(m)+ni=53566.7942+4.0000i	EXE	显示垂点桩号+线元号 i 复数/耗时 0.87s
α_p=175°00′48.67″	EXE	显示垂点走向方位角
$x_p+y_p i$(m)=681411.0149+505391.8568i	EXE	显示垂点坐标复数
d_L(m)=-11.7818	EXE	显示负数为左边距
x_j(m)/π⇒end=?	SHIFT π EXE	输入 π 结束程序
Q2X9⇒End		程序结束显示

本例的全部数据文件位于光盘“\5 章\[例 5-9]\”路径下。

3) 含 23 个断链的平竖曲线计算案例

[例 5-10]　图 5-37~图 5-41 为将图 4-55~图 4-58 所示的含 23 个断链的交点法对称基本型曲线设计数据转换为线元法设计数据的结果，试用 Q2X9 程序计算平曲线主点数据；计算加桩 K140+398，K136+102 的中边桩坐标，左、右边距均为 6.1m；计算图 5-38 内表所列 2 个边桩点的坐标反算结果。

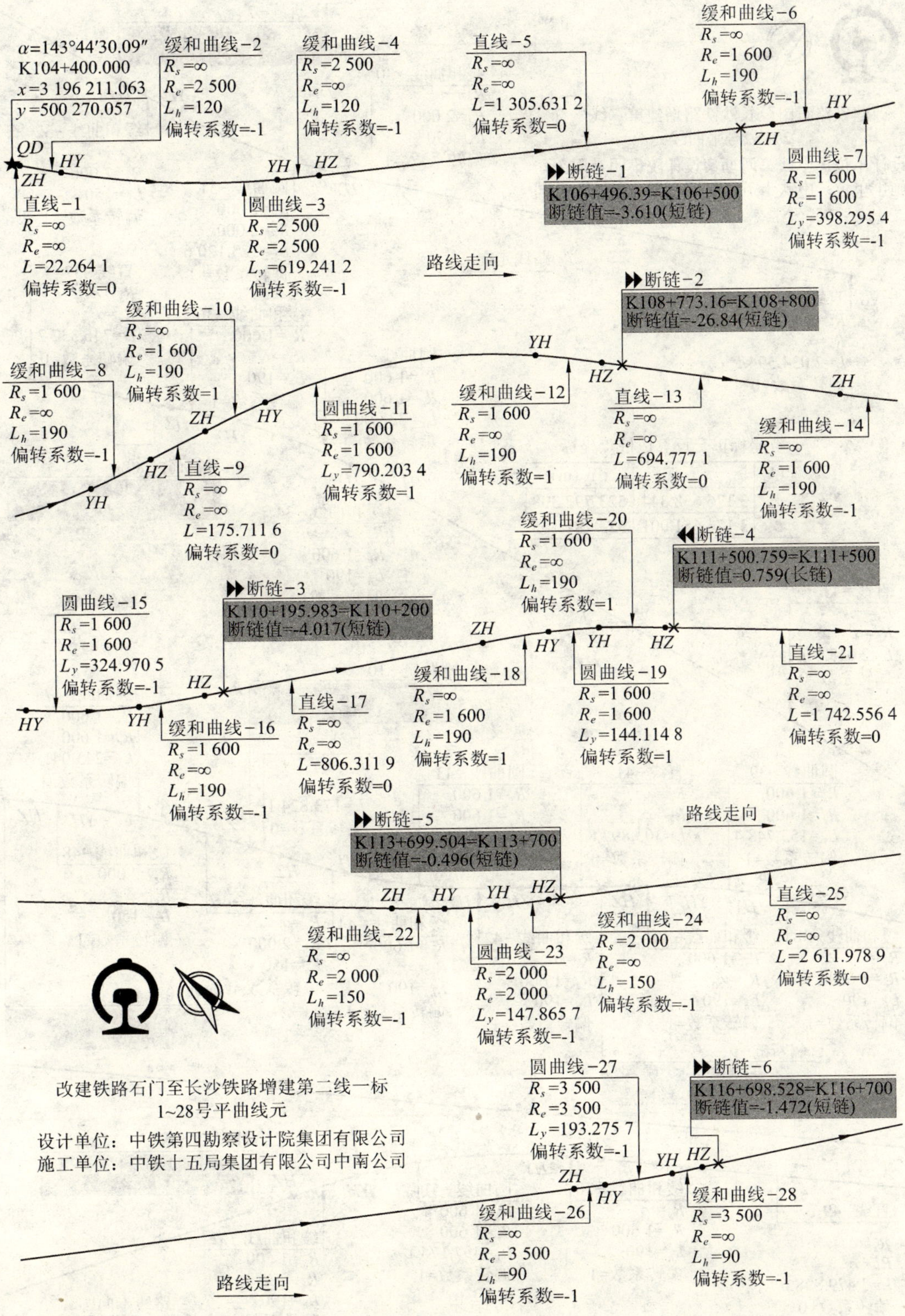

图 5-37　1~28 号线元设计图

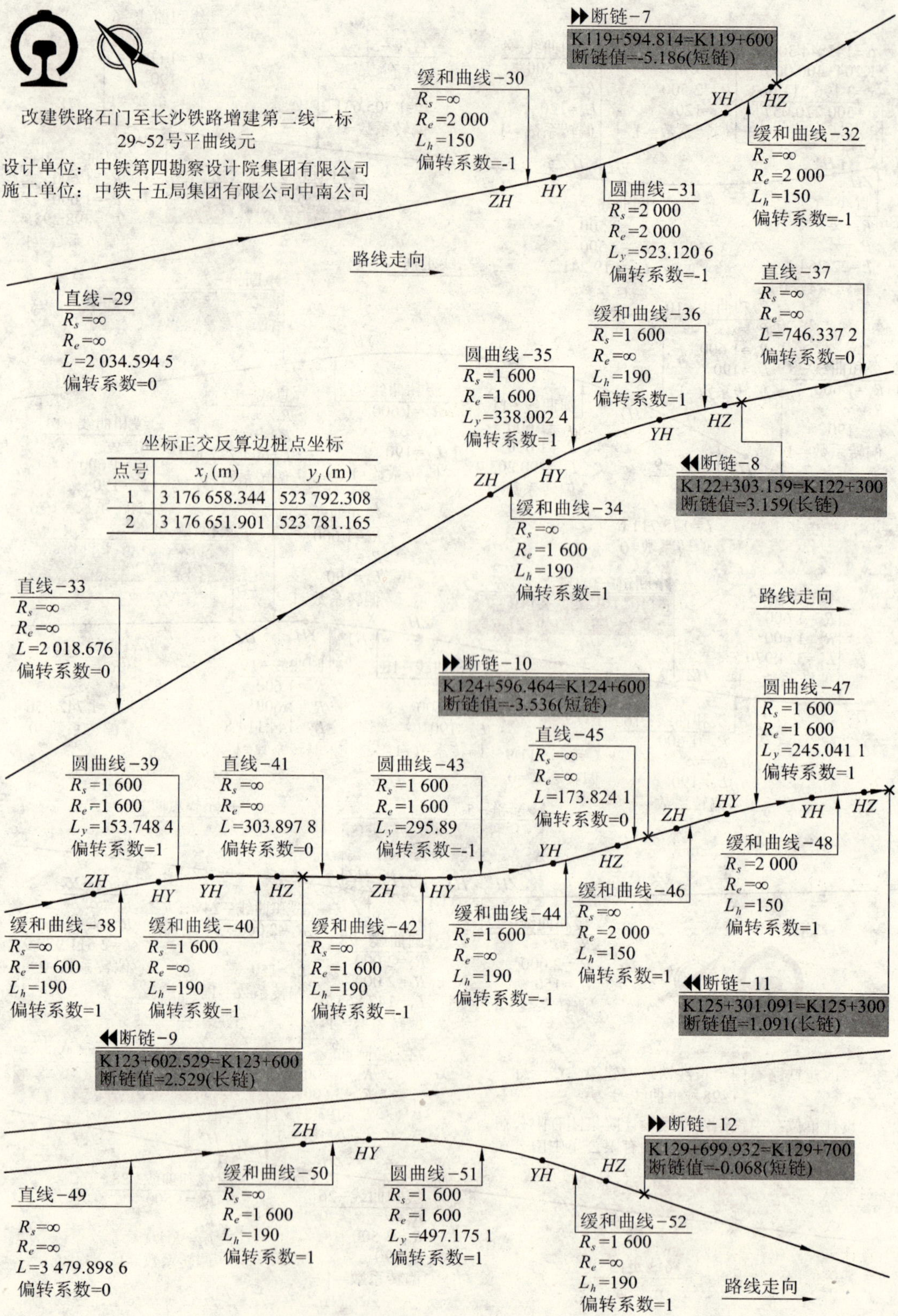

图 5-38　29~52 号线元设计图

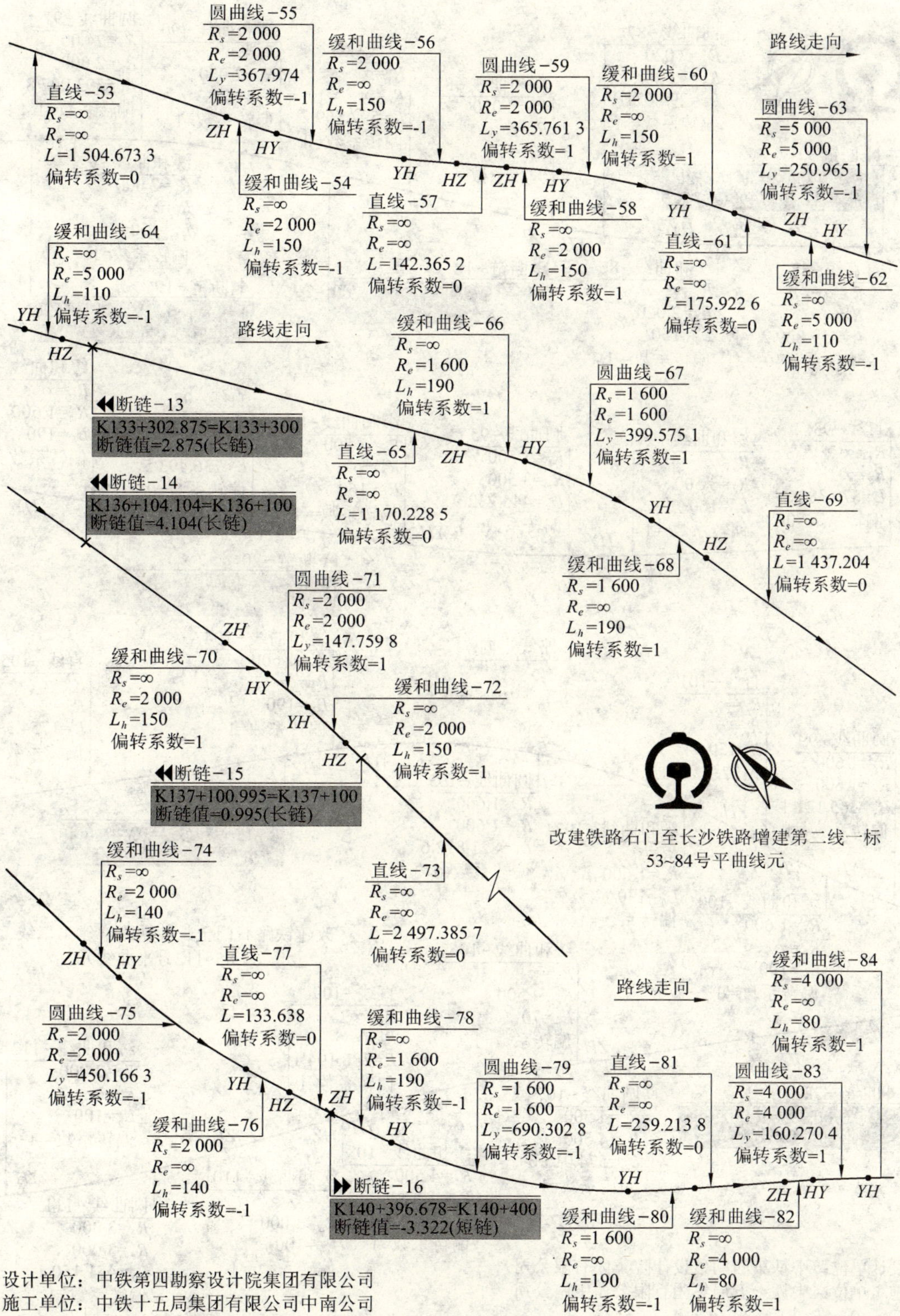

图 5-39　53~84 号线元设计图

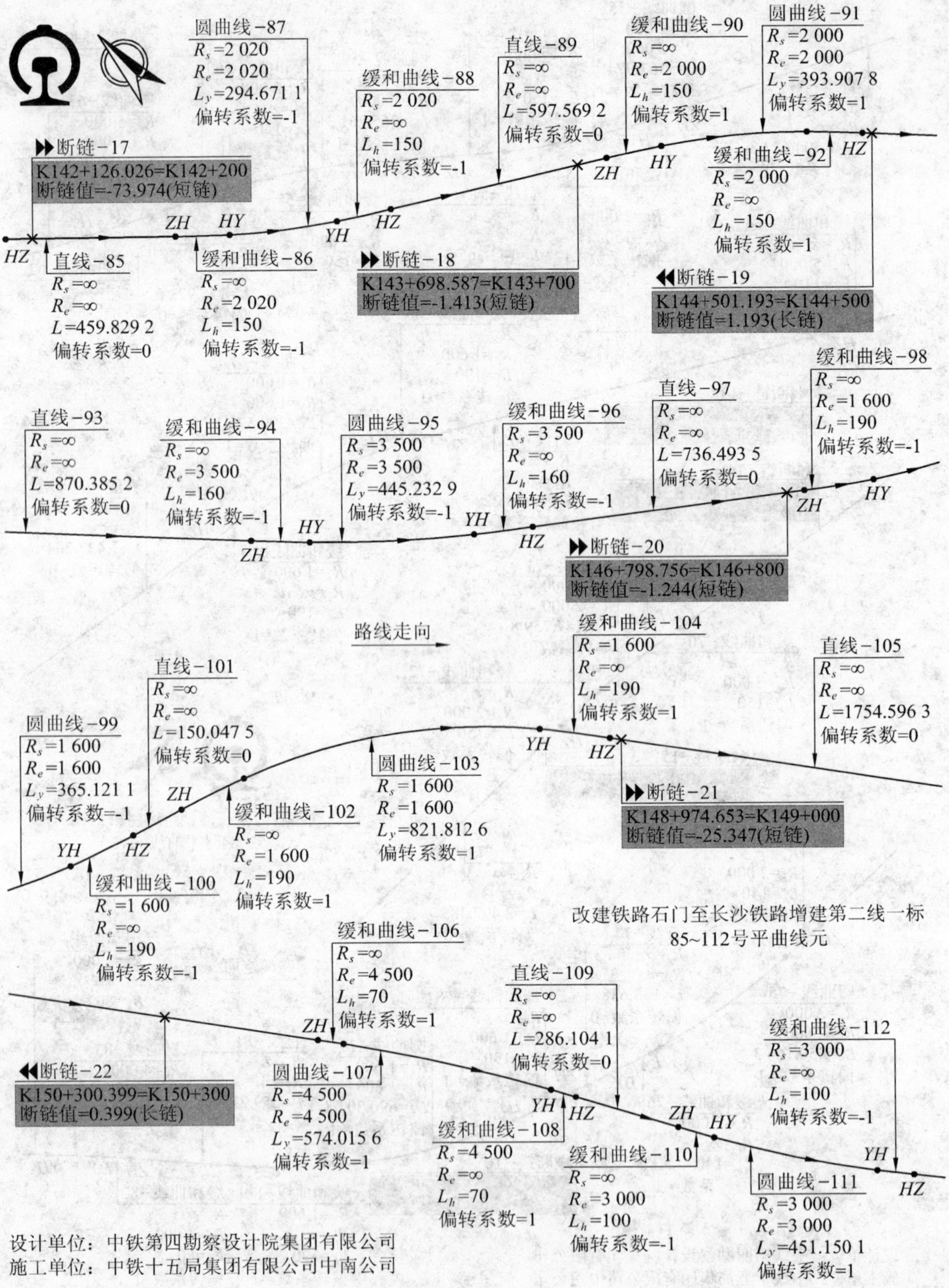

图 5-40　85~112 号线元设计图

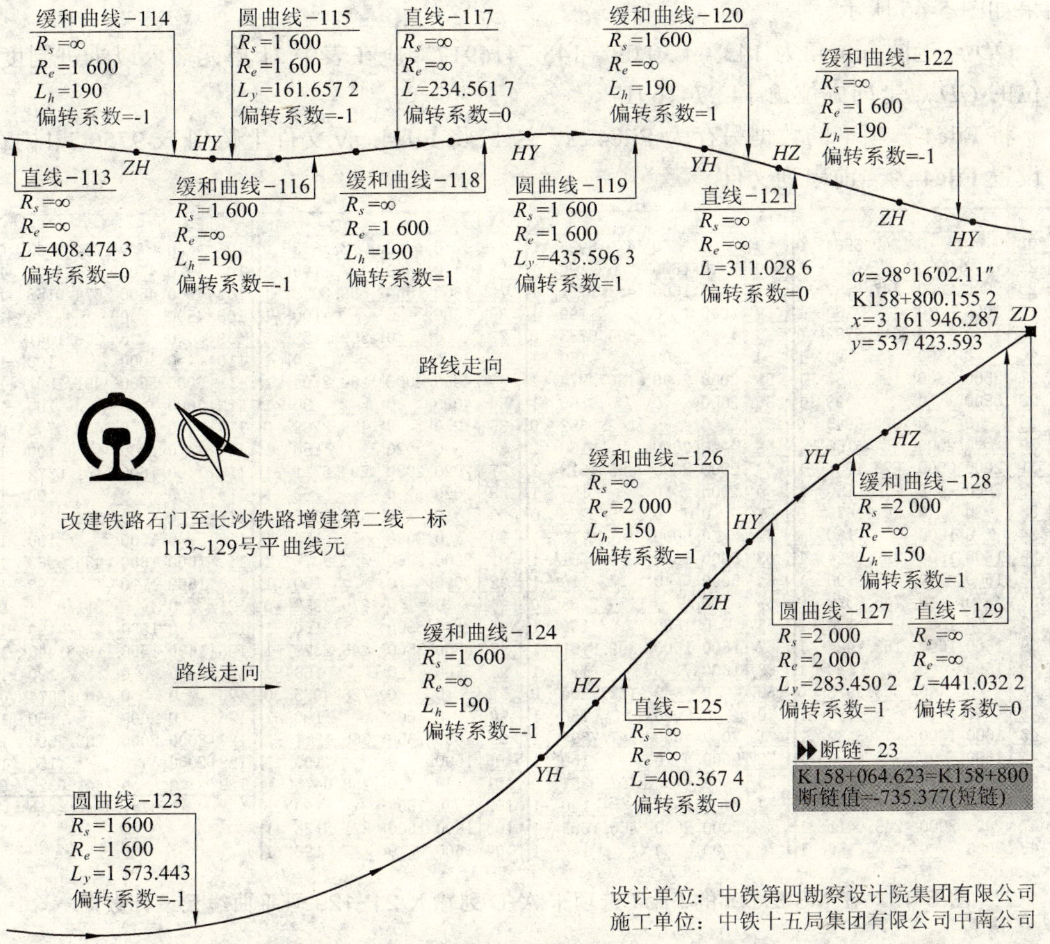

图 5-41　113~129 号线元设计图

[解]　① 输入平竖曲线及断链设计数据。

在 MS Excel 的 File4 选项卡，按表 5-1 的规定，输入 129 个平曲线元与起点设计数据，结果如图 5-42 与图 5-43 所示。

	A	B	C	D	E	F	G	H	I	J
1	0	0	22.2641	0		104400	3196211.063	500270.057		143.7416917
2	0	2500	120	-1						
3	2500	2500	619.2412	-1						
4	2500	0	120	-1						
5	0	0	1305.6312	0						
6	0	1600	190	-1						
7	1600	1600	398.2954	-1						
8	1600	0	190	-1						
9	0	0	175.7116	0						
10	0	1600	190	1						

File4 / Sheet2 / Sheet3

	A	B	C	D
11	1600	1600	790.2034	1
12	1600	0	190	1
13	0	0	694.7771	0
14	0	1600	190	-1
15	1600	1600	324.9705	-1
16	1600	0	190	-1
17	0	0	806.3119	0
18	0	1600	190	1
19	1600	1600	144.1148	1
20	1600	0	190	1

File4 / Sheet2 / Sheet3

图 5-42　在 MS Excel 的 File4 选项卡输入 1~20 号平曲线元与起点设计数据

在 L，M，N 列(等价于 List 12，List 13，List 14 串列)输入表 4-14 所列 70 个变坡点设计数据，结果如图 5-44 所示，在 S 列(等价于 List 19 串列)输入 23 个断链桩的设计数据，结果如图 5-45 所示。

QD 点走向方位角为 143°44′30.09″=143.7416917°，应在表中 J1 单元输入以十进制度为单位的 *QD* 点走向方位角 143.7416917。

将 File4 选项卡的数据另存为 File4.csv 文件，将 File4.csv 文件上传到 fx-9750GⅡ内存，并设置 **File4** 为当前串列文件。

	A	B	C	D
21	0	0	1742.5564	0
22	0	2000	150	-1
23	2000	2000	147.8657	-1
24	2000	0	150	-1
25	0	0	2611.9789	0
26	0	3500	90	-1
27	3500	3500	193.2757	-1
28	3500	0	90	-1
29	0	0	2034.5945	0
30	0	2000	150	-1
31	2000	2000	523.1206	-1
32	2000	0	150	-1
33	0	0	2018.676	0
34	0	1600	190	1
35	1600	1600	338.0024	1
36	1600	0	190	1
37	0	0	746.3372	0
38	0	1600	190	1
39	1600	1600	153.7484	1
40	1600	0	190	1
41	0	0	303.8978	0
42	0	1600	190	-1
43	1600	1600	295.89	-1
44	1600	0	190	-1
45	0	0	173.8241	0
46	0	2000	150	1
47	2000	2000	245.0411	1
48	2000	0	150	1
49	0	0	3479.8986	0
50	0	1600	190	1
51	1600	1600	497.1751	1
52	1600	0	190	1
53	0	0	1504.6733	0
54	0	2000	150	-1
55	2000	2000	367.974	-1
56	2000	0	150	-1
57	0	0	142.3652	0
58	0	2000	150	1
59	2000	2000	365.7613	1
60	2000	0	150	1
61	0	0	175.9226	0
62	0	5000	110	-1
63	5000	5000	250.9651	-1
64	5000	0	110	-1
65	0	0	1170.2285	0
66	0	1600	190	1
67	1600	1600	399.5751	1
68	1600	0	190	1
69	0	0	1437.204	0
70	0	2000	150	1
71	2000	2000	147.7598	1
72	2000	0	150	1
73	0	0	2497.3857	0
74	0	2000	140	-1
75	2000	2000	450.1663	-1
76	2000	0	140	-1
77	0	0	133.638	0
78	0	1600	190	-1
79	1600	1600	690.3028	-1
80	1600	0	190	-1
81	0	0	259.2138	0
82	0	4000	80	1
83	4000	4000	160.2704	1
84	4000	0	80	1
85	0	0	459.8292	0
86	0	2020	150	-1
87	2020	2020	294.6711	-1
88	2020	0	150	-1
89	0	0	597.5692	0
90	0	2000	150	1
91	2000	2000	393.9078	1
92	2000	0	150	1
93	0	0	870.3852	0
94	0	3500	160	-1
95	3500	3500	445.2329	-1
96	3500	0	160	-1
97	0	0	736.4935	0
98	0	1600	190	-1
99	1600	1600	365.1211	-1
100	1600	0	190	-1
101	0	0	150.0475	0
102	0	1600	190	1
103	1600	1600	821.8126	1
104	1600	0	190	1
105	0	0	1754.5963	0
106	0	4500	70	1
107	4500	4500	574.0156	1
108	4500	0	70	1
109	0	0	286.1041	0
110	0	3000	100	-1
111	3000	3000	451.1501	-1
112	3000	0	100	-1
113	0	0	408.4743	0
114	0	1600	190	-1
115	1600	1600	161.6572	-1
116	1600	0	190	-1
117	0	0	234.5617	0
118	0	1600	190	1
119	1600	1600	435.5963	1
120	1600	0	190	1
121	0	0	311.0286	0
122	0	1600	190	-1
123	1600	1600	1573.443	-1
124	1600	0	190	-1
125	0	0	400.3674	0
126	0	2000	150	1
127	2000	2000	283.4502	1
128	2000	0	150	1
129	0	0	441.0322	0

File4 / Sheet2 / Sheet3

图 5-43　在 MS Excel 的 File4 选项卡 A~D 列输入 21~129 号平曲线元设计数据

	L	M	N
1	104170	41.02	0
2	105100	43.345	15000
3	105500	43.745	15000
4	106910	45.86	15000
5	107850	51.218	15000
6	108250	50.218	15000
7	109110	45.469	15000
8	109700	47.239	15000
9	110230	45.119	15000
10	111260	46.458	15000
11	111850	46.576	15000
12	112520	49.725	15000
13	113070	49.615	15000
14	113710	46.607	15000
15	114450	44.609	15000
16	115250	40.209	15000
17	115920	42.353	15000
18	116530	42.109	15000
19	116960	41.378	15000
20	117570	42.171	15000
21	117980	42.376	15000
22	119570	39.832	15000
23	120610	44.616	15000
24	120460	49.716	15000
25	122320	47.996	15000
26	122930	51.656	15000
27	123590	51.26	15000
28	124460	56.219	15000
29	124995	59.054	15000
30	125645	55.999	15000
31	127480	54.165	15000
32	128630	47.265	15000
33	129220	45.495	15000
34	129630	47.299	15000
35	130580	52.999	15000
36	131830	60.249	15000
37	132230	59.049	15000
38	132673	56.48	15000
39	134330	53.99	15000
40	134730	52.39	15000
41	135200	49.664	15000
42	136100	44.264	15000
43	136500	45.664	15000
44	137130	49.318	15000
45	137930	54.038	15000
46	138330	55.598	15000
47	138930	58.958	15000
48	139490	62.318	15000
49	140670	68.808	15000
50	142020	73.803	15000
51	142830	76.894	15000
52	143700	80.722	15000
53	144250	83.802	15000
54	144770	86.142	15000
55	145170	83.942	15000
56	145580	81.523	15000
57	146040	78.855	15000
58	146900	73.695	15000
59	148620	64.063	15000
60	149046	62.38	15000
61	149500	61.835	15000
62	150210	60.77	15000
63	150900	58.7	15000
64	152005	52.843	15000
65	152700	48.743	15000
66	153500	48.423	15000
67	154800	55.833	15000
68	155960	62.213	15000
69	156370	64.263	15000
70	156850	61.863	15000
71	158020	55.194	15000
72	160430	53.012	

File4 / Sheet2 / She

图 5-44　在 MS Excel 的 File4 选项卡 L~N 列输入竖曲线设计数据

	S		S		S		S		S		S
1	106496.39	9	113699.504	17	123602.529	25	133302.875	33	142126.026	41	148974.653
2	106500	10	113700	18	123600	26	133300	34	142200	42	149000
3	108773.16	11	116698.528	19	124596.464	27	136104.104	35	143698.587	43	150300.399
4	108800	12	116700	20	124600	28	136100	36	143700	44	150300
5	110195.983	13	119594.814	21	125301.091	29	137100.995	37	144501.193	45	158064.623
6	110200	14	119600	22	125300	30	137100	38	144500	46	158800
7	111500.759	15	122303.159	23	129699.932	31	140396.678	39	146798.756	File4	
8	111500	16	122300	24	129700	32	140400	40	146800		

图 5-45 在 MS Excel 的 File4 选项卡 S 列输入 23 个断链桩数据

② 计算平竖曲线主点数据。

执行 Q2X9 程序，计算平竖曲线主点数据的屏幕提示与用户操作过程如下：

屏幕提示	按键	说明
Route or ramp xyH Q2X9		显示程序标题
new(0)/old(≠0) main point data=?	0 EXE	输入 0 为重新计算主点数据
hor−curve QD num=?	1 EXE	输入平曲线起始点号(number)
ver curve first SJD num=?	1 EXE	输入竖曲线起始变坡点号(number)/耗时 18.02s
Z_{SJD}(m)=136100.0000+42.0000i	EXE	显示变坡点桩号+编号 i 复数/耗时 16.99s
←(0) +break →(≠0)=?	0 EXE	输入 0 选择长链(+break)后重桩区
Z_{ZD}(m)=158800.1547	EXE	显示平曲线终点设计桩号(-0.5mm)/耗时 1min28.84s
$α_{ZD}$=98°16′02.15″	EXE	显示平曲线终点走向方位角(0.04″)
$x_{ZD}+y_{ZD}$i(m)=3161946.282+537423.5880i	EXE	显示终点中桩坐标复数(Δ*x*=-5mm,Δ*y*=-5mm)
H_{ZD}(m)=55.1357	EXE	显示终点中桩设计高程
Press [MENU][2]⇛Stop!	MENU 2	进入 **STAT** 模式查看主点数据

本例路线长为 53.531km，这么长的路线，用线元法算出的终点坐标与设计坐标只差 5mm，得益于夹直线长与圆曲线长都取位到了 0.000 1m。

③ 坐标正算。

重复执行 Q2X9 程序，进行坐标正算的屏幕提示与用户操作过程如下：

屏幕提示	按键	说明
Route or ramp xyH Q2X9		显示程序标题
new(0)/old(≠0) main point data=?	8 EXE	输入非零数为使用现有主点数据计算
st xy new(0)/old(>0)/no(<0)=?	-8 EXE	输入负数为不设置测站点(station)
peg→xyH(1)/xyH→peg(2)/ xyH→δr(3)/pier(4)=?	1 EXE	输入 1 选择坐标正算
+peg(m),<QD⇛end=?	140398 EXE	输入第一个加桩号
j in -break peg n=16.0000	EXE	加桩位于 16 号短链空桩区
+peg(m),<QD⇛end=?	136102 EXE	输入第二个加桩号
←(0) +break →(≠0)=?	0 EXE	输入 0 选择长链(+break)后重桩区
$α_j$=168°33′30.64″	EXE	显示走向方位角/耗时 3.55s
x_j+y_ji(m)=3176657.131+523786.3274i	EXE	显示中桩坐标复数
H_j(m)=44.4296	EXE	显示中桩设计高程/耗时 0.96s
W_L(m)±∠γi,0⇛no=?	6.1 EXE	输入左边距
x_L+y_Li(m)=3176658.341+523792.3062i	EXE	显示左边桩坐标复数
W_L(m)±∠γi,0⇛no=?	0 EXE	输入 0 结束左边桩坐标计算

续表

屏幕提示	按键	说明
W_R(m),0⇒no=?	6.1 EXE	输入右边距
x_R+y_Ri(m)=3176655.921+523780.3487i	EXE	显示右边桩坐标复数
W_R(m),0⇒no=?	0 EXE	输入 0 结束右边桩坐标计算
+peg(m),<QD⇒end=?	136102 EXE	重复输入第二个加桩号
←(0) +break →(≠0)=?	1 EXE	输入非零数选择长链(+break)前重桩区
$α_j$=168°33′30.64″	EXE	显示走向方位角/耗时 3.55s
x_j+y_ji(m)=3176653.109+523787.1415i	EXE	显示中桩坐标复数
H_j(m)=44.4255	EXE	显示中桩设计高程/耗时 1.09s
W_L(m)±∠γi,0⇒no=?	6.1 EXE	输入左边距
x_L+y_Li(m)=3176654.319+523793.1203i	EXE	显示左边桩坐标复数
W_L(m)±∠γi,0⇒no=?	0 EXE	输入 0 结束左边桩坐标计算
W_R(m),0⇒no=?	6.1 EXE	输入右边距
x_R+y_Ri(m)=3176651.899+523781.1628i	EXE	显示右边桩坐标复数
W_R(m),0⇒no=?	0 EXE	输入 0 结束右边桩坐标计算
+peg(m),<QD⇒end=?	8 EXE	输入小于 *QD* 的桩号结束程序
Q2X9⇒End		程序结束显示

④ 坐标反算。

重复执行 Q2X9 程序，进行坐标反算的屏幕提示与用户操作过程如下：

屏幕提示	按键	说明
Route or ramp xyH Q2X9		显示程序标题
new(0)/old(≠0) main point data=?	8 EXE	输入非零数为使用现有主点数据计算
st xy new(0)/old(>0)/no(<0)=?	-8 EXE	输入负数为不设置测站点(station)
peg→xyH(1)/xyH→peg(2)/ xyH→δr(3)/pier(4)=?	2 EXE	输入 2 选择坐标正交反算
x_j(m)/π⇒end=?	3176658.344 EXE	输入 1 号边桩点坐标(图 5-38 内表)
y_j(m)+ni=?	523792.308 EXE	
p peg(m)+ni=136101.9976+69.0000i	EXE	显示垂点桩号+线元号 i 复数/耗时 3.14s
$α_p$=168°33′30.64″	EXE	显示垂点走向方位角
x_p+y_pi(m)=3176657.134+523786.3270i	EXE	显示垂点坐标复数
H_P(m)=44.4296	EXE	显示垂点设计高程/耗时 1.09s
d_L(m)=-6.1023	EXE	显示负数为左边距
x_j(m)/π⇒end=?	3176651.901 EXE	输入 2 号边桩点坐标(图 5-38 内表)
y_j(m)+ni=?	523781.165 EXE	
p peg(m)+ni=136101.9982+69.0000i	EXE	显示垂点桩号+线元号 i 复数/耗时 3.15s
$α_p$=168°33′30.64″	EXE	显示垂点走向方位角
x_p+y_pi(m)=3176653.111+523787.1412i	EXE	显示垂点坐标复数
H_P(m)=44.4255	EXE	显示垂点设计高程/耗时 1.09s
d_R(m)=6.0973	EXE	显示正数为右边距
x_j(m)/π⇒end=?	SHIFT π EXE	输入 π 结束程序
Q2X9⇒End		程序结束显示

⑤ 执行成果整理程序 H2X9.exe 输出系列成果文件。

将当前串列数据输出为 File4.csv 文件，执行成果整理程序 H2X9.exe 处理 File4.csv 文件，创建的四个成果文件位于光盘"\5 章\[例 5-10]\"路径下，图 5-46 为成果文件 File4.txt 的部分内容。

FILE4.TXT - 记事本

文件(F) 编辑(E) 格式(O) 查看(V) 帮助(H)

平曲线主点桩号，中桩坐标(设计高程)，走向方位角计算成果

序号	桩号	x(m)	y(m)	H(m)	走向方位角(dms)
1	K104+400	3196211.0630	500270.0570	41.5950	143.443009
2	K104+422.2641	3196193.1101	500283.2246	41.6507	143.443009
3	K104+542.2641	3196096.9204	500354.9658	41.9507	142.215973
4	K105+161.5053	3195658.1113	500789.6492	43.4065	128.102867
5	K105+281.5053	3195585.4648	500885.1570	43.5265	126.475831
短链1		K106+496.3900=K106+500		断链值=- 3.610	
6	K106+590.7465	3194803.3694	501930.6233	45.3799	126.475831
7	K106+780.7465	3194692.6066	502084.9615	45.6656	123.235134
8	K107+179.0419	3194516.7992	502441.2106	47.3935	109.080489
9	K107+369.0419	3194461.6801	502623.0088	48.4765	105.435792
10	K107+544.7535	3194414.0358	502792.1377	49.4781	105.435792
11	K107+734.7535	3194358.9167	502973.9359	50.5611	109.080489
12	K108+524.9569	3193929.6641	503627.8275	48.6507	137.255436
13	K108+714.9569	3193784.7803	503750.6989	47.5678	140.500133
短链2		K108+773.1600=K108+800		断链值=- 26.840	
14	K109+436.5740	3193246.1084	504189.5016	46.4487	140.500133
15	K109+626.5740	3193101.2247	504312.3730	47.0187	137.255436
16	K109+951.5445	3192885.7831	504554.9182	46.2251	125.474062
17	K110+141.5445	3192780.8579	504713.2830	45.4593	122.233365
短链3		K110+195.9830=K110+200		断链值=- 4.017	
18	K110+951.8734	3192348.9013	505394.1298	46.0574	122.233365
19	K111+141.8734	3192243.9761	505552.4945	46.3044	125.474062
20	K111+285.9882	3192154.5391	505665.4373	46.4632	130.571925
21	K111+475.9882	3192024.4391	505803.8666	46.5011	134.212623
长链4		K111+500.7590=K111+500		断链值= .759	
22	K113+217.7856	3190806.1648	507049.7841	48.9199	134.212623

Ln 1, Col 1

图 5-46　含 23 个断链的铁路路线平竖曲线成果文件 File4.txt 的部分内容

由于当前串列文件输入了竖曲线设计数据，因此 Q2X9 程序算出了平曲线主点的设计高程。

在本例的设计原图中，所有缓曲线长均为整数，而圆曲线长与夹直线长也都只给到了 0.001m 位，而在图 5-37~图 5-41 中，圆曲线长与夹直线长却给到了 0.000 1m 位，这些数据是从 Q2X8 程序计算的成果文件"\4 章\[例 4-8]\File2.txt"中获取的。

当路线或匝道平曲线设计数据是按交点法给出时，建议使用 Q2X8 程序计算，因为将交点法设计数据转换为线元法设计数据的工作量很大。为了保证平曲线主点数据的计算精度，需要 0.000 1m 位的夹直线长与圆曲线长，而设计图一般只给到了 0.001m 位，夹直线长与圆曲线长的取位误差，将使路线终点坐标产生较大的误差。

开发 Q2X9 程序的目的是计算采用线元法设计的匝道曲线。本例用 Q2X9 程序计算交点法设计的路线曲线，其目的一是检验 Q2X9 程序的断链功能，二是验证使用 Q2X9 程序计算长大路线的误差大小。

例如，本例路线长为 53.531km，用线元法算出的终点坐标与设计坐标只差 5mm。这说明，只要能获取 0.000 1m 位的夹直线长与圆曲线长，线元法的计算精度是可以保证的，因为线元法并不存在原理误差。

5.9 含回头曲线的多交点匝道平竖曲线计算案例

[例 5-11] 图 5-47 为将图 4-62 所示高速公路 A 匝道交点法设计数据变换为线元法设计数据的结果，该例的起点桩号为负数桩号，试用 Q2X9 程序计算加桩 AK0−10，AK0+180，AK0+440，AK0+585 的中桩坐标及其设计高程；计算图 5-47 右下角内表所列 6 个边桩点的坐标反算结果。

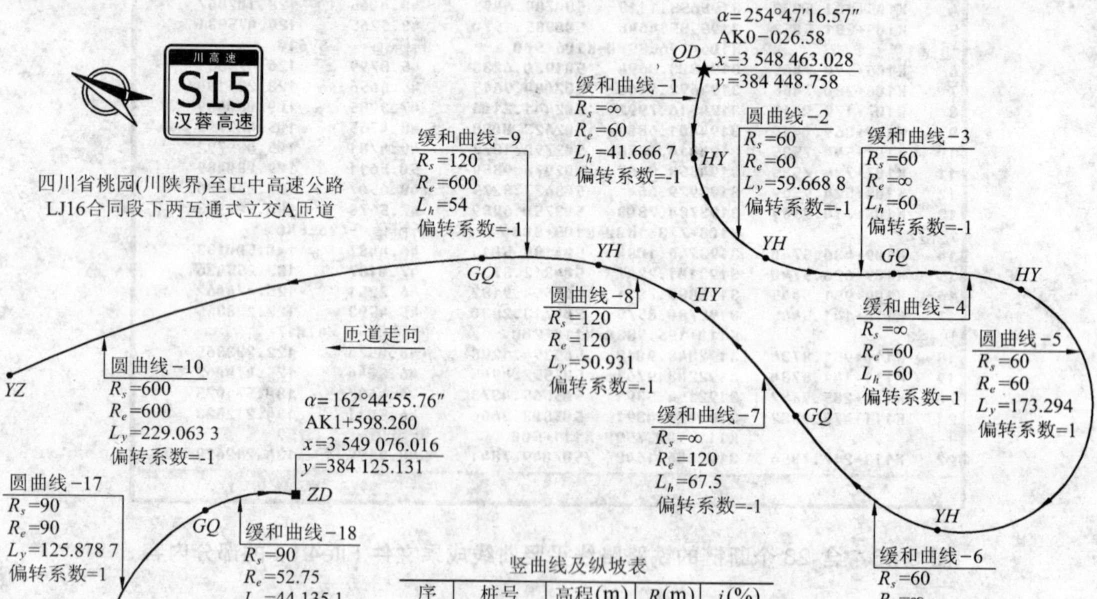

竖曲线及纵坡表

序	桩号	高程(m)	R(m)	i(%)
SQD	AK0+000	377.4		1.932 5
SJD_1	AK0+040	378.173	2 000	5
SJD_2	AK0+410	396.673	5 000	6.1614
SJD_3	AK0+760	418.238	2 000	2.3
SJD_4	AK1+190	428.128	3 500	0.76
SJD_5	AK1+470	430.256	2 500	2.48
SZD	AK1+580	432.984		

坐标正交反算边桩点坐标

点号	x_j(m)	y_j(m)
1	3 548 456.667	384 438.448
2	3 548 295.391	384 426.656
3	3 548 234.108	384 401.834
4	3 548 405.325	384 355.083
5	3 548 837.113	383 969.352
6	3 549 081.154	384 116.891

图 5-47 四川省桃园(川陕界)至巴中高速公路 LJ16 合同段下两互通式立交 A 匝道平竖曲线设计图

[解] ① 输入平竖曲线设计数据。

在 MS Excel 的 File5 选项卡，按表 5-1 的规定输入平竖曲线设计数据，结果如图 5-48 所示。

QD 点走向方位角为 254°47′16.57″=254.7879361°，应在表中 J1 单元输入以十进制度为单位的 *QD* 点走向方位角 254.7879361。

将 File5 选项卡的数据另存为 File5.csv 文件，将 File5.csv 文件上传到 fx-9750GⅡ内存，并设置 **File5** 为当前串列文件。

	A	B	C	D	E	F	G	H	I	J	K	L	M	N
1	0	60	41.6667	-1		-26.58	3548463.028	384448.758		254.7879361		0	377.4	0
2	60	60	59.6688	-1								40	378.173	2000
3	60	0	60	-1								410	396.673	5000
4	0	60	60	1								760	418.238	2000
5	60	60	173.294	1								1190	428.128	3500
6	60	0	86.4	1								1470	430.256	2500
7	0	120	67.5	-1								1580	432.984	
8	120	120	50.931	-1										
9	120	600	54	-1										
10	600	600	229.0633	-1										
11	0	0	286.537	0										
12	0	70	43.2143	1										
13	70	70	54.9991	1										
14	70	0	43.2143	1										
15	0	0	89.8829	0										
16	0	90	54.4444	1										
17	90	90	125.8787	1										
18	90	52.8	44.1351	1										

File5 / Sheet2 / Sheet3

图 5-48　在 MS Excel 的 File5 选项卡输入平竖曲线设计数据

② 计算平竖曲线主点数据。

执行 Q2X9 程序，计算平竖曲线主点数据的屏幕提示与用户操作过程如下：

屏幕提示	按键	说明
Route or ramp xyH Q2X9		显示程序标题
new(0)/old(≠0) main point data=?	0 EXE	输入 0 为重新计算主点数据
hor−curve QD num=?	1 EXE	输入平曲线起始点号(number)
ver−curve first SJD num=?	1 EXE	输入竖曲线起始变坡点号/耗时 3.65s
Z_{ZD}(m)=1598.2496	EXE	显示平曲线终点设计桩号(-10.4mm)/耗时 2.63s
α_{ZD}=162°44′53.86″	EXE	显示平曲线终点走向方位角(-1.9″)
$x_{ZD}+y_{ZD}i$(m)=3549076.015+384125.1276i	EXE	显示终点中桩坐标复数(Δx=-1mm,Δy=-3.4mm)
Press [MENU][2]⇛Stop!	MENU 2	进入 **STAT** 模式查看主点数据

③ 坐标正算。

重复执行 Q2X9 程序，进行坐标正算的屏幕提示与用户操作过程如下：

屏幕提示	按键	说明
Route or ramp xyH Q2X9		显示程序标题
new(0)/old(≠0) main point data=?	9 EXE	输入非零数为使用现有主点数据计算
st xy new(0)/old(>0)/no(<0)=?	-9 EXE	输入负数为不设置测站点(station)
peg→xyH(1)/xyH→peg(2)/ xyH→δr(3)/pier(4)=?	1 EXE	输入 1 选择坐标正算
+peg(m),<QD⇛end=?	-10 EXE	输入第一个加桩号
α_j=251°38′16.29″	EXE	显示走向方位角/耗时 0.52s
x_j+y_ji(m)=3548458.386+384432.8435i	EXE	显示中桩坐标复数

续表

屏幕提示	按键	说明
W_L(m)±∠γi,0⇒no=?	**-5** EXE	输入<-4 的负整数结束边桩坐标计算
+peg(m),<QD⇒end=?	**180** EXE	输入第二个加桩号
α_j=165°33′22.25″	EXE	显示走向方位角/耗时 0.64s
x_j+y_ji(m)=3548300.269+384425.5671i	EXE	显示中桩坐标复数
H_j(m)=385.1730	EXE	显示中桩设计高程
W_L(m)±∠γi,0⇒no=?	**-5** EXE	输入<-4 的负整数结束边桩坐标计算
+peg(m),<QD⇒end=?	**440** EXE	输入第三个加桩号
α_j=23°29′48.41″	EXE	显示走向方位角/耗时 0.83s
x_j+y_ji(m)=3548336.092+384320.4128i	EXE	显示中桩坐标复数
H_j(m)=398.5214	EXE	显示中桩设计高程
W_L(m)±∠γi,0⇒no=?	**-5** EXE	输入<-4 的负整数结束边桩坐标计算
+peg(m),<QD⇒end=?	**585** EXE	输入第四个加桩号
α_j=338°57′04.47″	EXE	显示走向方位角/耗时 0.90s
x_j+y_ji(m)=3548474.692+384341.5246i	EXE	显示中桩坐标复数
H_j(m)=407.4555	EXE	显示中桩设计高程
W_L(m)±∠γi,0⇒no=?	**-5** EXE	输入<-4 的负整数结束边桩坐标计算
+peg(m),<QD⇒end=?	**-30** EXE	输入小于 *QD* 的桩号结束程序
Q2X9⇒End		程序结束显示

④ 坐标反算。

重复执行 Q2X9 程序，进行坐标反算的屏幕提示与用户操作过程如下：

屏幕提示	按键	说明
Route or ramp xyH Q2X9		显示程序标题
new(0)/old(≠0) main point data=?	**9** EXE	输入非零数为使用现有主点数据计算
st xy new(0)/old(>0)/no(<0)=?	**-9** EXE	输入负数为不设置测站点(station)
peg→xyH(1)/xyH→peg(2)/ xyH→δr(3)/pier(4)=?	**2** EXE	输入 2 选择坐标正交反算
x_j(m)/π⇒end=?	**3548456.667** EXE	输入 1 号边桩点坐标(图 5-47 内表)
y_j(m)+ni=?	**384438.448** EXE	
p peg(m)+ni=-14.8701+1.0000i	EXE	显示垂点桩号+线元号 i 复数/耗时 1.08s
α_p=253°13′59.86″	EXE	显示垂点走向方位角
x_p+y_pi(m)=3548459.852+384437.4873i	EXE	显示垂点坐标复数
d_L(m)=-3.3271	EXE	显示负数为左边距
x_j(m)/π⇒end=?	**3548295.391** EXE	输入 2 号边桩点坐标(图 5-47 内表)
y_j(m)+ni=?	**384426.656** EXE	
p peg(m)+ni=185.0003+4.0000i	EXE	显示垂点桩号+线元号 i 复数/耗时 1.64s
α_p=169°21′20.8″	EXE	显示垂点走向方位角
x_p+y_pi(m)=3548295.390+384426.6557i	EXE	显示垂点坐标复数
H_P(m)=385.4230	EXE	显示垂点设计高程
d_L(m)=-0.0010	EXE	显示负数为左边距
x_j(m)/π⇒end=?	**3548234.108** EXE	输入 3 号边桩点坐标(图 5-47 内表)
y_j(m)+ni=?	**384401.834** EXE	
p peg(m)+ni=254.9975+5.0000i	EXE	显示垂点桩号+线元号 i 复数/耗时 1.05s
α_p=235°26′27.22″	EXE	显示垂点走向方位角
x_p+y_pi(m)=3548234.110+384401.8327i	EXE	显示垂点坐标复数

续表

屏幕提示	按键	说明
H_P(m)=388.9229	EXE	显示垂点设计高程/耗时 1.09s
d_L(m)=-0.0024	EXE	显示负数为左边距
x_j(m)/π⇒end=?	**3548405.325** EXE	输入 4 号边桩点坐标(图 5-47 内表)
y_j(m)+ni=?	**384355.083** EXE	
p peg(m)+ni=515.9370+7.0000i	EXE	显示垂点桩号+线元号 i 复数/耗时 1.23s
α_p=11°16′44.54″	EXE	显示垂点走向方位角
x_p+y_pi(m)=3548406.832+384347.5267i	EXE	显示垂点坐标复数
H_P(m)=403.2002	EXE	显示垂点设计高程
d_R(m)=7.7052	EXE	显示正数为右边距
x_j(m)/π⇒end=?	**3548837.113** EXE	输入 5 号边桩点坐标(图 5-47 内表)
y_j(m)+ni=?	**383969.352** EXE	
p peg(m)+ni=1109.9909+11.0000i	EXE	显示垂点桩号+线元号 i 复数/耗时 0.83s
α_p=306°52′28.54″	EXE	显示垂点走向方位角
x_p+y_pi(m)=3548833.034+383966.2920i	EXE	显示垂点坐标复数
H_P(m)=426.2878	EXE	显示垂点设计高程
d_R(m)=5.0994	EXE	显示正数为右边距
x_j(m)/π⇒end=?	**3549081.154** EXE	输入 6 号边桩点坐标(图 5-47 内表)
y_j(m)+ni=?	**384116.891** EXE	
p peg(m)+ni=1590.0016+18.0000i	EXE	显示垂点桩号+线元号 i 复数/耗时 1.52s
α_p=154°08′09.63″	EXE	显示垂点走向方位角
x_p+y_pi(m)=3549083.675+384122.0920i	EXE	显示垂点坐标复数
d_R(m)=5.7800	EXE	显示正数为右边距
x_j(m)/π⇒end=?	SHIFT π EXE	输入 π 结束程序
Q2X9⇒End		程序结束显示

因为 1 号边桩点的垂点桩号为负数，小于竖曲线起点桩号 0，6 号边桩点的垂点桩号大于竖曲线终点桩号，所以程序不计算这两个点的垂点设计高程。

本例的全部数据文件位于光盘"\5 章\[例 5-11]\"路径下。

5.10 匝道平竖曲线与路基超高加宽计算案例

[例 5-12] 图 5-49 综合了四川成自泸赤(川黔界)高速公路泸州段第一标段 A5 区黄舣互通式立交 A 匝道平曲线线元法设计图、竖曲线及纵坡表、路基超高横坡设计图、路基加宽设计图，路基超高渐变方式为线性渐变，AK0+579~AK0+614 桩号区间的路基加宽渐变方式为三次抛物线渐变，其余为线性渐变。图 5-50 为路基标准横断面设计图。

试用 Q2X9 程序计算平竖曲线主点数据：

① 计算加桩 AK0+550 的中边桩三维坐标，路基及边坡平台主点三维坐标；

② 计算收费广场加桩 AK0+605 土路肩外缘主点边桩三维坐标；

③ 计算加桩 AK1+030 土路肩外缘主点边桩三维坐标；

④ 计算全站仪实测边桩点(3 195 238.29，554 785.735，292.223)，(3 195 216.436，554 785.892，

299.27)的坐标反算结果。

[解] ① 输入平竖曲线设计数据。

在 MS Excel 的 File6 选项卡，按表 5-1 的规定，在 A~D 列输入图 5-49 上图所示 7 个平曲线元设计数据，在 F1~H1 单元输入 *QD* 桩号及其中桩坐标，在 J1 单元输入以十进制度为单位的 *QD* 走向方位角 169.3454444，结果如图 5-51 上图所示。

在 L~N 列输入图 5-49 内表所列的竖曲线设计数据，在 U~X 列输入图 5-49 中图所示路基超高横坡设计数据，结果如图 5-51 中图所示。由于 MAT_A 选项卡只输入了一个路基标准横断面设计数据，因此表中 X 列的路基类号都应输入 1，表示选择 1 类路基标准横断面。

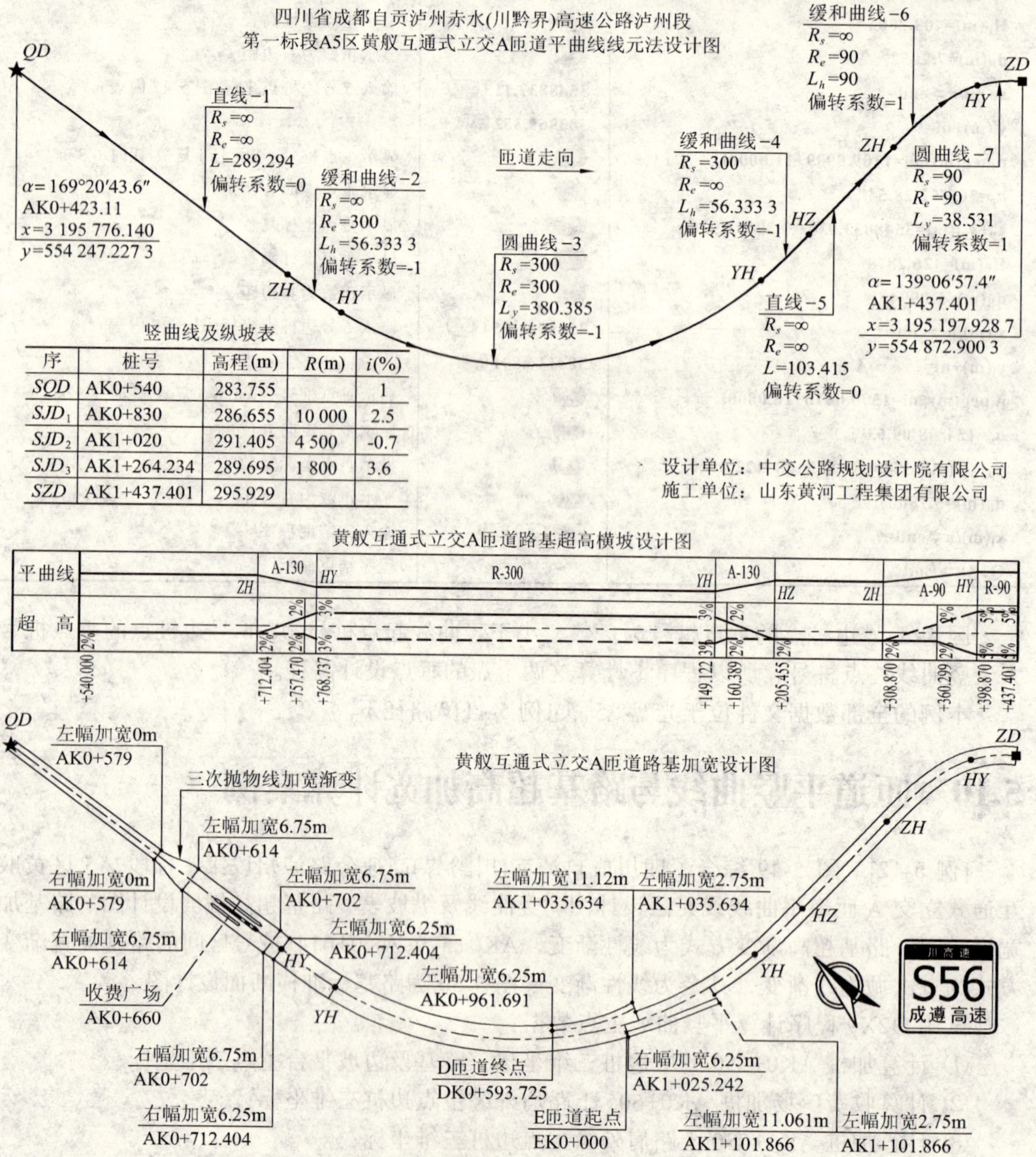

竖曲线及纵坡表

序	桩号	高程(m)	R(m)	i(%)
SQD	AK0+540	283.755		1
SJD_1	AK0+830	286.655	10 000	2.5
SJD_2	AK1+020	291.405	4 500	-0.7
SJD_3	AK1+264.234	289.695	1 800	3.6
SZD	AK1+437.401	295.929		

图 5-49 黄舣互通式立交 A 匝道设计图

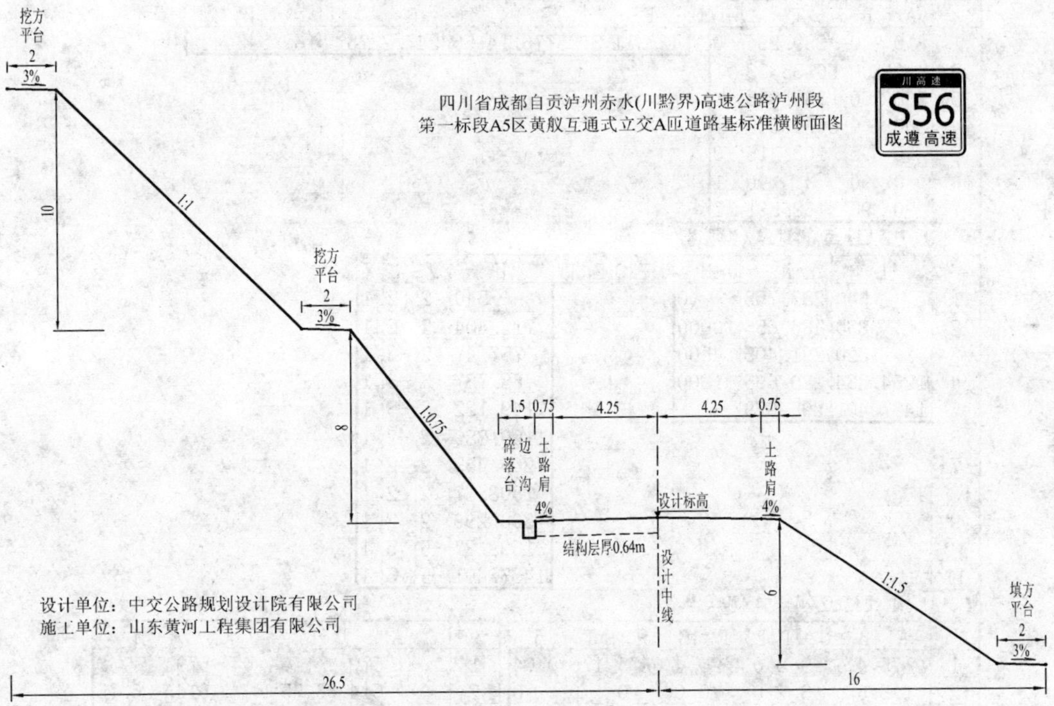

图 5-50　黄舣互通式立交 A 匝道路基标准横断面设计图

在 MAT_A 选项卡，按表 4-16 的规定，在 A~J 列的 1~3 行输入图 5-50 所示的路基标准横断面设计数据，其中 J1 单元的路基结构层厚度输入 0.64。由于本例左、右幅中分带宽均等于 0，因此 D1 与 E1 单元应输入 0。

第 2 行的 A2~D2 单元输入一级填方边坡设计数据；第 3 行的 A3~D3 单元输入一级挖方边坡设计数据，E3~H3 单元输入二级挖方边坡设计数据；其余单元应输入 0，结果如图 5-51 左下图所示。

在 MAT_M 选项卡，按表 4-18 的规定，在 A、B 列输入左路基加宽数据，在 C、D 列输入右路基加宽数据，结果如图 5-51 右下图所示。

由于 AK0+579~AK0+614 桩号区间的路基加宽渐变方式为三次抛物线渐变，因此应在该加宽区间起点桩号 AK0+579 的加宽单元 B1 与 D1 输入复数虚部符号“i”。由于在 MS Excel 中无法输入复数，将 MAT_M 选项卡的数据文件 MAT_M.csv 上传到 fx-9750GⅡ内存后，通过编辑矩阵单元数值的方式添加“i”。

将 File6 选项卡的数据另存为 File6.csv 文件，MAT_A 选项卡的数据另存为 MAT_A.csv 文件， MAT_M 选项卡的数据另存为 MAT_M.csv 文件，将 File6.csv，MAT_A.csv 与 MAT_M.csv 文件上传到 fx-9750GⅡ内存。

按 MENU 1 键进入 **RUN•MAT** 模式，按 F1 键进入矩阵列表界面，按 ALPHA M 键将光标快速移动到 Mat M 矩阵，按 EXE 键进入 Mat M 矩阵单元数值编辑模式，为 **Mat M[1,2]**与 **Mat M[1,4]**矩阵单元数值的虚部添加“i”，操作过程如图 5-52 左三图所示。

	A	B	C	D	E	F	G	H	I	J
1	0	0	289.294	0		423.11	3195776.14	554247.2273		169.3454444
2	0	300	56.33333	-1						
3	300	300	380.385	-1						
4	300	0	56.33333	-1						
5	0	0	103.415	0						
6	0	90	90	1						
7	90	90	38.531	1						

File6 / MAT_A / MAT_M

	L	M	N	O	P	Q	R	S	T	U	V	W	X
1	540	283.755	0							540	2	2	1
2	830	286.655	10000							712.404	2	2	1
3	1020	291.405	4500							757.47	2	-2	1
4	1264.234	289.695	1800							768.737	3	-3	1
5	1437.401	295.929								1149.122	3	-3	1
6										1160.389	2	-2	1
7										1205.455	2	2	1
8										1308.87	2	2	1
9										1360.299	-2	2	1
10										1398.87	-5	5	1
11										1437.401	-5	5	1

File6 / MAT_A / MAT_M

	A	B	C	D	E	F	G	H	I	J
1	0.75	4	4.25	0	0	4.25	4	0.75	1.5	0.64
2	1.5	6	3	2	0	0	0	0	0	0
3	0.75	8	3	2	1	10	3	2	0	0

File6 / MAT_A / MAT_M

	A	B	C	D
1	579	0	579	0
2	614	6.75	614	6.75
3	702	6.75	702	6.75
4	712.404	6.25	712.404	6.25
5	961.691	6.25	1025.242	6.25
6	1035.634	11.12	1101.866	11.061
7	1035.634	2.75	1101.866	2.75

File6 / MAT_A / MAT_M

图 5-51　在 File6 选项卡输入平竖曲线与路基超高横坡设计数据，在 MAT_A 选项卡输入路基标准横断面设计数据，在 MAT_M 选项卡输入路基加宽设计数据(灰底色背景单元需要在虚部添加 i)

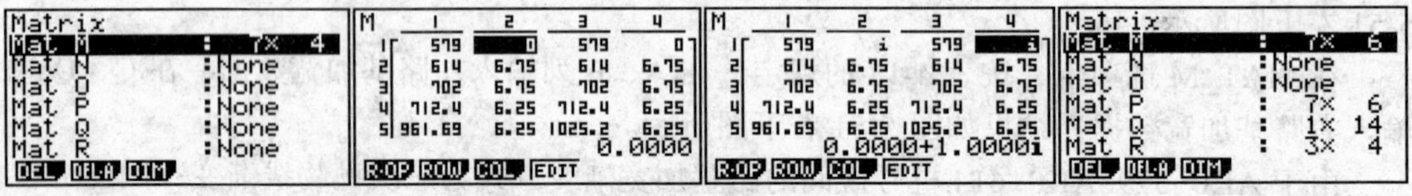

图 5-52　为三次抛物线加宽渐变的起始加宽值虚部添加 i，程序自动将 Mat M 矩阵由 4 列变成 6 列

② 计算平竖曲线主点数据。

设置 **File6** 为当前串列文件，执行 Q2X9 程序，计算平竖曲线主点数据的屏幕提示与用户操作过程如下：

屏幕提示	按键	说明
Route or ramp xyH Q2X9		显示程序标题
new(0)/old(≠0) main point data=?	0 EXE	输入 0 为重新计算主点数据
+W$_L$,+W$_R$ Mat H(1)/I(2)/J(3)/K(4)/L(5)/M(6)/no(0)=?	6 EXE	输入 6 选择路基加宽矩阵 Mat M
hor-curve QD num=?	1 EXE	输入平曲线起始点号(number)
ver-curve first SJD num=?	1 EXE	输入竖曲线起始变坡点号/耗时 1.49s
k(0)/k^3(≠0)=?	0 EXE	输入 0 选择路基超高渐变方式为线性渐变

续表

屏幕提示	按键	说明
Z_{ZD}(m)=1437.4017	EXE	显示平曲线终点设计桩号(-0.26mm)/耗时 1.36s
α_{ZD}=139°06′57.14″	EXE	显示平曲线终点走向方位角(-0.43″)
$x_{ZD}+y_{ZD}$i(m)=3195197.929+554872.9005i	EXE	显示终点中桩坐标复数(Δx=0.3mm,Δy=0.2mm)
Press [MENU][2]⇛Stop!	MENU 2	进入 STAT 模式查看主点数据

在当前串列文件的 List 21~List 24 串列输入了路基超高横坡设计数据时，就必须在 Mat A 矩阵同时输入路基标准横断面设计数据，否则，执行 Q2X9 程序计算平竖曲线主点数据时，将出现矩阵维数错误提示“**Dimension ERROR**”。

交点法程序 Q2X8 要求将路基超高横坡设计数据输入到 Mat B~Mat G 矩阵，执行 Q2X8 程序计算主点数据时，只要程序探测到当前串列文件的 List 23 串列输入了竖曲线设计数据，屏幕将显示如下提示：

i_L%,i_R% Mat B(1)/C(2)/D(3)/E(4)/F(5)/G(6)/no(0)=?

要求用户选择路基超高横坡设计矩阵。用户输入 0 响应时，程序将屏蔽边桩设计高程计算功能。

而 Q2X9 程序是将路基超高横坡设计数据输入到当前串列文件的 List 21~List 24 串列，所以执行 Q2X9 程序计算主点数据时，不会出现上述提示。但这会带来另一个问题：执行 Q2X9 程序重新计算主点数据时，不能屏蔽边桩设计高程计算功能，除非用户将当前串列文件的 List 21~List 24 串列的数据全部删除，并重新计算主点数据。

只有在当前串列文件的 List 12~List 14 串列输入了竖曲线设计数据，在 List 21~List 24 串列的输入了路基超高横坡设计数据时，执行 Q2X9 程序重新计算平竖曲线主点数据，屏幕才会显示如下选择路基加宽矩阵提示：

+W_L,+W_R Mat H(1)/I(2)/J(3)/K(4)/L(5)/M(6)/no(0)=?

输入 1 为选择 Mat H 为路基加宽矩阵，输入 2 为选择 Mat I 为路基加宽矩阵，……，输入 6 为选择 Mat M 为路基加宽矩阵，输入 0 为屏蔽路基加宽功能。程序将用户选择的加宽矩阵控制数字存储在 **List 11[19]**串列单元。

为了便于记忆，建议用户输入当前串列文件号来选择路基加宽矩阵，例如，当前串列文件为 **File1** 时，输入 1 选择 Mat H 为路基加宽矩阵，当前串列文件为 **File2** 时，输入 2 选择 Mat I 为路基加宽矩阵，依次类推。本例的当前串列文件为 **File6**，所以输入 6 选择 Mat M 为路基加宽矩阵。

输入 1~6 之间的整数响应后，程序将所选的加宽矩阵 Mat M 赋值给 Mat P 矩阵，并为 Mat P 矩阵增加 2 列，使 Mat P 矩阵变成 6 列。新增的第 5 列用于存储第 1 列左路基加宽设计桩号的连续桩号，第 6 列用于存储第 3 列右路基加宽设计桩号的连续桩号。当路基加宽设计桩号位于长链重桩区，程序自动转换为连续桩号时，会给出提示，让用户在长链后重桩区与长链前重桩区之间选择。

完成加宽矩阵设计桩号的转换后，程序自动将 Mat P 存回 Mat M，所以完成平竖曲线主点数据计算后，Mat M 矩阵的列数变成了 6，结果如图 5-52 右图所示。

因为本例没有断链，所以 Mat M 矩阵第 1 列的左路基加宽设计桩号与第 5 列的左路基加宽连续桩号完全相同，第 3 列的右路基加宽设计桩号与第 6 列的右路基加宽连续桩号完全相同。

只有在重新计算平竖曲线主点数据时，才需要执行上述操作。

重复执行 Q2X9 程序，选择已有主点数据计算时，程序应用 **List 11[19]**串列单元的控制数字，自动将 Mat M 矩阵赋值给 Mat P 矩阵进行路基加宽计算，不再计算第 5 列与第 6 列的连续桩号。所以，完成主点数据计算后，应将处理后的 Mat M 矩阵，连同其余矩阵数据一起(本例还有 Mat A 矩阵) 下传到 FA-124，并另存为 g1m 或 g2m 格式文件保存。

③ 无加宽加桩三维坐标正算。

执行 Q2X9 程序，计算加桩 AK0+550 中边桩三维坐标的屏幕提示与用户操作过程如下：

屏幕提示	按键	说明
Route or ramp xyH Q2X9		显示程序标题
new(0)/old(≠0) main point data=?	1 EXE	输入非零数为使用现有主点数据计算
st xy new(0)/old(>0)/no(<0)=?	-1 EXE	输入负数为不设置测站点(station)
peg→xyH(1)/xyH→peg(2)/ xyH→δr(3)/pier(4)=?	1 EXE	输入 1 选择坐标正算
+peg(m),<QD⇒end=?	550 EXE	输入加桩号
α_j=169°20′43.6″	EXE	显示走向方位角/耗时 0.41s
x_j+y_ji(m)=3195651.438+554270.6876i	EXE	显示中桩坐标复数
H_j(m)=283.8550	EXE	显示中桩设计高程
i_L(%)=2.0000	EXE	显示路基左横坡度
W_L(m)±∠γi,0⇒no=?	4.25 EXE	输入左边距
x_L+y_Li(m)=3195652.223+554274.8644i	EXE	显示左边桩坐标复数
H_L(m)=283.7700+283.1300i	EXE	显示左边桩路面设计高程+路基设计高程 i 复数
W_L(m)±∠γi,0⇒no=?	5 EXE	输入左边距
x_L+y_Li(m)=3195652.362+554275.6014i	EXE	显示左边桩坐标复数
H_L(m)=283.7400+283.1000i	EXE	显示左边桩路面设计高程+路基设计高程 i 复数
W_L(m)±∠γi,0⇒no=?	16.46 EXE	输入左边距
x_L+y_Li(m)=3195654.481+554286.8639i	EXE	显示左边桩坐标复数
T(>0)/W(<0)/no(0)=?	-1 EXE	输入任意负数为挖方边坡
H_L(m)=293.7600	EXE	显示左边桩设计高程
W_L(m)±∠γi,0⇒no=?	27 EXE	输入左边距
x_L+y_Li(m)=3195656.430+554297.2221i	EXE	显示左边桩坐标复数
T(>0)/W(<0)/no(0)=?	-1 EXE	输入任意负数为挖方边坡
W_L(m)±∠γi,0⇒no=?	0 EXE	输入 0 结束左边桩坐标计算
i_R(%)=2.0000	EXE	显示路基右横坡度
W_R(m),0⇒no=?	4.25 EXE	输入右边距
x_R+y_Ri(m)=3195650.652+554266.5109i	EXE	显示右边桩坐标复数
H_R(m)=283.7700+283.1300i	EXE	显示右边桩路面设计高程+路基设计高程 i 复数
W_R(m),0⇒no=?	5 EXE	输入右边距
x_R+y_Ri(m)=3195650.513+554265.7738i	EXE	显示右边桩坐标复数
H_R(m)=283.7400+283.1000i	EXE	显示右边桩路面设计高程+路基设计高程 i 复数
W_R(m),0⇒no=?	15 EXE	输入右边距
x_R+y_Ri(m)=3195648.664+554255.9462i	EXE	显示右边桩坐标复数
T(>0)/W(<0)/no(0)=?	-1 EXE	输入任意负数为挖方边坡
H_R(m)=292.3000	EXE	显示右边桩设计高程

续表

屏幕提示	按键	说明
W_R(m),0⇒no=?	27 EXE	输入右边距
x_R+y_Ri(m)=3195646.446+554244.1531i	EXE	显示右边桩坐标复数
T(>0)/W(<0)/no(0)=?	-1 EXE	输入任意负数为挖方边坡
W_R(m),0⇒no=?	0 EXE	输入 0 结束右边桩坐标计算
+peg(m),<QD⇒end=?	-1 EXE	输入小于 *QD* 的桩号结束程序
Q2X9⇒End		程序结束显示

程序计算边桩设计高程的有效边距为设计中线至最后一级边坡平台外缘点的平距，加桩 AK0+550 的左、右边坡均为挖方边坡，由图 5-50 可知，匝道中线至二级挖方边坡平台外缘点的平距为 26.5m，所以当用户输入的边距值大于 26.5m 时，程序不计算边桩设计高程。

只有当输入的边距值小于土路肩外缘点的边距时，屏幕才显示路面设计高程+路基设计高程 i 复数，其中，边桩的路基设计高程=路面设计高程−结构层厚度。

执行 Q2X9 程序，计算加桩 AK0+550 路基主点与边坡平台内外缘主点三维设计坐标的屏幕提示与用户操作过程如下：

屏幕提示	按键	说明
Route or ramp xyH Q2X9		显示程序标题
new(0)/old(≠0) main point data=?	2 EXE	输入非零数为使用现有主点数据计算
st xy new(0)/old(>0)/no(<0)=?	2 EXE	使用最近输入的测站点(station)
peg→xyH(1)/xyH→peg(2)/ xyH→δr(3)/pier(4)=?	1 EXE	输入 1 选择坐标正算
+peg(m),<QD⇒end=?	550 EXE	输入加桩号
α_j=169°20′43.6″	EXE	显示走向方位角/耗时 0.41s
x_j+y_ji(m)=3195651.438+554270.6876i	EXE	显示中桩坐标复数
H_j(m)=283.8550	EXE	显示中桩设计高程
i_L(%)=2.0000	EXE	显示路基左横坡度
W_L(m)±∠γi,0⇒no=?	-1 EXE	输入中分带外缘点边距系数
d_L(m)=0.0000	EXE	显示-1 号点左边距
x_L+y_Li(m)=3195651.438+554270.6876i	EXE	显示左边桩坐标复数
H_L(m)=283.8550+283.2150i	EXE	显示左边桩路面设计高程+路基设计高程 i 复数
W_L(m)±∠γi,0⇒no=?	-2 EXE	输入硬路肩外缘点边距系数
d_L(m)=4.2500	EXE	显示-2 号点左边距
x_L+y_Li(m)=3195652.223+554274.8644i	EXE	显示左边桩坐标复数
H_L(m)=283.7700+283.1300i	EXE	显示左边桩路面设计高程+路基设计高程 i 复数
W_L(m)±∠γi,0⇒no=?	-3 EXE	输入土路肩外缘点边距系数
d_L(m)=5.0000	EXE	显示-3 号点左边距
x_L+y_Li(m)=3195652.362+554275.6014i	EXE	显示左边桩坐标复数
H_L(m)=283.7400+283.1000i	EXE	显示左边桩路面设计高程+路基设计高程 i 复数
W_L(m)±∠γi,0⇒no=?	-4 EXE	输入边沟+碎落台外缘点边距系数
d_L(m)=6.5000	EXE	显示-4 号点左边距
x_L+y_Li(m)=3195652.639+554277.0756i	EXE	显示左边桩坐标复数
H_L(m)=283.7400	EXE	显示左边桩设计高程
W_L(m)±∠γi,0⇒no=?	-1.1 EXE	输入一级边坡平台内缘点边距系数
T(>0)/W(<0)/no(0)=?	-1 EXE	输入任意负数为挖方边坡
d_L(m)=12.5000	EXE	显示挖方平台-1.1 号点左边距
x_L+y_Li(m)=3195653.749+554282.9721i	EXE	显示左边桩坐标复数
H_L(m)=291.7400	EXE	显示左边桩设计高程
W_L(m)±∠γi,0⇒no=?	-1.2 EXE	输入一级边坡平台外缘点边距系数

续表

屏幕提示	按键	说明
T(>0)/W(<0)/no(0)=?	-1 EXE	输入任意负数为挖方边坡
d_L(m)=14.5000	EXE	显示挖方平台-1.2 号点左边距
x_L+y_Li(m)=3195654.118+554284.9377i	EXE	显示左边桩坐标复数
H_L(m)=291.8000	EXE	显示左边桩设计高程
W_L(m)±∠γi,0⇒no=?	-2.1 EXE	输入二级边坡平台内缘点边距系数
T(>0)/W(<0)/no(0)=?	-1 EXE	输入任意负数为挖方边坡
d_L(m)=24.5000	EXE	显示挖方平台-1.1 号点左边距
x_L+y_Li(m)=3195655.967+554294.7652i	EXE	显示左边桩坐标复数
H_L(m)=301.8000	EXE	显示左边桩设计高程
W_L(m)±∠γi,0⇒no=?	-2.2 EXE	输入二级边坡平台外缘点边距系数
T(>0)/W(<0)/no(0)=?	-1 EXE	输入任意负数为挖方边坡
d_L(m)=26.5000	EXE	显示挖方平台-1.2 号点左边距
x_L+y_Li(m)=3195656.337+554296.7308i	EXE	显示左边桩坐标复数
H_L(m)=301.8600	EXE	显示左边桩设计高程
W_L(m)±∠γi,0⇒no=?	0 EXE	输入 0 结束左边桩坐标计算
i_R(%)=2.0000	EXE	显示路基右横坡度
W_R(m),0⇒no=?	-1 EXE	输入中分带外缘点边距系数
d_R(m)=0.0000	EXE	显示-1 号点右边距
x_R+y_Ri(m)=3195651.438+554270.6876i	EXE	显示右边桩坐标复数
H_R(m)=283.8550+283.2150i	EXE	显示右边桩路面设计高程+路基设计高程 i 复数
W_R(m),0⇒no=?	-2 EXE	输入硬路肩外缘点边距系数
d_R(m)=4.2500	EXE	显示-2 号点右边距
x_R+y_Ri(m)=3195650.652+554266.5109i	EXE	显示右边桩坐标复数
H_R(m)=283.7700+283.1300i	EXE	显示右边桩路面设计高程+路基设计高程 i 复数
W_R(m),0⇒no=?	-3 EXE	输入土路肩外缘点边距系数
d_R(m)=5.0000	EXE	显示-3 号点右边距
x_R+y_Ri(m)=3195650.513+554265.7738i	EXE	显示右边桩坐标复数
H_R(m)=283.7400+283.1000i	EXE	显示右边桩路面设计高程+路基设计高程 i 复数
W_R(m),0⇒no=?	-4 EXE	输入边沟+碎落台外缘点边距系数
d_R(m)=6.5000	EXE	显示-4 号点右边距
x_R+y_Ri(m)=3195650.236+554264.2997i	EXE	显示右边桩坐标复数
H_R(m)=283.7400	EXE	显示右边桩设计高程
W_R(m),0⇒no=?	-1.1 EXE	输入一级边坡平台内缘点边距系数
T(>0)/W(<0)/no(0)=?	-1 EXE	输入任意负数为挖方边坡
d_R(m)=12.5000	EXE	显示挖方平台-1.1 号点右边距
x_R+y_Ri(m)=3195649.127+554258.4031i	EXE	显示右边桩坐标复数
H_R(m)=291.7400	EXE	显示右边桩设计高程
W_R(m),0⇒no=?	-1.2 EXE	输入一级边坡平台外缘点边距系数
T(>0)/W(<0)/no(0)=?	-1 EXE	输入任意负数为挖方边坡
d_R(m)=14.5000	EXE	显示挖方平台-1.2 号点右边距
x_R+y_Ri(m)=3195648.757+554256.7376i	EXE	显示右边桩坐标复数
H_R(m)=291.8000	EXE	显示右边桩设计高程
W_R(m),0⇒no=?	0 EXE	输入 0 结束右边桩坐标计算
+peg(m),<QD⇒end=?	-2 EXE	输入小于 *QD* 的桩号结束程序
Q2X9⇒End		程序结束显示

只有-1，-2，-3 号路基主点才显示路面设计高程+路基设计高程 i 复数，边坡平台主点只显示边桩设计高程。

④ 有加宽加桩三维坐标正算。

执行 Q2X9 程序，计算收费广场加桩 AK0+605 土路肩外缘主点三维设计坐标的屏幕提示与用户操作过程如下：

屏幕提示	按键	说明
Route or ramp xyH Q2X9		显示程序标题
new(0)/old(≠0) main point data=?	2 EXE	输入非零数为使用现有主点数据计算
st xy new(0)/old(>0)/no(<0)=?	2 EXE	使用最近输入的测站点(station)
peg→xyH(1)/xyH→peg(2)/ xyH→δr(3)/pier(4)=?	1 EXE	输入 1 选择坐标正算
+peg(m),<QD⇛end=?	605 EXE	输入加桩号(收费广场入口端)
α_j=169°20′43.6″	EXE	显示走向方位角/耗时 0.41s
x_j+y_ji(m)=3195597.386+554280.8564i	EXE	显示中桩坐标复数
H_j(m)=284.4050	EXE	显示中桩设计高程
i_L(%)=2.0000	EXE	显示路基左横坡度
+W_L(m)=5.6406	EXE	显示路基左幅加宽值
+W_L(m),π⇛no=?	SETUP π EXE	输入 π 为不修改路基左幅加宽值
W_L(m)±∠γi,0⇛no=?	-3 EXE	输入土路肩外缘点边距系数
d_L(m)=10.6406	EXE	显示-3 号点左边距
X_L+y_Li(m)=3195599.353+554291.3135i	EXE	显示左边桩坐标复数
H_L(m)=284.1772+283.5372i	EXE	显示左边桩路面设计高程+路基设计高程 i 复数
W_L(m)±∠γi,0⇛no=?	0 EXE	输入 0 结束左边桩坐标计算
i_R(%)=2.0000	EXE	显示路基右横坡度
+W_R(m)=5.6406	EXE	显示路基右幅加宽值
+W_R(m),π⇛no=?	SETUP π EXE	输入 π 为不修改路基右幅加宽值
W_R(m),0⇛no=?	-3 EXE	输入土路肩外缘点边距系数
d_R(m)=10.6406	EXE	显示-3 号点右边距
x_R+y_Ri(m)=3195595.419+554270.3993i	EXE	显示右边桩坐标复数
H_R(m)=284.1772+283.5372i	EXE	显示右边桩路面设计高程+路基设计高程 i 复数
W_R(m),0⇛no=?	0 EXE	输入 0 结束右边桩坐标计算
+peg(m),<QD⇛end=?	-3 EXE	输入小于 *QD* 的桩号结束程序
Q2X9⇛End		程序结束显示

在计算本例的平竖曲线主点数据时，选择 Mat M 为路基加宽矩阵。当加桩的左、右路基有加宽时，程序在路基加宽矩阵 Mat M 的第 5 列（左幅加宽）或第 6 列（右幅加宽）中，搜索距离最近的加桩后、前路基加宽值，使用三次抛物线（或线性）内插法计算甲桩的路基加宽值。

屏幕显示完算出的路基加宽值后，显示“**+W_L(m),π⇛no=?**”或“**+W_R(m),π⇛no=?**”提示时，输入 π 响应为不修改程序算出的路基加宽值；否则程序使用用户新输入的数值作为路基加宽值，计算路基及边坡的主点数据。

路基加宽值用于加宽路基硬路肩，并使用加桩的路基超高横坡度计算边桩的设计高程。

执行 Q2X9 程序，计算加桩 AK1+030 土路肩外缘主点的三维设计坐标的屏幕提示与用户操作过程如下：

屏幕提示	按键	说明
Route or ramp xyH Q2X9		显示程序标题
new(0)/old(≠0) main point data=?	2 EXE	输入非零数为使用现有主点数据计算
st xy new(0)/old(>0)/no(<0)=?	2 EXE	使用最近输入的测站点(station)

续表

屏幕提示	按键	说明
peg→xyH(1)/xyH→peg(2)/ xyH→δr(3)/pier(4)=?	1 EXE	输入 1 选择坐标正算
+peg(m),<QD⇒end=?	1030 EXE	输入加桩号(与 E 匝道、D 匝道连接部)
α_j=114°04′06.65″	EXE	显示走向方位角/耗时 0.51s
x_j+y_ji(m)=3195245.791+554478.8325i	EXE	显示中桩坐标复数
H_j(m)=290.9079	EXE	显示中桩设计高程
i_L(%)=3.0000	EXE	显示路基左横坡度
+W_L(m)=10.7489	EXE	显示路基左幅加宽值(与 E 匝道连接部)
+W_L(m),π⇒no=?	10.0826 EXE	输入新左幅路基加宽值
W_L(m)±∠γi,0⇒no=?	-3 EXE	输入土路肩外缘点边距系数
d_L(m)=15.0826	EXE	显示-3 号点左边距
x_L+y_Li(m)=3195259.562+554484.9836i	EXE	显示左边桩坐标复数
H_L(m)=290.4479+289.8079i	EXE	显示左边桩路面设计高程+路基设计高程 i 复数
W_L(m)±∠γi,0⇒no=?	0 EXE	输入 0 结束左边桩坐标计算
i_R(%)=-3.0000	EXE	显示路基右横坡度
+W_R(m)=6.5487	EXE	显示路基右幅加宽值(与 D 匝道连接部)
+W_R(m),π⇒no=?	6.1599 EXE	输入新右幅加宽值
W_R(m),0⇒no=?	-3 EXE	输入土路肩外缘点边距系数
d_R(m)=11.1599	EXE	显示-3 号点右边距
x_R+y_Ri(m)=3195235.601+554474.2812i	EXE	显示右边桩坐标复数
H_R(m)=291.1902+290.5502i	EXE	显示右边桩路面设计高程+路基设计高程 i 复数
W_R(m),0⇒no=?	0 EXE	输入 0 结束右边桩坐标计算
+peg(m),<QD⇒end=?	-4 EXE	输入小于 *QD* 的桩号结束程序
Q2X9⇒End		程序结束显示

加桩 AK1+030 左幅为与 E 匝道的连接部,程序计算出的左幅路基加宽值为 10.748 9m,而在图 5-49 下图所示的 AutoCAD 图形文件上量出的左幅路基加宽值应为 10.082 6m,所以应输入该值替换程序计算的左幅路基加宽值。

加桩 AK1+030 右幅为与 D 匝道的连接部,程序计算出的右幅路基加宽值为 6.548 7m,而在图 5-49 下图所示的 AutoCAD 图形文件上量出的右幅路基加宽值应为 6.159 9m，所以应输入该值替换程序计算的右幅路基加宽值。

⑤ 三维坐标反算。

执行 Q2X9 程序，计算本例全站仪实测 2 个三维坐标边桩点的屏幕提示与用户操作过程如下：

屏幕提示	按键	说明
Route or ramp xyH Q2X9		显示程序标题
new(0)/old(≠0) main point data=?	3 EXE	输入非零数为使用现有主点数据计算
st xy new(0)/old(>0)/no(<0)=?	3 EXE	使用最近输入的测站点(station)
peg→xyH(1)/xyH→peg(2)/ xyH→δr(3)/pier(4)=?	2 EXE	输入 2 选择坐标反算
x_j(m)/π⇒end	3195238.29 EXE	输入 1 号边桩点三维坐标
y_j(m)+ni=?	554785.735 EXE	
H_j(m),0⇒no=?	292.223 EXE	
p peg(m)+ni=1340.9998+6.0000i	EXE	显示垂点桩号+平曲线元号 i 复数/耗时 1.14s

续表

屏幕提示	按键	说明
α_P=89°35′21.58″	EXE	显示垂点走向方位角
x_P+y_Pi(m)=3195230.936+554785.7877i	EXE	显示垂点坐标复数
H_P(m)=292.4586	EXE	显示垂点设计高程
d_L(m)=-7.3546	EXE	显示负数为左边距
i_L(%)=-0.4990	EXE	显示路基左横坡度
+W_L(m)=2.7500	EXE	显示路基左幅加宽值
+W_L(m),π⇒no=?	SETUP π EXE	输入 π 为不修改路基左幅加宽值
H_{Lj}(m)=292.4793+291.8393i	EXE	显示左边桩路面设计高程+路基设计高程 i 复数
δh_j(m)=-0.2564+0.3837i	EXE	显示边桩点挖填高差(实测 H-设计 H)
x_j(m)/π⇒end	3195216.436 EXE	输入 2 号边桩点三维坐标
y_j(m)+ni=?	554785.892 EXE	
H_j(m),0⇒no=?	299.27 EXE	
p peg(m)+ni=1341.0001+6.0000i	EXE	显示垂点桩号+平曲线元号 i 复数/耗时 1.20s
α_P=89°35′21.89″	EXE	显示垂点走向方位角
x_P+y_Pi(m)=3195230.936+554785.7881i	EXE	显示垂点坐标复数
H_P(m)=292.4586	EXE	显示垂点设计高程
d_R(m)=14.5000	EXE	显示正数为右边距
i_R(%)=2.0000	EXE	显示路基左幅坡度
+W_R(m)=2.7500	EXE	显示路基右幅加宽值
+W_R(m),π⇒no=?	SETUP π EXE	输入 π 为不修改路基右幅加宽值
T(>0)/W(<0)/no(0)=?	-1 EXE	输入任意负数为挖方边坡
H_{Rj}(m)=299.2886	EXE	显示边桩设计高程
δd_j(m)+ni=-0.75+1.0000i	EXE	显示坡口平距+边坡级数 i 复数
δh_j(m)=-0.0186	EXE	显示边桩点挖填高差(实测 H-设计 H)
x_j(m)/π⇒end	SHIFT π EXE	输入 π 结束程序
Q2X9⇒End		程序结束显示

屏幕显示的边桩点挖填高差 δh_j=实测高程−设计高程，正数为挖方高差，负数为填方高差。

当边桩点位于土路肩外缘点以内时，屏幕显示边桩点挖填高差 δh_j 复数，复数实部为边桩测点相对于路面的挖填高差，虚部为边桩测点相对于路基的挖填高差，挖填高差的实部与虚部数值相差路面结构层厚度。

坡口平距 δd_j+边坡级数 ni 复数中，δd_j=边桩点边距−n 级边坡平台内缘主点边距，δd_j>0 时，表示需要向路中线方向内移 δd_j 即为 n 级边坡平台内缘主点的位置；δd_j<0 时，表示需要向离开路中线方向外移 δd_j 即为 n 级边坡平台内缘主点的位置。

由于本例 1 号边桩点位于左幅土路肩内，所以屏幕只显示边桩点的挖填高差 δh_j，不显示坡口平距 δd_j。

执行 Q2X9 程序的三维坐标反算功能，测点高程输入 0 时，程序不计算测点的设计高程及其挖填高差。进行上述 2 个测点的平面坐标反算的屏幕提示与用户操作过程如下：

屏幕提示	按键	说明
Route or ramp xyH Q2X9		显示程序标题
new(0)/old(≠0) main point data=?	3 EXE	输入非零数为使用现有主点数据计算
st xy new(0)/old(>0)/no(<0)=?	3 EXE	使用最近输入的测站点(station)
peg→xyH(1)/xyH→peg(2)/ xyH→δr(3)/pier(4)=?	2 EXE	输入 2 选择坐标反算
x_j(m)/π⇒end	3195238.29 EXE	输入 1 号边桩点三维坐标
y_j(m)+ni=?	554785.735 EXE	
H_j(m),0⇒no=?	0 EXE	边桩测点实测高程输入 0
p peg(m)+ni=1340.9998+6.0000i	EXE	显示垂点桩号+平曲线元号 i 复数/耗时 1.14s
α_P=89°35′21.58″	EXE	显示垂点走向方位角
x_P+y_Pi(m)=3195230.936+554785.7877i	EXE	显示垂点坐标复数
H_P(m)=292.4586	EXE	显示垂点设计高程
d_L(m)=-7.3546	EXE	显示负数为左边距
x_j(m)/π⇒end	3195216.436 EXE	输入 2 号边桩点三维坐标
y_j(m)+ni=?	554785.892 EXE	
H_j(m),0⇒no=?	0 EXE	边桩测点实测高程输入 0
p peg(m)+ni=1341.0001+6.0000i	EXE	显示垂点桩号+平曲线元号 i 复数/耗时 1.14s
α_P=89°53′21.89″	EXE	显示垂点走向方位角
x_P+y_Pi(m)=3195230.936+554785.7881i	EXE	显示垂点坐标复数
H_P(m)=292.4586	EXE	显示垂点设计高程
d_R(m)=14.5000	EXE	显示正数为右边距
x_j(m)/π⇒end	SHIFT π EXE	输入π结束程序
Q2X9⇒End		程序结束显示

⑥ 屏蔽路基加宽矩阵。

执行 Q2X9 程序，重新计算平竖曲线主点数据，屏蔽路基加宽矩阵，并计算收费广场加桩 AK0+605 土路肩外缘主点的三维设计坐标的屏幕提示与用户操作过程如下：

屏幕提示	按键	说明
Route or ramp xyH Q2X9		显示程序标题
new(0)/old(≠0) main point data=?	0 EXE	输入 0 为重新计算主点数据
+W_L,+W_R Mat H(1)/I(2)/J(3)/ K(4)/L(5)/M(6)/no(0)=?	0 EXE	输入 0 为不选择路基加宽矩阵
hor-curve QD num=?	1 EXE	输入平曲线起始点号(number)
ver-curve first SJD num=?	1 EXE	输入竖曲线起始变坡点号/耗时 1.49s
k(0)/k^3(≠0)=?	0 EXE	输入 0 选择路基超高渐变方式为线性渐变
Z_{ZD}(m)=1437.4017	EXE	显示平曲线终点设计桩号(差-0.26mm)/耗时 1.37s
α_{ZD}=139°06′57.14″	EXE	显示平曲线终点走向方位角(-0.43″)
x_{ZD}+y_{ZD}i(m)=3195197.929+554872.9005i	EXE	显示终点中桩坐标复数(Δx=0.3mm,Δy=0.2mm)
Press [MENU][2]⇒Stop!	EXE	继续执行程序
st xy new(0)/old(>0)/no(<0)=?	4 EXE	使用最近输入的测站点(station)
peg→xyH(1)/xyH→peg(2)/ xyH→δr(3)/pier(4)=?	1 EXE	输入 1 选择坐标正算
+peg(m),<QD⇒end=?	605 EXE	输入加桩号(收费广场入口)
α_j=169°20′43.6″	EXE	显示走向方位角/耗时 0.41s
x_j+y_ji(m)=3195597.386+554280.8564i	EXE	显示中桩坐标复数
H_j(m)=284.4050	EXE	显示中桩设计高程
i_L(%)=2.0000	EXE	显示路基左横坡度
W_L(m)±∠γi,0⇒no=?	-3 EXE	输入土路肩外缘点边距系数

续表

屏幕提示	按键	说明
d_L(m)=5.0000	EXE	显示-3 号点左边距
x_L+y_Li(m)=3195598.310+554285.7702i	EXE	显示左边桩坐标复数
H_L(m)=284.2900+283.6500i	EXE	显示左边桩路面设计高程+路基设计高程 i 复数
W_L(m)±∠γi,0⇒no=?	0 EXE	输入 0 结束左边桩坐标计算
i_R(%)=2.0000	EXE	显示路基右横坡度
W_R(m),0⇒no=?	-3 EXE	输入土路肩外缘点边距系数
d_R(m)=5.0000	EXE	显示-3 号点右边距
x_R+y_Ri(m)=3195596.461+554275.9426i	EXE	显示右边桩坐标复数
H_R(m)=284.2900+283.6500i	EXE	显示右边桩路面设计高程+路基设计高程 i 复数
W_R(m),0⇒no=?	0 EXE	输入 0 结束右边桩坐标计算
+peg(m),<QD⇒end=?	-3 EXE	输入小于 *QD* 的桩号结束程序
Q2X9⇒End		程序结束显示

屏蔽路基加宽矩阵后，程序并未删除路基加宽矩阵 Mat H~Mat M 的数据，当需要启用时，只要重新计算平竖曲线主点数据，在屏幕显示如下选择路基加宽矩阵提示时：

+W_L,+W_R Mat H(1)/I(2)/J(3)/K(4)/L(5)/M(6)/no(0)=?

根据实际情况，输入 1~6 之间的整数响应即可。

⑦ 执行成果整理程序 H2X9.exe 输出系列成果文件。

将当前串列文件输出为 File6.csv 文件，执行成果整理程序 H2X9.exe 处理 File6.csv 文件，创建的 4 个成果文件位于光盘"\5 章\[例 5-12]\"路径下。

图 5-53 为成果文件 File6.txt 的部分内容，文件中注记本次计算的超高渐变方式为"线性渐变"，使用的路基加宽矩阵为 Mat M。

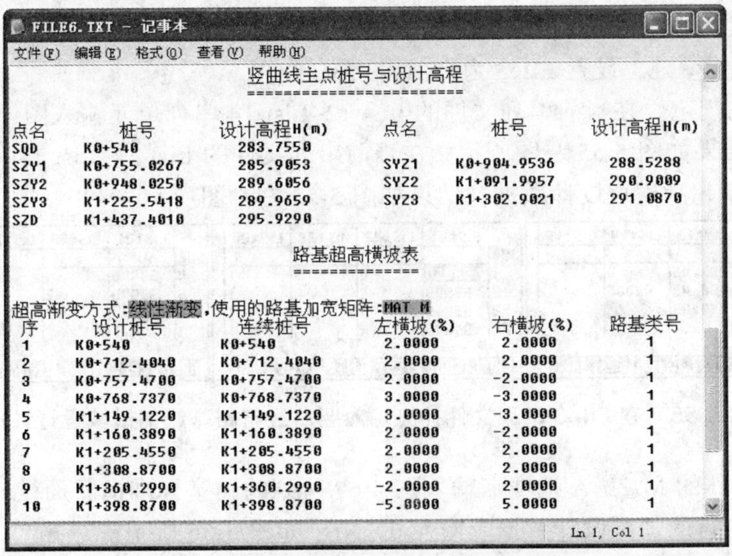

竖曲线主点桩号与设计高程

点名	桩号	设计高程H(m)	点名	桩号	设计高程H(m)
SQD	K0+540	283.7550			
SZY1	K0+755.0267	285.9053	SYZ1	K0+904.9536	288.5288
SZY2	K0+948.0250	289.6056	SYZ2	K1+091.9957	290.9009
SZY3	K1+225.5418	289.9659	SYZ3	K1+302.9021	291.0870
SZD	K1+437.4010	295.9290			

路基超高横坡表

超高渐变方式:线性渐变,使用的路基加宽矩阵:MAT M

序	设计桩号	连续桩号	左横坡(%)	右横坡(%)	路基类号
1	K0+540	K0+540	2.0000	2.0000	1
2	K0+712.4040	K0+712.4040	2.0000	2.0000	1
3	K0+757.4700	K0+757.4700	2.0000	-2.0000	1
4	K0+768.7370	K0+768.7370	3.0000	-3.0000	1
5	K1+149.1220	K1+149.1220	3.0000	-3.0000	1
6	K1+160.3890	K1+160.3890	2.0000	-2.0000	1
7	K1+205.4550	K1+205.4550	2.0000	2.0000	1
8	K1+308.8700	K1+308.8700	2.0000	2.0000	1
9	K1+360.2990	K1+360.2990	-2.0000	2.0000	1
10	K1+398.8700	K1+398.8700	-5.0000	5.0000	1

图 5-53　平竖曲线成果文件 File6.txt 包含路基超高横坡设计数据

图 5-54 为成果文件 SUfile6.csv 的部分内容，其中包括 H2X9.exe 程序使用路基超高横坡设计数据算出的平曲线主点与逐桩点的左、右幅路基超高横坡度数据。

	A	B	C	D	E	F	G	H
1	序号	桩号	x坐标(m)	y坐标(m)	设计高程	走向方位角	左横坡(%)	右横坡(%)
2	1	QD_K0+423.1100	3195776.14	554247.227	0	169° 20′ 43.600″		
3	2	ZH2_K0+712.4040	3195491.834	554300.714	285.479	169° 20′ 43.600″	2	2
4	3	HY3_K0+768.7373	3195436.846	554312.852	286.0518	163° 57′ 57.626″	3	-3
5	4	YH4_K1+149.1223	3195219.788	554594.282	290.501	91° 19′ 04.165″	3	-3
6	5	HZ5_K1+205.4557	3195222.017	554650.549	290.1065	85° 56′ 18.193″	2	2
7	6	ZH6_K1+308.8707	3195229.341	554753.704	291.3019	85° 56′ 18.193″	1.9999	2
8	7	HY7_K1+398.8707	3195220.861	554842.303	294.5419	114° 35′ 10.596″	-5	5
9	8	ZD_K1+437.4017	3195197.929	554872.901	0	139° 06′ 57.143″		
10	9	K0+425	3195774.283	554247.577	0	169° 20′ 43.600″		
11	10	K0+430	3195769.369	554248.501	0	169° 20′ 43.600″		
12	11	K0+435	3195764.455	554249.426	0	169° 20′ 43.600″		

SUFILE6

图 5-54　平曲线主点与逐桩点成果文件 SUfile6.csv 包含左、右幅路基超高横坡度数据

5.11　路线平竖曲线与路基超高计算案例

[例 5-13]　图 5-35 为广西河池至都安高速公路 3-1 标段 JD_{44} 平曲线的线元法设计图，图 4-67 为其竖曲线与路基超高横坡设计图，试用 Q2X9 程序计算加桩 K52+920 的中边桩三维坐标，左幅为挖方边坡，左边距分别取 6.25m，11.5m，12.25m，13.8m，17.25m，20.5m，23.75m，27.75m，28m；右幅为填方边坡，右边距分别取 7.5m，11.5m，12.25m，16.65m，21.8m，27.75m，34.45m，35m。用全站仪实测挖方边坡两个边桩点的三维坐标分别为(682 027.768，505 193.643，289.173)，(682 007.808，505 164.297，278.495)，试计算这两点的设计高程、挖填高差及其距离坡口的偏距。

[解]　① 输入设计数据。

因该例的平曲线设计数据已在例 5-9 中输入到 **File3** 串列文件，将光盘“5 章\[例 5-9]\File3.g1m”文件上传到 fx-9750GⅡ内存，按 MENU 2 键进入 **STAT** 模式，按 SHIFT SET UP ▼ ▼ F1 3 EXE EXE 键，设置 **File3** 为当前串列文件。

按表 5-1 的规定，在当前串列文件的 List 12~List 14 串列单元输入图 4-67 所列的竖曲线设计数据，结果如图 5-55 左图所示；在当前串列文件的 List 21~List 24 串列单元输入图 4-67 所列的路基超高横坡设计数据，结果如图 5-55 右二图所示。

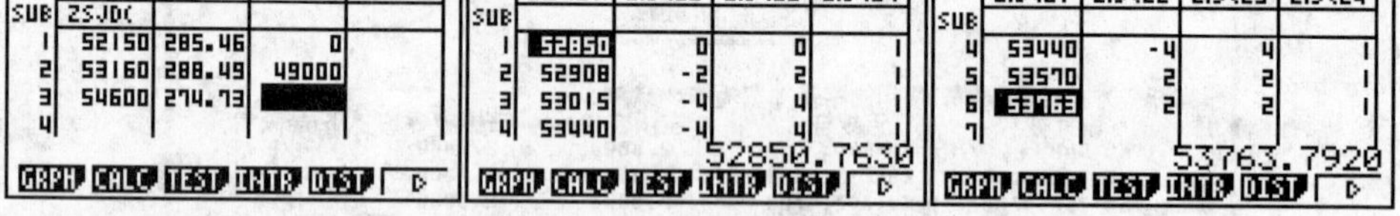

图 5-55　在 **File3** 串列文件补充输入竖曲线与路基超高横坡设计数据

在 MS Excel 的 MAT_A 选项卡输入图 4-69 所列的路基标准横断面设计数据，因无加宽设计，故 4~5 行的加宽设计数据应输入 0，结果如图 5-56 所示。

	A	B	C	D	E	F	G	H	I	J
1	0.75	4	10.5	1	1	10.5	4	0.75	2.5	0.8
2	1.1	8	3	2	1.3	8	3	1.5	0	0
3	0.5	10	3	2	0.5	10	3	1.5	0	0

MAT_A　Sheet2　Sheet3

图 5-56　在 MS Excel 的 MAT_A 选项卡输入路基标准横断面设计数据

将 MAT_A 选项卡的数据另存为 MAT_A.csv 文件，将 MAT_A.csv 文件上传到 fx-9750GⅡ内存。

② 计算平竖曲线主点数据。

执行 Q2X9 程序，计算平竖曲线主点数据的屏幕提示与用户操作过程如下：

屏幕提示	按键	说明
Route or ramp xyH Q2X9		显示程序标题
new(0)/old(≠0) main point data=?	**0** EXE	输入 0 为重新计算主点数据
+W_L,+W_R Mat H(1)/I(2)/J(3)/ K(4)/L(5)/M(6)/no(0)=?	**0** EXE	输入 0 为不选择路基加宽矩阵
hor−curve QD num=?	**1** EXE	输入平曲线起始点号(number)
ver−curve first SJD num=?	**17** EXE	输入竖曲线起始变坡点号/耗时 1.02s
Z_{cross}(m)+ni=53570.4140+5.0000i	EXE	显示路基超高横坡桩号位于长链重桩区
←(0) +break →(≠0)=?	**0** EXE	输入 0 选择长链(+break)后重桩区
k(0)/k^3(≠0)=?	**0** EXE	输入 0 选择路基超高渐变方式为线性渐变
Z_{ZD}(m)=54162.7877	EXE	显示平曲线终点设计桩号(-2.3mm)/耗时 1.05s
α_{ZD}=175°00′48.67″	EXE	显示平曲线终点走向方位角(-0.01″)
x_{ZD}+y_{ZD}i(m)=680817.2772+505443.6610i	EXE	显示终点中桩坐标复数(Δx=0.2mm,Δy=0mm)
H_{ZD}(m)=278.8908	EXE	显示终点中桩设计高程
Press [MENU][2]⇒Stop!	MENU 2	停止程序并进入 **STAT** 模式

③ 三维坐标正算。

执行 Q2X9 程序，计算加桩 K52+920 的中边桩三维坐标的屏幕提示与用户操作过程如下：

屏幕提示	按键	说明
Route or ramp xyH Q2X9		显示程序标题
new(0)/old(≠0) main point data=?	**1** EXE	输入非零数为使用现有主点数据计算
st xy new(0)/old(>0)/no(<0)=?	**-1** EXE	输入负数为不设置测站点(station)
peg→xyH(1)/xyH→peg(2)/ xyH→δr(3)/pier(4)=?	**1** EXE	输入 1 选择坐标正算
+peg(m),<QD⇒end=?	**52920** EXE	输入加桩号
α_j=145°46′41.72″	EXE	显示走向方位角/耗时 0.52s
x_j+y_ji(m)=682021.8625+505184.9605i	EXE	显示中桩坐标复数
H_j(m)=287.7290	EXE	显示中桩设计高程
i_L(%)=-2.2142	EXE	显示路基左横坡度
W_L(m)±∠γi,0⇒no=?	**6.25** EXE	输入左边距
x_L+y_Li(m)=682025.3775+505190.1284i	EXE	显示左边桩坐标复数
H_L(m)=287.8452+287.0452i	EXE	显示左边桩路面设计高程+路基设计高程 i 复数
W_L(m)±∠γi,0⇒no=?	**11.5** EXE	输入左边距
x_L+y_Li(m)=682028.3301+505194.4694i	EXE	显示左边桩坐标复数
H_L(m)=287.9615+287.1615i	EXE	显示左边桩路面设计高程+路基设计高程 i 复数
W_L(m)±∠γi,0⇒no=?	**12.25** EXE	输入左边距
x_L+y_Li(m)=682028.7519+505195.0896i	EXE	显示左边桩坐标复数
H_L(m)=287.9315+287.1315i	EXE	显示左边桩路面设计高程+路基设计高程 i 复数
W_L(m)±∠γi,0⇒no=?	**13.8** EXE	输入左边距
x_L+y_Li(m)=682029.6236+505196.3712i	EXE	显示左边桩坐标复数
T(>0)/W(<0)/no(0)=?	**-1** EXE	输入任意负数为挖方边坡
H_L(m)=287.9315	EXE	显示左边桩设计高程
W_L(m)±∠γi,0⇒no=?	**17.25** EXE	输入左边距
x_L+y_Li(m)=682031.5639+505199.2239i	EXE	显示左边桩坐标复数
T(>0)/W(<0)/no(0)=?	**-2** EXE	输入任意负数为挖方边坡
H_L(m)=292.9315	EXE	显示左边桩设计高程
W_L(m)±∠γi,0⇒no=?	**20.5** EXE	输入左边距

续表

屏幕提示	按键	说明
x_L+y_Li(m)=682033.3916+505201.9112i	EXE	显示左边桩坐标复数
T(>0)/W(<0)/no(0)=?	-3 EXE	输入任意负数为挖方边坡
H_L(m)=297.9540	EXE	显示左边桩设计高程
W_L(m)±∠γi,0⇒no=?	23.75 EXE	输入左边距
x_L+y_Li(m)=682035.2194+505204.5986i	EXE	显示左边桩坐标复数
T(>0)/W(<0)/no(0)=?	-4 EXE	输入任意负数为挖方边坡
H_L(m)=302.9765	EXE	显示左边桩设计高程
W_L(m)±∠γi,0⇒no=?	27.75 EXE	输入左边距
x_L+y_Li(m)=682037.4690+505207.9060i	EXE	显示左边桩坐标复数
T(>0)/W(<0)/no(0)=?	-5 EXE	输入任意负数为挖方边坡
H_L(m)=308.0215	EXE	显示左边桩设计高程
W_L(m)±∠γi,0⇒no=?	28 EXE	输入左边距
x_L+y_Li(m)=682037.6096+505208.1127i	EXE	显示左边桩坐标复数
T(>0)/W(<0)/no(0)=?	-6 EXE	输入任意负数为挖方边坡
W_L(m)±∠γi,0⇒no=?	0 EXE	输入 0 结束左边桩坐标计算
i_R(%)=2.2142	EXE	显示路基右横坡度
W_R(m),0⇒no=?	7.5 EXE	输入右边距
x_R+y_Ri(m)=682017.6445+505178.7590i	EXE	显示右边桩坐标复数
H_R(m)=287.5851+286.7851i	EXE	显示右边桩路面设计高程+路基设计高程 i 复数
W_R(m),0⇒no=?	11.5 EXE	输入右边距
x_R+y_Ri(m)=682015.3949+505175.4515i	EXE	显示右边桩坐标复数
H_R(m)=287.4965+286.6965i	EXE	显示右边桩路面设计高程+路基设计高程 i 复数
W_R(m),0⇒no=?	12.25 EXE	输入右边距
x_R+y_Ri(m)=682014.9731+505174.8313i	EXE	显示右边桩坐标复数
H_R(m)=287.4665+286.6665i	EXE	显示右边桩路面设计高程+路基设计高程 i 复数
W_R(m),0⇒no=?	16.65 EXE	输入右边距
x_R+y_Ri(m)=682012.4986+505171.1931i	EXE	显示右边桩坐标复数
T(>0)/W(<0)/no(0)=?	1 EXE	输入任意正数为填方边坡
H_R(m)=283.4665	EXE	显示右边桩设计高程
W_R(m),0⇒no=?	21.8 EXE	输入右边距
x_R+y_Ri(m)=682009.6022+505166.9347i	EXE	显示右边桩坐标复数
T(>0)/W(<0)/no(0)=?	2 EXE	输入任意正数为填方边坡
H_R(m)=279.4440	EXE	显示右边桩设计高程
W_R(m),0⇒no=?	27.75 EXE	输入右边距
x_R+y_Ri(m)=682006.2560+505162.0149i	EXE	显示右边桩坐标复数
T(>0)/W(<0)/no(0)=?	3 EXE	输入任意正数为填方边坡
H_R(m)=275.4215	EXE	显示右边桩设计高程
W_R(m),0⇒no=?	34.45 EXE	输入右边距
x_R+y_Ri(m)=682002.4879+505156.4749i	EXE	显示右边桩坐标复数
T(>0)/W(<0)/no(0)=?	4 EXE	输入任意正数为填方边坡
H_R(m)=271.3765	EXE	显示右边桩设计高程
W_R(m),0⇒no=?	35 EXE	输入右边距
x_R+y_Ri(m)=682002.1786+505156.0201i	EXE	显示右边桩坐标复数
T(>0)/W(<0)/no(0)=?	5 EXE	输入任意正数为填方边坡
W_R(m),0⇒no=?	0 EXE	输入 0 结束右边桩坐标计算
+peg(m),<QD⇒end=?	1 EXE	输入小于 *QD* 的桩号结束程序
Q2X9⇒End		程序结束显示

④ 路基主点三维设计坐标正算。

执行 Q2X9 程序，计算加桩 K52+920 路基主点三维设计坐标的屏幕提示及用户操作过程如下：

屏幕提示	按键	说明
Route or ramp xyH Q2X9		显示程序标题
new(0)/old(≠0) main point data=?	2 EXE	输入非零数为使用现有主点数据计算
st xy new(0)/old(>0)/no(<0)=?	2 EXE	使用最近输入的测站点(station)
peg→xyH(1)/xyH→peg(2)/xyH→δr(3)/pier(4)=?	1 EXE	输入 1 选择坐标正算
+peg(m),<QD⇒end=?	52920 EXE	输入加桩号
α_j=145°46′41.72″	EXE	显示走向方位角/耗时 0.52s
x_j+y_ji(m)=682021.8625+505184.9605i	EXE	显示中桩坐标复数
H_j(m)=287.7290	EXE	显示中桩设计高程
i_L(%)=-2.2142	EXE	显示路基左横坡度
W_L(m)±∠γi,0⇒no=?	-1 EXE	输入中分带外缘点边距系数
d_L(m)=1.0000	EXE	显示-1 号点左边距
x_L+y_Li(m)=682022.4249+505185.7873i	EXE	显示左边桩坐标复数
H_L(m)=287.7290+286.9290i	EXE	显示左边桩路面设计高程+路基设计高程 i 复数
W_L(m)±∠γi,0⇒no=?	-2 EXE	输入硬路肩外缘点边距系数
d_L(m)=11.5000	EXE	显示-2 号点左边距
x_L+y_Li(m)=682028.3301+505194.4694i	EXE	显示左边桩坐标复数
H_L(m)=287.9615+287.1615i	EXE	显示左边桩路面设计高程+路基设计高程 i 复数
W_L(m)±∠γi,0⇒no=?	-3 EXE	输入土路肩外缘点边距系数
d_L(m)=12.2500	EXE	显示-3 号点左边距
x_L+y_Li(m)=682028.7519+505195.0896i	EXE	显示左边桩坐标复数
H_L(m)=287.9315+287.1315i	EXE	显示左边桩路面设计高程+路基设计高程 i 复数
W_L(m)±∠γi,0⇒no=?	-4 EXE	输入挖方边坡碎落台外缘点边距系数
d_L(m)=14.7500	EXE	显示-4 号点左边距
x_L+y_Li(m)=682030.1579+505197.1567i	EXE	显示左边桩坐标复数
H_L(m)=287.9315	EXE	显示左边桩设计高程
W_L(m)±∠γi,0⇒no=?	-1.1 EXE	输入一级边坡平台内缘点边距系数
T(>0)/W(<0)/no(0)=?	-1 EXE	输入任意负数为挖方边坡
d_L(m)=19.7500	EXE	显示挖方平台-1.1 号点左边距
x_L+y_Li(m)=682032.9698+505201.2911i	EXE	显示左边桩坐标复数
H_L(m)=297.9315	EXE	显示左边桩设计高程
W_L(m)±∠γi,0⇒no=?	-1.2 EXE	输入一级边坡平台外缘点边距系数
T(>0)/W(<0)/no(0)=?	-2 EXE	输入任意负数为挖方边坡
d_L(m)=21.2500	EXE	显示挖方平台-1.2 号点左边距
x_L+y_Li(m)=682033.8134+505202.5314i	EXE	显示左边桩坐标复数
H_L(m)=297.9765	EXE	显示左边桩设计高程
W_L(m)±∠γi,0⇒no=?	-2.1 EXE	输入二级边坡平台内缘点边距系数
T(>0)/W(<0)/no(0)=?	-3 EXE	输入任意负数为挖方边坡
d_L(m)=26.2500	EXE	显示挖方平台-2.1 号点左边距
x_L+y_Li(m)=682036.6254+505206.6657i	EXE	显示左边桩坐标复数
H_L(m)=307.9765	EXE	显示左边桩设计高程
W_L(m)±∠γi,0⇒no=?	-2.2 EXE	输入二级边坡平台外缘点边距系数
T(>0)/W(<0)/no(0)=?	-4 EXE	输入任意负数为挖方边坡
d_L(m)=27.7500	EXE	显示挖方平台-2.2 号点左边距
x_L+y_Li(m)=682037.4690+505207.9060i	EXE	显示左边桩坐标复数
H_L(m)=308.0215	EXE	显示左边桩设计高程
W_L(m)±∠γi,0⇒no=?	0 EXE	输入 0 结束左边桩坐标计算
i_R(%)=2.2142	EXE	显示路基右横坡度
W_R(m),0⇒no=?	-1 EXE	输入中分带外缘点边距系数
d_R(m)=1.0000	EXE	显示-1 号点右边距
x_R+y_Ri(m)=682021.3001+505184.1336i	EXE	显示右边桩坐标复数

续表

屏幕提示	按键	说明
H_R(m)=287.7290+286.9290i	EXE	显示右边桩路面设计高程+路基设计高程 i 复数
W_R(m),0⇒no=?	-2 EXE	输入硬路肩外缘点边距系数
d_R(m)=11.5000	EXE	显示-2 号点右边距
x_R+y_Ri(m)=682015.3949+505175.4515i	EXE	显示右边桩坐标复数
H_R(m)=287.4965+286.6965i	EXE	显示右边桩路面设计高程+路基设计高程 i 复数
W_R(m),0⇒no=?	-3 EXE	输入土路肩外缘点边距系数
d_R(m)=12.2500	EXE	显示-3 号点右边距
x_R+y_Ri(m)=682014.9731+505174.8313i	EXE	显示右边桩坐标复数
H_R(m)=287.4665+286.6665i	EXE	显示右边桩路面设计高程+路基设计高程 i 复数
W_R(m),0⇒no=?	-1.1 EXE	输入一级边坡平台内缘点边距系数
T(>0)/W(<0)/no(0)=?	1 EXE	输入任意正数为填方边坡
d_R(m)=21.0500	EXE	显示填方平台-1.1 号点右边距
x_R+y_Ri(m)=682010.0240+505167.5549i	EXE	显示右边桩坐标复数
H_R(m)=279.4665	EXE	显示右边桩设计高程
W_R(m),0⇒no=?	-1.2 EXE	输入一级边坡平台外缘点边距系数
T(>0)/W(<0)/no(0)=?	2 EXE	输入任意正数为填方边坡
d_R(m)=22.5500	EXE	显示填方平台-1.2 号点右边距
x_R+y_Ri(m)=682009.1804+505166.3146i	EXE	显示右边桩坐标复数
H_R(m)=279.4215	EXE	显示右边桩设计高程
W_R(m),0⇒no=?	-2.1 EXE	输入二级边坡平台内缘点边距系数
T(>0)/W(<0)/no(0)=?	3 EXE	输入任意正数为填方边坡
d_R(m)=32.9500	EXE	显示填方平台-2.1 号点右边距
x_R+y_Ri(m)=682003.3315+505157.7152i	EXE	显示右边桩坐标复数
H_R(m)=271.4215	EXE	显示右边桩设计高程
W_R(m),0⇒no=?	-2.2 EXE	输入二级边坡平台外缘点边距系数
T(>0)/W(<0)/no(0)=?	4 EXE	输入任意正数为填方边坡
d_R(m)=34.4500	EXE	显示填方平台-2.2 号点右边距
x_R+y_Ri(m)=682002.4879+505156.4749i	EXE	显示右边桩坐标复数
H_R(m)=271.3765	EXE	显示右边桩设计高程
W_R(m),0⇒no=?	0 EXE	输入 0 结束右边桩坐标计算
+peg(m),<QD⇒end=?	2 EXE	输入小于 *QD* 的桩号结束程序
Q2X9⇒End		程序结束显示

⑤ 三维坐标反算。

执行 Q2X9 程序，计算本例全站仪实测 2 个三维坐标边桩点的屏幕提示与用户操作过程如下：

屏幕提示	按键	说明
Route or ramp xyH Q2X9		显示程序标题
new(0)/old(≠0) main point data=?	3 EXE	输入非零数为使用现有主点数据计算
st xy new(0)/old(>0)/no(<0)=?	3 EXE	使用最近输入的测站点(station)
peg→xyH(1)/xyH→peg(2)/xyH→δr(3)/pier(4)=?	2 EXE	输入 2 选择坐标反算
x_j(m)/π⇒end	682027.768 EXE	输入 1 号边桩点三维坐标
y_j(m)+ni=?	505193.643 EXE	
H_j(m),0⇒no=?	289.173 EXE	
p peg(m)+ni=52920.0000+1.0000i	EXE	显示垂点桩号+平曲线元号 i 复数/耗时 0.84s
α_P=145°46′41.71″	EXE	显示垂点走向方位角
x_P+y_Pi(m)=682021.8625+505184.9604i	EXE	显示垂点坐标复数

续表

屏幕提示	按键	说明
H_P(m)=287.7290	EXE	显示垂点设计高程
d_L(m)=-10.5005	EXE	显示负数为左边距
i_L(%)=-2.2142	EXE	显示路基左横坡度
H_{Lj}(m)=287.9393+287.1393i	EXE	显示左边桩路面设计高程+路基设计高程 i 复数
δh_j(m)=1.2337+2.0337i	EXE	显示边桩点挖填高差(实测 H−设计 H)
x_j(m)/π⇛end	682007.808 EXE	输入 2 号边桩点三维坐标
y_j(m)+ni=?	505164.297 EXE	
H_j(m),0⇛no=?	278.495 EXE	
p peg(m)+ni=52920.0001+1.0000i	EXE	显示垂点桩号+平曲线元号 i 复数/耗时 0.89s
α_P=145°46′41.73″	EXE	显示垂点走向方位角
x_P+y_Pi(m)=682021.8624+505184.9605i	EXE	显示垂点坐标复数
H_P(m)=287.7290	EXE	显示垂点设计高程
d_R(m)=24.9901	EXE	显示正数为右边距
i_R(%)=2.2142	EXE	显示路基右横坡度
T(>0)/W(<0)/no(0)=?	5 EXE	输入任意正数为填方边坡
H_{Rj}(m)=277.5445	EXE	显示边桩设计高程
δd_j(m)+ni=3.9401+1.0000i	EXE	显示坡口平距+边坡级数 i 复数
δh_j(m)=0.9505	EXE	显示边桩点挖填高差(实测 H−设计 H)
x_j(m)/π⇛end	SHIFT π EXE	输入 π 结束程序
Q2X9⇛End		程序结束显示

本例的全部数据文件位于光盘“\5 章\[例 5-13]\”路径下。

5.12 桥墩桩基坐标计算案例

Q2X9 程序的桥墩桩基坐标计算功能与 Q2X8 程序的完全相同，要求将桥墩桩基完全相同的桥墩合并为同类，并编写墩类号。按表 4-25 的规定，按墩类编号顺序，在 Mat V 矩阵输入在 AutoCAD 中采集的桥墩桩基墩台中心坐标；按表 4-26 的规定，按桥墩号顺序，在 Mat U 矩阵输入桥墩墩台中心设计参数。

1) 205 国道江苏淮安西绕城段淮涟三干渠中桥

图 5-57 为图 4-99 所示的三干渠中桥线元法平曲线设计图，竖曲线设计数据、桥墩桩基大样图、墩台中心设计参数与图 4-99 内表相同。

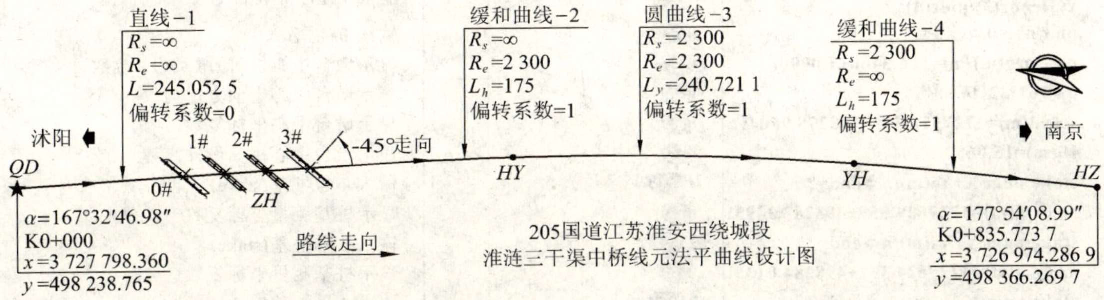

图 5-57　205 国道江苏淮安西绕城段淮涟三干渠中桥线元法平曲线设计图

（1）输入设计数据

在 MS Excel 的 File1 选项卡，按表 5-1 的规定输入图 5-57 所示 4 个线元的平曲线设计数据，输入图 4-99 所列的竖曲线设计数据，结果如图 5-58 所示。*QD* 走向方位角为 167°32′46.98″=167.5463833°，应在表中 J1 单元输入以十进制度为单位的 *QD* 走向方位角 167.5463833。

	A	B	C	D	E	F	G	H	I	J	K	L	M	N
1	0	0	245.0525	0		0	3727798.36	498238.765		167.5463833		0	14.559	0
2	0	2300	175	1								250	15.309	60000
3	2300	2300	240.7211	1								785	14.4	80000
4	2300	0	175	1								600	14.497	200000
5												875	14.25	

File1 / 桩基坐标比较 / Sheet3

图 5-58　在 MS Excel 的 File1 选项卡输入平竖曲线设计数据

由于 Q2X9 程序也是将桥墩桩基墩台中心坐标输入到 Mat V 矩阵，桥墩墩台中心设计参数输入到 Mat U 矩阵，因此只需要将光盘“\4 章\三干渠中桥\MATUV.G1M”文件，通过 FA-124 通信软件上传到 fx-9750GⅡ内存即可。

（2）计算平竖曲线主点数据

执行 Q2X9 程序，计算平竖曲线主点数据的屏幕提示与用户操作过程如下：

屏幕提示	按键	说明
Route or ramp xyH Q2X9		显示程序标题
new(0)/old(≠0) main point data=?	**0** EXE	输入 0 为重新计算主点数据
hor−curve QD num=?	**1** EXE	输入平曲线起始点号(number)
ver−curve first SJD num=?	**1** EXE	输入竖曲线起始变坡点号/耗时 1.08s
Z_{ZD}(m)=835.7736	EXE	显示平曲线终点设计桩号(-0.1mm)/耗时 1.27s
α_{ZD}=177°54′08.99″	EXE	显示平曲线终点走向方位角(0″)
$x_{ZD}+y_{ZD}$i(m)=3726974.287+498366.2697i	EXE	显示终点中桩坐标复数(Δx=0.2mm,Δy=0mm)
H_{ZD}(m)=14.2852	EXE	显示终点中桩设计高程
Press [MENU][2]⇛Stop!	MENU 2	停止程序并进入 **STAT** 模式

（3）计算桥墩桩基坐标

执行 Q2X9 程序，计算部分桥墩桩基坐标的屏幕提示与用户操作过程如下：

屏幕提示	按键	说明
Route or ramp xyH Q2X9		显示程序标题
new(0)/old(≠0) main point data=?	**1** EXE	输入非零数为使用现有主点数据计算
st xy new(0)/old(>0)/no(<0)=?	**-1** EXE	输入负数为不设置测站点(station)
peg➔xyH(1)/xyH➔peg(2)/ xyH➔δr(3)/pier(4)=?	**4** EXE	输入 4 选择桥墩(pier)桩基坐标计算
pier n#,<0⇛end=?	**0** EXE	输入 0#桥墩
pier peg(m)+ni=186.3460+1.0000i	EXE	显示墩台中心桩号+墩类号 i 复数
α_j=167°32′46.98″	EXE	显示墩台中心走向方位角
x_j+y_ji(m)=3727616.399+498278.9504i	EXE	显示墩台中心坐标复数
H_j(m)=15.0682	EXE	显示墩台中心桥面设计高程
stake num/X+Yi(m)/π⇛end=?	**1** EXE	输入 1 号桩基(stake)
$x_{pi}+y_{pi}$i(m)=3727629.559+498287.3493i	EXE	显示桩基测量坐标复数
stake num/X+Yi(m)/π⇛end=?	**2** EXE	输入 2 号桩基(stake)
$x_{pi}+y_{pi}$i(m)=3727624.332+498284.0139i	EXE	显示桩基测量坐标复数
stake num/X+Yi(m)/π⇛end=?	**3** EXE	输入 3 号桩基(stake)
$x_{pi}+y_{pi}$i(m)=3727619.106+498280.6784i	EXE	显示桩基测量坐标复数

续表

屏幕提示	按键	说明
stake num/X+Yi(m)/π⇒end=?	-3 EXE	输入-3 号桩基(stake)
$x_{pi}+y_{pi}i$(m)=3727613.691+498277.2224i	EXE	显示桩基测量坐标复数
stake num/X+Yi(m)/π⇒end=?	-2 EXE	输入-2 号桩基(stake)
$x_{pi}+y_{pi}i$(m)=3727608.465+498273.8869i	EXE	显示桩基测量坐标复数
stake num/X+Yi(m)/π⇒end=?	-1 EXE	输入-1 号桩基(stake)
$x_{pi}+y_{pi}i$(m)=3727603.238+498270.5514i	EXE	显示桩基测量坐标复数
stake num/X+Yi(m)/π⇒end=?	15.934 (−) 2.875 SHIFT i EXE	输入 4 号点(承台角点)墩台中心坐标复数
$x_{pi}+y_{pi}i$(m)=3727604.514+498267.9547i	EXE	显示承台角点测量坐标复数
stake num/X+Yi(m)/π⇒end=?	SHIFT π EXE	输入 π 结束 0#桥墩桩基坐标计算
pier n#,<0⇒end=?	3 EXE	输入 3#桥墩
pier peg(m)+ni=275.2140+3.0000i	EXE	显示墩台中心桩号+墩类号 i 复数
α_j=167°36′40.08″	EXE	显示墩台中心走向方位角
x_j+y_ji(m)=3727529.619+498298.1036i	EXE	显示墩台中心坐标复数
H_j(m)=15.1545	EXE	显示墩台中心桥面设计高程
stake num/X+Yi(m)/π⇒end=?	1 EXE	输入 1 号桩基(stake)
$x_{pi}+y_{pi}i$(m)=3727542.758+498306.5099i	EXE	显示桩基测量坐标复数
stake num/X+Yi(m)/π⇒end=?	2 EXE	输入 2 号桩基(stake)
$x_{pi}+y_{pi}i$(m)=3727537.535+498303.1685i	EXE	显示桩基测量坐标复数
stake num/X+Yi(m)/π⇒end=?	3 EXE	输入 3 号桩基(stake)
$x_{pi}+y_{pi}i$(m)=3727532.313+498299.8271i	EXE	显示桩基测量坐标复数
stake num/X+Yi(m)/π⇒end=?	-3 EXE	输入-3 号桩基(stake)
$x_{pi}+y_{pi}i$(m)=3727526.925+498296.3801i	EXE	显示桩基测量坐标复数
stake num/X+Yi(m)/π⇒end=?	-2 EXE	输入-2 号桩基(stake)
$x_{pi}+y_{pi}i$(m)=3727521.703+498293.0387i	EXE	显示桩基测量坐标复数
stake num/X+Yi(m)/π⇒end=?	-1 EXE	输入-1 号桩基(stake)
$x_{pi}+y_{pi}i$(m)=3727516.480+498289.6973i	EXE	显示桩基测量坐标复数
stake num/X+Yi(m)/π⇒end=?	SHIFT π EXE	输入 π 结束 3#桥墩桩基坐标计算
pier n#,<0⇒end=?	-1 EXE	输入任意负数结束程序
Q2X9⇒End		程序结束显示

程序使用竖曲线设计数据算出的墩台中心设计高程一般为该点的桥面设计高程，具体应查阅桥台立面构造图，图 4-101 为 3#桥墩的立面构造图，图中注记的“设计高程”位置即为 Q2X9 程序算出的墩台中心设计高程 15.154 5m。

上述只计算了 0#与 3#桥墩部分桩基的坐标，它们与图 4-99 下图的设计坐标是基本相同的。其余桥墩桩基坐标的计算请读者自行完成。

桥墩桩基施工前，施工单位应提供桥墩桩基坐标的复核结果给监理单位确认，然后方可进行后续施工。可以在本例的 MS Excel 文件中，新建“桩基坐标比较”选项卡，使用 Excel 的表格计算功能，比较全部桩基坐标的设计值与 Q2X9 程序计算值的差异，本例全部 24 个桩基的坐标比较结果与图 4-99 基本相同。

本例全部数据文件位于光盘“5 章\三干渠道中桥\”路径下。

2) 重庆市涪(陵)丰(都)高速公路 A1 标清溪沟大桥

图 5-59 为图 4-103 所示的清溪沟大桥线元法平曲线设计图，桥墩桩基大样图如图 4-93

所示，墩台中心设计参数列于表 4-28。

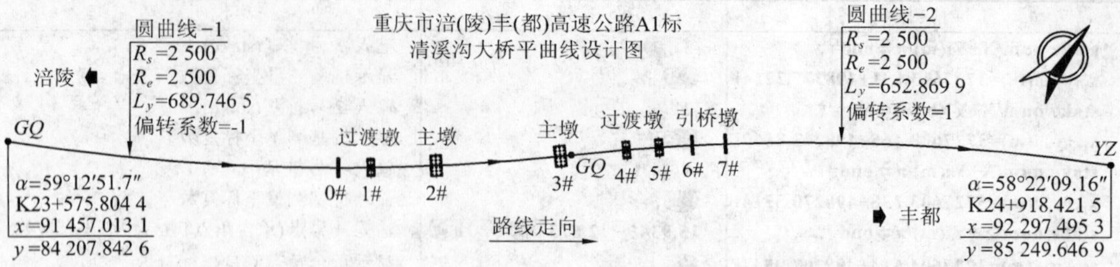

图 5-59　重庆市涪(陵)丰(都)高速公路 A1 标清溪沟大桥线元法平曲线设计图

（1） 输入设计数据

图 5-59 所示的平曲线只有 2 个圆曲线元，可以在 fx-9750GⅡ直接输入平曲线设计数据。

按 MENU 2 键进入 **STAT** 模式，按 SHIFT SET UP ▼ ▼ F1 2 EXE EXE 键设置 **File2** 为当前串列文件；按 MENU 1 键进入 **RUN•MAT** 模式，按 SHIFT PRGM F6 F1 F3 EXE 键执行 **ClrList** 命令，清除当前串列文件；再按 MENU 2 键进入 **STAT** 模式。

按表 5-1 的规定，在当前串列文件中，输入图 5-59 所示的平曲线设计数据，结果如图 5-60 所示。在 **List 10[1]** 串列单元输入起点走向方位角的方法是：按 **59** OPTN F6 F2 F4 **12** F4 **51.7** F4 EXE 键。

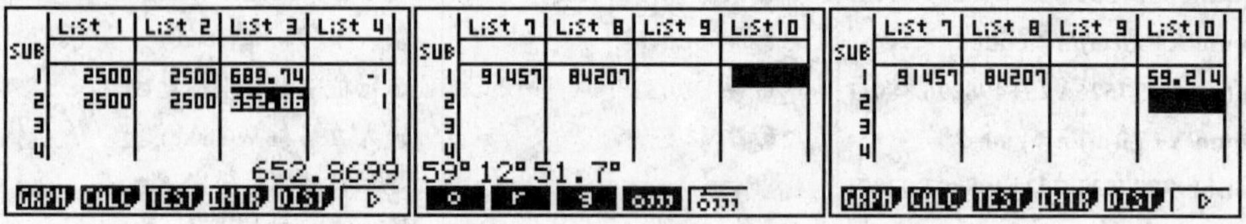

图 5-60　在 **File2** 串列文件输入平曲线设计数据

将光盘“4 章\清溪沟大桥\MATUV.G1M”文件，通过 FA-124 通信软件上传到 fx-9750GⅡ内存。

（2） 计算平曲线主点数据及桥墩桩基坐标

执行 Q2X9 程序，计算平曲线主点数据及桥墩桩基坐标的屏幕提示与用户操作过程如下：

屏幕提示	按键	说明
Route or ramp xyH Q2X9		显示程序标题
new(0)/old(≠0) main point data=?	**0** EXE	输入 0 重新计算主点数据
hor-curve QD num=?	**1** EXE	输入平曲线起始点号(number)
Z_{ZD}(m)=24918.4208	EXE	显示平曲线终点设计桩号(-0.7mm)/耗时 0.71s
$α_{ZD}$=58°22′09.16″	EXE	显示平曲线终点走向方位角(0″)
x_{ZD}+y_{ZD}i(m)=92297.4948+85249.6464i	EXE	显示终点中桩坐标复数(Δx=-0.5mm,Δy=-0.5mm)
Press [MENU][2]⇛Stop!	EXE	继续执行程序
st xy new(0)/old(>0)/no(<0)=?	**-1** EXE	输入负数为不设置测站点(station)
peg→xy(1)/xy→peg(2)/pier(4)=?	**4** EXE	输入 4 选择桥墩(pier)桩基坐标计算
pier n#,<0⇛end=?	**0** EXE	输入 0#桥墩
pier peg(m)+ni=23982.0000+4.0000i	EXE	显示墩台中心桩号+墩类号 i 复数
$α_j$=49°54′18.16″	EXE	显示墩台中心走向方位角/耗时 0.43s
x_j+y_ji(m)=91692.2884+84538.4145i	EXE	显示墩台中心坐标复数

续表

屏幕提示	按键	说明
stake num/X+Yi(m)/π⇛end=?	1 EXE	输入 1 号桩基(stake)
x_{pi}+y_{pi}i(m)=91685.1167+84544.4525i	EXE	显示桩基测量坐标复数
stake num/X+Yi(m)/π⇛end=?	2 EXE	输入 2 号桩基(stake)
x_{pi}+y_{pi}i(m)=91690.0891+84540.2661i	EXE	显示桩基测量坐标复数
stake num/X+Yi(m)/π⇛end=?	-1 EXE	输入-1 号桩基(stake)
x_{pi}+y_{pi}i(m)=91699.4601+84532.3764i	EXE	显示桩基测量坐标复数
stake num/X+Yi(m)/π⇛end=?	-2 EXE	输入-2 号桩基(stake)
x_{pi}+y_{pi}i(m)=91694.4877+84536.5628i	EXE	显示桩基测量坐标复数
stake num/X+Yi(m)/π⇛end=?	SHIFT π EXE	输入 π 结束 0#桥墩桩基坐标计算
pier n#,<0⇛end=?	-2 EXE	输入任意负数结束程序
Q2X9⇛End		程序结束显示

执行 Q2X9 程序的桥墩桩基坐标计算功能时，不一定要输入路线竖曲线设计数据。当前串列文件的 List 12~List 14 串列没有输入路线竖曲线设计数据时，屏幕不显示桥墩墩台中心的桥面设计高程，这样可以加快桥墩桩基坐标计算的速度。

清溪沟大桥 0#~7#桥墩共设计有 72 个桩基，上述只计算了 0#桥墩 4 个桩基的坐标，其余 68 个桩基的坐标请读者自行计算。在 MS Excel 的"桩基坐标比较"选项卡比较桩基坐标的设计值与计算值的差异，结果与图 4-102 的结果基本相同。

本例的全部数据文件位于光盘"\5 章\清溪沟大桥\"路径下。

3) 205 国道江苏淮安西绕城段里运河—京杭运河特大桥

图 5-61 为图 4-106 所示里运河—京杭运河特大桥线元法平曲线设计图，桥墩桩基大样图如图 4-107 与图 4-108 所示，墩台中心设计参数与表 4-29 相同。

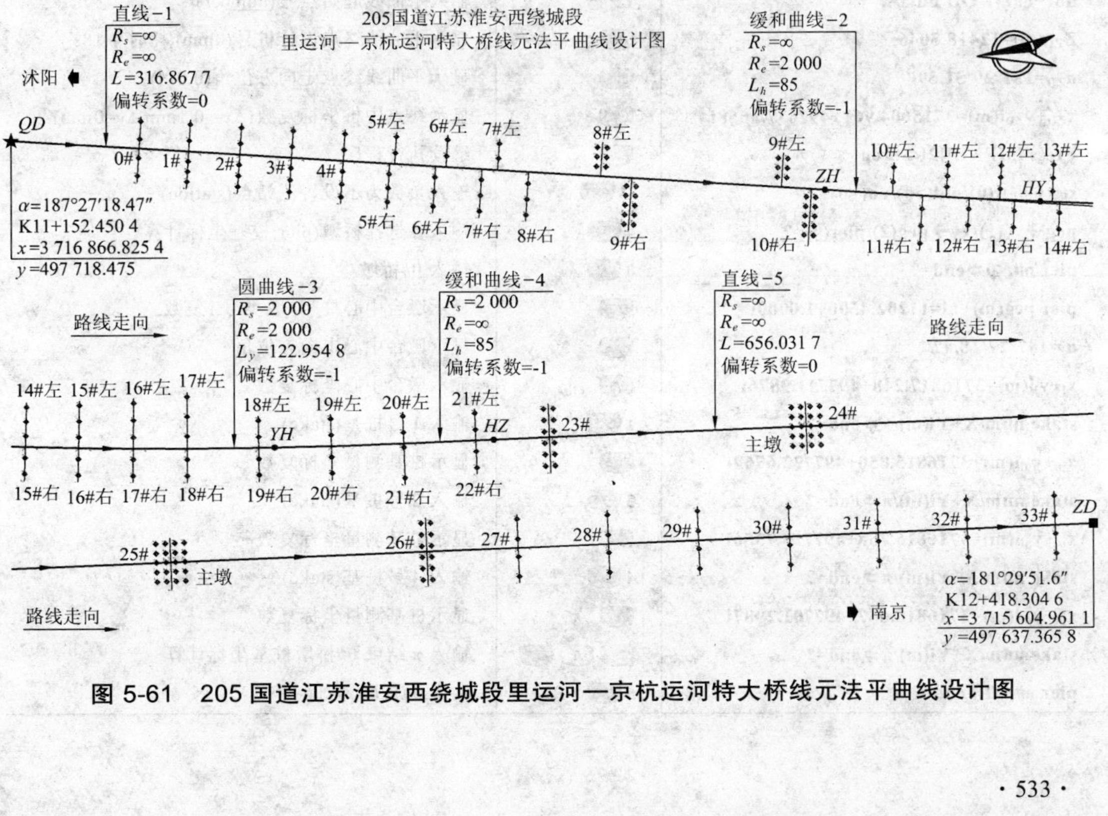

图 5-61　205 国道江苏淮安西绕城段里运河—京杭运河特大桥线元法平曲线设计图

(1) 输入设计数据

图 5-61 所示的平曲线只有 4 个线元，可以在 fx-9750GⅡ直接输入平曲线设计数据。

按 MENU 2 键进入 **STAT** 模式，按 SHIFT SET UP ▼ ▼ F1 3 EXE EXE 键设置 **File3** 为当前串列文件；按 MENU 1 键进入 **RUN·MAT** 模式，按 SHIFT PRGM F6 F1 F3 EXE 键执行 **ClrList** 命令，清除当前串列文件；再按 MENU 2 键进入 **STAT** 模式。

按表 5-1 的规定，在当前串列文件中，输入图 5-61 所示的平曲线设计数据，结果如图 5-62 所示。在 **List 10[1]** 串列单元输入起点走向方位角的方法是：按 **187** OPTN F6 F2 F4 **27** F4 **18.47** F4 EXE 键。

图 5-62　在 File3 串列文件输入平曲线设计数据

将光盘"4 章\里运河京杭运河特大桥\MATUV.G2M"文件，通过 FA-124 通信软件上传到 fx-9750GⅡ内存。

(2) 计算平曲线主点数据及桥墩桩基坐标

执行 Q2X9 程序，计算平曲线主点数据及桥墩桩基坐标的屏幕提示与用户操作过程如下：

屏幕提示	按键	说明
Route or ramp xyH Q2X9		显示程序标题
new(0)/old(≠0) main point data=?	**0** EXE	输入 0 重新计算主点数据
hor-curve QD num=?	**1** EXE	输入平曲线起始点号(number)
Z_{ZD}(m)=12418.3046	EXE	显示平曲线终点设计桩号(0mm)/耗时 1.18s
α_{ZD}=181°29′51.59″	EXE	显示平曲线终点走向方位角(0.01″)
$x_{ZD}+y_{ZD}$i(m)=3715604.961+497637.3658i	EXE	显示终点中桩坐标复数(Δx=-0.1mm,Δy=0mm)
Press [MENU][2]⇛Stop!	EXE	继续执行程序
st xy new(0)/old(>0)/no(<0)=?	**-3** EXE	输入负数为不设置测站点(station)
peg→xy(1)/xy→peg(2)/pier(4)=?	**4** EXE	输入 4 选择桥墩(pier)桩基坐标计算
pier n#,<0⇛end=?	**0** EXE	输入 0#桥墩
pier peg(m)+ni=11202.4500+1.0000i	EXE	显示墩台中心桩号+墩类号 i 复数
α_j=187°27′18.47″	EXE	显示墩台中心走向方位角
x_j+y_ji(m)=3716817.248+497711.9876i	EXE	显示墩台中心坐标复数
stake num/X+Yi(m)/π⇛end=?	**1** EXE	输入 1 号桩基(stake)
$x_{pi}+y_{pi}$i(m)=3716815.850+497722.6764i	EXE	显示桩基测量坐标复数
stake num/X+Yi(m)/π⇛end=?	**2** EXE	输入 2 号桩基(stake)
$x_{pi}+y_{pi}$i(m)=3716816.758+497715.7356i	EXE	显示桩基测量坐标复数
stake num/X+Yi(m)/π⇛end=?	**4** EXE	输入 4 号桩基(stake)
$x_{pi}+y_{pi}$i(m)=3716818.647+497701.2987i	EXE	显示桩基测量坐标复数
stake num/X+Yi(m)/π⇛end=?	SHIFT π EXE	输入 π 结束 0#桥墩桩基坐标计算
pier n#,<0⇛end=?	**5** EXE	输入 5#桥墩

续表

屏幕提示	按键	说明
$Z_L(0)/Z_R(\neq 0)$=?	0 EXE	输入 0 选择左墩台中心桩号
pier peg(m)+ni=11302.0000+6.0000i	EXE	显示墩台中心桩号+墩类号 i 复数
α_j=187°27′18.47″	EXE	显示墩台中心走向方位角
x_j+y_ji(m)=3716718.540+497699.0710i	EXE	显示墩台中心坐标复数
stake num/X+Yi(m)/π⇒end=?	1 EXE	输入 1 号桩基(stake)
$x_{pi}+y_{pi}$i(m)=3716717.152+497709.6805i	EXE	显示桩基测量坐标复数
stake num/X+Yi(m)/π⇒end=?	2 EXE	输入 2 号桩基(stake)
$x_{pi}+y_{pi}$i(m)=3716717.982+497703.3346i	EXE	显示桩基测量坐标复数
stake num/X+Yi(m)/π⇒end=?	SHIFT π EXE	输入 π 结束 5#桥墩桩基坐标计算
pier n#,<0⇒end=?	5 EXE	输入 5#桥墩
$Z_L(0)/Z_R(\neq 0)$=?	1 EXE	输入非零数选择右墩台中心桩号
pier peg(m)+ni=11300.0000+6.0000i	EXE	显示墩台中心桩号+墩类号 i 复数
α_j=187°27′18.47″	EXE	显示墩台中心走向方位角
x_j+y_ji(m)=3716720.523+497699.3305i	EXE	显示墩台中心坐标复数
stake num/X+Yi(m)/π⇒end=?	3 EXE	输入 3 号桩基(stake)
$x_{pi}+y_{pi}$i(m)=3716721.054+497695.2696i	EXE	显示桩基测量坐标复数
stake num/X+Yi(m)/π⇒end=?	4 EXE	输入 4 号桩基(stake)
$x_{pi}+y_{pi}$i(m)=3716721.768+497689.8161i	EXE	显示桩基测量坐标复数
stake num/X+Yi(m)/π⇒end=?	5 EXE	输入 5 号桩基(stake)
$x_{pi}+y_{pi}$i(m)=3716722.482+497684.3626i	EXE	显示桩基测量坐标复数
stake num/X+Yi(m)/π⇒end=?	SHIFT π EXE	输入 π 结束 5#桥墩桩基坐标计算
pier n#,<0⇒end=?	-3 EXE	输入任意负数结束程序
Q2X9⇒End		程序结束显示

里运河—京杭运河特大桥 0#~32#桥墩共设计有 217 个桩基，上述只计算了 0#桥墩与 5#桥墩的部分桩基坐标，其余桩基坐标请读者自行计算。在 MS Excel 的“桩基坐标比较”选项卡比较桩基坐标的设计值与计算值的差异，结果与图 4-114 基本相同。

本例的全部数据文件位于光盘“\5 章\里运河京杭运河特大桥\”路径下。

5.13 隧道超欠挖、开挖轮廓线放样与净空测量计算

Q2X9 程序的隧道超欠挖计算功能与 Q2X8 程序的完全相同，要求将二衬轮廓线尺寸完全相同的隧道断面图合并为同类，并编写二衬轮廓线类号。按表 4-30 的规定，按二衬轮廓线类号顺序，在 Mat Z 矩阵输入在 AutoCAD 中采集的二衬轮廓线主点数据；按表 4-31 的规定，按围岩洞身支护参数的桩号顺序，在 Mat Y 或 Mat X 矩阵输入围岩洞身支护参数。

1) 广(州)珠(海)西线高速公路三期中山沙溪至月环段隧道超欠挖计算案例

图 5-63 为将图 4-115 的 K 线交点法平曲线设计数据改为线元法平曲线设计数据的结果。

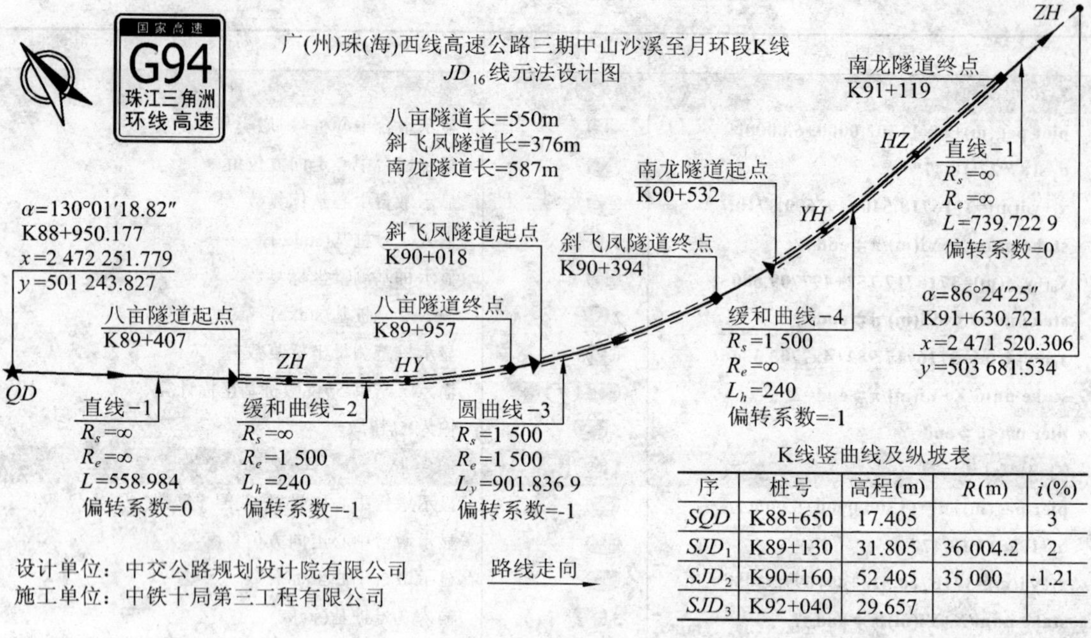

序	桩号	高程(m)	R(m)	i(%)
SQD	K88+650	17.405		3
SJD_1	K89+130	31.805	36 004.2	2
SJD_2	K90+160	52.405	35 000	-1.21
SJD_3	K92+040	29.657		

图 5-63　中山沙溪至月环段 K 线八亩、斜飞凤、南龙隧道平竖曲线设计图

图 5-64 为将图 4-116 的 L 线交点法平曲线设计数据改为线元法平曲线设计数据的结果。

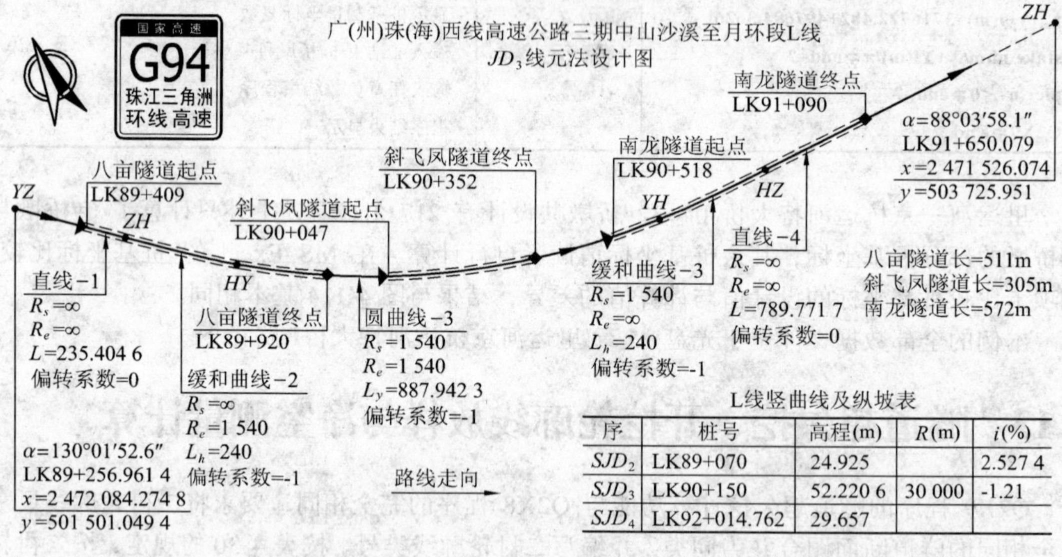

序	桩号	高程(m)	R(m)	i(%)
SJD_2	LK89+070	24.925		2.527 4
SJD_3	LK90+150	52.220 6	30 000	-1.21
SJD_4	LK92+014.762	29.657		

图 5-64　中山沙溪至月环段 L 线八亩、斜飞凤、南龙隧道平竖曲线设计图

(1) 设计数据的输入

由于在第 4 章执行 Q2X8 程序时，已经将图 4-117 所示的 1、2 类二衬轮廓线主点数据输入到了 Mat Z 矩阵，将 K 线三个隧道的围岩洞身支护参数输入到了 Mat Y 矩阵，将 L 线三个隧道的围岩洞身支护参数输入到了 Mat X 矩阵，因此只需要将光盘“\4 章\八亩斜飞凤南龙隧道\MATZYX.G2M"文件上传到 fx-9750GⅡ内存即可。

在 MS Excel 的 File4 选项卡，按表 5-1 的规定输入图 5-63 所示 K 线平竖曲线设计数据，结果如图 5-65 上图所示。起点 *QD* 走向方位角为 130°01′18.82″=130.0218944°，应在表中 J1 单元输入以十进制度为单位的 *QD* 走向方位角 130.0218944。

	A	B	C	D	E	F	G	H	I	J	K	L	M	N
1	0	0	558.984	0		88950.177	2472251.779	501243.827		130.0218944		88650	17.405	0
2	0	1500	240	-1								89130	31.805	36004.2
3	1500	1500	901.8369	-1								90160	52.405	35000
4	1500	0	240	-1								92040	29.657	
5	0	0	739.7229	0										

File4 / File5 / Sheet3

	A	B	C	D	E	F	G	H	I	J	K	L	M	N
1	0	0	235.4046	0		89256.9614	2472084.275	501501.0494		130.0312778		89070	24.925	0
2	0	1540	240	-1								90150	52.2206	30000
3	1540	1540	887.9423	-1								92014.762	29.657	
4	1540	0	240	-1										
5	0	0	789.7717	0										

File4 / File5 / Sheet3

图 5-65　在 MS Excel 的 File4 选项卡输入 K 线平竖曲线设计数据，
在 File5 选项卡输入 L 线平竖曲线设计数据

在 MS Excel 的 File5 选项卡，按表 5-1 的规定输入图 5-64 所示 L 线平竖曲线设计数据的结果如图 5-65 下图所示。起点 *YZ* 走向方位角为 130°01′52.6″=130.0212778°，应在表中 J1 单元输入以十进制度为单位的 *YZ* 走向方位角 130.0212778。

将 File4 选项卡的数据另存为 File4.csv 文件，File5 选项卡的数据另存为 File5.csv 文件，将 File4.csv 与 File5.csv 文件上传到 fx-9750GⅡ内存。

(2) K 线隧道超欠挖计算案例

① 平竖曲线主点数据计算与八亩隧道超欠挖计算案例。

设置 **File4** 为当前串列文件，执行 Q2X9 程序，计算平竖曲线主点数据及八亩隧道 K89+585.75/ K89+586.25 连接断面测点的隧道超欠挖值的屏幕提示与用户操作过程如下：

屏幕提示	按键	说明
Route or ramp xyH Q2X9		显示程序标题
new(0)/old(≠0) main point data=?	0 EXE	输入 0 重新计算主点数据
hor−curve QD num=?	1 EXE	输入平曲线起始点号(number)
ver−curve first SJD num=?	1 EXE	输入竖曲线起始变坡点号/耗时 1.24s
Z_{ZD}(m)=91630.7208	EXE	显示平曲线终点设计桩号(-0.2mm)/耗时 1.49s
α_{ZD}=86°24′24.98″	EXE	显示平曲线终点走向方位角(-0.02″)
$x_{ZD}+y_{ZD}$i(m)=2471520.306+503681.5337i	EXE	显示终点中桩坐标复数(Δx=0mm, Δy=-0.3mm)
H_{ZD}(m)=34.6093	EXE	显示终点中桩设计高程
Press [MENU][2]⇛Stop!	EXE	继续执行程序
st xy new(0)/old(>0)/no(<0)=?	-1 EXE	输入负数为不设置测站点(station)
peg→xyH(1)/xyH→peg(2)/ xyH→δr(3)/pier(4)=?	3 EXE	输入 3 选择隧道超欠挖计算
Mat Y(0)/Mat X(≠0)=?	0 EXE	输入 0 选择 Mat Y 矩阵为围岩洞身支护参数
contour line(1/0/2)=?	1 EXE	输入 1 选择初期支护轮廓线
x_i(m)/π⇛end=?	2471841.5465 EXE	输入掌子面 1 号测点三维坐标
y_i(m)+ni=?	501729.3041 EXE	
H_i(m)=?	47.8948 EXE	
p peg(m)+ni=89585.7501+2.0000i	EXE	显示垂点桩号+平曲线元号 i 复数/耗时 0.95s
H_p+X_ji(m)=40.9200−5.5622i	EXE	显示垂点设计高程+测点隧中 X 坐标 i 复数

续表

屏幕提示	按键	说明
δr(m)+ni=0.2683+2.0000i	EXE	显示超欠挖径距+二衬轮廓线类号 i 复数
←→+↑↓i(m)=0.4496+0.3426i	EXE	显示水平移距+垂直移距 i 复数
x_i(m)/π⇒end=? y_i(m)+ni=? H_i(m)=?	2471840.1009 EXE 501728.1102 EXE 48.5768 EXE	输入掌子面 2 号测点三维坐标
p peg(m)+ni=89585.7502+2.0000i	EXE	显示垂点桩号+平曲线元号 i 复数
H_p+X_ji(m)=40.9200−3.6873i	EXE	显示垂点设计高程+测点隧中 X 坐标 i 复数
δr(m)+ni=-0.1310+2.0000i	EXE	显示超欠挖径距+二衬轮廓线类号 i 复数
←→+↑↓i(m)=-0.2986−0.1445i	EXE	显示水平移距+垂直移距 i 复数
x_i(m)/π⇒end=? y_i(m)+ni=? H_i(m)=?	2471838.7727 EXE 501727.0131 EXE 49.5275 EXE	输入掌子面 3 号测点三维坐标
p peg(m)+ni=89585.7501+2.0000i	EXE	显示垂点桩号+平曲线元号 i 复数
H_p+X_ji(m)=40.9200−1.9646i	EXE	显示垂点设计高程+测点隧中 X 坐标 i 复数
δr(m)+ni=0.2139+2.0000i	EXE	显示超欠挖径距+二衬轮廓线类号 i 复数
←→+↑↓i(m)=1.7546+0.2193i	EXE	显示水平移距+垂直移距 i 复数
x_i(m)/π⇒end=? y_i(m)+ni=? H_i(m)=?	2471836.7374 EXE 501725.9813 EXE 49.7721 EXE	输入掌子面 4 号测点三维坐标
p peg(m)+ni=89586.2498+2.0000i	EXE	显示垂点桩号+平曲线元号 i 复数
H_p+X_ji(m)=40.9300+0.2618i	EXE	显示垂点设计高程+测点隧中 X 坐标 i 复数
δr(m)+ni=0.2959+1.0000i	EXE	显示超欠挖径距+二衬轮廓线类号 i 复数
←→+↑↓i(m)=0.0000+0.2960i	EXE	显示水平移距+垂直移距 i 复数
x_i(m)/π⇒end=? y_i(m)+ni=? H_i(m)=?	2471835.4932 EXE 501724.9539 EXE 49.147 EXE	输入掌子面 5 号测点三维坐标
p peg(m)+ni=89586.2499+2.0000i	EXE	显示垂点桩号+平曲线元号 i 复数
H_p+X_ji(m)=40.9300+1.8753i	EXE	显示垂点设计高程+测点隧中 X 坐标 i 复数
δr(m)+ni=-0.1266+1.0000i	EXE	显示超欠挖径距+二衬轮廓线类号 i 复数
←→+↑↓i(m)=-0.5156−0.1297i	EXE	显示水平移距+垂直移距 i 复数
x_i(m)/π⇒end=? y_i(m)+ni=? H_i(m)=?	2471833.9841 EXE 501723.7077 EXE 48.8887 EXE	输入掌子面 6 号测点三维坐标
p peg(m)+ni=89586.2498+2.0000i	EXE	显示垂点桩号+平曲线元号 i 复数
H_p+X_ji(m)=40.9300+3.8325i	EXE	显示垂点设计高程+测点隧中 X 坐标 i 复数
δr(m)+ni=0.2640+1.0000i	EXE	显示超欠挖径距+二衬轮廓线类号 i 复数
←→+↑↓i(m)=0.6705+0.2927i	EXE	显示水平移距+垂直移距 i 复数
x_i(m)/π⇒end=? y_i(m)+ni=? H_i(m)=?	2471832.8834 EXE 501722.7988 EXE 47.5259 EXE	输入掌子面 7 号测点三维坐标
p peg(m)+ni=89586.2499+2.0000i	EXE	显示垂点桩号+平曲线元号 i 复数
H_p+X_ji(m)=40.9300+5.2599i	EXE	显示垂点设计高程+测点隧中 X 坐标 i 复数
δr(m)+ni=-0.1563+1.0000i	EXE	显示超欠挖径距+二衬轮廓线类号 i 复数
←→+↑↓i(m)=-0.2517−0.1966i	EXE	显示水平移距+垂直移距 i 复数
x_i(m)/π⇒end=? y_i(m)+ni=? H_i(m)=?	2471831.5664 EXE 501721.7112 EXE 46.4869 EXE	输入掌子面 8 号测点三维坐标
p peg(m)+ni=89586.2498+2.0000i	EXE	显示垂点桩号+平曲线元号 i 复数
H_p+X_ji(m)=40.9300+6.9680i	EXE	显示垂点设计高程+测点隧中 X 坐标 i 复数
δr(m)+ni=0.2886+1.0000i	EXE	显示超欠挖径距+二衬轮廓线类号 i 复数
←→+↑↓i(m)=0.3796+0.4724i	EXE	显示水平移距+垂直移距 i 复数
x_i(m)/π⇒end=? y_i(m)+ni=? H_i(m)=?	2471831.1986 EXE 501721.4075 EXE 44.5154 EXE	输入掌子面 9 号测点三维坐标
p peg(m)+ni=89586.2498+2.0000i	EXE	显示垂点桩号+平曲线元号 i 复数

续表

屏幕提示	按键	说明
H_p+X_ji(m)=40.9300+7.4449i	EXE	显示垂点设计高程+测点隧中 X 坐标 i 复数
δr(m)+ni=-0.2958+1.0000i	EXE	显示超欠挖径距+二衬轮廓线类号 i 复数
←→+↑↓i(m)=-0.3155−0.7239i	EXE	显示水平移距+垂直移距 i 复数
x_i(m)/π⇒end=?	2471830.2842 EXE	输入掌子面 10 号测点三维坐标
y_i(m)+ni=?	501720.6524 EXE	
H_i(m)=?	42.9 EXE	
p peg(m)+ni=89586.2498+2.0000i	EXE	显示垂点桩号+平曲线元号 i 复数
H_p+X_ji(m)=40.9300+8.6308i	EXE	显示垂点设计高程+测点隧中 X 坐标 i 复数
δr(m)+ni=0.5269+1.0000i	EXE	显示超欠挖径距+二衬轮廓线类号 i 复数
←→+↑↓i(m)=0.5281	EXE	只显示水平移距
x_i(m)/π⇒end=?	2471830.9852 EXE	输入掌子面 11 号测点三维坐标
y_i(m)+ni=?	501721.2313 EXE	
H_i(m)=?	40.93 EXE	
p peg(m)+ni=89586.2499+2.0000i	EXE	显示垂点桩号+平曲线元号 i 复数
H_p+X_ji(m)=40.9300+7.7217i	EXE	显示垂点设计高程+测点隧中 X 坐标 i 复数
δr(m)+ni=-0.3966+1.0000i	EXE	显示超欠挖径距+二衬轮廓线类号 i 复数
x_i(m)/π⇒end=?	2471830.9818 EXE	输入掌子面 12 号测点三维坐标
y_i(m)+ni=?	501721.2285 EXE	
H_i(m)=?	39.972 EXE	
p peg(m)+ni=89586.2499+2.0000i	EXE	显示垂点桩号+平曲线元号 i 复数
H_p+X_ji(m)=40.9300+7.7261i	EXE	显示垂点设计高程+测点隧中 X 坐标 i 复数
δr(m)+ni=0.1580+1.0000i	EXE	显示超欠挖径距+二衬轮廓线类号 i 复数
x_i(m)/π⇒end=?	2471832.2324 EXE	输入掌子面 13 号测点三维坐标
y_i(m)+ni=?	501722.2612 EXE	
H_i(m)=?	40.2951 EXE	
p peg(m)+ni=89586.2499+2.0000i	EXE	显示垂点桩号+平曲线元号 i 复数
H_p+X_ji(m)=40.9300+6.1042i	EXE	显示垂点设计高程+测点隧中 X 坐标 i 复数
δr(m)+ni=-0.1651+1.0000i	EXE	显示超欠挖径距+二衬轮廓线类号 i 复数
x_i(m)/π⇒end=?	2471833.396 EXE	输入掌子面 14 号测点三维坐标
y_i(m)+ni=?	501723.222 EXE	
H_i(m)=?	39.9339 EXE	
p peg(m)+ni=89586.2498+2.0000i	EXE	显示垂点桩号+平曲线元号 i 复数
H_p+X_ji(m)=40.9300+4.5952i	EXE	显示垂点设计高程+测点隧中 X 坐标 i 复数
δr(m)+ni=0.1961+1.0000i	EXE	显示超欠挖径距+二衬轮廓线类号 i 复数
x_i(m)/π⇒end=?	2471834.9623 EXE	输入掌子面 15 号测点三维坐标
y_i(m)+ni=?	501724.5154 EXE	
H_i(m)=?	40.3419 EXE	
p peg(m)+ni=89586.2498+2.0000i	EXE	显示垂点桩号+平曲线元号 i 复数
H_p+X_ji(m)=40.9300+2.5639i	EXE	显示垂点设计高程+测点隧中 X 坐标 i 复数
δr(m)+ni=-0.2119+1.0000i	EXE	显示超欠挖径距+二衬轮廓线类号 i 复数
x_i(m)/π⇒end=?	2471836.0095 EXE	输入掌子面 16 号测点三维坐标
y_i(m)+ni=?	501725.3802 EXE	
H_i(m)=?	39.9032 EXE	
p peg(m)+ni=89586.2498+2.0000i	EXE	显示垂点桩号+平曲线元号 i 复数
H_p+X_ji(m)=40.9300+1.2058i	EXE	显示垂点设计高程+测点隧中 X 坐标 i 复数
δr(m)+ni=0.2268+1.0000i	EXE	显示超欠挖径距+二衬轮廓线类号 i 复数
x_i(m)/π⇒end=?	2471837.3787 EXE	输入掌子面 17 号测点三维坐标
y_i(m)+ni=?	501725.8617 EXE	
H_i(m)=?	38.5578 EXE	
p peg(m)+ni=89585.7501+2.0000i	EXE	显示垂点桩号+平曲线元号 i 复数
H_p+X_ji(m)=40.9200−0.1565i	EXE	显示垂点设计高程+测点隧中 X 坐标 i 复数
δr(m)+ni=-0.1473+2.0000i	EXE	显示超欠挖径距+二衬轮廓线类号 i 复数
←→+↑↓i(m)=-2.4187−0.1473i	EXE	显示水平移距+垂直移距 i 复数
x_i(m)/π⇒end=?	2471838.2808 EXE	输入掌子面 18 号测点三维坐标
y_i(m)+ni=?	501726.6068 EXE	

续表

屏幕提示	按键	说明
H_i(m)=?	38.1653 EXE	
p peg(m)+ni=89585.7501+2.0000i	EXE	显示垂点桩号+平曲线元号 i 复数
H_p+X_ji(m)=40.9200−1.3266i	EXE	显示垂点设计高程+测点隧中 X 坐标 i 复数
δr(m)+ni=0.2833+2.0000i	EXE	显示超欠挖径距+二衬轮廓线类号 i 复数
←→+↑↓i(m)=0.0000+0.2838i	EXE	显示水平移距+垂直移距 i 复数
x_i(m)/π⇛end=?	SHIFT π EXE	输入 π 结束程序
Q2X9⇛End		程序结束显示

执行 Q2X9 程序的隧道超欠挖功能时，测点极坐标放样功能自动失效。

屏幕显示提示"**x_i(m)/π⇛end=?**"时，按 SHIFT π EXE 键输入 π 响应为正常结束程序。

因故正常结束程序后，再次重复执行 Q2X9 程序，选择隧道超欠挖计算的屏幕提示与用户操作过程如下：

屏幕提示	按键	说明
Route or ramp xyH Q2X9		显示程序标题
new(0)/old(≠0) main point data=?	4 EXE	输入非零数为使用现有主点数据计算
st xy new(0)/old(>0)/no(<0)=?	-1 EXE	输入负数为不设置测站点(station)
peg→xyH(1)/xyH→peg(2)/ xyH→δr(3)/pier(4)=?	3 EXE	输入 3 选择隧道超欠挖计算
Mat Y(0)/Mat X(≠0)=?	0 EXE	输入 0 选择 Mat Y 矩阵为围岩洞身支护参数
contour line(1/0/2)=?	1 EXE	输入 1 选择初期支护轮廓线
ClrMat W(0),no(≠0)=?	2 EXE	输入非零数为不清除前已存储的测点数据*
x_i(m)/π⇛end=?	2471839.3973 EXE	输入掌子面 19 号测点三维坐标
y_i(m)+ni=?	501727.529 EXE	
H_i(m)=?	38.7072 EXE	
p peg(m)+ni=89585.7501+2.0000i	EXE	显示垂点桩号+平曲线元号 i 复数/耗时 1.09s
H_p+X_ji(m)=40.9200−2.7747i	EXE	显示垂点设计高程+测点隧中 X 坐标 i 复数
δr(m)+ni=-0.1246+2.0000i	EXE	显示超欠挖径距+二衬轮廓线类号 i 复数
←→+↑↓i(m)=-0.8711−0.1255i	EXE	显示水平移距+垂直移距 i 复数
x_i(m)/π⇛end=?	2471840.8436 EXE	输入掌子面 20 号测点三维坐标
y_i(m)+ni=?	501728.7236 EXE	
H_i(m)=?	38.6804 EXE	
p peg(m)+ni=89585.7501+2.0000i	EXE	显示垂点桩号+平曲线元号 i 复数
H_p+X_ji(m)=40.9200−4.6505i	EXE	显示垂点设计高程+测点隧中 X 坐标 i 复数
δr(m)+ni=0.2106+2.0000i	EXE	显示超欠挖径距+二衬轮廓线类号 i 复数
←→+↑↓i(m)=1.1720+0.2152i	EXE	显示水平移距+垂直移距 i 复数
x_i(m)/π⇛end=?	2471841.9764 EXE	输入掌子面 21 号测点三维坐标
y_i(m)+ni=?	501729.6592 EXE	
H_i(m)=?	39.5232 EXE	
p peg(m)+ni=89585.7501+2.0000i	EXE	显示垂点桩号+平曲线元号 i 复数
H_p+X_ji(m)=40.9200−6.1197i	EXE	显示垂点设计高程+测点隧中 X 坐标 i 复数
δr(m)+ni=-0.2552+2.0000i	EXE	显示超欠挖径距+二衬轮廓线类号 i 复数
←→+↑↓i(m)=-0.8715−0.2653i	EXE	显示水平移距+垂直移距 i 复数
x_i(m)/π⇛end=?	2471843.2565 EXE	输入掌子面 22 号测点三维坐标
y_i(m)+ni=?	501730.7165 EXE	
H_i(m)=?	39.8478 EXE	
p peg(m)+ni=89585.7501+2.0000i	EXE	显示垂点桩号+平曲线元号 i 复数
H_p+X_ji(m)=40.9200−7.7800i	EXE	显示垂点设计高程+测点隧中 X 坐标 i 复数
δr(m)+ni=0.2564+2.0000i	EXE	显示超欠挖径距+二衬轮廓线类号 i 复数
←→+↑↓i(m)=0.3470+0.4732i	EXE	显示水平移距+垂直移距 i 复数
x_i(m)/π⇛end=?	2471843.2361 EXE	输入掌子面 23 号测点三维坐标

续表

屏幕提示	按键	说明
y_i(m)+ni=?	501730.6996 EXE	
H_i(m)=?	41.181 EXE	
p peg(m)+ni=89585.7500+2.0000i	EXE	显示垂点桩号+平曲线元号 i 复数
H_p+X_ji(m)=40.9200−7.7535i	EXE	显示垂点设计高程+测点隧中 X 坐标 i 复数
δr(m)+ni=-0.2837+2.0000i	EXE	显示超欠挖径距+二衬轮廓线类号 i 复数
←→+↑↓i(m)=-0.2904−0.9638i	EXE	显示水平移距+垂直移距 i 复数
x_i(m)/π⇒end=?	2471843.734 EXE	输入掌子面 24 号测点三维坐标
y_i(m)+ni=?	501731.1109 EXE	
H_i(m)=?	42.8371 EXE	
p peg(m)+ni=89585.7501+2.0000i	EXE	显示垂点桩号+平曲线元号 i 复数
H_p+X_ji(m)=40.9200−8.3993i	EXE	显示垂点设计高程+测点隧中 X 坐标 i 复数
δr(m)+ni=0.2325+2.0000i	EXE	显示超欠挖径距+二衬轮廓线类号 i 复数
←→+↑↓i(m)=0.2330	EXE	只显示水平移距
x_i(m)/π⇒end=?	2471843.3068 EXE	输入掌子面 25 号测点三维坐标
y_i(m)+ni=?	501730.758 EXE	
H_i(m)=?	43.787 EXE	
p peg(m)+ni=89585.7501+2.0000i	EXE	显示垂点桩号+平曲线元号 i 复数
H_p+X_ji(m)=40.9200−7.8452i	EXE	显示垂点设计高程+测点隧中 X 坐标 i 复数
δr(m)+ni=-0.1816+2.0000i	EXE	显示超欠挖径距+二衬轮廓线类号 i 复数
←→+↑↓i(m)=-0.1862−0.6582i	EXE	显示水平移距+垂直移距 i 复数
x_i(m)/π⇒end=?	2471843.4747 EXE	输入掌子面 26 号测点三维坐标
y_i(m)+ni=?	501730.8967 EXE	
H_i(m)=?	44.803 EXE	
p peg(m)+ni=89585.7501+2.0000i	EXE	显示垂点桩号+平曲线元号 i 复数
H_p+X_ji(m)=40.9200−8.0630i	EXE	显示垂点设计高程+测点隧中 X 坐标 i 复数
δr(m)+ni=0.3280+2.0000i	EXE	显示超欠挖径距+二衬轮廓线类号 i 复数
←→+↑↓i(m)=0.3537+1.1662i	EXE	显示水平移距+垂直移距 i 复数
x_i(m)/π⇒end=?	2471842.3766 EXE	输入掌子面 27 号测点三维坐标
y_i(m)+ni=?	501729.9897 EXE	
H_i(m)=?	46.2143 EXE	
p peg(m)+ni=89585.7501+2.0000i	EXE	显示垂点桩号+平曲线元号 i 复数
H_p+X_ji(m)=40.9200−6.6388i	EXE	显示垂点设计高程+测点隧中 X 坐标 i 复数
δr(m)+ni=-0.1924+2.0000i	EXE	显示超欠挖径距+二衬轮廓线类号 i 复数
←→+↑↓i(m)=-0.2465−0.2962i	EXE	显示水平移距+垂直移距 i 复数
x_i(m)/π⇒end=?	SHIFT π EXE	输入 π 结束程序
Q2X9⇒End		程序结束显示

注：*Mat W 矩阵的测点数据计数变量为 List 11[13]串列单元，重新执行程序，只有当 List 11[13]>0 时，屏幕才显示是否清除 Mat W 矩阵数据提示“ClrMat W(0),no(≠0)=?”。用户输入 0 响应，程序自动清除 Mat W 矩阵的数据，同时为 List 11[13]串列单元赋 0 值，下同。

程序定义 Mat W 矩阵为 41 行×8 列，用于存储最多 40 个测点的数据，第 41 行用于存储中间数据，以便于执行 PC 机成果整理程序 H2X9.exe 时，自动读取本次测量使用的围岩洞身支护参数矩阵 Mat Y 或 Mat X 及用户选择的基准线类型。Mat W 矩阵存储测点数据的内容列于表 4-38。

完成隧道超欠挖计算并正常结束程序后，按 MENU 1 键进入 **RUN•MAT** 模式，按 F1 键调出矩阵列表菜单，按 ALPHA W 键将光标快速移动到 Mat W 矩阵，按 EXE 键显示 Mat W 矩阵的内容，本例 Mat W 矩阵的内容与图 4-125 所示的基本相同。

程序设计使用 Mat W 矩阵存储一个隧道断面测量与计算数据。完成隧道一个断面测量的超欠挖计算后，应及时将 Mat W 矩阵输出到 FA-124 通信软件并另存为 MAT_W.csv 文件保存。由于 fx-9750GⅡ只有 62kB 主内存，没有存储器内存，输出 Mat W 矩阵数据必须与 PC 机连接才能进行。

当隧道施工现场没有数据传输条件时，在进行下一次隧道计算时，当 Mat W 矩阵已经存满 40 个测点的数据后，用户必须清除 Mat W 矩阵的数据，才能继续进行隧道超欠挖计算，否则，自动停止程序。

重复执行 Q2X9 程序，继续选择隧道超欠挖计算，屏幕显示如下提示时：

ClrMat W(0),no(≠0)=?

表示是否清除 Mat W 矩阵的数据，输入 0 为清除 Mat W 矩阵的数据，输入非零数为紧接着上次测量的超欠挖测点数据行后继续存储。当存满了 40 个测点的超欠挖数据时，屏幕显示如下提示后：

Mat W[n,8],n>40!

please output Mat W⇒MAT_W.csv file!

自动终止程序，以确保 Mat W 矩阵的数据安全。

用户将本次隧道超欠挖测点的 Mat W 矩阵数据输出到 FA-124 并另存为 MAT_W.csv 文件后，再次执行 Q2X9 程序，继续选择隧道超欠挖计算，屏幕显示如下提示时：

ClrMat W(0),no(≠0)=?

输入 0 响应，程序自动清除 Mat W 矩阵的数据，重新存储下一个新断面的测点数据。

② 执行 PC 机成果整理程序 H2X9.exe 处理 Mat_Wn.csv 系列文件的方法。

完成隧道超欠挖计算后，通过 FA-124，将本例的当前串列文件 **File4** 另存为 File4.csv 文件，将本例计算的 Mat W 另存为 MAT_W.csv 文件，再将 File4.csv 与 MAT_W.csv 文件复制到硬盘或 U 盘的同一个文件夹下，将光盘"\5 章\H2X9.exe"文件也复制到该文件夹下；在 Windows 的资源管理器下，鼠标左键双击 H2X9.exe 文件，在弹出的对话框中输入"file4/10"，即可在该文件夹下得到 6 个成果文件：File4.txt，CSfile4.dat，SUfile4.csv，SKfile4.csv， MATRIW.csv，MATRIW.dat，其中前 4 个文件的意义分别与图 5-15~图 5-18 相同，图 5-66 为输出的一对矩阵成果文件 MATRIW.csv 与 MATRIW.dat 的内容。

	A	B	C	D	E	F	G	H	I
1	洞身支护线基准线为初期支护轮廓线(超欠挖测量)								
2	序号	设计桩号	超欠挖值(m)	X隧中(m)	Y隧中(m)	二衬轮廓线	x坐标(m)	y坐标(m)	高程H(m)
3	1	K89+585.7501	0.2683	-5.5622	6.9748	2	2471841.5465	501729.3041	47.8948
4	2	K89+585.7502	-0.131	-3.6873	7.6568	2	2471840.1009	501728.1102	48.5768
5	3	K89+585.7501	0.2139	-1.9646	8.6075	2	2471838.7727	501727.0131	49.5275
6	4	K89+586.2498	0.2959	0.2618	8.8421	1	2471836.7374	501725.9813	49.7721
7	5	K89+586.2499	-0.1266	1.8753	8.217	1	2471835.4932	501724.9539	49.147
8	6	K89+586.2498	0.264	3.8325	7.9587	1	2471833.9841	501723.7077	48.8887
9	7	K89+586.2499	-0.1563	5.2599	6.5959	1	2471832.8834	501722.7988	47.5259
10	8	K89+586.2498	0.2886	6.968	5.5569	1	2471831.5664	501721.7112	46.4869
11	9	K89+586.2498	-0.2958	7.4449	3.5854	1	2471831.1986	501721.4075	44.5154
12	10	K89+586.2498	0.5269	8.6308	1.97	1	2471830.2842	501720.6524	42.9
13	11	K89+586.2499	-0.3966	7.7217	0	1	2471830.9852	501721.2313	40.93
14	12	K89+586.2499	0.158	7.7261	-0.958	1	2471830.9818	501721.2285	39.972
15	13	K89+586.2499	-0.1651	6.1042	-0.6349	1	2471832.2324	501722.2612	40.2951
16	14	K89+586.2498	0.1961	4.5952	-0.9961	1	2471833.3960	501723.222	39.9339
17	15	K89+586.2498	-0.2119	2.5639	-0.5881	1	2471834.9623	501724.5154	40.3419
18	16	K89+586.2498	0.2268	1.2058	-1.0268	1	2471836.0095	501725.3802	39.9032
19	17	K89+585.7501	-0.1473	-0.1565	-2.3622	2	2471837.3787	501725.8617	38.5578
20	18	K89+585.7501	0.2833	-1.3266	-2.7547	2	2471838.2808	501726.6068	38.1653
21	19	K89+585.7501	-0.1246	-2.7747	-2.2128	2	2471839.3973	501727.529	38.7072
22	20	K89+585.7501	0.2106	-4.6505	-2.2396	2	2471840.8436	501728.7236	38.6804
23	21	K89+585.7501	-0.2552	-6.1197	-1.3968	2	2471841.9764	501729.6592	39.5232
24	22	K89+585.7501	0.2564	-7.78	-1.0722	2	2471843.2565	501730.7165	39.8478
25	23	K89+585.7500	-0.2837	-7.7535	0.261	2	2471843.2361	501730.6996	41.181
26	24	K89+585.7501	0.2325	-8.3993	1.9171	2	2471843.7340	501731.1109	42.8371
27	25	K89+585.7501	-0.1816	-7.8452	2.867	2	2471843.3068	501730.758	43.787
28	26	K89+585.7501	0.328	-8.063	3.883	2	2471843.4747	501730.8967	44.803
29	27	K89+585.7501	-0.1924	-6.6388	5.2943	2	2471842.3766	501729.9897	46.2143

MATRIW

MATRIW.DAT - 记事本

文件(F) 编辑(E) 格式(O) 查看(V) 帮助(H)

```
K89+585.7501,0.2683,-5.5622,6.9748,2
K89+585.7502,-0.1310,-3.6873,7.6568,2
K89+585.7501,0.2139,-1.9646,8.6075,2
K89+586.2498,0.2959,0.2618,8.8421,1
K89+586.2499,-0.1266,1.8753,8.2170,1
K89+586.2498,0.2640,3.8325,7.9587,1
K89+586.2499,-0.1563,5.2599,6.5959,1
K89+586.2498,0.2886,6.9680,5.5569,1
K89+586.2498,-0.2958,7.4449,3.5854,1
K89+586.2498,0.5269,8.6308,1.9700,1
K89+586.2499,-0.3966,7.7217,0.0000,1
K89+586.2499,0.1580,7.7261,-0.9580,1
K89+586.2499,-0.1651,6.1042,-0.6349,1
K89+586.2498,0.1961,4.5952,-0.9961,1
K89+586.2498,-0.2119,2.5639,-0.5881,1
K89+586.2498,0.2268,1.2058,-1.0268,1
K89+585.7501,-0.1473,-0.1565,-2.3622,2
K89+585.7501,0.2833,-1.3266,-2.7547,2
K89+585.7501,-0.1246,-2.7747,-2.2128,2
K89+585.7501,0.2106,-4.6505,-2.2396,2
K89+585.7501,-0.2552,-6.1197,-1.3968,2
K89+585.7501,0.2564,-7.7800,-1.0722,2
K89+585.7500,-0.2837,-7.7535,0.2610,2
K89+585.7501,0.2325,-8.3993,1.9171,2
K89+585.7501,-0.1816,-7.8452,2.8670,2
K89+585.7501,0.3280,-8.0630,3.8830,2
K89+585.7501,-0.1924,-6.6388,5.2943,2
```

Ln 1, C

图 5-66 执行 H2X8 程序输出的 MATRIW.csv 与 MATRIW.dat 文件内容

其中 MATRIW.csv 文件用于本次隧道超欠挖测量数据存档，MATRIW.dat 文件为南方 CASS 断面绘图展点文件。

启动南方 CASS，执行下拉菜单“绘图处理\展野外测点代码”命令(局部界面如图 4-128 左下图所示)，在弹出的文件选择对话框中选择 MATRIW.dat 文件，即可在 CASS 绘图区得到上述 27 个超欠挖测点的平面位置，并在点位右侧注记该点的超欠挖值。在 AutoCAD 中，将自动对象捕捉仅设置为“节点”捕捉，按 F3 键启用对象捕捉，执行“pline”命令绘制多段线，顺序捕捉并连接图面点位，即可得到 K89+585.75 与 K89+586.25 两类二衬轮廓线接口处的隧道横断面图，结果与图 4-130 基本相同。

在 PC 机执行 H2X9.exe 程序，输入串列文件 Filen(n=1~6)响应，程序完成串列文件的处理后，自动在当前路径下搜索文件名为 MAT_W.csv 与 Mat_W1.csv~Mat_W99.csv 的 100 个矩阵文件。如果当前路径下有这些文件，则逐个将矩阵文件读入 PC 机内存，并为每个读入的矩阵文件输出一对矩阵成果文件 MATRIW.csv 与 MATRIW.dat，MATRIWn.csv 与 MATRIWn.dat(n=1~99)。

执行 H2X9.exe 程序一次，最多可以读入 100 个矩阵文件，并最多输出 100 对矩阵成果文件。因为本例只有一个矩阵文件 MAT_W.csv，所以只输出一对矩阵成果文件 MATRIW.csv 与 MATRIW.dat。

③ 隧道开挖轮廓线的放样计算案例。

执行 Q2X9 程序，计算上例 4，7，8，24 号测点的开挖轮廓线位置的屏幕提示与用户操作过程如下：

屏幕提示	按键	说明
Route or ramp xyH Q2X9		显示程序标题
new(0)/old(≠0) main point data=?	**6** EXE	输入非零数为使用现有主点数据计算
st xy new(0)/old(>0)/no(<0)=?	**-3** EXE	输入负数为不设置测站点(station)
peg→xyH(1)/xyH→peg(2)/ xyH→δr(3)/pier(4)=?	**3** EXE	输入 3 选择隧道超欠挖计算
Mat Y(0)/Mat X(≠0)=?	**0** EXE	输入 0 选择 Mat Y 矩阵为围岩洞身支护参数
contour line(1/0/2)=?	**0** EXE	输入 0 选择开挖轮廓线
ClrMat W(0),no(≠0)=?	**0** EXE	输入 0 为清除前已存储的测点数据
x_i(m)/π⇒end=?	**2471836.7374** EXE	输入掌子面 4 号测点三维坐标
y_i(m)=?	**501725.9813** EXE	
y_i(m)+ni=?	**49.7721** EXE	
p peg(m)+ni=89586.2498+2.0000i	EXE	显示垂点桩号+平曲线元号 i 复数/耗时 0.95s
δr(m)+ni=0.1959+1.0000i	EXE	显示超欠挖径距+二衬轮廓线类号 i 复数
←→+↑↓i(m)=0.0000+0.1960i	EXE	显示水平移距+垂直移距 i 复数
x_i(m)/π⇒end=?	**2471832.8834** EXE	输入掌子面 7 号测点三维坐标
y_i(m)=?	**501722.7988** EXE	
y_i(m)+ni=?	**47.5259** EXE	
p peg(m)+ni=89586.2499+2.0000i	EXE	显示垂点桩号+平曲线元号 i 复数
δr(m)+ni=-0.2563+1.0000i	EXE	显示超欠挖径距+二衬轮廓线类号 i 复数
←→+↑↓i(m)=-0.4091−0.3214i	EXE	显示水平移距+垂直移距 i 复数
x_i(m)/π⇒end=?	**2471831.5664** EXE	输入掌子面 8 号测点三维坐标
y_i(m)+ni=?	**501721.7112** EXE	
H_i(m)=?	**46.4869** EXE	
p peg(m)+ni=89586.2498+2.0000i	EXE	显示垂点桩号+平曲线元号 i 复数

续表

屏幕提示	按键	说明
δr(m)+ni=0.1886+1.0000i	EXE	显示超欠挖径距+二衬轮廓线类号 i 复数
←→+↑↓i(m)=0.2466+0.3044i	EXE	显示水平移距+垂直移距 i 复数
x_i(m)/π⇒end=?	**2471843.734** EXE	输入掌子面 24 号测点三维坐标
y_i(m)+ni=?	**501731.1109** EXE	
H_i(m)=?	**42.8371** EXE	
p peg(m)+ni=89585.7501+2.0000i	EXE	显示垂点桩号+平曲线元号 i 复数
δr(m)+ni=0.0525+2.0000i	EXE	显示超欠挖径距+二衬轮廓线类号 i 复数
←→+↑↓i(m)=0.0526	EXE	显示水平移距+垂直移距 i 复数
x_i(m)/π⇒end=?	SHIFT π EXE	输入 π 结束程序
Q2X9⇒End		程序结束显示

上述算出的 4，7，8，24 号测点的水平移距+垂直移距 i 复数"**←→+↑↓i(m)**"的几何意义如图 4-131 所示。

④ 隧道净空测量计算案例。

隧道二衬施工完成后，需要测量二衬的实际净空值，并与二衬设计轮廓线比较，以检查是否符合设计要求。执行 Q2X9 程序，输入 3 个实测二衬点坐标的屏幕提示与用户操作过程如下：

屏幕提示	按键	说明
Route or ramp xyH Q2X9		显示程序标题
new(0)/old(≠0) main point data=?	**6** EXE	输入非零数为使用现有主点数据计算
st xy new(0)/old(>0)/no(<0)=?	**-3** EXE	输入负数为不设置测站点(station)
peg→xyH(1)/xyH→peg(2)/xyH→δr(3)/pier(4)=?	**3** EXE	输入 3 选择隧道超欠挖计算
Mat Y(0)/Mat X(≠0)=?	**0** EXE	输入 0 选择 Mat Y 矩阵为围岩洞身支护参数
contour line(1/0/2)=?	**2** EXE	输入 2 选择二衬轮廓线(净空测量)
ClrMat W(0),no(≠0)=?	**0** EXE	输入 0 为清除前已存储的测点数据
x_i(m)/π⇒end=?	**2471843.2054** EXE	输入全站仪实测二衬点三维坐标
y_i(m)+ni=?	**501730.6743** EXE	
H_i(m)=?	**42.3858** EXE	
p peg(m)+ni=89585.7500+2.0000i	EXE	显示垂点桩号+平曲线元号 i 复数
δr(m)+ni=0.0459+2.0000i	EXE	显示超欠挖径距+二衬轮廓线类号 i 复数
x_i(m)/π⇒end=?	**2471837.3958** EXE	输入全站仪实测二衬点三维坐标
y_i(m)+ni=?	**501725.8758** EXE	
H_i(m)=?	**49.0397** EXE	
p peg(m)+ni=89585.7501+2.0000i	EXE	显示垂点桩号+平曲线元号 i 复数
δr(m)+ni=0.0216+2.0000i	EXE	显示超欠挖径距+二衬轮廓线类号 i 复数
x_i(m)/π⇒end=?	**2471831.3449** EXE	输入全站仪实测二衬点三维坐标
y_i(m)+ni=?	**501720.8781** EXE	
H_i(m)=?	**43.0393** EXE	
p peg(m)+ni=89585.7501+2.0000i	EXE	显示垂点桩号+平曲线元号 i 复数
δr(m)+ni=0.0313+2.0000i	EXE	显示超欠挖径距+二衬轮廓线类号 i 复数
x_i(m)/π⇒end=?	SHIFT π EXE	输入 π 结束程序
Q2X9⇒End		程序结束显示

在执行 Q2X9 程序，屏幕显示提示"**contour line(1/0/2)=?**"，输入 2 响应选择净空测量

时，每输入一个二衬点的三维坐标，屏幕只显示超欠挖值，不计算也不显示水平移距+垂直移距 i 复数“**←→+↑↓i(m)**”。

本例的全部数据文件位于光盘“\5 章\八亩斜飞凤南龙隧道\K 线”路径下。

（3）L 线隧道超欠挖计算案例

设置 **File5** 为当前串列文件，执行 Q2X9 程序，计算 L 线平竖曲线主点数据与隧道超欠挖值的屏幕提示及用户操作过程如下：

屏幕提示	按键	说明
Route or ramp xyH Q2X9		显示程序标题
new(0)/old(≠0) main point data=?	**0** EXE	输入 0 为重新计算主点数据
hor-curve QD num=?	**1** EXE	输入平曲线起始点号(number)
ver-curve first SJD num=?	**3** EXE	输入竖曲线起始变坡点号/耗时 1.34s
Z_{ZD}(m)=91650.0800	EXE	显示平曲线终点桩号(差 1mm)/耗时 1.20s
α_{ZD}=88°03′58.05″	EXE	显示平曲线终点走向方位角(-0.05″)
x_{ZD}+y_{ZD}i(m)=2471526.074+503725.9514i	EXE	终点中桩坐标复数(Δx=0mm,Δy=0.4mm)
H_{ZD}(m)=34.0696	EXE	显示终点中桩设计高程
Press [MENU][2]⇛Stop!	EXE	继续计算
st xy new(0)/old(>0)/no(<0)=?	**-7** EXE	输入负数为不设置测站点(station)
peg→xyH(1)/xyH→peg(2)/ xyH→δr(3)/pier(4)=?	**3** EXE	输入 3 选择隧道超欠挖计算
Mat Y(0)/Mat X(≠0)=?	**2** EXE	输入非零数选择 Mat X 矩阵围岩洞身支护参数
contour line(1/0/2)=?	**1** EXE	输入 1 选择初期支护轮廓线
ClrMat W(0),no(≠0)=?	**0** EXE	输入 0 为清除前已存储的测点数据
x_i(m)/π⇛end=?	**2471509.8565** EXE	输入掌子面 1 号测点三维坐标
y_i(m)+ni=?	**502724.4891** EXE	
H_i(m)=?	**53.0451** EXE	
p peg(m)+ni=90647.7500+4.0000i	EXE	显示垂点桩号+平曲线元号 i 复数/耗时 1.11s
H_p+X_ji(m)=46.1321−5.5579i	EXE	显示垂点设计高程+测点隧中 X 坐标 i 复数
δr(m)+ni=0.2169+2.0000i	EXE	显示超欠挖径距+二衬轮廓线类号 i 复数
←→+↑↓i(m)=0.3597+0.2773i	EXE	显示水平移距+垂直移距 i 复数
x_i(m)/π⇛end=?	**2471507.986** EXE	输入掌子面 2 号测点三维坐标
y_i(m)+ni=?	**502724.4379** EXE	
H_i(m)=?	**53.7889** EXE	
p peg(m)+ni=90647.7500+4.0000i	EXE	显示垂点桩号+平曲线元号 i 复数
H_p+X_ji(m)=46.1321−3.6867i	EXE	显示垂点设计高程+测点隧中 X 坐标 i 复数
δr(m)+ni=-0.1312+2.0000i	EXE	显示超欠挖径距+二衬轮廓线类号 i 复数
←→+↑↓i(m)=-0.2992−0.1447i	EXE	显示水平移距+垂直移距 i 复数
x_i(m)/π⇛end=?	**2471504.0253** EXE	输入掌子面 3 号测点三维坐标
y_i(m)+ni=?	**502724.8275** EXE	
H_i(m)=?	**54.9692** EXE	
p peg(m)+ni=90648.2500+4.0000i	EXE	显示垂点桩号+平曲线元号 i 复数
H_p+X_ji(m)=46.1271+0.2619i	EXE	显示垂点设计高程+测点隧中 X 坐标 i 复数
δr(m)+ni=0.2959+1.0000i	EXE	显示超欠挖径距+二衬轮廓线类号 i 复数
←→+↑↓i(m)=0.0000+0.2960i	EXE	显示水平移距+垂直移距 i 复数
x_i(m)/π⇛end=?	**2471496.8448** EXE	输入掌子面 4 号测点三维坐标
y_i(m)+ni=?	**502724.633** EXE	
H_i(m)=?	**49.7125** EXE	
p peg(m)+ni=90648.2500+4.0000i	EXE	显示垂点桩号+平曲线元号 i 复数
H_p+X_ji(m)=46.1271+7.4451i	EXE	显示垂点设计高程+测点隧中 X 坐标 i 复数
δr(m)+ni=-0.2957+1.0000i	EXE	显示超欠挖径距+二衬轮廓线类号 i 复数
←→+↑↓i(m)=-0.3154−0.7237i	EXE	显示水平移距+垂直移距 i 复数
x_i(m)/π⇛end=?	**2471495.9855** EXE	输入掌子面 5 号测点三维坐标
y_i(m)+ni=?	**502724.6097** EXE	位于 3 号线元(垂直线)
H_i(m)=?	**45.8177** EXE	

续表

屏幕提示	按键	说明
p peg(m)+ni=90648.2500+4.0000i	EXE	显示垂点桩号+平曲线元号 i 复数
H_p+X_ji(m)=46.1271+8.3047i	EXE	显示垂点设计高程+测点隧中 X 坐标 i 复数
δr(m)+ni=0.1864+1.0000i	EXE	显示超欠挖径距+二衬轮廓线类号 i 复数
x_i(m)/π⇒end=?	**2471503.7341** EXE	输入掌子面 6 号测点三维坐标
y_i(m)=?	**502724.8196** EXE	位于 4 号线元(水平线)
H_i(m)=?	**45.0858** EXE	
p peg(m)+ni=90648.2500+4.0000i	EXE	显示垂点桩号+平曲线元号 i 复数
H_p+X_ji(m)=46.1271+0.5532i	EXE	显示垂点设计高程+测点隧中 X 坐标 i 复数
δr(m)+ni=0.2413+1.0000i	EXE	显示超欠挖径距+二衬轮廓线类号 i 复数
x_i(m)/π⇒end=?	**2471505.6159** EXE	输入掌子面 7 号测点三维坐标
y_i(m)+ni=?	**502724.373** EXE	
H_i(m)=?	**43.3953** EXE	
p peg(m)+ni=90647.7500+4.0000i	EXE	显示垂点桩号+平曲线元号 i 复数
H_p+X_ji(m)=46.1321−1.3157i	EXE	显示垂点设计高程+测点隧中 X 坐标 i 复数
δr(m)+ni=0.2648+2.0000i	EXE	显示超欠挖径距+二衬轮廓线类号 i 复数
←→+↑↓i(m)=0.0000+0.2653i	EXE	显示水平移距+垂直移距 i 复数
x_i(m)/π⇒end=?	**2471512.0371** EXE	输入掌子面 8 号测点三维坐标
y_i(m)+ni=?	**502724.5488** EXE	
H_i(m)=?	**45.0131** EXE	
p peg(m)+ni=90647.7500+4.0000i	EXE	显示垂点桩号+平曲线元号 i 复数
H_p+X_ji(m)=46.1321−7.7393i	EXE	显示垂点设计高程+测点隧中 X 坐标 i 复数
δr(m)+ni=0.2550+2.0000i	EXE	显示超欠挖径距+二衬轮廓线类号 i 复数
←→+↑↓i(m)=0.3570+0.4429i	EXE	显示水平移距+垂直移距 i 复数
x_i(m)/π⇒end=?	**2471512.1425** EXE	输入掌子面 9 号测点三维坐标
y_i(m)+ni=?	**502724.5517** EXE	
H_i(m)=?	**48.9991** EXE	
p peg(m)+ni=90647.7501+4.0000i	EXE	显示垂点桩号+平曲线元号 i 复数
H_p+X_ji(m)=46.1321−7.8447i	EXE	显示垂点设计高程+测点隧中 X 坐标 i 复数
δr(m)+ni=-0.1821+2.0000i	EXE	显示超欠挖径距+二衬轮廓线类号 i 复数
←→+↑↓i(m)=-0.1867−0.6597i	EXE	显示水平移距+垂直移距 i 复数
x_i(m)/π⇒end=?	SHIFT π EXE	输入 π 结束程序
Q2X9⇒End		程序结束显示

本例的全部数据文件位于光盘"\5 章\八亩斜飞凤南龙隧道\L 线"路径下。

2) 杭(州)长(兴)高速公路安城段 13 合同段骆驼山隧道超欠挖计算案例

图 5-67 为将图 4-133 的交点法平曲线设计数据改为线元法平曲线设计数据的结果。

(1) 设计数据的输入

由于在第 4 章执行 Q2X8 程序时，已经将图 4-134 的 1、2 类二衬轮廓线主点数据输入到了 Mat Z 矩阵，将骆驼山隧道左洞围岩洞身支护参数输入到了 Mat Y 矩阵，右洞围岩洞身支护参数输入到了 Mat X 矩阵，因此只需要将光盘"\4 章\骆驼山隧道\MATZYX.G2M"文件上传到 fx-9750GⅡ内存即可。

在 MS Excel 的 File6 选项卡，按表 5-1 的规定输入图 5-67 所示平竖曲线设计数据，结果如图 5-68 所示。

起点 JD_{29} 的走向方位角为 343°21′12.52″=343.3534778°，应在表中 J1 单元输入以十进制度为单位的 JD_{29} 走向方位角 343.3534778。

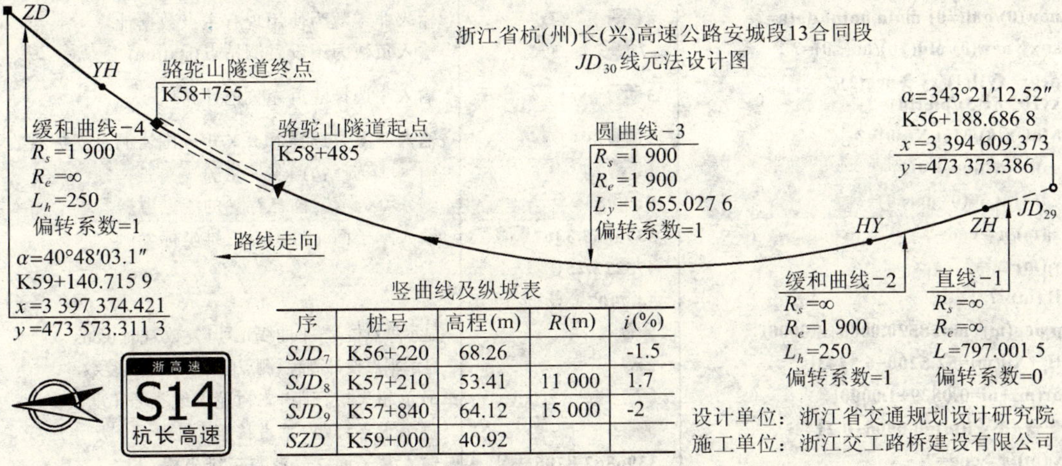

竖曲线及纵坡表

序	桩号	高程(m)	R(m)	i(%)
SJD_7	K56+220	68.26		-1.5
SJD_8	K57+210	53.41	11 000	1.7
SJD_9	K57+840	64.12	15 000	-2
SZD	K59+000	40.92		

图 5-67　杭(州)长(兴)高速公路安城段 13 合同段骆驼山隧道平竖曲线设计图

将 File6 选项卡的数据另存为 File6.csv 文件，将 File6.csv 文件上传到 fx-9750GⅡ内存，并设置 **File6** 为当前串列文件。

	A	B	C	D	E	F	G	H	I	J	K	L	M	N
1	0	0	797.0015	0		56188.6868	3394609.373	473373.386		343.3534778		56220	68.26	0
2	0	1900	250	1								57210	53.41	11000
3	1900	1900	1655.0276	1								57840	64.12	15000
4	1900	0	250	1								59000	40.92	

File6

图 5-68　在 MS Excel 的 File6 选项卡输入骆驼山隧道平竖曲线设计数据

(2) 平竖曲线主点数据计算

执行 Q2X9 程序，计算平竖曲线主点数据的屏幕提示与用户操作过程如下：

屏幕提示	按键	说明
Route or ramp xyH Q2X9		显示程序标题
new(0)/old(≠0) main point data=?	0 EXE	输入 0 为重新计算主点数据
hor-curve QD num=?	1 EXE	输入平曲线起始点号(number)
ver-curve first SJD num=?	8 EXE	输入竖曲线起始变坡点号/耗时 1.02s
Z_{ZD}(m)=59140.7159	EXE	显示平曲线终点桩号(差 0mm)/耗时 0.98s
α_{ZD}=40°48′03.12″	EXE	显示平曲线终点走向方位角(0.02″)
$x_{ZD}+y_{ZD}$i(m)=3397374.421+473573.3113i	EXE	终点中桩坐标复数(Δx=0mm,Δy=0mm)
Press [MENU][2]⇒Stop!	MENU 2	停止程序并进入 **STAT** 模式

由于本例的平曲线终点桩号 K59+140.715 9 大于竖曲线终点桩号 K59+000，因此程序不显示平曲线终点的中桩设计高程。

(3) 骆驼山隧道右洞隧道超欠挖计算

① 隧道超欠挖计算案例。

执行 Q2X9 程序，计算第 4 章同一个案例前 3 个测点的隧道超欠挖值的屏幕提示与用户操作过程如下：

屏幕提示	按键	说明
Route or ramp xyH Q2X9		显示程序标题
new(0)/old(≠0) main point data=?	4 EXE	输入非零数为使用现有主点数据计算
st xy new(0)/old(>0)/no(<0)=?	-7 EXE	输入负数为不设置测站点(station)
peg→xyH(1)/xy→peg(2)/ xyH→δr(3)/pier(4)=?	3 EXE	输入 3 选择隧道超欠挖计算
Mat Y(0)/Mat X(≠0)=?	9 EXE	输入非零数选择 Mat X 矩阵围岩洞身支护参数
contour line(1/0/2)=?	1 EXE	输入 1 选择初期支护轮廓线
ClrMat W(0),no(≠0)=?	0 EXE	输入 0 为清除前已存储的测点数据
x_i(m)/π⇛end=?	3396865.3367 EXE	输入掌子面 1 号测点三维坐标
y_i(m)+ni=?	473222.25 EXE	
H_i(m)=?	54.7907 EXE	
p peg(m)+ni=58520.0000+3.0000i	EXE	显示垂点桩号+平曲线元号 i 复数/耗时 0.86s
H_p+X_ji(m)=52.5200−6.3443i	EXE	显示垂点设计高程+测点隧中 X 坐标 i 复数
δr(m)+ni=0.0829+1.0000i	EXE	显示超欠挖径距+二衬轮廓线类号 i 复数
←→+↑↓i(m)=0.0906+0.2143i	EXE	显示水平移距+垂直移距 i 复数
x_i(m)/π⇛end=?	3396862.8706 EXE	输入掌子面 2 号测点三维坐标
y_i(m)+ni=?	473227.3396 EXE	
H_i(m)=?	58.6553 EXE	
p peg(m)+ni=58520.0000+3.0000i	EXE	显示垂点桩号+平曲线元号 i 复数
H_p+X_ji(m)=52.5200−0.6887i	EXE	显示垂点设计高程+测点隧中 X 坐标 i 复数
δr(m)+ni=-0.1691+1.0000i	EXE	显示超欠挖径距+二衬轮廓线类号 i 复数
←→+↑↓i(m)=-0.9721−0.1699i	EXE	显示水平移距+垂直移距 i 复数
x_i(m)/π⇛end=?	3396859.9202 EXE	输入掌子面 3 号测点三维坐标
y_i(m)+ni=?	473233.4287 EXE	
H_i(m)=?	54.8524 EXE	
p peg(m)+ni=58520.0001+3.0000i	EXE	显示垂点桩号+平曲线元号 i 复数
H_p+X_ji(m)=52.5200+6.0775i	EXE	显示垂点设计高程+测点隧中 X 坐标 i 复数
δr(m)+ni=-0.1349+1.0000i	EXE	显示超欠挖径距+二衬轮廓线类号 i 复数
←→+↑↓i(m)=-0.1485−0.3060i	EXE	显示水平移距+垂直移距 i 复数
x_i(m)/π⇛end=?	SHIFT π EXE	输入 π 结束程序
Q2X9⇛End		程序结束显示

第 4 章同一个案例共有 9 个测点，本例只计算了前 3 个测点的隧道超欠挖结果，其余 6 个测点的隧道超欠挖计算请读者自己完成，计算结果与第 4 章同一个案例的结果基本相同。

② 净空测量计算案例。

重复执行 Q2X9 程序，计算右洞净空测量的屏幕提示及用户操作过程如下：

屏幕提示	按键	说明
Route or ramp xyH Q2X9		显示程序标题
new(0)/old(≠0) main point data=?	6 EXE	输入非零数为使用现有主点数据计算
st xy new(0)/old(>0)/no(<0)=?	-7 EXE	输入负数为不设置测站点(station)
peg→xyH(1)/xy→peg(2)/ xyH→δr(3)/pier(4)=?	3 EXE	输入 3 选择隧道超欠挖计算
Mat Y(0)/Mat X(≠0)=?	7 EXE	输入非零数选择 Mat X 矩阵围岩洞身支护参数
contour line(1/0/2)=?	2 EXE	输入 2 选择二衬轮廓线(净空测量)
ClrMat W(0),no(≠0)=?	0 EXE	输入 0 为清除前已存储的测点数据
x_i(m)/π⇛end=?	3396936.4028 EXE	输入掌子面 1 号测点三维坐标
y_i(m)+ni=?	473258.8457 EXE	

续表

屏幕提示	按键	说明
H_i(m)=?	49.3332 EXE	
p peg(m)+ni=58599.9999+3.0000i	EXE	显示垂点桩号+平曲线元号 i 复数/耗时 0.71s
δr(m)+ni=0.0307+2.0000i	EXE	显示超欠挖径距+二衬轮廓线类号 i 复数
x_i(m)/π⇒end=?	3396933.9786 EXE	输入掌子面 2 号测点三维坐标
y_i(m)+ni=?	473263.3547 EXE	
H_i(m)=?	56.4889 EXE	
p peg(m)+ni=58600.0000+3.0000i	EXE	显示垂点桩号+平曲线元号 i 复数
δr(m)+ni=0.0248+2.0000i	EXE	显示超欠挖径距+二衬轮廓线类号 i 复数
x_i(m)/π⇒end=?	3396930.6095 EXE	输入掌子面 3 号测点三维坐标
y_i(m)+ni=?	473269.6211 EXE	
H_i(m)=?	50.5503 EXE	
p peg(m)+ni=58600.0000+3.0000i	EXE	显示垂点桩号+平曲线元号 i 复数
δr(m)+ni=0.0333+2.0000i	EXE	显示超欠挖径距+二衬轮廓线类号 i 复数
x_i(m)/π⇒end=?	SHIFT π EXE	输入 π 结束程序
Q2X9⇒End		程序结束显示

由于 Mat X[1,2]单元的数值是复数 1+2i，选择净空测量功能时，程序自动提取该单元虚部数值 2 作为净空测量二衬轮廓线类号，并使用 Mat Z 矩阵 6~10 列的数值计算二衬轮廓线全幅主点数据。

(4) 骆驼山隧道左洞隧道超欠挖计算

重复执行 Q2X9 程序，计算左洞隧道超欠挖值的屏幕提示与用户操作过程如下：

屏幕提示	按键	说明
Route or ramp xyH Q2X9		显示程序标题
new(0)/old(≠0) main point data=?	7 EXE	输入非零数为使用现有主点数据计算
st xy new(0)/old(>0)/no(<0)=?	-8 EXE	输入负数为不设置测站点(station)
peg→xyH(1)/xy→peg(2)/ xyH→δr(3)/pier(4)=?	3 EXE	输入 3 选择隧道超欠挖计算
Mat Y(0)/Mat X(≠0)=?	0 EXE	输入 0 选择 Mat Y 矩阵围岩洞身支护参数
contour line(1/0/2)=?	0 EXE	输入 0 选择开挖轮廓线
ClrMat W(0),no(≠0)=?	0 EXE	输入 0 为清除前已存储的测点数据
x_i(m)/π⇒end=?	3396908.1415 EXE	输入掌子面 1 号测点三维坐标
y_i(m)+ni=?	473226.3184 EXE	
H_i(m)=?	52.5665 EXE	
p peg(m)+ni=58560.0000+3.0000i	EXE	显示垂点桩号+平曲线元号 i 复数/耗时 0.71s
δr(m)+ni=-0.4203+1.0000i	EXE	显示超欠挖径距+二衬轮廓线类号 i 复数
←→+↑↓i(m)=-0.4286-1.4097i	EXE	显示水平移距+垂直移距 i 复数
x_i(m)/π⇒end=?	3396903.9707 EXE	输入掌子面 2 号测点三维坐标
y_i(m)+ni=?	473234.4835 EXE	
H_i(m)=?	57.9792 EXE	
p peg(m)+ni=58560.0001+3.0000i	EXE	显示垂点桩号+平曲线元号 i 复数
δr(m)+ni=0.1651+1.0000i	EXE	显示超欠挖径距+二衬轮廓线类号 i 复数
←→+↑↓i(m)=0.4959+0.1776i	EXE	显示水平移距+垂直移距 i 复数
x_i(m)/π⇒end=?	3396902.1287 EXE	输入掌子面 3 号测点三维坐标
y_i(m)+ni=?	473238.0895 EXE	
H_i(m)=?	52.2748 EXE	
p peg(m)+ni=58560.0000+3.0000i	EXE	显示垂点桩号+平曲线元号 i 复数
δr(m)+ni=-0.3218+1.0000i	EXE	显示超欠挖径距+二衬轮廓线类号 i 复数
←→+↑↓i(m)=-0.3256-1.3056i	EXE	显示水平移距+垂直移距 i 复数
x_i(m)/π⇒end=?	SHIFT π EXE	输入 π 结束程序
Q2X9⇒End		程序结束显示

由于骆驼山隧道是共用一条平竖曲线的左右连体隧道，因此计算左洞时，不需要更换平竖曲线串列文件，只需在程序提示“**Mat Y(0)/Mat X(≠0)=?**”时，输入 0 选择围岩洞身支护参数矩阵 Mat Y 即可计算。

本例的全部数据文件位于光盘“\5 章\骆驼山隧道\”路径下。

3) 新建贵阳久长至永温铁路白岩脚隧道超欠挖计算案例

图 5-69 为将图 4-138 的交点法平曲线设计数据转换为线元法平曲线设计数据的结果。

竖曲线及纵坡表

序	桩号	高程(m)	R(m)	i(%)
SJD_8	DK6+450	1 363.58		-0.0 486
SJD_9	DK6+800	1 363.41	10 000	-0.8
SJD_{10}	DK7+800	1 355.41	10 000	0
SJD_{11}	DK8+300	1 355.41	10 000	0.75
SJD_{12}	DK8+700	1 358.41		

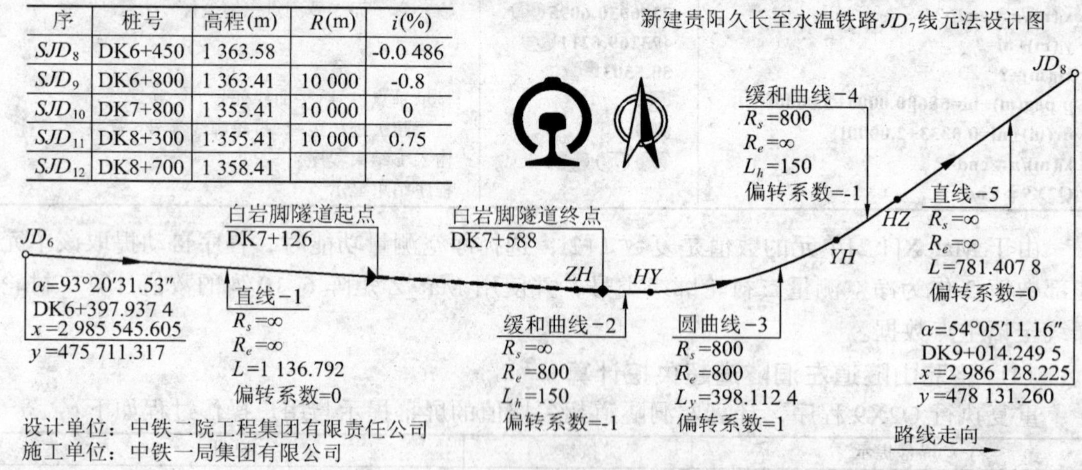

图 5-69　新建贵阳久长至永温铁路白岩脚隧道平竖曲线设计图

(1) 设计数据的输入

由于在第 4 章执行 Q2X8 程序时，已将图 4-139 与图 4-140 所示的 1~5 类二衬轮廓线主点数据输入到了 Mat Z 矩阵，将白岩脚隧道的围岩洞身支护参数输入到了 Mat Y 矩阵，因此只需要将光盘“\4 章\骆驼山隧道\MATZY.G2M”文件上传到 fx-9750GⅡ内存即可。

在 MS Excel 的 File1 选项卡，按表 5-1 的规定输入图 5-69 所列平竖曲线设计数据，结果如图 5-70 所示。

起点 JD_6 的走向方位角为 93°20′31.53″=93.34209167°，应在表中 J1 单元输入以十进制度为单位的 JD_6 走向方位角 93.34209167。

	A	B	C	D	E	F	G	H	I	J	K	L	M	N
1	0	0	1136.792	0		6397.9374	2985545.605	475711.317		93.34209167		6450	1363.58	0
2	0	800	150	-1								6800	1363.41	10000
3	800	800	398.1124	-1								7800	1355.41	10000
4	800	0	150	-1								8300	1355.41	10000
5	0	0	781.4078	0								8700	1358.41	

File1 / Sheet2 / Sheet3

图 5-70　在 MS Excel 的 File1 选项卡输入白岩脚隧道平竖曲线设计数据

将 File1 选项卡的数据另存为 File1.csv 文件，将 File1.csv 文件上传到 fx-9750GⅡ内存，并设置 **File1** 为当前串列文件。

(2) 平竖曲线主点数据计算

执行 Q2X9 程序，计算平竖曲线主点数据的屏幕提示与用户操作过程如下：

屏幕提示	按键	说明
Route or ramp xyH Q2X9		显示程序标题
new(0)/old(≠0) main point data=?	**0** EXE	输入 0 为重新计算主点数据
hor-curve QD num=?	**1** EXE	输入平曲线起始点号(number)
ver-curve first SJD num=?	**8** EXE	输入竖曲线起始变坡点号/耗时 1.15s
Z_{ZD}(m)=9014.2496	EXE	显示平曲线终点桩号(0.1mm)/耗时 1.14s
α_{ZD}=54°05′11.16″	EXE	显示平曲线终点走向方位角(0″)
$x_{ZD}+y_{ZD}$i(m)=2986128.225+478131.2600i	EXE	终点中桩坐标复数(Δx=0mm,Δy=0mm)
Press [MENU][2]⇒Stop!	MENU 2	停止程序并进入 **STAT** 模式

由于本例平曲线终点桩号 DK9+014.249 6 大于竖曲线终点桩号 DK8+700，因此程序不显示平曲线终点的中桩设计高程。

(3) 隧道超欠挖计算

重复执行 Q2X9 程序，计算第 4 章同一个案例前 3 个测点的隧道超欠挖值的屏幕提示与用户操作过程如下：

屏幕提示	按键	说明
Route or ramp xyH Q2X9		显示程序标题
new(0)/old(≠0) main point data=?	**7** EXE	输入非零数为使用现有主点数据计算
st xy new(0)/old(>0)/no(<0)=?	**-8** EXE	输入负数为不设置测站点(station)
peg→xyH(1)/xy→peg(2)/ xyH→δr(3)/pier(4)=?	**3** EXE	输入 3 选择隧道超欠挖计算
Mat Y(0)/Mat X(≠0)=?	**0** EXE	输入 0 选择 Mat Y 矩阵围岩洞身支护参数
contour line(1/0/2)=?	**1** EXE	输入 1 选择初期支护轮廓线
ClrMat W(0),no(≠0)=?	**0** EXE	输入 0 为清除前已存储的测点数据
x_i(m)/π⇒end=?	**2985482.581** EXE	输入掌子面 1 号测点三维坐标
y_i(m)+ni=?	**476836.3689** EXE	
H_i(m)=?	**1363.7867** EXE	
p peg(m)+ni=7524.7500+1.0000i	EXE	显示垂点桩号+平曲线元号 i 复数/耗时 0.65s
H_p+X_ji(m)=1357.6120−2.5808i	EXE	显示垂点设计高程+测点隧中 X 坐标 i 复数
δr(m)+ni=0.3536+3.0000i	EXE	显示超欠挖径距+二衬轮廓线类号 i 复数
←→+↑↓i(m)=0.4548+0.6544i	EXE	显示水平移距+垂直移距 i 复数
x_i(m)/π⇒end=?	**2985481.6025** EXE	输入掌子面 2 号测点三维坐标
y_i(m)+ni=?	**476836.3118** EXE	
H_i(m)=?	**1364.2285** EXE	
p peg(m)+ni=7524.7501+1.0000i	EXE	显示垂点桩号+平曲线元号 i 复数
H_p+X_ji(m)=1357.6120−1.6007i	EXE	显示垂点设计高程+测点隧中 X 坐标 i 复数
δr(m)+ni=-0.0297+3.0000i	EXE	显示超欠挖径距+二衬轮廓线类号 i 复数
←→+↑↓i(m)=-0.0505−0.0364i	EXE	显示水平移距+垂直移距 i 复数
x_i(m)/π⇒end=?	**2985480.9853** EXE	输入掌子面 3 号测点三维坐标
y_i(m)+ni=?	**476836.2757** EXE	
H_i(m)=?	**1364.9086** EXE	
p peg(m)+ni=7524.7500+1.0000i	EXE	显示垂点桩号+平曲线元号 i 复数
H_p+X_ji(m)=1357.6120−0.9824i	EXE	显示垂点设计高程+测点隧中 X 坐标 i 复数
δr(m)+ni=0.2976+3.0000i	EXE	显示超欠挖径距+二衬轮廓线类号 i 复数
←→+↑↓i(m)=0.0000+0.3160i	EXE	显示水平移距+垂直移距 i 复数
x_i(m)/π⇒end=?	SHIFT π EXE	输入 π 结束程序
Q2X9⇒End		程序结束显示

第 4 章同一个案例共有 26 个测点，本例只计算了前 3 个测点的隧道超欠挖结果，其余 23 个测点的隧道超欠挖计算请读者自己完成，计算结果与第 4 章同一个案例的结果基本相同。

本例的全部数据文件位于光盘"\5 章\白岩脚隧道\"路径下。

5.14 线元法道路、桥梁、隧道测量综合计算案例

贵州省黔西南晴(隆)兴(义)高速公路是《贵州省高速公路网规划》中第六纵——毕节至兴义高速公路的组成路段，是沪昆高速公路与汕昆高速公路的连接线。晴兴高速公路起于普安县新寨河西岸，与已部分建成通车的沪昆高速公路镇宁至胜境关段交接，经王家寨、长耳营、雨樟、格沙屯、万屯，止于兴义市红岩洞，与正在建设的汕昆高速公路板坝至江底段相连。路线全长 73.26km，其中桥梁占路线总长的 22.35%，隧道占路线总长的 13.03%。全线采用双向四车道，设计速度 80km/h，路基宽度 21.5m，设置新寨河、地久、王家寨、马路河、雨樟 5 座互通式立交，投资总概算为 50.049 亿元，每公里平均造价 6830 万元。

晴兴高速公路 ZK16+600~ZK25+932.404 与 YK16+600~YK25+990 桩号区间为左右分离式路基，其中，ZK16+600~ZK18+600 与 YK16+600~YK18+600 属于 T1 标段，由贵州桥梁建设集团有限责任公司第三分公司施工；ZK18+600~ZK25+932.404 与 YK16+800~YK25+990 属于 T2 标段，由该集团公司下属的大通公司施工。T1 与 T2 标段的分界桩号 ZK18+600 与 YK18+600 约位于扒山田隧道中点，也即扒山田隧道左、右洞分别由两个单位对向开挖施工。

T1 与 T2 标段主线平曲线采用线元法设计，图 5-71 为 ZK16+600~ZK23+042.521 桩号区间平曲线线元法设计图，该区间共有 15 个线元，其中的 4，6，8，13 号线元为非完整缓和曲线；图 5-72 为 YK16+600~YK23+013.612 桩号区间平曲线线元法设计图，该区间也有 15 个线元，其中的 4，6，8，13 号线元为非完整缓和曲线。高速公路主线含非完整缓曲线元的情形一般是比较少见的。

表 5-2 为图 5-71 所示 Z 线与图 5-72 所示 Y 线的路基超高横坡设计数据，所采用的 1~3 号路基标准横断面设计图如图 5-73~图 5-75 所示。

Z 线港湾式停车带的中心桩号为 ZK16+685，Y 线港湾式停车带的中心桩号为 YK16+685，其平面设计图如图 5-76 所示。

根据设计图，可以将节冲 1 号大桥与节冲 2 号大桥的桥墩桩基分为 7 类，图 5-77 为 1~7 类桥墩桩基大样图。节冲 1 号大桥共有 119 个桩基，其墩台中心设计参数列于表 5-3；节冲 2 号桥共有 50 个桩基，其墩台中心设计参数列于表 5-4。

本例是将节冲 1 号大桥与节冲 2 号大桥的墩台中心参数一并输入到 Mat U 矩阵，当计算节冲 2 号大桥的桩基坐标时，应输入表 5-4 中的计算墩号选择桥墩号，节冲 2 号大桥的计算墩号=17+桥墩号。

扒山田隧道有两类二衬轮廓线，图 5-78 为 1 类二衬轮廓线设计图，图 5-79 为 2 类二衬轮廓线设计图，2 类二衬轮廓线用于隧道内的紧急停车带。Z 线左洞围岩洞身支护参数列于表 5-5，Y 线右洞围岩洞身支护参数列于表 5-6。

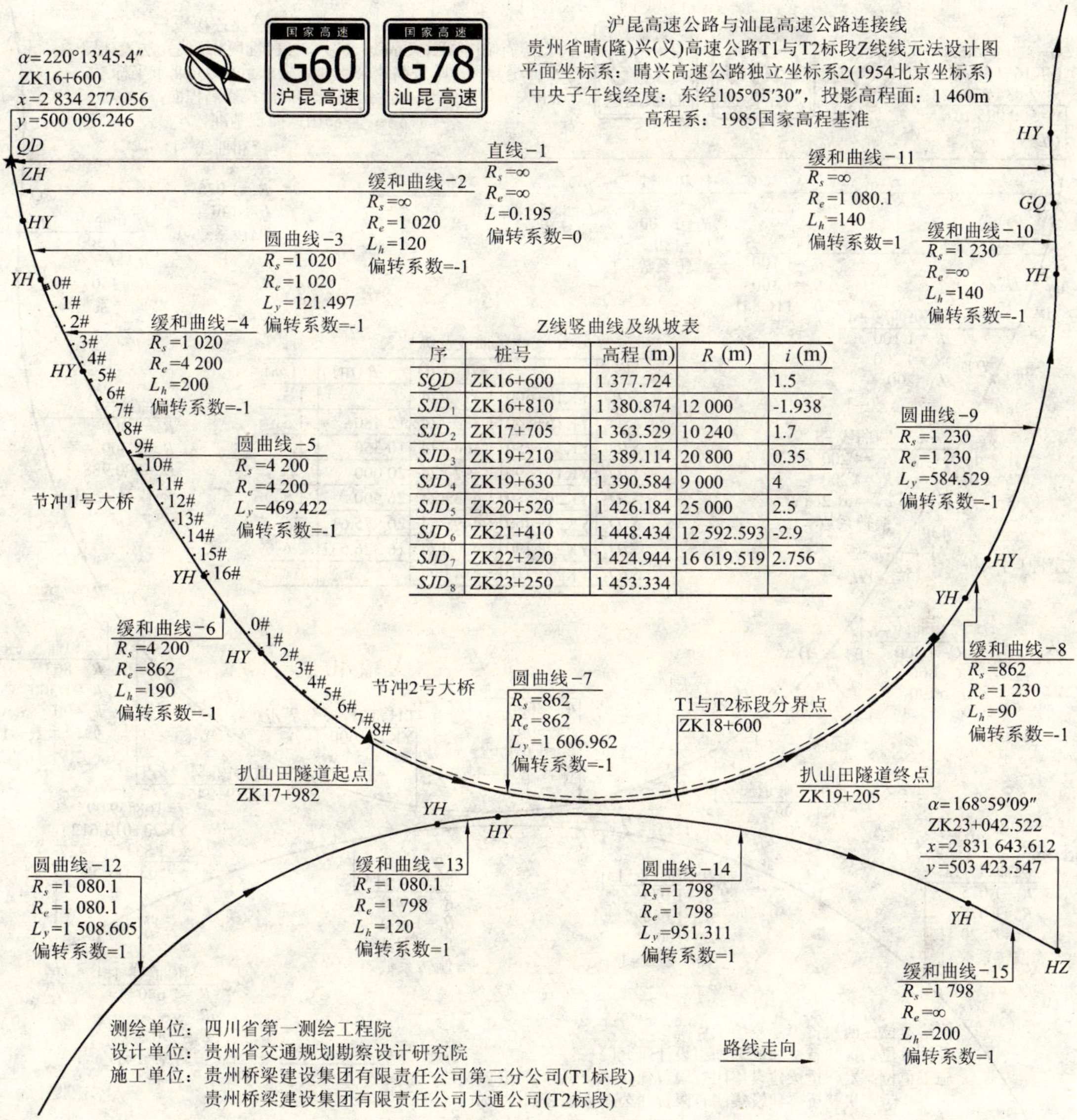

序	桩号	高程 (m)	R (m)	i (m)
SQD	ZK16+600	1 377.724		1.5
SJD_1	ZK16+810	1 380.874	12 000	-1.938
SJD_2	ZK17+705	1 363.529	10 240	1.7
SJD_3	ZK19+210	1 389.114	20 800	0.35
SJD_4	ZK19+630	1 390.584	9 000	4
SJD_5	ZK20+520	1 426.184	25 000	2.5
SJD_6	ZK21+410	1 448.434	12 592.593	-2.9
SJD_7	ZK22+220	1 424.944	16 619.519	2.756
SJD_8	ZK23+250	1 453.334		

图 5-71　贵州晴兴高速公路 T1 与 T2 标段 Z 线平竖曲线设计图

1) 设计数据的输入

(1) Z 线平竖曲线与路基超高横坡设计数据的输入

在 MS Excel 的 File1 选项卡，按表 5-1 的规定输入图 5-71 所示 Z 线平竖曲线设计数据，其中，15 个平曲线线元设计数据输入到 A~D 列，*QD* 桩号、中桩坐标输入到 F1~H1 单元，以十进制度为单位的走向方位角输入到 J1 单元，竖曲线设计数据输入到 L~N 列；将表 5-2 所列 Z 线的路基超高横坡设计数据输入到 U~X 列，结果如图 5-80 所示。

将 File1 选项卡的数据另存为 File1.csv 文件，并上传到 fx-9750GⅡ内存。

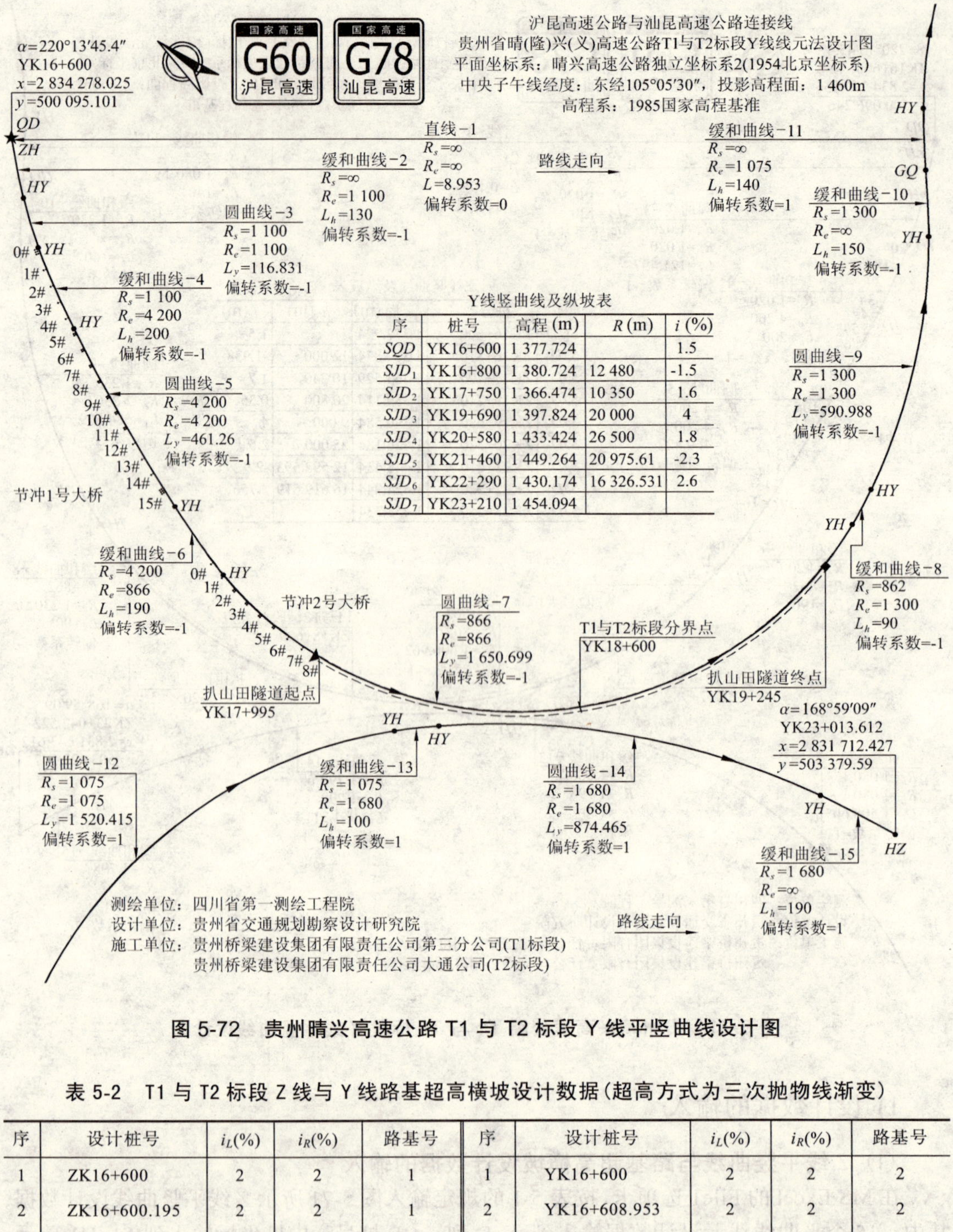

Y线竖曲线及纵坡表

序	桩号	高程 (m)	R (m)	i (%)
SQD	YK16+600	1 377.724		1.5
SJD_1	YK16+800	1 380.724	12 480	-1.5
SJD_2	YK17+750	1 366.474	10 350	1.6
SJD_3	YK19+690	1 397.824	20 000	4
SJD_4	YK20+580	1 433.424	26 500	1.8
SJD_5	YK21+460	1 449.264	20 975.61	-2.3
SJD_6	YK22+290	1 430.174	16 326.531	2.6
SJD_7	YK23+210	1 454.094		

图 5-72 贵州晴兴高速公路 T1 与 T2 标段 Y 线平竖曲线设计图

表 5-2 T1 与 T2 标段 Z 线与 Y 线路基超高横坡设计数据(超高方式为三次抛物线渐变)

序	设计桩号	i_L(%)	i_R(%)	路基号	序	设计桩号	i_L(%)	i_R(%)	路基号
1	ZK16+600	2	2	1	1	YK16+600	2	2	2
2	ZK16+600.195	2	2	1	2	YK16+608.953	2	2	2
3	ZK16+720.195	3	-3	1	3	YK16+738.953	3	-3	2
4	ZK16+841.692	3	-3	1	4	YK16+855.785	3	-3	2
5	ZK17+041.692	2	-2	1	5	YK17+055.786	2	-2	2
6	ZK17+511.114	2	-2	1	6	YK17+517.045	2	-2	3

续表 5-2

序	设计桩号	i_L(%)	i_R(%)	路基号	序	设计桩号	i_L(%)	i_R(%)	路基号
7	ZK17+701.114	3	-3	1	7	YK17+707.045	3	-3	3
8	ZK17+982	3	-3	4	8	ZK17+995	3	-3	5
9	ZK19+205	3	-3	1	9	ZK19+245	3	-3	3
10	ZK19+308.076	3	-3	1	10	YK19+357.743	3	-3	3
11	ZK19+398.076	2	-2	1	11	YK19+447.743	2	-2	3
12	ZK19+982.605	2	-2	1	12	YK20+038.731	2	-2	3
13	ZK20+122.605	0	0	1	13	YK20+188.731	0	0	3
14	ZK20+262.605	-3	3	1	14	YK20+328.731	-3	3	3
15	ZK21+771.21	-3	3	1	15	YK21+849.146	-3	3	3
16	ZK21+891.21	-2	2	1	16	YK21+949.146	-2	2	3
17	ZK22+842.521	-3	3	1	17	YK22+823.611	-3	3	3
18	ZK23+042.521	2	2	1	18	YK23+013.611	2	2	3

注：灰底色路基超高横坡数据行为扒山田隧道路基，Z 线左洞使用 4 号路基标准横断面，设计数据如图 5-79(b)所示；Y 线右洞使用 5 号路基标准横断面，设计数据如图 5-79(c)所示。

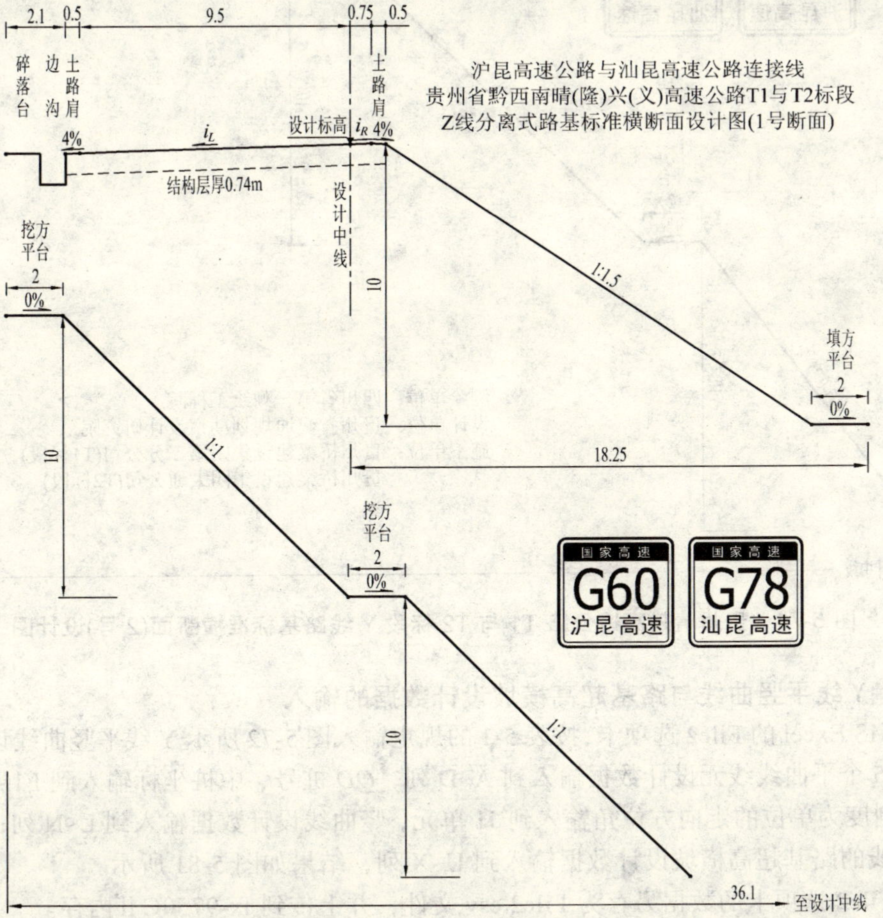

图 5-73　贵州晴兴高速公路 T1 与 T2 标段 Z 线路基标准横断面(1 号)设计图

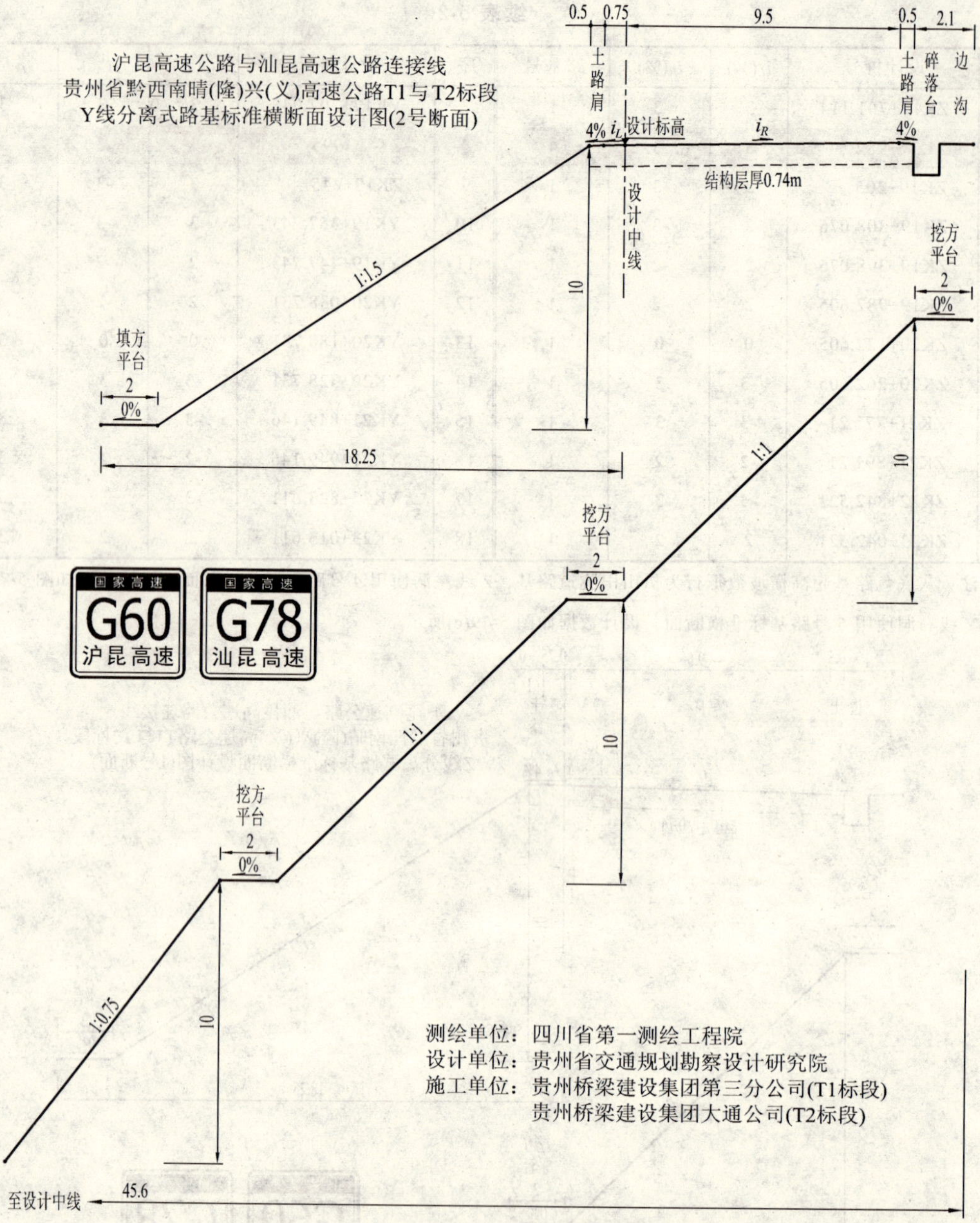

图 5-74　贵州晴兴高速公路 T1 与 T2 标段 Y 线路基标准横断面(2 号)设计图

(2) Y 线平竖曲线与路基超高横坡设计数据的输入

在 MS Excel 的 File2 选项卡，按表 5-1 的规定输入图 5-72 所示 Y 线平竖曲线设计数据，其中，15 个平曲线线元设计数据输入到 A~D 列，*QD* 桩号、中桩坐标输入到 F1~H1 单元，以十进制度为单位的走向方位角输入到 J1 单元，竖曲线设计数据输入到 L~N 列；将表 5-2 所列 Y 线的路基超高横坡设计数据输入到 U~X 列，结果如图 5-81 所示。

将 File2 选项卡的数据另存为 File2.csv 文件，并上传到 fx-9750GⅡ内存。

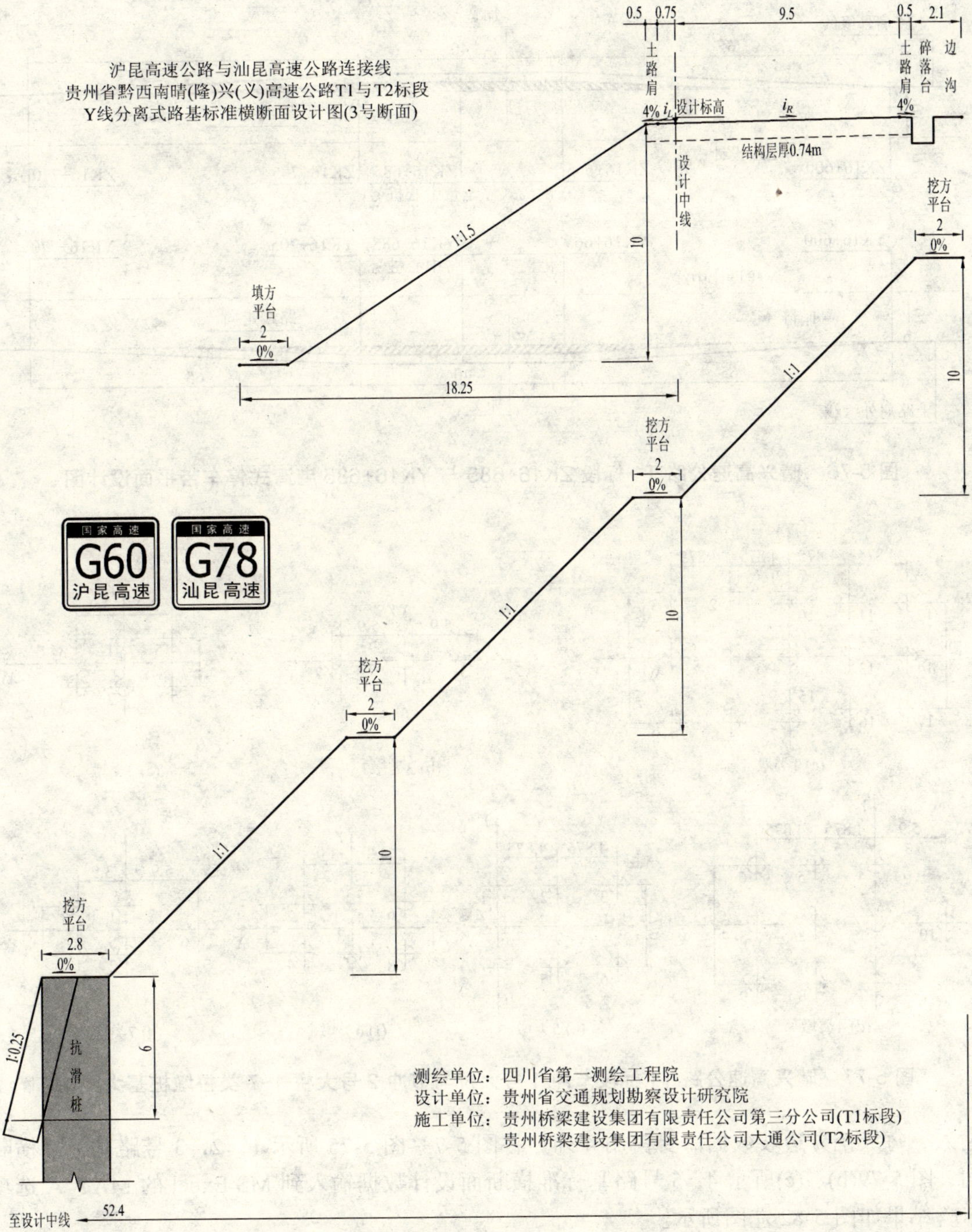

图 5-75　贵州晴兴高速公路 T1 与 T2 标段 Y 线路基标准横断面(3 号)设计图

(3) 路基标准横断面设计数据的输入

按表 4-16 的规定，每个路基标准横断面设计数据需要占用 Mat A 矩阵 3 行，其中，第 1 行应输入路基设计数据；第 2 行应输入填方边坡设计数据，从第 1 级开始，逐级输入，每级填方边坡数据需要占用 4 列；第 3 行应输入挖方边坡设计数据，从第 1 级开始，逐级

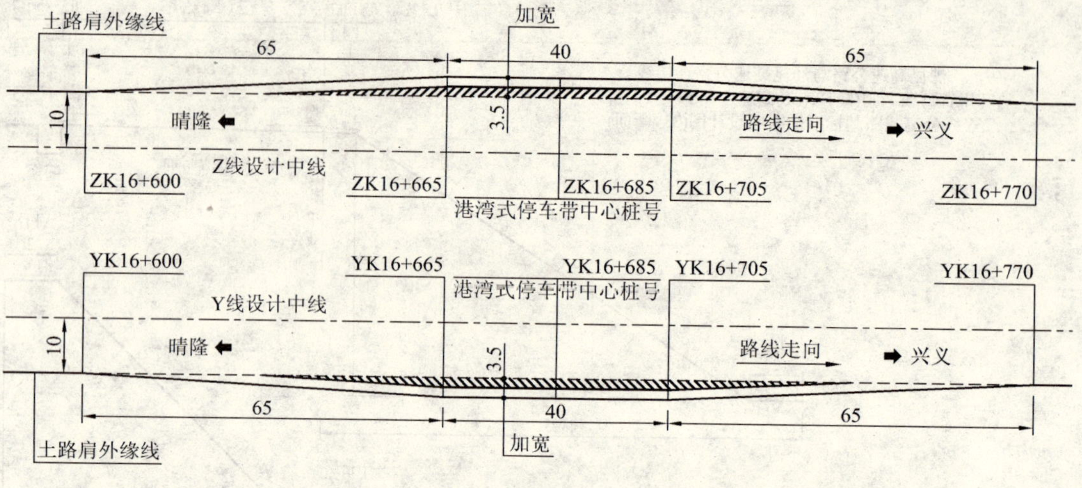

图 5-76　晴兴高速公路 T1 标段 ZK16+685 与 YK16+685 港湾式停车带平面设计图

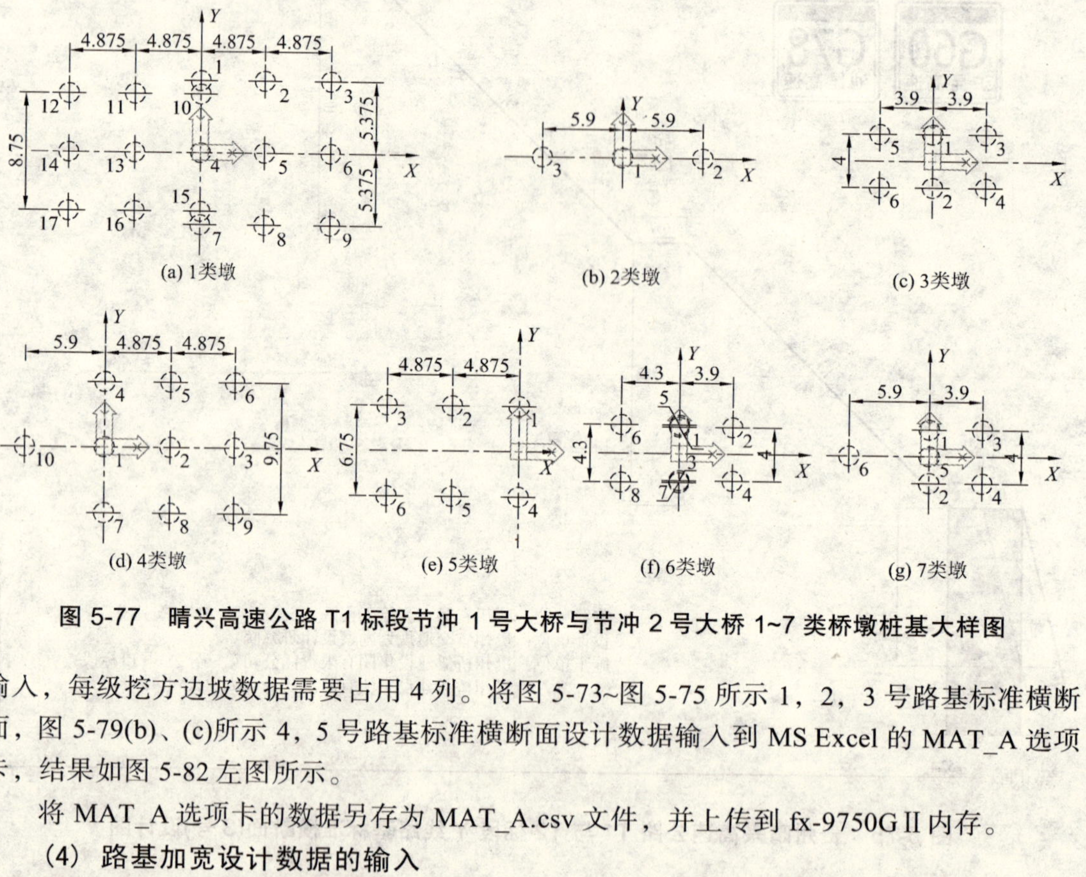

图 5-77　晴兴高速公路 T1 标段节冲 1 号大桥与节冲 2 号大桥 1~7 类桥墩桩基大样图

输入，每级挖方边坡数据需要占用 4 列。将图 5-73~图 5-75 所示 1，2，3 号路基标准横断面，图 5-79(b)、(c)所示 4，5 号路基标准横断面设计数据输入到 MS Excel 的 MAT_A 选项卡，结果如图 5-82 左图所示。

将 MAT_A 选项卡的数据另存为 MAT_A.csv 文件，并上传到 fx-9750GⅡ内存。

(4) 路基加宽设计数据的输入

图 5-76 所示的港湾式停车带，ZK16+685 有 4 个路基加宽桩号，按表 4-18 的规定，在 MAT_H 选项卡输入图 5-76 上图所示 Z 线港湾式停车带路基加宽设计数据，结果如图 5-82 右上图所示；YK16+685 也有 4 个路基加宽桩号，在 MAT_I 选项卡输入图 5-76 下图所示 Y 线港湾式停车带路基加宽设计数据，结果如图 5-82 右下图所示。

表 5-3　节冲 1 号大桥墩台中心设计参数

Z 线桥墩(左幅)					Y 线桥墩(右幅)		
墩号	墩类号	设计桩号	d(m)	δ	设计桩号	d(m)	δ
0#	1	ZK16+859.728	0.505	-0°12′31.7″	YK16+862.995	-0.49	-0°14′46.5″
1#	2	ZK16+903.953	-1.325 7	0	YK16+907.902	1.495	0
2#	2	ZK16+944.231	-1.375	0	YK16+947.928	1.485	0
3#	2	ZK16+984.448	-1.425	0	YK16+987.95	1.465	0
4#	2	ZK17+024.603	-1.425	0	YK17+027.965	1.455	0
5#	3	ZK17+064.706	-2.425	0	YK17+067.976	2.445	0
6#	3	ZK17+104.805	-2.425	0	YK17+107.986	2.425	0
7#	3	ZK17+144.902	-2.425	0	YK17+147.995	2.425	0
8#	3	ZK17+185	-2.425	0	YK17+188.005	2.425	0
9#	3	ZK17+225.098	-2.425	0	YK17+228.014	2.425	0
10#	3	ZK17+265.195	-2.425	0	YK17+268.024	2.425	0
11#	3	ZK17+305.293	-2.425	0	YK17+308.033	2.425	0
12#	2	ZK17+345.391	-1.425	0	YK17+348.043	1.425	0
13#	2	ZK17+385.489	-1.425	0	YK17+388.053	1.425	0
14#	2	ZK17+425.586	-1.425	0	YK17+428.062	1.425	0
15#	4	ZK17+465.684	-1.425	0	YK17+472.446	-0.498	0
16#	5	ZK17+508.657	0.5	0			

表 5-4　节冲 2 号大桥墩台中心设计参数

Z 线桥墩(左幅)						Y 线桥墩(右幅)		
计算墩号	墩号	墩类号	设计桩号	d(m)	δ	设计桩号	d(m)	δ
17#	0#	2	ZK17+653.633	-1.425	0	YK17+670.318	1.425	0
18#	1#	2	ZK17+693.558	-1.325	0	YK17+709.861	1.535	0
19#	2#	3	ZK17+734.037	-2.305	0	YK17+749.908	2.545	0
20#	3#	6	ZK17+774.519	-2.105	0	YK17+789.954	2.545	0
21#	4#	3	ZK17+815	-2.325	0	YK17+830	2.525	0
22#	5#	7	ZK17+855.481	-1.305	0	YK17+870.046	2.545	0
23#	6#	2	ZK17+895.963	-1.305	0	YK17+910.092	1.545	0
24#	7#	2	ZK17+936.444	-1.305	0	YK17+950.139	1.545	0
25#	8#	2	ZK17+976.425	-1.425	0	YK17+989.685	1.425	0

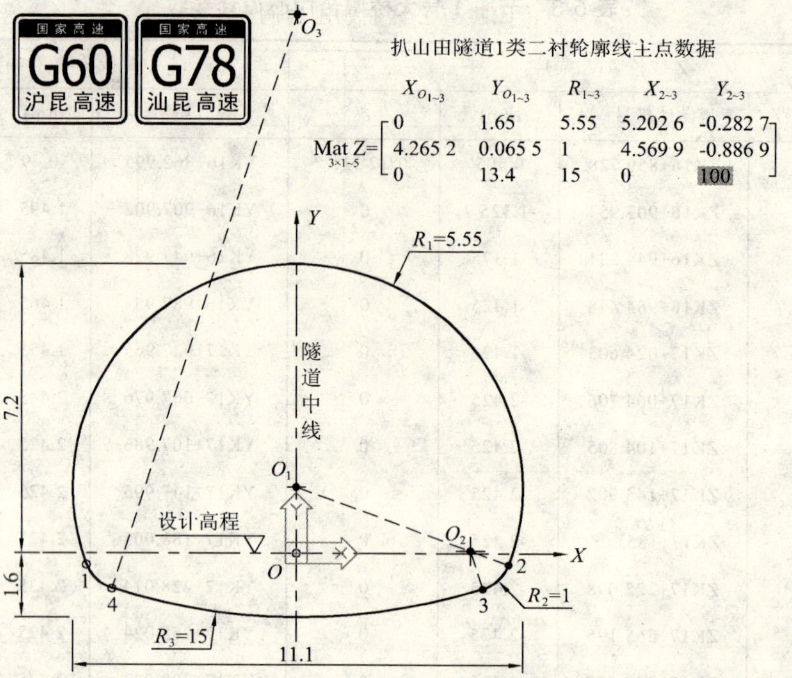

$$\underset{3\times1\sim5}{\text{Mat Z}}=\begin{bmatrix} 0 & 1.65 & 5.55 & 5.202\,6 & -0.282\,7 \\ 4.265\,2 & 0.065\,5 & 1 & 4.569\,9 & -0.886\,9 \\ 0 & 13.4 & 15 & 0 & 100 \end{bmatrix}$$

(列标题：$X_{O_{1\sim3}}$　$Y_{O_{1\sim3}}$　$R_{1\sim3}$　$X_{2\sim3}$　$Y_{2\sim3}$)

图 5-78　晴兴高速公路 T1 与 T2 标段扒山田隧道 1 类二衬轮廓线设计图

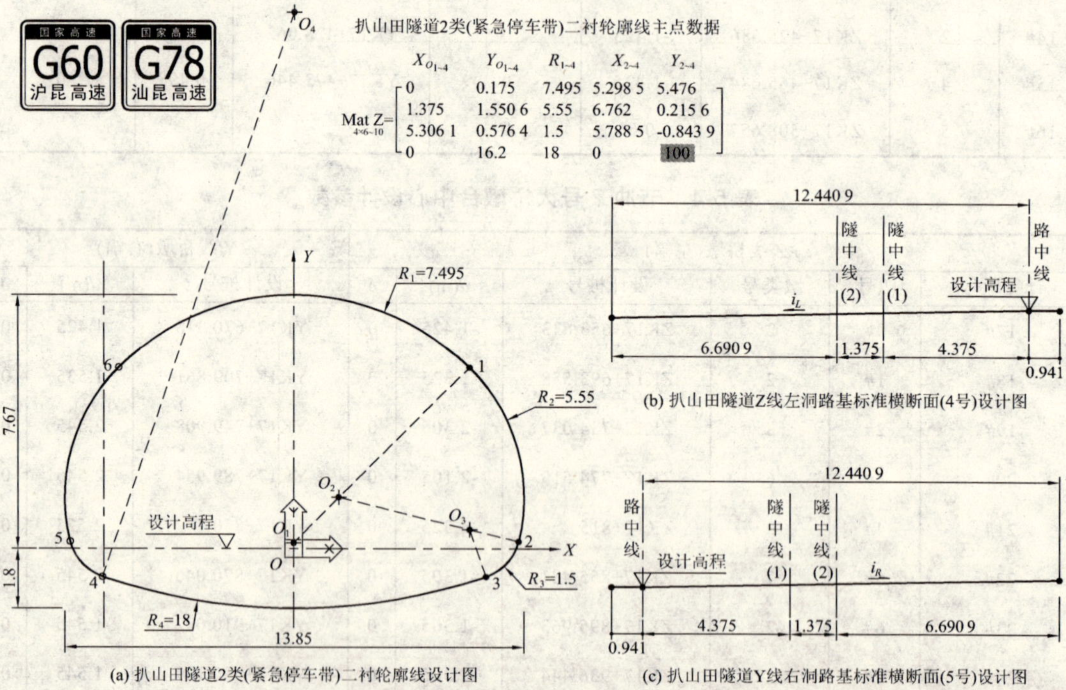

$$\underset{4\times6\sim10}{\text{Mat Z}}=\begin{bmatrix} 0 & 0.175 & 7.495 & 5.298\,5 & 5.476 \\ 1.375 & 1.550\,6 & 5.55 & 6.762 & 0.215\,6 \\ 5.306\,1 & 0.576\,4 & 1.5 & 5.788\,5 & -0.843\,9 \\ 0 & 16.2 & 18 & 0 & 100 \end{bmatrix}$$

(列标题：$X_{O_{1\sim4}}$　$Y_{O_{1\sim4}}$　$R_{1\sim4}$　$X_{2\sim4}$　$Y_{2\sim4}$)

(a) 扒山田隧道2类(紧急停车带)二衬轮廓线设计图

(b) 扒山田隧道Z线左洞路基标准横断面(4号)设计图

(c) 扒山田隧道Y线右洞路基标准横断面(5号)设计图

图 5-79　晴兴高速公路 T1 与 T2 标段扒山田隧道紧急停车带 2 类二衬轮廓线设计图与隧道路基标准横断面设计图

表 5-5　扒山田隧道 Z 线左洞围岩洞身支护参数

Mat X 行号	设计桩号	围岩	二衬轮廓线类号	二衬厚度+预留变形量 δ_1(m)	喷射层厚 δ_2(m)	隧中偏距 δ_3(m)
1	ZK17+982	S-Ⅴa	1	0.62	0.26	-4.375
2	ZK18+032	S-Ⅴb	1	0.60	0.24	-4.375
3	ZK18+100	S-Ⅴc	1	0.55	0.24	-4.375
4	ZK18+120	S-Ⅳa	1	0.70	0.28	-4.375
5	ZK18+335	S-Ⅳb	1	0.47	0.16	-4.375
6*	ZK18+523	SJ-Ⅳa	2	0.60	0.24	-5.75
7	ZK18+568	S-Ⅳb	1	0.47	0.16	-4.375
8	ZK18+780	S-Ⅳa	1	0.70	0.28	-4.375
9	ZK18+930	S-Ⅴc	1	0.55	0.24	-4.375
10	ZK19+020	S-Ⅴb	1	0.60	0.24	-4.375
11	ZK19+150	S-Ⅴa	1	0.62	0.26	-4.375
12	ZK19+205	终点				

注：*灰底色行的围岩洞身支护参数为使用紧急停车带 2 类二衬轮廓线隧道断面(图 5-79)。

表 5-6　扒山田隧道 Y 线右洞围岩洞身支护参数

Mat Y 行号	设计桩号	围岩	二衬轮廓线类号	二衬厚度+预留变形量 δ_1(m)	喷射层厚 δ_2(m)	隧中偏距 δ_3(m)
1	YK17+995	S-Ⅴa	1	0.62	0.26	4.375
2	YK18+057	S-Ⅴb	1	0.60	0.24	4.375
3	YK18+127	S-Ⅴc	1	0.55	0.24	4.375
4	YK18+170	S-Ⅳa	1	0.70	0.28	4.375
5	YK18+320	S-Ⅳb	1	0.47	0.16	4.375
6*	YK18+495	SJ-Ⅳa	2	0.60	0.24	5.75
7	YK18+535	S-Ⅳb	1	0.47	0.16	4.375
8	YK18+820	S-Ⅳa	1	0.70	0.28	4.375
9	YK18+970	S-Ⅴc	1	0.55	0.24	4.375
10	YK19+040	S-Ⅴb	1	0.60	0.24	4.375
11	YK19+140	S-Ⅴa	1	0.62	0.26	4.375
12	YK19+170	S-Ⅳa	1	0.70	0.28	4.375
13	YK19+240	明洞				
14	YK19+245	终点				

注：*灰底色行的围岩洞身支护参数为使用紧急停车带 2 类二衬轮廓线隧道断面(图 5-79)。

	A	B	C	D	E	F	G	H	I	J
1	0	0	0.195	0		16600	2834277.056	500096.246		220.2292778
2	0	1020	120	-1						
3	1020	1020	121.497	-1						
4	1020	4200	200	-1						
5	4200	4200	469.422	-1						
6	4200	862	190	-1						
7	862	862	1606.962	-1						
8	862	1230	90	-1						
9	1230	1230	584.529	-1						
10	1230	0	140	-1						
11	0	1080.1	140	1						
12	1080.1	1080.1	1508.605	1						
13	1080.1	1798	120	1						
14	1798	1798	951.311	1						
15	1798	0	200	1						

File1 / File2 / MAT_A / MAT_H / MAT_I / MAT_U / MAT_V / MAT_X / MAT_Y / MAT_Z / 桩基

	L	M	N	O	P	Q	R	S	T	U	V	W	X
1	16600	1377.724	0							16600	2	2	1
2	16810	1380.874	12000							16600.195	2	2	1
3	17705	1363.529	10240							16720.195	3	-3	1
4	19210	1389.114	20800							16841.692	3	-3	1
5	19630	1390.584	9000							17041.692	2	-2	1
6	20520	1426.184	25000							17511.114	2	-2	1
7	21410	1448.434	12592.593							17701.114	3	-3	1
8	22220	1424.944	16619.519							17995	3	-3	4
9	23250	1453.334								19205	3	-3	1
10										19308.076	3	-3	1
11										19398.076	2	-2	1
12										19982.605	2	-2	1
13										20122.605	0	0	1
14										20262.605	-3	3	1
15										21771.21	-3	3	1
16										21891.21	-2	2	1
17										22842.521	-3	3	1
18										23042.521	2	2	1

File1 / File2 / MAT_A / MAT_H / MAT_I / MAT_U / MAT_V / MAT_X

图 5-80　在 MS Excel 的 File1 选项卡输入 Z 线平竖曲线与路基超高横坡设计数据

	A	B	C	D	E	F	G	H	I	J
1	0	0	8.953	0		16600	2834278.025	500095.101		220.2292778
2	0	1100	130	-1						
3	1100	1100	116.831	-1						
4	1100	4200	200	-1						
5	4200	4200	461.26	-1						
6	4200	866	190	-1						
7	866	866	1650.699	-1						
8	866	1300	90	-1						
9	1300	1300	590.988	-1						
10	1300	0	150	-1						
11	0	1075	140	1						
12	1075	1075	1520.415	1						
13	1075	1680	100	1						
14	1680	1680	874.465	1						
15	1680	0	190	1						

File1 / File2 / MAT_A / MAT_H / MAT_I / MAT_U / MAT_V / MAT_X / MAT_Y / MAT_Z

	L	M	N	O	P	Q	R	S	T	U	V	W	X
1	16600	1377.724	0							16600	2	2	2
2	16800	1380.724	12480							16608.953	2	2	2
3	17750	1366.474	10350							16738.953	3	-3	2
4	19690	1397.824	20000							16855.785	3	-3	2
5	20580	1433.424	26500							17055.786	2	-2	2
6	21460	1449.264	20975.61							17517.045	2	-2	3
7	22290	1430.174	16326.531							17707.045	3	-3	3
8	23210	1454.094	12000							17995	3	-3	5
9										19245	3	-3	3
10										19357.743	3	-3	3
11										19447.743	2	-2	3
12										20038.731	2	-2	3
13										20188.731	0	0	3
14										20328.731	-3	3	3
15										21849.146	-3	3	3
16										21949.146	-2	2	3
17										22823.611	-3	3	3
18										23013.611	2	2	3

File1 / File2 / MAT_A / MAT_H / MAT_I / MAT_U / MAT_V / MAT_X

图 5-81　在 MS Excel 的 File2 选项卡输入 Y 线平竖曲线与路基超高横坡设计数据

	A	B	C	D	E	F	G	H	I	J	K	L	M	N	O	P
1	0.5	4	9.5	0	0	0.75	4	0.5	2.1	0.74	0	0	0	0	0	0
2	1.5	10	0	2	0	0	0	0	0	0	0	0	0	0	0	0
3	1	10	0	2	1	10	0	2	0	0	0	0	0	0	0	0
4	0.5	4	0.75	0	0	9.5	4	0.5	2.1	0.74	0	0	0	0	0	0
5	1.5	10	0	2	0	0	0	0	0	0	0	0	0	0	0	0
6	0.75	10	0	2	1	10	0	2	1	10	0	2	0	0	0	0
7	0.5	4	0.75	0	0	9.5	4	0.5	2.1	0.74	0	0	0	0	0	0
8	1.5	10	0	2	0	0	0	0	0	0	0	0	0	0	0	0
9	0.25	6	0	2.8	1	10	0	2	1	10	0	2	1	10	0	2
10	0	0	12.4409	0	0	0.941	0	0	0	0	0	0	0	0	0	0
11	0	0	0	0	0	0	0	0	0	0	0	0	0	0	0	0
12	0	0	0	0	0	0	0	0	0	0	0	0	0	0	0	0
13	0	0	0.941	0	0	12.4409	0	0	0	0	0	0	0	0	0	0
14	0	0	0	0	0	0	0	0	0	0	0	0	0	0	0	0
15	0	0	0	0	0	0	0	0	0	0	0	0	0	0	0	0

File1 / File2 / MAT_A / MAT_H / MAT_I / MAT_U / MAT_V / MAT_X / MAT_Y / M

	A	B	C	D
1	16600	0	0	0
2	16665	3.5	0	0
3	16705	3.5	0	0
4	16770	0	0	0

MAT_H / MAT_

	A	B	C	D
1	0	0	16600	0
2	0	0	16665	3.5
3	0	0	16705	3.5
4	0	0	16770	0

MAT_I / MAT_

图 5-82　在 MS Excel 的 MAT_A 选项卡输入 1~5 号路基标准横断面设计数据，
在 MAT_H 选项卡输入 Z 线路基加宽设计数据(ZK16+685 港湾式停车带)，
在 MAT_I 选项卡输入 Y 线路基加宽设计数据(YK16+685 港湾式停车带)

将 MAT_H 选项卡的数据另存为 MAT_H.csv 文件， MAT_I 选项卡的数据另存为 MAT_I.csv 文件，将 MAT_H.csv 与 MAT_I.csv 文件上传到 fx-9750GⅡ内存。

(5) 节冲 1 号大桥与节冲 2 号大桥设计数据的输入

在 AutoCAD 中，以 1∶1 的比例按图 5-77 所注尺寸绘制 1~7 类桥墩的桩基大样图，分别采集图中编号桩基的墩台中心坐标，在 MS Excel 的 MAT_V 选项卡，输入采集的桩基墩台中心坐标，结果如图 5-83 所示。

	A	B	C	D	E	F	G	H	I	J	K	L	M	N
1	0	5.375	0	0	0	2	0	0	0	3.375	0	2	0	2
2	4.875	5.375	5.9	0	0	-2	4.875	0	-4.875	3.375	3.9	2	0	-2
3	9.75	5.375	-5.9	0	3.9	2	9.75	0	-9.75	3.375	0	-2	3.9	2
4	0	0	0	0	3.9	-2	0	4.875	0	-3.375	3.9	-2	3.9	-2
5	4.875	0	0	0	-3.9	2	4.875	4.875	-4.875	-3.375	0	2.15	0	0
6	9.75	0	0	0	-3.9	-2	9.75	4.875	-9.75	-3.375	-4.3	2.15	-5.9	0
7	0	-5.375	0	0	0	0	0	-4.875	0	0	0	-2.15	0	0
8	4.875	-5.375	0	0	0	0	4.875	-4.875	0	0	-4.3	-2.15	0	0
9	9.75	-5.375	0	0	0	0	9.75	-4.875	0	0	0	0	0	0
10	0	4.375	0	0	0	0	-5.9	0	0	0	0	0	0	0
11	-4.875	4.375	0	0	0	0	0	0	0	0	0	0	0	0
12	-9.75	4.375	0	0	0	0	0	0	0	0	0	0	0	0
13	-4.875	0	0	0	0	0	0	0	0	0	0	0	0	0
14	-9.75	0	0	0	0	0	0	0	0	0	0	0	0	0
15	0	-4.375	0	0	0	0	0	0	0	0	0	0	0	0
16	-4.875	-4.375	0	0	0	0	0	0	0	0	0	0	0	0
17	-9.75	-4.375	0	0	0	0	0	0	0	0	0	0	0	0

File1 / File2 / MAT_A / MAT_H / MAT_I / MAT_U / MAT_V / MAT_X / MAT_Y / MAT_Z / 桩基坐标

图 5-83　在 MS Excel 的 Mat V 选项卡输入 1~7 类桥墩桩基的墩台中心坐标

将 MAT_V 选项卡的数据另存为 MAT_V.csv 文件，并上传到 fx-9750GⅡ内存。

在 MS Excel 的 MAT_U 选项卡，输入表 5-3 所列节冲 1 号大桥与节冲 2 号大桥的墩台中心设计参数，其中，Z 线左幅每个桥墩的 3 个墩台中心设计参数(设计桩号、法向偏距、走向偏角)输入到复数的实部，Y 线右幅每个桥墩的 3 个墩台中心设计参数输入到复数的虚部。由于在 MS Excel 中不能输入复数虚部，因此在 MAT_U 选项卡只能输入 Z 线左幅 17+9=26 个桥墩的 3 个墩台中心设计参数，结果如图 5-84 所示。

在图 5-84 中，D1 单元的节冲 1 号大桥 0#桥墩的走向偏角-0°12′31.7″，应输入以十进制度为单位的数值-0.2088055556°。其中，1~17 行为节冲 1 号大桥 0#~16#桥墩 Z 线左幅的墩台中心设计参数，18~26 行为节冲 2 号大桥 0#~8#桥墩 Z 线左幅的墩台中心设计参数。

将 MAT_U 选项卡的数据另存为 MAT_U.csv 文件，并上传到 fx-9750GⅡ内存。

	A	B	C	D
1	1	16859.728	0.505	-0.2088055556
2	2	16903.953	-1.325	0
3	2	16944.231	-1.375	0
4	2	16984.448	-1.425	0
5	2	17024.603	-1.425	0
6	3	17064.706	-2.425	0
7	3	17104.805	-2.425	0
8	3	17144.902	-2.425	0
9	3	17185	-2.425	0
10	3	17225.098	-2.425	0
11	3	17265.195	-2.425	0
12	3	17305.293	-2.425	0
13	2	17345.391	-1.425	0
14	2	17385.489	-1.425	0
15	2	17425.586	-1.425	0
16	4	17465.684	-1.425	0
17	5	17508.657	0.5	0
18	2	17653.633	-1.425	0
19	2	17693.558	-1.325	0
20	3	17734.037	-2.305	0
21	6	17774.519	-2.105	0
22	3	17815	-2.325	0
23	7	17855.481	-1.305	0
24	2	17895.963	-1.305	0
25	2	17936.444	-1.305	0
26	2	17976.425	-1.425	0

MAT_H / MAT_I / MAT_U / MAT_V / MAT_X

图 5-84　在 MS Excel 的 Mat U 选项卡输入节冲 1 号大桥与节冲 2 号大桥 Z 线墩台中心设计参数

需要在 fx-9750GⅡ中，通过编辑 Mat U 矩阵的方式添加节冲 1 号大桥与节冲 2 号大桥 Y 线右幅的墩台中心设计参数。

按 MENU 1 键进入 **RUN•MAT** 模式，按 F1 键调出矩阵列表界面，按 ALPHA U 键将光标快速移动到 Mat U 矩阵行，按 EXE 键进入矩阵编辑模式。

移动光标到 Mat U[1,2]矩阵单元，按 F4 键编辑该矩阵单元数值，将节冲 1 号大桥 Y 线右幅 0#墩台中心设计桩号输入为复数虚部；编辑 Mat U[1,3]矩阵单元数值，将节冲 1 号大桥 Y 线右幅 0#墩台中心法向偏距输入为复数虚部；编辑 Mat U[1,4]矩阵单元数值，将节冲 1 号大桥 Y 线右幅 0#墩台中心走向偏角输入为复数虚部，输入六十进制角度的方法是：按 (−) 0 OPTN F6 F2 F4 14 F4 46.5 F4 SHIFT i EXE 键。操作过程如图 5-85 所示。

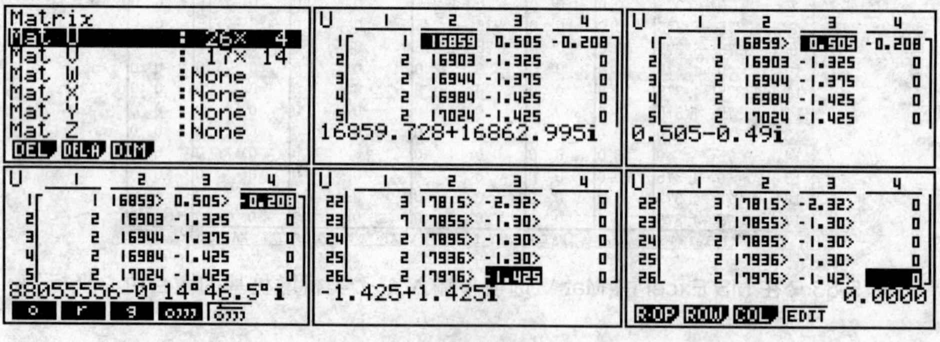

图 5-85　在 fx-9750GⅡ编辑 Mat U 矩阵将节冲 1 号大桥与节冲 2 号大桥 Y 线右幅桥墩墩台中心参数输入为复数虚部

(6) 扒山田隧道设计数据的输入

按表 4-29 的规定，将各类二衬轮廓线右幅主点数据输入到 Mat Z 矩阵。本例有 1，2 类两个二衬轮廓线，其中，图 5-78 所示的 1 类二衬轮廓线有 4 个线元，占用 Mat Z 矩阵 4÷2+1=3 行；图 5-79(a)所示的 2 类二衬轮廓线有 6 个线元，占用 Mat Z 矩阵 6÷2+1=4 行。

在 MAT_Z 选项卡输入图 5-78 所示的 1 类二衬轮廓线与图 5-79(a)所示的 2 类二衬轮廓线主点数据，结果如图 5-86 上图所示。

	A	B	C	D	E	F	G	H	I	J
1	0	1.65	5.55	5.2026	-0.2827	0	0.175	7.495	5.2985	5.476
2	4.2652	0.0655	1	4.5699	-0.8869	1.375	1.5506	5.55	6.762	0.2156
3	0	13.4	15	0	100	5.3061	0.5764	1.5	5.7885	-0.8439
4	0	0	0	0	0	0	16.2	18	0	100

MAT_X / MAT_Y / MAT_Z / 桩基坐标比较(节冲1号桥) / 桩基坐标比较(节

	A	B	C	D	E	F
1	17982	1	0.62	0.26	-4.375	0
2	18032	1	0.6	0.24	-4.375	0
3	18100	1	0.55	0.24	-4.375	0
4	18120	1	0.7	0.28	-4.375	0
5	18335	1	0.47	0.16	-4.375	0
6	18523	2	0.6	0.24	-5.75	0
7	18568	1	0.47	0.16	-4.375	0
8	18780	1	0.7	0.28	-4.375	0
9	18930	1	0.55	0.24	-4.375	0
10	19020	1	0.6	0.24	-4.375	0
11	19150	1	0.62	0.26	-4.375	0

MAT_X / MAT_Y / MAT_Z / 桩基

	A	B	C	D	E	F
1	17995	1	0.62	0.26	4.375	0
2	18057	1	0.6	0.24	4.375	0
3	18127	1	0.55	0.24	4.375	0
4	18170	1	0.7	0.28	4.375	0
5	18320	1	0.47	0.16	4.375	0
6	18495	2	0.6	0.24	5.75	0
7	18535	1	0.47	0.16	4.375	0
8	18820	1	0.7	0.28	4.375	0
9	18970	1	0.55	0.24	4.375	0
10	19040	1	0.6	0.24	4.375	0
11	19140	1	0.62	0.26	4.375	0
12	19170	1	0.7	0.28	4.375	0

MAT_X / MAT_Y / MAT_Z / 桩基

图 5-86 在 MS Excel 的 MAT_Z 选项卡输入扒山田隧道 1，2 类二衬轮廓线右幅主点数据，在 MAT_X 选项卡输入 Z 线左洞围岩洞身支护参数，在 MAT_Y 选项卡输入 Y 线右洞围岩洞身支护参数

1 类二衬轮廓线右幅主点数据只有 3 行，其第 4 行的 5 列单元应输入 0，以保证 Mat Z 矩阵为 4 行×10 列。程序通过探测数值 100(图 5-86 上图灰底色所示数值)在 Mat Z 矩阵的行号来确定二衬轮廓线的线元数。

在 MAT_X 选项卡输入表 5-5 所列扒山田隧道 Z 线左洞围岩洞身支护参数，结果如图 5-86 左下图所示，在 MAT_Y 选项卡输入表 5-6 所列扒山田隧道 Y 线右洞围岩洞身支护参数，结果如图 5-86 右下图所示。明洞与终点的设计桩号不需要输入。

将 MAT_Z 选项卡的数据另存为 MAT_Z.csv 文件， MAT_X 选项卡的数据另存为 MAT_X.csv 文件， MAT_Y 选项卡的数据另存为 MAT_Y.csv 文件，将 MAT_Z.csv，MAT_X.csv 与 MAT_Y.csv 文件上传到 fx-9750GⅡ内存。

2) 平竖曲线主点数据计算

(1) Z 线平竖曲线主点数据计算

设置 **File1** 为当前串列文件，执行 Q2X9 程序，计算平竖曲线主点数据的屏幕提示与用户操作过程如下：

屏幕提示	按键	说明
Route or ramp xyH Q2X9		显示程序标题
new(0)/old(≠0) main point data=?	0 EXE	输入 0 重新计算主点数据
+W$_L$,+W$_R$ Mat H(1)/I(2)/J(3)/K(4)/L(5)/M(6)/no(0)=?	1 EXE	输入 1 选择路基加宽矩阵 Mat H
hor-curve QD num=?	1 EXE	输入平曲线起始点号(number)
ver-curve first SJD num=?	1 EXE	输入竖曲线起始变坡点号/耗时 3.02s
k(0)/k^3(≠1)=?	1 EXE	输入非零数选择三次抛物线超高渐变方式
Z$_{ZD}$(m)=23042.5210	EXE	显示平曲线终点设计桩号(-1mm)/耗时 3.33s
α$_{ZD}$=168°59′09.2″	EXE	显示平曲线终点走向方位角(0.2″)
x$_{ZD}$+y$_{ZD}$i(m)=2831643.610+503423.5460i	EXE	终点中桩坐标复数(Δx=-2mm,Δy=-1mm)
H$_{ZD}$(m)=1447.6152	EXE	显示终点中桩设计高程
Press [MENU][2]⇒Stop!	MENU 2	停止程序并进入 **STAT** 模式

(2) Y 线平竖曲线主点数据计算

设置 **File2** 为当前串列文件，执行 Q2X9 程序，计算平竖曲线主点数据的屏幕提示与

用户操作过程如下：

屏幕提示	按键	说明
Route or ramp xyH Q2X9		显示程序标题
new(0)/old(≠0) main point data=?	0 EXE	输入 0 重新计算主点数据
$+W_L$,$+W_R$ Mat H(1)/I(2)/J(3)/K(4)/L(5)/M(6)/no(0)=?	2 EXE	输入 2 选择路基加宽矩阵 Mat I
hor-curve QD num=?	1 EXE	输入平曲线起始点号(number)
ver-curve first SJD num=?	1 EXE	输入竖曲线起始变坡点号/耗时 3.08s
$k(0)/k^3(≠1)$=?	1 EXE	输入非零数选择三次抛物线超高渐变方式
Z_{ZD}(m)=23013.6110	EXE	显示平曲线终点设计桩号(-1mm)/耗时 3.14s
α_{ZD}=168°59′09.14″	EXE	显示平曲线终点走向方位角(0.14″)
$x_{ZD}+y_{ZD}i$(m)=2831712.427+503379.5901i	EXE	终点中桩坐标复数(Δx=0mm,Δy=0.1mm)
H_{ZD}(m)=1448.9879	EXE	显示终点中桩设计高程
Press [MENU][2]⇛Stop!	MENU 2	停止程序并进入 **STAT** 模式

3) 节冲 1 号大桥与节冲 2 号大桥桥墩桩基坐标计算

(1) 计算节冲 1 号大桥、节冲 2 号大桥 Z 线左幅桥墩桩基坐标

设置 **File1** 为当前串列文件，重复执行 Q2X9 程序，计算节冲 1 号大桥与节冲 2 号大桥 Z 线左幅 0#桥墩桩基坐标的屏幕提示与用户操作过程如下：

屏幕提示	按键	说明
Route or ramp xyH Q2X9		显示程序标题
new(0)/old(≠0) main point data=?	1 EXE	输入非零数为使用现有主点数据计算
st xy new(0)/old(>0)/no(<0)=?	-1 EXE	输入负数为不设置测站点(station)
peg→xy(1)/xy→peg(2)/pier(4)=?	4 EXE	输入 4 选择桥墩(pier)桩基坐标计算
pier n#,<0⇛end=?	0 EXE	输入节冲 1 号大桥 0#桥墩
$Z_L(0)/Z_R(≠0)$=?	0 EXE	输入 0 选择左墩台中心桩号
pier peg(m)+ni=16859.7280+1.0000i	EXE	显示墩台中心桩号+墩类号 i 复数
α_j=209°03′20.27″	EXE	显示墩台中心走向方位角
x_j+y_ji(m)=2834066.795+499944.6245i	EXE	显示墩台中心坐标复数
H_j(m)=1378.8893	EXE	显示墩台中心桥面设计高程
stake num/X+Yi(m)/π⇛end=?	10 EXE	输入 10 号桩基(stake)
$x_{pi}+y_{pi}i$(m)=2834063.208+499942.0722i	EXE	显示桩基测量坐标复数
stake num/X+Yi(m)/π⇛end=?	11 EXE	输入 11 号桩基(stake)
$x_{pi}+y_{pi}i$(m)=2834060.856+499946.3423i	EXE	显示桩基测量坐标复数
stake num/X+Yi(m)/π⇛end=?	12 EXE	输入 12 号桩基(stake)
$x_{pi}+y_{pi}i$(m)=2834058.504+499950.6124i	EXE	显示桩基测量坐标复数
stake num/X+Yi(m)/π⇛end=?	4 EXE	输入 4 号桩基(stake)
$x_{pi}+y_{pi}i$(m)=2834067.040+499944.1830i	EXE	显示桩基测量坐标复数
stake num/X+Yi(m)/π⇛end=?	13 EXE	输入 13 号桩基(stake)
$x_{pi}+y_{pi}i$(m)=2834064.688+499948.4531i	EXE	显示桩基测量坐标复数
stake num/X+Yi(m)/π⇛end=?	14 EXE	输入 14 号桩基(stake)
$x_{pi}+y_{pi}i$(m)=2834062.336+499952.7232i	EXE	显示桩基测量坐标复数
stake num/X+Yi(m)/π⇛end=?	15 EXE	输入 15 号桩基(stake)
$x_{pi}+y_{pi}i$(m)=2834070.872+499946.2938i	EXE	显示桩基测量坐标复数
stake num/X+Yi(m)/π⇛end=?	16 EXE	输入 16 号桩基(stake)
$x_{pi}+y_{pi}i$(m)=2834068.520+499950.5639i	EXE	显示桩基测量坐标复数
stake num/X+Yi(m)/π⇛end=?	17 EXE	输入 17 号桩基(stake)
$x_{pi}+y_{pi}i$(m)=2834066.168+499954.8340i	EXE	显示桩基测量坐标复数
stake num/X+Yi(m)/π⇛end=?	SHIFT π EXE	输入 π 结束节冲 1 号大桥 0#桥墩桩基坐标计算
pier n#,<0⇛end=?	17 EXE	输入节冲 2 号大桥 0#桥墩计算墩号
$Z_L(0)/Z_R(≠0)$=?	0 EXE	输入 0 选择左墩台中心桩号

续表

屏幕提示	按键	说明
pier peg(m)+ni=17653.6330+2.0000i	EXE	显示墩台中心桩号+墩类号 i 复数
α_j=191°52′51.84″	EXE	显示墩台中心走向方位角
x_j+y_ji(m)=2833323.499+499670.8568i	EXE	显示墩台中心坐标复数
H_j(m)=1365.4129	EXE	显示墩台中心桥面设计高程
stake num/X+Yi(m)/π⇛end=?	1 EXE	输入 1 号桩基(stake)
$x_{pi}+y_{pi}$i(m)=2833323.206+499672.2513i	EXE	显示桩基测量坐标复数
stake num/X+Yi(m)/π⇛end=?	3 EXE	输入 3 号桩基(stake)
$x_{pi}+y_{pi}$i(m)=2833321.991+499678.0249i	EXE	显示桩基测量坐标复数
stake num/X+Yi(m)/π⇛end=?	SHIFT π EXE	输入 π 结束节冲 2 号大桥 0#桥墩桩基坐标计算
pier n#,<0⇛end=?	-1 EXE	输入任意负数结束程序
Q2X9⇛End		程序结束显示

为节省篇幅，上述只计算了节冲 1 号大桥 0#桥墩与节冲 2 号大桥 0#桥墩 Z 线左幅的部分桩基坐标，其余桥墩的桩基坐标请读者自行计算。

(2) 计算节冲 1 号大桥，节冲 2 号大桥 Y 线右幅桥墩桩基坐标

设置 **File2** 为当前串列文件，重复执行 Q2X9 程序，计算节冲 1 号大桥与节冲 2 号大桥 Y 线右幅 0#桥墩桩基坐标的屏幕提示与用户操作过程如下：

屏幕提示	按键	说明
Route or ramp xyH Q2X9		显示程序标题
new(0)/old(≠0) main point data=?	2 EXE	输入非零数为使用现有主点数据计算
st xy new(0)/old(>0)/no(<0)=?	-1 EXE	输入负数为不设置测站点(station)
peg→xy(1)/xy→peg(2)/pier(4)=?	4 EXE	输入 4 选择桥墩(pier)桩基坐标计算
pier n#,<0⇛end=?	0 EXE	输入节冲 1 号大桥 0#桥墩
$Z_L(0)/Z_R(\neq0)$=?	1 EXE	输入非零数选择右墩台中心桩号
pier peg(m)+ni=16862.9950+1.0000i	EXE	显示墩台中心桩号+墩类号 i 复数
α_j=210°23′15.47″	EXE	显示墩台中心走向方位角
x_j+y_ji(m)=2834067.074+499938.7109i	EXE	显示墩台中心坐标复数
H_j(m)=1379.1611	EXE	显示墩台中心桥面设计高程
stake num/X+Yi(m)/π⇛end=?	1 EXE	输入 1 号桩基(stake)
$x_{pi}+y_{pi}$i(m)=2834062.177+499936.4346i	EXE	显示桩基测量坐标复数
stake num/X+Yi(m)/π⇛end=?	2 EXE	输入 2 号桩基(stake)
$x_{pi}+y_{pi}$i(m)=2834064.625+499932.2188i	EXE	显示桩基测量坐标复数
stake num/X+Yi(m)/π⇛end=?	3 EXE	输入 3 号桩基(stake)
$x_{pi}+y_{pi}$i(m)=2834067.073+499928.0029i	EXE	显示桩基测量坐标复数
stake num/X+Yi(m)/π⇛end=?	4 EXE	输入 4 号桩基(stake)
$x_{pi}+y_{pi}$i(m)=2834066.826+499939.1336i	EXE	显示桩基测量坐标复数
stake num/X+Yi(m)/π⇛end=?	5 EXE	输入 5 号桩基(stake)
$x_{pi}+y_{pi}$i(m)=2834069.274+499934.9177i	EXE	显示桩基测量坐标复数
stake num/X+Yi(m)/π⇛end=?	6 EXE	输入 6 号桩基(stake)
$x_{pi}+y_{pi}$i(m)=2834071.721+499930.7019i	EXE	显示桩基测量坐标复数
stake num/X+Yi(m)/π⇛end=?	7 EXE	输入 7 号桩基(stake)
$x_{pi}+y_{pi}$i(m)=2834071.474+499941.8326i	EXE	显示桩基测量坐标复数
stake num/X+Yi(m)/π⇛end=?	8 EXE	输入 8 号桩基(stake)
$x_{pi}+y_{pi}$i(m)=2834073.922+499937.6167i	EXE	显示桩基测量坐标复数
stake num/X+Yi(m)/π⇛end=?	9 EXE	输入 9 号桩基(stake)
$x_{pi}+y_{pi}$i(m)=2834076.370+499933.4009i	EXE	显示桩基测量坐标复数
stake num/X+Yi(m)/π⇛end=?	SHIFT π EXE	输入 π 结束节冲 1 号大桥 0#桥墩桩基坐标计算
pier n#,<0⇛end=?	17 EXE	输入节冲 2 号大桥 0#桥墩计算墩号
$Z_L(0)/Z_R(\neq0)$=?	1 EXE	输入非零数选择右墩台中心桩号
pier peg(m)+ni=17670.3180+2.0000i	EXE	显示墩台中心桩号+墩类号 i 复数

续表

屏幕提示	按键	说明
α_j=192°33′18.06″	EXE	显示墩台中心走向方位角
x_j+y_ji(m)=2833317.166+499645.0175i	EXE	显示墩台中心坐标复数
H_j(m)=1367.9906	EXE	显示墩台中心桥面设计高程
stake num/X+Yi(m)/π⇛end=?	1 EXE	输入 1 号桩基(stake)
$x_{pi}+y_{pi}$i(m)=2833317.476+499643.6266i	EXE	显示桩基测量坐标复数
stake num/X+Yi(m)/π⇛end=?	2 EXE	输入 2 号桩基(stake)
$x_{pi}+y_{pi}$i(m)=2833318.759+499637.8677i	EXE	显示桩基测量坐标复数
stake num/X+Yi(m)/π⇛end=?	SHIFT π EXE	输入 π 结束节冲 2 号大桥 0#桥墩桩基坐标计算
pier n#,<0⇛end=?	-2 EXE	输入任意负数结束程序
Q2X9⇛End		程序结束显示

为节省篇幅，上述只计算了节冲 1 号大桥 0#桥墩与节冲 2 号大桥 0#桥墩 Y 线右幅的部分桩基坐标，其余桥墩的桩基坐标请读者自行计算。

在 MS Excel 的“桩基坐标比较(节冲 1 号桥)”选项卡，计算比较节冲 1 号大桥 119 个桩基坐标的设计值与计算值的差异，结果如图 5-87 所示，其中 16#桥墩设计只有左幅桩基，无右幅桩基。

	A	B	C	D	E	F	G	H
1			设计图纸		Q2X9程序计算		坐标差	
2	墩号	点号	x/m	y/m	x/m	y/m	△x/m	△y/m
3		10	2834063.199	499942.065	2834063.208	499942.0722	-0.009	-0.007
4		11	2834060.847	499946.335	2834060.856	499946.3423	-0.009	-0.007
5		12	2834058.494	499950.605	2834058.504	499950.6124	-0.01	-0.007
6		4	2834067.031	499944.176	2834067.04	499944.183	-0.009	-0.007
7	0#Z	13	2834064.678	499948.446	2834064.688	499948.4531	-0.01	-0.007
8		14	2834062.326	499952.716	2834062.336	499952.7232	-0.01	-0.007
9		15	2834070.863	499946.288	2834070.872	499946.2938	-0.009	-0.006
10		16	2834068.51	499950.557	2834068.52	499950.5639	-0.01	-0.007
11		17	2834066.158	499954.827	2834066.168	499954.834	-0.01	-0.007
12		1	2834062.18	499936.436	2834062.177	499936.4346	0.003	0.0014
13		2	2834064.628	499932.22	2834064.625	499932.2188	0.003	0.0012
14		3	2834067.076	499928.004	2834067.073	499928.0029	0.003	0.0011
15		4	2834066.828	499939.135	2834066.826	499939.1336	0.002	0.0014
16	0#Y	5	2834069.276	499934.919	2834069.274	499934.9177	0.002	0.0013
17		6	2834071.724	499930.703	2834071.721	499930.7019	0.003	0.0011
18		7	2834071.476	499941.834	2834071.474	499941.8326	0.002	0.0014
19		8	2834073.924	499937.618	2834073.922	499937.6167	0.002	0.0013
20		9	2834076.372	499933.402	2834076.37	499933.4009	0.002	0.0011
21	1#Z	1	2834027.136	499925.067	2834027.137	499925.0665	-0.001	5E-04
22		3	2834024.463	499930.326	2834024.463	499930.3258	0	0.0002
23	1#Y	1	2834028.628	499915.41	2834028.628	499915.4098	0	0.0002
24		2	2834031.425	499910.215	2834031.426	499910.2152	-0.001	-2E-04
105	15#Z	1	2833504.321	499721.71	2833504.321	499721.7092	0	8E-04
106		10	2833502.57	499727.344	2833502.57	499727.3432	0	0.0008
107		4	2833502.207	499699.493	2833502.206	499699.4986	0.001	-0.006
108		5	2833503.759	499694.872	2833503.753	499694.8755	0.006	-0.004
109		6	2833505.31	499690.251	2833505.3	499690.2525	0.01	-0.002
110		1	2833506.828	499701.045	2833506.829	499701.0455	-1E-03	-5E-04
111	15#Y	2	2833508.38	499696.424	2833508.376	499696.4225	0.004	0.0015
112		3	2833509.932	499691.802	2833509.923	499691.7994	0.009	0.0026
113		7	2833511.45	499702.597	2833511.452	499702.5925	-0.002	0.0045
114		8	2833513.002	499697.976	2833512.999	499697.9695	0.0025	0.006
115		9	2833514.553	499693.354	2833514.546	499693.3464	0.007	0.0076
116		1	2833460.556	499706.352	2833460.554	499706.3541	0.002	-0.002
117		2	2833459.153	499711.02	2833459.155	499711.0239	-0.002	-0.004
118	16#Z	3	2833457.751	499715.689	2833457.756	499715.6937	-0.005	-0.005
119		4	2833467.021	499708.294	2833467.02	499708.2918	0.001	0.0022
120		5	2833465.618	499712.963	2833465.621	499712.9616	-0.003	0.0014
121		6	2833464.215	499717.631	2833464.221	499717.6314	-0.006	-4E-04

MAT_E / MAT_F / MAT_U / MAT_V / MAT_X / MAT_Y / MAT_Z / 桩基坐标比较(节冲1号桥) / 桩基

图 5-87　在 MS Excel 中比较节冲 1 号大桥 119 个桩基坐标设计值与计算值的差异

在 MS Excel 的“桩基坐标比较(节冲 2 号桥)”选项卡，计算比较节冲 2 号大桥 50 个桩基坐标的设计值与计算值的差异，结果如图 5-88 所示。

详细情况请参见光盘文件“\5 章\贵州晴兴高速公路 T1_T2 标\贵州晴兴高速公路 T1_T2 标.xls”。

	A	B	C	D	E	F	G	H
1	设计图纸				Q2X9程序计算		坐标差	
2	墩号	点号	x/m	y/m	x/m	y/m	△x/m	△y/m
3	0#Z	1	2833323.205	499672.251	2833323.206	499672.2513	-1E-03	-0.0003
4		3	2833321.988	499678.025	2833321.991	499678.0249	-0.003	0.0001
5	0#Y	1	2833317.477	499643.627	2833317.476	499643.6266	0.001	0.0004
6		2	2833318.762	499637.869	2833318.759	499637.8677	0.003	0.0013
7	1#Z	1	2833284.057	499664.722	2833284.057	499664.7212	0	0.0008
8		3	2833283.08	499670.54	2833283.08	499670.5398	0	0.0002
9	1#Y	1	2833278.673	499635.708	2833278.673	499635.7075	0	0.0005
10		2	2833279.71	499629.899	2833279.71	499629.8994	0	-0.0004
11	2#Z	1	2833241.954	499659.696	2833241.954	499659.6951	0	0.0009
12		5	2833241.489	499663.568	2833241.489	499663.5673	0	0.0007
13		2	2833245.926	499660.173	2833245.926	499660.1722	0	0.0008
14		6	2833245.46	499664.045	2833245.461	499664.0444	-0.001	0.0006
15	2#Y	1	2833237.179	499628.309	2833237.179	499628.3087	0	0.0003
16		3	2833237.686	499624.442	2833237.686	499624.4418	0	0.0002
17		2	2833241.145	499628.829	2833241.145	499628.8291	0	-1E-04
18		4	2833241.652	499624.962	2833241.652	499624.9622	0	-0.0002
47	7#Y	1	2833038.912	499626.585	2833038.912	499626.5848	0	0.0002
48		2	2833038.319	499620.715	2833038.319	499620.7147	0	0.0003
49	8#Z	1	2833002.908	499664.134	2833002.907	499664.1339	0.001	1E-04
50		3	2833003.861	499669.957	2833003.857	499669.957	0.004	0
51	8#Y	1	2832999.618	499631.586	2832999.619	499631.5861	-0.001	-0.0001
52		2	2832998.754	499625.75	2832998.758	499625.7493	-0.004	0.0007

MAT_E / MAT_F / MAT_U / MAT_V / MAT_X / MAT_Y / MAT_Z / 桩基坐标比较(节冲1号桥) \ 桩基

图 5-88 在 MS Excel 中比较节冲 2 号大桥 50 个桩基坐标设计值与计算值的差异

4) Z 线三维坐标计算

(1) 计算 ZK16+685 港湾式停车带土路肩外缘三维坐标

设置 **File1** 为当前串列文件，重复执行 Q2X9 程序，计算 ZK16+685 港湾式停车带的 5 个左边桩三维坐标的屏幕提示与用户操作过程如下：

屏幕提示	按键	说明
Route or ramp xyH Q2X9		显示程序标题
new(0)/old(≠0) main point data=?	**1** EXE	输入非零数为使用现有主点数据计算
st xy new(0)/old(>0)/no(<0)=?	**-1** EXE	输入负数为不设置测站点(station)
peg➔xyH(1)/xyH➔peg(2)/ xyH➔δr(3)/pier(4)=?	**1** EXE	输入 1 选择坐标正算
+peg(m),<QD⇳end=?	**16600** EXE	输入 ZK16+685 港湾式停车带起点桩号
α_j=220°13′45.4″	EXE	显示走向方位角/耗时 0.49s
x_j+y_ji(m)=2834277.056+500096.2460i	EXE	显示中桩坐标复数
H_j(m)=1377.7240	EXE	显示中桩设计高程
i_L(%)=2.0000	EXE	显示路基左横坡度
W_L(m)±∠γi,0⇳no=?	**-3** EXE	输入土路肩外缘点边距系数
d_L(m)=10.0000	EXE	显示-3 号点左边距
x_L+y_Li(m)=2834270.598+500103.8807i	EXE	显示左边桩坐标复数
H_L(m)=1377.5140+1376.7740i	EXE	显示左边桩路面设计高程+路基设计高程 i 复数
W_L(m)±∠γi,0⇳no=?	**-5** EXE	输入<-4 的负整数结束边桩坐标计算
+peg(m),<QD⇳end=?	**16635** EXE	输入 ZK16+685 港湾式停车带加桩桩号
α_j=219°56′44.7″	EXE	显示走向方位角/耗时 0.49s
x_j+y_ji(m)=2834250.298+500073.6852i	EXE	显示中桩坐标复数

续表

屏幕提示	按键	说明
H_j(m)=1378.2083	EXE	显示中桩设计高程
i_L(%)=2.2036	EXE	显示路基左横坡度
+W_L(m)=1.8846	EXE	显示加桩左路基加宽值
+W_L(m),π⇒no=?	SET UP π EXE	输入 π 为不修改路基左幅加宽值
W_L(m)±∠γi,0⇒no=?	-3 EXE	输入土路肩外缘点边距系数
d_L(m)=11.8846	EXE	显示-3 号点左边距
x_L+y_Li(m)=2834242.667+500082.7966i	EXE	显示左边桩坐标复数
H_L(m)=1377.9374+1377.1974i	EXE	显示左边桩路面设计高程+路基设计高程 i 复数
W_L(m)±∠γi,0⇒no=?	-5 EXE	输入<-4 的负整数结束边桩坐标计算
+peg(m),<QD⇒end=?	16665 EXE	输入 ZK16+685 港湾式停车带加桩桩号
α_j=219°14′46.81″	EXE	显示走向方位角/耗时 0.49s
x_j+y_ji(m)=2834227.193+500054.5500i	EXE	显示中桩坐标复数
H_j(m)=1378.5426	EXE	显示中桩设计高程
i_L(%)=2.5599	EXE	显示路基左横坡度
+W_L(m)=3.5000	EXE	显示加桩左路基加宽值
+W_L(m),π⇒no=?	SET UP π EXE	输入 π 为不修改路基左幅加宽值
W_L(m)±∠γi,0⇒no=?	-3 EXE	输入土路肩外缘点边距系数
d_L(m)=13.5000	EXE	显示-3 号点左边距
x_L+y_Li(m)=2834218.652+500065.0049i	EXE	显示左边桩坐标复数
H_L(m)=1378.1898+1377.4498i	EXE	显示左边桩路面设计高程+路基设计高程 i 复数
W_L(m)±∠γi,0⇒no=?	-5 EXE	输入<-4 的负整数结束边桩坐标计算
+peg(m),<QD⇒end=?	16705 EXE	输入 ZK16+685 港湾式停车带加桩桩号
α_j=217°39′30.37″	EXE	显示走向方位角/耗时 0.49s
x_j+y_ji(m)=2834195.896+500029.6422i	EXE	显示中桩坐标复数
H_j(m)=1378.8717	EXE	显示中桩设计高程
i_L(%)=2.9560	EXE	显示路基左横坡度
+W_L(m)=3.5000	EXE	显示加桩左路基加宽值
+W_L(m),π⇒no=?	SET UP π EXE	输入 π 为不修改路基左幅加宽值
W_L(m)±∠γi,0⇒no=?	-3 EXE	输入土路肩外缘点边距系数
d_L(m)=13.5000	EXE	显示-3 号点左边距
x_L+y_Li(m)=2834187.648+500040.3297i	EXE	显示左边桩坐标复数
H_L(m)=1378.4674+1377.7274i	EXE	显示左边桩路面设计高程+路基设计高程 i 复数
W_L(m)±∠γi,0⇒no=?	-5 EXE	输入<-4 的负整数结束边桩坐标计算
+peg(m),<QD⇒end=?	16770 EXE	输入 ZK16+685 港湾式停车带终点桩号
α_j=214°03′40.59″	EXE	显示走向方位角/耗时 0.49s
x_j+y_ji(m)=2834143.241+499991.5503i	EXE	显示中桩坐标复数
H_j(m)=1379.1221	EXE	显示中桩设计高程
i_L(%)=3.0000	EXE	显示路基左横坡度
W_L(m)±∠γi,0⇒no=?	-3 EXE	输入土路肩外缘点边距系数
d_L(m)=10.0000	EXE	显示-3 号点左边距
x_L+y_Li(m)=2834137.640+499999.8347i	EXE	显示左边桩坐标复数
H_L(m)=1378.8171+1378.0771i	EXE	显示左边桩路面设计高程+路基设计高程 i 复数
W_L(m)±∠γi,0⇒no=?	-5 EXE	输入<-4 的负整数结束边桩坐标计算
+peg(m),<QD⇒end=?	1 EXE	输入小于 *QD* 的桩号结束程序
Q2X9⇒End		程序结束显示

(2) 计算加桩 ZK16+820 路基与边坡主点三维坐标

重复执行 Q2X9 程序，计算加桩 ZK16+820 路基与边坡主点三维坐标的屏幕提示与用户操作过程如下：

屏幕提示	按键	说明
Route or ramp xyH Q2X9		显示程序标题
new(0)/old(≠0) main point data=?	1 EXE	输入非零数为使用现有主点数据计算
st xy new(0)/old(>0)/no(<0)=?	-1 EXE	输入负数为不设置测站点(station)
peg→xyH(1)/xyH→peg(2)/ xyH→δr(3)/pier(4)=?	1 EXE	输入 1 选择坐标正算
+peg(m),<QD⇒end=?	16820 EXE	输入加桩号
α_j=211°15′09.57″	EXE	显示走向方位角/耗时 0.49s
x_j+y_ji(m)=2834101.149+499964.5726i	EXE	显示中桩坐标复数
H_j(m)=1379.0751	EXE	显示中桩设计高程
i_L(%)=3.0000	EXE	显示路基左横坡度
W_L(m)±∠γi,0⇒no=?	-2 EXE	输入硬路肩外缘点边距系数
d_L(m)=9.5000	EXE	显示-2 号点左边距
x_L+y_Li(m)=2834096.220+499972.6940i	EXE	显示左边桩坐标复数
H_L(m)=1378.7901+1378.0501i	EXE	显示左边桩路面设计高程+路基设计高程 i 复数
W_L(m)±∠γi,0⇒no=?	-3 EXE	输入土路肩外缘点边距系数
d_L(m)=10.0000	EXE	显示-3 号点左边距
x_L+y_Li(m)=2834095.961+499973.1214i	EXE	显示左边桩坐标复数
H_L(m)=1378.7701+1378.0301i	EXE	显示左边桩路面设计高程+路基设计高程 i 复数
W_L(m)±∠γi,0⇒no=?	-4 EXE	输入挖方“边沟+碎落台”外缘点边距系数
d_L(m)=12.1000	EXE	显示-4 号点左边距
x_L+y_Li(m)=2834094.871+499974.9167i	EXE	显示左边桩坐标复数
H_L(m)=1378.7701	EXE	显示左边桩设计高程
W_L(m)±∠γi,0⇒no=?	-1.1 EXE	输入一级边坡平台内缘点边距系数
T(>0)/W(<0)/no(0)=?	-1 EXE	输入任意负数为挖方边坡
d_L(m)=22.1000	EXE	显示挖方平台-1.1 号点左边距
x_L+y_Li(m)=2834089.683+499983.4656i	EXE	显示左边桩坐标复数
H_L(m)=1388.7701	EXE	显示左边桩设计高程
W_L(m)±∠γi,0⇒no=?	-1.2 EXE	输入一级边坡平台外缘点边距系数
T(>0)/W(<0)/no(0)=?	-1 EXE	输入任意负数为挖方边坡
d_L(m)=24.1000	EXE	显示挖方平台-1.2 号点左边距
x_L+y_Li(m)=2834088.646+499985.1754i	EXE	显示左边桩坐标复数
H_L(m)=1388.7701	EXE	显示左边桩设计高程
W_L(m)±∠γi,0⇒no=?	-2.1 EXE	输入二级边坡平台内缘点边距系数
T(>0)/W(<0)/no(0)=?	-1 EXE	输入任意负数为挖方边坡
d_L(m)=34.1000	EXE	显示挖方平台-2.1 号点左边距
x_L+y_Li(m)=2834083.457+499993.7242i	EXE	显示左边桩坐标复数
H_L(m)=1398.7701	EXE	显示左边桩设计高程
W_L(m)±∠γi,0⇒no=?	-2.2 EXE	输入二级边坡平台外缘点边距系数
T(>0)/W(<0)/no(0)=?	-1 EXE	输入任意负数为挖方边坡
d_L(m)=36.1000	EXE	显示挖方平台-2.2 号点左边距
x_L+y_Li(m)=2834082.420+499995.4340i	EXE	显示左边桩坐标复数
H_L(m)=1398.7701	EXE	显示左边桩设计高程
W_L(m)±∠γi,0⇒no=?	0 EXE	输入 0 结束左边桩坐标计算
i_R(%)=-3.0000	EXE	显示路基右横坡度
W_R(m),0⇒no=?	-2 EXE	输入硬路肩外缘点边距系数
d_R(m)=0.7500	EXE	显示-2 号点右边距
x_R+y_Ri(m)=2834101.538+499963.9314i	EXE	显示右边桩坐标复数
H_R(m)=1379.0976+1378.3576i	EXE	显示右边桩路面设计高程+路基设计高程 i 复数
W_R(m),0⇒no=?	-3 EXE	输入土路肩外缘点边距系数

续表

屏幕提示	按键	说明
d_R(m)=1.2500	EXE	显示-3 号点右边距
x_R+y_Ri(m)=2834101.797+499963.5040i	EXE	显示右边桩坐标复数
H_R(m)=1379.0776+1378.3376i	EXE	显示右边桩路面设计高程+路基设计高程 i 复数
W_R(m),0⇒no=?	-1.1 EXE	输入一级边坡平台内缘点边距系数
T(>0)/W(<0)/no(0)=?	1 EXE	输入任意正数为填方边坡
d_R(m)=16.2500	EXE	显示填方平台-1.1 号点右边距
x_R+y_Ri(m)=2834109.580+499950.6806i	EXE	显示右边桩坐标复数
H_R(m)=1369.0776	EXE	显示右边桩设计高程
W_R(m),0⇒no=?	-1.2 EXE	输入一级边坡平台外缘点边距系数
T(>0)/W(<0)/no(0)=?	1 EXE	输入任意正数为填方边坡
d_R(m)=18.2500	EXE	显示填方平台-1.2 号点右边距
x_R+y_Ri(m)=2834110.617+499948.9709i	EXE	显示右边桩坐标复数
H_R(m)=1369.0776	EXE	显示右边桩设计高程
W_R(m),0⇒no=?	0 EXE	输入 0 结束右边桩坐标计算
+peg(m),<QD⇒end=?	2 EXE	输入小于 *QD* 的桩号结束程序
Q2X9⇒End		程序结束显示

(3) 计算扒山田隧道左洞加桩 ZK19+000 路基三维坐标

重复执行 Q2X9 程序，计算加桩 ZK19+000 路基三维坐标的屏幕提示与用户操作过程如下：

屏幕提示	按键	说明
Route or ramp xyH Q2X9		显示程序标题
new(0)/old(≠0) main point data=?	1 EXE	输入非零数为使用现有主点数据计算
st xy new(0)/old(>0)/no(<0)=?	-1 EXE	输入负数为不设置测站点(station)
peg→xyH(1)/xyH→peg(2)/xyH→δr(3)/pier(4)=?	1 EXE	输入 1 选择坐标正算
+peg(m),<QD⇒end=?	19000 EXE	输入加桩号
α_j=102°42′12.91″	EXE	显示走向方位角/耗时 0.71s
x_j+y_ji(m)=2832300.503+500323.9317i	EXE	显示中桩坐标复数
H_j(m)=1385.5440	EXE	显示中桩设计高程
i_L(%)=3.0000	EXE	显示路基左横坡度
W_L(m)±∠γi,0⇒no=?	9.674 EXE	输入左边距
x_L+y_Li(m)=2832309.940+500326.0591i	EXE	显示左边桩坐标复数
H_L(m)=1385.2538	EXE	显示左边桩路面设计高程
W_L(m)±∠γi,0⇒no=?	0 EXE	输入 0 结束左边桩坐标计算
i_R(%)=-3.0000	EXE	显示路基右横坡度
W_R(m),0⇒no=?	0.94 EXE	输入右边距
x_R+y_Ri(m)=2832299.586+500323.7250i	EXE	显示右边桩坐标复数
H_R(m)=1385.5722	EXE	显示右边桩设计高程
W_R(m),0⇒no=?	0 EXE	输入 0 结束右边桩坐标计算
+peg(m),<QD⇒end=?	3 EXE	输入小于 *QD* 的桩号结束程序
Q2X9⇒End		程序结束显示

(4) 坐标反算

重复执行 Q2X9 程序，进行实测边桩点三维坐标反算的屏幕提示与用户操作过程如下：

屏幕提示	按键	说明
Route or ramp xyH Q2X9		显示程序标题
new(0)/old(≠0) main point data=?	3 EXE	输入非零数为使用现有主点数据计算
st xy new(0)/old(>0)/no(<0)=?	3 EXE	使用最近输入的测站点(station)
peg→xyH(1)/xyH→peg(2)/ xyH→δr(3)/pier(4)=?	2 EXE	输入 2 选择坐标反算
x_j(m)/π⇒end	2834097.123 EXE	输入 1 号边桩点三维坐标
y_j(m)+ni=?	499971.207 EXE	
H_j(m),0⇒no=?	1378.53 EXE	
p peg(m)+ni=16819.9997+3.0000i	EXE	显示垂点桩号+平曲线元号 i 复数/耗时 1.02s
α_P=211°15′09.64″	EXE	显示垂点走向方位角
x_P+y_Pi(m)=2834101.149+499964.5727i	EXE	显示垂点坐标复数
H_P(m)=1379.0751	EXE	显示垂点设计高程
d_L(m)=-7.7604	EXE	显示负数为左边距
i_L(%)=3.0000	EXE	显示路基左横坡度
H_{Lj}(m)=1378.8423+1378.1023i	EXE	显示左边桩路面设计高程+路基设计高程 i 复数
δh_j(m)=-0.3123+0.4277i	EXE	显示边桩点挖填高差(实测 H−设计 H)
x_j(m)/π⇒end	2834090.253 EXE	输入 1 号边桩点三维坐标
y_j(m)+ni=?	499982.527 EXE	
H_j(m),0⇒no=?	1388.13 EXE	
p peg(m)+ni=16819.9998+3.0000i	EXE	显示垂点桩号+平曲线元号 i 复数/耗时 1.02s
α_P=211°15′09.61″	EXE	显示垂点走向方位角
x_P+y_Pi(m)=2834101.149+499964.5727i	EXE	显示垂点坐标复数
H_P(m)=1379.0751	EXE	显示垂点设计高程
d_L(m)=-21.0020	EXE	显示负数为左边距
i_L(%)=3.0000	EXE	显示路基左横坡度
T(>0)/W(<0)/no(0)=?	-1 EXE	输入任意负数为挖方边坡
H_{Lj}(m)=1387.6721	EXE	显示左边桩设计高程
δd_j(m)+ni=-1.0980+1.0000i	EXE	显示坡口平距+边坡级数 i 复数
δh_j(m)=0.4579	EXE	显示边桩点挖填高差(实测 H−设计 H)
x_j(m)/π⇒end	2834108.293 EXE	输入 1 号边桩点三维坐标
y_j(m)+ni=?	499952.801 EXE	
H_j(m),0⇒no=?	1370.124 EXE	
p peg(m)+ni=16819.9998+3.0000i	EXE	显示垂点桩号+平曲线元号 i 复数/耗时 1.02s
α_P=211°15′09.6″	EXE	显示垂点走向方位角
x_P+y_Pi(m)=2834101.149+499964.5727i	EXE	显示垂点坐标复数
H_P(m)=1379.0751	EXE	显示垂点设计高程
d_R(m)=13.7698	EXE	显示正数为右边距
i_R(%)=-3.0000	EXE	显示路基右横坡度
T(>0)/W(<0)/no(0)=?	1 EXE	输入任意正数为填方边坡
H_{Rj}(m)=1370.7311	EXE	显示右边桩设计高程
δd_j(m)+ni=-2.4802+1.0000i	EXE	显示坡口平距+边坡级数 i 复数
δh_j(m)=-0.6071	EXE	显示边桩点挖填高差(实测 H−设计 H)
x_j(m)/π⇒end	SHIFT π EXE	输入 π 结束程序
Q2X9⇒End		程序结束显示

5) Z 线扒山田隧道左洞超欠挖计算

重复执行 Q2X9 程序，计算隧道掌子面 8 个测点隧道超欠挖值的屏幕提示与用户操作过程如下：

屏幕提示	按键	说明
Route or ramp xyH Q2X9		显示程序标题
new(0)/old(≠0) main point data=?	**3** EXE	输入非零数为使用现有主点数据计算
st xy new(0)/old(>0)/no(<0)=?	**-3** EXE	输入负数为不设置测站点(station)
peg→xyH(1)/xy→peg(2)/ xyH→δr(3)/pier(4)=?	**3** EXE	输入 3 选择隧道超欠挖计算
Mat Y(0)/Mat X(≠0)=?	**1** EXE	输入非零数选择 Mat X 矩阵围岩洞身支护参数
contour line(1/0/2)=?	**1** EXE	输入 1 选择初期支护轮廓线
ClrMat W(0),no(≠0)=?	**0** EXE	输入 0 为清除前已存储的测点数据
x_i(m)/π⇒end=?	**2832527.6009** EXE	输入掌子面 1 号测点三维坐标
y_i(m)+ni=?	**499912.0849** EXE	
H_i(m)=?	**1384.6991** EXE	
p peg(m)+ni=18522.9001+7.0000i	EXE	显示垂点桩号+平曲线元号 i 复数/耗时 1.02s
H_p+X_ji(m)=1377.4333+1.7012i	EXE	显示垂点设计高程+测点隧中 X 坐标 i 复数
δr(m)+ni=-0.1522+1.0000i	EXE	显示超欠挖径距+二衬轮廓线类号 i 复数
←→+↑↓i(m)=-0.4675-0.1588i	EXE	显示水平移距+垂直移距 i 复数
x_i(m)/π⇒end=?	**2832524.9314** EXE	输入掌子面 2 号测点三维坐标
y_i(m)+ni=?	**499909.4692** EXE	
H_i(m)=?	**1381.1186** EXE	
p peg(m)+ni=18522.9000+7.0000i	EXE	显示垂点桩号+平曲线元号 i 复数
H_p+X_ji(m)=1377.4333+5.4386i	EXE	显示垂点设计高程+测点隧中 X 坐标 i 复数
δr(m)+ni=-0.2131+1.0000i	EXE	显示超欠挖径距+二衬轮廓线类号 i 复数
←→+↑↓i(m)=-0.2270-0.5459i	EXE	显示水平移距+垂直移距 i 复数
x_i(m)/π⇒end=?	**2832524.8935** EXE	输入掌子面 3 号测点三维坐标
y_i(m)+ni=?	**499909.4321** EXE	
H_i(m)=?	**1376.5828** EXE	
p peg(m)+ni=18522.9000+7.0000i	EXE	显示垂点桩号+平曲线元号 i 复数
H_p+X_ji(m)=1377.4333+5.4916i	EXE	显示垂点设计高程+测点隧中 X 坐标 i 复数
δr(m)+ni=0.0607+1.0000i	EXE	显示超欠挖径距+二衬轮廓线类号 i 复数
←→+↑↓i(m)=0.0767+0.1055i	EXE	显示水平移距+垂直移距 i 复数
x_i(m)/π⇒end=?	**2832527.2072** EXE	输入掌子面 4 号测点三维坐标
y_i(m)+ni=?	**499911.6991** EXE	
H_i(m)=?	**1375.6369** EXE	
p peg(m)+ni=18522.9000+7.0000i	EXE	显示垂点桩号+平曲线元号 i 复数
H_p+X_ji(m)=1377.4333+2.2524i	EXE	显示垂点设计高程+测点隧中 X 坐标 i 复数
δr(m)+ni=-0.1076+1.0000i	EXE	显示超欠挖径距+二衬轮廓线类号 i 复数
←→+↑↓i(m)=-0.6442-0.1088i	EXE	显示水平移距+垂直移距 i 复数
x_i(m)/π⇒end=?	**2832531.0953** EXE	输入掌子面 5 号测点三维坐标
y_i(m)+ni=?	**499915.7862** EXE	
H_i(m)=?	**1375.2618** EXE	
p peg(m)+ni=18523.1001+7.0000i	EXE	显示垂点桩号+平曲线元号 i 复数
H_p+X_ji(m)=1377.4333-2.0102i	EXE	显示垂点设计高程+测点隧中 X 坐标 i 复数
δr(m)+ni=-0.1155+2.0000i	EXE	显示超欠挖径距+二衬轮廓线类号 i 复数
←→+↑↓i(m)=-0.8748-0.1162i	EXE	显示水平移距+垂直移距 i 复数
x_i(m)/π⇒end=?	**2832534.5468** EXE	输入掌子面 6 号测点三维坐标
y_i(m)+ni=?	**499919.1664** EXE	
H_i(m)=?	**1376.7869** EXE	
p peg(m)+ni=18523.1000+7.0000i	EXE	显示垂点桩号+平曲线元号 i 复数
H_p+X_ji(m)=1377.4367-6.8412i	EXE	显示垂点设计高程+测点隧中 X 坐标 i 复数
δr(m)+ni=-0.1353+2.0000i	EXE	显示超欠挖径距+二衬轮廓线类号 i 复数

续表

屏幕提示	按键	说明
←→+↑↓i(m)=-0.1697-0.2068i	EXE	显示水平移距+垂直移距 i 复数
x_i(m)/π⇒end=?	2832535.0178 EXE	输入掌子面 7 号测点三维坐标
y_i(m)+ni=?	499919.6278 EXE	
H_i(m)=?	1380.1716 EXE	
p peg(m)+ni=18523.1001+7.0000i	EXE	显示垂点桩号+平曲线元号 i 复数
H_p+X_ji(m)=1377.4367-7.5005i	EXE	显示垂点设计高程+测点隧中 X 坐标 i 复数
δr(m)+ni=0.0890+2.0000i	EXE	显示超欠挖径距+二衬轮廓线类号 i 复数
←→+↑↓i(m)=0.0906+0.6363i	EXE	显示水平移距+垂直移距 i 复数
x_i(m)/π⇒end=?	2832532.0666 EXE	输入掌子面 8 号测点三维坐标
y_i(m)+ni=?	499916.7375 EXE	
H_i(m)=?	1384.8327 EXE	
p peg(m)+ni=18523.1001+7.0000i	EXE	显示垂点桩号+平曲线元号 i 复数
H_p+X_ji(m)=1377.4367-3.3697i	EXE	显示垂点设计高程+测点隧中 X 坐标 i 复数
δr(m)+ni=-0.1264+2.0000i	EXE	显示超欠挖径距+二衬轮廓线类号 i 复数
←→+↑↓i(m)=-0.2890-0.1393i	EXE	显示水平移距+垂直移距 i 复数
x_i(m)/π⇒end=?	SHIFT π EXE	输入 π 结束程序
Q2X9⇒End		程序结束显示

上述 1~4 号测点的垂点桩号为 ZK18+522.9，由表 5-5 可知，它位于 1 类二衬轮廓线，5~8 号测点的垂点桩号为 ZK18+523.1，它位于 2 类二衬轮廓线，也即上述 8 个测点位于 1 类二衬轮廓线与 2 类二衬轮廓线的分界处。程序根据反算出的垂点桩号，按 Mat X 矩阵的围岩洞身支护参数自动选择二衬轮廓线主点数据计算超欠挖值。

6) Y 线三维坐标计算

(1) 计算 YK16+685 港湾式停车带土路肩外缘三维坐标

设置 **File2** 为当前串列文件，重复执行 Q2X9 程序，计算 YK16+685 港湾式停车带的 5 个右边桩三维坐标的屏幕提示与用户操作过程如下：

屏幕提示	按键	说明
Route or ramp xyH Q2X9		显示程序标题
new(0)/old(≠0) main point data=?	1 EXE	输入非零数为使用现有主点数据计算
st xy new(0)/old(>0)/no(<0)=?	-1 EXE	输入负数为不设置测站点(station)
peg→xyH(1)/xyH→peg(2)/ xyH→δr(3)/pier(4)=?	1 EXE	输入 1 选择坐标正算
+peg(m),<QD⇒end=?	16600 EXE	输入 YK16+685 港湾式停车带起点桩号
$α_j$=220°13′45.4″	EXE	显示走向方位角/耗时 0.49s
x_j+y_ji(m)=2834278.025+500095.1010i	EXE	显示中桩坐标复数
H_j(m)=1377.7240	EXE	显示中桩设计高程
i_L(%)=2.0000	EXE	显示路基左横坡度
W_L(m)±∠γi,0⇒no=?	0 EXE	输入 0 结束左边桩坐标计算
i_R(%)=2.0000	EXE	显示路基右横坡度
W_R(m),0⇒no=?	-3 EXE	输入土路肩外缘点边距系数
d_R(m)=10.0000	EXE	显示-3 号点右边距
x_R+y_Ri(m)=2834282.483+500087.4663i	EXE	显示右边桩坐标复数
H_R(m)=1377.5140+1376.7740i	EXE	显示右边桩路面设计高程+路基设计高程 i 复数
W_R(m),0⇒no=?	0 EXE	输入 0 结束右边桩坐标计算
+peg(m),<QD⇒end=?	16635 EXE	输入 YK16+685 港湾式停车带加桩桩号
$α_j$=220°05′36.1″	EXE	显示走向方位角/耗时 0.49s
x_j+y_ji(m)=2834251.290+500072.5121i	EXE	显示中桩坐标复数
H_j(m)=1378.2293	EXE	显示中桩设计高程

续表

屏幕提示	按键	说明
i_L(%)=2.1043	EXE	显示路基左横坡度
W_L(m)±∠γi,0⇒no=?	0 EXE	输入 0 结束左边桩坐标计算
i_R(%)=1.4783	EXE	显示路基右横坡度
+W_R(m)=1.8846	EXE	显示加桩路基右幅加宽值
+W_R(m),π⇒no=?	SETUP π EXE	输入 π 为不修改路基右幅加宽值
W_R(m),0⇒no=?	-3 EXE	输入土路肩外缘点边距系数
d_R(m)=11.8846	EXE	显示-3 号点右边距
x_R+y_Ri(m)=2834258.945+500063.4204i	EXE	显示右边桩坐标复数
H_R(m)=1378.0410+1377.3010i	EXE	显示右边桩路面设计高程+路基设计高程 i 复数
W_R(m),0⇒no=?	0 EXE	输入 0 结束右边桩坐标计算
+peg(m),<QD⇒end=?	16665 EXE	输入 YK16+685 港湾式停车带加桩桩号
α_j=219°35′59.9″	EXE	显示走向方位角/耗时 0.49s
x_j+y_ji(m)=2834228.268+500053.2780i	EXE	显示中桩坐标复数
H_j(m)=1378.5899	EXE	显示中桩设计高程
i_L(%)=2.3973	EXE	显示路基左横坡度
W_L(m)±∠γi,0⇒no=?	0 EXE	输入 0 结束左边桩坐标计算
i_R(%)=0.0133	EXE	显示路基右横坡度
+W_R(m)=3.5000	EXE	显示加桩路基右幅加宽值
+W_R(m),π⇒no=?	SETUP π EXE	输入 π 为不修改路基右幅加宽值
W_R(m),0⇒no=?	-3 EXE	输入土路肩外缘点边距系数
d_R(m)=13.5000	EXE	显示-3 号点右边距
x_R+y_Ri(m)=2834236.873+500042.8760i	EXE	显示右边桩坐标复数
H_R(m)=1378.5682+1377.8282i	EXE	显示右边桩路面设计高程+路基设计高程 i 复数
W_R(m),0⇒no=?	0 EXE	输入 0 结束右边桩坐标计算
+peg(m),<QD⇒end=?	16705 EXE	输入 YK16+685 港湾式停车带加桩桩号
α_j=218°22′52.26″	EXE	显示走向方位角/耗时 0.49s
x_j+y_ji(m)=2834197.202+500028.0818i	EXE	显示中桩坐标复数
H_j(m)=1378.9585	EXE	显示中桩设计高程
i_L(%)=2.8310	EXE	显示路基左横坡度
W_L(m)±∠γi,0⇒no=?	0 EXE	输入 0 结束左边桩坐标计算
i_R(%)=-2.1550	EXE	显示路基右横坡度
+W_R(m)=3.5000	EXE	显示加桩路基右幅加宽值
+W_R(m),π⇒no=?	SETUP π EXE	输入 π 为不修改路基右幅加宽值
W_R(m),0⇒no=?	-3 EXE	输入土路肩外缘点边距系数
d_R(m)=13.5000	EXE	显示-3 号点右边距
x_R+y_Ri(m)=2834205.584+500017.4992i	EXE	显示右边桩坐标复数
H_R(m)=1379.2186+1378.4786i	EXE	显示右边桩路面设计高程+路基设计高程 i 复数
W_R(m),0⇒no=?	0 EXE	输入 0 结束右边桩坐标计算
+peg(m),<QD⇒end=?	16770 EXE	输入 YK16+685 港湾式停车带终点桩号
α_j=215°13′35.29″	EXE	显示走向方位角/耗时 0.49s
x_j+y_ji(m)=2834145.215+499989.0785i	EXE	显示中桩坐标复数
H_j(m)=1379.2840	EXE	显示中桩设计高程
i_L(%)=3.0000	EXE	显示路基左横坡度
W_L(m)±∠γi,0⇒no=?	0 EXE	输入 0 结束左边桩坐标计算
i_R(%)=-3.0000	EXE	显示路基右横坡度
W_R(m),0⇒no=?	-3 EXE	输入土路肩外缘点边距系数
d_R(m)=10.0000	EXE	显示-3 号点右边距
x_R+y_Ri(m)=2834150.983+499980.9098i	EXE	显示右边桩坐标复数
H_R(m)=1379.5490+1378.8090i	EXE	显示右边桩路面设计高程+路基设计高程 i 复数
W_R(m),0⇒no=?	0 EXE	输入 0 结束右边桩坐标计算
+peg(m),<QD⇒end=?	3 EXE	输入小于 *QD* 的桩号结束程序
Q2X9⇒End		程序结束显示

(2) 计算加桩 YK20+300 路基与边坡主点三维坐标

重复执行 Q2X9 程序，计算加桩 YK20+300 路基与边坡主点三维坐标的屏幕提示与用户操作过程如下：

屏幕提示	按键	说明
Route or ramp xyH Q2X9		显示程序标题
new(0)/old(≠0) main point data=?	1 EXE	输入非零数为使用现有主点数据计算
st xy new(0)/old(>0)/no(<0)=?	-1 EXE	输入负数为不设置测站点(station)
peg→xyH(1)/xyH→peg(2)/xyH→δr(3)/pier(4)=?	1 EXE	输入 1 选择坐标正算
+peg(m),<QD⇒end=?	20300 EXE	输入加桩号
α_j=49°08′33.37″	EXE	显示走向方位角/耗时 0.93s
x_j+y_ji(m)=2832729.187+501427.8422i	EXE	显示中桩坐标复数
H_j(m)=1422.2217	EXE	显示中桩设计高程
i_L(%)=-2.6728	EXE	显示路基左横坡度
W_L(m)±∠γi,0⇒no=?	-2 EXE	输入硬路肩外缘点边距系数
d_L(m)=0.7500	EXE	显示-2 号点左边距
x_L+y_Li(m)=2832729.754+501427.3515i	EXE	显示左边桩坐标复数
H_L(m)=1422.2417+1421.5017i	EXE	显示左边桩路面设计高程+路基设计高程 i 复数
W_L(m)±∠γi,0⇒no=?	-3 EXE	输入土路肩外缘点边距系数
d_L(m)=1.2500	EXE	显示-3 号点左边距
x_L+y_Li(m)=2832730.132+501427.0244i	EXE	显示左边桩坐标复数
H_L(m)=1422.2217+1421.4817i	EXE	显示左边桩路面设计高程+路基设计高程 i 复数
W_L(m)±∠γi,0⇒no=?	-1.1 EXE	输入一级边坡平台内缘点边距系数
T(>0)/W(<0)/no(0)=?	1 EXE	输入任意正数为填方边坡
d_L(m)=16.2500	EXE	显示填方边坡平台-1.1 号点左边距
x_L+y_Li(m)=2832741.477+501417.2118i	EXE	显示左边桩坐标复数
H_L(m)=1412.2217	EXE	显示左边桩设计高程
W_L(m)±∠γi,0⇒no=?	-1.2 EXE	输入一级边坡平台外缘点边距系数
T(>0)/W(<0)/no(0)=?	1 EXE	输入任意正数为填方边坡
d_L(m)=18.2500	EXE	显示填方边坡平台-1.2 号点左边距
x_L+y_Li(m)=2832742.990+501415.9034i	EXE	显示左边桩坐标复数
H_L(m)=1412.2217	EXE	显示左边桩设计高程
W_L(m)±∠γi,0⇒no=?	0 EXE	输入 0 结束左边桩坐标计算
i_R(%)=2.6728	EXE	显示路基右横坡度
W_R(m),0⇒no=?	-2 EXE	输入硬路肩外缘点边距系数
d_R(m)=9.5000	EXE	显示-2 号点右边距
x_R+y_Ri(m)=2832722.002+501434.0569i	EXE	显示右边桩坐标复数
H_R(m)=1421.9678+1421.2278i	EXE	显示右边桩路面设计高程+路基设计高程 i 复数
W_R(m),0⇒no=?	-3 EXE	输入土路肩外缘点边距系数
d_R(m)=10.0000	EXE	显示-3 号点右边距
x_R+y_Ri(m)=2832721.624+501434.3839i	EXE	显示右边桩坐标复数
H_R(m)=1421.9478+1421.2078i	EXE	显示右边桩路面设计高程+路基设计高程 i 复数
W_R(m),0⇒no=?	-4 EXE	输入挖方边坡"边沟+碎落台"外缘点边距系数
d_R(m)=12.1000	EXE	显示-4 号点右边距
x_R+y_Ri(m)=2832720.035+501435.7577i	EXE	显示右边桩坐标复数
H_R(m)=1421.9478	EXE	显示右边桩设计高程
W_R(m),0⇒no=?	-1.1 EXE	输入一级边坡平台内缘点边距系数
T(>0)/W(<0)/no(0)=?	-1 EXE	输入任意负数为挖方边坡
d_R(m)=13.6000	EXE	显示挖方平台-1.1 号点右边距
x_R+y_Ri(m)=2832718.901+501436.7390i	EXE	显示右边桩坐标复数
H_R(m)=1427.9478	EXE	显示右边桩设计高程
W_R(m),0⇒no=?	-1.2 EXE	输入一级边坡平台内缘点边距系数
T(>0)/W(<0)/no(0)=?	-1 EXE	输入任意负数为挖方边坡

续表

屏幕提示	按键	说明
d_R(m)=16.4000	EXE	显示挖方平台-1.2号点右边距
x_R+y_Ri(m)=2832716.783+501438.5707i	EXE	显示右边桩坐标复数
H_R(m)=1427.9478	EXE	显示右边桩设计高程
W_R(m),0⇒no=?	-4.1 EXE	输入四级边坡平台内缘点边距系数
T(>0)/W(<0)/no(0)=?	-1 EXE	输入任意负数为挖方边坡
d_R(m)=50.4000	EXE	显示挖方平台-4.1号点右边距
x_R+y_Ri(m)=2832691.067+501460.8128i	EXE	显示右边桩坐标复数
H_R(m)=1457.9478	EXE	显示右边桩设计高程
W_R(m),0⇒no=?	-4.2 EXE	输入四级边坡平台内缘点边距系数
T(>0)/W(<0)/no(0)=?	-1 EXE	输入任意负数为挖方边坡
d_R(m)=52.4000	EXE	显示挖方平台-4.2号点右边距
x_R+y_Ri(m)=2832689.555+501462.1211i	EXE	显示右边桩坐标复数
H_R(m)=1457.9478	EXE	显示右边桩设计高程
W_R(m),0⇒no=?	0 EXE	输入0结束右边桩坐标计算
+peg(m),<QD⇒end=?	3 EXE	输入小于*QD*的桩号结束程序
Q2X9⇒End		程序结束显示

(3) 计算扒山田隧道右洞加桩 YK19+000 路基三维坐标

重复执行 Q2X9 程序，计算加桩 YK19+000 路基三维坐标的屏幕提示与用户操作过程如下：

屏幕提示	按键	说明
Route or ramp xyH Q2X9		显示程序标题
new(0)/old(≠0) main point data=?	1 EXE	输入非零数为使用现有主点数据计算
st xy new(0)/old(>0)/no(<0)=?	-1 EXE	输入负数为不设置测站点(station)
peg→xyH(1)/xyH→peg(2)/xyH→δr(3)/pier(4)=?	1 EXE	输入1选择坐标正算
+peg(m),<QD⇒end=?	19000 EXE	输入加桩号
α_j=104°46′04.08″	EXE	显示走向方位角/耗时0.71s
x_j+y_ji(m)=2832288.767+500268.9860i	EXE	显示中桩坐标复数
H_j(m)=1386.6737	EXE	显示中桩设计高程
i_L(%)=3.0000	EXE	显示路基左横坡度
W_L(m)±∠γi,0⇒no=?	0.94 EXE	输入左边距
x_L+y_Li(m)=2832289.676+500269.2256i	EXE	显示左边桩坐标复数
H_L(m)=1386.6455	EXE	显示左边桩路面设计高程
W_L(m)±∠γi,0⇒no=?	0 EXE	输入0结束左边桩坐标计算
i_R(%)=-3.0000	EXE	显示路基右横坡度
W_R(m),0⇒no=?	9.674 EXE	输入右边距
x_R+y_Ri(m)=2832279.412+500266.5201i	EXE	显示右边桩坐标复数
H_R(m)=1386.9640	EXE	显示右边桩设计高程
W_R(m),0⇒no=?	0 EXE	输入0结束右边桩坐标计算
+peg(m),<QD⇒end=?	3 EXE	输入小于*QD*的桩号结束程序
Q2X9⇒End		程序结束显示

(4) 坐标反算

重复执行 Q2X9 程序，进行实测边桩点三维坐标反算的屏幕提示与用户操作过程如下：

屏幕提示	按键	说明
Route or ramp xyH Q2X9		显示程序标题
new(0)/old(≠0) main point data=?	3 EXE	输入非零数为使用现有主点数据计算
st xy new(0)/old(>0)/no(<0)=?	3 EXE	使用最近输入的测站点(<u>st</u>ation)
peg→xyH(1)/xyH→peg(2)/ xyH→δr(3)/pier(4)=?	2 EXE	输入 2 选择坐标反算
x_j(m)/π⇒end	2832740.07 EXE	输入 1 号边桩点三维坐标
y_j(m)+ni=?	501418.429 EXE	
H_j(m),0⇒no=?	1412.994 EXE	
p peg(m)+ni=20299.9999+11.0000i	EXE	显示垂点桩号+平曲线元号 i 复数/耗时 1.21s
α_P=49°08′33.36″	EXE	显示垂点走向方位角
x_P+y_Pi(m)=2832729.187+501427.8421i	EXE	显示垂点坐标复数
H_P(m)=1422.2217	EXE	显示垂点设计高程
d_L(m)=-14.3892	EXE	显示负数为左边距
i_L(%)=-2.6728	EXE	显示路基左横坡度
T(>0)/W(<0)/no(0)=?	1 EXE	输入任意正数为填方边坡
H_{Lj}(m)=1413.4623	EXE	显示左边桩设计高程
δd_j(m)+ni=-1.8608+1.0000i	EXE	显示坡口平距+边坡级数 i 复数
δh_j(m)=-0.4683	EXE	显示边桩点挖填高差(实测 H−设计 H)
x_j(m)/π⇒end	2832726 EXE	输入 1 号边桩点三维坐标
y_j(m)+ni=?	501430.598 EXE	
H_j(m),0⇒no=?	1421.592 EXE	
p peg(m)+ni=20299.9995+11.0000i	EXE	显示垂点桩号+平曲线元号 i 复数/耗时 1.24s
α_P=49°08′33.3″	EXE	显示垂点走向方位角
x_P+y_Pi(m)=2832729.187+501427.8418i	EXE	显示垂点坐标复数
H_P(m)=1422.2217	EXE	显示垂点设计高程
d_R(m)=4.2132	EXE	显示负数为左边距
i_R(%)=2.6728	EXE	显示路基左横坡度
H_{Lj}(m)=1422.1091+1421.3691i	EXE	显示左边桩路面设计高程+路基设计高程 i 复数
δh_j(m)=-0.5171+0.2229i	EXE	显示边桩点挖填高差(实测 H−设计 H)
x_j(m)/π⇒end	2832719.185 EXE	输入 1 号边桩点三维坐标
y_j(m)+ni=?	501436.494 EXE	
H_j(m),0⇒no=?	1427.379 EXE	
p peg(m)+ni=20300.0007+11.0000i	EXE	显示垂点桩号+平曲线元号 i 复数/耗时 1.27s
α_P=49°08′33.48″	EXE	显示垂点走向方位角
x_P+y_Pi(m)=2832729.187+501427.8427i	EXE	显示垂点坐标复数
H_P(m)=1422.2217	EXE	显示垂点设计高程
d_R(m)=13.2247	EXE	显示正数为右边距
i_R(%)=2.6728	EXE	显示路基右横坡度
T(>0)/W(<0)/no(0)=?	-1 EXE	输入任意负数为挖方边坡
H_{Rj}(m)=1426.4466	EXE	显示右边桩设计高程
δd_j(m)+ni=-0.3753+1.0000i	EXE	显示坡口平距+边坡级数 i 复数
δh_j(m)=0.9324	EXE	显示边桩点挖填高差(实测 H−设计 H)
x_j(m)/π⇒end	2832692.642 EXE	输入 1 号边桩点三维坐标
y_j(m)+ni=?	501459.451 EXE	
H_j(m),0⇒no=?	1456.963 EXE	
p peg(m)+ni=20300.0001+11.0000i	EXE	显示垂点桩号+平曲线元号 i 复数/耗时 1.18s
α_P=49°08′33.39″	EXE	显示垂点走向方位角
x_P+y_Pi(m)=2832729.187+501427.8423i	EXE	显示垂点坐标复数
H_P(m)=1422.2217	EXE	显示垂点设计高程
d_R(m)=48.3182	EXE	显示正数为右边距
i_R(%)=2.6728	EXE	显示路基右横坡度
T(>0)/W(<0)/no(0)=?	-1 EXE	输入任意负数为挖方边坡

续表

屏幕提示	按键	说明
H_{Rj}(m)=1455.8660	EXE	显示右边桩设计高程
δd_j(m)+ni=-2.0818+4.0000i	EXE	显示坡口平距+边坡级数 i 复数
δh_j(m)=1.0970	EXE	显示边桩点挖填高差(实测 H−设计 H)
x_j(m)/π⇒end	SHIFT π EXE	输入 π 结束程序
Q2X9⇒End		程序结束显示

7) Y 线扒山田隧道右洞超欠挖计算

重复执行 Q2X9 程序，计算隧道掌子面 8 个测点隧道超欠挖值的屏幕提示与用户操作过程如下：

屏幕提示	按键	说明
Route or ramp xyH Q2X9		显示程序标题
new(0)/old(≠0) main point data=?	3 EXE	输入非零数为使用现有主点数据计算
st xy new(0)/old(>0)/no(<0)=?	-3 EXE	输入负数为不设置测站点(station)
peg→xyH(1)/xy→peg(2)/ xyH→δr(3)/pier(4)=?	3 EXE	输入 3 选择隧道超欠挖计算
Mat Y(0)/Mat X(≠0)=?	0 EXE	输入 0 选择 Mat Y 矩阵围岩洞身支护参数
contour line(1/0/2)=?	1 EXE	输入 1 选择初期支护轮廓线
ClrMat W(0),no(≠0)=?	0 EXE	输入 0 为清除前已存储的测点数据
x_i(m)/π⇒end=?	2832544.734 EXE	输入掌子面 1 号测点三维坐标
y_i(m)+ni=?	499839.7624 EXE	
H_i(m)=?	1385.7772 EXE	
p peg(m)+ni=18494.8996+7.0000i	EXE	显示垂点桩号+平曲线元号 i 复数/耗时 1.06s
H_p+X_ji(m)=1378.5114+1.7008i	EXE	显示垂点设计高程+测点隧中 X 坐标 i 复数
δr(m)+ni=-0.1523+1.0000i	EXE	显示超欠挖径距+二衬轮廓线类号 i 复数
←→+↑↓i(m)=-0.4680−0.1590i	EXE	显示水平移距+垂直移距 i 复数
x_i(m)/π⇒end=?	2832542.2422 EXE	输入掌子面 2 号测点三维坐标
y_i(m)+ni=?	499836.9769 EXE	
H_i(m)=?	1382.1967 EXE	
p peg(m)+ni=18494.8996+7.0000i	EXE	显示垂点桩号+平曲线元号 i 复数
H_p+X_ji(m)=1378.5114+5.4382i	EXE	显示垂点设计高程+测点隧中 X 坐标 i 复数
δr(m)+ni=-0.2134+1.0000i	EXE	显示超欠挖径距+二衬轮廓线类号 i 复数
←→+↑↓i(m)=-0.2273−0.5467i	EXE	显示水平移距+垂直移距 i 复数
x_i(m)/π⇒end=?	2832542.2069 EXE	输入掌子面 3 号测点三维坐标
y_i(m)+ni=?	499836.9374 EXE	
H_i(m)=?	1377.6609 EXE	
p peg(m)+ni=18494.8996+7.0000i	EXE	显示垂点桩号+平曲线元号 i 复数
H_p+X_ji(m)=1378.5114+5.4911i	EXE	显示垂点设计高程+测点隧中 X 坐标 i 复数
δr(m)+ni=0.0604+1.0000i	EXE	显示超欠挖径距+二衬轮廓线类号 i 复数
←→+↑↓i(m)=0.0762+0.1049i	EXE	显示水平移距+垂直移距 i 复数
x_i(m)/π⇒end=?	2832544.3665 EXE	输入掌子面 4 号测点三维坐标
y_i(m)+ni=?	499839.3516 EXE	
H_i(m)=?	1376.715 EXE	
p peg(m)+ni=18494.8996+7.0000i	EXE	显示垂点桩号+平曲线元号 i 复数
H_p+X_ji(m)=1378.5114+2.2520i	EXE	显示垂点设计高程+测点隧中 X 坐标 i 复数
δr(m)+ni=-0.1076+1.0000i	EXE	显示超欠挖径距+二衬轮廓线类号 i 复数
←→+↑↓i(m)=-0.6445−0.1088i	EXE	显示水平移距+垂直移距 i 复数

续表

屏幕提示	按键	说明
x_i(m)/π⇒end=?	2832546.141 EXE	输入掌子面 5 号测点三维坐标
y_i(m)+ni=?	499841.6377 EXE	
H_i(m)=?	1376.3398 EXE	
p peg(m)+ni=18495.1003+7.0000i	EXE	显示垂点桩号+平曲线元号 i 复数
H_p+X_ji(m)=1378.5147−2.0099i	EXE	显示垂点设计高程+测点隧中 X 坐标 i 复数
δr(m)+ni=-0.1155+2.0000i	EXE	显示超欠挖径距+二衬轮廓线类号 i 复数
←→+↑↓i(m)=-0.8752−0.1162i	EXE	显示水平移距+垂直移距 i 复数
x_i(m)/π⇒end=?	2832549.3628 EXE	输入掌子面 6 号测点三维坐标
y_i(m)+ni=?	499845.2376 EXE	
H_i(m)=?	1377.8649 EXE	
p peg(m)+ni=18495.1003+7.0000i	EXE	显示垂点桩号+平曲线元号 i 复数
H_p+X_ji(m)=1378.5147−6.8410i	EXE	显示垂点设计高程+测点隧中 X 坐标 i 复数
δr(m)+ni=-0.1354+2.0000i	EXE	显示超欠挖径距+二衬轮廓线类号 i 复数
←→+↑↓i(m)=-0.1699−0.2070i	EXE	显示水平移距+垂直移距 i 复数
x_i(m)/π⇒end=?	2832549.8025 EXE	输入掌子面 7 号测点三维坐标
y_i(m)+ni=?	499845.7289 EXE	
H_i(m)=?	1381.2496 EXE	
p peg(m)+ni=18495.1003+7.0000i	EXE	显示垂点桩号+平曲线元号 i 复数
H_p+X_ji(m)=1378.5147−7.5003i	EXE	显示垂点设计高程+测点隧中 X 坐标 i 复数
δr(m)+ni=0.0888+2.0000i	EXE	显示超欠挖径距+二衬轮廓线类号 i 复数
←→+↑↓i(m)=0.0905+0.6342i	EXE	显示水平移距+垂直移距 i 复数
x_i(m)/π⇒end=?	2832547.0477 EXE	输入掌子面 8 号测点三维坐标
y_i(m)+ni=?	499842.6508 EXE	
H_i(m)=?	1385.9107 EXE	
p peg(m)+ni=18495.1003+7.0000i	EXE	显示垂点桩号+平曲线元号 i 复数
H_p+X_ji(m)=1378.5147−3.3695i	EXE	显示垂点设计高程+测点隧中 X 坐标 i 复数
δr(m)+ni=-0.1265+2.0000i	EXE	显示超欠挖径距+二衬轮廓线类号 i 复数
←→+↑↓i(m)=-0.2891−0.1394i	EXE	显示水平移距+垂直移距 i 复数
x_i(m)/π⇒end=?	SHIFT π EXE	输入 π 结束程序
Q2X9⇒End		程序结束显示

上述 1~4 号测点的垂点桩号为 YK18+494.9，由表 5-6 可知，它位于 1 类二衬轮廓线，5~8 号测点的垂点桩号为 YK18+495.1，它位于 2 类二衬轮廓线，也即上述 8 个测点位于 1 类二衬轮廓线与 2 类二衬轮廓线的分界处。程序根据反算出的垂点桩号，按 Mat Y 矩阵的围岩洞身支护参数自动选择二衬轮廓线计算超欠挖值。

本例的全部数据文件位于光盘"\5 章\贵州晴兴高速公路 T1_T2 标\"路径下。

练习题

5-1 图 5-89 为高速公路匝道平曲线线元法设计图，其中 1，3，4 号线元为缓和曲线。

① 计算 3 条缓曲线元的起讫半径；

② 使用 Q2X9 程序计算该匝道平曲线主点数据；

③ 计算加桩 EK0+055，EK0+200，EK0+360 的中桩坐标；

④ 计算边桩点(623 307.448，511 016.767)，(623 264.488，511 111.761)，(623 056.485，

511 121.944)的垂点桩号、中桩坐标及其边距。

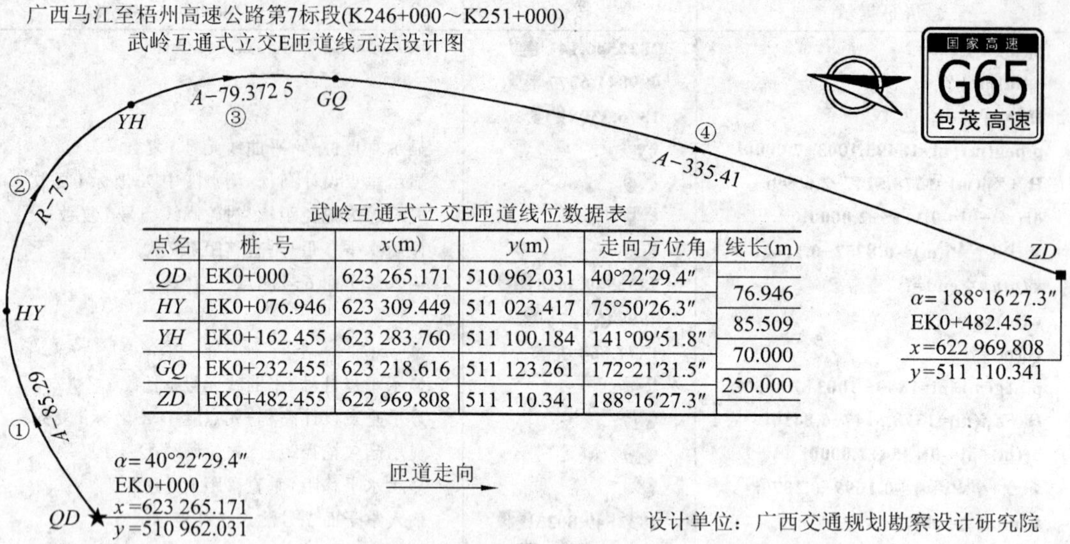

武岭互通式立交E匝道线位数据表

点名	桩 号	x(m)	y(m)	走向方位角	线长(m)
QD	EK0+000	623 265.171	510 962.031	40°22′29.4″	76.946
HY	EK0+076.946	623 309.449	511 023.417	75°50′26.3″	85.509
YH	EK0+162.455	623 283.760	511 100.184	141°09′51.8″	70.000
GQ	EK0+232.455	623 218.616	511 123.261	172°21′31.5″	250.000
ZD	EK0+482.455	622 969.808	511 110.341	188°16′27.3″	

图 5-89 武岭互通式立交 E 匝道平曲线线元法设计图

5-2 图 5-90 为高速公路匝道平曲线线元法设计图，其中 1，3，4，6 号线元为缓和曲线。

① 计算 4 条缓曲线元的起讫半径；

② 使用 Q2X9 程序计算该匝道平曲线主点数据；

③ 计算加桩 FK0+045，FK0+115，FK0+215，FK0+315 的中桩坐标；

④ 计算边桩点(622 900.054，510 927.708)，(622 987.421，510 871.559)，(623 033.015，510 825.266)，(623 147.845，510 784.529)的垂点桩号、中桩坐标及其边距。

武岭互通式立交F匝道线位数据表

点名	桩 号	x(m)	y(m)	走向方位角	线长(m)
QD	FK0+000	622 866.447	510 937.466	344°55′03.7″	55.000
HY	FK0+055.000	622 918.761	510 920.654	336°42′50.0″	51.445
YH	FK0+106.445	622 962.745	510 894.268	321°22′00.8″	55.000
GQ	FK0+161.445	623 002.204	510 856.025	313°09′47.1″	60.000
HY	FK0+221.445	623 045.833	510 814.973	323°54′21.8″	89.874
YH	FK0+311.318	623 129.180	510 784.634	356°05′23.0″	60.000
HZ	FK0+371.318	623 188.989	510 788.033	6°49′57.7″	50.000
ZD	FK0+421.318	623 238.634	510 793.982	6°49′57.7″	

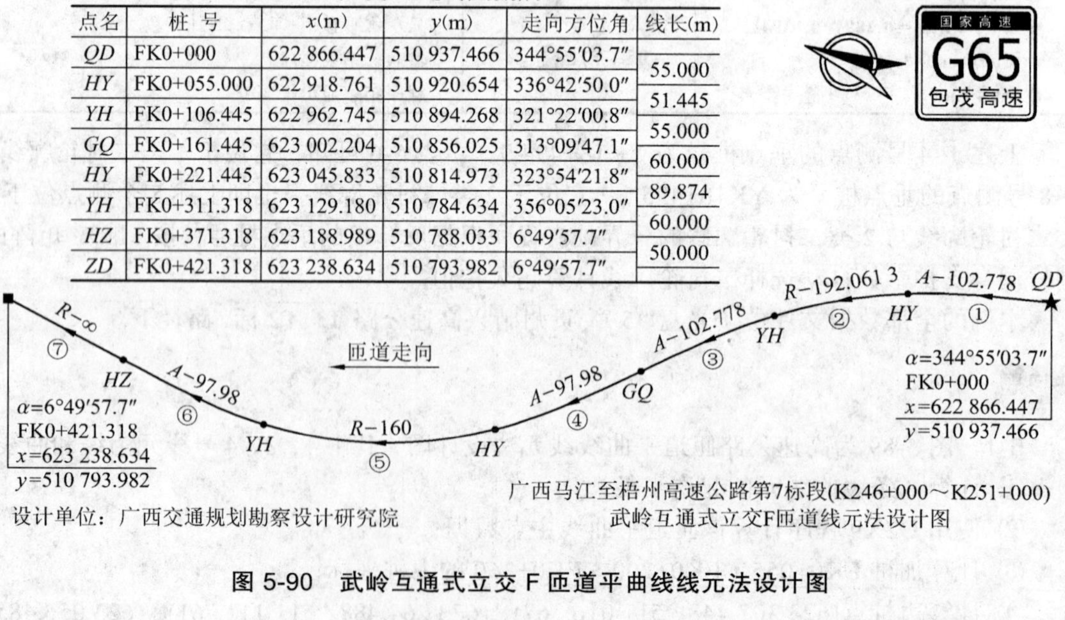

图 5-90 武岭互通式立交 F 匝道平曲线线元法设计图

5-3 贵州晴兴高速公路 T1 标段新寨河互通式立交 B 匝道平曲线是采用交点法设计的，图 5-91 为将交点法设计的平曲线转换为线元法设计图。B 匝道设置有 14 个桥墩、48 个桩基，图 5-92 为 1~4 类桥墩桩基大样图，0#~13#桥墩的墩台中心设计参数列于表 5-7，48 个桥墩桩基坐标的设计值列于表 5-8，试用 Q2X9 程序验算其设计坐标。

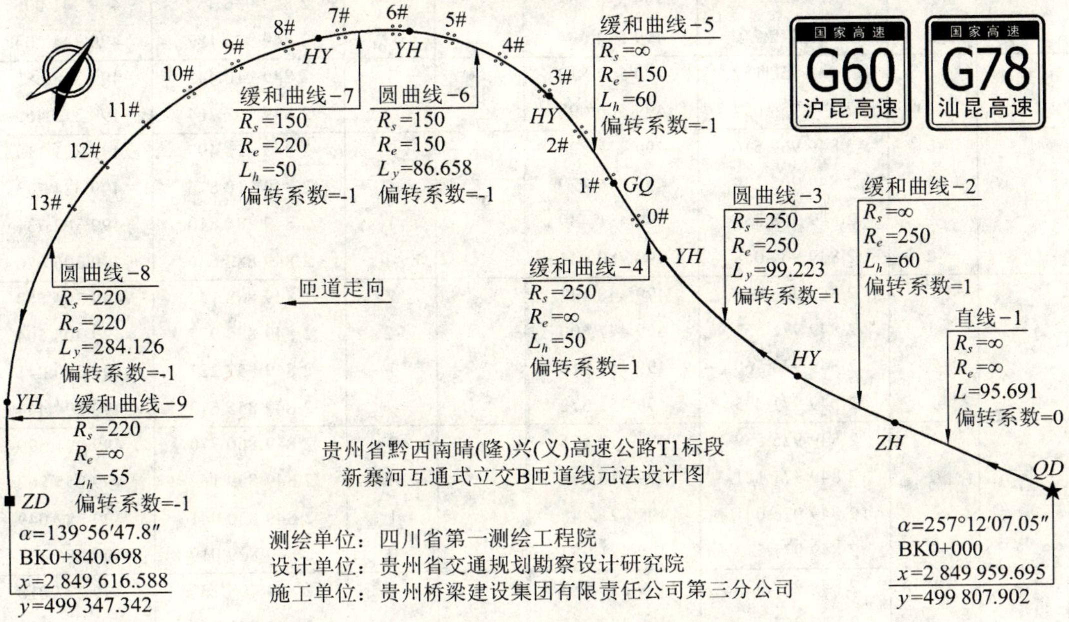

图 5-91　新寨河互通式立交 B 匝道桥平曲线线元法设计图

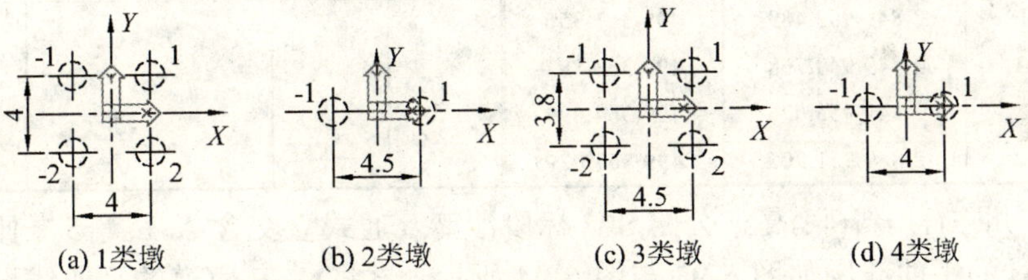

图 5-92　新寨河互通式立交 B 匝道桥 1~4 类墩桩基大样图

表 5-7　新寨河互通式立交 B 匝道桥墩墩台中心设计参数

墩号	墩类号	设计桩号	d(m)	δ	墩号	墩类号	设计桩号	d(m)	δ
0#	1	BK0+280.36	0	-0°09′24.4″	7#	3	BK0+489	0	0
1#	2	BK0+309	0	0	8#	3	BK0+519	0	0
2#	3	BK0+339	0	0	9#	3	BK0+549	0	0
3#	3	BK0+369	0	0	10#	3	BK0+579	0	0
4#	3	BK0+399	0	0	11#	2	BK0+609	0	0
5#	3	BK0+429	0	0	12#	2	BK0+641	0	0
6#	3	BK0+459	0	0	13#	4	BK0+670.69	0	0

表 5-8　新寨河互通式立交 B 匝道桥墩桩基设计坐标

墩号	点号	x(m)	y(m)	墩号	点号	x(m)	y(m)
0#	1	2 849 947.887	499 532.334	7#	1	2 849 933.651	499 338.332
	-1	2 849 944.153	499 530.900		-1	2 849 930.486	499 341.531
	2	2 849 946.453	499 536.068		2	2 849 936.352	499 341.005
	-2	2 849 942.719	499 534.634		-2	2 849 933.187	499 344.204
1#	1	2 849 958.182	499 507.819	8#	1	2 849 910.445	499 318.855
	-1	2 849 954.024	499 506.098		-1	2 849 907.764	499 322.469
2#	1	2 849 969.516	499 477.828	9#	2	2 849 913.497	499 321.119
	-1	2 849 965.239	499 476.429		-2	2 849 910.816	499 324.733
	2	2 849 968.335	499 481.439		1	2 849 884.810	499 302.731
	-2	2 849 964.058	499 480.041		-1	2 849 882.646	499 306.676
3#	1	2 849 976.018	499 448.142	10#	2	2 849 888.142	499 304.559
	-1	2 849 971.551	499 447.600		-2	2 849 885.977	499 308.504
	2	2 849 975.560	499 451.915		1	2 849 857.221	499 290.241
	-2	2 849 971.093	499 451.372		-1	2 849 855.613	499 294.444
4#	1	2 849 975.589	499 417.675	11#	2	2 849 860.770	499 291.599
	-1	2 849 971.121	499 418.210		-2	2 849 859.162	499 295.802
	2	2 849 976.041	499 421.448		1	2 849 830.041	499 282.049
	-2	2 849 971.572	499 421.983		-1	2 849 829.019	499 286.431
5#	1	2 849 967.929	499 388.183	12#	1	2 849 798.136	499 277.018
	-1	2 849 963.717	499 389.765		-1	2 849 797.760	499 281.503
	2	2 849 969.265	499 391.741	13#	1	2 849 768.179	499 276.783
	-2	2 849 965.052	499 393.323		-1	2 849 768.390	499 280.778
6#	1	2 849 953.489	499 361.356				
	-1	2 849 949.768	499 363.887				
	2	2 849 955.626	499 364.499				
	-2	2 849 951.905	499 367.029				

5-4　广州东(沙)新(联)高速公路 S08 标段沙湾互通式立交含 A~E 等 5 条匝道与 1 条主线，线元设计的平曲线图如图 5-93 与图 5-94 所示，试将 A~E 匝道的平曲线设计数据分别输入到 File1~File5 串列文件，将主线的平曲线设计数据输入到 File6 串列文件，使用 Q2X9 程序分别计算 5 条匝道与主线的平曲线主点数据，并将匝道与主线 *ZD* 数据计算值与设计值之差填入下列表格。

名称	串列文件	*ZD* 数据计算值与设计值之差			
		桩号差(mm)	$\Delta\alpha('')$	Δx(mm)	Δy(mm)
A 匝道	File1				
B 匝道	File2				
C 匝道	File3				
D 匝道	File4				
E 匝道	File5				
主线	File6				

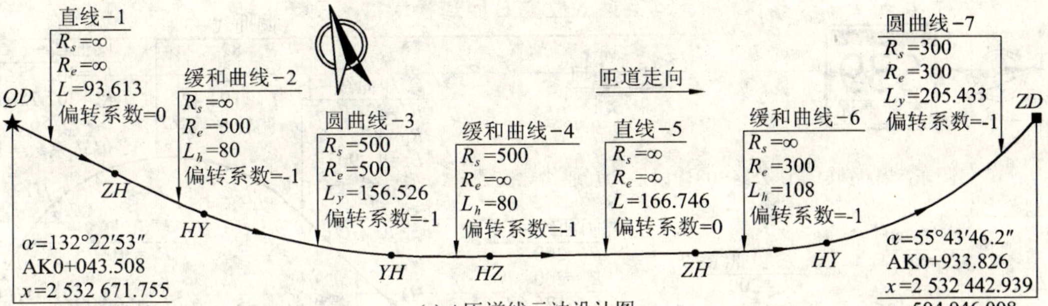

(a) A匝道线元法设计图

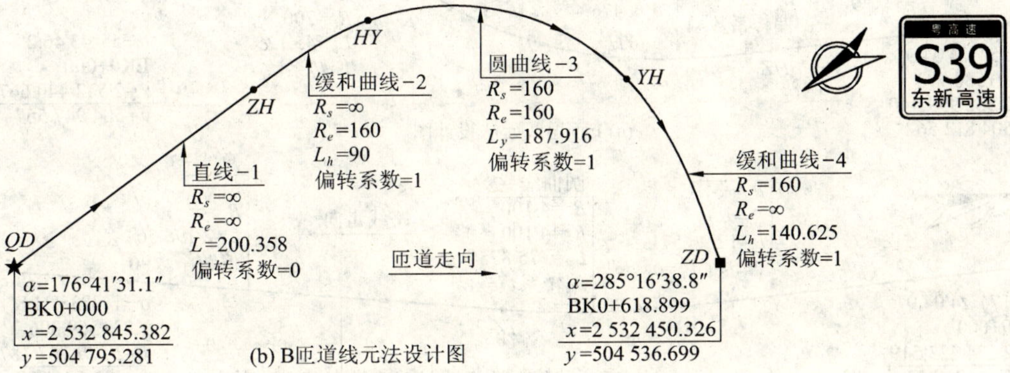

(b) B匝道线元法设计图

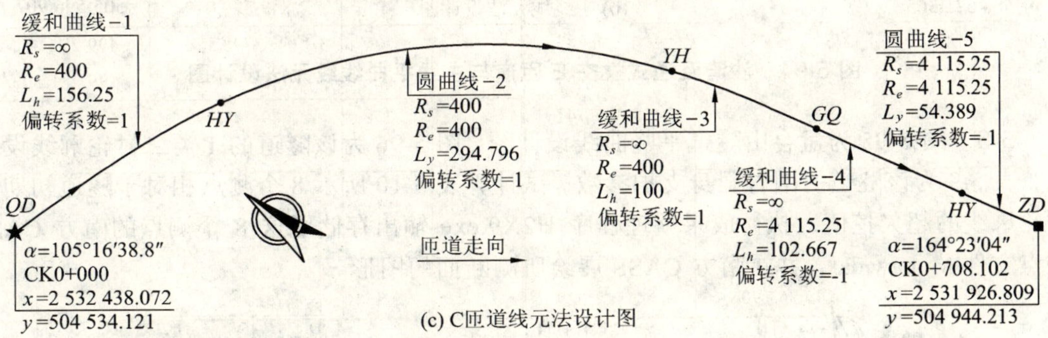

(c) C匝道线元法设计图

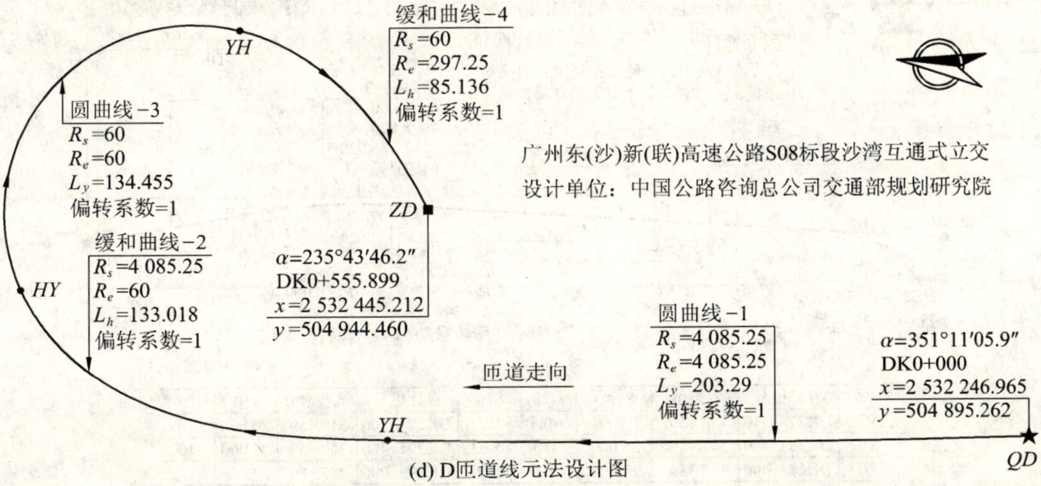

广州东(沙)新(联)高速公路S08标段沙湾互通式立交

设计单位：中国公路咨询总公司交通部规划研究院

(d) D匝道线元法设计图

图 5-93　沙湾互通式立交 A~D 匝道平曲线线元法设计图

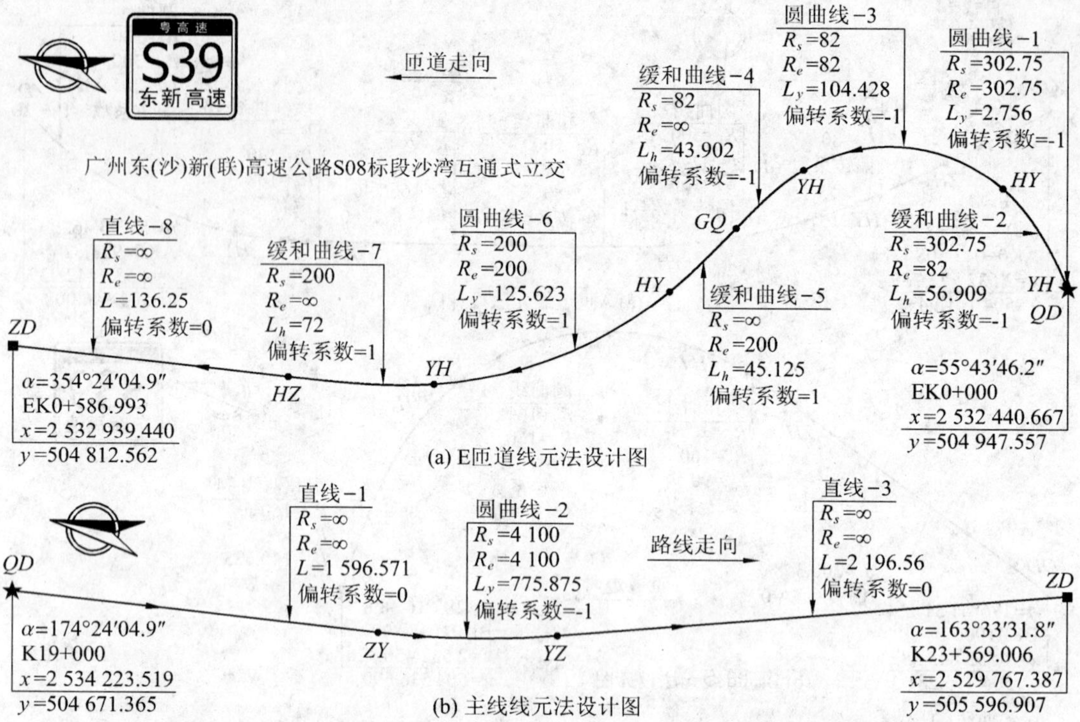

图 5-94　沙湾互通式立交 E 匝道与主线平曲线线元法设计图

5-5　图 5-95 为孟合山隧道平竖曲线设计图，图 5-96 为该隧道的 1 类二衬轮廓线设计图，表 5-9 为该隧道的围岩洞身支护参数，试计算表 5-10 所示 8 个测点相对于隧道初期支护轮廓线的超欠挖值，执行成果整理程序 H2X9.exe 输出存储了这 8 个测点的南方 CASS 展点文件 Matriw.dat，并在南方 CASS 展绘所测断面的图形。

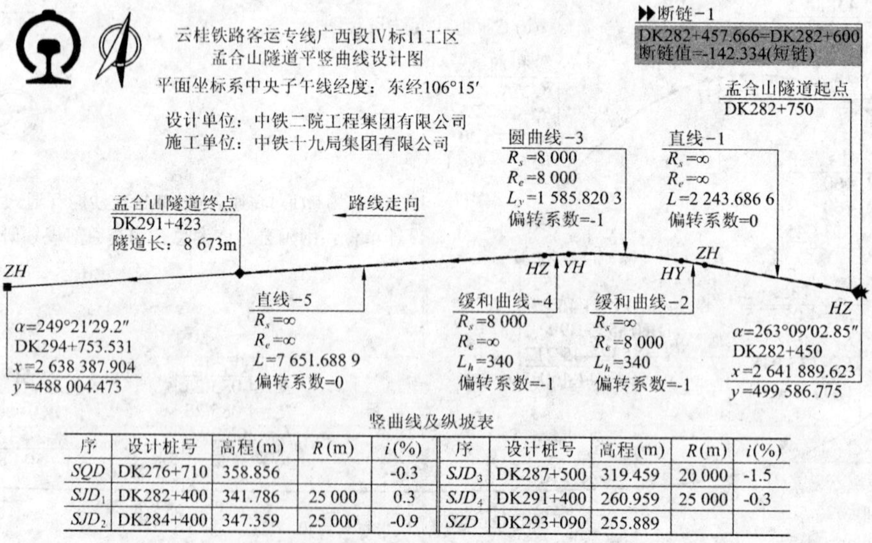

竖曲线及纵坡表

序	设计桩号	高程(m)	R(m)	i(%)	序	设计桩号	高程(m)	R(m)	i(%)
SQD	DK276+710	358.856		-0.3	SJD_3	DK287+500	319.459	20 000	-1.5
SJD_1	DK282+400	341.786	25 000	0.3	SJD_4	DK291+400	260.959	25 000	-0.3
SJD_2	DK284+400	347.359	25 000	-0.9	SZD	DK293+090	255.889		

图 5-95　孟合山隧道平竖曲线设计图

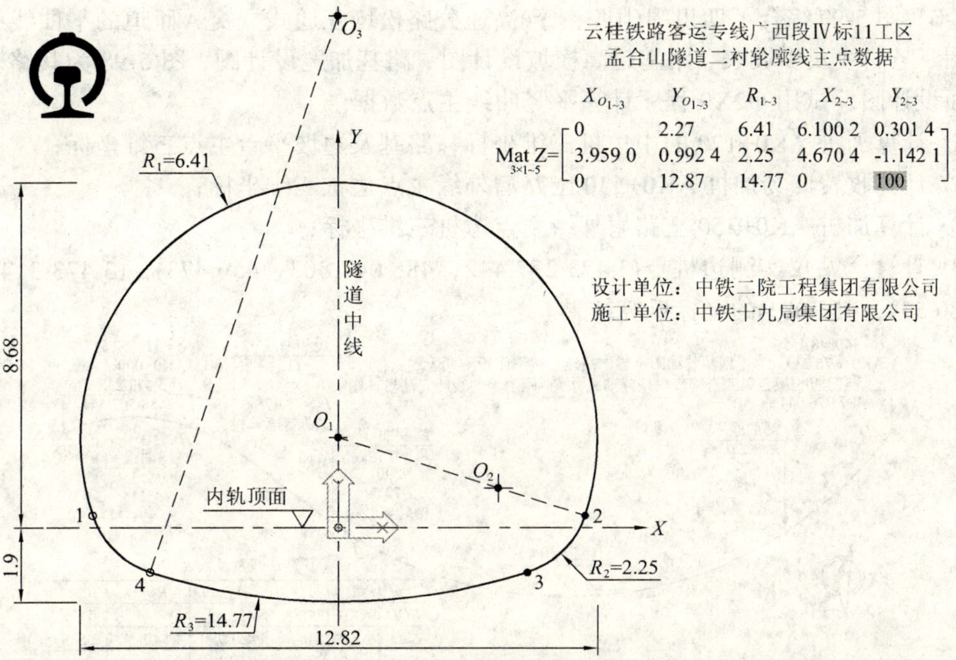

图 5-96　孟合山隧道二衬轮廓线设计图

表 5-9　孟合山隧道围岩洞身支护参数

行号	设计桩号	围岩	二衬轮廓线类号	二衬厚度+预留变形量 δ_1(m)	喷射层厚 δ_2(m)	隧中偏距 δ_3(m)
1	DK282+750	明洞	1			
2	DK282+761	ⅤB	1	0.65	0.28	2.3
3	DK282+950	ⅤA	1	0.65	0.28	2.3
4	DK283+200	ⅤB	1	0.65	0.28	2.3
5	DK283+300	ⅤA	1	0.65	0.28	2.3
6	DK283+950	ⅣB	1	0.55	0.25	2.3
7	DK284+400	ⅢA	1	0.48	0.12	2.3
8	DK284+600	ⅣB	1	0.55	0.25	2.3
9	DK285+150	ⅢA	1	0.48	0.12	2.3
10	DK285+600	ⅣB	1	0.55	0.25	2.3
11	DK287+300	ⅢA	1	0.48	0.12	2.3
12	DK287+500	ⅣB	1	0.55	0.25	2.3
13	DK288+600	ⅢA	1	0.48	0.12	2.3
14	DK291+200	ⅣB	1	0.55	0.25	2.3
15	DK291+355	ⅤA	1	0.65	0.28	2.3
16	DK291+423	ⅤB	1	0.65	0.28	2.3

表 5-10　全站仪实测隧道掌子面点三维坐标

序	x(m)	y(m)	H(m)	序	x(m)	y(m)	H(m)
1	2 641 798.408 1	498 784.259 8	352.472 3	5	2 641 791.415 8	498 785.099 6	342.605 2
2	2 641 802.450 7	498 783.774 2	348.358 4	6	2 641 789.326 5	498 785.350 6	343.822
3	2 641 801.237 7	498 783.919 9	343.226 4	7	2 641 788.533 5	498 785.445 8	347.117 3
4	2 641 796.965 5	498 784.433	342.129 5	8	2 641 791.839 5	498 785.048 7	352.508 1

5-6 图 5-97 综合了四川绵(阳)遂(宁)高速公路松垭互通式立交 A 匝道的平曲线线元法设计图、竖曲线及纵坡表、路基超高横坡设计图、路基加宽设计图，图 5-98 为其路基标准横断面设计图，试用 Q2X9 程序计算平竖曲线主点数据：

① 计算加桩 AK0+120 的中边桩三维坐标，路基及边坡平台主点三维坐标；

② 计算收费广场加桩 AK0+530 土路肩外缘主点边桩三维坐标；

③ 计算加桩 AK0+350 土路肩外缘主点边桩三维坐标；

④ 计算全站仪实测边桩点(3 473 277.442，488 047.803，456.473)，(3 473 314.046，488 080.554，455.083)的坐标反算结果。

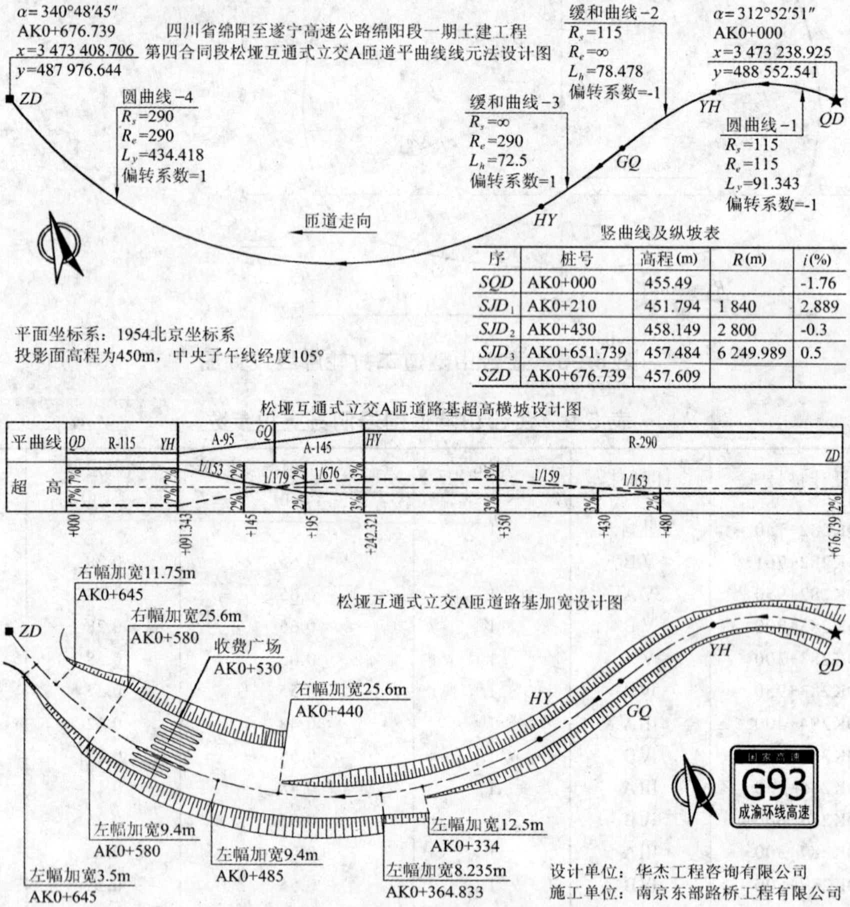

竖曲线及纵坡表

序	桩号	高程(m)	R(m)	i(%)
SQD	AK0+000	455.49		-1.76
SJD_1	AK0+210	451.794	1 840	2.889
SJD_2	AK0+430	458.149	2 800	-0.3
SJD_3	AK0+651.739	457.484	6 249.989	0.5
SZD	AK0+676.739	457.609		

图 5-97　松垭互通式立交 A 匝道设计图

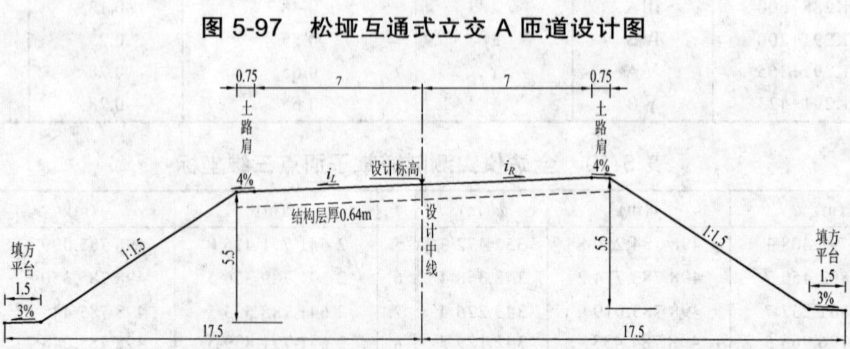

图 5-98　松垭互通式立交 A 匝道路基标准横断面设计图

5-7 图 5-99 为广(州)珠(海)西线高速公路三期中山沙溪至月环段三乡互通式立交 A 匝道交点法设计图，因 JD_2 位于匝道走向的后方，所以不能使用 Q2X8 程序计算。试用 Q2X9 程序计算：

① 平曲线主点数据；

② 加桩 AK0+125，AK0+725 的中桩坐标；

③ 全站仪实测 2 个边桩点平面坐标为(2 471 788.226，503 864.175)与(2 471 854.413，504 011.583)，反算其桩号。

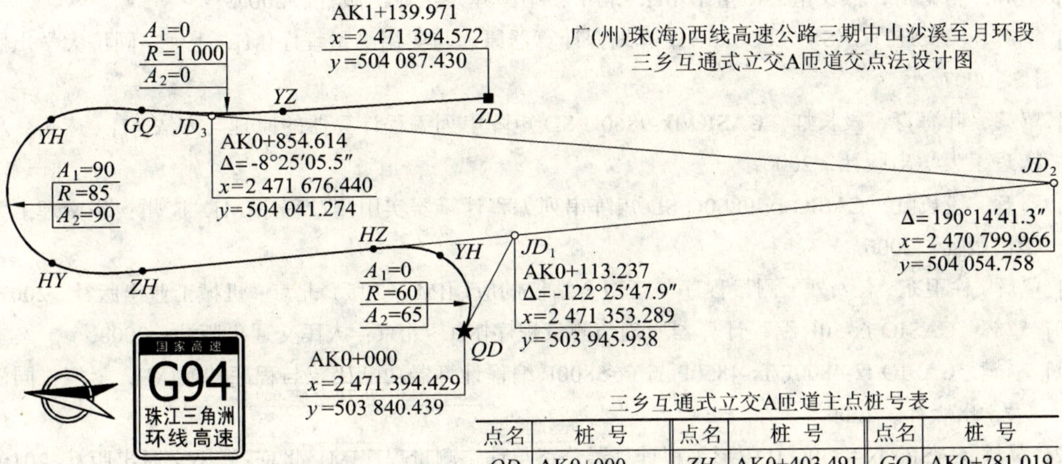

设计单位：中交公路规划设计院有限公司

施工单位：中铁十局第三工程有限公司

三乡互通式立交A匝道主点桩号表

点名	桩 号	点名	桩 号	点名	桩 号
QD	AK0+000	ZH	AK0+403.491	GQ	AK0+781.019
YH	AK0+093	HY	AK0+498.785	YZ	AK0+927.944
HZ	AK0+163.417	YH	AK0+685.725	ZD	AK1+139.971

图 5-99　三乡互通式立交 A 匝道交点法设计图

参考文献

[1] 覃辉，唐平英，余代俊，等．土木工程测量[M]．上海：同济大学出版社，2004．
[2] 覃辉，唐平英，余代俊，等．土木工程测量[M]．2 版．上海：同济大学出版社，2005．
[3] 覃辉，伍鑫，唐平英，等．土木工程测量[M]．3 版．上海：同济大学出版社，2008．
[4] 覃辉．建筑工程测量[M]．北京：中国建筑工业出版社，2007．
[5] 覃辉，马德富，熊友谊．测量学[M]．北京：中国建筑工业出版社，2007．
[6] 覃辉，段长虹．CASIO fx-5800P 矩阵编程计算器原理与实用测量程序[M]．上海：同济大学出版社，2007．
[7] 覃辉，叶海青，段长虹．CASIO fx-9860G SD 矩阵串列编程计算器的原理与方法[M]．广州：华南理工大学出版社，2006．
[8] 覃辉，段长虹．CASIO fx-9860G SD 矩阵串列编程计算器实用测量程序[M]．广州：华南理工大学出版社，2006．
[9] 覃辉，徐卫东，任沂军．测量程序与新型全站仪的应用[M]．2 版．北京：机械工业出版社，2007．
[10] 覃辉．CASIO fx-50F 编程计算器原理与测量程序[M]．北京：人民交通出版社，2008．
[11] 覃辉．CASIO fx-4800P/fx-4850P 与 fx-5800P 编程计算器功能比较与程序转换[M]．上海：同济大学出版社，2009．
[12] 覃辉．CASIO fx-9750G II 图形编程计算器公路与铁路测量程序[M]．北京：人民交通出版社，2010．
[13] 覃辉，段长虹，覃楠．CASIO fx-CG20 中文图形编程计算器电子手簿与隧道超欠挖程序[M]．上海：同济大学出版社，2011．
[14] 覃辉，段长虹．CASIO fx-5800P 编程计算器公路与铁路施工测量程序[M]．2 版．上海：同济大学出版社，2011．
[15] 覃辉．土木工程测量[M]．重庆：重庆大学出版社，2011．
[16] 西安交通大学高等数学教研室．复变函数[M]．北京：人民教育出版社，1979．
[17] 武汉测绘科技大学测量平差教研室．测量平差基础[M]．3 版．北京：测绘出版社，1996．
[18] 四川矿业学院．数学手册[M]．北京：科学出版社，1978．
[19] GB 50026—2007　工程测量规范[S]．
[20] GB/T 12897—2006　国家一、二等水准测量规范[S]．
[21] GB/T 12898—2009　国家三、四等水准测量规范[S]．
[22] JTJ 061—99　公路勘测规范[S]．
[23] JTJG C10—2007　公路勘测规范[S]．
[24] JTG D20—2006　公路路线设计规范[S]．
[25] JTG B01—2003　公路工程技术标准[S]．